PROCESSO COLETIVO E OUTROS TEMAS DE DIREITO PROCESSUAL

Homenagem

50 anos de docência do Professor

JOSÉ MARIA ROSA TESHEINER

30 anos de docência do Professor

SÉRGIO GILBERTO PORTO

P963 Processo coletivo e outros temas de direito processual: homenagem 50 anos de docência do professor José Maria Rosa Tesheiner, 30 anos de docência do professor Ségio Gilberto Porto / organizadores Araken de Assis ... [et al.]. – Porto Alegre: Livraria do Advogado Editora, 2012.

627 p.; 25 cm.

ISBN 978-85-7348-773-2

1. Direito processual coletivo - Brasil. 2. Direito processual - Brasil. 3. Processo civil. 4. Ações coletivas (Processo civil). I. Assis, Araken de.

CDU 347.922.6(81)
CDD 341.46

Índice para catálogo sistemático:
1. Direito processual coletivo: Brasil 347.922.6(81)

(Bibliotecária responsável: Sabrina Leal Araujo – CRB 10/1507)

Araken de Assis
Carlos Alberto Molinaro
Luiz Manoel Gomes Junior
Mariângela Guerreiro Milhoranza
(organizadores)

PROCESSO COLETIVO E OUTROS TEMAS DE DIREITO PROCESSUAL

Homenagem

50 anos de docência do Professor
JOSÉ MARIA ROSA TESHEINER

30 anos de docência do Professor
SÉRGIO GILBERTO PORTO

Ada Pellegrini Grinover, Álvaro Vinícius Paranhos Severo, Amilcar Araújo Carneiro Júnior, Antonio Janyr Dall'Agnol Junior, Araken de Assis, Arruda Alvim, Carlos Alberto Alvaro de Oliveira, Carlos Alberto Molinaro, Daisson Flach, Daniel Mitidiero, Darci Guimarães Ribeiro, Diego Faleck, Eduardo Arruda Alvim, Eduardo Talamini, Elaine Harzheim Macedo, Gisele Mazzoni Welsch, Guilherme Rizzo Amaral, Humberto Theodoro Júnior, Ingo Wolfgang Sarlet, Joan Picó i Junoy, Júlio Cesar Goulart Lanes, Leandro J. Giannini, Lúcio Delfino, Luis Guilherme Aidar Bondioli, Luiz Guilherme Marinoni, Luiz Manoel Gomes Junior, Luiz Rodrigues Wambier, Márcio Louzada Carpena, Marco Félix Jobim, Mariângela Guerreiro Milhoranza, Rennan Faria Thamay, Rita de Cássia Corrêa de Vasconcelos, Roberto Omar Berizonce, Rodolfo de Camargo Mancuso, Rogério Favreto, Rony Carlos Esposto Polizello, Sérgio Cruz Arenhart, Teori Albino Zavascki, Teresa Arruda Alvim Wambier, Wendel Fernando Brunieri

livraria DO ADVOGADO editora

Porto Alegre, 2012

Capa, projeto gráfico e diagramação
Livraria do Advogado Editora

Revisão
Rosane Marques Borba

Livraria do Advogado Editora Ltda.
Rua Riachuelo, 1338
90010-273 Porto Alegre RS
Fone/fax: 0800-51-7255
editora@livrariadoadvogado.com.br
www.doadvogado.com.br

Impresso no Brasil / Printed in Brazil

Prefácio

Muito nos honrou o convite para prefaciar esta importantíssima obra, arquitetada em homenagem à atividade docente dos gigantes José Maria Rosa Tesheiner e Sérgio Gilberto Porto. Não há dúvida de que melhor o fariam seus amigos gaúchos, que com eles têm o privilégio de conviver, profissional e intimamente. Jamais, contudo, nos subtrairíamos a cumprir tarefa tão afortunada, oportunidade sem igual para rendermos elogios e agradecimentos – em nosso nome e no de toda a comunidade jurídica – a esses dois consagrados estudiosos que tanto contribuíram (e ainda contribuem) para o desenvolvimento da ciência processual no Brasil.

Falemos inicialmente acerca dos homenageados – e, por consequência, do próprio significado da homenagem –, para depois traçarmos brevíssimas linhas sobre a qualidade e importância da obra.

José Maria Rosa Tesheiner é um homem extraordinário. Seu extenso currículo nos permite compreender parcela de sua grandeza e determinação. Nascido em Bento Gonçalves, RS, bacharelou-se em Ciências Jurídicas e Sociais pela Faculdade de Direito da Universidade Federal do Rio Grande do Sul. Atuou como Pretor na comarca de Não Me Toque. Depois, exerceu, por quase duas décadas a advocacia. Admitido pela Universidade Federal do Rio Grande do Sul para desempenhar a função de Instrutor do Ensino, no Serviço de Assistência Judiciária da Faculdade de Direito, também ali conquistou seu Doutorado e Livre-Docência, além de lecionar, por vários anos, Direito Judiciário Civil e Teoria Geral do Processo. Ingressou, por concurso, na Consultoria-Geral, órgão no qual atuou como Coordenador da Unidade de Defesa Judicial e como Consultor-Geral do Estado do Rio Grande do Sul. Foi Dirigente da Equipe de Assuntos Tributários e Coordenador da Unidade de Defesa Judicial da Consultoria-Geral do Estado do Rio Grande do Sul. Nomeado Juiz de Alçada pelo chamado *quinto constitucional*, veio a ser Presidente do extinto Tribunal de Alçada do Estado do Rio Grande do Sul e posteriormente promovido a Desembargador do Tribunal de Justiça, cargo no qual se aposentou. É hoje professor no curso de mestrado da Pontifícia Universidade Católica do Rio Grande do Sul e membro do conselho editorial da Revista Jurídica (Porto Alegre), da Revista Nacional de Direito e Jurisprudência, da Revista Direito e Democracia e da Revista Brasileira de Direito Processual (RBDPro). Também é editor de duas Revistas Jurídicas Eletrônicas, projetadas e iniciadas por ele próprio, importantes fontes de pesquisa na área jurídica: "Páginas de Direito" (<www.tex.pro.br>) – coordenada juntamente com a professora Mariângela Guerreiro Milhoranza – e "Processos Coletivos" (<www.processoscoletivos.net>). Publicou, participou e organizou mais de uma dezena de importantes obras, entre elas as prestigiadas "Eficácia da Sentença e Coisa Julgada no Processo Civil" (Revista dos Tribunais), "Pressupostos Processuais e Nulidades no Processo Civil"

(Saraiva), "Elementos para uma Teoria Geral do Processo" (Saraiva), "Jurisdição Voluntária" (Aide) e "Medidas Cautelares" (Saraiva). Além disso, é autor de quase uma centena de artigos científicos, espalhados por uma variedade de importantes periódicos brasileiros e internacionais, entre eles a "Revista de Processo", a "Revista Brasileira de Direito Processual", a "Revista Ajuris", a "Revista Jurídica", a "Revista Direitos Fundamentais e Justiça", a "Revista Peruana de Derecho Procesal", entre outras tantas. Mas a magnitude do Professor Tesheiner não se limita às suas conquistas profissionais, por mais amplas e incríveis que sejam. Impressiona, talvez em maior grau, a sua simplicidade, a ausência absoluta de vaidades, a sinceridade espargida de seu contagiante e convidativo sorriso, a incansável preocupação que nutre com a formação de seus discípulos – sempre neles incutindo fagulhas do espírito crítico que lhe é característico – e a predisposição e energia em abraçar e concretizar os desafios que a vida lhe impõe, na busca incessante do aperfeiçoamento da ciência jurídica (em especial a ciência processual).

Sérgio Gilberto Porto também possui um currículo assaz impressionante. Não somente atuou como Procurador de Justiça, senão ainda exerceu os cargos de Procurador-Geral de Justiça, Secretário de Estado para assuntos da Casa Civil do Governo do Rio Grande do Sul e Sub-Chefe Jurídico e Legislativo da Casa Civil do Governo do mesmo Estado. Conquistou Especialização, Mestrado e Doutorado pela Pontifícia Universidade Católica do Rio Grande do Sul, onde é, hoje, Professor Titular de Direito Processual Civil. Atualmente, é advogado e parecerista, com atuação em Porto Alegre e Brasília, inserindo-se, inquestionavelmente, entre os causídicos mais conceituados e requisitados do País. Integra o conselho editorial de inúmeras revistas jurídicas e é Diretor da *Revista Jurídica Empresarial*. Publicou e organizou mais de uma dezena de obras jurídicas, além de ser autor de inúmeros artigos e pareceres técnicos propagados em diversos periódicos, merecendo destaque os seguintes trabalhos científicos: "Comentários ao Código de Processo Civil" (Revista dos Tribunais), "Comentários ao Código de Defesa do Consumidor" (Expresso Carta Maior), "Tendências Constitucionais do Direito de Família" (Livraria do Advogado), "As garantias do Cidadão no Processo Civil" (Livraria do Advogado), "Coisa Julgada Civil" (Revista dos Tribunais), "Manual dos Recursos Cíveis" (Livraria do Advogado) e "Lições de Direitos Fundamentais no Processo Civil" (Livraria do Advogado). Aqueles que convivem com o homenageado elogiam sua postura disciplinada, homem metódico em sua vida pessoal e profissional. Além disso, é alguém cuja cordialidade integra a própria personalidade, um mestre amigo, porém bastante exigente, sempre atento às características de seus alunos e preocupado com o desenvolvimento intelectual deles. É um professor questionador, que ensina por estímulos, vale dizer, suscita dúvidas e insufla ideias, nunca mediante cômodas respostas prontas.

A presente obra, todavia, não se distingue apenas pelo tributo que oferta aos Professores José Maria Rosa Tesheiner e Sérgio Gilberto Porto, ainda que isso já desperte o interesse de todos e aponte fortes indícios de sua boa qualidade. O trabalho que ora se prefacia é deveras formidável, atributo também avalizado pelas credenciais daqueles responsáveis pela sua organização – Professores Araken de Assis, Carlos Alberto Molinaro, Luiz Manoel Gomes Jr. e Mariângela Guerreiro Milhoranza –, processualistas sérios, renomados, experimentados, intensamente compromissados com as atividades que se propõem a desenvolver, eles próprios autores de variadas produções científicas desde há muito consagradas pela comunidade jurídica.

Mas como se também o fato de ser coordenada por processualistas tão talentosos não fosse suficiente, outra circunstância valoriza sobremaneira esta coletânea. É que aqui se percebe destaque especial ao estudo do "Processo Coletivo", tema atualíssimo – sem embargo de suas origens mais distantes remontarem aos direitos romano e inglês medieval[1] – e que vem merecendo, a cada dia, vigorosa atenção dos estudiosos contemporâneos.

Vive-se num Brasil emergente, no qual problemas de características múltiplas se abrolham com intensidade e sem nenhum controle, oriundos precisamente da evolução dos tempos e da abertura da jurisdição aos até então excluídos socialmente (e, por conseguinte, excluídos da seara jurisdicional). Grande parte dessas crises envolve os chamados *direitos supraindividuais*, para cuja adequada tutela jurisdicional não bastam os tradicionais institutos positivados no Código de Processo Civil em vigor, o qual, apesar de submetido a inúmeras revisões e atualizações nos últimos anos, ainda mantém iniludível apego à ideologia de seu tempo, exatamente àquela que nutria preocupação em legitimar, com exclusividade, uma jurisdição endereçada à satisfação de litígios puramente individuais.

Bem verdade, impossível negar, que a tutela dos interesses difusos, coletivos e individuais homogêneos encarna, presentemente, as preocupações do legislador – por isso também a atualidade e importância do tema –, o que o levou a dedicar especial atenção às chamadas "ações coletivas", representadas, em especial, pelas Leis da Ação Popular e da Ação Civil Pública, pela Constituição de 1988 e pelo Código de Defesa do Consumidor, além de inúmeras outras leis específicas, publicadas ao longo das derradeiras três décadas, como proficuamente leciona Ada Pellegrini Grinover. Igualmente, não há como rejeitar a marcante experiência brasileira na elaboração do Código Modelo de Processos Coletivos para Ibero-América, aprovado em outubro de 2004, e que vem sendo marco referencial para a introdução e reelaboração das legislações nacionais da comunidade. Porém – e ainda parafraseando Pellegrini Grinover –, e não obstante a trajetória nacional em torno das "ações coletivas", caracterizada por avanços e retrocessos, inegável, noutro turno, que o direito processual coletivo necessita ocupar espaço mais central no ordenamento jurídico, com a construção de princípios e normas que reflitam e respondam às indagações pertinentes aos processos coletivos de modo geral, preenchendo as lacunas existentes e respondendo às dúvidas e controvérsias acumuladas na doutrina e nos tribunais.[2] São muitas, neste contexto, as questões a serem pensadas e superadas, entre as quais talvez se destaquem: i) a necessidade de uma legislação processual própria, voltada à tutela da jurisdição coletiva, a exemplo dos esforços empreendidos na elaboração do anteprojeto de Código Brasileiro de Processos Coletivos; ii) a construção de uma estrutura judiciária preparada para o processamento e julgamento de crises coletivas, com órgãos especializados para o seu processamento, julgamento e execução; iii) a edificação de uma apropriada estrutura jurisdicional que também permita, em âmbito nacional, o registro dos feitos instaurados, bem assim a realização e gestão das informações e comunicações pertinentes, por intermédio de sites e controles informatizados; iv) a

---

[1] Conferir CASTRO MENDES, Aluisio Gonçalves de. *Ações coletivas no direito comparado e nacional.* 2ª ed. São Paulo: Revista dos Tribunais, 2010. p. 39 e ss.

[2] GRINOVER, Ada Pellegrini; CASTRO MENDES; Aluisio Gonçalves de; WATANABE, Kazuo. *Direito Processual Coletivo e o Anteprojeto de Código Brasileiro de Processos Coletivos*. São Paulo: Revista dos Tribunais, 2007. p. 5.

conscientização de que aos processos coletivos devem se dar atenção diferenciada, pois, caso logrem bom resultado, poderão proporcionar diminuição do número de lides individuais e, assim, fortalecer a própria saúde do Judiciário; v) o empenho na formação e preparação daqueles que manejam instrumentos afetos ao direito processual coletivo, de maneira que tenham condições de compreender e interpretar ajustadamente esta realidade, que exige obviamente soluções diversas daquelas utilizadas nos processos individuais.[3]

De autoria de uma plêiade de processualistas, brasileiros e estrangeiros, reunidos incontestavelmente pelo brilho que se vê reluzir dos homenageados, propõe esta obra, sobretudo, o enfrentamento de muitos temas vinculados ao *processo civil coletivo*, além de alguns outros assuntos, que a despeito de se desviarem da rota principal, apresentam-se não menos interessantes, pertinentes e atualizados. O leitor tem em mãos afinal uma coletânea que oferta material de superior qualidade e que se traduz em justa deferência a dois consagrados juristas, exemplos de devoção à pesquisa e à docência, cuja cultura também se talhou segundo uma faina profissional diretamente ligada à praxe forense, resultando-lhes o indispensável saber da experiência prática, homens de excepcionais qualidades humanas, ambos responsáveis diretos pela evolução da ciência processual no Brasil, e que, por isso mesmo, conquistaram o respeito e a admiração de toda a comunidade jurídica.

Felicitamos os ilustres organizadores, e também a Editora, por mais esta empreitada de sucesso e, principalmente, pela oportuna iniciativa em homenagear tão caros e notáveis processualistas.

Lúcio Delfino

Advogado. Doutor em Direito. Membro do Instituto Brasileiro de Direito Processual. Membro da Academia Brasileira de Direito Processual Civil. Membro do Instituto dos Advogados de Minas Gerais. Diretor da *Revista Brasileira de Direito Processual*

Fernando Rossi

Advogado. Mestre em Direito. Membro do Instituto Brasileiro de Direito Processual. Membro do Instituto dos Advogados de Minas Gerais. Diretor da *Revista Brasileira de Direito Processual.*

[3] Para um maior aprofundamento no tema, examinar: CASTRO MENDES, Aluisio Gonçalves de. O Anteprojeto de Código Brasileiro de Processos Coletivos: Visão Geral e Pontos Sensíveis. *Direito Processual Coletivo e o Anteprojeto de Código Brasileiro de Processos Coletivos*. Organizadores: Ada Pellegrini Grinover, Aluisio Gonçalves de Castro Mendes e Kazuo Watanabe. São Paulo : Revista dos Tribunais, 2007. p. 16 e ss.

Sumário

— 1 —

O projeto de lei brasileira sobre processos coletivos

ADA PELLEGRINI GRINOVER
Professora Titular de Direito Processual na Universidade de São Paulo

Sumário: 1 – O minissistema de processos coletivos vigente no Brasil; 2 – O Código Modelo de Processos Coletivos para Ibero-América; 3 – O surgimento do Anteprojeto de Código Brasileiro de Processos Coletivos; 4 – Inovações do Anteprojeto; 5 – O Projeto de Lei sobre ações coletivas; 6 – A tramitação do Projeto; 7 – Conclusão.

1 – O minissistema brasileiro de processos coletivos, formado pela Lei n. 7.347/85 – a denominada lei da ação civil pública – e pelo Código de Defesa do Consumidor, de 1990, completou 20 anos. Por meio desses instrumentos normativos, o Brasil colocou-se numa posição de vanguarda, ao menos entre os países de *Civil Law*. Mas, a par dos excelentes serviços prestados à comunidade na linha evolutiva de um processo individualista para um processo social, a aplicação prática dos institutos processuais coletivos demonstra que muito ainda pode ser feito para melhorar o sistema. Antes mesmo da entrada em vigor do CDC, e depois de sua promulgação, diversas leis regularam a ação civil pública, em dispositivos esparsos e às vezes colidentes. Podem-se, assim, citar os artigos 3º, 4º, 5º, 6º e 7º da Lei n. 7.853, de 24 de outubro de 1989; o artigo 3º da Lei n. 7.913, de 7 de dezembro de 1989; os artigos 210, 211, 212, 213, 215, 217, 218, 219, 222, 223 e 224 da Lei n. 8.069, de 13 de junho de 1990; o artigo 17 da Lei n. 8.429, de 2 de junho de 1992; o artigo 2º da Lei n. 9.494, de 10 de setembro de 1997; e os artigos 80, 81, 82, 83, 85, 91, 92 e 93 da Lei n. 10.741, de 1º de outubro de 2003.

Outras dificuldades têm sido notadas pela concomitante aplicação da ação civil pública e da ação popular constitucional à tutela de direitos ou interesses difusos e coletivos, acarretando problemas práticos quanto à conexão, à continência e à prevenção, assim como reguladas pelo CPC, o qual certamente não tinha e não tem em vista o tratamento das relações entre processos coletivos. E mesmo entre diversas ações civis públicas, concomitantes ou sucessivas, têm surgido problemas que geraram a multiplicidade de liminares, em sentido oposto, provocando um verdadeiro caos processual que foi necessário resolver mediante a suscitação de conflitos de competência perante o Superior Tribunal de Justiça. O que indica, também, a necessidade de regular de modo diverso a questão da competência concorrente.

Assim, não se pode desconhecer que 20 anos de aplicação da LACP, com os aperfeiçoamentos trazidos pelo CDC, têm posto à mostra não apenas seus méritos, mas também suas falhas e insuficiências, gerando reações, quer do legislativo, quer do executivo, quer do judiciário, que objetivam limitar seu âmbito de aplicação. No campo do governo e do Poder Legislativo, vale lembrar, por exemplo, medidas provisórias e leis que tentaram limitar os efeitos da sentença ao âmbito territorial do juiz, que restringiram a utilização de ações civis públicas por parte das associações – as quais, aliás, necessitam de estímulos para realmente ocuparem o lugar de legitimados ativos que lhes compete. E, no campo jurisdicional, podemos lembrar as posições contrárias à legitimação das defensorias públicas, ao controle difuso da constitucionalidade na ação civil pública, à extração de carta de sentença para execução provisória por parte do beneficiário que não foi parte do processo coletivo, assim como, de um modo geral, a interpretação rígida das normas do processo, sem a necessária flexibilização da técnica processual.

E ainda: a aplicação prática das normas brasileiras sobre processos coletivos (ação civil pública, ação popular, mandado de segurança coletivo) tem apontado para dificuldades práticas decorrentes da atual legislação: assim, por exemplo, dúvidas surgem quanto à natureza da competência territorial (absoluta ou relativa), sobre a litispendência (quando é diverso o legitimado ativo), a conexão (que, rigidamente interpretada, leva à proliferação de ações coletivas e à multiplicação de decisões contraditórias), a possibilidade de se repetir a demanda em face de prova superveniente e a de se intentar ação em que o grupo, categoria ou classe figure no polo passivo da demanda.

Por outro lado, a evolução doutrinária brasileira a respeito dos processos coletivos autoriza a elaboração de um verdadeiro Direito Processual Coletivo, como ramo do direito processual civil, que tem seus próprios princípios e institutos fundamentais, diversos dos do Direito Processual Individual. Os institutos da legitimação, competência, poderes e deveres do juiz e do Ministério Público, conexão, litispendência, liquidação e execução da sentença, coisa julgada, entre outros, têm feição própria nas ações coletivas que, por isso mesmo, se enquadram numa Teoria Geral dos Processos Coletivos. Diversas obras, no Brasil, já tratam do assunto. E o país, pioneiro no tratamento dos interesses e direitos transindividuais e dos individuais homogêneos, por intermédio da LACP e do CDC, tem plena capacidade para elaborar um verdadeiro Código de Processos Coletivos, que mais uma vez o colocará numa posição de vanguarda, revisitando a técnica processual por intermédio de normas mais abertas e flexíveis, que propiciem a efetividade do processo coletivo.

2 – Acresça-se a tudo isso a elaboração do Código Modelo de Processos Coletivos para Ibero-América, aprovado nas Jornadas do Instituto Ibero-Americano de Direito Processual, na Venezuela, em outubro de 2004. Ou seja, de um Código que possa servir não só como repositório de princípios, mas também como modelo concreto para inspirar as reformas, de modo a tornar mais homogênea a defesa dos interesses e direitos transindividuais em países de cultura jurídica comum.

Deveu-se a Ada Pellegrini Grinover, Kazuo Watanabe e Antonio Gidi a elaboração da primeira proposta de um Código Modelo, proposta essa que aperfeiçoou as regras do microssistema brasileiro de processos coletivos, sem desprezar a experiência das *class-actions* norte-americanas. Muitas dessas primeiras regras, que foram revistas com a participação ativa de outros especialistas ibero-americanos (e de mais um brasileiro, Aluísio de Castro Mendes), passaram depois do Código Modelo para o Anteprojeto de Código Brasileiro de Processos Coletivos, de que passamos a discorrer.

3 – O Código Modelo foi profundamente analisado e debatido no Brasil, no final de 2003, ao ensejo do encerramento do curso de pós-graduação *stricto sensu* da Faculdade de Direito da Universidade de São Paulo, por professores e pós-graduandos da disciplina "Processos Coletivos", ministrada em dois semestres por Ada Pellegrini Grinover e Kazuo Watanabe, para verificar como e onde suas normas poderiam ser incorporadas, com vantagem, pela legislação brasileira. E daí surgiu a ideia da elaboração de um Código Brasileiro de Processos Coletivos, que aperfeiçoasse o sistema, sem desfigurá-lo. Ada Pellegrini Grinover coordenou os trabalhos do grupo de pós-graduandos de 2.003 que se dispôs a preparar propostas de Código Brasileiro de Processos Coletivos, progressivamente trabalhadas e melhoradas. O grupo inicialmente foi formado pelo doutorando Eurico Ferraresi e pelos mestrandos Ana Cândida Marcato, Antônio Guidoni Filho e Camilo Zufelato. Depois, no encerramento do curso de 2004, outra turma de pós-graduandos, juntamente com a primeira, aportou aperfeiçoamentos à proposta, agora também contando com a profícua colaboração de Carlos Alberto Salles e Paulo Lucon. Nasceu assim a primeira versão do Anteprojeto, trabalhado também pelos mestrandos, doutorandos e professores da disciplina, durante o ano de 2005. O Instituto Brasileiro de Direito Processual, por intermédio de seus membros, ofereceu diversas sugestões. No segundo semestre de 2005, o texto foi analisado por grupos de mestrandos da UERJ e da Universidade Estácio de Sá, sob a orientação de Aluísio de Castro Mendes, daí surgindo mais sugestões. O IDEC também foi ouvido e aportou sua contribuição ao aperfeiçoamento do Anteprojeto. Colaboraram na redação final do Anteprojeto juízes das Varas especializadas já existentes no país. Foram ouvidos membros do Ministério Público da União, do Distrito Federal e de diversos Estados, que trouxeram importantes contribuições. Enfim, o trabalho foi submetido a ampla consulta pública e apresentado, como Anteprojeto, pelo Instituto Brasileiro de Direito Processual, à apreciação do então Ministro da Justiça, Márcio Tomás Bastos, no final de 2002.

4 – Em síntese, pode-se afirmar que a tônica do Anteprojeto foi a de manter, em sua essência, as normas da legislação em vigor, aperfeiçoando-as por intermédio de regras não só mais claras, mas sobretudo mais flexíveis e abertas, adequadas às demandas coletivas. Corresponde a essa necessidade de flexibilização da técnica processual um aumento dos poderes do juiz – o que, aliás, é uma tendência até do processo civil individual brasileiro. Na revisitação da técnica processual, foram pontos importantes do Anteprojeto a reformulação do sistema de preclusões – sempre na observância do contraditório –, a reestruturação dos conceitos de pedido e causa de pedir – a serem interpretados extensivamente – e de conexão, continência e litispendência – que devem levar em conta a identidade do bem jurídico a ser tutelado; o enriquecimento da coisa julgada, com a previsão do julgado *secundum eventum probationis*; a ampliação dos esquemas da legitimação, para garantir maior acesso à justiça, mas com a paralela observância de requisitos que configuram a denominada "representatividade adequada" e põem em realce o necessário aspecto social da tutela dos interesses e direitos difusos, coletivos e individuais homogêneos, colocando

a proteção dos direitos fundamentais de terceira geração a salvo de uma indesejada banalização.

5 – No início de 2009, o Ministério da Justiça do Governo Lula retomou o Anteprojeto, nomeando comissão de que participaram Ada Pellegrini Grinover e outros membros do Instituto Brasileiro de Direito Processual, além de representantes das diversas categorias jurídicas. Decidiu-se trabalhar num projeto de Lei – e não de Código – e se chegou a uma solução de consenso, que em grande parte reproduz as regras do Anteprojeto de Código, em outros pontos o apefeiçoa, mas em outras não é tão avançada como este.

Em linhas gerais, podem-se salientar, como pontos altos do novo Projeto, em relação ao minissistema vigente:

A – Vantagens gerais

Criação de um sistema único de ações coletivas (excluído o Mandado de Segurança coletivo, que recebeu recentemente disciplina legal própria);

Melhora do tratamento de alguns institutos até agora tratados com os critérios do processo individual;

Correção de algumas distorções, sobretudo em relação à concomitância de ações individuais e ações coletivas.

B – Pontos específicos

1 – Objeto da tutela por Ação Civil Pública, criando regras de direito material;

2 – Princípios da tutela coletiva;

3 – Ampliação da legitimação ativa;

4 – Relação entre ações coletivas e individuais;

5 – Predominância das ações coletivas sobre as individuais;

6 – Previsão de ação revisional, diante de prova científica nova;

7 – Facilitação para a reunião de processos (conceito mais amplo de conexão e continência);

8 – Possibilidade de alteração do pedido e da causa de pedir;

9 – Medidas para evitar a duplicidade de demandas (Cadastros nacionais);

10 – Preferência pela condenação líquida na ação em defesa de direitos individuais homogêneos;

11 – Simplificação e maior efetividade da liquidação e execução. Preferência pela execução coletiva;

12 – Poderes do juiz e juiz gerenciador do processo;

13 – Tratamento da perícia;

14 – Distinção entre responsabilidade pela prova e distribuição do ônus da prova. Ônus dinâmico da prova;

15 – Preferência pela tutela específica;

16 – Condenação em dinheiro depositada em juízo e só residualmente destinada ao Fundo de Interesses Difusos;

17 – Relevância dos meios alternativos de solução de litígios;

18 – Previsão de ofícios de juízes e tribunais ao Ministério Público e, quando possível, a outros legitimados, para, querendo, ajuizarem ação coletiva, no caso de diversas ações individuais.

C – Retrocessos em relação ao Anteprojeto de Código Brasileiro de Processos Coletivos

1 – Não se disciplina a ação coletiva passiva, embora esta já exista na práxis judiciária;

2 – Não se prevê a legitimação ativa da pessoa física, com o controle da "representatividade adequada";

3 – Não se cogita de gratificação financeira às associações que tenham conduzido a demanda de maneira a alcançar benefícios sociais;

4 – Retira-se a natureza jurídica de transação do acordo resultante do Termo de Ajustamento de Conduta firmado administrativamente com os órgãos públicos legitimados, o que gera insegurança jurídica;

6 – O Anteprojeto de Lei, formulado pela Comissão, passou pela revisão da Casa Civil do Governo, onde diversas regras foram alteradas para atender a interesses da administração pública, deturpando o espírito geral do Anteprojeto. O Presidente da República encaminhou o Projeto de Lei, assim deturpado, à Câmara dos Deputados, onde tomou o n. 5.139/09.

Na Comissão de Constituição e Justiça da Câmara dos Deputados, o Relator do Projeto, Deputado Antonio Carlos Biscaia, do partido do Governo, apresentou um Substitutivo, reconduzindo o Projeto ao leito da proposta da Comissão do Ministério da Justiça. Cem emendas foram apresentadas pelos Deputados, objetivando em grande parte retornar aos dispositivos sugeridos pela Casa Civil. O Relator as rejeitou, mas ainda se trava uma batalha na Comissão de Constituição e Justiça entre os representantes dos interesses da administração e os que lutam para manter a integridade do projeto. E provavelmente a batalha terminará com algumas concessões feitas à Casa Civil pelo Ministério da Justiça e pela Comissão por este constituída, autora do Anteprojeto.

7 – Seja como for, a nova lei certamente representará um avanço em relação ao minissistema de processos coletivos vigente no país, descontado talvez algum retrocesso. E sobre a nova lei, seus avanços e até agora improváveis retrocessos certamente ainda teremos a oportunidade de escrever para o leitor italiano.

— 2 —

A coisa julgada no processo coletivo

ÁLVARO VINÍCIUS PARANHOS SEVERO
Especialista em Direito Processual Civil e Direito Civil, Mestre em Direito Processual Civil, Doutorando em Filosofia e Professor de Direito Processual Civil – PUCRS

1. Introdução

O processo civil, em consonância a Constituição Federal de 1988 e a Emenda Constitucional 45, apresenta, hoje em dia, um formato econômico e célere, a fim de que haja a obtenção do máximo de rendimento com o mínimo de dispêndio.

Verificamos, assim, que a atualidade do processo civil reclama um ordenamento que regule a eficácia dos direito no campo individual e no campo coletivo, resultando na coisa julgada um vínculo às partes do processo, produzindo efeitos às partes dependentes e independentes do resultado da demanda. Neste campo, o processo cuida dos direitos chamados difusos, coletivos e individuais homogêneos.

Buscamos fazer observações sobre a sistematização da coisa julgada no processo coletivo a fim de destacar, com base nos interesses transindividuais, pertencentes a uma coletividade de indivíduos, determinados, determináveis, quais são os efeitos da coisa julgada e sua extensão *pan processual*.

2. Interesse de agir

Interesse de agir, nos ensinamentos de Liebman, é "o elemento material do direito de ação e consiste no interesse em obter o provimento solicitado".[1] O interesse em agir deve estar presente em todos os atos que condizem com o processo, não só no momento da interposição da ação, como bem diz o artigo 3º do CPC.[2]

O interesse de agir aqui posto como condição, em nada tem a ver com o interesse material pretendido. É em verdade: Um interesse processual, secundário e ins-

[1] LIEBMAN. Enrico Tullio. *Manual de direito Processual civil*. 3. ed. São Paulo: Malheiros, 2005. p. 205-206.

[2] CPC – Art. 3º – Para propor ou contestar ação é necessário ter interesse e legitimidade. (BRASIL. *Código de Processo Civil*. 13. ed. São Paulo: Saraiva, 2009).

trumental com relação ao direito substancial primário: tem por objetivo o provimento que se pede ao juiz como meio para obter a satisfação de um interesse primário lesado pelo comportamento da parte contraria, ou, mais genericamente, pela situação de fato objetivamente existente.[3]

Entretanto, em que pese seja interesse de toda a coletividade que os litígios sejam compostos com fulcro na melhor decisão possível, garantindo-se assim a estabilidade social, não é qualquer demanda que pode ser aposta perante o Judiciário e exigir deste uma manifestação.

A movimentação da máquina estatal custa dinheiro aos cofres públicos, além de demandar tempo dos magistrados e dos auxiliares de justiça. Tendo-se isto em consideração, é preciso que a parte demonstre a presença do binômio necessidade/adequação daquilo que está solicitando, ou seja, mostrar que o seu pedido é digno de análise.

Com propriedade Cândido Rangel assevera que a necessidade de um provimento jurisdicional faz morada na: [...] impossibilidade de obter a satisfação do alegado direito sem a intercessão do Estado – ou porque a parte se nega a fazê-lo, sendo vedado ao autor a autotutela, ou porque a própria lei exige que determinados direitos só possam ser exercidos mediante prévia declaração judicial.

Já a adequação corresponde "à relação existente entre a situação lamentada pelo autor ao vir a juízo e o provimento jurisdicional concretamente solicitado. O provimento, evidente, deve ser apto a corrigir o mal de que o autor se queixa, sob pena de não ter razão de ser."

3. Legitimidade *ad causam*

Legitimidade para causa ativa e passiva é tida como uma pertinência subjetiva da ação, qual seja, alguém se diz titular de um direito violado, o que, por sua vez, segundo a análise do contexto esposado, permitirá saber quem será a parte legítima para litigar perante o juízo.[4]

É de se esclarecer que quando da análise verificação dos polos da demanda, no que concerne à legitimidade: [...] não importa saber se procede ou não a pretensão do autor; não importa saber se é verdadeira ou não a descrição do conflito apresentada. Isso constituirá o próprio julgamento do mérito. A aferição da legitimidade processual antecede logicamente o julgamento do mérito.[5]

4. A cultura jurídica norte americana e a *class action*

As *class actions* nos Estados Unidos, com fonte doutrinária e instrumental do sistema inglês, procuram atender um grupo de titulares de direitos individuais no plano substancial, procurando dar um tratamento unitário e simultâneo à lide e ao mérito, com a presença de um só representante em juízo.

[3] LIEBMAN, op. cit., p. 206.

[4] ALVIM, Eduardo Arruda. *Curso de direito processual civil.* São Paulo: Revista dos Tribunais, 2000. p. 163.

[5] WAMBIER. Luiz Rodrigues. *Curso avançado de processo civil*: teoria geral do processo e processo do conhecimento. São Paulo: Revista dos Tribunais, 2006. v. 1, p. 131.

A homogeneidade e a sincronicidade de interesses dos membros de uma classe como pressupostos de admissibilidade faz com que no Direito americano a *class action* exija uma notificação adequada aos membros do grupo, para que tenha a possibilidade de fazer uso de uma *opt-out*. Somente assim pode a sentença numa *class action* produzir uma coisa julgada perante todos os membros, porquanto a possibilidade de notificação é um importante pressuposto para a Constituição da classe.

A Suprema Corte Americana não admite a extensão dos efeitos da coisa julgada, mesmo que sendo favorável aos que tenham legalmente sido citados. Por esse motivo alguns estados adotaram em suas legislações um sistema de chamamento pela imprensa, por determinado lapso de tempo, onde o não comparecimento ao juízo para requerer sua exclusão implica aceitação da coisa julgada, ou seja, foi adotado o critério da representação adequada, onde a sentença para alcançar todos os titulares dos interesses individuais impõe que estes estejam representados em juízo por um só indivíduo, desde que todos tenham sido cientificados do processo.

A *class action* é decorrência das ações de grupo inglesas e as ações de associações civis, assim como aquelas propostas por entidades públicas, permitem a tutela coletiva no processo civil.

5. Legitimidade Ordinária e Extraordinária

A legitimidade considerada ordinária é aquela que, analisando-se os elementos da lide, permite extrair quem é aquele que se diz titular de um direito violado e por isso está requerendo tutela jurisdicional (autor) e aquele que possui interesse oposto ao pretendido na inicial e sobre quem deverá recair os efeitos da atuação jurisdicional estatal sobre o caso.[6]

No artigo 6º do CPC, é dada a ordem de que "ninguém poderá pleitear, em nome próprio, direito alheio, *salvo quando previsto em lei.*" Diante da ressalva aí constante, depreendemos que haverá situações em que o litígio será composto não entre o se dizente titular do direito substancial com o réu deduzido desta pretensão, mas sim um terceiro que atuará em seu próprio nome em defesa do direito de outrem. É o que chama a doutrina de legitimidade extraordinária ou substituição processual.

De acordo com cada caso concreto, haverá a possibilidade de se configurar três tipos de legitimidade extraordinária: a exclusiva, a concorrente e a subsidiária.

Legitimidade exclusiva surgiu originalmente para quando somente uma pessoa poderia ir a juízo reclamar o direito de terceiro, não podendo ser nem mesmo o efetivo titular do direito a fazer isso, como, por exemplo, o artigo 289, III, do Código Civil de 1916, onde a defesa dos bens dotais da mulher somente poderia ser feita pelo marido.[7]

Hoje a legitimidade extraordinária exclusiva doutrinariamente já derruiu diante das transformações da realidade do direito, pois somente haverá substituição processual exclusiva quando não houver um legitimado ordinário, pois caso contrário, estaríamos diante de uma flagrante inconstitucionalidade, pois se estaria ferindo de morte o princípio do livre acesso ao Poder Judiciário.[8]

[6] THEODORO JUNIOR, Humberto. *Curso de direito processual civil.* 38. ed. Rio de Janeiro: Forense, 2007, p. 68.

[7] CÂMARA. Alexandre Freitas. *Lições de direito processual civil.* 8. ed. Rio de Janeiro: Lumen Juris, 2005, p. 126.

[8] Ibidem

Legitimidade extraordinária concorrente ocorre quando tanto o legitimado ordinário quanto o extraordinário podem ingressar cada um com ação própria ou formando litisconsórcio facultativo,[9] por se tratar de obrigações solidárias.[10]

Por fim, a legitimidade extraordinária subsidiária ganha relevância quando o legitimado ordinário se quedou inerte perante a situação, sendo tal fato *conditio sine qua non* para que haja autorização do legitimado extraordinário subsidiário em demonstrar alguma manifestação. Um exemplo clássico duma situação de substituição subsidiária é a constante no artigo 159, § 3º, da Lei 6.404/76, onde o acionista de uma sociedade anônima apenas poderá ingressar com ação contra o administrador causador de dano se a própria sociedade não demandá-lo no prazo de três meses contatos da assembleia que assim tenha decidido proceder.

6. Legitimidade para as ações coletivas

Foi durante o transcurso dos últimos cinquenta anos do século XX que o ordenamento jurídico brasileiro começou a tomar consciência de que existem interesses que atingem a sociedade como um todo e por isso, diante da relevância dos direitos postos em causa, necessária se fazia a ampliação do espectro de legitimidade para que determinados órgãos pudessem atuar visando a garantir de modo mais eficaz a proteção de tais direitos.[11]

As espécies de direitos considerados como de interesse geral e coletivo são os direitos difusos (direitos que por sua natureza, são indetermináveis quanto ao número de pessoas que o usufruem e indivisíveis quanto à determinação de quanto cada um utiliza.

Em verdade, diz respeito ao indivíduo enquanto integrante da coletividade, sendo as fronteiras a generalidade do outro indivíduo); direitos coletivos (onde a indefinição quanto ao objeto e ao sujeito restringem-se a um grupo, categoria ou classe de pessoas); e direitos individuais homogêneos (quando estes possuem uma origem comum, em que pese ser possível determinar do quê cada um se beneficia e quem é o beneficiário).[12]

Durante o transcurso dessa conjuntura, surgiram legislações com esse intuito de resguardar direitos coletivos, onde se previa a outorga e ampliação do rol de pessoas legitimadas. No caso, é a ação popular regulada pelas Leis nºs 4.717/65 e 4.387/85 que cuida da ação civil pública.

Na Lei que a regula, 4.717/65, em seu artigo 1º, temos que: "Art. 1º Qualquer cidadão será parte legítima para pleitear a anulação ou a declaração de nulidade de atos lesivos ao patrimônio da União, do Distrito Federal, dos Estados, dos Municípios, de entidades autárquicas, de sociedades de economia mista (Constituição, art. 141, § 38), de sociedades mútuas de seguro nas quais a União represente os segurados ausentes, de empresas públicas, de serviços sociais autônomos, de instituições ou fundações para cuja criação ou custeio o tesouro público haja concorrido ou concorra com mais de cinquenta por cento do patrimônio ou da receita anual de empresas incorporadas

[9] CÂMARA. Alexandre Freitas. *Lições de direito processual civil.* 8. ed. Rio de Janeiro: Lumen Juris, 2005, p. 127.

[10] DINAMARCO, Cândido Rangel. *Instituições de direito processual civil.* São Paulo: Malheiros, 2001. p. 311.

[11] ALVIM, Eduardo Arruda. *Curso de direito processual civil.* São Paulo: Revista dos Tribunais, 2000. p 686.

[12] Ibidem, p. 679-696.

ao patrimônio da União, do Distrito Federal, dos Estados e dos Municípios, e de quaisquer pessoas jurídicas ou entidades subvencionadas pelos cofres públicos".[13]

A ideia principal da ação popular, portanto, é pôr à disposição do particular uma ferramenta de proteção do bem público, para que este, caso venha a descobrir alguma irregularidade que está lesando o patrimônio do Estado, tenha como tomar uma providência quanto àquela irregularidade, de modo a beneficiar a todos.

Já a ação civil pública regulada pela Lei nº 7.347/85 tem a sua razão de ser na proteção de interesse difuso ou coletivo que estão relacionados em seu art. 1º, quais sejam, a tutela do meio ambiente, do consumidor, dos bens e direitos de valor artístico, estético, histórico, turístico e, adicionalmente, da ordem econômica.[14]

Em virtude da natureza do direito que a ação civil pública visa a resguardar, a lei forneceu um leque de legitimados para manejá-la, constando este rol em seu art. 5º, os entes federativos da União, o Ministério Público, as autarquias, empresas públicas, fundações, sociedade de economia mista e associações que, além de terem constituição a pelo menos um ano, devem também ter por finalidade institucional a tutela dos mesmos direitos defendidos pela ação civil pública.

Assim, imbuída deste espírito, adveio a Constituição Federal de 1988, que consagrou em nível de preceito fundamental a proteção de interesses que atingem ou podem atingir toda a coletividade (artigo 5º, incisos XXXII, LXXIII), o que fez com que logo após fosse criada a Lei 8.078/90, que instituiu o Código de Defesa do Consumidor, que em seu título III passou a constar toda a regulamentação normativa no que tange às ações coletivas, fornecendo os seus limites objetivos e subjetivos.[15]

A ação popular, que foi colocada como de caráter fundamental do Estado, consta no inciso LXXIII do art. 5º da CF, onde: Qualquer cidadão é parte legítima para propor ação popular que vise a anular ato lesivo ao patrimônio público ou de entidade de que o Estado participe, à moralidade administrativa, ao meio ambiente e ao patrimônio histórico e cultural, ficando o autor, salvo comprovada má-fé, isento de custas judiciais c do ônus da sucumbência.

Viu-se, portanto, que à medida que se avança no tempo, os direitos coletivos cada vez mais tomam relevância, tanto que, atualmente, já existe um Projeto de Lei tramitando na Câmara dos Deputados sob o nº 5.139/09, cuja pretensão é reformular a ação civil pública a ponto de constituir-se, em fins práticos, como sendo um código de processo de direitos coletivos.

6.1. Amicus curiae

Em consideração à exatidão e brilhantismo, tomaremos por base para toda a articulação deste tema os ensinamentos esposados pelo ex-ministro do Superior Tribunal de Justiça Milton Luiz Pereira, em seu artigo acerca do assunto.[16]

[13] BRASIL. *Lei 4.717/65*: Lei da Ação Popular. 5. ed. Porto Alegre: Verbo Jurídico, 2009.

[14] Art. 29 da Lei 8.884/94.

[15] DIAS. Francisco Barros. *Coisa julgada e execução no processo coletivo*. Revista do Processo, São Paulo, v. 20, n. 78, abr./jun. 1995. p. 112-113.

[16] PEREIRA, Milton Luiz. *Amicus curiae: intervenção de terceiros*. Revista de Informação Legislativa, Brasília, DF, v. 39, n. 156, p. 7-11, out./dez. 2002. Disponível em: <http://www2.senado.gov.br/bdsf/item/id/810>. Acesso em: 20 out. 2009.

Em virtude da ampliação dos horizontes para o estabelecimento de relações interpessoais advinda com globalização, o direito, mais do que nunca, expõe a sua veia do dinamismo, no qual o homem passou a ter mais consciência da coletividade que está inserido, se dando conta da necessidade de uma busca incessante para preservação da paz e serenidade social.

Desta maneira, fez-se obrigatória uma mudança dos parâmetros valorativos da sociedade, em razão do seu exponencial crescimento e desenvolvimento, que teve uma ampliação da rede de relacionamentos entre seus integrantes. Essa ponderação consiste em encontrar o equilíbrio mais próximo da perfeição entre os direitos individuais e os direitos coletivos.

Ambos devem ser preservados em nome da sobrevivência da própria sociedade, que possui fundação existencial sobre tais premissas. Nas últimas décadas, têm-se olhado cada vez mais com maior acuidade as relações particulares que acabam envolvendo direitos difusos, na qual o Poder Judiciário, antes de entregar o direito para o devido titular, tem a obrigação de se certificar que o interesse da coletividade está se realizando quando da solução daquela contenda.

Como as partes expõem as situações balizadoras do processo do modo afetado, para que a manifestação judicial seja mais favorável aos seus interesses (muitas vezes em detrimento da coletividade), é nesta seara que se abre o campo de atuação do chamado *amicus curiae,* expressão derivada do latim que significa “amigo do juízo”.[17]

O *amicus curiae* não é parte no processo nem possui interesse no resultado deste, mas ele é admitido na demanda para oferecer subsídios ao juízo para sua melhor decisão. Apesar de este instituto acabar remetendo à noção que se tem por terceiro (aquele que, demonstrando interesse jurídico e econômico próprio nas questões, intervém ou é incitado a intervir no processo), o *amicus curiae* atua em nome da coletividade, no sentido de revelar ao juiz todas as implicações ou repercussões daquela decisão sobre a sociedade.

No ordenamento jurídico brasileiro, o *amicus curiae,* em que pese não possuir uma previsão expressa, é utilizado pelos tribunais. Isso porque, nas palavras de Milton Luiz Pereira: “O necessário, definidos os interesses na relação processual, é abrir ocasião para que, o terceiro possa contribuir para uma decisão justa, especialmente impedindo desafortunado resultado ao interesse publico”.[18]

O interesse subjetivo público é o que autoriza a atuação do *amicus curiae,* que, para garantir a equidade e justiça na demanda, adquire uma *legitimidade excepcional.* Podem ser *amicus curiae* tanto o cidadão quanto o ente público, desde que exista nexo de interdependência entre a relação jurídica particular e um possível prejuízo ao interesse publico, bem como que fique demonstrado a ausência de interesse subjetivo individualizado para a ação.

7. Os limites objetivos da coisa julgada

Assim determina o artigo 468 do CPC: “A sentença, que julgar total ou parcialmente a lide, tem força de lei nos limites da lide e das questões decididas”.

[17] CUNHA, Sérvulo da Cunha. *Dicionário compacto do direito*. 4. ed. São Paulo: Saraiva, 2005. p. 18.

[18] PEREIRA, Milton Luiz. *Amicus curiae: intervenção de terceiros*. Revista de Informação Legislativa, Brasília, DF, v. 39, n. 156, p. 7-11, out./dez. 2002. Disponível em: <http://www2.senado.gov.br/bdsf/item/id/810>. Acesso em: 20. out. 2009, p. 10.

Com uma primeira leitura do referido artigo, depreende-se, portanto, que o que for decidido em sentença não ultrapassará aquilo que foi pedido na inicial.

Humberto Theodoro Júnior, de modo preciso e direto, esmiúça os termos contidos neste artigo, ensinando-nos que: Lide ou litígio é o conflito de interesses a ser solucionado no processo. As partes em dissídio invocam razões para justificar a pretensão e a resistência, criando dúvidas sobre elas, que dão origem às questões.

Questões, portanto, são os pontos controvertidos envolvendo os fatos e as regras jurídicas debatidas entre as partes.[19]

Uma vez sabendo que as questões é o que enseja o pedido (mediato e imediato) e a causa de pedir (próxima a remota) do processo, compreendemos que estes são os elementos que balizam a atuação do magistrado, pois o juiz, ao prolatar a sua sentença, tem a obrigação de limitar-se ao que foi posto em litígio sob sua jurisdição. Esta não pode se manifestar aquém ou além do que foi pedido, sob pena de nulidade do ato, pois somente as questões que integram o pedido e que foram decididas formam a coisa julgada.[20]

Se todas as questões que podem verter da lide estão colocadas no processo, tem-se que o processo é de caráter *integral,* porém, se de todas as questões que podem advir das relações entre as partes o processo carregar apenas uma ou algumas delas, temos o que chama a doutrina de processo *parcial.*[21]

Desta possibilidade de haver julgamento de toda ou parte das questões que podem gerar controvérsias entre as partes, teremos os parâmetros de até onde os tentáculos da *res judicata* podem chegar. Podendo a sentença decidir apenas uma das questões polêmicas do processo, nada impede que a parte que tenha sucumbido na decisão interponha outra ação com base em outra questão decorrente daquela relação.[22]

Como já visto anteriormente, para que haja coisa julgada, como dispõe o artigo 301,§§ 1º e 2º, do CPC, é preciso ocorrer identidade de todos os elementos da ação, ou seja, das partes, da causa de pedir (relembre-se: remota – o fato originário da minha pretensão; e próxima – as consequências jurídicas do fato), juntamente com o pedido (imediato – a providência jurisdicional requerida; e mediato – o bem da vida pretendido).[23]

Adaptaremos aqui parte do exemplo dado por Elpídio Donizetti Nunes quando trata sobre os elementos identificadores da ação, ao mencionar as possíveis questões advindas de um acidente de automóvel.[24]

Imagine-se que o autor maneja uma ação contra o outro motorista, pretensamente causador dos prejuízos, pedindo danos emergentes em razão daquele acidente. Aqui se identificam claramente as partes, as causas de pedir (a remota é caracterizada pelo acidente e a próxima, pelas consequências jurídicas do fato, isto é, obrigação de

[19] THEODORO JUNIOR, Humberto. *Curso de direito processual civil.* 38. ed. Rio de Janeiro: Forense, 2007. p. 604.

[20] Ibidem, p. 601.

[21] DIAS, Francisco Barros. *Coisa julgada e execução no processo coletivo.* Revista de Processo, São Paulo, v. 20, n. 78, abr./jun. 1995. p. 110.

[22] Ibidem.

[23] Ibidem.

[24] NUNES, Elpídio Donizetti. *Curso didático de direito processual civil.* Belo Horizonte: Del Rey, 1998. p. 44-45.

indenizar com base no art. 159 do CC) e os pedidos (o imediato, que é a pretensão da condenação do réu, e o mediato, que é o pedido de danos emergentes).

Supondo-se que o juiz venha a julgar improcedente tal ação, nada impede que o autor ingresse com nova ação, porém desta vez buscando indenização por lucros cessantes em razão daquele mesmo acidente, pois esta questão não foi objeto de análise naquela primeira demanda. Em assim sendo, não será atingida pela coisa julgada, tendo em vista que se trata de outro pedido mediato.

Tanto é assim, que o os motivos que fundamentaram o entendimento do juiz não faz coisa julgada, conforme artigo 469 CPC. Cada pedido pode fundamentar uma ação diferente, mas caso o autor opte por realizar uma cumulação as ações de modo a se configurar uma lide integral para todas serem decididas em um único processo, aí sim a *res judicata* amordaçará toda e qualquer discussão futura que possa advir daquela relação jurídica.

Uma vez pacificado o entendimento de que as questões que não foram ventiladas no processo não são atingidas pela coisa julgada, a situação já se modifica quando se trata de argumentações, provas e documentos que versam sobre as questões que estão como objeto do processo, o que chamamos de *efeito preclusivo da coisa julgada*. Humberto Theodoro assim o explica: "[...] Efeito esse que, em torno da mesma lide, abrange tudo o que se arguiu no processo e se decidiu na sentença, como o que não se arguiu nem se decidiu, embora fosse alegável para sustentar ou repelir o pedido solucionado na sentença passada em julgado. Nada mais se pode erguer, em juízo algum, contra a situação jurídica dela emergente. Impede-o o efeito preclusivo inerente à coisa julgada material, é claro, dentro dos limites da lide e das questões decididas... A teoria da preclusão foi concebida, é certo, para operar dentro do processo, correspondendo à perda ou exaustão das faculdades processuais, à medida que se ultrapassa as oportunidades adequadas ao seu exercício".[25]

Destacamos também aqui a discussão que Sérgio Porto traz à baila com maestria, quanto a o quê efetivamente pode e deve se curvar à *res judicata.*

Esclarece o autor que o ensejo desta discussão foi quando Liebman, em sua obra *Eficácia e Autoridade da Coisa Julgada*, afirmou que a coisa julgada representa uma qualidade que torna imutável os efeitos surgidos na sentença.

Discordou em parte o nobre jurista Barbosa Moreira, ao colocar que a *res judicata* é, sem sombra de dúvida, uma qualidade da sentença, todavia não significa dizer que os efeitos não possam ser alterados.[26]

Ovídio Baptista da Silva, por sua vez, diante desta conjuntura, teria concordado em parte com ambos os doutrinadores: a coisa julgada é sim uma qualidade da sentença, porém, ao contrário do que afirmou Barbosa Moreira, seria um equívoco aduzir que todos os efeitos da sentença poderiam modificados, pois o único elemento que de modo algum poderia sofrer alteração é a carga declaratória dessa decisão.[27]

Nesta seara, Sérgio Porto, ao analisar tal situação, sopesando tais divergências quanto à realização da coisa julgada, aponta que a diferença está no ângulo em que é

[25] THEODORO JUNIOR, Humberto. *Curso de direito processual civil.* 38. ed. Rio de Janeiro: Forense, 2007, p. 612.

[26] PORTO, Sérgio Gilberto. *Coisa julgada civil.* 2. ed. Rio de Janeiro: Aide, 1998, p. 68.

[27] Ibidem, p. 68-69.

analisado o instituto, ou seja, Liebman enxerga a situação do ponto de vista externo à sentença, já que assegura que a concretização da autoridade da coisa julgada está na imutabilidade dos efeitos, e estes se dão no mundo fático. Já Barbosa Moreira e Ovídio Baptista da Silva tratam do caso assegurando que a formação da coisa julgada está relacionada a circunstâncias internas da sentença.[28]

Assim, Sérgio Porto acrescenta um dado relevante na discussão, ao suscitar que a mutabilidade ou imutabilidade dos efeitos da sentença dependerá da natureza do direito tratado na lide, se é de caráter disponível ou indisponível às partes. Isso porque, se for o primeiro, nada impede que depois de já composto o litígio, as partes venham a realizar novos acordos extrajudicialmente, novos negócios jurídicos que não os estabelecidos na decisão, o que o faz concordar com a crítica de Barbosa Moreira, de que os efeitos da decisão podem ser mutáveis.[29] Contudo, se a ação envolveu direitos indisponíveis, aí não terá como modificar o que fora decidido, pois quando da irradiação dos efeitos no mundo fático, estes não serão passíveis de reversão quanto o que já tiver sido tocado por ele, o que, por sua vez, o faz discordar da afirmada mutabilidade dos efeitos asseverada por Barbosa Moreira.[30]

Todavia, após estas considerações quanto às divergências da extensão dos efeitos da coisa julgada, Sérgio Porto aquiesce com Ovídio Baptista da Silva, quando este afirma que a absoluta inalterabilidade da coisa julgada reside no elemento declaratório da decisão, onde assim finaliza: Assim, adequado concluir que, se alguma coisa a todo questionamento escapa e adquire a condição de indiscutível – não podendo ser objeto de controvérsia futura e, juridicamente relevante, nem mesmo de transação –, esse algo é interno à sentença; resultando, pois, nesta medida, a autoridade da coisa julgada circunscrita à norma concreta e editada pela decisão, o que é efetivado através da nova situação jurídica declarada, definido-se a extensão desta como os limites objetivos da coisa julgada material.[31]

8. Os limites subjetivos da coisa julgada

Os limites subjetivos da coisa julgada possuem previsão no nosso ordenamento jurídico no artigo 472 do CPC. Doutrinariamente, este dispositivo é dividido em duas partes para melhor exposição do tema. A primeira parte diz o seguinte: "A sentença faz coisa julgada às partes entre as quais é dada, não beneficiando, nem prejudicando terceiros".

Desde já é de se esclarecer que o fato de a coisa julgada se dar apenas entre as partes, não implica subentender que terceiros não devam respeitá-la, equívoco este corriqueiro ao se ler apressadamente tal dispositivo. O significado aqui é no sentido de que a indiscutibilidade e inalterabilidade da sentença já passada em julgado não pode se estender ao ponto de beneficiar ou prejudicar terceiros estranhos àquela lide.[32]

[28] PORTO, Sérgio Gilberto. *Coisa julgada civil.* 2. ed. Rio de Janeiro: Aide, 1998, p. 69-70.

[29] Ibidem, p. 69-70.

[30] Ibidem, p. 71.

[31] Ibidem, p. 72.

[32] THEODORO JUNIOR, Humberto. *Curso de direito processual civil.* 38. ed. Rio de Janeiro: Forense, 2007, p. 616.

Oportuno aqui esclarecer o que é exatamente a expressão "terceiros estranhos" ao litígio, isso porque existem inúmeras modalidades de terceiro, por isso, importante saber distinguir quando se trata de uma ou de outra situação. Há "terceiros juridicamente indiferentes e terceiros juridicamente interessados".[33]

No que se refere aos terceiros juridicamente indiferentes, há uma subdivisão entre "terceiros desinteressados", sendo aqueles completamente estranhos ao feito, e terceiros com interesse de fato, que ocorre quando a decisão de uma lide pode vir a afetá-los de modo ricochete, com prejuízos concretos quando for a sua vez de buscar o direito que possa ser titular contra uma daquelas partes.

Já os terceiros juridicamente interessados, igualmente podem ser separados em duas categorias: terceiros com interesse idêntico ao da parte, logo, sofrem os mesmos efeitos impostos em relação à coisa julgada, e terceiros com menor interesse se comparado ao das partes, onde mesmo podendo ser atingidos juridicamente pela decisão do processo, não poderão irresignar-se e objurar a sentença com a mesma liberdade que poderia aquele terceiro que está em condição idêntica ao da parte.[34]

Feito este esclarecimento, pertinente também se faz a definição de que tipo de prejuízo ou desvantagem o artigo 472 está tratando. O prejuízo referido pelo mencionado dispositivo (onde uma vez perfectibilizada a coisa julgada esta poderá atingir terceiros, e que por isso é proibido) é o de caráter jurídico, ou seja, somente poderá não se conformar com o que fora estabelecido em sentença aquele que sofrer desvantagem jurídica, seja por acabar reflexamente padecendo limitações quando da sua vez de buscar tutela jurisdicional estatal para garantir um direito que possa ter contra uma daquelas partes, seja por possuir uma relação paralela e conexa com uma das partes que terá que, em razão da sua natureza ou de quando também estiver envolvendo o objeto litigioso daquela ação, se sujeitar ao que for ali decidido.[35]

A sentença jurisdicional poderá, portanto, atingir a todos estes sujeitos, sejam eles partes ou terceiros, interessados juridicamente ou não. O que varia entre eles é a intensidade dos seus efeitos, conforme o grau de relação que possuírem os elementos do processo, conforme o que foi agora esposado.[36]

Nesta esteira, é necessário compreender que a sentença como um ato estatal de demonstração de soberania vale para todos ilimitadamente. O que em verdade sofre alguma restrição é o seu caráter de indiscutibilidade e imodificabilidade, que é representada pela autoridade da coisa julgada.[37]

Quanto aos efeitos subjetivos da coisa julgada relacionados a terceiros, cabível transcrever a explicação de Luiz Guilherme Marinoni, que revela que tal problemática possui assento em questões de legitimidade perante a ação: "Os terceiros que não têm interesse jurídico não precisam do fenômeno da coisa julgada para que a decisão se torne imutável.

[33] CÂMARA. Alexandre Freitas. *Lições de direito processual civil.* 8. ed. Rio de Janeiro. Lumen Juris, 2005. p. 481/482.

[34] Ibidem, p. 481-482.

[35] THEODORO JUNIOR, Humberto. *Curso de direito processual civil.* 38. ed. Rio de Janeiro: Forense, 2007. p 616.

[36] MARINONI, Luiz Guilherme; ARENHAR, Sérgio Cruz. *Manual do processo de conhecimento.* 7. ed. São Paulo: Revista dos Tribunais, 2008. p. 638.

[37] NUNES, Elpídio Donizetti. *Curso didático de direito processual civil.* Belo Horizonte: Del Rey, 1998. p. 299.

Como eles não possuem legitimidade perante o litígio, tais efeitos são imutáveis naturalmente. Nesse sentido, a questão da imutabilidade, para terceiros, pode ser resumida a um problema de legitimação diante do litígio, não tendo relação com a coisa julgada.

Quando o terceiro possui interesse jurídico – e assim legitimidade –, ele pode opor-se aos efeitos da sentença. Quando não possui, ele sofre naturalmente tais efeitos... Embora terceiros possam sofre efeitos da sentença de procedência, é certo que a autoridade da coisa julgada não os atinge".[38]

Quanto à segunda parte do artigo 472, temos que "Nas causas relativas ao estado de pessoa, se houverem sido citados no processo, em litisconsórcio necessário, todos os interessados, a sentença produz coisa julgada em relação à terceiros."

Não é pelo simples fato de uma ação ser referente ao estado da pessoa (como ação de divórcio, separação judicial, anulação de casamento, investigação de paternidade, interdição etc.) e bastando a citação dos litisconsortes necessários, que a coisa julgada será oponível *erga omnes*, má interpretação esta que pode advir caso não nos atentarmos de maneira devida.[39]

Como acertadamente leciona Marinoni, sabemos que tal equívoco nasce da confusão entre os efeitos naturais da sentença com a própria autoridade da coisa julgada: Confunde-se aí, o efeito próprio da coisa julgada com o efeito natural da sentença. Efetivamente, no caso descrito na regra – assim como ocorreria em qualquer outra situação, em que todos os sujeitos interessados (portanto, partes e terceiros interessados) viessem participar de certo processo, a sentença daí resultante seria indiscutível por todas as pessoas.

Para algumas, por falta de legitimidade (terceiros indiferentes). Para outros, em razão de intervenção (terceiros interessados), e somente para algumas em função da coisa julgada (partes)... É preciso, portanto, em conclusão, não confundir a força de recrudescimento decorrente da coisa julgada com a imutabilidade derivada da natureza das coisas, captada pelo processo pelo mecanismo da legitimação de partes.[40]

9. A coisa julgada no processo coletivo

A coisa julgada se caracteriza pela presença dos elementos condizentes às mesmas partes, à mesma causa de pedir e ao mesmo pedido, assim, os efeitos da sentença tornam-se imutáveis, inviabilizando dessa forma o ingresso de outra ação que tenha as mesmas características contidas nos elementos elencados pelo artigo 301, §§ 1º e 2º, do Código de Processo Civil.

A coisa julgada, conforme ensina Ovídio A. Baptista da Silva, pode ser definida como a virtude própria das sentenças judiciais, que as faz imunes às futuras controvérsias, impedindo que se modifique, ou discuta, num processo subsequente, aquilo que o juiz tiver declarado como sendo a lei do caso concreto.[41]

[38] MARINONI, op. cit., p. 639-640.

[39] NUNES, Elpídio Donizetti. *Curso didático de direito processual civil.* Belo Horizonte: Del Rey, 1998. p. 301.

[40] Ibidem, p. 640.

[41] SILVA, Ovídio A. Baptista da. *Curso de Processo Civil*: processo de conhecimento. 5. ed. ver. e atual. São Paulo: Revista dos Tribunais, 2000, v. 1, p. 484.

Segundo Cândido Rangel Dinamarco, "é um instituto destinado a assegurar a estabilidade das relações jurídicas e, por conseguinte, a própria segurança jurídica".[42]

Para Sérgio Gilberto Porto, a coisa julgada representa, efetivamente, a indiscutibilidade da nova relação jurídica declarada pela sentença e decorrente da inviabilidade recursal.[43]

Já para Celso Neves, coisa julgada "é o efeito da sentença definitiva sobre mérito da causa que, pondo termo final à controvérsia, faz imutável e vinculativo, para as partes e para os órgãos jurisdicionais, o conteúdo declaratório da decisão".[44]

Em direito processual, a coisa julgada, significa imutabilidade, ou seja, quando a sentença se limita a decidir sobre o processo sem julgamento do mérito, sua imutabilidade é um fenômeno puramente processual.[45]

No Código de Processo Civil vigente, a coisa julgada material está denominada como a eficácia que torna imutável e indiscutível a sentença não mais sujeita a recurso ordinário ou extraordinário. E o § 3º do art. 6º da Lei de Introdução do Código Civil denominada a Coisa Julgada ou caso julgado como a decisão judicial que já não comporta mais recurso.

Na esfera coletiva, é basicamente no Código de Defesa do Consumidor que se encontram as regras atinentes à coisa julgada nas ações coletivas *lato sensu*. Ada Pellegrini Grinover aduz que "O artigo 103 contém toda a disciplina da coisa julgada nas ações coletivas, seja definindo seus limites subjetivos (o que equivale a estabelecer quais as entidades e pessoas que serão alcançadas pela autoridade da sentença passada em julgado), seja determinando a ampliação do objeto do processo da ação coletiva, mediante o transporte, *in utilibus*, do julgado coletivo às ações individuais".[46]

Assim as regras atribuídas aos efeitos da coisa julgada nas demandas coletivas levam em consideração a natureza do direito discutido (difuso, coletivo *stricto sensu* ou individual homogêneo) e o resultado obtido no processo.[47]

A análise da coisa julgada nas ações coletivas visa a responder e a delimitar ainda quais são as pessoas que podem ser atingidas por uma ação já passada em julgado e a forma de impacto na esfera individual de cada uma delas. A clara percepção de como a coisa julgada se estende sobre as demandas coletivas mostra-se deveras importante, tendo em vista que esta possui força distinta de acordo com o resultado dado no processo, bem como em razão à natureza do direito discutido.

Para explanação de quais tipos de direitos coletivos existentes bem como na sua diferenciação, tomaremos como base a doutrina de Eduardo Arruda Alvim, em

[42] DINAMARCO, Cândido Rangel. *Instituições de Direito Processual Civil*. 2. ed. São Paulo: Malheiros, 2002, v. 3, p. 295.

[43] PORTO, Sérgio Gilberto. *Coisa Julgada Civil*. Rio de Janeiro: AIDE, 1998, p. 44.

[44] NEVES, Celso. *Coisa Julgada Civil*. São Paulo: RT, 1971, p. 443.

[45] DINAMARCO, 2002, p. 296.

[46] GRINOVER, Ada Pellegrini. *Da coisa julgada no Código de defesa do Consumidor*, Livro de Estudos Jurídicos, 1/381, do IEJ/RN, 1991.

[47] DONIZETTI, Elpídio. *Curso didático de Direito processual Civil*, Lumen Júris, 10. ed. Rio de janeiro, 2008. p. 382.

seu livro Curso de Direito Processual Civil, vol. I, em razão da sua maior dedicação a esta parte da matéria.[48]

As espécies de direitos tratados pelas ações coletivas são aquelas dispostas no artigo 81, parágrafo único, incisos I, II e III, do Código de Defesa do Consumidor, onde temos a subdivisão em três categorias: Direitos difusos (também conhecidos como direitos coletivos *latu sensu)*, Direitos coletivos (denominados também por direitos coletivos s*trictu sensu)* e direitos individuais homogêneos.[49] Tais categorias serão adiante expostas.

9.1. A coisa julgada nas ações de interesses difusos

Trata-se da hipótese do efeito da coisa julgada sobre toda a coletividade, podendo, no caso de pedido ser atendido, favorecendo toda a coletividade, permitindo que no plano individual seja possível o pedido de indenização face ao princípio do *secundum eventum litis*. Porém, no caso de improcedência do pedido por insuficiência de prova, não há coisa julgada para o legitimado, nem extraordinário ou ordinário, possibilitando ao interessado que ingressou e ajuizou a ação coletiva anterior ou outro interessado e legitimado extraordinário ou individual ingressar com nova demanda, desde que venha a produzir prova nova. No caso em que o pedido é rejeitado na ação coletiva tendo sido aprofundado o mérito pela sentença com suficiência da análise probatória, os efeitos da coisa julgada serão extensivos aos legitimados que polarizaram a ação coletiva, mas outro legitimado na via individual poderá buscar reparação em ação própria, por encontrar amparo na ressalva dos seus direitos individuais.

Conclui-se assim, que no caso de a ação versar sobre direitos difusos, a sentença de procedência produzirá efeitos *erga omnes*, tanto no plano coletivo ou individual. Contudo, nos casos em que haja a improcedência do pedido, os efeitos serão diversos no plano coletivo e individual. No caso do plano coletivo, só se formará em relação ao legitimados na ação, coisa julgada material quando utilizados todos os meios de prova que venham a influenciar o julgador na decisão (coisa julgada *secundum eventum probationis*). No caso de insuficiência de provas, será permitido ao legitimado extraordinário propor demanda idêntica, dede que fundada em prova nova capaz de influenciar o resultado da ação primitiva.

Segundo Fredie Didier Júnior, a prova nova "deve ser suficiente para um novo juízo de direito acerca da questão de fundo, não bastando a prova que mesmo nove, embora produzida não possibilite novo resultado. A opção pela coisa julgada *secundum eventum probationis* revela o objetivo do legislador em prestigiar o valor da justiça em detrimento do valor da segurança, bem como preservar os processos coletivos do conluio e da fraude processual".[50] Já no plano do direito individual, a sentença de improcedência não prejudicará os interesses e direitos individuais dos integrantes da coletividade.

O conceito de direito difuso vem expresso no artigo 81, parágrafo único, inciso I, do Código de Defesa do Consumidor, onde consta que como tais são "assim enten-

---

[48] ALVIM, Eduardo Arruda. *Curso de direito processual civil.* São Paulo: Revista dos Tribunais, 2000. p. 679-700.

[49] Ibidem, p. 679-683.

[50] DIDIER JR., Fredie. *Curso de direito processual civil.* Editora Juspodium, 2007, p. 344.

didos, para efeitos deste código, os transindividuais, de natureza indivisível, de que sejam titulares pessoas indeterminadas e ligadas por circunstâncias de fato".

Necessária se faz aqui a análise semântica de tal afirmação. O prefixo "*trans*" representa "mudança, deslocamento para além de ou através de".[51]

Assim, é possível compreender que o motivo pelo qual os direitos difusos são classificados, *prima facie,* como direitos transindividuais é porque estes ultrapassam a esfera individual de cada cidadão, onde dizem respeito a um grupo indeterminado de pessoas, onde não é possível defini-los, muito menos identificá-los.

O único dado que se sabe é o de que em virtude de alguma circunstância de fato (representado por um direito de natureza indivisível que fora violado – aspecto objetivo) faz com que seus titulares (número indeterminado e necessariamente indeterminável – aspecto subjetivo) se subordinem a circunstâncias idênticas em função da equivalência existente entre estes dois contextos.[52]

A indivisibilidade do bem jurídico objeto dos direitos difusos advém do fato de não ser possível cotizar de modo definido quanto cada pessoa utilizou, fruiu e dispôs daquele bem. E é exatamente em função desta indeterminação de quem consome o quê, que se caracteriza o direito difuso. Pode-se usar como exemplo de violação de um direito difuso a veiculação de uma propaganda enganosa em mídias de divulgação em massa, como televisão e jornais.

Não há como se determinar quantas pessoas foram expostas, bastando alguém estar assistindo à televisão ou folheando o jornal, para possa se sentir ofendido. Mesmo que se cogite que alguém não foi sujeito a esta propaganda enganosa, o simples fato de se buscar retirá-la de circulação já configura benefício a todos os consumidores em geral.[53]

9.2. A coisa julgada nos direitos coletivos

No caso da coisa julgada nos direitos coletivos, tal efeito se estenderá somente ao grupo, categoria ou classe, sendo que os efeitos serão os mesmos aplicados nas ações que tenham por base os direitos difusos, destacando-se necessária observância quanto ao fato de que o efeito *ultra partes*, da coisa julgada, só alcança o grupo, categoria ou classe não havendo a extensão que se apresenta nos direitos difusos.

Elpídio Donizetti " a sentença de improcedência não prejudicará os direitos de cada um dos integrantes da classe (coisa julgada *secundum eventum litis*) e, no plano coletivo, só produzirá coisa julgada se tiver havido cognição exauriente (suficiência de provas). No caso, portanto, de insuficiência de provas, os legitimados extraordinários poderão propor nova demanda idêntica, desde que fundada em prova nova (coisa julgada *secundum eventum probationis*).[54]

Tem-se por direito coletivo aquele direito "transindividuais de natureza indivisível, de eu seja titular grupo, categoria ou classe de pessoas ligadas entre si ou com a

[51] HOUAISS, Antônio. *Minidicionário Houaiss da língua portuguesa*. 2. ed. Rio de Janeiro: Objetiva, 2004. p. 727.

[52] ALVIM, Eduardo Arruda. *Curso de direito processual civil.* São Paulo: Revista dos Tribunais, 2000. p. 680.

[53] Ibidem, p. 681-682.

[54] DONIZETTI, Elpídio. *Curso didático de Direito processual Civil*, 10. ed. Rio de Janeiro: Lumen Juris, 2008. p. 386.

mesma parte contrária por uma relação jurídica de base" – artigo 81, parágrafo único, inciso II, do Código de Defesa do Consumidor.

A diferença entre direitos difusos para direitos coletivos é que aqui o direito mesmo sendo igualmente indivisível, a indeternabilidade do seu titular não é tão ampla quanto naquele primeiro. Como expresso no mencionado inciso, os detentores do direito são um grupo, categoria ou classe de pessoas que, devido a circunstâncias jurídicas (como características legais em comum ou porque por um mesmo motivo jurídico se relacionam com a mesma parte contrária), acabam permitindo visualizar laços que as identificam entre si, mas não o suficiente para discriminá-las uma das outras.[55]

9.3. A coisa julgada nos direitos individuais homogêneos

Trata-se de uma espécie de direitos definida como aqueles que decorrem de uma origem comum. Havendo procedência do pedido, o tratamento dos efeitos da coisa julgada subjetiva dar-se-á na mesma forma ao dos interesses ou direitos difusos e coletivos, sendo excepcionalmente diferente quanto à hipótese da improcedência do pedido por insuficiência de provas. Em caso de improcedência do pedido, seja por suficiência de provas ou por insuficiência de provas analisadas pelo julgador e refletidas no mérito da decisão, os interessados que não tiverem intervindo no processo como litisconsortes poderão propor ação de indenização a título individual.

Trata-se do princípio do *secundum eventum litis*, pois os direitos individuais somente serão alcançados pela coisa julgada quando o pedido for procedente, ficando reservado a cada indivíduo requerer a liquidação da sentença e posterior execução do julgado, ou seja, nas demandas coletivas em que envolvem direitos individuais homogêneos, a sentença de procedência também terá efeito *erga omnes* com relação às partes legitimadas na ação coletiva.

Os direitos individuais homogêneos encerram o art. 81, onde consta em seu inciso III do parágrafo único que estes assim o são quando possuírem origem em comum.Tal afirmação significa dizer que, ao contrário dos outros direitos já expostos, aqui tanto as pessoas quando o bem que é usado, usufruído e disposto são *uti singuli*, ou seja, perfeitamente determináveis e divisíveis (é possível cotizar quem consumiu e quanto consumiu de determinado bem).

O que ocorre é que, mesmo que se possa individualizar os interesses de cada pessoa, se acaba dando um tratamento coletivo por ter todos estes interesses uma base considerada homogênea, como os interesses dos consumidores, por exemplo.Nestes casos, as partes podem ingressar com uma ação coletiva para defesa de seus direitos, contudo, nada impede que estes o façam separadamente.[56]

10. Conclusão

Já sabemos que pela regra do artigo 472, a coisa julgada fica adstrita às partes integrantes do litígio, não beneficiando nem prejudicando terceiros. Entretanto, no que tange à coisa julgada nas ações de direito coletivo, a sistemática é outra.

[55] ALVIM, Eduardo Arruda. *Curso de direito processual civil.* São Paulo: Revista dos Tribunais, 2000. p. 681-682.

[56] Ibidem, p. 684.

O traço diferenciador entre a *res judicata* tradicional e para a *res judicata* em ações coletivas é o chamado princípio *Secundum Eventum Litis,* ou seja, a coisa julgada se formará ou não, dependendo do resultado do processo, o que representa impactos diferentes sobre pretensões de cunho individual com a mesma fundamentação. É no artigo 103 do Código de Defesa do Consumidor onde consta a maneira como ocorrerá a coisa julgada nas ações coletivas. Com propriedade, assim leciona Humberto Theodoro Jr: "Se a sentença for de improcedência, a coisa julgada operará plenamente no âmbito da ação coletiva, se não se tratar de insuficiência de prova, mas de inexistência mesma do direito material manejada na ação.

Nenhuma outra ação coletiva poderá ser proposta seja pelo autor, seja por outro legitimado. Isto, porém, não prejudicará os direitos subjetivos *individuais* de terceiros, isto é, quem não figurou no processo coletivo a nenhum título (litisconsorte, assistente, etc.). Os efeitos da sentença coletiva operam sempre no terreno da ação coletiva e não necessariamente no dos interesses individuais. Os particulares se beneficiam das vantagens advindas da sentença, mas não se prejudicam por suas desvantagens (artigo 130, § 3º, do CDC)".[57]

A necessidade de formação da coisa julgada material em razão da falta de prova se dá por uma razão muito simples: evitar fraudes que possam lesar todos os titulares do direito, seja ele difuso, coletivo ou individual homogêneo. Alexandre Câmara exemplifica bem essa situação, quando suscita a interposição de uma ação popular onde há um conluio entre o autor e um governante que teria praticado algum ato lesivo ao patrimônio público.[58]

Por isso, o autor dolosamente não apresenta as provas que comprovariam o ilícito, o que forçaria a declaração de inocência deste governante. Assim se concedida a esta decisão uma autoridade de coisa julgada *erga omnes* contra todos os outros legitimados, estes, mesmo possuindo elementos probatórios do ilícito praticado, não mais teriam como se opor.

Em se tratando de direitos difusos, a *res judicata* será *erga omnes*, ou seja, atingirá toda a coletividade, de acordo com o artigo 103, inciso I, do CDC.[59] Se a decisão julgar o pedido procedente, todos os legitimados poderão se beneficiar dela, inclusive aqueles que já haviam ingressado com ações individuais antes, entretanto tal benefício somente poderá ocorrer caso tenham solicitado a suspensão do prosseguimento do seu processo trinta dias antes do julgamento da ação coletiva, consoante artigo 104 do CDC.[60]

Se o pedido for rejeitado por insuficiência probante, não haverá formação de coisa julgada para ninguém, seja legitimado ordinário ou extraordinário. Contudo,

[57] THEODORO JUNIOR, Humberto. *Curso de direito processual civil.* 38. ed. Rio de Janeiro: Forense, 2007. p. 618.

[58] ALVIM, Eduardo Arruda. *Curso de direito processual civil.* São Paulo: Revista dos Tribunais,2000. p. 489.

[59] Art. 103. Nas ações coletivas de que trata este código, a sentença fará coisa julgada: I – *erga omnes*, exceto se o pedido for julgado improcedente por insuficiência de provas, hipótese em que qualquer legitimado poderá intentar outra ação, com idêntico fundamento valendo-se de nova prova, na hipótese do inciso I do parágrafo único do art. 81; (BRASIL. *Lei 8.078/90*: dispõe sobre a proteção do consumidor e dá outras providências. 5. ed. Porto Alegre: Verbo Jurídico, 2009).

[60] Art. 104. As ações coletivas, previstas nos incisos I e II e do parágrafo único do art. 81, não induzem litispendência para as ações individuais, mas os efeitos da coisa julgada erga omnes ou ultra partes a que aludem os incisos II e III do artigo anterior não beneficiarão os autores das ações individuais, se não for requerida sua suspensão no prazo de trinta dias, a contar da ciência nos autos do ajuizamento da ação coletiva. (BRASIL, op. cit.).

sendo o pedido rejeitado em razão do mérito, aí sim haverá a propagação dos efeitos da *res judicata* a todas as pessoas legítimas, porém não prejudicando a chance de ingresso com ações individuais, artigo 103, § 1º, do CDC.[61]

Em ações envolvendo direitos coletivos, sendo a ação julgada procedente, o entendimento é igual ao que acontece com os direitos difusos, todos poderão se beneficiar, até os que ingressaram com ações individuais, desde que tenham requerido a suspensão 30 dias antes todavia, o efeito é *ultra partes*, ou seja, fica-se restrito ao grupo, categoria ou classe titular do direito colocado em pauta. Sendo julgada improcedente por falta de provas também não há coisa julgada.

Por fim, sendo o direito individual homogêneo, em caso de procedência, o efeito será *erga omnes* apenas em caso de procedência, caso contrário, aqueles que não intervieram no processo como litisconsortes poderão ingressar com suas ações individuais, consoante §2º do artigo 103 do CDC.

11. Referências Bibliográficas

ALVIM, Eduardo Arruda. *Curso de direito processual civil.* São Paulo: Revista dos Tribunais, 2000.

BRASIL. *Código de Processo Civil.* 13. ed. São Paulo: Saraiva, 2009.

BRASIL. *Lei 4.717/1965*: Lei da Ação Popular. 5. ed. Porto Alegre: Verbo Jurídico, 2009.

CÂMARA, Alexandre Freitas. *Lições de direito processual civil.* 8. ed. Rio de Janeiro. Lúmen Juris, 2005.

CUNHA, Sérvulo da. *Dicionário compacto do direito.* 4. ed. São Paulo: Saraiva, 2005.

DIAS, Francisco Barros. Coisa julgada e execução no processo coletivo. *Revista do Processo*, São Paulo, v. 20, n. 78, abr./jun. 1995.

DIDIER JR., Fredie. *Curso de direito processual civil.* Editora Juspodium, 2007.

DINAMARCO, Cândido Rangel. *Instituições de direito processual civil.* São Paulo: Malheiros, 2001.

GRINOVER, Ada Pellegrini. Da coisa julgada no Código de defesa do Consumidor, *Livro de Estudos Jurídicos*, 1/381, do IEJ/RN, 1991.

HOUAISS, Antônio. *Minidicionário Houaiss da língua portuguesa.* 2. ed. Rio de Janeiro: Objetiva, 2004. p. 727.

LIEBMAN, Enrico Tullio. *Manual de direito Processual civil.* 3. ed. São Paulo. Malheiros, 2005.

MARINONI, Luiz Guilherme; ARENHAR, Sérgio Cruz. *Manual do processo de conhecimento.* 7. ed. São Paulo: Revista dos Tribunais, 2008.

NEVES, Celso. *Coisa Julgada Civil.* São Paulo: RT, 1971.

NUNES, Elpídio Donizetti. *Curso didático de direito processual civil.* Belo Horizonte: Del Rey, 1998.

——. *Curso didático de direito processual civil.* Belo Horizonte: Del Rey, 2008.

PEREIRA, Milton Luiz. *Amicus curiae*: intervenção de terceiros. *Revista de Informação Legislativa,* Brasília, DF, v. 39, n. 156, p. 7-11, out./dez. 2002. Disponível em: http://www2.senado.gov.br/bdsf/item/id/810>. Acesso em: 20 out. 2009.

PORTO, Sérgio Gilberto. *Coisa julgada civil.* 2. ed. Rio de Janeiro: Aide, 1998.

SILVA, Ovídio A. Baptista da. *Curso de Processo Civil*: processo de conhecimento. 5ª. ed. ver. e atual. São Paulo: Revista dos Tribunais, 2000.

THEODORO JUNIOR, Humberto. *Curso de direito processual civil.* 38. ed. Rio de Janeiro: Forense, 2007.

WAMBIER, Luiz Rodrigues. *Curso avançado de processo civil*: teoria geral do processo e processo do conhecimento. São Paulo: Revista dos Tribunais, 2006. v. 1.

[61] Art. 103 § 1° Os efeitos da coisa julgada previstos nos incisos I e II não prejudicarão interesses e direitos individuais dos integrantes da coletividade, do grupo, categoria ou classe. (BRASIL, op. cit.).

— 3 —

Ação rescisória coletiva

AMILCAR ARAÚJO CARNEIRO JÚNIOR

Bacharel em Direito pela Universidade Estadual de Ponta Grossa – UEPG. Especialista em Direito Constitucional pela UNAES/FESMP-MS. Especialista em Ciências Penais pela UNISUL-SC/ LFG. Mestrando em Processo e Cidadania, linha de pesquisa Jurisdição Constitucional e Direitos Fundamentais pela Universidade Paranaense – UNIPAR. Professor de Direito Processual Civil da Universidade Estadual de Mato Grosso do Sul. Professor de Direito Processual Penal no Centro Universitário da Grande Dourados – UNIGRAN. Promotor de Justiça.

1. Introdução

Diz-se que a coisa julgada torna uma decisão judicial imutável, impedindo seu reexame no próprio processo em que foi prolatada, bem como veda que a mesma causa seja objeto de novo exame em outro juízo. É instituto protegido pela Constituição da República e, ao lado dos institutos do direito adquirido e do ato jurídico perfeito, é previsto como garantia fundamental que consagra os princípios constitucionais da segurança e da certeza jurídicas. A coisa julgada constitui cláusula pétrea, não podendo ser abolida nem mesmo por Emenda Constitucional.

Justifica-se, portanto, em dois fundamentos: um de natureza política; outro de ordem jurídica. O primeiro diz respeito à verdadeira finalidade do processo, que é a de solucionar os conflitos existentes na sociedade, e o segundo em razão da segurança do Estado em relação às suas decisões.

Sem embargo disso, a ação rescisória é um instituto que se presta a desconstituir a coisa julgada, de acordo com o campo de incidência previsto nos incisos do artigo 485 do Código de Processo Civil.

Com o reconhecimento de outros direitos ou interesses transindividuais (difusos, coletivos e individuais homogêneos) foi criado um sistema legislativo integrado pelas Leis 4.717/65, 7.347/85 e 8.078/90 (Sistema Único Coletivo), que interagem e se complementam naquilo que for aplicável, estabelecendo um novo regime de coisa julgada coletiva (*secundum eventum litis*) para o qual não existe um sistema rescisório próprio. É tomada de empréstimo a disciplina da ação rescisória sob a perspectiva dos direitos individuais, a qual não se ajusta perfeitamente às ações coletivas.

Tramita atualmente o Projeto de Lei sob nº 5.139/09, a nova lei de ação civil pública que disciplina a ação rescisória nas ações coletivas, assunto do qual se cuida neste trabalho.

2. Ação rescisória

Giuseppe Chiovenda[1] ensina que a sentença é "(...) provisão do juiz que recebendo ou rejeitando a demanda do autor, afirma a existência ou inexistência de uma vontade concreta da lei que lhe garanta um bem ou respectivamente a inexistência de uma vontade de lei que garanta um bem ao réu".

Por opção política, haverá um momento em que este pronunciamento jurisdicional – sentença – não poderá mais ser reexaminado, passando a ser imutável e indiscutível, formando-se a coisa julgada.

Teresa Arruda Alvim Wambier e José Miguel Garcia Medina,[2] sobre a coisa julgada, lecionam que o resultado final do processo de conhecimento normalmente atribui um bem jurídico a alguém. Esta vontade concreta de lei que alcança a atribuição de um bem da vida a alguém, em realidade não é efeito, mas sim uma qualidade que se agrega aos efeitos da sentença.[3]

Acompanham a doutrina mais aceita sobre o tema, que é a de Enrico Tullio Liebman,[4] para quem "(...) a autoridade da coisa julgada não é efeito ulterior e diverso da sentença, mas uma qualidade de seus efeitos referentes, isto é, precisamente sua imutabilidade".

Mesmo havendo coisa julgada, diante de hipóteses taxativas previstas em lei, ela pode ser rescindida por intermédio da ação rescisória disciplinada nos artigos 485 a 495 do CPC.

Para José Carlos Barbosa Moreira,[5] o direito brasileiro reconhece dois tipos de remédios utilizáveis contra decisões judiciais: os recursos, ou seja, a impugnação da decisão dentro do próprio processo; e as ações autônomas de impugnação, pela qual se inicia outro processo. Para ele, "(...) chama-se rescisória à ação por meio da qual se pede a desconstituição de sentença trânsita em julgado, com eventual rejulgamento, a seguir, da matéria nela julgada".[6]

Por esta razão, a sentença inexistente não é passível de rescisória,[7] muito menos se pode declarar que a sentença nula é rescindível, pois apenas depois de transitada em julgado é que se poderá promover a sua destituição por intermédio da ação rescisória.[8]

---

[1] CHIOVENDA, Giuseppe. *Instituições de direito processual civil*. 2ª ed. Campinas: Bookseller, 2000, p. 198.

[2] WAMBIER, Teresa Arruda Alvim; MEDINA, José Miguel Garcia. *O dogma da coisa julgada – hipóteses de relativização*. São Paulo: Revista dos Tribunais, 2003, p. 20.

[3] Ibidem, p. 19.

[4] LIEBMAN, Enrico Tullio. *Eficácia e autoridade da sentença*. 2. ed. Rio de Janeiro: Forense, 1981, p. 142.

[5] BARBOSA MOREIRA, José Carlos. *Comentários ao Código de Processo Civil*. 11. ed. Rio de Janeiro: Forense, 2003, p. 100.

[6] Ibidem, p. 99.

[7] Ibidem, p. 107.

[8] Ibidem, p.107.

A sentença portadora dos vícios enumerados no artigo 485 deve se revestir da autoridade da coisa julgada, sendo este, aliás, um pressuposto para a rescisão.

A ação rescisória é uma ação constitutiva negativa que produz uma sentença desconstitutiva, quando julgada procedente.[9]

Podem-se formular dois pedidos: o de desconstituição da coisa julgada, o chamado juízo *rescindens* e o rejulgamento da causa, o chamado juízo *rescissorium.*

Encarta-se, portanto, no rol das sentenças constitutivas, embora contenha carga declaratória, comum a todas as decisões de mérito.

2.1. Hipóteses de cabimento

O artigo 485 do Código de Processo Civil estabelece 9 (nove) hipóteses de cabimento da ação rescisória.

Para Marcos Destefenni,[10] a ação rescisória não deixa de ser uma forma de relativização da coisa julgada material cujos fundamentos estão previstos taxativamente na lei.

Apesar disso, o sistema permite outras hipóteses de relativização da coisa julgada típica. A Lei 11.232/05, por exemplo, disciplinou situação na qual se permite ao executado impugnar o cumprimento de sentença em seu desfavor com base no artigo 475-L, caso em que tal impugnação assume caráter rescisório, não condicionado ao fator tempo.

Deve restar claro que a ação rescisória não se presta a impugnar a injustiça de qualquer decisão transitada em julgado.

O art. 485, inc. I, do Código de Processo Civil estabelece que hipótese de rescisão quando for proferida por juiz em relação a quem tenha havido prevaricação, concussão ou corrupção. Segundo Luiz Rodrigues Wambier,[11] a este dispositivo deve-se dar interpretação larga, alcançando todas as espécies de fraudes possíveis de ocorrer, e não somente às três. Permite-se que a prova do vício seja feita no curso da própria rescisória.[12] Se procedente a rescisória nesses casos, o Tribunal deverá anular todo o processo a partir da instrução.[13] Em relação à tipificação criminal, a interpretação, pelo contrário, deve ser a mais restrita possível, remetendo-se à via própria.

O segundo inciso do art. 485 é relacionado aos pressupostos processuais de validade: juiz impedido e incompetência absoluta. Para que um processo se instaure é necessário que estejam presentes tais pressupostos processuais de validade da competência absoluta e do impedimento. A parcialidade impede o juiz de atuar no processo e invalida os seus pronunciamentos, mesmo que não haja oposição ou recusa da parte, na medida em que a imparcialidade do juiz é condição essencial para o exercício da jurisdição. Por sua vez, o juízo deve ser dotado de competência abso-

---

9 WAMBIER, Luiz Rodrigues *et. al. Curso de processo civil avançado.* 6. ed. São Paulo: RT, 2006, p. 606.

10 DESTEFENNI, Marcos. *Curso de processo civil.* São Paulo: Saraiva, 2009, p. 241. 1 v. t. II.

11 WAMBIER, Luiz Rodrigues et. al. *Curso avançado de processo civil.* 7. ed. São Paulo: Revista dos Tribunais, 2006, p. 608.

12 AMARAL SANTOS, Moacir. *Primeiras Linhas de Direito Processual Civil.* 4. ed. São Paulo: Saraiva, 1985,3 v., p.450.

13 BUENO VIDIGAL, Luís Eulálio de. *Comentários ao Código de Processo Civil.* São Paulo: Revista dos Tribunais, 1976. 6 v, p.39.

luta. Para Wambier,[14] "(...) a incompetência relativa e a suspeição ficam fora porque, havendo suspeição ou incompetência relativa, não haverá nulidade, já que, quando o juízo é relativamente incompetente e as partes calam, o juiz não pode alegar a incompetência relativa de ofício". Para Flávio Luiz Yarshell,[15] o tribunal poderá proferir o julgamento, desde que a causa esteja madura para julgamento e não haja impedimento, não sendo obrigatória a remessa para o juízo de 1º grau: "(...) sendo o tribunal (que julga a ação rescisória) competente para o novo julgamento, não havendo, obviamente, causas de impedimento ou suspeição dentre seus julgadores, sendo a matéria controvertida exclusivamente de direito e havendo elementos suficientes para tanto, poder-se-ia supor que o tribunal prosseguisse no julgamento, considerando a *ratio* do art. 515, §3º, do CPC".

O inciso III do artigo 485 do Código de Processo Civil estabelece que haverá possibilidade de rescindir o julgado se a sentença for resultante de dolo da parte vencedora em detrimento da parte vencida, ou for fruto da colusão entre as partes a fim de fraudar a lei.

Um exemplo de fraude desse tipo, utilizando-se o processo como um instrumento para realização, ou seja, "(...) fraude realizada por instrumento processual",[16] é dado por Barbosa Moreira,[17] quais sejam: "(...) o autor obstou a que o réu tomasse conhecimento real da propositura da ação, ou de qualquer modo o levou a ficar revel, v.g., alegando falsamente ignorar o paradeiro do citando, ou indicando endereço incorreto, onde em vão seria ele procurado, a fim de provocar a expedição injustificada de edital citatório".

O dolo é o processual, relacionado ao que dispõe o art. 129 do Código de Processo Civil, no sentido de que a parte vencida sofreu prejuízo ou gravame processual.

O inc. IV do art. 485 do Código de Processo Civil trata da sentença que ofende a coisa julgada. Hipótese que tem causado vários problemas.

Wambier,[18] comentando o inciso, indaga: "(...) supondo que haja uma coisa julgada, sobre determinada matéria, e que haja uma coisa julgada posterior, sobre a mesma matéria, e se escoe o biênio decadencial dentro do qual teria havido a possibilidade de se entrar com a rescisória e não se intentou – como podem subsistir essas duas coisas julgadas, eventualmente contraditórias? Qual delas vale? Ela continua sendo atacável por meio de qualquer outra ação ou, escoado o prazo em que a rescisória seria passível de ser proposta, ela se transforma numa decisão atacável?".

Aponta duas correntes: uma que sustenta valer a segunda "(...) coisa julgada, fazendo uma analogia com o direito constitucional, dizendo que é como se fosse uma lei que revogasse outra.; a segunda defende que a primeira coisa julgada é que tem de valer e não a segunda, alegando que se até a própria lei não poderá retroagir

---

[14] WAMBIER, Luiz Rodrigues et. al. *Curso avançado de processo civil.* 7. ed. São Paulo: Revista dos Tribunais, 2006, p. 608.

[15] YARSHELL. Flávio Luiz *Ação Rescisória: juízos rescindente e rescisório.* São Paulo: Malheiros, 2005, p.299.

[16] Ibidem, p. 610.

[17] BARBOSA MOREIRA, José Carlos Barbosa. *Comentários ao Código de Processo Civil.* 11. ed. Rio de Janeiro: Forense, 2003. 5 v., p. 123.

[18] WAMBIER, Luiz Rodrigues, et. al. *Curso avançado de processo civil.* 7. ed. São Paulo: Revista dos Tribunais, 2006, p. 610.

quando ofender direito adquirido, coisa julgada e ato jurídico perfeito, isso significa que a coisa julgada não pode ser ofendida por outra coisa julgada posterior".[19] Ensina Barbosa Moreira[20] a esse respeito que " (...) haverá ofensa à coisa julgada quer na hipótese de o novo pronunciamento ser conforme ao primeiro, quer na de ser desconforme: o vínculo não significa que o juiz esteja obrigado a rejulgar a matéria em igual sentido, mas sim que ele está impedido de rejulgá-la".

Parece plausível entender que a sentença proferida sobre outra que não foi rescindida é juridicamente inexistente.

O artigo 485, inc. V, do Código de Processo Civil certamente é o mais complexo de todos. Barbosa Moreira[21] entende que o termo *lei* há de entender-se em seu sentido amplo, compreendendo à evidência a Constituição, a lei complementar, ordinária ou delegada, a medida provisória, o decreto legislativo, a resolução, o decreto emanado do Executivo, o ato normativo baixado por órgão do Poder Judiciário, inexistindo qualquer diferença, a este respeito entre a fonte de produção de normas.

O Supremo Tribunal Federal editou a Súmula nº 343, que afirma não caber ação rescisória por ofensa à literal disposição de lei, quando a decisão rescindenda se tiver baseado em texto legal de interpretação controvertida nos tribunais. Marinoni comenta que a Súmula "(...) não diz o que é lei, mas deixa claro que a decisão que se funda em lei de interpretação controvertida nos tribunais não pode ser objeto de ação rescisória".[22]

Para Wambier e Medina,[23] "(...) a redação do art. 485, inc. V, do CPC, como se observou antes, é reminiscência de uma época em que se acreditava ser a afronta a literal disposição legal o mais grave desacato possível à ordem jurídica".

Eduardo Talamini[24] propõe a flexibilização na regras do art. 485 do Código de Processo Civil, especialmente se referindo ao inciso V como relevante para o tema da relativização da coisa julgada.

No ponto, é importante ressaltar a importância deste dispositivo, pois, apesar da excepcionalidade da ação rescisória, com base nele podem-se remover pronuncia mentos jurisdicionais que se revelam incompatíveis com a ordem constitucional.

O inciso VI do artigo 485 do Código de Processo Civil ressalva a sentença fundada em prova, cuja falsidade tenha sido apurada em processo criminal, ou seja, provada na própria ação rescisória. Claro que deve ser interpretada com temperamentos, pois há necessidade de se aferir o nexo causal entre a prova falsa e a decisão.

Barbosa Moreira[25] atenta para a circunstância de que a sentença não será rescindível se havia outro fundamento bastante para a conclusão.

---

19 WAMBIER, Luiz Rodrigues, *et al. Curso avançado de processo civil.* 7. ed. São Paulo: Revista dos Tribunais, 2006, p. 610.

20 BARBOSA MOREIRA, José Carlos Barbosa. *Comentários ao Código de Processo Civil.* 11. ed. Rio de Janeiro: Forense, 2003. 5 v., p. 114.

21 BARBOSA MOREIRA, José Carlos Barbosa. *Comentários ao Código de Processo Civil.* 11. ed. Rio de Janeiro, 2003, p. 129. 5 v.

22 MARINONI, Luiz Guilherme. *Coisa julgada inconstitucional.* São Paulo: Revista dos Tribunais, 2008, p. 94.

23 WAMBIER, Tereza Arruda Alvim; MEDINA, José Miguel Garcia. *O dogma da coisa julgada.* São Paulo: Revista dos Tribunais, 2003, p. 173.

24 TALAMINI, Eduardo. *Coisa julgada e sua revisão.* São Paulo: Revista dos Tribunais, 2005, p. 200.

25 BARBOSA MOREIRA, José Carlos Barbosa. *Comentários ao código de processo civil.* 11. ed. Rio de Janeiro: Forense, 2003. 5 v., p. 131-132.

Não há necessidade de se aguardar que seja proferida sentença penal, sendo possível a prova da falsidade na própria ação rescisória. Todavia, reconhecida a falsidade no processo criminal, não poderá ser rediscutida no âmbito civil. Para Barbosa Moreira,[26] "A prova da falsidade deverá ser feita na rescisória e a sentença civil já existente constituirá importante elemento de convicção ao magistrado, que, entretanto, a ela não deverá estar vinculado. Procedente o pedido rescisório é possível que o juízo rescindente remeta a novo julgamento pelo juízo rescisório ou, ainda, pode se revelar necessária a anulação do processo originário, com a reabertura da instrução do feito e da produção de provas".

Permite o inc. VII a rescisória com base na prova nova. Apenas a prova, o documento, é que deve ser novo, e não os fatos a serem provados. Não se pode, a pretexto de um documento novo, inovar a causa de pedir na qual se baseou a sentença.[27] Ou seja, se após o julgamento, o autor da rescisória obtiver documento novo cuja existência ignorava ou que não pôde fazer uso, capaz de, por si só, lhe assegurar provimento favorável, à vista dos elementos já constantes do processo, será cabível a rescisória. Wambier[28] ensina que ela é *meramente rescindível,* não é viciada, nem por conter vícios intrínsecos, nem por conter vícios extrínsecos (isto é, nem por provir de um processo viciado). Por isso, é possível que se avance diretamente ao juízo rescisório, valorando-se a eficácia do documento novo e demais elementos porventura coligidos, proferindo-se, desde logo, novo julgamento.

O inc. VIII do mesmo artigo 485 do Código de Processo Civil dispõe a rescisória com base em fundamento para invalidar confissão, desistência ou transação, em que se baseou a sentença. Para Yarshell,[29] "(...) que é rescindível o julgamento do mérito quando houver fundamento para invalidar (i) o reconhecimento da procedência do pedido, (ii) a renúncia ao direito (material) em que se funda a demanda e (iii) a transação (respectivamente, art. 269, V, II e III, do CPC)". Para Destefenni,[30] ao empregar a expressão confissão, o legislador equivocou-se uma vez que, segundo o art. 269 do CPC, é o reconhecimento jurídico do pedido, e não a confissão, que dá origem à sentença de mérito, razão pela qual, se aquele não puder ser invalidado, assim também poderá ser a sentença, no caso, por meio da ação rescisória.

Quando o legislador se referiu à desistência, quis se referir à renúncia, posto que a desistência redundaria em uma sentença processual, e não de mérito, sendo incabível a ação rescisória nestes casos.

Já em relação à transação, surge polêmica acerca do cabimento da rescisória ou de ação anulatória da sentença homologatória da transação. Aplica-se o artigo 485, VIII, ou o artigo 486, ambos do Código de Processo Civil? Para Wambier,[31] "caberá

[26] BARBOSA MOREIRA, José Carlos Barbosa. *Comentários ao código de processo civil.* 11. ed. Rio de Janeiro: Forense, 2003. 5 v., p. 121.

[27] THEODORO JÚNIOR, Humberto. *Curso de Direito Processual Civil.* 36. ed., Rio de Janeiro: Forense, 2001. 1 v., p. 581.

[28] WAMBIER, Luiz Rodrigues, et. al. *Curso avançado de processo civil.* 7. ed. São Paulo: Revista dos Tribunais, 2006, p. 611.

[29] YARSHELL. Flávio Luiz. *Ação Rescisória: juízos rescindente e rescisório.* São Paulo: Malheiros, 2005, p. 323.

[30] DESTEFENNI, Marcos. *Curso de processo civil.* São Paulo: Saraiva, 2009, p. 250-251. 1 v. t. II.

[31] WAMBIER, Luiz Rodrigues et. al. *Curso avançado de processo civil.* 7. ed. São Paulo: Revista dos Tribunais, 2006, p. 615.

a mera ação anulatória contra os atos de disposição de vontade apenas quando não forem homologados por sentença".

Em relação à sentença fundada em erro de fato, resultante de atos ou documentos da causa, previsto como fundamento para rescisória no artigo 485, inc. IX, do Código de Processo Civil, Wambier[32] mencionando o código italiano e o equívoco terminológico na tradução, ensina que "(...) a interpretação a ser dada a este inciso do art. 485 é a de que cabe rescisória quando a sentença resultar de um erro que seja verificável de mero exame dos autos do processo". Para Barbosa Moreira,[33] não se admite, "(...) de modo algum, na rescisória, a produção de quaisquer provas tendentes a demonstrar que não existia o fato admitido pelo juiz ou que ocorrera o fato por ele considerado inexistente". Constata que "(...) o pensamento da lei é o de que só se justifica a abertura de via para rescisão quando seja razoável presumir que, se houvesse atentado na prova, o juiz não teria julgado no sentido em que julgou. Não, porém, quando haja ele julgado em tal ou qual sentido, por ter apreciado mal a prova em que atentou".[34] O Supremo Tribunal Federal, em elucidativa decisão sob voto condutor do Ministro Marco Aurélio, já decidiu que não se pode confundir o erro de fato com o erro de julgamento: "Há erro, quando a sentença admitir um fato inexistente, ou quando considerar inexistente um fato efetivamente ocorrido".[35]

2.2. Legitimidade

O Código de Processo Civil, no artigo 487, estabelece a legitimidade ativa para a propositura da ação rescisória: quem foi parte no processo ou o seu sucessor a título universal ou singular, terceiro juridicamente interessado e o Ministério Público.

Em primeiro lugar, está legitimado a ingressar com a ação rescisória quem foi parte no processo no qual surgiu a decisão rescindenda. Parte inclui autor e réu, os litisconsortes e assistentes, quando for o caso. Esses sujeitos deverão estar presentes no processo no momento em que foi proferida a sentença. O réu revel também é parte, possuindo legitimidade de rescindir.[36]

A sucessão poderá ser *inter vivos* ou *causa mortis*, a título universal ou singular.

Em segundo lugar, detêm legitimidade os terceiros juridicamente interessados, porque os efeitos da decisão viciada poderão atingi-los.

Em terceiro lugar, é legitimado a ingressar com a ação rescisória o Ministério Público, mesmo que não tenha sido parte do processo anterior, em alguns casos.

---

[32] WAMBIER, Luiz Rodrigues *et al. Curso avançado de processo civil.* 7. ed. São Paulo: Revista dos Tribunais, 2006, p. 612.

[33] BARBOSA MOREIRA, José Carlos Barbosa. *Comentários ao Código de Processo Civil.* 11. ed. Rio de Janeiro, 2003. 5 v, p. 131.

[34] Ibidem, p. 134.

[35] Ação rescisória. Erro de fato *versus* erro de julgamento. O erro de fato suficiente a respaldar a ação rescisória, tal como definido no § 1º do art. 485, do Código de Processo Civil, há de estar ligado à lide. Não o configura o de julgamento, retratada em balizas objetivas estranhas ao processo, implicando, sob o ângulo da fundamentação, deslinde de conflito de interesse diverso. (Supremo Tribunal Federal. Ação Rescisória 1.646-9. Santa Catarina. Tribunal Pleno. Rel. Ministro Marco Aurélio Mello. j. 27.09.2006. *DJU* 27.10.2006).

[36] BARBOSA MOREIRA, José Carlos. *Comentários ao código de processo civil.* 11. ed. Rio de Janeiro: Forense, 2003. 5 v., p. 168-169.

Quando o Ministério Público atuar como parte, será legitimado para a ação rescisória em todas as situações propostas pelo artigo 485 do Código de Processo Civil. No entanto, quando atuar como fiscal da lei, estará restrito ao caso em que haja conluio entre as partes para fraudar a lei.

O inciso III, do artigo 82, do Código de Processo Civil, autoriza o Ministério Público a intervir, fiscalizando o processo, quando identificar interesse público evidenciado pela natureza da lide ou qualidade da parte.

Mesmo que à primeira vista o interesse aparente ser privado, há casos que o legislador diz serem públicos, exigindo não só a intervenção do Ministério Público como *custos legis* — artigos 82, 84 e 1.104 do Código de Processo Civil, a título exemplificativo — mas também como órgão agente, como se depreende dos artigos 9º, VIII, do artigo 988 do Código de Processo Civil, dentre outros.

A possibilidade de propositura de ação rescisória pelo Ministério Público, preceituada no artigo 487, inciso III, letra "b", do Código de Processo Civil, evidencia o interesse público, ainda que as partes sejam privadas, quando houver fraude à lei, pois ofende a ordem pública.

Cabe lembrar que, em caso de fraude contra a lei, as partes e terceiros prejudicados igualmente estão legitimados a propor a rescisória, não sendo legitimidade exclusiva do. Ministério Público. Quando a sentença rescindenda for complexa, e o pedido de rescisão visar apenas um de seus capítulos, não será necessário a citação daqueles que não digam respeito aos demais capítulos. Da mesma maneira, com a cumulação subjetiva de ações, e litisconsórcio sujeito ao regime comum, e só se pretende a rescisão no tocante a um litisconsorte, será analogicamente aplicado o que foi anteriormente exposto.[37]

Por óbvio, apesar de não estar expresso no Código de Processo Civil, deverão integrar o contraditório todos aqueles que foram partes no feito anterior, quando foi proferida a sentença rescindenda.

2.3. Objeto e prazo

Segundo Wambier,[38] "O objeto da ação rescisória consiste em sentença de mérito, sobre a qual pesa a autoridade de coisa julgada material". Decisão que transitou em julgado formal e materialmente.

Para Yarshell,[39] "(...) o que a lei exige para a desconsideração é que a decisão seja de mérito, e não que o dispositivo legal violado seja de direito material. Fundamentos de ordem processual também justificam a propositura de ação rescisória, desde que, pela cognição empreendida, a decisão seja apta a projetar efeitos para fora do processo, isto é, para o plano substancial".

Isto não significa que a decisão tenha de ser prolatada exclusivamente no processo como pronunciamento que encerra a fase de conhecimento. O termo sentença

37 BARBOSA MOREIRA, José Carlos. *Comentários ao código de processo civil.* 11. ed. Rio de Janeiro: Forense, 2003. 5 v., p.174.

38 WAMBIER, Luiz Rodrigues, *et al. Curso avançado de processo civil.* 7. ed. São Paulo: Revista dos Tribunais, 2006, p. 605.

39 YARSHELL. Flávio Luiz. *Ação Rescisória: juízos rescindente e rescisório.* São Paulo: Malheiros, 2005, p. 321-322.

de mérito pode ser admitido em sentido amplo. O que interessa é o conteúdo do decisório.

Em relação ao processo cautelar, José Carlos Barbosa Moreira[40] ensina que: "(...) não parece impróprio falar-se de 'mérito', por oposição às preliminares referentes à matéria puramente processual ou às condições do regular exercício da ação cautelar. É evidente que esse 'mérito' não se confunde com o do processo principal, a que acede o cautelar, mas, guardada a distinção, pode-se dizer que o juiz profere 'sentença de mérito' toda vez que defere ou indefere a providência acautelatória pleiteada, por entender satisfeitos ou não, respectivamente, os seus pressupostos. Apesar disso, não se nos afigura admissível ação rescisória contra semelhantes decisões, por lhes faltar o requisito, a que pouco antes se aludiu, da idoneidade para produzir coisa julgada material (...)".

Yarshell, ao comentar o tema, ensina que: "(...) o conceito de mérito no processo cautelar é, como sabido, objeto de considerável controvérsia. Assim, sendo difícil determinar o que é o mérito, é igualmente difícil saber se e quando se está diante de uma decisão de mérito e, nessa medida, se em relação a ela se pode cogitar de ação rescisória. Contudo, sem embargo das dificuldades daí decorrentes, parece possível dizer, até mesmo na tentativa de sistematizar o exame da matéria, que a decisão de mérito no processo cautelar, em primeiro lugar, pode ser considerada aquela que, desviando-se da finalidade clássica desse processo, defina desde logo – e não apenas provisoriamente – a relação de direito material e, nessa medida, projeta efeitos para fora do processo".[41]

Luiz Manoel Gomes Junior,[42] referindo-se à admissibilidade da ação rescisória com conteúdo de mérito, mesmo em decisão interlocutória, afirma que "A ação rescisória pode ser utilizada para a impugnação de decisões com conteúdo de mérito e que tenham adquirido a autoridade da coisa julgada material."

Barbosa Moreira,[43] porém, leciona que o realmente importa é a essência da decisão: "(...) O que se tem de levar em conta é a verdadeira natureza da decisão. Assim, v.g., nada importa que o juiz haja dito julgar o autor carecedor de ação, quando na realidade estava a declarar improcedente o pedido. Corretamente interpretada a sentença, evidencia-se o cabimento da ação rescisória".

Em recente julgado do Supremo Tribunal Federal,[44] em decisão monocrática da Ministra Cármen Lúcia, apesar do improvimento do pedido, encampou-se o entendimento doutrinário no sentido de que a ação rescisória é cabível quanto a decisões em que se tenha formado a coisa julgada material, não se limitando ao que tradicionalmente se denominaria sentença de mérito, mas sim a pronunciamentos jurisdicionais com conteúdo de mérito.

[40] BARBOSA MOREIRA, José Carlos. *Comentários ao código de processo civil*. 11. ed. Rio de Janeiro: Forense, 2003. 5 v., p.111-112.

[41] YARSHELL, Flávio Luiz. *Ação Rescisória: juízos rescindente e rescisório*. São Paulo: Malheiros, 2005, p. 227.

[42] GOMES JÚNIOR, Luiz Manoel. *Ação Rescisória ajuizada contra decisão interlocutória. Admissibilidade. RePro* n. 144, São Paulo: RT, 2007.

[43] BARBOSA MOREIRA, José Carlos. *Comentários ao código de processo civil*. 11. ed. Rio de Janeiro: Forense, 2003. 5. v., p. 111.

[44] Supremo Tribunal Federal. Ação Rescisória nº 1.980-7 (465)-SP. 1ª Turma. Decisão monocrática. Rel. Min. Cármen Lúcia, j. 29.05.2007, *DJU* 05.06.2007.

O termo *sentença de mérito*, ainda, engloba amplamente as decisões, referindo-se também aos acórdãos proferidos pelas turmas dos tribunais e, assim, do segundo grau de jurisdição.[45]

Não será rescindível a sentença de execução, pois neste caso haverá a liquidação, nem a sentença de processo cautelar, porque este não decidirá o mérito, sequer ações civis julgadas improcedentes por insuficiência de provas, uma vez que tais processos não alcançarão a autoridade da coisa julgada.

A exceção existe nos juizados especiais cíveis, nos quais não será admitida a ação rescisória contra a decisão do juiz monocrático ou da turma julgadora de recurso.

A teor do disposto no artigo 26 da Lei 9.868, de 10 de novembro de 1999, além de serem irrecorríveis, não caberá a rescisão de decisões do Supremo Tribunal Federal que declarem a inconstitucionalidade de lei ou ato normativo em ação direta ou ação declaratória de constitucionalidade. O dispositivo sob comento já foi objeto de duas ações diretas de inconstitucionalidade promovidas pela Confederação Nacional das Profissões Liberais – CNPL – e pelo Conselho Federal da Ordem dos Advogados do Brasil – OAB – contra dispositivos da Lei 9.868/99.[46]

De igual forma o artigo 12 da Lei 9.882, de 03 de dezembro de 1999 preceitua que as sentenças que julgam procedentes ou improcedentes as ações de arguição de descumprimento de preceito fundamental são irrecorríveis, não podendo ser objeto de ação rescisória.

2.4. Procedimento

O procedimento da ação rescisória está previsto no Código de Processo Civil.

À petição inicial (que segue o artigo 282 do Código de Processo Civil) deve ser juntada imprescindivelmente a certidão da sentença rescindenda com a prova do trânsito em julgado.

Os pedidos, em regra, se cumulam – o da rescisão da sentença transitada em julgado e o novo julgamento da causa –, quando o autor da ação quiser também que

[45] BARBOSA MOREIRA, José Carlos. *Comentários ao código de processo civil*. 11. ed. Rio de Janeiro: Forense, 2003, p. 113.

[46] O Supremo Tribunal Federal nas ADI 2258/DF e ADI 2154/DF (apensadas), sob relatoria do então Min. Sepúlveda Pertence, na sessão plenária de 14.2.2007, por unanimidade rejeitou a impugnação da inconstitucionalidade do artigo 26, parte final da Lei 9.868/99, que veda que as decisões tomadas em ADI ou ADC sejam objeto de ação rescisória. Salientando-se a inconsistência da alegação de ofensa ao art. 5º, XXXV, da CF, aduziu-se que, adstritos os preceitos constitucionais pertinentes à competência para julgar a ação rescisória (CF, artigos 102, I, j; 105, I, e; e 108, I, b), a extensão e os pressupostos de sua admissibilidade constituem matéria da legislação processual ordinária, razão por que, não existindo imposição constitucional a admiti-la, a vedação por lei especial à ação rescisória da decisão de determinados processos não poderia ser reputada inconstitucional, a não ser que, por ser arbitrária ou desarrazoada, pudesse a exclusão ser considerada ofensiva a garantias constitucionais que lhe impusessem a admissão. Asseverou-se, ademais, que as decisões de mérito da ADI ou da ADC – ações dúplices –, por sua própria natureza, repelem a desconstituição por ação rescisória, delas podendo resultar tanto a declaração de inconstitucionalidade quanto de constitucionalidade. Esclareceu-se que, no caso de se declarar a inconstitucionalidade, a desconstituição dessa decisão restabeleceria a força da lei antes eliminada, o que geraria insegurança jurídica. Por sua vez, na hipótese de declaração de constitucionalidade, a segurança jurídica também estaria comprometida se essa decisão, vinculante de todos os demais órgãos da jurisdição e da administração pública, pudesse ser desconstituída por força de simples variações na composição do STF, sem mudança relevante do contexto histórico e das concepções jurídicas subjacentes ao julgado rescindido. Atualmente encontra-se com vista para a Ministra Cármen Lúcia desde 16.08.2007. (Informativo n. 456, do STF, 12 a 23 de fevereiro de 2007)

nova sentença seja proferida, ele deverá cumular com o pedido feito na inicial, pois o tribunal não poderá suprir esta falta, quando o autor omitir-se. Não havendo o segundo pedido, haverá solução de continuidade.

O valor da causa é indispensável, sob pena de indeferimento da inicial e servirá para o cálculo dos 5% que o autor deverá depositar em juízo ao iniciar a causa. Tal valor reverterá, a título de multa, em favor do réu, caso a rescisória seja considerada inadmissível ou improcedente (artigos 488, inc.II, 490, II, e 494, parte final, todos do Código de Processo Civil).[47]

Com a proposição da ação rescisória, não se suspenderá a execução de sentença rescindenda (art. 489 do Código de Processo Civil). Para Barbosa Moreira,[48] só será admitido ao autor requerer a suspensão por meio da antecipação de tutela ou cautelar, quando tiver alguma repercussão na execução da sentença anterior, que é definitiva.

No entanto, caso a sentença seja rescindida antes de se iniciar a execução, não terá legitimidade para assim proceder, pois não haverá título executivo que lhe sirva de base.[49]

Caso a ação rescisória sobrevenha no curso do processo executório, o trânsito em julgado do acórdão que rescindir a sentença anterior extinguirá a execução, sendo desfeitos, quando possíveis, os atos já realizados, não subsistindo a obrigação de ressarcimento do credor.

O processo da ação rescisória é de competência originária do Tribunal, sendo distribuída para o órgão previsto no seu regimento interno.

Deferida a inicial, o relator ordenará a citação do réu. O prazo para contestar deverá ser fixado pelo relator entre 15 a 30 dias (art. 491 do Código de Processo Civil).

Citado o réu, o procedimento da ação rescisória será similar ao ordinário.[50]

Não há o efeito principal da revelia.[51]

Sendo *indisponível* o direito, o réu não poderá reconhecer validamente o pedido de rescisão, ficando preexcluída a incidência do art. 269, inc. II, do Código de Processo Civil.[52] Porém, mesmo em caso de direitos indisponíveis, caso as partes resolvam compor-se em relação à forma de cumprimento da sentença ou até mesmo alterar os efeitos da decisão anterior, poderão fazê-lo, não havendo reconhecimento tácito de rescisão.

Algumas das causas extintivas do feito, previstas nos artigos 267 e 269, não serão aplicáveis na rescisória, como o caso de celebração de compromisso para que se decida em juízo arbitral se a sentença deve ou não ser rescindida.

[47] WAMBIER, Luiz Rodrigues et. al. *Curso de processo civil avançado.* 7. ed. São Paulo: Revista dos Tribunais, 2006, p. 615.

[48] BARBOSA MOREIRA, José Carlos. *Comentários ao código de processo civil.* 11. ed. Rio de Janeiro: Forense, 2003, p.185.

[49] Ibidem, p. 186.

[50] Ibidem, p. 193.

[51] WAMBIER, Luiz Rodrigues *et al. Curso de processo civil avançado.* 7. ed. São Paulo: Revista dos Tribunais, 2006, p. 616.

[52] BARBOSA MOREIRA, José Carlos. *Comentários ao Código de Processo Civil.* 11. ed. Rio de Janeiro: Forense, 2003, p. 193-194.

Em caso de cumulação de pedidos, com a rescisão da sentença anterior e o novo julgamento da causa, eles serão apreciados em conjunto pelo tribunal na mesma sessão, analisando-se primeiramente a ação rescisória para depois proferir a nova sentença.

Com a necessidade de produção de provas para a análise da sentença, esta será realizada na comarca onde a prova deverá ser produzida, pelo prazo máximo entre 45 e 90 dias, para a devolução dos autos. Porém, nada impede que as provas sejam produzidas no juízo de segundo grau para o efeito de celeridade e economia processual.

Concluída a instrução, o feito retoma seu curso no órgão de origem mediante a abertura de vista, sucessivamente, para o autor e para o réu, pelo prazo de 10 dias, de modo que ofereçam as razões finais.

Necessária é a participação do Ministério Público nesta fase, na qualidade de fiscal da lei, pois existe o interesse público, tendo em vista a natureza da ação.[53] Tal intervenção é ditada pela lei. Sem embargo disso, a coisa julgada, numa interpretação ampliativa, encarta-se no rol das garantias constitucionais fundamentais, havendo evidente interesse público que sempre justifica a intervenção do Ministério Público como *custos legis* ou *custos iuris* (fiscal do direito).

Os recursos contra a decisão proferida pelo tribunal serão os embargos de declaração, sempre cabíveis em decisões judiciais, e os embargos infringentes, quando não for unânime a decisão da turma do tribunal, sendo direito exclusivo do réu.[54]

2.5. Prazo

A ação rescisória está sujeita ao prazo decadencial de 2 (dois) anos a partir do trânsito em julgado da sentença rescindenda, de acordo com o artigo 495 do Código de Processo Civil. Portanto, é prazo decadencial que não se suspende nem interrompe.

Importante ressaltar a Súmula 401/STJ: "O prazo decadencial da ação rescisória só se inicia quando não for cabível qualquer recurso do último pronunciamento judicial". Ou seja, quando a sentença se der por capítulos, o prazo para a rescisória será contado a partir do trânsito em julgado da última decisão.

3. Ação rescisória coletiva

A coisa julgada coletiva pode ser rescindida, nas hipóteses previstas no artigo 485 do Código de Processo Civil, no prazo de 2 (dois) anos, por intermédio da ação rescisória.

É destinada a conferir estabilidade e segurança, todavia, não se reveste de valor absoluto, mesmo sendo garantia constitucional individual ou coletiva.

No que concerne às ações coletivas, a lei da ação civil pública (art. 18), a lei da ação popular (art. 16) e o código de defesa do consumidor (art. 103) preveem a revisão a qualquer tempo da sentença ou acórdão transitado em julgado considerado

[53] BARBOSA MOREIRA, José Carlos. *Comentários ao Código de Processo Civil*. 11. Ed. Rio de Janeiro: Forense, 2003, p. 199-200.

[54] Ibidem, p. 213.

improcedente por insuficiência de provas. Um aspecto a considerar é o da vedação expressa ao cabimento de ação rescisória a alguns casos. É o caso das decisões de mérito proferidas em ação popular ou ação civil pública quando o pedido é improcedente por insuficiência da provas, pois neste caso não está presente a coisa julgada material, sendo possível ajuizar-se nova demanda.[55]

Para Elton Venturi,[56] o significado da coisa julgada *secundum eventum probationis* pode ser sustentada em todas as hipóteses de improcedência da tutela coletiva, por insuficiência ou não de provas, desde que não tenham tais fundamentos constado da sentença, quando relevante para o deslinde da matéria fática, na medida em que estaria sempre absolutamente condicionada à verificação da prova produzida nos autos.

Neste caso específico, seria dispensável o manuseio da ação rescisória, abrandando o regime tradicional da coisa julgada.

Pelo contrário, Ada Pelegrini Grinover,[57] absorvendo a lição de José Manoel de Arruda Alvim Netto, entende que se o juiz julga improcedente a ação sem referência à insuficiência de provas, explícita ou implicitamente na motivação ou no dispositivo da sentença, não se poderá propor nova ação coletiva, mas sim ingressar com a ação rescisória. Tanto é assim que se a fórmula não constar da sentença, caberá às partes oferecer o recurso de embargos de declaração (art. 535 do CPC).[58]

Esta última posição é tecnicamente mais acertada, trazendo maior segurança jurídica.

Nas ações civis públicas ou coletivas, observa-se, já há um sistema peculiar de mitigação da coisa julgada coletiva, porém, a lei não trouxe regras especiais para a disciplina da rescisão da coisa julgada.

Assim se é verdade que a regra é a do prazo comum imposta para os processos cíveis em geral, menos verdade não é que a coisa julgada nas ações civis públicas e coletivas tem peculiaridades.[59]

A coisa julgada será *erga omnes* ou *ultra partes,* estabelecendo-se um sistema *secundum eventum litis,* onde no caso de improcedência por insuficiência de provas não haverá coisa julgada, possibilitando o próprio autor ou outro colegitimado a repropor a ação.

A coisa julgada coletiva se forma *in utilibus* para beneficiar as vítimas ou sucessores, e não para prejudicá-los. Beneficia as vítimas do evento, mesmo que não ocupem o polo ativo da relação processual.

Outra peculiaridade é a de que quando se tratam de interesses ou direitos de natureza transindividuais, envolvem direitos e garantias fundamentais individuais e coletivas.

---

[55] CÂMARA, Alexandre Freitas. *Ação rescisória.* Rio de Janeiro: Lumen Juris, 2007, p. 58.

[56] VENTURI, Elton. *Processo civil coletivo.* São Paulo: Malheiros, 2007, p. 449.

[57] GRINOVER, Ada Pelegrini et. al. *Código de defesa do consumidor comentado.* 8. ed. Rio de Janeiro: Forense Universitária, 2004, p. 927.

[58] Ibidem, p. 927.

[59] MAZZILI, Hugo Nigro. *A defesa dos interesses difusos em juízo – meio ambiente, consumidor, patrimônio cultural, patrimônio público e outros interesses.* 18ª ed. São Paulo: Saraiva, 2005, p. 499.

Sem embargo disso, a lei admite hipóteses de rescisão da coisa julgada coletiva, dentro de dois anos a contar do trânsito em julgado da decisão rescindenda, cujos fundamentos estão previstos no artigo 485 do Código de Processo Civil. Ocorre que estes foram estabelecidos para a disciplina da coisa julgada individual.

No entanto, para a disciplina específica da ação rescisória coletiva, o sistema de proteção coletiva não prevê fórmula específica, pelo que deve ser aplicado o artigo 485 e seus incisos do Código de Processo Civil, levando-se em conta os requintes do processo coletivo e da coisa julgada coletiva, até que seja promulgada norma especial.

3.1. Ação rescisória no Projeto de Lei nº 5.139 de 2009

O Projeto de Lei nº 5.139 de 2009, atualmente em tramitação na Câmara dos Deputados, de autoria do Poder Executivo da União, cujo relator é o Deputado Federal Antonio Carlos Biscaia, disciplina a ação civil pública para a tutela de interesses difusos, coletivos ou individuais homogêneos, e dá outras providências.

Revoga a Lei 7.347/85 (Lei da Ação Civil Pública) e vários dispositivos da Lei 8.078/90 (Código de Defesa do Consumidor), e traz dispositivo específico em relação à revisão da coisa julgada coletiva (art. 38), bem como no que diz respeito à ação rescisória coletiva (art. 39).

O artigo 39 do projeto de lei cuida especificamente da ação rescisória coletiva, *in verbis*: "Art. 39. A ação rescisória para desconstituir sentença ou acórdão de ação coletiva, cujo pedido tenha sido julgado procedente, deverá ser ajuizada em face do legitimado coletivo que tenha ocupado o pólo ativo originariamente, podendo os demais colegitimados atuar como assistentes.

Parágrafo único. No caso de ausência de resposta, deverá o Ministério Público ocupar o pólo passivo, renovando-se-lhe o prazo para responder".

Desde logo, observa-se questão importante no que se refere à legitimidade tanto no polo ativo quanto no polo passivo da relação processual.

Apesar do silêncio da atual lei, é legitimado ativamente para a ação rescisória coletiva aquele que figurou como parte no polo passivo da relação processual coletiva. Como não há regra específica, aplicam-se subsidiariamente as regras da Lei 5.869, de 11 de janeiro de 1973 (Código de Processo Civil), por força do artigo 68 do projeto de lei.

Por isso, também estão legitimados o seu sucessor a título universal ou singular, terceiro juridicamente interessado, e o Ministério Público.

Aqui vale tudo o que se mencionou linhas atrás sobre a legitimidade ativa nas ações rescisórias sob o regime do Código de Processo Civil.

Interessante anotar que o artigo 487 do Código de Processo Civil elenca os *legitimados ativos* a propor a ação rescisória enquanto no Projeto de Lei nº 5.139, estão arrolados os *legitimados passivos*. Aqueles contra quem se proporá a ação rescisória, aqueles que poderão figurar no polo passivo da relação processual. Uma disposição não exclui a outra, admitindo-se uma nova realidade, ampliando o rol de legitimados em ambos os polos quando se tratar de ação coletiva, a teor do previsto no artigo 68 do Projeto de Lei nº 5.139 de 2009.

Em primeiro lugar, obviamente, a ação será proposta contra o legitimado que ocupou o polo ativo da relação processual coletiva. O projeto de lei elenca quem serão os legitimados para a ação coletiva no artigo 6º, ampliando esse rol se comparado à atual legislação, quedando-se a doutrina e jurisprudência sobre o tema. Em relação aos órgãos de autoridade pública, não se vislumbram maiores problemas, pois dificilmente serão extintos. Porém, em relação às associações, por exemplo, poderão de alguma forma se extinguir e, em assim ocorrendo, contra quem a ação rescisória seria proposta? Quem seria citado para responder à ação rescisória?

O Código de Processo Civil não dá resposta, pois não prevê quem deverá assumir o polo passivo da relação processual, visto que as ações coletivas são peculiares neste aspecto. O Projeto de Lei nº 5.139, de 2009, estabelece que o Ministério Público deva assumir o polo passivo, sendo que o artigo 39 prevê que os demais colegitimados poderão intervir no processo rescisório como assistentes.

Quanto ao objeto da ação rescisória coletiva, apenas a sentença coletiva de mérito é rescindível.

De igual forma, entende-se que o objeto da ação rescisória será sempre o pronunciamento jurisdicional onde houver decisão envolvendo matéria de mérito, dotada de autoridade de coisa julgada material, portanto, independente da natureza da decisão, aqui valendo o que já se comentou no item 2.3.

Importante ressaltar que, no mais, são aplicáveis os artigos 485 a 495 do Código de Processo Civil naquilo que for cabível, valendo as considerações já feitas quanto à ação rescisória, visto que são pertinentes à ação rescisória coletiva, nos aspectos relacionados à competência, legitimidade ativa, objeto, procedimento, hipóteses de cabimento e prazo.

3.1.1. Assistência

Nas ações coletivas, sempre será viável a atuação dos demais legitimados na condição de assistente litisconsorcial.[60]

Há dispositivos prevendo a intervenção de um terceiro na ação coletiva: "(...) art. 5º § 2º da Lei da Ação Pública que utiliza a expressão ' (...) *habilitar-se como litisconsorte (...)';* art. 94 do Código de Defesa do Consumidor e art. 6º, § 5º da Lei da Ação Popular que menciona tanto o a atuação como litisconsorte e, ainda, assistente".[61]

O Projeto de Lei nº 5.139/09, no art. 39, *caput,* parte final, contempla expressamente a possibilidade de os demais colegitimados figurarem como assistentes litisconsorciais.

O colegitimado poderia ter ajuizado a demanda na qual pretende atuar como assistente, ademais o colegitimado deve ingressar na ação coletiva como assistente litisconsorcial, com todos os direitos e ônus das partes.[62]

O interesse jurídico do colegitimado é presumido, tendo em vista que decorre da lei.

[60] GOMES JÚNIOR, Luiz Manoel. *Curso de direito processual civil coletivo.* 2. ed. São Paulo: SRS, 2008, p. 240.

[61] Ibidem, p. 240.

[62] Ibidem, p. 241.

3.1.2. Efeitos da procedência da ação rescisória coletiva: responsabilidade civil e honorários advocatícios

Temática que se pode vislumbrar é a referente a eventuais danos causados a réus da ação coletiva que se rescinde, devido aos reflexos econômicos, para além dos efeitos de natureza jurídica.

Pode-se exemplificar com uma situação na qual alguém vem devastando uma área sob preservação ambiental. Já terá provocado danos no que toca à parte destruída, mas ainda há necessidade de um provimento jurisdicional que obrigue o agente a paralisar sua atividade destrutiva e isso porque com o tempo sua conduta virá a produzir novos danos. Neste caso, pode-se cumular o pedido indenizatório com o de obrigação de fazer ou não fazer.[63] De acordo com o art. 13 da Lei 7.347/85, havendo condenação em dinheiro, a indenização pelo dano se reverterá a um fundo gerido por um Conselho Federal ou Estadual.

Eventualmente, no exemplo dado, caso uma ação rescisória coletiva venha a ser julgada procedente, porque o autor da rescisória estaria exercendo atividade lícita, como ficará a situação dos beneficiados pela decisão anterior? Em relação aos titulares do direito, não há como responsabilizá-los, até porque são fluídos, não havendo como individualizá-los no caso de interesses ou direitos difusos.

Quando se cuida de ação rescisória, deve-se levar em conta que os pedidos são cumulativos: há um pedido de desconstituição da sentença anterior – juízo *rescindens* –, portanto, os efeitos se operam *ex nunc,* não retroagindo. Um pedido de novo julgamento – juízo *rescissorium* – com efeitos também para o futuro.

Igualmente, não há como responsabilizar o ente legitimado,[64] o que seria uma verdadeira *Espada de Dâmocles*, tendo em vista que a lei o obriga (especialmente no caso do Ministério Público) a tutelar interesses socialmente relevantes, de outro, desestimulando-o a propor a ação coletiva, o que representaria verdadeira crise de efetividade da tutela jurisdicional na defesa dos interesses coletivos,[65] ferindo o princípio constitucional de acesso à justiça. Claro que se exige coerência e impessoalidade na atuação do legitimado coletivo ativo, principalmente do Ministério Público.

Em relação à responsabilidade pelos danos causados em decorrência do anterior litigante, quaisquer dos colegitimados somente poderão responder por *comprovada má-fé.*

Não se pode punir o ente legitimado que atua exercendo atividade processual lícita. Há necessidade, na análise das ações coletivas, de comprovação de má-fé, ou seja, deverá ser afastada a responsabilidade objetiva.[66] Deve restar demonstrado o dolo ou culpa, o que evidenciará o abuso de direito passível de responsabilização.

Não havendo a comprovação de má-fé, não se reconhece o dever de o ente legitimado coletivo indenizar o autor da rescisória.

[63] CARVALHO FILHO, José dos Santos. *Ação civil pública – comentários por artigo.* 5. ed. Rio de Janeiro: Lumen Juris, 2005, p. 363.

[64] GOMES JÚNIOR, Luiz Manoel. *Curso de direito processual civil coletivo.* 2. ed. São Paulo: SRS, 2008, p. 420.

[65] Ibidem, p. 420.

[66] GOMES JÚNIOR, Luiz Manoel. *Curso de direito processual civil coletivo.* 2. ed. São Paulo: SRS, 2008, p. 439.

No caso do Ministério Público, há entendimento na jurisprudência de que é o Poder Executivo da União ou dos Estados e do Distrito Federal, poderá responder por custas, honorários e eventuais despesas.[67]

Mazzilli[68] leciona que não cabe ação indenizatória do lesado a ser movida diretamente contra os membros do Ministério Público, quando estes provoquem danos nesta qualidade – como de resto, também não o cabe em relação aos agentes públicos em geral, aqui incluindo a própria Defensoria Pública. Neste diapasão, a obrigação de indenizar seria da própria pessoa jurídica a que pertencer o agente,[69] caso em que o servidor poderá responder perante a Fazenda Pública em ação regressiva.

Todavia, estar-se-ia responsabilizando quem não foi parte. Seria conveniente então que a Fazenda Pública fosse notificada a intervir em toda a ação coletiva promovida por ente público legitimado processual coletivo, quando teria então igualdade de oportunidade e participação processual, fazendo com que fosse possível responder por custas, honorários e outras despesas. Gomes Júnior[70] adere ao entendimento do Superior Tribunal de Justiça, ou seja, nas ações coletivas em geral, somente se justificará a condenação, do autor legitimado, em honorários advocatícios, *se presente a má-fé processual.*

O Superior Tribunal de Justiça, interpretando a regra prevista no artigo 18 da Lei da Ação Civil Pública, maciçamente vem se posicionando no sentido da isenção, nos casos em que o Ministério Público é autor da ação coletiva, firmando o entendimento de que o ente legitimado processual coletivo não está obrigado a pagar honorários advocatícios, seguindo a regra de que na ação civil pública somente há condenação em honorários, despesas e custas processuais quando o autor for considerado litigante de má-fé.[71]

Em relação aos honorários advocatícios, se procedente a ação rescisória, somente se justificará a condenação da parte-ré em honorários advocatícios se presente a má-fé processual do ente legitimado ou, no caso do Ministério Público, do membro que a propôs. A regra vale para todos os colegitimados, a teor do que atualmente

[67] PROCESSO CIVIL. HONORÁRIOS DE ADVOGADO. MINISTÉRIO PÚBLICO. Ação proposta pelo Ministério Público que, obrigado legalmente a pedir o arresto de bens do administrador de sociedade liquidanda (Lei nº 6.024/74, art. 45), foi além disso, atingindo a meação da mulher deste; pelo excesso de atuação do seu agente, o Estado de Minas Gerais responde pelos honorários de advogado resultantes da procedência dos embargos de terceiro. Recurso especial não conhecido. (Superior Tribunal de Justiça, REsp. 188695-MG, Rel. Min. Ari Pargendler – j. 29.05.2001 – DJU de 13.08.2001).

[68] MAZZILLI, Hugo Nigro. *A defesa dos interesses difusos em juízo*. 18. ed. São Paulo: Saraiva, 2005, p. 535.

[69] O STF já decidiu não admitindo a ação diretamente endereçada ao agente público no RE 327.904-SP, 1ª Turma,Rel. Carlos Britto, j. 15.08.2006, *Informativo* STF nº 436, ago./2006. No mesmo sentido: RE 228.977-SP, Rel. Min. Néri da Silveira, *DJU* 12.04.2002, *Informativo* STF nº 263, abril/2002.

[70] GOMES JÚNIOR, Luiz Manoel. *Curso de direito processual civil coletivo*. 2. ed. São Paulo: SRS, 2008, p. 444.

[71] PROCESSUAL CIVIL. RECURSO ESPECIAL. AÇÃO CIVIL PÚBLICA. IMPROCEDÊNCIA. MINISTÉRIO PÚBLICO. CONDENAÇÃO. HONORÁRIOS ADVOCATÍCIOS. MÁ-FÉ. NÃO-CONFIGURAÇÃO. PROVIMENTO DO RECURSO ESPECIAL. 1. A ação civil pública julgada improcedente, quando ajuizada pelo Ministério Público, não implica a condenação ao pagamento de verba honorária, salvo quando comprovada a má-fé do órgão ministerial, hipótese não-configurada no caso concreto. 2. Precedentes do STJ. 3. Recurso especial provido. (REsp 439.599/SP, Rel. Ministra Denise Arruda, 1ª Turma, j. em 06.12.2005, DJ 06.02.2006, p. 198). No mesmo sentido: REsp 764.278/SP, 1ª Turma, Rel. Min. Teori Albino Zavascki, DJe de 28.5.2008; REsp 896.679/RS, 1ª Turma, Rel. Min. Luiz Fux, DJe de 12.5.2008; REsp 419.110/SP, 2ª Turma, Rel. Min. Herman Benjamin, DJ de 27.11.2007; AgRg no Ag 542.821/MT, 2ª Turma, Rel. Min. João Otávio de Noronha, DJ de 6.12.2006. REsp 178.088/MG, Rel. Ministro Castro Meira, 2ª Turma, julgado em 04.08.2005, DJ 12.09.2005 p. 261; REsp 493.823/DF, Rel. Ministra Eliana Calmon, 2ª Turma, julgado em 09.12.2003, DJ 15.03.2004 p. 237.

prevê o artigo 18 da Lei da Ação Civil Pública. Nas palavras de Gomes Júnior,[72] " (...) o conceito de má-fé é vago e impreciso e com 'alta dose' de subjetividade, mas perece-nos que seja, ao menos frente à disciplina normativa em vigor e ao Sistema Jurídico referente à Ações Coletivas de um modo geral".

O Projeto de Lei nº 5.139/09 disciplina o tema referente a despesas, honorários e danos processuais nos artigos 55 e 56,[73] prevendo que o réu poderá ser condenado ao pagamento de custas, despesas e honorários. Pelo contrário, o legitimado ativo coletivo não deverá adiantar valor de custas, emolumentos, honorários ou qualquer outra despesa,[74] nem será condenado em custas ou demais despesas processuais, salvo comprovada a má-fé, quando poderá ser condenado ao pagamento de até o décuplo das custas, sem prejuízo de responsabilização em perdas e danos.

3.2. Ação revisional

O Projeto de Lei nº 5.139 de 2009 prevê uma espécie de ação revisional, que nada mais é do que mais uma hipótese legal rescisão da coisa julgada coletiva.

Estabelece o art. 38, *in verbis*: "Art. 38. Na hipótese de sentença de improcedência, havendo suficiência de provas produzidas, qualquer legitimado poderá propor ação revisional, com idêntico fundamento, no prazo de 1 (um) ano contado do conhecimento geral da descoberta de prova técnica nova, superveniente, que não poderia ser produzida no processo, desde que idônea para alterar seu resultado.

§ 1º A faculdade prevista no caput, nas mesmas condições, fica assegurada ao réu da ação coletiva com pedido julgado procedente, caso em que a decisão terá efeitos *ex nunc.*

---

[72] GOMES JÚNIOR, Luiz Manoel. *Curso de direito processual civil coletivo*. 2. ed. São Paulo: SRS, 2008, p. 444.

[73] Art. 55. A sentença do processo coletivo condenará o réu, se vencido, ao pagamento das custas, emolumentos, honorários periciais e quaisquer outras despesas, bem como dos honorários de advogado, calculados. §1º Tratando-se de condenação à obrigação específica ou de condenação genérica, os honorários advocatícios serão fixados levando-se em consideração a vantagem obtida para os interessados, a quantidade e qualidade do trabalho desenvolvido pelo advogado e a complexidade da causa. §2º Os legitimados coletivos não adiantarão custas, emolumentos, honorários periciais ou quaisquer outras despesas, nem serão condenados em honorários de advogado e periciais, custas e demais despesas processuais, salvo em caso de comprovada má-fé. Art. 56. O legitimado coletivo somente responde por danos processuais nas hipóteses em que agir com má-fé processual. Parágrafo único. O litigante de má-fé será condenado ao pagamento das despesas processuais, dos honorários advocatícios e de até o décuplo das custas, sem prejuízo da responsabilidade por perdas e danos.

[74] Súmula 232/STJ: A Fazenda Pública, quando parte no processo, fica sujeita à exigência do depósito prévio dos honorários do perito. Em recentes precedentes, a Primeira Turma do Superior Tribunal de Justiça vem estendendo a obrigação da Fazenda Pública estabelecida na súmula ao Ministério Público nas ações civis públicas, mesmo quando ocupa a posição de autor, *in verbis*: PROCESSUAL CIVIL. RECURSO ESPECIAL. AÇÃO CIVIL PÚBLICA. DEFESA DO MEIO AMBIENTE. ADIANTAMENTO DE HONORÁRIOS PERICIAIS PELO MINISTÉRIO PÚBLICO. ADMISSIBILIDADE. POSICIONAMENTO DA PRIMEIRA TURMA. ART. 18 DA LEI 7.347/85. SÚMULA 232/STJ.1. A matéria é conhecida desta Corte e encontra divergência de posicionamento no âmbito das Primeira e Segunda Turmas. 2. Na esteira do entendimento firmado pela Primeira Turma, tem-se que "o Ministério Público, nas demandas em que figura como autor, incluídas as ações civis públicas que ajuizar, fica sujeito à exigência do depósito prévio referente aos honorários do perito, à guisa do que se aplica à Fazenda Pública, ante a *ratio essendi* da Súmula 232/STJ, "A Fazenda Pública, quando parte no processo, fica sujeita à exigência do depósito prévio dos honorários do perito". (REsp 733.456/SP, Rel. Min. Luiz Fux, Primeira Turma, DJ 22/10/2007). Precedente: REsp 846.529/MS, Rel. Min. Teori Albino Zavascki, DJ 07/05/2007. 3. Precedentes da Segunda Turma em sentido diverso: REsp 716.939/RN, Rel. Min. Herman Benjamin, DJ 10/12/2007; REsp 928.397/SP, Rel. Min. Castro Meira, DJ 25/09/2007. 4. Recurso especial não-provido. (REsp 981.949/RS, Rel. Ministro José Delgado, 1ª Turma, julgado em 08/04/2008, DJe 24/04/2008). No mesmo sentido REsp 846.529/MS, Rel. Ministro Teori Albino Zavascki, 1ª Turma, julgado em 19.04.2007, DJ 07.05.2007 p. 288.

§ 2º Para a admissibilidade da ação prevista no §1º, deverá o autor depositar valor a ser arbitrado pelo juiz, que deverá ser não superior a 10%(dez por cento) do conteúdo econômico da demanda".

Parece que finalmente foi acatada posição mais flexível em relação ao termo inicial do prazo decadencial se comparado com o prazo da ação rescisória que passa a transcorrer a partir do trânsito em julgado da decisão de mérito.

Wambier & Medina[75] e Talamini[76] na atual sistemática, entendem que o prazo decadencial de 2 (dois) anos da rescisória não deve ser afastado, mas já reconhecem que o termo inicial da ação rescisória poderia ser alterado nos casos de documento novo, nova perícia e do trânsito em julgado da ação penal, por conseguinte, não do trânsito em julgado da sentença, mas a partir desses eventos.

Mazzilli[77] exemplifica casos de formação de coisa julgada contra Constituição.

Num deles toma como exemplo uma ação civil pública improcedente, não por falta de provas, mas porque o juiz desconsidera a perícia e entende que os resíduos emitidos pela chaminé de uma fábrica do réu não são poluentes, antes conclui a sentença que são inócuos ou não maléficos à saúde humana. Formada a coisa julgada *erga omnes*, vencida a oportunidade da rescisória, a humanidade estaria eternamente condenada a suportar aqueles resíduos altamente tóxicos e prejudiciais.[78]

Para Ventura,[79] seria caso de propositura de nova ação, em decorrência da coisa julgada *secundum eventum probationis,* pois o sistema não obriga o juiz a fundamentar a decisão na afirmação peremptória de que a improcedência seria motivada pela suficiência de provas apresentadas, pois somente em demandas posteriores, já com base em novas provas se poderia aferir se o julgamento anterior se deu com base em suficiência ou não de provas.

Entretanto, não se pode concordar com a assertiva deste autor, pois, nesse caso, o juiz deve fazer constar na sentença expressamente a insuficiência de provas como razão de decidir, sob pena de nulidade da sentença, sendo cabível às partes manejar os embargos declaração para que o juiz esclareça qual o fundamento que o levou a decidir, antevendo-se, até mesmo, a possibilidade de prequestionamento.

Saliente-se que pela proposta restará afastada a categoria da coisa julgada *secundum eventum probationis,* na medida em que foi criada a ação revisional.[80]

A solução para o caso descrito linhas acima, viria com a entrada em vigor do dispositivo sob comento, escoimando quaisquer dúvidas, visto que o prazo para a propositura de uma ação revisional com idêntico fundamento da ação coletiva anterior será de um ano a contar da data que se tomou conhecimento da técnica nova ou da nova prova.

---

[75] WAMBIER, Tereza Arruda Alvim; MEDINA, José Miguel Garcia. *O dogma da coisa julgada.* São Paulo: Revista dos Tribunais, 2003, p. 204-209.

[76] TALAMINI, Eduardo. *Coisa julgada e sua relativização.* 2005, p. 191-192 e 663-665.

[77] MAZZILLI, Hugo Nigro. *A defesa dos interesses difusos em juízo.* 18. ed. São Paulo: Saraiva, 2005, p. 500.

[78] Ibidem, p. 500.

[79] VENTURI, Elton. *Processo civil coletivo.* São Paulo: Malheiros, 2007, p. 449.

[80] GOMES JR., Luiz Manoel & FAVRETO, Rogério. *Anotações sobre o projeto da nova lei da ação civil pública: principais inovações. RePro* 176. São Paulo: RT, 2009.

Para Luiz Manoel Gomes Júnior e Rogério Favreto,[81] "(...) haja ou não prova suficiente, seja para o acolhimento (§ 1º), seja para a rejeição do pedido em Ação Coletiva, poderá haver o ajuizamento de nova demanda, desde que haja a descoberta de prova nova. O efeito será o de uma Ação Rescisória, só que tramita desde o início em 1º grau, mas com a possibilidade de afastar os efeitos da anterior decisão prolatada em ação coletiva".

A competência para o julgamento da ação revisional é do juízo de 1º grau, inferindo-se do próprio Projeto de Lei nº 5.139/09, que será seguido o rito ordinário, com a possibilidade de fungibilidade procedimental.

O réu terá também a possibilidade de manejar ação revisional, no mesmo prazo, porém, deverá depositar valor a ser arbitrado pelo juiz, importando em valor não superior a 10% do conteúdo econômico da demanda, aliás, como também exigido para a ação rescisória,[82] pressuposto específico para a ação rescisória previsto no artigo 488, II, do Código de Processo Civil, no importe de 5% sobr o valor da causa, a título de multa, caso a ação seja, por unanimidade de votos, declarada inadmissível.

Não se infere lesão ao princípio do acesso à justiça, mesmo porque nenhum princípio constitucional é absoluto e, nesse caso, se justifica a exigência de depósito, desestimulando ações revisionais de caráter protelatório.

3.3. Papel do Ministério Público na ação rescisória na nova lei da ação civil pública – curador especial

Como já se mencionou, na ação rescisória coletiva incidem os dispositivos do Código de Processo Civil, de maneira supletiva, assim, diante de expressa previsão legal, diz-se que o Ministério Público deverá atuar no processo como órgão interveniente, desempenhando a função de órgão responsável por velar pela justiça, pelos princípios aplicáveis à espécie e pela observância da decisão judicial às normas constitucionais e infraconstitucionais.[83]

As demandas coletivas têm vocação para tutelar predominantemente o interesse público primário. Justifica-se por esse motivo a especial preocupação do legislador com a participação do Ministério Público. Sem dúvida, a Constituição de 1988, a teor do artigo 127, fortaleceu o Ministério Público, destinando-o à defesa de interesses indisponíveis individuais e coletivos.

Atualmente, prevê-se que, na execução de sentença coletiva em ação civil pública ou coletiva promovida por qualquer dos colegitimados, o Ministério Público tem legitimidade para promover a execução se aqueles tiverem desistido ou abandonado a execução ou liquidação (art. 5º da Lei da Ação Civil Pública e art. 82 do Código de Defesa do Consumidor).

---

[81] GOMES JR., Luiz Manoel & FAVRETO, Rogério. *Anotações sobre o projeto da nova lei da ação civil pública: principais inovações. RePro* 176. São Paulo: RT, 2009.

[82] OLIVEIRA, Francisco Antonio. *Ação rescisória: enfoques trabalhistas*. 3. ed. São Paulo: Revista dos Tribunais, 2008, p. 143.

[83] ZENKNER, Marcelo. *Ministério Público e efetividade do processo civil*. São Paulo: RT, 2006, p. 113-114.

3.3.1. Ministério Público como interveniente

Na ação rescisória prevista no Código de Processo Civil, há previsão de participação do Ministério Público nos tribunais, inclusive superiores, sendo que o órgão é representado pelo Procurador-Geral de Justiça, na esfera estadual e pelos respectivos membros do Ministério Público Federal que atuam na esfera federal. No Supremo Tribunal Federal, atua o Procurador-Geral da República.

Não há maior polêmica em relação à atuação do *Parquet* como órgão interveniente. O chamado *custos legis* – fiscal da lei. Suas funções e destinação deverão ser entendidas à luz da Constituição da República, zelando pelos interesses sociais e individuais indisponíveis e do bem geral.

Neste diapasão, o Ministro Carlos Ayres de Britto, do Supremo Tribunal Federal, entende mais apropriado o termo *custos iuris*.[84]

Na ação rescisória, independentemente da obrigatória interveniência do Ministério Público no processo anterior, deve ser ouvido, pois na ação rescisória há interesse público, evidenciado pela natureza da lide: discute-se, com efeito, a validade da decisão judicial trânsita em julgado.[85]

No caso da ação rescisória coletiva que, por vocação, veicula interesses transindividuais, indisponíveis, portanto, com mais razão deve intervir o Ministério Público.

Portanto, afigura-se curador especial da ação rescisória coletiva.

3.3.2. Ministério Público como parte-ré

Acertadamente, o Projeto de Lei 5.139/09 previu que se o réu não oferecer resposta à ação rescisória, assume o polo passivo da relação processual o Ministério Público, representante adequado por excelência. Isto reforça o seu papel da curador especial.

Pode o Ministério Público ser réu na ação rescisória?

Ele responde por si só ou é representado pela Fazenda Pública estadual ou federal?

Nada impede que o Ministério Público seja réu. Não para responder patrimonialmente enquanto instituição por eventuais danos causados a terceiros, mas sim nos casos em que a lei lhe dê capacidade postulatória para, como parte pública, responder ao pedido do autor.[86]

Assim, o Ministério Público pode ser parte-ré quando foi o autor da ação coletiva cuja sentença transitada em julgado se quer rescindir ou quando quaisquer dos ativos legitimados coletivos deixem de oferecer resposta, devendo ocupar o polo passivo, renovando-se-lhe o prazo para responder.

[84] Voto lançado no dia 1º.09.2004. No caso concreto, o STF discutia o Inquérito 1.968 em que o então Deputado Federal licenciado Remi Trinta, do Maranhão, era acusado de ter desviado dinheiro do SUS.

[85] BARBOSA MOREIRA, José Carlos Barbosa. *Comentários ao código de processo civil*. 11. ed. Rio de Janeiro, 2003. 5 v., p. 199.

[86] MAZZILLI, Hugo Nigro. *A defesa dos interesses difusos em juízo*. 18. ed. São Paulo: Saraiva, 2005, p. 101.

Ao contrário do artigo 39 do Projeto de Lei nº 5.139/09, o Código de Processo Civil nada dispõe sobre a parte passiva na ação rescisória. Porém, não há como não reconhecer que, sendo o Ministério Público autor da ação coletiva, é parte passiva legítima na rescisória que busca desconstituir decisão prolatada na demanda em que foi autor, não importando seja órgão sem personalidade jurídica. Em tal circunstância, a capacidade judiciária ou capacidade processual se estende, por exceção, também ao polo passivo.

A jurisprudência já tem se posicionado nesse sentido.[87]

Assim, o Ministério Público, bem como os demais colegitimados para a ação coletiva, poderá ser réu em ação rescisória visando desconstituir a coisa julgada coletiva.[88]

Quando o Ministério Público é parte-ré em ação rescisória coletiva, não está agindo em defesa de interesse patrimonial da instituição ou do Estado, mas no exercício de legitimidade ordinária própria do sistema coletivo, na defesa de direitos e interesses coletivos, do conjunto de cidadãos. Como instituição, não responde patrimonialmente, pois é ente despersonalizado, mas possui capacidade judiciária para a defesa dos interesses coletivos *lato sensu¸* em regra, indisponíveis.

Isso já ocorre quando do ajuizamento de embargos de terceiros ou embargos do devedor, na impugnação do cumprimento de sentença em sede de ação civil pública, pois se assim não fosse seria impossível ao executado desconstituir título executivo inidôneo.[89]

Obviamente que, perante os tribunais, deverá funcionar o órgão do Ministério Público com assento no mesmo, ou seja, o Procurador-Geral da República ou o Procurador-Geral de Justiça, dependendo da esfera judiciária. Os chefes das instituições ministeriais poderão exercê-la diretamente ou delegar esta atribuição a outro membro do Ministério Público, por ato administrativo interno[90] sempre em obediência ao princípio da legalidade.

---

[87] Ação Rescisória. Direito público não especificado. Ação civil pública. Improbidade administrativa. Legitimidade passiva do Ministério Público. Alegação de violação a literal disposição de lei. Reapreciação da prova. Descabimento. I – o ministério público é parte passiva legítima na ação rescisória, tendo figurado como parte autora na ação civil pública. Embora não possua personalidade jurídica, está investido de capacidade judiciária para atuar em juízo na defesa dos interesses constitucionalmente previstos, como é o caso dos autos, em que fora ajuizada ação civil pública por atos de improbidade administrativa. II – é incabível ação rescisória por violação a literal disposição de lei (inciso V do art. 485 do CPC) se, para apurar a pretensa violação, for necessário reexaminar matéria probatória debatida nos autos. Eventual injustiça da decisão ou mesmo a má interpretação da prova não dão azo ao manejo da ação rescisória, tampouco serve esta como sucedâneo a recurso não interposto pela parte na forma e no prazo legal. Preliminar rejeitada. ação rescisória julgada improcedente. (TJRS – Ação rescisória 70025567140, Porto Alegre – 21ª Câmara Cível – Rel. Francisco José Moesch. – j. 18.11.2009 – *DJRS* 24.11.2009)

No mesmo sentido: Ação rescisória. Ação Civil Pública. Legitimidade passiva 'ad causam' do Ministério Público. Ausência de requisito para rescisão do acórdão. O Ministério Público possui legitimidade passiva na ação rescisória, caso tenha figurado como autor na ação civil pública originária. O documento, apresentado pela parte, que não assegura, por si só, inversão do resultado do julgamento, não é apto à rescisão do acórdão. (TJMG – Ação rescisória 1.0000.05.419994-8000(1) – Belo Horizonte – 6º Grupo de Câmaras Cíveis – Rel. Des. José Flávio de Almeida – j. 21.02.2007 – *DJMG* 04.05.2007)

[88] MAZZILLI, Hugo Nigro. *A defesa dos interesses difusos em juízo*. 18. ed. São Paulo: Saraiva, 2005, p. 101-102.

[89] Ibidem, p. 101.

[90] Fala-se em atos administrativos internos e externos, conforme sejam destinados a produzir efeitos apenas sobre os órgãos integrantes da Administração Pública ou não. (JUSTEN FILHO, Marçal. *Curso de direito administrativo*. São Paulo: Saraiva, 2005).

Não seria coerente obrigar a Fazenda Pública, seja estadual, seja federal, a assumir o polo passivo de uma relação processual, sendo que não participou da ação originária e nem estaria na mesma posição de defesa intransigente de interesses coletivos. O Estado estará obrigado a indenizar, em ação própria, somente nos casos de excessos na atuação dos membros do Ministério Público, já que não há como ressarcir retroativamente o eventual vencedor da ação rescisória, de acordo com o que exposto linhas atrás.

Ausente o legitimado demandado, assume o Ministério Público o polo passivo da relação processual.

Aqui vale o mesmo raciocínio já esposado: pode o Ministério Público figurar como parte-ré. Se assim não fosse, poderia a lei ter feito o chamamento do Estado expressamente (também colegitimado coletivo), e não do Ministério Público.

4. Conclusões

A sentença do mérito é o único pronunciamento judicial sobre o qual incide a autoridade da coisa julgada. Mesmo que tal garantia ostente *status* constitucional, pode ser rescindida nos casos taxativamente previstos no próprio sistema processual que prevê hipóteses para a sua rescisão no artigo 485 do Código de Processo Civil, cuja interpretação deve ser ampla, abarcando casos onde a coisa julgada lesione princípios e regras constitucionais.

A coisa julgada coletiva se afasta da disciplina cunhada para o processo individual do Código de Processo Civil, devendo ser estabelecida nova sistemática para sua rescisão, levando-se em conta que se faz *secundum eventum litis*.

Do cotejo entre o atual sistema de tutela coletiva e o previsto no Projeto de Lei nº 5.139/09, nota-se a sua inovação, cunhando disciplina própria para a ação coletiva, dirimindo dúvidas e incertezas, levando-se em conta que o atual sistema de tutela coletiva e individual é insuficiente para solucionar todas as situações jurídico-fáticas, posto que não prevê regramento especial para a rescisão da coisa julgada coletiva.

O Ministério Público é curador especial da ação rescisória, podendo figurar como parte-ré na relação processual da ação rescisória coletiva, tendo em vista que sua capacidade judiciária provém da lei em defesa de interesses coletivos em sentido amplo.

5. Bibliografia

AMARAL SANTOS, Moacyr. *Primeiras Linhas de Direito Processual Civil.* 4ª ed. São Paulo: Saraiva, 1985.3 v.

BARBOSA MOREIRA, José Carlos. *Comentários ao código de processo civil.* 11ª ed. Rio de Janeiro: Forense, 2003. 5 v.

BUENO VIDIGAL, Luís Eulálio de. *Comentários ao Código de Processo Civil.* São Paulo: Revista dos Tribunais, 1976. 6 v.

CÂMARA, Alexandre Freitas. *Ação rescisória.* Rio de Janeiro: Lumen Juris, 2008.

CARVALHO FILHO, José dos Santos. *Ação civil pública.* 5ª ed. Rio de Janeiro: Lumen Juris, 2005.

CHIOVENDA, Giuseppe. *Instituições de Direito Processual Civil.* 5ª ed. Campinas: Bookseller, 2000. 1 v.

DESTEFENNI, Marcos. *Curso de processo civil.* São Paulo: Saraiva, 2009. 1 v. t. II.

GOMES JR., Luiz Manoel. *Manual de direito processual civil coletivo.* 2ª ed. São Paulo: SRS, 2008.

——. Ação Rescisória ajuizada contra decisão interlocutória. Admissibilidade. RePro n. 144, São Paulo: RT, 2007.

——; FAVRETO, Rogério. Anotações sobre o projeto da nova lei da ação civil pública: principais inovações. RePro 176. São Paulo: RT, 2009.

JUSTEN FILHO, Marçal. *Curso de direito administrativo.* São Paulo: Saraiva, 2005.

LIEBMAN, Enrico Tullio. *Eficácia e autoridade da sentença.* 2ª ed. Rio de Janeiro: Forense, 1981.

MARINONI, Luiz Guilherme. *Coisa julgada inconstitucional.* São Paulo: Revista dos Tribunais, 2008.

MAZZILLI, Hugo Nigro. A defesa dos interesses difusos em juízo – meio ambiente, consumidor, patrimônio cultural, patrimônio público e outros interesses. 18ª ed. São Paulo: Saraiva, 2005.

NERY JÚNIOR, Nelson. *Princípios do processo na constituição federal.* 9ª ed. São Paulo: Revista dos Tribunais, 2009.

——; ANDRADE NERY, Rosa Maria de. *Código de processo civil comentado e legislação extravagante.* 10ª ed. São Paulo: Revista dos Tribunais, 2007.

OLIVEIRA, Francisco Antonio. *Ação rescisória: enfoques trabalhistas.* 3ª ed. São Paulo: Revista dos Tribunais, 2008.

TALAMINI, Eduardo. *Coisa julgada e sua revisão.* São Paulo: Revista dos Tribunais, 2005.

THEODORO JÚNIOR, Humberto. *Curso de Direito Processual Civil.* 36ª ed., Rio de Janeiro: Forense, 2001. 1 v.

VENTURI, Elton. Processo civil coletivo, a tutela jurisdicional dos direitos difusos, coletivos e individuais homogêneos no Brasil – perspectivas de um código brasileiro de processos coletivos. São Paulo: Malheiros, 2007.

YARSHELL, Flávio Luiz. *Ação Rescisória: juízos rescindente e rescisório.* São Paulo: Malheiros, 2005.

WAMBIER, Luiz Rodrigues; ALMEIDA, Flávio Renato de; TALAMINI, Eduardo. *Curso Avançado de processo civil – Teoria Geral do processo e processo de conhecimento.* 8ª ed. São Paulo: Revista dos Tribunais, 2006.

WAMBIER, Teresa Arruda Alvim & MEDINA, José Miguel Garcia. *O dogma da coisa julgada – hipóteses de relativização.* São Paulo: Revista dos Tribunais, 2003.

ZENKNER, Marcelo. *Ministério Público e efetividade do processo civil.* São Paulo: Revista dos Tribunais, 2006.

— 4 —

Admissão do Recurso de Apelação e Súmulas[1] (exegese do art. 518, § 1º, do CPC)

ANTONIO JANYR DALL'AGNOL JUNIOR
Advogado. Desembargador aposentado do TJ-RS.
Professor da Escola Superior da Magistratura do RS.

Sumário: 1. Histórico do novo parágrafo do art. 518 do CPC; 2. Algumas considerações de natureza exegética; 2.1. Cotejo restrito aos enunciados das Súmulas do STF e do STJ; 2.2. Juízo de admissibilidade. Efeitos. Meios de irresignação. 2.3. Requisito específico do recurso de apelação; 2.4. Conformidade integral e conformidade parcial da sentença com o enunciado; 2.5. Destinatário imediato da regra; 3. Conclusões.

1. Histórico do novo parágrafo do art. 518 do CPC.

O dispositivo legal examinado neste trabalho foi inserido, como parágrafo – o primeiro, deslocando para o segundo o que antes fora o único –, pela Lei n. 11.276, de 7 de fevereiro de 2006, no art. 518 do CPC, segundo redação proposta pelo art. 2º daquela Lei, e está vazado nestes exatos termos: "*O juiz não receberá o recurso de apelação quando a sentença estiver em conformidade com súmula do Superior Tribunal de Justiça ou do Supremo Tribunal Federal*".

Afora isso, a mesma Lei modificadora introduziu a locução "*em cinco dias*", na regra prevista pelo então parágrafo único e, agora, segundo, com o que se especificou prazo para ato judicial que, à falta, ter-se-ia como pronunciável em dez dias (art. 189, II, do CPC).

Releva, portanto, a novidade constante do primeiro dos parágrafos, por isso inaugura obstáculo de acesso ao recurso de apelação.[2]

[1] O presente texto, elaborado, inicialmente, para publicação na *Revista do Advogado* (nº. 85, maio de 2006, p. 181-187), da Associação dos Advogados de São Paulo, serviu também de base para a palestra proferida, a 26.5.06, no seminário sobre "As Recentes Reformas Processuais", realizado por iniciativa do Centro de Estudos do Tribunal de Justiça do Estado do Rio Grande do Sul. Algumas notas, mercê de trabalhos que vieram a público, foram acrescidas, precipuamente para incorporar-se à obra coletiva que homenageia, com integral justiça, os ilustres Professores JOSÉ MARIA ROSA TESHEINER e SERGIO GILBERTO PORTO.

[2] Com razão, observa BARBOSA MOREIRA, em seus apreciados *Comentários*: "Estranhamente, consagrou-se por lei ordinária inovação para a qual antes se reputara indispensável reforma constitucional: a adoção da chamada 'súmula impeditiva de recurso' figurava no projeto de que resultou a Emenda Constitucional nº 45, e só não foi incluída neste porque o Senado Federal não aprovou o texto oriundo da Câmara dos Deputados, à qual se teve de devolver a matéria. É paradoxal, no mínimo, que a Lei nº 11.276, por via indireta, atribua a quaisquer proposições sumuladas pelo Superior Tribunal de Justiça e pelo Supremo Tribunal Federal efeito praticamente equiparável, ou quase, ao da denominada 'súmula vinculante' – e mais: sem sequer subordiná-lo ao concurso dos pressupostos ali enumerados!" (*Comentários ao CPC*. RJ: Forense, 2009. Vol. V, 15ª ed., p. 460).

A regra parece encontrar origem em sugestão constante do documento "Propostas para Alteração do Sistema Recursal Civil", de autoria do Ministro Ruy Rosado de Aguiar Junior, então ainda em atividade jurisdicional, formuladas a pedido do Conselho da Justiça Federal.[3]

Com efeito, a proposta de nº 14 exibe a seguinte redação: "Decisão conforme súmula de jurisprudência do Supremo Tribunal Federal ou de Tribunal Superior não admitirá recurso".

Segue-se justificativa, vazada nestes termos: "A súmula deve ter efeito impeditivo de recurso, uma vez que já se sabe qual o resultado do julgamento a ser proferido na instância superior".

Prenunciava-se, aqui, a ideia da "súmula impeditiva de recurso", mas não pela via onde ordinariamente se a trabalhava, senão que, de pronto, pelo julgador do primeiro grau, justamente o primeiro instituído do poder-dever do exame dos requisitos de admissibilidade dos recursos.

A sugestão encontrou eco na "Campanha pela Efetividade da Justiça",[4] liderada pela Associação dos Magistrados Brasileiros (AMB), encontrando-se-a, já agora sob o formato de norma jurídica, como proposta de modificação do art. 518 do CPC, "introduzindo a súmula impeditiva de recurso das decisões de primeiro grau", segundo a ementa.

A redação, naquele documento, é a seguinte:

"Art. 518 ....

§ 1º O juiz, ao aferir os pressupostos recursais, não receberá o recurso de apelação quando a decisão recorrida estiver de acordo com a súmula do respectivo Tribunal ou dos Tribunais Superiores em sentido igual à decisão recorrida.

§ 2º Apresentada a resposta, é facultado ao juiz o reexame dos pressupostos de admissibilidade do recurso".

Finalmente, a proposição veio a integrar o conjunto de "projetos de lei" anexos ao denominado "Pacto de Estado em Favor de um Judiciário Mais Rápido e Republicano", documento assinado pelo Chefe dos Três Poderes em 15.12.04.[5]

Nesse documento, a proposta tem a denominação de "projeto de Lei 4.724/04", e exibe a redação que, a final, veio a ser convertida em lei, motivo pelo qual me dispenso de aqui transcrevê-la.

O texto, a estas alturas, portanto, já não mais exibia a largueza da proposta da AMB, que previa, além da consideração para "com a súmula do respectivo Tribunal", genericamente "Tribunais Superiores", retomada a ideia constante das "Propostas" sugeridas, ao Conselho de Justiça Federal, pelo Ministro Ruy Rosado de Aguiar Junior.

Afora isso, melhorada foi, substancialmente, a redação, extirpando-se o tautológico final e se substituindo pelo termo técnico apropriado – "sentença" – a palavra

[3] Devo, de público, agradecer a gentileza do ilustre magistrado e jurista conterrâneo pelo acesso ao documento, cuja leitura demonstra o aproveitamento, pelo legislador da reforma, de outras sugestões nele consignadas.

[4] O documento, cuja cópia me foi fornecida pelo ilustre Juiz de Direito RICARDO PIPPI SCHMIDT (atualmente, Diretor da Escola Superior da Magistratura do Rio Grande do Sul), a quem expresso, igualmente, meu agradecimento, tem registrado em seu frontispício: "Brasília, março de 2004".

[5] O documento tem o seguinte registro em sua capa: "Brasília – DF – 2005".

"decisão", pois se está a cuidar do recurso cabível contra aquela (art. 513, c/c art. 162, §1º, do CPC), e não contra essa (art. 522, c/c o art. 162, § 2º, do CPC).

O projeto – sob nº 4.724/04, na Câmara, e 90/05, no Senado – parece não ter sofrido maiores percalços, recebendo apenas uma emenda, para inserção do art. 1º, que, curiosamente, mais não faz do que repetir a ementa. A justificativa era a de atenção ao disposto pelo art. 7º da Lei Complementar nº 95, de 26.02.98, que efetivamente estabelece que "*o primeiro artigo do texto indicará o objeto da lei e o respectivo âmbito de aplicação*", determinando a observação de "*princípios*" que, a seguir, arrola (mas, lamentavelmente, com frequência ignorados pelo legislador).

Publicação do Instituto Brasileiro de Direito Processual – sempre atento a projetos desta natureza – registra que "*o IBDP colaborou com a redação do projeto, mas algumas de suas sugestões não foram aproveitadas*".[6]

O cotejo entre a redação final e a do projeto, no entanto, permite verificar que, no ponto, não houve a mínima modificação.

A Exposição de Motivos, firmada pelo Ministro da Justiça, registra, quanto ao tema, depois de expor a proposta de inserção de parágrafo no art. 518: "*Trata-se, portanto, de uma adequação salutar que contribuirá para a redução do número excessivo de impugnações sem possibilidade de êxito*".

A consignação singela denuncia, às escâncaras, o intuito pragmático, a que a alusão inicial ao "escopo de conferir racionalidade e celeridade ao serviço de prestação jurisdicional, sem, contudo, ferir o direito ao contraditório e à ampla defesa" não logra ocultar.

Não há crítica nisso, assinale-se, mas mera constatação.

É preciso conhecer-se bem os fundamentos, para o fim de melhor construir.

O tempo dirá do acerto ou não da novidade, mas a interpretação se faz necessária desde logo, com os devidos cuidados.

2. Algumas considerações de natureza exegética

No seu lento caminhar, no sentido da força centrífuga das resoluções dos tribunais superiores,[7] o legislador da reforma (melhor fora dizer os legisladores, tal o

[6] *Cadernos IBDP – Série Propostas Legislativas – Volume 4 – setembro de 2005 – Reforma Infraconstitucional do Processo Civil*. Organizado por PETRÔNIO CALMON FILHO. SP: IBDP, 2005, p. 87.

[7] Nas "Propostas da Comissão para a Efetividade da Justiça", da AMB, registra a "justificação" que o objetivo seria o de "dar maior efetividade às decisões de primeiro grau e impedir os recursos meramente protelatórios (...)". Vá lá que o seja também, mas é inegável que isso se dá apenas se e quando ocorrer conformidade da sentença para com enunciados das Súmulas do STJ e do STF. No parecer do relator, na Câmara, consignado está: "É preciso atentar para a recente publicação da já mencionada Ementa Constitucional nº 45/2004 (Reforma do Judiciário), que adotou, no âmbito do Supremo Tribunal Federal, a chamada súmula vinculante, acrescentado o art. 103-A a Constituição da República. Ademais, na parte que retornou à Câmara (PEC 358, de 2005), tem-se a previsão da súmula impeditiva de recursos para o Superior Tribunal de Justiça e para o Tribunal Superior do Trabalho". E prossegue o Dep. Inaldo Leitão: "Nota-se, pois, que o não recebimento da apelação contra sentença em consonância com súmula dos Tribunais Superiores representa, a nosso sentir, uma medida condizente com a adoção da súmula vinculante. Ou seja, se optamos pela súmula vinculante, não há sentido em permitir o processamento de recurso contrário ao entendimento fixado por aquela". Finalmente, arremata: "Ainda que assim não fosse, tal conduta do magistrado apenas anteciparia o provimento que fatalmente viria a ser tomado pelo relator do recurso, o qual, com base no art. 557 do CPC já está autorizado a negar seguimento a recurso em confronto com súmula ou jurisprudência dominante do respectivo tribunal, do STF ou de Tribunal Superior" (In *Cadernos IBDP* cit., p. 93-94). BARBOSA MOREIRA, em trabalho inserido na obra coletiva, coordenada por NELSON NERY JUNIOR e TERESA ARRUDA ALVIM WAMBIER,

número de entidades e mesmo de pessoas físicas que tem contribuído para a modificação do CPC), inserindo parágrafo no art. 518 do Código, praticamente impôs novo requisito de admissibilidade ao recurso de apelação.[8]

Dispenso-me de gastar demasiado tempo com a circunstância de que se inseriu a regra – respeitante à admissibilidade – em artigo que cuida(va), fundamentalmente, dos efeitos da apelação, ignorando-se a melhor técnica; tampouco com o estilo um tanto esconso do novo dispositivo legal.

Fixo-me, assim, em seu conteúdo, buscando com isso nada mais do que uma aproximação, em face da ausência de experiência suficiente (o que, para quem não tem do direito, uma visão meramente formal, não é muito fácil).

De rigor, o obstáculo à admissão do recurso de apelação quando a sentença guarde conformidade com súmula do STJ ou do STF, termina por evidenciar não mais do que uma especificada hipótese de falta de interesse de recorrer.[9] De outro ângulo examinada a questão, ver-se-á que se cuida de não conformidade das razões para com enunciado de súmula. A partir da vigência da regra nova, é isto justamente o que ocorre: ao vencido não se reconhece necessidade de recorrer, porquanto a solução apresentada pela sentença está de acordo com o assentado jurisprudencialmente. A força dos precedentes,[10] desde que formalmente reconhecida, pelo registro em Súmula, retira o próprio direito de recorrer.[11]

Aspectos Polêmicos e Atuais dos Recursos Cíveis de acordo com a Lei 9.756/98, já advertia: "(...) sem precisão de emenda, a vinculação, para fins práticos, em boa medida vai-se insinuando pé ante pé, sorrateiramente, como quem não quer nada, e não apenas em benefício de teses 'sumuladas', senão das até simplesmente bafejadas pela preferência da maioria dos acórdãos" (*Aspectos Polêmicos e Atuais dos Recursos Cíveis de acordo com a Lei 9.756/98: Algumas inovações da Lei 9.756 em matéria de recursos civis. São* Paulo: RT, 1999, p. 329). Ainda que sem a eficácia vinculativa, o tempo demonstrou o acerto do ilustrado jurista do Rio de Janeiro, como se vê de artigos como o 120, parágrafo; 475, § 3º; 481, §; e, talvez por todos, o art. 557, *caput* e § 1º-A, do CPC. A propósito, em pronunciamento relativamente recente, fez registrar em acórdão o Ministro TEORI ALBINO ZAVASCKI que o "movimento evolutivo do direito brasileiro (...) caminha no sentido de realçar cada vez mais a força vinculante dos precedentes dos Tribunais Superiores" (REsp 1026234/DF, Primeira Turma, 27.5.08).

[8] Leituras posteriores à confecção deste trabalho permitiram-me verificar que, de acordo com a conclusão de que se cuida de requisito de admissibilidade, pronunciou-se CASSIO SCARPINELA BUENO (*A Nova Etapa da Reforma do CPC*. SP: Saraiva, 2006. Vol. 2, p. 34-36); no mesmo sentido, embora o reputando "inconstitucional", por afrontar o art. 5º, LV, da CF, FLÁVIO CHEIM JORGE (Flávio Cheim Jorge, Fredie Didier Jr. e Marcelo Abelha Rodrigues. *A Terceira Etapa da Reforma Processual Civil*. SP: Saraiva, 2006, p. 213-214). Do mesmo modo, e mais recentemente, ARAKEN DE ASSIS (*Manual dos Recursos Cíveis*. SP: RT, 2007, p. 177 e segs., posto que, para o jurista, "a distinção entre juízo de admissibilidade e de mérito, em geral nítida, fica turvada perante a regra do art. 518, § 1º"); e SERGIO GILBERTO PORTO/DANIEL USTÁRROZ (*Manual dos Recursos Cíveis*. Porto Alegre: Livraria do Advogado, 2ª ed., 2007, p. 82); *contra*, porém, por entenderem cuidar-se de "questão atinente ao juízo de mérito do recurso", manifestam-se LUIZ RODRGIES WAMBIER/TERESA ARRUDA ALVIM WAMBIER/JOSÉ MIGUEL GARCIA MEDINA (*Breves Comentários à Nova Sistemática Processual Civil*. SP: RT, 2006, p. 226) e FÁTIMA NANCY ANDRIGHI, para quem "*o juiz exercerá o verdadeiro juízo de mérito*" (*Lei 11.276/06 – Inadmissibilidade da apelação contra sentença que se conforma com súmula do STJ ou STF*. Palestra proferida em Brasília, no dia 05.4.06, e veiculada em http://bdjur.stj.gov.br). BARBOSA MOREIRA, de sua vez, não vacila: "O novo § 1º, introduzido pela Lei nº 11.276, proíbe o juiz de receber a apelação", presente a hipótese que expressa (*Comentários ao CPC*. RJ: Forense, 2009. Vol. V, 15ª ed., p. 460). Neste mesmo sentido parece propender tanto o STF (Rcl 5153 AgR/DF, Pleno, Ministro Ricardo Lewandowski, a 11.10.07) quanto o STJ (REsp 1078394/PE, Segunda Turma, Ministra Eliana Calmon, 16.10.08).

[9] Neste mesmo sentido, SERGIO GILBERTO PORTO/DANIEL USTÁRROZ (*Manual dos Recursos Cíveis*. Porto Alegre: Livraria do Advogado, 2ª ed., 2007, p. 82). ARAKEN DE ASSIS (*Manual dos Recursos Cíveis*. SP: RT, 2007, p. 177-178, no entanto, inclina-se por qualificar a hipótese como "fato impeditivo ao seguimento do recurso em razão dos fundamentos do ato decisório".

[10] Ainda que inocorrente o efeito vinculante, mas o dito "persuasivo, ou de fato, ou revestido de valor moral", como regra em sistemas como o nosso (cf. JOSÉ ROGÉRIO CRUZ E TUCCI, *Precedente Judicial como Fonte do Direito*. SP: RT, 2004, p. 12), a regra incide.

De qualquer modo, singelo não será o enquadramento das diferentes espécies, ressalvada a lide massificada – afinal, para o que destinada a nova regra. São justamente as lides repetitivas que se haverão de compreender ordinariamente atingidas, posto não apenas elas.

2.1. Cotejo restrito aos enunciados das Súmulas do STF e do STJ

Na exegese do § 1º do art. 518, impositivo ter-se presente, desde logo, que a espécie se restringe à consideração para com enunciados da Súmula[12] de dois dos tribunais superiores do País: o STJ e o STF.[13]

Destarte, não relevam proposições de outros tribunais – *a fortiori*, do tribunal a quem dirigida a apelação[14] – de um lado; e, de outro, importam apenas os enunciados que já encontrem abrigo na súmula de um ou de outro dos tribunais superiores mencionados.

Não há como escapar da circunstância: a tese da sentença deve se identificar com a do enunciado, para que a inadmissão possa ser expressa pelo juiz.

Pode que a tese da sentença encontre-se integralmente afinada com a jurisprudência a mais tranquila, inclusive dos tribunais superiores mencionados pelo parágrafo em exame, mas isso não é suficiente para fecharem-se as portas do recurso de apelação ao vencido. Apenas e tão somente a existência de proposição formalmente compendiada em súmula é capaz de conformar hipótese de inadmissibilidade.

2.2. Juízo de admissibilidade. Efeitos. Meios de irresignação

"*O juiz não receberá o recurso de apelação*" – registra o dispositivo legal sob exame. Cuida-se, pois, inegavelmente, de requisito de admissibilidade, daquela espécie que permite ao juiz prolator da sentença um primeiro, posto provisório, exame, pois sem prejudicar a análise que venha a se realizar pelo órgão de revisão.[15]

Esse pronunciamento do juiz, sem dúvida, merece a qualificação de *decisão*, nos termos do art. 162, § 2º, do CPC.

---

[11] A circunstância, ainda que se não tenha a hipótese como espécie de interesse de recorrer, enquadra o novo requisito de admissibilidade entre os ditos "intrínsecos", segundo a acatada classificação de BARBOSA MOREIRA (cf. *Comentários ao CPC*. 15ª ed., RJ: Forense, 2009, vol. V, p. 263). No mesmo sentido, ARAKEN DE ASSIS, *Condições de admissibilidade dos recursos cíveis*, em Teresa Arruda Alvim Wambier e Nelson Nery Jr. *Aspectos Polêmicos e Atuais dos Recursos Cíveis de acordo com a Lei 9.756/98*. SP: RT, 1999, p. 14-15.

[12] A Súmula, em realidade, compreende o conjunto de *enunciados*; a prática, porém, tem ignorado a circunstância, denominando-se "súmulas" os diferentes enunciados, todos caracterizados por um número determinado, na ordem crescente de sua publicação. A "Súmula do Supremo Tribunal Federal" é o compêndio que abriga, nos termos do art. 102 do Regimento Interno do STF, "a jurisprudência assentada pelo Tribunal". De igual modo dispõe o Regimento Interno do STJ, em seu art. 122, que "a jurisprudência firmada pelo Tribunal será compendiada na Súmula do Superior Tribunal de Justiça".

[13] Não era assim, na origem, pois, nas "Propostas da Comissão para a Efetividade da Justiça", da AMB, incluía-se o tribunal *ad quem*: "O juiz, ao aferir os pressupostos recursais, não receberá o recurso de apelação quando a decisão o recorrida estiver de acordo com súmula do respectivo Tribunal ou dos Tribunais Superiores em sentido igual à decisão recorrida".

[14] Cf., no mesmo sentido, ARAKEN DE ASSIS (*Manual dos Recursos Cíveis*. SP: RT, 2007, p. 178).

[15] Conforme lição de NELSON NERY JUNIOR, "a *competência* para o juízo de admissibilidade dos recursos é do órgão *ad quem*", ocorrendo diferimento ao juízo *a quo* apenas "para facilitar os trâmites procedimentais, em atendimento ao princípio da economia processual" (*Teoria Geral dos Recursos*. 6ª ed. SP: RT, 2004, p. 255).

Na lógica do sistema, tal ato judicial desafia o recurso de agravo (art. 522), impondo-se, como regra, o regime do instrumento,[16] porque, assim não fora, oportunidade não se abriria a reexame pelo órgão *ad quem*. Aliás, na nova redação do art. 522, que situa o regime da retenção como precípuo, prevê como exceção, entre outros casos, justamente o "de inadmissão da apelação".

De sorte que, de duas uma: ou o recorrente se conforma com o juízo de inadmissibilidade, encaminhando-se a sentença para o trânsito em julgado, ou interpõe agravo de instrumento, ao efeito de reexame – que tanto pode se dar por retratação do prolator, como próprio à espécie recursal, não obstante o endereçamento se realize diretamente ao tribunal (art. 524 do CPC), quanto por atividade do órgão revisional, julgando o recurso de agravo – e, com isso, impedindo o trânsito em julgado.[17]

O eventual sucesso da irresignação implicará o recebimento (= admissão) da apelação, devendo, então, esta seguir seus trâmites procedimentais, com intimação da parte contrária para contra-arrazoá-la, no primeiro grau.

Naturalmente, sobre o ponto resolvido, não se abrirá mais ao juiz a oportunidade prevista pelo § 2º do art. 518 do CPC. Pode que outro requisito de admissibilidade (que não a espécie prevista pelo primeiro parágrafo, de que se cuida), circunstancialmente ignorado em um primeiro momento, venha a ser objeto de reexame, mas, definitivamente, aquele pressuposto não. Sobre essa questão haverá preclusão.[18]

Destarte, outra razão de inadmissão não existindo, tão logo respondido o recurso de apelação, ou decorrido o prazo de resposta, haverá de determinar o juiz o encaminhamento dos autos ao tribunal competente para o reexame.

2.3. Requisito específico do recurso de apelação

O requisito de admissibilidade que se está a cuidar – conformidade da sentença com a súmula do STJ ou do STF – é próprio e específico do recurso de *apelação*.[19] Não há como estendê-lo a outras espécies recursais. Neste ponto, não há razão de dúvida. Insere-se a nova regra entre as próprias à apelação; e, mais do que isso, o preceito é expresso: "*O juiz não receberá o recurso de apelação* (...)".

[16] Neste sentido, WAMBIER/MEDINA, ob. cit., p. 236; SCARPINELA BUENO, ob. cit., p. 40.

[17] É lição conhecida de BARBOSA MOREIRA a de que: "Todos os recursos admissíveis produzem, no direito pátrio, um efeito constante e comum, que é o de obstar, uma vez interpostos, ao trânsito em julgado da decisão impugnada (cf. o art. 467)" (*Comentários ao CPC*. RJ: Forense, 2009. Vol. V, 15ª ed., p. 257). A lição encontra-se, igualmente, em *O Novo Processo Civil Brasileiro*. RJ: Forense, 2005. 23ª ed., p. 122.

[18] E se, supervenientemente, ainda em curso o procedimento recursal sobrevier enunciado que dê sustento à inadmissão? Parece-me inegável que o órgão *ad quem*, a quem afeto o reexame – e que, eventualmente, até já se tenha pronunciado, via agravo de instrumento, a respeito do tema – deverá levar em conta o "fato novo", para o fim de verificar a admissibilidade do recurso de apelação. BARBOSA MOREIRA, a propósito do direito a novo julgamento, assinala que o juízo positivo exarado no primeiro grau não o assegura sem mais, pois, além da ausência de preclusão para o órgão *ad quem* sobre a matéria, há sempre a possibilidade de "sobrevir um fato que *torne* inadmissível o recurso" (*Comentários ao CPC*, vol. V, 15ª ed., p. 266. Rio de Janeiro: Forense, 2009).

[19] Em explícito apoio ao entendimento externado no texto, ARAKEN DE ASSIS (*Manual dos Recursos Cíveis*. São Paulo: RT, 2007, p. 178). De outro sentir, porém, SCARPINELA BUENO, por entender o dispositivo como "pertencente à teoria geral dos recursos", posto reconheça a aplicabilidade deva ser "em escala bem reduzida", na medida em que os outros recursos ordinários são interpostos diretamente perante os tribunais, incidindo o previsto pelo art. 557 do CPC (Ob. cit., p. 37-39).

Desse modo, é perfeitamente possível que, outra a espécie recursal, as circunstâncias se identifiquem: por exemplo, a decisão interlocutória expressa tese absolutamente afinada com enunciado da Súmula do STF.[20] Não haverá, aí, espaço para interpretação extensiva ou analógica.

2.4. Conformidade integral e conformidade parcial da sentença com o enunciado

Diz a regra que, ao efeito de inadmissão, a sentença deve estar "em conformidade" com a súmula.

A primeira, e a mais simples, das inferências é a de que se houver absoluta – tanto quanto possível isso, em direito – concordância, *tollitur quaestio*: ao recorrente se negará acesso ao grau revisional.[21] Não tem ele necessidade de revisão, porque a matéria já se encontra pacificada. E não é o recurso de apelação meio adequado à modificação do precedente.

A questão há de se complicar, no entanto, quando a conformidade não se evidenciar integral.

Impõe-se realizar, aí, distinção.

Se há conformidade apenas parcial da sentença com a tese do enunciado da Súmula, não incide o obstáculo do art. 518, § 1º, do CPC. Apenas a conformidade total haverá de encher o suporte de incidência da regra jurídica.[22]

Se, porém, a conformidade integral é de parte da sentença, porque esta se desenvolve em distintos capítulos, possível que o trânsito ao segundo grau se dê apenas parcialmente.[23] O juízo *a quo*, em examinando no primeiro momento a apelação, admitirá apenas em parte o recurso, relegada a parcela (que há de se evidenciar independente, por suposto) em que a identificaçao com enunciado da súmula ocorra.

[20] A hipótese, em face do regime a que submetido, atualmente, o agravo de instrumento, recurso que deve ser "dirigido diretamente ao tribunal" (art. 524 do CPC), parece mais apropriada ao agravo retido (art. 523 do CPC).

[21] Por certo, em razão disso, haverá de reacender-se a discussão sobre um direito constitucional ao duplo grau de jurisdição. Àqueles, porém, entre os quais me situo, que veem no duplo grau não mais do que uma possibilidade assentada pelo sistema, e não propriamente um princípio constitucional, problema não existirá. NELSON NERY JUNIOR, já na primeira edição de seu apreciado livro *Princípios do Processo Civil na Constituição Federal* (SP: RT, 1992, p. 149), assinalava a circunstância de que o princípio do duplo grau de jurisdição, de rigor, em nosso direito, só encontrou asseguração na Constituição do Império, limitando-se "as constituições que lhe seguiram (...) a apenas mencionar a existência de tribunais, conferindo-lhes competência recursal. Implicitamente, portanto, havia *previsão* para a existência de recurso. Mas, frise-se, não *garantia* absoluta ao duplo grau de jurisdição". BARBOSA MOREIRA, de sua vez, repele entendimento, adotado por parcela da doutrina, de que o princípio do duplo grau de jurisdição seja "ínsito ao sistema constitucional" (*Comentários* cit., p. 239-240).

De qualquer modo, como o recorda HUMBERTO THEODORO JUNIOR, ao comentar o novo dispositivo, não ocorre, no caso, "irremediável supressão do direito da parte de acesso ao segundo grau de jurisdição. É que, segundo o art. 523, *caput*, do CPC, cabe agravo de instrumento contra a decisão do juiz da causa que não admite apelação, recurso que não pode ser barrado na primeira instância, pois sua interposição se dá diretamente no Tribunal (CPC, art. 524)" (*As Novas Reformas do Código de Processo Civil*. RJ: Forense, 2006, p. 12).

[22] De acordo, HUMBERTO THEODORO JUNIOR (Ob. cit., p. 12) e ARAKEN DE ASSIS (*Manual dos Recursos Cíveis*. São Paulo: RT, 2007, p. 178).

[23] Cf. LUIZ RODRIGUES WAMBIER/FLÁVIO RENATO CORREIA DE ALMEIDA/EDUARDO TALAMINI. *Curso Avançado de Processo Civil*. São Paulo: RT, 2006. Vol. 1º, p. 519. No mesmo sentido, SERGIO GILBERTO PORTO/DANIEL USTÁRROZ, ob. cit., p. 82.

Nada há de contrário ao sistema, que, com exceção do art. 526, parágrafo único, do CPC – em inovação de duvidosa coerência – confere ao julgador o poder-dever[24] de examinar a presença dos requisitos de admissibilidade de qualquer ato da parte, incluído o recurso.

Também na hipótese de admissão parcial, por suposto, abre-se oportunidade ao apelante de expressar inconformidade, à semelhança do que se dá como a inadmissão *tout court*.

Poder-se-ia alvitrar, nesse último caso, a possibilidade de utilização do regime de retenção, não vedado pelo art. 522 do CPC, ainda em sua nova versão, pois ali se trata de "inadmissão da apelação", quando aqui se está a cuidar de admissão parcial.

A única questão que permanece – além das consequências ordinariamente nefastas que decorrem de desvios no procedimento – é a de que, na oportunidade de contrarrazões à apelação, a parte contrária haverá de cuidar do que admitido, ignorando o não admitido. E nem se diga que a oportunidade se lhe abre com a intimação para responder ao agravo (art. 523, § 2º, do CPC), porquanto o mérito desse se cingirá à verificação da consonância, ou não, da sentença (*rectius,* de parcela dela) para com determinado enunciado de Súmula (do STF ou do STJ). O agravo, por suposto, resolverá sobre a admissibilidade, e nada mais do que isso. Positivo o juízo de segundo grau, reformando o do primeiro, imperioso se abra ensanchas à parte contrária para contra-arrazoar o recurso de apelação, por seu mérito próprio.

De qualquer modo, no segundo grau, incide o previsto no art. 559 do CPC, impondo-se o exame antecedente do agravo.

Solução que se exibe adequada, a meu ver, é a de possibilitar-se – acaso provido o recurso do agravo, com a admissão integral do recurso de apelação –, no próprio tribunal, a intimação da parte contrária para que complete as suas contrarrazões, ferindo, agora, o tema que ficara de fora por força da admissão apenas parcial do julgador de primeiro grau.

Diferentemente, porém, se a admissão parcial venha a ser externada em juízo de retratação, segundo faculdade prevista pelo art. 518, § 2º, do CPC. Nesta precisa hipótese, a matéria toda da apelação já terá sido objeto de debate, pois o pronunciamento do juiz ocorre depois de "apresentada a resposta" pelo apelado.

Sendo assim, parece cabível, nesta hipótese, o regime da retenção – hoje, após o advento da Lei 11.187, de 2005, elevado à condição de preferencial – assegurando-se, conforme previsto (art. 523, § 2º, do CPC), a manifestação da parte contrária.

A questão aviada pelo agravo, como já lembrado, há de ser analisada precedentemente ao exame da matéria veiculada em apelação, não fora por próprio ao regime da retenção, porque esta é a regra de procedimento no tribunal (art. 559 do CPC).

[24] ARAKEN DE ASSIS, no trabalho já lembrado neste, recorda: "O conjunto dos requisitos de qualquer recurso representa matéria de ordem pública. Por conseguinte, é lícito o seu conhecimento, *ex officio*, pelo órgão judiciário, a qualquer tempo" (*Condições de admissibilidade dos recursos cíveis*, em Teresa Arruda Alvim Wambier e Nelson Nery Jr. *Aspectos Polêmicos e Atuais dos Recursos Cíveis de acordo com a Lei 9.756/98*. SP: RT, 1999, p. 13). O entendimento é repetido, inclusive no que respeita ao requisito sob exame, em seu *Manual dos Recursos Cíveis*, cit., p. 118.

ADERBAL TORRES DE AMORIM, de igual modo, acentua que "não se trata de faculdade. A exemplo do relator – que *negará seguimento* a recurso, consoante o art. 557 –, a lei não deixa opção para o juiz da sentença: este *não receberá* a apelação nos caos agora previstos. A norma é cogente" (*Recursos Cíveis Ordinários*. Porto Alegre: Livraria do Advogado Editora, 2005, à p. 8 do "Encarte de Atualização").

2.5 Destinatário imediato da regra

A regra tem em vista, conforme de sua letra, o juiz prolator da sentença – que é, no sistema, quem, primeiramente, realiza o exame da admissibilidade do recurso de apelação.

Sabidamente, na lição de BARBOSA MOREIRA, "em princípio, reconhece-se ao órgão perante o qual se interpõe o recurso competência para verificar-lhe a admissibilidade".[25]

Não se pode deixar de observar, porém, na regra nova, certo "desdobramento" da que abrigada pelo art. 557 do CPC,[26] precipuamente após a vigência da Lei 9.756, de 17.11.98. Se ao relator se reconhece o poder de não admitir recurso "*em confronto com súmula (...) do Supremo Tribunal Federal, ou de Tribunal Superior*", por que não possibilitar a antecipação do juízo, que, em se cuidando de apelação, se efetiva, em um primeiro momento, e ainda que provisoriamente, pelo juiz, no primeiro grau?

Deste modo, posto não com a largueza prevista no art. 557 do CPC, prevê-se, agora, que o primeiro examinador dos requisitos de admissibilidade – do recurso de apelação – de pronto, aborte irresignação fadada ao insucesso.

3. Conclusão

Alcançará o objetivo expresso – "*conferir racionalidade e celeridade ao serviço de prestação jurisdicional*" – a novidade introduzida pela Lei nº 11.276, de 2006?

Isso é algo que só o tempo dirá, acaso não atropelada por alguma outra mudança que possa se operar pouco adiante.

Em termos teóricos, a resposta propende a ser positiva,[27] na medida em que se tenha presente o sentido francamente pragmático de algumas modificações que se tem realizado no Código.

À atenção de quem está habituado com as lides forenses, entretanto, não escapará a via que se abre à discussão a respeito da "conformidade", ou não, da tese que dá sustento à sentença com o enunciado da Súmula de um dos dois tribunais superiores mencionados no dispositivo legal.[28]

E, em cultura em que impera a visão da sentença como ato pouco passível a cortes,[29] seguramente alguns percalços poderão advir de pronunciamento de admissão apenas parcial, que venha a ser, em futuro nem sempre muito próximo, modificado – *a fortiori*, inteiramente reformado.

---

[25] *Comentários* cit., 15ª ed., p. 263.

[26] Ao relator, na Câmara, este "liame" não passou despercebido (Cf. nota 7, supra). Ressalta-o, na doutrina, FLÁVIO CHEIM JORGE, em *A Terceira Etapa da Reforma Processual Civil*. SP: Saraiva, 2006, p. 215.

[27] A SERGIO GILBERTO PORTO e DANIEL USTÁRROZ a ponderação dos "pontos favoráveis com os negativos", isenta a novidade de críticas, por, inclusive, valorizar "a jurisprudência enquanto fonte material do direito" (*Manual dos Recursos Cíveis*. Porto Alegre: Livraria do Advogado Editora, 2ª. ed., 2007, p. 82).

[28] À perspicácia de ARAKEN DE ASSIS o assunto não passou batido. Reputou-o "tema árduo identificar o exato campo de aplicação do dispositivo" (*Manual dos Recursos Cíveis*, cit., p. 178).

[29] Estudioso do tema alude à circunstância de o CPC mesmo não conter "disposições capazes de oferecer uma disciplina sistemática das sentenças, acórdãos ou decisões suscetíveis de escandir-se em capítulos" (CÂNDIDO RANGEL DINAMARCO, *Capítulos de Sentença*. São Paulo: Malheiros, 2002, p. 12).

De qualquer modo, como comum em se cuidando do novo, precipuamente quando implica a novidade em eventual possibilidade de cerceamento de faculdades processuais, de recomendar-se o máximo de cautela, resguardando-se a aplicação do requisito àquelas hipóteses claras de concordância da sentença com o enunciado da súmula (Aliás, não é a toa que o advérbio "manifestamente" sempre permaneceu na redação do *caput* do art. 557 do CPC).

Não há negar, a inclinação pelo cotejo sentença-enunciado (conformidade), em vez de razões-enunciado (desconformidade), exibe-se mais consentânea, na medida em que, contrariamente ao que ocorre com o art. 557 do CPC, denuncia inclinação pela harmonia, de submissão a entendimento majoritário consolidado e formalmente reconhecido, circunstância que contribui para almejada segurança quanto aos pronunciamentos judiciais.

Bibliografia

AMORIM, Aderbal Torres de. *Recursos Cíveis Ordinários*. Porto Alegre: Livraria do Advogado, 2005.

ANDRGHI, Fátima Nancy. *Lei 11.276/06 – Inadmissibilidade da apelação contra sentença que se conforma com súmula do STJ ou STF*. Palestra proferida em Brasília, no dia 05.4.06, e veiculada em http://bdjur.stj.gov.br.

ASSIS, Araken de. Condições de admissibilidade dos recursos cíveis, em Teresa Arruda Alvim Wambier e Nelson Nery Jr. Aspectos Polêmicos e Atuais dos Recursos Cíveis de acordo com a Lei 9.756/98. São Paulo: RT, 1999, pp. 14-15.

——. *Manual dos Recursos*. São Paulo: RT, 2007.

BUENO, Cassio Scarpinela. *A Nova Etapa da Reforma do CPC*. São Paulo: Saraiva, 2006. Vol. 2.

CALMON FILHO, Petrônio (org.). *Cadernos IBDP – Série Propostas Legislativas* – Volume 4 – setembro de 2005 – Reforma Infraconstitucional do Processo Civil. São Paulo: IBDP, 2005, p. 87.

DINAMARCO, Cândido Rangel. *Capítulos de Sentença*. São Paulo: Malheiros, 2002.

JOSÉ Rogério Cruz e Tuccl. *Precedente Judicial como Fonte do Direito*. São Paulo: RT, 2004.

MOREIRA, José Carlos Barbosa. *Comentários ao CPC*. Rio de Janeiro: Forense, 2009. Vol. V, 15ª ed.

——. *O Novo Processo Civil Brasileiro*. Rio de Janeiro: Forense, 2005. 23ª ed.

——. *Comentários ao CPC*. 12ª ed., Rio de Janeiro: Forense, 2005, vol. V.

NERY JUNIOR, Nelson. Princípios do Processo Civil na Constituição Federal. São Paulo: RT, 1992.

——. *Teoria Geral dos Recursos*. 6ª ed. São Paulo: RT, 2004, p. 255.

——; WAMBIER, Teresa Arruda Alvim. *Aspectos Polêmicos e Atuais dos Recursos Cíveis de acordo com a Lei 9.756/98*: Algumas inovações da Lei 9.756 em matéria de recursos civis. São Paulo: RT, 1999.

PORTO, Sergio Gilberto; USTÁRROZ, Daniel. *Manual dos Recursos Cíveis*. 2ª ed. Porto Alegre: Livraria do Advogado, 2007.

WAMBIER, Luiz Rodrigues; ALMEIDA, Flávio Renato Correia de; TALAMINI, Eduardo. *Curso Avançado de Processo Civil*. São Paulo: RT, 2006. Vol. 1º.

——; WAMBIER, Teresa Arruda Alvim; MEDINA, José Miguel Garcia. *Breves Comentários à Nova Sistemática Processual Civil*. São Paulo: RT, 2006.

— 5 —

Dever de veracidade das partes no Processo Civil

ARAKEN DE ASSIS
Professor Titular (aposentado) da PUC/RS, no PPGD (Mestrado e Doutorado) da Faculdade Autônoma de Direito – FADISP (São Paulo).
Doutor em Direito pela PUC/SP. Desembargador (aposentado) do Tribunal de Justiça do Rio Grande do Sul. Advogado

1. Fundamento dos deveres das partes no processo civil

Em sua configuração atual, o princípio dispositivo compreende dois aspectos fundamentais: primeiro, a iniciativa do autor em inaugurar o processo e em prolongá-lo, interpondo recursos; segundo, o amplo domínio de alegar os fatos que formarão o objeto litigioso. E as partes resguardaram, no processo civil de viés social, a disposição do objeto litigioso. Nada impede, por exemplo, a transação (art. 269, III, do CPC) e a renúncia do direito sobre que se funda a ação (art. 269, V, do CPC). A tanto se confinou, segundo o modelo vigente do direito brasileiro, a autonomia exclusiva das partes – ideia expressada na máxima da disposição (*Dispositionsmaxime*) alemã.[1]

O papel reservado ao órgão judiciário revela-se mais extenso e profundo. Ao juiz sempre tocou a tarefa maior e própria do seu ofício de decidir sobre o processo e, principalmente, a respeito do mérito do processo. Mas, para desempenhar a contento essa última atribuição, o modelo vigente confiou-lhe a direção formal e material do processo: o art. 262, segunda parte, do CPC, declara que o processo se desenvolve sob impulso oficial. Por conseguinte, os poderes atribuídos às partes, fora da área exclusiva já apontada, teoricamente convivem com poderes similares do órgão judiciário.[2] Por exemplo, o direito de as partes proporem provas, a teor dos arts. 282, VI, e 300, *in fine*, do CPC, não inibe iniciativa análoga do juiz.

No que tange ao magno problema da iniciativa de reunir e ministrar as provas tendentes a confirmar, ou não, as alegações das partes, o órgão judiciário brasileiro dispõe de poderes irrestritos. O juiz pode ordenar a produção de qualquer prova (art. 130 do CPC), *ex officio*, incumbindo ao autor antecipar as respectivas despesas (art.

[1] *Vide*, Arthur Nikisch, *Zivilprozessrecht*, § 50, I, 1, p. 190-191. 2ª ed. Tübingen: Mohr, 1952.

[2] Segundo Enrico Tullio Liebman, Fondamento del principio dispositivo, n.° 8, p. 13-14. *Problemi del processo civile*. Nápoles: Morano, 1962, há risco de quebra da imparcialidade do juiz

19, § 2°, do CPC). Por exemplo, o juiz poderá valer-se do tão enaltecido quanto esquecido interrogatório para esclarecimento, previsto no art. 342 do CPC. E não convém olvidar que, nas causas em que se sobreleva o interesse público (art. 82, III, do CPC), intervém o Ministério Público, que é outro órgão do Estado, cujos poderes equiparam-se aos das partes (art. 81 do CPC).

A esse propósito, costuma-se identificar dois grandes sistemas, utilizando-se as expressões inglesas *inquisitorial*, para retratar o vigorante na *Civil Law*, e *adversarial*, para designar o predominante na *Common Law*. Neste último, as partes figuram como protagonistas exclusivos na tarefa de propor e de produzir as provas, atividade chamada de *discovery*, a cargo, precipuamente, dos respectivos advogados. Não é possível, entretanto, traçar uma fronteira tão radical entre os dois sistemas. Reformas legislativas aumentaram o controle do juiz no direito norte-americano, coibindo a investigação com o intuito de molestar, constranger, oprimir e asfixiar a parte contrária, sob o pretexto de coligir elementos para futura demanda.[3] E a iniciativa das partes, nesta seara, subsiste nos Países da *Civil Law*: não é incomum, por exemplo, o futuro autor providenciar laudo técnico para subsidiar suas alegações nas ações de reparação de dano. Porém, a filiação do direito brasileiro ao regime inquisitorial é evidente, situando-se quase na contramão da tendência de reduzir o caráter público do processo civil.[4] Entre nós, para usar a síntese alemã, vigora a *Inquisitionsmaxime*, e, não, a *Verhandlungsmaxime*, segundo a qual só às partes, por meio do debate, compete produzir as provas idôneas à demonstração dos fatos, pré-excluindo a iniciativa do juiz.[5]

Entre a teoria e a prática estabelece-se, todavia, inusitada distância. Em geral, o órgão judiciário abstém-se de conduzir mais firmemente o processo ou de envolver-se na pesquisa do material de fato. Limita-se a avaliar a prova documental, produzida com a inicial e a contestação, e a admissibilidade dos demais meios propostos.

Por conseguinte, o contundente arsenal do órgão judiciário permanece armazenado em lugar distante da liça judiciária. Na melhor das hipóteses, o juiz emprega o estoque de armas participativas com excessiva parcimônia. A experiência comum confirma esse diagnóstico.

Essa inércia do órgão judiciário se explica por alguns fatores. O principal é a quantidade de feitos, fato que impede a análise atenta da maioria dos casos e, conseguintemente, a tomada das resoluções *ex officio* que interessariam à causa. Raros juízes, por exemplo, estudaram o processo de antemão e, na audiência preliminar, encontram-se habilitados a fixar os pontos controvertidos, resolver as questões incidentais e determinar "as provas a serem produzidas", como estipula o art. 331.

Seja como for, a convivência de poderes de impulso similares, outorgados às partes e ao juiz, em tese, induz à criação de uma comunidade de trabalho, na qual o órgão judiciário pode e deve atuar ao lado das partes, ao mesmo tempo vigiando e controlando excessos e desvirtuamentos do objetivo do processo.

[3] *Vide*,Jack Friedenthal, Mary Kay Kane e Arthur Miller, *Civil procedure*, § 7.15, p. 443-446. 4ª ed. Saint-Paul: Thompson-West, 2005.

[4] José Carlos Barbosa Moreira, Correntes e contracorrentes no processo civil contemporâneo, n.° 2, p. 60. *Temas de direito processual – 9ª série*. São Paulo: Saraiva, 2007.

[5] Arthur Nikisch, *Zivilprozessrecht*, § 50,II, p. 192-193.

Essas características desnudam a ideologia do processo civil brasileiro. Ele tem natureza social. Internamente ao processo, há o litígio, definido pela iniciativa fundamental do autor na petição inicial, e cuja resolução interessa, sobretudo, às partes; externamente, porém, essa resolução há de se harmonizar com esse viés social e, portanto, também concerne ao apaziguamento e à realização do direito objetivo.[6]

Esse quadro exige a imposição de autênticos deveres às partes no curso do processo. Em tal meio, e na interlocução com o órgão judiciário, o comportamento das partes não pode ser diferente do que se lhes exige nas relações criadas no âmbito da autonomia privada. Representará comportamento desconforme ao direito – ou seja, ilícito –, reza o art. 187 do CC de 2002, o exercício do direito que exceda, manifestamente, os limites decorrentes do seu fim econômico ou social, da boa-fé e dos bons costumes. Também no processo, evidentemente, o exercício dos poderes das partes, exclusivos ou não, constituem atividade lícita, mas não podem exceder aos fins próprios. O abuso consiste, justamente, no desvio de finalidade.[7] E no processo tais limitações operam com redobrados motivos, porque as partes se relacionam com o órgão judiciário num liame eminentemente público. Eventuais distorções falsearão o desfecho do processo, O juiz não pode ficar indiferente a desvios na atuação das partes que frustrem, no todo ou em parte, o escopo social do processo.

O STF proclamou, no exercício das funções de guardião da CF/1988, o seguinte: "O ordenamento jurídico brasileiro repele as práticas incompatíveis com o postulado ético-jurídico da lealdade processual. O processo não pode ser manipulado para viabilizar o abuso de direito, pois essa é uma ideia que se revela frontalmente contrária ao dever de probidade que se impõe à observância das partes. O litigante de má-fé – trata-se de parte pública ou de parte privada – deve ter a sua conduta sumariamente repelida pela atuação jurisdicional dos juízes e dos tribunais, que não podem tolerar o abuso processual como prática descaracterizadora da essência do processo".[8]

A esse fundamento ideológico, na oportunidade em que surgiu o CPC de 1973, ecoava o diagnóstico número expressivo de processos agasalhava lides temerárias e a conduta das partes longe se encontrava da retidão. Uma tese acadêmica assinalou: "... examinem-se, atentamente, de modo geral, e causará pasmo como a falta de direito, na maioria dos processos, é manifesta. Podem variar os incidentes e os aspectos, mas a conclusão é uma só, na absoluta maioria das ações: pululam a malícia, a astúcia, o erro grosseiro, a fraude mesmo, em matizes diversos que não escondem o abuso do processo".[9] Esse panorama sombrio têm causas sociais profundas. Não se difundiu suficientemente e com clareza a solidariedade. Só isto explica que a pessoa, pilhada furtando energia elétrica, que é conduta violentamente antissocial – se a metade dos consumidores não pagar, a outra metade pagará por todos, incluindo os inadimplentes –, sinta-se no direito de reclamar e alegar infração à privacidade, pleiteando indenização do dano moral...

---

[6] Wilhelm Sauer, *Grundlagen des prozessrechts*, § 3, IV, 2, p. 54. 2ª ed. Sttutgart: Ferdinand Enke, 1929.

[7] Giuseppe De Stefano, Note sull'abuso del proceso, n.° 13, p. 599. *Rivista di diritto processuale*. V. 19. Pádua: Cedam, 1964.

[8] Pleno do STF, AI 567.171-AgR-ED-EDv-ED/SE, 03.12.2008, Rel. Min. Celso de Mello, *DJE* 05.02.2009.

[9] José Olímpio de Castro Filho, *Abuso de direito no processo civil*, n.° 94, p. 213. 2ª ed. Rio de Janeiro: Forense, 1960.

Evidenciaram-se os propósitos moralizadores do estatuto processual em copiosos preceitos de conduta. No Livro I, que funciona como parte geral, há os deveres gerais do art. 14 e a tipificação da má-fé processual no art. 17 do CPC, em termos amplos; no Livro II, complementa-se a tipologia com as disposições do art. 600. O descumprimento desses deveres resultará na imposição, basicamente, de sanções pecuniárias pelo mau comportamento.

Não há exagero na afirmativa paradoxal que buscou em ponto de equilíbrio, emprestando feição própria ao caráter social do processo. É que, de um lado, preservou os princípios da iniciativa (art. 262 do CPC) e do contraditório, sementeira da visão liberal, e, de outro, procurou obrigar as partes à retidão. Admite semelhante objetivo o próprio autor do anteprojeto: "A discriminação dos deveres das partes e dos seus procuradores visa a definir-lhes o comportamento no processo não apenas em obediência a razões éticas, que por si sós seriam suficientes para justificar a sua incorporação ao código, mas por motivos estritamente jurídicos, a fim de adequar a conduta das partes à dignidade do instrumento de que se servem para obter a administração da justiça".[10]

A estrutura do processo de conhecimento, no qual o contraditório encarrega a parte de alegar as próprias razões, trazendo o material de fato e os elementos de direito que lhe pareçam idôneos a persuadir o juiz a julgar a seu favor, constitui campo escassamente propício à exigência que, sem embargo, também forneça os fatos que podem favorecer o adversário. As partes não visam a um julgamento justo, mas ao resultado que lhes é vantajoso.[11] De acordo com prognóstico pessimista, o dever de veracidade provavelmente jamais seria observado, mas produziria o resultado de embaraçar a parte mais honesta.[12] No entanto, o legislador brasileiro não seguiu essa diretriz.

Um dos deveres mais expressivos, cujo descumprimento frustrará as finalidades da jurisdição, consiste no da veracidade na alegação dos fatos (art. 14, I, do CPC). A desobediência a esse dever, alterando a verdade dos fatos (art. 17, II), uma vez constatada, gerará a imposição de uma multa, contada como custas e que reverte em benefício da parte contrária (art. 35), indenizar o dano (art. 18, *caput*) e à alteração do custo financeiro do processo (art. 20). A repressão à mentira processual é um antigo problema. Vários remédios, como juramento de calúnia, originário do direito romano, ou a similar *manquadra* dos foros ibéricos, chegaram a ser acolhidos no direito pátrio (Ordenações Filipinas, Livro III, Título 43, § 2.°). Por intermédio do juramento de calúnia, o autor e o réu obrigavam-se a litigar de boa fé, entendendo-se que o horror espiritual ao pecado do perjúrio coibiria a demanda injusta;[13] porém, já no Século XIX defendia-se a revogação desse juramento, porque impraticável conforme os relaxados costumes da época.[14]

Pois bem. O objetivo geral do dever de veracidade reside em criar óbice à mentira no processo. E o seu fundamento específico, extensivo aos demais deveres, ba-

[10] Alfredo Buzaid, Processo e verdade no direito brasileiro, n.° 6, p. 95. *Revista de Processo*. V. 47. São Paulo: RT, 1987.

[11] Luiz Sergio Fernandes de Souza, *Abuso de direito processual*, n.° 5.2, p. 374. São Paulo: RT, 2005.

[12] Enrico Tullio Liebman, *Manuale di diritto processuale civile*, v. 1, n.° 60, p. 98. 3ª ed. Milão: Giuffrè, 1973.

[13] Manuel de Almeida e Souza, Tratado do juramento de *calumnia*, § 1, p. 250. *Coleção de dissertações e tratados vários em suplemento às segundas linhas sobre o processo civil*. Lisboa: Imprensa Nacional, 1855.

[14] Idem, ob. cit., § 24, p. 267.

seia-se na natureza e nos fins do processo, instrumento que ultrapassa o objetivo primário das partes (resolução da lide) e serve à realização do direito objetivo.[15] A responsabilidade das partes por dolo processual, no direito brasileiro, não se assenta, senão remotamente, na teoria do abuso do direito, apesar dos entendimentos neste sentido.[16] É no fim social do processo que se há de buscar as bases da disciplina em seguida estudada.

2. Natureza do dever de veracidade

O art. 14 do CPC instituiu autênticos deveres para partes e procuradores.[17] Tais deveres aplicam-se a quaisquer processos, seja qual for sua função (cognição, execução ou asseguração), e o respectivo procedimento comum ou especial, a exemplo do mandado de segurança.[18]

Não se cuida, absolutamente, de ônus. A lei não conferiu às partes a faculdade de determinar o próprio comportamento, visando a alguma vantagem, mas objetivou disciplinar-lhes a conduta, tutelando interesse alheio.[19] A diferença repercute nas consequências. Segundo explica o autor do anteprojeto, cuja palavra empresta autenticidade à interpretação, "como o ônus consiste na necessidade de realizar uma atividade, sob pena de sofrer um efeito danoso, pela ausência do ato só o litigante é atingido, podendo beneficiar-se o adversário; ocorrendo, todavia, o descumprimento de uma obrigação legal, nasce para a outra parte o direito e haver ressarcimento do dano que lhe foi causado".[20] É o que resulta do art. 16 do CPC: o que pleitear com má-fé responde por perdas e danos, computando-se as multas pecuniárias como custas (art. 35 do CPC).[21]

Por conseguinte, o art. 14, I, do CPC, consagra um autêntico dever. E de modo algum restrito às partes.

3. Sujeitos do dever de veracidade

A identificação do âmbito subjetivo do complexo de deveres genericamente atribuídos às partes é relevante. Eventual restrição mostrar-se-ia mais ilusória do que real: não só as partes submetem-se ao complexo de deveres, em particular ao dever de veracidade.

3.1. Responsabilidade do advogado – O Capítulo II – Dos Deveres das Partes e dos Procuradores – do Título II – Das Partes e dos Procuradores – do Livro I – Do Processo de Conhecimento – recebeu designação parcialmente imprópria.

---

15 *Vide*, Elicio de Cresci Sobrinho, *Dever de veracidade das partes no processo civil*, § 8.° p. 94-95. Porto Alegre: Fabris, 1988.

16 Por exemplo, Roberto Rosas, Abuso de direito e dano processual, n.° 1, p. 28. *Revista de Processo*. V. 32. São Paulo: RT, 1983.

17 No estatuto anterior, da mesma forma, José Frederico Marques, *Instituições de direito processual civil*, v. 2, n.° 417, p. 225. 3ª ed. Rio de Janeiro: Forense, 1971.

18 2ª T. do STJ, RMS 25.521-SP, 11.03.2008, Rel. Min. Castro Meira, *DJE* 20.03.2008.

19 Alfredo Buzaid, Do ônus da prova, n.° 13, p. 61. *Estudos de direito*. São Paulo: Saraiva, 1972.

20 Alfredo Buzaid, Processo e verdade no direito brasileiro, n.° 7, p. 95.

21 2ª T. do STJ, REsp 647.674-RS, 11.04.2006, Rel. Min. Eliana Calmon, *DJU* 22.05.2006, p. 181.

A tradição do nosso direito rejeita, em princípio, a subordinação direta e incondicional dos advogados, ou procuradores das partes em juízo, ao poder disciplinar do órgão judiciário, inclusive no que tange aos atos processuais praticados em nome dos representados. Essa orientação transparece na cláusula inicial do art. 14, parágrafo único (Lei 10.238/2001), do CPC, que retira do âmbito da sanção prevista no inciso V os "advogados que se sujeitam exclusivamente aos estatutos da OAB" – Ordem dos Advogados do Brasil (Lei 8.906/1994). À dúvida que logo surgiu, relativamente aos advogados públicos, cujos misteres envolvem também atividades administrativas, limitadamente ou não, por conta do vínculo estatutário com a União, o Estado-Membro, o Distrito Federal e os Municípios, e outras pessoas jurídicas integrantes da Administração direta e indireta, replicou o STF estendendo-lhes a prerrogativa.[22] Desse modo, os procuradores federais, que representam as autarquias em juízo, e, eventualmente, dispõem de competência administrativa para cumprir as ordens do juiz (*v.g.*, a atribuição a alguma pessoa do benefício previdenciário, dentre de certos valores) não podem ser punidos por infração ao art. 14, V, do CPC.[23]

É indispensável, nesta contingência, ressalvar o alcance da designação do Capítulo II – Dos Deveres das Partes e dos Procuradores –, apesar da intenção do autor do anteprojeto do CPC de 1973 de tratar conjuntamente as partes e os seus procuradores.[24] Essas disposições não alcançam os procuradores (advogados públicos e privados).[25] Além disso, o art. 16 do CPC desmente a impressão inicial, fixando a responsabilidade pela litigância de má-fé em que pleitear como "autor, réu ou interveniente".

No entanto, a jurisprudência do STJ não hesita em aplicar as penas da litigância de má-fé ao advogado.[26] Respeitável que seja, a interpretação sistemática aponta em direção contrária: os deveres do advogado, em parte coincidentes, são os do art. 34 da Lei 8.906/94.

3.2. Responsabilidade das partes e dos terceiros – Em relação às partes propriamente ditas, a menção do art. 16, *in fine*, do CPC, não oferece dúvida. Nada há a acrescentar. São partes as pessoas que figuram, legitimamente ou não, nos polos da relação processual.

As partes são os destinatários naturais dos deveres do art. 14 do CPC. A condição de pessoa jurídica de direito público não subtrai a parte aos deveres comuns.[27] Em particular, para os efeitos do art. 14, V, parágrafo único, do CPC, a responsabilidade do representante dessas pessoas, especialmente a autoridade coatora no mandado de segurança, afigura-se evidente.

Em havendo pluralidade de partes nos polos ativo e passivo da relação processual, qualquer litisconsorte, individualmente ou não, pode praticar ato reprovável.

[22] Pleno do STF, ADin 2.652-DF, 08.05.2003, Rel. Min. Maurício Corrêa, *DJU* 14.11.2003, p. 12.

[23] Pleno do STF, Recl 5.133-MG, 20.05.2009, Rel. Min. Cármen Lúcia, *DJE* 20.08.2009.

[24] Alfredo Buzaid, Processo e verdade no direito brasileiro, n.° 6, p. 94.

[25] Rui Stoco, *Abuso de direito e má-fé processual*, n.° 5.07, p. 92. São Paulo: RT, 2002; Ana Lúcia Iucker Meirelles de Oliveira, *Litigância de má-fé*, n.° 6.2, p. 71. São Paulo: RT, 2000.

[26] 1ª S. do STJ, EDcl nos EDcl no ArRg no AR 1.599-SC, 27.11.2002, Rel. Min. Eliana Calmon, *DJU* 03.02.2003, p. 254.

[27] Fábio Milman, *Improbidade processual*, n.° 3.1.1, p. 58. Rio de Janeiro: Forense, 2007.

Não importa como é designado. Os "requerentes" incluem-se neste âmbito. O sucessor da parte originária, porque se tornou parte a partir do seu ingresso, bem como os terceiros, que após a intervenção figuram como partes, encontram-se abrangidos. Nada há de peculiar na condição do assistente, simples ou não, do opoente, do terceiro prejudicado (art. 499, *caput*, do CPC) – na verdade, forma de assistência tardia –, da pessoa jurídica de direito público, que intervém com base em simples interesse econômico, do curador especial, e do *amicus curiae*.[28]

À exceção do órgão judiciário, os demais sujeitos da relação processual incorrem, destarte, na órbita dos deveres do art. 14 do CPC, pouco importando a posição efetivamente ocupada.[29]

3.3. Responsabilidade do interveniente – A figura do "interveniente", também aludida na parte final do art. 16 do CPC, envolve pessoas que intervêm, eventualmente, no processo. A execução é especialmente pródiga de intervenientes. O arrematante, o credor hipotecário que pretende adjudicar (art. 685-A, § 2°, do CPC),[30] e os credores que, nada obstante não registrarem a penhora (art. 668), penhoram idêntico bem (art. 613) e formulam suas pretensões no concurso especial (art. 612), são intervenientes para os efeitos do art. 16 do CPC.

Não importa se tal intervenção torna essas pessoas partes ou se elas permanecem como terceiros. Todas praticam atos processuais e, portanto, têm responsabilidade processual. A elas incumbe cumprir o disposto no art. 14, I, do CPC. Por exemplo, o credor que almeja participar do concurso especial de credores (artigos 712 e 713 do CPC) há de indicar, verazmente, a data da sua penhora e a natureza do seu crédito, abstendo-se de faltar com a verdade quanto a tais aspectos, essenciais à sua participação e gradação no concurso.

3.4. Responsabilidade do Ministério Público – Ao Ministério Público, na qualidade de parte ou de fiscal da lei (art. 82 do CPC), tocam idênticos poderes e deveres que às partes, declara o art. 81 do CPC. Não há razão plausível, portanto, para excluir os respectivos agentes da incidência do art. 14 do CPC.[31] O art. 29 do CPC estipula que as despesas pelos atos adiados (*v.g.*, o Ministério Público não compareceu à audiência) ou repetidos ficarão a cargo, dentre outros responsáveis, pelo Ministério Público. A regra prova que o Ministério Público não se forra aos deveres impostos às partes.[32] Ao contrário, da *partie publique* há de se exigir a maior veracidade, a maior exatidão e a maior compostura, justamente em virtude de sua elevada qualidade.

A propositura de ação civil, em geral utilizada pelo Ministério Público, com "comprovada má-fé" acarreta, segundo o art. 18 da Lei 7.357/85, a condenação em honorários e custas. Também poderá ocorrer, sob o mesmo fundamento, a condena-

---

[28] Cássio Scarpinella Bueno, *Amicus curiae no processo civil brasileiro*, p. 421-426. São Paulo: Saraiva, 2006.

[29] Rogério Lauria Tucci, Deveres processuais, n.° 4, p. 24. *Temas e problemas de direito processual*. São Paulo: Saraiva, 1983.

[30] José Carlos Barbosa Moreira, A responsabilidade das partes por dano processual no direito brasileiro, n° 5, p. 25.

[31] Fábio Milman, *Improbidade processual*, n.° 3.1.2, p. 61; Ana Lúcia Iucker Meirelles de Oliveira, *Litigância de má-fé*, n.° 6.2, p. 70.

[32] Valter Ferreira Maia, *Litigância de má-fé no código de processo civil*, n.° 3.3, p. 41. Rio de Janeiro: Forense, 2002.

ção por dolo processual, relativamente a algum ato específico (*v.g.*, a interposição de recurso manifestamente protelatório, a teor do art. 17, VII, do CPC).

3.5. Responsabilidade dos participantes do processo – A Lei 10.358/01, ao mesmo que acrescentou ao catálogo do art. 14 o inciso V e seu parágrafo único, do CPC, modificou o *caput* do art. 14, indicando que os deveres mencionados nos respectivos incisos abrangem "todos aqueles que de qualquer forma participam do processo".

Em primeiro lugar, os auxiliares do juízo, a par dos deveres que seu vínculo permanente ou eventual com o órgão judiciário porventura lhes impõem, ficarão adstritos aos do art. 14 do CPC. Em relação aos terceiros, a cláusula é redundante, porque os que intervêm no processo transformam-se, a partir daí, em partes, tanto que para recorrer não precisarão demonstrar o interesse exige no art. 499, § 1°, do CPC. E, quanto às pessoas alheias ao processo, e que não "participam" do processo, forram-se a qualquer dever. É digno de nota que, cabendo ao terceiro "informar ao juízo os fatos e as circunstâncias, e que tenha conhecimento" (art. 340, I, do CPC) e exibir o documento ou a coisa em seu poder (art. 340, II), quanto a tais atividades grava-lhe os deveres do art. 14 do CPC.

O alvo precípuo do art. 14, *caput*, do CPC, reside no representante legal da pessoa jurídica de direito público.

E, com efeito, a cláusula genérica do art. 14, *caput*, do CPC, submete tais "participantes" do processo especialmente ao dever de colaboração (art. 14, V). Neste sentido, a regra exibe expressivo potencial para induzir ao cumprimento da resolução judicial, seja qual for sua força ou conteúdo, pela Administração Pública. A simples ameaça (art. 599, II, do CPC) geralmente persuade à colaboração. Todavia, os servidores públicos e os agentes políticos têm sua atuação subordinada ao princípio da legalidade, e, às vezes, a relação hierárquica os inibe no cumprimento das ordens emanadas da autoridade judiciária. Eis a função da multa. Presume-se que, em lugar de arrostarem a multa do art. 14, parágrafo único, do CPC, pratiquem o ato de sua competência exclusiva. Deixando de fazê-lo, ou criando o tal "embaraço", principalmente através de atrasos e de tergiversações variadas, suportarão a multa. Vinculando a atividade administrativa ao princípio da legalidade, parece pouco provável que as autoridades competentes para inscrever a sanção como dívida ativa e executá-la omitam os atos do seu ofício, quiçá sob a aterrorizante fiscalização do Ministério Público, para beneficiá-los. O caráter persuasivo do expediente oferece boas possibilidades de êxito.

Enfim, todas as pessoas habilitadas à prática de atos processuais, sujeitos ou não da relação processual, podem incorrer nas sanções por litigância ímproba, e, conseguintemente, infringir o dever de veracidade.

4. Conteúdo do dever de veracidade

No processo civil, o primeiro dever imposto às partes consiste em "expor os fatos em juízo conforme a verdade" (art. 14, I, do CPC). A verdade é, sobretudo, um problema filosófico. Não tem solução definitiva ou plenamente satisfatória nesses domínios. É impossível evitá-lo, todavia, como sucede com o da justiça, igualmente transcendente ao processo. As partes e o órgão judiciário invocam, amiúde, a justiça para justificar-lhes os atos, a despeito de à ideia faltar base unívoca ou fundar-se no consenso geral. O mesmo acontece com a verdade.

A instituição de um dever geral de veracidade das partes no processo civil suscitou várias objeções e judiciosos receios.

Na versão branda da resistência, pondera-se que o princípio dispositivo, inelutavelmente, autoriza o autor a joeirar os fatos que lhe são mais favoráveis, apresentando tão só eles na petição inicial. Por exemplo, podendo a mulher alegar contra o marido adultério e embriaguez, como graves infrações aos deveres do casamento que tornaram insuportável a vida em comum, expõe na inicial apenas os fatos concernentes ao adultério, cuja prova disponível parece mais forte e convincente, ou porque não deseja atrair chistes desairosos sobre si. E, de toda sorte, o autor sempre descreverá esses fatos na perspectiva mais plausível e adequada ao sucesso da demanda, omitindo, por exemplo, a própria tolerância e perdão. Em contrapartida, o princípio da igualdade recomenda análogo tratamento ao réu, na oportunidade de impugná-los de forma específica (art. 302, *caput*) ou de arguir as exceções que lhe competem na defesa.

Por outro lado, a dialética intrínseca ao processo, da qual o contraditório constitui a expressão máxima, sugere que as partes só podem contar com a própria capacidade de argumentar para obter êxito, representando flagrante contradição exigir-lhes que, ao desincumbirem-se do respectivo ônus, também favoreçam o adversário, apresentando elementos que o ajudem. Um dever desse porte teria escassa probabilidade de ser cumprido e embaraçaria, provavelmente, a parte mais honesta ou ingênua.[33]

É intuitiva, nada obstante, a necessidade de a lei exigir veracidade na alegação das questões de fato, objeto do dever do art. 14, I, do CPC, impondo limites estreitos às partes. A evidente conexão da forma como esse material aporta no processo e a sua ulterior disciplina probatória já indica o relevo do ponto. A alegação de fatos inverídicos por qualquer das partes, a par de colocar o adversário em sérias dificuldades para refutá-los, implicaria imenso desperdício de atividade processual. O adversário do litigante mendaz mourejaria para provar o fato real, as partes enveredariam por caminhos tortuosos e paralelos, forcejando a erradicação da prova do falso. Do seu êxito, ou não, na expulsão do inverídico e na reconstrução do veraz dependerá a maior ou menor correção do ulterior julgamento. Se o órgão judiciário julgar iludido por alegações mentirosas, apoiado na farsa arquitetada pela parte desonesta, fatalmente a decisão revelar-se-á injusta. Denegada a apelação, tal julgamento errôneo presumivelmente tornar-se-á definitivo: os recursos especial e extraordinário só reexaminam questões de direito. Após o trânsito em julgado, à parte vencida resta socorrer-se da rescisória (art. 485, VI), duplicando os esforços para repelir a falsidade.

Houve-se com acerto, em suma, o legislador brasileiro ao não abdicar dos mais elevados éticos no plano jurídico.

O dever de veracidade no processo civil não difere do comportamento que a ordem jurídica impõe dos sujeitos de direito na esfera provida. Só a conduta humana correta e veraz pode ser estimada conforme ao direito.

Em processo civil, o dever de veracidade exprime-se em duas diretrizes convergentes: (*a*) o dever de a parte alegar somente fatos verdadeiros, abstendo-se de

[33] Enrico Tullio Liebman, *Manuale di diritto processuale civile*, v. 1, n.° 60, p. 98.

alegar os que saiba serem inverídicos; (*b*) o dever de a parte alegar todos os fatos verdadeiros, abstendo-se de omitir os fatos relevantes que conheça e, eventualmente, favoreça no todo ou em parte o adversário. É um regime rigoroso,[34] mas útil e ético. Em última análise, adota-se a fórmula do juramento clássico: dizer toda a verdade e nada mais do que a verdade. O velho adágio *nemo tenetur edere contra se* não tem sentido perante o art. 14, I, do CPC.[35] Os fins sociais do processo civil elidiram essa visão individualista.

Não faltam objeções a essa extensão do dever de veracidade. Volvendo ao exemplo da separação, o marido que, pretendendo separar-se da mulher, em lugar de alegar o motivo real da impossibilidade da convivência, que é o adultério, pode alegar outra causa de pedir hábil, como a embriaguez.[36] Em tal hipótese, o autor descumpriu o ditame de dizer todos os fatos verdadeiros; todavia, o princípio dispositivo permite-lhe escolher uma dentre as causas de pedir porventura existentes, e, assim, selecionar os fatos trazidos a juízo.[37] Por isso, não há infração ao dever de veracidade, neste caso, porque o autor alegou todos os fatos verdadeiros, e somente fatos verdadeiros, quanto à embriaguez. O dever de veracidade se harmoniza com o princípio dispositivo e respeita tão só aos fatos constitutivos (ou principais) da *causa petendi* efetivamente deduzida.

Em relação ao art. 63, *caput*, do CPC de 1939, o atual art. 14, I, do CPC vigente, dispensou o advérbio "intencionalmente". Era exigido o dolo.[38] Não significa o desaparecimento integral do elemento subjetivo, que deve ser analisado em cada caso. A lei não reprova a parte que acredita no que afirma.[39] Por isso, a boa-fé objetiva não se localiza na raiz do dever de veracidade.[40] A atitude da parte perante o fato alegado predomina na caracterização da infração.

O art. 17, I, do CPC considera litigante de má-fé a parte que alterar a verdade dos fatos em tais termos (*infra*, 5).

Se o objeto do dever de veracidade recai sobre as alegações feitas quanto aos fatos, nenhuma aplicação tem relativamente às questões de direito,[41] porque *iura novit curia*.[42] Lícito se afigura à parte invocar tão só os precedentes jurisprudenciais e os excertos da doutrina que lhe são favoráveis em incidir nos tipos do art. 14, I e II, do CPC.[43] É diferente a hipótese de litigar contra expresso texto de lei (art. 17, I, do CPC).

---

[34] Em sentido diverso, Elicio de Cresci Sobrinho, *O dever de veracidade das partes no processo civil*, p. 107-108.

[35] Fernando Luso Soares, *A responsabilidade processual civil*, n.° 54, p. 169. Coimbra: Almedina, 1987.

[36] Exemplo de Eduardo J. Couture, El deber de las partes de decir la verdad, n.° 8, p. 251-252. *Estudios de derecho procesal*. V. 3. Buenos Aires: Depalma, 1978.

[37] Arruda Alvim, *Tratado de direito processual civil*, v. 1, p. 394. São Paulo: RT, 1990.

[38] Alcides de Mendonça Lima, O dever da verdade no código de processo civil brasileiro, n.° 5, p. 44. *Revista Forense*. V. 172. Rio de Janeiro: Forense, 1957.

[39] Adroaldo Leão, *O litigante de má-fé*, p. 13. Rio de Janeiro: Forense, 1982.

[40] Em sentido contrário, Mariana Pretel e Pretel, *A boa-fé objetiva e a lealdade no processo civil brasileiro*, n.° 6.3.4.1.3, p. 114. Porto Alegre: Núria Fabris, 2009.

[41] Valentino Aparecido de Andrade, *Litigância de má-fé*, n.° 12.2, p. 101. São Paulo: Dialética, 2004.

[42] Adolf Baumbach, Wolfgang Lauterbach, Jan Albers e Peter Hartmann, *Zivilprozessordnung*, § 138, 5, B), n.° 14, p. 682. 66ª ed. Munique: C. H. Beck, 2008.

[43] No direito italiano, Giuliano Scarselli, Lealtà e probità nel compimento degli atti processuli, n.° 7, p.107. *Rivista Trimestrale di Diritto e Procedura Civile*. V. 52. Milão: Giuffrè, 1998. Em sentido contrário, no direito brasileiro,

Já quanto ao direito local (estadual e municipal), incumbe à parte provar-lhe a vigência e teor, consoante o art. 293 do CPC, incide o dever de veracidade.[44]

É mais agudo e grave o problema resultante da errônea invocação de precedentes e da doutrina pertinente ao litígio. O art. 34, XIV, da Lei 8.906/94 veda ao advogado deturpar "o teor de dispositivo de lei, de citação doutrinária ou de julgado, bem como de depoimentos, documentos e alegações da parte contrária, para confundir o adversário ou iludir o juiz da causa". Bem se compreende essa proibição, do ponto de vista do órgão judiciário: a deturpação provocaria perplexidade no espírito do juiz Mas nada exclui a pura e simples falsificação do precedente. Ressalva feita ao erro escusável, sempre sob o fundamento de que ao juiz é dado conhecer o direito, na deturpação e na falsificação ocorre infração, não ao dever de veracidade, mas ao de probidade (art. 14, II, do CPC), sob a forma de procedimento temerário (art. 17, V, do CPC).

Por fim, convém realçar que o dever de veracidade das testemunhas, previsto no art. 415 do CPC, obedece a outros princípios.

5. Litigância de má-fé por descumprimento do dever de veracidade

O art. 17, II, do CPC respeita ao conteúdo da demanda do autor e da resposta do réu. Esse dispositivo especifica o descumprimento ao dever de veracidade contemplado no art. 14, I, do CPC. Três são as condutas reprováveis: (*a*) afirmar fato(s) inexistente(s); (*b*) negar fato(s) existente(s); (*c*) descrever os fatos sem correspondência exata com a realidade.[45]

Eliminado o elemento subjetivo, anteriormente expresso no advérbio "intencionalmente", e a despeito da relutância em admitir o reflexo dessa decisiva modificação,[46] bastará a mera desconformidade objetiva entre a alegação e a realidade. O rigor torna a aplicação da regra assaz difícil. Em geral, o órgão judiciário revela-se leniente. Bem se compreende, então, a introdução do dolo – a vontade de desfigurar o fato.[47]

Em suma, as partes têm compromisso com a chamada verdade objetiva – expõem os fatos tal como acreditam que realmente ocorreram. Não se exige correspondência objetiva com a realidade. Desta equivalência se encarregam as provas de apontar ao órgão judiciário a verdade – de toda sorte, o juízo a respeito é relativo. Por essa razão, o art. 469, II, declara insuscetível de adquirir a autoridade de coisa julgada "a verdade dos fatos, estabelecida como fundamento da sentença".

Arruda Alvim, Deveres das partes e dos procuradores no direito processual civil brasileiro, n.° 8, p. 13. *Revista de Processo*. V. 69. São Paulo: RT, 1993.

[44] Valentino Aparecido de Andrade, *Litigância de má-fé*, n.° 12.2, p. 101.

[45] Hélio Tornaghi, *Comentários ao código de processo civil*, v. 1, p. 154. 2ª ed. São Paulo: RT, 1975; José Carlos Barbosa Moreira, A responsabilidade das partes por dano processual no direito brasileiro, n.° 6, p. 26-27.

[46] Fábio Milman, *Improbidade processual*, n.° 4.2.2, p. 137.

[47] 4ª T. do STJ, REsp 373.847-MA, 10.12.2002, Rel. Min. Sálvio de Figueiredo Teixeira, *DJU* 24.02.2003, p. 239.

—6—

Ação Civil Pública – sua evolução normativa significou crescimento em prol da proteção às situações coletivas[1]

ARRUDA ALVIM
Advogado em São Paulo, Rio de Janeiro e Brasília – Professor do Mestrado e do Doutorado da PUCSP – Professor da FADISP (Faculdade Autônoma de Direito de São Paulo)

As ações coletivas envolveram profunda modificação de mentalidades[2]

Ilustre tratadista alemão, Klaus A. Ziegert,[3] refere-se a mecanismos de variados, na evolução do direito, de tal maneira "a poder o Direito, o sistema jurídico e o *aparato estatal* recuperar a sua correspondência ou congruência para com a sociedade". Isto pode ser transposto para o contexto destas linhas, com o sentido de que o processo tradicional individualista não podia acorrer às situações de "demanda coletiva" da Justiça.

O processo individualista era *impróprio* e *intencionalmente inepto* para a proteção de situações coletivas, às quais as sociedades eram *avessas*, quando se formou essa concepção de processo, nos séculos XIX e limiar do XX.

Era preciso alterar o instrumento, como veio a ocorrer, de tal forma que determinados anseios sociais, animados pelo desejo do reconhecimento e da preservação de determinados bens, antes ignorados, pudesse ocorrer. E essa criação jurídica, das ações coletivas, verificou-se em meio a muitas polêmicas. Deve-se, também, ter presente que essas alterações profundas verificadas no campo do processo – que não se restringem às ações coletivas –, nessas tem eixo da mais relevante significação; de outra parte, admitidos tais direitos, assentaram-se sobre uma disciplina de direito material, cujo tecido normativo já nasceu rígido na proteção desses bens. Subtraiu-se do direito privado o que nele estava regrado, *v. g.*, como as relações entre comprador

[1] A expressão *situações coletivas* é tomada no seu sentido amplo e genérico.

[2] Há um autor (Jack London, *Exponential Change [Mudança exponencial]*, 1994, 3, *Loyola Annals of Health Law [Anais Loyola sobre Lei da Saúde]*, 184-185, citado na obra de Martyn Day, Paul Balen e Geraldine McCool, v. Martin Day, Paul Balen e Geraldine McCool, *Multy-Party Actions – A practioner's guide to pursuing group claims (Ações Coletivas – Um guia prático na prosecução de ações de grupo)*, Glasgow, 1995, cap. II, p. 10), o qual diz que disputas referentes a Chernobyl, Bhopal e Exxon Valdez, tendo em vista os princípios que são aplicados, para resolver tais disputas, fluem de mentes com a largura das que indagam o que aconteceria, na velha e feliz Inglaterra, se um cachorro entrar na propriedade alheia.

[3] Cf. A. Klaus Ziegert, *Zur Effektivität der Rechtssoziologie: die Rekonstruktion der Gesselschaft durch Recht [A efetividade da sociologia do Direito: a reconstrução da Sociedade pelo Direito]*, Ed. Ferdinand Enke, Stuttgart, 1975, pág. 75. No original: "Recht reagiert auf den Wandel des gesselschaftlichen Systems durch variiende Konfiguration der Generalierungsmechanismen und enthält so deren Kongruez" – a reprodução deste trecho no texto decorreu de tradução livre.

e vendedor, que passou a ser matéria do direito do consumidor, verificando-se uma migração em direção ao direito público, ou, com mais propriedade, para um regime jurídico em que preponderam de forma quase que absoluta normas de ordem pública ou cogentes. A esta área ou província do direito, que não é, propriamente direito público, nem privado, pode-se designar como *direito social,* regida por normas de ordem pública.[4] [5] Por isto é que se há de ter presente que, sem a articulação do direito processual civil ao direito material, na ordem prática, a proteção, somente desta último, revelar-se-ia sem grandes objetivos práticos, porque não ancorada numa tábua instrumentos destinados a tornar eficaz o direito material, construída em torno de valores sociais contemporâneos, que, já há tempos vieram sendo decantados e se acentuando e através dos quais se pretende traduzir um sentimento mais adequado de Justiça.

Vale dizer, operou-se uma convergência de propósitos em proteger com maior empenho os bens jurídicos objeto da proteção processual através da ação civil pública, o mesmo tendo ocorrido com os direitos do consumidor. Um dos setores mais modificados, no direito privado, foi o obrigacional, e, talvez, o direito do consumidor represente a situação mais emblemática dessa ocorrência. Certamente, a situação do consumidor não é a única a merecer uma maior guarda, pois outros setores críticos da sociedade demandam intervenção protetiva do legislador. E, na raiz das modificações operadas no direito obrigacional encontram-se em escala apreciável os mesmos fenômenos que levaram à necessidade de reequacionamento dos instrumentos processuais, motivadas aquelas e estes, pelo mesmo valor axiológico: um reequilíbrio dos que se defrontam na ordem jurídica.[6] O que se mostrou necessário foi idealizar

[4] Interessantes as considerações feitas no ano de 1929 por Widar Cesarini Sforza sobre direitos coletivos (cf. Widar Cesarini Sforza, *El Derecho de los particulares,* Madrid, 1986, ed. Civitas (edição de 1929; reimpressão em 1942), trad. espanhola, no capítulo "Preliminares sobre el Derecho Colectivo", p. 153 e seguintes. Situar-se-iam esses além do direito dos particulares, sem chegarem a ser direito público; se são contemplados da ótica do direito público, seriam direito privado, e, se do enfoque que do direito privado parta, seriam direito público (p. 154, nº 1). Dizia que o interesse "coletivo" era, simultaneamente *individual* e *extraindividual,* o que não significava que o *extraindividual* fosse *geral.* A "coletividade", todavia, é um "ente que não se resolve nem em cada um dos indivíduos e nem na totalidade dos indivíduos" (p. 156, nº 2). A "coletividade" deve ser entendida como "uma comunidade aberta ou em estado fluído". Na sequência do texto (n°s 5 a 12, p. 159 e segs.), prossegue o autor, inserindo no âmbito do direito coletivo as sociedades, associações, realidades estas, que se encontram mais distinguidas, daquilo que contemporaneamente se designa como direito coletivo, em face da temática do consumidor e outras situações que a essa se assemelham.

[5] Isto conduz a que na antiga *dicotomia* entre *direito público* e *direito privado,* historicamente compreensiva do universo jurídico todo, inseriu-se uma terceira categoria, a do *direito social,* passando-se a visualizar o universo do direito através de três categorias, e não mais duas.

[6] V. a respeito, Karl Larenz, *Bürgerliches Gesetzbuch, Einführung [Código Civil (alemão), Introdução],* antecedendo à 29ª edição do texto da Beck'sche, p. 12 ss., item III, *onde, entre outros aspectos, considera a posição do consumidor* (p. 13), em face das emergidas forças do mercado e do poder dos empreendedores, *a demandar formas especiais de defesa.* Jacques Ghestin, no seu *Traité de DROIT DIVIL [Tratado de Direito Civil],* vol. II, p. 483 ss., Paris, 1980, aborda o tema das cláusulas abusivas, necessárias à proteção dos consumidores; à p. 486, nº 489, dá notícia da evolução paralela do direito europeu, no particular. Jean Carbonnier, mais amplamente, alude a *uma ordem pública de direção,* consistente numa intervenção na economia (por certo, economia de escala), com vistas à eliminação de contratos, entre particulares, que pudessem contrariar uma economia nacional (cf. *Droit Civil [Direito Civil],* 12ª ed., p. 138, Paris, 1985). Karl Larenz, *in Lehrbuch des Schuldrechts [Compêndio do direito obrigacional],* 11ª ed., vol. II – Parte Geral, § 4º, p. 35 ss., Munique,1976, onde ao tratar da liberdade contratual, considera os seus limites; à p. 42, considera as regras de *equalização da Justiça* ou *a defesa dos socialmente mais fracos.* Com isto, conquanto seja a base fundamental e regente do direito contratual a chamada liberdade contratual (*autonomia da vontade),* ou seja a "liberdade na própria configuração do tipo contratual"; casos há em que o "tipo contratual" é imposto por normas de ordem pública (p. 43), donde existirem contratos com conteúdo proibido, contratos com conteúdos predeterminados pela lei. O Prof. Eike von Hippel, em sua obra *Der Schutz des Schwächeren [A defesa dos fracos],* Tubinga, 1982, onde, analisando todas as categorias dos devem ser havidos como fracos, confere lugar de particular destaque à defesa do consumidor (§ 3º, p. 29 ss.). Não deixa de considerar como relevante, ou *essencial,* uma forma de defesa

um aparato que, dentre as suas finalidades, servisse à vida social em massa, através da reconfiguração, às vezes, senão quase sempre, radical de institutos jurídicos, que, nessa nova roupagem, guardam pouquíssima relação com aqueles institutos de que se poderia pretender houvessem sido a matriz destes novos.

Parece ser legítimo asseverar-se que a ideia de ações coletivas nasceu nos Estados Unidos, propriamente, ainda que com antecedentes no direito inglês.[7]

Uma das mutações mais significativas respeita, precisamente, ao reconhecimento de situações coletivas – desconsideradas, ou, mesmo repudiadas no liberalismo.

Sem embargo de haver, na doutrina nacional e estrangeira, um sem número de posições a respeito dessa realidade e daquelas que dessa se aproximam, parece que existem alguns pontos em que se pode perceber maior clareza e estabilidade, constituindo-se pontos de desejável convergência de opiniões, como ainda parece-nos serem pontos em que se alcança mais exatidão conceitual, de que falaremos mais abaixo. As posições, a seu turno, reveladoras de um "desacordo" a respeito dos princípios ou fronteiras de quais devem ser os interesses e direitos difusos e coletivos, compromete rumos normativos mais nítidos (v. nota 10) e em certa escala, a própria atividade jurisdicional.[8]

Pode-se dizer que a categoria dos chamados direitos coletivos deve ser compreendida a partir de determinadas premissas, que hão de partir de dados existentes na dogmática tradicional (para a construção de uma disciplina diferente), e, dos quais se pode dizer que, em si mesmos, são bastantes conhecidos. Afigura-se-nos que o referencial básico ou fundamental é comparar-se a categoria dos chamados *direitos subjetivos* na esteira de inumeráveis conceituações de juristas, que, todavia, contém elementos apreciavelmente comuns.[9] A ideia central do direito subjetivo é a sua rigo-

---

coletiva, do consumidor (p. 38), *em especial, nos casos de danos.* No direito norte-americano diz-se, em comentário à autonomia da vontade que, quando uma parte puder impor à outra, uma contratação, deveria acudir o legislador, para que isso não ocorresse (cf. John D. Calamari e Joseph M. Perillo, *Contracts*, p. 8, New York, 1987). Se a igualdade que é pressuposta entre os contratantes se constitui na razão de ser da liberdade, tanto a igualdade, quanto a liberdade, no caso de vendas ao consumidor não são havidas como existentes (v. John D. Calamari e Joseph M. Perillo, *op. ult. cit.*, cap. X ("Consumer Protection"). Para uma visão algo mais ampla, v. o nosso *Tratado de Direito Processual Civil,* São Paulo, 1990, 'Considerações Propedêuticas', item 6.1.3 (*Os interessses difusos, os coletivos e os direitos do consumidor),* p. 127 e seguintes.

[7] Nos Estados Unidos, já no final da década de 40, passou-se a disciplinar as *class actions* com meticulosidade nas *Federal Rules*, tendo cabida duas observações: 1ª) esse instrumento não era estranho à tradição do direito norte-americano, que o recebeu do direito inglês; 2ª) e, de outra parte, vieram essas *class actions* a assumir um papel transcendental, *podendo, em realidade, ser apontado como o aspecto mais importante do direito processual contemporâneo desse país.* Uma notícia ampla do tema é dada pelo Prof. Adolf Homburger *in Klagen Privater im öffentlichen Interesse [Ações privadas no interesse público]*, Frankfurt, 1975, no seu relatório apresentado em Hamburgo, em 1973, com vistas a fornecer subsídios de direito comparado e intitulado, esse trabalho *Private suits in the public interest in the United States of America [Litígios privados no interesse público nos Estados Unidos da América]*, onde se evidenciam as peculiaridades das *class actions* e o *caráter privado* que as inspira, mas com vistas a litígios marcados pelo interesse público. As *class actions, todavia, não são objeto de louvor generalizado e, principalmente, sem fronteiras, havendo , à luz de tal critério, quem as critique* (cf. Mary Kay Kane, *Civil Procedure [Processo Civil]*,capítulo VIII, p. 253 ss., St. Paul., Minn., 1985). Todavia, já se observou que, possivelmente, esse sistema seria o único apto a realizar e a conduzir, economicamente, para uma realização da Justiça (cf. Harold Koch, *Kollektiver Rechtsschutz im Zivilprozeß (Die class action des amerikanischen Rechts und deutsche Reformprobleme) – [Proteção Jurídica Coletiva no Proceso Civil] – (A class action do direito americano e o problema da reforma na Alemanha)*, Introdução, p. 9, Frankfurt am Main, 1976).

[8] V. o texto do Prof. W. A. Bogart, intitulado *Ambiguity,* publicado na obra *Les recours collectifs en Ontario et au Québec – Class Action in Ontario and Québec [A ação coletiva em Ontário e Quebeque],* Montreal, cit., p. 10-11 e 12-13, onde observa que tais dúvidas afetam mesmo a identificação do âmbito da atividade jurisdicional (p. 10-11).

[9] Assim Ihering (cf. *Geist des römischen Rechts auf der Grundrechte,* 1985, Baden, Baden, p. 164) onde afirma que os direitos subjetivos são "os interesses juridicamente protegidos"; Windscheid, *Lehrbuch des Pandektenrechts,* 9ª

rosa individualização e atribuição de poder subjetivo a uma pessoa ou ente jurídico, em si mesmo e em relação à titularidade, o que se projetou no Código de Processo Civil, encontrando o direito subjetivo sua *longa manus* no art. 6º desse diploma, marcadamente individualista. Essa categoria – do direito subjetivo – é informada pelo princípio dispositivo que reside no poder do sujeito do direito subjetivo fruir ou não do direito, dele desistir, sobre ele transacionar, etc.

Contrapostamente a essa ideia do direito sujetivo e de todo o regime a essa atrelada, a qual, como se sabe, tem contornos claros na ciência do direito, passaram a existir os chamados bens coletivos, e, nessa categoria, devem ser classificados os direitos coletivos, e, que em nosso direito positivo são denominados de *interesses e direitos difusos, interesses* e *direitos coletivos* (art. 81, parágrafgo único, I e II, do CDC) e, por fim, de "interesses ou direitos individuais homogêneos, assim entendidos os decorrentes de origem comum" (art. 81, par. ún., III, CDC, quanto a esta última categoria). Esta última, na realidade, *originária* e *estrututalmente,* é constituída de direitos subjetivos, mas, receberam, no patamar de uma disciplina coletiva dos direitos, também um *tratamento coletivo.*

O que preside a previsão normativa de *direitos coletivos* é um acordo, no seio da sociedade e expressado *normativamente,* e, as regras jurídicas, curialmente, são o "resultado desse acordo".[10]

As situações suscetíveis de serem objeto de proteção coletiva, não se esgotam na LACP e nem no CDC, mesmo porque a própria Constituição Federal fornece um pano de fundo a esta ampla proteção a situações coletivas.[11] Essas situações se encartam numa renovada visão da estrutura da sociedade, reconhecendo o papel dos grupos sociais e prestigiando-os.

edição, trabalhada por Theodor Kipp, 1906, Frankfurt am Main, p. 156, em que afirma ser o direito subjetivo "um poder de vontade ou uma dominação da vontade conferida pela ordem jurídica".

[10] Veja Robert Alexy, *El Concepto y la Validez del Derecho,* 1994, Barcelona, ed. Gedisa Editorial, p. 179, onde sublinha que a discussão a respeito dos direitos individuais e dos bens coletivos, por ser um tema jusfilosófico, é temática destinada a uma discussão infinita. Neste *acordo social* está ainda implicado, *saber como o justo deve presidir essa temática,* e quais hão de ser os *bens coletivos,* em relação aos quais, mais fácil é *exemplificar* do que definir, o que é bem coletivo (cf. Alexy, *op. ult. cit.,* p. 186).

[11] Do ponto de vista prático, ou, até mesmo do ponto de vista quantitativo, há significativas previsões em que se atribuíu lugar a instrumentos çoletivos, tanto bastando recordar as regras constitucionais, do art. 5º, incisos XXI, LXX; LXXI [mandado de injunção], que poderá e *deverá* comportar tratamento coletivo; *também*; art. 129, inciso III, da Constituição Federal de 1988 [previsão constitucional de titularidade para a propositura da ação civil pública e inquérito civil, pelo Ministério Público, *sem a exclusão de outros legitimados – art. 129, § 1º, Constituição Federal de 1988]; no que diz respeito a programações de rádio e televisão (que contrariem o art. 221, CF), da mesma forma que, em face da propaganda de produtos, práticas e serviços que possam ser nocivos à saúde e ao meio ambiente, é de se articularem esses textos, como os da Lei nº 8.069/90 [Estatuto da Criança e do Adolescente], art. 201, inciso V.* Isto sem considerar, no próprio plano infra constitucional, precedentemente à Constituição Federal a Lei da Ação Civil Pública, e, sucessivamente, o Código do Consumidor – de que mais de espaço se falará no texto, especialmente da LACP; e, ainda, outras leis, que, fundamentalmente, seguem o modelo da Ação Civil Pública, tais como as Leis nºs 7.853/89 (destinada à defesa de pessoas portadoras de deficiência); 7.913/89 (atinente à responsabilidade por danos causados a investidores no mercado de valores mobiliários). Por fim, recordemos a Lei de nº 8.069/90 [Estatuto da Criança e do Adolescente], que perfilhou o 'modelo' de *MAIS INTENSA eficácia do processo [possibilidade de tutela específica LIMINAR]* e no pertinente *às facilidades para o acesso à justiça* do Código do Consumidor, e, em certa escala, no que diz respeito à 'concepção' das ações coletivas [art. 201, inciso V], tanto bastando, entre outros textos, lembrar o art. 210 [quanto aos legitimados] ainda que no art. 212, esteja determinada a aplicação do Código de Processo Civil para as ações previstas na lei 8.069; é certo que a aplicação subsidiária próxima diz respeito ao CDC, aí não referido pela posterioridade desta lei em relação à lei nº 8.069]; quanto à *tutela específica* há coincidência do art. 213, e seu § 1º, da Lei nº 8.069/90 e o Código do Consumidor [art. 84, § 3º, deste último]; quanto ao Fundo, há similaridade, com o Código do Consumidor [v. art. 214, da Lei nº 8.069/90]; similarmente, quanto ao não adiantamento de custas [art. 219, Lei nº 8.069].

É, de outra parte, óbvia a magnitude das ações coletivas, que, muitas vezes ainda passa sem sensibilizar a mentalidade existente, ou parte dela, que é assentada, principalmente, nos processos de caráter individual.[12]

De outra parte, do ponto de vista técnico, diz-se, em relação à Inglaterra e Gales – o que vale, *mutatis mutandis* para nós – que o sistema legal inglês também se desenvolveu na base de "direitos individuais", não sendo fácil o *transporte* dessas regras para demandas de massa.[13] Mas sublinha-se, com razão, que essas ações integram as sociedades modernas e que esforços deverão ser feitos com vistas a acomodar tais ações na vida contemporânea.[14]

A ação civil pública nasceu para proteger ***novos*** bens jurídicos, referindo-se a uma nova pauta de bens ou valores, marcados pelas características do que veio a ser denominado de interesses e direitos difusos ou coletivos, das quais se pode dizer, serem profundamente diferentes ou "opostas" às da categoria clásssica dos ***direitos subjetivos,*** que marcaram o direito privado e o processo civil tradicional. Deve-se ainda sublinhar que a Lei 7.347/85 é *aparentemente* uma lei mista, no sentido de nela haver referência aos bens objeto de sua proteção. Essa referência ao direito material, todavia, não é exauriente, dado que é necessário para ter o perfil completo das situações protegidas, ter presentes também as leis de direito material disciplinadoras de tais bens.

Os bens protegíveis pela ação civil pública, antes da Lei 7.347/85, eram, em termos reais, insucetíveis de proteção. Ainda que houvesse algumas previsões, a proteção era inteiramente destituída de eficácia, ao lado, ou mormente, porque destituída de instrumental preordenado a proporcionar autêntica proteção. São bens, contemporaneamente, altamente prezáveis, de que podem servir de exemplos emblemáticos, o meio ambiente e a situação dos consumidores.

A ação civil pública proporcionou a tais bens uma proteção ampla, pois o resultado exitoso da ação abrange a todos, com eficácia *erga omnes* e só será julgada improcedente – com o predicado de obstar nova e idêntica ação –, quando comprovadamente, inexistir ilícito, i. e., dano ou obrigação e fazer e de não fazer (este o âmbito originário dos efeitos possíveis dessa ação). Isto se dessume do disposto no art. 16, pois, mesmo quando julgada improcedente, é admissível a propositura da mesma ação, inclusive pelo mesmo legitimado, desde que a improcedência tenha sido motivada pela insuficiência de provas. É esta a consequência a ser lida em face do regramento que consta do seu art. 16 (modificado em relação à extensão territorial da eficácia da decisão, originariamente pela MP 2.180-35, sucessivamente convertida na Lei 9.494/97). Dispõe esse art. 16: "Art. 16. A sentença civil fará coisa julgada erga omnes, nos limites da competência territorial do órgão prolator, exceto se o pe-

[12] Há um autor (Jack London, *Exponential Change,* 1994, 3, *Loyola Annals of Health Law,* 184-185, citado na obra de Martyn Day, Paul Balen e Geraldine McCool, *Multi-Party Actions, cit.,* cap. II, p. 10), que diz que disputas referentes a Chernobyl, Bhopal e Exxon Valdez, tendo em vista os princípios que são aplicados, para resolver tais disputas, fluem de mentes com a largura das que indagam o que aconteceria, na velha e feliz Inglaterra, se um cachorro entrar na propriedade alheia.

[13] V. posição do Conselho Nacional do Consumidor (inglês), referida em *'Group Actions: Learning from Oprem,* janeiro, 1989, referido em Martyn Day, Paul Balen e Geraldine McCool, v. Martin Day, Paul Balen e Geraldine McCool, *Multy-Party Actions – A practioner's guide to pursuing group claims (Ações Coletivas – Um guia prático na prosecução de ações de grupo), cit.,* cap. II, p. 11.

[14] V. o Australian Law Commission Report nº 46, *Grouped Proceedings in the Federal Court,* 1988, in Martyn Day, Paul Balen e Geraldine McCool, *Multi-Party Actions,* cit., cap. II, p. 11.

dido for julgado improcedente por insuficiência de provas, hipótese em que qualquer legitimado poderá intentar outra ação com idêntico fundamento, valendo-se de nova prova. (redação dada pela Lei 9.494, de 10.9.1997)"

É certo que nessa disciplina e à luz da linguagem utilizada, o que se quer significar, ao ser empregada a palavra "coisa julgada *erga omnes*" é que a sentença é que é provida dessa eficácia *erga omnes,* a qual, ocorrendo a hipótese descrita, virá a restar recoberta pela respectiva coisa julgada.

A LACP originariamente nasceu vocacionada à proteção dos *interesses e direitos difusos* e *interesses e direitos coletivos,* como se percebe da redação originária do seu art. 1º, e, onde se elencavam, um a um, os bens objeto de sua proteção que a esses se restringia e que eram os dos incs. I a III do seu art. 1º.

Os bens então protegidos eram os seguintes:

Art. 1º Regem-se pelas disposições desta Lei, sem prejuízo da ação popular, as ações de responsabilidade por danos causados:

I – ao meio-ambiente;

II – ao consumidor;

III – a bens e direitos de valor artístico, estético, histórico, turístico e paisagístico;

Como, ainda, deve-se remarcar que pela sua redação originária (art. 1º), destinava-se essa ação à apuração e à restauração de situações tendo em vista a "responsabilidade por danos causados", completado esse primeiro perfil no seu art. 3º; ou seja, ao lado da condenação em dinheiro, destinava-se também ao "cumprimento de obrigação de fazer ou não fazer".

Sucessivamente, acrescentou-se-lhe inciso em que a proteção não mais era referida a bens nominalmente indicados, senão que, generalizou-se a sua proteção. Tratou-se do seu inciso, originariamente IV, que resultou renumerado para o inciso V: "V – a qualquer outro interesse difuso ou coletivo". (redação dada pela Lei nº 8.078, decorrente do disposto no seu art. 110, de 11.9.1990) (inciso renumerado pela Lei nº 10.257, de 10.7.2001). Parece-nos que com essa redação estariam protegidos todos e quaisquer bens em relação aos quais se pudesse reconhecer as características de *bens ou interesses difusos* ou *bens ou interesses coletivos.*

Sem embargo disto, voltou o legislador à referência nominal de bens protegíveis, indicando, no seu atual inc. III a serventia da ação para a proteção da: "III – ... ordem urbanística; (inciso incluído pela Lei nº 10.257, de 10.7.2001), e, mais ainda, utilizável em relação aos seguintes bens: VI – por infração da ordem econômica e da economia popular; (inciso renumerado pela Lei nº 10.257, de 10.7.2001) – (redação dada pela Mpv nº 2.180-35, de 24.8.2001); VII – à ordem urbanística". (inciso renumerado pela Lei nº 10.257, de 10.7.2001) – (redação dada pela Mpv nº 2.180-35, de 24.8.2001).

E, no atual parágrafo único, do seu art. 1º, acabou-se vedando a utilização da ação civil pública em relação às matérias aí constantes: "Parágrafo único. Não será cabível ação civil pública para veicular pretensões que envolvam tributos, contribuições previdenciárias, o Fundo de Garantia do Tempo de Serviço – FGTS ou outros fundos de natureza institucional cujos beneficiários podem ser individualmente determinados". (redação dada pela Mpv nº 2.180-35, de 24.8.2001)

Em decorrência da edição do Código de Proteção e de Defesa do Consumidor, merecem ser considerados os seguintes textos: (a) o art. 90, que estabeleceu: "Art. 90. Aplicam-se às ações previstas neste título as normas do Código de Processo Civil e da Lei n° 7.347, de 24 de julho de 1985, inclusive no que respeita ao inquérito civil, naquilo que não contrariar suas disposições"; *é este texto que traz para o âmbito do CDC a aplicação de textos da LACP*; (b) o art. 84, do Código do Consumidor, que dispõe: "Art. 84. Na ação que tenha por objeto o cumprimento da obrigação de fazer ou não fazer, o juiz concederá a tutela específica da obrigação ou determinará providências que assegurem o resultado prático equivalente ao do adimplemento. § 1° A conversão da obrigação em perdas e danos somente será admissível se por elas optar o autor ou se impossível a tutela específica ou a obtenção do resultado prático correspondente. § 2° A indenização por perdas e danos se fará sem prejuízo da multa (art. 287, do Código de Processo Civil). § 3° Sendo relevante o fundamento da demanda e havendo justificado receio de ineficácia do provimento final, é lícito ao juiz conceder a tutela liminarmente ou após justificação prévia, citado o réu. § 4° O juiz poderá, na hipótese do § 3° ou na sentença, impor multa diária ao réu, independentemente de pedido do autor, se for suficiente ou compatível com a obrigação, fixando prazo razoável para o cumprimento do preceito. § 5° Para a tutela específica ou para a obtenção do resultado prático equivalente, poderá o juiz determinar as medidas necessárias, tais como busca e apreensão, remoção de coisas e pessoas, desfazimento de obra, impedimento de atividade nociva, além de requisição de força policial";[15] *este texto é aplicável à LACP pelo que está no seu art. 21, considerada esta modificação a seguir*; **(c)** mais ainda, inseriu-se na disciplina da ação civil pública o seu art. 21, que decorreu do disposto no art. Art. 117, que dispõe: "Acrescente-se à Lei n° 7.347, de 24 de julho de 1985, o seguinte dispositivo, renumerando-se os seguintes: 'Art. 21. Aplicam-se à defesa dos direitos e interesses difusos, coletivos e individuais, no que for cabível, os dispositivos do Título III da lei que instituiu o Código de Defesa do Consumidor'; (d) ainda, pelo disposto no art. 111, do Código do Consumidor, modificou-se o disposto no art. 5º, II, da LACP, para : 'Art. 111. O inciso II do art. 5° da Lei n° 7.347, de 24 de julho de 1985, passa a ter a seguinte redação: II – inclua, entre suas finalidades institucionais, a proteção ao meio ambiente, ao consumidor, ao patrimônio artístico, estético, histórico, turístico e paisagístico, ou a qualquer outro interesse difuso ou coletivo'; (e), ainda, acrescentou-se-lhe, ao seu art. 5º, por obra do CDC: 'Art. 113. Acrescente-se os seguintes §§ 4°, 5° e 6° ao art. 5º. da Lei n.° 7.347, de 24 de julho de 1985: O requisito da pré-constituição poderá ser dispensado pelo juiz, quando haja manifesto interesse social evidenciado pela dimensão ou característica do dano, ou pela relevância do bem jurídico a ser protegido. § 5.° Admitir-se-á o litisconsórcio facultativo entre os Ministérios Públicos da União, do Distrito Federal e dos Estados na defesa dos interesses e direitos de que cuida esta lei. § 6° Os órgãos públicos legitimados poderão tomar dos interessados compromisso de ajustamento de sua conduta às exigências legais, mediante combinações, que terá eficácia de título executivo extrajudicial'".

Dessas modificações defluem, como as mais significativas, as seguintes: 1º) se o objeto da ação civil pública dizia respeito à obtenção de condenação em dinheiro

[15] Deve-se observar que este texto, do art. 84, do CDC, pela sua utilidade, acabou servindo de conteúdo ao atual art. 461, do CPC, ou seja, acabou passando a ser um instituto geral do sistema. O art. 461 foi incluído pela Lei nº 8.952, de 13.12.1994.

(em razão de responsabilidade civil por lesão a determinados bens), nominalmente indicados e para proteger obrigação de fazer e de não fazer, como, ainda, também, se houvesse ameaça de lesão ("ilícito de perigo"), esta deveria ser obstada (o que defluía do seu art. 12); 2º) acabou-se por extender o seu âmbito a todos e quaisquer bens configuradores de *interesses e direitos difusos* ou *interesses e direitos coletivos,* tendo-se presente que essa conceituação é aquela que decorre do art. 81, incisos I e II, do CDC; 3º) mais ainda, se essa modalidade de ação era circunscrita à responsabilidade civil e às obrigações de fazer e de não fazer, o seu objeto passou a ser mais amplo, à luz, principalmente, do que veio a constar do disposto no art. 83 do CDC,[16] aplicável ao sistema da LACP, à luz do disposto no seus arts. 21 da LACP e 90 do CDC; 4º) e, se a ação civil pública originariamente se restringia a interesses e direitos difusos ou interesses e direitos coletivos – pois se se referia consumidor, não era, por ela, viável a proteção dos consumidores, enquanto pessoas (vítimas ou sucessores); pelo que veio a ser previsto em seu art. 21 (nela inserido pelo art. 117 do CDC), ela se extendeu à proteção dos consumidores; ou seja, quando nesse texto do art. 21, há referência a *direitos individuais,* estes são aqueles a que se refere o inc. III, do art. 81 do CDC. Com isto, acabou-se por estender a legitimidade também para a hipótese de proteção a "interesses ou direitos individuais homogêneos, assim entendidos os decorrentes de origem comum", tal como configurada essa categoria à luz do disposto nesse inc. III do art. 81 do CDC.

A LACP nasceu no âmbito dos interesses difusos e coletivos, em relação a bens nominalmente indicados; sucessivamente, foram esses generalizados, ainda que o legislador tenha voltado ao critério de indicação nominal. Se era ação destinada a restaurar situações motivadas por ilícitos em relação à responsabilidade civil e para tutelar as obrigações de fazer e de não fazer, inclusive preventivamente, sucessivamente ampliou-se o espectro de sua utilidade à luz do âmbito descrito no art. 84 do CDC, a ela aplicável. E, se nasceu vocacionada à proteção de interesses difusos e coletivos, com o CDC, passou a poder atingir as situações de " interesses ou direitos individuais homogêneos, assim entendidos os decorrentes de origem comum". Este é o perfil das principais evoluções legislativas ocorridas.

Percebe-se, claramente, que com a edição do CDC acabou por crescer o âmbito de utilidade da ação civil pública. Com o disposto no seu art. 21 ela passou a abranger vasto segmento que precedentemente não encontrava cobertura normativa e nem a indicação de legitimados para a tutela.

A ação civil pública integra uma série muito grande de alterações a que o processo civil tem sido submetido, como também, revela sintonia com as modificações verificadas no direito material. Tanto o processo civil, quanto o direito material, herdados do liberalismo, sofreram mutações profundas, com vistas a aparelhar as sociedades contemporâneas de um aparato protetor de determinados bens, antes inexistentes, ao menos, *virtualmente* inexistentes, como também, de um instrumental preordenado à defesa desses novos bens, através da idealização de um sistema muito diferente do do processo tradicional, clássico ou individualista.

Os principais aspectos que nos parece representam uma apreciável convergência de entendimentos, em relação a esses novos bens, que consubstanciam interesses

[16] Reza esse art. 83: "Art. 83. Para a defesa dos direitos e interesses protegidos por este código são admissíveis todas as espécies de ações capazes de propiciar sua adequada e efetiva tutela"

e direitos difusos e coletivos, são os seguintes: 1º) os interesses e direitos *difusos* são aqueles que dizem respeito aos *bens indivisíveis*; 2º) os *bens indivisíveis,* a seu turno, são aqueles em que *não é viável uma forma diferenciada de gozo ou utilização.*[17]; 3º) nisto está implicado que o tipo de interesse dos membros de uma dada coletividade são quantitativa e qualitativamente iguais; 4º) ademais, por isso mesmo, esses bens não são suscetíveis de *apropriação exclusiva*[18]; 5º) daí é que não se pode cogitar de atribuir-se a alguém, mais do que a outro(s) uma titularidade própria ou mais envergada, do que as dos demais inseridos no mesmo contexto; 6º) os *interesses difusos* para que se os possa reputar existentes, *como tais, i. e., difusos,* prescindem de um grupo *particularmente* organizado, salvo, é certo, a própria coletividade (com a sua organização natural, *a mais geral,* que lhe é própria), sendo exemplos disto a aspiração geral ou o desejo de um 'ambiente não contaminado' ou o de ficar imune a uma 'publicidade enganosa', ou, ainda, de proteger a livre concorrência; 7º) a referibilidade do interesse difuso não é ao *indivíduo, enquanto tal considerado,* senão que diz respeito ao *indivíduo dentro da coletividade, enquanto integrante da coletividade, cujas fronteiras é desenhada pela generalidade dos outros indivíduos*[19]; 8º) por isso, esses indivíduos estão numa situação *definitiva* e *final* – e, acrescentamos, não suscetível de ser modificada – de homogeneidade (e, neste ponto, além de muitos outros, isto é diferente da situação dos *interesses e direitos individuais homogêneos, que apenas são tratados homogeneamente, mas avançam além de homogeneidade, v. g., quando se ingressa na fase de execução, onde se manifesta a titularidade individual sobre direitos, ao menos, quantitativamente diferentes)*; 9º) daí é que esses indivíduos, *dentro da coletividade,* são *mais ou menos,* determináveis, satisfazendo-se a nossa lei até mesmo com a própria indeterminação, *o que convive com a ideia de 'fruição múltipla', mesmo porque tem de haver, no elemento subjetivo, necessária pluralidade de indivíduos/sujeitos*; 10º) os interesses difusos *coexistem* com os interesses estritamente individuais[20]; 11º) a proteção aos *interesses difusos* é animada ou vocacionada a um "controle sobre o conteúdo e sobre o desenvolvimento de posições econômico-jurídicas dominantes, mas impermeáveis [à ideia] de participação".[21]

Em relação aos bens e valores que podem ser objeto de proteção pela ação civil pública é possível surpreender mais de um bem conjugamente com outro, ou, pela proteção de um bem, se protege outro. Ou seja, protegendo-se um deles, estar-se-á fazendo prevalecer outro bem. É possível que na proteção ao meio ambiente, se esteja, também, preservando o valor constitucional da função social da propriedade, a qual é voltada para a sociedade ou coletividade. Por exemplo, se o direito de propriedade é um direito fundamental, porquanto se encontra no rol desses (art. 5º, inc. XXII, da Constituição Federal), ao seu lado está a exigência do mesmo texto constitucional

[17] V. sentença da Corte de Cassação, de 9 de março de 1979, número 1.463, das câmaras civis reunidas, publicada na *Rivista di Diritto Processuale,* 1979, p. 720/740.

[18] V. Lorenzo Bujosa Vadell, *La Protección Jurisdiccional de los Interesses de Grupos,* Barcelona, 1995, ed. Bosch, p. 70-71, nota 154, *fine*; v. tb. Nicolò Trockner, *Gli interessi diffusi nell'opera della giurisprudenza,* na *Rivista Trimestrale di Diritto e Procedura Civile,* 1987, p. 1.112/*1.115*/1.155.

[19] V. Corte de Cassação italiana, sent. de 8 de maio de 1978, número 2.207, das câmaras civis reunidas.

[20] V. o segundo relatório, constante da Separata, do *Materiales del VI Congreso de Jueces para la Democracia,* Logroño, 20-22.junho.1991, p. XXIII.

[21] V. F. Sgubbi, *L'interesse difussi come oggetto della tutela penale. Considerazioni svolte con particolare riguardo alla protezione del consumatore",* p. 557, em *La tutela degli interessi diffusi nel Diritto Comparato,* Atos do Congresso de Salerno, 22-25 de maio de 1975, *Studi di Diritto Comparato,* direção Mauro Cappelletti, Milão, 1976, ed. Giuffrè.

no sentido de que o direito de propriedade deve desempenhar função social (art. 5º, XXIII), sendo, ainda um direito fundante da ordem econômica, tendo também aqui, ao seu lado, a reiteração da mesma exigência da função social, tal como consta no mesmo texto, em relação à ordem econômica (art. 170, II e III). De outra parte, o art. 225 da Constituição Federal estabelece o direito a um meio ambiente saudável. Na hipótese, por exemplo, descrita nesse art. 225, no seu inc. IV, quando uma obra possa vir a ser potencialmente poluidora, há restrições à sua construção, consistentes e solucionáveis em que devem ser tomadas providências de tal forma a que venha existir compatibilidade entre a construção, o direito de propriedade e o meio ambiente. Desta forma, o contrôle exercitável sobre o meio ambiente, acaba por representar diretamente, também, um controle sobre a função social da propriedade, encarada sob a ótica de que direito de construir, deve ser exercitado, no caso, com atenção a essa função social, por causa do meio ambiente. Não é impossível, conforme a hipótese, ademais, ocorrendo um *conflito aparente* entre o âmbito direito de propriedade e o espectro de proteção ao meio ambiente, que venha a questão ser solucionada com lastro no critério do princípio da proporcionalidade.

Em relação aos interesses ou direitos individuais homogêneos, assim entendidos os decorrentes de origem comum e cuja titularidade se distribúi por um número expressivo de pessoas, os quais refogem das ideias precedentemente alinhavadas, deve-se dizer que, todavia, em certa escala, guardam similitude com os interesses difusos e coletivos. E isto no sentido de que, também estes – como tais e considerados em conjunto no contexto do tecido social, sob a ótica da precedente ausência de consideração pelo legislador, em discipliná-los *como tais* – eram, antecedentemente às modificações ocorridas, destituídos de proteção útil. Esse conjunto de situações individuais, decorrentes de origem comum, cuja configuração, *que não é apenas a soma, pura e simples de situações individuais,* gera uma situação coletiva. Passaram a ser objeto, também, de proteção através da ação civil pública, como se procurou identificar através da evolução legislativa ocorrida com esta última modalidade de ação.

Há manifestas vantagens sociais na existência dessas ações coletivas voltadas à tutela dos interesses e direitos individuais homogêneos.

Alinha-se nessa motivação a *inviabilidade prática* da defesa ou do acesso à justiça, pelo consumidor, *enquanto individualmente considerado.*[22] [23] [24] [25] [26] De qualquer

---

[22] Essa percepção, não só em relação ao consumidor, como a outras situações, inclusive a ausência de tutela ao meio ambiente, foram remarcadas por Mauro Cappelletti. Acentue-se que esse texto erigiu-se sobre dezenas de relatórios referentes aos diversos países, o que lhe confere, entre outras razões, um pêso de altíssima significação (V. em trabalho escrito juntamente com Bryant Garth, *Access to Justice: Ther Newest Wave in the Wolrdwide Movement to make Rights Effective,* publicada na *Buffalo Law Review,* vol. 27, número 2, 1978, I, p. 183 e seguintes, e, publicado em outras lugares; entre nós, *Acesso à Justiça,* tradução de Ellen Gracie Northfleet, Porto Alegre, 1988, ed. Sérgio Fabris, nº I, p. 9 e seguintes. Em nosso *Tratado de Direito Processual Civil,* São Paulo, 1990, ed. RT, vol. I, p. 32 ss., 129-130, 133-135, procuramos proceder a uma abordagem ampla, desta temática, onde há, também, referibilidade específica à situação do consumidor, inclusive com notícia dos vários projetos de lei, dos quais, um deles, veio a ser o Código de Proteção e Defesa do Consumidor.

[23] Veja-se a obra de José B. Acosta Estévez, *Tutela Procesal de los Consumidores,* Barcelona, 1995, ed. Bosch, Parte Segunda, cap. I, 1, p. 117, onde sublinha que a justiça é, para o consumidor médio, cara, demorada e altamente técnica, e, ainda comparece um outro fator "de carater económico [que] retrae el posible aceso del consumidor a los órganos jurisdiccionales: las pequeñas cuantías objeto del litigio". Anota, por isso mesmo, existir uma *desiguladade intrínseca entre fornecedor e consumidor.* Há autores mesmo que tem visão de verdadeira catástrofe, em relação à posição do consumidor *(v. op. ult. cit.,* p. 118-119). Nos Estados Unidos e na Inglaterra percebe-se igualmente essa forte noção – v. Martin Day, Paul Balen e Geraldine McCool, *Multy-Party Actions – A practioner's guide to pursuing group claims (Ações Coletivas – Um guia prático na prosecução de ações de grupo), cit.,* p. 42, onde está transcrita

forma, as ações coletivas conduzem (ou, devem conduzir, *pois existem para isso*) a *uma unitariedade de manifestação judicial sobre uma dada situação de ampla dimensão social, que a muitos afete (nos casos de interesses ou direitos individuais homogêneos;* e, no caso de muitas demandas individuais, sobre situações jurídicas análogas ou extremamente similares, se os interessados se animassem a propô-las, o risco de dispersão de entendimentos é grande, ao lado da manifesta ausência de economia processual, com desgaste inútil do Judiciário).[27] Justifica-se, na literatura norte-americana, no plano da conveniência, o *encarte* em ações coletivas de situações em que se possa fazer ocorrer "economia processual e uniformidade de resultado, sem indevidas falhas em relação à salvaguarda das situações dos membros da classe, ou mesmo em relação à outra parte".[28]

Deve-se ter presente que os novos bens, referidos originária e principalmente pela LACP já nasceram sob o signo da indisponibilidade, se, em si mesmos considerados. Essa indisponibilidade, decorrente do regramento que a esses foi atribuído, revela a importância que a eles tributou o legislador. E, paralelamente, atribuíu legitimidade a organismos sociais interessados e ao Ministério Público, aptos à proteção desses bens. O instrumental de direito processual posto à disposição desses legitimados é profundamente diferente daquele do processo tradicional.

A urgência é um tema que está na pauta de todos os congressos contemporâneos, como também, na preocupação dos juristas, na angústia dos jurisdicionados e tem levado todos os legisladores a tomarem providências no sentido de proporcionar decisões provisórias, mas que são úteis à definição de situações jurídicas, as quais, se fossem aguardar o término do processo, provocariam prejuízos irreparáveis ou de difícil reparabilidade ou resultariam em vitórias frustrantes.

---

parte de decisão da Corte de Apelação distrital do Estado da Flórida, no mesmo sentido, em que se observa, que diante da falta de recursos dos consumidores, estes ficariam sem acesso à justiça.

[24] Na doutrina espanhola existe o entendimento de que a tarefa ou os propósitos constitucionais, tal como consta do art. 9.2, de sua Constituição, não estaria completa se não fossem efetivas "para el individuo, pero también para los grupos en que los que éste se integra" (v. Lorenzo Bujosa Vadell, *La Protección Jurisdiccional de los Interesses de Grupo,* Barcelona, 1995, ed. Bosch, Introdução, p. 20, referindo-se a nota 10, dessa página, a essas opiniões, que são aceitas.

[25] V. Lorenzo Bujosa Vadell, *La Protección Jurisdiccional de los Interesses de Grupos, cit.,* nº 5.1., p. 59 ss., para ampla notícia sobre a terminologia.

[26] O advogado Beverly C. Moore Jr., no seu trabalho intitulado *Maximizing and minimizing the class recovery in the United States,* publicado na obra *Les recours collectifs en Ontario et au Québec – Class Action in Ontario and Québec, cit.,* p. 169, estima para os Estados Unidos a utilização de ações coletivas para valores em torno ou inferiores de US$ 20,00 por vítima. Pondera-se com a inviablidade de contratação de advogado, por causa um e individualmente, como ainda identifica nas ações coletivas o objetivo de minimizar condutas ilegais ("to deter similar illegal conduct in the future"). Constata esse autor que, *class actions* nos U. S. A., na área de *direitos civis*, especificamente, na área de discrimingão em empregos, diminuiu sensivelmente de 1976 para 1990, chegando, neste ano, a menos de 10% do que em 1976. Esse declínio teria sido, também, devido à má remuneração dos advogados, que não convenciam juizes de que deveriam, depois de anos, ganhar mais. Mas, sem embargo desse fator, afigura-se ao autor que ocorreu efetivo efeito dessas ações, mercê das quais ter-se-ia obtido um *ajustamente de conduta* na área de discrminação em relação a empregos.

[27] Não se trata, no caso, é certo, de cogitar-se de litisconsórcio unitário. O que se deseja dizer é que *situações similares* ou *análogas* devem, tratando-se de interesses ou direitos individuais homogêneos – e, isto é viabilizado pelas ações coletivas – ser decididas igualmente. É que se pondereo no direito norte-americano: "They perceived [membros do comite de consulta-Advisory Commitee], as lawyers hat for a long time, that some litigious situations affecting numerous person "naturally" or "necessarily" called for unitary adjudication" (v. Kaplan, *Continuing Work of the Civil Committee: 1966 – Amendments of the Federal Rules of Civil Procedure (I), I,* B [Emendas às Regras Federais de Processo Civil – Em continuação aos trabalhos do Comité Civil] – [sobre *class actions*], p. 173).

[28] V. Kaplan, *Continuing Work of the Civil Committee: 1966 – Amendments of the Federal Rules of Civil Procedure (I), I,* B [sobre *class actions*], p. 175.

As soluções reclamadas pelos bens protegíveis pela LACP são sempre, ou praticamente, quase sempre, soluções urgentes. É por isto que, tanto no CDC, quanto na LACP,[29] encontram-se as providências cautelares, suscetíveis de acorrer às hipóteses de urgência, em que se evidencie a possibilidade de perda do direito, de reparabilidade muito difícil, ou, de inutilidade do provimento, se somente concedido ao final, já nos próprios diplomas. O que se pode dizer é que é, *em termos práticos, extremamente comum ou 'inerente' à proteção dos bens jurídicos perseguidos por essas ações, a necessidade da cautelaridade, ou mesmo, de um mandado liminar, concessivo do direito.*

O CDC já foi editado receptivamente à possível eficácia do resultado de procedência de uma ação civil pública em relação à esfera das pessoas. É o que se deve ler em face do que está no § 3º, do art. 103, do CDC.[30] No primeiro membro da redação desse § 3º, fica estabelecido que a eficácia declaratória negativa de uma ação civil pública, dando pela sua improcedência não prejudicará ações de indização por danos pessoalmente sofridos. E, diz-se mais que pode, também, ser proposta "na forma prevista neste código", que é o CDC. Aqui, parece-nos comportar o texto *leitura drasticamente restritiva,* porquando se a ação civil pública foi julgada improcedente (sem o ter sido por insuficiência de provas), parece sem sentido admtí-la, sob a roupagem diferente, mas substancialmente igual à ação prevista na LACP, agora com base no CDC. Mas, continua o texto, estabelecendo que se procedente a ação civil pública, isso beneficiará vítimas e sucessores, que poderão proceder à liquidação, nos termos do CDC. Ou seja, se se tratar de ação civil pública, em que se discuta apenas sobre *interesse ou direito difuso,* parece-nos que, ainda assim, se na fundamentação da procedência da ação, acomodarem-se pedidos de indenização individuais (pelas vítimas ou sucessoras), esta eficácia *esta agregada* à procedência, por virtude do que consta do § 3º do art. 103.

Referências

ALEXY, Robert. *El Concepto y la Validez del Derecho.* Barcelona: Gedisa Editorial, 1994.

ALVIM NETTO, José Manoel de Arruda. *Tratado de Direito Processual Civil.* São Paulo: RT, 1990.

BALEN, Paul *et. al.* Multy-Party Actions – A practioner's guide to pursuing group claim. Glasgow, 1995.

CALAMARI John D. *et al., Contracts.* New York, 1987.

CARBONNIER, Jean. *Droit Civil.* 12ª ed. Paris, 1985.

GHESTIN, Jacques. *Traité de Droit Civil.* Vol. II, Paris, 1980.

HOMBURGER, Adolf. *Klagen Privater im öffentlichen.* Frankfurt, 1975.

IHERING. Geist des römischen Rechts auf der Grundrechte. Baden Baden, 1985.

KANE, Mary Kay. *Civil Procedure.* St. Paul: Minn., 1985.

[29] Na Lei 7.347 encontram-se previstas as seguintes providências: *(a)* Art. 4º Poderá ser ajuizada ação cautelar para os fins desta Lei, objetivando, inclusive, evitar o dano ao meio ambiente, ao consumidor, à ordem urbanística ou aos bens e direitos de valor artístico, estético, histórico, turístico e paisagístico (VETADO). (redação dada pela Lei nº 10.257, de 10.7.2001); *(b)* e, no art. 12: "Art. 12. Poderá o juiz conceder mandado liminar, com ou sem justificação prévia, em decisão sujeita a agravo". Em relação ao CDC, há de ter-se presente o disposto no seu art. 84, que está transcrito no texto. Nada obsta, por certo, a invocação do disposto no art. 273, do CPC (Redação dada pela Lei nº 8.952, de 13.12.1994) e também (incluído pela Lei nº 10.444, de 7.5.2002). Ou seja, tudo aquilo que é válido para o sistema processual em geral, é aplicável tanto à LACP, quanto no CDC.

[30] Reza esse art. 103, § 3º: "§ 3º Os efeitos da coisa julgada de que cuida o art. 16, combinado com o art. 13 da Lei nº 7.347, de 24 de julho de 1985, não prejudicarão as ações de indenização por danos pessoalmente sofridos, propostas individualmente ou na forma prevista neste código, mas, se procedente o pedido, beneficiarão as vítimas e seus sucessores, que poderão proceder à liquidação e à execução, nos termos dos arts. 96 a 99".

KOCH, Harold. Kollektiver Rechtsschutz im Zivilprozeß (Die class action des amerikanischen Rechts und deutsche Reformprobleme). Frankfurt am Main, 1976.

LARENZ, Karl. *Lehrbuch des Schuldrechts.* 11ª ed., vol. II – Parte Geral. Munique, 1976.

SFORZA, Widar Cesarini. *El Derecho de los particulares.* Madrid, 1986.

VON HIPPEL, Eike. *Der Schutz des Schwächeren.* Tubinga, 1982.

WINDSCHEID, *Lehrbuch des Pandektenrechts,* 9ª edição, trabalhada por Theodor Kipp, Frankfurt am Main, 1906.

ZIEGERT, A. Klaus. Zur Effektivität der Rechtssoziologie: die Rekonstruktion der Gesselschaft durch Recht Stuttgart, 1975.

— 7 —

O Direito Fundamental ao Contraditório e sua Centralidade no Processo Coletivo[1]

CARLOS ALBERTO ALVARO DE OLIVEIRA

Doutor em Direito (USP). Professor Titular de Direito Processual Civil dos Cursos de Graduação, Especialização, Mestrado e Doutorado da Faculdade de Direito da UFRGS. Desembargador Aposentado do TJ-RS. Advogado.

DANIEL MITIDIERO

Doutor em Direito (UFRGS). Professor de Teoria Geral do Processo e Direito Processual Civil dos Cursos de Graduação, Especialização e Mestrado da Faculdade de Direito da PUCRS. Advogado.

Introdução

Observa a melhor doutrina que é necessário "democratizar o processo" coletivo e que semelhante intento só pode ser alcançado colocando-se o contraditório como centro das preocupações da processualística coletiva.[2] É nossa intenção neste texto analisar esta importante observação.

1. O Contraditório como Núcleo do Conceito de Processo

Não há dúvida que o direito ao contraditório (art. 5º, inciso LV, CRFB) constitui o núcleo-duro do direito ao processo justo (art. 5º, inciso LIV, CRFB). O valor subjacente ao direito ao contraditório é a participação. Participação do cidadão no exercício do poder estatal mediante o processo. Nessa medida, aliás, constitui autêntico instrumento de democratização do processo, sendo evidente manifestação de uma democracia participativa na gestão da coisa pública. Ele em si não constitui um valor – o contraditório encontra-se no plano normativo e não no plano puramente axiológico.[3]

---

[1] Escrito em homenagem a José Tesheiner e a Sérgio Gilberto Porto.

[2] É a lição de Fredie Didier Júnior e de Hermes Zaneti Júnior, Curso de Direito Processual Civil, 5. ed. Salvador: JusPodium, 2010, p. 69, vol. IV.

[3] Contra, grifando o fato de o contraditório constituir um "valor", Hermes Zaneti Júnior, Processo Constitucional – O Modelo Constitucional do Processo Civil Brasileiro. Rio de Janeiro: Lumen Juris, 2007, p. 190/196; Fredie Didier Júnior e Hermes Zaneti Júnior, Curso de Direito Processual Civil, 5. Ed. Salvador: JusPodium, 2010, p. 69, vol. IV. De se observar, contudo, que os valores por si só não obrigam. A problemática dos valores encontra-se encerrada na

O contraditório é tão essencial à vida do processo que hoje não é possível mesmo conceituar este sem alusão àquele. Processo no Estado Constitucional é procedimento em contraditório.[4] É atualmente insuficiente conceituar o processo como uma relação jurídica.

O esquema da relação jurídica processual não dá conta de toda a complexidade teórica do conceito de processo. Notoriamente, o conceito de relação jurídica, originalmente estático,[5] convive muito mal com a dinamicidade ínsita ao processo, à temporalidade em que se desenvolvem os atos do procedimento.[6] E a partir do momento em que se reconhece a fluência como algo conatural à ideia de processo, insistir em caracterizá-lo como uma relação jurídica é, no mínimo,[7] profundamente danoso à pesquisa de seu fiel perfilhamento. É óbvio que sem o elemento "tempo" não se poderá conceber uma dinâmica e na noção de relação não é possível inserir semelhante fator temporal.[8]

Como se não bastasse essa inidônea estruturação, o conceito de processo como relação jurídica padece de uma inadequação ideológica, o que o torna desaconselhável a quem quer que se encontre empenhado na vigência e na contínua construção do Estado Constitucional.[9] A teoria da relação jurídica nasce em um ambiente em que se pretende a construção de uma ciência "pura" e, embora aspire à neutralidade,[10] mostra-se como um veículo bastante apropriado para difundir a ideologia burguesa consagrada na Revolução Francesa, construída à base do individualismo próprio do homem da época.[11] O esquema da relação jurídica, tendo em conta a sua aguda abs-

---

ideia do "bom" ou do "mau". Apenas quando o valor recebe juridicidade é que tem o condão de dirigir o comportamento das pessoas – mas já aí não se está mais no plano puramente axiológico; já aí se está no plano normativo. Valor e norma não se confundem, nada obstante esta se valha de valores para prever e ordenar coativamente a vida social.

[4] Daniel Mitidiero, Elementos para uma Teoria Contemporânea do Processo Civil Brasileiro. Porto Alegre: Livraria do Advogado, 2005; Carlos Alberto Alvaro de Oliveira e Daniel Mitidiero, Curso de Processo Civil. São Paulo: Atlas, 2010, vol. I; Luiz Guilherme Marinoni, Curso de Processo Civil – Teoria Geral do Processo. São Paulo: Revista dos Tribunais, 2006, vol. I; Hermes Zaneti Júnior, Processo Constitucional – O Modelo Constitucional do Processo Civil Brasileiro. Rio de Janeiro: Lumen Juris, 2007.

[5] Consoante anota, por uma vez mais, James Goldschmidt, *Derecho Procesal Civil*. Barcelona: Labor, 1936, p. 8, o que pode se observar ainda a partir da clássica exposição sobre o assunto de Manuel A. Domingues de Andrade, Teoria Geral da Relação Jurídica. Coimbra: Almedina, 1972, p. 2/28, vol. I. De outro lado, essa notória imobilidade do fenômeno levou Clóvis do Couto e Silva, a fim de salientar os aspectos dinâmicos da obrigação, a conceituá-la como um processo, conforme A Obrigação como Processo. São Paulo: José Bushatski Editor, 1976, p. 5, sinonímia, de resto, a que não é indiferente a doutrina civilista contemporânea (conforme, por todos, Judith Martins-Costa, Comentários ao Novo Código Civil, 2. ed. Rio de Janeiro: Forense, 2005, p. 1, vol. V, tomo I).

[6] Carlos Alberto Alvaro de Oliveira, Do Formalismo no Processo Civil, 2. ed. São Paulo: Saraiva, 2003, p. 112.

[7] Crisanto Mandrioli, *La Rappresentanza nel Processo Civile*. Torino: UTET, 1959, p. 54. Aliás, a crítica de Mandrioli à concepção do processo como uma relação jurídica é, ainda hoje, uma das mais completas em doutrina, podendo ser conferida em *La Rappresentanza nel Processo Civile*. Torino: UTET, 1959, p. 51-57.

[8] Nicola Picardi, *La Sucessione Processuale*, Milano: Giuffrè, 1964, p. 51, com ampla demonstração do asserto.

[9] Daniel Mitidiero, Elementos para uma Teoria Contemporânea do Processo Civil Brasileiro. Porto Alegre: Livraria do Advogado, 2005, p. 138/145; Luiz Guilherme Marinoni, Curso de Processo Civil – Teoria Geral do Processo. São Paulo: Revista dos Tribunais, 2006, p. 393/401, vol. I.

[10] Já que o mundo da ciência e dos conceitos seria neutro quanto a valores segundo essa concepção. Ver, a respeito, Carlos Alberto Alvaro de Oliveira, "Procedimento e Ideologia no Direito Brasileiro Atual", Revista da Ajuris. Porto Alegre: s/ed., 1985, p. 79, n. 33; Ovídio Araújo Baptista da Silva, Jurisdição e Execução na Tradição Romano-Canônica, 2. Ed. São Paulo: Revista dos Tribunais, 1997, p. 111.

[11] Anote-se que tanto o processo civil alemão (1879) quanto o italiano (1865) do século XIX são do tipo liberal, cujo protótipo é justamente o processo civil napoleônico de 1806, conforme Giovanni Tarello, *"Il Problema della Riforma Processuale in Italia nel Primo Quarto del Secolo. Per uno Studio della Genesi Dottrinale e Ideologica del Vigente Codice Italiano di Procedura Civile". In: Dottrine del Processo Civile – Studi Storici sulla Formazione del Diritto Processuale Civile*. Bologna: Il Mulino, 1989, p. 14.

tração, serve de carapuça para qualquer intenção política, com uma vantagem nada desprezível: a pretexto da neutralidade da "ciência" jurídica,[12] encobre-se o sentido diretivo e nada neutro das instituições.[13] Oskar Bülow, ao difundir o conceito de relação jurídica processual, nada mais fez que projetar o pretenso cientificismo neutro do conceito de relação jurídica para o ambiente específico do processo, dando azo a que também nesse campo a ideologia dominante encontrasse campo silencioso e propício de atuação. Portanto, não surpreende que, dada a abstração da doutrina assim proposta, altamente permeável pelas intenções, boas ou não, daqueles que detêm o poder, tenha Alfredo Buzaid dela se servido para o último Código de Processo Civil napoleônico da historiografia do direito processual civil, promulgado em meio à grave ditadura militar brasileira.[14] Essa visão ideológica no conceito de relação jurídica processual deixa-o pouco comprometido com o sentido participativo e paritário que hoje se reconhece às instituições democráticas.

Parece-nos que melhor atende às ideias do formalismo-valorativo a conceituação do processo como procedimento em contraditório. Processo é subespécie do gênero procedimento de estrutura policêntrica e desenvolvimento dialético, necessariamente com observância do contraditório. O processo é policêntrico porque envolve sujeitos diversos, cada um dos quais tem uma posição particular e desenvolve um papel específico. A essa estrutura subjetivamente complexa corresponde um desenvolvimento dialético. O tecido conectivo do necessário equilíbrio dinâmico entre as partes (igualdade de chances; paridade de armas) é estabelecido pelo contraditório.[15] Esse contraditório serve e deve estar atento aos fins do Estado Constitucional.[16] Trata-se de teoria que vem granjeando cada vez mais prestígio dentro da doutrina brasileira.[17]

Essa perspectiva, de início, responde ao problema da inadequação metodológica de se pensar o processo a partir de uma categoria concebida para o direito material, já que toma como ponto inicial de reflexão a ideia de procedimento, que, afinal, é ínsita à essência do processo, que é sempre um avançar, um caminhar em direção a um fim.[18] Logo em seguida, igualmente responde ao problema do constante fluxo em

---

[12] Que não se ocupa de temas como a economia, a moral e a política, como então se dizia, consoante lembra a doutrina: v.g., Franz Wieacker, História do Direito Privado Moderno, 2. ed. Lisboa: Fundação Calouste Gulbenkian, 1993, p. 511; Antônio Castanheira Neves, Metodologia Jurídica – Problemas Fundamentais. Coimbra: Coimbra Editora, 1993, p. 27.

[13] Conforme as agudas observações de Orlando de Carvalho, Para uma Teoria da Relação Jurídica Civil. A Teoria Geral da Relação Jurídica – seu Sentido e Limites, 2. ed. Coimbra: Centelha, 1981, p. 44 e seguintes.

[14] Alfredo Buzaid, "Linhas Fundamentais do Sistema do Código de Processo Civil Brasileiro". In: Estudos e Pareceres de Direito Processual Civil. São Paulo: Revista dos Tribunais, 2002, p. 33.

[15] Nicola Picardi, *Manuale del Processo Civile*. Milano: Giufrè, 2006, n. 100, p. 208-209; Elio Fazzalari, *"Procedimento (Teoria Generale)". In: Enciclopedia del Diritto*. Milano: Giuffrè, 1986, p. 827, vol. XXXV; *"'Processo' e Giurisdizione"*, *Rivista di Diritto Processuale*. Padova: Cedam, 1993, p. 3-5; *"La Dottrina Processualistica Italiana: dall''Azione' al 'Processo' (1864-1994)"*, *Rivista di Diritto Processuale*. Padova: Cedam, 1994, p. 919-920

[16] A complementação do conceito de processo como procedimento em contraditório atento aos fins do Estado Constitucional vem de Luiz Guilherme Marinoni, Curso de Processo Civil – Teoria Geral do Processo, vol. I, São Paulo, Revista dos Tribunais, 2006, p. 466-467.

[17] Carlos Alberto Alvaro de Oliveira, Do Formalismo no Processo Civil, cit., p. 111/115; Daniel Mitidiero, Elementos para uma Teoria Contemporânea do Processo Civil Brasileiro. Porto Alegre: Livraria do Advogado, 2005, p. 143/145; Hermes Zaneti Júnior, Processo Constitucional – O Modelo Constitucional do Processo Civil Brasileiro. Rio de Janeiro: Lumen Juris, 2007, p. 196/198; Dierle José Coelho Nunes, Processo Jurisdicional Democrático. Curitiba: Juruá, 2009, p. 203 e ss. na essência, Luiz Guilherme Marinoni, Curso de Processo Civil, vol. I, cit., p. 396 e ss.

[18] Como observa Ovídio Baptista da Silva, Curso de Processo Civil, 5. ed. São Paulo: Revista dos Tribunais, 2000, p. 13, vol. I.

que se especializa o processo, porquanto a dinamicidade é inerente ao conceito de procedimento, que é uma categoria que se coloca no tempo, que nele se desenvolve, cujo perfil é necessariamente temporal.[19]

A teoria do processo como procedimento em contraditório atento aos fins do Estado Constitucional, ainda, outorga especial relevo ao contraditório, enunciado já em seu núcleo básico, tornando o processo um autêntico "instrumento de vida democrática",[20] na medida em que concebe a participação dos cidadãos na conformação do poder do Estado como algo dele indissociável. Nesse azo, a teoria funda as bases do processo na Constituição, comprometendo-o irremediavelmente com o sentido democrático de nossas normas fundamentais, já anunciado inclusive no preâmbulo constitucional,[21] o que por certo a livra da indiferença axiológica que cerca o conceito de relação jurídica.

Tudo sopesado, o processo só pode ser encarado como procedimento em contraditório, de caráter policêntrico, lastreado nos valores constitucionais, jungido aos fins do Estado Constitucional e devidamente demarcado pelos direitos fundamentais processuais mínimos que configuram o nosso processo justo (art. 5º, inciso LIV, CRFB).

2. O Contraditório como Núcleo do Direito à Colaboração no Processo Civil

Do contraditório advém a necessidade de colaboração no processo civil.[22] O processo é o lugar do diálogo, do discurso, da comunicação, a impor, por isso mesmo, uma estrutura dialógica (contraditório), que será tanto mais efetiva (no sentido de se alcançar justiça) quanto mais for cooperativa.

Um formalismo processual organizado a partir da ideia de colaboração pressupõe a justiça do caso concreto como finalidade central do processo e a relativização do binômio direito e processo, de modo que se outorgue sempre preferência ao exame do pedido de tutela do direito formulado pela parte em detrimento da extinção do processo sem resolução de mérito ou do não conhecimento de determinada postulação por problemas puramente processuais. O juiz ocupa um duplo papel no processo: é paritário no diálogo e assimétrico na decisão.[23] Vale dizer: ao longo do processo, o juiz faz observar e ele mesmo observa – isto é, submete-se – ao contraditório; quando decide, contudo, impõe a sua decisão, cuja imperatividade vincula as partes.

[19] A observação é de Nicola Picardi, *"Dei Termini"*. In: Allorio, Enrico (coord.), *Commentario del Codice di Procedura Civile*. Torino: UTET, 1973, p. 1542, vol. I, tomo II.

[20] Elio Fazzalari, *"Procedimento (Teoria Generale)". In: Enciclopedia del Diritto*. Milano: Giuffrè, 1986, p. 820, vol. XXXV.

[21] Mesmo que não se reconheça força normativa aos preâmbulos constitucionais, atribuindo-lhes relevância apenas nos domínios da política e da história, certo é que esses encarnam no mínimo a opinião pública, o projeto político de que a Constituição retira sua força. De nosso lado, temos que os preâmbulos constitucionais integram as Constituições, com o que também possuem a mesma densidade normativa; nesse sentido, por todos, Jorge Miranda, Manual de Direito Constitucional, 4. ed. Coimbra: Coimbra Editora, 2000, p. 240, tomo II.

[22] Daniel Mitidiero, Colaboração no Processo Civil – Pressupostos Sociais, Lógicos e Éticos. São Paulo: Revista dos Tribunais, 2009, p. 76; Sérgio Gilberto Porto e Daniel Ustárroz, Lições de Direitos Fundamentais no Processo Civil – O Conteúdo Processual da Constituição Federal. Porto Alegre: Livraria do Advogado, 2009, p. 54.

[23] Daniel Mitidiero, Colaboração no Processo Civil, p. 102.

O direito fundamental ao processo justo (art. 5º, inciso LIV, CRFB) impõe, para sua concretização, equilibrada distribuição das posições jurídicas entre todos aqueles que participam do processo, em especial entre o juiz e as partes. No marco teórico do formalismo-valorativo, as relações entre o juiz e as partes não se pautam nem a partir de um modelo isonômico, nem a partir de um modelo assimétrico, mas a partir de um modelo cooperativo de processo, em que a colaboração cobra papel de destaque na organização do formalismo processual.[24]

A necessidade de ser aplicado o princípio da cooperação revela-se de modo espontâneo no método judiciário pelas próprias exigências do *iudicium.*[25] Já assentara Búlgaro (1166-?), o mais famoso dos "quatro doutores da escola de Bolonha", que *iudicium est ad minus actum trium personarum: iudicis, actoris et rei* (Para haver juízo (processo) são necessárias pelo menos três pessoas: juiz, autor e réu). A premência da aplicação de tal princípio se intensifica, ademais, com o abandono do Estado Liberal, a complexidade da vida moderna, o conceito de democracia participativa e o ativismo judicial, fatores presentes na vida atual.[26]

O juiz no processo civil de corte cooperativo tem deveres de esclarecimento, prevenção, consulta e auxílio para com os litigantes, tudo com suporte no direito fundamental ao contraditório, encarado em seu aspecto dinâmico e ativo, objetivando a justiça do caso concreto. O dever de esclarecimento é "o dever de o tribunal se esclarecer junto das partes quanto às dúvidas que tenha sobre as suas alegações, pedidos ou posições em juízo".[27] O dever de prevenção consiste no dever de o órgão jurisdicional prevenir as partes do perigo de o êxito de seus pedidos "ser frustrado pelo uso inadequado do processo".[28] Pelo dever de consulta (ou o dever de não causar surpresa às partes) impõe-se ao órgão judicial consultar as partes antes de decidir sobre qualquer questão importante, possibilitando antes que essas o influenciem a respeito do rumo a ser impresso à causa.[29] O dever de auxílio consiste na ajuda às partes na superação de eventuais dificuldades que impeçam o exercício de direitos ou faculdades ou o cumprimento de ônus ou deveres processuais.[30]

Os deveres inerentes à colaboração, oriundos do direito ao contraditório, tornam o Estado-juiz mais comprometidos com a causa e mais propenso ao diálogo. Isto determina não só um processo mais predisposto à efetiva resolução das questões de fundo, mas também a uma decisão mais aberta e ponderada – o que, certamente, são duas preocupações do próprio Estado na consecução da tutela jurisdicional.

---

[24] Sobre a cooperação na literatura brasileira, Alvaro de Oliveira, "Poderes do Juiz e Visão Cooperativa do Processo", Ajuris, 2003, n. 90; Daniel Mitidiero, Colaboração no Processo Civil – Pressupostos Sociais, Lógicos e Éticos. São Paulo: Revista dos Tribunais, 2009; Fredie Didier Júnior, "Princípio da Cooperação: uma Apresentação", Revista de Processo. São Paulo, 2005, p. 75 e seguintes, n. 127.

[25] Carnelutti, *Derecho y Proceso*, p. 36-37.

[26] Maior desenvolvimento dessas ideias em Alvaro de Oliveira, "A Garantia do Contraditório", p. 136-144.

[27] Miguel Teixeira de Sousa, Estudos sobre o Novo Processo Civil, 2. ed. Lisboa: Lex, 1997, p. 65/67.

[28] Miguel Teixeira de Sousa, Estudos sobre o Novo Processo Civil, p. 65/67. Como exemplo de dever de prevenção, indica Jesús González Pérez, com apoio na jurisprudência do Tribunal Constitucional espanhol, a vedação ao juiz de não conhecer de determinada postulação da parte por defeito processual sanável sem que se tenha dado a esta oportunidade para saná-lo. Tal conduta afronta, segundo o jurista e a jurisprudência espanhola, o direito fundamental à tutela jurisdicional efetiva (*El Derecho a la Tutela Jurisdiccional* 2. ed. Madrid: Civitas, 1989, p. 65/66).

[29] Miguel Teixeira de Sousa, Estudos sobre o Novo Processo Civil, p. 65/67.

[30] Miguel Teixeira de Sousa, Estudos sobre o Novo Processo Civil, p. 65/67.

3. A Necessidade de Contraditório "Forte" e de Colaboração no Âmbito do Processo Coletivo. O Acerto da Doutrina. À Guisa de Conclusão

As razões até agora lembradas não podem deixar dúvida a respeito do acerto da lição da doutrina do processo coletivo. Tanto o processo civil individual como o coletivo irmanam-se neste particular: sem o contraditório não há processo justo e não há como o Estado prestar tutela jurisdicional adequada ao cidadão. Aliás, bem se vê por aí porque o contraditório realmente transcende o próprio campo do processo – é mesmo "regra de pensamento e de conduta".[31] Sem o contraditório no centro do tablado do processo civil não há como construir-se um processo democrático realmente idôneo à tutela dos direitos.

[31] José Tesheiner, Elementos para uma Teoria Geral do Processo. São Paulo: Saraiva, 1993, p. 45.

— 8 —

Formas privadas de solução dos conflitos: arbitragem e poder público

CARLOS ALBERTO MOLINARO

Doutor em Direito pela Universidade Pablo de Olavide – Espanha, Mestre em Direito pela PUCRS, Especialista em Direito Público pela PUCRS, Professor da Faculdade de Direito da PUCRS.

MARIÂNGELA GUERREIRO MILHORANZA

Doutoranda em Direito pela PUCRS, Mestre em Direito pela PUCRS, Especialista em Direito Processual Civil pela PUCRS, Professora da Faculdade de Direito da PUCRS.

1. Considerações iniciais

O tema que vamos articular diz respeito às formas privadas de solução dos conflitos, ou meios alternativos de solução das controvérsias. Portanto, vamos excluir deste estudo a abordagem da "jurisdição" enquanto função específica do poder estatal.

Nada obstante, cabe referir, ainda que brevemente, o que entendemos por "jurisdição" no âmbito das funções do Estado. Assim, para nós, a Jurisdição está cometida direitamente ao revelar – pelo Estado Social e Democrático de Direito – o direito objetivo (positivado ou não). Dizer o direito que *é*, função essencialíssima do Poder Judiciário, que não pode ser transferida, delegada ou por qualquer outro meio atribuída para qualquer órgão do Estado, sua Administração direta ou indireta, ou à Sociedade Civil. *Dizer o direito que é,* fixa o seu núcleo duro, esse o seu *prius*, só depois vai se mostrar na tutela dos direitos subjetivados, como *posterius*, mediante um procedimento adequado.

No direito brasileiro, a atividade jurisdicional compete ao Poder Judiciário. A jurisdição é atividade estatal. Esclarece Araken de Assis:[1] "Ao proibir os cidadãos de

[1] ASSIS, Araken de. Garantia de acesso à justiça: benefício da gratuidade. In *Garantias Constitucionais do Processo Civil*. TUCCI, José Rogério Cruz e (coord.). São Paulo: Revista dos Tribunais, 1999, p. 9.

resolverem por si suas contendas, o Estado avocou o poder de resolver os conflitos de interesses, inerentes à vida social, e, correlatamente, adquiriu o dever de prestar certo serviço público, que é a jurisdição. Aos interessados nessa atividade, o Estado reconhece o direito de provocá-la, preventiva ou repressivamente (art. 5º, XXXV, da CF/88)."

Mas, qual o significado da jurisdição? O que é, em última análise, jurisdição?[2] O brocado jurisdição vem do latim *jurisdictio* e revela a ação de administrar justiça. Juiz é quem diz o direito, na condição de órgão do Estado. Ao dizer o direito, o juiz não emite um "parecer" ou uma "opinião", mas declara com a qualidade de imperativo. A jurisdição[3] apresenta-se, assim, como inseparável do *imperium*. Trata-se, em apertada síntese, de um poder do Estado. Schönke,[4] examinando o tema, pronuncia: "Jurisdicción es el derecho y el deber al ejercicio de la función de justicia, y jurisdicción civil significa, en consecuencia, el derecho y el deber de juzgar en asuntos civiles". Já Araken de Assis,[5] entende que o "poder do Estado destinado a eliminar o conflito se chama jurisdição". Teorias doutrinárias (acerca do conceito de jurisdição) à parte, o importante é, novamente, ressaltar que é da garantia de acesso à justiça prevista no inciso XXXV do artigo 5º da Constituição Federal que advém o direito fundamental à efetividade processual. Segundo Cândido Rangel Dinamarco,[6] tem-se no dispositivo em comento o "princípio-síntese e objetivo final" do acesso à justiça. O direito à prestação jurisdicional efetiva é decorrência da própria existência dos direitos e é fundamental para a própria efetividade dos direitos. O direito à prestação jurisdicional efetiva é o mais importante dos direitos, exatamente por constituir o direito a fazer valer os próprios direitos.[7]

Por óbvio, nem sempre a solução dos conflitos vai ser provida pelo aparelho jurisdicional estatal. Isto é, por vezes a solução pode ser buscada através de outros meios. Meios não estatais de composição de pretensões resistidas ou de interesses contrariados. Aí, importantíssimos os institutos da Arbitragem e da Mediação.

Arbitragem e Mediação são formas de prevenir ou solver conflitos de interesses. Os conflitos apresentam-se e caracterizam-se como:

> Situações em que as pessoas pensam que suas posições, interesses, necessidades, desejos ou valores são incompatíveis.

---

[2] Por não ser o objeto do presente estudo, não há o porquê dissecar sobre as teorias conceituais sobre jurisdição. Para tanto, remete-se ao que alhures defendeu-se em dois ensaios diferentes. No primeiro ensaio, Comentários aos artigos 1º e 2º Código de Processo Civil, explanou-se todas as teorias conceituais de jurisdição bem como o ponto de vista de seus principais esponsais. MILHORANZA, Mariângela Guerreiro. Comentários aos Artigos 1º e 2º do Código de Processo Civil. Disponível em *www.tex.pro.br.*. No segundo ensaio, de igual forma, abordou-se o tema, com menor profundidade, em coautoria com Carlos Alberto Molinaro no ensaio alcance político da jurisdição no âmbito do direito à saúde. In ASSIS, Araken de. *Aspectos Polêmicos e Atuais dos Limites da Jurisdição e do Direito à Saúde.* Sapucaia do Sul: Notadez, 2007, p. 215-218.

[3] PONTES DE MIRANDA, Francisco Cavalcanti. *Comentários ao Código de Processo Civil.* Rio de Janeiro: Forense, 1973, p. 104, t. I.

[4] SCHÖNKE, Adolfo. *Derecho Procesal Civil.* Barcelona: Bosch, 1950, p. 49.

[5] ASSIS, Araken de. *Cumulação de Ações.* 4. ed. São Paulo: Revista dos Tribunais, 2002, p. 52.

[6] DINAMARCO, Cândido Rangel. *Instituições de Direito Processual Civil.* 5. ed. rev. e atual. São Paulo: Malheiros, 2005, V.I.

[7] Nesse passo, afirma Marinoni que "o direito fundamental à tutela jurisdicional efetiva é dirigido contra o Poder Público, mas repercute sobre a esfera jurídica das partes". MARINONI, Luiz Guilherme. O direito à tutela jurisdicional efetiva na perspectiva da teoria dos direitos fundamentais. *Jus Navigandi*, Teresina, ano 8, n. 378, jul. 2004. Disponível em: <http://jus2.uol.com.br/doutrina/texto.asp?id=5281>. Acesso em: 10 fev. 2006.

Importância das emoções

A relação entre as partes pode sair robustecida ou deteriorada em função de como seja a solução do conflito.

Pode ser expressado ou não (conflito silenciado)

Expressão pacífica ou violenta

É uma oportunidade para a mudança

Os conflitos diferenciam-se dos problemas. Problemas são:

Questão ou questões que se tratam de aclarar

Conjunto de fatos ou circunstâncias que dificultam a consecução de algum fim

Proposição ou dificuldade de solução duvidosa

Sinônimos: dúvida, pergunta, incógnita, dilema, exercício, enigma, assunto...

Problemas e conflitos, na maioria das vezes, andam de *mãos dadas* implicando:

Desacordo entre as partes

Um enfrentamento por algum motivo

Contraposição de interesses sociais, econômicos ou pontos de vista

Uma disputa entre duas ou mais pessoas que não chegam a um acordo

Acordos não consensuados de duas pessoas ou grupos de pessoas

Para a solução dos conflitos dispomos de três principais meios:

Apelo à Jurisdição: sistema litigante.[8]

Meios alternativos de composição: Arbitragem, Conciliação (ou negociação), Mediação.[9]

Incidência dos Usos e Costumes: direito consuetudinário.[10]

Esses meios de composição, que buscam a mais perfeita adaptação e/ou corrigenda das relações inter-humanas num cronotopos social dado, dispõem de procedimentos próprios e inconfundíveis entre si, embora possam ser complementários, e não excludentes um dos outros.

Atualmente, tendo em conta a complexidade das relações políticas, sociais, jurídicas e econômicas, especialmente face ao diálogo mundializado e intercultural dos contratos (em sentido amplo), assume relevância cada vez maior o instituto da mediação, seja na ordem local ou internacional.

Cabe, *prima facie*, distinguir entre mediação e arbitragem, o que podemos fazer na forma seguinte:

Mediação:

Caracteriza-se como um procedimento que acode a ação de um terceiro, dito mediador, estranho ao conflito de interesses, que intermedia e conduz e induz as partes a um consenso. Todavia, as partes não ficam vinculadas à proposta do mediador. Trata-se na realidade de um procedimento negocial revelado na tentativa de conciliação.

---

[8] Neste sistema, todos os atos envolvidos no procedimento (rígido) são (de regra) públicos, implicatórios de duas grandes funções: demanda e contestação reproduzindo uma decisão judicial em que se funda numa lógica ganhar/perder (total ou parcial, não importa).

[9] Aqui, os atos são confidenciais, o procedimento é consensuado desde uma agenda predefinida, o decisor é escolhido pelas partes, fundando-se numa lógica ganhar/ganhar.

[10] Caso em que a solução dos conflitos vai se fundar nos costumes, na prática, ou nos hábitos consolidados no contexto em que esses se dão. No direito marítimo são amplamente utilizados os usos e costumes para dirimir uma série de controvérsias.

Arbitragem:[11]

Em sentido alargado, todo o procedimento através do qual um conflito ou controvérsia e submetido à decisão de um terceiro (imparcial) que proferirá uma decisão vinculante às partes, prévio a um rito que assegure a realização de provas e demais atos necessário à defesa das pretensões submetidas à arbitragem. Há decisão.

Seja como for, na seara conceitual, José Alexandre Tavares Guerreiro[12] afirma ser inútil formular um conceito de arbitragem, por entender que não há como estudá-la com firmeza tendo como ponto de partida meras definições preliminares. Assim, para Guerreiro, "o conceito de arbitragem refoge a uma determinação precisa, seja por incertezas metodológicas, seja, sobretudo, por motivos mais profundos". Carlos Alberto Carmona,[13] por sua vez, esclarece que a arbitragem é "uma técnica para solução de controvérsias através de uma ou mais pessoas que recebem seus poderes de uma convenção privada, decidindo com base nesta convenção, sem intervenção do Estado, sendo a decisão destinada a assumir eficácia de sentença judicial." Já Ernane Fidelis Santos[14] diz que "a arbitragem, ou juízo arbitral, é forma de acertamento das relações jurídicas, ou de solução de litígios, através de árbitro, ou árbitros, eleitos pelas partes, ou com sujeição delas a escolha jurisdicional, em razão de concerto prévio". José Luiz Bolzan de Morais,[15] por seu turno, entende que "a arbitragem aparece com um sistema alternativo de extrema importância, pois como se verá, o Estado confere à mesma algumas "faculdades jurisdicionais", como outorgar às decisões arbitrais força de coisa julgada, sem a necessidade de homologação das mesmas pelos tribunais estatais". Portanto, não há, na doutrina, uma posição pacífica tanto quanto à conceituação e tanto quanto à natureza jurídica da arbitragem.

2. Breve percurso no tempo sobre o instituto da Arbitragem

A arbitragem como prática de solução dos conflitos é ancestral. Já estava entre os meios de solução de interesses contraditos na antiga Babilônia. Na Bíblia, está narrado em Reis, 3, 24-28, na célebre decisão de Salomão sobre a quem seria atribuída a maternidade da criança reclamada.

Na Grécia, Platão, nas *Leis*, livro VI, já se previa a eleição dos juízes e também a dos árbitros livremente eleitos pelas partes.[16]

Em Roma, o Digesto expressamente dispunha "sobre os casos de responsabilidade assumida: os que assumiram uma arbitragem ditem a sentença".[17] Contudo,

[11] Não confundir com arbitramento como atividade que se dá dentro de um processo judicial, vale dizer, conjunto de atos pelos quais o magistrado nomeia um *expert*. Revela-se como meio de prova e não se confunde com a perícia (Cf. CPC, art. 18, par. 2º – arbitramento de dano processual; arts. 606 e 607 – liquidação de sentença por arbitramento; art. 627, §§ 1º e 2º – arbitramento do valor da responsabilidade na especialização da hipoteca legal).

[12] GUERREIRO, José Alexandre Tavares. *Fundamentos da Arbitragem no Comércio Internacional*. São Paulo: Saraiva, 1993, p.7.

[13] CARMONA, Carlos Alberto. *A Arbitragem no Processo Civil Brasileiro*. São Paulo: Malheiros, 1993, p.19.

[14] SANTOS, Ernane Fidelis. *Novíssimos Perfis do Processo Civil Brasileiro*. Belo Horizonte: Del Rey, 1999, p. 211.

[15] BOLZAN DE MORAIS, José Luis. *Mediação e Arbitragem*. Porto Alegre: Livraria do Advogado, 1999, p.185.

[16] Cf. Platão, Las Leyes, o de la legislación, *in*, Obras Completas. 2ª ed. Madrid: Aguilar, 1969, p. 1362 e ss, esp. 767c-769e. Platão, pelo diálogo do velho Ateniense com Clinias, entende que os juízes eleitos pelas partes são os que mais convêm, superando os tribunais da *polys*, pois eleitos pelo comum acordo delas.

[17] Cf. Digesto, Livro IV, Título VIII, *in*, El Digesto de Justiniano, tomo I. Pamplona: Editorial Aranzadi, 1968, p. 222-234. Ali, citando Paulo (2 ed.) se diz: O compromisso concilia à semelhança dos juízos e serve para resolver con-

atente-se que no direito romano não se admitia a cláusula compromissória para solver controvérsias futuras, sim, tão somente o contrato de compromisso para as questões presentes. Todo o laudo arbitral decorrente de exame de cláusula para o futuro não poderia ser reconhecida e, portanto não podia ser executada pelos tribunais, fato que só veio a ser disciplinado com Justiniano, sob a condição que a execução fosse aceita por escrito ou pelo decurso de dez dias da sua notificação sem oposição.

Na idade média, o Direito Canônico vai incentivar e disciplinar a arbitragem. O Código de Direito Canônico, no Livro IV, Secção II, Título XVIII, Capítulo I e II, ns. 1925-1932, trata dos modos de evitar o juízo contencioso, da transação e do compromisso arbitral.[18]

Na Alemanha, com a queda do império romano, as controvérsias passaram a ser resolvidas pelo direito consuetudinário (*Gewohnheitsrecht*). Nele muito comum a solução privada dos conflitos, especialmente pelo direito dos comerciantes (*jus mercatorum*). Contudo, o direito legislado (*Gesetztes Recht*) de um lado pela lei (*Gesetz*) e de outro pelo estatuto (*Satzung*) permitiam a composição privada dos conflitos.[19]

Na Inglaterra, o Parlamento em 1698 edita a primeira lei sobre a arbitragem. Curioso é que dito normativo proibia as partes de revogar unilateralmente o acordo arbitral, fortalecendo-se, desse modo, o procedimento. Mais tarde, através do *The common law procedure act* de 1854, os tribunais deveriam repudiar qualquer ação impeditiva de execução de acordo arbitral. Também, disciplinou a nomeação de árbitros sempre que frustada a nomeação daquele designado pelas partes.[20] Com a edição do *Arbitration Act of* 1889, o direito inglês consagra definitivamente o instituto da arbitragem.[21]

Nos Estados Unidos, as *rules* que tratavam da conciliação dos interesses contrariados se deduziam como processuais. A arbitragem como a conhecemos só se constitui em 1926 com o *United States Federal Arbitration Act*, United States Code Title 9, editado em 1925. Contudo, em 1922 é fundada a The Arbitration Society of America.[22]

Na França, o decreto de 1790, fruto das ideias revolucionárias, a partir da ideia de *égalité*, difundida pela Revolução Francesa, se pensava que o Estado não devia intervir nas disputas, e assim se institui a arbitragem obrigatória.[23] Contudo, por pouco tempo. Com o Código de Napoleonico de Procedimentos Civis, disciplinou-se o contrato arbitral exigindo que remanescesse bem delimitado o objeto litigioso e também o nome do árbitro ou árbitros. Todavia, limitava o convênio apenas para os conflitos presentes, não admitindo os futuros. Por sua vez, o Código Comercial limitava a arbi-

flitos (note-se, ademais, que os compromissos como contratos, eram submetidos a árbitros escolhidos pelas partes).

[18] Código de Derecho Canónico y Legislación Complementaria. Madrid: Biblioteca de Autores Cristianos. La Editorial Católica, 1957, p. 721-724

[19] Cf. Planitz, H., Principios de Derecho Privado Germánico. Barcelona: Bosch, Casa Editorial, 1957, p. 6; 27; 32 e ss. Cf., también, Brunner, H., Historia del Derecho Germánico. Madrid: Editorial Labor, 1936, p. 174 e ss.

[20] Cf. Silva, J. A., Arbitraje Comercial Internacional en México. México: Pereznieto Editores, 1994, p. 433

[21] http://encyclopedia.jrank.org/APO_ARN/ARBITRATION_AND_CONCILIATION.html, acesso em 07/10/2006.

[22] Cf. http://www.smany.org/sma/about6-5.html, acessado em 07/10/2006; também o endereço: http://www.chamber.se/arbitration/shared_files/laws/arbitract_us_cont.html, acessado no mesmo dia.

[23] Cf. Oppetit, B. Théorie de l'árbitragem. Paris: Presses Universitaires de France, 1998, p. 12.

tragem aos conflitos em matéria de seguros marítimos. Só em 1925 foi reconhecida, no direito francês, a arbitragem para a eventualidade de conflitos futuros.[24]

3. Arbitragem no Brasil

Podemos dizer que o Brasil nasce com através de arbitramento. Com efeito, pelo Tratado de Tordesilhas de 1494 foram discriminadas as terras descobertas, as brasileiras disputavam Espanha e Portugal, sendo, na ocasião, escolhido o Papa Alexandre VI como árbitro da questão. Mas, em 1603, com as Ordenações Filipinas (Livro III, Tít. XVI; e, mais tarde, com as Manuelinas, III, Títs. 81 e 82), fixa-se a gênese da arbitragem no Brasil.

No império, consagrava-se constitucionalmente o instituto, como está no art. 160 da Carta de 1824. Em 1850, com a edição do Código Comercial, obriga-se o procedimento de arbitragem nos conflitos decorrentes de contratos de locação mercantil, assim como em matéria societária, ou de liquidação de sociedades e, ainda, nos casos de naufrágios, avarias e quebras. Com a edição da Lei 1.350 de 1866, fica revogada a arbitragem obrigatória, mantendo-se a voluntária. Com a promulgação do Decreto 3.900, de 1867, pela primeira vez regula-se o juízo arbitral aplicado às práticas mercantis.

Com a edição do Código Civil Brasileiro 1916 (arts. 1037 e 1048) fica assentada a arbitragem como meio de solução de controvérsias, sejam judiciais ou extrajudiciais.[25] Mais tarde, o Código de Processo Civil de 1939 (arts. 1031-1046) disciplina o uso da arbitragem. Tal prática persiste nos arts. 1072-1102 com a reforma do CPC de 1973, contudo condicionando-a a homologação da sentença arbitral pelo juiz originariamente competente para o julgamento da causa.

No âmbito internacional, entre 1996-1997, tem-se a celebração de Convenções Internacionais: Promulgação de Convenção Interamericana sobre Arbitragem Comercial Internacional (Convenção do Panamá) de 1975 pelo Decreto-Legislativo n. 1.902/96; do Protocolo de Cooperação e Assistência Mútua Jurisdicional em matéria civil, comercial, trabalhista e administrativa Mercosul (Protocolo de Las Leñas) de 1992 pelo Decreto n. 2.067/96; e, a Convenção Interamericana sobre Eficácia Extraterritorial das Sentenças e Laudos Arbitrais Estrangeiros (Convenção de Montevidéu) de 1979, pelo Decreto n. 2.411/97. Em 1996, fixa-se o marco legislativo da arbitragem com a edição de Lei n. 9.307/96 – Lei de Arbitragem. Em 2002, pelo Decreto-Legislativo n. 52/02, o Brasil ratifica a Convenção sobre Reconhecimento e a Execução de Sentenças Arbitrais Estrangeiras (Convenção de Nova Iorque) de 10 de junho de 1958; um ano depois o Decreto-Legislativo n. 4.719/03, promulga o Acordo sobre Arbitragem Comercial no Mercosul.

---

[24] Cf. Holleaux, D., *et alii.*, Droit international privé / par Dominique Holleaux, Jacques Foyer, Géraud de Geouffre de La Pradelle.– Paris: Masson, 1987, p. 49

[25] O atual Código Civil (Lei nº 10.406, de 10 de janeiro de 2002), no artigo 853, consagrou-a definitivamente: "Admite-se nos contratos a cláusula compromissória, para resolver divergências mediante juízo arbitral, na forma estabelecida em lei especial". Ainda, no artigo 851, com a seguinte redação: "É admitido compromisso, judicial ou extrajudicial, para resolver litígios entre pessoas que podem contratar" e, no artigo 852: "É vedado compromisso para solução de questões de Estado, de direito pessoal de família e de outras que não tenham caráter estritamente patrimonial".

4. Natureza Jurídica da Arbitragem

Quanto à natureza jurídica, há duas correntes que debatem duas teses principais: a) tese contratualista e b) tese jurisdicional. A tese contratualista defende que a arbitragem possui um caráter privatista, uma vez que há falta de *imperium* às atribuições conferidas ao árbitro, eis que estes não assumem a qualidade de funcionário público e não administram a justiça em nome do Estado, e sim, pela vontade das partes.[26] Já a tese jurisdicional está balizada no caráter público da administração da justiça e, principalmente, no fato de o Código de Processo Civil, no artigo 475-N, inciso IV,[27] conferir à sentença arbitral as características próprias de uma sentença prolatada por um magistrado da função jurisdicional do Estado.[28]

5. Contexto atual

Marco regulatório da arbitragem:

Lei 9.307/96 (Modelo da UNCITRAL e Convenção de Nova York)
Protocolo de Genebra de 1923
Convenções do Panamá e Montevidéu
Protocolo de Las Leñas
Convenção de Nova York
Acordo de Buenos Aires (Dec. 4.719 de 4.6.2003)

5.1 A Lei n. 9.307/96

A Lei 9.307/96 regula o procedimento arbitral, de modo bastante completo, por exemplo:

O modo pelo qual se pode atribuir a suspeição do árbitro e também a nulidade da cláusula arbitral
A não obrigatoriedade da intervenção de advogados
Permite que todo maior e capaz seja árbitro
Faculta ao árbitro pedir ao juízo estatal, providências para a condução de testemunha e deferimento de liminares
Disciplina os efeitos da recusa dos depoimentos das partes e firma os a declaração e efeitos da revelia
Prevê, acertadamente, a hipótese de controvérsia sobre direitos indisponíveis de que penda o julgamento da questão posta à arbitragem
Estabelece os embargos de declaração para a decisão arbitral
Prevê que a postulação de nulidade do laudo arbitral seja procedida em ação própria ou em embargos à execução
Limita a atividade do juiz na decretação de nulidade do laudo, sempre que a irregularidade possa ser sanada com novo julgamento arbitral

[26] BOLZAN DE MORAIS, José Luis. *Mediação e Arbitragem*. Porto Alegre: Livraria do Advogado, 1999, p.193.

[27] *Art. 475-N*. São títulos executivos judiciais: a sentença proferida no processo civil que reconheça a existência de obrigação de fazer, não fazer, entregar coisa ou pagar quantia; II – a sentença penal condenatória transitada em julgado; III – a sentença homologatória de conciliação ou de transação, ainda que inclua matéria não posta em juízo; *IV – a sentença arbitral*; V – o acordo extrajudicial, de qualquer natureza, homologado judicialmente; VI – a sentença estrangeira, homologada pelo Superior Tribunal de Justiça; VII – o formal e a certidão de partilha, exclusivamente em relação ao inventariante, aos herdeiros e aos sucessores a título singular ou universal. *Parágrafo único*. Nos casos dos incisos II, IV e VI, o mandado inicial (art. 475-J) incluirá a ordem de citação do devedor, no juízo cível, para liquidação ou execução, conforme o caso.

[28] BOLZAN DE MORAIS, José Luis. *Mediação e Arbitragem*. Porto Alegre: Livraria do Advogado, 1999, p.194.

Fixa o prazo máximo de seis (06) meses para a prolação da decisão arbitral, salvo contratado diferentemente pelas partes (o processo arbitral pode ser objeto de contratação)

Não há honorários de sucumbência; contudo – salvo disposição em contrário – o vencido pode ser condenado a pagar as despesas da arbitragem, e ainda ser condenado por litigância de má-fé se for o caso

A lei de arbitragem confere força vinculante à contratação do procedimento de arbitragem antes da ocorrência do litígio (art. 7º, § 7º). Assim, fica prevista a cláusula compromissória.[29] A recusa em firmar o compromisso decorrente da cláusula implica procedimento judicial expedito cujo resultado, com a decisão judicial de instância única, supre a assinatura da parte recalcitrante, reputando-se firmado o compromisso.

Sempre que a contratação da arbitragem é posterior ao advento do litígio, fazse pela forma de compromisso arbitral que deverá prever, obrigatoriamente, (i) o tema e o rito objeto da arbitragem;[30] (ii) a nomeação dos árbitros ou a câmara arbitral a quem foi delegada a indicação dos árbitros;[31] e, (iii) o *locus* onde será proferida a decisão.[32]

5.2. A constitucionalidade da Lei n. 9307/96 (LA)

Relativamente à arguição de inconstitucionalidade da lei de arbitragem, no que diz com afronta ao princípio da inafastabilidade da apreciação judicial, o Plenário do STF, julgando pedido de homologação de sentença estrangeira (SE 5206-7-Espanha), firmou entendimento (por sete votos contra quatro) pela sua constitucionalidade. Este é o caso mais importante (*leading case*) sobre a matéria.[33]

Sepúlveda Pertence, o relator do recurso, bem como Sydney Sanches, Néri da Silveira e Moreira Alves, consideraram que a lei de arbitragem, em alguns dispositivos afronta o art. 5º, XXXV da CF/88. De outro modo, ficou bem assentado pelo Min. Carlos Velloso, em seu voto, que não há inconstitucionalidade, pois [...] *O inciso XXXV do art. 5º, representa um direito à ação, e não um dever*, ademais, a arbitragem se dirige a direitos patrimoniais disponíveis, fato que implica as partes a faculdade de renunciar a seu direito de recorrer à Justiça.

5.3. Razões sociojurídicas em prol da arbitragem

O descompasso tempo-espacial do processo judicial, por vezes inadequado para as demandas atuais de alta complexidade, ou de valores expressivos, ou que envolvam interesses difusos próprios das sociedades de demanda

---

[29] A cláusula compromissória é promessa de oportuna contratação da arbitragem sobre conflitos ou controvérsias ainda não definidos, vale dizer, uma promessa de firmar o compromisso arbitral se e quando ocorrer o litígio. Esta cláusula é considerada autônoma em relação ao contrato; portanto, a nulidade do contrato não alcança, necessariamente, a nulidade da cláusula compromissória (art. 8º). Fica facultado ao árbitro, de ofício, julgar pela nulidade da cláusula ou compromisso.

[30] As partes podem escolher as regras de direito aplicadas para o julgamento e processamento da arbitragem (art. 9º), desde que não afronte aos bons costumes, a ordem pública, bem como aos princípios constitucionais que balizam o processo civil.

[31] Ficam as partes livres para se reportarem às regras de órgão arbitral institucional, ou cooporação especializada, para instituição e procedimento da arbitragem.

[32] A decisão, espacialmente identificada, proferida pelo laudo arbitral não depende de homologação judicial para a sua eficácia, já que equiparada ao título executivo judicial, portanto, a decisão arbitral se basta por si mesmo. Relativamente ao reconhecimento de laudo arbitral proferido fora do território nacional, e independente do local da contratação, o mesmo vale como título executivo judicial, não se exigindo homologação pelo Poder Judiciário do país de origem; contudo, se exige homologação, atualmente, as STJ, como qualquer decisão judicial estatal estrangeira.

[33] Vale a penar ler e estudar o acórdão, na íntegra, que consta em 246 páginas e pode ser consultado no *site* do STF.

A prática comparada impende que a arbitragem, via de regra, implica decisões mais confiáveis, por mais precisas, gerando maior satisfação às partes, ademais de céleres e menos onerosas

A possibilidade de contar com árbitros mais experientes e dedicados ao conhecimento técnico específico da causa

Alta densidade participativa dos envolvidos, maior legitimidade pela eleição, pelas partes, do árbitro o que atenua a resistência com uma decisão contrária

Redução, pelo efeito preventivo, da litigiosidade

Deslocamento teórico da metodologia da ação processual em favor de uma solução funcional teleologicamente comprometida, realizando desta forma a pacificação dos conflitos, além de maior tutela aos interesses difusos e coletivos

Desafogamento das atividades judiciárias

No plano internacional implica maior agilidade na solução de controvérsias, ademais de evitar os conflitos de jurisdição

5.4 Resistência à prática arbitral

A maior resistência ao procedimento de arbitragem é cultural, incluído aí uma forte dose político-ideológica. Assim, necessária não uma mudança, mas uma ampliação de paradigma: da solução jurisdicional, imprescindível, mas não única, para uma solução acordada por intermediação do *alter*, portanto, não devemos mais persistir na perspectiva decinomônica da "luta pelo direito", sim para a "luta pela paz", paz aí entendida como solução rápida e justa para os antagonistas. Ademais, são especialmente resistentes:

Um contexto social equivocado, que pensa que se está privatizando a justiça.

Uma manifestação ideológica radical que pensa que se está criando uma justiça unicamente voltada para o capital internacional, para os grandes trustes, para elites privilegiadas.

Uma visão deformada da figura do árbitro como juiz.

5.5 O objeto do litígio submetido à arbitragem

O objeto do litígio somente poderá versar sobre direitos patrimoniais disponíveis (arts. 1º, 25 e 39 da LA).

5.5.1 Direitos patrimoniais

Patrimônio (de *pater, patrimonium*) mostra-se como um conjunto de bens pertencentes ao "*pater*", com toda a implicação que isso gerou na sociedade romana. Hoje, o significado – numa perspectiva freudiana – não mudou muito, pois o patrimônio conforma um conjunto de bens, direitos e obrigações economicamente apreciáveis, atribuídos a um sujeito de direito (um renovado *pater* moderno), singular ou plural.

Juridicamente, o patrimônio é mais que o conjunto apropriado de bens, pois incorpora, também, um complexo de regras reguladoras (de aplicação objetiva, embora subjetivem uma posição jurídica) incidentes sobre relações juridicizadas, com o objetivo de dar um estatuto legal aos bens suscetíveis de apreciação moral, política e econômica.

Os bens que constituem um patrimônio ou são *disponíveis* ou *indisponíveis* por seu titular. A atribuição da (in)disponibilidade é jurídica, resultado de processos sociopolíticos de larga duração no acomodamento das relações sociais. Assim, a disponibilidade ou indisponibilidade dos bens envolve uma questão vinculada a preceitos normativos que dizem com a natureza dos bens e as capacidades do titular.

5.5.2. Bens patrimoniais públicos

Sem a pretensão da especialização e de profundidade na análise dos bens públicos, podemos descrevê-los como:

São todos aqueles bens de domínio nacional pertencente as pessoas jurídicas de direito público interno;

De regra, inalienáveis, imprescritíveis e impenhoráveis.

A doutrina tradicionalmente os classifica em três tipos:

Bens de uso comum de todos – podem ser utilizados por qualquer um do povo, sem formalidades, mas ausente o seu domínio, atribuído à pessoa jurídica de direito público, tais como os rios, os mares, estradas, ruas e as praças.

Bens de uso especial – aqueles que se destinam mais especializadamente à execução dos serviços públicos. São os edifícios onde estão instalados os serviços, inclusive os da autarquia, e demais órgãos da administração (repartições públicas, secretarias, escolas, ministérios etc.)

Os denominados bens dominicais, vale dizer, aqueles do patrimônio disponível, constitutivo do patrimônio das entidades, onde o Poder Público exerce o domínio, como qualquer proprietário. Incluem-se nessa categoria as terras devolutas, as estradas de ferro, oficinas e fazendas pertencentes ao Estado.

5.6. Do procedimento arbitral

O procedimento arbitral – ou justiça dos árbitros – implica, segundo a LA, uma metodologia processual mínima, esta, inclusive, já poderá ter sido desenhada pelas partes na convenção. Em qualquer caso, observados os preceitos constitucionais atributivos da igualdade, do contraditório e do livre convencimento dos árbitros (§ 2º do art. 21 da LA).

Assim:

Como vimos *retro*, só se instaurará sobre direitos disponíveis pelas partes

A instituição da arbitragem exige a indicação e aceitação do árbitro

O § 4º do art. 21 da LA, a semelhança do processo judicial, deverá tentar, previamente, a conciliação das partes indutora de um acordo

Caso no curso da arbitragem emergir dúvida sobre a natureza dos bens, suspende-se o procedimento, remetendo-se as partes à jurisdição para dirimir a questão, caso reconhecida a disponibilidade, renova-se o procedimento (art. 25, LA)

O procedimento não impede a solução amigável das partes. Ademais, poderão requerer a sentença arbitral declaratória do acordo (art. 28, LA)

É direito das partes, por si mesmas, ou por representantes ou advogados, acompanhar todo o procedimento arbitral (§ 3º, art. 21, LA)

O rito da arbitragem inclui o depoimento das partes, a oitiva de testemunhas e a eventual realização de perícias ou outras provas julgadas necessárias, atos que poderão ser realizados de ofício ou a requerimento das partes (art. 22 e parágrafos da LA)

O não atendimento, sem motivo justo, das partes será levado em consideração pelo árbitro quando da sua decisão (§ 3º, art. 22, LA). Sendo resistentes as testemunhas, poderão ser conduzidas, desde que assim determine a autoridade judiciária, prévio o requerimento do árbitro (§ 2º, art. 22, LA)

Os árbitros não têm poderes coercitivos, casos esses sejam necessários, poderão requerer ao Poder Judiciário originariamente competente para julgar a causa (par. 4º, art. 22, LA)

5.7. Da sentença arbitral

A decisão arbitral reveste características formais. Portanto, deve ser escrita (art. 24, LA), e no caso de árbitro plural, poderá ser tomada por maioria, facultando-se a expressão do divergente (§ 2º, art. 24, LA). A LA determina que a decisão arbitral deva conter obrigatoriamente, um relatório, a pertinente fundamentação e o dispositivo (art. 26), além de fixar a responsabilidade das partes quanto às despesas com a arbitragem.

Com a decisão arbitral põe-se termo ao procedimento. Comunicando-se às partes. Essas poderão opor dúvidas fundadas no prazo de cinco dias da ciência da decisão, com a finalidade de esclarecer obscuridade ou eventual contradição, ou ainda erro material. Em dez dias o prolator da decisão tem o dever de decidir, aditando, retificando ou ratificando o decidido.

A LA, de modo expresso determina que a decisão arbitral produza os mesmos efeitos de uma sentença proferida no exercício da jurisdição, seja em relação às partes, bem como aos seus sucessores, e caso condenatória, constituir-se-á em título executivo (art. 31). Recentemente, com o advento da Lei n. 11232/05, o Código de Processo Civil, no artigo 475-N, inciso IV,[34] conferiu à sentença arbitral as características próprias de uma sentença prolatada por um magistrado da função jurisdicional do Estado.[35]

5.8. O art. 32 da LA

A disposição contida no art. 32 da LA é importantíssima. Realiza preceito constitucional, pois o interessado poderá pleitear junto o exercício de tutela jurisdicional, quando percebido:

Compromisso com vício que leva a nulidade

Emanada por quem não podia ser árbitro

Quando dispensados os requisitos obrigatórios

Proferida fora dos limites da convenção de arbitragem

Não decidir sobre todo o litígio objeto da arbitragem

Comprovado que foi proferida por prevaricação, concussão ou corrupção passiva

proferida fora do prazo, salvo se estendido pelas partes nos termos do inciso. III, art. 12

[34] *Art. 475-N.* São títulos executivos judiciais: a sentença proferida no processo civil que reconheça a existência de obrigação de fazer, não fazer, entregar coisa ou pagar quantia; II – a sentença penal condenatória transitada em julgado; III – a sentença homologatória de conciliação ou de transação, ainda que inclua matéria não posta em juízo; *IV – a sentença arbitral*; V – o acordo extrajudicial, de qualquer natureza, homologado judicialmente; VI – a sentença estrangeira, homologada pelo Superior Tribunal de Justiça; VII – o formal e a certidão de partilha, exclusivamente em relação ao inventariante, aos herdeiros e aos sucessores a título singular ou universal. *Parágrafo único.* Nos casos dos incisos II, IV e VI, o mandado inicial (art. 475-J) incluirá a ordem de citação do devedor, no juízo cível, para liquidação ou execução, conforme o caso.

[35] BOLZAN DE MORAIS, José Luis. *Mediação e Arbitragem.* Porto Alegre: Livraria do Advogado, 1999, p.194.

Ocorrência de desrespeito aos princípios do contraditório, da igualdade das partes, da imparcialidade do árbitro e de seu livre convencimento.

A ação com o objetivo de decretação da nulidade da decisão arbitral obedecerá ao procedimento comum, do estatuto processual, e deverá ser proposta no prazo de até noventa dias, contados do recebimento da notificação da decisão ou de seu aditamento (§ 1º, art. 33). Finalmente, a decisão arbitral vincula as partes e seus sucessores, como se provisão jurisdicional fosse, podendo, assim, ser imediatamente executada.

5.9. Decisão arbitral proferida no estrangeiro

A LA prevê a execução de decisão arbitral proferida no estrangeiro (art. 34). O rito é o mesmo previsto para as sentenças judiciais, cabendo atualmente, por força da Emenda Constitucional 45, de 08/12/2004, ao STJ (art. 105, I, *i*, CF/1988) a respectiva homologação (art. 36, LA).

O STJ poderá denegar o pedido de homologação sempre que o litígio não suscetível de ser resolvida por arbitragem e se a decisão ofender a ordem pública nacional (art. 39). Ainda será negado, caso demonstrado que a decisão não respeitou os requisitos essenciais conformadores da arbitragem (art. 38). Dispõe a LA (art. 40) que quando a negativa for por vícios formais, sanados esses, o pedido poderá ser renovado frente ao STJ.

6. Arbitragem e Poder Público

Há uma tendência mundial, crescente, da utilização de instrumentos alternativos para a solução das controvérsias. O Brasil, inserido no mercado globalizado, e partícipe de uma política mundializada, não foge a regra. Portanto, o direito brasileiro vem abrigando essa nova modalidade de pacificação de interesses, especialmente a arbitragem, deslocando-a do ambiente privado para atender também os entes públicos, na solução de litígios decorrentes de contratos firmados no espaço nacional e internacional.

Deste modo, o conjunto normativo (lei, direito pretoriano, usos e costumes) da arbitragem deve ser lido, e por isso, interpretado, afinado com o sistema jurídico, e não isoladamente. Assim:

A Lei 8.987/95, que regula o regime de concessão e permissão de serviços públicos previstos no artigo 175 da CF/1988, firma como cláusula essencial, obrigatória e necessária, aquela que diz respeito ao foro e ao modo amigável de solução das controvérsias contratuais (artigo 23, XV), aplicando-se a esses contratos administrativos também a Lei 8.666/93 (artigo 2º)

A Lei 9.472, de 16 de julho de 1997, que dispõe sobre a organização dos serviços de telecomunicações, cria a ANATEL, sob regime autárquico, no artigo 93, trata do contrato de concessão, do foro e do modo consensual para a solução extrajudicial dos conflitos contratuais

A Lei 9.478, de 6 de agosto de 1997, que dispõe sobre a política energética e cria a Agência Nacional do Petróleo, sob regime autárquico especial, ao tratar do contrato de concessão, especifica entre as cláusulas essenciais a de conter regra sobre a solução de controvérsias, relacionadas com o contrato e sua execução, inclusive a conciliação e a arbitragem internacional

A Lei 10.233, de 5 de junho de 2001, que dispõe sobre os transportes aquaviários e terrestres, cria a Agência Nacional de Transportes Terrestres, a Agência Nacional de Transportes Aquaviários e o Departamento Nacional de Infra-estrutura de Transportes, prevendo como cláusula indispensável do contrato de concessão, a solução de controvérsias relacionadas com o contrato e sua execução inclusive a conciliação e arbitragem

A Lei 10.343, de 24 de abril de 2002, cria o Mercado Atacadista de Energia Elétrica, como pessoa jurídica de direito privado, e determina a aplicação da arbitragem, para a solução de divergências

O Decreto 2521, de 20 de março de 1998, que dispõe sobre a exploração, mediante permissão e autorização, de serviços de transporte rodoviário interestadual e internacional de passageiros, ao tratar do contrato de adesão (gênero do contrato administrativo), impõe como cláusula determinante o modo consensual para solução de conflitos contratuais (artigos 19 e 20)

Ainda, os contratos internacionais, regidos pela Lei 1.518, de 1951, e pelo Decreto-lei 1.312, de 1974, obrigatoriamente, deverão conter cláusula arbitral, para a solução de conflitos

A Lei 6.404/76 (Sociedade por Ações) alterada pela Lei 10.303/01, permite, prévia autorização estatutária, a utilização da arbitragem, na solução de conflitos, sejam entre os acionistas e a companhia, sejam entre os acionistas controladores e os acionistas minoritários(art. 109, par. 3º)

A Lei 9.099/95 (Juizados Especiais Cíveis e Criminais) permite o juízo arbitral

6.1. Arbitragem e PPPs

Como resultado do processo de privatização ocorrido nos anos setenta e oitenta, os países do norte, especialmente a Inglaterra, criaram as denominadas *Public Private Partnerships*, uma modalidade, naquele momento sofisticado, de ampliar investimentos e dinamizar ativos públicos. Tal prática logo se estendeu pelo mundo, vindo a instalar-se, por óbvio, no ordenamento jurídico brasileiro, disciplinada pela Lei n. 11.079, de 30 de dezembro de 2004.

6.2. Arbitragem e Processo Coletivo Laboral

Os conflitos coletivos trabalhistas comportam dois grandes tipos: os conflitos coletivos trabalhistas de caráter econômico e os conflitos coletivos trabalhistas de caráter jurídico. Os conflitos coletivos trabalhistas de caráter econômico, também denominados de conflitos coletivos trabalhistas de interesse, representam divergências acerca de condições objetivas que envolvem o ambiente laborativo e contratos de trabalho: condições de trabalho e aumento de salários. Já os conflitos coletivos trabalhistas de caráter jurídico dizem respeito à divergência de interpretação sobre regras ou princípios jurídicos já existentes.[36]

Sob o nosso ponto de vista, são formas de solução dos conflitos coletivos trabalhistas: a autodefesa, a autocomposição e a heterocomposição (a heterocomposição, possui três formas diferentes de solução de conflitos coletivos trabalhistas: a arbitragem, a mediação e as comissões de conciliação prévia).[37] A autocomposição ocorre quando a solução é encontrada pelas próprias partes interessadas sem qualquer tipo de intervenção. Sergio Pinto Martins[38] traz, como exemplo de autodefesa no âmbito laboral, a greve e o *lockout* em contraponto ao pensamento de Ives Gandra Martins

[36] NASCIMENTO, Amauri Mascaro. *Iniciação ao Direito do Trabalho*. 27. ed. São Paulo: LTr, 2001, p. 84.

[37] Maurício Godinho Delgado, traz que os conflitos de natureza trabalhista podem ser solucionados somente segundo as fórmulas autocompositivas e heterocompositivas vale dizer, o referido autor não entende a autodefesa como forma de solução dos conflitos coletivos trabalhistas, o que, com o devido respeito, discordamos eis que a autodefesa se caracteriza pela possibilidade das próprias partes defenderem seus interesses. DELGADO, Maurício Godinho. *Introdução ao Direito do Trabalho*. 3. ed. São Paulo: LTr, 2001, p. 113-114.

[38] MARTINS, Sergio Pinto. *Direito do Trabalho*. 23 ed. São Paulo: Atlas, 2007, p. 774.

Filho,[39] para quem a greve e o *lockout* são instrumentos de pressão e barganha e não constituem formas de solução de conflitos coletivos de trabalho. A heterocomposição ocorre quando a solução dos conflitos coletivos trabalhistas é determinada por um terceiro. Existem três formas de heterocomposição dos litígios coletivos laborais: a) arbitragem; b) mediação e c) jurisdição.

Relativamente sobre a arbitragem, diz o art. 3º da Lei n. 9.307/96, as partes interessadas podem submeter a solução de seus litígios ao juízo arbitral mediante convenção de arbitragem, assim entendida a cláusula compromissória e o compromisso arbitral. Entende-se por cláusula compromissória, conforme o art. 4º da Lei n. 9.307/96, a convenção através da qual as partes em um contrato comprometem-se a submeter à arbitragem os litígios que possam vir a surgir, relativamente a tal contrato. A cláusula compromissória deve ser estipulada por escrito, podendo estar inserta no próprio contrato ou em documento apartado que a ele se refira. Na seara laboral, algumas leis ordinárias admitem sua aplicação para a solução de litígios coletivos: "A Lei n. 8.630/93, que trata dos portuários, estabeleceu que deve ser instituída comissão paritária, no âmbito do órgão gestor de mão de obra, para a solução dos litígios do trabalhador avulso, e que, em caso de impasse, as partes deverão recorrer à arbitragem de ofertas finais (§1° do art. 23). A Lei n. 10.101/00 prevê a arbitragem de ofertas finais para a solução da controvérsia sobre participação nos lucros ou resultados (art. 4º, II). A Lei de Greve (arts. 3º e 7º da Lei n. 7.783/99) permite a solução do conflito por arbitragem".[40]

6.3. A dialética público-privado

Antes de tudo cumpre ressaltar que, na atualidade, não faz muito sentido a cisão entre espaço público e espaço privado no contorno das relações sociais submetidas ao direito, já que a função social dos contratos a todos unifica num só espaço de juridicidade.

Contudo, por muito tempo, a dialética do *público* e do *privado* alcançou significativa importância, pois fundava uma dicotomia estrutural: Estado e Sociedade, com esferas de competências bem delineadas, mas não incomunicáveis.

Essa dialética *público* e *privado* queira-se ou não, é o resultado de séculos de adaptação do *humano* da sociedade; e, a maior densidade de um ou outro termo dessa relação, está na razão direta da maior predominância de um o mais dos processos adaptativos, conformadores das ideologias dominantes no espaço-tempo social. Essa dialética *publico* e *privado* é responsável também pela inauguração da propriedade privada, que vai se dividir em pública e privada; assim também com os contratos na mesma topologia.

A propriedade privada e os contratos têm como origem o sujeito (humano ou ficto) relacionado com o *outro*. É o resultado de sua biografia que está constituída pelo seu corpo e por sua vontade. Sua biografia vai ser definida pelo seu *tempo de liberdade* e *responsabilidade*; o seu corpo está organizado pelo espaço adquirido no espaço e tempo ocupado.

[39] FILHO, Ives Gandra Martins. *Processo Coletivo do Trabalho*. 3. ed. São Paulo: Ltr, 2003, p. 24.

[40] MARTINS, Sergio Pinto. *Direito do Trabalho*. 23 ed. São Paulo: Atlas, 2007, p. 781.

Daí para a expansão coletiva deste modelo foi um passo. Do mesmo modo, esta dialética *público* e *privado* está presente na constituição da família, onde o *privado* se socializa no *alter*, e o *público* se interioriza no Estado. *Arqué* e *Demos* passam a dialogar. O resultado é o surgimento de *Kratos* inaugurando o domínio do homem sobre o homem, do Estado sobre a Sociedade.

Surge deste modo o aparelho repressivo com as variantes modernas do Legislativo, Executivo e Judiciário.

Especializam-se as relações, e o tráfico social passa a produzir necessidades que vão ser supridas pelas relações de produção e consumo, entendidas de modo amplo.

A autonomia vai ser balizada através desses critérios. Uma *pública*, com a derivação de funções sistêmicas que lhe são próprias, inaugurando razões constitutivas e regulativas, prevalecendo o coletivo (embora o coletivo não suponha universalidade de convergência); outra *privada*, que inaugura o *mercado* e todas as relações daí decorrentes.

6.4. Parcerias Público-Privadas e Arbitragem

As parcerias inauguradas entre o público e o privado, sustentadas pelo modelo inglês, representam um forte instrumento para ampliar a dialética público/privada, e trazem como novidade funções regulatórias bem precisas que podem efetivamente transformar-se em processos de regulação que garantam conquistas emancipatórias da sociedade civil. Aí, podemos ver o direito administrativo se aproximando dos direitos humanos (na ordem internacional) e dos fundamentais (na ordem nacional) de modo extraordinariamente eficaz. Tudo dependendo das políticas públicas de Estado e de governança a serem adotadas.

A Lei 11.079/04 (PPP) e a Lei 8.987/95 (concessão simples) tratam de complexos contratos, ademais de incorporarem investimentos vultosos. Portanto, incorporam princípios jurídicos do direito contratual – e.g., boa-fé, lealdade contratual, função social etc. – aos contratos administrativos sem prejuízo das exceções e prerrogativas da administração pública em razão do interesse público.

Esta situação exige um denso diálogo e uma refinada negociação entre as partes, onde o Estado necessita utilizar-se de técnicas ou métodos correntes nos mercados, onde os interesses públicos devem ser consensualmente tratados.

Esse é o *topos* (administração consensuada) onde é importante o instituto da arbitragem, utilizada na eventualidade de conflitos emergentes desses contratos. Com a possibilidade da utilização do procedimento arbitral (art. 11, III, PPP), ficam as partes livres do processo judicial, na solução de controvérsias, ademais, de poder o parceiro privado valer-se do Fundo Garantidor (art. 16-20, PPP), livrando-se, por consequência, na execução do regime dos precatórios.

Impende notar que os pretórios já se manifestaram pela admissibilidade do procedimento arbitral em sede de contratos firmados com a Administração.

— 9 —

Ação Direta de Inconstitucionalidade por omissão: primeiras notas sobre a Lei 12.063/2009

DAISSON FLACH

Mestre e Doutorando pela Universidade Federal do Rio Grande do Sul.
Professor da Escola Superior do Ministério Público. Professor convidado de diversos cursos de pós-graduacão, tais como o Curso de Especialização da Universidade Federal do Rio Grande do Sul, Universidade Federal da Bahia, Escola Superior da Magistratura Federal. Autor de publicações em Direito Processual Civil e Direito Civil. Advogado.

Introdução

Não é mais novidade na doutrina brasileira enfocar o controle concentrado de constitucionalidade em obras dedicadas ao processo coletivo. Ao justificar a opção, Teori Albino Zavascki, com arrimo em Gregório Assagra de Almeida, aduz que "as decisões de mérito proferidas nas correspondentes ações têm não apenas a eficácia direta de tutelar a ordem jurídica, mas também, indiretamente, a de autorizar ou desautorizar a incidência da norma, objeto da ação, sobre os fatos jurídicos, confirmando ou negando a existência dos direitos subjetivos individuais. Considerando essa circunstância, e, ainda mais, que as mesmas sentenças têm eficácia *ex tunc*, do ponto de vista material, e *erga omnes*, na sua dimensão subjetiva, não há como negar que o sistema de controle concentrado de constitucionalidade constitui, mais do que um modo de tutelar a ordem jurídica, um poderoso instrumento para tutelar, ainda que indiretamente, direitos subjetivos individuais, tutela que acaba sendo potencializada em elevado grau, na sua dimensão instrumental, pela eficácia vinculante das decisões. É, em outras palavras, um especial modo de prestar tutela coletiva".[1]

O controle da omissão inconstitucional espelha ainda mais fielmente, a nosso sentir, a estreita conexão entre a tutela coletiva dos direitos e os instrumentos que buscam assegurar a força normativa da constituição. Ao longo do estudo, principalmente quando forem enfrentados temas como o da omissão parcial nas hipóteses de

[1] Zavascki, Teori Albino. *Processo Coletivo*. São Paulo: RT, 2008, p. 278-279. Idêntica sistemática adotou recentemente Bueno, Cassio Scarpinella. *Curso Sistematizado de Direito Processual Civil*. Vol 2, Tomo III. São Paulo: Saraiva, 2010, p. 290-294.

benefício incompatível com o princípio da igualdade e o dos efeitos das decisões (e também das técnicas de decisão), ficará ainda mais evidente a relação do presente ensaio com o tema geral da obra em que ora aparece inserido.

O enfrentamento compreensivo das questões envolvendo a omissão inconstitucional certamente nos conduziria a gama tão variada de fenômenos que escaparia a qualquer tentativa de aproximação consequente.

O objeto do presente estudo é bem mais restrito. Trataremos da omissão relativa à elaboração e edição de atos normativos e, mais especificamente, da omissão total ou parcial na elaboração de atos normativos necessários à concretização de normas constitucionais. A definição de nosso objeto demanda, ainda, um segundo corte. O foco recairá especificamente sobre o controle abstrato da omissão legislativa inconstitucional por via da ação direta de inconstitucionalidade por omissão (art. 103, § 2º, da Constituição), razão pela qual as referências a outro instrumento existentes no direito brasileiro com semelhante finalidade – o mandado de injunção (art. 5º, LXX, da Constituição) – serão realizadas apenas no que sejam convenientes à compreensão e caracterização da ação direta de inconstitucionalidade por omissão (ADO) e suas semelhanças com o mandado de injunção (MI). O recorte, todavia, não torna singela a tarefa, tendo em vista a necessária exposição dos conceitos indispensáveis à compreensão do problema e a circunstância de que a regulamentação na matéria, em nível infraconstitucional, é recentíssima, fator de complexidade, de carência de certezas[2] e, ao mesmo tempo, de pontual interesse sobre o tema.

Embora no direito comparado o debate sobre a possibilidade de controle jurisdicional da omissão legislativa seja mais antigo,[3] e as manifestações de positivação desse controle remontem à década de 70 do século passado,[4] no direito brasileiro a inconstitucionalidade por omissão tem trajetória relativamente recente, tendo sido introduzidos os principais instrumentos de controle pela Constituição de 1988. As Constituições anteriores não faziam referência a institutos similares, embora seja mais antigo o controle de constitucionalidade dos atos legislativos positivos (comissivos), presente desde a Carta Constitucional Republicana (1891), fortemente influenciado pelo modelo americano (incidental),[5] e que passou a conviver com o controle abstra-

---

[2] Adverte Gilmar Ferreira Mendes sobre as dificuldades inerentes ao tema, pontuando a inexorável provisoriedade das respostas. In MENDES, Gilmar Ferreira; COELHO, Inocêncio Mártires; BRANCO, Paulo Gustavo Gonet. *Curso de Direito Constitucional*. São Paulo: Saraiva, 2009.

[3] Gilmar Ferreira Mendes traz breve histórico do debate travado na Corte Constitucional alemã a partir da Lei Fundamental de 1949 – anteriormente reputava-se inviável controle desse tipo, inclusive sob a Constituição de Weimar de 1919 – e que avançou significativamente já na década de 50 do século passado. O autor acentua que "o ordenamento alemão não dispõe de instrumentos especiais para o controle judicial da omissão. O recurso constitucional – *Verfassungsbeschwerde* – constitui, na esfera do *Bundesverfassungsgericht*, o único instrumento processual autônomo de que o cidadão dispõe para atacar diretamente a omissão do legislador, desde que logre demonstrar eventual ofensa a um dos direitos fundamentais". MENDES, Gilmar Ferreira; COELHO, Inocêncio Mártires; BRANCO, Paulo Gustavo Gonet. *Curso de Direito Constitucional*. São Paulo: Saraiva, 2009, p. 1230, nota 9. Na Itália, desde a década de 60 do século XX também se fez presente intenso debate e produção doutrinal, conforme informa Luís Roberto Barroso: O Controle de Constitucionalidade no Direito Brasileiro. São Paulo: Saraiva, 2009, p. 33.

[4] Poder-se ia destacar, dentre outras que possuem disposição expressa, a Constituição da Iugoslávia, de 1974 (art. 376), a Constituição portuguesa de 1976, que, após a reforma de 1982, atribuiu ao Tribunal Constitucional competência para apreciar "o não cumprimento da Constituição por omissão de medidas legislativas necessárias para tornar exeqüíveis as normas constitucionais" (art. 283º, 1), dando ciência ao órgão legislativo competente da decisão que reconhecer a omissão (art. 283º, 2). Essa última é, sem dúvida referência para a redação do art. 103, § 2º da Constituição brasileira.

[5] Para uma proveitosa investigação das matrizes do controle da constitucionalidade das leis na Constituição Republicana, ver o conjunto de escritos de Rui Barbosa reunidos em volume intitulado. *Atos inconstitucionais*. Campinas: Russell, 2010.

to desde a emenda n.16, de 1965, à Constituição de 1946, por influência do modelo austríaco.[6]

Como já dito, dois foram os instrumentos de controle da omissão inconstitucional trazidos pela Constituição vigente: o mando de injunção (art. 5º, LXX), pelo qual é possível o controle incidental *in concreto*, e a ação de inconstitucionalidade por omissão (art. 103, § 2º), pela qual pode ser realizado o controle concentrado, *in abstrato*, via processo objetivo, inserido no contexto das demais ações diretas para controle de constitucionalidade (ação direta de inconstitucionalidade – ADI – e ação declaratória de constitucionalidade – ADC). Diversamente do que ocorreu em outros países, a Constituição brasileira não tratou da ação direta de inconstitucionalidade por omissão em dispositivo próprio. Essa mesma indistinção se refletiria, posteriormente, na regulamentação infraconstitucional da matéria.

Onze anos haviam passado desde a entrada em vigência da Carta de 1988 quando a Lei 9.868/99 regulamentou o art. 103 da Constituição, disciplinando a ação direta de inconstitucionalidade e a ação declaratória de constitucionalidade.[7] O § 2º, que trata da inconstitucionalidade por omissão, não mereceu, daquela feita, a atenção do legislador infraconstitucional. Seu desenvolvimento dogmático foi obra da doutrina e principalmente da jurisprudência do Supremo Tribunal Federal que, a partir das características gerais das ações para controle abstrato da constitucionalidade dos atos normativos, ou seja, a partir das normas contidas na Lei 9.868/99, foi traçando o perfil da ação de inconstitucionalidade por omissão, com atenção às suas peculiaridades. Não havia sequer indicação, nos repositórios de jurisprudência do STF, das ações de inconstitucionalidade por omissão, as quais permaneceram mescladas com as demais ações para controle concentrado, sem sigla que as identificasse. Sua prática, ademais, permaneceu tímida, sendo extremamente reduzido o número de ações de inconstitucionalidade por omissão. O número de mandados de injunção, por outro lado, já é expressivo.

Somente agora, recentemente, em 27 de outubro de 2009, a Lei n. 12.063/09 acrescentou à Lei nº 9.868/99 o Capítulo II-A, que estabelece a disciplina processual da ação direta de inconstitucionalidade por omissão. A iniciativa legislativa, embora tardia, propõe um olhar em perspectiva que suscite questões sobre o futuro de um instituto que esteve, até o momento, longe de realizar sua importantíssima missão de dar eficácia à Constituição, protegendo-a da já tradicional indolência do legislador brasileiro.

Em se tratando de obra legislativa da maior importância, na medida em que estabelece parâmetros para o exercício do controle da inconstitucionalidade sob o viés omissivo, colmatando, ela mesma, lacuna importante do sistema normativo brasileiro, é extremamente oportuno que se proceda a uma primeira aproximação. Apontar os aspectos em que a lei se conforma à trajetória anterior de desenvolvimento da ação direta de inconstitucionalidade por omissão, conforme a leitura do Supremo Tribunal Federal, e aqueles em que eventualmente traz inovação, além de apontar as tendências que se desenham a partir da jurisprudência mais recente do STF, constitui a razão

[6] KELSEN, Hans. *Jurisdição Constitucional*. São Paulo: Martins Fontes, 2007, *passim*. Para uma aproximação sob o viés comparatístico, CAPPELLETI, Mauro. O Controle Judicial de Constitucionalidade das Leis no Direito Comparado. Porto Alegre: Sergio Antonio Fabris Editor, 1984.

[7] A ação declaratória de constitucionalidade foi introduzida, após candente debate, pela Emenda Constitucional n. 45, de 8 de dezembro de 2004.

e o alcance deste estudo, não sem antes traçar os caracteres fundamentais da omissão inconstitucional e seu controle pela via concentrada.

1 – Omissão normativa inconstitucional

A eficácia normativa da Constituição impõe aos Poderes do Estado atuação voltada à sua concretização na maior medida possível. Em assim sendo, omissões inconstitucionais podem ser perpetradas por todos os poderes, como já pontuara Jorge Miranda.[8] Pelo Executivo, quando deixe de adotar medidas político-administrativas, tais como prestações positivas, que lhe são impostas pela Constituição, pelo Legislativo, quando deixe de dar densidade infraconstitucional às normas constitucionais de forma a inviabilizar sua concreta aplicação, e pelo Judiciário, nas hipóteses em que, por inércia, deixe de prestar tutela jurisdicional reclamada.

É assente, todavia, que a omissão sindicável por via da ação direta de inconstitucionalidade por omissão, malgrado a aparente abertura do texto do art.103, § 2º, da Constituição brasileira, é exclusivamente aquela relativa à edição de atos normativos. Com efeito, estabelece o referido dispositivo constitucional que "*declarada a inconstitucionalidade por omissão de medida para tornar efetiva norma constitucional, será dada ciência ao Poder competente para a adoção de providências necessárias e, em se tratando de órgão administrativo, para fazê-lo em trinta dias*". A restrição de alcance do controle, porém, não o faz menos importante, considerando a histórica letargia do Legislativo brasileiro, a "insinceridade normativa"[9] a determinar a não realização de normas constitucionais em razão da ausência de densificação infraconstitucional.

Poder-se-ia conjecturar, a partir do texto, que inércia na prática de ato de qualquer natureza, inclusive ato administrativo *stricto sensu* ou quaisquer atos materiais consistentes, por exemplo, em prestações positivas indispensáveis à concretização de um direito fundamental, dariam ensejo ao manejo de ação direta de inconstitucionalidade por omissão. Tal orientação parece confortada também pela redação dada pela Lei 12.063/09 ao art. 12-B, I, pelo qual "a omissão inconstitucional total ou parcial quanto ao cumprimento de dever constitucional de legislar ou quanto à adoção de providência de índole administrativa", um tanto enigmático se cotejado com a posição tradicional do STF. Escrevendo sobre o tema, Canotilho nutria a expectativa, em face do texto da Constituição brasileira, de que se ampliasse no Brasil o âmbito do controle da omissão inconstitucional para além dos atos legislativos, o que em Portugal é inviável em vista da expressão "omissão de medidas legislativas" constante do art. 283º, 1, da Constituição portuguesa.[10] Não é isso, todavia, o que vem ocorrendo no direito brasileiro. Volta-se o dispositivo constitucional, segundo a leitura restritiva que lhe faz o Supremo Tribunal Federal, àquelas omissões relativas à edição de *atos normativos*, quer pelo Poder Legislativo, cuja missão constitucional é precipuamente esta, quer pelo Poder Executivo, no âmbito de seu poder regulamentar, quer mesmo

[8] MIRANDA, Jorge. *Manual de Direito Constitucional*. Tomo VI. Coimbra: Coimbra Editora, 2008.

[9] Conforme expressão de BARROSO, Luís Roberto. *O Controle de Constitucionalidade no Direito Brasileiro*. São Paulo: Saraiva, 2009, p. 247.

[10] CANOTILHO, J. J. Gomes. *Direito Constitucional e Teoria da Constituição*. Coimbra: Almedina, 2003, p. 1036.

pelo Poder Judiciário.[11] Observe-se, de qualquer modo, que, embora não haja ainda nenhuma tradição de utilização da ação direta de inconstitucionalidade por omissão em relação a atos de poder outro que não o Legislativo, se reconhece tranquilamente tal possibilidade em relação a atos regulamentares de órgãos ou autoridades de outros poderes.

Importante referir que nem sempre é passível de controle por omissão inconstitucional a atividade normativa dos Poderes do Estado. O exercício do poder de editar normas encontra-se ao abrigo do princípio geral de separação e autoconformação dos poderes, mormente em relação ao Poder Legislativo, no exercício de sua função constitucional. O legislador tem autonomia, no âmbito de sua atuação política, para editar ou não normas, conforme julgue conveniente e oportuno, não implicando a abstenção, por si só, omissão inconstitucional. Em regra, a demanda por legislação inexistente, no todo ou em parte, ou por modificações no corpo legislativo vigente deve buscar conforto no espaço político.

Embora a jurisdição esteja revestida de inegável conteúdo político e o Tribunal incumbido do exercício do controle de constitucionalidade desempenhe papel central no equilíbrio entre os poderes a partir de parâmetros jurídico-constitucionais, está ele mesmo subordinado à Constituição e à divisão constitucional das funções. Ele não deve, como adverte Hesse, "imiscuir-se nas funções de outros órgãos. Em ambas as direções existe uma conexão estreita e decisiva. Porque quanto mais o Tribunal Constitucional está pronto a respeitar o papel do legislador e do governo e quanto mais ele, em seu controle, conservar atitude reservada, tanto mais poderá ser evitado o caso de conflito, no qual é recusado o cumprimento de suas decisões, tanto mais é garantido que na ordem constitucional das funções estatais e da colaboração dos órgãos estatais não se efetue remoção a favor da jurisdição constitucional".[12]

Não encontra a sindicabilidade da omissão inconstitucional, segundo a maior parte da doutrina, arrimo no dever geral de legislar que deriva da atribuição, pela Constituição, de competências legislativas.[13] Estar-se-á diante de omissão inconstitucional apenas no caso de haver uma obrigação jurídica de conteúdo positivo. Isto se dá quando "a Constituição impõe ao órgão legislativo o dever de editar norma reguladora de determinado preceito constitucional".[14] Nas palavras de Canotilho, "a omissão legislativa, para ganhar significado autônomo e relevante, deve conexionar-se a uma

[11] Exemplo disso seria o exercício da competência regulamentar atribuída ao Conselho Nacional de Justiça (art. 103-B, § 4º, I).

[12] HESSE, Konrad. *Elementos de Direito Constitucional da República Federal da Alemanha*. Porto Alegre: Sergio Antonio Fabris Editor, 1998, p. 423.

[13] Refere Canotilho, apontando ser concepção generalizada, que "embora haja um dever jurídico-constitucional do legislador no sentido de este adoptar as medidas legislativas necessárias para tornar exeqüíveis as normas da Constituição, a esse dever não corresponde automaticamente um direito fundamental à legislação". CANOTILHO, J. J. Gomes. Direito Constitucional e Teoria da Constituição. Coimbra: Almedina, 2003, p. 1037. Poder-se-ia discutir se tal perspectiva não padece da perspectiva estreita, de gênese liberal clássica, do direito subjetivo, considerando que, à luz dos constitucionalismo contemporâneo e dos direitos fundamentais, é possível vislumbrar um direito a prestações positivas de natureza legislativa. Refere Ingo Sarlet, citando doutrina, a possibilidade de classificar direitos a prestações em grupos específicos de posições jurídicas fundamentais, conforme o seu objeto. Ter-se-ia, então, direitos a prestações jurídicas (ou normativas) e direitos a prestações fáticas (ou materiais). Partindo dessa classificação, é possível dizer que há omissão inconstitucional na hipótese de haver inércia na densificação de uma norma constitucional de organização, ou definidora de direito, de onde o direito a uma prestação de caráter normativo. SARLET, Ingo Wolfgang. A Eficácia dos Direitos fundamentais. Porto Alegre: Livraria do Advogado, 1998, p. 188.

[14] BARROSO, Luís Roberto. *O Controle de Constitucionalidade no Direito Brasileiro*. São Paulo: Saraiva, 2009, p. 33.

exigência constitucional de acção, não bastando o simples dever geral de legislar para dar fundamento a uma omissão inconstitucional". São omissões que derivam do "não cumprimento de imposições constitucionais legiferantes em sentido estricto". Há também omissão inconstitucional "quando o legislador não cumpre as ordens de legislar", ou seja, uma imposição concreta de atividade legiferante voltada à consecução de um determinado objetivo, ainda que não permanente, podendo ser exaurido em uma única iniciativa legislativa. Pontua, ainda, a possibilidade de derivar a omissão inconstitucional da "falta de atualização ou aperfeiçoamento das normas", no caso das chamadas normas de prognose (previsão, prognóstico), que se verifiquem "incorretas ou defasadas perante circunstâncias supervenientes".[15] Não seria despropositado assimilar essa última hipótese àquelas em que a norma é ainda constitucional em trânsito para a inconstitucionalidade em razão alterações no âmbito normativo.[16] Nesse caso, embora não haja propriamente uma situação de omissão legislativa, o estado de inconstitucionalidade que já se divisa pode ensejar a demanda por atuação legislativa consistente na sua correção ou melhoria, voltada a evitar situação de inconstitucionalidade com consequências gravosas.

Segundo Luís Roberto Barroso, a necessidade de leis integradoras de sua eficácia pode estar presente em normas constitucionais de organização – entendidas como aquelas "destinadas à ordenação dos poderes estatais, à criação e estruturação de entidades e órgãos públicos, à distribuição de suas atribuições, bem como à identificação e aplicação de outros atos normativos" – e em normas constitucionais definidoras de direito. Exclui ele as normas programáticas por entender que não impõem um dever de legislar, tampouco outorgam o direito de exigir prestações positivas de natureza normativa.[17] Restarão excluídas também de um controle deste tipo, evidentemente, aquelas normas constitucionais que sejam autoaplicáveis, prescindindo de regulamentação infraconstitucional.[18] Por outro lado, pode a ADO voltar-se à edição de atos normativos secundários, no que se distingue das demais formas de ação direta, nas quais não é viável o controle concentrado da constitucionalidade desses atos.

Segundo julgados do STF, já desencadeado o processo legislativo, a mora deliberativa não autoriza a ação por omissão. Tal entendimento, entretanto, vem sendo substituído por orientação diversa, no sentido de que também a assim designada *inertia deliberandi*, quando implique irrazoável delonga na discussão e deliberação, pelo Legislativo, de lei destinada a regulamentar norma constitucional, impedindo sua aplicação, pode dar ensejo à ação direta por imissão inconstitucional.

Transcreve-se, por pertinente, o voto do Min. Gilmar Ferreira Mendes proferido na ADO n.3682, em que enfrenta diretamente a questão: "Assim, questão que ainda está a merecer melhor exame diz respeito à *inertia deliberandi* (discussão e votação)

---

[15] CANOTILHO, J.J. Gomes. *Direito Constitucional e Teoria da Constituição*. Coimbra: Almedina, 2003.

[16] Tomo aqui o sentido que dá Friedrich Müller à expressão "âmbito normativo": "o 'âmbito da norma', isto é, o recorte da realidade social na sua estrutura básica que o programa da norma 'escolheu' para si ou em parte criou para si como seu âmbito de regulamentação." MÜLLER, Friedrich. *Métodos de Trabalho do Direito Constitucional*. Revista da Faculdade de Direito da UFRGS. Tradução de Peter Naumann. Porto Alegre: Síntese, 1999, p.48.

[17] BARROSO, Luís Roberto. *O Controle de Constitucionalidade no Direito Brasileiro*. São Paulo: Saraiva, 2009, p. 34. Mais amplamente, fundamentando a classificação, O Direito Constitucional e a Efetividade de suas Normas. Limites e possibilidades da Constituição brasileira. Rio de Janeiro: Renovar, 2009, p. 91-113.

[18] "Ação direta de inconstitucionalidade por omissão, de que não se conhece, por ser auto-aplicável o dispositivo constitucional (art. 20 do ADCT), cuja possibilidade de cumprimento pretende o requerente ver suprida." (ADI 297, Rel. Min. Octavio Gallotti, julgamento em 25-4-96, DJ de 8-11-96)

no âmbito das Casas Legislativas. Enquanto a sanção e o veto estão disciplinados, de forma relativamente precisa, no texto constitucional, inclusive no que concerne a prazos (art. 66), a deliberação não mereceu do constituinte, no tocante a esse aspecto, uma disciplina mais minuciosa. Ressalvada a hipótese de utilização do procedimento abreviado previsto no art. 64, §§ 1º e 2º, da Constituição, não se estabeleceram prazos para a apreciação dos projetos de lei. Observe-se que, mesmo nos casos desse procedimento abreviado, não há garantia quanto à aprovação dentro de determinado prazo, uma vez que o modelo de processo legislativo estabelecido pela Constituição não contempla a aprovação por decurso de prazo. *Quid juris*, então, se os órgãos legislativos não deliberarem dentro de um prazo razoável sobre projeto de lei em tramitação? Ter-se-ia aqui uma omissão passível de vir a ser considerada morosa no processo de controle abstrato da omissão? O Supremo Tribunal Federal tem considerado que, desencadeado o processo legislativo, não há que se cogitar de omissão inconstitucional do legislador. Essa orientação há de ser adotada com temperamento. A complexidade de algumas obras legislativas não permite que elas sejam concluídas em prazo exíguo. O próprio constituinte houve por bem excluir do procedimento abreviado os projetos de código (CF, art. 64, § 4º), reconhecendo expressamente que obra dessa envergadura não poderia ser realizada de afogadilho. Haverá trabalhos legislativos de igual ou maior complexidade. Não se deve olvidar, outrossim, que as atividades parlamentares são caracterizadas por veementes discussões e difíceis negociações, que decorrem mesmo do processo democrático e do pluralismo político reconhecido e consagrado pela ordem constitucional (art. 1º, *caput*, e inciso I). Orlando Bitar, distinguindo os Poderes, dizia que o Legislativo é intermitente, o Executivo, permanente e o Judiciário só age provocado. Ou seja, o Legislativo pode parar por algum tempo, isto é, entrar em recesso. Essas peculiaridades da atividade parlamentar, que afetam, inexoravelmente, o processo legislativo, não justificam, todavia, uma conduta manifestamente negligente ou desidiosa das Casas Legislativas, conduta esta que pode pôr em risco a própria ordem constitucional. Não tenho dúvida, portanto, em admitir que também a *inertia deliberandi* das Casas Legislativas pode ser objeto da ação direta de inconstitucionalidade por omissão. Dessa forma, pode o Supremo Tribunal Federal reconhecer a mora do legislador em deliberar sobre a questão, declarando, assim, a inconstitucionalidade da omissão".[19]

1.1. Omissão total (absoluta) ou parcial

Há omissão parcial tanto na hipótese de ter o legislador promulgado norma que falhe em dar densidade infraconstitucional à norma constitucional, quanto na hipótese em que se afigure necessária adequação do complexo normativo existente em razão de modificações havidas no plano fático ou jurídico.[20] Em ambas as hipóteses, trata-se de atividade legislativa deficiente, configuradora de omissão inconstitucional. A omissão parcial pode ser *relativa* – "quando um ato outorgar a alguma categoria de pessoas determinado benefício, com exclusão de outra ou outras categorias que deveriam ter sido contempladas, em violação ao princípio da isonomia" – ou *omissão parcial propriamente dita* – quando "a norma existe, mas não satisfaz plenamente o

[19] ADI 3.682, Rel. Min. Gilmar Mendes, julgamento em 9-5-07, Plenário, *DJ* de 6-9-07.

[20] MENDES, Gilmar Ferreira; COELHO, Inocêncio Mártires; BRANCO, Paulo Gustavo Gonet. *Curso de Direito Constitucional*. São Paulo: Saraiva, 2009, p. 1240.

mandamento constitucional, por insuficiência ou deficiência de seu texto.[21] Difere, todavia, da omissão absoluta, na medida em que não está ausente o labor legislativo, embora inapto para satisfazer a exigência constitucional de legislar, sendo necessária atividade legislativa orientada à superação do estado de inconstitucionalidade decorrente da omissão.[22]

Mais adiante voltaremos ao ponto ao tratar das técnicas de decisão que visam a equacionar o problema da omissão parcial em face do postulado da nulidade das leis inconstitucionais (vide infra, 2.3 e 2.4).

2 – A ação direta de inconstitucionalidade por omissão conforme a Lei 12.063/09

A Lei 12.063, de 27 de outubro de 2009, acrescenta o Capítulo II-A à Lei 9.868/99, que passa agora, expressamente, a disciplinar não apenas a ADI e a ADC, mas também a ADO. O Capítulo II-A, por sua vez, está dividido em três Seções, que tratam, respectivamente, "Da Admissibilidade e do Procedimento da Ação direta de Inconstitucionalidade por Omissão" (Seção I, arts. 12-A a 12-E); Da Medida Cautelar em Ação Direta de Inconstitucionalidade por Omissão (Seção II, arts. 12-F a 12-G); e "Da decisão na Ação Direta de Inconstitucionalidade por Omissão" (Seção III, art. 12-H).

Trata-se de defesa da ordem jurídica contra omissões relevantes e não de defesa de posições subjetivas concretas, daí sua natureza objetiva. Essa, aliás, a sua principal diferença em relação ao mandado de injunção, voltado à defesa *in concreto* de direito subjetivo, ou seja, pressupõe a configuração de um interesse jurídico.

A opção do legislador acompanha a própria diretriz constitucional de não separar a ação declaratória de constitucionalidade por omissão das demais ações voltadas ao controle abstrato da constitucionalidade. Tal orientação fica ainda mais clara considerando que o disposto no art. 12-E indica a aplicação subsidiária, sob a cláusula "no que couber" dos arts 2º a 9º da 9.868/99 (Seção I do Capítulo II). Nos tópicos seguintes serão apontadas as peculiaridades da ADO. Não podem restar dúvidas, todavia, de que se trata de processo objetivo mantendo-se, no geral, as características ínsitas a esse tipo de processo.

2.1. Legitimação e participação no processo

O art. 12-A estabelece que "podem propor a ação direta de inconstitucionalidade por omissão os legitimados à propositura da ação direta de inconstitucionalidade e

[21] BARROSO, Luís Roberto. *O Controle de Constitucionalidade no Direito Brasileiro*. São Paulo: Saraiva, 2009, p. 251-252.

[22] "O desrespeito à Constituição tanto pode ocorrer mediante ação estatal quanto mediante inércia governamental. A situação de inconstitucionalidade pode derivar de um comportamento ativo do Poder Público, que age ou edita normas em desacordo com o que dispõe a Constituição, ofendendo-lhe, assim, os preceitos e os princípios que nela se acham consignados. Essa conduta estatal, que importa em um *facere* (atuação positiva), gera a inconstitucionalidade por ação. Se o Estado deixar de adotar as medidas necessárias à realização concreta dos preceitos da Constituição, em ordem a torná-los efetivos, operantes e exeqüíveis, abstendo-se, em conseqüência, de cumprir o dever de prestação que a Constituição lhe impôs, incidirá em violação negativa do texto constitucional. Desse non facere ou non praestare, resultará a inconstitucionalidade por omissão, que pode ser total, quando é nenhuma a providência adotada, ou parcial, quando é insuficiente a medida efetivada pelo Poder Público." (ADI 1.458-MC, Rel. Min. Celso de Mello, julgamento em 23-5-96, Plenário, DJ de 29-9-96. No mesmo sentido: ADI 1.439-MC, Rel. Min. Celso de Mello, julgamento em 22-5-96, Plenário, DJ de 30-5-03)

da ação declaratória de constitucionalidade". A disposição, portanto, remete ao art. 2º, que, por sua vem, reproduz o disposto no art. 103 da Constituição.

Seguindo a classificação proposta por Luís Roberto Barroso,[23] são legitimados ativos universais: o Presidente da República; a Mesa da Câmara e do Senado;[24] o Procurador-Geral da República; o Conselho Federal da OAB;[25] partido político com representação no Congresso Nacional.

Os legitimados universais estão dispensados da comprovação da pertinência temática que, segundo consolidada jurisprudência do STF, é requisito de legitimação

[23] BARROSO, Luís Roberto. O Controle de Constitucionalidade no Direito Brasileiro. São Paulo: Saraiva, 2009, p.

[24] Em que pese a reconhecida legitimidade, não registrava tradicionalmente o controle concentrado de constitucionalidade ações de iniciativa da mesa das casas legislativas, conforme números de 2008 do STF trazidos por MARTINS, Ives Gandra da Silva e MENDES, Gilmar Ferreira. *Controle Concentrado de Constitucionalidade*. São Paulo: Saraiva, 2009. Em voto proferido na ADO 3682, o Relator, Min. Gilmar Ferreira Mendes, embora reconhecendo a legitimação da autora, Assembleia Legislativa do Estado de Mato Grosso, antes mesmo da regulamentação infraconstitucional da matéria, fazia análise crítica à legitimação do próprio Legislativo, asseverando ser diverso o tratamento dado à questão pela Constituição portuguesa: "Legitimidade ativa para a propositura da Ação Direta de Inconstitucionalidade por Omissão. A presente ação direta de inconstitucionalidade por omissão foi proposta pela Assembleia Legislativa do Estado de Mato Grosso, em face da suposta inatividade do legislador quanto ao dever de elaborar a lei complementar federal a que alude o art. 18, § 4º, da Constituição da República. A primeira questão que deve ser analisada diz respeito à legitimidade ativa da requerente para a propositura da ação, a qual foi contestada pelas informações prestadas pelo Presidente da República e pelo Congresso Nacional. Todos hão de concordar que, no tocante à ação direta de inconstitucionalidade por omissão, a fórmula escolhida pelo constituinte, já do ponto de vista estritamente formal, não se afigura isenta de críticas. O art. 102 da Constituição, que contém o elenco das competências do Supremo Tribunal Federal, não contempla a ação direta por omissão, limitando-se a mencionar a ação direta de inconstitucionalidade de lei ou ato normativo federal ou estadual e a ação declaratória de constitucionalidade de lei ou ato normativo federal (art. 102, I, *a*, com redação da Emenda Constitucional n. 03/93). No artigo 103, *caput*, fixam-se os entes ou órgãos legitimados a propor a ação direta de inconstitucionalidade. Parece evidente que essa disposição refere-se à ação direta de inconstitucionalidade de lei ou ato normativo estadual ou federal, prevista no art. 102, I, 'a', já mencionado. Se tivermos o cuidado de investigar o direito comparado, haveremos de perceber que o constituinte português de 1976 tratou de forma diversa os processos de controle abstrato da ação e da omissão, também no que concerne ao direito de propositura. Enquanto o processo de controle abstrato de normas pode ser instaurado mediante requerimento do Presidente da República, do Presidente da Assembleia, do Primeiro-Ministro, do Provedor da República, de um décimo dos Deputados à Assembleia da República (art. 201, 1, (a)), o processo de controle abstrato de omissão, propriamente dito, somente pode ser instaurado a requerimento do Presidente da República e do Provedor de Justiça (art. 283). Ressalte-se que a afirmação segundo a qual os órgãos e entes legitimados para propor a ação direta de inconstitucionalidade de lei ou ato normativo, nos termos do art. 103, *caput*, estariam igualmente legitimados a propor a ação direta de inconstitucionalidade por omissão prepara algumas dificuldades. Deve-se notar que, naquele elenco, dispõem de direito de iniciativa legislativa, no plano federal, tanto o Presidente da República como os integrantes da Mesa do Senado Federal e da Mesa da Câmara dos Deputados (CF art. 61). Assim, salvo nos casos de iniciativa privativa de órgãos de outros poderes, como é o caso do Supremo Tribunal Federal em relação ao Estatuto da Magistratura (art. 93, *caput*, CF/88), esses órgãos constitucionais não poderiam propor ação de inconstitucionalidade, porque, como responsáveis ou co-responsáveis pelo eventual estado de inconstitucionalidade, seriam eles os destinatários primeiros da ordem judicial de fazer, em caso de procedência da ação. Todavia, diante da indefinição existente, será inevitável, com base mesmo no princípio de hermenêutica que recomenda a adoção da interpretação que assegure maior eficácia possível à norma constitucional, que os entes ou órgãos legitimados a propor a ação direta contra ato normativo – desde que sejam contempladas as peculiaridades e restrições mencionadas – possam instaurar o controle abstrato da omissão. Não há como deixar de reconhecer, portanto, a legitimidade ativa da Assembleia Legislativa do Estado de Mato Grosso para propor a presente ação direta de inconstitucionalidade por omissão." (ADI 3.682, voto do Rel. Min. Gilmar Mendes, julgamento em 9-5-07, Plenário, *DJ* de 6-9-07)

[25] Não se exige pertinência temática. Particularizado na norma constitucional atributiva de legitimação, não se aplica ao Conselho da OAB a exigência relativa às entidades de classe em geral. "Proposta a presente ação em 12-10-88, quando já estava em vigor a atual Constituição, tem o requerente legitimação para propô-la, em face do disposto no inciso VII do artigo 103 da Carta Magna. Por outro lado, em se tratando do Conselho Federal da Ordem dos Advogados do Brasil, sua colocação no elenco que se encontra no mencionado artigo, e que a distingue das demais entidades de classe de âmbito nacional, deve ser interpretada como feita para lhe permitir, na defesa da ordem jurídica com o primado da Constituição Federal, a propositura de ação direta de inconstitucionalidade contra qualquer ato normativo que possa ser objeto dessa ação, independentemente do requisito da pertinência entre o seu conteúdo e o interesse dos advogados, como tais de que a Ordem é entidade de classe." (ADI 3, Rel. Min. Moreira Alves, julgamento em 7-2-92, DJ de 18-9-92)

daqueles que Luís Roberto Barroso designa como *legitimados especiais,*[26] que são: entidades de classe em âmbito nacional;[27] confederações sindicais;[28] Mesa da assembleia Legislativa e Governadores de Estado.

Tornou-se corriqueira a afirmação de que no processo objetivo não há propriamente partes. Pode-se dizer correta a afirmativa se tomado o conceito de parte em sentido material. Isso porque não está em causa uma relação jurídica de direito material senão a própria defesa da supremacia da Constituição e a conformidade do direito infraconstitucional com as normas que da Constituição emanam. Se, ao contrário, como é recomendável, considerarmos que o conceito de parte é estritamente processual,[29] não causará sobressalto a identificação como partes daqueles que figurem nos polos ativo e passivo da ação direta de inconstitucionalidade por omissão.

Antes de ir adiante, é necessário ainda pontuar aspecto que particulariza a ação voltada ao controle da omissão inconstitucional e diz respeito à legitimação passiva para a ação. No processo objetivo voltado ao controle abstrato da inconstitucionalidade das leis ou atos normativos não se pode falar propriamente da existência de réu. Tanto na ADI quanto na ADC, nenhuma conduta é esperada do órgão ou autoridade de quem emanou o dispositivo inquinado inconstitucional. Participa do processo o Advogado-Geral da União como espécie de curador da constitucionalidade da lei, sendo que ao órgão ou autoridade responsável pela edição da lei ou ato normativo cabe tão somente prestar informações a pedido do relator (art. 6º, parágrafo único, aplicável também no caso de ação de inconstitucionalidade por omissão – principalmente no caso de omissão parcial –, conforme o disposto no art. 12-E). Algo diverso se passa no caso da ação direta de inconstitucionalidade por omissão. Em se tratando de ação que tem por fundamento um comportamento omissivo, objetiva essa forma de controle instar o órgão ou autoridade a um agir positivo voltado à integração do sistema normativo para dar concreção ao dispositivo constitucional carente de regulamentação ou cuja regulamentação é insuficiente, anacrônica ou violadora do princípio da igualdade.

Conforme disposição do art. 12-E, § 1º, aos demais legitimados para a propositura da ação é facultada, no prazo das informações, a manifestação por escrito sobre o objeto da ação, bem como a juntada de documentos reputados úteis para o exame da matéria. Poderão, ainda, apresentar memoriais. Cumpre observar que os legitimados para a propositura da ADI e da ADC podem se manifestar e juntar documentos no processo, ficando os "outros órgãos ou entidades" (artigo 7º, § 2º) com a possibilidade de manifestação mediante prévia admissão por decisão do Relator. Fica

[26] "A legitimidade ativa da confederação sindical, entidade de classe de âmbito nacional, Mesas das Assembleias Legislativas e Governadores, para a ação direta de inconstitucionalidade, vincula-se ao objeto da ação, pelo que deve haver pertinência da norma impugnada com os objetivos do autor da ação. Precedentes do STF: ADI 305 (RTJ 153/428); ADI 1.151 (DJ de 19-5-95); ADI 1.096 (LEX-JSTF, 211/54); ADI 1.519, julg. em 6-11-96; ADI 1.464, DJ de 13-12-96. Inocorrência, no caso, de pertinência das normas impugnadas com os objetivos da entidade de classe autora da ação direta." (ADI 1.507-MC-AgR, Rel. Min. Carlos Velloso, julgamento em 3-2-97, DJ de 6-6-97).

[27] Desde que tais entidades estejam vinculadas ao exercício de uma mesma atividade econômica ou profissional (não podem pertencer a categorias profissionais ou econômicas diversas por faltar homogeneidade de interesses). Conforme mutação havida na jurisprudência do STF, poderão manejar as ações diretas as entidades que congreguem várias associações estaduais e estejam voltadas à defesa de uma mesma categoria social.

[28] Entendidas como aquelas previstas na CLT at. 535. Não ostentam legitimidade, segundo interpretação estrita do STF, as entidades sindicais nacionais, tampouco as federações sindicais.

[29] Como fazem, por exemplo, ALVARO DE OLIVEIRA, Carlos Alberto; MITIDIERO, Daniel. *Curso de Processo Civil.* Vol. 1. São Paulo: Atlas, 2010, p. 160.

evidenciada a não submissão dos colegitimados à propositura da ação à análise da "representatividade dos postulantes" nos moldes do art. 7º, § 2º da Lei 9.868/99.

A participação do Advogado-Geral da União vem prevista no art. 12-E, § 2º, que dispõe que "o relator poderá solicitar a manifestação do Advogado-Geral da União, que deverá ser encaminhada no prazo de 15 (quinze) dias". Trata-se de inovação em relação à compreensão vigente sobre a matéria antes da regulamentação infraconstitucional. Em que pese o disposto no art. 8º, preponderou tradicionalmente no STF o entendimento de que, em se tratando de ação por omissão, seria dispensável a participação do Advogado-Geral da União, "a quem não cabe justificar a inércia do Poder Público no adimplemento de uma determinada prestação constitucional positiva",[30] considerando que não seria o caso de atuar como "curador da lei" na hipótese de tratar-se justamente de inexistência de lei (omissão total). O mesmo não se pode dizer, todavia, quanto se está a tratar de omissão parcial. Considerando a concepção já expressa na doutrina no sentido de que o fenômeno da inconstitucionalidade por omissão parcial determina, inclusive, certa "fungibilidade",[31] tal participação, que é obrigatória nas demais ações diretas, aparece aqui como facultativa, atribuindo a norma, aparentemente, poder discricionário ao relator para deliberar sobre a necessidade de sua intervenção. Parece-nos, todavia, ser indispensável a participação do Advogado-Geral da União, versando a ação sobre omissão parcial, hipótese em que está em questão a constitucionalidade do dispositivo constitucional cuja integração, correção ou atualização se pretenda. A razão de tal participação é a mesma que nutre a sua impositiva manifestação nas ações diretas, na medida em que a inconstitucionalidade por omissão parcial pressupõe análise da constitucionalidade da disposição legal inquinada insuficiente ou defeituosa.

A possibilidade da participação dos *amici curiae* na ADO resulta da aplicação do arts. 7º, § 2º, da Lei 9.868/99. A manifestação, tanto dos legitimados do 12-E, § 1º, quanto dos *amici curiae* (§ 2º), deve ocorrer no prazo das informações. É de salientar, todavia, que o ingresso do *amicus curiae* tem sido admitido até a inclusão do processo na pauta de julgamentos (ADI 4.071), inclusive com oportunização de sustentação oral (art. 131, parágrafo 3º, RI-STF), o que deve ser observado também na ADO. Não faria o menor sentido admitir a participação da sociedade organizada, motivada pela evidente centralidade do controle concentrado, sem que se lhe dê voz no momento crucial do julgamento no STF. Não há, tampouco, razão alguma para excluir tal possibilidade na ADO que, conforme a disciplina constitucional, está posta horizontalmente em relação às demais ações diretas para o controle da constituciona-

---

[30] Nesse sentido a tradicional posição do STF: "A audiência do Advogado-Geral da União, prevista no art. 103, § 3º, da CF de 1988, é necessária na ação direta de inconstitucionalidade, em tese, de norma legal, ou ato normativo (já existentes), para se manifestar sobre o ato ou texto impugnado – Não, porém, na ação direta de <inconstitucionalidade>, por <omissão>, prevista no § 2º do mesmo dispositivo, pois nesta se pressupõe, exatamente, a inexistência de norma ou ato normativo." (ADI 23-QO, Rel. Min. Sydney Sanches, julgamento em 4-8-89, Plenário, DJ de 1º-9-89) "Finalmente, e para referir mais uma distinção que se registra entre o controle abstrato de inconstitucionalidade por ação e a fiscalização concentrada de inconstitucionalidade por omissão, cabe asseverar que o Advogado-Geral da União só deverá intervir, para a defesa objetiva do ato normativo impugnado, naqueles casos em que a ação direta houver sido ajuizada para impugnar determinado comportamento estatal positivo de transgressão ao texto da Constituição. Tratando-se, contudo, de ação direta motivada por situação de inconstitucionalidade por omissão, nada pode justificar a intervenção processual do Advogado-Geral da União, a quem não cabe justificar a inércia do Poder Público no adimplemento de uma determinada prestação constitucional positiva." (ADI 1.439-MC, voto do Rel. Min. Celso de Mello, julgamento em 22-5-96, Plenário, *DJ* de 30-5-03)

[31] Aponta-se a hipótese de benefício incompatível com o princípio da igualdade. A propósito MENDES, Gilmar Ferreira.

lidade. A intenção de ouvir a sociedade se evidencia na possibilidade, expressamente prevista, de realização de audiência pública por ocasião da instrução.

Estabelece o art. 12-E, § 3º, que "o Procurador-Geral da República, nas ações em que não for autor, terá vista do processo, por 15 (quinze) dias, após o decurso do prazo para informações". Pelo texto, parece excluída a oportunidade de oferta de parecer outorgada pelo art. 8º ao Procurador-Geral da República na hipótese em que for ele próprio o próprio autor da ação. Fica evidente a intenção do legislador de eliminar a necessidade de nova manifestação, tendo como remota a possibilidade de que o parecer venha a ser em sentido contrário ao postulado na inicial por seu próprio signatário. A mesma solução já fora antevista no art. 7º, parágrafo único, da Lei 9.882/99 (Arguição de Descumprimento de Preceito Fundamental – ADPF), e artigo 2º, § 2º da Lei 11.417/06 (Súmula Vinculante). A nova disciplina, embora oferecendo orientação geral em sentido contrário, não exclui, a nosso ver, a possibilidade de que o Procurador-Geral da República seja instado pelo Relator a se manifestar, o que deverá ocorrer excepcionalmente, a depender do próprio conteúdo das informações prestadas ou mesmo em razão da posição do relator quanto à eventual autoaplicabilidade da norma constitucional ou qualquer outra questão que eventualmente venha de suscitar de ofício. Nessa última hipótese, aliás, não se pode descartar nova oportunidade de manifestação a qualquer que seja o autor da ADO, e não apenas quando seja ele o Procurador-Geral da República. Aliás, parece-nos impositiva a oportunidade de nova manifestação em circunstâncias tais.[32] É evidente que não será, então, o caso de emitir parecer, mas apenas de exercício do direito fundamental ao contraditório, imposição que resulta de nosso modelo constitucional de processo. Quando não for autor, resta mantida a necessidade de participação do Procurador-Geral da República, incidindo a disciplina do art. 8º.

2.2. Petição inicial e características gerais do procedimento

A petição inicial deverá conformar-se aos requisitos gerais do art. 282 do CPC, observando, ainda o disposto no art. 12-B da Lei 9.868/99 da inicial da ADO, impondo ao autor a indicação "da omissão inconstitucional total ou parcial quanto ao cumprimento de dever constitucional de legislar ou quanto à adoção de providência de índole administrativa" (inciso I), bem como o pedido e suas especificações (inciso II). Determina, ainda, o parágrafo único, que a inicial deverá estar acompanhada do instrumento de procuração, "se for o caso",[33] bem como cópia dos "documentos necessários à comprovação da omissão".

Estabelece o art. 12-C que "petição inicial inepta, não fundamentada, e a manifestamente improcedente será liminarmente indeferida pelo relator", estabelecendo em seu parágrafo único que, nessas hipóteses, o recurso cabível é o agravo.

Assim como ocorre no sistema geral do código de processo civil, o indeferimento da petição inicial deve ser precedido de intimação ao autor para que proceda à

[32] Cabe lembrar que nenhuma razão há para afastar no processo objetivo o princípio pelo qual o contraditório impõe um dever de diálogo e não surpresa. Sobre o tema ver MITIDIERO, Daniel. *Colaboração no Processo Civil*. São Paulo: RT, 2009, p.134-140.

[33] Cabe lembrar que, conforme posição consolidada no STF (ADI 96. Rel. Celso de Mello, DJ 10-11-89) os legitimados têm capacidade postulatória, excetuadas as confederações sindicais e entidades de classe, além dos partidos políticos, os quais devem obrigatoriamente constituir advogado.

sua emenda ou integração (art. 284 do CPC), o que deriva da indispensável colaboração entre o juiz e as partes. É evidente que a emenda deve ser oportunizada quando o defeito pode ser sanado, o que ocorre, por exemplo, quando ausente a fundamentação ou o pedido. Diversa é, todavia, a hipótese de manifesta improcedência. O caso será, então, não propriamente de inépcia da inicial, mas sim de juízo sobre o mérito da ação. O recurso previsto é o de agravo, caso o indeferimento da petição inicial se dê por decisão do relator.

Rege a ação o princípio da indisponibilidade, vedada a desistência (art. 12-D). Reproduz, no ponto, a disciplina já adotada nas demais ações de controle direto de constitucionalidade.[34]

A instrução processual poderá contemplar a realização de audiências públicas, além das informações adicionais e perícias, a critério do Relator que pode determinar as providências necessárias para bem decidir.

2.3. Possibilidade de concessão de medidas "cautelares"

Vigorava no STF o entendimento de que não se afigurava possível a concessão de medidas cautelares em ação direta de inconstitucionalidade por omissão. Assim se manifestava:

> Desrespeito à Constituição – Modalidades de comportamentos inconstitucionais do Poder Público. (...) Salário mínimo – Satisfação das necessidades vitais básicas – Garantia de preservação de seu poder aquisitivo. (...) Salário mínimo – Valor insuficiente – Situação de inconstitucionalidade por omissão parcial. (...) Inconstitucionalidade por omissão – Descabimento de medida cautelar. A jurisprudência do Supremo Tribunal Federal firmou-se no sentido de proclamar incabível a medida liminar nos casos de ação direta de inconstitucionalidade por omissão (*RTJ* 133/569, Rel. Min. Marco Aurélio; ADIn 267-DF, Rel. Min. Celso de Mello), eis que não se pode pretender que mero provimento cautelar antecipe efeitos positivos inalcançáveis pela própria decisão final emanada do STF. A procedência da ação direta de inconstitucionalidade por omissão, importando em reconhecimento judicial do estado de inércia do Poder Público, confere ao Supremo Tribunal Federal, unicamente, o poder de cientificar o legislador inadimplente, para que este adote as medidas necessárias à concretização do texto constitucional. Não assiste ao Supremo Tribunal Federal, contudo, em face dos próprios limites fixados pela Carta Política em tema de inconstitucionalidade por omissão (CF, art. 103, § 2º), a prerrogativa de expedir provimentos normativos com o objetivo de suprir a inatividade do órgão legislativo inadimplente. Impossibilidade de conversão da ação direta de inconstitucionalidade, por violação positiva da Constituição, em ação de inconstitucionalidade por omissão (violação negativa da Constituição)".[35] No mesmo sentido, ao julgar a ADIn nº 267-DF, o Ministro Celso de Mello consignou: "A suspensão liminar de eficácia de atos normativos, questionados em sede de controle concentrado, não se revela compatível com a natureza e a finalidade da ação direta de inconstitucionalidade por omissão, eis que, nesta, a única consequência político-jurídica possível traduz-se na mera comunicação formal, ao órgão estatal inadimplente, de que está em mora constitucional".[36]

A Lei 12.063/09 não foi fiel à orientação do Tribunal, introduzindo uma das mais significativas inovações na matéria, aparentemente vinculando-se à posição doutrinária defendida por Gilmar Ferreira Mendes, no sentido de reconhecer, diante

[34] "O princípio da indisponibilidade, que rege o processo de controle concentrado de constitucionalidade, impede a desistência da ação direta já ajuizada. O art. 169, § 1º, do RISTF-80, que veda ao Procurador-Geral da República essa desistência, aplica-se, extensivamente, a todas as autoridades e órgãos legitimados pela Constituição de 1988 para a instauração do controle concentrado de constitucionalidade (art. 103)." (ADI 387-MC, Rel. Min. Celso de Mello, julgamento em 1º-3-91, *DJ* de 11-10-91). No mesmo sentido: ADI 1.368-MC, Rel. Min. Néri da Silveira, julgamento em 19-12-95, *DJ* de 19-12-96 e ADI 164, Rel. Min. Moreira Alves, julgamento em 8-9-93, *DJ* de 17-12-93.

[35] ADI 1.439-MC, Rel. Min. Celso de Mello, julgamento em 22-5-96, Plenário, *DJ* de 30-5-03.

[36] STF. ADIn por Omissão nº 267-DF. Relator Ministro Celso de Mello.

de uma omissão parcial, a possibilidade de uma decisão de inconstitucionalidade sem pronúncia da nulidade. Segundo o autor, "tem-se, pois, aqui, uma relativa mas inequívoca fungibilidade entre a ação direta de inconstitucionalidade (da lei ou ato normativo) e o processo de controle abstrato da omissão, uma vez que os dois processos – o de controle de normas e o de controle da omissão – acabam por ter –formal e substancialmente – o mesmo objeto, isto é a inconstitucionalidade da norma em razão de sua incompletude".[37]

Posta a questão nesses termos, parece ganhar sentido o disposto no art. 12-F, § 1º, pelo qual "a medida poderá consistir na "suspensão da aplicação da lei ou do ato normativo questionado, no caso de omissão parcial, bem como na suspensão de processos judiciais ou de procedimentos administrativos, ou ainda em outra providência a ser fixada pelo Tribunal" (§ 1º). Com efeito, admitindo que a ADO, quando trate de omissão parcial, implica pronúncia da inconstitucionalidade da lei ou ato normativo defeituoso, é possível vislumbrar a função reservada à medida "cautelar" prevista na lei. Ainda segundo Gilmar Ferreira Mendes, "da suspensão de aplicação da lei impõe-se o dever de suspender os respectivos processos judiciais ou administrativos pendentes, uma vez que a lei anterior não mais deve ser aplicada até a decisão final dos órgãos legislativos. Dessarte, propicia-se ao eventual interessado a possibilidade de beneficiar-se da nova situação jurídica sem que contra ele se levantem fórmulas de preclusão, como v. g. a coisa julgada. A suspensão dos processos administrativos pode-se afigurar recomendável, igualmente, nos casos de omissão absoluta, mormente se se discute ou se pretende evitar a aplicação de direito ordinário pré-constitucional, considerado incompatível com o novo ordenamento".[38]

A questão, todavia, não é pacífica, em razão do choque com a reiterada jurisprudência do Tribunal, que parte de premissa diversa, ou seja, de que o alcance da ADO é tão somente o de instar o órgão ou autoridade competente à superação da omissão verificada. Em recente e instigante ensaio, ainda inédito, Francisco Fernández Segado, Catedrático de Direito Constitucional da Facultad de Derecho de la Universidad Complutense de Madrid, assevera que "*quiere todo ello decir que la decisión de la medida cautelar entraña un efecto mucho más impactante y profundo que la decisión definitiva del proceso desencadenado por la acción de la que nos venimos ocupando. Un verdadero absurdo y una contradicción difícilmente justificable.*[39]

[37] MENDES, Gilmar Ferreira; COELHO, Inocêncio Mártires; BRANCO, Paulo Gustavo Gonet. *Curso de Direito Constitucional*. São Paulo: Saraiva, 2009, p. 1242-1243.

[38] Ibidem, p. 1.256.

[39] Aprofundando a crítica à posição de Gilmar Ferreira Mendes e à própria opção ora adotada, consigna Francisco Fernandes Segado: "Circunscribiéndonos como es lógico a la cuestión que ahora nos ocupa, la relativa a las medidas cautelares, hemos de decir que no podemos compartir la interpretación que suscribe Ferreira Mendes, que a nuestro modo de ver parte de una premisa errónea: la identificación de los efectos de las sentencias que ponen fin a un proceso de control de la inconstitucionalidad por acción con los de aquellas otras dictadas en un proceso de fiscalización de la inconstitucionalidad por omisión, procesos que no pueden confundirse aunque a través de ellos (supuesto que contempla el autor) se trate de combatir la supuesta inconstitucionalidad de una ley parcial generadora de una omisión relativa. Nos parece evidente que las decisiones dictadas a través de una y otra acción desencadenan efectos bien diferenciados. El parágrafo segundo del art. 103 de la Constitución es inequívoco cuando determina que declarada la inconstitucionalidad por la ausencia de una norma, "será dada ciência ao Poder competente"; dicho de otro modo, se ha de poner en conocimiento del órgano inactivo la inconstitucionalidad de su omisión. Por ello mismo, en modo algunos creemos que quepa, en una acción directa de inconstitucionalidad por omisión, declarar la inconstitucionalidad sin nulidad, y ello independientemente de que se trate de fiscalizar una omisión absoluta o relativa. La técnica decisoria de la Unvereinbarkeitserklärung, esto es, de la declaración de mera incompatibilidad, fue acuñada por el BVerfG para, primigeniamente, hacer frente a las exclusiones arbitrarias de beneficio ("Willkürlicher Begünstigungsauschuss"), incompatibles con el principio de igualdad. Con este tipo de decisiones constitucionales,

Mas, também aqui soa algo enigmática a referência final a "outra providência a ser fixada pelo Tribunal". Em que consistiria tais possíveis providências? Não se refere evidentemente àquelas anteriormente referida, tampouco àquela expressamente prevista no art. 12-G. Estaria o legislador apenas se antecipando a câmbios de orientação jurisprudencial a exemplo do que já se desenha em matéria de mandado de injunção (ver *infra*), abdicando o Tribunal de sua tradicional posição de reserva?

Algumas considerações, ainda, com relação ao procedimento.

Segundo a disciplina dada pelo art. 12-F, "em caso de excepcional urgência e relevância da matéria, o Tribunal, por decisão da maioria absoluta de seus membros, observado o disposto no art. 22, poderá conceder medida cautelar, após a audiência dos órgãos ou autoridades responsáveis pela omissão inconstitucional, que deverão pronunciar-se no prazo de 5 (cinco) dias".

Para tanto, será necessária a decisão de maioria absoluta, ou seja, de seis Ministros, sendo obrigatória a presença de pelo menos oito Ministros na sessão (art. 22), após a oitiva dos órgãos responsáveis pela omissão inconstitucional. O Relator, julgando indispensável, poderá dar vista ao Procurador-Geral da República (art. 12-F, § 2º). Não há referência á manifestação do Advogado-Geral da União, a exemplo do que ocorre na ADI (art. 10, § 1º). Já tivemos a oportunidade de referir que, em se tratando de omissão parcial, seria conveniente a participação do Advogado-Geral da União, conforme, inclusive, prevê o art. 12-E, § 2o. Pela mesma razão, parece apenas justificável o silêncio da lei em relação a ele por ocasião do exame do pedido de adoção de medida "cautelar" se considerado o desiderato de atribuir maior celeridade à tramitação. O mesmo pode ser dito em relação ao Procurador-Geral da República que, conforme a regra, apenas na hipótese de considerar o Relator "indispensável" a sua manifestação será ela oportunizada. Observe-se que o art. 10, § 3º, que rege a concessão de medida cautelar em ADI, facultava, em caso de excepcional urgência, a dispensa da audiência do órgão ou autoridade da qual emanou a lei ou ato normativo impugnado. Tal regra não foi reproduzida, tampouco há remissão a ela, de onde se depreende ser sempre obrigatória a prévia manifestação na ADO.

Ao representante do requerente e das autoridades ou órgão responsável pela omissão inconstitucional será facultada a sustentação oral por ocasião do julgamento da medida requerida (art. 12-F, § 3º).

---

como señalara Pestalozza, sólo puede reconocerse la infracción ("Hier kann nur der Verstoss festgestellt") y no se declarará la nulidad ("und nichts für nichtig erklärt werden"). Este tipo de decisión responde a una modalidad de control que poco o nada tiene que ver con el específico instituto procesal que ahora estamos analizando y no creemos que tenga el más mínimo encaje en las acciones de inconstitucionalidad por omisión. Un sector de la doctrina alemana, del que constituiría señero ejemplo Pestalozza, la fundamentaría en el hecho, generalmente compartido por el resto de la doctrina – a diferencia, por ejemplo, de la doctrina italiana – de que parecía imposible declarar la nulidad de una omisión legislativa ("Es soll nun nicht möglich sein, das gesetzgeberische Unterlassen für nichtig zu erklären"); en tales casos, la decisión no puede sino limitarse a confirmar la inconstitucionalidad ("es bewendet bei der Feststellung der Verfassungswidrigkeit"). En definitiva, la declaración de inconstitucionalidad sin nulidad es una técnica decisoria que, enmarcada en el control de la inconstitucionalidad por acción, presupone una salvedad frente a la regla general que anuda el efecto de nulidad a la inconstitucionalidad. Sacada de ese contexto, la técnica pierde su sentido. En un proceso de fiscalización de la inconstitucionalidad por omisión, aun cuando se trate de una omisión parcial, que presupone como es obvio la existencia de una ley o de un acto normativo, carece de toda lógica hablar de que, apreciada la inconstitucionalidad de esa omisión parcial, el Tribunal puede declarar la inconstitucionalidad sin el correlativo pronunciamiento de nulidad. El Tribunal tan sólo puede, una vez apreciada la transgresión constitucional, dar conocimiento de ella al órgano que con su inacción ha vulnerado la Norma suprema. (El Nuevo Régimen Juridico de la Ação de Inconstitucionalidade por Omissão: La Ley Brasilena nº 12.063, DE 27 de Octubre de 2009. Texto recente, inédito)

Concedida a medida cautelar, o Supremo Tribunal Federal fará publicar, em seção especial do Diário Oficial da União e do Diário da Justiça da União, a parte dispositiva da decisão no prazo de 10 (dez) dias, devendo solicitar as informações à autoridade ou ao órgão responsável pela omissão inconstitucional (Art.12-G).

2.4. Efeitos da decisão na ação direta de inconstitucionalidade por omissão: tendências da jurisprudência do STF

Segundo Gilmar Ferreira Mendes, analisando o problema da omissão inconstitucional a partir do direito alemão, a jurisprudência da Corte Constitucional buscou equalizar o problema, preservando a sistemática estabelecida na Lei Fundamental a partir do desenvolvimento de técnicas de decisão adequadas. A grande preocupação subjacente a todas essas técnicas, e que se faz presente também no direito brasileiro, é a de preservar a separação dos poderes, mantendo o equilíbrio democrático, conservando nas mãos do legislador a tarefa de concretização da Constituição pela elaboração do tecido normativo infraconstitucional. Assim como no Brasil, recusou a Corte Constitucional, como de resto já o haviam feito muito tempo antes Kelsen e Jellinek, a tarefa de substituir-se ao legislador, atuando positivamente no sentido de suprir omissões inconstitucionais.

O problema, todavia, permanece vivo, sendo difícil aceitar que no âmbito do controle de constitucionalidade não haja instrumento que permita a efetiva tutela da Constituição em casso de inércia daquele que detém competência para editar a norma regulamentadora. Nesse sentido, impõe-se a análise do alcance da decisão proferida em ação direta de inconstitucionalidade por omissão, que tradicionalmente considerou-se o mesmo em mandado de injunção, correspondendo, como já se disse, aos remédios previstos na Constituição brasileira para enfrentar a omissão inconstitucional.

Em 1987, no curso dos debates constituintes, Fábio Konder Comparato propusera redação pela qual "se as leis complementares, necessárias á aplicação dos dispositivos desta Constituição, não forem editadas dentro de três anos de sua promulgação, o Ministério Público ou qualquer interessado poderá pedir ao Judiciário a aplicação direta desses dispositivos constitucionais aos casos concretos".[40] Evidentemente a proposta não tinha em vista o controle abstrato da inconstitucionalidade por omissão. Todavia, o reconhecimento da omissão em controle abstrato poderia dar ensejo à aplicação de norma com esse conteúdo se em tempo razoável não tomasse o órgão competente as medidas legislativas reclamadas pela norma constitucional. Ocorre, todavia, como pondera Barroso, que nem sempre será possível ao Judiciário, de forma razoável, atuar supletivamente no caso concreto, sendo de rigor a elaboração legislativa de caráter geral, mesmo reconhecida a possibilidade, hoje assentada, de uma atividade em certa medida criativa da jurisdição.[41]

Nesse sentido não inova a Lei 12.063/09 que acrescenta à Lei 9.869/99 o art. 12-H, segundo o qual "declarada a inconstitucionalidade por omissão, com observância do disposto no art. 22, será dada ciência ao Poder competente para a adoção das providências necessárias". Restringiu-se, como se observa a reproduzir o disposto no

[40] *Apud* BARROSO, Luís Roberto. *Direito Constitucional e a Efetividade de suas Normas*. Limites e possibilidades da Constituição brasileira. Rio de Janeiro: Renovar, 2009, p.161.

[41] Ibidem, p.164-165.

art. 103, primeira parte: "declarada a inconstitucionalidade por omissão de medida para tornar efetiva norma constitucional, será dada ciência ao Poder competente para a adoção de providências necessárias (...)". A solução não é diversa daquela dada pela Constituição portuguesa que lhe serviu de modelo (art. 283°, 2).

Seguiu a lei a orientação já consolidada no STF no sentido de que a providência de cientificar o Poder competente exaure a atuação do Tribunal, que mantém, assim, sua reserva quanto à invasão do espaço legislativo. A posição foi reafirmada na ADIn por Omissão nº 1.458-DF, na qual restou assentado que "não assiste ao Supremo Tribunal Federal, em face dos próprios limites fixados pela Carta Política em tema de inconstitucionalidade por omissão (CF, art. 103, § 2º), a prerrogativa de expedir provimentos normativos com o objetivo de suprir a inatividade do órgão legislativo inadimplente".[42] Trata-se da tradicional reserva do Tribunal em relação a substituir a atividade do legislador pelo suprimento jurisdicional da lacuna, atuando como legislador positivo.

Não autoriza o art. 103, § 1°, a fixação de prazo, pelo Tribunal, para que o legislativo sane a omissão, estabelecendo apenas o prazo de 30 dias para a Administração. Tradicionalmente entendeu o STF que não lhe cabia ir além dos limites impostos pelo texto constitucional. A orientação, entretanto, alterou-se em decisão recente. Na ADI por Omissão 3.682,[43] sendo Relator o Min. Gilmar Mendes, julgou o STF inconstitucional a inatividade do legislador quanto ao dever de elaborar a lei complementar a que se refere o § 4º do art. 18 da Constituição Federal, na redação dada pela emenda constitucional n. 15/1996, tratando da criação de novos municípios. Estabeleceu o Tribunal o prazo de 18 meses para a sanação da omissão por parte do Congresso Nacional. Deixando clara a orientação do Supremo Tribunal Federal, em resposta a manifestação do Presidente da Câmara dos Deputados, o Ministro-Relator Gilmar Ferreira Mendes, encaminhou ofício esclarecendo que "não se trata de impor um prazo para a atuação legislativa do Congresso Nacional, mas apenas da fixação

42 ADIn por Omissão nº 1.458-DF. Relator Ministro Celso de Mello. *Diário da Justiça* de 20-09-1996.

43 "Ação direta de inconstitucionalidade por omissão. Inatividade do legislador quanto ao dever de elaborar a lei complementar a que se refere o § 4º do art. 18 da Constituição Federal, na redação dada pela emenda constitucional n. 15/1996. Ação julgada procedente. A Emenda Constitucional n. 15, que alterou a redação do § 4º do art. 18 da Constituição, foi publicada no dia 13 de setembro de 1996. Passados mais de 10 (dez) anos, não foi editada a lei complementar federal definidora do período dentro do qual poderão tramitar os procedimentos tendentes à criação, incorporação, desmembramento e fusão de municípios. Existência de notório lapso temporal a demonstrar a inatividade do legislador em relação ao cumprimento de inequívoco dever constitucional de legislar, decorrente do comando do art. 18, § 4º, da Constituição. Apesar de existirem no Congresso Nacional diversos projetos de lei apresentados visando à regulamentação do art. 18, § 4º, da Constituição, é possível constatar a omissão inconstitucional quanto à efetiva deliberação e aprovação da lei complementar em referência. As peculiaridades da atividade parlamentar que afetam, inexoravelmente, o processo legislativo, não justificam uma conduta manifestamente negligente ou desidiosa das Casas Legislativas, conduta esta que pode pôr em risco a própria ordem constitucional. A *inertia deliberandi* das Casas Legislativas pode ser objeto da ação direta de inconstitucionalidade por omissão. A omissão legislativa em relação à regulamentação do art. 18, § 4º, da Constituição, acabou dando ensejo à conformação e à consolidação de estados de inconstitucionalidade que não podem ser ignorados pelo legislador na elaboração da lei complementar federal. Ação julgada procedente para declarar o estado de mora em que se encontra o Congresso Nacional, a fim de que, em prazo razoável de 18 (dezoito) meses, adote ele todas as providências legislativas necessárias ao cumprimento do dever constitucional imposto pelo art. 18, § 4º, da Constituição, devendo ser contempladas as situações imperfeitas decorrentes do estado de inconstitucionalidade gerado pela omissão. Não se trata de impor um prazo para a atuação legislativa do Congresso Nacional, mas apenas da fixação de um parâmetro temporal razoável, tendo em vista o prazo de 24 meses determinado pelo Tribunal nas ADI n. 2.240, 3.316, 3.489 e 3.689 para que as leis estaduais que criam municípios ou alteram seus limites territoriais continuem vigendo, até que a lei complementar federal seja promulgada contemplando as realidades desses municípios." (ADI 3.682, Rel. Min. Gilmar Mendes, julgamento em 9-5-07, Plenário, DJ de 6-9-07)

de um parâmetro temporal razoável, tendo em vista o prazo de 24 meses determinado pelo Tribunal nas ADI nºs. 2.240, 3.316, 3.489 e 3.689 para que as leis estaduais que criam municípios ou alteram seus limites territoriais continuem vigendo, até que a lei complementar federal seja promulgada contemplando as realidades desses municípios". De qualquer modo, embora se manifeste timidamente, está fora de dúvida que houve alteração da compreensão do STF em relação à impossibilidade de fixar prazo razoável para que o poder Legislativo solucione a omissão inconstitucional, a exemplo do que está expressamente previsto para os casos de mora legislativa por parte de órgão administrativo.

A nova orientação não foi objeto de positivação pela Lei n. 10.063/09, que silencio quanto à concessão de qualquer prazo para que o Legislativo supra a omissão.

Em relação às decisões que têm por destinatário órgão da Administração ou mesmo do Judiciário em relação a sua competência regulamentar, estabelece o art. 12-H, § 1º que "em caso de omissão imputável a órgão administrativo, as providências deverão ser adotadas no prazo de 30 (trinta) dias, ou em prazo razoável a ser estipulado excepcionalmente pelo Tribunal, tendo em vista as circunstâncias específicas do caso e o interesse público envolvido". A regulamentação infraconstitucional, cuja constitucionalidade é duvidosa, distanciou-se do texto do art. 103, § 2º, da Constituição Federal para reconhecer que o prazo de 30 dias pode afigurar-se insuficiente, podendo ser ampliado em vista de critério prudencial. Trata-se de prazo fixado pelo Constituinte, sendo de perquirir sobre a possibilidade de sua ampliação sem afronta direta à norma constitucional. Pondera-se, entretanto, que a ideia foi a de que se fixem prazos aderentes à realidade, passíveis de serem cumpridos. Tem, portanto, sentido pragmático.

A grande discussão permanece em torno dos limites da atuação do poder jurisdicional. Admite a doutrina ser dotada a sentença de eficácia mandamental,[44] sendo que em relação ao administrador a lei inclusive fixa prazo para as providências destinadas a eliminar a situação de inconstitucionalidade. Haveria, portanto, uma ordem de fazer, com destinatário certo, cuja conduta deve moldar-se à decisão. Nenhuma sanção, entretanto, se reconhece aplicável em face do descumprimento da decisão, o que motiva o ceticismo geral em relação à efetividade da ADO instrumentos de controle da omissão inconstitucional. Não parece haver lugar, mesmo sob a vigência da nova lei, para a imposição de qualquer sanção ou adoção de técnicas coercitivas que acompanham os preceitos mandamentais, atuando a decisão muito mais como fator de pressão política do que propriamente como instrumento de imposição de atividade legislativa. Já se pontuou também que o Tribunal tem a percepção de que deve se conter, abstendo-se de atuar como legislador positivo em razão da divisão de poderes inerente à ordem constitucional.

Nuances recentes da jurisprudência do STF devem ser analisadas na medida em que possam sinalizar um câmbio de orientação no sentido de admitir que o próprio Tribunal encontre formas de colmatar a lacuna existente diante da impossibilidade de

[44] "Tanto quanto a decisão a ser proferida no processo de controle abstrato da omissão, a decisão que reconhece a inconstitucionalidade da omissão no mandado de injunção tem caráter *obrigatório ou mandamental* As duas ações são destinadas a obter uma ordem judicial dirigida a um outro órgão do Estado". (...) "Essa *ação mandamental* exige a edição de ato normativo por parte do Poder Público" (grifos no original). MENDES, Gilmar Ferreira. Jurisdição Constitucional. São Paulo: Saraiva, 2009, p.375-376.

impor de forma eficaz a outro Poder que edite normas no âmbito de suas competências, dadas as restrições já enfocadas.

Esboça-se na jurisprudência do STF, em sede de mandado de injunção, mudança substancial na concepção acerca do alcance das ações voltadas à sanação da omissão inconstitucional. Exemplo marcante dessa guinada jurisprudencial é a decisão proferida no MI 670/DF e MI 708, ambos de relatoria do Ministro Gilmar Ferreira Mendes, e no MI 712/DF, relatado pelo Ministro Eros Grau. Tratam as referidas ações da regulamentação do direito de greve dos servidores públicos previsto no art. 37, VII. Diante da mora legislativa o STF, além de estabelecer o prazo de 60 dias para que o Congresso Nacional legisle sobre a matéria, determinou a aplicação das Leis 7.701/88 e 7.783/89 que tratam do direito de greve em geral.

No mesmo sentido, adotando a mesma técnica de ter como aplicável, até que sanada a omissão inconstitucional, de norma jurídica já existente no sistema, que contempla situação análoga, o MI 758/DF,[45] relatado pelo Min. Marcou Aurélio, versando sobre a aposentadoria especial de servidor público, carente de regulamentação infraconstitucional, determinou a observância do disposto na Lei n. 8.213/91, art. 57, § 1º, que disciplina a concessão de aposentadoria especial para os trabalhadores em geral.

A possibilidade de aplicação analógica ou extensiva de normas existentes no sistema jurídico-positivo e que possam ser convocadas com vistas a fazer efetivas as normas constitucionais carentes de regulamentação aparece como forma de superação da omissão legislativa sem afrontar, ao menos diretamente, a independência dos Poderes, remetendo a parâmetros fixados pelo Legislativo. A adoção de medidas como essa no âmbito do controle concentrado da inconstitucionalidade por omissão não pode ser de plano descartada, principalmente em vista do cruciante problema da exclusão de benefício incompatível com o princípio da isonomia. Nesse contexto, poder-se-ia começar a divisar uma função menos enigmática para a expressão "outra providência a ser fixada pelo Tribunal" constante do art. 12-F, § 1º, que trata das medidas cautelares na ADO. Resta saber até que ponto está o Tribunal disposto a superar sua tradicional posição de reserva

Quanto à extensão subjetiva, não vacila o Tribunal ao conferir, como é característico do processo objetivo, eficácia *erga omnes* às decisões proferidas em ADO, sendo possível a suspensão da aplicação dos dispositivos impugnados (o que pode ser obtido inclusive em medida "cautelar" (art. 12-F § 1º), por adoção do postulado da nulidade das leis inconstitucionais.[46] Incide a norma do art. 28, parágrafo único.

Conforme Gilmar Ferreira Mendes, "o Tribunal parte da ideia de que o constituinte pretendeu atribuir aos processos de controle da omissão idênticas consequências jurídicas. Isso está a indicar que, segundo seu entendimento, também a decisão proferida no mandado de injunção é dotada de eficácia de eficácia *erga omnes*. Dessa forma, pôde o Tribunal fundamentar a ampliação dos efeitos da decisão proferida

[45] MI 758/DF, Plenário do STF, Rel. Min. Marco Aurélio, em 17.07.2008, DJ de 25/09/2008.

[46] Conforme MENDES, Gilmar Ferreira. Jurisdição Constitucional. São Paulo: Saraiva, 2009, p.391. No mesmo sentido: PIOVESAN, Flávia C. Proteção judicial contra omissões legislativas. Ação direta de inconstitucionalidade por omissão e mandado de injunção, Editora Revista dos Tribunais, São Paulo, 1995, p. 103.

no mandado de injunção".[47] Não é essa, todavia, a percepção do Tribunal, conforme deixa transparecer a decisão prolatada no MI 758,[48] conforme redação da ementa: "Mandado de injunção – decisão – Balizas. Tratando-se de processo subjetivo, a decisão possui eficácia considerada a relação jurídica nele revelada". A solução, evidentemente, está a depender da natureza individual ou coletiva do mandado de injunção e da natureza do direito tutelado.[49] Por outro lado, é flagrante a orientação do STF no sentido de aproximar os efeitos do julgamento do mandado de injunção àqueles da ADO, que as recentes decisões vêm acompanhadas da orientação firme no sentido de que os casos análogos sejam julgados da mesma forma, por decisão do relator, o que dá a clara nota da extensão subjetiva das decisões proferidas naqueles processos e de uma incipiente objetivação.

No tocante aos efeitos temporais, remete o art. 12-H, § 2º, ao disposto no Capítulo IV, indicando a possibilidade de modulação dos efeitos temporais da decisão, conforme previsão do art. 27. Na ADI 3.682, relatada pelo Min. Gilmar Mendes, se reconheceu a possibilidade de outorgar efeitos retroativos à decisão de inconstitucionalidade por omissão, "considerando que o estado de inconstitucionalidade decorrente da omissão pode ter produzido efeitos no passado – sobretudo por se tratar de omissão legislativa – faz-se mister, muitas vezes, que o ato destinado a corrigir a omissão inconstitucional tenha caráter retroativo". Não se pode esquecer, e a advertência reitera Gilmar ferreira Mendes, que a inconstitucionalidade por omissão parcial pode conduzir à nulidade do dispositivo defeituoso ou insuficiente, daí reconhecer certa fungibilidade, por vezes entre a ADI e a ADO, conforme já referido.

Lembre-se, ainda, que a decisão é irrecorrível, excetuados os embargos declaratórios. Também não são passíveis de rescisão as sentenças proferidas em ação direta de inconstitucionalidade por omissão (art. 12-H, § 2º, combinado com o art. 26).

Considerações finais

Regulamentada a ação direta de inconstitucionalidade por omissão, poucas são realmente as novidades apresentadas. Foi o legislador orientado claramente pela elaboração jurisprudencial do Supremo Tribunal Federal, positivando, no geral, soluções já antevistas e implementadas.

Ousou o legislador no que concerne à possibilidade do deferimento de medidas liminares consistentes na suspensão da eficácia das leis atacadas em sede de omissão parcial e, ainda, na suspensão de processo em andamento que versem sobre a matéria. A doutrina anterior, atenta aos movimentos do próprio STF, não reconhecia a possibilidade da concessão de liminares sob o argumento de que não era dado ao Judiciário legislar positivamente, não havendo sentido em deferir a produção de efeitos que nem mesmo a sentença estaria apta a produzir. Nesse sentido, aliás, chama atenção a expressão "ou ainda em outra providência a ser fixada pelo Tribunal" cuja abertura permite vislumbrar uma ampliação da perspectiva estrita que, até o momento envolve

[47] MENDES, Gilmar Ferreira. *Jurisdição Constitucional*. São Paulo: Saraiva, 2009, p. 376-377. Cita o *leadin case* que teve como relator o Ministro Moreira Alves, MI 107.

[48] MI 758/DF, Plenário do STF, Rel. Min. Marco Aurélio, em 17.07.2008, DJ de 25/09/2008.

[49] Ver, a respeito, BUENO, Cássio Sacarpinella. *Curso Sistematizado de Direito Processual Civil.* Vol 2, Tomo III. São Paulo: Saraiva, 2010, p. 252-253.

a inconstitucionalidade por omissão, inclusive com ampliação das técnicas de decisão.

Embora ainda seja cedo para aferir o efetivo avanço, certo é que a possibilidade do deferimento de liminares suspensivas, seja de processos em tramitação, seja da própria aplicação da lei inconstitucional por omissão parcial, ampliam-se sobremodo os efeitos políticos (e mesmo jurídicos) do reconhecimento da inconstitucionalidade por omissão. Uma primeira leitura poderia indicar uma abertura no sentido de movimentos próximos de uma efetiva ampliação da atuação do Supremo tribunal federal no controle abstrato da inconstitucionalidade por omissão, a exemplo das nuances já esboçadas na jurisprudência do tribunal em matéria de mandado de injunção.[50]

Bibliografia

ALVARO DE OLIVEIRA, Carlos Alberto e MITIDIERO, Daniel. *Curso de Processo Civil.* Vol. 1. São Paulo: Atlas, 2010.

BARBOSA, Rui. *Atos inconstitucionais.* Campinas: Russell, 2010.

BASTOS, Celso Ribeiro. *Curso de Direito Constitucional.* São Paulo: Celso Bastos Editora, 2002.

BONAVIDES, Paulo. *Curso de Direito Constitucional.* São Paulo: Malheiros, 2009.

BARROSO, Luís Roberto. *O Controle de Constitucionalidade no Direito Brasileiro.* São Paulo: Saraiva, 2009.

——. A Doutrina brasileira da efetividade. In Bonavides, Paulo; Lima, Francisco Gérson Marques de; Bedê, Fayga Silveira. *Constituição e Democracia.* São Paulo: Malheiros, 2006, p.435-448.

——. *O Direito Constitucional e a Efetividade de suas Normas.* Limites e possibilidades da Constituição brasileira. Rio de Janeiro: Renovar, 2009.

BUENO, Cassio Scarpinella. *Curso Sistematizado de Direito Processual Civil.* Vol. 2. Tomo III. São Paulo: Saraiva, 2010.

CANOTILHO, J. J. Gomes. *Direito Constitucional e Teoria da Constituição.* Coimbra: Almedina, 2003.

CAPPELLETI, Mauro. *O Controle Judicial de Constitucionalidade das Leis no Direito Comparado.* Porto Alegre: Sergio Antonio Fabris Editor, 1984.

HECK, Luís Afonso. *Jurisdição Constitucional. Teoria da nulidade versus teoria da nulificabilidade das leis.* Porto Alegre: Livraria do Advogado, 2008.

HESSE, Konrad. *Elementos de Direito Constitucional da República Federal da Alemanha.* Porto Alegre: Sergio Antonio Fabris Editor, 1998.

KELSEN, Hans. *Jurisdição Constitucional.* São Paulo: Martins Fontes, 2007.

MARTINS, Ives Gandra da Silva; MENDES, Gilmar Ferreira. *Controle Concentrado de Constitucionalidade.* São Paulo: Saraiva, 2009.

MENDES, Gilmar Ferreira; COELHO, Inocêncio Mártires; BRANCO, Paulo Gustavo Gonet. *Curso de Direito Constitucional.* São Paulo: Saraiva, 2009.

——. *Direitos Fundamentais e Controle de Constitucionalidade* (Estudos de Direito Constitucional), 3ª ed.São Paulo: Saraiva, 2004.

——. *Jurisdição Constitucional.* São Paulo: Saraiva, 2009.

MIRANDA, Jorge. *Manual de Direito Constitucional.* Vol. VI. Coimbra: Coimbra Editora, 2008.

MORAES, Alexandre de. *Direito Constitucional.* São Paulo: Atlas, 2001.

MÜLLER, Friedrich. Métodos de Trabalho do Direito Constitucional. *Revista da Faculdade de Direito da UFRGS.* Tradução de Peter Naumann. Porto Alegre: Síntese, 1999.

PIOVESAN, Flávia C. Proteção judicial contra omissões legislativas. *Ação direta de inconstitucionalidade por omissão e mandado de injunção,* Revista dos Tribunais, São Paulo, 1995.

SARLET, Ingo Wolfgang. *A Eficácia dos Direitos Fundamentais.* Porto Alegre: Livraria do Advogado, 1998.

SCHABE, Jürgen. *Cinqüenta Anos de Jurisprudência do Tribunal Constitucional Federal Alemão.* Montevideo: Fundación Konrad-Adenauer, 2005.

SEGADO, Francisco Fernández. *El Nuevo Régimen Juridico de la Ação de Inconstitucionalidade por Omissão*: La Ley Brasilena Nº 12.063, DE 27 de Octubre de 2009. Texto inédito.

ZAVASCKI, Teori Albino. *Processo Coletivo.* São Paulo: RT, 2008.

[50] Como fez, por exemplo, RMS 22.307, adota o STF, o que constitui um grande avanço, em matéria de omissão parcial com exclusão de benefício e ofensa à isonomia, a tese da "extensão do benefício à categoria inconstitucionalmente excluída". (Rel. Min.Marco Aurélio – julgado em 19.02.97)

— 10 —

Contributo ao estudo da sentença declaratória

DARCI GUIMARÃES RIBEIRO

Advogado. Doutor em Direito pela Universitat de Barcelona. Especialista e Mestre pela PUC/RS. Professor Titular de Direito Processo Civil da PUC/RS e do Programa de Pós-Graduação em Direito da Unisinos. Membro do Instituto Brasileiro de Direito Processual Civil. Membro do Instituto Iberoamericano de Direito Processual Civil. Membro representante do Brasil no Projeto Internacional de Pesquisa financiado pelo Ministério da Educação e Cultura – MEC – da Espanha.

Sumário: 1. A eficácia preponderante como critério classificador; 2. Pretensão declaratória; 2.1. Objeto; 2.2. Interesse de agir; 2.3. Características da pretensão declaratória; 3. Sentença declarativa e coação; 4. Prescrição e decadência da pretensão declarativa.

"Mais malgré la meilleure législation, les procés naîtront toujours des intérêts contraires et des passions humaines",

(BORDEAUX, *Philosophie de la Procédure Civile*, Edit. Auguste Hérissey, Évreux, 1857, Cap. XVIII, p. 243).

1. A eficácia preponderante como critério classificador

Sempre que o tormentoso tema da classificação das sentenças se apresenta, convém, antes de tudo, revelar qual o critério utilizado para identificar cada uma das espécies de sentença, a fim de permitir uma compreensão mais exata de cada uma delas, evitando, com isso, uma possível confusão na hora de escolher qual pretensão processual é mais apta a realizar o meu direito. Para tanto utilizaremos um estudo anterior que já apontou detalhadamente todos estes critérios.

Desde o direito romano, as pretensões (*rectius*, ações)[1] eram classificadas de acordo com a "*natureza do direito*", ou seja, pessoais, reais, mista, pretoriais, etc.[2] Depois da ideia fundamental dos direitos potestativos anunciada por Chiovenda em sua famosa conferência pronunciada na Universidade de Bolonha, em 3 de fevereiro

[1] Por questões metodológicas e ontológicas, preferimos utilizar a expressão *pretensão* em vez de *ação*. A justificativa dessa opção é extremamente complexa e foge aos propósitos do presente artigo, mas pode ser encontrada em DARCI G. RIBEIRO, *La pretensión procesal y la tutela judicial efectiva*, Barcelona Bosch, 2004, nº 9.5, p. 158 a 161.

[2] Para aprofundar melhor o estudo da classificação das ações no direito romano, consultar IHERING, *El espíritu del derecho romano*. Trad. Enrique Príncipe y Satorres. Granada: Comares, 1998, t. III, §56, p. 757 a 778 e t. IV, §61, p. 810 a 825; SCIALOJA, *Procedimiento civil romano*. Trad. Santiago Santís Melendo e Marino Ayerra Redin. Buenos Aires: Ejea, 1954, §14 e ss, p. 131 e ss; VAN WETTER. *Cours élémentaire de droit romain*. Paris: Marescq, 1893, t. I, §§96 a 104, p. 201 a 215; MURGA, *Derecho romano clásico – II. El proceso*. Zaragoza: Universidad de Zaragoza, 1989, p. 211 a 246; BIONDO BIONDI, *Istituzioni di diritto romano*. Milano: Giuffrè, 1952, §§20 e 21, p. 79 a 84; SCHULZ, *Derecho romano clásico*. Trad. José *Santa Cruz Teigeiro*. Barcelona: Bosch, 1960, Cap. II, p. 27 a 47; e, especialmente, WENGER, *Actio iudicati*. Trad. Roberto Goldschmidt e Jose Julio Santa Pinter. Buenos Aires: Ejea, 1954.

de 1903, substituiu-se a antiga forma que tinha por base a natureza do direito,[3] pela modalidade que leva em consideração os *efectos jurídicos existentes*.[4]

Desde então, os autores começaram a classificar as sentenças a partir dos efeitos jurídicos produzidos por elas. Aqui é necessário, se quisermos evitar confusão, identificar claramente a noção de conteúdo da sentença, seus efeitos e ainda a eficácia da mesma.

Em primeiro lugar, devemos precisar que os efeitos de uma sentença se diferenciam de seu conteúdo e de sua eficácia, pois, enquanto o conteúdo e a eficácia são elementos internos da sentença,[5] sua essência, algo que a integra, os efeitos são algo externo, que se projetam fora da mesma.[6] Por isso a eficácia, que está no conteúdo da sentença, é a causa[7] dos possíveis efeitos que, originados de seu conteúdo, se projetam e se manifestam fora da mesma sentença, mas com ela não se confunde.[8] Em consequência, o conteúdo da sentença, por ser causa, é maior que os efeitos por ela produzidos,[9] isto é, uma sentença pode conter diversas eficácias e produzir, por via

[3] Diversamente do que ocorre nos demais países da Europa Continental, o direito francês classifica tradicionalmente as ações em "1. actions 'réelles, personnelles' et 'mixtes'; 2. actions 'mobilières' et 'immobilières'; 3. actions 'possessoires' et 'pétitoires'", como nos demonstra a classificação de VINCENT e GUINCHARD, *Procédure civile*. Paris: Daloz, 1999, nº 73, p. 124, com uma pequena crítica por parte de SOLUS-PERROT, que denunciam nesta classificação a exclusão dos *"'droits extra-patrimoniaux': droits de la personnalité, droits de famille, droits intellectuels, etc..."*, *Droit judiciaire prive*. Paris: Sirey, 1961, t. I, nº 121, p. 117.

[4] CHIOVENDA, *La acción en el sistema de los derechos*. Trad. Santiago Santís Melendo. Bogotá: Temis, 1986, nº 11, p. 29 e ss, e también o nº 13, p. 37 e ss. Este é o sentido de BARBOSA MOREIRA quando o mesmo afirma que efeito e eficácia são coisas distintas, pois, "todo ato jurídico é, em tese, suscetível de produzir efeitos no mundo do direito – característica pela qual, justamente, se distinguem os atos 'jurídicos' dos que não o são. Os efeitos podem ser considerados em potência (como passíveis de produzir-se) ou em ato (como realmente produzidos). (...) Eficácia, enfim, é palavra que se costuma usar, na linguagem jurídica, para designar a qualidade do ato, enquanto gerador de efeitos. Em correspondência com o duplo enfoque dos efeitos, acima exposto, pode-se falar de eficácia como simples aptidão para produzir efeitos (em potência) ou como conjunto de efeitos verdadeiramente produzidos (em ato). Menos freqüente é o uso de 'eficácia' como sinônimo de efeito, isto é, para designar cada um dos efeitos (em potência ou em ato) particularmente considerados, o que leva a conferir-se ao mesmo ato jurídico numa pluralidade de 'eficácias'", *Conteúdo e efeitos da sentença: variações sobre o tema*. In: Ajuris, nº 35, 1985, p. 204 e 205.

[5] Sobre este particular, aderimos à doutrina de OVÍDIO B. DA SILVA, que amplia o conteúdo da sentença não o limitando exclusivamente a declaração ou constituição pronunciada pelo juiz, pois, segundo o autor "as eficácias de uma dada sentença fazem parte de seu 'conteúdo'. Através delas é que uma sentença declaratória ou constitutiva, ou condenatória, ou executiva, ou mandamental, é diferente das demais", *Curso de processo civil*. Rio de Janeiro: Forense, 2006, v. I, p. 464. Daí concluir o autor que: "O conteúdo de cada sentença é formado pelos verbos que o compõem", *Curso de processo civil*. São Paulo: RT, 1998, v. II, p. 424. Com uma postura distinta PONTES DE MIRANDA, para quem a "'eficácia' é a energia automática da resolução judicial. (..) A 'eficácia' compreende, portanto, a 'fôrça' ('e. g.', a eficácia consistente na 'fôrça' da coisa julgada material da sentença declarativa) e o 'efeito' ('e. g.', a eficácia consistente no 'efeito' de execução da sentença condenatória, efeito que as sentenças declarativas de ordinário não têm", *Tratado das ações*. São Paulo: RT, 1972, t. I, § 32, p. 160 e 161.

[6] A este respeito, afirma acertadamente BARBOSA MOREIRA, que "o efeito é algo que está necessariamente, por definição, fora daquilo que o produz, quer se trate de fato natural, quer de ato jurídico", *Conteúdo e efeitos da sentença: variações sobre o tema*, ob. cit., p. 205. De igual modo, OVÍDIO B. DA SILVA, para quem: "Os efeitos hão de ser, por definição, exteriores ao ato que os produz, à medida que, até mesmo, o pressupõe existente e capaz de produzi-los, vale dizer, eficaz", *Curso de processo civil*, ob. cit., v. I, p. 461.

[7] A palavra *causa*, dentro das diversas acepções descritas por ARISTÓTELES, é empregada no sentido de "entidad", de "esencia", *Metafísica*. Trad. Tomás Calvo Martínez. Madrid: Gredos, 2000, L. I, nº 983a-25, p. 67, e significa, nas palavras do autor, "aquello de-lo-cual se hace algo, siendo aquello inmanente <en esto>", *Metafísica*, ob. cit., L. V, nº 1013a-25, p. 195.

[8] Daí afirma BARBOSA MOREIRA, que: "Conteúdo e efeito são verdadeiramente entidades inconfundíveis. Aquilo que integra o ato não resulta dele; aquilo que dele resulta não o integra", *Conteúdo e efeitos da sentença: variações sobre o tema*, ob. cit., p. 206.

[9] Esta ideia tem sua origem a partir da afirmação de ARISTÓTELES, segundo a qual "<es mayor> lo que es principio que lo que no es principio y lo que es causa que lo que no es causa; porque sin causa ni principio es imposible existir o llegar a ser", *Retórica*, Trad. Quintín Racionero. Madrid: Gredos, 2000, L. I, nº 1364a-10, p. 92.

de consequência, efeitos também diversos que podem ocorrer ou não, *e. g.*, de acordo com a doutrina majoritária, a sentença condenatória[10] se caracteriza pela declaração de existência de uma prestação e por consequente imposição de uma sanção estabelecida na lei, em virtude do ato ilícito cometido pela outra parte, pertencendo estas duas eficácias ao conteúdo da sentença. Este conteúdo, por sua vez, produz, entre outros possíveis efeitos, o executivo, que consiste na criação de um título, pois ainda predomina o princípio *nulla executio sine titulo*, porém, que pode não se produzir, uma vez que o vencedor não realize a pretensão executiva. Teremos, por tanto, dois momentos distintos na sentença condenatória: o primeiro constituído por seu conteúdo (*rectius*, declaração de culpa + imposição de uma sanção legal), e o segundo, constituído por seu efeito executivo que, apesar de haver nascido do conteúdo, se projeta fora da sentença condenatória.[11]

Em segundo lugar, também devemos precisar a essência da eficácia para diferenciá-la dos possíveis efeitos produzidos a partir do conteúdo da sentença. A eficácia é o elemento através do qual o conteúdo de uma sentença se diferencia de outros conteúdos, é o componente que qualifica seu conteúdo e permite, por exemplo, distinguir uma sentença constitutiva de uma condenatória, ou uma sentença declarativa de uma constitutiva, e assim sucessivamente. Por isso, a eficácia é o elemento central do conteúdo da sentença, sua "*energia*", que está representada pelos diferentes '*verbos*' existentes nos conteúdos das sentenças,[12] e indica, de acordo com Ovídio B. da Silva, "*mais do que a validade, ou a pura aptidão para ser eficaz, perante seus destinatários, indica a qualidade do 'ser eficaz', porque não se diz simplesmente que tal sentença tem eficácia, e sim que tem esta ou aquela eficácia, que ela é declaratória, constitutiva etc.*".[13] Deste modo, podemos concluir dizendo que enquanto as eficácias estão caracterizadas pelos verbos específicos que traduzem as peculiaridades de cada um deles dentro do conteúdo das sentenças, os efeitos estão fora do conteúdo das sentenças, já que são *posterius* com relação às eficácias, algo externo que se projetam a partir delas. Daí que as eficácias sejam os "*comandos*", por assim dizer, geradores dos possíveis efeitos, e por tanto, a existência de uma eficácia, por exemplo, mandamental (ordem) produz o efeito mandamental que está caracterizado pela expedição do mandado, porém, pode ocorrer que este efeito jamais se produza, basta pensar nas hipóteses de que este mandato não seja expedido. De forma idêntica ocorre com

[10] Sobre este particular, consultar DARCI G. RIBEIRO, *La pretensión procesal y la tutela judicial efectiva*, ob. cit., nº 9.5.3.1.3, p. 182 a 186.

[11] No mesmo sentido, LORCA NAVARRETE, quando afirma: "Dos son los momentos que pueden distinguirse en este tipo de pretensión declarativa: 'la declaración de condena' por parte del órgano jurisdiccional civil en la sentencia y 'la ejecución de ésta' cuando el condenado no cumple", *Introducción al derecho procesal*. Madrid: Tecnos, 1991, tema IV, nº 2, p. 90. Igualmente LIEBMAN, *Manuale di diritto processuale civile*. Milano: Giuffrè, 1984, t. I, nº 84, p. 162 e 163; e BARBOSA MOREIRA, *Conteúdo e efeitos da sentença: variações sobre o tema*, ob. cit., p. 206.

[12] A ideia é de OVÍDIO B. DA SILVA, *Curso de processo civil*, ob. cit., v. I, p. 463 e ss. Sobre o tema o autor afirma, acertadamente, que: "Se quisermos saber se o verbo ordenar (ordeno) integra o conteúdo da sentença mandamental, é simples: basta retirá-lo e verificar se a sentença em si mesma permaneceu imodificada. É óbvio que ela só é mandamental por 'conter' a ordem em seu 'conteúdo'", *Curso de processo civil*, ob. cit., v. I, p. 464; ou então: "se a sentença fosse apenas declaratória em seu 'conteúdo', não poderia estar o verbo condenar (condeno). Se retirássemos dela o verbo 'condenar', a sentença continuaria condenatória ou, tendo ficado reduzida à declaração de que o réu era responsável por indenização, deixaria de ser condenatória para ser simplesmente declaratória (art. 4º do CPC)? Certamente a perda do verbo 'condenar', significaria redução de seu 'conteúdo' ou de sua eficácia", *Curso de processo civil*, ob. cit., v. I, p. 463 e 464.

[13] *Curso de processo civil*, ob. cit., v. I, p. 463.

a eficácia executiva, anteriormente analisada, que está dentro do conteúdo de uma sentença condenatória e produz como consequência natural o efeito executivo caracterizado na *vis executiva* (hoje realizada através da fase do cumprimento de sentença, art. 475-I e ss do CPC), que pode não se produzir, vez que o vencedor pode não se utilizar da fase do cumprimento de sentença, e assim sucessivamente com todos os demais efeitos nascidos das respectivas eficácias.

Parte da doutrina processual moderna ainda classifica as diversas pretensões processuais (*rectius*, ações processuais) como se o conteúdo de cada uma delas tivesse somente uma eficácia, *v. g.*, a pretensão é declarativa porque contém uma eficácia declarativa. Porém, o certo é que, na realidade, como indicamos, os conteúdos das pretensões e das sentenças sugerem conter em si mais de uma eficácia.[14] A partir daí, Pontes de Miranda afirmou categoricamente que: "*Não há nenhuma ação, nenhuma sentença, que seja pura*".[15] Sem ser tão radical, podemos concluir que as pretensões e, em consequência, as sentenças são híbridas, ou seja, geralmente possuem mais de uma eficácia. E se as pretensões e as sentenças possuem mais de uma eficácia, qual é o critério mais adequado para classificá-las? Cremos que o critério mais adequado, por uma questão lógica e metodológica, é o que toma por base a *eficácia preponderante* entre todas as demais eficácias contidas dentro da declaração petitória do autor, é a "*eficácia maior*"[16] a que empresta seu nome à pretensão ou a sentença,[17] ou mais especificamente: a *eficácia preponderante* é uma consequência natural do que realmente o autor pede.

---

[14] Neste sentido GUASP, quando afirma que: "La relatividad jurídica de los tipos de acción, complemento de la relatividad de la acción en general, como ha demostrado Calamandrei, se corrobora pensando en la posibilidad de que la función de cada uno de estos tipos se obtenga a través de la estructura, más o menos forzada, de los otros; así, por no citar sino el caso más significativo, la función de la acción declarativa, a través de la acción de jactancia: acción de condena, que tendía a obtener no una mera declaración, sino una verdadera imposición judicial", *La Pretensión procesal*. Madrid: Civitas, 1985, p. 79, nota 79, e também nos *Estudios Jurídicos*, Madrid: Civitas, 1996, nº 20, p. 606 e 607, nota 79; SENTÍS MELENDO, ao dizer: "No hay sentencias totalmente declarativas, como no las hay totalmente de condena; se trata, por regla general, de un pronunciamiento mixto o promiscuo", *Acción y pretensión*. In: Revista de Derecho Procesal Iberoamericana, 1967, nº 11, p. 39; PRIETO-CASTRO, quando afirma que na ação constitutiva "el 'efecto' de la sentencia es doble. De un lado, declara el derecho del actor al cambio jurídico, como en las otras sentencias; pero contemporáneamente provoca aquél, con la constitución, modificación o extinción", e também quando assevera que: "En sí, la sentencia constitutiva se basta y sobra para la finalidad a que tiende, no siendo precisa la 'ejecución'. Pero no excluye la necesidad de realizar actos consecuenciales que no tienen carácter ejecutivo, sino más bien de acreditamiento, de constancia y publicidad del cambio ocurrido (v. gr., inscripción de la separación de los cónyuges y de los bienes en el Registro, artículos 82 y 1437 Cód. Civ; del cambio de propietario en el de la Propiedad, por virtud del retracto, mandamientos y notificaciones a otros organismos, etc.)", *Acciones y sentencias constitutivas*. In: Trabajos y Orientaciones de Derecho Procesal, Madrid: Revista de Derecho Privado, 1964, nº 7, p. 139; e W. GOLDSCHMIDT, *Guerra, duelo y proceso*. In: Revista de Estudios Políticos, ano X, v. XXXIV, nº 54, p. 80.

[15] *Tratado das ações*, ob. cit., t. I, §26, p. 124.

[16] PONTES DE MIRANDA, *Tratado das ações*, ob. cit., t. I, §26, p. 124. Para o autor: "'Não há outro meio científico, de classificar as sentenças, que por sua fôrça', pesando-se-lhes, por bem dizer, a eficácia (fôrça e efeitos)", ob. cit., t. I, §32, p. 162.

[17] A classificação das sentenças a partir da eficácia preponderante é defendida por LANGHEINEKEN, apud CLÓVIS DO COUTO E SILVA, *A teoria das ações em Pontes de Miranda*. In: Ajuris, nº 43, p. 75; PONTES DE MIRANDA, *Tratado das ações*, ob. cit., t. I, §25 e ss, p. 117 e ss, BARBOSA MOREIRA, *A sentença mandamental. Da Alemanha ao Brasil*. In: Repro, nº 97, p. 255, nota 20; OVÍDIO B. DA SILVA, *Curso de processo civil*, ob. cit., v. I, p. 152; ATHOS GUSMÃO CARNEIRO, *Da antecipação de tutela no processo civil*. Rio de Janeiro: Forense, 1999, nº 31, p. 39 e CARLOS A. A. OLIVEIRA, em que pese o autor não negar a eficácia preponderante, prefere o mesmo utilizar a classificação com base nas 'formas de tutela jurisdicional', *Teoria e prática da tutela jurisdicional*, Rio de Janeiro: Forense, 2008, nº 27, p. 137 a 140, entre outros autores.

A classificação que toma por base só a "specie e alla natura del provvedimento che viene domandado", como se fosse "l'unica classificazione legittima",[18] tem sido bastante criticada,[19] pois "cuando los conceptos dogmáticos empiezam a predominar en la ciencia puede predecirse la rápida decadencia de la misma. Dogma y ciencia son – por esencia – contradictorios".[20] Do nosso ponto de vista, esta classificação não é adequada – não utilizamos a expressão ilegítima, porque consideramos todas as formas de classificação, como mínimo, legítimas desde sua perspectiva. Basicamente os autores partem do binômio cognição-execução para classificar os diversos tipos de tutela jurisdicional.[21] Porém, o certo é que estas duas atividades, conhecer e executar, por questões de ordem socioeconômica, podem, em algumas situações, estar juntas, sendo inclusive impensável separá-las, como ocorre, por exemplo, na tutela cautelar,[22]

---

[18] LIEBMAN, *Manuale di diritto processuale civile*, ob. cit., t. I, nº 76, p. 143. O autor considera que "*l'unica classificazione legittima*" é aquela que toma por base "*le azioni di cognizione; le azioni esecutive; le azione cautelari*", ob. cit., t. I, nº 76, p. 143 e 144. Esta teoria, bastante difundida, que classifica a tutela cautelar como um *tertium genus*, encontra em CALAMANDREI, seu opositor mais conhecido, uma crítica bastante acertada, segundo a qual "las providencias cautelares no constituyen un 'tertium genus', que se pueda contraponer en el mismo plano lógico a las providencias de cognición y a las de ejecución, de modo que, al calificar una providencia como 'cautelar', se excluya con esto que la misma sea declarativa o ejecutiva; sino que constituyen una categoría formada a base de un carácter de diferenciación, que es diverso del carácter por el cual las providencias de cognición se distinguen de las de ejecución, por lo que la calificación de cautelar dada a las providencias de este grupo no excluye que cada una de ellas pueda, a base de un criterio diverso de clasificación, aparecer como perteneciente a las providencias de cognición o a las de ejecución. Quien, sin esta necesaria advertencia, quisiera hacer una división tripartita de las providencias jurisdiccionales en declarativas, ejecutivas, y cautelares, haría una clasificación ilusoria por heterogeneidad de los términos, como quien dijera, por ejemplo, que los seres humanos se dividen en hombres, mujeres y europeos", *La sentencia declarativa de quiebra como providencia cautelar*. In: Introducción al estudio sistemático de las providencias cautelares. Trad. Santiago Sentís Melendo. Buenos Aires: Editorial Bibliográfica Argentina, 1945, apéndice II, p. 191. Com uma crítica mais ampla e contundente COMOGLIO que censura não só a cautelar como um *tertium genus* senão principalmente a classificação das tutelas que tomam por base o "'tipo di giudizio instaurabile' (ad es., di cognizione, conservativo od esecutivo, come si esprime l'art. 2943 c.c.)", *Note riepilogative su azione e forme di tutela, nell'ottica della domanda giudiziale*. In: Riv. Dir. Proc., 1993, nº 2, p. 489.

[19] Entre as diversas críticas convém mencionar, por sua profundidade, as realizadas por OVÍDIO B. DA SILVA, quando o mesmo afirma que: "O equívoco que tem levado os juristas a afirmar que a única classificação legítima, do ponto de vista da ciência processual, seria aquela que distingue as ações e sentenças por suas respectivas cargas de eficácia, decorre da suposição de que a separação entre o chamado 'processo de conhecimento' e o processo de execução seja um fenômeno apenas processual e que nada tenha a ver com o direito material de que o processo se ocupe; supondo-se que o processualista, e o legislador, sejam soberanos absolutos neste domínio, podendo fazer e desfazer as coisas, criando ou extinguindo ações condenatórias ou executivas ou declaratórias; ou transformando-as de uma categoria em outra. (...) Jamais poderá o legislador do processo mudar a natureza constitutiva de uma ação de separação judicial, ou de anulação ou rescisão de um contrato", *Curso de processo civil*, ob. cit., v. I, p. 149.

[20] BENABENTOS na obra *Teoría general unitaria del derecho procesal*, Rosario: Juris, cap. II, nº 5, p. 97.

[21] O fato de a lei 11.232, de 22 de dezembro de 2005, ter alterado a concepção tradicional sobre este binômio que exigia uma execução *ex intervallo*, não significa que o mesmo tenha, atualmente, desaparecido. O que ocorre é que o credor, ao invés de propor uma demanda executiva autônoma, deverá *requerer*, dentro da mesma relação processual, conforme *caput* do art. 475-J, do CPC, o cumprimento da sentença. Essa alteração legislativa produziu escassos resultados práticos na vida dos operadores do direito, pois, como acertadamente evidencia ARAKEN DE ASSIS ainda existe "*actio judicati* do art. 475-I, *caput*, c/c art. 475-J", *Cumprimento da sentença*, Rio de Janeiro: Forense, 2006, nº 10, p. 26. Também DANIEL MITIDIERO, com grande propriedade, aponta a insignificância da reforma através da advertência de Pontes de Miranda, para quem "o valor da dicotomia 'procedimento de cognição, procedimento de execução', no plano teórico e no prático, é quase nenhum", *A nova execução*. Coord. Carlos A. A. Oliveira, Rio de Janeiro: Forense, 2006, p. 2. Por isso ainda podemos considerar válida, senão em termos absolutos ao menos relativo, a crítica feita por THEODORO JÚNIOR quando o mesmo disse que: "Embora o que queira de fato o credor seja a concretização efetiva de seu direito, só não é possível, por exemplo, o autor de uma ação de indenização pedir desde logo a condenação do devedor ao pagamento do prejuízo, com a cominação de penhora e praceamento de bens e conseqüente pagamento do que lhe é devido, porque teima em prevalecer o dogma de que o processo de conhecimento e o processo de execução são atividades distintas e que só devem ser tratadas em relações processuais diversas", *A execução de sentença e a garantia do devido processo legal*, Rio de Janeiro: Aide, 1987, p. 237.

[22] Neste sentido LIEBMAN, ao disser: "Nella tutela cautelare non si può perciò distinguere una fase di cognizione ed un'altra di esecuzione; essa si svolge in ogni caso attraverso un procedimento unitario, in cui si trovano congiunte

no despejo,[23] etc.[24] A relatividade desse binômio, cognição-execução, já foi apontada pelo próprio Liebman, quando disse: "As duas atividades distintas de 'conhecer' e 'executar' podem reunir-se e misturar-se em único procedimento, examinando-se e resolvendo-se as dúvidas e as questões à medida que surgirem: ou podem separar-se e suceder-se numa ordem nem sempre fixa e invariável. O direito vigente deu a estes problemas soluções que são o resultado de longa e interessante evolução histórica".[25] De igual modo Fabrício destaca: "é ao direito legislado que, sensível inclusive a razões de conveniência sócio-econômica, cabe prover sobre a necessidade ou não, com respeito a determinada pretensão de direito material, de manter ou suprimir a dicotomia cognição-execução".[26]

Deste modo, quando existirem pretensões que se realizem (*rectius*, produzem transformações no mundo dos fatos) dentro da mesma relação processual sem necessidade de outra relação processual futura, a classificação que toma por base o binômio cognição-execução é inadequada, já que não explica de maneira coerente nem as características nem a função que estas pretensões devem ocupar dentro do ordenamento jurídico. Além do mais, podemos acrescentar que esta classificação comete o equívoco, antes apontado, de considerar o conteúdo das pretensões e das sentenças como se cada uma delas tivesse somente uma eficácia.

Do que foi dito, conclui-se claramente que a classificação mais adequada às novas demandas de uma sociedade pós-moderna, cada vez mais preocupada com a efetividade de seus direitos, é aquela que parte da natureza híbrida das sentenças e adota, como critério mais seguro, a eficácia preponderante entre todas as demais eficácias contidas dentro da pretensão processual, independente do binômio cognição-execução. E isso deve ser assim, pois, como indica Comoglio, ao criticar as diversas classificações denominadas tradicionais, "*è ormai inevitabile la necessita di ricorrere ad altri parametri classificatori, i quali tengano conto dei possibili 'risultati' del processo, in rapporto a quelle 'forme di tutela', che rappresentano l'oggetto variabile' della 1domanda giurisdizionale*".[27]

---

ed eventualmente frammiste le attività di diversa indole che, a seconda dei casi, concorrono a conseguire la piena attuazione della cautela", *Manuale di diritto processuale civile*, ob. cit., t. I, nº 96, p. 195.

[23] Sobre o tema PÉREZ-CRUZ MARTÍN quando afirma: "Por lo que respecta a la ejecución de la sentencia dictada en juicio de desahucio hemos de recordar que, conforme dispone los arts. 1596 de la L.E.Cv., la sentencia dictada en dicho procedimiento cuando declare haber lugar al desahucio se ejecutara en cuanto al lanzamiento del demandado, previo apercibimiento del desalojo, en los plazos (...)", *El desahucio arrendaticio urbano. Aspectos sustantivos y procesales*, Oviedo: Forum, 1999, p. 120.

[24] Sobre este aspecto, afirma acertadamente VERDE que "nel caso del contratto preliminare si è ottenuto costruendo una fattispecie legale che ha fuso i due momenti, qui si deve attuare riconoscendo l'inevitabile interconnessione tra cognizione ed esecuzione", *Attualità del principio 'nulla executio sine titulo'*. In: Riv. Dir. Proc., 1999, nº 4, p. 987.

[25] *Processo de execução*, São Paulo: Saraiva, 1946, nº 5, p. 24. É bastante conhecida a tese de MANDRIOLI, segundo a qual uma das características da tutela constitutiva "è la massima concentrazione formale tra il momento della cognizione e il momento esecutivo", *L'azione esecutiva*, Milano: Giuffrè, 1955, nº 121, p. 618.

[26] *Comentários ao código de processo civil*, Rio de Janeiro: Forense, 1980, v. VIII, t. III, p. 36. Esta realidade pôde ser percebida no direito brasileiro com a aprovação da Lei 8.952, de 1994, que reformou o art. 461 do CPC, e trata das obrigações de fazer ou não fazer, bem como a Lei 10.444, de 2002, art. 461-A do CPC, que trata das obrigações para entrega de coisa. Seguindo a opinião de ZAVASCKI, a primeira ação era "tradicionalmente condenatória e sujeita, por isso mesmo, a posterior execução autônoma", porém, "a partir da reforma de 1994, assumiu, em grande número de casos, característica de típica ação executiva 'lato sensu' ou mandamental, conforme se verá, reunindo, em procedimento unificado, cognição e execução", *Antecipação da tutela*, São Paulo: Saraiva, 1997, p. 13.

[27] *Note riepilogative su azione e forme di tutela, nell'ottica della domanda giudiziale*. In: Riv. Dir. Proc., 1993, nº 2, p. 489.

2. Pretensão declaratória

Declarar significa deixar claro o que está duvidoso, ou seja, se existe alguma obscuridade no mundo jurídico é necessário que se ilumine, que se aclare esta incerteza.[28] Por esse motivo, esta pretensão se caracteriza fundamentalmente pela eliminação de uma incerteza (daí o verbo '*de + clarear*') através de um *petitum* de mera declaração (*petitum declaratório*) de existência (positiva) ou inexistência (negativa) de uma relação jurídica ao órgão jurisdicional.[29] E, a partir da eliminação de incertezas se acredita automaticamente a certeza jurídica, que é o fim buscado pela pretensão declaratória.[30] Também denominada no direito comparado *jugements déclaratoires, Feststellungsurteile, declaratory judgments* ou *azione di mero accertamento.*

A sentença declaratória se caracteriza pela existência do verbo "*ser*" ou "*não ser*",[31] Daí que toda sentença contenha eficácia declaratória, inclusive as de improcedência, pois, devido ao monopólio da jurisdição, o mínimo de prestação jurisdicional que o Estado pode realizar é aplicar a lei ao caso concreto, é a denominada subsunção ou aplicação da norma abstrata ao caso concreto;[32] isto é, o juiz deverá, como mínimo, dizer se o direito objetivo "*é*" ou "*não é*" aplicável ao caso concreto. Por esta

---

[28] Seguindo a opinião de ATTARDI, não podemos confundir a incerteza *extraprocessual* com a incerteza *processual*, pois: "l'una evidentemente sussiste per il semplice fatto della proposizione di una domanda e al riguardo non è possibile distinguere tra processi di mero accertamento o di condanna o costitutivo; l'altra, invece, richiede una particolare situazione di fatto (che, di regola, è la contestazione dell'altro soggetto del rapporto giuridico) che può sussistire o meno, essere elevata o meno a presupposto di ogni tipo di processo", vale dizer, "si parla dell'incertezza 'processuale' in relazione al fatto che il processo si svolge sulla base di una semplice affermazione di un diritto e quindi non presuppone l'esistenza di tale diritto, il quale potrà anzi risultare inesistente alla fine del processo: di modo che è 'incerto', all'inizio del processo, se il diritto esista o meno, se la domanda proposta dall'attore sia o meno fondata", *L'interesse ad agire*, Padova: Cedam, 1958, cap. I, nº 3, p. 43.

[29] Para DENTI: "In realtà, il mero accertamento è tale non perché il giudice si limiti alla sola 'dichiarazione' dell'effetto giuridico, ma perché alla fattispecie dedotta in giudizio non si ricollega né il 'quid pluris', né il 'quid novi' che caratterizzano, sul piano sostanziale, la tutela di condanna e la tutela costitutiva", *La giustizia civile*, Bologna: Mulino, 1989, cap. IV, nº 6, p. 122.

[30] Assim CHIOVENDA, *Azioni e sentenza di mero accertamento.* In: Saggi di Diritto Processuale Civile, Milano: Giuffrè, 1993, v. III, p. 21 e também *Azione di mero accertamento.* In: Saggi di Diritto Processuale Civile, ob. cit., p. 51. Um caso particular de pretensão declarativa é aquela que trata da *pretensão declaratória incidental*, onde qualquer das partes, inclusive terceiros, pode deduzir pretensão autônoma em um processo pendente para pedir que sobre a questão incidental, também denominada questão prejudicial civil, o juiz decida através de uma sentença com força de coisa julgada material. No direito comparado, esta pretensão encontra-se prevista no art. 34 do CPC italiano: "Accertamenti incidentali. Il giudice, se per legge o per esplicita domanda di una delle parti è necessario decidere con efficacia di giudicato una questione pregiudiziale che appartiene per materia o valore alla competenza di un giudice superiore, rimette tutta la causa a quest'ultimo, assegnando alle parte un termine perentorio per la riassunzione della causa davanti a lui"; no §256 par. 2 da ZPO alemã (*Zwischenfeststellungsklage*): "II. Hasta la conclusión de la vista oral sobre la que recae el fallo, el demandante, ampliando la demanda, o el demandado, presentando una reconvención, pueden solicitar que una relación jurídica, que se ha hecho litigiosa durante el proceso, de cuya existencia o no depende totalmente o en parte la resolución del litigioso, sea determinada por medio de fallo judicial", *Código de proceso civil alemán.* Trad. Emilio EiranovaEncinas. Madrid: Marcial Pons, 2001, p. 78; e nos arts. 5º e 470 do CPC brasileiro: "*art. 5º. Se, no curso do processo, se tornar litigiosa relação jurídica de cuja existência o inexistência depender o julgamento da lide, qualquer das partes poderá requerer que o juiz a declare por sentença*" e "*art. 470. Faz, todavia, coisa julgada a resolução da questão prejudicial, se a parte o requerer (arts. 5º e 325), o juiz for competente em razão da matéria e constituir pressuposto necessário para o julgamento da lide*".

[31] Para PONTES DE MIRANDA, "o que se colima com a ação declarativa, é estabelecer-se a certeza no mundo jurídico, ou para se dar por certa a existência da relação jurídica ou a autenticidade do documento, o que se mostra no mundo jurídico; ou para se dar por certo que a relação jurídica não existe, ou que é falso o documento. Afastam-se dúvidas, de modo que há sempre o enunciado existencial: é, ou não é", *Tratado das ações*, ob. cit., t. II, p. 5.

[32] Para aprofundar melhor o estudo da aplicação do direito, vid. por todos DÍEZ-PICAZO, *Experiencias jurídicas y teoría del derecho*, Barcelona: Ariel, 1993, p. 220 e ss.

razão, a declaração é o *minus* de atividade jurisdicional contido em qualquer decisão judicial.[33]

2.1. Objeto

O objeto de uma pretensão meramente declarativa é geralmente uma relação jurídica e, excepcionalmente, um estado de fato.[34] Em consequência, os fatos que não revistam o caráter de uma relação jurídica ficam excluídos do alcance desta pretensão, e isto significa dizer, de acordo com a opinião de Chiovenda, que "*quantunque giuridicamente rilevante, un semplice fatto non può essere oggetto della sentenza d'accertamento*".[35]

Esta impossibilidade é bem ilustrada pelo autor, quando afirma, v. g., que "non si può accertare che fu concluso um contratto, ma che esiste um valido contratto; (...) non che Caio sai stato accolto in uma società, ma che egli è membro di questa società. (...) Uma azione diretta all'accertamento d'uno di questi fatti giuridici, deve interpretarsi possibilmente come diretta in realtà all'accertamento del rapporto"[36]

O estudo da relação jurídica é muito complexo, podendo a mesma ser analisada em sentido amplo ou restrito, na forma primária ou secundária, ou ainda, na perspectiva das varias relações contidas num só ato jurídico ou das relações entre relações jurídicas.[37] Mas o certo é que as relações jurídicas ocorrem em qualquer campo do direito, seja privado ou público, relativo, absoluto ou potestativo, civil, processual, penal ou trabalhista, atravessando universalmente todos os domínios do direito positivo. Por isso seu estudo pertence à Teoria Geral do Direito.

[33] Para CALAMANDREI, toda "sentencia tiene carácter 'declarativo'; en cuanto la misma no mira a crear el derecho, no tiende a formar nuevas relaciones jurídicas, sino que se limita a reconocer las concretas voluntades de ley, en las cuales ya antes del proceso y sin la intervención del juez, la norma abstracta se ha especializado, dirigiéndose a los sujetos de la relación jurídica controvertida", *Límites entre jurisdicción y administración en la sentencia civil.* In: Estudios sobre el Proceso Civil. Trad. Santiago Sentís Melendo. Buenos Aires: Bibliográfica Argentina, 1945, p. 21. No mesmo sentido, HABSCHEID, para quem "l'effet déclaratif est une 'caractéristique de tout jugement final, le jugement déclaratif ayant pour particularité de n'avoir que cet effet", *Droit judiciaire privé suisse.* Genève: Librairie de L'Université Gerog et Cie S.A., 1981, §49, p. 301; L. MAZEAUD, que indica que: "Tout jugement est pour eux déclaratif", *De la distinction des jugements déclaratifs et des jugements constitutifs de droits*, em Revue Trimestrielle de Droit Civil, 1929, p. 21; e GOLDSCHMIDT, *Derecho procesal civil.* Trad. Leonardo Prieto-Castro, Barcelona: Labor, 1936, §14, p. 105; entre outros.

[34] O direito brasileiro regula esta pretensão no art. 4º, do CPC, segundo a qual: "O interesse do autor pode limitar-se à declaração: I. Da existência ou da inexistência de relação jurídica; II. Da autenticidade ou falsidade de documento. Parágrafo único. É admissível a ação declaratória, ainda que tenha ocorrido a violação do direito".

[35] *Istituzioni di diritto processuale civile*, ob. cit., v. I, nº 69, p. 201 (a orden das palabras foi modificada). De igual modo, BUZAID, quando afirma que "ainda que juridicamente relevante, um simples fato não pode constituir objeto da ação declaratória", *A ação declaratória no direito brasileiro*, ob. cit., p. 147; CARPI-TARUFFO, ao afirmar que: "L'azione di mero accertamento non può avere per oggetto una 'mera situazione di fatto' (salvi i casi eccezionalmente previsti dalla legge", *Commentario breve al codice di procedura civile*, Padova: Cedam, 1999, art. 100, p. 374; STEFAN LEIBLE, ao dizer: "No pueden ser objeto de una demanda declarativa la comprobación de simples hechos y menos la comprobación de cuestiones jurídicas abstractas o de cuestiones previas", *Proceso civil alemán.* Trad Rodolfo E. Witthaus. Medellín: Diké, 1999, p. 170; GOLDSCHMIDT, *Derecho procesal civil*, ob. cit., §14, p. 105; e KISCH, *Elementos de derecho procesal civil.* Trad. Prietro-Castro. Madrid: Revista Derecho Privado, 1940, §38, p. 181.

[36] *Istituzioni di diritto processuale civile*, ob. cit., v. I, nº 69, p. 201.

[37] Indiscutivelmente dois autores brasileiros se destacaram no estudo da relação jurídica, um deles PONTES DE MIRANDA, *Tratado de direito privado*, São Paulo: RT, 1983, t. I, § 39 e ss, p. 117 a 132. O outro, LOURIVAL VILANOVA, na sua clássica obra *Causalidade e relação no direito*, São Paulo: Saraiva, 1989, especialmente nos Cap. III, VI a IX.

Mas o que vem a ser uma relação jurídica como objeto de uma pretensão meramente declaratória. Pontes de Miranda a define como *"uma relação inter-humana, a que a regra jurídica, incidindo sobre os fatos, torna jurídica"*.[38] Ou, como quer Lourival Vilanova, *"é relação intersubjetiva, entre sujeitos-de-direito"*.[39] Já para Kelsen, uma relação jurídica não se dá necessariamente entre dois indivíduos, mas sim *"entre a conduta de dois indivíduos determinada por normas jurídicas"*.[40] Em sentido diverso Carnelutti, para quem a relação jurídica regulada pelo direito se explica *"como un conflicto de intereses, y el efecto de la reglamentación como una atribución a los interesados de un poder y de un deber"*.[41]

2.2. Interesse de Agir

O interesse jurídico[42] que legitima a proposição da pretensão declaratória deve ser demonstrado objetivamente, isto é, não deve vir de uma preocupação interna do demandante, já que não basta o estado de dúvida a respeito de seu direito, é necessário que se acrescente a esta incerteza alguma circunstância externa, jurídica, atual e objetiva, diversa e mais grave que a simples incerteza subjetiva, capaz de demonstrar ao juiz que a falta de certeza esta produzindo ou produzirá um dano.[43]

Seguindo a opinião de Carpi-Taruffo, podemos concluir dizendo que o interesse jurídico para atuar em uma pretensão meramente declaratória só existe quando se dá uma *"situazione attuale di obiettiva incertezza di diritti"*.[44]

A sentença denomina-se meramente declaratória porque entre todas as possíveis eficácias compreendidas em seu conteúdo a *preponderante* ou em *maior grau* pretendida pela parte é *a produção de uma certeza jurídica através da eliminação de uma incerteza fundamentalmente sobre a existência ou inexistência de uma relação jurídica.* Junto a esta eficácia, também pode dita sentença produzir uma eficácia condenatória, que se dá com a criação tanto do título executivo de condenação em custas como na criação da fase executiva para realizar este título.

[38] *Tratado de direito privado*, ob. cit., § 39, p. 117.

[39] *Causalidade e relação no direito*, ob. cit., p. 76.

[40] *Teoria pura do direito*, São Paulo: Martins Fontes, 1987, p. 179.

[41] *Teoría general del derecho*. Trad. Carlos G. Posada. Madrid: Revista de Derecho Privado, 1941, §94, p. 195.

[42] A este respeito merece aprovação o exposto por STEFAN LEIBLE, quando o mesmo salienta que o interesse deve ser "jurídico y no simplemente fáctico o económico", pois, um interesse só é jurídico "si existe una situación de incertidumbre y el demandado es perjudicado por ello en su posición jurídica" *Proceso civil alemán*, ob. cit., p. 170.

[43] De igual modo, CHIOVENDA, para quem "la incertezza debe essere 'obbiettiva', nel senso che non basta che il titolare d'un diritto sia incerto sul proprio diritto, ma occorre un atto o fato 'esteriore obbiettivo' tale da rendere incerta la volontà concreta della legge alla mente di ogni persona normale. La incertezza debe esser 'giuridica', cioè relativa a diritti o doveri; debe esser 'attuale', cioè già nata e non solo possibile", *Istituzioni di diritto processuale civile*, ob. cit., v. I, nº 65, p. 196 (igualmente em *Azione di mero accertamento*. In: Saggi di Diritto Processuale Civile, ob. cit., p. 68. Nesta ordem de ideias encontramos LIEBMAN, quando afirma que "questo interesse dovrà ritenersi esistente sempre che vi sia incertezza intorno all'esistenza, inesistenza, contenuto, modalità di un rapporto giuridico e questa incertezza produca un danno", *Manuale di diritto processuale civile*, ob. cit., t. I, nº 83, p. 160 e 161; e KISCH, *Elementos de derecho procesal civil*, ob. cit., § 38, p. 179. De acordo com a opinião de CARNELUTTI: "La incertezza, badiamo, è sempre un fenomeno subbiettivo; è dentro di noi, non fuori. Se, a malgrado di ciò, si continua a parlare (anche CALAMANDREI ne parla) di incertezza 'obbiettiva', questo, se non ha da essere uno sproposito, diventa, come vedremo subito, un modo di dire convenzionale, in cui la parola <incertezza> perde il suo preciso significato", *Lite e proceso*. In: *Studi di Diritto Processuale*. Padova: Cedam, 1939, v. III, p. 23.

[44] *Commentario breve al codice di procedura civile*, ob. cit., art. 100, p. 374.

Com um ponto de vista bastante peculiar, encontramos João Batista Lopes, para quem "a ação declaratória não visa, na verdade, a desfazer dúvida ou incerteza sobre a existência ou inexistência de relação jurídica, mas objetiva o valor 'segurança', emergente da coisa julgada".[45]

Em todos os casos, o interesse de agir deve sempre estar presente no momento da propositura da ação.

2.3. Características da pretensão declaratória

Entre as características da pretensão meramente declaratória, podemos destacar: a) a possibilidade de qualquer das partes de assumir no início a posição de demandante, daí que a dívida pode ser positiva ou negativa;[46] b) a peculiaridade fenomênica de consumir-se em si mesma, ou seja, se esgota no mundo normativo do "dever ser", não necessitando nenhuma outra decisão jurisdicional para realizar-se; **c)** a extensão dos efeitos retroativos (*ex tunc*), vez que se limita a reconhecer a existência de uma relação jurídica anterior a sua existência;[47] d) o desnecessário que é a violação do direito para a declaração da certeza jurídica, isto é, a obtenção da certeza jurídica pode existir ainda que não tenha ocorrido a vulnerabilidade do direito, porém nada impede a proposição da pretensão declaratória depois da existência do dano;[48] e) a produção da coisa julgada.[49]

Como exemplo de pretensão declaratória, encontramos a ação de consignação em pagamento, a demarcatória de terras (*actio finium regundorum*), a concernente ao

---

45 *Ação declaratória*, São Paulo: RT, 1991, p. 53.

46 A este respeito, afirma acertada CARNELUTTI que: "La declaración de una situación jurídica puede ser pedida, tanto por quien 'pretende' como por quien 'discute' su existencia. (...) Según las dos hipótesis, se habla de declaración 'positiva' o 'negativa'", *Instituciones del nuevo proceso civil italiano*. Trad. Jaime Guasp. Barcelona: Bosch, 1942, v. I, nº 32, p. 55.

47 Se orienta neste sentido, L. MAZEAUD, que foi um dos primeros autores a sustentar que los "effets du jugement déclaratif remontent au jour de la naissance du droit", vale dizer, "le jugement déclaratif produit ses effets dès la naissance du droit", *De la distinction des jugements déclaratifs et des jugements constitutifs de droits*, ob. cit., p. 42 e 43. Partindo desta característica, CARNELUTTI define a pretensão declaratória quando "la 'existencia de la situación declarada por el juez es independiente de su declaración'; si alguien discute mi propiedad sobre una finca determinada y el juez la declara, la propiedad existe después de tal declaración igual que existía antes. En este caso el proceso actúa, no sobre la existencia de la situación, sino sobre su certeza en cuanto la declaración del juez 'convierte la norma jurídica en un precepto relativo al caso deducido en el proceso'", *Instituciones del nuevo proceso civil italiano*, ob. cit., v. I, nº 32, p. 55.

48 Analogamente, LORCA NAVARRETE indica que "las pretensiones meramente declarativas 'no requieren una previa violación' de un derecho para que pueda interponerse", *Introducción al derecho procesal*, ob. cit., tema IV, nº 2, p. 91. No mesmo sentido, CARPI-TARUFFO, quando afirmam que "tale incertezza 'non determini la lesione attuale di un diritto ma solo il pericolo' di tale lesione", *Commentario breve al codice di procedura civile*, ob. cit., art. 100, p. 374. No direito brasileiro esta possibilidade está prevista no § único do art. 4º do CPC, anteriormente citado: "*É admissível a ação declaratória, ainda que tenha ocorrido a violação do direito*".

49 Assim se expressa, também, CHIOVENDA, ao dizer: "Conviene premettere che la sentenza dichiarativa non può servire al suo scopo di creare la certezza giuridica se non in quanto sia atta a formare la cosa giucata", *Istituzioni di diritto processuale civile*, ob. cit., v. I, nº 65, p. 195; PRIETO-CASTRO, quando diz: "Con ella se trata de lograr de modo indiscutible, por la fuerza de la cosa juzgada, la eliminación del peligro y la desaparición de la incerteza o de la inseguridad en que se halle el actor", *Derecho procesal civil*, Madrid: Tecnos, 1989, nº 68, p. 108; HABSCHEID, *Droit judiciaire privé suisse*, ob. cit., §49, p. 302; GOLDSCHMIDT, *Derecho procesal civil*, ob. cit., §14, p. 109; e KISCH, *Elementos de derecho procesal civil*, ob. cit., §38, p. 178.

direito autoral de personalidade, entre tantas outras.[50] No direito espanhol encontramos a 'acción de jactancia'.[51]

3. Sentença declarativa e coação

Igual a qualquer outra sentença, a que deriva deste tipo de pretensão é intrínseca e objetivamente coercitiva,[52] razão pela qual em toda sentença declaratória existe uma *coação potencial*,[53] e. g., na pretensão consignatória de pagamento, que tem natureza

---

[50] Sobre os vários tipos de pretensão declarativa, especialmente no direito brasileiro, consultar por todos PONTES DE MIRANDA, *Tratado das ações*, ob. cit., t. II, §15, p. 105 ao § 26, p. 136, bem como nos §§ 32 ao 69, p. 157 a 304.

[51] Para aprofundar melhor o estudo da declaração de certeza e os juízos de jactância, vid. por todos CHIOVENDA, *La acción en el sistema de los derechos*, ob. cit., p. 115 a 138, nota 68.

[52] A este respeito, merece aprovação o exposto por IHERING, quando o mesmo diz que: "La coacción ejercida por el Estado constituye el criterio absoluto del derecho; una regla de derecho desprovista de coacción jurídica es un contrasentido; es un fuego que no quema, una antorcha que no alumbra. Poco importa que esta coacción sea ejercida por el juez (civil o criminal) o por la autoridad administrativa", *El fin en el derecho*. Buenos Aires: Heliasta, 1978, v. I, nº 145, p. 159 e 160. O autor, de maneira correta, se refere à coação, e não à sanção, porque a sanção não é um conceito exclusivamente jurídico, enquanto a coação, além de ser um conceito jurídico, é também um elemento indispensável para a criação dos direitos subjetivos mediatos (consultar DARCI G. RIBEIRO, *La pretensión procesal y la tutela judicial efectiva*, ob. cit.,, nº 3.3, p. 49 a 51). De igual modo, KELSEN, para quem: "El orden estatal se diferencia, ante todo, de los demás órdenes sociales, en que es 'coactivo'", *Compendio esquemático de una teoría general del estado*. Trad. Luís Recaséns Siches e Justino de Azcárate Flores. Barcelona: Nuñez y Comp. S. en C., 1927, nº 11, p. 40, vale dizer, "el derecho se distingue de otros órdenes normativos por el hecho de que vincula a conductas determinadas la consecuencia de un acto de coacción", *Teoría pura del derecho*, Trad. Moisés Nilve. Buenos Aires: EUDEBA, 1973, cap. III, nº 3, letra 'c', p. 74. Para KELSEN, "la característica esencial del derecho como un orden coercitivo consiste en establecer un monopolio de la fuerza común", *La paz por medio del derecho*. Trad. Luis Echávarri. Buenos Aires: Losada, 1946, p. 28. Daí que para ele, "el derecho es una técnica de coacción social estrechamente ligada a un orden social que ella tiene por finalidad mantener", *Teoría pura del derecho*, ob. cit.,cap. III, nº 3, letra 'b', p. 74. E o Estado moderno é o modo mais perfeito para garantir a ordem social, exatamente porque "su perfección se debe a la centralización del empleo de la fuerza", *La paz por medio del derecho*, ob. cit., p. 29. Sem lugar para dúvidas, um dos primeiros autores que vinculou o direito à força, à coação foi KANT, (o primeiro foi Christian Thomasius, *Fundamentos de derecho natural y de gentes*. Trad. Salvador Rus Rufino e Maria Asunción Sánchez Manzano. Madrid: Tecnos, 1994, L. I, cap. V, §XXI, p. 216) quando disse: "Si un determinado uso de la libertad misma es un obstáculo a la libertad según leyes universales (es decir, contrario al derecho (unrecht)), entonces la coacción que se le opone, en tanto que 'obstáculo' frente a 'lo que obstaculiza la libertad', concuerda con la libertad según leyes universales; es decir, conforme al derecho (recht): por consiguiente, al derecho está unida a la vez la facultad de coaccionar a quien lo viola, según el principio de contradicción", *La metafísica de las costumbres*. Trad. Adela Cortina Orts e Jesús Conill Sancho. Madrid: Tecnos, 1993, p. 40 e 41 (na edição do original alemão [VI, 231]). Por isso o autor afirma que "derecho y facultad de coaccionar significan, pues, una y la misma cosa", *La metafísica de las costumbres*, ob. cit., p. 42 (na edição do original alemão [VI, 232]). Nesta ordem de ideias, MANDRIOLI, quando afirma que: "La tutela giurisdizionale, nelle sue forme concrete poste dall'ordinamento giuridico, è il mezzo per la realizzazione delle sanzioni, ma è mezzo – fuori dei casi di legittima autotutela – esclusivo e concretamente limitado", *L'azione esecutiva*, ob. cit., nº 27, p. 187. De acordo com MANDRIOLI, a teoria de Chiovenda também poderia ser interpretada neste sentido, na medida em que "la attuazione effettiva della volontà della legge implica già, 'in quanto avviene in via giurisdizionale', la caratteristica di realizzarsi indipendentemente dalla volontà della persona che la subisce, ossia mediante coazione (in senso ampio)", *L'azione esecutiva*, ob. cit., nº 109, p. 563. E o autor tem razão na medida em que o próprio CHIOVENDA afirma literalmente que "Con esto la declaración de certeza ha adquirido una importancia por sí propria; es ella misma actuación de derecho, en cuanto, por obra de un órgano público, la voluntad colectiva es, no concretada, como suele decirse inexactamente, sino expresada como voluntad concreta: y en cuanto tal, la misma ejercita ya por sí un grado más o menos grande de coacción sobre el ánimo del obligado, tanto que a menudo el mismo basta para determinar el cumplimiento", *La acción en el sistema de los derechos*, ob. cit., p. 54 e 55, nota7. Para entender melhor estas ideias consultar DARCI G. RIBEIRO, *La pretensión procesal y la tutela judicial efectiva*, ob. cit., nº 3.2, p. 39 a 49.

A respeito da força, convém destacar, de acordo com ROUSSEAU, que "el más fuerte no es, sin embargo, lo bastante para ser siempre el amo, si no convierte su fuerza en derecho y la obediencia en deber", *El contrato social*. Trad. María José Villaverde. Madrid: Tecnos, 2000, L. I, cap. III, p. 7.

[53] A coação pode ser *atual* (*exercida*) ou *potencial* (*virtual*). Existirá coação *atual* ou *exercida* quando a sentença produza uma pressão física direta sobre a vontade do obrigado de maneira concreta e real, modificando, segundo PEKELIS, "forzatamente uno stato di fatto", *Il diritto come volontà costante*, Padova: Cedam, 1930, p. 109, como

declarativa positiva ou negativa,[54] a sentença exerce uma pressão psíquica sobre a vontade do obrigado através da força da coisa julgada material, não lhe permitindo

---

por exemplo, as sentenças nas ações possessórias de manutenção e reintegração de posse. Ao contrário, existirá coação *potencial* ou *virtual* quando a sentença exerça uma pressão psíquica sobre a vontade do obrigado de forma condicional, ou seja, é "la 'posibilidad jurídica de la coacción' en potencia, no en acto", nas palavras de DEL VECCHIO, *Filosofía del derecho*, Trad. Luís Legaz y Lacambra. Barcelona: Bosch, 1969, p. 359, e ocorre, *e. g.*, nas sentenças condenatórias no civil. De igual modo W. GOLDSCHMIDT, quando afirma que nas sentenças judiciais, a diferença das arbitrais, "no sólo disponen de coacción psíquica, sino también, y directamente, de coacción física", *Guerra, duelo y proceso*, ob. cit., p. 93. Com base nisso é que HENKEL afirma corretamente que: "Como la forma de actuación del Derecho no consiste en aplicar continuamente la coerción actual, el momento coercitivo que se pone en relación con el Derecho ha de ser entendido, por regla general, como coerción potencial; y ésta, a su vez, no como coerción fácticamente posible, sino como 'coerción jurídicamente posible'", *Introducción a la filosofía del derecho*. Trad. Enrique Gimbernat Ordeig. Madrid: Taurus, 1968, §12, p. 163. O direito está intimamente ligado à coação, seja física ou psíquica, posto que, segundo LOPEZ DE OÑATE, "il diritto non solo si serve della forza per farsi rispettare, ma organizza e prevede tale uso della forza", *Compendio di filosofía del diritto*. Milano: Giuffrè, 1955, §42, p. 181. No mesmo sentido, admitindo como característica do ordenamento jurídico tanto a coação atual como a potencial, KANT, quando afirma: "sólo puede llamarse derecho 'estricto' (restringido) al derecho completamente externo. (...) que se apoya por tanto en el principio de la posibilidad de una coacción exterior, que puede coexistir con la libertad de cada uno según leyes universales", *La metafísica de las costumbres*, ob. cit., p. 41 (na edição do original alemão [VI, 232]); CARNELUTTI, *Teoria generale del diritto*, Roma: Foro Italiano, 1951, nº 13, p. 32 e 33; DEL VECCHIO, *Filosofía del derecho*, ob. cit., p. 359; MIGUEL REALE, porém afirmando que o direito é "'lógicamente coercível', por haver possibilidade ou compatibilidade de execução forçada, e não 'jurídicamente coercível' como se expressa Del Vecchio", *Filosofia do direito*, São Paulo: Saraiva, 1969, v. II, nº 241, p. 600; HART, quando afirma: "dondequiera haya un sistema jurídico es menester que exista alguna persona o cuerpo de personas que emitan órdenes generales respaldadas por amenazas y que esas órdenes sean generalmente obedecidas, y tiene que existir la creencia general de que estas amenazas serán probablemente hechas efectivas en el supuesto de desobediencia", *El concepto de derecho*. Trad. Genaro R. Carrió. México: Editora Nacional, 1980, cap. II, p. 32; LOPEZ DE OÑATE, ao dizer: "essa non vuol dire che il diritto si attua 'sempre' per mezzo della coazione, ma semplicemente che è insita al diritto la possibilità di coazione, ossia che il diritto è coercibile", *Compendio di filosofía del diritto*, ob. cit., §42, p. 185; CASTANHEIRA NEVES, que adota as posições dos autores anteriores quando a norma jurídica não exige uma sanção concreta, *Curso de introdução ao estudo do direito*, Coimbra: Coimbra, 1976, p. 22, nota 22; BONSIGNORI, quando afirma que na execução forçosa "la coerzione non significa esclusivamente impiego di forza materiale, ma attività di organi giurisdizionali contro un privato obbligato, per procacciare al credor un bene a lui dovuto", *Esecuzione forzata in genere*. In: *Estratto dal Digesto*. Torino: Utet, 1992, v. VII, p. 8; e, em certo sentido, BOBBIO, que caracteriza o ordenamento jurídico tanto pela existência de sanções negativas como pela existência das sanções positivas, *Contribución a la teoría del derecho*, Trad. Alfonso Ruiz Miguel. Valencia: Fernando Torres, 1980, p. 383 e ss.

Em sentido contrário, admitindo como característica do ordenamento jurídico só a coação atual, KELSEN, quando afirma: "En este sentido, el término coerción no debe confundirse con la coerción en el sentido psicológico de la palabra, es decir, con el hecho de que la idea que los hombres tienen del Derecho es un motivo suficiente o efectivo para obligarlos a comportarse de acuerdo con la ley. En lo que se refiere a esta coerción, el Derecho no difiere de otros órdenes sociales. El orden moral también puede y, en verdad, ejerce coerción en el sentido psicológico de la palabra sobre aquellos cuyo comportamiento regula", *Introducción a la teoría pura del derecho*, ob. cit., p. 22; e também na obra *Problemas escogidos de la teoría pura del derecho*, ob. cit., cap. III, nº 3, p. 62; PEKELIS, ao dizer que, "solo quella detta 'fisica' è veramente coazione; ne occorre aggiungervi alcun aggettivo. L'altra, la 'coazione' psichica non è veramente coazione: l'aggettivo 'psichico' basta per dimostrarlo", por isso o autor utiliza a palavra "'coazione' solo in un senso proprio; nel senso di un'azione che modifica forzatamente uno stato di fatto. In quanto alle azioni che agendo sulla psiche umana la possono indurre mediante un calcolo di convenienza a determinati atti, le indicheremo col termine 'sanzione'", *Il diritto come volontà costante*, ob. cit., §20, p. 109 e 110; e DABIN, para quem "o la regla está sancionada por la coacción, o no lo está. 'Tertium non datur'. Sólo la coerción efectiva da la respuesta. La <tendencia a la coerción> deja la regla sin coacción, y desde ese momento, y frente a la regla sancionada por la coacción, no es más que una regla de otra especie o, al menos, una regla jurídica imperfecta", *Teoría general del derecho*. Trad. Francisco Javier Osset. Madrid: Revista de Derecho Privado.1955, nº 32, p. 54. Para o autor, a justificação de tal solução é evidente: "se busca defender, de este modo, el concepto de un derecho 'natural' diferente de la regla moral, que se caracterizaría por la simple exigibilidad, independientemente de la intervención de la regla positiva", *Teoría general del derecho*, ob. cit., nº 32, p. 54.

Também em sentido contrário, porém admitindo como característica do ordenamento jurídico só a coação, por nós, denominada "potencial", DUGUIT, quando afirma: "Or il n'y a pas de puissance au monde qui puisse contraindre directement une volonté à vouloir ou à ne pas vouloir une certaine chose. Donc, en réalité, il n'y a jamais de force contraignante susceptible d'assurer directement l'application de la loi", *Traité de droit constitutionnel,* Paris: Anciennes Maison Thorin, 1923, t. II, §19, p. 205.

[54] Assim PONTES DE MIRANDA, ob. cit., t. II, §32, p. 157.

vangloriar-se de possuir um direito obrigacional, real ou de qualquer outra classe, em prejuízo do demandante. Nas sentenças meramente declaratórias, a coação potencial consiste na imposição da força da coisa julgada material a quem deve suportá-la, isto é, através desta sentença existe uma declaração de certeza jurídica a favor do demandante derivada da incerteza jurídica e potencialmente danosa provocada pelo demandado, razão pela qual esta sentença exerce uma *pressão psicológica potencial* sobre a vontade do demandado no sentido de impor-lhe a força da coisa julgada material com a declaração de existência ou inexistência da relação jurídica,[55] pelo que, a própria sentença contém em si, a alternativa de uma eleição, com a exclusão de outras eleições possíveis por parte do obrigado, consequentemente, o querer volitivo do obrigado para a realização do direito subjetivo mediato é um fato secundário.

4. Prescrição e decadência da pretensão declarativa

Como vimos anteriormente, a pretensão meramente declaratória visa eliminar uma incerteza jurídica através da produção da *certeza jurídica* em juízo. O autor, por meio desta pretensão, reclama do juiz uma simples *certeza jurídica*, sem impor uma prestação ou uma sujeição a quem quer que seja. Consequentemente não haverá qualquer forma de alteração do mundo jurídico, visto que nada entra, sai ou se altera.

De outro lado, como bem esclarece Agnelo Amorim Filho, "todo prazo prescricional está ligado, necessária e indissoluvelmente, à lesão de um direito, de modo que, se não há lesão do direito, não há como cogitar de prescrição",[56] bem como "todo prazo decadencial está ligado, também necessária e indissoluvelmente, ao exercício de um direito (criação, modificação ou extinção de um estado jurídico)".[57]

Ademais, fica fácil perceber que o objetivo da prescrição é liberar o sujeito passivo de uma prestação, enquanto que o da decadência é liberá-lo do potencial estado de sujeição. Ambos, prescrição e decadência, têm a finalidade comum de manter a paz social.

Desde esta perspectiva, é oportuno assinalar que tendo as sentenças declaratórias a pura finalidade de produzir uma certeza jurídica, sem qualquer alteração no mundo jurídico, o seu exercício, ou a falta dele, em nada vai afetar a paz social.

Do exposto resulta, em definitivo, que as pretensões declaratórias são imprescritíveis, ou, como quer Agnelo Amorim Filho: "o conceito de ação declaratória é visceralmente inconciliável com os institutos da prescrição e da decadência: as ações desta espécie não estão, e nem podem estar, ligadas a prazos prescricionais ou decadenciais".[58]

---

[55] De igual modo, MANDRIOLI, quando afirma que "l'ordinamento giuridico appresta, e precisamente al mero accertamento inteso come sanzione propria della violazione che consiste nella alterazione della certezza oggettiva rispetto alla situazione di diritto sostanziale, ossia alle ipotesi di violazione consistente in una semplice constestazione. È chiaro, infatti, che solo in questo caso, il momento attuale della sanzione sorge per il solo fatto di una 'semplice esigenza di certezza', sicchè la semplice riaffermazione della certeza <vincolante per chi spetta> potrà assumere, come meglio si vedrà al cap. 13°, tutto il significato di una sanzione", *L'azione esecutiva*, ob. cit., nº 30, p. 195. Esta mesma ideia é desenvolvida profundamente no nº 123, p. 622 e ss.

[56] *Critério científico para distinguir prescrição da decadência e para identificar as ações imprescritíveis*, In: Revista dos Tribunais, 1997, v. 744, nº 11, p. 740.

[57] Ob. cit., p. 740.

[58] Ob. cit., p. 741.

Nesta ordem de ideias Pontes de Miranda, quando o mesmo afirma que "a ação declarativa típica é imprescritível".[59] Porém, o mesmo autor admite que algumas pretensões declarativas especiais prescrevem, por exemplo, "a) a ação do marido que estava presente, para negar a legitimidade do filho da sua mulher; b) a ação dos herdeiros do filho para provar a filiação legítima, se a morte foi quando ainda menor, ou incapaz, tem prazo prescricional curto; c) a ação do filho natural para impugnar o reconhecimento é ação que preclui".[60]

[59] Ob. cit., t. II, §11, p. 80.

[60] Ob. cit., t. II, §11, p. 80 e 81. No mesmo sentido BUZAID, *A ação declaratória no direito brasileiro*, ob. cit., nº 172, p. 279 a 283.

— 11 —

Do programa extrajudicial de prevenção ou reparação de danos: inovação da Lei de Ação Civil Pública

DIEGO FALECK

Mestre em Direito (LL.M.), Harvard Law School, Chefe de Gabinete da Secretaria de Direito Econômico do Ministério da Justiça, Presidente do Conselho Federal Gestor do Fundo de Defesa dos Direitos Difusos e Professor de Negociação e Mediação da Fundação Getúlio Vargas – São Paulo, Escola de Direito de São Paulo

Indenizar e reparar danos não é tão simples como se imagina. Muitas vezes uma decisão de mérito em um processo, transitada em julgado, ou mesmo a garantia legal de responsabilidade objetiva, marcam apenas o início de uma nova etapa de uma cruzada judicial: a liquidação dos danos. Por uma miríade de fatores, é muito comum que partes em uma liquidação de danos resolvam suas questões com maior custo de transação do que o necessário, nestes incluídos os gastos com advogados, perícias, custas judiciais, tempo, energia emocional e perda de oportunidade. Demandantes em casos já decididos não raro aguardam cerca de uma década para a satisfação definitiva de seus pleitos, contando ainda com alto grau de incerteza quanto ao que resultado final que advirá.

As lides decenais persistem em torno da apuração do *quantum debeatur* e da legitimidade, versando sobre os mais variados temas que envolvem a liquidação dos danos, como comprovação de renda, grau de dependência econômica, vínculo afetivo, limites para pagamento de danos morais em casos de famílias muito numerosas, dedutibilidade e correção monetária do seguros obrigatórios, entre outros.

O problema se agrava sobremaneira quando a questão é coletiva, e desafios mais complexos têm que ser enfrentados. Reconhecendo a experiência nacional e internacional na resolução extrajudicial de disputas coletivas, os problemas práticos e os custos enfrentados na liquidação de danos individuais homogêneos e na reparação de danos difusos, assim como a dificuldade e as desvantagens em se manter o Poder Judiciário como a "unica porta" para tratar dessas questões, o Projeto de Lei da Ação Civil Pública trouxe uma surpreendente inovação: o advento do denominado "Programa Extrajudicial de Prevenção ou Reparação de Danos".

O objetivo do presente artigo é analisar o referido capítulo do projeto de lei e jogar luz nos principais aspectos que os informam. Não apenas, o objetivo é demonstrar o impacto positivo que esta inovação permitirá, para que as partes envolvidas em demandas coletivas as resolvam com eficiência, menores gastos de recursos, tempo, energia emocional e perda de oportunidade e, ao mesmo tempo, com a maior participação das partes interessadas e afetadas para o alcance de seus objetivos, o que gera satisfação com os resultados.

CAPÍTULO XI

DO PROGRAMA EXTRAJUDICIAL DE PREVENÇÃO OU REPARAÇÃO DE DANOS

Art. 57. O demandado, a qualquer tempo, poderá apresentar em juízo proposta de prevenção ou reparação de danos a interesses ou direitos difusos, coletivos ou individuais homogêneos, consistente em programa extrajudicial.

O programa extrajudicial poderá ser direcionado à (i) prevenção ou reparação de danos a interesses difusos ou coletivos ou, (ii) a interesses ou direitos individuais homogêneos. Na primeira hipótese, o programa poderá se consubstanciar em projetos direcionados à reparação dos danos causados ao meio ambiente, ao consumidor, a bens e direitos de valor artístico, estético, histórico, turístico, paisagístico, por infração à ordem econômica e outros interesses difusos e coletivos. Como exemplos práticos de projetos, temos as campanhas de educação a consumidores, de educação ambiental, a restauração de áreas degradadas, a estruturação de laboratórios de perícias e pesquisas, a recuperação de acervo histórico, entre outros.

Tais projetos têm por fim retribuir à sociedade, de forma direta, o benefício da reparação e prevenção de danos difusos, de alguma forma relacionados com a demanda que os originou. A criação de programas por essa via implica em projetos mais sofisticados, criados sob medida e com maior cuidado com relação à avaliação de seu impacto na sociedade. A avaliação de impacto de tais projetos deve levar em consideração as melhores práticas, nacionais e internacionais de gestão de ativos sociais e critérios objetivos tais como relevância, eficácia, eficiência, sustentabilidade e conformidade com questões institucionais relacionadas com o tema que se busca tratar.[1]

Por meio de um programa de reparação de dano difuso ou coletivo, as entidades demandadas poderão utilizar seus recursos e capacidades para maximizar o potencial de bem-estar gerado pelo projeto e, com criatividade, transformar uma demanda incerta em um ganho concreto para toda a sociedade.[2] Tal via, de qualquer forma, deve sempre ter em mente que o programa deve ser oneroso o suficiente para garantir o desincentivo a práticas que violem os direitos difusos.

O ganho neste tipo de programa deve levar em conta todos os interesses envolvidos na demanda: (i) o interesse de autoridades na punição e desincentivo de condutas; (ii) o interesse da coletividade em colher os benefícios líquidos do projeto e, (iii) o interesse do demandado em resolver a questão com rapidez e eficiência, e assim permitir o exercício da cidadania, da honestidade empresarial e o respeito à sociedade cívica.

Com relação aos direitos individuais homogêneos, o programa extrajudicial implica, em regra, no *design* de um sistema de resolução de disputas, feito sob medida

[1] Diretrizes do Operation Evaluation Department (OED) do Banco Mundial

[2] Um exemplo de caso nesse sentido é a criação do Centro de Capacitação e Pesquisa em Meio Ambiente – CEPEMA, em Cubatão, em 2006, resultado de um termo de ajustamento de conduta entre o Ministério Público do estado de São Paulo e a Petrobrás. O projeto nasceu em virtude de acordo em disputa sobre duas unidades da empresa em desacordo com as regras para a produção de diesel ecológico. O laboratório padrão contou com investimentos de cerca de R$ 16 milhões, foi doado à USP e hoje proporciona resultados concretos para a sociedade e conta com investimentos de outras empresas.

para a demanda.[3] O *design* do sistema deve avaliar quem são as partes interessadas e afetadas, quais os temas de direito e seu impacto na demanda, tanto no procedimento quanto no mérito, quais são os critérios indenizatórios que devem ser levados em consideração, quais documentos e informações serão necessárias para o cálculo da indenização, qual o procedimento que será adotado, quais métodos alternativos podem ajudar as partes na continuidade das tratativas de forma consensual, entre outros.

O Brasil tem a experiência recente da criação de um programa extrajudicial de reparação de danos individuais homogêneos, acompanhado por autoridades governamentais. Em 24 de abril de 2008, foi inaugurada a Câmara de Indenização 3054 ("CI 3054"),[4] concebida para implementar meio eficiente e justo de indenizar os beneficiários das vítimas do terrível acidente de 17 de julho de 2007, com o vôo TAM 3054, em que 199 pessoas perderam a vida. O programa atingiu resultados surpreendentes e, em cerca de 14 meses, atendeu cerca de 220 familiares referentes a 58 vítimas para pagamento de indenização. A CI 3054 também atendeu, para prestação de informações, familiares de vítimas que já haviam ajuizado ações judiciais no Brasil e no exterior e teve um impacto relevante nos acordos realizados em tais ações. Menos de dois anos após o acidente, 92% dos beneficiários das vítimas do acidente já haviam sido indenizadas.

Relatos de familiares e das empresas envolvidas dão conta de que a satisfação da partes com os resultados foi patente. Familiares declararam que o sistema lhes permitiu maior conforto e tranquilidade para a resolução da questão, e as empresas reconheceram que o sistema lhes permitiu a resolução do conflito com celeridade sem precedentes no país, evitando também maiores custos de transação, o que certamente implicaria no desembolso maior do que o realizado para a resolução das disputas.

Recentemente, em 10 de dezembro de 2009, foi inaugurado o Programa de Indenização 447 ("PI 447"), para os beneficiários brasileiros e estrangeiros residentes no Brasil das vítimas do acidente de 31 de maio de 2009 com o vôo 447 da Air France, com a participação da empresa, suas seguradoras e autoridades de proteção e defesa do consumidor.[5]

Existem diversos exemplos internacionais[6] de programas extrajudiciais de indenização concebidos especificamente para conflitos complexos, entre os quais o emblemático "September 11th Compensation Fund of 2001", que distribuiu aproximadamente 9 bilhões de dólares a mais de 7.000 vítimas e beneficiários de vítimas do evento terrorista. O Brasil, todavia, antecipou-se à maioria das nações desenvolvidas

[3] Vide FALECK, Diego, "Introdução ao Design de Sistemas de Disputas: Câmara de Indenização 3054", Revista Brasileira de Arbitragem, IOB/CBAR, nº 23, jul-set, 2009.

[4] Idem.

[5] Vide www.programadeindenizacao447.com.br

[6] Exemplos: (i) "Vaccine Injury Compensation Program" (VICP), estabelecido em 1988 para compensar vítimas de danos em virtude de problemas com vacinação nos Estados Unidos; (ii) "MDL 926 Silicon Gel Breast Implant Settlement", programa de indenização criado para disputas em casos de implante de silicone nos Estados Unidos, http://www.implantclaims.com/plandocs/ANNEX%20B%20to%20SFA.pdf; (iii) "United Nations Compensation Comission", estabelecida em 1990, após a invasão do Kuwait pelo Iraque, que envolveu a indenização de requerentes de mais de 100 países diferentes, com base em critérios estabelecidos pelo Conselho de Segurança da Organização das Nações Unidas; e (iv) Asbestos Personal Injury Settlement Trust Distribution Procedures, supervisionado por um magistrado e criado para indenização de vítimas de contaminação por amianto, http://www.wastrust.org/pdf/trust_distribution_procedures.pdf.

e deu um grande passo em termos de utilização de sofisticados métodos alternativos para a resolução de disputas complexas, tornando-se exemplo mundial.

§ 1º O programa poderá ser proposto no curso de ação coletiva ou ainda que não haja processo em andamento, como forma de resolução consensual de controvérsias.

A proposta de programa extrajudicial de reparação de danos pode ser apresentada a qualquer tempo na ação coletiva. Ainda que não exista ação instaurada, entidades que tenham como objetivo antecipar-se à resolução de suas demandas, poderão propor o programa diretamente, por meio de petição dirigida ao juízo competente.

§ 2º O programa objetivará a prestação pecuniária ou a obrigação de fazer, mediante o estabelecimento de procedimentos a serem utilizados no atendimento e satisfação dos interesses e direitos referidos no *caput*.

Uma proposta de programa consubstanciado em uma obrigação de fazer deverá apresentar como detalhes seus objetivos, justificativas, métodos, custos, quando for o caso, e resultados esperados.

A apresentação de uma proposta de programa de indenização, por sua vez, deve contemplar uma série de fatores. O primeiro deles, obviamente, é o objetivo do programa. Em termos simples, o procedimento de um programa de indenização deve ser claro e compreensível, com o objetivo de (i) identificar os legitimados a receber indenização; (ii) atendê-los e ouvi-los; (iii) verificar seus documentos e informações; (iv) calcular o valor da indenização; e (v) efetuar o pagamento.

O programa deve estar baseado em critérios objetivos, que sirvam como parâmetros de referência para as indenizações. A utilização de critérios objetivos é capaz de evitar desgaste e superar satisfatoriamente muitos pontos de conflito em uma negociação.[7] Critérios objetivos ajudam a perceber o nível aspiracional e permitem transparência na estratégia de negociação. Trata-se de uma tática de comprometimento extremamente legítima, que ajuda na assertividade, apela para a imagem das pessoas e leva a um resultado concreto.

Os critérios objetivos normalmente podem ser baseados nos precedentes judiciais do Superior Tribunal de Justiça (STJ), tanto para a definição dos parâmetros referenciais para indenização quanto para a resolução de diversas questões e temas de direito que surjam ao longo das negociações.

A utilização de decisões do STJ com relação aos temas frequentes, precedentes de indenização e divisão de valores tem um importante papel para dar credibilidade ao sistema e orientar os beneficiários quanto aos seus direitos e possibilidades.

Um programa de indenização visa à criação de um ambiente *não adversarial*, em que as partes possam compor os próprios acordos, com controle de suas decisões, do desfecho da negociação e total autonomia. O ambiente é, de fato, *inquistório*, na medida em que cabe ao potencial beneficiário fornecer as informações ao demandado, para a busca da verdade, que deverá, então, avaliar a legitimidade e calcular o valor devido nos termos dos parâmetros definidos, sob o manto da supervisão judicial, como veremos abaixo.

A dignidade no tratamento das partes no procedimento é elemento fundamental para o sucesso do programa. Pleitos similares devem ser tratados com igualdade. As

[7] FISHER, Roger e URY, Willian. "Como chegar ao sim" , Rio de Janeiro: Imago, 1994., cap. 5.

partes devem ser ouvidas presencialmente, e suas preocupações e visões devem ser validadas. É necessário também os integrantes do sistema desenvolvam habilidades para lidar com as emoções dos beneficiários, sempre presentes, principalmente em casos de catástrofe. Por isso, a motivação e a habilidade interpessoal dos funcionários do programa são fatores que determinam o seu sucesso.

Outro ponto importante são os princípios que devem nortear o programa. Mais do que em qualquer outro cenário, nos casos de design de sistemas de disputas, princípios não podem ser palavras vazias. Ou o *designer* consegue de fato dar-lhes efetividade, ou o programa está fadado ao insucesso. Um programa de indenização extrajudicial deve se apoiar, obrigatoriamente, nos princípios da transparência, isonomia, eficiência, autonomia da vontade e razoabilidade.

A transparência é senão o mais importante fator para a criação de confiança, no sentido de permitir às partes conhecer previamente o sistema que irão ingressar e saber exatamente o que podem esperar dele. O esforço, então, deve ser empenhado em manter constantemente as partes informadas sobre os critérios, parâmetros e procedimentos do sistema de indenização, permitindo-lhes avaliar previamente a conveniência de participação.

A isonomia é outro fator que traz confiança ao programa. A negociação individual traz a impressão de que "quem chora mais, ganha mais", ou de que "quem pode mais, ganha mais", ou seja, de que negociadores mais assertivos e capacitados podem ter resultados melhores e que os beneficiários capazes de suportar o custo de advogados mais sofisticados teriam maior probabilidade de ter indenizações melhores. A isonomia de tratamento e procedimento garantida indistintamente a todos os legitimados e a certeza de que casos semelhantes serão tratados da mesma forma atribui credibilidade ao programa.

O programa deve ser permeado pela constante busca por eficiência. Não é qualquer sistema procedimental que é capaz de reduzir custos e cumprir a missão de atender coletivamente os beneficiários, apurar as informações apresentadas e calcular as indenizações em um curto espaço de tempo. A questão chave neste ponto reside no tratamento da informação para o cálculo dos valores. O programa deve utilizar formulários que organizam as informações necessárias para o cálculo da indenização, a definição prévia de documentos típicos e alternativos para comprovação de direitos, assim como a existência de uma unidade de atendimento pessoal para auxiliar os legitimados no preenchimento de informações e organização de seus pleitos.

Os valores de indenização em casos de responsabilidade civil são possíveis de serem conhecidos, já que as informações estão acessíveis e os dados podem ser coletados das decisões dos tribunais pátrios e aplicados por meio de uma fórmula para o cálculo. É interessante que o programa considere a padronização de indenizações e formas de comprovação, para evitar perícias, gasto de tempo e audiência.

Um programa de indenização é uma opção para o legitimado, respeitada a sua autonomia da vontade. Então, deve se consubstanciar em uma "boa" opção, confiável e baseada em valores dignos, que aprecie informações com razoabilidade. Apurar informação implica em custos (perícia, por exemplo). Tais custos podem ser evitados e revertidos para a melhoria da própria indenização.

Um programa extrajudicial implica em redução de custos de transação para o demandado, que evitará o gasto de cada uma das demandas individuais, incluindo honorários, perícias e custas judiciais. É natural que parte destes custos sejam revertidos para os próprios legitimados à indenização, por meio de maior flexibilidade na apuração de informações. Os legitimados, por seu turno, recebem a indenização em valor presente, sem os custos ou os riscos da demanda judicial.

Outros pontos que o regimento interno de um programa de indenização deve em regra contemplar, a título de exemplo, são: composição do programa (partes integrantes e seu papel), legitimidade, parâmetros de referência para indenizações, representação das partes, sede, duração, pendência de ação judicial, disseminação, procedimento, utilização de métodos alternativos de resolução de disputas, fontes de informação, confidencialidade, termo de validade de proposta e quitação de obrigações.

> § 3º Em se tratando de interesses ou direitos individuais homogêneos, o programa estabelecerá sistema de identificação de seus titulares e, na medida do possível, deverá envolver o maior número de partes interessadas e afetadas pela demanda.

O programa de indenização deverá primar pelo princípio institucional da inclusão, e empenhar esforços máximos para que o sistema cubra o maior número de situações possíveis para que a vasta maioria, senão a totalidade, dos beneficiários possam ter seus interesses atendidos. O programa também deve proporcionar cobertura ampla, no sentido de cobrir todos os danos devidos, independe da natureza, para evitar litígio em questões residuais, e assim efetivamente diminuir custos de transação.

Outra preocupação é a utilização de fontes centrais de reunião e disseminação de informações, que podem se dar por meio de sede fixa, central de atendimento telefônico e/ou sítio eletrônico, para assim possibilitar aos beneficiários a facilidade de acesso à informação, a compreensão do sistema e a transparência necessária ao êxito do programa.

> § 4º O procedimento poderá compreender as diversas modalidades de métodos alternativos de resolução de conflitos, para possibilitar a satisfação dos interesses e direitos referidos no *caput*, garantidos a neutralidade da condução ou supervisão e o sigilo.

No Brasil, os métodos alternativos de resolução de disputas adotavam invariavelmente uma das duas formas conhecidas: arbitragem ou mediação. Todavia, o enfoque mais moderno encompassa uma miríade de sistemas híbridos, que combinam elementos da arbitragem e de mediação. Entre as diversas modalidades existentes, citamos os seguintes exemplos:[8]

> (i) *Arb/Med*: modalidade híbrida em que o árbitro, antes de emitir o laudo, funciona como um mediador. Para garantir a integridade da arbitragem e, da mesma forma, permitir a exploração total das possibilidades da mediação, a prática se dá ao final da audiência na arbitragem, quando o laudo já foi minutado, mas antes de sua emissão. Isso garante que o resultado do laudo não possa ter sido influenciado pelas informações obtidas no processo de mediação;
>
> (ii) Arbitragem de Chegada (*Final Offer Arbitration*): nessa modalidade, cada parte submete sua proposta final, monetária, ao árbitro, que deverá apenas escolher uma das propostas, sem modificá-la. O raciocínio

[8] GOLDBERG, Stephen; SANDER, Frank *et. al.* "Dispute Resolution: Negotiation, Mediation, and Other Processes", Nova Iorque, NY: Ed. Aspen Law & Business, 2ª ed. 1992, cap. 5, p. 301, "Combining and Applying the Basic Processes".

por trás de tal procedimento é o incentivo criado para que as partes sejam mais razoáveis em suas propostas, na espera de que ela seja escolhida;

(iii) Arbitragem Não-Vinculante: modalidade em que o laudo oferecido não vincula as partes, mas apenas oferece esclarecimentos objetivos sobre as questões técnicas e alternativas, para que as partes compreendam melhor a dimensão e os limites de sua demanda;

(iv) Avaliação Neutra e Prévia (*Early Neutral Evaluation*): avaliação profissional e franca da demanda por um observador neutro e objetivo, usada em casos de expectativas discrepantes e avaliações relativas distantes, que podem impedir ou travar uma negociação, já firmada em posições;

(v) Mini-trial: procedimento híbrido, pelo qual as partes apresentam seu caso a um painel de respresentantes selecionados pelas partes, ou para um neutro ou ambos. As apresentações são limitadas e, ao final, os representantes e/ou neutros se reúnem para conferência. O procedimento serve para a avaliação da qualidade do caso em relação aos obstáculos que podem ser trazidos pela parte adversa, com o enfoque para que a resolução se dê pelo viés comercial, e não jurídico.

(vi) Escuta Confidencial: procedimento em que uma parte neutra colhe informações confidenciais das duas partes e avalia se há zona de acordo possível na negociação.

Estes são apenas exemplos de mecanismos que podem ampliar o espectro de alternativas e possibilitar às partes lidar com uma disputa aparentemente intratável. Tais mecanismos podem ser utilizados para a construção sob medida de sistemas capazes de lidar com as características únicas de um determinado conflito. A CI 3054 e o PI 447 foram construídos com o objetivo de manter as partes em negociação baseada em interesses e, com pioneirismo no país, utilizaram-se, por exemplo, de avaliação neutra e prévia, mediação e arbitragem não vinculante, para manter as partes em diálogo e permitir a solução das controvérsias de forma amigável.

Art. 58. A proposta poderá ser apresentada unilateralmente ou em conjunto com o legitimado ativo, no caso de processo em curso, ou com qualquer legitimado à ação coletiva, no caso de inexistir processo em andamento.

Para o sucesso do sistema, é necessário identificar quais são as partes interessadas e afetadas e entender os interesses de cada uma delas, voltando-se para as suas preocupações, medos, vontades e desejos, assim como suas alternativas, recursos e capacidades, para determinar quais os incentivos que elas teriam para participar de um programa.

A condição *sine qua non* de um programa extrajudicial ser bem sucedido é a existência de zona de acordo possível[9] entre as pretensões de todas as partes interessadas e afetadas, seguida da construção de um verdadeiro sistema ganha/ganha sobre este terreno. Os problemas encontrados serão enfrentados não apenas sob o enfoque jurídico, mas também sob o enfoque psicológico e econômico e com a utilização de métodos analíticos tais como análise de decisão, teoria dos jogos,[10] finanças, contabilidade, entre outros.

Hoje em dia, empresas já estão mais do que cientes de que resolver disputas por meios extrajudiciais pode ser, em muitas hipóteses, menos custoso do que postergá-las indefinidamente, com a adição dos custos das demandas judiciais e juros legais. Não são raros os exemplos de demandas inescapáveis às empresas, em que, mesmo deixando-se de lado indagações sobre a preocupação de empresas com o bem-es-

[9] Sobre a definição de ZOPA (Zona de Acordo Possível) e demais conceitos-chave para a preparação à negociação, vide: MNOOKIN, Robert H.; PEPPET, Scott R.; TULUMELLO, Andrew S. "Beyond Winning: Negotiating to Create Value in Deals and Disputes." Harvard University Press 2000, p. 19.

[10] Sobre Teoria dos Jogos e Análise de Decisão para resolução de disputas, vide KAPLOW, Louis; SHAVELL, Seteven; "Decision Analysis, Game Theory and Information." New York, Foundation Press, 2004.

tar de consumidores, do meio ambiente e sobre sua própria imagem, a mera análise racional de custos revela que se antecipar à resolução do problema pode ser muito menos custoso. A questão, de fato, é casuística, mas é fato que os incentivos devem estar alinhados para que a negociação para a criação de um programa frutifique.

Por fim, ainda que a proposta possa ser unilateral, quanto maior a participação de partes interessadas e afetadas, maior a chance de sucesso do procedimento.

Art. 59. Apresentado o programa, as partes terão o prazo de cento e vinte dias para a negociação, prorrogável por igual período, se houver consentimento de ambas.

Apresentada a proposta, as partes interessadas e afetadas, ou representantes destas que desejem se manifestar, poderão negociar os termos do programa, e o próprio juiz poderá sugerir adequações com relação aos seus termos, exigências e critérios de legitimidade e de referência para pagamento de indenizações.

Art. 60. O acordo que estabelecer o programa deverá necessariamente ser submetido à homologação judicial, após prévia manifestação do Ministério Público.

Criado o consenso, o conjunto de princípios e regras acordados pelas partes envolvidas para o funcionamento do sistema deve ser positivado e homologado pelo juiz, após a manifestação do Ministério Público. Assim, o demandado vincula-se à estrita observância dos termos e condições estabelecidas no regimento interno do programa, homologado judicialmente. Trata-se de sofisticado mecanismo de regulação conjunta entre Estado e particular. O demandado, antes exercendo seu direito de defesa, passa a se obrigar a regras por livre e espontânea vontade, visando com isso o seu próprio benefício para a resolução de um conflito coletivo. A homologação judicial, com a prévia manifestação favorável do Ministério Público, atribui legitimidade ao programa, e com isso, viabiliza o ingresso de um maior número de beneficiários.

Como já dissemos, indenizar não é tão fácil quanto se imagina. Existe uma séria desconfiança de que as empresas responsáveis pela indenização, normalmente muito bem assessoradas e com vantagem de informação e poder em relação aos indivíduos hipossuficientes, tenham comportamento oportunista. Por outro lado, as expectativas dos beneficiários são normalmente exageradas. Barreiras psicológicas e cognitivas precisam ser enfrentadas para a conclusão de acordos. Não raro, mesmo que as empresas ofereçam o pagamento de um valor "justo" ou até mais do que isso, a tendência do beneficiário da vítima é desconfiar de tal valor e, mesmo assim, exigir mais, normalmente cifras irreais quando comparadas ao que poderia ser obtido por meio de uma condenação judicial em uma ação totalmente exitosa. Nestes casos, o indenizador, analisando os riscos particulares do litígio e a decisão de fazer ou não o acordo, tem na via judicial uma opção mais vantajosa do que a concessão extrema a uma parte inflexível.

Em outras palavras, pelo sistema que hoje prevalece, a cruzada judicial é inescapável para a maioria dos casos, apesar de todo o discurso sobre a ineficiência e a lentidão do Poder Judiciário, que já cansou os ouvidos dos brasileiros, que compreendem muito bem os gastos excessivos, a espera de uma década ou mais por um desfecho e o alto grau de incerteza quanto ao resultado que esta via implica.

Uma importante técnica para atingir legitimidade em um programa é procurar meios para atingir consenso pela aprovação geral.[11] A legitimidade pode derivar de paradigmas de medição geralmente aceitos pela sociedade, como, por exemplo, o sucesso de programas de resolução de disputas anteriores, participação do governo, condução do programa por *experts*, e programas que tenham a participação de profissionais de alta respeitabilidade em seus meios de atuação.[12]

A participação de órgãos do governo é um elemento chave para proporcionar legitimidade ao sistema. Em regra, quanto maior a participação governamental, mais legítimo é o sistema. É inegável que a participação do Judiciário e do Ministério Público, ainda que apenas homologando e supervisionando o programa, e a consequente chancela de parâmetros e procedimentos, proporciona aos beneficiários maior conforto, liberando-os para focar mais na resolução da questão em si do que em preocupações com a adequação e conformidade das propostas e do tratamento que lhes será dado.

Assim, tanto o demandado, que resolve suas pendências com maior eficiência, quanto as partes, que recebem suas indenizações em valores dignos, sem custos nem riscos, e o próprio Judiciário, que com gasto muito menor de energia e recursos, resolve um maior número de demandas, saem ganhando. Essa é a inteligência básica que permeia o capítulo em análise.

> Art. 61. A liquidação e execução do programa homologado judicialmente contarão com a supervisão do juiz, que poderá designar auxiliares técnicos, peritos ou observadores para assisti-lo.

Nas palavras de Stephen McGovern, o *Special Master* nomeado judicialmente para a criação de uma câmara de indenização para as vítimas de contaminação por amianto nos Estados Unidos na década de 90:

> Courts should maintain, and the operators of the facility should desire, continuing judicial supervision. Transparency in reporting and accountability in outcomes are critical checks to ensure the ongoing legitimacy of a facility.[13]

Sob o mesmo princípio explicitado no comentário ao artigo anterior, quanto maior a participação da autoridade judicial na supervisão do sistema e no acompanhamento do cumprimento do regimento interno homologado, maior a legitimidade e transparência do programa, assim como maior a chance de seu sucesso.

Para tal supervisão, o juiz poderá nomear seus *longa manus*, que poderão desempenhar diversos papéis, dependendo do modelo concebido, que podem variar desde a atuação como mediadores ou avaliadores, ao papel de observar o cumprimento do regimento pelas empresas indenizadoras e reportar, por meio de relatório circunstanciado, os casos de dúvida ou descumprimento pontual por parte destas, ou mesmo conduzir o andamento do programa.

---

[11] MCGOVERN, Francis, "The What and Why of Claims Resolution Facilities", Stanford Law Review, 2005, p. 1377.

[12] A "United Nations Compensation Commission", nota supra 3, por exemplo, contou com a participação, na qualidade de membros da comissão, de juristas, árbitros e autoridades governamentais de alta respeitabilidade.

[13] MCGOVERN, Francis, "The What and Why of Claims Resolution Facilities", Stanford Law Review, 2005, p. 1387.

Conclusão

Como é certo que a chuva cairá, disputas ocorrerão. O papel do legislador é o de criar, por meio de mecanismos eficientes e legítimos, sistemas para que a água desta chuva de conflitos escoe com o menor transtorno possível para a sociedade.

Nesse sentido, andou bem o legislador, que, sensível à crescente percepção que indivíduos, instituições, organizações e nações têm acerca dos custos incrementais para a resolução de disputas, de ordem econômica, humana e relacional, permitiu à sociedade um caminho mais eficiente e eficaz para potenciais demandantes prevenirem, gerenciarem e resolverem os seus conflitos. O projeto de lei abre uma via promissora para se evitar custos de transação e trazer maior satisfação e participação para as partes envolvidas em demandas coletivas. Por outro lado, o projeto permite que a sociedade vivencie exemplos de cidadania, responsabilidade social e honestidade empresarial.

Referências bibliográficas

ACKERMAN, Robert M., "The September 11th Victim Compensation Fund: An Effective Administrative Response to a National Tragedy", Harvard Negotiation Law Review, Vol. 10, Spring 2005.

ALEXANDER, Janet Cooper. "Procedural Design and Terror Victim Compensation", DePaul Law Review, Vol. 53, Winter 2003.

BORDONE, Robert C., MOFFIT, Michael L., "The Handbook of Dispute Resolution", Jossey-Bass Press, 2005.

CONSTANTINO, Cathy A.; SICKLES-MERCHANT, Christina, "Designing Conflict Management Systems: A Guide to Creating Productive and Healthy Organizations"

FALECK, Diego, "Introdução ao Design de Sistemas de Disputas: Câmara de Indenização 3054", Revista Brasileira de Arbitragem, IOB/CBAR, nº 23, jul-set, 2009.

FISHER, Roger; SHAPIRO, Daniel. "Beyond Reason." New York: Viking, 2005.

——; URY, William. "Como chegar ao sim." Rio de Janeiro: Imago, 1994.

GOLDBERG, Stephen, SANDER, Frank *et. al.* "Dispute Resolution: Negotiation, Mediation, and Other Processes." Nova Iorque, NY: Ed. Aspen Law & Business, 2ª ed. 1992.

KAPLOW, Louis; SHAVELL, Seteven; "Decision Analysis, Game Theory and Information." New York, Foundation Press, 2004."

McGOVERN, Francis, "The What and Why of Claims Resolution Facilities", Stanford Law Review, 2005.

MNOOKIN, Robert H.; GREENBERG, J.. "Lessons of the IBM-Fujitsu Arbitration: How Disputants Can Work Together to Solve Deeper Conflicts". Dispute Resolution Magazine, Spring 1998.

——; PEPPET, Scott R.; TULUMELLO, Andrew S. "Beyond Winning: Negotiating to Create Value in Deals and Disputes." Harvard University Press 2000.

SANDER, Frank E. A., "Varieties of Dispute Processing", 70 F.R.D. 111, 130-31, 1976.

SHARIFF, Khalil Z., "Designing Institutions to Manage Conflict: Principles for the Problem Solving Organization", Harvard Negotiation Law Review, vol. 8, Spring 2003.

STONE, Douglas; PATTON, Bruce; HEEN SHEILA. "Conversas Difíceis", Campus, 2006.

URY, William L.; BRETT, Jeanne M.; GOLDBERG, Stephen B.. "Getting Disputes Resolved: Designing Systems to Cut the Costs of Conflict". Cambridge, PON Books.

— 12 —

Aspectos do mandado de segurança coletivo à luz da Lei 12.016/09

EDUARDO ARRUDA ALVIM

Doutor e Mestre em Direito pela Pontifícia Universidade Católica de São Paulo – PUC/SP. Professor da PUC/SP (graduação e especialização) e da FADISP – Faculdade Autônoma de Direito de São Paulo (doutorado, mestrado e bacharelado). Membro do Instituto Brasileiro de Direito Processual. Membro do Instituto Iberoamericano de Derecho Procesal. Advogado em São Paulo, Rio de Janeiro, Brasília e Porto Alegre.

1. Generalidades a respeito do mandado de segurança coletivo

O objeto do presente estudo consiste em examinar a figura do mandado de segurança coletivo, notadamente após a entrada em vigor da Lei 12.016/09, que passou a disciplinar essa importante ação constitucional em âmbito infraconstitucional.

Como alerta com percuciência Lourival Gonçalves de Oliveira, a adoção da figura do mandado de segurança coletivo, pelo legislador constituinte de 1988 veio atender antiga reivindicação da doutrina, defendida há muito por Celso Agrícola Barbi.[1] Esse autor – Lourival Gonçalves de Oliveira – menciona, em seu trabalho, dois precedentes do STF, que admitiram, antes do advento da CF/88, impetração de mandado de segurança por sindicato e por órgão ou associação de classe, no interesse da respectiva categoria.[2]

Todavia, o entendimento absolutamente predominante, antes do advento da CF/88, era bastante restritivo, interpretando-se, por exemplo, o art. 513, "a", da CLT como aplicando-se apenas à representação dos sindicatos perante a Justiça trabalhista, não lhes permitindo [aos sindicatos] ingressar com mandado de segurança em nome dos associados.[3]

[1] Cf. Lourival Gonçalves de Oliveira, "Interesse Processual e Mandado de Segurança Coletivo", *in RePro* 56/75 e ss.

[2] RTJ 54/71 e RTJ 89/397. Neste último julgado, relatado pelo Min. Décio Miranda, consta o seguinte trecho da ementa: "Ordem dos Advogados. Autorizada pelo Estatuto a representar em juízo e fora dele os interesses gerais da classe (Lei nº 4.215, de 27/04/63, art. 1º, § 1º), não se pode recusar à Ordem dos Advogados legitimidade para requerer mandado de segurança contra ato administrativo que considera lesivo à coletividade dos advogados".

[3] É o que alerta Uadi Lamêgo Boulos, *Mandado de Segurança Coletivo e Outros Estudos*, p. 34.

A CF/88 trata da figura do mandado de segurança coletivo no inc. LXX do art. 5º.[4] Em âmbito infraconstitucional, o mandado de segurança coletivo é disciplinado pela Lei 12.016/09, mais especificamente, nos arts. 21 e 22 do aludido diploma legal. Desde logo, observe-se, porém, que nas alíneas "a" e "b" de referido inciso, a Constituição não tratou senão dos aspectos atinentes à legitimidade para impetração do mandado de segurança coletivo.[5] O art. 21, *caput*, da Lei 12.016/09 repetiu o rol de legitimados constante das alíneas *a* e *b* do art. 5º, LXX, da Constituição Federal.

Isto quer dizer que os requisitos de direito material plasmados no Texto Constitucional para a admissibilidade do mandado de segurança individual devem estar igualmente presentes na hipótese de mandado de segurança coletivo, referindo-se, o inc. LXIX, tanto a uma como a outra modalidades.[6]

Dessa precisa opinião, Nelson Nery Jr., anotando que o inciso LXX é regra exclusivamente processual, pois que diz respeito à legitimação ativa dos partidos políticos e outras entidades associativas.[7] [8] Outro autor – Ivan Lira de Carvalho – é feliz ao afirmar: "A umbilicalidade entre o mandado de segurança individual e o coletivo é tão evidente que o constituinte poupou-se de definir o contorno do remédio do inciso LXX do art. 5º da CF, posto que já o fizera no inciso LXIX".[9]

É certo, todavia, que a legitimação para o mandado de segurança coletivo, no caso da alínea "b" do inciso LXX, exige que estejam em pauta interesses dos membros ou associados. O art. 21, *caput,* da Lei 12.016/09, de seu turno, estabelece que o mandado de segurança coletivo poderá ser impetrado por esses legitimados, em

---

[4] José Rogério Cruz e Tucci, *"Class Action" e Mandado de Segurança Coletivo*, p. 37, observa com pertinência que a figura do mandado de segurança coletivo, estampada no texto constitucional de 1988, na verdade, é conseqüência das "atuais tendências de socialização do processo (...) no sentido de admissão de controvérsias supra-individuais sobre relação jurídica, não estritamente individualizada, mas versando acerca de interesses de grupos ou categorias de pessoas (...)".

[5] Problema intricado é o de saber se o rol de legitimados à propositura do mandado de segurança coletivo previsto no inc. LXX e no art. 21, *caput* da Lei 12.016/09, é ou não exaustivo. Afigura-se-nos existirem bons argumentos para se concluir pela resposta negativa. Com efeito, o art. 129, incs. I, II e III, confere atribuições amplíssimas ao Ministério Público, cabendo-lhe, por exemplo, zelar pelo "meio ambiente e (...) outros interesses difusos e coletivos". Quer nos parecer que a interpretação sistemática da Constituição conjugando o disposto nesse art. 129 com os incs. LXIX e LXX do art. 5º conduz à inexorável conclusão de que a enumeração prevista no inc. LXX do art. 5º é apenas enunciativa e não exaustiva. Essa afirmação compatibiliza-se perfeitamente com a legislação infraconstitucional. Deveras, o art. 83 do Código do Consumidor (Lei 8.078/90) dispõe textualmente: "Para a defesa dos direitos e interesses protegidos por este Código são admissíveis todas as espécies de ações capazes de propiciar sua adequada e efetiva tutela". De outro lado, como é cediço, o sistema do Código do Consumidor aplica-se, no que não for incompatível, às normas do CPC e da Lei nº 7.347/85. Ora, no plano da legislação infraconstitucional, verifica-se portanto que o Ministério Público poderá mover qualquer ação visando a tutela de interesses difusos e coletivos, inclusive, se configurados os pressupostos a tanto necessários, a ação de mandado de segurança. Não se está aqui pretendendo interpretar a Constituição a partir da legislação infraconstitucional. O que se está procurando demonstrar é que já a partir da própria Constituição a impetração de mandado de segurança pelo Ministério Público, objetivando a tutela de interesses coletivos ou difusos é perfeitamente possível e que essa assertiva é perfeitamente compatível com a legislação infraconstitucional editada após o advento da CF/88. Essa, a interpretação que deflui inequivocamente, em nosso entender, da conjugação dos arts. 127, *caput*, 129, incisos III e V, e 225, *caput*, da Constituição Federal. Impõe-se, pois, a conclusão de que o rol de legitimados do inc. LXX do art. 5º é apenas enunciativo. No sentido de que o órgão do Ministério Público tem legitimidade para impetração de mandado de segurança coletivo, a iterativa orientação do STJ (v., a propósito, STJ, REsp 586307/MT, Rel. Min. Luiz Fux, 1ª Turma, j. 14/09/2004, DJ 30/09/2004, com referência a inúmeros outros precedentes daquela Corte Superior). Nesse sentido, Celso Antonio Fiorillo, Marcelo Abelha Rodrigues e Rosa Maria Andrade Nery, *Direito Processual Ambiental Brasileiro*, p. 198 e ss.

[6] Essa, a posição de Lúcia Valle Figueiredo, *Mandado de Segurança*, 5ª ed., São Paulo: Malheiros, 2004, p. 30.

[7] Cf. Nelson Nery Jr., "Parecer sobre Mandado de Segurança Coletivo", *in: RePro* 57/150, especialmente à p. 155.

[8] Essa é também a opinião de Luiz Rodrigues Wambier, *Tutela Jurisdicional das Liberdades Públicas*, p. 97

[9] Cf. Ivan Lira de Carvalho, "Mandado de segurança coletivo e partidos políticos", *in: RTDP* 6/200 e ss., especialmente à p. 205.

defesa de direitos líquidos e certos da totalidade, ou de parte, dos seus membros ou associados, na forma de seus estatutos e desde que pertinentes às suas finalidades. Trataremos adiante com detença desse requisito, que é indispensável para a aferição da existência ou não de legitimação *ad causam* de mandado de segurança coletivo na hipótese da alínea "b" do inc. LXX do art. 5º do Texto Constitucional e do art. 21, *caput*, da Lei 12.016/09.

Esta afirmação (de que os requisitos estampados no inciso LXIX aplicam-se também ao mandado de segurança coletivo) tem especial referibilidade no tocante à exigência de que se trate de direito líquido e certo. Com efeito, trate-se de mandado de segurança coletivo ou individual, o certo é que a via angusta do mandado de segurança não se compadece com a necessidade de dilação probatória, exigindo sempre que se trate de direito líquido e certo.[10] O art. 21, *caput*, da Lei 12.016/09, inclusive, veio a confirmar essa orientação. A circunstância de aludirmos em determinadas passagens deste capítulo a "interesses difusos, coletivos e individuais homogêneos" obviamente não nos afasta dessa concepção nuclear. A utilização do mandado de segurança, individual ou coletivo, pressupõe a existência de prova documental exauriente acostada à petição inicial. Aliás, a doutrina tem entendido que as expressões "interesses" e "direitos", nesse contexto, devem ser havidas como sinônimas.[11]

José Rogério Cruz e Tucci, com acerto, explica que para a admissibilidade do mandado de segurança coletivo também é necessário que se trate de direito líquido e certo, que haja lesão ou ameaça de lesão decorrente de ilegalidade ou abuso de poder, e, ainda, que a atuação ou omissão combatidas por intermédio do mandado de segurança sejam de autoridade pública ou agente de pessoa jurídica no exercício de atribuições do Poder Público.[12]

O que se quis dizer, em síntese, é que a Constituição, ao criar a figura do mandado de segurança coletivo, inovou apenas quanto à legitimidade, de tal sorte que o "mandado de segurança coletivo é o mesmo mandado de segurança do inc. LXIX do art. 5º da CF de 1.988, somado à peculiaridade de que a *legitimatio ad processum* para sua impetração é conferida a entidades e partidos políticos com representação no Congresso Nacional, isto é, com uma legitimação não individual para a causa".[13]

---

[10] Nesse sentido, julgado do TARS, denegando a segurança que havia sido concedida em primeiro grau, assim ementado: "MANDADO DE SEGURANÇA COLETIVO. DIREITO LÍQUIDO E CERTO. O direito deve estar assentado em fato incontroverso, independente de dilação probatória. Se houver dúvida e dependendo de ulterior comprovação, mostra-se inviável o remédio constitucional. Segurança denegada" (JTARS 84/279). Algumas vozes isoladas procuraram, em nosso sentir sem razão, distinguir as hipóteses dos incisos LXIX e LXX, ao argumento de que alínea "b" alude a "interesses de seus membros ou associados", não fazendo menção a "direito líquido e certo". A melhor interpretação parece ser, todavia, sem dúvida, aquela que exige – na linha do julgado acima referido – que tanto num como noutro caso, para que caiba o mandado de segurança, é necessário que se trate de direito líquido e certo, *i.e.*, demonstrável documentalmente, de plano, sem necessidade de dilação probatória. Assim também, Nelson Nery Jr. e Rosa Nery, *Constituição Federal comentada e legislação constitucional*, São Paulo: RT, 2006, p. 139, nota 67 ao art. 5º e Celso Antônio Pacheco Fiorillo, *Os Sindicatos e a Defesa dos Interesses Difusos*, p. 126. Em caso de necessidade de dilação probatória, deverá ser decretada a carência do mandado de segurança coletivo, conforme reiteradamente vem decidindo o STJ (RSTJ 4/133; RSTJ 3/195; MS 1.043-DF, Rel. Min. Garcia Vieira, DJ 09/03/92). Essa orientação, conforme dito, veio a ser acolhida pela recente Lei 12.016/09.

[11] Nesse sentido, Kazuo Watanabe afirma que "os termos 'interesses' e 'direitos' foram utilizados como sinônimos, certo é que, a partir do momento em que passam a ser amparados pelo direito, os 'interesses' assumem o mesmo *status* de 'direitos', desaparecendo qualquer razão prática, e mesmo teórica, para uma diferenciação ontológica entre eles" (Cf. *Código Brasileiro de Defesa do Consumidor comentado pelos autores do anteprojeto*, 8ª ed., Rio de Janeiro: Forense, 2004, p. 800). Perfilha esse entendimento Hermes Zaneti Júnior, *Mandado de segurança coletivo*, Porto Alegre: Sergio Antonio Fabris, 2001, p. 67.

[12] Cf. José Rogério Cruz e Tucci, *"Class Action" e Mandado de Segurança Coletivo*, p. 39.

[13] Cf. Nelson Nery Jr., "Parecer sobre Mandado de Segurança Coletivo", *in: RePro* 57/150 especialmente a p. 153.

Assim, os demais requisitos para o cabimento do mandado de segurança coletivo são os mesmos que aqueles exigidos para o cabimento do mandado de segurança individual. É verdade que a Lei 12.016/09 passou a disciplinar o mandado de segurança coletivo no âmbito infraconstitucional. As peculiaridades constantes dessa regulamentação serão analisadas nesse breve trabalho.

Com efeito, como se verá adiante, o mandado de segurança coletivo apresenta especificidades outras em relação ao mandado de segurança individual, decorrentes, em última análise, da legitimidade para sua propositura.

Por outro lado, a exigência de lesividade ou ameaça de lesividade em concreto (para que não haja impetração contra lei em tese) – sem a qual inexiste interesse processual na ação de mandado de segurança – não pode ser entendida da mesma forma em se tratando de mandado de segurança coletivo, uma vez que justamente por se tratar de mandado de segurança coletivo, e não individual, a exigência de que haja lesão (ou a ameaça de lesão) não pode ser individualmente avaliada, isto é, não pode ser aferida somente pelo prisma individual.[14]

O procedimento do mandado de segurança coletivo, como um todo, é regrado pela mesma Lei nº 12.016/09, que veio a revogar a Lei 1.533/51, diploma esse que há quase sessenta anos regulamentava, em nível infraconstitucional, o mandado de segurança individual.[15] Tenha-se presente, todavia, o art. 21 da Lei nº 7.347/85, com a redação que lhe foi dada pela Lei nº 8.078/90 (Código de Defesa do Consumidor), que dispõe que "aplicam-se à defesa dos direitos e interesses difusos, coletivos e individuais, no que for cabível, os dispositivos do Título III da lei que instituiu o Código de Defesa do Consumidor". Cuidaremos adiante das implicações desse art. 21 da Lei nº 7.347/85.

2. Legitimidade ativa

A CF/88 outorgou legitimação ativa para a impetração de mandado de segurança coletivo a "partido político com representação no Congresso Nacional" (alínea "a" do inc. LXX do art. 5º) e à "organização sindical, entidade de classe ou associação legalmente constituída e em funcionamento há pelo menos um ano, em defesa dos interesses de seus membros ou associados" (alínea "b" do inc. LXX do art. 5º). O art. 21, *caput*, da Lei 12.016/09, confere legitimação a "partido político com representação no Congresso Nacional, na defesa de seus interesses legítimos relativos a seus integrantes ou à finalidade partidária, ou por organização sindical, entidade de classe ou associação legalmente constituída e em funcionamento há, pelo menos, 1 (um) ano, em defesa de direitos líquidos e certos da totalidade, ou de parte, dos seus membros ou associados, na forma dos seus estatutos e desde que pertinentes as suas finalidades, dispensada, para tanto, autorização especial". Vejamos cada uma dessas hipóteses.

---

[14] O ponto ora sob foco é invulgarmente explorado por Lúcia Valle Figueiredo, *Mandado de Segurança*, 5ª ed., São Paulo: Malheiros, 2004, p. 46-49.

[15] Mesmo porque, em face da regra insculpida no § 1º do art. 5º da CF, que confere aplicabilidade imediata às normas definidoras dos direitos e garantias fundamentais, não se poderia cogitar de negar aplicabilidade imediata ao mandado de segurança coletivo, ainda que inexistisse, antes da entrada em vigor da Lei 12.016/09, lei específica em nível infraconstitucional regulamentando o instituto. Ademais, como se disse, o mandado de segurança coletivo, disciplinado no inc. LXX é, na verdade, o mesmo mandado de segurança individual de que trata o inc. LXIX com legitimação não individual para a causa.

2.1. *Alínea "b" do inciso LXX do art. 5º da Constituição Federal*

Por tal dispositivo, são legitimados a impetrar mandado de segurança coletivo, como dito acima, a organização sindical, a entidade de classe, ou a associação legalmente constituída e em funcionamento há mais de um ano.[16] O requisito da existência há mais de ano, no caso da alínea "b", tem o claro escopo de evitar com que, artificialmente, sejam criadas "de indústria" associações visando impugnar apenas uma determinada situação concreta.[17]

A legitimação das associações com base no preceito aqui considerado distingue-se daquela outorgada às *entidades associativas* pelo inc. XXI do art. 5º da CF/88.[18] Ali, trata a Carta Maior de hipótese de representação,[19] *i.e.*, a associação defende em juízo afirmação de direito *alheio*, em nome *alheio,* para o que existe necessidade de autorização específica. No caso de mandado de segurança coletivo, diversamente, não há representação, pois que a associação age em nome próprio, ainda que perseguindo afirmação de direito alheio. Referida legitimação assemelha-se à legitimação extraordinária na modalidade substituição processual, mas com esta guarda algumas distinções importantes, que serão por nós a seguir esmiuçadas.[20] [21] [22] [23]

[16] No que pertine à legitimidade aqui outorgada aos sindicatos, afigura-se-nos que essa legitimação já decorreria, em última análise, do art. 8º, inc. III, da CF/88.

[17] V., a propósito, Lúcia Valle Figueiredo, *Mandado de Segurança*, 5ª ed., São Paulo: Malheiros, 2004, p. 37-38: "Deveras, constituída legalmente a associação, sua finalidade é a defesa dos interesses primários do grupo. A defesa permanente. Não a ocasional, ou a de 'grupinhos', que a eventualidade houvesse motivado à agremiação. A obrigatoriedade de constituição há mais de um ano elide situações que tais".

[18] CF/88, art. 5º, XXI: "As entidades associativas, quando expressamente autorizadas, têm legitimidade para representar seus filiados judicial ou extrajudicialmente".

[19] Anote-se, por oportuno, que a doutrina não é unânime na interpretação do art. 5º, XXI. Cumpre apenas citar algumas opiniões, *pois que a análise de tal dispositivo tem pertinência apenas e tão somente para melhor situar aquele que é o foco de nossos interesses que é o inciso LXX*. Há quem se posicione no sentido de que tal regra consubstancia caso de substituição processual, ao passo que outros autores, como nós dentre eles, entendem tratar-se de caso de representação, *i.e.*, de hipótese em que a entidade associativa funciona como verdadeiro *órgão* de manifestação da vontade dos associados. Os tribunais, por seu turno, têm entendido tratar-se, a hipótese do art. 5º, XXI, de representação. Já a hipótese do art. 8, III, da CF/88 vem sendo entendida como hipótese de substituição processual. Nesse sentido: "(...). O art. 8º, inciso III, da Constituição Federal confere aos sindicatos ampla legitimidade extraordinária para defenderem em juízo os direitos da categoria, inclusive em liquidação e execução de sentença, tratando-se de substituição e não de representação processual, sendo, por esse motivo, desnecessária qualquer autorização dos substituídos. Precedentes" (STJ, AgRg no REsp 936.579/RN, Rel. Min. Laurita Vaz, 5ª Turma, j. 23/04/2009, DJe 18/05/2009). No mesmo sentido: STJ, REsp 876.812/RS, Rel. Min. Luiz Fux, 1ª Turma, j. 11/11/2008, DJe 01/12/2008; STJ, REsp 760.840/RS, Rel. Min. Luiz Fux, 1ª Turma, j. 16/09/2008, DJe 02/10/2008.

[20] Sem que entremos em maiores discussões sobre o instituto da substituição processual – expressão atribuída a Chiovenda, para referir-se a alguém que age em juízo em nome próprio defendendo direito alheio – o que refugiria por completo dos objetivos deste trabalho, cumpre-nos ter presente a regra estampada no art. 6º do CPC: "Ninguém poderá pleitear em nome próprio direito alheio, salvo quando autorizado por lei".

[21] Ada Pellegrini Grinover, "Mandado de segurança coletivo: legitimação e objeto", *in: RePro* 57/96 e ss., especialmente à p. 98, entende que, quando as entidades estejam buscando em juízo seus próprios interesses institucionais (proteção ao meio ambiente, aos consumidores etc.), a legitimação é verdadeiramente ordinária, ao passo que, se estiverem agindo em defesa de seus membros, tratar-se-á de legitimação extraordinária. Alfredo Buzaid, *Considerações sobre o Mandado de Segurança Coletivo*, p. 61 e ss., também admite essa duplicidade. Não nos parece que seja correto esse raciocínio. Quer-nos parecer que o mandado de segurança coletivo haverá de ser impetrado, sempre, no interesse dos associados.

[22] Ernane Fidélis dos Santos, "Mandado de segurança individual e coletivo – legitimação e interesse", *in: Mandados de segurança e de injunção*, coord. Min. Sálvio de Figueiredo Teixeira, p. 129; trabalho também publicado na AJURIS 45/25-35; trecho transcrito da p. 30, também entende que as alíneas "a" e "b" do inciso LXX do art. 5º encerram hipóteses de substituição processual ao escrever: "Ao falar em 'mandado de segurança coletivo', a lei, em verdade, está a afirmar a existência de figura processual para defesa de direitos comuns a toda uma coletividade, criando legitimação anômala, isto é, permitindo que pessoas outras pleiteiem reconhecimento de pretensão alheia".

Para que possamos prosseguir, é preciso que tenhamos em mente que impetração de mandado de segurança coletivo pode abranger tanto interesses difusos, como coletivos *stricto sensu*, como ainda individuais homogêneos. Estes últimos constituem-se em interesses puramente individuais, mas que, pela dimensão que assumem, podem ser tratados coletivamente.

Com efeito, parece sustentável que nada obstante o silêncio dos incisos I e II do parágrafo único do art. 21 da Lei 12.016/09, que tratam apenas dos direitos coletivos e individuais homogêneos, cabe, em tese, mandado de segurança também para a tutela de direitos difusos.

Interpretação diferente angustiaria indevidamente a importância que o legislador constituinte conferiu ao mandado de segurança e, em particular, ao mandado de segurança coletivo. Com efeito, não há porque negar o cabimento do mandado de segurança coletivo para impugnar, por exemplo, ato administrativo que provoque danos ambientais.[24] [25] Todavia, não podemos deixar de mencionar que há controvérsia na

---

[23] Nesse sentido, bem fundamentado acórdão do STF inserto em RTJ 150/104 e ss. (RMS 21.514, Rel. Min. Marco Aurélio).

[24] No sentido de que cabe mandado de segurança coletivo para tutelar direitos difusos, coletivos *stricto sensu* e individuais homogêneos, antes do advento da Lei 12.016/09, dizem Nelson Nery Junior e Rosa Nery que "O MSC se presta à tutela de direito difuso, coletivo ou individual" (Cf. *Constituição Federal comentada e legislação constitucional*, São Paulo: RT, 2006, p. 139). Em outro trabalho de autoria de Nelson Nery Jr., diz o renomado jurista que "O artigo comentado [CDC, art. 177] manda aplicar o Título III do CDC às ações que versem sobre direito e interesses difusos, coletivos e individuais. Enquanto não for editada norma que regule o procedimento do mandado de segurança coletivo, a essa ação pode ser aplicado o sistema do CDC e da LACP, no que for cabível. Quanto ao procedimento como um todo, deve aplicar-se ao mandado de segurança coletivo aquele regulado pela Lei nº 1.533/51 [atualmente, Lei 12.016/09], relativo ao mandado de segurança tradicional" (Cf. *Código Brasileiro de Defesa do Consumidor: comentado pelos autores do anteprojeto*, 8ª ed., p. 1034). No mesmo sentido, diz Ada Pellegrini Grinover, na vigência da Lei 1.533/51: "Os legitimados à segurança coletiva podem agir na defesa de interesses difusos, transcendentes à categoria; de interesses coletivos, comuns a todos os filiados, membros ou associados; de interesses coletivos, que se titularizem em apenas uma parcela dos filiados, membros ou associados. E ainda dos direitos pessoais, que poderiam ser defendidos pela via do mandado de segurança individual, mas que podem Ter tratamento conjunto com vistas à sua homogeneidade, evitando-se, assim, a proliferação de seguranças com decisões contraditórias, ou o fenômeno que Cândido Rangel Dinamarco expressivamente denominou de *litisconsórcio multitudinário*" (Cf. Ada Pellegrini Grinover, "Mandado de segurança coletivo: legitimação e objeto", *in: RePro* 57/96, especialmente p. 100). Também perfilha essa orientação, tendo escrito à luz da Lei 1.533/51, José da Silva Pacheco, ao afirmar: "Resta a pergunta: poder-se-à, através do mandado de segurança coletivo, proteger interesse superindividual ou difuso? O art. 5º, LXX, da CF, literalmente, menciona 'interesses de seus membros ou associados'. Poder-se-ia, daí, concluir que poderá o partido ou a associação impetrar mandado de segurança coletivo para a defesa do meio ambiente, da flora, da fauna, do equilíbrio ecológico, da paisagem, do patrimônio histórico, artístico, estético ou contra a poluição? Para a resposta, insta ater-se a duas realidades: a) a primeira consiste em que, para a defesa desses interesses difusos, presta-se a ação civil pública, disciplinada pela Lei 7.347, de 24.07.1985; ou a ação popular, prevista pelo art. 5º, LXXIII, da CF; e b) a segunda é a de que o mandado de segurança, seja coletivo ou singular, depende de direito líquido e certo, sem o qual não se há de cogitar dessa ação constitucional. Dessas duas considerações, seria lógica e correta a ilação contrária à admissão do mandado de segurança coletivo para a defesa de interesses difusos, que não se configuram como direitos líquidos e certos. Entretanto, tendo a Constituição de 1988 declarado, expressamente, os direitos e deveres individuais e coletivos, como se vê da epígrafe do Capítulo I do seu Título II; e tendo enunciado, literalmente, que 'todos têm direito ao meio ambiente ecologicamente equilibrado' (art. 225), parece-nos que não só cada pessoa residente no país tem esse direito líquido e certo, mas todos ou cada grupo intermediário da sociedade. Se o Poder Público não preservá-lo ou tomar medidas que o destruam ou afetem, inequívoca a pertinência do mandado de segurança, que pode ser o singular ou coletivo. Diga-se o mesmo com relação ao direito à educação previsto no art. 205 da Constituição" (José da Silva Pacheco, *O mandado de segurança e outras ações constitucionais típicas*, 4ª ed., São Paulo: RT, 2002, p. 328-329). Ainda nesse sentido, ver Carlos Mario da Silva Velloso, *As novas garantias constitucionais*, *in*: RT nº 644, São Paulo: RT, 1978, p. 11; Marcelo Navarro Ribeiro Dantas, *Mandado de segurança coletivo – legitimação ativa*, São Paulo: Saraiva, 2000, p. 122.

[25] Há diversos julgados do STJ, à luz da Lei 1.533/51, onde se afirma que o mandado de segurança coletivo é viável para tutelar direitos difusos, coletivos *stricto sensu* e individuais homogêneos. Nesse sentido, diz-se "a Carta de 1988, ao evidenciar a importância da cidadania no controle dos atos da administração, com a eleição dos valores imateriais do art. 37, da CF como tuteláveis judicialmente, coadjuvados por uma série de instrumentos processuais de defesa

doutrina a respeito da abrangência do mandado de segurança coletivo.[26] [27] Conforme dito, o parágrafo único do art. 21 da Lei 12.016/09 estatui que os direitos protegidos pelo mandado de segurança coletivo podem ser os direitos coletivos *stricto sensu* e os direitos individuais homogêneos. Todavia, conforme dissemos linhas atrás, o silêncio da nova lei disciplinadora do mandado de segurança não afasta o cabimento do *writ* coletivo para a tutela de direitos difusos.

Cumpre-nos, examinar em que sentido foi utilizada pelo inc. LXX do art. 5º da CF/88, o termo "coletivo".

Como se sabe, o interesse "coletivo" distingue-se do interesse "difuso". Conquanto ambos sejam "transindividuais, de natureza indivisível", o interesse coletivo abrange uma coletividade específica e apenas ela, havendo um vínculo jurídico entre os seus componentes (que são determináveis), ou entre eles e a parte contrária; já na hipótese de interesse difuso, inexiste esse vínculo jurídico, não sendo individualizáveis os seus titulares, que são indeterminados e ligados por circunstâncias de fato. Esta a ideia plasmada no art. 81, I e II do Código de Proteção e Defesa do Consumidor (Lei nº 8.078/90) e no art. 21, parágrafo único, I, da Lei 12.016/09.

Resta indagar em que sentido a CF/88 utilizou-se da palavra "coletivo". Não se trata, é bom adiantar, de interpretar a Constituição através da lei infraconstitucional. O que se fará é perquirir em que acepção a Carta Maior utilizou-se, no art. 5º, inc. LXX, da expressão "coletivo".

A concepção de interesse, modernamente, tem sofrido profundas alterações. Alerta com oportunidade Lourival Gonçalves de Oliveira que: "Atualmente, parece indiscutível a existência de interesses não opostos a um ou outro lado desse dualismo

---

dos interesses transindividuais, criou um microsistema de tutela de interesses difusos referentes à probidade da administração pública, nele encartando-se a Ação Popular, a Ação Civil Pública e o Mandado de Segurança Coletivo, como instrumentos concorrentes na defesa desses direitos eclipsados por cláusulas pétreas" (STJ, REsp 851.174/RS, Rel. Min. Luiz Fux, 1ª Turma, j. 24/10/2006, DJ 20/11/2006). Ver também nessa linha: STJ, REsp 904.548/PR, Rel. Min. Luiz Fux, 1ª Turma, j. 04/12/2008, DJ 17/12/2008, RMS 10.900/PR, Rel. Min. José Delgado, 1ª Turma, j. 16/03/2000, DJ 02/05/2000; STJ, AgRg no MS 266/DF, Rel. Min. Carlos Velloso, 1ª Seção, j. 12/12/1989, DJ 19/02/1990.

[26] Diz Ovídio A. Baptista da Silva, na vigência da Lei 1.533/51, que o mandado de segurança coletivo não se presta a tutelar direitos difusos: "Os direito que podem ser objeto do mandado de segurança coletivo, são os direitos (individuais) comuns a uma coletividade de legitimados. A índole do mandado de segurança não permite que se vá além disso" (Cf. Ovídio Baptista da Silva, *Mandado de segurança – meio idôneo para a defesa de interesses difusos?*, publicado em *RePro* 60/131, especialmente p. 144). Nesse sentido, Ernane Fidélis dos Santos observa, também na vigência da Lei 1.533/51, que "o que, na verdade, aconteceu é que a lei constitucional, ao admitir o 'mandado de segurança coletivo', não lhe deu extensão tal que também passasse a ser forma de proteção de interesses difusos propriamente ditos. Continua o *mandamus* a ser forma própria para deduzir pretensão de reconhecimento de 'direitos individuais', podendo apenas haver a proteção de tais direitos dimensionados coletivamente, isto é, direito que o indivíduo, parceladamente, com pretensão própria, pode defender, mas que, em visão conjunta, revela interesse de todo um grupo determinado, ainda que seja toda a coletividade. Se o Poder Público, por exemplo, aumenta ilegalmente preços ou tarifas públicas, cada membro da coletividade que, efetiva ou potencialmente, vai do serviço se utilizar, é parte legítima para requerer a redução" (Cf. *Mandado de segurança coletivo (legitimação e interesse), in: Mandados de segurança e de injunção,* sob coordenação de Sálvio de Figueiredo Teixeira, São Paulo: Saraiva, 1990, p. 132). Ainda no sentido de que o mandado de segurança coletivo não se presta a tutelar direitos difusos, tendo escrito antes do advento da Lei 12.016/09, conferir Athos Gusmão Carneiro, *Do mandado de segurança coletivo e suas características, in: Da antecipação de tutela*, 6ª ed., Rio de Janeiro: Forense, 2006, p. 161.

[27] José Rogério Cruz e Tucci, em trabalho escrito à luz da Lei 1.533/51, admite o mandado de segurança coletivo apenas como forma de tutelar direitos coletivos *stricto sensu*, ao afirmar que "imperioso torna-se que o interesse em questão seja coletivo, vale dizer, atinente aos fins institucionais da associação, da categoria, ou do partido político, decorrendo necessariamente de um liame jurídico que une os seus integrantes, sujeitando-os a regime normativo próprio" (Cf. *"Class action" e mandado de segurança coletivo*, São Paulo: Saraiva, 1990, p. 50).

político tradicional [interesse particular, de um lado, e público, de outro], que atendem a generalidade de anseios. São verdadeiros *tertium genus*".[28]

São esses interesses que transcendem a esfera jurídica do indivíduo, ditos, por isso, interesses metaindividuais ou transindividuais.

Se, como dito, esses interesses meta-individuais são indivisíveis e atingem uma gama abstrata de pessoas (indeterminadas, portanto), que não guardam vínculo jurídico entre si, mas estão ligadas por circunstâncias de fato, fala-se em interesses difusos (art. 81, I do CDC – Lei nº 8.078/90). Se, todavia, desses interesses indivisíveis forem titulares grupo, categoria ou classe de pessoas, ligadas entre si ou com a parte contrária por uma relação jurídica-base, a hipótese será de interesses coletivos (art. 81, II, do CDC – Lei nº 8.078/90, e art. 21, parágrafo único, I, da Lei 12.016/09). Nesta última hipótese, os titulares, conquanto possam ser indeterminados, serão sempre determináveis. Tanto num como noutro caso, o objeto desse direito é indivisível, segundo acentuam Nelson Nery Jr. e Rosa Nery.[29] Há, ainda, a hipótese dos interesses individuais homogêneos, tratados como "interesse coletivo", que são aqueles que têm origem comum (art. 81, III do CDC – Lei nº 8.078/90). A Lei 12.016/09 trata ainda dos direitos individuais homogêneos como sendo aqueles decorrentes de origem comum e da atividade ou situação específica da totalidade ou de parte dos associados ou membros do impetrante. São interesses genuinamente individuais, mas pela dimensão que assumem, podem ser tratados coletivamente. São, essas três espécies, genericamente denominadas de direitos ou interesses coletivos.

Ponderam, todavia, com inegável acuidade, Nelson Nery Jr. e Rosa Nery, que a identificação na hipótese concreta, se se trata de direito difuso, coletivo ou individual homogêneo, dependerá, antes de mais nada, do pedido que se formule.[30] "A pedra de toque do método classificatório é *o tipo de tutela jurisdicional que se pretende* quando se propõe a competente ação judicial", diz Nelson Nery Jr., ao comentar o art. 110 do CDC – Lei nº 8.078/90. Nessa linha — acrescentamos — um mesmo fato empírico pode render ensejo a uma veiculação de pretensão versando interesses difusos, coletivos *stricto sensu*, ou ainda, meramente individuais.[31]

Também encampa referido posicionamento, tendo escrito antes do advento da Lei 1.533/51, Marcelo Navarro Ribeiro Dantas, que a propósito do significado da expressão "coletivo", empregue pelo inc. LXX do art. 5º diz: "Tem-se, por conseguinte, que o termo foi usado em sua acepção vulgar, de modo genérico e vago, podendo, portanto, ser entendido como coletivo *lato sensu*, sinônimo de metaindividual".[32]

---

[28] Cf. Lourival Gonçalves de Oliveira, "Interesse Processual e Mandado de Segurança Coletivo", *in: RePro* 56/75 e ss., especialmente à p. 78.

[29] Cf. Nelson Nery Jr. e Rosa Nery, *Leis civis comentadas*, São Paulo: RT, 2006, p. 245, nota 12 ao art. 81 do CDC.

[30] Cf. Nelson Nery Jr. e Rosa Nery, *Leis civis* comentadas, p. 245, nota 9 ao art. 81 do CDC. Mais extensamente, Nelson Nery Jr. [*et alli*], *in Código Brasileiro de Defesa do Consumidor comentado pelos autores do anteprojeto*, 8ª ed., p. 1000.

[31] Vide exemplo do trágico acidente do barco *Bateau Mouche*, embarcação que naufragou no Rio de Janeiro, alguns anos atrás, vislumbrado por Nelson Nery Jr., *Código Brasileiro de Defesa do Consumidor comentado pelos autores do anteprojeto*, 8ª ed., Rio de Janeiro: Forense Universitária, p. 1000. Pode, em tese, um acidente como aquele dar ensejo a (1) ação individual (movida por uma das vítimas pelos prejuízos sofridos), (2) ação de obrigação de fazer movida por "associação das empresas de turismo que têm interesse na manutenção da boa imagem desse setor da economia (direito coletivo)" e, ainda (3) ação movida pelo Ministério Público visando a interdição da embarcação, colimando evitar novos acidentes (direito difuso).

[32] Cf. Marcelo Navarro Ribeiro Dantas, *Mandado de segurança coletivo – legitimação ativa*, São Paulo: Saraiva, 2000, p.103.

Mais adiante, no que diz respeito à possibilidade de impetração coletiva versando interesse difuso, exemplifica o notável autor: "(...) uma entidade associativa de defesa do meio ambiente e do patrimônio histórico, artístico e paisagístico, munida de pareceres e laudos técnicos, pode muito bem atacar um ato administrativo – digamos, um decreto – de Prefeito Municipal autorizador da demolição de um prédio tombado pelo Patrimônio Histórico Nacional – *v.g.*, um próprio municipal – para a construção de um novo terminal rodoviário".[33] [34]

Examinemos, num primeiro momento, qual a natureza da legitimação outorgada aos entes elencados na alínea "b" do inc. LXX do art. 5º do Texto Supremo, tendo em vista a possibilidade de impetração de mandado de segurança versando interesses difusos ou coletivos.

Nelson Nery Jr. e Rosa Nery[35] trazem do direito alemão interessante posicionamento, *in verbis*: "Na defesa dos direitos difusos e coletivos por ação civil pública ou ação coletiva a associação civil age como *legitimada autônoma para a condução do processo*, isto é, legitimada ordinária para a causa; quando defende direitos individuais homogêneos ou direitos individuais de seus associados é *substituta processual*". Com efeito, parece-nos que a ideia de legitimação autônoma para a condução do processo é um conceito que melhor se afeiçoa às hipóteses de legitimação para a defesa dos interesses difusos e coletivos, na medida em que dispensa que tenhamos de recorrer a conceitos clássicos (legitimação extraordinária/substituição processual) para explicar uma realidade nova, que é a tutela dos interesses difusos e coletivos.[36] Deveras, os autores que se ocupam do estudo do processo coletivo têm, com razão, sublinhado a dificuldade em transpor alguns conceitos próprios do processo individual para as ações coletivas.[37]

Deve-se ter presente que a legitimação extraordinária, no sistema do CPC, é excepcional. O art. 6º do CPC dispõe: "Ninguém poderá pleitear, em nome próprio, direito alheio, salvo quando autorizado por lei". Decorre desse preceito, que a regra do CPC é a da legitimidade ordinária. Só excepcionalmente, diante de autorização

[33] Cf. Marcelo Navarro Ribeiro Dantas, *Mandado de segurança coletivo – legitimação ativa*, p.107.

[34] Este também o muito bem fundamentado entendimento, esposado à luz da Lei 1.533/51, de Hermes Zaneti Junior, *Mandado de segurança coletivo – aspectos processuais controversos*, Porto Alegre: Sergio Antonio Fabris, 2001, p. 79-81.

[35] Cf. *Leis civis comentadas*, São Paulo: RT, 2006, p. 246-247, nota 4 ao art. 82 do CDC.

[36] Nesse sentido, Celso Antonio Fiorillo, Marcelo Abelha Rodrigues e Rosa Maria Andrade Nery, *O Direito Processual Ambiental Brasileiro*, p. 203.

[37] Observa, a respeito, Rodolfo de Camargo Mancuso que "a inexistência, dentre nós de um Código Processual Coletivo, propriamente dito, acarreta a necessidade do traslado e aplicação, nas ações coletivas, de categorias processuais oriundas da jurisdição singular, e então coloca-se a questão de como fazer com segurança esse transbordo, mormente considerando-se que cada qual desses planos jurisdicionais parte de pressupostos próprios e busca distintas finalidades. Assim se passa com a legitimação para agir, tradicionalmente extraída a partir de situações legitimantes adrede positivadas (...), mas no plano coletivo não há como manter esse mesmo parâmetro, dada a indeterminação dos sujeitos e a indivisibilidade do objeto, donde o alvitre da relevância social do interesse, à qual se agrega a representação adequada do portador em juízo" (Cf. *Jurisdição coletiva e coisa julgada*, São Paulo: RT, 2006, p. 99). Vincenzo Vigoriti já mencionava a inaplicabilidade, aos interesses coletivos, dos critérios de determinação da legitimidade de agir elaborados para a tutela de interesses individuais. Nas suas palavras, "Il regime positivo e la vocazione degli interpreti giustificano pienamente la conclusione che la questione della legittimazione ad agire a tutela di interessi collettivi (...) non può essere impostata nei termini tradizionali" (Cf. Vincenzo Vigoriti, *Interessi collettivi e processo – la legittimazione ad agire*, Milano: Giuffrè, 1979, p. 100-101.

legislativa expressa, é que é admissível a legitimação extraordinária, que admite duas modalidades: a representação e a substituição processual.[38]

Liga-se a esse dispositivo o art. 472 do CPC, que estatui em sua parte inicial: "A sentença faz coisa julgada às partes entre as quais é dada, não beneficiando, nem prejudicando terceiros". A conjugação desses dois preceitos revela claramente que o sistema do CPC é nitidamente individualista. Como regra, salvo lei expressa, só aquele a quem a afirmação de direito diga respeito pode ir a juízo; em contrapartida, os efeitos da sentença, segundo deixa claro o art. 472, atingem apenas os que tenham sido partes no processo, ao que se costuma denominar de coisa julgada *inter partes*.[39]

Por outra banda, como já anunciado, a legitimidade para a tutela de interesses difusos e coletivos guarda distinções com a hipótese acima mencionada, pois o regime do CPC, no particular, é profundamente distinto do regramento próprio das ações coletivas, que se encontra principalmente no CDC, arts. 81 e seguintes e, quanto ao mandado de segurança coletivo, nos arts. 21 e 22 da Lei 12.016/09.

A primeira dessas diferenças, talvez a mais evidente, atina com a não excepcionalidade desta última hipótese. Com efeito, os entes elencados no art. 82 do CDC, assim como aqueloutros estampados no art. 5º da Lei 7.347/85 (Lei da Ação Civil Pública), bem como aqueles estampados no art. 5º, inc. LXIX, alínea "b" do Texto Maior, e no art. 21, *caput*, da Lei 12.016/09 (quando impetram mandado de segurança coletivo versando interesses difusos ou coletivos) têm entre suas finalidades precípuas a defesa dos interesses difusos e coletivos.[40] São objetivos, por assim dizer, naturais daqueles entes. A propósito, é inequívoca a parte final do inc. III do art. 129 do Texto Constitucional, no que diz respeito ao âmbito de atuação do órgão do Ministério Público, e estatui: "Art. 129. São funções institucionais do Ministério

---

[38] Nesse sentido, diz com pertinência Arruda Alvim que "(...) não se pode compreender, normalmente, que alguém pleiteie direito de outrem, em seu próprio nome, exceto nas hipóteses expressamente autorizadas em lei. Deve haver, desta forma, como *regra geral*, coincidência entre o titular que exerce o direito de ação, e esse mesmo, que se afirma como titular do Direito material. No entanto, admite o art. 6º que, em havendo autorização legal (substituição processual 'legal'), seja admitido alguém em juízo, para discutir pretensão de outrem, ou alheia. O Direito brasileiro, à semelhança do Direito italiano vigente, conquanto tenha acolhido o instituto da substituição processual, *no sistema do CPC*, o fez *restritivamente*, de forma a que a ocorrência efetiva de substituição será sempre excepcional, ou seja, só nos casos em que a lei expressamente o admita. Conseqüentemente, advirtamos liminarmente, há que se afastar a ideia da chamada *substituição processual voluntária*, que, na doutrina do Código de 1939, era, por alguns, admitida. (...). A legitimação extraordinária é gênero, de que a substituição processual é espécie. Encarta-se, também, nesse gênero, a *representação*, em que o representante age em prol de direito alheio, fazendo-o em nome do titular do direito por ele afirmado. Há, pois, uma autêntica dissociação, na titularidade, no que tange ao direito de ação, em relação ao Direito material afirmado. Materialmente, é um o titular, ou seja, no campo do Direito substancial; no campo do processo, é outro o titular do direito de ação (...). Verificamos que o fenômeno da substituição consiste em atribuir-se a alguém a titularidade do direito de agir 'anormalmente', entendida esta como decorrente de uma *exceção* genericamente aberta pela regra do art. 6º. A exceção, propriamente dita, demanda lei que a preveja ou deve inequivocamente defluir do sistema" (Cf. Arruda Alvim, *Tratado de direito processual civil*, 2ª ed., refundida do *Código de Processo Civil comentado*, São Paulo: RT, 1990, vol. I, p. 515-516). Ainda a esse respeito, conferir primoroso trabalho de Donaldo Armelin, *Legitimidade para agir no direito processual civil brasileiro*. São Paulo: RT, 1979, *passim*.

[39] Nas lições de Thereza Alvim, "parte, como empregado pelo art. 472, só pode significar aquele a quem a lide diz respeito, conseqüentemente, aquele que preenche as condições da ação. No que toca ao terceiro, o que não o atinge é a imutabilidade do comando emergente da decisão judicial, a coisa julgada material. Os terceiros que são considerados legitimamente interessados na solução da lide alheia, ante a possibilidade de serem atingidos juridicamente pela decisão, podem ingressar no processo alheio, porém não será a coisa julgada material que lhes atingirá, mas a decisão da lide em sua eficácia natural" (Cf. Thereza Alvim, *O direito processual de estar em juízo*, p. 185)

[40] Vincenzo Vigoriti, a esse respeito, observa que as entidades de classe, nessa hipótese, exercem verdadeira legitimação ordinária (Cf. Vincenzo Vigoriti, *Interessicollettivi e processo – la legittimazione ad agire*, Milano: Giuffrè, 1979, p. 145 e seguintes).

Público: (...) III – promover o inquérito civil e a ação civil pública, para a proteção do patrimônio público e social, do meio ambiente e de outros interesses difusos e coletivos".[41]

Além do que, no regime do CPC, quando há substituição processual, o atuar do substituto pode levar a um resultado adverso para o substituído. Já no caso das ações coletivas, no regime brasileiro, isto não ocorre, a teor do que dispõe expressamente o § 1º do art. 103 do CDC, do teor seguinte: "Os efeitos da coisa julgada previstos nos incisos I e II não prejudicarão interesses e direitos individuais dos integrantes da coletividade, do grupo, categoria ou classe".[42]

No regime das ações coletivas disciplinado pelo CDC, não há que se falar em litispendência para as ações individuais. Todavia, se houver ações individuais em curso, os efeitos da coisa julgada na ação coletiva não beneficiarão os autores de aludidas ações individuais se não for requerida a suspensão das ações individuais, nos termos do art. 104 do CDC.

Quanto a este ponto, merece destaque a nova Lei do mandado de segurança, haja vista que, em se tratando de mandado de segurança coletivo, este também não induz litispendência para as ações individuais, nos termos do § 1º do art. 22 da Lei 12.016/09. No mandado de segurança coletivo, caso seja apreciado seu mérito, seja pela procedência, seja pela improcedência, haverá coisa julgada para as ações coletivas, limitadamente aos membros do grupo ou categoria substituídos pelo impetrante.

---

[41] A Lei 8.625/93 (Lei Orgânica Nacional do Ministério Público), também disciplina referido assunto ao estatuir no art. 25, o seguinte: "Art. 25. Além das funções previstas nas Constituições Federal e Estadual, na Lei Orgânica e em outras leis, incumbe, ainda, ao Ministério Público: IV – promover o inquérito civil e a ação civil pública, na forma da lei: a) para a proteção, prevenção e reparação dos danos causados ao meio ambiente, ao consumidor, aos bens e direitos de valor artístico, estético, histórico, turístico e paisagístico, e a outros interesses difusos, coletivos e individuais indisponíveis e homogêneos; b) para a anulação ou declaração de nulidade de atos lesivos ao patrimônio público ou à moralidade administrativa do Estado ou de Município, de suas administrações indiretas ou fundacionais ou de entidades privadas de que participem (...)". De seu turno, a Lei Complementar do Estado de São Paulo nº 734/93 (Lei Orgânica do Ministério Público do Estado de São Paulo) dispõe: "Art. 103. São funções institucionais do Ministério Público, nos termos da legislação aplicável. (...). VIII – promover o inquérito civil e a ação civil pública, para a proteção, a prevenção e a reparação dos danos causados ao patrimônio público e social, ao meio ambiente, ao consumidor, aos bens e direitos de valor artístico, estético, histórico, turístico e paisagístico, e a outros interesses difusos, coletivos, homogêneos e individuais indisponíveis; (...)".

[42] No sistema americano exige-se que a associação ou outro ente legitimado comprove que efetivamente representa os associados (*adequacy of representation)* e que todos os associados sejam informados da existência da ação (*fair notice*), para que possam optar entre aderir à ação, não se manifestar ou sair da ação. Verifica-se, assim, que o sistema americano não adotou o sistema da coisa julgada *secundum eventum litis,* uma vez que o indivíduo será ou não beneficiado conforme a sua opção de se sujeitar ou não à ação coletiva. Cabe também referir, sobre o tema, trabalho de Antonio Gidi (Cf. *Coisa julgada e litispendência em ações coletivas,* São Paulo: Saraiva, 1995, p. 241-244), que estudou com profundidade o assunto e que aborda a *"Rule 23, B, 3"* das *Federal Rules of Civil Procedure,* que trata de hipótese assemelhada àquela dos interesses individuais homogêneos, à luz do Direito brasileiro. O sistema americano possui, sem dúvida, grandes méritos ao possibilitar que o indivíduo exerça *discricionariamente* a opção de participar ou não da ação. Todavia, essa sistemática não poderia ser adotada na íntegra pelo direito brasileiro, *como de fato não foi* (que adotou o sistema da coisa julgada *secundum eventum litis),* tendo em vista as diferenças sociais e culturais da população, que poderiam, com facilidade, comprometer a liberdade com o que o indivíduo opta por aderir ou não à ação coletiva. A esse respeito, a professora Ada Pellegrini Grinover, que foi uma das autoras do Anteprojeto que deu origem ao Código de Defesa do Consumidor, assevera: "(...) outras circunstâncias desaconselhavam a transposição pura e simples, à realidade brasileira, do esquema norte-americano da coisa julgada nas *class actions*: a deficiência de informação completa e correta, a ausência de conscientização de enorme parcela da sociedade, o desconhecimento dos canais de acesso à justiça, a distância existente entre o povo e o Poder Judiciário, tudo a constituir gravíssimos entraves para a intervenção de terceiros, individualmente interessados, nos processos coletivos, e mais ainda para seu comparecimento a juízo visando à exclusão da futura coisa julgada" (Ada Pellegrini Grinover, *Código Brasileiro de Proteção e Defesa do Consumidor comentado pelos autores do anteprojeto*, 8ª ed., Rio de Janeiro: Forense Universitária, 2004, p. 907).

É o que se extrai do *caput* do art. 22 da Lei 12.016/09, diploma este, aliás, especial e posterior ao Código de Defesa do Consumidor (Lei 8.078/90).

Uma vez apreciado o mérito do mandado de segurança coletivo, concedida ou denegada a ordem, não há que se falar em repropositura dessa ação coletiva. Haverá, nessa hipótese, formação de coisa julgada no plano das ações coletivas. Se houver improcedência por falta de provas em mandado de segurança coletivo, de outro lado, será caso de carência da ação, sendo viável sua repropositura, nos termos do art. 268 do CPC e § 6º do art. 6º da Lei 12.016/09.

Todavia, a coisa julgada no plano das ações coletivas não inibe a impetração de mandados de segurança a título individual.

Observe-se, aliás, que pode haver coexistência de mandado de segurança coletivo e mandados de segurança individuais. Nessa hipótese, também diferentemente das demais ações coletivas, os efeitos da coisa julgada no mandado de segurança coletivo não aproveitarão o impetrante do mandado de segurança individual, se não requerer a desistência de seu *writ* no prazo de trinta dias a contar da ciência comprovada da impetração da segurança coletiva, a teor do § 1º do art. 22 da Lei 12.016/09.

Veja-se que enquanto o art. 104 do CDC exige a suspensão das ações individuais para que seus autores sejam beneficiados pela coisa julgada da ação coletiva, o § 1º do art. 22, de outro lado, exige, mais do que isso, a desistência dos mandados de segurança impetrados a título individual para que os efeitos da coisa julgada do mandado de segurança coletivo recaiam sobre o impetrante individual.

Essa nova disciplina, por certo, desestimulará a utilização do mandado de segurança coletivo. Isso porque, conquanto a desistência configure hipótese de extinção do processo sem resolução do mérito (CPC, art. 267, VIII), sendo viável sua repropositura (art. 268 do CPC e art. 6º, § 6º, da Lei 12.016/09), na prática, dificilmente o autor conseguirá impetrar novo mandado de segurança individual dentro dos 120 dias de que trata o art. 23 da Lei 12.016/09. Temos, ademais, ser o art. 22, § 1º, de constitucionalidade duvidosa, eis que representa verdadeira restrição à utilização do mandado de segurança coletivo. Todavia, não podemos deixar de ter presente que a Lei 12.016/09 é lei posterior e especial em relação ao CDC. Nesse sentido, para o mandado de segurança coletivo, aplica-se o § 1º do art. 22 da Lei 12.016/09. Para as demais ações coletivas, aplica-se a sistemática constante do já mencionado art. 104 do CDC.

A diferença mais marcante entre a legitimidade para a tutela dos interesses difusos e coletivos e a legitimação extraordinária na modalidade substituição processual do Código de Processo Civil reside no fato de que, como dito, a legitimação extraordinária do CPC é excepcional, ao passo que o atuar dos entes legitimados pelo art. 82 do CDC ou pelo art. 5º da Lei 7.347/85, ou ainda pela alínea "b" do inc. LXIX do art. 5º do Texto Constitucional e art. 21, *caput*, da Lei 12.016/09, diz com a própria função dos mesmos. Quando os entes a tanto legitimados perseguem em juízo interesses difusos ou coletivos, não estão substituindo ninguém. Esses interesses são caracterizados pela indivisibilidade,[43] de modo que o ente legitimado em questão não atua por

[43] São os seguintes os pontos que nos parecem representar uma convergência de entendimentos: 1º) os interesses e direitos *difusos* são aqueles que dizem respeito aos *bens indivisíveis*; 2º) os *bens indivisíveis*, a seu turno, são aqueles em que *não é viável uma forma diferenciada de gozo ou utilização* (v. sentença da Corte de Cassação, de 09.03.1979, número 1.463, das câmaras civis reunidas, publicada na *Rivista di Diritto Processuale*, 1979, p. 720-740; 3º) nisto

este ou aquele indivíduo, mas sim pela grupo de pessoas (ou conectado por liames jurídicos ou por vínculos fáticos, como se infere da leitura dos incs. I e II do parágrafo único do art. 81 do CDC e inc. I do parágrafo único do art. 21 da Lei 12.016/09) como um todo, já que, como sublinhado, a indivisibilidade é marca registrada desses dois tipos de interesses. Nem se diga que esses entes estariam, nesse caso, "substituindo processualmente a coletividade". Não se trata disso. Cada membro da coletividade, evidentemente, pode reclamar em juízo os danos que porventura tenha sofrido individualmente, já que como explica com insuperável clareza Nelson Nery Jr., um mesmo evento pode render ensejo a uma pedido versando danos individuais e outro atinando com a repercussão coletiva do mesmo.[44]

Há também a possibilidade de impetração de mandado de segurança coletivo versando interesses individuais homogêneos (art. 21, parágrafo único, II, da Lei 12.016/09).

A hipótese aqui é, com efeito, mais próxima da substituição processual própria do regime do CPC. Neste caso, há tutela de interesses individuais puros e simples, que tocam aos indivíduos isoladamente, mas que podem *também* ser perseguidos coletivamente. A hipótese em questão, sob esse ângulo, guarda similitude com a substituição processual do CPC. Mas, adiantamos, há diferenças.

Ainda que os entes legitimados atuem em nome próprio em defesa de interesses alheios, a principal distinção do regime do CPC consiste em que a atuação do "substituto processual", no regime do CDC, não prejudica o substituído. Na hipótese de interesses individuais homogêneos, segundo prescreve o § 2º do art. 103 do CDC, os indivíduos isoladamente considerados só não poderão mover ações individuais no caso de improcedência se tiverem intervindo no processo como litisconsortes.

Podemos dizer que no caso da tutela coletiva de interesses individuais homogêneos há, efetivamente, substituição processual. Mas, devemos ter presentes as distin-

---

está implicado que o tipo de interesse dos membros de uma dada coletividade são quantitativa e qualitativamente iguais; 4º) ademais, por isso mesmo, esses bens nao sao suscetíveis de *apropriação exclusiva* (v. Lorenzo Bujosa Vadell, *La protección jurisdiccional de los intereses de grupos,* cit., p. 70-71, nota 154, *fine*; v. tb. Nicolò Trockner, *Gli interessi diffusi nell'opera della giurisprudenza,* na *Rivista Trimestrale di Diritto e Procedura Civile,* 1987, p. 1.112-1.115-1.155); 5º) daí é que não se pode cogitar de atribuir-se a alguém, mais do que a outro(s) uma titularidade própria ou mais envergada; 6º) os *interesses difusos* para que se os possa reputar existentes, *como tais, i. e., difusos,* prescindem de um grupo *particularmente* organizado, salvo, é certo, a própria coletividade (com a organização, *a mais geral,* que lhe é própria), sendo exemplos disto a aspiração geral ou o desejo de um "ambiente não contaminado" ou o de ficar imune a uma "publicidade enganosa"; 7º) a referibilidade do interesse difuso não é ao *indivíduo, enquanto tal considerado,* senão que diz respeito ao *indivíduo dentro da coletividade, enquanto integrante da coletividade, cujas fronteiras são a da generalidade dos outros indivíduos* (Corte de Cassação italiana, sent. de 08.05.1978, número 2.207, das câmaras civis reunidas); 8º) por isso, esses indivíduos estão numa situação *definitiva* e *final* de homogeneidade (e, neste ponto, além de muitos outros, isto é diferente da situação dos *interesses e direitos individuais homogêneos, que apenas são tratados homogeneamente, mas avançam além de homogeneidade, quando se ingressa na fase de execução)*; 9º) daí é que esses indivíduos, *dentro da coletividade,* são *mais ou menos,* determináveis, satisfazendo-se a nossa lei com a própria indeterminação, *do que deflui a ideia de "fruição múltipla", mesmo porque tem de haver, no elemento subjetivo, necessária pluralidade de indivíduos/sujeitos*; 10º) os interesses difusos *coexistem* com os interesses estritamente individuais (v. o segundo relatório, constante da Separata, do *Materiales del VI Congreso de Jueces para la Democracia,* Logroño, 20-22.06.1991, p. XXIII); 11º) os *interesses difusos* são animados ou vocacionados a um "controle sobre o conteúdo e sobre o desenvolvimento de posições econômico-jurídicas dominantes, mas impermeáveis (à ideia) de participação" (v. F. Sgubbi, *L'interesse difussi come oggetto della tutela penale. Considerazioni svolte con particolare riguardo alla protezione del consumatore,* p. 557, em *La tutela degli interessi diffusi nel diritto comparato,* Atos do Congresso de Salerno, 22-25.05.1975, *Studi di diritto comparato,* direção Mauro Cappelletti, Milão, 1976, ed. Giuffrè).

44 Vide, a propósito, exemplo figurado por Nelson Nery Junior, *Código Brasileiro de Defesa do Consumidor comentado pelos autores do anteprojeto*, 8ª ed., Rio de Janeiro: Forense Universitária, 2004, p. 1000.

ções acima apontadas entre esta última hipótese e a substituição processual própria do regime do CDC.[45]

Por outro lado, vimos sustentando, desde a primeira edição deste trabalho, há onze anos, antes do advento da Lei 12.016/09, que não há necessidade de autorização para que os entes elencados na alínea "b" do inc. LXX do art. 5º impetrem mandado de segurança coletivo.[46] [47] [48] [49]

---

[45] Posição similar defende Marcelo Navarro Ribeiro Dantas que entende que só há falar em legitimação extraordinária no caso "de exercício coletivo de direitos individuais homogêneos de origem comum, porque aí a entidade que vier a defendê-los em juízo não estará *presentando* os verdadeiros titulares, que, como pessoas físicas, não carecem de *presentação*, ou, se pessoas jurídicas, já têm que as presente. Estará, realmente, substituindo-os processualmente pela via da legitimação extraordinária" (Cf. Marcelo Navarro Ribeiro Dantas, *Mandado de Segurança Coletivo – Legitimação Ativa*, p.119).

[46] A esse respeito, há julgado do STF, antes do advento da Lei 12.016/09, assim ementado: "MANDADO DE SEGURANÇA COLETIVO. Impetração por associação de classe. Postulação em nome de seus membros. Desnecessidade de autorização especial da assembleia. Autorização permanente constante de seus estatutos. Ilegitimidade ativa afastada. Inteligência do art. 5º, XXI e LXX, *b*, da CF" (Rel. Min. Ilmar Galvão, RT 720/310-312). Ainda, se vêm posicionando os tribunais. Veja-se, por exemplo, acórdão inserto em LEX-RJTJESP 131/198, em que se reconheceu bastar à associação autorização genérica, estatutária "independentemente de mandato específico outorgado em assembleia". No sentido de que é suficiente a autorização estatutária, decidiu o TARS, decretando, todavia, a carência do mandado de segurança coletivo ante a sua ausência (JTARS 76/251). Também no sentido do texto, bem fundamentado acórdão do TRF-1ª Região, Rel. Juíza Eliana Calmon, DJ 20/05/93, p. 18825 (proc. AC 108267/93-DF; v. também, relatado pela mesma Juíza Eliana Calmon, Ap. Cív. 93.01.08267-5-DF). Diferenciando as hipóteses do art. 5º, XXI e do mandado de segurança coletivo, correto o julgado do TRF da 1ª Região, inserto no DJ de 15/08/94, p. 43574, Rel. Juiz Tourinho Neto (proc. MS 115341/93-BA). Do corpo da ementa, extrai-se: "No mandado de segurança coletivo (...) não há exigência de autorização expressa dos associados, em razão de o sindicato, nessa hipótese, intentar a ação não como representante, como no caso do inc. XXI, do art. 5º, e sim em nome próprio – legitimação direta". V. também, AC 122604/92-GO, Rel. Juíza Eliana Calmon, *in* DJ 16/06/94, p. 31.679, fazendo a mesma e correta distinção.

[47] Alfredo Buzaid, *Considerações sobre o Mandado de Segurança Coletivo*, p. 67. Questiona-se o eminente processualista, nessa passagem de sua última obra, antes da Lei 12.016/09, se bastaria uma autorização genérica, constante no estatuto da associação, ou se, ao revés, seria necessária "para cada intervenção judicial (...) uma autorização do órgão competente para deliberar", respondendo pela primeira das alternativas, ao sentenciar: "A impetração de mandado de segurança coletivo independe, pois, de deliberação da assembleia da entidade de classe ou de associação". Ainda, esposando tal orientação ainda na vigência da Lei 1.533/51, conforme Lourival Gonçalves de Oliveira, "Interesse Processual e Mandado de Segurança Coletivo", *in: RePro* 56/75 e ss., especialmente às p. 82 *in fine* e 83. Essa, ainda, a posição de Ada Pellegrini Grinover, "Mandado de segurança coletivo: legitimação e objeto", *in: RePro* 57/96 e ss., especialmente à p. 98. Também no sentido da desnecessidade de autorização para impetração de mandado de segurança coletivo, tendo escrito na vigência da Lei 1.533/51, confira-se José Rogério Cruz e Tucci, *"Class Action" e Mandado de Segurança Coletivo*, p. 43. Carlos Alberto Menezes Direito, Ministro do STJ, é categórico nesse sentido em artigo publicado na Revista *In Verbis* – órgão oficial de divulgação do Instituto dos Magistrados do Brasil (IMB), de abril/maio de 1.996, p. 13.

[48] Diversamente, no sentido de que também para a impetração de mandado de segurança coletivo, havia necessidade de autorização assemblear, pensava, antes da entrada em vigor da Lei 12.016/09, Vicente Greco Filho, *Tutela Constitucional das Liberdades*, p. 169 e Manoel Gonçalves Ferreira Filho, *Comentários à Constituição brasileira de 1.988*, vol. I, p. 78/79.

[49] Há algumas poucas decisões que refletem uma linha jurisprudencial superada, ainda mais diante da nova lei do mandado de segurança, no sentido da necessidade de autorização assemblear também para o mandado de segurança coletivo, sendo predominante as decisões em sentido contrário. Confiram-se, *todavia,* acórdão do TARS inserto na RT 668/519; acórdão do TRF da 5ª Região, *in* DJU, II, 11/10/91, p. 25.282, dando pela carência do mandado de segurança coletivo por falta de autorização assemblear. Não encampando, a melhor orientação por ter decretado a carência do mandado de segurança coletivo ante à "ausência de ata da Assembleia, constando a anuência dos associados à propositura", apesar de se ter verificado dos estatutos da associação impetrante caber à mesma "representar, perante autoridades administrativas, judiciárias e políticas, os interesses individuais das associadas, relativos às suas atividades", decidiu o TJSP, também na vigência da Lei 1.533/51, conforme julgado inserto em LEX-RJTJESP 129/178 e ss. Em sentido contrário, *i.e.*, no sentido da necessidade de autorização mesmo em caso de mandado de segurança coletivo, decidiu o STJ, na vigência da Lei 1.533/51, constando da ementa do julgado o seguinte trecho: "1. É indispensável a autorização expressa dos associados para a entidade representativa agir, judicialmente, em defesa de seus interesses individuais. 2. Não se conhece de mandado de segurança carente desse pressuposto essencial" (MS 915/DF, Rel. Min. Peçanha Martins, DJ 18/05/92).

Há julgado do extinto TARJ, à luz da Lei 1.533/51, assim ementado: "Mandado de Segurança Coletivo. Legitimação extraordinária. O Sindicato tem legitimidade para impetrar mandado de segurança coletivo, independentemente de autorização expressa de cada um de seus membros (...)".[50] Diversamente, a entidade poderá impetrar mandado de segurança em defesa do direito individual dos seus membros, mas, aqui não mais independentemente de autorização, pois que tal impetração só se poderá fulcrar no art. 5º, XXI. É o que se diz no corpo desse acórdão do TARJ acima mencionado: "Somente o direito estritamente individual requer, no mandado de segurança, a autorização do art. 5º, XXI, da Constituição, quando então o mandado de segurança não será coletivo, embora possa conter litisconsórcio ativo".

Julgado do Supremo Tribunal Federal, relator o Ministro Carlos Mário Velloso, afigura-se-nos extremamente correto e foi assim ementado ainda na vigência da Lei 1.533/51: "I. A legitimação das organizações sindicais, entidades de classe ou associações, para a segurança coletiva, é extraordinária,[51] ocorrendo, em tal caso, substituição processual. CF, art. 5º, LXX, II. Não se exige, tratando-se de segurança coletiva, a autorização expressa aludida no inciso XXI do art. 5º da Constituição, que contempla hipótese de representação".[52] [53]

A propósito, antes do advento da Lei 12.016/09, o STF já havia sumulado dita orientação. Vejamos a Súmula 629 do STF, vazada nos termos seguintes: "A impetração de mandado de segurança coletivo por entidade de classe em favor dos associados independe da autorização destes". O recente diploma legal disciplinador do mandado de segurança veio a acolher essa orientação jurisprudencial, no sentido de que a impetração de mandado de segurança coletivo por entidade de classe dispensa qualquer autorização de seus membros ou associados. Deveras, dispõe a parte final do *caput* do art. 21 da Lei 12.016/09, que a impetração de mandado de segurança coletivo, nessa hipótese dispensa, "para tanto, autorização especial".

Há, porém, como se lê claramente da parte final de mencionado dispositivo [art. 5º, LXX, "b"], de que estejam em pauta interesses dos associados, como claramente se exige na parte final de referida alínea "b". Esse liame pode ser identificado pelo cotejo entre os objetivos colimados pela associação e a afirmação de direito em disputa dos associados, pois do contrário descaberá o mandado de segurança coletivo.[54] [55]

[50] Ap. Civ., 17.301/92, Rel. Asclepíades Rodrigues.

[51] A legitimação é extraordinária concorrente – acrescentamos – pois "[essa] legitimidade *ad causam* [para a impetração da segurança coletiva] acentua-se pelo fato de não excluir a possibilidade de agir da parte processualmente substituída, que poderá, sempre impetrar, para a defesa de seus direitos, mandado de segurança individual" (TJSP, Ap. 206.290-1-SP, Rel. Des. Barbosa Pereira, LEX-JTJ 164/117).

[52] RExt 182.543-0, *in* DJ 07/04/95, p. 8900.

[53] A distinção é feita de forma lapidar em acórdão do Superior Tribunal de Justiça, relatado pela Ministra Eliana Calmon (RMS 22552/DF, Rel. Min. Eliana Calmon, j. 19/04/2007, DJ 30/04/2007). Da ementa desse julgado colhe-se o seguinte e elucidativo trecho: "Para a proteção, mediante ação individual, dos direitos individuais do associado, age a associação em regime de representação, e não na forma de substituição processual, devendo, por isso, munir-se de autorização expressa do titular do direito defendido".

[54] Confira-se, por exemplo, acórdão do TJMT, inserto em RT 660/157 e ss. Nesse julgado, reconheceu-se a legitimidade da associação para impetrar mandado de segurança coletivo, desde que havia identidade de interesses entre a associação e a postulação dos associados. Cumpre ser transcrito trecho do voto da relatora, Desembargadora Shelma Lombardi de Kato: "Daí necessitar o objeto do mandado de segurança coletivo identificar-se com o vínculo existente entre a associação e os associados. Essa identidade é que justifica a não exigência de autorização expressa de cada um dos associados para a postulação em seu nome. Para se constatar tal identidade é imprescindível que se conheça o estatuto da associação, quais os seus objetivos e finalidades. Se não há identidade de interesse entre a associação e a postulação do associado, incabível é o mandado de segurança coletivo" (RT 660/159).

Essa relação entre o objeto da impetração e os estatutos sociais é necessária para que seja viável a impetração coletiva pela alínea "b" do inc. LXX do art. 5º. É o que se pode extrair da parte final do *caput* do art. 21 da Lei 12.016/09, que prescreve caber mandado de segurança coletivo impetrado por entidades de classe em defesa de direitos líquidos e certos da totalidade, ou de parte, dos seus membros ou associados, "na forma dos seus estatutos e desde que pertinentes às suas finalidades (...)" Claro está que, toda vez que existir relação entre o objeto da impetração e os estatutos sociais, haverá interesse dos membros ou associados.

De fato, se pela alínea "b" do inc. LXX, têm aquelas entidades legitimidade para impetrar mandado de segurança coletivo "no interesse de seus membros ou associados", tanto basta a coincidência entre os objetivos a serem perseguidos por aquelas entidades e os interesses em disputa no caso concreto, que haverá legitimidade para impetração da segurança coletiva.[56]

A Lei 12.016/09, na parte final do *caput* do art. 21, veio a consagrar a pertinência temática para a impetração de mandado de segurança coletivo pelas entidades de classe. Quando o art. 5º, LXX, *b*, da Constituição fala em interesses dos membros ou associados da entidade impetrante, esses devem ser entendidos como aqueles que digam respeito às finalidades perseguidas por ditas entidades, o que pode ser verificado em seus respectivos estatutos.

Encampa posicionamento similar Nelson Nery Jr., que a propósito preleciona: "A exigência constitucional do art. 5º, LXX, 'b' para impetração do mandado de segurança coletivo não alcança as hipóteses de outras ações para a tutela de direitos e interesses difusos, coletivos e individuais, razão por que a entidade associativa ou sindical deve atender apenas ao requisito de ter incluída entre suas finalidades institucionais a defesa de um dos bens jurídicos protegidos pela LACP, para que possa estar legitimada a agir em juízo na defesa daqueles direitos".[57] A propósito, Gregório Assagra de Almeida pontua que a impetração de mandado de segurança coletivo pelos legitimados da alínea "b" do inc. LXX do art. 5º depende da demonstração da "*pertinência temática* com suas *finalidades associativas*".[58] Outro não é o entendimento de Marcelo Navarro Ribeiro Dantas, que diz: "Só haverá legitimação, qualquer que seja a sua natureza, quando da impetração de *mandamus* coletivo em defesa dos interesses individuais homogêneos dos membros ou associados da entidade, se o objetivo da segurança estiver dentro dos fins da entidade".[59] [60]

---

[55] Daí por que, conquanto se tenha no mérito denegado a ordem, reconheceu-se legitimidade para a "Associação dos Amigos do Posto 6 e Arpoador" para impetrar mandado de segurança coletivo visando atacar ato que afetava determinada área ali compreendida (cf. Julgado do órgão especial do TJRJ, Rel. Des. Décio Itabaiana, MS 700/91).

[56] Assim, também, o posicionamento de Luiz Rodrigues Wambier, *Tutela Jurisdicional das Liberdades Públicas*, p. 99, que diz: "De maior facilidade, a legitimação prevista na alínea "b", que pode ser aferida pela existência de um determinado tipo de interesse, pertinente aos membros ou associados – individualmente – da entidade impetrante e que, justamente pela afinidade que guarde, enquanto interesse de cada membro, com os fins do órgão representativo, pendentemente de qualquer autorização ou anuência de cada um dos titulares individuais do interesse, pode ser objeto de defesa".

[57] Cf. *Código Brasileiro de Defesa do Consumidor comentado pelos autores do anteprojeto*, 8ª ed., Rio de Janeiro: Forense Universitária, 2004, p. 1009.

[58] Cf. Gregório Assagra de Almeida, *Manual das ações constitucionais*, Belo Horizonte: Del Rey, 2007, p. 602-603.

[59] Cf. Marcelo Navarro Ribeiro Dantas, *Mandado de segurança coletivo – legitimação ativa*, p.114.

[60] Diferente é a posição de Ada Pellegrini Grinover, para quem o objeto da impetração pode transcender os interesses da categoria (Cf. Ada Pellegrini Grinover, artigo intitulado "Mandado de Segurança Coletivo: legitimação e objeto",

Cássio Scarpinella Bueno, a propósito, diz: "(...) haverá legitimidade para a causa na impetração do mandado de segurança coletivo diante da alegação de gravame ou ameaça a direito que diga respeito aos membros do impetrante enquanto ostentem essa qualidade".[61] Parece-nos, assim, que a impetração coletiva será possível nas situações nas quais esteja presente o "requisito complementar de existir correlação entre os fins socais e o direito afirmado".[62]

É que, em última análise, o que deve estar em pauta são os interesses dos associados, os quais podem se fazer presentes desde que exista dita correlação entre os fins associativos e o objeto da impetração.

Há alguns julgados mais abrangentes a respeito desse assunto. O TRF da 4ª Região já decidiu, por exemplo, que: "1. A Ordem dos Advogados do Brasil possui legitimidade para impetrar mandado de segurança coletivo, mesmo que a pretensão veiculada no writ não esteja vinculada aos objetivos institucionais da entidade. Precedentes".[63]

Ernane Fidélis dos Santos, quanto a este tópico, faz interessante resenha de possíveis hipóteses de cabimento de mandado de segurança coletivo.

Algumas das hipóteses contempladas pelo autor são: "(...) a associação de bairro pode atacar ato que impôs restrição geral ao abastecimento de água ou energia à região; a associação de pais de alunos pode contestar cobranças irregulares de contribuições escolares; a associação dos magistrados ou a dos membros do Ministério Público podem reclamar direitos que vêm em benefício geral da classe".[64]

Não há, como vimos frisando, a necessidade de autorização específica do inc. XXI para a impetração de mandado de segurança coletivo na hipótese da alínea "b" do inciso LXX, porém é preciso que estejam em pauta interesses de membros ou associados.

O que é necessário para a impetração de que trata o inc. LXX, alínea "b" é tão somente que a impetração se dê no interesse dos associados, o que pode ser aferido através da correspondência do interesse que se pretende tutelar com os fins institucionais da associação entidade de classe ou sindicato concluindo pela legitimidade ativa.[65] [66] [67] [68] O interesse dos membros ou associados não poderá fazer-se presente,

---

in: RePro 57/961-101, especialmente à p. 100).

[61] Cf. Cassio Scarpinella Bueno, *Apontamentos sobre a legitimidade extraordinária na Constituição de 1.988, inédito* (sublinhou-se).

[62] Expressão utilizada por Hermes Zaneti, Hermes Zanetti Junior, *Mandado de Segurança Coletivo – Aspectos Processuais Controversos*, p. 132.

[63] AMS – Apelação em Mandado de Segurança, processo 199904010099641/PR, 2ª Turma, Rel. Des. Federal João Pedro Gebran Neto, DJ 19.07.00, p.130. v.u.

[64] Cf. Ernane Fidélis dos Santos, "Mandado de segurança individual e coletivo – legitimação e interesse", *in Mandados de segurança e de injunção*, coord. Min. Sálvio de Figueiredo Teixeira, p. 133 (trabalho também publicado na AJURIS 45/25/35; trecho transcrito da p. 33).

[65] No sentido de que basta tal autorização genérica, já decidiu o Supremo Tribunal Federal, concluindo pela desnecessidade de assembleia, desde que haja autorização permanente nos estatutos (acórdão unânime da Primeira Sessão – RT 720/310 e ss.), anulando, no caso concreto, acórdão do TJSP.

[66] No sentido de ser suficiente a autorização genérica, cf. julgado do TARS, RT 668/159. No caso concreto, à míngua de autorização estatutária genérica e de assembleia que suprisse tal ausência, decretou-se a carência da segurança.

[67] Sem essa autorização genérica, todavia, não é cabível a impetração de mandado de segurança coletivo, conforme decidiu o 1º TACivSP, em julgado inserto na LEX-JTACSP 135/148.

caso inexista dita correspondência. É o que consta do já mencionado art. 21, *caput*, parte final da Lei 12.016/09.

Para nós, porque o Texto Constitucional não impôs restrição alguma, temos que o mandado de segurança coletivo pode ser utilizado para proteção do interesse de um grupo interno da categoria ou classe, desde que não haja colidência com os interesses dos demais. É também o que prescreve o art. 21, *caput*, da Lei 12.016/09, que dispõe que o mandado de segurança coletivo pode ser impetrado no interesse "da totalidade, ou de parte" dos membros ou associados.

A propósito, antes do advento da Lei 12.016/09, já havia a Súmula 630 do STF, do teor seguinte: "A entidade de classe tem legitimação para o mandado de segurança ainda quando a pretensão veiculada interesse apenas a uma parte da respectiva categoria".

O Plenário do Tribunal de Justiça da São Paulo, por outro lado, já decidiu, com acerto, pela desnecessidade da relação nominal dos beneficiados,[69] muito embora haja decisões desse mesmo Tribunal em sentido contrário.[70]

O STJ, aliás, vem decidindo nessa linha, conforme se vê do seguinte trecho de ementa de julgado daquele tribunal superior: "Direito administrativo. Processual civil. Servidor público estadual. Mandado de segurança coletivo. Sindicato. Legitimidade ativa *ad causam*. Defesa dos interesses da categoria. Autorização. Relação nominal dos associados. Desnecessidade. Ofensa ao art. 535 do CPC. Não ocorrência. Recurso especial conhecido e improvido".[71]

Assim também decidiu o STJ no REsp 624340/PE, Rel. Min. José Delgado, em acórdão ricamente fundamentado, em que se reconheceu a legitimidade do sindicato para discutir, via mandado de segurança coletivo, a compensação de créditos de contribuição previdenciária indevidamente recolhida.[72] [73]

Por isso, o STF já decidiu, antes do advento da Lei 12.016/09, que a exigência constante do art. 2º da Lei 9.494/97, incluído pela MP 2.180-35/01 ("A sentença civil prolatada em ação de caráter coletivo proposta por entidade associativa, na defesa dos interesses e direitos dos seus associados, abrangerá apenas os substituídos que te-

---

[68] Interessante e denso o acórdão do Supremo Tribunal Federal (Questão de Ordem 00212918/160), Rel. Min. Celso de Mello (DJ de 27/10/95, p. 36331). Na hipótese concreta, a Associação dos Magistrados do Rio de Janeiro impetrara mandado de segurança coletivo contra o Governador daquele Estado-federado, objetivando garantir o repasse de recursos orçamentários nos termos do art. 168 da Constituição Federal. Submetido como questão de ordem ao Plenário o problema referente à legitimidade da associação, acabou-se reconhecendo, por maioria votante, sua ilegitimidade ativa *ad processum*. De se transcrever trecho do voto do relator Ministro Celso de Mello: "O direito público subjetivo que emerge da norma inscrita no art. 168 da Constituição Federal só pode – e deve – ser defendido por iniciativa dos que dirigem os órgãos de cúpula dos Tribunais, das Casas Legislativas e do Ministério Público". Ao que arrematou o Min. Moreira Alves: "Aliás, o Presidente do Tribunal, obtido o repasse, não estaria sequer obrigado a fazer esse pagamento, podendo, inclusive, dar preferência aos atrasados dos funcionários, por considerar que a situação destes seria pior que a dos magistrados". Tal julgamento foi correto. É que, a rigor, não havia direito líquido e certo dos associados, em nome dos quais a associação – substituta processual – poderia agir; no máximo, poder-se-ia pensar em mero interesse (fático), incapaz de permitir o uso ao mandado de segurança, seja ele individual ou coletivo.

[69] Cf. LEX-JTJ 145/263.

[70] Cf. LEX-JTJ 162/80.

[71] REsp 780660/GO, Rel. Min. Arnaldo Esteves Lima, j. 06/09/2007, DJ 22/10/2007.

[72] J. 29/06/2004, DJ 27/09/2004, p. 260.

[73] Cumpre mencionar, nesse contexto, a Súmula 213 do STJ: O mandado de segurança constitui ação adequada para a declaração do direito à compensação tributária.

nham, na data da propositura da ação, domicílio no âmbito da competência territorial do órgão prolator") não se aplica ao mandado de segurança coletivo.[74]

Com efeito, a nova lei do mandado de segurança parece ter acolhido essa orientação do STF, exposta no julgado acima mencionado, ao estatuir no art. 22 que "no mandado de segurança coletivo, a sentença fará coisa julgada limitadamente aos membros do grupo ou categoria substituídos pelo impetrante", pouco importando o domicílio desses membros.

2.2. Alínea "a" do inciso LXX

Já a alínea "a", ao referir a legitimidade dos partidos políticos com representação no Congresso Nacional, não faz a restrição constante da alínea "b" no sentido de que o mandado de segurança seja impetrado "em defesa dos interesses de seus membros ou associados". Daí por que Carlos Ari Sundfeld fala nessa hipótese em instrumento de controle da legalidade objetiva.

Carlos Ari Sundfeld afirma que "a melhor interpretação na matéria parece conduzir à afirmação de que esta espécie de mandado de segurança coletivo destina-se à defesa da legalidade objetiva. Cumpre, assim, papel assemelhado ao da ação popular. Suas diferenças em relação a esta ação estão em que, de um lado, basta que o ato atacado seja ilegal (ou atentatório à moralidade administrativa – art. 37, *caput*), sem ser necessária a demonstração de lesividade; de outro, a prova da legalidade deve ser pré-constituída".[75] [76]

Hermes Zaneti Jr., a propósito, diz que a legitimidade dos partidos políticos para a impetração do mandado de segurança coletivo é "ampla, seja no aspecto subjetivo (quanto aos sujeitos que substitui), seja no aspecto objetivo (quanto à matéria), só podendo sofrer restrição expressa no Texto Constitucional, qual seja a falta de representação no Congresso Nacional".[77] Outros autores têm uma percepção bastante abrangente desse dispositivo, entre os quais destacamos Ada Pellegrini Grinover,[78]

[74] RMS 23.769, Rel. Min. Ellen Gracie, DJ 30/04/2004.

[75] Cf. Carlos Ari Sundfeld, "Mandado de segurança coletivo na Constituição de 1.988", *in: RDP* 89/37 e ss., especialmente na p. 42.

[76] Ada Pellegrini Grinover, "Mandado de segurança coletivo", *in: Revista da Procuradoria Geral do Estado de São Paulo*, 32/16, ensina que o mandado de segurança coletivo pode ser impetrado por partido político não apenas para a defesa de interesses de natureza eleitoral. Se se tratar de interesses eleitorais, a legitimação será ordinária. Poderá, todavia, ser impetrado para finalidades as mais diversas, como, por exemplo, em defesa do meio ambiente, caso em que o partido político atuará como substituto processual.

[77] Hermes Zaneti Junior, *Mandado de segurança coletivo – aspectos processuais controversos*, p. 123.

[78] Diz Ada Pellegrini Grinover: "Com relação à alínea 'a' do inc. LXX do art. 5º, a Constituição adotou a redação mais ampla possível: e para retirar-se do dispositivo a maior carga de eficácia, parece claro que nenhuma restrição há de ser feita. Por isso, o partido político está legitimado a agir para a defesa de todo e qualquer direito, seja ele de natureza eleitoral, ou não. No primeiro caso, o partido estará defendendo seus próprios interesses institucionais, para os quais se constituiu. Agirá, a nosso ver, investido de legitimação ordinária. No segundo caso – quando, p. ex., atuar para a defesa do ambiente, do consumidor, dos contribuintes – será substituto processual, defendendo em nome próprio interesses alheios. Mas nenhuma outra restrição deve sofrer quanto aos interesses e direito protegidos: além da tutela dos direitos coletivos e individuais homogêneos, que se titularizam nas pessoas filiadas ao partido, pode o partido buscar, pela via da segurança coletiva, aquela atinente a interesses difusos, que transcendem aos seus filiados" (Cf. Ada Pellegrini Grinover, *Mandado de segurança coletivo: legitimação e objeto, in:* RePro 57/96, especialmente p. 100).

José Rogério Cruz e Tucci[79] e Marcelo Navarro Ribeiro Dantas. Diz a propósito este último autor: "(...) é preferível optar pela interpretação assumidamente ampliativa, coerente, aliás, com os propósitos do constituinte ao instituir os instrumentos de garantia".[80]

Para nós, cabe o mandado de segurança coletivo, impetrado por partido político, desde que os objetivos colimados no *mandamus* guardem correspondência com os valores que devem ser tutelados pelos partidos políticos, estampados, esses, no *caput* do art. 17 da CF/88.[81] Nesse sentido, o art. 21, *caput*, da Lei 12.016/09, ao estatuir que o mandado de segurança poderá ser impetrado por partido político com representação no Congresso Nacional, "na defesa de seus interesses legítimos relativos a seus integrantes ou à finalidade partidária".

Deste modo, o mandado de segurança coletivo, na hipótese da alínea "a" pode envolver interesses que transcendam o universo dos filiados ao partido impetrante.

A Constituição Federal exige, para a impetração de mandado de segurança coletivo por partido político, que este tenha representação no Congresso Nacional. Com relação ao órgão do partido político que poderá impetrar o mandado de segurança coletivo, parecem-nos corretas as assertivas de Ivan Lira de Carvalho no sentido de que "(...) há de ser incumbido da representação da pessoa coletiva em juízo, o órgão que para tanto for designado no estatuto partidário".[82]

Todavia, essa legitimidade dos partidos políticos pressupõe, em nosso sentir, uma correlação com as finalidades que devem ser perseguidas pelos mesmos, delineadas pela Constituição Federal e explicitadas pela Lei Orgânica dos Partidos Políticos (Lei nº 9.096/95).

Estão os partidos políticos legitimados a perseguir, via do mandado de segurança coletivo os direitos "sob direta e imediata tutela constitucional, relativos à generalidade dos cidadãos como tais, acima de considerações pertinentes a interesses de ordem econômica, de classe, de profissionais e assim por diante. Poderá o partido

[79] Entende José Rogério Cruz e Tucci "que será possível a impetração de *mandado de segurança coletivo* por partido político, com representação no Congresso Nacional, não só em defesa de *interesses* de seus filiados, ou seja, da comunidade partidária, como também, ao contrário do que recentemente foi asseverado, para a proteção dos membros da comunhão social, desde que pertencentes a determinada categoria (...)" (Cf. José Rogério Cruz e Tucci, *"Class Action" e Mandado de Segurança Coletivo*. São Paulo: Saraiva, 1990, p. 40-41).

[80] Cf. Marcelo Navarro Ribeiro Dantas, *Mandado de segurança coletivo – legitimação ativa*, p.116.

[81] Ivan Lira de Carvalho, "Mandado de Segurança Coletivo e Partidos Políticos", *in RTDP* 6/200 e ss., especialmente à p. 218, em minudente estudo, entende que a impetração de mandado de segurança coletivo por partido político há de ser aferida pelo programa partidário. Diz textualmente: "É desse liame entre o programa do partido e o direito material aviltado, que surge a *legitimação extraordinária* excepcionada na parte final do art. 6º, do Código de Processo Civil e conferida ao substituto processual". José Carlos Barbosa Moreira, "Ações coletivas na Constituição de 1.988", *in: RePro* 61/187, especialmente à p. 197, após afirmar que o partido político pode impetrar mandado de segurança coletivo no interesse de seus associados, quando menos por analogia com a alínea "b", afirma que o partido "pode funcionar como instrumento de vindicação judicial de seu próprio programa. Então, se houver um tópico no qual o partido se coloque, programaticamente, a favor de determinado interesse, penso que ele poderá usar o Mandado de Segurança Coletivo diante do ato supostamente ilegal ou abusivo praticado por autoridade pública (propriamente dita ou equiparada) que viole o interesse, que seja contrário ao interesse defendido no programa partidário, para proteção desse direito, beneficiando, portanto, não apenas pessoas que sejam inscritas, que pertençam aos seus quadros". Entendemos que a legitimidade dos partidos políticos vai ainda mais além, não se limitando, é claro, aos interesses dos filiados ao partido, mas balizando-se, externamente, pelos interesses que genericamente, devem ser perseguidos pelos partidos políticos, conforme melhor procurarmos expor no corpo do texto.

[82] Cf. Ivan Lira de Carvalho, "Mandado de segurança coletivo e partidos políticos", *in: RTDP* 6/200 e ss., especialmente à p. 208.

político, portanto, agir contra ato administrativo (*lato sensu*) que viole a liberdade de manifestação de pensamento; ou a liberdade de culto (...)".[83] [84]

A CF/88, no art. 17, ao lado da Lei Orgânica dos Partidos Políticos, consagra determinados valores, que, entende com acerto José Afonso da Silva, são aqueles que devem ser perseguidos pelos partidos políticos. São eles: "soberania nacional, regime democrático, pluripartidarismo, autenticidade do sistema representativo e (...) direitos fundamentais da pessoa humana. (...) a função deles vai mais além, pois existem para propagar determinada concepção de Estado, de sociedade e de governo, que intentam consubstanciar pela execução de um programa".[85] Estes valores poderão ser assegurados pela via de mandado de segurança coletivo impetrado por partido político. O art. 1.º da Lei nº 9.096/95 dispõe que o partido político destina-se a assegurar, no interesse do regime democrático, a autenticidade do sistema representativo e a defender os direitos fundamentais definidos na Constituição Federal.

Não existe, assim, no caso da alínea "a", a necessidade de que haja adequação entre o objeto do mandado de segurança coletivo e os interesses dos membros dos partidos políticos que o impetrarem, na medida em que a alínea "a" não traz a mesma ressalva da parte final da alínea "b".

O partido político, se estiverem em pauta interesses difusos ou coletivos, age como legitimado autônomo à condução do processo, pelas mesmas razões anteriormente expostas. Poderá, porém, haver substituição processual (com as ressalvas já postas no que diz respeito à inadequação da transposição, pura e simples, de conceitos arraigados no plano do processo individual para o processo coletivo), se estiverem em discussão interesses individuais homogêneos.

A posição de Athos Gusmão Carneiro é também no sentido de que no caso da alínea "a" do inciso LXX, a impetração deve ser feita tendo em vista as finalidades dos partidos políticos.[86]

Nesse sentido, também, a letra do já mencionado art. 21 da Lei 12.016/09, que cuida do cabimento do mandado de segurança impetrado por partido político "na defesa de seus interesses legítimos relativos a seus integrantes ou à finalidade partidária".

3. A exigência de caso concreto

É bem sabido que, como regra quase absoluta, a tutela jurisdicional só deve ser prestada diante de uma hipótese concreta. Há algumas poucas exceções a essa máxima, quais sejam, as ações envolvendo controle da constitucionalidade em tese.[87]

[83] Cf. Athos Gusmão Carneiro, "Anotações sobre o mandado de segurança coletivo", *in: AJURIS* 54/53/74, especialmente nas p. 61.

[84] Nesse sentido, a posição de Lúcia Valle Figueiredo, *Mandado de Segurança*, 5ª ed., p. 44: "Tudo que transcender o individual, pois de reflexo para toda a coletividade, apresentar-se com caráter de liquidez e certeza e, ainda, tiver em vista o Estado Democrático de Direito e os direitos fundamentais traduzidos, *lato sensu*, nas liberdades públicas poderá ser objeto de mandado de segurança coletivo impetrado por Partido Político". Devem ser considerados, neste passo, como vetores balizadores da atuação dos partidos políticos aqueles constantes do § 4º do art. 60 da CF/88, incs. I a IV, que não podem ser, sequer, objeto de emenda constitucional (cláusulas pétreas).

[85] Cf. José Afonso da Silva, *Curso de Direito Constitucional Positivo*, 23ª ed., São Paulo: Malheiros, 2004, p. 400.

[86] Cf. Athos Gusmão Carneiro, "O mandado de segurança coletivo como garantia dos cidadãos", *in: As garantias do cidadão na justiça*, coord. Min. Sálvio de Figueiredo Teixeira, p. 230.

[87] É o caso, por exemplo, da ação direta de inconstitucionalidade, da ação declaratória de constitucionalidade e da arguição de descumprimento de preceito fundamental.

Para que seja possível o julgamento de mérito, é preciso que estejam presentes os pressupostos processuais de existência e de validade (e ausentes os pressupostos processuais negativos), bem como as condições da ação. Entre estas, encarta-se o interesse processual (CPC, art. 3º). O interesse processual demanda a verificação da existência de necessidade, utilidade e adequação da prestação jurisdicional pleiteada. A "utilidade" decorre exatamente da existência de uma situação concreta em razão da qual o autor deva pleitear a tutela jurisdicional. Por isso mesmo, a Súmula 266 ("Não cabe mandado de segurança contra lei em tese"), na verdade reflete a ideia de que é preciso um caso concreto, salvo as exceções constitucionalmente previstas, para acionar a jurisdição.

O mandado de segurança coletivo não se constitui em exceção.[88] Por outras palavras, só poderá ser impetrado o mandado de segurança coletivo, diante de uma violação concreta a direito líquido e certo, assim como sucede na hipótese do inciso LXIX do art. 5º (mandado de segurança individual).

O que se passa, todavia, é que a perspectiva de que se enfoca esse caso concreto, em se tratando de mandado de segurança coletivo, é distinta.

O caso concreto, para fins de impetração de mandado de segurança coletivo não pode ser visto como se fosse um caso de mandado de segurança individual impetrado por vários litisconsortes ativos. É preciso, na hipótese da alínea "a" que exista uma situação concreta — violadora de direito líquido e certo, como já frisamos anteriormente — que diga respeito aos objetivos que devem ser perseguidos pelos partidos políticos. Tanto basta, para que se justifique a impetração de mandado de segurança coletivo com amparo em referido dispositivo.

Figure-se uma hipótese concreta, que abaixo será melhor analisada. Ficou bastante conhecida, há alguns anos, a questão atinente ao reajuste de 147% dos aposentados. Ora, quer-nos parecer que havia legitimidade para o partido político impetrar mandado de segurança coletivo, pois que a questão então colocada em pauta diz(ia) com os objetivos a serem alcançados pelos partidos políticos, nos termos do art. 17, *caput*, da Constituição Federal.[89]

Não se pode dizer que um mandado de segurança como esse tivesse sido impetrado sem um caso concreto (aliás, não foi essa a razão para a não admissão da

---

[88] V., nesse sentido, Vicente Greco Filho, *Tutela Constitucional das Liberdades*, p. 173: "A impetração, (...), não pode ser genérica, ou seja, que se pleiteie a declaração de relações jurídicas abstratas ou hipotéticas. As relações jurídicas devem ser determinadas e definidas". Todavia, esse mesmo autor alerta com percuciência que não se pode, sob o pretexto de exigir que o impetrante demonstre esse caso concreto, reduzir o mandado de segurança coletivo a um caso de litisconsórcio ativo, exigindo que todas as relações jurídicas, objeto da impetração, sejam demonstradas. É essa, em suas linhas gerais a preocupação que nos aflige neste tópico "a exigência de caso concreto" e que procuraremos tratar com mais vagar nas linhas que se seguem.

[89] O julgado referido no texto é o seguinte: "Mandado de segurança coletivo. Partido político. Falta de legitimação para a causa, no caso. I – Falta a partido político legitimatio *ad causam* para impetrar mandado de segurança coletivo, se este não tem por objetivo direitos subjetivos ou interesses atinentes à finalidade partidária. É o que acontece no caso, em que o impetrante alvitra a proteção de direitos subjetivos individuais homogêneos de beneficiários da previdência social, ou seja, o pagamento do reajuste de 147,06% a todos os benefícios em manutenção e de prestação continuada. II – Processo que se julga extinto" (STJ, MS 1.235/DF, Rel. Min. Antônio de Pádua Ribeiro, RSTJ, 4 (31): 199-267, março 1992/256). Também encampando orientação mais restritiva: "CONSTITUCIONAL. MANDADO DE SEGURANÇA COLETIVO. PARTIDO POLITICO. LEGITIMIDADE. Carece o Partido Democrático Trabalhista de legitimidade para impetrar mandado de segurança coletivo em favor dos titulares de benefícios de prestação continuada, prestados pelo INSS. A hipótese dos autos não cuida de direitos subjetivos ou interesses atinentes à finalidade partidária" (STJ, MS 1.252/DF, Rel. Min. Humberto Gomes de Barros, Rel. p/ Acórdão Min. Américo Luz, 1ª Seção, j. 17/12/1991, DJ 13/04/1992).

segurança, tendo-se, pois, implicitamente, reconhecido tratar-se de caso concreto). Caso concreto havia, e atingia milhares ou milhões de aposentados, a cujos proventos não se incorporara o reajuste de 147%. Ocorre, repisemos, que o *caso concreto*, em mandado de segurança coletivo, deve ser analisado de uma perspectiva *macro*, diferentemente do que sucede no mandado de segurança do inc. LXIX, em que é possível identificar uma situação individualmente considerada.

É nesse sentido, lembramos, que a exigência de que haja lesão para que não se cuide de impetração contra a lei em tese (o que não é admitido, a teor da multirreferida Súmula 266, STF) não pode ser encarada da mesma forma em se tratando de mandado de segurança coletivo.[90] [91]

No caso da impetração por partido político, há quem diga que a lesividade é verdadeiramente presumida.[92] Lúcia Valle Figueiredo, a propósito, afirma, com a autoridade que lhe é própria: "De se concluir que os atos coatores no mandado de segurança individual são diversos do coletivo. No primeiro caso, como já remarcamos, já deve ter ocorrido a lesão ou sua ameaça, de forma concreta ou em vias de se concretizar com absoluta segurança (...)".[93]

---

[90] O problema foi superiormente analisado em acórdão relatado pelo Des. Yussef Cahali, do TJSP. Já da ementa do julgado consta importante distinção, que merece ser transcrita: "MANDADO DE SEGURANÇA COLETIVO. Impetração contra lei em tese. Admissibilidade. Hipótese em que não se cuida de lesão de direito individual ou justo receio de sofrê-la, a pressupor a efetivação da lei em ato concreto da autoridade coatora, mas de defesa dos interesses dos associados (...)" (RT 657/74 e ss.). Na realidade, acrescentamos, não se trata de admitir impetração contra lei em tese, como melhor se esclarece no corpo do acórdão. Tratava-se de mandado de segurança impetrado pelo Centro do Professorado Paulista contra ato do Governador do Estado, consistente na edição do Dec. estadual nº 30.075/89, acerca das licenças para tratar de assuntos particulares aos membros dos quadros do Magistério da Secretaria de Educação. O ato normativo impugnado, enquanto tal, apresentava-se como sendo de efeitos concretos, o que já seria bastante, *de per se*, para a admissão de mandado de segurança coletivo. Atingindo os interesses da coletividade específica, era inteiramente cabível a segurança impetrada, tendo o tribunal julgado com inteiro acerto. Não se tratava de impugnar a lei em tese, mas de resguardar os interesses dos associados – diretamente atingidos pelo Decreto impugnado. Nesse mesmo sentido, o próprio TJSP, em outro acórdão (LEX-RJTJESP 123/367; acórdão também publicado em RT 648/88 e ss.). Em outro julgado, relatado pelo Des. Jorge Almeida, reconheceu-se a legitimidade ativa da OAB para impetrar mandado de segurança coletivo contra atos de juízes de primeiro grau de Sorocaba, que haviam editado portaria, disciplinando de forma absolutamente ilegal a condução do detento ao fórum. Pertinente a transcrição de parte do corpo do acórdão: "Há assim, que se identificar o alcance da norma impugnada. Quando são concretos os efeitos sobre os membros da coletividade de quando expressam somente regras abstratas de comportamento (...). Em resumo, os direitos, defendidos no mandado de segurança ajuizado, pertencem aos Advogados inscritos na Subseção da Ordem dos Advogados do Brasil de Sorocaba (...) são os mesmos direitos que permitiram a cada Advogado impetrar mandado de segurança individual. Só que, ao invés de sozinhos ou em linha de litisconsórcio, na defesa de seus direitos individuais, é a Ordem dos Advogados do Brasil quem peticiona" (RT 665/79 e ss. – também publicado em LEX-RJTJESP 131/386). Em hipótese análoga a esta última, também reconheceu-se, com inteiro acerto, a legitimidade da OAB para impetração de mandado de segurança coletivo contra ato do Delegado de Política de Mogi-Guaçu que editara portaria impedindo o contato do advogado com o cliente até a lavratura do auto de prisão em flagrante (LEX-RJTJESP 132/190).

[91] Nesse sentido já decidiu o STJ: "Como é cediço, não há confundir o *mandamus*, quando preventivo, com o mesmo remédio jurídico, na hipótese em que se volta contra a lei, em tese. Aqui, conforme já reconhecido em casos semelhantes, o ato atacado (Portaria nº 173/95 do MF) espraia efeitos concretos, suscetíveis de provocar, eventualmente, lesão a direitos ou interesses de terceiros, cabendo, por isso mesmo, o controle pela via do *writ of mandamus*" (RT 729/135).

[92] Lourival Gonçalves de Oliveira, "Interesse Processual e Mandado de Segurança Coletivo", *in: RePro* 56/75 e ss., especialmente à p. 80, é quem diz que "(...) sejam difusos, sejam coletivos, dentro do critério já exposto, o interesse estará relacionado a ato coator que retira destinação legal aos partidos políticos, os interesses de categoria ou classe, ou os objetivos específicos e estatutários das associações".

[93] Cf. Lúcia Valle Figueiredo, *Perfil do Mandado de Segurança Coletivo*, p. 33. A mesma notável autora, em outra obra (*Mandado de Segurança*, 5ª ed., p. 46 e ss.), escrita após uma reflexão mais profunda sobre o mandado de segurança coletivo, distingue a figura do ato coator no mandado individual e no coletivo com bastante liquidez. Demonstra, por exemplo, que, criado um edital – padrão por ato emanado de Governador de Estado, para reger determinado tipo de licitação, o qual contenha cláusulas inconstitucionais, este poderá ser, desde logo, impugnado pela via de

Frise-se, portanto, que também na hipótese de mandado de segurança coletivo, é imprescindível a existência de caso concreto. Não permite a via mandamental o controle da lei em abstrato. Não se deve, todavia, como se disse, reduzir o mandado de segurança coletivo a um caso de litisconsórcio ativo.

Corretíssimo julgado do Plenário do TRF da 2ª Região que admitiu (e concedeu) mandado de segurança coletivo impetrado contra ato do Vice-Presidente daquele Tribunal, impetrado pela OAB-RJ, em que se impugnavam os efeitos concretos de determinado ato normativo editado pela autoridade coatora, que dificultava a "prestação judicial, violando direitos dos advogados".[94]

4. Coisa julgada no mandado de segurança coletivo

A entrada em vigor da Lei 12.016/09 trouxe algumas modificações no âmbito da coisa julgada no mandado de segurança coletivo. Com efeito, mesmo com o advento de aludido diploma legal, quer nos parecer ter aplicação ao mandado de segurança coletivo a sistemática de coisa julgada *secundum eventum litis*, instituída pelo CDC (art. 103, II e III), por força do que dispõe o art. 21 da Lei da Ação Civil Pública (Lei nº 7.347/85), com alguns aspectos peculiares estabelecidos pelos arts. 21 e 22 da Lei 12.016/09. Deveras, o art. 22 da Lei 12.016/09 trata, única e exclusivamente, da eficácia subjetiva da coisa julgada, de modo que é no Código de Defesa do Consumidor que se há de buscar a sistemática da coisa julgada no mandado de segurança coletivo. O art. 103, a seu turno, tem nítida inspiração no art. 18 da Lei da Ação Popular, que já dispõe acerca da coisa julgada segundo o resultado do processo.[95]

Por outro lado, temos que, como já ponderado o mandado de segurança coletivo, ainda que a lei não seja expressa, constitui instrumento processual apto à tutela de interesses difusos. Neste caso, com muito mais razão, é também o Código de Defesa do Consumidor que disciplina a coisa julgada (art. 103, I).

O precitado art. 22 da Lei 12.016/09, de seu turno, ao tratar de eficácia subjetiva da coisa julgada no mandado de segurança deixa claro que serão atingidos pela decisão os que forem membros do grupo ou categoria substituídos pelo impetrante. Temos para nós que esse dispositivo é perfeitamente compatível com o texto constitucional, pois essa ideia decorre, em última análise, do próprio inciso LXX, alíneas "a" e "b" do Texto Supremo.

Ora, se a disciplina da coisa julgada no mandado de segurança coletivo deve ser extraída do Código de Defesa do Consumidor, como já tivemos oportunidade de observar anteriormente, temos que a improcedência do mandado de segurança coletivo, verse ele interesses difusos ou coletivos *stricto sensu*, levará à formação da coisa julgada no plano das ações coletivas. Por outro lado, a improcedência por falta de provas, evidentemente, não levará à formação de coisa julgada, mesmo porque, se faltam provas no mandado de segurança, é porque não há direito líquido e certo,

---

mandado de segurança coletivo. Todavia, para que possa sê-lo pelo caminho do mandado individual, é preciso que se trate de uma licitação concreta, específica, em que aquele edital – padrão tenha sido utilizado, e a decisão atingirá apenas esse caso específico.

94 Cf. MS 213193/91/RJ, Rel. Celso Passos, DJ 24/12/91.

95 Lei nº 4.717/65, art. 18: "A sentença terá eficácia de coisa julgada oponível *erga omnes*, exceto no caso de haver sido a ação julgada improcedente por deficiência de prova; neste caso, qualquer cidadão poderá intentar outra ação com idêntico fundamento, valendo-se de nova prova".

de modo que a decisão a ser proferida, nesse caso, rigorosamente, não é de improcedência, mas de carência, o que não obsta a repropositura da ação, seja pelo sistema do CPC (art. 268), seja pela própria Lei do Mandado de Segurança (art. 6º, § 6º). De qualquer forma, interesses individuais não serão prejudicados pela improcedência do mandado de segurança coletivo nesses casos (art. 103, § 1º, do Código de Defesa do Consumidor), que poderão inclusive utilizar-se do mandado de segurança individual, desde que, evidentemente, observado o prazo do art. 23 da Lei 12.016/09.

Caso o mandado de segurança verse interesses individuais homogêneos, aplicar-se-á a sistemática do art.103, III, do Código de Defesa do Consumidor. Em caso de procedência, a coisa julgada operará efeitos *erga omnes*; em caso de improcedência, ações individuais, inclusive o mandado de segurança individual (se dentro dos 120 dias de que trata o art. 23 da Lei 12.016/09), não serão obstadas, a menos que o interessado tenha atuado no mandado de segurança coletivo como litisconsorte (art. 103, § 2º).

A Lei 12.016/09, como já pontuado, é clara, na linha do Código de Defesa do Consumidor, que o mandado de segurança coletivo não induz litispendência para as ações individuais (art. 22, § 1º, da Lei 12.016/09; art. 104 do Código de Defesa do Consumidor). Pelo art. 104 do CDC, se houver ações individuais em curso, os efeitos da coisa julgada na ação coletiva não beneficiarão os autores das ações individuais se não for requerida a suspensão de referidas ações. Todavia, é importante repisar, na sistemática da nova lei do mandado de segurança, os efeitos da coisa julgada no mandado de segurança coletivo não aproveitarão o impetrante do mandado de segurança individual, se este não vier a requerer a desistência de seu *writ*, no prazo de 30 dias a contar da ciência comprovada da impetração da segurança coletiva (art. 22, § 1º, da Lei 12.016/09). Havendo desistência nos termos do art. 22, § 1º, da Lei 12.016/09, conquanto esta configure hipótese de extinção do processo sem resolução do mérito (CPC, art. 267, VIII), sendo em tese viável a repropositura do mandado de segurança individual (art. 268 do CPC e art. 6º, § 6º, da Lei 12.016/09), na prática, dificilmente o autor conseguirá impetrar novo mandado de segurança individual dentro dos 120 dias de que trata o art. 23 da Lei 12.016/09. Temos por paradoxal e criticável a solução adotada pelo legislador nesse caso.

5. Bibliografia

ALMEIDA, Gregório Assagra. *Manual das ações constitucionais*. Belo Horizonte: Del Rey, 2007.

ALVIM, Thereza. *O direito processual de estar em juízo*. São Paulo: RT, 1996.

ALVIM NETTO, José Manoel de Arruda. *Tratado de direito processual civil*. 2. ed. (refundida do *Código de Processo Civil comentado*). São Paulo: RT, 1990. vol. I.

—; *et al*. *Código de Proteção e Defesa do Consumidor comentado*. 2. ed., 2. tir. São Paulo: RT, 1995.

ARMELIN, Donaldo. *Legitimidade para agir no direito processual civil brasileiro*. São Paulo: RT, 1979.

BARBOSA MOREIRA, José Carlos. "Ações coletivas na Constituição de 1988". *In: RePro 61*. São Paulo: RT, 1991.

BUENO, Cassio Scarpinella. *Apontamentos sobre a legitimidade extraordinária na Constituição de 1988*. Inédito, 1994.

BULOS, Uadi Lamêgo. *Mandado de segurança coletivo e outros estudos*. Salvador: Editora e Distribuidora de Livros, 1994.

BUZAID, Alfredo. *Considerações sobre o mandado de segurança coletivo*. São Paulo: Saraiva, 1992.

CARNEIRO, Athos Gusmão. "Anotações sobre o mandado de segurança coletivo". *In: Ajuris 54*. Porto Alegre: Ajuris, 1992.

——. *Da antecipação de tutela*. 6. ed. Rio de Janeiro: Forense, 2006.

——. "Do mandado de segurança coletivo e suas características". *In: Da antecipação de tutela*. 6. ed. Rio de Janeiro: Forense, 2006.

——. "O mandado de segurança coletivo como garantia dos cidadãos". *In:* TEIXEIRA, Sálvio de Figueiredo (coord.). *As garantias do cidadão na justiça*. São Paulo: Saraiva, 1990.

CARVALHO, Ivan Lira de. "Mandado de segurança coletivo e partidos políticos". *In: RTDP 6*. São Paulo: Malheiros, 1994.

CRUZ E TUCCI, José Rogério. *"Class Action" e Mandado de Segurança Coletivo*. São Paulo: Saraiva, 1990.

DANTAS, Marcelo Navarro Ribeiro. *Mandado de segurança coletivo – legitimação ativa*. São Paulo: Saraiva, 2000.

FERREIRA FILHO, Manoel Gonçalves. *Comentários à Constituição Brasileira de 1988*. São Paulo: Saraiva, 1990. vol. 1.

FIGUEIREDO, Lúcia Valle. *Mandado de segurança*. 5. ed. São Paulo: Malheiros, 2004.

——. *Perfil do Mandado de Segurança Coletivo*. São Paulo: RT, 1989.

FIORILLO, Celso Antônio Pacheco; RODRIGUES, Marcelo Abelha; NERY, Rosa Maria de Andrade. *Direito processual ambiental brasileiro*. Belo Horizonte: Del Rey, 1996.

GIDI, Antônio. *Coisa julgada e litispendência em ações coletivas*. São Paulo: Saraiva, 1995.

GRECO FILHO, Vicente. *Tutela constitucional das liberdades*. São Paulo: Saraiva, 1989.

GRINOVER, Ada Pellegrini. "Mandado de segurança coletivo". *In: Revista da Procuradoria Geral do Estado de São Paulo 32*.

——; *et al*. *Código Brasileiro de Proteção e Defesa do Consumidor comentado pelos autores do anteprojeto*. 8. ed. Rio de Janeiro: Forense Universitária, 2004.

——. "Mandado de segurança coletivo: legitimação e objeto". *In: RePro 57*. São Paulo: RT, 1990.

MANCUSO, Rodolfo de Camargo. *Jurisdição coletiva e coisa julgada*. São Paulo: RT, 2006.

MENEZES DIREITO, Carlos Alberto. *Manual do mandado de segurança*. 2. ed. Rio de Janeiro: Renovar, 1994.

NERY, Rosa Maria de Andrade. *Constituição Federal comentada e legislação constitucional*. São Paulo: RT, 2006.

——. *Leis civis comentadas*. São Paulo: RT, 2006.

—— *et al*. *Código Brasileiro de Proteção e Defesa do Consumidor comentado pelos autores do anteprojeto*. 8. ed. Rio de Janeiro: Forense Universitária, 2004.

NERY JUNIOR, Nelson. "Parecer sobre mandado de segurança coletivo". *In: RePro 57*. São Paulo: RT, 1990.

OLIVEIRA, Lourival Gonçalves de. "Interesse processual e mandado de segurança". *In: RePro 56*. São Paulo: RT, 1989.

SANTOS, Ernane Fidélis dos. "Mandado de segurança individual e coletivo – legitimação e interesse". *In:* TEIXEIRA, Sálvio de Figueiredo (coord.). *Mandados de segurança e de injunção*. São Paulo: Saraiva, 1990.

SGUBBI, F. "L'interesse difussi come oggetto della tutela penale. Considerazioni svolte con particolare riguardo alla protezione del consumatore". *In: La tutela degli interessi diffusi nel diritto comparato* (Atos do Congresso de Salerno, 22-25.05.1975). *Studi di diritto comparato*. Mauro Cappelletti (direção). Milão: Giuffrè, 1976.

SILVA, José Afonso da. *Curso de direito constitucional positivo*. 23. ed. São Paulo: Malheiros, 2004.

SILVA, Ovídio Baptista da. "Mandado de segurança – meio idôneo para a defesa de interesses difusos?". *In: RePro* 60. São Paulo: RT, 1990.

SILVA PACHECO, José da. O mandado de segurança e outras ações constitucionais típicas. 2. ed. São Paulo: RT, 1991.

SUNDFELD, Carlos Ari. "Mandado de segurança coletivo na Constituição de 1988". *In: RDP 89*. São Paulo: RT, 1989.

TEIXEIRA, Sálvio de Figueiredo (coord.). *Mandados de segurança e de injunção*. São Paulo: Saraiva, 1990.

TROCKNER, Nicolò. "Gli interessi diffusi nell'opera della giurisprudenza". *In: Rivista Trimestrale di Diritto e Procedura Civile*, 1987.

VADELL, Lorenzo Bujosa. *La protección jurisdiccional de los interesses de grupos*. Barcelona: Bosch, 1995.

VELLOSO, Carlos Mário da Silva. "As novas garantias constitucionais". *In: RT* nº 644, São Paulo: RT, 1989.

VIGORITI, Vicenzo. *Interessi collettivi e processo – la legittimazione ad agire*. Milano: Giuffrè, 1979.

WAMBIER, Luiz Rodrigues. *Tutela jurisdicional das liberdades públicas*. Curitiba: Juruá, 1991.

WATANABE, Kazuo; *et al*. *Código Brasileiro de Defesa do Consumidor comentado pelos autores do anteprojeto*. 8. ed. Rio de Janeiro: Forense, 2004.

ZANETI JUNIOR, Hermes. *Mandado de segurança coletivo*: Aspectos processuais controversos. Porto Alegre: Fabris, 2001.

— 13 —

Partes e os terceiros no mandado de segurança individual, à luz de sua nova disciplina (Lei 12.016/09)

EDUARDO TALAMINI
Livre-docente – USP. Doutor e Mestre – USP. Professor – UFPR.
Advogado em Curitiba, São Paulo e Brasília.

1. Introdução

A exemplo do que faz em relação a quase todos os demais aspectos do mandado de segurança, a nova lei, ao tratar da legitimidade das partes e da identificação da autoridade coatora, em larga medida apenas reitera previsões normativas ou interpretações já antes estabelecidas. Mas há, de todo modo, alterações pontuais – além de um veto e uma omissão que podem vir a dar o que falar.

2. Legitimidade ativa

2.1. Princípio geral: legitimação ordinária

A legitimidade para a impetração de mandado de segurança em regra recai sobre aquele que se afirma titular do direito pretensamente violado ou ameaçado. Aplica-se ao mandado de segurança o princípio que não admite que alguém pleiteie em juízo a proteção a direito de outrem. Não há regra geral admitindo a substituição processual em caráter amplo, como aquela vigente no *habeas corpus* (CPP, art. 654). Sob esse aspecto, a nova lei não se diferencia da anterior.

2.2. Legitimação extraordinária do titular de direito decorrente, diante da inércia do titular do direito principal

Excepcionalmente, consagra-se uma hipótese de substituição processual no mandado de segurança. O art. 3° da Lei 12.016 prevê que "o titular de direito líquido e certo decorrente de direito, em condições idênticas, de terceiro poderá impetrar mandado de segurança a favor do direito originário, se o seu titular não o fizer, no prazo de 30 (trinta) dias, quando notificado judicialmente". Essa previsão já existia na anterior disciplina (Lei 1.533/51, art. 3º). A novidade reside na quantificação – trinta dias – do "prazo razoável" (a que aludia a lei anterior) para que o titular do direito originário, depois de notificado, aja em juízo.

O dispositivo em questão dá uma solução bastante razoável para o impasse que se tem quando o interesse concreto e a legitimidade ativa para a medida judicial não recaem sobre o mesmo sujeito. Não é algo incomum na prática (pense-se nas habituais disputas, em direito tributário, acerca da legitimidade e interesse processual do "contribuinte de fato" e do "contribuinte de direito"). Aliás, não há porque limitar a incidência dessa regra ao mandado de segurança. A garantia da universalidade da tutela jurisdicional (CF, art. 5º, XXXV) justifica sua aplicação extensiva às demais modalidades de ação.

Um exemplo de possível aplicação da norma do art. 3º tem-se nos casos em que, por força do contrato de locação, cabe ao locatário arcar com a carga econômica do IPTU incidente sobre o imóvel locado. Se ocorre uma elevação supostamente inconstitucional ou ilegal do tributo, de um exercício para o outro, o locatário tem o interesse econômico em impugnar tal majoração. Mas ele não é titular de nenhuma relação jurídica com o fisco municipal. Sua relação jurídica, meramente obrigacional, dá-se apenas com o locador do imóvel. Na relação jurídica tributária, esse último, como proprietário do imóvel, é que detém a posição de contribuinte. Ele é o legitimado para discutir em juízo a elevação do IPTU – vale dizer, é o "titular do direito originário", a que alude a lei. Mas é comum que lhe falte o interesse prático, econômico (não o jurídico, sempre presente) em discutir a questão, já que o custo do tributo tem sido arcado por seu inquilino. Então, nos termos da lei, é possível que o locatário, titular do "direito decorrente", notifique judicialmente o locador para que, em trinta dias, esse impugne judicialmente o aumento do IPTU. Se o locador não o fizer em tal prazo, o locatário passa a ser legitimado para promover a medida judicial.

Há na hipótese substituição processual: o titular do direito decorrente pleiteia em juízo, em nome próprio, a defesa do direito alheio (CPC, art. 6º).

A eficácia e a coisa julgada da sentença – seja ela de procedência ou improcedência – atingirão o substituído. Como indiquei em outra oportunidade, nem sempre é constitucionalmente legítima a imposição, contra o substituído, da coisa julgada gerada no processo de que apenas participou o substituto. Nesse caso, porém, não há ofensa ao devido processo, ao contraditório nem ao acesso à justiça. Afinal, o substituído (i) teve antes a oportunidade de promover a ação; (ii) teve a ciência de que ela seria promovida e (iii) pode, como se indica a seguir, a todo tempo ingressar no processo instaurado pela demanda do substituto.[1] Assim, não apenas o substituído aproveita dos *efeitos* favoráveis de uma eventual sentença de procedência – o que já ocorreria em qualquer caso (i.e., independentemente do instituto da coisa julgada) –, como também, se for julgada improcedente a demanda, não poderá ele, substituído, promover nova ação sobre o mesmo objeto (CPC, art. 267, V).

Quando a ação é promovida pelo titular do direito decorrente, o titular do direito originário tem a possibilidade de ingressar no processo, a qualquer tempo, assumindo-o, no estado em que se encontra. A condição do titular do direito originário, na hipótese, é de litisconsorte: é sua própria posição jurídica que está em disputa. Sua intervenção, portanto, implica um litisconsórcio facultativo superveniente (o que, em minha opinião, identifica-se em todos os aspectos com a assistência litisconsorcial prevista no art. 54 do CPC.[2] E o litisconsórcio é expressamente admitido no mandado de segurança (Lei 12.016/09, art. 24 – o que já estava previsto no art. 19 da lei anterior).

Bem mais problemática é a questão que se põe quando o titular do direito original promove ele mesmo o mandado de segurança. Pode então o titular do direito decorrente ingressar no processo? A hipótese enquadra-se na moldura típica da assistência simples. A resposta, assim, passa pela questão do cabimento dessa modalidade interventiva no mandado de segurança – o que se examina adiante (n. 8).

A Lei 12.016/09 inovou ao estipular uma regra específica quanto ao termo inicial do prazo decadencial para o titular do direito decorrente propor o mandado de segurança.

No regime anterior, à falta de uma regra especial para a hipótese, cabia reputar que o prazo aplicável ao titular do direito decorrente seria o mesmo a que se submetia o titular do direito principal – quando fosse o caso de incidir prazo. Assim, se o titular do direito principal tinha sido intimado do ato coator (p. ex., uma decisão final em sede administrativa) em determinada data, ele teria 120 dias contados dessa data para ajuizar o *writ*. E esse mesmo prazo haveria de ser observado pelo titular do direito decorrente. Já se a conduta coatora consistisse em uma omissão de autoridade, com caráter continuado, não havia de se falar em prazo decadencial – fosse para o titular do direito principal, fosse para o titular do direito decorrente. Enquanto persistisse a omissão, caberia o mandado de segurança.

Agora, o parágrafo único do art. 3º da Lei 12.016 estabelece um regime decadencial próprio para o direito de ajuizamento do mandado de segurança pelo titular do direito decorrente. Incide sempre prazo de 120 dias contados da data da notificação feita ao titular do direito originário.

Em relação aos casos em que o próprio titular do direito originário se submete a prazo decadencial, a nova regra faz com que o titular do direito decorrente tenha agora uma situação melhor do que a que tinha antes. Afinal, para ele, o termo inicial do prazo de cento em vinte dias (data da notificação) ocorre em um momento posterior ao início do curso do prazo para o titular do direito originário (data da ciência do ato lesivo). Frise-se apenas que a notificação haverá de ser feita ao titular do direito originário antes do fim do prazo decadencial aplicável a esse. Afinal, não haveria

[1] Ver TALAMINI, *Coisa julgada e sua revisão*, São Paulo: RT, 2005, n. 2.5.7, p. 113-116.

[2] WAMBIER e TALAMINI, *Curso avançado de processo civil*, v. 1, 10ª ed., 2ª tir., São Paulo: RT, 2009, n. 20.5, p. 291.

sentido em notificar alguém para adotar uma medida que já não pudesse ser adotada. Mais ainda e pela mesma razão: como a lei exige que a notificação reserve ao titular do direito originário o prazo de trinta dias para propor o *writ*, é bastante plausível a tese de que a notificação precisa lhe ser formulada pelo menos trinta dias antes do fim do prazo decadencial.

Já em relação aos casos em que a propositura do mandado de segurança pelo titular do direito originário não se submete a prazo decadencial (mandado de segurança preventivo; mandado de segurança contra omissões ou outras condutas continuadas), a nova regra impõe ao titular do direito decorrente uma situação mais restritiva do que a que tinha antes. Ele, que antes aproveitava da ausência de prazo decadencial aplicável ao titular do direito originário, passa agora a ficar sujeito, também nessa hipótese, a um prazo decadencial de 120 dias contados da notificação. Ele poderia, depois de haver deixado fluir o prazo de cento vinte dias contados da notificação, tornar a notificar o titular do direito originário, e assim renovar o prazo decadencial de 120 dias? Não parece despropositada essa alternativa. Afinal, a ameaça ou lesão permanecem; permanece o direito de propositura do *writ* pelo titular do direito originário – que, por sua vez, permanece omitindo-se de defender seu direito, omissão essa que permanece repercutindo sobre o titular do direito decorrente. Para se admitir a possibilidade de reiteração da notificação com a consequente renovação do prazo decadencial, basta atribuir ao prazo decadencial ora previsto no art. 3º, par. ún., da nova lei a função de dar segurança jurídica antes ao titular do direito originário do que ao Poder Público (ou quem lhe faça as vezes). Ou seja, ao fixar prazo de 120 dias depois da notificação para o titular do direito decorrente impetrar o *writ* como substituto processual, mesmo em casos em que a impetração originária não se submeteria a prazo nenhum, a lei pretende dar ao titular do direito originário uma segurança no sentido de que, se for para alguém demandar em juízo como seu substituto, irá fazê-lo nos 120 dias subsequentes à notificação. Esse limite temporal permitirá ao titular do direito originário promover um acompanhamento mais efetivo do possível ajuizamento da demanda pelo seu substituto. Esse aspecto contribui inclusive para a constitucionalidade da imposição da coisa julgada ao substituído – como visto antes.

2.3. Legitimidade concorrente na hipótese de comunhão de direitos – Ausência de substituição processual

Se o direito ameaçado ou afrontado couber a várias pessoas, qualquer uma delas está legitimada a propor, sozinha, o mandado de segurança. Consagra-se a legitimidade de qualquer dos cotitulares de um direito para propor isoladamente a demanda. Essa previsão, já contida no art. 1º, § 2º, da Lei 1.533/51, é ora reiterada no § 3º do art. 1º da nova lei.

No ordenamento, há várias outras regras que, em face da titularidade conjunta de um direito, reconhecem a qualquer dos cotitulares a legitimidade para isoladamente promover ações em defesa desse direito comum. Entre outras, considerem-se as seguintes hipóteses: (i) legitimidade de cada um dos cocredores para exigir integralmente a obrigação indivisível (C. Civ., art. 260); (ii) legitimidade de cada um dos credores solidários para exigir do devedor o cumprimento da obrigação por inteiro (C. Civ., art. 267); (iii) legitimidade de cada condômino para reivindicar a coisa comum de terceiro e para defender a sua posse (C. Civ., art. 1.314); (iv) legitimidade de qualquer dos herdeiros para defender, até a partilha, os bens integrantes da herança (C. Civ., art. 1.791, par. ún.) etc.

Ao contrário do que possa parecer, essas regras não constituem exceções a um princípio geral. Antes, são a própria expressão do princípio geral: o litisconsórcio ativo apenas é necessário quando expressamente imposto, mediante regra explícita ou como inequívoco resultado da conjugação de outras regras. Dois fundamentos autorizam essa conclusão. Primeiro: especialmente as três primeiras regras acima mencionadas não têm incidência limitada às específicas relações de direito privado a que se referem (as quais, de resto, já são de grande amplitude prática). Incluem-se entre as normas do Código Civil que, à falta de outras específicas, aplicam-se à generalidade dos direitos e deveres. Segundo, e mais importante: a obrigatoriedade do litisconsórcio ativo obviamente dificulta o exercício da ação, razão por que deve ser reservada a casos excepcionais, em homenagem à garantia constitucional do acesso à justiça (CF, art. 5º, XXXV).

Há quem pretenda ver nesses casos o fenômeno da substituição processual. O colegitimado que ingressasse com a ação seria substituto processual dos demais. Vai-se além, sustentando-se que a coisa julgada formada nesse processo atingiria os demais legitimados, na condição de "substituídos".[3]

Todavia, não há regra que preveja haver substituição processual nos casos acima citados. As normas em questão limitam-se a afirmar que cada um dos cotitulares está legitimado a isoladamente promover a defesa judicial do direito comum. Não preveem que sua atuação em juízo vinculará os demais. Aliás, seria contraditório conferir a legitimidade a *cada um* dos cotitulares e, ao mesmo tempo, impor a todos a coisa julgada formada na ação proposta por um deles. Seria "dar com uma mão e tirar com a outra". Na prática, isso equivaleria à legitimidade não estar sendo conferida a cada um, mas apenas *ao primeiro* que propusesse a ação. De resto, como já indicado antes, a simples configuração da substituição processual nem seria por si só suficiente para vincular o substituído à coisa julgada estabelecida no processo de que participou o substituto (v. n. 2.2, acima – especialmente a referência lá feita).

Aplica-se à hipótese do art. 1º, § 3º, da Lei 12.016, tanto quanto às demais acima arroladas, diretrizes que já tive a oportunidade de expor anteriormente.[4] Os efeitos da sentença estendem-se aos terceiros; a coisa julgada, não. Vale aqui a fundamental lição de Liebman.[5] Portanto, tais efeitos aplicam-se inclusive aos demais titulares do direito, que não participaram do processo. O resultado positivo obtido por aquele que houver proposto a ação será em princípio aproveitado pelos demais. Nessa hipótese, não lhes será dado tornar a pleitear em juízo a defesa do mesmo direito *pela simples razão de que a tutela pretendida já está prestada*, de modo que *não há interesse de agir*. A sentença de improcedência igualmente produzirá efeitos sobre os demais cotitulares. No entanto, a autoridade da coisa julgada estabelecida naquele processo não os atingirá. Assim, qualquer um deles poderá tornar a propor a ação, com a mesma causa de pedir e pedido.

---

[3] P. ex., STJ, REsp 44.925, 4ª T., v.u., rel. Min. SÁLVIO TEIXEIRA, j. 21.06.1994.

[4] *Coisa julgada...*, cit., n. 2.5.3, p. 104-108.

[5] , "Sentença e coisa julgada: recentes polêmicas", em *Eficácia e autoridade da sentença* [trad. A. Buzaid e B. Aires; notas de atual. Ada Grinover], 3ª ed., Rio de Janeiro:, Forense, 1984, n. 8, p. 315-316.

2.4. *Impetração por pessoa física ou jurídica e por entes investidos apenas de capacidade de ser parte*

Tanto pessoas físicas quanto jurídicas podem impetrar mandado de segurança. A Constituição Federal não estipulou nenhum limite quanto a isso (art. 5º, LXIX). E diante de direitos e garantias fundamentais, cabe sempre a interpretação mais ampla e apta a lhes dar a maior efetividade.

O tema não comporta quaisquer dúvidas, há décadas. De todo modo, achou-se por bem que a nova lei explicitasse a possibilidade do emprego do *writ* por pessoas jurídicas (Lei 12.016/09, art. 1º, *caput*).

Também não há dúvidas de que entes despidos de personalidade jurídica, mas com capacidade de ser parte em juízo, também podem se valer do mandado de segurança (p. ex., condomínio, massa falida, sociedade de fato, espólio, herança jacente). A nova lei não tratou do tema, mas vale aqui a diretriz geral contida no art. 12, III a V, VII e IX, do CPC.[6]

2.5. *Pessoas jurídicas de direito público e (ou) integrantes da Administração Pública: limite*

Menos clara – e não enfrentada pela nova lei – é a questão atinente à possibilidade do emprego de mandado de segurança por pessoas jurídicas de direito público ou pessoas jurídicas de direito privado integrantes da Administração Pública indireta.

Há dois argumentos contrários a tal possibilidade:

(i) o mandado de segurança, como instrumento inserido no rol constitucional de "direitos e garantias fundamentais", é mecanismo de proteção do cidadão contra o Estado, contra a Administração Pública. Enfim, é um instrumento de limitação do poder, de tutela contra o abuso do poder estatal. Não é, nessa perspectiva, instrumento posto a disposição do Estado para fazer valer jurisdicionalmente os seus poderes;

(ii) o processo de mandado de segurança submeter-se-ia a regime jurídico de relativa e legítima desigualdade processual em prol do impetrante, para compensar a fraqueza do cidadão contra o Poder Público. Ao se dar à Administração Pública a condição de impetrante do *writ*, estar-se-ia potencializando o poder que o Estado exerce sobre o particular.

Esses argumentos comportam respostas:

(i) direitos e garantias fundamentais não admitem interpretação restritiva. Quando a Constituição quer restringir, nessa seara, ela expressamente o faz. Desse modo, quando uma pessoa jurídica integrante da Administração Pública estiver submetida a possível situação de ilegalidade ou abuso no exercício do poder por parte de outro ente do Poder Público, o mandado de segurança lhe é igualmente aproveitável;

(ii) a atual disciplina processual permite a preservação da igualdade entre as partes. De resto, na medida em que a impetração estiver voltando-se efetivamente contra um ato de poder exercido por outro ente público, até se justifica tratamento desigual em favor do impetrante, nos limites estritos da função do mandado de segurança de coibir os excessos no exercício do poder.

Assim, é cabível o emprego do mandado de segurança por pessoas jurídicas públicas ou que integram a Administração. Mas há um limite claro a tal cabimento – sob pena de se dar razão à tese contrária: o mandado de segurança apenas pode ser utilizado por um dos entes em questão quando ele esteja inequivocamente submetido a *ato de poder exercido por outro ente estatal* (p. ex., mandado de segurança de Município para atacar autuação fiscal feita pelo órgão previdenciário estatal; mandado de se-

[6] Tratando de espólio, veja-se, *v.g.*, o acórdão do STJ no REsp 18.066, 5ª T., v.u., rel. Min. ARNALDO ESTEVES LIMA, j. 07.11.2006, *DJU* 27.11.2006.

gurança impetrado pelo Estado impugnando a retenção do repasse de uma verba por órgão federal etc.). Tome-se um exemplo da jurisprudência recente do STF: mandado de segurança impetrado por Município contra ato do Tribunal de Contas da União que reviu coeficientes individuais do Fundo de Participação dos Municípios.[7]

A Súmula 511 do STF, embora tratando de assunto alheio ao ora em discurso, em certa medida, evidencia que está superada a controvérsia sobre o tema. Ao afirmar que a Justiça Federal é competente para julgar conflitos entre autarquias federais e entidades públicas locais, o enunciado destaca que tal orientação abrange "*inclusive mandado de segurança*". Na hipótese, o *writ* estará sendo necessariamente proposto por um ente estatal.

2.6. Entidades e órgãos públicos não dotados de personalidade jurídica

Tem-se também reconhecido de modo assente a possibilidade de entidade ou órgão público não revestido de personalidade jurídica própria impetrar mandado de segurança. O fundamento reside precisamente na especial natureza do mandado de segurança como ação constitucional contra excessos no exercício do poder. O limite, aqui, é o mesmo exposto no item anterior: o *writ* haverá de ser empregado pelo órgão público despersonalizado quando ele estiver submetido ao poder exercido por outro ente público. O mandado de segurança funciona, então, como instrumento apto a tutelar jurisdicionalmente a competência de um órgão público, lesada ou ameaçada pelos excessos praticados por outro órgão. Nessa hipótese, muitas vezes o mandado de segurança é empregado para atacar ato praticado por outro órgão que integra até a mesma pessoa jurídica que o órgão impetrante. Assim, há casos de impetração do *writ* por assembleia legislativa ou por sua mesa diretora, para atacar ato do governador; por câmara municipal ou sua mesa diretora, para atacar ato do prefeito; por tribunal de contas estadual, para atacar ato do governador ou da assembleia legislativa; por setores, faculdades ou departamentos da universidade, para atacar ato de seu reitor – e assim por diante.

O tema também não foi disciplinado pela Lei 12.016/09. E não era mesmo preciso: permanecerá valendo a jurisprudência assente e que remonta no mínimo ao acórdão proferido pelo STF no RE 55.821. Na oportunidade, reconheceu-se a legitimidade do TCE/PR para impugnar decisão do TJPR.[8]

Portanto, tais órgãos públicos detêm capacidade de ser parte, ao menos especialmente em relação ao mandado de segurança. Isso significa que o rol de entes despersonalizados com capacidade de ser parte não está exaurido no art. 12 do CPC.[9]

2.7. Legitimidade do Ministério Público: limites

Pelos fundamentos expostos nos tópicos anteriores, inclusive o Ministério Público, no limite de suas atribuições (CF, art. 129), pode se valer do mandado de segurança individual. É irrelevante a possibilidade de ele poder se valer de outros

[7] RE 23.632, Pleno, v.u., Min. CARLOS BRITO, j. 18.09.2008, *DJE* 13.11.2008.

[8] STF, RE 55.821, 1ª T., rel. Min. VICTOR NUNES LEAL, j. 18.09.1967, *DJU* 24.11.1967.

[9] Ver, nesse sentido, STJ, RMS 8.967, 1ª T., v.m., rel. p/ ac. Min. JOSÉ DELGADO, j. 19.11.1998, *DJU* 22.03.1999.

instrumentos, notadamente a ação civil pública. Poderá empregar o mandado de segurança quando estiverem presentes os pressupostos do *writ* e esse revelar-se instrumento mais eficaz.

Mas, tal como se dá em relação aos entes estatais e órgãos públicos, o emprego do mandado de segurança pelo *parquet* apenas se justifica quando se destinar a efetivamente atacar um ato de exercício de poder público a que o ministério público esteja submetido. Por exemplo, se o Ministério Público pretende atacar a licença ambiental concedida pelo órgão competente a uma empresa privada, ele estará atuando como *órgão estatal fiscalizador* de atividades públicas e privadas e protetor de interesses difusos. Não deverá na hipótese usar o mandado de segurança, mas os instrumentos de tutela coletiva de que amplamente dispõe.

2.8. Estrangeiros não residentes no Brasil

A possibilidade do emprego do mandado de segurança é estendida a estrangeiros que não residem no Brasil – a despeito do teor literal do *caput* do art. 5º da CF. Mais uma vez, cabe considerar o caráter não exaustivo do elenco dos direitos e garantias constitucionalmente arrolados (CF, art. 5º, § 2º), bem como a necessidade de sua interpretação extensiva, salvo quando há expressa vedação ou existe incompatibilidade intrínseca. Tal orientação aplica-se à generalidade dos direitos e garantias fundamentais elencados no art. 5º da Constituição, ficando excluídos apenas aqueles que apresentam ressalva específica (p. ex., o inc. LXXIII, que atribui a legitimidade para a ação popular apenas a "cidadão" brasileiro). Veja-se, por exemplo, o acórdão do STF no HC 94.016 – em que há referência a diversos outros precedentes da Suprema Corte.[10]

A questão, portanto, resolve-se no âmbito constitucional – justificando-se o silêncio da Lei 12.016/09 acerca dela.

2.9. Possibilidade de sucessão causa mortis *no polo ativo: limite*

Tem relativa ressonância a tese de que *jamais* seria possível a sucessão pelos herdeiros em virtude de falecimento do impetrante.[11] Ela funda-se no argumento de que o mandado de segurança seria garantia de natureza personalíssima, que não se presta a cobrar valores e, sim, a obter tutela específica. A inviabilidade do emprego do mandado de segurança como mero instrumento de cobrança de dívidas pretéritas, já antes consagrada legislativa e jurisprudencialmente (STF, Súm. 271; Lei 5.021/66, art. 1º), foi reiterada pela Lei 12.016/09 (art. 14, § 4º).

Entretanto, por vezes, a consecução da tutela específica repercute economicamente na esfera patrimonial do herdeiro, no âmbito de um direito transmissível. Pense-se na indiscutível possibilidade do emprego do *writ* contra a cobrança de um tributo ou contra ato ministerial que limita a adequada remuneração de títulos da dívida pública etc. São pretensões de caráter patrimonial, mas que se satisfazem mediante tutela específica. Os herdeiros, por força da sucessão, assumem os créditos e débitos discutidos nas impetrações ora dadas como exemplo. É razoável – e, como tal, uma

[10] 2ª T., v.u., rel. Min. CELSO DE MELLO, j. 16.09.2008, *DJE* 26.02.2009.

[11] V., p. ex., STF, MS 25.641, Pleno, v.u., rel. Min. EROS GRAU, j. 22.11.2007, *DJE* 21.02.2008.

imposição do *due process of law* – que também possam assumir a posição processual nas ações que os discutem.

Portanto, não é possível negar em termos gerais e absolutos a possibilidade de sucessão no pólo ativo. Cabe examinar a pretensão veiculada no mandado de segurança. Quando ela for transmissível, não há porque se negar a sucessão *causa mortis* da parte impetrante. Enfim, vale a diretriz geral retratada no art. 267, IX, do CPC.

3. Legitimidade passiva

A demanda do mandado de segurança, por força de suas origens históricas, é formalmente formulada em face da "autoridade coatora". Vale dizer: em face do agente público – ou privado no exercício de atribuição pública (CF, art. 5º, LXIX; Lei 12.016/09, art. 1º, § 1º) – responsável pelo comportamento (ato ou omissão) tido por coator. Isso é diferente do que se passa com as ações comuns. Nelas, quando se ataca um ato ou omissão havidos no exercício de atividade pública, formula-se a demanda em face da pessoa jurídica a que está vinculado o agente responsável pela conduta que se quer impugnar.

Há ainda outra peculiaridade no mandado de segurança. Embora formalmente formulada em face da "autoridade coatora", a demanda não é propriamente dirigida à pessoa física ocupante do cargo, mas à "autoridade", abstratamente considerada. É como que se o "cargo", em si, fosse o destinatário formal da impetração – pouco importando a pessoa que concretamente o ocupe. Por exemplo, quando o impetrante vai atacar, mediante o *writ*, ato aplicador de multa administrativa praticado pelo diretor geral de uma agência reguladora, a impetração não é formalmente formulada nem em face da agência (que é a pessoa jurídica que o diretor representa) nem em face do Sr. Fulano da Silva (que é o diretor que praticou o ato): o mandado de segurança é formulado em face do "diretor geral da agência XXX".

Essas particularidades geram dúvidas acerca da precisa definição de quem é o legitimado passivo no mandado de segurança. Há quatro teses principais a respeito do assunto.

3.1. A tese de que a própria autoridade coatora seria o legitimado passivo: críticas

Uma primeira concepção é no sentido de que a parte ré no mandado de segurança seria a própria autoridade coatora. Essa deteria, pessoalmente e em nome próprio, a condição de legitimado passivo.[12]

Tal tese não resiste às críticas que se lhe opõem:

(i) ela não explica porque a mudança do ocupante do cargo é irrelevante. Para ficar no exemplo antes apresentado: se o Sr. Fulano da Silva deixar de ser o diretor geral da "agência reguladora XXX", ele deixará de ter qualquer relação com o mandado de segurança impetrado contra o ato que ele antes praticara. Outra pessoa passará a ocupar o cargo de diretor geral – e caberá a ela ocupar também a posição de autoridade coatora no mandado de segurança. Será irrelevante o fato de que não foi ela quem praticou o ato atacado. Se o réu na ação fosse mesmo a pessoa da autoridade coatora, continuaria ela respondendo pessoalmente pela demanda mesmo depois de haver deixado o cargo.

---

[12] Nesse sentido: TRF-1ªR, AMS 94.01.28861-5, 3ª T., v.u., rel. Min. EUSTÁQUIO SILVEIRA, j. 30.06.1998, *DJU* 07.08.1998.

(ii) a tese ora criticada desconsidera que a autoridade é apenas agente da pessoa jurídica que desempenha a função pública.

3.2. A tese de que há litisconsórcio passivo entre a autoridade coatora e a pessoa jurídica de que ela é agente: críticas

Há quem sustente a ocorrência de litisconsórcio passivo entre a autoridade coatora e a pessoa jurídica a que ela está vinculada. Ambas seriam rés no mandado de segurança.[13]

A consideração literal dos arts. 6º, *caput*, 7º, I e II, e 13, *caput*, poderia sugerir que essa é a tese adotada pela Lei 12.016/09. A primeira dessas disposições estabelece a necessidade de o autor indicar na petição inicial "além da autoridade coatora, a pessoa jurídica que esta integra, à qual se acha vinculada ou da qual exerce atribuições". Já o art. 7º prevê que o juiz, no despacho inicial deve determinar não apenas a notificação da autoridade coatora (inc. I), mas também "que se dê ciência do feito ao órgão de representação judicial da pessoa jurídica interessada, enviando-lhe cópia da inicial sem documentos, para que, querendo, ingresse no feito" (inc. II). O art. 13, *caput*, estabelece, em sua parte final, a necessidade de intimar da sentença concessiva, além da autoridade coatora, a "pessoa jurídica interessada".

Mas as críticas oponíveis a tal concepção são as mesmas que se põem à primeira tese, no que tange a colocar a autoridade coatora como parte. E acrescenta-se ainda outra: faria com que o mandado de segurança fosse sempre uma ação de litisconsórcio passivo necessário – o que implica evidentes transtornos e complicações procedimentais, incompatíveis com a simplicidade, celeridade e sumariedade que devem pautar o procedimento dessa ação constitucional.

3.3. A tese que atribui à autoridade o mero papel de prestador de informações: críticas

Para outros, a parte-ré seria apenas a pessoa jurídica de que a autoridade coatora é agente. Essa, por sua vez, apenas seria chamada a prestar informações. Não teria nenhuma outra função no processo, senão a de colaborar com o Juízo, mediante a apresentação de subsídios instrutórios.[14] Por isso, além da notificação da autoridade coatora, seria necessária a citação da pessoa jurídica; além da prestação de informações pela autoridade, a própria pessoa jurídica teria de receber uma oportunidade específica e própria para contestar – e assim por diante. Haveria assim uma duplicação de atividades processuais, já que os atos praticados junto à – ou pela – autoridade coatora não vinculariam a – nem expressariam manifestação da – pessoa jurídica. Também aqui se poderia invocar os já referidos arts. 6º, *caput*, 7º, I e II, e 13, *caput*, da Lei 12.016/09.

Porém, essa concepção acarreta óbvias complicações procedimentais, incompatíveis com a necessidade de celeridade e simplicidade do rito do mandado de segurança. E isso é o que basta para que seja desaprovada.

[13] Assim, LUÍS EULÁLIO DE BUENO VIDIGAL, "Do mandado de segurança", em *Direito processual civil*, São Paulo: Saraiva, 1965, p. 102-103.

[14] Eis o entendimento de SÉRGIO FERRAZ, *Mandado de segurança*, São Paulo: Malheiros, 2006, n. 9, p. 92-93.

3.4. A tese que atribui a legitimidade passiva à pessoa jurídica e reconhece na autoridade a função de "(re)presentante" da pessoa jurídica

Por fim, há a tese segundo a qual a parte ré seria somente a pessoa jurídica de que a autoridade coatora é agente – mas essa, por sua vez, representaria aquela, no recebimento da citação ("notificação"), na apresentação da defesa ("informações"), na intimação da liminar e da sentença, e seria destinatária das ordens expedidas pelo juiz. Nesse sentido, o regime jurídico do mandado de segurança constituiria uma hipótese excepcional de (re)presentação legal da pessoa jurídica em juízo. A autoridade coatora atuaria como (re)presentante da pessoa jurídica, para os fins do mandado de segurança (p. ex., no mandado de segurança contra decisão proferida em processo licitatório municipal, o presidente da comissão de licitação, como autoridade coatora, [re]presentaria judicialmente o Município, em vez do procurador-geral municipal). O regime jurídico do mandado de segurança implicaria também uma excepcional atribuição de capacidade postulatória à autoridade coatora – que não necessitaria de advogado para contestar (na "prestação de informações"). De resto, tal regime especial prestar-se-ia a eliminar o divórcio que normalmente se põe entre quem (re)presenta a pessoa jurídica e quem, nela, tem o poder (e o consequente dever) de cumprir as ordens judiciais. Essa frequente dissociação muito contribui para sabotar a eficácia das decisões judiciais contra o Poder Público ou quem lhe faça as vezes.

O fundamento favorável a essa tese reside na consideração do caráter de "ação de eficácia potenciada" do mandado de segurança. Se, na origem, o envolvimento da autoridade coatora no processo derivava muito mais de razões históricas (resquício de uma época em que a concepção de Estado ainda não estava sedimentada, de modo que sua posição era confundida com a do próprio agente público), hoje, tal especial configuração prestar-se-ia a conferir celeridade, informalismo e efetividade ao procedimento do mandado de segurança.

Tal concepção é a que melhor se coaduna com a envergadura constitucional do mandado de segurança – e, não por outra razão, é amplamente adotada pela doutrina e a jurisprudência.[15]

É bem verdade que atualmente contra ela talvez se pudessem opor as disposições da Lei 12.016/09 antes mencionadas, especialmente a que prevê a "notificação" do órgão de representação judicial da pessoa jurídica interessada (art. 7º, II). Cabe, no entanto, compreender a lei infraconstitucional à luz da Constituição, e não o contrário. A disposição legal em pauta, quando muito, mitiga pontualmente a função de (re)presentante atribuída à autoridade coatora. Mas não tem como a eliminar. Até porque a Lei 12.016/09 também contempla inovações que reforçam aquela função. O § 2º do art. 14 atribui também "à autoridade coatora o direito de recorrer". E, mais importante, o art. 9º veicula regra de direito administrativo – alheia, portanto, ao processo – no sentido de que a autoridade administrativa tem o dever de, no prazo de 48 (quarenta e oito) horas da notificação da medida liminar, remeter ao órgão a que se acha subordinada e ao órgão de representação judicial da pessoa jurídica de que ela

[15] Confiram-se, entre outros: CARLOS AUGUSTO DE ASSIS, *Sujeito passivo no mandado de segurança*, São Paulo, Malheiros, 1997, n. 4, p. 56-57, n. 8, p. 89; EDUARDO ARRUDA ALVIM, *Mandado de segurança no direito tributário*, São Paulo, Ed. RT, 1998, n. 4.1 e 4.2, p. 64-72; CASSIO SCARPINELLA BUENO, *Mandado de segurança*, 3ª ed., São Paulo, Saraiva, 2007, p. 68; STJ, AgRg-REsp 1.098.520, 1ª T., v.u., rel. Min. FRANCISCO FALCÃO, j. 19.02.2009, *DJE* 11.03.2009 – com referência a precedentes.

é agente uma "cópia autenticada do mandado notificatório, assim como indicações e elementos outros necessários às providências a serem tomadas para a eventual suspensão da medida e defesa do ato apontado como ilegal ou abusivo de poder". Fica assim claramente reafirmado o seu papel de (re)presentante da pessoa jurídica em juízo – e não de mero prestador de informações, mero colaborador instrutório. Aliás, a valorização dessa sua função na nova lei evidencia-se quando se toma em conta que tal regra ocupa o lugar de outra que antes exigia que a liminar fosse diretamente comunicada pelo órgão judicial ao órgão de representação judicial da pessoa jurídica (art. 3º da Lei 4.348/64 [na red. dada pela Lei 10.910/04], ora expressamente revogado pelo art. 29 da Lei 12.016).

De resto, e mesmo se adotando a tese ora exposta, jamais se negou a possibilidade de que fosse apresentada uma peça formal de "contestação" pelo órgão de representação judicial da pessoa jurídica, paralelamente às informações. Apenas, se descartava a necessidade de tal manifestação. É esse o entendimento que deve permanecer vigorando – e ele é, aliás, expressamente respaldado pela própria parte final do inc. II do art. 7º da nova lei.

3.5. A relevância concreta da questão – O veto ao § 4º do art. 6º

Ficam absolutamente descartadas as duas primeiras concepções acima expostas. É inviável pretender atribuir legitimidade passiva à própria pessoa da autoridade coatora. Por outro lado, a quarta tese parece-me a mais consentânea com a função constitucional do mandado de segurança.

De todo modo, adote-se a terceira ou a quarta tese, fica claro que a definição da autoridade coatora *não* é tema pertinente à legitimidade passiva no mandado de segurança. Trata-se de uma simples questão de regularidade procedimental, atinente a (re)presentação processual ou nem isso (conforme se adote a quarta ou a terceira tese, respectivamente).

Esse dado é de fundamental relevância prática. Quando há um verdadeiro erro na identificação do legitimado passivo – propondo-se a ação em face do sujeito errado –, em regra tal defeito conduz à extinção do processo (CPC, art. 267, VI). A única modalidade de correção de tal erro com o salvamento do processo consiste no mecanismo da nomeação à autoria, cujos pressupostos são de rara configuração concreta (CPC, art. 62-69). Quando se reconhece que a legitimação passiva concerne apenas à pessoa jurídica de que a autoridade é agente, isso impõe também reconhecer que eventual *erro na indicação da autoridade coatora, desde que restrito à esfera da pessoa jurídica passivamente legitimada, é a princípio corrígivel – não autorizando a pura e simples extinção do processo.*

Não se ignora que a correção da autoridade coatora poderá, por vezes, implicar a anulação de atos processuais – e até mesmo a alteração da competência originária para conhecimento do mandado de segurança (p. ex., a competência para mandado de segurança contra ato de Ministro de Estado é do STJ; mas contra ato de um secretário do Ministério é de juiz do primeiro grau de jurisdição). Mas nada disso importará a extinção do processo.

O projeto de que resultou a Lei 12.016, tal como aprovado no Congresso Nacional, continha dispositivo que viria a estabelecer uma regra especial impondo limites à possibilidade de correção da autoridade coatora (§ 4º do art. 6º). Segundo tal disposição, quando constatado erro na definição da autoridade, seria dado ao impetrante corrigi-lo apenas se já não houvesse escoado o próprio prazo de 120 dias para a propositura do *writ*. Tal preceito – redigido em termos impróprios, que deixavam implícita uma inadequada adesão a uma das duas primeiras teses acima expostas – foi corretamente vetado pelo Presidente de República. Constou da razão do veto: "A redação conferida ao dispositivo durante o trâmite legislativo permite a interpretação de que devem ser efetuadas no correr do prazo decadencial de 120 dias eventuais emendas à petição inicial com vistas a corrigir a autoridade impetrada. Tal entendimento prejudica a utilização do remédio constitucional, em especial, ao se considerar que a autoridade responsável pelo ato ou omissão impugnados nem sempre é evidente ao cidadão comum". Fica, assim, confirmada a plena sanabilidade do erro na identificação da autoridade coatora, nos limites da pessoa jurídica passivamente legitimada.

4. Legitimidade passiva do particular juridicamente beneficiado pelo ato impugnado

Os particulares direta e juridicamente beneficiados pelo ato impugnado devem ser citados no processo do mandado de segurança como litisconsortes passivos necessários. Essa é orientação de há muito pacificada.[16]

5. Definição da autoridade coatora

Uma vez excluída a questão do âmbito da legitimidade passiva, a identificação da autoridade coatora assume contornos menos dramáticos. Mas não deixa de ser tema relevante. Como já indicado, a correção do erro na indicação da autoridade coatora, embora possível, pode implicar alteração da competência e (ou) a anulação de atos processuais. Além disso, o equívoco na escolha da autoridade coatora pode frustrar a eficácia da segurança concedida: há o risco de a ordem judicial ser dirigida a autoridade absolutamente despida de competência jurídica ou mesmo meios concretos de cumpri-la.

A lei anterior não veiculava nenhuma regra acerca dos critérios para a definição da autoridade coatora. A Lei 12.016/09 explicita a diretriz geral aplicável a tal tarefa, que já era afirmada pela doutrina e os tribunais: "Considera-se autoridade coatora aquela que tenha praticado o ato impugnado ou da qual emane a ordem para a sua prática" (art. 6º, § 3º). Outras tantas balizas são daí extraíveis. Assim, é autoridade coatora:

(i) quem *ordena* a prática do ato ou a omissão da conduta devida, mas *não* quem apenas a *recomenda* (p. ex., o consultor jurídico que emite um parecer) ou expede regras abstratas para sua execução (p. ex., o agente que edita portaria com instruções gerais sobre como devem proceder seus subordinados);

(ii) quem adota o comportamento coator por deliberação própria;

(iii) nos atos submetidos a necessário controle, quem tem o poder de controle;

---

[16] V., p. ex., STF, RE 47.888, 2ª T., v.u., rel. Min. VICTOR NUNES LEAL, j. 11.01.1961, *DJU* 09.07.1964; RE 71.992, 1ª T., v.u., rel. Min. LUIZ GALLOTTI, j. 24.08.1971, *DJU* 28.10.1971; RE 91.735, 1ª T., v.u., rel. Min. NÉRI DA SILVEIRA, j. 11.05.1982, *DJU* 22.10.1982.

(iv) nos atos complexos (um único ato para cuja realização concorrem as vontades de diferentes órgãos), todos os agentes envolvidos na produção do ato (ex.: nomeação de magistrado para o tribunal feita pelo chefe do Executivo a partir de lista elaborada pelo órgão especial do Judiciário);

(v) nos atos compostos (ato principal submetido a ato de ratificação ou aprovação, praticado por outro órgão), quem pratica o ato principal, salvo quando a autoridade superior avoca para si o ato praticado pelo inferior hierárquico, encampando-o como seu.

(vi) nos atos de órgãos colegiados, o presidente do órgão;

(vii) nos atos realizados em procedimento administrativo, quem preside o procedimento.

Mas não são poucas as controvérsias acerca de cada uma dessas hipóteses.[17]

6. Autoridade coatora "considerada federal" (art. 2º, Lei 12.016/09)

No seu art. 2º, a Lei 12.016/09 veicula dispositivo que não tem a ver propriamente com a definição da autoridade coatora: "Considerar-se-á federal a autoridade coatora se as consequências de ordem patrimonial do ato contra o qual se requer o mandado houverem de ser suportadas pela União ou entidade por ela controlada".

Para a definição em si da autoridade coatora, nenhuma relevância tem qualificá-la de "federal" ou não. Importa é identificar quem detém a condição de coator. Diante disso, a finalidade que se poderia imaginar para a regra do art. 2º concerne à definição da competência judiciária. Ela parece pretender estabelecer que, ainda quando o praticante da conduta coatora não for agente de uma pessoa jurídica da Administração federal (p. ex., ele é agente de poder municipal, estatal ou mesmo de uma pessoa de direito privado no exercício de atividade pública), o mandado de segurança submeter-se-á à competência da Justiça Federal, sempre que as consequências patrimoniais recaírem sobre a União ou entidade da Administração indireta por ela controlada. Isso não significa dizer que a pessoa jurídica que a autoridade integra deixará de ser legitimada passiva na ação. O art. 6º, *caput*, determina que a petição inicial sempre individualize a pessoa jurídica que a autoridade coatora integra – sem que nenhuma ressalva tenha sido feita em relação à hipótese prevista no art. 2º. Mas, não há outro significado para dar ao art. 2º, senão o de buscar estabelecer uma competência judiciária federal.

Diante disso, cabe indagar se é constitucional a previsão de competência da Justiça Federal, a despeito de não participar do processo a União nem uma entidade autárquica ou empresa pública federal. A resposta parece ser negativa. A configuração da competência federal para causas cíveis não se aperfeiçoa com a mera presença de um interesse federal: é indispensável a participação no processo, ainda que como terceiro interveniente, da União ou de uma autarquia ou empresa pública federal (CF, art. 109, I).

Na busca de uma interpretação conforme à Constituição, talvez se possa dizer que a norma em exame conduz à participação da União ou entidade federal no processo, ao lado da pessoa jurídica que a autoridade coatora integra. Tal participação, ela sim, implicará deslocamento da competência para a Justiça Federal (inclusive para a própria análise da presença do interesse da União ou da entidade federal: STJ, Súmula 150).

---

[17] Para um panorama amplo da jurisprudência sobre o tema, v. T. NEGRÃO, J. R. GOUVÊA e L. G. BONDIOLI, *CPC e legislação processual em vigor*, São Paulo: Saraiva, 41ª ed., 2009, notas 47 e 47a ao art. 1º da Lei 1.533/1951, p. 1852-1853; e SÉRGIO FERRAZ, *Mandado de segurança*, cit., n. 9.3, p. 98-107.

A confirmar essa exegese, há o inciso II do art. 7º da nova lei, que determina que seja dada ciência da demanda à "pessoa jurídica interessada". Ora, "pessoa jurídica interessada" é expressão que abrange tanto a pessoa jurídica que a autoridade coatora integra (art. 6º, *caput*), quanto, nos casos em que a causa tem a potencialidade de repercutir sobre patrimônio federal, a União ou entidade federal, (art. 2º). Na hipótese, as duas pessoas jurídicas serão litisconsortes passivas.

7. Litisconsórcio

O litisconsórcio, em suas diversas modalidades, é admitido no processo do mandado de segurança. Já havia regra expressa a respeito na disciplina anterior (Lei 1.533/51, art. 19), e permanece havendo na nova lei (art. 24).

7.1. Possível extinção em caso de não formação do litisconsórcio passivo necessário

Como visto, é necessário o litisconsórcio passivo entre a pessoa jurídica de que a autoridade coatora é agente e o sujeito juridicamente beneficiado pelo ato coator (v. n. 4, acima). Se o impetrante não requer já na petição inicial a citação do litisconsorte particular, haverá de fazê-lo no prazo determinado pelo juiz, sob pena de extinção do processo (CPC, art. 47, par. ún.; STF, Súmula 631).

7.2. Facultatividade do litisconsórcio ativo

O litisconsórcio ativo é sempre facultativo, por força da já examinada regra do art. 1º, § 3º, da Lei 12.016/09 (v. n. 2.3, acima).

7.3. A questão dos limites ao litisconsórcio ativo superveniente

Antes da nova lei, pôs-se a disputa sobre se haveria algum limite temporal para a ocorrência de litisconsórcio ativo superveniente no processo do mandado de segurança. A dúvida deriva da circunstância de que, sendo ilimitada essa possibilidade, o litisconsórcio ativo poderia ser formado já depois de a liminar haver sido deferida – com o litisconsorte ingressante vindo a beneficiar-se do resultado já antes obtido pelo impetrante originário. Para muitos, isso implicaria uma afronta ao juiz natural: em certos casos, o litisconsorte superveniente como que teria o direito de escolher perante qual juízo demandar – e optaria por aquele que já concedeu liminar. Pense-se nos casos em que dois colegitimados impetram simultaneamente o *writ* em dois diferentes juízos. Um obtém a liminar; outro não. Um terceiro colegitimado poderia aguardar para só depois definir em qual processo ingressar como litisconsorte – e o faria, obviamente, naquele em que a liminar foi dada (mais do que isso: não seria implausível que o colegitimado que ajuizou mandado de segurança e não obteve liminar desistisse de sua ação e também ingressasse como litisconsorte no processo em que a liminar foi dada).

Daí haver discussões acerca da limitação temporal à formação superveniente do litisconsórcio. Várias teses foram adotadas pelos tribunais, sem que se estabelecesse consenso. Afirmou-se a possibilidade do litisconsórcio superveniente: (i) apenas antes da distribuição do *writ*; (ii) apenas antes da concessão de medida liminar; (iii) apenas antes da requisição de informações à autoridade coatora; (iv) apenas antes de prestadas tais informações. Chega a haver decisão que nega a possibilidade de litisconsórcio superveniente em mandado de segurança, na medida em que afirma que todos os litisconsortes deveriam já figurar na petição inicial.[18]

A ampla maioria dessas soluções não encontrava respaldo no direito posto. A rigor, cabe diferenciar duas hipóteses de litisconsórcio ativo superveniente: por um lado, o litisconsórcio unitário em sentido estrito; por outro, o litisconsórcio simples (não unitário).

No litisconsórcio unitário (propriamente dito) o direito em questão pertence e interessa conjunta e indivisivelmente a todos os colegitimados. O objeto do conflito é único e incindível – de modo que não há sequer substrato jurídico-material para que o litisconsorte superveniente possa formular um novo pedido. A intervenção do litisconsorte unitário não implica nenhuma alteração no objeto do processo. O pedido e a causa de pedir permanecem exatamente os mesmos. O litisconsorte ingressante não pede para si nenhuma tutela jurisdicional específica. Tudo o que havia para ser pleiteado já o foi pelo impetrante originário. Mais do que isso: mesmo se não ingressasse no processo, o colegitimado já aproveitaria os efeitos da liminar obtida pelo impetrante. Pense-se na hipótese em que um dos vários licitantes impetra mandado de segurança opondo-se contra a revogação de licitação que estava em curso, por reputar o ato revogatório nulo. Todos os partícipes do certame detinham interesse e legitimidade ativa para promover tal demanda – e, se o fizessem conjuntamente, estaríamos diante de litisconsórcio unitário. A liminar eventualmente obtida por aquele que impetrou o *writ* sustará necessariamente o ato revogador em face de todos os licitantes. Portanto, participem ou não do processo judicial, a todos aproveitará a liminar, bem como a eventual sentença de procedência: a licitação não tem como ficar revogada para alguns e em andamento para outros. Nessa hipótese, não havia – e continua não havendo – porque impor qualquer limite ao litisconsórcio superveniente. Ele não esbarra na regra da estabilidade objetiva da demanda, pois não importa alteração de pedido nem causa de pedir (CPC, art. 264). Tampouco tem, nem mesmo em tese, como configurar conduta de má-fé, pois o litisconsorte ingressante não está a obter nada a mais do que obteria se não ingressasse antes. Vale, nesse caso, a regra resultante da conjugação dos arts. 50, par. ún., e 54 do CPC (reitere-se que o litisconsórcio facultativo superveniente identifica-se, em seu regime jurídico, com assistência litisconsorcial – v. n. 2.2, acima).

As coisas passam-se de modo diverso no litisconsórcio ativo simples (não unitário). Em tal hipótese, os diferentes litisconsortes são titulares de diferentes pretensões em face do adversário. Mais do que uma pluralidade de sujeitos no mesmo pólo da relação processual, há também uma cumulação objetiva de demandas.[19] Nesse caso, quando o litisconsorte ingressa supervenientemente no processo, mais do que apenas participar da disputa em relação ao objeto processual já antes posto, ele pretende para si algo novo (ainda que correlato ou análogo àquilo que é já pretendido pelo autor originário). Vale dizer, seu ingresso implica necessariamente o acréscimo

[18] Quanto a esses vários posicionamentos, veja-se o sempre preciso panorama jurisprudencial feito por T. NEGRÃO, J. R. GOUVÊA e L. G. BONDIOLI, *CPC*..., cit., n. 3 ao art. 19 da Lei 1.533/1951, p. 1883.

[19] Ver, por todos, CÂNDIDO DINAMARCO, *Litisconsórcio*, 3ª ed., Malheiros, São Paulo, 1994, n. 23, p. 75-76; ARAKEN DE ASSIS, *Cumulação de ações*, 4ª ed., São Paulo: RT, 2002, n. 39, p. 162.

de novo pedido e nova causa de pedir. Daí que não lhe basta a tutela urgente nem a sentença de acolhimento da pretensão do autor originário, ele precisa de um comando que acolha a sua própria pretensão. Daí por que se fala, nesses casos, em "extensão da liminar" originalmente concedida (e é absolutamente inapropriado aludir a tal "extensão" quando se está diante de litisconsórcio unitário): em verdade, busca-se outro provimento judicial, diverso daquele já emitido, ainda que análogo. Pense-se no caso do estudante universitário que promove mandado de segurança para obter ordem de que a universidade abstenha-se de lhe exigir determinada carga horária de estágio para que ele possa laurear-se, sob o fundamento de que tal exigência feriria direito adquirido ou ato perfeito. Pode haver centenas de outros estudantes na mesma situação. É concebível que vários deles promovam a ação em litisconsórcio (CPC, art. 46, IV). No entanto, se apenas um deles promove, e obtém liminar – o ingresso de outros no processo, como litisconsortes, implicará também alteração objetiva da relação processual, com a mudança (acréscimo) do pedido e da causa de pedir. Afinal, cada um deles precisará obter do Judiciário uma ordem específica em seu favor, determinando a abstenção de conduta da autoridade universitária em seu próprio caso. A liminar que o impetrante originário já obteve não lhes basta. Precisarão de uma tutela urgente própria (a dita "extensão da liminar"). Aplicando as regras gerais do processo, o limite à formação desse litisconsórcio, independentemente da concordância do réu, seria o momento da "notificação" inicial da autoridade coatora (CPC, art. 264). Já com a concordância do réu (incomum na prática), o litisconsórcio simples poderia ser formado até a sentença em primeiro grau (o parágrafo único do art. 264 refere-se ao "saneamento" do processo, mas no mandado de segurança, como não há instrução probatória, tal momento coincide com o da sentença).

Em suma – consideradas as diretrizes atinentes à estabilidade da demanda –, antes da Lei 12.016/09, a superveniência do litisconsórcio ativo unitário era admissível a todo tempo no curso do processo. Já o litisconsórcio ativo simples poderia ser constituído, sem concordância do réu, apenas até a notificação da autoridade coatora para prestar informações.

A Lei 12.016/09, contudo, inovou quanto ao tema. Nos termos do art. 10, § 2º: "O ingresso de litisconsorte ativo não será admitido após o despacho da petição inicial". Tal regra diverge das balizas fixadas no Código de Processo Civil, antes referidas. De todo modo, em relação ao litisconsórcio simples, essa passa a ser a norma especial aplicável ao mandado de segurança. No entanto, cumpre conferir ao dispositivo interpretação que seja razoável – e esteja, portanto, em conformidade com a garantia do devido processo legal. A intervenção do litisconsorte unitário não altera o objeto processual e não gera nenhum incidente ou transtorno procedimental. Diante disso, parece adequado reputar que a regra do art. 10, § 2º, aplica-se apenas ao litisconsórcio simples.

8. Intervenção de terceiros – Modalidades previstas no CPC – *Amicus curiae*

A assistência litisconsorcial submete-se ao regime jurídico do litisconsórcio (CPC, art. 54). Então, ela é cabível no mandado de segurança e se lhe aplicam as diretrizes referidas no tópico anterior (especialmente, n. 7.3).

No que tange às demais formas de intervenção de terceiros previstas no Código de Processo Civil, prevaleceu sob a égide da lei anterior o entendimento de que seriam inadmissíveis.[20] O argumento utilizado para tanto, contudo, era extremamente falho. Invocava-se o art. 20 da Lei 1.533/51, para daí se extrair a inaplicabilidade das regras do Código de Processo Civil ao mandado de segurança. A tese não procedia. O art. 20 da antiga lei, ao estabelecer que "revogam-se os dispositivos do Código de Processo Civil sobre o assunto e mais disposições em contrário", tinha de ser compreendido em seu contexto histórico. Até a edição da Lei 1.533/51, o processo do mandado de segurança era regulado por dispositivos inseridos no Código de 1939. Foi a aplicação de tais regras específicas, e não necessariamente de outras, que se pretendeu afastar.

Note-se que não foi apenas no campo da intervenção de terceiros que o argumento ora criticado foi utilizado. A negativa de condenação em honorários de sucumbência (STF, Súm. 512) e a inadmissão de embargos infringentes em apelação em mandado de segurança (STF, Súm. 597; STJ, Súm. 169), por exemplo, também foram conclusões extraídas daquele equivocado fundamento.

A nova lei, contudo, não possui nenhuma disposição da qual se possa extrair – ainda que indiretamente ou, como antes ocorrera, de modo artificioso – qualquer diretriz no sentido de que as normas do Código de Processo Civil não se aplicariam ao mandado de segurança. Bem o contrário, são reiteradas as remissões ao Código (*v.g.*, Lei 12.016/09, art. 6º, § 5º, art. 7º, §§ 1º e 5º, art. 24...) – o que indica sua aplicabilidade subsidiária, que, de resto, é confirmada pelo art. 1.211 do CPC.

A negativa de condenação em honorários de sucumbência e a inadmissibilidade de embargos infringentes, antes fundadas na tese da inaplicabilidade subsidiária do Código, ora estão expressamente consagradas no novo diploma (art. 25 da Lei 12.016/09). No entanto, não há nenhuma regra na nova lei que expressamente vede a intervenção de terceiros. Isso significaria que ora as várias modalidades interventivas previstas no Código são admissíveis no mandado de segurança?

A resposta é negativa. Cumpre considerar qual era o adequado fundamento para mesmo antes se negar o cabimento de intervenção de terceiros em mandado de segurança. Por certo, não era o art. 20 da antiga lei. Parece-me que a incidência das regras do Código no processo do mandado de segurança encontrava um limite, inerente a toda aplicação subsidiária. Apenas eram aplicáveis as normas do CPC compatíveis com a essência constitucional do mandado de segurança: instrumento célere, de cognição sumária e "eficácia potenciada". A celeridade, simplicidade e sumariedade do rito do processo do mandado de segurança incompatibilizam-no com todas as modalidades de intervenção de terceiros previstas no Código (desse rol excluída, reitere-se, a assistência litisconsorcial, que se submete ao regime do litisconsórcio).

Ora, esse fundamento permanece plenamente válido.

Note-se que mesmo a assistência simples é apta a gerar significativos transtornos procedimentais. Basta considerar a necessidade de instauração de um incidente específico, caso uma das partes impugne o pedido de intervenção assistencial (CPC, art. 51). Tal incidente chega a prever procedimento de instrução probatória (art. 51, II), algo inadmissível em mandado de segurança.

[20] Cf., p. ex., STF, MS 24.414-3, Pleno, v.m., rel. Min. CESAR PELUSO, j. 04.09.2003, *DJU* 21.11.2003.

O que não se descarta é a intervenção de terceiro na condição de *amicus curiae*: alguém que é admitido no processo para fornecer subsídios para a solução da questão, sem, no entanto, passar a titularizar posições subjetivas relativas às partes (nem mesmo limitada e subsidiariamente, como o assistente simples).[21] Diferentemente das modalidades tradicionais de intervenção, cujo cabimento é aferido a partir do interesse jurídico do terceiro em face do resultado do processo em curso, a admissibilidade do ingresso do *amicus curiae* deve ser definida a partir da aptidão que esse tenha para contribuir para a adequada solução da causa. O terceiro há de demonstrar que está em condições de apresentar argumentos úteis, subsídios relevantes, que possam enriquecer a discussão já instaurada. Permito-me aludir a tal pressuposto como sendo o da *contributividade adequada*.

9. Conclusão

Como tem sido frequente em reformas processuais, aqui e alhures: pouca novidade, mas a promessa de muita discussão.

[21] Sobre a figura do *amicus curiae*, v.: CASSIO SCARPINELLA BUENO, *'Amicus curiae' no processo civil brasileiro: um terceiro enigmático*, São Paulo, Saraiva, 2006; CARLOS DEL PRÁ, *'Amicus curiae': instrumento de participação democrática e de aperfeiçoamento da prestação jurisdicional*, Curitiba: Juruá, 2007.

— 14 —

Sentenças coletivas: coisa julgada e o princípio do *non bis in idem*

ELAINE HARZHEIM MACEDO
Doutora em Direito (UNISINOS). Mestre em Direito (PUC/RS).
Professora na ULBRA/Canoas e na Escola Superior da Magistratura – AJURIS.
Desembargadora do TJ/RS.

Sumário: 1. Introdução; 2, Antecedente legislativo na regulamentação da sentença relativamente ao instituto da coisa julgada em sede de ação coletiva; 3. A sentença civil na vigência da Lei n. 7.347, de 24 de julho de 1985; 4. Tratamento da sentença e dos limites da coisa julgada no âmbito das proposições em curso dos estatutos do processo coletivo; 4.1. Projeto de Lei n. 5.139/09: ação civil pública como tutela dos interesses difusos, coletivos ou individuais homogêneos; 4.2. Código Brasileiro de Processos Coletivos: proposta encaminhada ao Ministério da Justiça; 4.3. Cotejo entre as duas proposições em curso. Considerações finais. Referências.

1. Introdução

O processo civil pátrio tem recebido nas últimas décadas especial atenção dos estudiosos e operadores do direito, bem como dos Poderes Legislativo, Executivo e Judiciário, resultando não só o desenvolvimento de novas teorias ou a releitura de velhas (nem tão velhas) teses, mas, mais especificamente, inúmeras reformas legislativas. O consenso a que se chegou, mais recentemente, foi a de instituir um novo Código de Processo Civil, sendo nomeada, por iniciativa do Senado Federal, uma comissão especial de juristas, sob a presidência do Ministro Luiz Fux, do E. Superior Tribunal de Justiça, que terá a responsabilidade de elaborar um anteprojeto, reformulando o atual texto em vigência.[1]

Paralelamente a esse projeto, a comunidade jurídica vem (re)discutindo o processo coletivo, com propostas que vão da instituição de um Código de Processo Civil Coletivo[2] à reforma da Lei n. 7.347, de 24 de julho de 1985, aproveitando-se o já consolidado instituto da Ação Civil Pública como instrumento normatizador dos processos coletivos.[3]

---

[1] http://www.senado.gov.br, em 25.02.2010.

[2] A exemplo, GIDI, Antonio. Código de Processo Civil Coletivo: um modelo para países de direito escrito, *Revista de Processo,* Ano 28, julho-setembro de 2003, Vol. 111, São Paulo: Ed. Revista dos Tribunais, p. 192-208; proposta oriunda do Instituto Brasileiro de Direito Processual de um *Anteprojeto de Código Brasileiro de Processos Coletivos,* encaminhada ao Ministério da Justiça, conforme *site* do IBDP, http://www.direitoprocessual.org.br, em 22.03.2010.

[3] Nesse sentido, o Projeto de Lei n. 5.139/2009, que tramita perante a Câmara dos Deputados, que visa a disciplinar a ação civil pública para a tutela de interesses difusos, coletivos ou individuais homogêneos, encontrando-se, atualmente, na Comissão de Constituição e Justiça e de Cidadania, conforme http://www.camara.gov.br , em 22.02.2010.

É tempo, pois, de profícua produção legislativa que, para alcançar os resultados almejados pela comunidade jurídica, reclama dos membros dessa comunidade a maior atenção e reflexão para as novas propostas e para a reedição de velhas propostas, sob pena de se perpetuar a imputação de que o Brasil é um país que faz reformas para nada mudar.

Considerando as intrínsecas limitações do presente trabalho, a exigir o devido corte de conhecimento, serão objeto de abordagem questões da prática e da dogmática jurídica envolvendo a sentença proferida em sede de processo coletivo, seus efeitos e o instituto da coisa julgada.[4]

2. Antecedente legislativo na regulamentação da sentença relativamente ao instituto da coisa julgada em sede de ação coletiva

Quando o fenômeno dos conflitos de massa e de interesses coletivos *lato sensu* passou a ser vivenciado nas práticas jurídicas, a doutrina milenar que dava sustentação ao estudo do instituto da sentença a contemplava como prestação jurisdicional a incidir sobre sujeitos individuais, integrantes da relação processual na forma singular (um autor, um réu) ou na forma plúrima (em litisconsórcio ou mediante a intervenção de terceiro). Tratava-se – e ainda é assim quando o conflito é subjetivamente individual – pois, de um enunciado jurídico (*a sentença é a lei do caso concreto)* imposto por força da autoridade judicial (ato de império, característica do agir do Poder Judiciário, como um dos poderes integrantes da soberania estatal), no âmbito dos limites subjetivos da coisa julgada (art. 472, CPC).

Foi a ação popular o primeiro modelo de processo coletivo que o direito pátrio enfrentou, pelo menos no âmbito das relações civis,[5] situação que exigiu, no trato da sentença, atenção especial e que resultou na redação do art. 18 de sua lei de regência (Lei n. 4717, de 14 de julho de 1965), nos seguintes termos:

> A sentença terá eficácia de coisa julgada oponível *erga omnes*, exceto no caso de haver sido a ação julgada improcedente por deficiência de prova; neste caso, qualquer cidadão poderá intentar outra ação com idêntico fundamento, valendo-se de nova prova.

Dois são os comandos normativos incluídos no dispositivo. O primeiro diz com a vedação da aplicação do instituto da coisa julgada nas ações julgadas improcedentes por falta de provas – prevendo, *contrario sensu*, a indiscutibilidade do que foi acertado na sentença de procedência e dos demais casos de improcedência –; o segundo, estabelecendo limitações para a repropositura da ação nas hipóteses de improcedência.

A solução encontrada pelo legislador se ampara na indiscutível necessidade de tutelar o verdadeiro e real titular do direito subjetivo em conflito, nesta especialíssima ação promovida pelo cidadão em nome de toda a cidadania, na medida em que o bem da vida tutelado – probidade administrativa e os demais valores que passaram a ser também atendidos pela ação popular – não pertencia exclusivamente ao cida-

[4] Registra-se que neste trabalho se utilizará da conceituação de coisa julgada como indiscutibilidade do que foi declarado na sentença, à luz das lições de BAPTISTA DA SILVA, Ovídio A. *Sentença e Coisa Julgada,* 3ª ed., Porto Alegre: Sergio Antonio Fabris Editor, 1995.

[5] MANCUSO, Rodolfo de Camargo. *Ação Popular,* 3ª ed., São Paulo: Revista dos Tribunais, 1998, p. 48 e segs.

dão-autor, mas a todos indistintamente. Surgia, desta sorte, de forma extraordinária, a figura de *substituto processual* (até então admitida apenas quando da legitimação do Ministério Público para propor ação em nome próprio, mas com vista à tutela de direitos de terceiro por ele representado), que em nome próprio passa a litigar direito que não é só dele, mas de todos os cidadãos.

Estabelecida essa legitimação ativa extraordinária, ao mesmo tempo e em contraponto se impunha excepcionar os limites subjetivos da coisa julgada. E tal exceção veio ao efeito de blindar as sentenças de improcedência à indiscutibilidade futura, desde que o fundamento da decisão se desse pela ótica da ausência de provas (art. 333, inciso I, do CPC), viabilizando a outro legitimado (qualquer cidadão) a repropor a ação, mas com base em prova nova.

O condicionamento de produzir prova nova para poder intentar nova ação em absoluto se justifica pelo instituto da coisa julgada – até porque esse está sendo, pelo dispositivo em comento, excepcionado –, mas pelo princípio geral de direito do *non bis in idem* (ou *ne bis idem,* como às vezes vem referido).

O princípio do *non bis in idem*, geralmente tratado na esfera do direito penal, onde encontra ampla aceitação, especialmente pela positivação constitucional da garantia da dignidade da pessoa humana, priorizando um Direito Penal que se ocupa precipuamente do *fato* delituoso, e, via de consequência, afastando-se da tônica da perseguição, rotulação e segregação do indivíduo tido como "criminoso",[6] não é estranho ao Direito Processual Civil, especialmente quando corresponde ao princípio da utilidade, que, cediço, inspira o processo. Da ideia maior, *a parte (ou sujeito) não pode ser penalizada duplamente pelo mesmo suporte fático,* há que se ter, em sede de processo civil, que a parte, em cujo favor já teve reconhecida, em sentença de mérito, imputação indevida, não há de ser submetida ao trânsito de nova demanda, com a mesma causa de pedir e mesmo pedido, salvo, por óbvio, quando a lei assim excepcionar.

Exemplo da aplicação desse princípio é a regra insculpida no *caput* do art. 268 do CPC, em sua primeira parte, nos termos *"salvo o disposto no art. 267, V, a extinção do processo não obsta a que o autor intente de novo a ação"*.

Sem embargo de alguma discussão pontual, as causas de extinção do processo arroladas no art. 267, do CPC, autorizam nova propositura da ação até porque se trata de decisões não acobertadas pela indiscutibilidade da coisa julgada material. Contudo, quando o fundamento da extinção se dá no reconhecimento dos institutos da *perempção, litispendência* e *coisa julgada,* admitir ou autorizar a renovação da lide é absolutamente ilógico e ofende o princípio da utilidade do processo, pelo qual as práticas processuais devem atender um mínimo de interesse jurídico.

Igual situação se reconhece presente na hipótese de uma ação popular – nitidamente de conteúdo coletivo – aforada por um (ou mais) determinado autor-cidadão, que venha a ser julgada improcedente por falta de provas (art. 333, inciso I, do CPC), ainda que excepcionada das consequências dos efeitos negativos da coisa julgada, carecerá, para nova proposição, do manejo de novas provas. Nada mais, nada menos, que a adoção pelo processo civil do princípio do *non bis in idem.*

[6] JORIO, Israel Domingos. *Princípio do "non bis in idem": uma releitura à luz do direito penal constitucionalizado, in h*ttp://jus2.uol.com.br, em 23.03.2010.

De sorte que o dispositivo em comento (art. 18 da Lei da Ação Popular), ao mesmo tempo em que concede uma exceção ao instituto da coisa julgada, limita, sob pena de ferimento ao *non bis in idem,* o novo feito à formulação de novas provas. De um lado, tutelam-se os inúmeros destinatários dessa garantia constitucional – os cidadãos brasileiros – ao efeito de reabrir a discussão em nova ação popular; de outro, evita-se a promoção de feitos desde logo destinados ao insucesso, porque, sendo meramente repetitivos do anterior, inclusive no que diz com a prova a ser produzida, em nada contribuem para a boa e justa prestação jurisdicional que por certo não poderá afastar-se do que fora decidido na primeira ação intentada.

3. A sentença civil na vigência da Lei n. 7.347, de 24 de julho de 1985

A Lei da Ação Civil Pública, ao cuidar da sentença, não se afastou muito do paradigma proposto pela Lei da Ação Popular. Em seu art. 16 tratou do tema, em sua redação original, dispondo que:

> A sentença civil fará coisa julgada *erga omnes*, exceto se a ação for julgada improcedente por deficiência de provas, hipótese em que qualquer legitimado poderá intentar outra ação com idêntico fundamento, valendo-se de nova prova.[7]

Estabelece o dispositivo, destarte, que a sentença de improcedência proferida na ação civil pública com fundamento na ausência de prova dos fatos articulados na peça vestibular, cujo ônus é da parte autora (art. 333, inciso I, do CPC), não se qualifica pela indiscutibilidade da coisa julgada, podendo qualquer outro legitimado (art. 5º da Lei n. 7.347, de 24 de julho de 1985) propor nova ação (exceção aos limites subjetivos da coisa julgada), desde que o faça com fundamento em nova prova (incidência do princípio do *non bis in idem*).

A sustentação teórica que deu origem ao dispositivo anterior, no caso da ação popular, aqui se faz presente na mesma dimensão. Considerando-se que os legitimados a proporem a ação civil pública atuam, par a par, em tutela dos direitos coletivos *lato sensu*, cuja titularidade subjetiva e material é, ao fim e ao cabo, dos cidadãos, o insucesso de um dos legitimados em demonstrar faticamente a causa de pedir da ação que veio a ser julgada improcedente não impede que outro legitimado intente nova demanda, valendo-se, para não recair na mera repetência vazia, de nova prova.

Apenas para constar, a consistência dessa recomendação legislativa ganhou espaço no CDC, ao tratar das sentenças nas ações coletivas, art. 103 e seus incisos I e II, que cuidam, respectivamente, dos interesses difusos e dos direitos coletivos *stricto sensu,* onde também se impõe a vedação da coisa julgada material nas sentenças de improcedência com base na falta de provas e a exigência de que o novo feito se ampare na produção de nova prova.

Trata-se, no mínimo, de assentar, na prática legislativa, a convicção da limitação subjetiva da coisa julgada em sede de processos coletivos, nas hipóteses de

[7] Com o advento da Lei n. 9.494, de 10 de setembro de 1997, o artigo ficou assim redigido: *"A sentença civil fará coisa julgada* erga omnes, *nos limites da competência territorial do órgão prolator, exceto se o pedido for julgado improcedente por insuficiências de prova, hipótese em que qualquer legitimado poderá intentar outra ação com idêntico fundamento, valendo-se de nova prova".* A alteração introduzida, embora relevante e polêmica, extrapola os limites do debate aqui instalado.

improcedência do pedido por falta de prova, com méritos reconhecidos ao legislador dos anos sessenta, que inovou na matéria.

4. Tratamento da sentença e dos limites da coisa julgada no âmbito das proposições em curso dos estatutos do processo coletivo

4.1. Projeto de Lei n. 5.139/09: ação civil pública como tutela dos interesses difusos, coletivos ou individuais homogêneos

Ainda que no cenário nacional discuta-se a elaboração de um Código de Processo Coletivo, o fato é que tramita perante a Câmara dos Deputados Federais o Projeto de Lei n. 5.139/09, objetivando a consolidação da ação civil pública como instrumento da tutela coletiva, aí abrangendo os interesses difusos, os direitos coletivos em sentido estrito e os direitos individuais homogêneos, tendo como bens da vida tutelados a proteção do meio ambiente, da saúde, da educação, do trabalho, do desporto, da segurança pública, dos transportes coletivos, da assistência jurídica integral e da prestação dos serviços públicos; direitos do consumidor, do idoso, da infância e juventude e das pessoas portadoras de deficiência; da ordem social, econômica, urbanística, financeira, da economia popular, da livre concorrência, do patrimônio público e do erário; dos bens e direitos de valor artístico, cultural, estético, histórico, turístico e paisagístico; de outros interesses ou direitos difusos, coletivos ou individuais homogêneos.[8]

Sem embargo das inúmeras modificações propostas, quer em relação ao processo propriamente dito como aos conteúdos das decisões, o projeto, no que diz com o instituto da coisa julgada, trata o tema nos seguintes termos:

> Art. 32. A sentença no processo coletivo fará coisa julgada *erga omnes*, independentemente da competência territorial do órgão prolator ou do domicílio dos interessados.
>
> Art. 33. Se o pedido for julgado improcedente por insuficiência de provas, qualquer legitimado poderá ajuizar outra ação coletiva, com idêntico fundamento, valendo-se de nova prova.

A primeira observação a ser feita é que esses dois dispositivos, aplicáveis por inteiro às ações coletivas que tenham por objeto direitos ou interesses difusos ou coletivos em sentido estrito, devem ser conjugados, quando se tratar de direitos individuais homogêneos, com as regras constantes do art. 34, do mesmo projeto, mais adiante a serem analisadas.

Na combinação, outrossim, dos arts. 32 e 33, forçoso concluir que se reedita a orientação de que a sentença de mérito na demanda coletiva se estende a todos indistintamente (*erga omnes*), tenham ou não integrado a relação processual, e que, no caso de julgamento de improcedência por insuficiência de provas, limita-se subjetivamente à indiscutibilidade do que foi decidido, autorizando qualquer legitimado a provocar nova demanda, com idêntico fundamento (causa de pedir e pedido), mas a partir de novas provas: mais uma vez, acolhe-se o princípio do *non bis in idem,* como forma de condicionar a limitação subjetiva da coisa julgada.

Ainda que não seja objeto específico deste trabalho, não se pode deixar sem registro a constatação que a limitação territorial, adotada na ação civil pública vigente por força da Lei n. 9.494, de 10 de setembro de 1997, não vingou no projeto em análise, reconhecendo-se à sentença coletiva ingerência em todo o território nacional.

[8] Arts. 1º e 2º, do Projeto de Lei n. 5.139/2009, *in* http://www.camara.gov.br, em 22.03.2010.

Se essa orientação é útil e adequada às demandas coletivas em que se tutelam direitos ou interesses difusos, caracterizados subjetivamente pela imprecisão dos destinatários titulares subjetivos do direito material, como também aos casos de direitos coletivos stricto sensu, quando a coletividade é, ao contrário, passível de determinação, o mesmo não se pode afirmar relativamente aos direitos individuais homogêneos, que só ganham tratamento coletivo por uma questão de conveniência legislativa, estabelecendo-se o liame da coletividade pela ótica não da cotitularidade do direito material, mas sim da origem comum desses direitos (art. 81, parágrafo único, inciso III, do CDC).

Não é por outra razão que o CDC, em seu art. 103, inciso III, estabelece que qualquer sentença de improcedência, independentemente de seus fundamentos, não se qualifica pela indiscutibilidade da coisa julgada, apenas a reconhecendo no caso de procedência do pedido no intuito de beneficiar todas as vítimas e seus sucessores.

O Projeto em andamento enfrenta a questão mais detalhadamente, a saber:

> Art. 34. Os efeitos da coisa julgada coletiva na tutela de direitos individuais homogêneos não prejudicarão os direitos individuais dos integrantes do grupo, categoria ou classe, que poderão propor ações individuais em sua tutela.
>
> § 1º Não serão admitidas novas demandas individuais relacionadas com interesses ou direitos individuais homogêneos, quando em ação coletiva houver julgamento de improcedência em matéria exclusivamente de direito, sendo extintos os processos individuais anteriormente ajuizados.
>
> § 2º Quando a matéria decidida em ação coletiva for de fato e de direito, aplica-se à questão de direito o disposto no § 1º e à questão de fato o previsto no *caput* e no § 6º do art. 37.
>
> § 3º Os membros do grupo que não tiverem sido devidamente comunicados do ajuizamento da ação coletiva ou que tenham exercido tempestivamente o direito à exclusão, não serão afetados pelos efeitos da coisa julgada previstos nos §§ 1º e 2º.
>
> § 4º A alegação de falta de comunicação prevista no § 3º incumbe ao membro do grupo, mas o demandado da ação coletiva terá o ônus de comprovar a comunicação.

Observa-se a preocupação de ressalvar os direitos individuais de cada titular do direito homogêneo ao efeito de não vir a ser prejudicado em sede de ação coletiva, aforada por um substituto processual à revelia do próprio e único efetivamente interessado no bem da vida litigioso. Por outro lado, o tratamento dado às sentenças de mérito nem é tão abrangente quanto à regra constante do CDC (só reconhecer a indiscutibilidade da coisa julgada nas ações de procedência), nem é tão restritiva como nas hipóteses dos direitos e interesses difusos e coletivos *stricto sensu* (não se opera a coisa julgada nas sentenças de improcedência por falta de prova e condicionando a propositura do novo feito à produção de prova nova), construindo soluções intermediárias.

Assim, quando a sentença for de procedência, qualificar-se-á pela indiscutibilidade da coisa julgada, desde que não cause quaisquer prejuízos aos integrantes dos grupos de direitos homogêneos, liberando-se a esses, se for o caso, as ações individuais.

Na hipótese de improcedência por enfrentamento da matéria de mérito exclusivamente em caso de controvérsia de direito (v.g. ação coletiva cujo pedido venha a ser julgado improcedente porque o índice de rendimentos em contas de poupança adotado pela instituição financeira foi considerado o adequado (lícito e legítimo), não sendo caso de aplicação do índice indicado pelo autor), deve ser reconhecida a coisa julgada, extinguindo-se os processos individuais que porventura aguardem solução do processo coletivo, com fundamento no art. 267, inciso V, do CPC, e aplicando-se igual entendimento às eventuais ações futuras. Trata-se de situação que a lei hoje vigente não autoriza, considerando o tratamento generalizante que o CDC imprimiu à matéria, como antes mencionado, mas que guarda harmonia com o sistema processual. Não se justifica que em sede de processo coletivo se afirme correta a tese defensiva, rejeitando-se o pedido do autor (substituto processual) e nas ações individuais se renove todo o processamento, com o risco inclusive de decisões contraditórias, se o enunciado da sentença teve como fundamento e resolveu-se exclusivamente no plano da controvérsia de direito.

Cuidando-se, contudo, de sentença que tenha enfrentado o mérito em controvérsia de fato e de direito, relativamente ao direito, há de prevalecer a orientação normativa de direito adotada na ação coletiva, mas no que diz com a controvérsia de fato, prevalece o comando do *caput* do dispositivo em comento, isto é, os efeitos da coisa julgada da sentença proferida em ação coletiva não podem prejudicar os direitos individuais dos integrantes do grupo, categoria ou classe, cumprindo-lhes propor ação própria e individual, se ainda não o fizeram, ou, caso tenham sua ação individual suspensa (art. 37 do Projeto), poderão requerer o seu prosseguimento no prazo de trinta dias contado da intimação do trânsito em julgado da sentença coletiva.[9]

Nessas duas hipóteses remanescentes (propositura de posterior ação individual ou pedido de prosseguimento da ação já aforada e suspensa), volta a incidir o princípio do *non bis in idem,* ou seja, o titular individual do direito deverá valer-se de prova nova, já que a prova produzida no processo coletivo foi insuficiente para formar a convicção do juiz. Ainda que não seja expressa essa orientação, é a consequência que se extrai da combinação entre o parágrafo segundo do art. 34, que determina uma fictícia separação entre fato e direito, e o comando do § 6º do art. 37, que ressalva a improcedência por falta de provas. Traduzindo em miúdos, a matéria de direito – a favor ou contra o titular subjetivo do direito homogêneo – impõe-se; a matéria de fato, resolvendo-se por insuficiência de provas, permitirá a rediscussão em sede de ação individual, já proposta ou a ser proposta, impondo-se, à obviedade, o ônus probatório ao autor sob pena de não reverter o resultado negativo já alcançado na ação coletiva.

Importante registrar que, nesses casos de rediscussão do tema, quando a demanda versar sobre relação consumerista, não há que se aplicar o princípio da inversão do ônus da prova previsto no art. 6º, inciso VIII, da Lei n. 8.078, de 11 de setembro de 1990. Trata-se de princípio processual da maior grandeza, mas aplicável ao processo subjetivo individual, não encontrando espaço quando se cuidar de ações coletivas propostas já em segunda mão, porque a anterior foi julgada improcedente por falta de provas.

4.2. Código Brasileiro de Processos Coletivos: proposta encaminhada ao Ministério da Justiça

O enfrentamento da problemática da coisa julgada no texto produzido pelo Instituto Brasileiro de Direito Processual, ao defender a elaboração de um Código

9 Art. 37, § 6º: Em caso de julgamento de improcedência do pedido em ação coletiva de tutela de direitos ou interesses individuais homogêneos, por insuficiência de provas, a ação individual será extinta, salvo se for requerido o prosseguimento no prazo de trinta dias contado da intimação do trânsito em julgado da sentença proferida no processo coletivo.

de Processos Coletivos, texto esse que foi encaminhado ao Ministério da Justiça por meio de anteprojeto, praticamente repete o que hoje já consta do CDC, pelo menos quando trata das ações coletivas que versem sobre interesses difusos ou direitos coletivos *stricto sensu*

> Art. 13. *Coisa julgada.* Nas ações coletivas de que trata este código, a sentença fará coisa julgada *erga omnes*, exceto se o pedido for julgado improcedente por insuficiência de provas, hipótese em que qualquer legitimado poderá intentar nova ação, com idêntico fundamento valendo-se de nova prova.

A exceção vem por conta dos interesses ou direitos individuais homogêneos, que restam autorizados a serem objeto de nova ação, independentemente da imposição do *non bis in idem* (leia-se, ajuizamento de ação com nova prova), em toda e qualquer hipótese de improcedência do pleito coletivo, ficando seus respectivos titulares liberados para a propositura de nova ação, agora individual. É o que reza o parágrafo primeiro do citado dispositivo

> Tratando-se de interesses ou direitos individuais homogêneos (art. 3º, inciso III, deste Código), em caso de improcedência do pedido, os interessados poderão propor ação a título individual.

A novidade fica por conta do § 5º,[10] que regulamenta a hipótese de nova prova, obtida posteriormente ao julgado de improcedência da ação coletiva

> Mesmo na hipótese de sentença de improcedência, fundada em novas provas produzidas, qualquer legitimado poderá intentar outra ação, com idêntico fundamento, no prazo de 2 (dois) anos contados do conhecimento geral da descoberta de prova nova, superveniente, que não poderia ser produzida no processo, desde que idônea para mudar seu resultado.

Na verdade, a proposta inserta nesse dispositivo, que vem complementada pelo parágrafo seguinte, reconhecendo também ao demandado da ação coletiva igual faculdade, isto é, propositura de nova ação para reabrir o debate que lhe foi desfavorável, valendo-se de nova prova que não poderia ter sido produzida na primeira oportunidade, desde que guarde suficiente força de convicção para amparar a produção de novo resultado, traduz-se numa relativização da indiscutibilidade da coisa julgada, fugindo à rigidez do tratamento dado nas ações rescisórias, e permitindo que o próprio juízo que proferiu o primeiro julgamento proceda também ao segundo.

A tanto se afirma porque em sede de ação rescisória – que sempre implica a provocação de outro órgão jurisdicional – a prova nova a sustentar o pedido *rescindendo* vem definida em termos análogos, isto é, quando o autor da ação rescisória, depois da sentença, obtiver documento novo, cuja existência ignorava, ou do qual não pudesse fazer uso, mas que, de qualquer forma, tenha suficiente higidez para alterar o resultado original (art. 485, inciso VII, CPC).

Por isso mesmo, considerando ainda o prazo idêntico para ambas as situações de dois anos, a consequência que se impõe é um esvaziamento de ações rescisórias em sede de processo coletivo, pelo menos sob o fundamento de prova nova, até pela falta de interesse de agir já que a renovação do debate deverá ser proposta junto ao juízo de primeiro grau.

Para assegurar o adequado manejo de eventual nova demanda, o parágrafo único do art. 12 estabelece que "na sentença de improcedência, o juiz deverá explicitar, no dispositivo, se rejeita a demanda por insuficiência de provas", o que, inclusive,

[10] Os §§ 2º, 3º e 4º do art. 13 cuidam de situações diversas, a merecerem análise separadamente.

poderá ser provocado através de embargos declaratórios caso a sentença não tenha sido explícita.

4.3. Cotejo entre as duas proposições em curso

Os dois textos que cuidam da coisa julgada e do princípio do *non bis in idem* nas sentenças coletivas, acima tratados, não são excludentes, podendo ser compostos, com pequenos ajustes, obtendo-se um resultado mais exauriente e uma orientação segura, tanto quanto possível, a ser obedecida, até porque, mesmo em sede de ações coletivas, há que se ter um mínimo de segurança jurídica quando sobre um determinado conflito – uma vez garantido o amplo debate e o pleno contraditório – houve pronunciamento do Poder Judiciário.

Nesse sentido, *de lege ferenda,* nada impede que se utilize, no estatuto que deverá ser erigido a regulamentador do processo coletivo, tanto as regras que vêm tratadas no Projeto de Lei n. 5.139/09 (arts. 34 e 35), sobre as limitações da repropositura da ação que fora julgada improcedente por falta de provas base em prova nova, como também a disposição do Código de Processo Civil Coletivo que prevê o aforamento de uma nova ação coletiva, fundada em prova nova que não pudera ser utilizada no primeiro processo (art. 13, §§ 5º e 6º), até porque não constituem regras sobrepostas.

O que, todavia, deverá ser melhor explicitado é em que classe de direitos (difusos, coletivos *strico sensu,* individuais homogêneos) hão de tais regras serem aplicadas, pois a amplitude de matéria passível de ser enfrentada em sede de ação coletiva pode provocar o inverso do que é pretendido, gerando um caos na composição de conflitos que envolvam uma coletividade e derrogando de vez a segurança jurídica.

Já defendemos, por exemplo, que em sede de tutela do meio ambiente deve ser revisto o instituto da coisa julgada no âmbito das ações civis públicas, especialmente nos processos que geraram sentenças de improcedência, para simplesmente desconsiderá-lo, considerando a grandeza do bem da vida a ser perquirido judicialmente, que há de ser tratado por sentença que admita mobilidade, que se volte para reger o futuro e não o passado.[11]

Contudo, em sede de processo coletivo, a tutela recai sobre os mais variados bens da vida, pouco ou quase nada dele escapando: meio ambiente, saúde, educação, trabalho, desporto, segurança pública, transportes coletivos, assistência jurídica integral e prestação de serviços públicos, no âmbito de direitos sociais; relações de consumo, do idoso, da infância e juventude, apenas para citar alguns dos direitos individuais, ainda que tratados de forma coletiva; questões envolvendo as relações da ordem social e econômica na sua maior abrangência possível, estendendo-se ao patrimônio artístico, cultural, estético, histórico, turístico e paisagístico, sem com isso esgotar o seu objeto.

De sorte que nessa amplitude de bens da vida tutelados pela ação coletiva não há como deixar de pecar no trato muito generalizado das regras da (in)discutibilidade do que foi decidido ou mesmo da adoção do princípio do *non bis in idem.* Cuida-se de comandos que podem guardar excelência de previsão para a tutela de uma classe

[11] MACEDO, Elaine Harzheim. *Relativização da coisa julgada em matéria ambiental, in* Revista de Direito Ambiental, Vol. 42, Ano 11, abril-junho de 2006, São Paulo: Ed. Revista dos Tribunais, 2006, p. 69-74.

de direitos coletivos, mas não necessariamente amoldando-se a outro grupo também qualificado como de direitos ou interesses coletivos. O que é bom e adequado para a tutela do meio ambiente, não o será, necessariamente, para relações que digam com a previdência privada, por exemplo.

Quanto mais amplo os direitos coletivos *lato sensu* tutelados pela lei do processo coletivo, mais especificidades se há de exigir das regras procedimentais, especialmente aquelas que dizem com a sentença, seus efeitos e os limites subjetivos ou objetivos da coisa julgada.

Apenas para não passar *in albis*, os textos legislativos preexistentes e os constantes das propostas em debate no cenário jurídico nacional pecam, sucessiva e teimosamente, por utilizarem-se da expressão *"...a sentença fará coisa julgada..."*, reproduzindo implicitamente o conceito do CPC de 1973,[12] quando de há muito a doutrina nacional, especialmente a partir de Liebman,[13] superou a tese de que coisa julgada é efeito da sentença, para reconhecer que a estabilidade alcançada pela coisa julgada é *qualidade* que se agrega à sentença. Melhor andaria o legislador deste terceiro milênio valendo-se de expressões como *"a sentença qualificar-se-á pela coisa julgada..."*. De qualquer sorte, ainda que não se trate de mero preciosismo terminológico, o debate maior está para a eficaz limitação subjetiva dos efeitos da coisa julgada e de seu (eventual) condicionamento ao princípio do *non bis in ide,* recursos processuais para estabelecer a devida dimensão do comando judicial e sua perpetuação no tempo.

Considerações finais

Indiscutível que as sentenças coletivas estão a exigir atenção especial e diferenciada não só da doutrina, mas especialmente dos textos legislativos que estão por vir, considerando, ainda, a urgência de se regulamentar o processo coletivo, face à importância que essa nova forma de construir a composição dos conflitos que envolvem a subjetividade coletiva assumiu no cenário jurídico.

O instituto da coisa julgada, desenvolvido ao longo dos séculos, mas até então voltado às relações subjetivas individuais, singulares ou plúrimas, deve ser (re)lido frente aos conflitos coletivos. E nessa (re)leitura, o princípio do *nom bis in idem* assume papel preponderante, a impedir reproposituras de ações que ofendam à utilidade da prestação jurisdicional, ao mesmo tempo que assegura a devida intervenção judicial, não subtraindo do Poder Judiciário lesão ou ameaça a direito garantido pela ordem jurídica.

Trata-se – o tema em debate – destarte, de ventilar algumas reflexões que não dispensam o aprofundamento da investigação acadêmica, visando, sempre, a uma prestação jurisdicional mais célere e eficiente. As propostas que envolvem o processo coletivo e sua regulamentação, por mais que permeadas dos novos ares da efetividade e da tempestividade processual, não estão imunes a eventuais insuficiências ou contaminações que a velha ordem possa produzir, a justificar a discussão que aqui, apenas

[12] "Art. 467. *Denomina-se coisa julgada material a eficácia, que torna imutável e indiscutível a sentença, não mais sujeita a recurso ordinário ou extraordinário".*

[13] LIEBMAN, Enrico Túlio. *Efficacia ed Autorità della Sentenza,* Milano: Giuffrè, 1962.

e tão somente, se pretendeu lançar, à luz do princípio do *non bis in idem* complementando a limitação subjetiva da coisa julgada nas sentenças coletivas.

Referências

BAPTISTA DA SILVA, Ovídio A. *Sentença e Coisa Julgada,* 3ª ed., Porto Alegre: Sergio Antonio Fabris Editor, 1995.

GIDI, Antonio. Código de Processo Civil Coletivo: um modelo para países de direito escrito, *Revista de Processo,* Ano 28, julho-setembro de 2003, Vol. 111, São Paulo: Revista dos Tribunais, p. 192-208

JORIO, Israel Domingos. *Princípio do "non bis in idem": uma releitura à luz do direito penal constitucionalizado, in* http://jus2.uol.com.br, em 23.03.2010.

LIEBMAN, Enrico Tullio. *Efficacia ed Autorità della Sentenza,* Milano: Giuffrè, 1962.

MACEDO, Elaine Harzheim. *Relativização da coisa julgada em matéria ambiental, in* Revista de Direito Ambiental, Vol. 42, Ano 11, abril-junho de 2006, São Paulo: Ed. Revista dos Tribunais, 2006, p. 69-74.

MANCUSO, Rodolfo de Camargo. *Ação Popular,* 3ª ed., São Paulo: Revista dos Tribunais, 1998, p. 48 e segs.

— 15 —

Ação coletiva passiva (originária)

GISELE MAZZONI WELSCH

Graduada pela Pontifícia Universidade Católica do Rio Grande do Sul (2005). Especialista em Direito Público pela PUCRS. Mestre em Teoria Geral da Jurisdição e Processo pela PUCRS. Professora da Faculdade de Direito do Instituto Porto-Alegrense (IPA). Advogada militante no Estado do Rio Grande do Sul. Membro do Grupo de Estudos "Jurisdição, Instrumentalidade e Efetividade do Processo", coordenado pelo Prof. Dr. José Maria Rosa Tesheiner, na PUCRS. Membro do Grupo de Estudos coordenado pelo Prof. Dr. Daniel Francisco Mitidiero, na PUCRS.

Introdução

O Projeto de Lei nº 5.139, de 2009, disciplina sobre a ação civil pública cabível para a tutela dos interesses difusos, coletivos ou individuais homogêneos,[1] abrangendo, pois, todo seu procedimento, dentre outras providências. Todavia, tal projeto, que possivelmente será convertido em lei, omitiu-se quanto a uma forma de tutela altamente relevante na atualidade: a ação coletiva passiva originária. Trata-se, pois, da ação promovida não pelo, mas contra o grupo, categoria ou classe de pessoas.[2]

---

[1] Conforme o art. 2º do projeto, os direitos difusos são os "de natureza indivisível, de que sejam titulares pessoas indeterminadas, ligadas por circunstâncias de fato" (inciso I); os direitos coletivos em sentido estrito, por sua vez, são os "de natureza indivisível, de que seja titular grupo, categoria ou classe de pessoas ligadas entre si ou com a parte contrária por uma relação jurídica base" (inciso II); finalmente, os individuais homogêneos são "assim entendidos aqueles divisíveis, decorrentes de origem comum, de fato ou de direito, que recomendem tutela conjunta a ser aferida por critérios como facilitação do acesso à Justiça, economia processual, preservação da isonomia processual, segurança jurídica ou dificuldade na formação do litisconsórcio" (inciso III). (BRASIL. *Projeto de Lei nº 5.139, de 2009.* Disciplina a ação civil pública para a tutela de interesses difusos, coletivos ou individuais homogêneos, e dá outras providências. Disponível em: www.câmara.gov.br. Acesso em 01 out. 2009).

[2] Fredie Didier Jr. assim conceitua ação coletiva passiva: "Há ação coletiva passiva quando um agrupamento humano é colocado como sujeito passivo de uma relação jurídica afirmada na petição inicial. Formula-se demanda *contra* uma dada coletividade". (DIDIER JR., Fredie. *Situações Jurídicas Coletivas Passivas.* In: www.processoscoletivos.net. Acesso em: 13 out. 2009).

A ação coletiva passiva inspira-se no instituto da *defendant class action* do sistema norte-americano[3] e, apesar da jurisprudência brasileira[4] estar reconhecendo o cabimento da mesma, atualmente não existem dispositivos que disciplinem sua admissibilidade, tampouco que tratem sobre as problemáticas dela decorrentes, como a da legitimidade do representante para figurar no polo passivo da demanda e a do regime da coisa julgada. Estes são, portanto, os principais pontos a serem abordados: a admissibilidade da ação coletiva passiva no ordenamento jurídico brasileiro; a representatividade adequada da coletividade para fins de figurar no polo passivo da demanda; e os limites subjetivos da coisa julgada.

Desta forma, o trabalho tem o escopo de traçar breves notas acerca do instituto da ação coletiva passiva, e demonstrar a importância de ser ele inserido no ordenamento jurídico brasileiro como tutela expressamente prevista. Procura-se, portanto, discutir os limites impostos pela falta de previsão legal do instituto e demonstrar a sua possível implantação em nosso ordenamento, ainda que omisso no texto legal vigente.

1. Fundamentos da ação coletiva passiva

A falta de expressa previsão da ação coletiva passiva, *a priori*, impediria a sua aplicabilidade no ordenamento jurídico brasileiro. Todavia, existem aberturas no texto legal que permitem a sua utilização. O art. 6º do Código de Processo Civil (CPC) é o desencadeador desta possibilidade. Ele dispõe que "Ninguém poderá pleitear, em nome próprio, direito alheio, salvo quando autorizado por lei".[5]

Deste dispositivo, extrai-se sua regra geral, que é a da legitimidade ordinária, segundo a qual o titular do direito é que litigará em seu nome, defendendo direito próprio. Todavia, para esta regra há exceção, conforme bem preconiza o artigo supracitado, *in fine*. Trata-se, pois, da legitimidade extraordinária (ou substituição processual) em que, excepcionalmente, quando autorizado por lei, o litigante não será o titular do direito, mas pessoa que o substituirá na relação processual.[6]

Todavia, surge desta legitimação extraordinária uma problemática, ainda em sede de discussão, mas fundamental para a compreensão do presente tema. O legisla-

[3] VIGLIAR, José Marcelo Menezes. Defendant Class Action Brasileira: Limites Propostos para o "Código de Processos Coletivos". In: GRINOVER, Ada Pellegrini, MENDES, Aluisio Gonçalves de Castro e WATANABE, Kazuo (coords.). *Direito Processual Coletivo e o anteprojeto de Código Brasileiro de Processos Coletivos*. São Paulo: Revista dos Tribunais, 2007, p. 310.

[4] Fredie Didier Jr. traz, em seu artigo, um caso concreto, para fins de exemplificação, ocorrido no Brasil, que aqui será transcrito: "Em 2008, alunos da Universidade de Brasília invadiram o prédio da Reitoria, reivindicando a renúncia do Reitor, que estava sendo acusado de irregularidades. A Universidade ingressou em juízo, pleiteando a proteção possessória do seu bem. Trata-se de ação coletiva passiva: propõe-se a demanda em face de uma coletividade de praticantes de ilícitos. A Universidade afirma possuir direitos individuais contra cada um dos invasores, que teriam, portanto, deveres individuais homogêneos. Em vez de propor uma ação possessória contra cada aluno, 'coletivizou' os conflitos, reunindo os diversos 'deveres' em uma ação coletiva passiva. A demanda foi proposta contra o órgão de representação estudantil (Diretório Central dos Estudantes), considerado, corretamente, como o 'representante adequado' do grupo. Neste caso, está diante de uma pretensão formulada contra deveres individuais homogêneos: o comportamento ilícito imputado a todos os envolvidos possui origem comum. Em vez de coletividade de vítimas, como se costuma referir aos titulares dos direitos individuais homogêneos, tem-se aqui uma coletividade de autores do ato ilícito." (DIDIER JR., Fredie. *Situações Jurídicas Coletivas Passivas*. op. cit.)

[5] BRASIL. *Lei nº 5.869 de 11 de janeiro de 1973*. Institui o Código de Processo Civil. Disponível em: <http://www.planalto.gov.br/ccivil_03/leis/l5869.htm>. Acesso em: 07 out. 2009

[6] MAIA, Diogo Campos Medina. *Ação Coletiva Passiva*. Rio de Janeiro: Editora Lumen Juris, 2009, p. 49.

dor, ao dispor "salvo quando autorizados por lei", não trouxe à baila o real significado do vocábulo "lei". Em decorrência disto, duas correntes surgiram para tentar solucionar o questionamento existente, cada qual com sua argumentação e justificativa.[7]

A primeira, defendida por Hugo Nigro Mazzilli[8] e Pedro da Silva Dinamarco,[9] reconhece o vocábulo *lei* em sentido restrito. Para os defensores desta linha, "lei" deve ser interpretada como sinônimo de "texto legal". Somente aquilo que está expresso no ordenamento jurídico é passível de utilização pelos exploradores do direito. O que não estiver ali constante não é visto como forma de tutela admissível.

Diante desta visão mais hermética, a inexistência de previsão expressa afastaria qualquer possibilidade de se fundamentar a ação coletiva passiva no nosso ordenamento jurídico. A falta de previsibilidade somada à dura interpretação do vocábulo impediria a sua utilização e, consequentemente, limitaria o acesso à justiça de muitos desabrigados juridicamente.[10]

Exemplo desta limitação é a restauração ao *status quo ante* nas invasões de propriedades por parte do Movimento dos Sem-Terra (MST). Seus integrantes proteger-se-iam atrás da legislação omissa, ocupando indefinidamente as propriedades invadidas. O proprietário da terra não poderia entrar com ação própria devido à impossibilidade de individualização de cada integrante do grupo organizado e, por sua vez, à inadmissibilidade de existência de legitimados extraordinários no polo passivo da ação.[11]

Solução para isto é buscada na segunda corrente de interpretação do termo "lei". Seus seguidores, como José Carlos Barbosa Moreira[12] e Nelson Nery Junior,[13] asseveram que o vocábulo "lei" deve ser interpretado de forma mais ampla, dando-se uma conotação de "sistema legal". Não é apenas o que está escrito expressamente que é tido por regra. Todo o ordenamento sistêmico[14] deve ser posto em evidência e utilizado para a mais adequada aplicação do direito.

Sob este ponto de vista, a substituição processual (legitimidade extraordinária) é possível ainda que não prevista expressamente no texto legal. Ela decorre da estrei-

[7] MAIA, Diogo Campos Medina. *Ação Coletiva Passiva*. op cit., p. 69-70.

[8] MAZZILLI, Hugo Nigro. A defesa dos interesses difusos em juízo: meio ambiente, consumidor e outros interesses difusos e coletivos. 17. ed. São Paulo: Saraiva, 2004 apud MAIA, Diogo Campos Medina. *Ação Coletiva Passiva*. op cit., p. 70.

[9] DINAMARCO, Pedro da Silva. Las acciones colectivas pasivas em el código modelo de procesos colectivos para iberoamérica. In: GIDI, Antonio e MAC-GREGOR, Eduardo Ferrer (coord.), *La tutela de los derechos difusos, colectivos e individuales homogêneos:* hacia um código modelo para Ibero-América. México: Porrúa, 2003, p. 132, nº 4 apud MAIA, Diogo Campos Medina. *Ação Coletiva Passiva*. op cit., p. 70.

[10] MAIA, Diogo Campos Medina. *Ação Coletiva Passiva*. op cit., p. 73.

[11] MAIA, Diogo Campos Medina. *Ação Coletiva Passiva*. op cit., p. 73.

[12] BARBOSA MOREIRA, José Carlos. A ação popular no direito brasileiro como instrumento de tutela jurisdicional dos chamados "interesses difusos". In: *Temas de direito processual*. São Paulo: Saraiva, 1977, p. 111 apud MAIA, Diogo Campos Medina. *Ação Coletiva Passiva*. op cit., p. 71.

[13] NERY JUNIOR, Nelson. *Princípios do processo civil na constituição federal*. 8. ed.rev.ampl.atual. São Paulo: Revista dos Tribunais, 2004, p. 155.

[14] Relativamente à tal questão, é indispensável citar o conceito de sistema jurídico esposado por Juarez Freitas em sua obra *A Interpretação Sistemática do Direito*: "(...) entende-se apropriado conceituar o sistema jurídico como uma rede axiológica e hierarquizada topicamente de princípios fundamentais, de normas estritas (ou regras) e de valores jurídicos cuja função é a de, evitando ou superando antinomias em sentido lato, dar cumprimento aos objetivos justificadores do Estado Democrático, assim como se encontram consubstanciados, expressa ou implicitamente na Constituição". (FREITAS, Juarez. *A Interpretação Sistemática do Direito*. 4ª ed. São Paulo: Malheiros, 2004. p. 54).

ta relação da legislação infraconstitucional com a Constituição Federal.[15] É na Carta Magna, inclusive, que está o maior fundamento da ação coletiva passiva: o *princípio da inafastabilidade do controle jurisdicional* (art. 5º, inciso XXXV, da CF[16]). Em não sendo aceita a ação coletiva passiva por interpretação restritiva do vocábulo lei, violar-se-ia, conforme já dito, o núcleo essencial do princípio do livre acesso ao Poder Judiciário.[17]

Neste diapasão, bem dispôs Diogo Campos Medina Maia: "Em nenhuma hipótese, todavia, poderá ser integralmente excluída do ordenamento jurídico a possibilidade de controle jurisdicional, o que poderia ocorrer no caso de se atribuir ao vocábulo *lei* o restrito significado de *texto legal*".[18]

Neste mesmo sentido, cabe referir Fredie Didier Jr., que disserta:

> Sucede que a permissão da ação coletiva passiva é decorrência do princípio do acesso à justiça (nenhuma pretensão pode ser afastada da apreciação do Poder Judiciário). Não admitir a ação coletiva passiva é negar o direito fundamental de ação àquele que contra um grupo pretende exercer algum direito: ele teria garantido o direito constitucional de defesa, mas não poderia demandar.[19]

Portanto, o princípio da inafastabilidade do controle jurisdicional não pode, jamais, ser violado. Trata-se de princípio constitucional que, inclusive, está inserido dentro do título *direitos e garantias fundamentais* e que, por conseguinte, possui aplicabilidade imediata, conforme preconiza o § 1º do próprio art. 5º: "As normas definidoras dos direitos e garantias fundamentais têm aplicação imediata". Logo, as regras fundamentais vinculam, de imediato, as entidades públicas e privadas do Estado brasileiro,[20] devendo haver um respeito instantâneo por parte delas. Aplicam-se as normas aos casos concretos logo que passaram a viger[21] no ordenamento jurídico, sem necessidade de intervenção do legislador,[22] gerando, por conseguinte, os efeitos jurídicos que lhes são inerentes.[23]

Diante disto, a incidência direta do princípio garante que o Poder Judiciário não seja excluído da análise do caso concreto em havendo lesão ou ameaça a direito, ainda que não exista regra específica regulamentando o procedimento a ser seguido.[24] Assim,

---

[15] NERY JUNIOR, Nelson. *Princípios do processo civil na constituição federal.* op. cit., p. 25.

[16] Art. 5º, XXXV da CF: "a lei não excluirá da apreciação do Poder Judiciário lesão ou ameaça a direito". (BRASIL. *Constituição da República Federativa do Brasil de 1988.* Disponível em: <http://www.planalto.gov.br/ccivil_03/Constituicao/Constituiçao.htm>. Acesso em: 08 out. 2009).

[17] MAIA, Diogo Campos Medina. *Ação Coletiva Passiva.* op cit., p. 73.

[18] MAIA, Diogo Campos Medina. *Ação Coletiva Passiva.* op cit., p. 73.

[19] DIDIER JR. Fredie. *Situações Jurídicas Coletivas Passivas.* op. cit.

[20] SARLET, Ingo Wolfgang. *A eficácia dos direitos fundamentais.* . 6. ed. rev. atual. ampl. Porto Alegre: Livraria do Advogado, 2006, p. 89 e 246.

[21] "[...] a vigência consiste na qualidade da norma que a faz existir juridicamente (após regular promulgação e publicação), tornando-a de observância obrigatória, de tal sorte que a vigência constitui verdadeiro pressuposto da eficácia, na medida em que apenas a norma vigente pode vir a ser eficaz". (SARLET, Ingo Wolfgang. *A eficácia dos direitos fundamentais.* op. cit., p. 244).

[22] Existem discussões quanto a isto, mas que não cabe serem analisadas no presente trabalho. Sobre o assunto, ver SARLET, Ingo Wolfgang. *A eficácia dos direitos fundamentais.* op. cit., p. 275 e ss.

[23] SARLET, Ingo Wolfgang. *A eficácia dos direitos fundamentais.* op. cit., p. 246 e 275.

[24] MAIA, Diogo Campos Medina. *Ação Coletiva Passiva.* op cit., p. 78.

A disposição do § 1º, do art. 5º, da Constituição Federal não apenas confere obrigação de assegurar pela eficácia aos *direitos e garantias* constitucionais previstos, mas também autoriza o Poder Judiciário a remover eventual lacuna decorrente de falta de concretização dos valores por eles estabelecidos.[25]

Levando-se em conta toda essas questões, melhor exegese da norma contida no art. 5º, § 1° da Constituição é a que parte da premissa de que se trata de norma de cunho inequivocamente principiológico, considerando-a, portanto, uma espécie de mandado de otimização (ou maximização), isto é, estabelecendo aos órgãos estatais a tarefa de reconhecerem a maior eficácia possível aos direitos fundamentais. Portanto, o princípio da inafastabilidade do controle jurisdicional há de ser, obrigatoriamente, respeitado e aplicado, independente da existência expressa de norma legal que permita, *in casu*, a utilização da ação coletiva passiva.

Ademais, oportuno mencionar que o princípio da inafastabilidade do controle jurisdicional, por ocasião da CF/88, foi inserido dentro do capítulo dos direitos e deveres individuais e *coletivos*, o que sobressalta sua importância no contexto da defesa dos direitos supraindividuais.[26]

Outro fundamento para a admissível aplicação da ação coletiva passiva, mesmo que não prevista no nosso ordenamento, está calcado em outro princípio constitucional: o *princípio do devido processo legal*. Através dele é que se dará o processamento da ação coletiva passiva respeitando-se, pois, os corolários daí decorrentes: o princípio do contraditório e o da ampla defesa. Serão eles que permitirão ao réu-coletividade ser ouvido no processo e, por conseguinte, defender-se. Então, o devido processo legal e seus corolários devem agir para garantir que os atos processuais sejam efetivados.[27]

Por fim, cumpre referir a existência de outro fundamento que permite a aplicação da ação coletiva passiva no nosso sistema processual. Trata-se do art. 23 do Projeto Lei 5.139/09.[28] Segundo ele, são cabíveis todas as espécies de ações capazes de propiciar a adequada e efetiva tutela dos direitos e interesses coletivos, não se podendo, consequentemente, olvidar a admissibilidade da ação coletiva passiva nos casos que dela depender. Inclusive, o próprio CDC já regulamentava esta regra, o que foi muito bem lembrado por Ada Pellegrini Grinover, e que será utilizado, aqui, como argumento análogo ao fundamento extraído do Projeto de Lei:

> Não é outra a conseqüência que se extrai, também, do art. 83 do Código de Defesa do Consumidor, quando assegura que: "para a defesa dos direitos e interesses protegidos por este Código, são admissíveis todas as espécies de ações capazes de propiciar sua adequada e efetiva tutela."
>
> Por essas razões, parece incontestável que o sistema brasileiro atinente às demandas coletivas permite que a classe figure no pólo passivo da ação.[29]

Dessa forma, conjugando todos os argumentos e ideias acima expostos, parece possível admitir a possibilidade de propositura de ação em face de classe no

[25] MAIA, Diogo Campos Medina. *Ação Coletiva Passiva*. op cit., p. 78.

[26] MAIA, Diogo Campos Medina. *Ação Coletiva Passiva*. op cit., p. 85.

[27] MAIA, Diogo Campos Medina. *Ação Coletiva Passiva*. op cit., p. 98-99.

[28] Art. 23 do PL 5.139/09: "Para a defesa dos direitos e interesses protegidos por esta Lei, são admissíveis todas as espécies de ações e provimentos capazes de propiciar sua adequada e efetiva tutela".

[29] GRINOVER, Ada Pellegrini. Ações Coletivas ibero-americanas: novas questões sobre a legitimação e a coisa julgada. In: *Revista Forense*, v. 98. n° 361, p. 3-12, maio-junho/02, p. 8.

ordenamento jurídico brasileiro mesmo que não regulamentado expressamente pelo legislador.

2. Legitimidade extraordinária na ação coletiva passiva

A legitimidade extraordinária é outro problema existente na temática da ação coletiva passiva. Em se aceitando a sua aplicação, adentra-se no questionamento sobre quem será legítimo para figurar no pólo passivo da demanda como representante da coletividade. Quem, afinal, terá legitimidade adequada para defender interesses alheios.

Segundo José Marcelo Menezes Vigliar, "representante adequado é aquele que tem um compromisso com a causa daqueles que representa".[30] Assim, o representante será aquele que substituirá a coletividade para defender seus interesses da forma mais adequada possível. Porém, esta adequação pode ser vista sob duas óticas diferentes: uma presumida e outra real.[31]

A primeira, utilizada pelo sistema jurídico brasileiro, refere-se aos aspectos objetivos da legitimidade. Em se tratando de ente personificado, isto é, que tem personalidade jurídica, como é o caso das associações,[32] analisa-se, preliminarmente, o seu tempo de constituição e a sua finalidade institucional (art. 6º, inciso VII do PL 5.139/09).[33] Em não preenchendo nenhum destes requisitos, a instituição não terá legitimidade adequada presumida para figurar no pólo passivo da demanda. Exceção a isso ocorre apenas quando houver manifesto interesse social evidenciado pelas características do dano ou pela relevância do bem jurídico a ser protegido, fator que permite ao juiz a dispensa do requisito da pré-constituição (§ 1º do art. 6º do PL 5.139/09).[34]

É neste contexto, portanto, que Hugo Nigro Mazzili defende:

---

[30] VIGLIAR, José Marcelo Menezes. Defendant Class Action Brasileira: Limites Propostos para o "Código de Processos Coletivos". op. cit., p. 318.

[31] MAIA, Diogo Campos Medina. *Ação Coletiva Passiva.* op cit., p. 109-116.

[32] Seguindo o raciocínio trazido pelo já arquivado anteprojeto de Código Brasileiro de Processos Coletivos, o Ministério Público e os órgãos públicos legitimados à ação coletiva ativa (Defensoria Pública; pessoas jurídicas de direito público interno; entidades e órgãos da Administração pública direta e indireta, bem como órgãos do Poder Legislativo; entidades de fiscalização do exercício das profissões) não poderão ser considerados representantes adequados para a defesa da coletividade no pólo passivo da ação (art. 38, parágrafo único do anteprojeto). Desta forma, resta às associações ser a principal legitimada para figurar como ré da ação coletiva passiva. Por esta razão, pega-se ela como exemplo para explicar a representatividade adequada presumida. Ainda referente a isso, cabe dizer que Arruda Alvim, perquirindo a possibilidade de os legitimados do art. 82 do CDC (que possui parte do rol trazido pelo anteprojeto) serem réus em ações autônomas, ou em reconvenção, conclui que os entes legitimados no art. 82 não podem ser réus em ação, coletiva ou individual. Em sentido aparentemente contrário, Rodolfo de Camargo Mancuso admite a legitimidade *ad causam* passiva de determinadas associações que representam os direitos da comunidade. (ARRUDA ALVIM, José Manoel de et al. *Código do Consumidor comentado.* 2 ed, São Paulo: RT, 1995, p. 346-347; MANCUSO, Rodolfo de Camargo. *Interesses difusos, conceito e legitimação para agir.* 2 ed. São Paulo: RT, 1991, p. 134-136).

[33] Art. 6º, VII do PL 5.139/09: "as associações civis e as fundações de direito privado legalmente constituídas e em funcionamento há pelo menos 1 (um) ano, para a defesa de interesses ou direitos relacionados com seus fins institucionais, dispensadas a autorização assemblear ou pessoal e a apresentação do rol nominal dos associados ou membros."

[34] Art. 6º, § 1º do PL 5.139/09: O juiz poderá dispensar o requisito da pré-constituição de 1 (um) ano das associações civis e das fundações de direito privado quando haja manifesto interesse social evidenciado pelas características do dano ou pela relevância do bem jurídico a ser protegido.

Para ajuizar ações civis públicas ou coletivas, ou intervirem na qualidade de litisconsortes ou assistentes litisconsorciais no pólo ativo, as associações civis precisam deter representatividade adequada do grupo que pretendam defender em juízo. Essa representatividade é aferida à vista do preenchimento de dois requisitos:

a) pertinência temática – requisito indispensável, que corresponde à finalidade institucional compatível com a defesa judicial do interesse;

b) pré-constituição há mais de um ano – requisito que o juiz pode dispensar por interesse social, conforme a dimensão ou as características do dano, ou conforme a relevância do bem jurídico a ser defendido.[35]

Porém, em posição diametralmente oposta, Pedro da Silva Dinamarco pontua que

[...] entre nós não existe um verdadeiro requisito da representatividade adequada para que os legitimados possam ajuizar uma ação civil pública, ao contrário do que sustentam alguns doutrinadores. Dizem eles que as associações teriam de demonstrar essa qualidade mediante tempo mínimo de constituição e autorização expressa em seus estatutos ou por deliberação em assembléia. [...] Entretanto, esse requisito nada tem que ver com a representatividade adequada, que exprime um conjunto de fatores que demonstrariam concretamente ao juiz, durante todo o curso do processo, ser o autor pessoa idônea, que irá despender eficazmente todos os esforços necessários para a defesa dos interesses das pessoas ausentes do processo. Por outro lado, aquela autorização interna da associação é apenas requisito abstrato para que esteja plenamente satisfeita a legitimidade extraordinária em cada caso, não significando que a entidade irá realmente defender de forma adequada os interesses dos substituídos. É condição da ação, portanto, e não pressuposto processual.[36]

Esta visão exposta por Dinamarco, bem verdade, relaciona-se à outra categoria de representatividade adequada, a "representatividade adequada real". Por ela, apenas terá legitimidade para defender interesses e direitos coletivos aqueles que tiverem potencial para defendê-los como se fosse o próprio titular destes interesses e direitos.[37] O representante deve, portanto, despender todos os esforços para defender a coletividade ré. Em não acontecendo isso, caberá ao juiz negar a legitimação.[38]

Diante disto, nota-se que a representação adequada, seja ela presumida, seja ela real, está totalmente atrelada ao controle judicial. O juiz é que avaliará se o ente representativo está adequadamente exercendo a sua função, se ele está efetivamente comprometido com a guarda da causa, bem como se está com todos os pré-requisitos objetivos preenchidos. Em detectando eventual inadequação do representante, deverá ele propiciar prazo e oportunidade para que haja a substituição deste por outro, adequado.[39]

Nesse particular, merece destaque a lição de Pedro Lenza:

Valendo-se da experiência norte-americana, falar-se em ações coletivas a serem promovidas em face da classe implica revitalizar o papel do juiz como o verdadeiro protagonista, que deverá assumir a imprescindível missão de identificação da classe (*defining function*) e de controle sobre a efetiva capacidade de representação (*adequacy of representation*).[40]

---

[35] MAZZILLI, Hugo Nigro. *A defesa dos interesses difusos em Juízo: meio ambiente, consumidor e outros interesses difusos e coletivos.* São Paulo: Saraiva, 1998, p. 267.

[36] DINAMARCO, Pedro da Silva. *Ação Civil Pública.* São Paulo: Saraiva, 2001, p. 201-202.

[37] MAIA, Diogo Campos Medina. *Ação Coletiva Passiva.* op cit., p. 110.

[38] GRINOVER, Ada Pellegrini. Ações Coletivas ibero-americanas: ... op. cit., p. 6.

[39] GIDI, Antonio. A representação adequada nas ações coletivas brasileiras: uma proposta. In: *Revista de Processo.* São Paulo, nº 108, p. 61-70, outubro-dezembro, 2002, p. 68; VIGLIAR, José Marcelo Menezes. Defendant Class Action Brasileira: ... op. cit., p. 318.

[40] LENZA, Pedro. *Teoria Geral da Ação Civil Pública.* 2ª ed. São Paulo: Revista dos Tribunais, 2005. p. 199.

Ressalta-se, ainda, a importância desta análise da representação, pois, se o legitimado adequado puder ser verdadeiramente avaliado, serão altas as chances de se efetivarem, no caso concreto, as garantias do devido processo legal, da segurança jurídica, do contraditório e da ampla defesa, bem como de alcançar um provimento justo. Assim, deve-se haver a séria identificação da referida classe bem como a averiguação da efetiva capacidade de representação. Só assim, inclusive, é que se poderão vincular todos os componentes da classe à sentença, independentemente da participação individual no processo.[41]

Diante de todo o exposto, a representatividade adequada presumida e real devem andar em concomitância para que haja efetiva representação da coletividade. Porém, ultrapassada esta argumentação, ainda é interessante expor e esclarecer, uma a uma, mesmo que brevemente, as hipóteses mais comuns de legitimação da ação coletiva passiva.

2.1. A questão da inafastabilidade do controle jurisdicional

Em não havendo previsão legal sobre a legitimidade das ações coletivas passivas, há que se mencionar a já conhecida questão da preservação da *inafastabilidade do controle jurisdicional.* Este princípio autoriza a concessão de legitimidade aos entes não previamente legitimados pela lei para que possam responder como réus, no lugar de seus membros, defendendo os interesses e direitos da coletividade, no processo coletivo.[42]

Assim, quando a tutela do direito for completamente excluída do controle jurisdicional e a inclusão do grupo como ente autônomo for a única forma de acesso eficaz ao Poder Judiciário, concede-se a legitimidade a ele para que possa exercer suas funções de defesa da coletividade.

2.2. A questão dos Sindicatos

Entre as hipóteses de grupos que figuram no pólo passivo da demanda coletiva, a legitimidade dos sindicatos é a mais antiga. Ao se falar em demanda contra a classe representada por um legitimado, fala-se no dissídio coletivo, adstrito à matéria trabalhista. Porém, não se poderia tratar de tal demanda como se inserida na estrita sistemática do processo coletivo, nos termos e limites por esse delineado, pois o processo trabalhista, juntamente com o respectivo direito material, forma um conjunto normativo autônomo e com suas próprias peculiaridades.[43] Assim, não cabe aqui fazer maiores explanações a respeito do sindicato como legitimado passivo.

2.3. A questão das ações coletivas passivas incidentes ou derivadas e o Ministério Público

A ação coletiva passiva incidente ou derivada diferencia-se da ação coletiva originária. Esta é a até então tratada no presente artigo. Ocorre quando uma coletividade

[41] MAIA, Diogo Campos Medina. *Ação Coletiva Passiva.* op cit., p. 111; LENZA, Pedro. *Teoria Geral da Ação Civil Pública.* op. cit., p. 199; GRINOVER, Ada Pellegrini. Ações Coletivas ibero-americanas: ... op. cit., p. 6.

[42] MAIA, Diogo Campos Medina. *Ação Coletiva Passiva.* op cit., p. 117.

[43] LEONEL, Ricardo de Barros. *Manual do processo coletivo.* São Paulo: Revista dos Tribunais, 2002, p. 207.

lesiona ou ameaça direito difuso, coletivo ou individual homogêneo e, decorrente disto, o autor propõe ação coletiva passiva (originária) para que seu direito lesado seja reconstituído.

A ação coletiva passiva derivada, por sua vez, advém de uma ação coletiva ativa já proposta, mas que, por ocasião de uma ação rescisória, de uma ação cautelar ou de uma ação declaratória incidental, bem como por ocasião de reconvenção, embargos do executado ou de terceiro, a coletividade, antes integrante do pólo ativo da ação original, passa a figurar no polo passivo da demanda.[44] Assim, antigo autor passa a ser novo réu na ação coletiva passiva derivada, e antigo réu passa a ser novo autor.

Neste diapasão, Fredie Didier Jr. leciona:

> A atribuição de legitimação extraordinária não precisa constar de texto expresso, bastando que se retire do sistema jurídico. A partir do momento em que se prevê processo de execução das sentenças coletivas e não se proíbe o ajuizamento de ação rescisória, cautelar incidental ou mandado de segurança contra ato judicial pelo réu de ação coletiva ativa, admite-se a ação coletiva passiva.[45]

Ante a admissibilidade da ação coletiva passiva derivada, surge a problemática do Ministério Público figurar como réu no processo. Este, por não possuir personalidade jurídica nem legitimidade passiva, fica impossibilitado de figurar no polo passivo da demanda. Solução para isso seria a substituição do *parquet* na figura da Fazenda Pública (União, Estados, Municípios e Distrito Federal).[46] É neste sentido, inclusive, que Ricardo de Barros Leonel assevera:

> O Ministério Público não poderá figurar no pólo passivo da demanda. Tratando-se de instituição estatal desprovida de personalidade jurídica, embora seja inimaginável a hipótese, supondo atos praticados por ela ou por seus membros que ocasionem qualquer espécie de lesão a interesses metaindividuais, a responsabilidade civil será carreada à Fazenda Pública (União ou Estado-membro, conforme o caso), contra quem a demanda em tese cabível pode ser proposta, com fundamento na responsabilidade objetiva do Estado.
>
> Ordinariamente, há a possibilidade de exercício do direito de regresso do estado em face do agente público, com fundamento na responsabilidade aquiliana. Entretanto, no caso do Ministério Público, a responsabilização pessoal de seus membros somente ocorrerá em razão de atuação revestida de dolo ou fraude.[47]

Entretanto, há quem entenda não ser empecilho o Ministério Público figurar no polo passivo da demanda em ação coletiva passiva derivada. Este é o caso de Fredie Didier Jr. que, dissertando sobre o tema, dispõe:

> [...] nas ações coletivas passivas derivadas não haverá problema na identificação do "representante adequado", que será aquele legitimado que propôs a ação coletiva de onde ela se originou.
>
> [...]
>
> Em uma ação coletiva passiva derivada de uma ação coletiva proposta pelo Ministério Público, o réu será esse mesmo Ministério Público. A melhor solução é manter o rol dos legitimados em tese para a proteção das situações jurídicas coletivas e deixar ao órgão jurisdicional o controle *in concreto* da adequação da representação.[48]

---

[44] MAIA, Diogo Campos Medina. *Ação Coletiva Passiva*. op cit., p. 122.

[45] DIDIER JR., Fredie. O Controle Jurisdicional da Legitimação Coletiva e as Ações Coletivas Passivas (o art. 82 do CDC). In: *Revista Dialética de Direito Processual*. n° 25, abril-2005, p. 53-54.

[46] MAIA, Diogo Campos Medina. *Ação Coletiva Passiva*. op cit., p. 124.

[47] LEONEL, Ricardo de Barros. *Manual do processo coletivo*. op. cit., p. 201-202.

[48] DIDIER JR., Fredie. *Situações Jurídicas Coletivas Passivas*. op. cit.

Este, porém, é entendimento minoritário no nosso ordenamento, prevalecendo, desta forma, a corrente que dispõe não ser possível a figura do Ministério Público como representante da categoria no polo passivo da demanda. Há, assim, a substituição do ente ministerial pela Fazenda Pública.

Todavia, diante desta situação supradescrita, o conflito permanece quando ente-público figura no polo passivo da demanda coletiva ativa. Haveria, pois, confusão entre autor e réu na ação passiva. A Fazenda Pública (*v.g.* União) acabaria por figurar tanto no polo passivo, por substituição do Ministério Público, quanto no polo ativo da ação. E, diante deste conflito, a decisão a respeito da legitimidade do órgão ministerial, nestes casos específicos, caberá a cada julgador. Há quem entenda que o Ministério Público pode figurar no polo passivo da demanda, mesmo sem ter personalidade jurídica, haja vista dever-se respeito ao princípio da garantia do acesso ao Judiciário, e há quem não permita a legitimidade justamente pela ausência de personificação do órgão.[49]

Portanto, a ação coletiva passiva derivada, por mais que a sua aplicabilidade seja com maior tranquilidade admissível, a legitimidade do ente representante da coletividade para figurar no pólo passivo não é, em especial quando o representante trata-se do Ministério Público.

2.4. A questão dos entes despersonificados (associações de fato)

Nos casos em que a coletividade não possui personalidade jurídica, como ocorre com as sociedades de fato, o sistema processual brasileiro traz uma solução ao permitir que os entes despersonificados figurem no processo como partes juridicamente capazes através da concessão de capacitação processual (art. 12, inciso VII, do CPC[50] e art. 82, III, do CDC[51]).[52]

Esta previsão de capacitação processual dos entes não personificados configura uma forma de facilitação do acesso ao Judiciário. Assim, a viabilidade de se ter a coletividade atuando no polo passivo da demanda coletiva, apesar de não haver previsão expressa, é dada por aplicação analógica das hipóteses existentes no CPC: a sociedade de fato (art. 12, VII do CPC) e a sociedade comum (art. 986 do CC) – possuem fins econômicos – servem para justificar a capacitação das chamadas associações de fato – não possuem fins econômicos.[53]

Todavia, estas associações de fato, para figurarem no polo passivo da ação coletiva, devem constituir-se como organizações suficientes a causar ameaça ou lesão

[49] MAIA, Diogo Campos Medina. *Ação Coletiva Passiva*. op cit., p. 125-126

[50] Art. 12 do CPC: "Serão representados em juízo, ativa e passivamente: VII – as sociedades sem personalidade jurídica, pela pessoa a quem couber a administração dos seus bens".

[51] Art. 82 do CDC: "Para os fins do art. 81, parágrafo único, são legitimados concorrentemente: III – as entidades e órgãos da Administração Pública, direta ou indireta, ainda que sem personalidade jurídica, especificamente destinados à defesa dos interesses e direitos protegidos por este código". (BRASIL. *Lei nº 8.078 de 11 de setembro de 1990.* Dispõe sobre a proteção do consumidor e dá outras providências. Disponível em: <http://www.planalto.gov.br> Acesso em: 08 out. 2009).

[52] MAIA, Diogo Campos Medina. *Ação Coletiva Passiva*. op cit., p. 130.

[53] MAIA, Diogo Campos Medina. *Ação Coletiva Passiva*. op cit., p. 131.

homogênea a direito de outrem. Outrossim, elas ainda devem ter dois aspectos intrínsecos a elas: um organizacional e outro finalístico.[54]

Referente ao primeiro, para que uma associação de fato possa ser caracterizada como tal, deve haver uma organização coletiva, isto é, uma união coesa de pessoas coordenadas. O grupo, portanto, deve ser específico e identificável (o grupo, e não cada indivíduo). O segundo caractere, por sua vez, decai no aspecto finalístico. A organização não deve ser aleatória. A identificação da coletividade deve ser feita pela sua finalidade, pela homogeneidade dos objetivos propostos com a reunião de pessoas, e não pela soma dos objetivos individuais. É o caráter da homogeneidade, em que há a prevalência da dimensão coletiva sobre a individual, que dará ao objetivo buscado pelo grupo a possibilidade de identificar a associação legitimada a defender seus membros em juízo.[55]

Diante disto, os entes despersonificados também têm possibilidade de figurar no pólo passivo da demanda coletiva passiva. A capacitação processual, advinda do art. 12, inciso VII, do CPC, dá esta abertura para fins de facilitação do acesso ao judiciário. Todavia, é preciso que esta associação de fato seja formada por grupo específico e identificável, bem como a finalidade atrelada a ela seja homogênea, isto é, o objetivo a ser buscado pelo grupo seja verdadeiramente coletivo.

2.5. A questão das associações legalmente constituídas

Por fim, as associações legalmente constituídas também podem possuir legitimidade, desde que preservadas as mesmas condições de organização e finalidade de lesão homogênea a direitos de outrem. Ademais, tem-se ainda o já mencionado requisito prévio de um ano de constituição da associação, que é excepcionado pelo § 1º do art. 82 do CDC ao dizer que poderá ser dispensado quando houver manifesto interesse social evidenciado pela dimensão ou característica do dano, ou pela relevância do bem jurídico a ser protegido.[56]

3. Os limites subjetivos da coisa julgada na ação coletiva passiva

Juntamente com a legitimação para agir, a coisa julgada é um dos pontos sensíveis da regulamentação e desenvolvimento do processo coletivo. Da sua correta formulação e regulação torna-se possível o alcance dos objetivos que a tutela jurisdicional coletiva preconiza em essência.

A necessidade de reconhecimento de maior extensão aos efeitos da sentença coletiva é consequência da indivisibilidade dos interesses tutelados, não sendo possível cindir os efeitos da decisão judicial, pois a lesão a um interessado implica a lesão a todos, e o proveito a um a todos beneficia.[57]

Nesse sentido, José Carlos Barbosa Moreira afirma:

> [...] se tivermos em mente o caráter indivisível do objeto do litígio...e ao mesmo tempo a impossibilidade de exigir a presença de todos os legitimados no processo, desde logo chegaremos à conclusão de que os efeitos

[54] MAIA, Diogo Campos Medina. *Ação Coletiva Passiva*. op cit., p. 136.

[55] MAIA, Diogo Campos Medina. *Ação Coletiva Passiva*. op cit., p. 136-137.

[56] MAIA, Diogo Campos Medina. *Ação Coletiva Passiva*. op cit., p. 139.

[57] LEONEL, Ricardo de Barros. *Manual do processo coletivo*. op. cit., p. 258-259.

do julgamento necessariamente hão de estender-se a pessoas – em regra, a um grande número de pessoas – que não ocupam a posição de partes. Todas serão igualmente beneficiadas, ou todas igualmente prejudicadas, conforme a sentença conceda ou recuse a tutela pleiteada para o interesse que lhes é comum.[58]

Assim, a efetividade das ações coletivas passivas está intimamente relacionada com a extensão desse julgado a todos os integrantes da coletividade considerada, representada pelo representante adequado.[59]

Todavia, afirma-se que a extensão dos efeitos da coisa julgada a quem não foi parte implicaria, na prática, violação das garantias constitucionais da ação, do princípio da inafastabilidade da jurisdição, do contraditório e da ampla defesa, ou, em síntese, do devido processo legal. Tal crítica representa a proteção da esfera jurídica individual dos titulares dos interesses envolvidos na ação coletiva.

Portanto, se a extensão do julgado, em qualquer das hipóteses (improcedência ou procedência), a todos os indivíduos significa provável negativa de acesso à Justiça às pessoas isoladamente consideradas, a extensão do julgado só quando da procedência não configura negativa de acesso ao responsável da lesão, mas só encargo eventual de suportar nova demanda sobre o mesmo assunto. Se algum prejuízo deve ser imposto para que se alcance a economia processual e para que ocorra a pacificação rápida e uniforme dos conflitos coletivos, que seja o menor possível: onera menos o sistema a sujeição do responsável pela lesão a nova demanda, que a inviabilização do acesso à justiça por parte de indivíduo interessado.[60]

Ricardo de Barros Leonel, ao tratar da configuração da delimitação dos efeitos do julgado coletivo ativo, argumenta:

> A previsão é de extensão do comando da sentença no processo coletivo em caráter benéfico, em caso de procedência da ação, e na hipótese de improcedência quando demonstrado que a pretensão era infundada. Se a improcedência decorre de insuficiência de provas, o julgado produz efeitos somente entre as partes (processuais), sendo possível renovação da demanda com base em novas provas. A este sistema convencionou-se denominar coisa julgada *secundum eventum litis*, e extensão *in utilibus* aos efeitos do julgado.[61]

Logo, a extensão da coisa julgada só em caráter benéfico ainda é solução que melhor atende às peculiaridades do processo coletivo.

Resumidamente, portanto, na ação coletiva ativa, a sentença de improcedência só fará coisa julgada quando demonstrado que a pretensão era infundada ou quando a ação foi julgada com base em provas concretas trazidas aos autos. Já a sentença de procedência sempre fará coisa julgada, pois é benéfica à coletividade.

Este raciocínio para a ação coletiva passiva, todavia, não pode ser cegamente aplicável. Existem diferenças e, inclusive, relativas aos diversos direitos coletivos a serem tutelados. Passa-se, então, a explorar cada uma delas.

3.1. Direitos difusos e coletivos em sentido estrito

A sentença de improcedência, aqui, sempre fará coisa julgada. A decisão de procedência, entretanto, só fará coisa julgada se baseada em provas que sejam su-

[58] MOREIRA, José Carlos Barbosa. Tutela jurisdicional dos interesses coletivos ou difusos. In: *Temas de Direito Processual*: terceira série. São Paulo: Saraiva, 1984, p. 216.

[59] VIGLIAR, José Marcelo Menezes. Defendant Class Action Brasileira: ... op. cit., p. 319.

[60] LEONEL, Ricardo de Barros. *Manual do processo coletivo*. op. cit., p. 265.

[61] LEONEL, Ricardo de Barros. *Manual do processo coletivo*. op. cit., p. 266.

ficientes para formar o convencimento do julgador. Ou seja, a procedência fundada em distribuição de ônus da prova não possui a autoridade da coisa julgada. O ônus estará sempre com o autor individual, que deverá se esmerar para provar todo o alegado a fim de que se obtenha sentença de procedência com fundamento na prova dos autos.[62]

Assim, a coisa julgada envolvendo direitos difusos e coletivos em sentido estrito não prejudicará interesses e direitos individuais dos integrantes da coletividade, nos exatos termos do art. 103, § 1º, do CDC.[63] [64]

Para Ada Pellegrini Grinover,[65] todavia, em caso de procedência do pedido, a sentença contra a classe não fará coisa julgada se o juiz reconhecer a insuficiência de defesa coletiva. Isto é, contudo, criticável, pois torna extremamente subjetiva a avaliação da qualidade de defesa produzida pelo representante adequado da coletividade.[66]

Então, quando se falar em direitos difusos e coletivos em sentido estrito inseridos em demanda passiva, a coisa julgada deve ser analisada sob a ótica inversa da ação coletiva ativa. Em sendo procedente a demanda, só fará coisa julgada se calcada em prova robusta presente nos autos; em sendo improcedente, a ação sempre fará coisa julgada. Há aqui, portanto, nítido caráter benéfico dos efeitos da coisa julgada na coletividade.

3.2. Direitos individuais homogêneos

Em regra, o nosso sistema não aceita a concretização da coisa julgada quando a sentença for contrária aos interesses da coletividade. Assim, Ada Pellegrini Grinover defende que apenas haverá coisa julgada em se tratando de sentença improcedente. Em sendo procedente, a formação da coisa julgada não ocorre.[67]

Todavia, sob a ótica dos direitos individuais homogêneos, esta posição da autora acaba por afrontar o princípio da inafastabilidade do controle jurisdicional. Bem verdade, não há diferenciação entre impedir o controle da jurisdição e permitir o andamento de uma ação que poderá ser rediscutida *ad eternum*. Assim, proibir a formação da coisa julgada contrária à coletividade nas ações coletivas passivas que versem sobre direitos individuais homogêneos significa afastar a própria tutela jurisdicional.[68]

Explica-se: a restrição judicial, nos direitos individuais homogêneos, já ocorre quando da avaliação da legitimidade da parte para poder figurar no polo passivo da demanda. O representante adequado deve ser organizado e ter um fim homogêneo, o que já limita o ajuizamento da ação. Então, somando isto à necessidade de jurisdi-

[62] LEONEL, Ricardo de Barros. *Manual do processo coletivo*. op. cit., p. 142.

[63] Art. 103, § 1º CDC: "Os efeitos da coisa julgada previstos nos incisos I e II não prejudicarão interesses e direitos individuais dos integrantes da coletividade, do grupo, categoria ou classe".

[64] GRINOVER, Ada Pellegrini. Ações Coletivas ibero-americanas: ... op. cit., p. 8.

[65] GRINOVER, Ada Pellegrini. Ações Coletivas ibero-americanas: ... op. cit., p. 8.

[66] LEONEL, Ricardo de Barros. *Manual do processo coletivo*. op. cit., p. 143.

[67] GRINOVER, Ada Pellegrini. Ações Coletivas ibero-americanas: ... op. cit., p. 8.

[68] LEONEL, Ricardo de Barros. *Manual do processo coletivo*. op. cit., p. 144.

cionalização eficaz do conflito, a coisa julgada deve se formar, ainda que contra os interesses da coletividade.[69]

Porém, caberá ao autor individual todo o ônus de provar o seu argumento a fim de alcançar sentença procedente, formando a coisa julgada e, consequentemente, vinculando os membros da parte coletiva.[70]

Todavia, bem analisando o que fora exposto, aparentemente violar-se-ia o princípio do contraditório e da ampla defesa sob a ótica individual dos membros da coletividade. Entretanto, quando se fala em direitos individuais homogêneos,[71] estes só poderão versar como objeto de ação coletiva passiva quando a lesão for verdadeiramente homogênea, ou seja, quando as questões coletivas prevalecerem sobre as individuais. Assim, a análise da situação de um membro do grupo corresponde à análise da situação dos demais. Há, pois, a aplicação da teoria da responsabilidade coletiva, em que a culpa não é verificada singularmente, mas em coletividade.[72]

Então, bem verdade, não há violação dos princípios constitucionais, pois a lesão foi provocada pela coletividade como um todo, e não por indivíduos particularizados. Em sendo a lesão proveniente de uma homogeneidade, esta deverá sofrer os efeitos da coisa julgada como um todo, sem apuração de culpa pormenorizada. Ademais, se o grupo se reuniu para agir sob fundamentos de uma coletividade, nada mais coerente do que também responderem sob a forma coletiva, solidariamente.[73]

3.3. Ação duplamente coletiva

A ação duplamente coletiva é aquela em que há uma coletividade em cada polo da demanda. Desta forma, em sendo os direitos tutelados de igual natureza, ou seja, os direitos oriundos do polo ativo são de mesma natureza dos oriundos do polo passivo da ação, não há restrições à formação da coisa julgada *erga omnes*.[74] Como não há razão para privilegiar nenhuma das classes, pois ambas encontram-se em mesmas condições de defesa e têm os direitos tutelados em igual patamar (*v.g.* direitos difusos x direitos difusos), a coisa julgada será formada independente da sentença ser procedente para o autor ou para o réu.[75]

Entretanto, em se enfrentando direitos de naturezas distintas (*v.g.* direitos difusos x direitos individuais homogêneos), a regra da formação da coisa julgada dos direitos difusos precede à dos direitos coletivos em sentido estrito, que, por conseguinte, precede à dos direitos individuais homogêneos.[76]

---

[69] LEONEL, Ricardo de Barros. *Manual do processo coletivo*. op. cit., p. 144.

[70] LEONEL, Ricardo de Barros. *Manual do processo coletivo*. op. cit., p. 145.

[71] Nos direitos individuais homogeneamente lesionados ou homogeneamente ameaçados de lesão, não apenas a origem do direito deve ser comum, como deve haver homogeneidade dos vários atos, provenientes de vários agentes (coletividade) que podem lesionar apenas um direito individual. (LEONEL, Ricardo de Barros. *Manual do processo coletivo*. op. cit., p. 52).

[72] LEONEL, Ricardo de Barros. *Manual do processo coletivo*. op. cit., p. 145.

[73] LEONEL, Ricardo de Barros. *Manual do processo coletivo*. op. cit., p. 145-146.

[74] LEONEL, Ricardo de Barros. *Manual do processo coletivo*. op. cit., p. 147.

[75] GRINOVER, Ada Pellegrini. Ações Coletivas ibero-americanas: ... op. cit., p. 11.

[76] LEONEL, Ricardo de Barros. *Manual do processo coletivo*. op. cit., p. 147.

Conclusão

De todo o exposto, facilmente se conclui que o sucesso das ações coletivas está intimamente relacionado e condicionado à capacidade de se estabelecer um tratamento realmente "molecularizado" para a resolução dos conflitos de massa. Nessa medida, a existência de várias ações coletivas, ao lado de grande número de processos individuais, versando sobre a mesma questão de fundo, coloca em descrédito a perspectiva de um processo verdadeiramente coletivo, concebido para concentrar em um único feito as decisões, colheita de provas, recursos e, eventualmente, a própria execução.

Nesse contexto, se mostra indispensável a discussão a respeito da previsão legislativa da ação coletiva passiva originária, a qual consiste em ação coletiva promovida contra um grupo de pessoas em casos em que a individualização seja impossível ou indesejada. A realidade e também a jurisprudência evidenciam a necessidade de previsão de tal instituto para a viabilização da proteção de interesses e direitos fundamentais, tais como propriedade, liberdade e segurança. Além disso, conforme demonstrado ao longo do presente artigo, a negativa de tal forma de tutela redundaria em lesão ao direito fundamental de acesso à justiça, uma vez que impediria a interposição de ação contra grupo de pessoas, obstando a defesa de interesses e direitos violados.

Contudo, a previsão e disciplina de tal instituto enfrentam alguns entraves relativamente aos seus fundamentos, como, por exemplo, com referência à representatividade adequada e a extensão dos limites subjetivos da coisa julgada material. Assim, para que tais ações possam se estruturar no ordenamento, a legislação futura deve se focar em três tópicos essenciais: o fortalecimento da análise da representatividade adequada, a extensão dos limites subjetivos da coisa julgada, objetivando a efetividade dessa tutela e a admissibilidade da ação coletiva passiva no ordenamento jurídico brasileiro.

Bibliografia

ARRUDA ALVIM, José Manoel de *et al.* *Código do Consumidor comentado.* 2 ed, São Paulo: RT, 1995.

BRASIL. *Constituição da República Federativa do Brasil de 1988.* Disponível em: <http://www.planalto.gov.br/ccivil_03/Constituicao/Constituiçao.htm>. Acesso em: 08 out. 2009.

BRASIL. *Lei nº 5.869 de 11 de janeiro de 1973.* Institui o Código de Processo Civil. Disponível em: <http://www.planalto.gov.br/ccivil_03/leis/l5869.htm>. Acesso em: 07 out. 2009

BRASIL. *Lei nº 8.078 de 11 de setembro de 1990.* Dispõe sobre a proteção do consumidor e dá outras providências. Disponível em: <http://www.planalto.gov.br> Acesso em: 08 out. 2009.

BRASIL. *Projeto de Lei nº 5.139, de 2009.* Disciplina a ação civil pública para a tutela de interesses difusos, coletivos ou individuais homogêneos, e dá outras providências. Disponível em: www.câmara.gov.br. Acesso em 01 out. 2009.

DIDIER JR., Fredie. O Controle Jurisdicional da Legitimação Coletiva e as Ações Coletivas Passivas (o art. 82 do CDC). In: *Revista Dialética de Direito Processual.* n° 25, abril-2005.

——. *Situações Jurídicas Coletivas Passivas.* In: www.processoscoletivos.net. Acesso em: 13 out. 2009.

DINAMARCO, Pedro da Silva. *Ação Civil Pública.* São Paulo: Saraiva, 2001.

FREITAS, Juarez. *A Interpretação Sistemática do Direito.* 4ª ed. São Paulo: Malheiros, 2004.

GIDI, Antonio. A representação adequada nas ações coletivas brasileiras: uma proposta. In: *Revista de Processo.* São Paulo, nº 108, p. 61-70, outubro-dezembro, 2002.

GRINOVER, Ada Pellegrini. Ações Coletivas ibero-americanas: novas questões sobre a legitimação e a coisa julgada. In: *Revista Forense*, v. 98. n° 361, p. 3-12, maio-junho/02.

LENZA, Pedro. *Teoria Geral da Ação Civil Pública.* 2ª ed. São Paulo: Revista dos Tribunais, 2005.

LEONEL, Ricardo de Barros. *Manual do processo coletivo.* São Paulo: Revista dos Tribunais, 2002.

MAIA, Diogo Campos Medina. *Ação Coletiva Passiva*. Rio de Janeiro: Lumen Juris, 2009.

MANCUSO, Rodolfo de Camargo. *Interesses difusos, conceito e legitimação para agir.* 2 ed. São Paulo: RT, 1991.

MAZZILLI, Hugo Nigro. A defesa dos interesses difusos em Juízo: meio ambiente, consumidor e outros interesses difusos e coletivos. São Paulo: Saraiva, 1998.

MOREIRA, José Carlos Barbosa. Tutela jurisdicional dos interesses coletivos ou difusos. In: *Temas de Direito Processual*: terceira série. São Paulo: Saraiva, 1984.

NERY JUNIOR, Nelson. *Princípios do processo civil na constituição federal.* 8. ed.rev.ampl.atual. São Paulo: Revista dos Tribunais, 2004.

SARLET, Ingo Wolfgang. *A eficácia dos direitos fundamentais.* 6. ed. rev. atual. ampl. Porto Alegre: Livraria do Advogado, 2006.

VIGLIAR, José Marcelo Menezes. Defendant Class Action Brasileira: Limites Propostos para o "Código de Processos Coletivos". In: GRINOVER, Ada Pellegrini, MENDES, Aluisio Gonçalves de Castro e WATANABE, Kazuo (coords.). *Direito Processual Coletivo e o anteprojeto de Código Brasileiro de Processos Coletivos.* São Paulo: Revista dos Tribunais, 2007.

— 16 —

Efetividade, segurança, massificação e a proposta de um "incidente de coletivização"[1]

GUILHERME RIZZO AMARAL
Doutor em Direito (UFRGS). Mestre em Direito (PUCRS). Advogado.

> "Every system contains a percentage of error; and If by slightly increasing the percentage of error, we can substantially reduce the percentage of cost, it is only the idealist who will revolt" (Lord Devlin).[2]

> "... individually tailored lawsuits for consumers are often as much an anachronism as the concept that all cars that are put on the market should be handcrafted...economies of scale now dictate mass redress procedures for consumers prejudiced by a common legal wrong" (Trebilcock).[3]

1. Introdução

Em carta dirigida ao Presidente do Senado Federal, o Ministro do Superior Tribunal de Justiça e Presidente da Comissão de Juristas encarregada de elaborar o Anteprojeto do Novo Código de Processo Civil, Luiz Fux, manifestou o firme propósito da Comissão em criar um chamado "incidente de coletivização" dos litígios de massa, cujo propósito seria permitir que o julgamento de um único processo pudesse ser aplicado a todos os demais casos idênticos, de forma a reduzir o número de demandas e recursos em tramitação no Poder Judiciário. Eis a manifestação do Ministro Luiz Fux:

> A Comissão, atenta à sólida lição da doutrina de que sempre há bons materiais a serem aproveitados da legislação anterior, bem como firme na crença de que a tarefa não se realiza através do mimetismo que se compraz em apenas repetir erros de outrora, empenhou-se na criação de um novo código erigindo instrumentos capazes de reduzir o número de demandas e recursos que tramitam pelo Poder Judiciário.

[1] Este artigo foi escrito para fazer parte de livro em homenagem aos Professores José Maria Rosa Tesheiner e Sérgio Gilberto Porto.

[2] *Apud* MULHERON, Rachel. *The Class Action in Common Law Legal Systems – a Comparative Perspective*. Hart Publishing, 2004. p. 52.

[3] *Apud* MULHERON, Ob. cit. p. 58.

Esse desígnio restou perseguido, resultando do mesmo a instituição de um incidente de coletivização dos denominados litígios de massa, o qual evitará a multiplicação das demandas, na medida em que suscitado o mesmo pelo juiz diante, numa causa representativa de milhares de outras idênticas quanto à pretensão nelas encartada, imporá a suspensão de todas, habilitando o magistrado na ação coletiva, dotada de amplíssima defesa, com todos os recursos previstos nas leis processuais, proferir uma decisão com amplo espectro, definindo o direito controvertido de tantos quantos se encontram na mesma situação jurídica, plasmando uma decisão consagradora do principio da isonomia constitucional.[4]

Cumpre-nos, neste breve ensaio, analisar os aspectos gerais dessa proposta, sem adentrar em suas especificidades procedimentais, à luz dos valores *efetividade* e *segurança*, vetores fundamentais do processo civil.

2. Efetividade e Segurança

Se "a conformação e a organização do processo e do procedimento nada mais representam do que o equacionamento de conflitos entre princípios constitucionais em tensão, de conformidade com os fatores culturais, sociais, políticos, econômicos e as estratégias de poder num determinado espaço social e temporal",[5] é também verdade que, por trás de tais princípios (contraditório, ampla defesa etc.), estão valores que lhes são inerentes. Pode-se afirmar que os princípios constituem um estado de coisas[6] desejado a partir de uma determinada composição valorativa. Em Chiovenda, encontramos um exemplo claro da afirmação anterior. O mestre italiano, em suas *Instituições*, ao tratar dos princípios fundamentais do processo, afirma que um processo pode se diferenciar de outros por se pautar em determinados princípios diversos ou até opostos. E elenca uma série de exemplos, nos quais resta claro que por trás do princípio há uma opção valorativa, pela maior efetividade ou maior segurança no processo. Um processo diferencia-se de outro:

> [...] conforme se admita ou não a apelabilidade das sentenças (princípio do duplo-grau de jurisdição); conforme se admita ou não, e conforme a latitude com que se admita, a produção de novo material (deduções e provas) no juízo de segunda instância (*non deducta deducam, non probata probabo*); conforme se admita ou não ulterior reexame da sentença de segunda instância, e conforme os limites em que se admite (princípio da *terceira instância*, da *cassação*, da *revisão*); conforme a extensão e os efeitos desse reexame superior (*aplicação imediata da lei* ou *devolução*).[7]

É de se notar que, em cada uma das opções, se privilegia um valor em detrimento de outro. Assim é que, por hipótese, admitindo-se o duplo grau ou a produção de

---

[4] Disponível em http://www.oab.org.br/pdf/Cartilha1aFase.pdf. Acesso em 03 de maio de 2010.

[5] ALVARO DE OLIVEIRA, Carlos Alberto. O processo civil na perspectiva dos direitos fundamentais. *In* —— (org.). *Processo e Constituição*. Rio de Janeiro: Forense, 2004. p. 2.

[6] Em brilhante trabalho, Humberto Àvila soube diferenciar, com precisão, princípios, regras e postulados, explicando, naquela oportunidade, suas diferentes contribuições para a tomada de decisão pelo intérprete: "As regras podem ser dissociadas dos princípios *quanto ao modo como prescrevem o comportamento*. Enquanto *as regras são normas imediatamente descritivas*, na medida em que estabelecem obrigações, permissões e proibições mediante a descrição da conduta a ser adotada, *os princípios são normas imediatamente finalísticas*, já que estabelecem um estado de coisas para cuja realização é necessária a adoção de determinados comportamentos. Os princípios são normas cuja qualidade frontal é, justamente, a determinação da realização de um fim juridicamente relevante, ao passo que característica dianteira das regras é a previsão do comportamento. Com efeito, os princípios estabelecem um estado ideal de coisas a ser atingido (*state of affairs, Idealzustand*), em virtude do qual deve o aplicador verificar a adequação do comportamento a ser escolhido ou já escolhido para resguardar tal estado de coisas. [...] Os postulados normativos são normas imediatamente metódicas, que estruturam a interpretação e aplicação de princípios e regras mediante a exigência, mais ou menos específica, de relações entre elementos com base em critérios" (ÁVILA, Humberto. *Teoria dos princípios: da definição à aplicação dos princípios jurídicos*. São Paulo: Malheiros, 2003. p. 63 e 120).

[7] CHIOVENDA, Giuseppe. *Instituições de direito processual civil*. 2.ed. São Paulo: Bookseller, 2000. v. 1, p. 75-76.

provas em segunda instância, privilegia-se a segurança, negando-se tais princípios, sobreleva a efetividade.

Admitindo-se – como o faz Chiovenda – como legítima a adoção, por um determinado tipo de processo, de um ou outro dos princípios diversos ou até opostos, resta claro que a ponderação entre efetividade e segurança nem sempre resultará idêntica, dependendo em grande parte dos traços culturais do povo, e também da ideia que este mesmo povo faz do que seja um processo *justo*, ou seja, do que venha a ser *justiça*. Isso porque, "com a ponderação desses dois valores fundamentais – *efetividade* e *segurança jurídica* – visa-se idealmente a alcançar um processo tendencialmente justo".[8]

Como já afirmamos noutra oportunidade, efetividade e segurança jurídica são, na verdade, *complexos valorativos*, pois abrigam elementos que também podem ser designados de valores em suas esferas de atuação. Assim, por exemplo, o complexo valorativo da efetividade abriga valores como economia processual, celeridade e aproveitamento dos atos processuais. Já o complexo valorativo da segurança engloba a previsibilidade, a confiança legítima nos atos da administração e atos estatais em geral, o respeito ao direito positivo, a dignidade da legislação e a estabilidade das relações jurídicas.[9]

O termo *efetividade*, não raro, é utilizado no sentido de uma virtude, de um atributo positivo da atividade humana. Algo efetivo é algo funcional, que produz os resultados almejados e, portanto, é algo bom. Seria, assim, muito mais um fim desejado do que um valor a ponderar e a, eventualmente, sofrer restrições ou limitações. Segundo Cândido Rangel Dinamarco, a efetividade do processo se mede pela sua aptidão para "cumprir integralmente toda a sua função sócio-político-jurídica, atingindo em toda a plenitude todos os seus escopos institucionais".[10] Não cumpre aqui criticar a definição, mas apenas salientar que, quando tratamos do problema da efetividade como um valor a ser ponderado com a segurança, nosso conceito é muito mais restrito.

Isso porque não podemos, para a boa exposição do método de solução do conflito axiológico que se dá no processo, confundir o resultado da aplicação do método com uma das variáveis do conflito. Se o problema é resolver o conflito entre efetividade e segurança, se esta é a "função sócio-político-jurídica" do processo, então o resultado não pode ser a efetividade pura. A interferência do valor *segurança* impõe que o resultado seja a combinação daqueles dois valores: a equação deve resultar na justiça e na pacificação social.

Nesse prisma, *efetividade* deixa de ser a aptidão do processo para cumprir sua função, passando a consistir na aptidão do processo em produzir *resultados*, desinte-

[8] ALVARO DE OLIVEIRA, Carlos Alberto. O processo civil na perspectiva dos direitos fundamentais, p. 15. Reconhecendo também o conflito entre efetividade e segurança, porém classificando-os como postulados, afirma José Rogério Cruz e Tucci: "Não se pode olvidar, nesse particular, a existência de dois postulados que, em princípio, são opostos: o da segurança jurídica, exigindo um lapso temporal razoável para a tramitação do processo, e o da efetividade do mesmo, reclamando que o momento da decisão final não se procrastine mais do que o necessário" (TUCCI, José Rogério Cruz e. Garantia da prestação jurisdicional sem dilações indevidas como corolário do devido processo legal. *Revista de Processo*, São Paulo, v. 17, n. 66, p. 72-78, abr./jun. 1992. p. 73).

[9] AMARAL, Guilherme Rizzo. *Cumprimento e Execução da Sentença sob a ótica do formalismo-valorativo.* Porto Alegre: Livraria do Advogado, 2008. p. 47 e segs.

[10] Sobre o suposto conflito, veja-se DINAMARCO, Cândido Rangel. *A instrumentalidade do processo.* 10.ed. São Paulo: Malheiros, 2002. p. 330.

ressando, nesse primeiro momento, a justiça destes mesmos resultados. O instrumento pode ser efetivo, porém produzindo resultados maléficos. Como uma arma, que pode servir para promover a segurança assim como pode servir ao terror, o processo pode ser um meio para a realização de justiça, como pode também, no seu mau uso, prestar-lhe um desserviço.

Daí por que nos parece acertada a observação de Carlos Alberto Alvaro de Oliveira, "a efetividade só se revela virtuosa se não colocar no limbo outros valores importantes do processo, a começar pelo da justiça, mas não só por este".[11] Não obstante não vejamos a justiça como um valor a ponderar, mas como o fim desejado pelo processo, é certo que poderá ser o processo efetivo e ainda assim causar injustiça. Estaríamos, na feliz expressão do referido processualista, diante da "efetividade perniciosa".[12]

Insere-se, por exemplo, no complexo valorativo da efetividade, os valores da economia processual, da simplicidade e aproveitamento do ato processual, da celeridade e da busca pela tutela específica (proteção do direito *in natura*).

Já a segurança jurídica é um valor inerente ao Estado de Direito,[13] e é vista na doutrina não só como a garantia do cidadão contra o arbítrio estatal, mas também como a previsibilidade da atuação do Estado em face do particular, exigindo para si, portanto, regras fixas.[14] Sua presença, ora como valor, ora como princípio, ou assumindo outras facetas, é constante nos países democráticos do mundo inteiro. Nos dias 10 e 11 de setembro de 1999, juristas de diversos países reuniram-se em Aix-en-Provence (França), para discutir o tema "Constituição e Segurança Jurídica".[15] Na mesa redonda que lá foi realizada, foram expostas as diversas visões acerca do

---

[11] ALVARO DE OLIVEIRA, Carlos Alberto. Efetividade e processo de conhecimento. *Revista da Ajuris*, Porto Alegre, v. 26, n. 75, p. 120-135, set. 1999.

[12] Ibidem. A expressão consta expressamente em ALVARO DE OLIVEIRA, Carlos Alberto. *Do formalismo no processo civil*. RJ: Forense, 2009. 3.ed.,revista, atualizada e ampliada. p. 90.

[13] Como afirma Canotilho, "o homem necessita de *segurança* para conduzir, planificar e conformar autónoma e responsavelmente a sua vida. Por isso, desde cedo se consideravam os princípios da *segurança jurídica* e da *protecção da confiança* como elementos constitutivos do Estado de direito" (CANOTILHO, José Joaquim Gomes. *Direito Constitucional*. 4.ed. Coimbra: Almedina, 2000. p. 256). Já Torsten Stein, discorrendo sobre o tema no direito alemão, define a segurança jurídica como princípio constitucional não escrito: "A segurança jurídica como tal é um princípio constitucional não escrito, derivado do princípio do Estado de Direito" (STEIN, Torsten. *A segurança jurídica na ordem legal da República Federal da Alemanha*. São Paulo: Fundação Konrad Adenauer, 2000 [Cadernos Adenauer, 3] p. 94). Para Carlos Alberto Alvaro de Oliveira, "A segurança liga-se à própria noção de Estado Democrático de Direito, erigida como princípio fundamental da Constituição da República (art. 1º, *caput*), de modo a garantir o cidadão contra o arbítrio estatal, tendo presente a salvaguarda de elementos fundantes da sociedade realmente democrática, como o princípio democrático, o da justiça, o da igualdade, da divisão de poderes e da legalidade" (ALVARO DE OLIVEIRA, Carlos Alberto. *Do formalismo no processo civil*. #p. 79). Em visão mais extremada, J. Flóscolo da Nóbrega afirmou: "A segurança é necessidade fundamental da vida humana, necessidade das mais urgentes e primitivas e que resulta da própria condição do homem, como ser dos mais fracos e desprotegidos. [...] O direito é a técnica da segurança, o que não significa que não tenha por finalidade a justiça. A justiça, porém, está muito acima das possibilidades humanas, é valor tão alto e inatingível como a estrela polar. E como os homens, na impossibilidade de dispor das estrelas, tiveram de substituí-las por bússola, assim tiveram de contentar-se com a segurança, como sucedâneo da justiça. A segurança é o fim imediato, a missão prática do direito. É também um valor, como a justiça, embora um valor de segundo grau. É valor fundante em relação à justiça, que é valor fundado, o que quer dizer que a segurança é condição necessária para realização de justiça. [...] onde não há segurança não há justiça, não há direito sob qualquer forma" (NÓBREGA, J. Flóscolo da. *Introdução ao direito*. 2.ed. Rio de Janeiro: José Konfino, 1962. p. 80-81).

[14] STEIN, ob. cit., p. 94-95.

[15] Tratava-se da XV Mesa Redonda Internacional, cujos anais foram publicados no Anuário Internacional de Justiça Constitucional do Grupo de Estudos e de Pesquisa sobre Justiça Constitucional (*Annuaire International de Justice Constitutionnelle*, XV, 1999. Paris: Econômica, 2000. p. 67-312).

tema em questão, permitindo que se perceba a extensão e a importância da segurança jurídica no mundo contemporâneo. Após longos debates, em que se apresentou a visão de cada sistema, chegou-se a um acordo sobre os elementos que fazem parte da segurança jurídica: não retroatividade, confiança legítima, continuidade da ordem jurídica, clareza dos textos e conhecimento das regras jurídicas.[16]

No direito alemão, a segurança jurídica é identificada com a clareza da lei – "o direito vigente é compreensível para o cidadão"[17] – com a proteção à confiança na ordem jurídica – que se ocupa da "continuidade das leis, já que, em certa medida, a segurança jurídica requer que o cidadão confie na subsistência das leis"[18] – e com a proibição de retroatividade – pois "afeta-se a confiança se ocorrerem modificações retroativas da lei, isto é, quando fatos situados no passado podem ser objeto de novas avaliações".[19] Como noticia Torsten Stein, o Tribunal Federal Constitucional alemão levou ao extremo a ideia da segurança jurídica como confiabilidade no direito positivo, ao determinar que se deveria aceitar lei formalmente inconstitucional por razões de segurança jurídica.[20] Trata-se, no entender de Willy Zimmer, de um imperativo que deriva, como o princípio da igualdade, de um princípio geral do estado de direito, sendo aqueles elementos essenciais deste.[21]

Em França, afirma Bertrand Mathieu que a segurança jurídica é um "produto de importação" do direito alemão, cuja crescente importância decorre também do desenvolvimento do direito comunitário europeu.[22] Seguindo a influência alemã, a questão é também, aqui, posta de forma semelhante, associando-se a segurança jurídica às exigências de qualidade da lei e previsibilidade do direito. E, dentro dessas duas facetas da segurança jurídica, inserem-se os princípios da clareza, acessibilidade, eficácia e efetividade da lei (associados à qualidade da lei), assim como os princípios da não retroatividade, da proteção dos direitos adquiridos, da confiança legítima e da estabilidade das relações contratuais (associados à previsibilidade do direito).[23]

Não apenas a lei, como também a jurisprudência deve ser clara e previsível, sendo ameaçadoras da segurança jurídica as decisões exóticas ou surpreendentes, em especial quando trouxerem questões novas que não foram debatidas com as partes.[24] Como ressalta com acerto Donaldo Armelin, "a segurança jurídica constitui um elemento fundamental para a sociedade organizada, um fator básico para a paz social, o que implica estabilidade de situações pretéritas e previsibilidade de situações fu-

[16] *Annuaire International de Justice Constitutionnelle*, XV, 1999. Paris: Econômica, 2000. p. 311.

[17] STEIN, Torsten. *A segurança jurídica na ordem legal da República Federal da Alemanha*. São Paulo: Fundação Konrad Adenauer, 2000 (Cadernos Adenauer, 3). p. 100.

[18] Ibidem, p. 105.

[19] Ibidem, p. 106.

[20] BverfGE 34, 9. *In* Ibidem, p. 99.

[21] *Annuaire International de Justice Constitutionnelle*, ob. cit., p. 91.

[22] Ibidem, p. 155.

[23] Ibidem, p. 157. Para uma análise mais completa dos relatórios dos representantes de diversos países no referido encontro, veja-se THEODORO JÚNIOR, Humberto. A onda reformista do direito positivo e suas implicações com o princípio da segurança. *Revista Magister: Direito Civil e Processual Civil*, Brasília, DF, v. 2, n. 11, p. 5-32, mar./abr. 2006.

[24] "Entre nós, mostra-se importante atentar ainda para a aplicação do direito: não só a norma jurídica deve ser formulada clara, acessível e previsivelmente, mas também previsível deve ser o resultado do litígio, sem causar estranheza no meio social onde deve atuar. As soluções exóticas, com clara afronta ao sistema, além de surpreender, deslegitimam o Poder Judiciário perante a sociedade civil" (ALVARO DE OLIVEIRA, Carlos Alberto. *Do formalismo no processo civil*. p. 79).

turas. No plano da atuação jurisprudencial, a previsibilidade das decisões judiciais insere-se para o usuário da jurisdição como um fator de segurança que o autoriza a optar por um litígio ou por uma conciliação. É fundamental que quem busque a tutela jurisdicional tenha um mínimo de previsibilidade a respeito do resultado que advirá de sua postulação perante o Judiciário".[25] A questão transcende rapidamente o campo do processo e do próprio direito, passando a constituir verdadeiro pressuposto do desenvolvimento social e econômico de um país.[26]

No Brasil, a Emenda Constitucional n° 45 confirmou a preocupação com a previsibilidade da interpretação constitucional, vinculando-a inclusive ao valor *segurança*, ao instituir a súmula vinculante, ressaltando a necessidade de se evitar a "grave insegurança jurídica".[27] Mas nenhum dispositivo constitucional é mais incisivo do que o artigo 5°, inciso XXXVI, que sem mencionar o termo "segurança jurídica" expressamente, reconhece a importância fundamental de tal valor ao prever o respeito ao direito adquirido, ao ato jurídico perfeito e à coisa julgada.[28] Trata-se, aqui, de preservar a estabilidade das relações jurídicas, em uma sociedade fundada, nos dizeres da própria Carta Magna, na "harmonia social" (Preâmbulo da Constituição Federal de 1988).

Além da previsibilidade da lei e de sua interpretação, há de ser previsível, também, a conduta das autoridades, a quem devem os cidadãos poder depositar sua legítima confiança, não podendo ser por elas desiludidos ou enganados. Segundo Mathieu, a confiança legítima é o princípio segundo o qual a Administração (e, aqui, podemos estendê-lo também ao Estado-juiz) deve respeitar as suas próprias decisões, promessas e compromissos.[29]

Também a pesquisa sobre os fatos e, assim, a busca da verdade (ainda que relativa) surge como importante elemento da segurança jurídica, que, como todos os demais, deverá ser ponderado com o valor *efetividade* e seus componentes, como, por exemplo, a celeridade processual.

E, por fim, muito embora possa também ser objeto de interpretação (e, portanto, dele se podendo extrair diferentes normas jurídicas), o texto da lei processual e sua observância exerce importante papel na concretização do valor da segurança, até mesmo como um reforço do elemento *previsibilidade*.

[25] ARMELIN, Donaldo. *Observância à coisa julgada e enriquecimento ilícito: postura ética e jurídica dos magistrados e advogados*. Brasília, DF: Conselho de Justiça Federal, Centro de Estudos, 2003 (Cadernos do CEJ, 23). p. 292.

[26] "Assim, sociólogos como RAYMOND ARON, instituições internacionais, como o Banco Mundial, e economistas vinculados ao nosso BNDES, como era o Professor ARMANDO CASTELAR PINHEIRO, convergem em suas opiniões quanto à necessidade de considerar a estabilidade e a segurança jurídica como pressuposto do desenvolvimento" (WALD, Arnoldo. Eficiência Judiciária e Segurança Jurídica: a racionalização da legislação brasileira e reforma do Poder Judiciário. *In* MACHADO, Fábio Cardoso; MACHADO, Rafael Bicca (Coord.). *A Reforma do Poder Judiciário*. São Paulo: Quartier Latin, 2006. p. 51).

[27] CF, Art. 103-A. O Supremo Tribunal Federal poderá, de ofício ou por provocação, mediante decisão de dois terços dos seus membros, após reiteradas decisões sobre matéria constitucional, aprovar súmula que, a partir de sua publicação na imprensa oficial, terá efeito vinculante em relação aos demais órgãos do Poder Judiciário e à administração pública direta e indireta, nas esferas federal, estadual e municipal, bem como proceder à sua revisão ou cancelamento, na forma estabelecida em lei (Incluído pela Emenda Constitucional nº 45, de 2004). § 1º A súmula terá por objetivo a validade, a interpretação e a eficácia de normas determinadas, acerca das quais haja controvérsia atual entre órgãos judiciários ou entre esses e a administração pública que acarrete grave insegurança jurídica e relevante multiplicação de processos sobre questão idêntica.

[28] CF, art. 5.° [...] XXXVI – a lei não prejudicará o direito adquirido, o ato jurídico perfeito e a coisa julgada; [...]

[29] MATHIEU, Bernard. *Annuaire International de Justice Constitutionnelle*, XV, 1999. Paris: Econômica, 2000. p. 163.

Temos, assim, que os principais elementos que compõem ou caracterizam o valor *segurança jurídica*, e com relevância maior para a temática processual aqui proposta, são a clareza da lei e a previsibilidade do direito, aliados à estabilidade das relações jurídicas, à confiança legítima, à busca pela verdade e ao respeito ao direito processual legislado.

3. Massificação

Muito embora se possa sustentar que os valores *efetividade* e *segurança* apresentam-se frequentemente em conflito – no sentido de que a realização de um geralmente implica sacrifício, em alguma medida, do outro –, é interessante notar que, com a massificação de litígios, efetividade e segurança são igual e implacavelmente sacrificadas.

Não há dúvida de que, nas últimas décadas, mudaram os litígios tanto em quantidade quanto em qualidade, em grande parte por conta da ampla massificação da economia.[30] Mas não só.

No Brasil, a privatização dos serviços públicos, como os de telefonia e energia elétrica, ensejou a universalização desses mesmos serviços, que passaram a alcançar uma massa enorme da população, inclusive aquela mais carente, tanto do ponto de vista econômico quanto de instrução. Ampliou-se, com isso, o fosso já existente entre o consumidor e o fornecedor, agravando-se ou evidenciando-se a hipossuficiência do primeiro.

A agravar tal cenário está o fato de que a regulamentação dos serviços públicos reveste-se de grande complexidade – diretamente proporcional às questões tecnológicas e econômicas relacionadas à prestação de tais serviços – e, "subitamente", passou a ser contestada em juízo por supostamente violar normas de hierarquia superior – e normas bem mais genéricas –, como aquelas de proteção ao consumidor e a própria Constituição Federal. Diz-se "subitamente", pois, enquanto tais serviços eram explorados pelo Estado, não se via o mesmo volume de questionamentos tampouco de intervenção do Judiciário na atividade do prestador de serviços. Com a privatização de tais serviços, ao que tudo indica se reproduziu, no Brasil, o *boom* de litígios verificado nos Estados Unidos na década de 1970, quando foi consagrada a expressão *deep pocket* para designar aquelas empresas que, embora não fossem responsáveis

[30] É o que ressalta Carlos Alberto Alvaro de Oliveira, ao afirmar que "o tempo tornou-se em nossos dias um dos parâmetros fundamentais da Justiça moderna, em face da mudança de natureza qualitativa na natureza dos litígios, na maior parte surgidos em virtude da massificação da economia, abrangendo um número enorme de pessoas de poucos ou médios recursos. A tudo isso se acrescenta a extraordinária velocidade do mundo atual, decorrente da revolução informática, a exigir um novo paradigma de Justiça, certamente diverso do modelo iluminista que inaugurou a modernidade" (ALVARO DE OLIVEIRA, Carlos Alberto. Efetividade e processo de conhecimento. p. 120-135). Essa mudança qualitativa é também destacada por Roger Perrot (PERROT, Roger. O processo civil francês na véspera do século XXI. Trad. J. C. Barbosa Moreira. *Revista Forense*, Rio de Janeiro, v. 94, n. 342, p. 161-168, abr. 1998). Afirma o jurista francês que "a massa litigiosa não se limitou a aumentar em quantidade: também *qualitativamente* se modificou a fundo. Eis aí um aspecto em que se pensa bem menos e que, todavia, merece a maior atenção. No século XIX, os litígios versavam em geral sobre a propriedade de terras [...] litigava-se, com freqüência, família contra família, ao longo de várias gerações. Ora, em nossos dias, é diferente o contexto. A grande maioria dos processos envolve questões que impregnam nossa vida quotidiana [...] cumpre que nos rendamos à evidência: *sociologicamente, o processo deslocou-se na direção de camadas populacionais de condições mais modestas, que vivem de seus ganhos e são comumente designadas por* 'classes médias'" (Ibidem, p. 162).

diretas por um determinado dano, vinham a ser acionadas por indivíduos que nelas viam maiores condições financeiras de arcar com uma condenação.[31]

Com o constante questionamento em juízo não apenas da qualidade da prestação do serviço público privatizado, mas, principalmente, da regulamentação aplicável, surgiram verdadeiros *tsunamis* de ações judiciais, inundando os Cartórios de todo o país, sendo exemplo disso as ações questionando a cobrança de assinatura mensal básica pelas empresas de telefonia. [32]

Também se ampliou significativamente o acesso ao crédito para toda a população. Indivíduos que, no passado, estavam acostumados a pagar à vista – e em dinheiro – pelos produtos estritamente necessários à sua subsistência, agora saem em busca de televisões plasma ou LCD, telefones celulares de última geração, eletrodomésticos e até mesmo viagens a turismo, torpedeados por anúncios publicitários apelativos e turbinados pela oferta de crédito para pagamento em longo prazo. Passada a euforia, e deparando-se com dificuldades em honrar os compromissos assumidos, passam a questioná-los, contando com a relativização ou quase eliminação do *pacta sunt servanda* entre partes desiguais.[33] Cresce a massa de ações judiciais contra instituições financeiras, grandes redes de lojas e empresas aéreas às centenas de milhares, que também dão a sua parcela de contribuição para o aumento de demandas por muitas vezes não conseguir atender o nível de informação, atendimento e qualidade de produtos e serviços para uma clientela massificada.

Não nos esqueçamos, ainda, do papel do Estado como vilão deste processo de massificação. O Estado é responsável direto e indireto pelo problema. Diretamente, é massivamente demandado por não honrar as suas próprias dívidas – amparado pelo "calote oficial" dos precatórios –, por prestar um serviço público de má qualidade ou por nem sequer prestá-lo, bem como por manifestar a sua sanha arrecadatória instituindo tributos contrários à Constituição Federal, valendo-se de todo e qualquer recurso cabível para dar uma sobrevida às ilegalidades cometidas. Indiretamente, seus planos econômicos malfadados geraram reflexos até hoje sentidos, a exemplo das centenas de milhares de demandas relacionadas aos expurgos inflacionários.

Alguns outros fatores combinados acabam contribuindo de forma importante para a massificação de litígios. Referimo-nos ao aumento descontrolado do número de Faculdades de Direito em todo o país, associado ao assistencialismo da Justiça Gratuita e à quase inimputabilidade dos litigantes contumazes e de má-fé. Com o

[31] É desnecessário tecer maiores considerações, aqui, acerca do quanto é mais fácil, tanto do ponto de vista da tramitação do processo quanto da efetivação da sentença, litigar contra entidades privadas em vez de litigar contra o Estado.

[32] O exemplo é citado por Kazuo Watanabe: "Um caso paradigmático desses equívocos da atualidade, que vem causando enormes embaraços em nossa Justiça, é o pertinente às tarifas de assinatura telefônica. Num só Juizado Especial Cível da Capital de São Paulo foram distribuídas mais de 30.000 demandas individuais dessa espécie, que em nosso sentir (...) são demandas pseudo-individuais. Em todo o Estado de São Paulo, há mais de 130.000 feitos dessa natureza, que são idênticos aos ajuizados, aos milhares, em vários outros Estados da Federação" (WATANABE, Kazuo. Relação entre demanda coletiva e demandas individuais. *In* GRINOVER, Ada Pellegrini e outros (Coord.). *Direito Processual Coletivo e o anteprojeto de Código Brasileiro de Processos Coletivos*. SP: Revista dos Tribunais, 2007. p. 158-159).

[33] Cenário não muito distinto é verificado nos Estados Unidos. Como salienta Michael S. Greve, "in often colorful language, consumer lawyers paint a picture of ignorant, impulse consumers who stuble helplessly through a world of corporate monopolies. In soberer moments, they identify the characteristics that supposedly distinguish consumer markets: asymmetric information between producers and consumers (or wholesale consumer ignorance); unequal bargaining power, irrational consumer preferences" (GREVE, Michael S. *Harm-Less Lawsuits? What's Wrong with Consumer Class Actions*. Washington, D.C.: The AEI Press, 2005. p. 5).

mercado da advocacia saturado, verifica-se o oportunismo de determinados profissionais, que assediam clientes – na mídia inclusive – propondo soluções milagrosas para salvá-los de toda e qualquer dificuldade, mesmo que esta se consubstancie no estrito cumprimento dos compromissos livremente pactuados. O Judiciário não é rigoroso na análise da concessão da Justiça Gratuita – tornando o processo um negócio sem risco para o autor da ação –, e ainda não reage de forma vigorosa para punir a litigância de má-fé e aventureira. Já os órgãos de classe não punem com rigor a publicidade dos serviços de advocacia que incita ao litígio.

O cenário é, como visto, bastante propício para a proliferação de ações de massa. Pode-se até relativizar o peso de algumas das causas ora apontadas, ou reivindicar a presença de outras, porém não se pode discutir o fenômeno da massificação, uma realidade assombrosa e nefasta sentida por todos que atuam no Foro.

4. O impacto da massificação para a efetividade e a segurança

Como consequência da massificação de litígios, efetividade e segurança foram afetadas drasticamente.

Do ponto de vista da efetividade, o volume absurdo de processos gerou, acima de tudo, grande morosidade na sua condução, decorrente do número limitado de servidores, juízes e recursos financeiros para o atendimento da demanda.

Somadas as causas repetitivas em todo o país, o número chega à casa dos milhões. O fato de elas serem analisadas individualmente – e não em bloco – atenta seriamente contra a economia processual, valor inserido no complexo valorativo da efetividade.[34] Ora, se a economia processual pressupõe "obter o maior resultado com o mínimo de esforço",[35] e se ela pode ser analisada sob a vertente da "eficiência da administração judiciária",[36] então não se pode analisá-la com o foco apenas na causa individual, devendo-se, pelo contrário, focar o sistema como um todo sob o ponto de vista da sua logicidade e economicidade.

Grave deformidade causada pela massificação dos litígios é, ainda, a supervalorização da forma como um meio de reduzir as pilhas de autos que se acumulam nos tribunais. Enrijecem-se os requisitos de admissibilidade recursal: um carimbo ilegível,[37] uma folha faltante na formação de um agravo de instrumento,[38] a interposição do

[34] AMARAL, Guilherme Rizzo. *Cumprimento e Execução da Sentença sob a ótica do formalismo-valorativo*. p. 50 e segs.

[35] PORTANOVA, Rui. *Princípios do Processo civil*. Porto Alegre: Livraria do Advogado, 2003. 5ª edição, p. 24.

[36] Idem, p. 25.

[37] PROCESSUAL CIVIL. AGRAVO REGIMENTAL. AGRAVO DE INSTRUMENTO. CÓPIA DA PETIÇÃO DE INTERPOSIÇÃO DO RECURSO ESPECIAL. CARIMBO DE PROTOCOLO ILEGÍVEL. TEMPESTIVIDADE. AFERIÇÃO INVIÁVEL. JUNTADA DE PEÇAS POSTERIOR À INTERPOSIÇÃO DO RECURSO. PRECLUSÃO. 1. O agravo de instrumento mostra-se deficientemente instruído quando o carimbo de protocolo constante na cópia da petição de interposição do recurso especial encontra-se ausente ou ilegível. 2. O STJ pacificou entendimento de que o momento oportuno de juntada das peças obrigatórias em agravo de instrumento é o do ato de sua interposição, não sendo admitido o traslado extemporâneo em razão da ocorrência da preclusão consumativa. 3. Cabe aplicação da multa prevista no art. 557, § 2º, do CPC na hipótese de se tratar de recurso manifestamente improcedente e procrastinatório. 4. Agravo regimental desprovido. Aplicação de multa de 5% sobre o valor corrigido da causa. (AgRg no Ag 1216711/RS, Rel. Ministro JOÃO OTÁVIO DE NORONHA, QUARTA TURMA, julgado em 09/03/2010, DJe 22/03/2010)

[38] AGRAVO REGIMENTAL EM AGRAVO DE INSTRUMENTO. FALTA DE PEÇA OBRIGATÓRIA. RESPONSABILIDADE EXCLUSIVA DO AGRAVANTE. JUNTADA EXTEMPORÂNEA. IMPOSSIBILIDADE. 1.

recurso antes da publicação da decisão recorrida,[39] são causas suficientes para fulminar pretensões muitas vezes legítimas. A solução é falha, pois, em vez de reduzir a *quantidade* dos recursos, acaba-se atingindo apenas a sua *qualidade*. Saem de cena os recursos que discutem o mérito, entram em cena, praticamente em igual número, recursos para discutir problemas de forma. Perde-se tempo com questões inúteis e não com os reais problemas dos cidadãos. Abandona-se o princípio da simplicidade e do aproveitamento dos atos processuais. Atinge-se, ao fim e ao cabo, a capacidade do Judiciário em alcançar a tutela específica ao jurisdicionado, elemento fundamental e integrante do valor efetividade.

A segurança jurídica é também gravemente atingida. A massificação de litígios tende a tornar os juízes verdadeiras máquinas, incapazes muitas vezes de refletir sobre soluções adequadas e moldadas para cada caso. Contaminam-se também os processos que não constituem causas massificadas, mas que se perdem em meio delas caindo na já consagrada "vala comum". O erro judiciário passa a frequentar o Foro com maior assiduidade, perdendo espaço a correta investigação sobre os fatos e, ao fim e ao cabo, a confiança legítima no Judiciário.

E, nos julgamentos das ações de massa, surge talvez a pior consequência para a segurança jurídica: a ausência de um julgamento concentrado das causas torna absolutamente imprevisível a sua solução. Cada juiz, uma sentença. Com isso, demandantes e demandados voltam a sua atenção e as suas súplicas para Brasília, cada um por si, porém num "comportamento de manada", esperando que no dia e no órgão jurisdicional em que o seu recurso for julgado sejam eles premiados pela sorte.

Além de atingir efetividade e segurança, a massificação de litígios produz efeitos econômicos importantes. O *custo* da manutenção de enormes estruturas, internas ou terceirizadas, para administrar a demanda massificada, torna-se um verdadeiro "imposto" cobrado da iniciativa privada.[40] Como tal, é impossível imaginar cenário no qual não seja ele repassado ao preço final de todo e qualquer serviço ou produto. Ao fim e ao cabo, este custo é diluído e pago por toda a sociedade.

O inteiro teor das razões do recurso especial constitui peça obrigatória do instrumento de agravo, nos termos do § 1º do artigo 544 do Código de Processo Civil. 2. A juntada da peça faltante no momento da interposição do agravo regimental não tem o condão de regularizar o instrumento, por se ter operado a preclusão consumativa, não se mostrando possível relevar a anterior omissão. 3. Importante ressaltar que a exigência do traslado integral das peças consideradas obrigatórias não pode ser avaliada caso a caso, como pretende o agravante, ao dizer sem importância a folha faltante, evitando-se juízo subjetivo de valoração, com inescondível descumprimento do rigoroso ordenamento de regência. 4. Agravo regimental improvido. (AgRg no Ag 697.727/RJ, Rel. Ministro PAULO GALLOTTI, SEXTA TURMA, julgado em 18/04/2006, DJ 21/08/2006 p. 281)

[39] PREVIDENCIÁRIO. PROCESSUAL CIVIL. AGRAVO REGIMENTAL NOS EMBARGOS DE DIVERGÊNCIA NO RECURSO ESPECIAL. RECURSO INTERPOSTO ANTES DA PUBLICAÇÃO OFICIAL DO ACÓRDÃO. INTEMPESTIVIDADE. PRECEDENTES DO STJ E DO STF. AGRAVO IMPROVIDO. 1. "A extemporaneidade do recurso ocorre não apenas quando é interposto além do prazo legal, mas também quando vem à luz aquém do termo inicial da existência jurídica do decisório alvejado" (AgRg no REsp 438.097/GO, Sexta Turma, Rel. Min. HAMILTON CARVALHIDO, DJ 20/10/03). 2. Agravo regimental improvido. (AgRg nos EREsp 643.924/RS, Rel. Ministro ARNALDO ESTEVES LIMA, TERCEIRA SEÇÃO, julgado em 10/03/2010, DJe 29/03/2010)

[40] Semelhante situação é vista no direito estadunidense. Como salientou Christopher DeMuth, Presidente da *American Enterprise Institute for Public Policy Research,* "Beneficial economic developments produced an unfortunate byproduct: the transformation of a system of dispute resolution into the unconstrained imposition of a tort tax" (trecho constante do prefácio escrito para a obra de GREVE, Michael S. *Harm-Less Lawsuits? What's Wrong with Consumer Class Actions.* Washington, D.C.: The AEI Press, 2005).

5.A tutela coletiva dos direitos como mecanismo no combate à massificação

Embora se noticie debate acerca do real objetivo do processo coletivo – se de reduzir os litígios pela sua concentração em um único processo ou se para facilitar a tutela de interesses em conjunto que dificilmente seriam levados individualmente ao conhecimento do Judiciário[41] – , parece-nos difícil negar o primeiro objetivo, tendo em vista o evidente fenômeno da massificação das relações, presente tanto nos países da *common law*[42] quanto nos países da *civil law*.[43] Aliás, autores que identificaram a origem da tutela coletiva no uso do *Bill of peace* pelas Cortes Inglesas do século XIV, verificaram que, já àquela época, tal mecanismo era utilizado principalmente quando diversos indivíduos já haviam ajuizado ações contra a mesma pessoa, tornando real a ameaça de uma massificação de demandas individuais.[44]

Todavia, enquanto nos países da *common law* a economia judicial foi levada às ultimas consequências, com a possibilidade de se conceber um processo coletivo apto a produzir coisa julgada material a favor e contra terceiros que não façam parte diretamente do processo, nos países da *civil law* em geral e, especialmente, no Brasil, ficou-se a meio caminho, o que resultou na falência do processo coletivo como um instrumento de combate à massificação.

Vale dizer: não obstante todas as circunstâncias antes apontadas, e que levaram o país a um cenário de massificação de litígios, o direito processual coletivo brasileiro não enfrentou de forma corajosa e incisiva o problema, o que resultou em tratamento de todo antieconômico, ilógico e irracional para o processo coletivo e sua relação com as demandas individuais.

Não se trata de desmerecer a evolução da tutela coletiva de direitos no Brasil. Sob o ponto de vista do acesso à justiça, permitindo que direitos individuais fossem protegidos mesmo quando seus titulares não pudessem fazê-lo individualmente, pode-se dizer que a ação civil pública constituiu um grande avanço.[45] Todavia, como mecanismo de pacificação e redução de litígios de massa, pouco fez a ação coletiva pelo processo civil brasileiro. A existência de tal mecanismo não impediu a massificação dos processos, e tal se deu, em nosso sentir, por dois aspectos fundamentais.

O primeiro deles é o fato de que a legitimação para a propositura de ações coletivas está adstrita a um determinado rol de entidades designadas pelo legislador. Isso coloca os juízes na posição de meros espectadores do crescimento assombroso das demandas individuais de massa, sem nada poderem fazer para provocar uma

---

[41] Veja-se MULHERON, ob. cit. p. 36 e JONES, Craig. *Theory of Class Actions*. Toronto: Irwin Law, 2003. p. 27.

[42] "As the Supreme Court of Canada explained in a nutshell, class actions simply reflect 'the rise of mass production, the diversification of corporate ownership, the advent of the megacorporation, and the recognition of environmental wrongs" (MULHERON, ob. cit. p. 13-14).

[43] Vide PERROT, Roger. O processo civil francês na véspera do século XXI. p. 161-168.

[44] "Potentially liable mass-torts defendants' efforts at using the bill of peace seemed to arise after claimants had already filed numerous actions, which gave reality to the threat of multiple suits, and may as a practical matter have been necessary to get a court to consider using the device in such contexts" (ROWE JR, Thomas Rowe. A distant mirror: The Bill of Peace in early American mass torts and its implications for modern class actions. Arizona Law Review, nº 39, p. 711-718, 1997. p. 714). Sobre a origem das *class actions* e o *Bill of Peace*, veja-se também MARCIN, Raymond. B. Marcin. Searching for the origin of the class action. *Catholic University Law Review*, nº 23, p. 515-524, 1973-1974.

[45] Nesse sentido, e por todos, veja-se MENDES, Aluisio Gonçalves de Castro. *Ações Coletivas*. SP: Revista dos Tribunais, 2010. 2ª edição revista, atualizada e ampliada. p. 28-31.

solução conjunta e uniforme para elas – salvo noticiar os entes legitimados, em geral o Ministério Público, acerca da sua existência e esperar que seja ajuizada a ação coletiva correspondente. Geralmente, a reação dos legitimados é tardia.

Os segundo e principal aspecto diz respeito à impossibilidade de a sentença, nas ações coletivas que tratam de direitos individuais homogêneos, fazer coisa julgada *contrária* aos indivíduos interessados. Ao instituir a coisa julgada *erga omnes secundum eventum probationis* (art. 16 da LACP, art. 103, I e II, do CDC) ou mesmo *secundum eventum litis* (art. 103, III, do CDC), permitiu o legislador que convivessem com ações coletivas centenas de milhares de ações individuais tratando de questões comuns a todos os indivíduos, em grave prejuízo do funcionamento da máquina judiciária. Foi preciso uma tardia intervenção do Superior Tribunal de Justiça, confirmando decisões proferidas pela Justiça do Estado do Rio Grande do Sul, para, se não corrigir, atenuar essa distorção.[46] O dano, porém, já fora produzido, com o *overload*[47] de ações individuais em prejuízo do funcionamento do Poder Judiciário, como visto anteriormente.

Tais aspectos merecem uma análise crítica mais aprofundada, sendo a elaboração de um novo Código de Processo Civil e, especialmente, a discussão em torno de um instrumento destinado a combater a massificação de litígios, oportunidades imperdíveis para encaminhar uma solução adequada para o problema. É, sem dúvida alguma, hora de reconhecermos que os recursos públicos – os quais, no Brasil, são limitadíssimos – devem ser aplicados com a máxima eficiência e logicidade, inclusive quando se trata de sua aplicação na resolução de conflitos. Neste contexto se insere o chamado *incidente de coletivização.*

6. O esboço do incidente de coletivização

Na 4ª Reunião da Comissão de Juristas encarregada da elaboração do novo Código de Processo Civil, realizada em 08 de março de 2010, e após longa discussão, foram deliberadas as seguintes decisões acerca do tema:

> 1 – Foi aprovada a proposta de determinar a competência do juízo de primeiro grau para conhecer e julgar o incidente de coletivização. 2 – Foi aprovada a proposta de permitir ao magistrado suscitar de ofício o incidente de coletivização. 3 – Foi aprovada a proposta de que o julgamento do incidente de coletivização produz coisa julgada em relação aos processos pendentes, sujeitando-se ao reexame necessário e recurso com efeito suspensivo. 4 – Foi aprovada a proposta de que, suscitado o incidente de coletivização, o ma-

[46] Em outubro de 2009, a Segunda Seção do Superior Tribunal de Justiça decidiu, valendo-se de interpretação da chamada Lei dos Recursos Repetitivos (Lei 11.672, de 8.5.2008), que o ajuizamento de ação coletiva tratando de questão geradora de processos multitudinários autoriza a suspensão das ações individuais acerca do mesmo tema: "RECURSO REPETITIVO. PROCESSUAL CIVIL. RECURSO ESPECIAL. AÇÃO COLETIVA. MACRO-LIDE. CORREÇÃO DE SALDOS DE CADERNETAS DE POUPANÇA. SUSTAÇÃO DE ANDAMENTO DE AÇÕES INDIVIDUAIS. POSSIBILIDADE. 1 – Ajuizada ação coletiva atinente a macro-lide geradora de processos multitudinários, suspendem-se as ações individuais, no aguardo do julgamento da ação coletiva. 2 – Entendimento que não nega vigência aos aos arts. 51, IV e § 1º, 103 e 104 do Código de Defesa do Consumidor; 122 e 166 do Código Civil; e 2º e 6º do Código de Processo Civil, com os quais se harmoniza, atualizando-lhes a interpretação extraída da potencialidade desses dispositivos legais ante a diretriz legal resultante do disposto no art. 543-C do Código de Processo Civil, com a redação dada pela Lei dos Recursos Repetitivos (Lei n. 11.672, de 8.5.2008). 3 – Recurso Especial improvido" (REsp 1110549/RS, Rel. Ministro SIDNEI BENETI, SEGUNDA SEÇÃO, julgado em 28/10/2009, DJe 14/12/2009).

[47] A expressão foi utilizada por Carlos Alberto Alvaro de Oliveira, em palestra intitulada Aspectos Relevantes da Lei nº 11.232/05, proferida no Seminário de Processo Civil: as Reformas Processuais, organizado pela EMAGIS – Escola da Magistratura Federal nos dias 17 e 18 de agosto de 2006, em Porto Alegre – RS.

gistrado de primeiro grau remeterá de ofício os autos ao Tribunal, para que este aprecie a admissibilidade do incidente, bem como determine o juízo competente. 5 – Foi aprovada a proposta de que o incidente de coletivização fará coisa julgada somente para os processos pendentes.

Já em audiência pública realizada na cidade do Rio de Janeiro – RJ, em 11 de março de 2010, assim manifestou-se o Ministro Luiz Fux, Presidente da Comissão, acerca do incidente de coletivização:

> Em segundo lugar, há um incidente, que é um paradigma do direito germânico, notadamente do direito germânico, que é o incidente de coletivização das demandas, através do qual nós elegemos, nesses litígios de teses idênticas, de ações repetitivas, causas-piloto que terão amplo acesso aos tribunais superiores, até porque a própria lei da repercussão geral prevê que deve chegar ao Supremo uma causa que seja representativa de uma controvérsia múltipla. Então, criamos esse incidente de coletivização, diferentemente do processo coletivo, porque se dá em demandas individuais, através do qual nós sobrestamos as ações individuais, e a decisão desse incidente se aplicará a todas as ações individuais sobrestadas, o que é a melhor fórmula de se aplicar, na prática, o princípio da igualdade de todos perante a lei e perante a Justiça.

Como se vê, a proposta de um incidente de coletivização busca atacar justamente os dois aspectos antes levantados e que, em nosso entendimento, determinavam a falência do nosso modelo de processo coletivo para a contenção das demandas de massa, quais sejam, a centralização da iniciativa para a busca da tutela coletiva nas mãos de poucos legitimados e a limitação da eficácia e autoridade da sentença.

A proposta tem como inspiração o instituto da *Musterverfahren* (processos-modelo),[48] do direito alemão, através do qual se elege uma "causa piloto" na qual

[48] A *Musterverfahren* foi primeiramente prevista no ainda vigente § 93a do Ordenamento dos Tribunais Administrativos (*Verwaltungsgerichtsordnung* – VwGO). Com a crise financeira mundial, gerou-se uma onda de ações judiciais propostas por investidores alemães contra instituições financeiras, tendo então se permitido a utilização do incidente para a resolução das controvérsias massificadas envolvendo investidores do mercado de capitais (*Kapitalanlegermusterverfahrensgesetz – KapMuG*). Abaixo, segue a redação do § 93ª do VwGO alemão (original e tradução): § 93a VwGO (Musterverfahren) § 93a Ordenamento dos Tribunais Administrativos (Processos-Modelo) (1) Ist die Rechtmäßigkeit einer behördlichen Maßnahme Gegenstand von mehr als zwanzig Verfahren, kann das Gericht eines oder mehrere geeignete Verfahren vorab durchführen (Musterverfahren) und die übrigen Verfahren aussetzen. Die Beteiligten sind vorher zu hören. Der Beschluss ist unanfechtbar. (2) Se a legalidade de uma medida administrativa for objeto de mais de vinte processos, o tribunal pode fazer com que um ou mais processos adequados sigam o trâmite normal (processos-modelo) enquanto os outros são suspensos. As partes devem ser ouvidas antecipadamente. Não cabe recurso da decisão. (3) Ist über die durchgeführten Verfahren rechtskräftig entschieden worden, kann das Gericht nach Anhörung der Beteiligten über die ausgesetzten Verfahren durch Beschluss entscheiden, wenn es einstimmig der Auffassung ist, dass die Sachen gegenüber rechtskräftig entschiedenen Musterverfahren keine wesentlichen Besonderheiten tatsächlicher oder rechtlicher Art aufweisen und der Sachverhalt geklärt ist. Das Gericht kann in einem Musterverfahren erhobene Beweise einführen; es kann nach seinem Ermessen die wiederholte Vernehmung eines Zeugen oder eine neue Begutachtung durch denselben oder andere Sachverständige anordnen. Beweisanträge zu Tatsachen, über die bereits im Musterverfahren Beweis erhoben wurde, kann das Gericht ablehnen, wenn ihre Zulassung nach seiner freien Überzeugung nicht zum Nachweis neuer entscheidungserheblicher Tatsachen beitragen und die Erledigung des Rechtsstreits verzögern würde. Die Ablehnung kann in der Entscheidung nach Satz 1 erfolgen. Den Beteiligten steht gegen den Beschluss nach Satz 1 das Rechtsmittel zu, das zulässig wäre, wenn das Gericht durch Urteil entschieden hätte. Die Beteiligten sind über dieses Rechtsmittel zu belehren. (4) Estando decididos com efeito de coisa julgada os processos que seguiram o trâmite normal, pode o tribunal, após ouvir as partes, decidir sobre os processos que foram suspensos, quando for unânime o entendimento de que as matérias em análise não apresentam especificidade alguma de ordem fática ou de direito perante os processos-modelo decididos com efeito de coisa julgada e de que o substrato fático está esclarecido. O tribunal pode se utilizar de provas levantadas em um processo-modelo; o tribunal pode, conforme sua discricionariedade, substituir a repetitiva inquirição de uma testemunha ou a produção de um novo parecer pela inquirição ou pelo parecer já existente ou valer-se de outros peritos. Pedidos de produção de prova sobre fatos, sobre os quais já foi produzida prova no processo-modelo, podem ser rejeitados pelo tribunal, se for da livre convicção do tribunal que sua admissão não contribuiria para provar fatos significativos para a tomada de decisão e postergaria a solução do litígio. A rejeição do pedido pode ser feita no âmbito da decisão referida na primeira frase deste sub-parágrafo. Às partes cabe, contra a decisão referida na primeira frase deste sub-parágrafo, o recurso, que seria cabível, se o tribunal tivesse decidido por sentença. As partes devem ser informadas sobre o recurso (tradução livre).

serão decididos determinados aspectos gerais e comuns a diversos casos já existentes, sendo que a solução encontrada será adotada para todas as ações pendentes sobre o mesmo tema, as quais prosseguirão apenas para o julgamento de questões específicas de cada uma das demandas individuais.[49]

Em esclarecedor artigo, no qual propugna pela adoção de instituto semelhante ao *Musterverfahren* no direito processual brasileiro, Antonio do Passo Cabral trata de explicar as principais características do citado instituto tedesco. Ao fazê-lo, reconhece, no entanto, não ser da tradição germânica a regulamentação da tutela coletiva.[50] Ainda assim, entende ser enorme a utilidade de um procedimento semelhante, na medida em que daria este tratamento coletivo às questões comuns a várias ações judiciais sem os problemas típicos relacionados às ações coletivas.[51] Prega, contudo, a convivência dos dois institutos, ação coletiva e incidente de coletivização, salientando, no primeiro, seus inegáveis méritos na ampliação do acesso à justiça aos mais necessitados, e, no segundo, a capacidade de resolver o problema da massificação de litígios sem as dificuldades impostas pela legislação das ações coletivas:

> In tempi di dibattito dottrinario per l'elaborazione di un Codice di Processo collettivo in Brasile ed in altri paesi, potremmo pensare, de lege ferenda, nell'adozione di un procedimento simile. È sempre bene sottolineare che si tratta di meccanismi che devono convivere, ma non sovrapporsi:[88] le azioni collettive in formato rappresentativo hanno un ruolo indispensabile nello scenario dei paesi poveri, per la disinformazione e la miseria che colpiscono gran parte della popolazione.
>
> D'altra parte, lo schema delle azioni di gruppo non rappresentative, oltre a preservare la purezza di tradizionali garanzie processuali, mantiene rilevante spazio di applicazione in una serie d'ipotesi, come nelle domande che riguardano gli investitori nel mercato, nelle cause in materia tributaria o in alcune domande proposte da associazioni (nei casi in cui gli associati non siano poveri). In tutti questi, le restrizioni legali e giurisprudenziali alle azioni collettive vengono a pregiudicare la soluzione collettiva di problemi comuni, molti dei quali soffocano i tribunali con processi assolutamente identici.
>
> Un'occhiata a questi nuovi procedimenti indica la direzione ai lettori: risolvere problemi di massa senza le contraddizioni ed i contorsionismi legislativi delle domande collettive.[52]

Não pretendemos, aqui, analisar a fundo o instituto da *Musterverfahren*, mas, sim, verificar se o incidente de coletivização brasileiro, nele declaradamente inspirado, é capaz de resolver o problema da massificação dos litígios.

6.1. Incidente de coletivização e "certification"

Como se verifica das propostas da Comissão Reformadora, o incidente de coletivização permite que o juiz, de ofício, identifique o potencial de massificação e ataque-o através da suscitação do incidente, cuja aceitação determinará o sobrestamento

[49] Veja-se, a respeito do incidente da *Musterverfahren*: CABRAL, Antonio do Passo. *Il nuovo Procedimento-Modello (Musterverfahren) tedesco: un'alternativa alle azioni collettive.* Artigo disponível em http://www.judicium.org/ricerca/contatti_glo.htm. Acesso em 3 de maio de 2010; e THEODORO JÚNIOR, Humberto, NUNES, Dierle e BAHIA, Alexandre. *Litigiosidade em massa e repercussão geral no recurso extraordinário.* Revista de Processo nº 177, p. 9-46.

[50] "L'ordinamento processuale tedesco non ha regolamentazione estesa e generica sulla tutela collettiva come in Brasile. Di fatto, il legislatore germanico ha optato per modificazioni normative puntuali, essendoci poche leggi che prevedono tipi di tutela per diritti transindividuali" (CABRAL, Antonio do Passo. Ob. cit.).

[51] "È enorme l'utilità di un procedimento come il Musterverfahren tedesco, che permette la trattativa collettiva di questioni comuni a molti processi, pacificandoli in maniera unica per tutte le cause, senza i problemi teorici tipici delle azioni collettive" (CABRAL, Antonio do Passo. Ob. cit.).

[52] CABRAL, Antonio do Passo. Ob. cit.

das ações individuais que tratem de casos idênticos. Verifica-se, na prática, algo muito semelhante à *certification* ("certificação") da *class action*, expediente pelo qual o juiz define se aceita uma demanda individual como *class action* ou se deve ela prosseguir como ação individual.[53]

Cumpre analisar, ainda que brevemente, o expediente do direito comparado.

São escassas as regras que regulam a certificação.[54] O fato é que, na decisão de certificação – geralmente proferida em audiência[55] –, o juiz irá decidir se estão presentes os requisitos para a *class action*. Tais requisitos, no caso da *class action* estadunidense (e também no Canadá, embora com algumas variações importantes),[56] estão previstos na Rule 23,[57] e sua presença é verificada por meio da busca de respostas, pelo juiz, a questionamentos como, por exemplo, se há, de fato, uma classe identificável de pessoas, se há questões comuns à classe sobre as quais se busca uma decisão, se o procedimento de *class action* se mostra adequada para a defesa dos interesses dos membros da classe, se o autor da ação possui representatividade adequada desses membros e se não possui, com estes, interesse conflitante etc.[58] A certificação não depende da análise, ainda que preliminar, de mérito ou da chance de êxito do pleito, como decidiu a Suprema Corte estadunidense em Eisen v. Carlisle & Jacquelin, 417 U.S. 156 (1974), estando adstrita à verificação dos requisitos da Rule 23. Tal entendimento protege os interesses das partes uma vez que, no estágio em que se decide a questão da certificação, a Corte não está jungida às regras acerca da prova e nem tem conhecimento de toda a extensão e do resultado da atividade probatória.[59]

A decisão de certificação costuma ser considerada a mais importante decisão em uma *class action* nos Estados Unidos.[60] É inclusive referida, por vezes, como *"the chief battle of the litigation"*.[61] O mesmo ocorre no Canadá.[62] Pode-se dizer que, sem a decisão judicial de certificação, a *class action* simplesmente não existe.[63]

---

[53] Muito embora não possa o juiz, nos Estados Unidos, converter em *class action* uma ação individual na qual não se postula a sua certificação como tal. Nesse sentido, explica KLONOFF: "In other words, a court may not *sua sponte* convert an action brought in an individual capacity that does not seek classwide relief into a class action. Likewise, a court may ot grant classwide relief that is not sought in the complaint" (KLONOFF, ob. cit. p. 139).

[54] KLONOFF, ob. cit. p. 136.

[55] Há exceções, como na Austrália, por exemplo, em que a audiência se faz desnecessária (MULHERON, ob. cit. p. 25). Até mesmo a Rule 23 não exige audiência para a decisão de certificação, e algumas Cortes inclusive estabelecem que as partes não possuem direito a audiência a não ser que demonstrem o prejuízo. No entanto, nos Estados Unidos os juízes geralmente realizam algum tipo de audiência antes da decisão de certificação (KLONOFF, ob. cit. p. 143).

[56] "Canadian class proceedings are patterned on the basic template of Rule 23, altough the statutes are of the more linear design favoured here" (JONES, Craig. *Theory of Class Actions.* Toronto: Irwin Law, 2003. p. 117).

[57] Regra 23 da Federal Rules of Civil Procedure.

[58] Veja-se a didática exposição de Cássio Scarpinella Bueno, fazendo referência ao *seven-part certification process,* em BUENO, Cássio Scarpinella. As *class actions* norte-americanas e as ações coletivas brasileiras: pontos para uma reflexão conjunta. *Revista de Processo,* nº 82, 1996, p. 110-111. Veja-se também JONES, ob. cit. p. 119-120.

[59] KLONOFF, ob. cit. p. 140. Isto, no entanto, não impede que se faça tal análise (*Castano v. American Tobacco Co., 84 F.3d 734 (5th Cir. 1996),* apenas não se pode tomar a "força" do pedido do autor como base para a decisão de certificação (Idem, 140-141).

[60] KLONOFF, ob. cit. p. 136.

[61] MULHERON, ob. cit. p. 25.

[62] JONES, ob. cit. p. 117.

[63] HENSLER, ob. cit. p. 445.

Na maioria dos casos, os demandados lutam com todas as suas forças para evitar que uma ação individual seja certificada como *class action*.[64] Há casos, no entanto, em que isto não ocorre, havendo interesse mútuo tanto do autor quanto do réu na certificação. Nestes últimos, o que geralmente ocorre é que autor e réu já possuem acordo entabulado, e buscam a sua ratificação em juízo para adquirir efeito *erga omnes*.[65]

Com relação ao impacto do processo de certificação para a negociação de acordo entre autor e réu da *class action* – tema que nos interessará na análise do incidente de coletivização –, pode-se dizer que a matéria é objeto de grande controvérsia nos Estados Unidos. Afirma-se que, quando autor e réu comparecem juntos em Juízo postulando a certificação para, após, celebrarem acordo, fica o juiz impedido de ouvir os argumentos a favor e contra a cerificação, podendo deferi-la para casos em que, ouvidos os argumentos contrários, não decidiria da mesma forma. O problema maior não estaria necessariamente aí, mas, sim, na qualidade dos acordos produzidos a partir de tal procedimento. Isto porque é incontroverso que, após perder a batalha pela certificação, réus de uma *class action* estarão mais fragilizados e predispostos a negociar acordos mais vantajosos para a classe. Se esses mesmos réus concordam em não se opor à certificação com o intuito de negociar acordos mais vantajosos, nos quais, não raro, os próprios advogados dos autores são recompensados com honorários substanciais, tem-se, aí, um risco para os interesses da classe, subvertendo-se os reais objetivos da *class action*.[66]

Aliás, noticia Michael S. Greve, em estudo extremamente crítico da sistemática das *class actions* estadunidenses, que, frequentemente, empresas assoladas por demandas de massa empreendem verdadeiro "leilão reverso" entre advogados de autores para firmar acordo – mediante prévia certificação da causa como *class action* – com aquele que "vender" a classe pelo menor valor.[67]

Feitas essas breves referências sobre a certificação, é fácil traçar um paralelo de tal instituto com a proposta de um incidente de coletivização. Neste, como naquela, ao identificar uma ação representativa de outras idênticas, o juiz poderá "certificá-la" como uma causa cuja sentença transcenderá o interesse das partes imediatamente representadas. Veremos, a seguir, o que esta comparação pode nos ensinar para a conformação final deste novel instituto no direito processual brasileiro.

6.2. Incidente de coletivização, coisa julgada e "opt-out"

Da análise das propostas para um incidente de coletivização denota-se que ele permite que a coisa julgada se produza *pro et contra*, buscando atacar um dos problemas já apontados e que determinava a falência do processo coletivo brasileiro na luta contra a massificação de litígios.

Aqui, no entanto, há um importante limitador para a eficácia deste novo instrumento, e que não pode passar despercebido. Segundo se decidiu na 4ª Reunião da

[64] MULHERON, ob. cit. p. 26.

[65] MULHERON, ob. cit. p. 26.

[66] HENSLER, Deborah R. [et AL.]. *Class action dilemmas: pursuing public goals for private gain.* RAND Institute for Civil Justice, 2000. p. 446.

[67] GREVE, ob. cit. p. 8.

Comissão de Juristas encarregada da elaboração do novo Código de Processo Civil, realizada em 8 de março de 2010, a decisão no incidente de coletivização fará coisa julgada *somente para os processos pendentes*, o que significa que ações individuais ainda poderão ser propostas após a decisão final no incidente, mesmo que esta tenha sido desfavorável aos indivíduos interessados.

Tal se dá à semelhança do instituto da *Musterverfahren* do direito germânico, que, muito embora não preveja com clareza a relação entre o instituto da coisa julgada e o incidente de coletivização,[68] prevê que a decisão neste proferida terá efeito vinculante tão somente para as ações pendentes à época de sua prolação.[69]

Este limitador não passou despercebido na audiência pública realizada na cidade do Rio de Janeiro – RJ, em 11 de março de 2010, na qual observou de forma percuciente o Desembargador Benedicto Abicair, Presidente da Associação de Magistrados do Estado do Rio de Janeiro:

> Incidente de coletivização ficará sem função de proteção dos volumes de processo se não se disser que ele suspende prazos de prescrição e decadência e sem que haja coerção da decisão adotada no leading case (mesmo para causas não pendentes, ou seja, casos em que ainda não houve ingresso no Judiciário);

De fato, toda e qualquer proposta de criação de um incidente de coletivização que não contiver previsão de extensão da coisa julgada, *pro et contra,* também aos interessados que *não* ajuizaram demandas idênticas, acabará necessariamente falhando no seu objetivo maior, que é o de evitar a proliferação de ações individuais.

Isto porque, ainda que seja aplicada *necessária e obrigatoriamente* a decisão do incidente às ações individuais sobrestadas, porém somente a estas, das duas, uma: ou haverá, quando da instauração de incidente de coletivização, uma corrida para o ajuizamento de ações individuais a serem submetidas à decisão prolatada no incidente; ou, pelo contrário, haverá o aguardo do período de suspensão proporcionado pelo incidente, ou mesmo de sua solução, para o ingresso de novas ações individuais na hipótese de vitória do réu na ação originária do incidente às quais não se aplicaria o precedente – ou na hipótese de derrota do réu – buscando a aplicação do precedente, não como precedente vinculante, mas como importante fator a influenciar as futuras sentenças a serem proferidas.

Porém, o que não se pode esperar é que haja uma contenção definitiva de demandas individuais em potencial tão somente por força da instauração de um incidente de coletivização cuja decisão aplicar-se-ia apenas aos processos pendentes e sobrestados, até mesmo porque, para a aplicação do precedente oriundo do incidente de coletivização, exige-se necessariamente o ajuizamento de ação individual; exige-se uma ação *pendente.*

[68] "È vero che, come abbiamo rilevato, la disciplina della cosa giudicata è uno dei grandi problemi delle azioni collettive di carattere rappresentativo. E questo punto non è stato definito in forma chiara dalla nuova legge germanica" (CABRAL, Antonio do Passo. Ob. cit.).

[69] Saremmo di fronte all'effetto vincolante? La risposta pare verso la negazione perché, nel caso si tratasse del *Bindungswirkung*, i "fondamenti determinanti" (*trägende Gründe*) della decisione nel Procedimento-Modello sarebbero vincolanti per qualsiasi futuri processi. Il che non sucede: gli attori futuri non sono colpiti dalla decisione collettiva, perché il § 16 (1), quando afferma che il giudicato riguarda i processi che dipendono dalle questioni risolte nell'incidente collettivo, esige litispendenza dei processi individuali nel momento della decisione del tribunale. Cioè, perché ci sia vincolazione, il processo deve essere già in andamento prima di quello spazio di tempo. Per questa ragione, pochi sono gli autori che lo considerano un tipico effetto vincolante e parte della dottrina parla di un "effetto vincolante uguale alla efficacia dell'intervento" (CABRAL, Antonio do Passo. Ob. cit.).

Aqui há, sem dúvida, uma diferença oceânica entre o incidente de coletivização e a *class action*. Enquanto naquele a sentença somente produzirá coisa julgada para as *ações judiciais pendentes*, nesta a coisa julgada se produz, *pro et contra* e *erga omnes*, excetuando-se aqueles que tiverem optado prévia e expressamente por não se submeterem à decisão. Trata-se do sistema de *opt-out,* cuja lógica é bastante clara: aqueles indivíduos que optam por serem excluídos da classe podem propor ações individuais ou mesmo deixar de propô-las e, com isso, ficam dissociados por completo da disputa judicial travada na *class action*.[70] Sendo esta a sua opção, não poderão ser beneficiados ou prejudicados por quaisquer decisões ou acordos oriundos do processo coletivo. Já aqueles indivíduos que deixarem de se manifestar no prazo concedido para o *opt-out* ficarão vinculados ao resultado da *class action*.

Nos Estados Unidos, embora a Rule 23 não especifique *quando* a comunicação aos membros da classe deva ocorrer,[71] as Cortes em geral permitem que o direito de exclusão (*opt-out*) seja exercido no prazo de 30 a 60 dias a contar da notificação.[72] Admitem-se pedidos extemporâneos de exclusão, desde que apresentada justa causa pelo indivíduo.[73] O mais importante, no entanto, é que o direito de exclusão não poderá ser exercido após a prolação de decisão acerca de questão comum à classe. Ou seja, no momento da opção pela exclusão (*opt-out*), os indivíduos "não podem saber como será ela resolvida ou se, e em que valor, serão recompensados pelos alegados prejuízos".[74]

Há, ainda, conforme prevê a Rule 23 (e) (5), a possibilidade, na hipótese de negociação de acordo entre as partes da *class action*, de o indivíduo interessado, após notificação acerca do acordo e antes da homologação deste, requerer a sua exclusão do processo coletivo, não ficando vinculado aos termos do acordo.[75]

Toda essa sistemática é assegurada por um sistema eficaz de comunicação dos interessados. Cada interessado, individualmente, deverá ser comunicado da existência da *class action*, sua natureza, a definição da classe representada, os pedidos feitos pelo autor, a possibilidade de intervenção no feito, a possibilidade de exclusão do indivíduo da classe (*opt-out*), e o efeito vinculante da decisão para todos os indivíduos que não exercerem o seu direito de exclusão.[76]

Não obstante o reconhecimento da importância da notificação dos interessados[77] (também chamados de *membros da classe*), discrepa a sistemática de comunicação nos países da *common law*. Como noticia Rachel Mulheron, na Austrália a comunicação é obrigatória, podendo, no entanto, ser dispensada por lei quando a *class action* não contiver pedido indenizatório. Já na província canadense de Ontario, a comuni-

[70] MULHERON, ob. cit. p. 38.

[71] HENSLER, ob. cit. p. 74.

[72] KLONOFF, ob. cit. p. 170. Para Rachel Mulheron, este prazo pode chegar a até 6 (seis) meses (vide MULHERON, ob. cit. p. 35).

[73] KLONOFF, ob. cit. p. 170.

[74] HENSLER, p. 75.

[75] Veja-se KLONOFF, p. 174-176 e MULLENIX, Linda. General Report – Common Law. *In* GRINOVER, Ada Pellegrini, WATANABE, Kazuo e MULLENIX, Linda. *Os processos coletivos nos países de Civil Law e Common Law: uma análise de direito comparado.* SP: Revista dos Tribunais, 2008. p. 295-296.

[76] KLONOFF, ob. cit. p. 166.

[77] Conforme ensina GIDI, "a experiência prática nos ensina que esse é um aspecto fundamental de toda a demanda coletiva" (GIDI, Antonio. *Rumo a um Código de Processo Civil Coletivo: a codificação das ações coletivas do Brasil.* RJ: Forense, 2008. p. 61).

cação é obrigatória por lei, porém pode ser dispensada pelo juiz considerando fatores como custo, relevância dos pedidos, tipo de tutela postulada, número de interessados ou seu local de residência. Na província canadense de British Columbia, acrescem-se às razões de dispensa previstas na província de Ontario a existência de subclasses. Nos Estados Unidos da América, a comunicação individual é obrigatória nas *class actions* previstas na Rule 23 (b) (3) – ou seja, aquelas nas quais a Corte entende que as questões de direito ou de fato comuns aos membros da classe predominam sobre as questões que afetam apenas a determinados indivíduos – e facultativa nas demais *class actions*.[78]

Apesar de tais distinções, noticia-se, no direito comparado, um índice extremamente baixo de pedidos de exclusão de indivíduos da classe,[79] indicando que uma comunicação não individual e impessoal naqueles casos em que as pretensões individuais são de caráter patrimonial e de menor relevância econômica poderia ser uma opção legítima e viável.

Com essa sistemática, o combate à massificação de litígios tende a ser muito mais efetivo, na medida em que, não exercido o direito de exclusão pela grande massa de indivíduos interessados, e após a decisão proferida na *class action*, verifica-se o fenômeno da *claim preclusion*, segundo o qual o indivíduo que não exerceu o direito de exclusão não poderá ajuizar demanda fundada na mesma causa de pedir, contendo o mesmo pedido e contra o mesmo réu. Nesse sentido, veja-se a exposição de Linda Mullenix, constante do relatório geral produzido para o XIII Congresso Mundial de Direito Processual:

> A class member may be permitted to bring an individual lawsuit subsequent to a class action if the individual claim asserted was not previously litigated. However, individual claims will be subsequently precluded if the individual raises different legal theories or grounds for recovery in the second lawsuit, when such theories are based on the same conduct which gave rise to the earlier action and the relief sought is basically the same. In addition, a class member may not bring a subsequent action merely because the judgment rendered in the class action did not attain all the recovery sought by the class.[80]

Não vemos óbice à adoção de semelhante solução no direito processual brasileiro, sendo a instituição de um incidente de coletivização uma ótima oportunidade para tanto.

Em vez de determinar a suspensão das ações idênticas em tramitação, deveria a instauração do incidente de coletivização determinar a notificação, seja aos autores de ações já existentes, seja aos interessados que ainda não ingressaram em juízo, para que todos eles exerçam ou não o seu direito de exclusão. Não exercido tal direito por indivíduo autor de ação idêntica em curso, suspende-se esta até a sentença final no incidente de coletivização, que àquela aplicar-se-á, em favor ou em desfavor do demandante. Caso contrário, vindo a exercer seu direito de exclusão, poderá o autor individual prosseguir com sua ação, sem prejuízo de vir a ela ser aplicado o precedente oriundo do incidente de coletivização, porém não de forma vinculante, nada impedindo, também, neste caso, que o juiz da ação individual julgue-a antes do resultado

[78] MULHERON, ob. cit. p. 339.

[79] MULHERON, ob. cit. 350.

[80] MULLENIX, ob. cit. p. 294.

final no incidente ou mesmo contrariamente a este, embora esta última hipótese seja de todo desaconselhável por colocar em descrédito o próprio Estado de Direito.[81]

Já para o indivíduo interessado que não tiver ajuizado ação individual, o exercício do direito de exclusão o tornará imune à decisão proferida no incidente de coletivização, seja ela qual for (favorável ou desfavorável aos seus interesses), ao passo que o não exercício daquele direito o vinculará a tal decisão de forma indelével.

Com essa sistemática, após a certificação do incidente de coletivização, a notificação dos interessados e o decurso do prazo para o exercício do direito de exclusão, ficariam barradas novas ações judiciais idênticas – salvo aquelas movidas por aquele geralmente pequeno contingente de indivíduos que exercitarem seu direito de exclusão[82] –, atingindo-se o objetivo de contenção da massificação e privilegiando, assim, a efetividade do processo.

E mais: assegurar-se-ia a uniformidade da aplicação do direito, privilegiando, igualmente, a segurança jurídica.

7. Conclusão

É claro que a adoção da solução do direito comparado não pode e nem deve ser aplicada de forma cega, sem atender às particularidades de cada jurisdição. Não é menos verdadeiro, no entanto, que em um mundo globalizado há uma aproximação muito grande dos problemas verificados num e noutro sistema, de forma a encorajar a busca por auxílio no raciocínio desenvolvido por outros países para a solução destes mesmos problemas.[83] Como há muito constatou René David, "o direito comparado é útil para um melhor conhecimento do nosso direito nacional e para seu aperfeiçoamento",[84] em especial em face de estarmos muitas vezes diante das "mesmas circunstâncias criando necessidades e gerando sentimentos idênticos".[85]

A solução encontrada pelo direito alemão, a chamada *Musterverfahren,* foi introduzida naquele ordenamento jurídico há muito pouco tempo, mais precisamente em 16 de agosto de 2005.[86] Embora se noticie o crescente interesse dos juristas alemães pela temática da tutela coletiva – inclusive o interesse específico em estudar o modelo estadunidense das *class actions*[87] – a evolução dos institutos alemães é ainda

[81] "Aceitar, de forma ilimitada, que o juiz tem liberdade para decidir de acordo com sua própria convicção, *acaba por equivaler a que haja várias pautas de conduta diferentes (e incompatíveis) para os jurisdicionados.* Tudo depende de que o juiz e de que o tribunal tenha decidido o seu caso concreto.

Temos convicção de que o sistemático desrespeito [a] precedentes compromete o Estado de Direito, na medida em que as coisas passam a ocorrer como se houvesse várias 'leis' regendo a mesma conduta: um clima de integral instabilidade e ausência absoluta de previsibilidade" (WAMBIER, Teresa Arruda Alvim. *Estabilidade e adaptabilidade como objetivos do direito:* civil law e *common law.* Revista de Processo 172, 2009. p. 144).

[82] Veja-se que até mesmo o assédio de advogados a litigantes em potencial, com o objetivo de exercer o *opt-out,* teria a sua eficácia extremamente reduzida por conta do limitado prazo concedido para o exercício do direito de exclusão.

[83] BS Markesins, *Foreign Law and Comparative Methodology* (Oxford, Hart Publishing, 1997), 204. Apud MULHERON, ob. cit. 16.

[84] DAVID, René. *Os grandes sistemas do direito contemporâneo.* SP: Martins Fontes, 1998. p. 5.

[85] Idem.

[86] CABRAL, Antonio do Passo. ob. cit.

[87] Aluisio Gonçalves de Castro. *Ações Coletivas.* SP: Revista dos Tribunais, 2010. 2ª edição revista, atualizada e ampliada. p. 120.

muito tímida se comparada a, no mínimo, quatro séculos de desenvolvimento[88] do tema nos países da *common law* e, em especial, nos Estados Unidos. Vale ressaltar que, na Alemanha, diferentemente do que ocorre nos Estados Unidos e também no Brasil, não houve grande pressão para adoção de mecanismos de tutela coletiva, até mesmo por conta da eficácia de mecanismos extrajudiciais (administrativos e governamentais) de solução de conflitos, bem como em razão de uma atitude cultural de maior respeito à lei naquele país.[89]

Em suma, não temos dúvida em afirmar que a solução encontrada no direito germânico é por demais tímida para conter o fenômeno dos litígios massificados no Brasil.

No contexto da luta contra a massificação de litígios e de todas as nefastas consequências dela advindas, e pelas razões até aqui expostas, *efetividade* e *segurança* estariam preservadas e em melhor equilíbrio se, na instituição de um *incidente de coletivização*, restasse contemplada a possibilidade de aplicação da decisão final dele resultante não apenas aos processos pendentes, como também a todos os indivíduos interessados que tenham sido notificados e não tenham exercido o seu direito de exclusão, aproximado o instituto muito mais às *class actions* estadunidenses do que à *Musterverfahren* alemã.

A amplitude de tal mecanismo não deve, no entanto, se prestar para dificultar sua utilização. Assim, quando a identificação de todos os interessados para fins de proceder à sua notificação se mostrasse extremamente custosa, poderiam ser modelados os efeitos da decisão proferida no incidente de coletivização de forma a permitir a sua aplicação apenas às ações pendentes, por exemplo, tal qual prevê o esboço da Comissão reformadora.

Da mesma forma, embora não deva ser vedada, a hipótese de transação entre as partes no âmbito de ação instituidora do incidente de coletivização deve ser objeto de redobrado cuidado – haja vista os relatos do direito comparado – devendo ser precedida de intervenção do Ministério Público e de ampla participação do Judiciário na conformação dos termos do acordo, podendo este deixar de ser homologado caso entenda o juiz, diferentemente das partes, não estarem adequadamente atendidos os interesses da coletividade. E, sempre, deverá ser oportunizado o direito de exclusão dos indivíduos interessados mediante específica notificação acerca do acordo entabulado entre as partes originais do incidente de coletivização, tal qual ocorre no direito comparado.

---

[88] Se contarmos apenas o primeiro precedente em que, efetivamente, foi questionada a possibilidade de se utilizar mecanismos de tutela coletiva dos direitos. O caso, como noticia Marcin, envolveu o Reverendo Carrier, vigário de Worselworth, que, preocupado com o fato de que os mineiros de Derbyshire não pagavam seus dízimos, ingressou com demanda contra toda a classe dos mineiros (que elegeram quatro representantes para fazer a sua defesa), que acabaram sendo condenados a arcar com 1 décimo do minério de chumbo retirado das minas. Um mineiro, Sr. Vermuden, contestou a possibilidade de ser condenado em processo no qual não foi parte. A esta altura, o Reverendo Carrier havia sido substituído pelo Reverendo Brown. O processo chegou ao Lord Chancellor, que reconheceu que todos os mineiros estavam obrigados pelo julgamento, até mesmo aqueles que não haviam sido nomeados na ação. O caso ficou conhecido como *Brown v. Vermuden* (MARCIN, ob. cit. p. 515).

[89] Nesse sentido, salienta CABRAL: "D'altra parte, alcuni autori dicono che, nei paesi di origine germanica, come Germania, Austria e Svizzera, la necessità di strumenti processuali di tutela collettiva non è così sensibile perché molte questioni vengono risolte amministrativamente da organi fiscalizzatori governamentali, che hanno, molto più di quelli brasiliani, la buona abitudine di compiere e far osservare le leggi. Questo farebbe si che non esistesse grande pressione perché ci siano meccanismi avanzati di tutela di diritti sopraindividuali" (CABRAL, Antonio do Passo. Ob. cit).

A extensão da coisa julgada material oriunda da sentença – ou mesmo do acordo – proferida no incidente de coletivização para todos os indivíduos que não exercerem seu direito de exclusão é, sem dúvida, um passo corajoso para a superação do que talvez seja o maior problema já enfrentado pelo Poder Judiciário brasileiro, a massificação de litígios.

Ainda assim, é um passo que precisa ser dado, antes que se entupam definitivamente as artérias do sistema jurisdicional estatal, entrando este em irreversível colapso.

8. Bibliografia

ALVARO DE OLIVEIRA, Carlos Alberto. *Aspectos Relevantes da Lei nº 11.232/05* (palestra). Seminário de Processo Civil: as Reformas Processuais, organizado pela EMAGIS – Escola da Magistratura Federal nos dias 17 e 18 de agosto de 2006, em Porto Alegre – RS.

——. *Do formalismo no processo civil.* Rio de Janeiro: Forense, 2009. 3.ed.,revista, atualizada e ampliada.

——. Efetividade e processo de conhecimento. *Revista da Ajuris,* Porto Alegre, v. 26, n. 75, p. 120-135, set. 1999.

——. O processo civil na perspectiva dos direitos fundamentais. *In* —— (Org.). *Processo e Constituição.* Rio de Janeiro: Forense, 2004.

AMARAL, Guilherme Rizzo. *Cumprimento e Execução da Sentença sob a ótica do formalismo-valorativo.* Porto Alegre: Livraria do Advogado, 2008.

ARMELIN, Donaldo. *Observância à coisa julgada e enriquecimento ilícito: postura ética e jurídica dos magistrados e advogados.* Brasília, DF: Conselho de Justiça Federal, Centro de Estudos, 2003 (Cadernos do CEJ, 23).

ÁVILA, Humberto. *Teoria dos princípios: da definição à aplicação dos princípios jurídicos.* São Paulo: Malheiros, 2003.

BUENO, Cássio Scarpinella. As *class actions* norte-americanas e as ações coletivas brasileiras: pontos para uma reflexão conjunta. *Revista de Processo,* nº 82, 1996. p. 92-151.

CABRAL, Antonio do Passo. *Il nuovo Procedimento-Modello (Musterverfahren) tedesco: un'alternativa alle azioni collettive.* Artigo disponível em http://www.judicium.org/ricerca/contatti_glo.htm. Acesso em 3 de maio de 2010.

CANOTILHO, José Joaquim Gomes. *Direito Constitucional.* 4.ed. Coimbra: Almedina, 2000.

CHIOVENDA, Giuseppe. *Instituições de direito processual civil.* 2.ed. São Paulo: Bookseller, 2000. v. 1.

DAVID, René. *Os grandes sistemas do direito contemporâneo.* São Paulo: Martins Fontes, 1998.

DINAMARCO, Cândido Rangel. *A instrumentalidade do processo.* 10.ed. São Paulo: Malheiros, 2002.

GIDI, Antonio. *Rumo a um Código de Processo Civil Coletivo*: a codificação das ações coletivas do Brasil. Rio de Janeiro: Forense, 2008.

GREVE, Michael S. *Harm-Less Lawsuits?* What's Wrong with Consumer Class Actions. Washington, D.C.: The AEI Press, 2005.

HENSLER, Deborah R. [et AL.]. *Class action dilemmas: pursuing public goals for private gain.* RAND Institute for Civil Justice, 2000.

JONES, Craig. *Theory of Class Actions.* Toronto: Irwin Law, 2003.

KLONOFF, Robert H. *Class Actions and Other Multi-Party Litigation in a nutshell.* St.Paul, MN: THOMSON/WEST, 2007. 3ª edição.

MARCIN, Raymond. B. Marcin. Searching for the origin of the class action. *Catholic University Law Review,* nº 23, p. 515-524, 1973-1974.

MATHIEU, Bernard. *Annuaire International de Justice Constitutionnelle,* XV, 1999. Paris: Econômica, 2000. p. 67-312).

MENDES, Aluisio Gonçalves de Castro. *Ações Coletivas.* São Paulo: Revista dos Tribunais, 2010. 2ª edição revista, atualizada e ampliada.

MULHERON, Rachel. *The Class Action in Common Law Legal Systems* – a Comparative Perspective. Hart Publishing, 2004.

MULLENIX, Linda. General Report – Common Law. *In* GRINOVER, Ada Pellegrini, WATANABE, Kazuo e MULLENIX, Linda. *Os processos coletivos nos países de Civil Law e Common Law: uma análise de direito comparado.* São Paulo: Revista dos Tribunais, 2008.

NÓBREGA, J. Flóscolo da. *Introdução ao direito.* 2.ed. Rio de Janeiro: José Konfino, 1962.

PERROT, Roger. O processo civil francês na véspera do século XXI. Trad. J. C. Barbosa Moreira. *Revista Forense,* Rio de Janeiro, v. 94, n. 342, p. 161-168, abr. 1998.

PORTANOVA, Rui. *Princípios do Processo civil.* Porto Alegre: Livraria do Advogado, 2003. 5ª edição.

ROWE JR, Thomas Rowe. *A distant mirror*: The Bill of Peace in early American mass torts and its implications for modern class actions. Arizona Law Review, nº 39, p. 711-718, 1997.

STEIN, Torsten. *A segurança jurídica na ordem legal da República Federal da Alemanha*. São Paulo: Fundação Konrad Adenauer, 2000 [Cadernos Adenauer, 3].

THEODORO JÚNIOR, Humberto. A onda reformista do direito positivo e suas implicações com o princípio da segurança. *Revista Magister. Direito Civil e Processual Civil*, Brasília, DF, v. 2, n. 11, p. 5-32, mar./abr. 2006.

——; NUNES, Dierle e BAHIA, Alexandre. *Litigiosidade em massa e repercussão geral no recurso extraordinário*. Revista de Processo nº 177, p. 9-46.

TUCCI, José Rogério Cruz e. Garantia da prestação jurisdicional sem dilações indevidas como corolário do devido processo legal. *Revista de Processo*, São Paulo, v. 17, n. 66, p. 72-78, abr./jun. 1992.

WALD, Arnoldo. Eficiência Judiciária e Segurança Jurídica: a racionalização da legislação brasileira e reforma do Poder Judiciário. *In* MACHADO, Fábio Cardoso; MACHADO, Rafael Bicca (Coord.). *A Reforma do Poder Judiciário*. São Paulo: Quartier Latin, 2006.

WAMBIER, Teresa Arruda Alvim. *Estabilidade e adaptabilidade como objetivos do direito:* civil law e *common law*. Revista de Processo 172, 2009. P. 120-173.

WATANABE, Kazuo. Relação entre demanda coletiva e demandas individuais. *In* GRINOVER, Ada Pellegrini e outros (Coord.). *Direito Processual Coletivo e o anteprojeto de Código Brasileiro de Processos Coletivos*. SP: Revista dos Tribunais, 2007.

— 17 —

Processo justo e contraditório dinâmico

HUMBERTO THEODORO JÚNIOR
Professor Titular Aposentado da Faculdade de Direito da UFMG.
Desembargador Aposentado do TJMG. Membro da Academia Mineira de Letras Jurídicas, do Instituto dos Advogados de Minas Gerais, do Instituto de Direito Comparado Luso-Brasileiro, do Instituto Brasileiro de Direito Processual, do Instituto Ibero-Americano de Direito Processual e da International Association of Procedural Law. Advogado.

"Nella nuova prospettiva post costituzionale, quindi, il problema del processo non riguarda soltanto il suo essere (id est: la concreta organizzazione secondo le leggi ordinarie vigenti) ma anche il suo dover essere (id est: la conformità del suo assetto positivo alla normativa costituzionale sull'esercizio dell'attività giurisdicionale)"
(Italo Andolina E Giuseppe Vignera. *I fondamenti costituzionali della giustizia civile*: il modelo costituzionale del processo civile italiano, 2. ed., p. 5).

1. Introdução

O processo do Estado Democrático de Direito contemporâneo "não se resume a regular o acesso à justiça, em sentido formal. Sua missão, na ordem dos direitos fundamentais, é proporcionar a todos uma tutela *procedimental* e substancial *justa,* adequada e efetiva. Daí falar-se, modernamente, em garantia de um *processo justo,* de preferência à garantia de um *devido processo legal*".[1]

Em ensaio recente, elaborado em parceria com o Prof. Dierle José Coelho Nunes, destacamos que o Estado Democrático de Direito, nos padrões universais emergentes do pós-segunda Grande Guerra, impõe novas perspectivas para a análise do processo. Dentro dessa ótica, a primeira constatação é a da sua fundamental posição dentro da estrutura dos direitos e garantias constitucionais, de onde necessariamente se terá de extrair o *modelo constitucional* do processo, entendido como tal o "conjunto de princípios e regras constitucionais que garantem a legitimidade e a eficiência da aplicação da tutela".[2]

---

[1] THEODORO JÚNIOR, Humberto. Direito fundamental à duração razoável do processo. *Revista Magister de Direito Civil e Processual Civil*, nº 29, p.88, mar/abril, 2009.

[2] THEODORO JÚNIOR, Humberto; NUNES, Dierle José Coelho. Uma dimensão que urge reconhecer ao contraditório no direito brasileiro: sua aplicação como garantia de influência, de não surpresa e de aproveitamento da atividade processual. *Revista de Processo*, v. 168, p. 108, fev/2009.

No mesmo estudo, fizemos ver que a divisão de papéis e de funções a serem desenvolvidas dentro do processo, já objeto da preocupação da doutrina estrangeira há algum tempo (teoria dos papéis – *Rollentheorie*),[3] merece ser desenvolvida dentro de uma visão constitucional que garanta ao mesmo tempo o desenvolvimento do processo em tempo razoável e um debate processual que gere a formação do provimento seguindo os ditames do devido processo legal (*giusto processo*).[4]

No entanto, torna-se imperiosa a aplicação da chamada comparticipação[5] entre juiz e partes (e seus advogados), idealizada pela doutrina tedesca[6] e que, levada a sério, conduziu à idealização de uma nova forma de implementação da cognição ao se perceber que um debate bem feito conduz a redução do tempo processual e a formação e decisões melhor construídas, com a decorrente diminuição da utilização de recursos.[7]

Nessa renovada análise do sistema processual um princípio constitucional ganha nítido destaque. Trata-se do princípio do contraditório que garante uma simetria de posições subjetivas, além de assegurar aos participantes do processo a possibilidade de dialogar e de exercitar um conjunto de controles, de reações e de escolhas dentro desta estrutura.[8]

Dentro desse enfoque se verifica que há muito a doutrina percebeu que o contraditório não pode mais ser analisado tão somente como mera garantia formal de bilateralidade da audiência, mas, sim, como uma possibilidade de influência (*Einwir kungsmöglichkeit*)[9] sobre o desenvolvimento do processo e sobre a formação de decisões racionais, com inexistentes ou reduzidas possibilidades de surpresa.

Tal concepção significa que não se pode mais na atualidade, acreditar que o contraditório se circunscreva ao dizer e contradizer formal entre as partes, sem que isso gere uma efetiva ressonância (contribuição) para a fundamentação do provimento, ou seja, afastando a ideia de que a participação das partes no processo possa ser meramente fictícia, ou apenas aparente, e mesmo desnecessária no plano substancial.[10]

É de Comoglio a observação de que na Alemanha o contraditório assumiu seus atuais perfis constitucionais "graças a uma tríplice ordem de situações subjetivas processuais, na qual a qualquer parte vêm reconhecidos: 1) o direito de receber ade-

[3] Cf. WASSERMANN, Rudolf. *Der soziale Zivilprozeß Zur Theorie um práxis des zivilprozesses im socialen rechsstaat.* Neuwied, Darmstadt: Luchterhand, 1978, p. 129 et seq.

[4] Cf. THEODORO JÚNIOR, Humberto. Constituição e processo: desafios constitucionais da reforma do processo civil no Brasil: In: OLIVEIRA, Marcelo Andrade Cattoni de; MACHADO, Felipe Daniel (Coord.). *Constituição e processo: a contribuição do processo ao constitucionalismo democrático brasileiro.* Belo Horizonte: Del Rey, 2009, p. 245; THEODORO JÚNIOR, Humberto; NUNES, Dierle José Coelho. Uma dimensão... *cit.*, p. 108.

[5] Chamada pela doutrina alemã de "comunidade de trabalho" (*Arbeitsgemeinschaft*). CF. NUNES, Dierle José Coelho. *Processo jurisdicional democrático: uma análise crítica das reformas processuais.* Curitiba: Juruá, 2008, p. 212 *et seq.*

[6] Cf. o desenvolvimento dessa doutrina no Brasil em: NUNES, Dierle José Coelho, op. cit.

[7] BENDER, Rolf; STRECKER, Christoph. Access to justice in the Federal Republic of Germany. In: CAPPELLETTI, Mauro; GARTH, Bryan. *Access to justice – a world survey.* Milano: Giuffrè, 1978, vol. I, Livro II, p. 554.

[8] FAZZALARI, Elio. Diffusione del processo e compiti della dottrina. *Rivista trimestrale di diritto e procedura civile,* n. 3, Milano: Giuffrè, 1958, p. 869.

[9] BAUR, Fritz. Der Anspruch auf rechliches Gehör. *Archiv für civillistiche Praxis,* n. 153. Tubingen: Verlag J. C. B. Mohr, 1954, p. 403.

[10] THEODORO JÚNIOR, Humberto; NUNES, Dierle José Coelho, op. cit., p. 109.

quadas e tempestivas *informações,* sobre o desencadear do juízo e as atividades realizadas, as iniciativas empreendidas e os atos de impulso realizados pela contraparte e pelo juiz, durante o inteiro curso de processo; 2) o direito de defender-se ativamente, posicionando-se sobre cada questão, de fato ou de direito, que seja relevante para a decisão da controvérsia; 3) o direito de pretender que o juiz, a sua vez, leve em consideração as suas defesas, as suas alegações e as suas provas, no momento da prolação da decisão".[11]

Por fim, alertamos para o óbvio de que essa visão atual do princípio do contraditório não deve se limitar a uma discussão de direito comparado (na Alemanha, Itália, França,[12] Áustria, Portugal[13] entre outros), uma vez que ela permite vislumbrar e defender, em todo Estado Democrático de Direito, como é o caso do Brasil, a existência de um juiz diretor (formal e material do processo), mas que necessariamente exerce sua função garantindo às partes a manutenção da possibilidade de também participar ativamente do processo, como se verá a frente.[14]

2. O devido processo legal concebido como "processo justo"

Jurisdição e processo são dois institutos indissociáveis. O direito à jurisdição é, também, o direito de processo, como meio indispensável à realização da justiça. A Constituição, por isso, quando garante o acesso à jurisdição, assegura aos cidadãos, necessariamente, o direito ao processo como uma das garantias individuais (art. 5º, inc XXXV).[15]

A justa composição da lide só pode ser alcançada quando prestada a tutela jurisdicional dentro das normas processuais traçadas pelo Direito Processual Civil, das quais não é dado ao Estado declinar perante nenhuma causa (Constituição Federal, art. 5º, incs. LIV e LV). É no conjunto dessas normas do direito processual que, de forma prática, se consagram os princípios informativos que inspiram o processo moderno e que propiciam às partes a plena defesa de seus interesses, e ao juiz, os instrumentos necessários para a busca da verdade real, sem lesão dos direitos individuais dos litigantes.

A garantia do devido processo legal, porém, não se exaure na observância das formas da lei para a tramitação das causas em juízo. Compreende algumas catego-

[11] COMOGLIO, Luigi Paolo. Voce: contraddittorio (principio del). *Enciclopedia giuridica.* Roma: Istituto della Enciclopedia Italiana, 1988, vol. 8, p. 6.

[12] França: Nouveau code di procedure civile. Article 16. "Le juge doit, en toutes circonstances, faire observer et observer lui-même le principe de la contradiction. Il ne peut retenir, dans as décision, les moyens, les explications et les documents invoqués ou produits par les parties que si celles-ci ont été à même d'en débattre contradictoirement. Il ne peut fonder sa décision sur les moyens de droit qu'il a relevés d'office sans avoir au préalable invité les parties à présenter leurs observations". Cf. NORMAND, Jacques. I poteri del giudice e delle parti quanto al fondamento delle pretese controverse. *Rivista di diritto processuale.* Padova: Cedam, 1988, p. 736 *et seq.*

[13] Portugal: Código de Processo Civil. Art.3º.3. "O juiz deve observar e fazer cumprir, ao longo de todo o processo, o princípio do contraditório não lhe sendo lícito, salvo caso de manifesta desnecessidade, decidir questões de direito ou de *facto* mesmo que de conhecimento oficioso, sem que as partes tenham tido a possibilidade de sobre elas se pronunciarem".

[14] Devemos nos preocupar com o reforço do papel do juiz, mas, ao mesmo tempo com o reforço do papel das partes e dos advogados, pois caso contrário delinear-se-á um sistema antidemocrático de aplicação de tutela no qual o juiz deverá trabalhar praticamente sozinho sem subsídio técnico algum do procedimento e dos advogados (THEODORO JÚNIOR, Humberto; NUNES, Dierle José Coelho, op. cit., p. 110).

[15] THEODORO JÚNIOR, Humberto. *Curso de Direito Processual Civil.* 50.ed. Rio de Janeiro: Forense, 2009, v. I, nº 22, p. 23.

rias fundamentais como a garantia de juiz natural (CF, art. 5º, inc. XXXVII) e do juiz competente (CF, art. 5º, inc. LIII), a garantia de acesso à justiça (CF, art. 5º inc. XXXV), de ampla defesa e contraditório (CF, art. 5º, inc. LV) e, ainda, a de fundamentação de todas as decisões judiciais (art. 93, inc. IX).[16]

Faz-se modernamente uma assimilação da ideia de devido processo legal á de *processo justo.* A par da regularidade formal, o processo deve adequar-se a realizar o melhor resultado concreto, em face dos desígnios do direito material. Entrevê-se, nessa perspectiva, também um aspecto substancial na garantia do devido processo legal.[17]

A exemplo da Constituição italiana, também a Carta brasileira foi emendada para explicitar que a garantia do *devido processo legal* (processo justo) deve assegurar "a razoável duração do processo" e os meios que proporcionem a "celeridade de sua tramitação" (CF, art. 5º, novo inciso LXXVIII, acrescentado pela emenda Constitucional nº 45, de 08.12.2004).

Nesse âmbito de comprometimento com o "justo", com a "correção", com a "efetividade" e a "presteza" da prestação jurisdicional, o *due process of law* realiza, entre outras, a função de um superprincípio, coordenando e delimitando todos os demais princípios que informam tanto o processo como o procedimento. Inspira e torna realizável a *proporcionalidade* e *razoabilidade* que deve prevalecer na vigência e harmonização de todos os princípios do direito processual de nosso tempo.[18]

Como justo, para efeito da nova garantia fundamental, não se pode aceitar qualquer processo que se limite a ser regular no plano formal. Justo, como esclarece Trocker, "é o processo que se desenvolve respeitando os parâmetros fixados pelas normas constitucionais e pelos valores consagrados pela coletividade. E tal é o processo que se desenvolve perante um juiz imparcial, em contraditório entre todos os interessados, em tempo razoável, como a propósito estabelece o art. 111 da Constituição" (italiana).[19]

Nessa moderna concepção do processo justo, entram preocupações que não se restringem aos aspectos formais ou procedimentais ligados à garantia de contraditório e ampla defesa. Integram-na também escopos de ordem substancial, quando se exige do juiz que não seja apenas a "boca da lei" a repetir na sentença a literalidade

[16] Das garantias do juiz natural e do contraditório, decorrem alguns subprincípios aplicáveis à instauração do processo e ao julgamento da causa, como os que são denominados *princípio da demanda* e *princípio da congruência* (Cf. THEODORO JÚNIOR, Humberto. *Curso cit.*, v. I, nº 493-b, p. 507).

[17] Compromete-se o devido processo legal com a necessidade de assegurar a efetividade da tutela jurisdicional. Ressaltando a instrumentalidade do direito processual, esta deve ser avaliada em termos de *eficiência* na defesa do direito material subjetivo. Na ordem constitucional, o processo se insere entre as garantias fundamentais e se apresenta como apanágio da cidadania. É necessário, pois, que o exercício de suas regras "apresente *in concreto* a utilidade efetiva para as quais foram predipostas" (RICCI, Gianfranco. *Principi di Diritto Processuale Generale.* Torino, Giappichelli, 1995, p. 16). A Constituição italiana, após a reforma de 1999, estatui, expressamente, em seu art. 111: *"La giuridizione si attua mediante il* giusto processo *regulato dalla lege".* Nessa ideia de *processo justo,* insere-se, além das tradicionais figuras do juiz natural imparcial, do contraditório, da legalidade das formas, e do compromisso com a ordem jurídica substancial, "uma afirmação, não menos categórica, da *efetividade* dos meios processuais e das formas de tutela obteníveis junto ao juízo"... aos quais se agrega, ainda, o compromisso com os valores de "correção", "equidade" e "justiça procedimental" (COMOGLIO, Luigi Paolo. "Il 'giusto processo' civile in Italia, *Revista de Processo,* v. 116, p. 154-158). O processo deve ser desenvolvido para proporcionar à parte o melhor resultado possível em termos de direito material (devido processo *substancial*).

[18] Cf., por exemplo, nosso *Curso de Direito Processual Civil cit.*, v. I, nº 24, p. 27.

[19] TROCKER, Nicolò. "Il nuovo art. 111 della Costituzione e il giusto processo in matéria civile: profili generali", *Rivista Trimestrale di diritto e procedura civile,* 2/383-384.

dos enunciados das normas ditadas pelo legislador. Na interpretação e aplicação do direito positivo, ao julgar a causa, cabe-lhe, sem dúvida, uma tarefa integrativa, consistente em atualizar e adequar o enunciado da norma aos fatos e valores em jogo no caso concreto. O juiz tem, pois, de complementar a obra do legislador, servindo-se de critérios éticos e consuetudinários, para que o resultado final do processo seja realmente justo, no plano substancial. É assim que o processo será, efetivamente, um *instrumento de justiça.*

Uma vez que o atual Estado Democrático de Direito se assenta sobre os direitos fundamentais, que não apenas são reconhecidos e declarados, mas cuja realização se torna missão estatal, ao processo se reconhece o papel básico de instrumento de efetivação da própria ordem constitucional. Nesta função, o processo, mais do que garantia da efetividade dos direitos substanciais, apresenta-se como meio de concretizar, dialética e racionalmente, os preceitos e princípios constitucionais. Desta maneira, o debate, em que se enseja o contraditório e a ampla defesa, conduz, pelo provimento jurisdicional, à complementação e aperfeiçoamento da obra normativa do legislador. O juiz, enfim, não repete o discurso do legislador. Faz nele integrar os direitos fundamentais, não só na interpretação da lei comum, como na sua aplicação ao quadro fático, e, ainda, de maneira direta, faz atuar e prevalecer a supremacia da Constituição. O devido processo legal, portanto, pressupõe não apenas a aplicação adequada do direito positivo, já que lhe toca, antes de tudo, realizar a vontade soberana das regras e dos princípios constitucionais. A regra infraconstitucional somente será aplicada se se mostrar fiel à Constituição. Do contrário, será recusada. E, mesmo quando a lide for resolvida mediante observância da lei comum, o seu sentido haverá de ser definido segundo a conformidade com a Constituição.[20]

O devido processo legal, no Estado Democrático de Direito, jamais poderá ser visto como simples procedimento desenvolvido em juízo. Seu papel é o de atuar sobre os mecanismos procedimentais de modo a preparar e proporcionar provimento jurisdicional compatível com a supremacia da Constituição e a garantia de efetividade dos direitos fundamentais.

Há, de tal sorte, um aspecto *procedimental* do devido processo legal, que impõe a fiel observância, do contraditório e da ampla defesa, decorrência obrigatória da garantia constitucional do princípio da igualdade; e há também um aspecto *substancial,* segundo o qual a vontade concretizada pelo provimento jurisdicional terá de fazer prevalecer, sempre, a supremacia das normas, dos princípios e dos valores constitucionais.

3. "Processo justo" na perspectiva de Comoglio

À primeira vista, parece difícil pensar na avaliação moral de um instrumento eminentemente técnico como é o processo, submetido, por natureza e função, a regramento procedimental traçado estritamente pela lei. Quando muito, o qualitificativo "justo", "injusto", "bom" ou "mau" seria mais adequado ao resultado ou produto do processo, ou seja, ao seu "resultado final" (o *provimento* com que se implementa a tutela jurisdicional).

[20] THEODORO JÚNIOR, Humberto. *Curso de Direito Processual Civil cit.*, v. I, p.25

Na verdade, porém, há uma presença ética na própria estrutura procedimental arquitetada pelo direito processual positivo inspirado nos princípios constitucionais e nos princípios comuns infraconstitucionais, todos a exigirem dos sujeitos da relação processual, e seus representantes, constante e rigoroso respeito aos preceitos da boa fé, lealdade e probidade.

Ademais, a própria meta de fazer *justiça* aos litigantes, perseguida pela função jurisdicional, reclama um compromisso natural do processo com um valor ético, caro aos fundamentos do Estado Democrático de Direito. Não se pode, por isso mesmo, desconectar o comportamento prático de todos os protagonistas do processo – partes, defensores, ministério público, juiz e auxiliares – dos valores *éticos* ou *morais* que envolvem a ideia de *justiça.* Daí ser perfeitamente adequada a qualificação de *processo justo* com a qual a Constituição italiana identifica o meio de acesso à tutela jurisdicional, dentro das garantias fundamentais.

Com efeito, o processo, na antiga lição de Capograssi, não apenas aplica a vontade concreta da lei, revendo fatos passados entre as partes para fazê-los sofrer os efeitos genericamente previstos na ordem jurídica positiva. Em sua tarefa natural deve modificar, destruir o evento reconstituído em juízo, substituindo-o por um novo evento, com que, em regra, cancela as consequências práticas e jurídicas da situação pretérita, por força da decisão judicial. O exercício desse poder-dever sobre os fatos é, então, "um colaborar com a vida, é um viver, tem todo o valor da vida...".[21]

Que conclusão extrai Comoglio dessa natureza e força do processo?

> Da qualsiasi angolazione lo si consideri, il processo è (e rimane), nella sua elementare realtà, un "dramma" di persone e di accadimenti della vita di tutti i giorni, di cui l'uomo, nella combinazione variabile delle sue aspirazioni, dei suoi comportamenti, delle sue azioni, delle sue debolezze o dei suoi interessi, è il fulcro intorno al quale ruota l'intero apparato di giustizia. Se al centro di questo dramma infinito si trova pur sempre l'*uomo,* come singolo individuo o come partecipe delle "formazioni sociali ove si svolge la sua personalità", con tutto il suo fardello di nobiltà (non di rado, assai poca), de passioni, di rancori e di miserie (perlopiù, tante o troppe), il processo che a qualsiasi titolo lo coinvolga può dirsi "giusto", nella sola misura in cui le forme che lo caratterizzano e le attività che in esso si compiono non siano mai tali, da pregiudicare alcuno dei suoi *diritti personali inviolabili,* riconosciuti e garantiti dallo Stato.[22]

Trata-se – prossegue o notável professor italiano –, como é universalmente constatado, de tutelar "aqueles *direitos* que visam salvaguardar os bens individuais mais preciosos, e, sobretudo, aqueles relacionados à vida, à liberdade da pessoa, à intangibilidade do domicílio ou da privacidade, à liberdade e sigilo das comunicações, à tutela da propriedade individual, e assim por diante".[23]

Daí que, então, "entre estes *direitos invioláveis* se coloca, com grande relevo, também, o próprio *direito a um processo 'justo'* e ao inderrogável respeito de suas garantias 'mínimas' (ou seja, em outras palavras, o direito a uma *justiça procedimental em sentido lato*)". Razão pela qual, conclui Comoglio – "a *ética* que o anima é, em suma, o conjunto dos *valores* fundamentais da civilização e da democracia, dos

[21] G. CAPOGRASSI. *Giudizio, processo, scienza, verità. Riv. Dir. Proc.*, 1950, I, p. 10: "... si può dire che il giudice è il giustiziere dell'evento: l'opposto dello storico" (il quale si cotenta di far rivivere, per finalità gnoseologiche, l'evento storico, senza doverlo "modificare rimpiazzare o distruggere" *jure imperii*) (*apud* COMOGLIO, Luigi Paolo. *Etica e tecnica del "giusto processo"*. Torino: G. Giappichelli, 2004, p. 6, nota 19).

[22] COMOGLIO, Luigi Paolo. *Etica e técnica del "giusto processo cit.*, p. 6-7.

[23] COMOGLIO, Luigi Paolo. *Etica e técnica del "giusto processo cit.*, p. 7.

quais se originam, segundo a premissa jusnaturalística do moderno Estado de Direito, o reconhecimento e a inderrogável proteção dos *direitos invioláveis do homem*".[24]

É, pois, "no sacrossanto respeito à pessoa e aos seus direitos *essenciais* que se traduz, em última análise, a *ética* (ou, se se preferir, a *deontologia*) do *processo justo*".[25]

4. Reais dimensões do "processo justo"

O moderno processo justo traz em seu bojo significativa carga ética, tanto na regulação procedimental como na formulação substancial dos provimentos decisórios.[26] É importante, todavia, não se afastar do jurídico, para indevidamente fazer sobrepujar o ético como regra suprema e, portanto, capaz de anular o direito positivo. Moral e direito coexistem no terreno da normatização da conduta em sociedade, mas não se confundem, nem se anulam reciprocamente, cada qual tem sua natureza, seu método e seu campo de incidência. A moral se volta acima de tudo para o aperfeiçoamento íntimo da pessoa e se sujeita a sanções também íntimas e pessoais, que, todavia, não se revestem da imperatividade própria da lei jurídica. Ao contrário da moral, a regra de direito é objetivamente traçada por órgão político, no exercício de atividade soberana. A transgressão de seus preceitos implica censura do poder estatal, manifestada por meio de sanções típicas do caráter coercitivo das regras jurídicas.

As regras morais são utilizáveis pelo julgamento em juízo quando jurisdicizadas de alguma forma, pela ordem jurídica. Assim, quando a lei invoca algum valor ou preceito ético, não o faz nos moldes do que comumente ocorre no plano íntimo próprio da moral. A fonte ética terá de ser amoldada aos padrões objetivos indispensáveis à normatização jurídica. Não é o bom para o espírito que se perquire, mas o bom para o relacionamento social regrado pela lei.

Em nome da eticidade, não se admite que o provimento judicial se torne fonte primária de uma justiça paternalista e assistencial, alheia ou contrária aos preceitos editados pelo legislador. *Justo* e *injusto* medem-se, no processo, pelos padrões objetivos próprios de direito, e não pela ótica subjetiva e intimista da moral, mesmo porque não é possível na ordem prática quantificar e delimitar, com precisão, os valores e preceitos puramente éticos, em todo seu alcance *in concreto.*

É pela *equidade* que o valor moral penetra na aplicação judicial do direito. Analisando o pensamento filosófico de Hart, exposto em *Law, liberty and morality* (Stanfor, Stanford University Press, 1963), observa José Alfredo Baracho que, nesse tema, "o princípio geral, latente nas aplicações da ideia de justiça, assenta-se que os indivíduos têm direito, uns em relação aos outros, bem como uma certa posição relativa de igualdade ou desigualdade".[27] É, pois, pela prevalência dos princípios constitucionais de liberdade e igualdade ou igualdade, sobretudo, que se realiza a *equidade* e se repele a *iniquidade* na composição dos conflitos jurídicos.[28]

---

[24] COMOGLIO, Luigi Paolo. *Etica e técnica del "giusto processo cit.,* p. 7.

[25] COMOGLIO, Luigi Paolo. *Etica e técnica del "giusto processo cit.,* p. 7.

[26] THEODORO JÚNIOR, Humberto. *Curso de Direito Processual Civil cit.*, v. I, nº 22-a, p. 25.

[27] BARACHO, José Alfredo de Oliveira. Lei, jurisprudência, filosofia e moral em HART. *O Sino do Samuel,* Belo Horizonte: Faculdade de Direito da UFMG, p. 10-11, jan./mar.2007.

[28] "A centralidade do processo jurisdicional no interior do sistema das garantias [fundamentais] justifica a particular atenção àquele dedicada pela Constituição, a qual desenhou, a propósito, um modelo de processo jurisdicional" (AN-

Diante dessas ideias, o *processo justo,* em que se transformou o antigo *devido processo legal,* é o meio concreto de praticar o processo judicial delineado pela Constituição para assegurar o pleno acesso à justiça e a realização das garantias fundamentais traduzidas nos princípios da legalidade, liberdade e igualdade. Nesta ordem de ideias, o processo, para ser *justo,* nos moldes constitucionais do Estado Democrático de Direito, terá de consagrar, no plano procedimental:[29]

a) o direito de acesso à justiça;

b) o direito de defesa;

c) o contraditório e a paridade das armas (processuais) entre as partes;

d) a independência e a imparcialidade do juiz;

e) a obrigatoriedade da motivação dos provimentos judiciais decisórios;

f) a garantia de uma duração razoável, que proporcione uma tempestiva tutela jurisdicional.

No plano substancial, o processo justo deverá proporcionar a efetividade da tutela àquele a quem corresponda a situação jurídica amparada pela direito, aplicado á base de critérios valorizados pela equidade concebida, sobretudo à luz das garantias e dos princípios constitucionais.

5. O contraditório no "processo justo"

A construção clássica do contraditório se deu à luz de uma visão estática que o confundia simplesmente com a bilateralidade da audiência das partes durante a sucessão dos atos do processo. O juiz nele não se imiscuía. Era um simples espectador do duelo dos litigantes.

Após o segundo pós-guerra, com a mais ampla constitucionalização de garantias processuais o estudo destas e o interesse democrático pela colaboração das partes proporcionam novos horizontes de análise para o princípio do contraditório.

O processo, que durante o liberalismo privilegiava o papel das partes e que após os grandes movimentos reformistas pela oralidade e pela instauração do princípio autoritário implementou um ativismo judicial que privilegiava a figura do juiz, passa em Estado Constitucional democrático, com a releitura do contraditório, a permitir uma melhora da relação juiz-litigantes de modo a garantir um efetivo diálogo e comunidade de trabalho (*Arbeitsgemeinschaft*) entre os sujeitos processuais na fase preparatória do procedimento (audiência preliminar para fixação dos pontos controvertidos), e na fase de problematização (audiência de instrução e julgamento) permitindo a comparticipação na estrutura procedimental.[30]

A utilização da fase preparatória (nosso art. 331 do CPC), levada a sério, com a fixação adequada de todos os pontos controvertidos pode conduzir a uma redução do tempo processual em face da percepção pelas próprias partes (e seus advogados) de que a continuidade do feito não se faz adequada e necessária, o que conduzirá

DOLINA, Italo Augusto. Il 'Giusto Processo' nell'esperienza italiana e comunitária. *Annali del seminario giuridico.* Milano: Giuffrè, 2006, v. VI, p. 356).

[29] ANDOLINA, Italo Augusto. Il 'Giusto Processo' *cit.*, p. 357.

[30] Cf. THEODORO JÚNIOR, Humberto; NUNES, Dierle José Coelho. Uma dimensão... *cit.*, p. 115.

um advogado técnico á busca da conciliação com o término do processo em prazo razoável.

Essa tendência de utilização metódica da fase preparatória para filtragem e fomento do debate das questões endoprocessuais (pontos controvertidos) de fato e de direito, iniciada por Franz Klein em sua festejada ÖZPO (Ordenança Processual Civil austríaca) de 1895, e atualmente revigorada pelas reformas alemãs da ZPO mediante a *Vereinfachungsnovelle* de 1976,[31] pela reforma *Woolf*[32] do novo processo civil inglês, pela *Ley de enjuiciamiento civil* espanhola[33] e outras europeias conduzem à conclusão de que essa fase processual pode auxiliar em muito numa adequação do *modelo cognitivo brasileiro* para a obtenção de resultados técnicos e constitucionalmente adequados, especialmente no que tange à aplicação da celeridade e do contraditório dinâmico.

Para tanto, não se fariam necessárias nem mesmo alterações legislativas, bastante somente uma percepção simples que a fase de nossa audiência preliminar (art. 331, CPC) não serve somente para a tentativa de obtenção de acordo e da declaração de saneamento, uma vez que essa deve buscar uma função técnica mais importante, qual seja, a filtragem completa da discussão endoprocessual para a fase posterior de problematização, caso o acordo não seja possível e nem tecnicamente recomendável.[34]

Os sujeitos processuais, assim, devem, desse modo, assumir a responsabilidade na utilização adequada da fase preparatória do procedimento, efetivamente preparando-se para tal e não encarando o procedimento como uma série de formalidades desnecessárias e descabidas de sentido.

É da assunção das respectivas faculdades, poderes e ônus que ocorrerá a obtenção de resultados práticos, céleres e constitucionalmente adequados.

Nesses termos, após a percepção do fomento do constitucionalismo no século XX, torna-se inaceitável o entendimento que trabalha com uma separação de papéis dentro da estrutura processual, que de um lado possuiria o juiz como terceiro com acesso privilegiado do que seria o bem comum e de outro com partes que se veriam alijadas do discurso processual, entregando seus interesses jurídicos ao critério de *bem comum* desse órgão judicial.[35] Não se pode, como já se disse, colocar o papel de todos os sujeitos processuais no mesmo plano, mas, ao mesmo tempo deve-se

---

[31] Estruturada a partir dos resultados práticos obtidos pelo Modelo de Stuttgart levada a cabo pelo juiz Rolf Bender e seus pares, inspirada na preleção de Fritz Baur de 1965. Cf. BAUR, Fritz. *Wege zu einer Konzentration der mündlichen Verhandlung im Prozeß*. Berlim: Walter de Gruiter& co., 1966.

[32] WOOLF. *Access to justice.* Interim Report to the Lord Chancellor on the civil justice system in England and Wales. London, 1995. WOOLF. *Access to justice.* Final Report to the Lord Chancellor on the civil justice system in England and Wales. London, 1996. Cf. também BAHIA, Alexandre Gustavo Melo Franco. Interesse público e interesse privado nos recursos extraordinários: por uma compreensão adequada no Estado Democrático de Direito. Tese de Doutorado apresentada à Faculdade de Direito da UFMG, Belo Horizonte, 2007, p. 34.

[33] MONTERO AROCA, Juan. *I principi politici del nuovo processo civile spagnolo.* Napoli: Edizioni Scentifiche italiane, 2002.

[34] Art. 331, *caput,* CPC: "Se não ocorrer qualquer das hipóteses previstas nas seções precedentes, e versar a causa sobre direitos que admitam transação, o juiz designará audiência preliminar, a realizar-se no prazo de 30 (trinta) dias, para a qual serão as partes intimadas a comparecer, podendo fazer-se representar por procurador ou preposto, com poderes para transigir (...) § 2º. Se, por qualquer motivo, não for obtida a conciliação, o juiz fixará os pontos controvertidos, decidirá as questões processuais pendentes e determinará as provas a serem produzidas, designando audiência de instrução e julgamento, se necessário".

[35] HABERMAS, Jürgen. *Verdad y justificación.* Madrid: Trotta, 2002, p. 295-296.

estabelecer que cada um, no exercício de seu papel, possa influenciar na formação da decisão, garantido-se debate e ao mesmo tempo processos mais rápidos. Impõe-se, no moderno Estado Democrático de Direito, a releitura do contraditório "como garantia de influência [das partes] no desenvolvimento e resultado do processo".[36]

O delineamento dessa moderna concepção isonômica do contraditório se inicia de modo mais efetivo a partir desse momento, mediante a percepção da doutrina processual germânica de que este não poderia mais ser analisado tão somente como mera garantia formal de bilateralidade da audiência, mas, sim, como uma possibilidade de influência (*Einwirkungsmöglichkeit*) sobre o conteúdo das decisões[37] e sobre o desenvolvimento do processo, com inexistentes ou reduzidas possibilidades de surpresa.[38]

Existiria um *dever de consulta* do juiz impondo a fomento do debate preventivo[39] e a submissão de todos os fundamentos (*ratio decidendi*) da futura decisão ao contraditório.[40] Pelo princípio, estariam asseguradas a igualdade de chances (*Chancengleichheit*) e igualdade de armas (*Waffengleichheit*).[41]

O contraditório, assim, é guindado a elemento normativo estrutural da comparticipação,[42] assegurando, constitucionalmente, o policentrismo processual.[43] Permite-se, assim, a todos os sujeitos potencialmente atingidos pela incidência do julgado (*potencialidade ofensiva*) a garantia de contribuir de forma crítica e construtiva para sua formação.[44]

Ao analisar o conteúdo do preceito presente no § 139,[45] entre outros, da *Ordenança Processual alemã* reformada e no Código de processo civil português reformado,[46] vislumbra-se que o direito de participação das partes não constitui um acréscimo inútil ou supérfluo. De modo que o aumento dos poderes dos juízes não significou a redução das garantias de defesa das partes, tanto que os pontos delineados por estas devem ser levados em conta na fundamentação das decisões, e ao juiz não é dada a possibilidade de decidir de ofício sem o anterior e prévio conhecimento das partes.[47]

Nota-se que, uma vez que os poderes do julgador são aumentados, impõe-se a este o dever de informar às partes as iniciativas que pretende exercer, de modo a permitir a elas um espaço de discussão em contraditório, devendo haver a expansão

---

[36] TROCER, Nicolò. *Processo civile e costituzione. Problemi di diritto tedesco e italiano, cit.*, p. 371. COMOGLIO, Luigi Paolo. *La garanzia costituzionale dell'azione ed il processo civile*. Padova: Cedam, 1970, p. 118.

[37] BAUR, Fritz. Der Anspruch auf Rechliches Gehör, cit., p. 403.

[38] BENDER, Rolf; STRECKER, Christoph. Op. cit., vol. 1, livro II, p. 554.

[39] WALTER, Gerhard, op. cit., 2001, p. 736.

[40] BAUR, Fritz. Der Anspruch auf Rechliches Gehör, cit., p. 408.

[41] BAUR, Fritz. Der Anspruch auf Rechliches Gehör, cit., p. 403.

[42] COMOGLIO, Luigi Paolo. Voce: contraddittorio (principio del) cit., p. 2.

[43] NUNES, Dierle José Coelho. *Processo jurisdicional democrático* cit.

[44] TROCKER, Nicolò. I llimitti soggetivi del giudicato tra tecniche di tutela sostanziale e garanzie di difesa processuale. *Rivista di Diritto Processuale*, Padova: Cedam, 1988, p. 35-95, p. 74-85, *passim*.

[45] ZPO – Ordenança Processual Civil – 139. *Direção material do processo*. Versão de 05.12.2005.

[46] Art. 3.3 do Código de Processo Civil português – *Necessidade do pedido e da contradição*. Versão do Dec-Lei nº 226/2008.

[47] THEODORO JÚNIOR, Humberto; NUNES, Dierle José Coelho. Uma dimensão ... cit., p. 123-124.

e a institucionalização do *dever de esclarecimento judicial* a cada etapa do procedimento, inviabilizando julgamentos surpresa.[48]

Desse modo, o *contraditório moderno constitui uma verdadeira garantia de não surpresa* que impõe ao juiz o dever de provocar o debate acerca de todas as questões, inclusive as de conhecimento oficioso, impedindo que em "solitária onipotência" aplique normas ou embase a decisão sobre fatos completamente estranhos à dialética defensiva de uma ou de ambas as partes.[49] Tudo que o juiz decidir fora do debate já ensejado às partes corresponde a surpreendê-las, e a desconsiderar o caráter dialético do processo, mesmo que o objeto do decisório corresponda a matéria apreciável de ofício.[50]

6. Conclusões

As ponderações delineadas neste breve ensaio demonstram que a leitura dinâmica da garantia do contraditório, como incentivador ao aspecto dialógico do procedimento, impõe uma efetiva comparticipação dos sujeitos processuais em todo o *iter* formativo das decisões.

Cria-se, assim, uma nova tendência e uma nova leitura paritária entre os sujeitos processuais, sem confundir seus papéis, mas, de modo a se implementar uma participação real com a assunção da corresponsabilidade endoprocessual por todos.

Insta, desse modo, registrar que o papel do julgador de garantidor de direitos fundamentais, diretor técnico do processo, impõe a este dialogar com as partes para encontrar a melhor aplicação (normativa) da tutela mediante o debate processual, e não através de um exercício solitário do poder.

A comparticipação advinda da leitura dinâmica do contraditório (e de outras garantias processuais constitucionais) importa uma democratização do sistema de aplicação de tutela. Assim, chegaremos a uma aplicação de tutela com resultados úteis e de acordo com as perspectivas de um Estado Democrático de Direito.

Enfim, o "processo justo", nas dimensões constitucionais do Estado Democrático de Direito deve ser construído e concluído como obra do esforço e participação das partes e do juiz. Ele não dá margem ao autoritarismo judicial, de sorte que, até mesmo quando a questão é daquelas que o juiz pode enfrentar de ofício, não deverá decidi-la sem antes ensejar a discussão com as partes, e assim permitir-lhes influir, lógica e juridicamente, com seus argumentos, na formação do julgado. O "processo justo", como adverte Comoglio não convive com a possibilidade de julgamentos "de surpresa", qualquer que seja o seu conteúdo.[51]

---

[48] BENDER, Rolf: STRECHER, Christoph. Op. Cit., vol. 1, livro II, p. 554.

[49] FERRI, Corrado. Sull'effettivitá del contradddittorio. *Rivista trimestrale di Diritto e Procedura Civile.* Milano: Giuffrè, 1988, p. 781-782.

[50] THEODORO JÚNIOR, Humberto; NUNES, Dierle José Coelho. Uma dimensão... *cit.*, p. 125

[51] Para COMOGLIO, perante a garantia constitucional do "processo justo" (art. 111, primo-secondo comma, Cost. Ital.), a intervenção das partes para clarear o tema a decidir não pode mais ser vista como *mera faculdade discricionária* do juiz. Há, *in casu,* um "potere-dovere" de prevenção contra as possíveis "decisões de surpresa", tornando *constitucionalmente necessários* (e não mais apenas "oportunos") o prévio *destaque* e a prévia *indicação* (às partes), da questão a dirimir, ainda que se trate de matéria de direito abordável *de ofício.* Mesmo em tais circunstâncias, "a decisão resolutória não será permitida ao juiz senão *depois* que as partes mesmas tenham podido tratar dela e discuti-la em amplo contraditório" (COMOGLIO, Luigi Paolo. *Etica e tecnica del "giusto processo",* cit., p. 352, nota 59).

— 18 —

Algumas notas sobre a relação entre os Direitos Fundamentais e o Processo: o caso da controvérsia entre a tutela processual individual e/ou transindividual do direito à saúde[1]

INGO WOLFGANG SARLET

Doutor pela Universidade de Munique e Pós-Doutor em Direito pela Universidade de Munique e pelo Instituto Max-Planck de Direito Social Estrangeiro e Internacional (Munique). Professor Titular da Faculdade de Direito e do Programa de Mestrado e Doutorado em Direito da PUCRS. Professor Visitante e Orientador no Doutorado em Direitos Humanos e Desenvolvimento da Universidade Pablo de Olavide, Sevilha. Ex-Professor Visitante da Universidade Católica Portuguesa, como bolsista do Programa *Erasmus Mundus*, da União Europeia (2009). Professor da Escola Superior da Magistratura do RS (AJURIS). Juiz de Direito no RS.

Sumário: 1 – Considerações preliminares; 2 – A assim designada dimensão jurídico-objetiva dos direitos fundamentais e seus diversos desdobramentos; 3 – A assim designada dimensão organizacional e procedimental dos direitos fundamentais; 4 – O caso do direito à saúde e a controvérsia sobre a sua tutela processual individual e/ou coletiva; 5 – Considerações finais.

1 – Considerações preliminares

Também o direito processual – especialmente na sua expressão normativa infraconstitucional – cada vez mais tem sido objeto da assim designada constitucionalização do Direito, temática que cada vez mais ocupa papel de destaque na agenda acadêmica brasileira, com reflexos perceptíveis – e igualmente crescentes em termos quantitativos e qualitativos – no que diz com a incorporação de tal perspectiva ao cotidiano da aplicação do Direito.

De modo similar (mas não idêntico, convém frisar) do que se tem afirmado em relação ao direito privado, também no que concerne ao domínio do processo, se pode partir da premissa de que é possível falar, numa primeira aproximação, em três grandes dimensões do fenômeno da constitucionalização: a) a incorporação aos textos constitucionais de princípios, direitos e garantias de matriz processual, como dão conta, entre outros, os exemplos da garantia do acesso à justiça, do direito fundamental à razoável duração do processo, do devido processo legal (aqui compreendido

[1] O presente texto corresponde, em sua maior parte, a uma conjugação e parcial reconstrução, do teor de trabalho publicado anteriormente na *Revista de Processo* vol. 175, 2009, São Paulo: RT, p. 09-33, bem como texto publicado na *Revista Direitos Fundamentais & Justiça*, vol. 10, jan-mar. 2010, Porto Alegre: HS Editora, este último centrado no problema da titularidade dos direitos sociais e a dupla dimensão individual e transindividual do direito à saúde. Pela leitura crítica e pelas sugestões agradecemos a MARIANA F. FIGUEIREDO, Mestre e Doutoranda pela PUCRS, Advogada da União, integrante do Grupo de Pesquisas sobre Direitos Fundamentais da PUCRS-CNPq.

na sua dupla acepção processual e substantiva, no sentido de um devido processo jurídico-constitucional), assim como de algumas típicas ações constitucionais;[2] b) a recepção, no plano da Constituição, de institutos originariamente oriundos da legislação e da prática processual infraconstitucional (o direito processual na Constituição),[3] embora a dificuldade, em alguns casos, de traçar uma linha demarcatória em relação ao item anterior;[4] e b) o influxo da Constituição sobre a normativa processual, no contexto do que poderia genericamente ser designado de uma interpretação orientada pela Constituição (abrangendo a técnica específica da interpretação conforme a Constituição).[5]

Em que pese a relevância das três perspectivas, não se objetiva aqui promover uma análise detida de tais fenômenos e dos seus possíveis pressupostos e desdobramentos, mas sim, discorrer sobre apenas um aspecto da teoria dos direitos fundamentais, que, juntamente com os princípios, constituem o núcleo essencial da Constituição material e o principal parâmetro para a constitucionalização do direito processual, juntamente com os já mencionados direitos (e princípios)-garantia fundamentais assegurados pela atual Constituição Federal do Brasil e concernentes ao domínio processual.

Portanto, é em relação à assim chamada dimensão organizacional e procedimental dos direitos fundamentais (fala-se também em direitos à organização e ao procedimento) e a sua substancial relevância no âmbito das relações entre Constituição e Processo, notadamente no que diz com a função primeira do processo de assegurar a própria efetividade da Constituição, em especial dos direitos fundamentais e da dignidade da pessoa humana, que iremos centrar nossa atenção, com destaque para o exemplo do direito à saúde, campo onde – como, de resto, na seara dos direitos socioambientais de um modo geral – se identifica, com particular agudeza, a necessidade de fortes investimentos também na releitura das relações entre Constituição, direitos fundamentais e processo, relações que são cruciais para uma compreensão adequada do papel da função jurisdicional[6] e do processo[7] no Estado Constitucional contempo-

[2] Vejam-se, em caráter emblemático, os casos recentes do "habeas data" e do mandado de injunção, além da Arguição de Descumprimento de Preceito Fundamental, do incremento na utilização da Reclamação Constitucional, das novas regras sobre o processo em matéria de controle de constitucionalidade, em especial a expansão do controle abstrato e concentrado, entre outros.

[3] Um dos exemplos, no caso do constitucionalismo brasileiro, é o da previsão, após prévia criação e regulamentação na esfera legal, da Ação Civil Pública no plano constitucional, como uma espécie de "ação constitucional".

[4] Por certo, não se há de negligenciar que foi a partir do labor do legislador infraconstitucional, da doutrina e da jurisprudência, que alguns institutos, antes não previstos expressamente nos textos constitucionais, neles acabaram sendo consagrados, ainda que já pudessem, em certos casos, ser deduzidos da Constituição, como implicitamente albergados.

[5] No que diz com as relações entre a Constituição e o Direito Privado, v., nesta perspectiva, embora – dadas as diferenças possíveis entre o Direito Processual e o Direito Privado – apontando para apenas duas alternativas (no caso, as alternativas "b" e "c"), Eugênio Facchini Neto, "Reflexões histórico-evolutivas sobre a constitucionalização do direito privado", in: Ingo Wolfgang Sarlet (Org), *Constituição, Direitos Fundamentais e Direito Privado*, 2ª ed., Porto Alegre: Livraria do Advogado, 2006, p. 37 e ss. Em outra perspectiva, há quem estabeleça a distinção entre direito constitucional processual e direito processual constitucional, como é o caso de Nelson Nery Junior, *Princípios do Processo na Constituição Federal*, 9ª ed., São Paulo: Revista dos Tribunais, 2009, p. 41 e ss., cuidando-se, todavia, em ambos casos de institutos previstos na esfera constitucional, expressa ou implicitamente.

[6] Sobre o tema, v., por todos, Elaine Harzheim Macedo, *Jurisdição e Processo. Crítica histórica e perspectivas para o terceiro milênio*. Porto Alegre: Livraria do Advogado, 2005.

[7] Sobre o processo civil na perspectiva do Estado Constitucional v., por todos, Daniel Mitidiero, *Processo Civil e Estado Constitucional*, Porto Alegre: Livraria do Advogado, 2007.

râneo, temática que também tem sido objeto de intensa e crescente preocupação dos nossos homenageados.[8]

Para que tal empreitada seja possível, não há, contudo, como deixar de lançar, numa primeira etapa, alguns apontamentos sobre a perspectiva (ou dimensão) objetiva dos direitos fundamentais e seus principais desdobramentos, dentre os quais se situa precisamente a questão procedimental, designadamente na perspectiva que aqui será enfocada. Na sequência, embora sem qualquer pretensão de identificar todos os possíveis aspectos a serem enfrentados, e renunciando, em virtude do perfil da presente análise e da forte limitação espacial, a um maior aprofundamento, buscar-se-á ilustrar algumas das possíveis aplicações da teoria dos deveres de proteção e da dimensão organizatória e procedimental dos direitos fundamentais, mediante breve análise da problemática da controvérsia em torno da tutela individual e/ou transindividual do direito à saúde. Por derradeiro, agradecemos aos ilustres organizadores da presente obra pela honra e privilégio de poder aderir à justa homenagem que ora se rende aos eminentes colegas José Maria Rosa Tesheiner e Sérgio Gilberto Porto, como reconhecimento pela sua dedicação competente e incansável ao exercício do Magistério Superior e pela sua qualificada e influente produção intelectual, formadora já de algumas gerações de profissionais capazes na área jurídica.

2 – A assim designada dimensão jurídico-objetiva dos direitos fundamentais e seus diversos desdobramentos

Considerando a evolução doutrinária no Brasil,[9] é possível afirmar que também entre nós, mediante adesão aos desenvolvimentos registrados no direito estrangeiro, notadamente na Alemanha, já se registra um amplo consenso no sentido de que, paralelamente a de há muito reconhecida dimensão subjetiva (direitos fundamentais como direitos subjetivos, ou seja, como posições jurídicas exigíveis pelo seu titular[10]) dos direitos fundamentais, estes também apresentam uma dimensão objetiva.[11]

[8] Cf., em caráter ilustrativo, o ensaio de José Maria Tesheiner, "Processo e Constituição – Algumas Reflexões", in: Carlos Alberto Molinaro, Mariângela Guerreiro Milhoranza e Sérgio Gilberto Porto (Coord.), *Constituição, Jurisdição e Processo: estudos em homenagem aos 55 anos da Revista Jurídica*, Sapucaia do Sul: NOTADEZ, 2007, p. 409-427, bem como a recente monografia de Sérgio Gilberto Porto e Daniel Ustárroz, *Lições de Direitos Fundamentais no Processo Civil. O conteúdo processual da Constituição Federal*, Porto Alegre: Livraria do Advogado, 2009.

[9] Dentre o expressivo número de autores a tratar da questão, desponta, pelo seu pioneirismo e profundidade também nesta seara, Paulo Bonavides, *Curso de Direito Constitucional*, 7ª ed., São Paulo: Malheiros, 1997, p. 481 e ss. p. 532 e ss., exercendo grande influência sobre os desenvolvimentos subsequentes.

[10] Sobre as diversas possibilidades no âmbito da assim designada dimensão subjetiva dos direitos fundamentais, inclusive sobre o conceito de direito subjetivo, v. o nosso *A Eficácia dos Direitos Fundamentais*, 10ª ed., Porto Alegre: Livraria do Advogado, 2009, p. 151 e ss.

[11] Sobre a dimensão objetiva e seus desdobramentos, v. também, por todos, o nosso *A Eficácia dos Direitos Fundamentais*, cit., p. 142 e ss. Convém anotar, todavia, que o referido consenso é, em termos gerais, observado também no âmbito da doutrina e da jurisprudência constitucional europeia, que, por sua vez, influenciou o direito brasileiro, muito embora o reconhecimento da dimensão objetiva dos direitos fundamentais, pelo menos no sentido que lhe tem sido atribuído a partir da elaboração dogmática alemã, não possa aspirar a uma pretensão de universalidade. Com efeito, ainda que aqui não se vá desenvolver este aspecto, há que destacar a ausência de um desenvolvimento dogmático similar no direito constitucional norte-americano, o que não significa que não exista uma profícua e influente produção versando sobre os valores constitucionais no âmbito das discussões travadas em torno dos limites e da legitimação da interpretação constitucional. Neste sentido, a lembrança, entre nós, de Daniel Sarmento, "A dimensão objetiva dos direitos fundamentais: fragmentos de uma teoria", *in*: Ricardo Lobo Torres e Celso Albuquerque Mello (orgs.), *Arquivos de Direitos Humanos*, vol. IV, Rio de Janeiro: Renovar, 2003, p. 73 e ss., o qual bem aponta que a objeção de um ilegítimo, ou pelo menos exagerado ativismo judicial, assim como a alegação de uma espécie de hipertrofia dos direitos fundamentais, notadamente em função dos desdobramentos de sua dimensão objetiva, também tem sido

No que diz com o seu conteúdo e significado jurídico, apesar de encontrarmos já na doutrina constitucional do primeiro Pós-Guerra certos desenvolvimentos do que hoje se considera a dimensão objetiva dos direitos fundamentais,[12] foi após a promulgação da Lei Fundamental Alemã de 1949 que ocorreu o impulso decisivo neste sentido. Neste contexto, a doutrina e a jurisprudência continuam a evocar a paradigmática decisão proferida em 1958 pelo Tribunal Constitucional Federal (*Bun desverfassungsgericht*) da Alemanha no caso *Lüth*, na qual, além de outros aspectos relevantes, ficou consignado que os direitos fundamentais não se limitam à função precípua de serem direitos subjetivos de defesa do indivíduo contra atos do poder público, mas que, além disso, constituem decisões valorativas de natureza jurídico-objetiva da Constituição, com eficácia em todo o ordenamento jurídico, e que fornecem diretrizes para os órgãos legislativos, judiciários e executivos.[13] Em outras palavras, de acordo com o que consignou Antonio E. Pérez Luño, os direitos fundamentais passaram a apresentar-se, no âmbito da ordem constitucional, como um conjunto de valores objetivos básicos e fins diretivos da ação positiva dos poderes públicos, e não apenas garantias negativas dos interesses individuais.[14]Ainda nesta perspectiva, como bem anota Miguel Presno Linera, os direitos fundamentais, na sua dimensão objetiva, operam não propriamente como direitos e garantias nas relações entre particulares e Estado, mas transformam-se em princípios superiores do ordenamento jurídico-constitucional considerado em seu conjunto, na condição de componentes estruturais básicos da ordem jurídica.[15]

Desde já, percebe-se que com o reconhecimento de uma perspectiva objetiva dos direitos fundamentais – pelo prisma aqui privilegiado – não está se fazendo referência ao fato de que qualquer posição jurídica subjetiva pressupõe, necessariamente, um preceito de direito objetivo que a preveja,[16] de tal sorte que não se cuida, na presente perspectiva, simplesmente de um mero "reverso da medalha" da dimensão subjetiva dos direitos fundamentais.[17] A faceta objetiva dos direitos fundamentais,

---

constantemente suscitada na Alemanha (basta aqui referir autores do porte de Jürgen Habermas e Ernst-Wolfgang Böckenförde), de tal sorte que também quanto a este ponto existem importantes convergências com o direito norte-americano (op. cit., p. 75 e ss.)

[12] Oportuna torna-se aqui a referência, nada obstante exemplificativa, à doutrina das garantias institucionais desenvolvida com base nas lições de Martin Wolff e Carl Schmitt sob a égide da Constituição de Weimar, de 1919, bem como da dimensão axiológica da Constituição, encontrada na obra de Rudolf Smend, *Constitución y derecho constitucional*, Madrid: Centro de Estudios Constitucionales, 1985, p. 37 e ss., no âmbito de sua "teoria da integração". Para o autor, a função integrativa da Constituição apoia-se justamente nos valores essenciais de uma determinada comunidade, em cuja base situam-se os direitos fundamentais.

[13] Cf. *BVerfGE 7*, 198/204 e ss., posteriormente objeto de ratificação em outras decisões (por ex., *BVerfGE 49*, 89/141 e ss.).

[14] Cf. Antonio Enrique Pérez Luño, *Los Derechos Fundamentales*. 6ª ed. Madrid: Tecnos, 1995. p. 20-1, que, neste contexto, aponta para a função legitimadora do Estado de Direito decorrente desta significação axiológica objetiva dos direitos fundamentais, na medida em que constituem os pressupostos do consenso sobre o qual se funda qualquer sociedade democrática, exercendo, neste sentido, o papel de sistematizar o conteúdo axiológico objetivo do ordenamento democrático.

[15] Cf. Miguel Presno Linera, "La estructura de las normas de derechos fundamentales", in: Francisco J. Bastida Freijedo e outros, *Teoría General de los Derechos Fundamentales en la Constitución Española de 1978*, Madrid: Tecnos, 2004, p. 51-52.

[16] Esta a oportuna advertência de José Carlos Vieira de Andrade, *Os Direitos Fundamentais na Constituição Portuguesa de 1976*. Coimbra: Almedina, 1987. p. 144. Na verdade, toda norma que contém um direito fundamental constitui sempre direito objetivo, independentemente da viabilidade de uma subjetivação (Assim, cf. Horst Dreier, *"Subjektiv-rechtliche und objektiv-rechtliche Grundrechtsgehalte", in: JURA* 1994, p. 509).

[17] Importa frisar, todavia, que com isto não se está a desconsiderar o fato de que a todo direito subjetivo corresponde uma previsão por parte do direito objetivo. O que se enfatiza é que a assim designada dimensão (ou perspectiva) obje-

que ora é objeto de sumária análise, significa, isto sim, que às normas que preveem direitos subjetivos é outorgada uma função (parcialmente) autônoma em relação à perspectiva subjetiva,[18] o que implica o reconhecimento de conteúdos normativos e, portanto, de funções distintas aos direitos fundamentais.[19] É por isso que a doutrina costuma apontar para a perspectiva objetiva como representando também – naqueles aspectos que se agregaram às funções tradicionalmente reconhecidas aos direitos fundamentais – uma espécie de mais-valia jurídica, no sentido de um reforço da juridicidade das normas de direitos fundamentais,[20] mais-valia esta que, por sua vez, pode ser aferida por meio das diversas categorias funcionais desenvolvidas na doutrina e na jurisprudência, sobre as quais, na sequência, iremos tecer algumas breves considerações.

Como uma das implicações diretamente associadas à dimensão objetiva dos direitos fundamentais, vinculada à noção de que estes incorporam e expressam determinados valores objetivos fundamentais da comunidade, está a constatação de que os direitos fundamentais (mesmo os clássicos direitos de defesa) devem ter sua eficácia valorada não só sob um ângulo individualista, isto é, com base no ponto de vista da pessoa individual e sua posição perante o Estado, mas igualmente sob o ponto de vista da sociedade, da comunidade considerada na sua totalidade, já que se cuida de valores e fins que esta deve respeitar e concretizar.[21] Neste sentido, como pretende parte da doutrina, é possível falar-se de uma responsabilidade comunitária dos indivíduos.[22] Também por tais razões, parece correto afirmar que todos os direitos fundamentais (na sua perspectiva objetiva) são sempre, e em certo sentido, direitos sociais e transindividuais, refletindo um interesse social, evidentemente não coincidente com o interesse estatal. Convém enfatizar, todavia, que não é possível sustentar, como querem alguns, uma posição secundária e subordinada da dimensão subjetiva (individual ou transindividual) em prol da dimensão objetiva (comunitária e, neste sentido, coletiva), nem mesmo no âmbito de uma supremacia apriorística do interesse público sobre o particular, que assumimos como equivocada.[23]

Da mesma forma, oportuno frisar que, no embate entre a dimensão objetiva e a subjetiva, há que reconhecer – e sem que se possa aqui aprofundar a questão – uma presunção (sempre relativa!) em favor da prevalência da última, especialmente se

tiva dos direitos fundamentais não se identifica (confunde) apenas com a relação entre direito e subjetivo ora referida, embora com ela evidentemente guarde forte conexão. Sobre o tópico v. a nota de rodapé 13, supra.

[18] Cf., dentre tantos, José Carlos Vieira de Andrade, *Os Direitos Fundamentais*, cit., p. 143.

[19] Neste sentido, por exemplo, Horst Dreier, *in: JURA* 1994, op. cit., p. 509.

[20] Esta a oportuna referência de José Carlos Vieira de Andrade, *Os Direitos Fundamentais*, cit., p. 165. Saliente-se, todavia, que a expressão "mais-valia" não deve ser considerada no sentido negativo que lhe atribuiu a doutrina marxista, mas, sim, como expressão de uma força jurídica reforçada dos direitos fundamentais.

[21] Neste sentido, dentre outros, José Carlos Vieira de Andrade, *Os Direitos Fundamentais*, cit., p. 144-5.

[22] A ideia de uma responsabilidade comunitária dos indivíduos, em que pese sua posterior recepção na doutrina lusitana (cf., dentre outros, José Carlos Vieira de Andrade, *Os Direitos Fundamentais*, cit., p. 146), encontra-se formulada já na jurisprudência constitucional alemã do início da década de 1950. Neste sentido, o Tribunal Federal Constitucional (*BVerfGE* 4,7 e ss.) já se havia posicionado a favor de uma concepção do indivíduo como inserido numa comunidade e vinculado aos valores fundamentais desta (*die Gemeinschaftsgebundenheit des Individuums* = vinculação comunitária do indivíduo).

[23] Sobre o tema, dentre outros, reunindo diversos ensaios de qualidade que discutem, com atualidade, as principais posições disponíveis na doutrina e jurisprudência, v. a coletânea de Daniel Sarmento (Org), *Interesses Públicos versus Interesses Privados: Desconstruindo o Princípio da Supremacia do Interesse Público*, Rio de Janeiro: Lumen Júris, 2005.

considerarmos uma noção por assim dizer "alargada" de direitos subjetivos (no sentido de um complexo heterogêneo e diversificado de posições subjetivas) em matéria de direitos fundamentais, e, por outro lado, levarmos em conta que as funções agregadas aos direitos fundamentais na esfera da dimensão objetiva implicam uma ampliação também do espaço da dimensão subjetiva.[24] Por outro lado, é precisamente neste contexto que alguns autores têm analisado o problema dos deveres fundamentais, na medida em que estaria vinculado, por conexo, com a perspectiva objetiva dos direitos fundamenteis.[25]

Já no que diz com o desenvolvimento de novos conteúdos (funções) que têm sido reconduzidos à dimensão jurídico-objetiva dos direitos fundamentais, optamos por destacar três funções, dada a sua particular relevância para a ordem jurídico-constitucional brasileira. Tais funções, em que pese suas peculiaridades, guardam íntima relação entre si e acabam concorrendo no que diz com uma normatividade e proteção jurídica reforçada dos direitos fundamentais. Considerando que a relação entre os direitos fundamentais, os deveres de proteção estatais e a dimensão organizatória e procedimental será abordada na terceira parte do presente texto, aqui será feita apenas breve referência às duas primeiras, designadamente a assim designada "eficácia irradiante" dos direitos fundamentais e a sua função como deveres de proteção (imperativos de tutela).

Foi precisamente na já citada decisão "Lüth" que o Tribunal Constitucional Federal da Alemanha enfatizou que, na sua dimensão objetiva, os valores incorporados pelas normas de direitos fundamentais se projetam (irradiam) sobre todo o ordenamento jurídico, fornecendo impulsos e diretrizes para a aplicação dos direitos fundamentais, implicando uma interpretação conforme aos direitos fundamentais da ordem jurídica compreendida na sua integralidade. Tal concepção, notadamente quando vinculada à supremacia constitucional e a uma jurisdição constitucional capaz de fazer valer tal supremacia e interpretação conforme, constitui o pilar do fenômeno da constitucionalização do Direito, não estando restrita, por óbvio, à eficácia dos direitos e princípios constitucionais do processo no plano da legislação infraconstitucional e para a concretização judicial, mas abrangendo a necessária adequação da legislação processual aos demais direitos fundamentais e a própria interpretação dos institutos tipicamente processuais na Constituição em sinergia com os direitos fundamentais na sua totalidade, seara na qual assumem particular relevância as duas próximas funções referidas à dimensão objetiva dos direitos fundamentais.

Outra importante função atribuída aos direitos fundamentais e desenvolvida com base na existência de um dever geral de efetivação atribuído ao Estado, por sua vez agregado à perspectiva objetiva dos direitos fundamentais, diz com o reconhecimento de deveres de proteção (*Schutzpflichten*) do Estado, no sentido de que a este incumbe zelar, inclusive preventivamente, pela proteção dos direitos fundamentais dos indivíduos não somente contra os poderes públicos, mas também contra agres-

[24] Cf., por todos, Robert Alexy, "*Grundrechte als subjektive Rechte und als objektive Normen*", in: Der Staat 29 (1990), p. 60 e ss.

[25] Sobre os deveres fundamentais, v., principalmente (em língua portuguesa), José Carlos Vieira de Andrade, *Os Direitos Fundamentais*, cit., p. 147 e ss., e José Joaquim Gomes Canotilho, *Direito Constitucional e Teoria da Constituição*. 3ª ed. Coimbra: Almedina, 1999. p. 559-60. Mais recentemente, *v*. a expressiva contribuição de José Casalta Nabais, *O Dever Fundamental de Pagar Impostos*. 2ª ed. Coimbra: Almedina, 2004, notadamente na primeira parte da obra, onde desenvolve uma teoria dos deveres fundamentais. No âmbito da doutrina espanhola, v., sobretudo, Rafael de Asis Roig, *Deveres y Obligaciones en la Constitución*, Madrid: Centro de Estúdios Constitucionales, 1991.

sões provindas de particulares e até mesmo de outros Estados.[26] Esta incumbência – que tem sido reconduzida especialmente ao monopólio estatal no que diz com a tutela contra violações de direitos e o exercício do poder (no sentido de uma compensação pela retirada deste poder das "mãos" dos indivíduos)[27] por sua vez, desemboca na obrigação de o Estado adotar medidas positivas da mais diversa natureza (por exemplo, por meio de proibições, autorizações, medidas legislativas de natureza penal, etc.), com o objetivo precípuo de proteger de forma efetiva o exercício dos direitos fundamentais.[28] Se passarmos os olhos pelo catálogo dos direitos fundamentais de nossa Constituição, será possível encontrarmos alguns exemplos que poderiam, em princípio, enquadrar-se nesta categoria,[29] sem prejuízo, por certo, da existência de deveres implícitos de proteção vinculados aos direitos fundamentais individualmente considerados.

Sem adentrar aqui o exame mais detalhado deste instigante tema, bem como deixando de lado a controvérsia travada em torno da possibilidade de se deduzirem, com base nos deveres de proteção do Estado, certas posições jurídicas subjetivas, de modo especial o reconhecimento de um direito individual subjetivo a medidas ativas de proteção por parte dos poderes públicos,[30] importa registrar que os deveres de proteção (já no plano objetivo) vinculam os órgãos estatais igualmente no que diz com necessidade de atuarem de modo suficiente, no sentido de minimamente eficaz, na sua tarefa de proteger os direitos fundamentais, seja em relação a violações oriundas do próprio Estado, seja no que diz com ameaças e violações originárias de outros particulares, o que revela a importância da questão para o problema da eficácia dos direitos fundamentais no âmbito das relações privadas.[31] De outra parte, resulta – aqui no caso específico do Poder Judiciário – um dever/poder de correção da própria legislação e dos atos da administração pública, naquilo em que inequivocamente estiverem violando este dever de proteção suficiente, portanto, eficiente.[32] É nesta perspectiva que foi desenvolvida a noção de que aquilo que se poderia designar de um dever de proporcionalidade (no caso da atuação estatal) implica não apenas uma

[26] A este respeito, v., dentre outros, Konrad Hesse, *Grundzüge des Verfassungsrechts der Bundesrepublik Deutschland.* 20ª ed. Heidelberg: C.F. Müller Verlag, 1995. p. 155, e Michael Sachs, *in*: Michael Sachs (Org.), *Grundgesetz – Kommentar,* München: C.H. Beck, 1996. p. 79-80.

[27] Cf., por último, Christian Caliess, "*Die grundrechtliche Schutzpflicht im mehrpoligen Verfassungsrechtsverhältnis*". In: *JZ* (Juristenzeitung), 2006, p. 321 e ss.

[28] Esta a lição, dentre outros, de Peter Badura, *Staatsrecht*, München: C.H. Beck, 1986, p. 79; na literatura mais recente, v., por exemplo, Hans Jarass e Bodo Pieroth, *Grundgesetz für die Bundesrepublik Deutschland*, 3ª ed. München: C.H. Beck, 1995. p. 19.

[29] Assim, poder-se-ia cogitar de um dever geral de proteção decorrente do artigo 5º, *caput*, da CF, que expressamente menciona o direito à segurança, assim como a proteção do consumidor na forma da lei (art. 5º, inc. XXXII), e um dever de assegurar-se a proteção das participações individuais em obras coletivas (art. 5º, inc. XXVIII). No âmbito dos direitos sociais dos trabalhadores, merecem destaque as normas do art. 7º, inc. X (proteção do salário, na forma da lei), inc. XXVII (proteção legal contra a automação) e inc. XX (proteção do mercado de trabalho da mulher), apenas para que se fique na esfera das hipóteses que de forma mais evidente anunciam deveres expressos de proteção por parte do Estado, por meio de medidas legislativas na esfera dos direitos fundamentais.

[30] Também aqui remetemos ao nosso *A Eficácia dos Direitos Fundamentais*, cit., p. 222-3 e às referências ali enunciadas.

[31] Desenvolvendo as aplicações dos deveres de proteção em relação ao direito privado (embora não se esteja a endossar todas as teses do autor, especialmente no que sustenta uma eficácia apenas mediata dos direitos fundamentais nas relações entre particulares) v., por todos, Claus-Wilhelm Canaris, *Direitos Fundamentais e Direito Privado*, Coimbra: Almedina, 2003.

[32] Dentre as diversas manifestações deste controle por parte do Poder Judiciário, destaca-se a fiscalização da constitucionalidade por ação e omissão e a aplicação da técnica da interpretação conforme a Constituição.

proibição de excesso, mas também uma proibição de (proteção insuficiente) insuficiência,[33] o que não significa que – mesmo quando configurada a incidência de um dever de proteção – o Estado não disponha de uma relativamente ampla (a depender, é claro, das circunstâncias do caso e da natureza do bem a ser protegido) margem de liberdade na determinação dos meios a serem utilizados na efetivação desta proteção, como é o caso, dentre tantas alternativas, da criação de procedimentos adequados à tutela dos direitos, tudo a demonstrar, desde logo, a conexão com a dimensão organizatória e procedimental dos direitos fundamentais, a ser analisada justamente no próximo segmento.

3 – A assim designada dimensão organizacional e procedimental dos direitos fundamentais

Com base nas possibilidades já apontadas da dimensão objetiva, sustenta-se que a partir do conteúdo das normas de direitos fundamentais é possível se extraírem tanto consequências para a aplicação e interpretação das normas procedimentais, quanto para uma formatação do direito organizacional e procedimental que auxilie na efetivação da proteção aos direitos fundamentais, de modo a se evitarem os riscos de uma redução do seu significado e conteúdo material.[34] Neste contexto, há que considerar a íntima vinculação entre direitos fundamentais, organização e procedimento, no sentido de que os direitos fundamentais são, ao mesmo tempo e de certa forma, dependentes da organização e do procedimento, mas simultaneamente atuam sobre o direito procedimental e as estruturas organizacionais.[35]

Tendo em vista que os deveres de proteção do Estado podem e devem, por vezes, concretizar-se por meio de normas dispondo sobre o procedimento administrativo ou judicial, bem como pela criação de órgãos incumbidos da tutela e promoção de direitos, constata-se, desde já, a conexão que pode existir entre estas duas facetas da perspectiva jurídico-objetiva dos direitos fundamentais, no caso, entre os deveres de proteção e a dimensão organizatória e procedimental. Para além desta constatação, que já deveria de há muito estar consolidada também no âmbito da cultura jurídica nacional, foi feita oportuna referência na doutrina para a necessidade de um procedimento ordenado e justo para a efetivação ou garantia eficaz dos direitos fundamentais.[36] Por fim, agregada à perspectiva subjetiva e à teoria dos direitos a prestações, esta concepção levou ao reconhecimento de direitos subjetivos fundamentais à prote-

[33] Cf., no Brasil, especialmente o nosso "Constituição e Proporcionalidade: o direito penal e os direitos fundamentais entre proibição de excesso e de insuficiência", in: Revista de Estudos Criminais nº 12, ano 3., Sapucaia do Sul, Editora Nota Dez, 2003, p. 86 e ss. (também publicada na Revista Brasileira de Ciências Criminais nº 47, 2003, Editora RT). V. também Lenio Luiz Streck, "A dupla face do princípio da proporcionalidade: da proibição de excesso ("Übermassverbot") à proibição de proteção deficiente ("Untermassverbot") ou de como não há blindagem contra normas penais inconstitucionais", in: Revista da AJURIS, Ano XXXII, Nº 97, março de 2005, p. 171 e ss.. Mais recentemente, v., desenvolvendo o ponto, Luciano Feldens, *Direitos Fundamentais e Direito Penal*, Porto Alegre: Livraria do Advogado, 2008, bem como o nosso *A Eficácia dos Direitos Fundamentais*, cit., p.394 e ss.

[34] Neste sentido, representando a posição majoritária na doutrina, as lições de Gerrit Manssen, *Staatsrecht I Grundrechtsdogmatik*, München: Verlag Franz Vahlen, 1995, p. 18, Bodo Pieroth e Bernhard Schlink, *Grundrechte – Staatsrecht II*. 11ª ed. Heidelberg: C.F. Müller, 1995, p. 27, bem como de Konrad Hesse, *Grundzüge*, cit., p. 156.

[35] Esta a posição adotada pelo Tribunal Federal Constitucional da Alemanha (v. *BVerfGE* 77, 170 [215]) e que vem sendo seguida pela doutrina. Neste sentido, dentre outros, Bodo Pieroth e Bernhard Schlink, *Grundrechte*, cit., p. 27.

[36] Importa advertir, todavia, que a garantia de um procedimento ordenado e justo no plano jurídico-constitucional não gera, em si mesma, necessariamente, resultados justos, como o demonstra, entre tantos outros, a distinção feita por Rawls entre justiça procedimental pura e justiça procedimental imperfeita, análise esta que, contudo, escapa ao

ção mediante a organização e o procedimento (e do correspondente dever do Estado de criar ou fomentar a criação de órgãos aptos a atuarem tanto na tutela quanto na criação de procedimentos adequados à proteção e promoção dos direitos), incluindo a ideia de direitos fundamentais de participação na organização e procedimento, que pode ser reportada a uma dimensão democrático-participativa dos direitos fundamentais, que, por sua vez, não se esgota nas figuras "clássicas" dos direitos políticos ativos e passivos.

Importa destacar, nesta quadra, a íntima ligação entre as noções de organização e procedimento e os direitos fundamentais, no sentido de uma influência recíproca entre as três categorias, visto que, se os direitos fundamentais são, sempre e de certa forma, dependentes da organização e do procedimento, sobre estes também exercem uma influência que, dentre outros aspectos, se manifesta na medida em que os direitos fundamentais podem ser considerados como parâmetro para a formatação das estruturas organizatórias e dos procedimentos, servindo, para além disso, como diretrizes para a aplicação e interpretação das normas procedimentais.[37] Justamente em face da relevância desta relação de influência recíproca entre direitos fundamentais, organização e procedimento, é que Peter Häberle, procedendo a uma releitura da famosa teoria dos quatro status de Georg Jellinek, agregou ao *status activus* aquilo que denominou de *status activus processualis*, o qual se refere justamente à dimensão procedimental dos direitos fundamentais, que também pode ser qualificada de um autêntico devido processo dos direitos fundamentais.[38] Nesta mesma linha, nunca é demais relembrar a lição de Konrad Hesse, no sentido de que a organização e o procedimento podem ser considerados em muitos casos até mesmo o único meio para alcançar um resultado conforme aos direitos fundamentais e de assegurar a sua eficácia.[39]

Aproximando-nos (um pouco) mais dos meandros da dimensão organizatória e procedimental, na perspectiva aqui privilegiada, verifica-se que uma das maiores dificuldades, como oportunamente registrou Robert Alexy, consiste na identificação do objeto dos direitos à organização e procedimento, o que gerou uma relativa imprecisão técnica no uso das expressões "organização" e "procedimento" na doutrina e na jurisprudência, gerada principalmente pelo amplo espectro de posições jurídicas que podem estar incluídas sob esta rubrica, que variam, como demonstra o autor re-

---

âmbito do presente artigo. Para maior desenvolvimento, v., por todos, o próprio John Rawls, *Uma Teoria da Justiça*, trad. Almiro Pisetta e Lenita M. R. Esteves, 2ª tiragem, São Paulo: Martins Fontes, 2000.

[37] No âmbito da produção monográfica nacional, vale destacar as dimensões exploradas com profundidade por Luiz Guilherme Marinoni, *Técnica Processual e Tutela dos Direitos*. São Paulo: Revista dos Tribunais, 2004, especialmente p. 165-249, destacando o dever do Juiz de conformar o procedimento adequado ao caso concreto, pelo prisma da efetividade da prestação jurisdicional. Mais recentemente, v. do mesmo autor *Teoria Geral do Processo*, São Paulo: RT, 2006, construindo toda uma fundamentação da teoria geral do processo na perspectiva dos direitos fundamentais. Também na seara processual, v. o instigante ensaio de Carlos Alberto Alvaro de Oliveira, "O Processo Civil na Perspectiva dos Direitos Fundamentais", in: Carlos Alberto Alvaro de Oliveira (org.), *Processo e Constituição*, Rio de Janeiro: Forense, p. 1 e ss., bem como os contributos de Hermes Zaneti Júnior, "Processo Constitucional: relações entre Processo e Constituição", in: *Revista da AJURIS*, nº 94, junho 2004, p. 105 e ss., e de Daniel Francisco Mitidiero, *Elementos para uma teoria contemporânea do Processo Civil brasileiro*, Porto Alegre: Livraria do Advogado, 2005. Por último, desenvolvendo vários complexos temáticos na perspectiva das funções do processo no Estado Constitucional, v. também Daniel Mitidiero, *Processo Civil e Estado Constitucional*, Porto Alegre: Livraria do Advogado, 2007.

[38] Cf. Peter Häberle, "*Grundrechte im Leistungsstaat*", *in: VVDStRL* 30 (1972), p. 81 e ss.

[39] Cf. Konrad Hesse, "*Bestand und Bedeutung der Grundrechte in der Bundesrepublik Deutschland*", in*: EuGRZ 1978*, p. 434 e ss.

ferido, desde um direito à proteção judiciária efetiva até direitos a medidas estatais na esfera organizatória, tais como a participação nos colegiados das instituições de ensino superior.[40] Para Alexy, a utilização conjunta das expressões "organização" e "procedimento" apenas é possível se identificarmos elementos comuns que justifiquem esta aglutinação, o que se pode verificar com base na noção de procedimento, considerando-se este em sentido amplo, no sentido de sistema de regras e/ou princípios destinados à consecução de determinados resultados, e que engloba a diversidade dos fenômenos que suscita a dimensão organizatória e procedimental dos direitos fundamentais.[41] Ainda no que diz com o objeto destes direitos de participação na organização e procedimento, Alexy lembra que estes tanto podem ser considerados direitos à emissão de determinadas normas procedimentais, quanto direitos a determinada interpretação e aplicação das normas sobre procedimento, salientando, de outra parte, que no âmbito dos direitos prestacionais, na condição de direitos a prestações normativas, apenas a primeira categoria – que tem por destinatário o legislador – assume relevância.[42]

Neste contexto, para efeitos da compreensão do conteúdo da dimensão procedimental e organizacional dos direitos fundamentais, assume particular relevância a distinção que pode ser traçada entre a possibilidade de participação (tomar parte em) na organização e no procedimento ou direitos à criação de estruturas organizacionais e emissão de normas procedimentais, ressaltando-se o caráter prestacional típico apenas do segundo grupo. Verifica-se, portanto, que sob a expressão "direitos de participação na organização e procedimento" se encontram abrangidas ambas as categorias. Por este motivo, existem autores que – com o objetivo de salientar a dimensão prestacional – preferem falar em direitos à organização e ao procedimento.[43] No âmbito de uma concepção mais abrangente, podem ser considerados direitos a prestações (em sentido amplo) todos aqueles que asseguram ao indivíduo a execução (implementação) de procedimentos ou organizações em geral ou a possibilidade de participação em procedimentos ou estruturas organizacionais já existentes.[44] O que deve ficar esclarecido, neste momento, é o fato de que apenas parte da problemática relativa à dimensão procedimental e organizatória dos direitos fundamentais pode ser reportada ao *status positivus*, ou seja, ao que se convencionou designar de dimensão prestacional dos direitos fundamentais.

Pelo menos dois aspectos merecem ser ressaltados a esta altura: em primeiro lugar, o fato de que a fruição de diversos direitos fundamentais não se revela possível ou, no mínimo, perde em efetividade, sem que sejam colocadas à disposição prestações estatais na esfera organizacional e procedimental; além disso, importa considerar que importantes liberdades pessoais somente atingem um grau de efetiva realização no âmbito de uma cooperação (no sentido de atuação conjunta e ordenada) por parte

[40] Cf. Robert Alexy, *Theorie der Grundrechte*. 2ª ed. Frankfurt a.M., Suhrkamp, 1994. p. 430.

[41] Cf. Robert Alexy, *Theorie der Grundrechte*, cit., *p. 430-1*. De acordo com Alexy, esta concepção ampla de procedimento demonstra de forma clara que as normas de organização e procedimento devem ser configuradas de um modo conforme aos direitos fundamentais, de tal sorte que, partindo-se de um conceito abrangente de procedimento (o qual inclui também as normas de organização), se poderia falar simplesmente em direitos ao procedimento ou direitos procedimentais, como costuma ocorrer na doutrina.

[42] Cf., mais uma vez, Robert Alexy, *Theorie der Grundrechte*, cit., p. 431-2.

[43] Este é o caso de Robert Alexy, *Theorie der Grundrechte*, cit., p. 428 e ss.

[44] Neste sentido, dentre outros, Dietrich Murswiek, "*Grundrechte als Teilhaberechte, soziale Grundrechte*", in: Isensee-Kirchhof (Org.). *HBStR V*, p. 251.

de outros titulares de direitos fundamentais, implicando prestações estatais de cunho organizatório e coordenatório, em regra de natureza normativa.[45] É com base nestas constatações que se verifica a necessidade dos assim denominados direitos de participação na organização e procedimento (ou direitos à organização e ao procedimento), na qualidade de posições jurídico-prestacionais fundamentais. Retoma-se aqui a ideia já referida de que a organização e o procedimento de um modo geral (e não apenas no aspecto prestacional) se encontram a serviço dos direitos fundamentais e, neste sentido, podem ser considerados até mesmo uma das condições de sua efetivação.[46]

Há que salientar, por outro lado, que, apesar de sua íntima vinculação com a ideia de um procedimento justo, com a efetivação dos direitos fundamentais e a dimensão procedimental, se excluem do objeto dos direitos à participação na organização e procedimento os direitos e garantias processuais, nomeadamente os direitos-garantia de que falamos no âmbito dos direitos de defesa, excetuando-se, todavia, o direito de acesso à Justiça, no caso brasileiro, representado – não só, mas principalmente – pela garantia enunciada no art. 5º, inc. XXXV, da CF, que se apresenta, pelo menos no que diz com sua carga preponderante, em típico direito a prestações em sentido amplo. Também se poderia cogitar aqui da inclusão, no grupo dos direitos de participação na organização e procedimento, do direito dos partidos políticos a recursos do fundo partidário e do acesso à propaganda política gratuita nos meios de comunicação (art. 17, § 3º, da CF), na medida em que se trata de prestações dirigidas tanto à manutenção da estrutura organizacional dos partidos (e até mesmo de sua própria existência como instituições de importância vital para a democracia), quanto à garantia de uma igualdade de oportunidades no que concerne à participação no processo democrático.

Tais considerações, somadas aos argumentos já colacionados, reforçam a tese de que os direitos fundamentais, para além de outorgarem legitimidade ao Estado Democrático de Direito, possuem um caráter democrático que, no contexto da dimensão organizatória e procedimental, se manifesta justamente no reconhecimento de uma democracia com elementos participativos. Assim, quando Peter Häberle nos fala de um *status activus processualis*, está a nos falar (também) de um conteúdo e de uma função democrática ampliada dos direitos fundamentais,[47] aspecto que não passou despercebido ao nosso homenageado Sérgio Gilberto Porto, precisamente ao fazer referência à noção de uma *cidadania processual*.[48] No contexto da Constituição Federal de 1988, que agasalhou importantes instrumentos de participação direta da população no processo político-decisório (tais como o plebiscito, o *referendum* e a iniciativa popular legislativa), a valorização da assim designada dimensão organizatória e procedimental (também democrático-participativa) dos direitos fundamentais passa a ser uma tarefa primordial do Estado Brasileiro. Nesta perspectiva e já conectando com a

[45] Esta a oportuna lição de Erhard Denninger, *Anmerkungen zu Art. 1 GG*, in: Rudolf Wassermann (Org.), *kommentar zum Grundgesetz für die Bundesrepublik Deutschland (Alternativkommentar)*, vol. I, Neuwied: Luchterhand, 1989, p. 182-3, que, neste contexto, também aponta para o fato de que a liberdade fundamental do indivíduo não pode mais ser considerada como ilimitada expressão da autonomia de vontade, passando a ser, na medida em que se faz necessária uma coordenação, uma limitada oportunidade de participação efetiva nas decisões, no procedimento e no resultado almejado.

[46] Neste sentido, dentre outros, v. Klaus Stern, "*Idee und Elemente eines Systems der Grundrechte*" in: Isensee-Kirchhof (Org). *HBStR V*, Heidelberg: C.F. Müller, 1992, p. 82.

[47] Cf. Peter Häberle,"Grundrechte im Leistungsstaat" (v. nota de rodapé n. 36, supra).

[48] Cf. Sérgio Gilberto Porto, *Ação Rescisória Atípica*, São Paulo: Revista dos Tribunais, 2009, p. 157.

dimensão democrático-procedimental, registra-se – como bem sustentado por Carlos Alberto Alvaro de Oliveira – a necessidade de investir na noção de um "processo cooperativo",[49] portanto, pautado por um permanente diálogo intersubjetivo entre as partes e o Juiz e, quando for o caso, com outros agentes intervenientes. Nesta perspectiva, é possível, na esteira do que propõe Daniel Mitidiero, se sustentar a existência de um dever de colaboração (inclusive do Juiz) no âmbito do processo.[50]

Nesta mesma linha de entendimento, considerando que também ao Juiz incumbe um dever de proteção dos direitos fundamentais, levar a sério a dimensão organizatória e procedimental dos direitos fundamentais pressupõe tomar a sério o poder-dever do Juiz no sentido de uma adequada interpretação e formatação do processo e dos procedimentos, assim como das técnicas processuais de tutela dos direitos (o que, à evidência, abrange o dever de zelar pelo referido cunho cooperativo do processo), na esteira do que vem advogando a doutrina processual mais recente e afinada com a atual dogmática dos direitos fundamentais, como é o caso, entre outros, do já citado contributo de Luiz Guilherme Marinoni em obra específica sobre o tema.[51]

Para além do exposto, a problemática dos direitos de participação na organização e procedimento centra-se na possibilidade de exigir-se do Estado (de modo especial, do legislador) a emissão de atos legislativos e administrativos destinados a criar órgãos e estabelecer procedimentos, além de outras medidas capazes de assegurar um devido processo (no sentido de um processo justo!) e a tutela jurisdicional efetiva, no sentido de compatível com as exigências vinculadas aos diversos bens fundamentais, bem como que objetivem garantir aos indivíduos a participação efetiva na organização e no procedimento. Nesta perspectiva, trata-se de saber se existe uma obrigação do Estado neste sentido e se a esta corresponde um direito subjetivo (fundamental) do indivíduo. Ao passo que, entre nós, este tema não tem sido contemplado com a atenção da doutrina, ao menos não sob o ângulo pelo qual ora o enfrentamos (ainda que de forma assumidamente tangencial), verifica-se que mesmo na doutrina alienígena não existe qualquer consenso sobre a matéria. Em que pese o reconhecimento praticamente uniforme da importância da dimensão organizatória e procedimental dos direitos fundamentais (ou da organização e procedimento para os direitos fundamentais), a doutrina e a jurisprudência constitucional germânicas – a quem se deve tributar o desenvolvimento destes aspectos –, quando se cuida de admitir direitos fundamentais subjetivos a prestações normativas nesta esfera, revela-se, além de extremamente controversa, preponderantemente recalcitrante neste particular.[52]

[49] Cf. Carlos Alberto Alvaro de Oliveira, *O Processo Civil na Perspectiva dos Direitos Fundamentais*, cit., p. 11, ponderando, nesta linha de entendimento, que "a participação no processo e pelo processo já não pode ser visualizada apenas como um instrumento funcional de democratização ou realização do direito material e processual, mas como dimensão intrinsecamente complementadora e integradora das mesmas esferas".

[50] Sobre a temática, embora já em outra perspectiva, v. também o recente contributo de Daniel Francisco Mitidiero, *Colaboração no Processo Civil*. Coleção Temas Atuais de Direito Processual Civil, vol. 14. São Paulo: Revista dos Tribunais, 2009.

[51] Cf. nota nº 42, *supra*, onde podem ser encontrados diversos exemplos ilustrativos da possível aplicação prática das questões aqui vertidas.

[52] Segundo Klaus Stern, *in*: *HBStR V*, cit., p. 83, ao passo que na doutrina as posições oscilam entre os que são, em princípio, favoráveis e os que negam categoricamente direitos subjetivos a prestações normativas na esfera da organização e procedimento, a jurisprudência do Tribunal Federal Constitucional, em regra, tem decidido contrariamente ao reconhecimento de direitos fundamentais a prestações jurídicas por parte do legislador, ressalvados alguns casos excepcionais.

Trata-se, por outro lado, de problema que abrange tanto as normas constitucionais que expressamente preveem obrigações do Estado nesta seara (que, segundo alguns, teriam sua eficácia restringida à esfera jurídico-objetiva), quanto o reconhecimento de direitos não expressamente positivados, portanto, de cunho implícito, com base em outras normas definidoras de direitos e garantias fundamentais, questão que aqui não poderá ser desenvolvida. Apenas em caráter ilustrativo, colaciona-se o exemplo do reconhecimento de um direito (e garantia) à razoável duração do processo, ora constitucionalizado expressamente, mas que anteriormente, pelo menos segundo expressiva doutrina e mesmo com alguns reflexos na jurisprudência, era tido como um direito implícito ao direito de acesso à justiça efetiva e mesmo ao devido processo legal, isto sem falar na incorporação dos tratados internacionais que já dispunham sobre o tema, notadamente em matéria criminal. Outro exemplo, a despeito da controvérsia que o envolve (note-se que o Supremo Tribunal Federal ainda refuta majoritariamente a possibilidade) centra-se no reconhecimento de um direito (garantia) ao duplo grau de jurisdição, que, também pelo menos em sede criminal, igualmente está previsto em tratados internacionais firmados pelo Brasil, especialmente na Convenção de São José da Costa Rica, além da possibilidade de ser deduzido do próprio texto constitucional, como preferem alguns defensores do duplo grau no âmbito da doutrina pátria.[53]

Ainda no que concerne à dimensão organizatória e procedimental dos direitos fundamentais, há que fazer menção ao fato de que é na esfera infraconstitucional que esta passa a assumir talvez sua maior relevância. Neste contexto, remetemos o leitor para a obra de José Joaquim Gomes Canotilho, que apresenta uma sinopse das diversas facetas que assume a problemática da interação entre direitos fundamentais, organização e procedimento, que, segundo deflui da exposição do renomado constitucionalista de Coimbra, acaba, em última análise, por desembocar na mediação do legislador, que é quem vai, em última análise e na maior parte das vezes, criar as estruturas organizacionais e estabelecer os procedimentos reclamados de forma direta ou indireta pelos direitos fundamentais.[54]

4 – O caso do direito à saúde e a controvérsia sobre a sua tutela processual individual e/ou coletiva

Voltando-nos ao caso do direito à saúde, mediante o qual se pretende ilustrar algumas possibilidades de aplicação dos aportes colacionados nos primeiros capítulos

[53] Sobre o tema, a despeito da existência de doutrina específica mais recente, remetemos ao nosso (carente de atualização, mas ainda assim correspondendo, em termos gerais, à posição que sustentamos, no sentido precisamente do reconhecimento de um direito-garantia fundamental ao duplo grau de jurisdição) "Valor de Alçada e Limitação do Acesso ao Duplo Grau de Jurisdição: problematização em nível constitucional à luz de um conceito material de direitos fundamentais", in: Revista da AJURIS n° 66 (1996), p. 85 e ss.

[54] Cf. José Joaquim Gomes Canotilho, *Direito Constitucional*, cit., p. 651 e ss., que, neste contexto, aponta para as diversas dimensões da problemática, quais sejam: a) a existência de direitos fundamentais procedimentalmente dependentes; b) a necessidade, em alguns casos, de procedimentos criados por lei para servirem como "guarda de flanco" de posições jurídico-materiais garantidas pelos próprios direitos fundamentais; c) a necessidade de a lei criar estruturas organizacionais que atuem como instrumento funcional da realização de determinados direitos fundamentais; d) a dinamização, por meio da lei, de dimensões procedimentais, organizacionais e participativas, com o objetivo de garantir de forma eficaz o exercício de posições jurídicas fundamentais; e) o papel exercido pelo legislador na dinamização da vinculação das entidades privadas aos direitos fundamentais, na forma de uma eficácia mediata; f) a mediação reguladora por parte do legislador no sentido de assegurar o acesso a prestações estatais; g) a atuação do legislador no reconhecimento e na prestação do conteúdo das garantias institucionais, assegurando sua eficácia.

do presente ensaio, verifica-se que, já no plano constitucional, foram estabelecidos aspectos importantes da dimensão organizatória e procedimental, designadamente ao instituir o Sistema Único de Saúde,[55] ao qual estão afetas a coordenação e a execução das políticas em matéria de proteção e promoção da saúde no Brasil (artigo 198, CF), prevendo, dentre outros aspectos relevantes, a participação da comunidade (artigo 198, III, CF), precisamente reconhecendo também um direito à participação na organização e procedimento.[56] Evidentemente, a despeito da sua criação e instituição, mediante regra de caráter orgânico, pelo Constituinte de 1988, o funcionamento adequado do SUS depende de providências adicionais, inclusive de cunho procedimental, para as quais outras facetas da dimensão objetiva dos direitos fundamentais são relevantes, até mesmo para a finalidade de fiscalizar a própria correção das políticas e dos procedimentos (de acesso e atendimento aos bens e serviços em matéria de saúde) adotados pelo SUS, a adequação constitucional das políticas públicas em matéria de saúde, o acesso à justiça nesta seara, entre outros aspectos.

Dentre os pontos atualmente mais controvertidos e que expressam uma forte vinculação tanto entre o assim chamado direito material e processual, quanto entre a dimensão subjetiva e a dimensão objetiva do direito à saúde, situa-se indubitavelmente a querela em torno dos limites e possibilidades de uma tutela processual individual e das vantagens da substituição das ações individuais, que ainda constituem a via mais utilizada no âmbito do sistema judiciário brasileiro (basta apontar a existência de Ações Civis Públicas promovidas pelo Ministério Público objetivando acesso a prestações para casos individuais) por uma tutela exclusiva ou pelo menos prioritariamente transindividual (coletiva e/ou difusa) do direito à saúde. Em causa está, portanto, a problemática da via mais adequada, seja em termos de sua eficácia processual, seja no que diz com a sua conformidade constitucional, de proteção judiciária e efetivação do direito à saúde.

Com efeito, dentre os diversos argumentos de relevo colacionados na esfera do debate em torno das possibilidades e limites no campo da problemática da exigibilidade, na condição de direitos subjetivos, dos assim chamados direitos fundamentais sociais, debate que no concernente ao direito à proteção e promoção da saúde assumiu uma posição de destaque no cenário nacional, situa-se, especialmente de algum tempo para cá, a objeção de que a concessão, pela via judicial, de prestações em

[55] Com efeito, de acordo com o art. 198 da CF, *as ações e serviços públicos de saúde integram uma rede regionalizada e hierarquizada e constituem um sistema único...* Tal concepção acabou encontrando a sua regulamentação na esfera legislativa, notadamente no art. 4º da Lei nº 8.080/90: o *conjunto de ações e serviços de saúde, prestados por órgãos e instituições públicas federais, estaduais e municipais, da Administração direta e indireta e das fundações mantidas pelo Poder Público, constitui o Sistema Único de Saúde (SUS)*), de tal sorte que o SUS não constitui propriamente um órgão (visto que não pode ser acionado judicialmente como tal), mas sim um sistema complexo, hierarquizado e descentralizado, e que, no esquema classificatório dos direitos fundamentais, assume a condição de autêntica garantia institucional. Sobre o tema, cf. Ingo Wolfgang Sarlet e Mariana Filchtiner Figueiredo, "Algunas consideraciones sobre el derecho fundamental a la protección y promoción de la salud a los 20 anos de la Constitución Federal de Brasil de 1988", in: Christian Courtis y Ramiro Ávila Santamaria (Editores), *La protección judicial de los derechos sociales*, Ministerio de Justicia y Derechos Humanos, Quito: 2009, especialmente p. 258 e ss. – tradução para o espanhol da versão original em língua portuguesa publicada sob o título "Algumas Considerações sobre o Direito Fundamental à Proteção e Promoção da Saúde aos 20 anos da Constituição Federal de 1988", *Revista de Direito do Consumidor*, n. 67, jul.-set./2008; e Mariana Filchtiner Figueiredo, *Direito Fundamental à Saúde: parâmetros para sua eficácia e efetividade*. Porto Alegre: Livraria do Advogado, 2007, p. 45-46.

[56] Sobre o direito à saúde, v. uma perspectiva geral em Ingo Wolfgang Sarlet e Mariana Filchtiner Figueiredo, op. cit., p. 241-300. Para maior aprofundamento no que diz com o direito à saúde na ordem jurídico-constitucional brasileira, recomenda-se, entre outros, Mariana Filchtiner Figueiredo, *Direito Fundamental à Saúde: parâmetros para sua eficácia e efetividade*. Porto Alegre: Livraria do Advogado, 2007.

caráter individual ou para determinados grupos, constitui via ilegítima de efetivação do desse direito. Na sustentação de tal linha argumentativa, advoga-se, por exemplo, que os direitos sociais são direitos de titularidade coletiva (transindividual[57]) e não permitiriam, por sua natureza, uma subjetivação individual, mormente para o efeito de serem deduzidos judicialmente.[58] Seguindo outro caminho, há os que preferem não questionar a titularidade propriamente dita dos direitos sociais, mas apontam para o fato de que a concessão individualizada de prestações por conta de processos individuais (ou mesmo para determinados grupos de litigantes) acarretaria um impacto sobre o sistema público de saúde como tal, gerando – por várias razões – instabilidade e insegurança jurídicas, além de que provocaria "a desorganização da Administração Pública".[59] Da mesma forma, existem ainda os que vislumbram na tutela judicial individual uma violação do princípio da isonomia, argumentando, dentre outras razões que poderiam ser colacionadas, que tal sistemática acabaria privilegiando apenas parcela da população, notadamente aquela que dispõe da informação e dos recursos suficientes para buscar o acesso ao sistema judiciário.[60] Vale mencionar, ainda, a reiterada alegação da violação (pelo menos potencial) do direito à saúde daqueles que, em função da alocação de recursos provocada pelas demandas judiciais individuais (ou que beneficiam determinados grupos), acabariam sendo prejudicados pela falta de recursos suficientes para o atendimento de suas necessidades, implicando verdadeiras *decisões trágicas*.[61] Ainda neste sentido, invoca-se a figura dos assim chamados *free riders*, ou seja, daqueles que aproveitam a via jurisdicional para assegurar benefícios que não teriam obtido pelo caminho administrativo habitual, ao qual

---

[57] Para evitar alguma incompreensão, convém desde logo esclarecer que a expressão "transindividual" (dimensão transindividual, direitos/interesses transindividuais), será aqui utilizada em termos genéricos, com o intuito de apontar para a existência de uma dimensão transindividual (coletiva e difusa) do direito e dever – a rigor, complexo de posições subjetivas e deveres – à proteção e promoção da saúde, no sentido de que, a despeito de se tratar de um direito fundamental de titularidade individual (precisamente o ponto a ser sustentado neste trabalho), existe uma simultânea dimensão e mesmo titularidade coletiva e difusa. Assim, não será nosso objetivo analisar as diversas alternativas no que diz com a delimitação conceitual entre direitos individuais, individuais homogêneos, coletivos e difusos, não sendo também o caso de discutir a problemática envolvendo a distinção entre direitos e interesses. Sobre tais aspectos, v., dentre tantos, a recente contribuição de José Maria Tesheiner, "Ações coletivas relativas a direitos individuais homogêneos e o Projeto de Lei n° 5.139/2009", in: *Revista Interesse Público* n. 59, jan./fev. 2010, p. 67-82, bem como as já clássicas obras de José Luís Bolzan de Morais, *Do direito social aos interesses transindividuais*, Porto Alegre: Livraria do Advogado Editora, 1996, analisando a questão na perspectiva do Estado e da Constituição, bem como, já na perspectiva mais processual, Teori Albino Zavascki, *Processo Coletivo. Tutela de Direitos Coletivos e Tutela Coletiva de Direitos*, 4ª ed., São Paulo: Revista dos Tribunais, 2009, especialmente p. 23 a 52.

[58] Neste sentido, v., por todos, Luciano Timm, "Qual a maneira mais eficiente de prover direitos fundamentais: uma perspectiva de Direito e Economia", in: *Direitos Fundamentais, Orçamento e Reserva do Possível.* Ingo Wolfgang Sarlet e Luciano Benetti Timm. (Orgs.). Porto Alegre: Livraria do Advogado, 2008, p. 55-68 (existe segunda edição, mas o texto citado não foi atualizado).

[59] Cf. a referência de Luís Roberto Barroso, "Da falta de Efetividade à Judicialização Excessiva: Direito à Saúde, Fornecimento Gratuito de Medicamentos e Parâmetros para a Atuação Judicial", in: Cláudio P. Souza Neto e Daniel Sarmento, *Direitos Sociais. Fundamentos, Judicialização e Direitos Sociais em Espécie*, Rio de Janeiro: Lumen Juris, 2008, p. 894, que, além disso, arrola outras críticas habitualmente endereçadas contra a judicialização da saúde, em especial no que diz com demandas individuais e casuísticas. Igualmente discorrendo sobre o ponto, v. Cláudio P. Souza Neto, "A Justiciabilidade dos Direitos Sociais: Críticas e Parâmetros", in: Cláudio P. Souza Neto e Daniel Sarmento (Coord.), *Direitos Sociais*, *op. cit.*, p. 528-29.

[60] Cf., por todos, Cláudio P. Souza Neto, "A Justiciabilidade dos Direitos Sociais: Críticas e Parâmetros", *op. cit.*, p. 533-34.

[61] Para esta perspectiva, v., por todos, o já clássico Gustavo Amaral, *Direito, Escasssez & Escolha*, 2ª ed., Rio de Janeiro: Lumen Juris, 2010, especialmente p. 73 e ss.

acaba se submetendo a maior parte da população beneficiária do SUS, o que, por sua vez, também implicaria ofensa ao princípio isonômico.[62]

Tais argumentos apresentam aspectos comuns, e, de resto, não esgotam o rol de objeções que podem ser encontradas na doutrina e na jurisprudência. Por outro lado, não se busca apresentar um inventário completo, mas apenas destacar a relevância e diversidade da discussão a respeito da titularidade dos direitos sociais, com especial atenção ao caso do direito à saúde. Além disso, pretende-se discutir a consistência de tal linha argumentativa, tanto no que se refere à negação da titularidade individual dos direitos sociais e do direito à saúde, em especial no que diz respeito à alegada impossibilidade de reconhecimento, em caráter individual, de direitos subjetivos a prestações em matéria de saúde.

Antes de avançar, conveniente destacar, na esteira do que oportunamente aponta Rogério Gesta Leal, que, a despeito do grande desenvolvimento do debate teórico (filosófico, político e jurídico) na seara dos direitos fundamentais no Brasil, o que – considerada a quantidade e qualidade da literatura disponível – se aplica também aos direitos sociais, cabe enfrentar o desafio posto pela necessidade de concretização de tais direitos, o que implica investimento urgente em fórmulas teóricas e práticas aptas a assegurar a efetividade das promessas constitucionais nesta seara.[63]

Sem que se possa aprofundar a matéria,[64] é possível partir da premissa de que a Constituição Federal de 1988, ainda que não tenha feito referência expressa e direta ao assim chamado princípio da universalidade (note-se que a teor do disposto no artigo 5º, *caput*, da CF, são titulares dos direitos e garantias fundamentais os brasileiros e estrangeiros residentes no país) acabou consagrando de forma implícita, embora não absoluta, tal princípio, ensejando uma interpretação inclusive no que diz respeito ao problema da titularidade dos direitos fundamentais. Esta tem sido – a despeito de alguma resistência isolada – a orientação dominante na seara doutrinária e jurisprudencial – de tal sorte que, em termos gerais, prevalece a concepção de que titulares dos direitos fundamentais são todas as pessoas, inclusive estrangeiros não residentes, o que não afasta a existência, até mesmo por força de uma exegese afinada com o texto constitucional, de direitos cuja titularidade pode ser reconhecida apenas aos brasileiros e estrangeiros residentes no país, como é o caso, em geral, dos direitos políticos. Tal entendimento, por outro lado, refere-se também aos direitos sociais, visto que a titularidade de direitos sociais básicos, notadamente os que guardam íntima relação com a dignidade da pessoa humana e a garantia do mínimo existencial (hipótese na qual se enquadra o direito à saúde, em relação ao qual a própria Constituição, no *caput* do artigo 196, contém disposição expressa afirmando se tratar de direito de todos, portanto, de titularidade universal, sendo assegurado o acesso universal e igualitário),

---

[62] Cf., por todos, José Reinaldo Lima Lopes, *Direitos Sociais. Teoria e Prática*. São Paulo: Método, 2006, especialmente p. 229, ao apresentar "a natureza do processo de direitos sociais" e destacar, ainda, a dificuldade do Poder Judiciário de lidar com questões de ordem distributiva.

[63] Cf. Rogério Gesta Leal. *Condições e Possibilidades Eficaciais dos Direitos Fundamentais Sociais*, Porto Alegre: Livraria do Advogado, 2009, p. 38.

[64] A respeito da titularidade dos direitos fundamentais v, por todos, o nosso *A Eficácia dos Direitos Fundamentais*, 10ª ed., cit., p. 208 e ss.

há de ser reconhecida, de tal sorte que não se pode, também nesta seara, confundir eventuais limites com a negação da titularidade em si.[65]

É justamente esta referência expressa ao princípio da universalidade, ou seja, de que o direito à saúde é um direito universal, no sentido de um direito de todos e de qualquer um, que fornece desde logo um indicativo de não estar em causa, pelo menos não com arrimo apenas neste argumento, a circunstância – atualmente sustentada por alguns – de que a titularidade do direito à saúde seria necessariamente coletiva (transindividual), menos ainda no sentido de uma exclusão da titularidade individual.

Aliás, é este precisamente um – embora não o único – adequado ponto de partida para a discussão que aqui se pretende empreender. Os direitos sociais (tanto na sua condição de direitos humanos, quanto como direitos fundamentais constitucionalmente assegurados), já pelo seu forte vínculo (pelo menos em boa parte dos casos) com a dignidade da pessoa humana e o correlato direito (e garantia) a um mínimo existencial,[66] surgiram e foram incorporados ao direito internacional dos direitos humanos e ao direito constitucional dos direitos fundamentais como direitos referidos, em primeira linha, à pessoa humana individualmente considerada, muito embora também esteja em causa a tutela de indivíduos integrantes de determinados grupos de pessoas em situação de desvantagem social, econômica e cultural.

É preciso enfatizar que a convencional distinção estrita entre direitos individuais (terminologia habitualmente utilizada para designar os direitos civis e políticos) e direitos e deveres sociais, econômicos e culturais, atualmente ampliada pela inserção dos direitos e deveres em matéria ambiental, não encontra sua razão principal de ser na titularidade dos direitos, isto é, na condição de ser, ou não, a pessoa individualmente considerada um sujeito de direitos humanos e fundamentais, mas sim, mais propriamente na natureza e no objeto do direito em cada caso. Em verdade, pertence a uma tradição bastante arraigada, que os direitos individuais (civis e políticos) correspondem aos direitos de cunho negativo (defensivo), com destaque para os direitos de liberdade, que teriam por destinatário o poder público, implicando, por parte deste, deveres de abstenção, de não intervenção na esfera da autonomia individual e dos bens fundamentais tutelados. Os direitos sociais, econômicos e culturais, por sua vez, seriam (reitere-se, na ótica convencional e hoje pelo menos em parte superada) direitos cuja satisfação depende não mais de uma abstenção, mas sim, de uma atuação positiva, de um conjunto de prestações estatais, o que não afasta uma função defensiva de tais direitos, naquilo em que representam barreiras contra a intervenção

[65] Se já não se pode simplesmente ignorar a controvérsia em torno de ser o estrangeiro não residente titular do direito à saúde em termos gerais (embora a nossa posição favorável), os ânimos se exaltam quando se trata de discutir quais são as prestações que podem ser impostas ao Estado nesta seara, se apenas atendimento em caráter emergencial e provisório, ainda assim sujeito a limites. Em suma, em se tratando de estrangeiro, que, em princípio, deverá estar segurado (em sistema público e/ou privado) em seu país de origem, há que definir até onde vai o dever do Estado em alcançar prestações de saúde ao estrangeiro que se encontra em seu território. Embora a matéria já esteja pelo menos parcialmente regulada, cuida-se de tema inquietante, mas que aqui não será aprofundado.

[66] Sobre a dignidade da pessoa humana e suas relações com os direitos fundamentais, v., por todos, o nosso *Dignidade da Pessoa Humana e Direitos Fundamentais na Constituição Federal de 1988*. 8ª ed. Porto Alegre: Livraria do Advogado, 2010. A respeito do direito e garantia do mínimo existencial, v., na literatura brasileira, o nosso *A Eficácia dos Direitos Fundamentais, op. cit.*, p. 309 e ss., bem como Ana Paula de Barcellos, *A Eficácia Jurídica dos Princípios Constitucionais*. O Princípio da Dignidade da Pessoa Humana. Rio de Janeiro: Renovar, 2002; Ricardo Lobo Torres. *O Direito ao Mínimo Existencial*, Rio de Janeiro: Renovar, 2008, e, por último, Eurico Bitencourt Neto, *O Direito ao mínimo para uma existência digna*, Porto Alegre: Livraria do Advogado, 2010.

por parte do Estado e de terceiros.[67] Com efeito, consoante amplamente difundido na literatura sobre o tema[68] e sem que se vá aqui adentrar o mérito das justas críticas formuladas em relação à classificação dos direitos humanos e fundamentais em gerações e mesmo dimensões, foi justamente com base nesta diferenciação que os assim chamados direitos individuais (civis e políticos) acabaram sendo convencionalmente enquadrados numa primeira dimensão de direitos humanos e fundamentais, ao passo que os direitos sociais foram, em geral, referidos a uma segunda dimensão, marcada pela estreita relação com a igualdade material (direitos a prestações compensatórias de desigualdades fáticas). Já a assim designada terceira dimensão (não a dos direitos sociais prestacionais) acabou sendo vinculada à noção de solidariedade, de transindividualidade e mesmo de fraternidade.

Por mais que se saiba hoje que uma classificação dos direitos humanos e fundamentais assume função essencialmente didática, e que todos os direitos sejam pautados por uma relação de complementaridade e conexão,[69] o que importa, para efeitos do presente item, é que nem a distinção entre direitos individuais e sociais, nem mesmo a inserção de ambos os grupos de direitos em duas distintas dimensões ou gerações, foi em si pautada pelo critério da titularidade individual ou coletiva dos direitos civis e políticos em relação aos direitos sociais. Pelo contrário, direitos sociais (especialmente em se tratando dos direitos sociais básicos, como no caso da saúde, educação, previdência e assistência social e moradia, assim como no caso dos direitos dos trabalhadores a uma renda mínima, jornada de trabalho limitada, etc.) surgiram – como, de resto, os direitos humanos e fundamentais de um modo geral – a partir de processos de reivindicação gestados no âmbito dos movimentos sociais – na condição de direitos assegurados por força mesmo da dignidade de cada pessoa individualmente considerada, embora sempre da pessoa situada num contexto social e intersubjetivo. Aliás, mesmo a liberdade de associação sindical (apenas uma particular manifestação da liberdade de associação em sentido amplo) e o direito de greve (igualmente uma manifestação da liberdade de reunião, manifestação e expressão), não são tidos como direitos exclusivamente coletivos, mas sim, direitos individuais de expressão coletiva (no sentido de uma interação entre a dimensão individual e a do grupo no qual se integra o individuo), visto que abrangem, no mais das vezes, a liberdade "negativa", qual seja, a de não se associar ou de não participar de uma manifestação ou greve, embora a existência, como se sabe, de diferenciações importantes, a depender de cada ordem jurídica concretamente considerada. De outra parte, como há muito já o destacou Peter Häberle, todos os direitos fundamentais, em certa perspectiva, são direitos sociais, de modo especial em se considerando o vínculo entre a dignidade da pessoa humana e a democracia, visto que além de todos os direitos fundamentais apresentarem uma dimensão comunitária são também, em maior ou menor medida, dependentes de concretização por meio de prestações estatais.[70]

[67] Sobre a dupla dimensão positiva e negativa também dos direitos sociais v., dentre tantos, o nosso "Os Direitos Fundamentais Sociais na Constituição de 1988", in: Ingo W. Sarlet. (Org.). *Direito Público em Tempos de Crise*, Porto Alegre: Livraria do Advogado, 1999, p. 146 e ss; Jorge Miranda. Os Direitos Fundamentais – Sua Dimensão Individual e Social, in: *CDCCP* nº 1(1992), p. 201; Antonio Carlos Wolkmer. Direitos Políticos, Cidadania e Teoria das Necessidades, in: *RIL* nº 122 (1994). p. 278 e ss.

[68] Cf., por todos, Paulo Bonavides, *Curso de Direito Constitucional*. 7ª ed. São Paulo: Malheiros, 1998, p. 525 e ss.

[69] Para uma exposição do tema e simultaneamente uma perspectiva crítica, v. o nosso *A Eficácia dos Direitos Fundamentais*, *op. cit*. p. 45 e ss.

[70] Cf. Peter Häberle, "Grundrechte im Leistungsstaat", in: *VVDStrL* n. 30, 1972, p. 76.

Em verdade, como bem demonstra José Ledur, as dimensões individual e coletiva (assim como difusa) coexistem, de tal sorte que a titularidade individual não resta afastada pelo fato do exercício do direito ocorrer na esfera coletiva,[71] como ocorre, além dos casos já referidos, dentre outros que poderiam ser colacionados, no caso do mandado de segurança coletivo.[72] Aliás, embora não argumentando com base na generalidade dos direitos sociais, tal linha argumentativa foi desenvolvida também em julgado do Supremo Tribunal Federal, precisamente sustentando a coexistência de uma titularidade individual e coletiva do direito à saúde,[73] sem prejuízo da existência de significativa jurisprudência reconhecendo – há muito tempo – um direito subjetivo individual a prestações em matéria de saúde.[74] Assim, causa mesmo espécie que de uns tempos para cá – como já demonstrado na parte introdutória do presente ensaio – haja quem busque refutar – ainda que movido por boas intenções – a titularidade individual dos direitos sociais, como argumento de base para negar-lhes a condição de direitos subjetivos, aptos a serem deduzidos mediante demandas judiciais individuais. O curioso é que, consoante já adiantado, se trata de uma relativamente nova – e manifestamente equivocada! – estratégia para impedir (o que é inaceitável sob todos os aspectos) ou eventualmente limitar (o que é possível e pode mesmo ser adequado) a assim chamada "judicialização" das políticas públicas e dos direitos sociais, restringindo o controle e intervenção judicial a demandas coletivas ou o controle estrito (concentrado e abstrato) de normas que veiculam políticas públicas ou concretizam deveres em matéria social, estratégia que – entre outros aspectos a serem desenvolvidos logo mais adiante – acaba por confundir a titularidade em si de um direito fundamental, ou seja, a condição de a pessoa ser o sujeito de direitos, com eventual restrição do objeto do direito ou mesmo eventual restrição do acesso a alguma prestação por conta de uma condição econômica privilegiada ou outros critérios que aqui não se poderá aprofundar.

O que há de ser devidamente enfatizado nesta quadra é a circunstância de que, em geral, os direitos humanos e fundamentais (civis, políticos e sociais) são sempre direitos referidos, em primeira linha, à pessoa individualmente considerada, e é a pessoa (cuja dignidade é pessoal, individual, embora socialmente vinculada e responsiva) o seu titular por excelência. Com efeito, como bem aponta Rodolfo Arango, parece óbvio e incontroverso que o titular por excelência dos direitos sociais seja o indivíduo, como demonstram os exemplos do direito à alimentação e do direito à saúde.[75] Possivelmente o exemplo mais contundente desta titularidade individual dos

---

[71] Cf. José Felipe Ledur, *Direitos Fundamentais Sociais*. Efetivação no Âmbito da Democracia Participativa. Porto Alegre: Livraria do Advogado, 2009, p. 85-86.

[72] Neste contexto, oportuno referir a edição da Lei nº 12.016/2009, cujo art. 21 dispõe que o mandado de segurança coletivo destina-se à proteção de direitos coletivos (transindividuais) e de direitos individuais homogêneos; cf: http://www.planalto.gov.br/ccivil_03/_Ato2007-2010/2009/Lei/L12016.htm.

[73] Cf., em caráter ilustrativo, a decisão na suspensão de tutela antecipada 268-9, Rio Grande do Sul, Rel. Min. Gilmar Mendes, proferida em 22.10.2008, orientação recentemente confirmada em outros julgados, tais como se verifica no caso da decisão monocrática proferida pelo Presidente do STF, Min. Gilmar Mendes, na STA n° 175, 18.09.2009 (recentemente corroborada/ quando submetida ao Plenário, em 17.03.2010).

[74] Cf., no âmbito do Supremo Tribunal Federal e dentre tantas, o assim considerado *leading case* do AgR-RE n° 271.286-8/RS, Rel. Min. Celso de Mello, DJ 12.09.2000.

[75] Cf. Rodolfo Arango, *El concepto de derechos sociales fundamentales*. Bogotá: LEGIS, 2005, em especial p. 59 e ss., destacando-se a afirmação do autor de que os titulares dos direitos sociais, na condição de direitos fundamentais, são exclusivamente indivíduos, não se tratando, nesta perspectiva, de normas-objetivo, estabelecendo metas de ação, tarefas, para o poder público, além de não se tratar de direitos coletivos, no sentido de direitos cuja titularidade está atribuída a entes coletivos e coletividades.

direitos sociais esteja atualmente associado ao assim designado direito (e garantia) ao mínimo existencial, por sua vez, fundado essencialmente na conjugação entre o direito à vida e o princípio da dignidade da pessoa humana, e que, precisamente por esta fundamentação, não pode ter sua titularidade individual afastada, por dissolvida numa dimensão coletiva. Nesta perspectiva situa-se o entendimento de Pérez Luño, para quem (recuperando a doutrina de George Gurvitch), embora os direitos sociais (como, aliás, se dá com os demais direitos humanos e fundamentais) sejam direitos da pessoa humana situada no seu entorno coletivo, isto não significa dizer que apenas possam ser exercidos no contexto coletivo (pela ação dos grupos ou coletividades), pois os direitos sociais encontram seu fundamento e sua função na proteção das pessoas no contexto de sua situação concreta na sociedade.[76]

Nesta perspectiva, aliás, o exemplo colacionado pelo autor na mesma passagem é elucidativo e guarda íntima relação com o argumento relacionado à dignidade da pessoa humana e ao mínimo existencial. Com efeito, o direito (humano e fundamental) de uma pessoa idosa ou de um incapaz à assistência tem por escopo imediato e, portanto, primordial (embora não exclusivo), a tutela do interesse individual na subsistência com dignidade, e não no interesse coletivo (ou social, se assim se preferir) na proteção e preservação dos idosos ou incapazes como membros de um grupo determinado, ainda que este interesse também assuma relevância e implique um conjunto de direitos e deveres. No caso do direito à saúde, a situação não diverge substancialmente, visto que a proteção da saúde não pode ser aplicada a todos sem qualquer tipo de distinção, o que não afasta, também neste caso, a possível e mesmo necessária convivência da perspectiva individual com a dimensão coletiva,[77] na esteira, aliás, do que já tem sido decidido pelo STF.

Embora a inviabilidade de aqui aprofundar o tópico, há que ter presente que, de modo particular onde está em causa a tutela da vida, dos direitos de personalidade (que também dizem respeito à proteção e promoção da integridade e identidade física e psíquica da pessoa humana individualmente considerada) e das condições existenciais básicas, a observância das necessidades individuais e das peculiaridades do caso constitui condição precípua de respeito à dignidade da pessoa humana, que, a despeito da sua dimensão comunitária (a noção do indivíduo socialmente responsável e solidário), diz com a pessoa concreta, considerada na sua individualidade.[78] Que o conteúdo do mínimo existencial implica sua necessária contextualização, em virtude da sua relação com o ambiente social, econômico, cultural e mesmo natural (condições climáticas, por exemplo[79]) constitui mais uma razão para que não se possa dissolver o mínimo existencial (o que se aplica a todos os direitos sociais na sua relação

[76] Cf. Antonio Enrique Pérez Luño, "La positividad de los derechos sociales en el marco constitucional", in: *Uma homenagem aos 20 anos da Constituição Brasileira*, Florianópolis: Fundação Boiteux, 2008, p. 134-135.

[77] Sobre a dupla dimensão individual e coletiva do direito à saúde, v., amparada em jurisprudência constitucional, S. Juan, "L'objectif à valeur constitutionnelle du droit à la protection de la santé: droit individuel ou collectif?", in: *Revue du Droit Public et de la Science Politique en France et à L'ètranger* n° 2, 2006, p. 442 e ss.

[78] A respeito do direito e garantia do mínimo existencial, v., entre outros, especialmente as monografias dedicadas ao tema da lavra de Ricardo Lobo Torres, *O Direito ao Mínimo Existencial*. Rio de Janeiro: Renovar, 2009, e, por último, Eurico Biencourt Neto, *O Direito ao Mínimo para uma Existência Digna*, Porto Alegre: Livraria do Advogado, 2010.

[79] Cf., entre outros, Mariana F. Figueiredo, *Direito Fundamental à Saúde. Parâmetros para sua eficácia e efetividade,* Porto Alegre: Livraria do Advogado, 2007, p. 291 (bem lembrando a necessidade de uma análise *in concreto* quando da determinação do conteúdo do mínimo existencial); por último, também Rogério Gesta Leal, *Condições e Possibilidades Eficaciais dos Direitos Fundamentais Sociais, op. cit.*, p. 92-93, bem explora tal perspectiva.

com a garantia das condições materiais para uma existência digna) numa dimensão coletiva (comunitária), afastando a sua inequívoca titularidade individual, por mais que, reitere-se, a dimensão individual conviva (e também por esta é limitada) com uma perspectiva social e comunitária, de perfil transindividual.

Convém sublinhar que a noção de mínimo existencial – por mais que se possa discutir sobre sua fundamentação e conteúdo – guarda relação com a ideia de uma proteção da liberdade e da autonomia individual, visto que não se pode propriamente falar de uma autonomia coletiva. Dando conta disso, colaciona-se recentíssima decisão do Tribunal Constitucional Federal da Alemanha, que, ao reafirmar a existência de uma garantia do mínimo existencial fundada (também e essencialmente) na dignidade da pessoa humana, bem adverte que se trata justamente do dever do Estado (e do correspondente direito do indivíduo) de assegurar a cada pessoa necessitada e carente do auxílio estatal as condições materiais indispensáveis para a sua existência física, além de propiciar um mínimo de participação (de cada indivíduo!) na vida social, cultural e política.[80]

Neste contexto, calha referir a afirmação de José Felipe Ledur, lembrando que no caso dos direitos sociais, embora em causa esteja a preocupação com o indivíduo como pessoa, assume relevo a condição da pessoa na sua relação com a comunidade, ao passo que, nos direitos coletivos, o que sobressai é o conceito de grupo social ou entidade, sendo a coletividade em si que assume a posição de titular, isto é, de sujeito do direito fundamental.[81] Na mesma perspectiva, situa-se o entendimento de Gerardo Pisarello, que, reconhecendo uma dimensão tanto individual quanto coletiva dos direitos sociais, igualmente refuta a tese dos direitos sociais compreendidos como direitos de dimensão exclusivamente coletiva, recordando que tanto direitos sociais, quanto direitos civis e políticos protegem bens jurídicos cuja incidência é simultaneamente individualizada e coletiva, como ocorre, no caso dos direitos sociais, com o direito à saúde, o direito à moradia e o direito à proteção ambiental, onde a afetação do direito pode produzir danos individuais e/ou transindividuais. Da mesma forma, no caso dos direitos civis e políticos, verifica-se uma maior ou menor dimensão coletiva, visto que tais direitos encerram também faculdades de associação para o exercício e tutela das liberdades.[82] Para além de tais aspectos, verifica-se, como igualmente lembra Pérez Luño, que a titularidade dos direitos sociais não pode ser atribuída exclusivamente a grupos ou entes coletivos, já que a função dos direitos sociais corresponde também a assegurar cada pessoa individualmente considerada como desenvolvendo sua existência concreta mediante a integração em determinados grupos, mas com os quais pode situar-se em relação de oposição, designadamente quando presente um conflito de interesses.[83] Sem prejuízo desta faceta, que corretamente aponta para a necessidade de uma distinção entre o indivíduo e o ente(s) coletivo(s) com o(s) qual(is) interage, e por mais que a tutela coletiva seja uma forma de assegurar a proteção da pessoa na sua individualidade (aliás, é a segurança e, portanto, proteção, que constitui um dos motivos da associação humana), importa agregar que, mesmo no âmbito da tutela dos direitos difusos, a perspectiva individual

[80] Cf. BVerfG, 1 BvL I/09, 09.02.2010. disponível em http://www.bverfg.de/entscheidungen/Is20100209

[81] Cf. José Felipe Ledur, *Direitos Fundamentais Sociais*, *op. cit.*, p. 87.

[82] Cf. Gerardo Pisarello, *Los derechos sociales y sus garantías*, Madrid: Trotta, 2007, p. 72 e ss.

[83] Cf. Antonio Enrique Pérez Luño, "La positividad de los derechos sociales en el marco constitucional", in: *Uma homenagem aos 20 anos da Constituição brasileira*, *op. cit.*, p. 149.

não resulta completamente escamoteada, como, de resto, demonstra a possibilidade de execução individual da sentença obtida em ação coletiva e mesmo a possibilidade de cada pessoa deduzir em juízo eventual pretensão fundada em dano que possui natureza difusa, como é o caso dos danos pessoais (por exemplo, afetando a saúde) provocados por impacto ambiental.[84]

Precisamente no que concerne a uma dimensão processual e embora tal perspectiva aqui não possa ser mais explorada, digno de nota a oportuna argumentação deduzida por Mariana Figueiredo, que, amparada nas lições de Gomes Canotilho, afirma a necessidade de se garantir, no âmbito de um Estado de Direito, uma proteção jurídico-judiciária individual sem lacunas, proteção esta que não poderia ser afastada no caso dos direitos sociais, notadamente quando evidenciada sua titularidade individual.[85]

Assim, na esteira do até agora exposto, há que insistir na tese que os direitos sociais não são sociais pelo fato de serem, em primeira linha (ou exclusivamente) direitos coletivos, no sentido de sua titularidade ser eminentemente coletiva. Os direitos sociais assim foram e têm sido designados por outra razão, mesmo no âmbito da superada distinção entre direitos individuais e direitos sociais, visto que tal distinção não repousa na titularidade coletiva dos direitos sociais, mas na natureza e objeto dos direitos, como, aliás, já frisado. Os direitos sociais, ou foram como tal nominados por serem direitos a prestações do Estado na consecução da justiça social, mediante a compensação de desigualdades fáticas e garantia do acesso a determinados bens e serviços por parte de parcelas da população socialmente vulneráveis, ou, como é o caso dos direitos dos trabalhadores (que incluem uma série de direitos típicos de liberdade e de igualdade, no sentido de proibições de discriminação), quando a qualificação de tais direitos como sendo também direitos sociais está diretamente vinculada à garantia de tutela de uma determinada classe social no âmbito de relações no mais das vezes marcadas por níveis de manifesta assimetria – e desequilíbrio – de poder econômico e social. Ainda que não estejamos aqui a esgotar – e nem é esta a pretensão – as justificativas para a designação ainda hoje praticada (embora não isenta de críticas, dada a substancial equivalência entre os diversos direitos fundamentais) – dos direitos sociais, o que importa é que se tenha presente que o fator distintivo não é em si a sua possível (mas não exclusiva!) titularidade coletiva. Outra explicação para a atribuição de titularidade coletiva aos direitos sociais (acompanhada da negação da titularidade individual, pelo menos no campo dos direitos sociais mais básicos, como saúde, moradia e educação, por exemplo) pode estar vinculada à confusão entre a figura das políticas públicas e dos direitos sociais como direitos fundamentais. Neste contexto importa, ainda que em caráter sumário, insistir na distinção entre tais categorias. Com efeito, políticas públicas não se confundem com os direitos fundamentais, designadamente como direitos subjetivos (individuais e/ou co-

---

[84] Por certo que o autor não desconhece as discussões atualmente travadas no âmbito da doutrina processual, especialmente em decorrência da tramitação do Projeto de Lei nº 5.139/2009, com destaque para a problemática da compatibilização entre as ações individuais e o "novo processo coletivo", sobretudo no que respeita à coisa julgada, debate que, todavia, foge aos limites deste estudo. Sobre o tema, v., por todos, José Maria Tesheiner, "Ações coletivas relativas a direitos individuais homogêneos e o Projeto de Lei nº 5.139/2009", in: *Revista Interesse Público* n. 59, jan./fev. 2009, p. 67-69.

[85] Cf. Mariana F. Figueiredo, "Apontamentos acerca do objeto do direito à saúde: para além do dever de prestação de medicamentos e tratamentos", trabalho de conclusão de disciplina apresentado em dezembro de 2009, no âmbito do Doutorado em Direito da PUCRS, p. 07.

letivos e difusos) que são veiculados e tutelados ou promovidos por meio de políticas públicas, o que não afasta a possibilidade de um direito a que o Estado atue mediante políticas públicas, precisamente como forma de assegurar a efetividade de direitos fundamentais. Assim, além do controle da política pública como tal, que evidentemente resulta também na tutela de direitos, cuida-se de algo distinto quando se busca, muitas vezes já com base em determinada política pública (como bem revela o caso da legislação que obriga o poder público ao fornecimento de medicamentos), obrigar o Estado a efetivamente assegurar a prestação ao indivíduo ou conjunto de indivíduos que deixou de ser atendido.

A tese segundo a qual os direitos sociais são direitos humanos e fundamentais referidos à pessoa individual não deve ser compreendida, para espancar qualquer dúvida, como afastando uma dimensão transindividual (coletiva e difusa) dos direitos sociais, como se verifica no caso da conexão entre a proteção da saúde e a proteção do ambiente, ou mesmo no caso de políticas de saúde voltadas à prevenção e combate a doenças endêmicas, dentre tantos exemplos que poderiam ser colacionados apenas na esfera do direito à saúde. Também o direito ao trabalho, como direito social ancorado no art. 6º da CF, fornece outro bom exemplo para demonstrar a conexão (mas não equivalência) entre uma dimensão individual e coletiva, visto que se refere tanto à garantia de condições de acesso a um trabalho digno para cada pessoa individualmente considerada e na sua proteção no âmbito das relações de trabalho (papel desempenhado pelos direitos dos trabalhadores dos artigos 7º e seguintes da CF), quanto apresenta uma face transindividual inequívoca, como fundamento da obrigação estatal de promover políticas que resultem na criação de vagas no mercado de trabalho.[86]

Uma vez exposta, ainda que sumariamente, a problemática da titularidade dos direitos fundamentais sociais e do direito à saúde e assumindo-se como correta a tese da simultaneidade de uma titularidade individual e transindividual (coletiva e mesmo difusa, a depender das circunstâncias), há que retomar as objeções expostas na parte introdutória, submetendo-as a uma análise crítica, ainda que inevitavelmente breve e incompleta, fiéis, contudo, à proposta da presente abordagem, de contribuir para a discussão do problema, que, a depender da postura adotada pelos operadores do Direito, notadamente juízes e Tribunais (mas também pelos integrantes das funções essenciais à Justiça, como é o caso do Ministério Público e da Defensoria Pública), poderá alcançar profunda repercussão prática, bastando apontar para a existência de decisões que, por conta de uma suposta titularidade coletiva, refutam demandas que buscam prestações individuais, mormente quando tais prestações não foram previstas de forma expressa na normativa vigente. Importa destacar, neste contexto, que o objeto do direito é a proteção e promoção da saúde, e não um determinado tratamento ou medicamento previsto em determinada política pública vigente em certo espaço e tempo. Por outro lado, é possível perceber sem maior esforço que parte das objeções, embora por vezes venham acompanhadas de referências em prol de uma prevalente dimensão coletiva (transindividual), guardam relação mais próxima com outros argumentos, como é o caso do princípio isonômico, que, a despeito da eventual procedência parcial das razões colacionadas no sentido de obstaculizar ou limitar a litigância individual, não revela necessariamente uma incompatibilidade com a titularidade

[86] Cf., em especial, José Felipe Ledur, *Direitos Fundamentais Sociais*, *op. cit.*, p. 87.

individual, mas sim, diz respeito ao impacto sobre outros direitos fundamentais causado pelas ações de caráter individual.

Quanto ao primeiro argumento colacionado, de acordo com o qual os direitos sociais são sempre direitos de titularidade coletiva (no sentido de serem direitos transindividuais) e que não permitem, por sua natureza, uma subjetivação individual, mormente para o efeito de serem deduzidos judicialmente, remete-se aos desenvolvimentos precedentes, em que tal questão foi objeto de detida análise, resultando na constatação, de resto suportada pela jurisprudência atualmente dominante no STF, de que a titularidade dos direitos sociais e do direito à saúde em particular é tanto individual quanto coletiva e mesmo difusa, não se podendo, pelo menos não de forma generalizada, afastar uma litigância individual com base nesta linha argumentativa.

Com relação aos que preferem não questionar a titularidade propriamente dita dos direitos sociais, mas apontam para o fato de que a concessão individualizada de prestações por conta de processos individuais (ou mesmo para determinados grupos de litigantes) acarreta um impacto sobre o sistema público de saúde como tal, gerando – por várias razões – instabilidade e insegurança jurídicas, assim como ofensa ao princípio da isonomia, inclusive em função da violação do direito à saúde de terceiros, é preciso formular resposta mais detida.

Em primeiro lugar, importa sublinhar que o argumento de acordo com o qual a concessão judicial de prestações sociais a determinados indivíduos por vezes acarreta efeitos danosos e mesmo perversos em termos de justiça distributiva, além de estimular o fenômeno dos assim chamados *free riders*[87] (predadores ou caronas) há de ser pelo menos relativizada. Com efeito, há que ter em conta que o respeito ao princípio da isonomia não pode servir de argumento para eventual violação da dignidade concreta de cada indivíduo, ainda mais quando o impacto negativo em relação a terceiros (não beneficiados pela tutela individual ou não integrantes do grupo beneficiado), consistente, na maior parte das vezes e segundo a argumentação habitualmente deduzida, na possível inexistência de recursos para atendimento de outras demandas, na maior parte dos casos não é objeto de demonstração plausível.

Outro argumento que no mínimo merece a devida consideração, diz respeito a fato de que a exclusão da possibilidade de acionar o poder público também poderá implicar violação do princípio da isonomia, visto que não apenas se estará a impedir a correção tópica de desigualdades praticadas no campo do acesso às prestações, quanto se estará de deixando de tratar desigualmente os desiguais, não se concedendo a ninguém a prestação judicialmente pleiteada. Ao fim e ao cabo, gerar-se uma espécie de dupla discriminação, a primeira, na esfera da exclusão de um determinado número de pessoas do acesso às prestações já disponibilizadas, pois em geral aciona o Poder Judiciário quem não logra obter o atendimento na rede pública da saúde. A segunda, em decorrência da negativa de acesso à justiça, sob o argumento de que se estará prejudicando quem não acionou o Poder Judiciário. Ademais, ingênua a tese de que tal exclusão do acesso à justiça não se verifica em outros setores e que as violações de direitos civis e políticos resultam em um acesso ao sistema judiciário de modo efetivo e isonômico.[88]

[87] Cf., por todos, José Reinaldo Lima Lopes, *Direitos Sociais. Teoria e Prática*, *op. cit.*, p. 237.

[88] Esta linha argumentativa já foi objeto de referência quando da participação do autor na Audiência Pública promovida pelo STF sobre o direito à saúde e sua "judicialização".

Além disso, o próprio sistema permite, com ressalvas é verdade, a realocação de recursos e mesmo dotações suplementares, de tal sorte que a tutela judicial em favor de alguns não resulta necessariamente na ausência de proteção para outros. De qualquer modo, para além da aplicação, também nesta esfera, da tese – que já encontra respaldo na jurisprudência do STF – de que é do poder público o ônus da prova no que diz com a falta efetiva (e justificada) de recursos para o atendimento de outras demandas,[89] persiste o problema (ético e jurídico) de saber até que ponto uma possível (dificilmente se poderá comprovar a certeza da afirmação) afetação de interesses de terceiros pode obstar o atendimento de necessidades prementes de pessoas cujas vida e dignidade estão sob ameaça concreta e urgente. Daí resulta que tal linha de raciocínio exige diálogo com outros argumentos, como é o caso da delimitação do objeto do direito à saúde (no sentido de quais as prestações que efetivamente devem ser alcançadas pelo Estado ao particular), bem como a discussão em torno da aplicação do princípio da subsidiariedade, de acordo com o qual o acesso ao sistema público de saúde deve ser reservado a quem não tem condições de manter um adequado plano de saúde privado e de assegurar com seus próprios recursos (ou de terceiros que tenham um dever de sustento) as prestações necessárias à salvaguarda de uma vida digna. De outra parte, resulta no mínimo curioso o argumento de que a falta de isonomia quanto ao acesso à justiça, seja no que diz respeito à distribuição desigual em termos de assistência judiciária (incluindo a estruturação dos órgãos da Defensoria Pública, que, em virtude de limitações materiais, sequer está devidamente implantada em muitos lugares), seja no que diz respeito ao nível de informação do cidadão no que diz com seus direitos, acaba gerando uma espécie de casta de privilegiados, que, em detrimento de expressivos segmentos da população, utilizam a via judicial para obtenção de prestações sociais.

Nesta perspectiva, situa-se também a alegação dos que, mediante a demonstração de que boa parte dos autores de demandas pleiteando prestações na área da saúde não são patrocinados pela Defensoria Pública ou órgãos de assistência judiciária gratuita, afirmam que a tutela jurisdicional tem beneficiado a parcela mais privilegiada da população, portanto, a classe média e mesmo alta.[90] Embora não se possa (e nem se queira) negar a existência de distorções mais ou menos graves em termos de acesso à justiça, tal qual já referido, também é certo que justamente em função da falta de estruturação adequada do sistema de assistência judiciária e de assistência jurídica em sentido mais amplo – distorção por conta da qual até mesmo pessoas que, em tese, integram a "clientela" da Defensoria Pública, não dispõem do acesso a tal recurso – não se pode falar em criação de uma distorção pelo simples fato de que

[89] Aqui se aplica argumentação similar a que tem sido proposta no que diz respeito à invocação, pelo Poder Público, da objeção da reserva do possível, que, segundo importante doutrina, demanda demonstração plausível pelo Estado. Neste sentido, v. entre outros e mais recentemente, Daniel Sarmento "A proteção judicial dos direitos sociais: alguns parâmetros ético-jurídicos", in: *Direitos Sociais*, op. cit., p. 572; Cláudio P. Souza Neto, "A justiciabilidade dos direitos sociais: críticas e parâmetros", in: *Direitos Sociais*, op. cit., p. 545 e ss.; Paulo Caliendo, *Direito Tributário e Análise Econômica do Direito*. Uma Visão Crítica. São Paulo: Elsevier, 2008, p. 204. No âmbito da jurisprudência, destaca-se, por último, decisão do Supremo Tribunal Federal referindo que cabe ao órgão estatal a prova da efetiva lesão ao erário público, aspecto que, embora não tenha sido o principal, contribuiu para o resultado do julgamento em prol da concessão do medicamento em demanda individual (Suspensão de Tutela Antecipada nº 268-9, RS, Rel. Min. Gilmar Mendes, julgado em 22.10.08).

[90] Cf., por exemplo, sustenta Virgílio Afonso da Silva, "O Judiciário e as políticas públicas: entre transformação social e obstáculo à realização dos direitos sociais", in: Cláudio P. Souza Neto e Daniel Sarmento (Coord.), *Direitos Sociais, op. cit.*, p. 594 e ss.

pessoas com recursos suficientes para não serem selecionadas para atendimento pela Defensoria Pública ou órgãos similares tenham os seus direitos reconhecidos pelo Poder Judiciário. Bastaria aqui lembrar – com base em exemplo extraído da prática decisória do STF (medicação custando cerca de R$ 52.000,00 mensais[91]) – a circunstância de que, precisamente na seara da saúde, existem prestações tão dispendiosas que mesmo pessoas de alto padrão aquisitivo não as podem custear pessoalmente, isto sem falar no fato de que nem sempre (especialmente no caso dos medicamentos) se cuida de prestações cobertas pelos planos privados de saúde.

Por outro lado, sabe-se que boa parte das pessoas (possivelmente a ampla maioria) acaba sendo atendida, com maior ou menor regularidade e maior ou menor qualidade pelo sistema público de saúde, visto que não fosse assim, o número de demandas nesta seara alcançaria seguramente cifras em muito superiores. É certo que apenas quem necessita (e eventuais exceções, ainda que se trate de milhares de casos, não podem servir de justificativa para, por si só, bloquear o acesso à via judicial) busca o sistema judiciário para satisfação das duas necessidades. Os litigantes individuais (e coletivos) não constituem um bando de mal-intencionados egoístas disposto a saquear, em benefício próprio e com o auxílio do Ministério Público, da Defensoria Pública e do Poder Judiciário, os cofres públicos, o que, embora não seja como tal formulado em algumas falas, acaba, por vezes, pelo menos sendo sugerido sutilmente. Que eventuais excessos hão de ser contidos e critérios mais racionais e isonômicos desenvolvidos, constitui precisamente uma das preocupações que move o presente texto.

O fato é que a supressão pura e simples da tutela judicial individual (e mesmo coletiva, quando se trata de atender determinados grupos de pessoas) poderá gerar uma dupla violação do princípio isonômico. Com efeito, num primeiro plano, verifica-se que o Estado, ainda que investido (como o é, no mais das vezes) de boa fé, viola o dever de assegurar o acesso igualitário e universal estabelecido no artigo 196 da CF/88, que preceitua que a saúde é direito de todos e dever do Estado, garantido mediante políticas públicas que visem, entre outros, ao acesso universal e igualitário a serviços para sua promoção, proteção e recuperação, ao excluir um grupo maior ou menor de indivíduos do acesso a determinadas prestações. Assim, a negativa de que quem (mesmo em caráter individual) não foi atendido não poderá obter a tutela jurisdicional, implica não apenas negar a possibilidade de efetivação do direito à saúde (com as consequências daí advindas em termos de violação – no plano jurídico e fático – de tal direito) quanto acaba por criar um segundo nível de "discriminação", impedindo que tal indivíduo busque, por meio do Poder Judiciário, a correção da desigualdade. Com outras palavras, o cidadão é duplamente "punido": a) por não ter recursos e necessitar do sistema de saúde pública que não o atende mesmo no que diz com prestações já previstas em lei; b) por não poder litigar para corrigir tal estado de coisas. Aliás, é precisamente por tal razão que, notadamente quando se trata de prestações já disponibilizadas pelo sistema de saúde, e, portanto, reguladas em caráter jurídico-normativo, se fala em direitos derivados a prestações, que, ao fim e ao cabo, são direitos de igual acesso às prestações já disponibilizadas na esfera das políticas

[91] No caso da STA nº 175, apreciada pelo Presidente do STF, Ministro Gilmar Mendes (DJE 25.09.2009), estava em causa fornecimento de medicação para uma pessoa (portanto, demanda individual), representada pelo Ministério Público Federal, tendo sido feita a prova de que nem a beneficiária e nem sua família tinham condições de financiar, por conta própria, a aquisição regular do medicamento.

públicas.[92] Que o afastamento ou mesmo uma forte limitação das demandas individuais, como de certa forma já anunciado, poderá representar uma violação também do direito-garantia de acesso à justiça (inafastabilidade do controle judicial) resulta evidente, não sendo o caso, todavia, de aqui avançar com tal linha argumentativa.

Por outro lado, é preciso guardar coerência com a tese de que, por força da aplicabilidade imediata das normas de direitos fundamentais e da necessária preservação da supremacia da normativa constitucional, não se pode, especialmente em matéria de direitos fundamentais, deferir ao legislador, mas de modo especial ao administrador, uma liberdade de ação plena, absolutamente imune ao controle com base na Constituição, permitindo, por exemplo, por omissão (deliberada, ou não), a exclusão de medicamentos ou outras prestações indispensáveis à própria vida da pessoa, além da necessária salvaguarda em relação a bens e serviços que possam dar conta das peculiaridades de casos individuais, já que as necessidades de cada pessoa (e mesmo alternativas de tratamento) podem variar fortemente de caso a caso, e a padronização pode resultar em inevitável exclusão de tratamento da doença em algumas situações. Com efeito, há que assegurar margem para o reconhecimento de direitos originários a prestações, portanto, não apenas direitos a prestações já definidas e disponibilizadas pelas políticas públicas praticadas, ainda que se possa discutir a respeito de quais os limites postos pela ordem jurídico-constitucional (bem como por outros fatores de cunho ético, econômico etc.) em relação ao acesso a prestações ainda não reguladas na lei e na esfera das políticas públicas em geral.

Como já frisado, o que satisfaz o mínimo existencial guarda relação com necessidades físicas e psíquicas que, embora comuns às pessoas em geral, não podem levar a uma padronização excludente, pois o que o direito à saúde assegura – mesmo no campo dos assim designados direitos derivados a prestações (!!!), não é necessariamente o direito ao atendimento limitado a determinado medicamento ou procedimento previamente eleito por essa mesma política, mas sim, o direito ao tratamento para a doença, tese que acabou sendo adotada pelo Superior Tribunal de Justiça na esfera dos planos de saúde.[93] Apenas com o intuito de reforçar a argumentação, vale citar decisão do Tribunal Constitucional Federal da Alemanha, que – nesta mesma linha de entendimento – afirmou que a ausência de previsão de determinado tratamento pelos protocolos oficiais e mesmo se cuidando, em regra, de tratamento reconhecido como ineficiente, a demonstração, no caso concreto, de que tal tratamento, ainda que alternativo, levou a uma melhora da condição de vida do paciente, não pode, por si só, afastar o direito a ter tal prestação financiada pelo seguro público de saúde, insistindo o Tribunal que é o acurado exame pelas instâncias ordinárias da jurisdição que deverá levar, ao fim e ao cabo, a uma procedência ou improcedência do pleito formulado pelo cidadão, ainda que em caráter individual.[94]

Que a existência de distorções não pode ser completamente evitada e constitui um preço (relativamente baixo e controlável) a pagar, visto que a exclusão do acesso individual ou em grupo, notadamente quando se cuida de prestações de caráter existencial, acarreta disfunções e injustiças ainda maiores, deve servir de estímulo para

[92] Sobre os assim chamados direitos derivados a prestações, v., por todos, José Joaquim Gomes Canotilho. *Direito Constitucional e Teoria da Constituição*, *op. cit.*, p. 478-9.

[93] Cf. REsp 668.216-SP (2004/0099909-0), 3ª Turma, Rel. Min. Carlos Alberto Menezes Direito, unânime, DJ02-04-2007.

[94] Cf. BVerfG, 1 BvR 347/98, de 06.12.2005, disponível em http://www.bverfg.de/entscheidungen/rs20051206.

ajustes necessários e possíveis. O aperfeiçoamento da via administrativa (no que diz respeito à clareza, simplicidade e acesso às informações, à desburocratização, à tempestividade, entre outros aspectos) constitui certamente o melhor caminho para tanto e se insere, num plano mais amplo, na noção de boa governança que também e acima de tudo deve imperar na esfera dos serviços públicos essenciais à garantia de uma vida digna, o que, por sua vez, implica ampliação e aperfeiçoamento dos mecanismos de controle social.[95] Quanto mais efetivo for o acesso pela via administrativa, menos trilhado – por desnecessário – tenderá a ser o caminho judicial. Da mesma forma, como já proposto por alguns, há que aperfeiçoar tanto as possibilidades de acesso ao caminho jurisdicional, para que também neste plano se alcance maior isonomia,[96] quanto investir na efetividade do processo judicial, pois resulta evidente que uma prestação jurisdicional morosa e ineficiente também constitui um obstáculo para a eficácia e efetividade dos direitos fundamentais, no caso, do direito à saúde.

Por outro lado, se é possível afirmar a correção do entendimento de que a tutela coletiva (especialmente em nível preventivo) deva assumir caráter preferencial, já que possui a incensurável virtude de minimizar uma série de efeitos colaterais mais problemáticos da tutela jurisdicional individual na esfera dos direitos a prestações sociais,[97] também é certo – de acordo com o que se extrai da decisão do STF já referida, que assegurou o fornecimento de medicamento de alto custo em demanda individual promovida pelo Ministério Público Federal,[98] – que a eliminação da possibilidade de demandas individuais poderá, por si só, representar uma violação de direitos fundamentais, notadamente quando em causa o direito a uma vida digna e quando não assegurado um patamar suficiente de proteção social. Não se pode olvidar – e importa repisar tal aspecto! – que a tutela individual poderá, em determinadas hipóteses, ser mesmo a maneira mais adequada e mesmo necessária de proteção e promoção do direito, já pelo simples fato de que especialmente no campo do direito à saúde existem necessidades que apenas no contexto do caso individual podem ser adequadamente aferidas e satisfeitas, inclusive no âmbito de determinado grupo de pessoas portadoras de uma determinada enfermidade.

5 – Considerações finais

Sem que se vá aqui anunciar um conjunto de proposições embasadas nos desenvolvimentos anteriores, importa destacar, num primeiro momento, que no âmbito do complexo de posições jurídicas e de questões reveladas pela dimensão organizatória e procedimental dos direitos fundamentais, ainda se revela como sendo especialmente controverso e carente de um maior desenvolvimento dogmático e prático, o pro-

[95] Neste sentido, pugnando também por uma gestão democrática do orçamento público, v., por todos, Rogério Gesta Leal, *Estado, Administração Pública e Sociedade*. Porto Alegre: Livraria do Advogado, 2006, especialmente p. 57 e ss.

[96] Cf., por exemplo, a sugestão de Cláudio P. Souza Neto "A justiciabilidade dos direitos sociais: críticas e parâmetros", in: Cláudio P. Souza Neto e Daniel Sarmento (Coord.). *Direitos Sociais*, *op. cit.*, p. 543 e ss.

[97] Em especial, as contribuições de Luís Roberto Barroso "Da falta de efetividade à judicialização excessiva: direito à saúde, fornecimento gratuito de medicamentos e parâmetros para a atuação judicial", in: Direitos Sociais, op. cit., p. 897 e ss.; Ana Paula Barcellos, "O direito a prestações de saúde: complexidades, mínimo existencial e o valor das abordagens coletiva e abstrata", in: *Direitos Sociais, op. cit.*, p. 815 e ss.; Cláudio P. Souza Neto, "A justiciabilidade dos direitos sociais: críticas e parâmetros", in: *Direitos Sociais, op. cit.*, p. 543 e ss.; Daniel Sarmento "A proteção judicial dos direitos sociais: alguns parâmetros ético-jurídicos", in: *Direitos Sociais. op. cit.*, p. 583 e ss.

[98] Cuida-se da já citada STA 175, de 18.09.2009, rel. min. Gilmar Mendes.

blema da vinculação dos órgãos do Poder Judiciário aos direitos fundamentais e aos deveres de proteção que lhes são conexos, já que em causa está o poder-dever dos juízes de controlar os atos dos demais órgãos estatais à luz dos direitos fundamentais, corrigindo a legislação e as políticas públicas existentes (pela interpretação conforme a Constituição e aos direitos fundamentais, privilegiando sempre a exegese mais afinada com a sua eficiente tutela), negando-lhes aplicação (no caso de uma declaração de inconstitucionalidade) e atuando na ausência e para além de tais atos na tutela concreta dos direitos fundamentais. Neste contexto, se é possível afirmar que se com isso aumenta o espaço de intervenção do Judiciário, cresce também a sua responsabilidade em face dos demais órgãos estatais e especialmente dos cidadãos, notadamente no sentido de ser exigível dos juízes e Tribunais um compromisso com o dever de motivação adequada das suas decisões a partir dos princípios da hermenêutica constitucional e da argumentação jurídica, o que, todavia, não significa que não se deva levar a sério a advertência de José Maria Tesheiner ao afirmar que "a exigência de motivação constitui amarra muito frouxa para coibir o arbítrio judicial",[99] aspecto que, contudo, não há como aprofundar neste contexto.

Com efeito, o dever-poder de conformação do processo e das técnicas processuais em termos gerais por parte dos juízes e Tribunais também – assim como os atos dos demais órgãos do Estado – haverá de observar os nem sempre claros limites postos pelo princípio da proporcionalidade no contexto da sua dupla acepção, como proibição de excessos, no que diz com a limitação de direitos fundamentais (especialmente quando em causa a sua função defensiva ou negativa), e proibição de proteção insuficiente, compreendida como vedação de medidas de proteção manifestamente ineficazes ou mesmo como proibição de omissões, portanto, de uma abstenção em atuar na proteção de bens fundamentais.

O exemplo do direito fundamental à saúde, à luz do qual se procurou, de modo sumário, ilustrar algumas das possibilidades de aplicação da assim designada dimensão organizatória e procedimental dos direitos fundamentais, permite vislumbrar que esta, como anunciado ao longo do texto, constitui uma importante ferramenta a serviço da efetividade dos direitos fundamentais, desde que não se desconsidere a necessidade de cautela por ocasião da intervenção judicial para o fito de corrigir ou fulminar a solução privilegiada pelo legislador, ou, na hipótese de lacunas de tutela, suprir a falta de atuação do poder público.

Já no que diz com a controvérsia em torno da tutela individual e/ou coletiva do direito à saúde, muito embora a complexidade do tema e a diversidade dos argumentos não tenha permitido um inventário completo e nem uma análise pormenorizada, é possível, à luz das premissas lançadas e sumariamente desenvolvidas, apostar no acerto da tese de que tanto os direitos sociais (como, de resto, os direitos fundamentais no seu conjunto) em geral, quanto o direito à saúde em particular, possuem uma dupla dimensão individual e coletiva, e, nesta medida, uma titularidade – no que diz com a condição de sujeito de direitos subjetivos – igualmente individual e transindividual, tal como acertadamente vem sendo reconhecido pelo próprio STF. Cuida-se, portan-

[99] Cf. José Maria Tesheiner, "Processo e Constituição – Algumas Reflexões", in: Carlos Alberto Molinaro, Mariângela Guerreiro Milhoranza e Sérgio Gilberto Porto (Coord.), *Constituição, Jurisdição e Processo*, op. cit., p. 424.

to, de direitos de todos e de cada um,[100] de tal sorte que o desafio é saber harmonizar – sem que ocorra a supressão de uma das dimensões – ambas as perspectivas.

Da mesma forma, se as objeções em relação à tutela judicial individual não podem ter o condão de afastar tal via de efetivação dos direitos sociais (cujo sujeito, ainda mais no caso do direito à saúde, segue sendo, em primeira linha, o indivíduo concreto, com sua dignidade) também é certo que é preciso empreender ajustes e minimizar os efeitos negativos da litigância individual, seja mediante um controle mais rigoroso no que diz com a necessidade da prestação pleiteada, seja no respeitante a outros aspectos, parte dos quais referidos como possibilidades aptas a propiciar uma maior racionalidade e eficácia no plano das estratégias de efetivação dos direitos sociais em geral e do direito à saúde em particular. A preferência (mas não exclusividade) da tutela coletiva e preventiva há de vir acompanhada do aperfeiçoamento dos processos administrativos, do controle social, da ampliação e isonomia no campo do acesso à justiça, sem prejuízo de outras medidas (como a participação efetiva na definição do orçamento público e sua execução, inclusive com maior atuação do Ministério Público nessa seara) que, no seu conjunto, poderão assegurar maior equidade ao sistema, o que certamente não passa pela supressão da possibilidade da tutela individual e do exame cuidadoso das violações e ameaças de violação da dignidade de cada pessoa humana. Além do mais, como já tivemos oportunidade de destacar em outra oportunidade, não há como desconsiderar que o direito de cada indivíduo (individual ou coletivamente) buscar no âmbito do Poder Judiciário a correção de uma injustiça e a garantia de um direito fundamental, acaba, numa perspectiva mais ampla, por reforçar a esfera pública, pois o direito de ação assume a condição de direito de cidadania ativa e instrumento de participação do indivíduo no controle dos atos do poder público.

[100] Aqui se utilizou a fórmula de Vivian Rigo, "Saúde: direito de todos e de cada um", in: Araken de Assis (Org), *Aspectos Polêmicos e Atuais dos Limites da Jurisdição e do Direito à Saúde*, Porto Alegre: Notadez, 2007, p. 173 e ss..

— 19 —

El proceso monitorio: una visión española y europea de la tutela rápida del crédito

JOAN PICÓ I JUNOY
Catedrático de Derecho Procesal
Director de Departamento de Derecho Procesal
de la Universidad Rovira i Virgili (España)
Miembro de la Internacional Association of Procedural Law

1. Introducción: el rotundo éxito del proceso monitorio en España y Europa ¿Por qué no existe en Argentina?

La reciente reforma de la Ley de Enjuiciamiento Civil española (LEC) efectuada mediante la Ley 13/09, de 3 de noviembre, ha venido a consolidar y dar más ámbito de aplicación al proceso monitorio como mecanismos judicial para la rápida la tutela del crédito no superior a 250.000 euros.

Hoy en día, el proceso monitorio en España es el tipo de juicio civil más utilizado ante los tribunales, como lo acreditan las estadísticas: durante el año 2007 se presentaron 420.599 procesos monitorios, un 14,8% más que el año anterior, representando el 47,2% de la litigiosidad civil (y este porcentaje se supera, por ejemplo, en Madrid, con el 48,8 % o en Cataluña, con el 48%). Y las cifras siguen aumentando, pues en el año 2009 se doblaron los procesos monitorios resentados respecto al año 2007, llegando a la cifra de 821.314 litigios. Y al margen de ser el más empleado, es el que presenta una mayor eficacia ya que del total de procesos monitorios iniciados más del 50% concluyen bien con el pago (13,8%) o bien con la ejecución del título base de la petición monitoria (36,6%).[1]

[1] Datos extraídos de la *Memoria del Consejo General del Poder Judicial*, libro II, Madrid, 2008.

La misma suerte siguen los diferentes procesos monitorios en Europa, donde debemos distinguir un doble plano:

a) En el ámbito interno, cada estado de la Unión Europea cuenta con un proceso monitorio propio, cuya eficacia esta fuera de dudas. Así, por ejemplo, en 2008, en Italia se han tramitado cerca de un millón de procesos monitorio; en Francia, se han superado el millón doscientos mil; y en Alemania, se ha alcanzó la cifra de los ocho millones.[2]

b) En el ámbito comunitario, existe el Reglamento (CE) nº 1896006, de aplicación directa a todos los Estados miembros de la Unión Europea, previsto para aquellos procesos monitorios en los que el auto de ejecución deba surtir efecto fuera del Estado en que se haya dictado, y que entró en vigor el 12 de diciembre de 2008.

Antes este panorama normativo, la pregunta que rápidamente debemos hacernos es: ¿Porqué siendo el proceso monitorio tan exitoso y conocido desde hace muchos años no existe en la mayoría de los países latinoamericanos y, en concreto, en Argentina –salvo honrosas excepciones de alguna provincia-?. Probablemente ello se debe a la influencia de las leyes de enjuiciamiento civil españolas en la legislación latinoamericana, ya que ni la de 1855 ni la de 1881 preveyeron el proceso monitorio.

Podría pensarse que este proceso es innecesario en la medida en que ya se tenga un juicio – o proceso – ejecutivo, que es posible iniciarlo mediante el reconocimiento de firma o de deuda. Sin embargo, en España, ambos fracasaron: respecto del "reconocimiento de firma", fracasó porque el deudor solía negar la firma pues la posibilidad de un proceso penal por delito, en la práctica, nunca se dió. Y con referencia al "reconocimiento de deuda", aun admitiendo que se permitiera el reconocimiento *implícito*, esto es, el que se deriva de la ausencia del deudor, la ejecución siempre era de un título extrajudicial, con todo lo que ello suponía (así, por ejemplo, amplia posibilidad de oposición a la ejecución del deudor, etc.). En cambio, en el proceso monitorio, como veremos, la ejecución siempre es de un título ejecutivo judicial y, en consecuencia, la posibilidad de oposición a la ejecución es mucho menor.

Igualmente, algún autor ha destacado la innecesariedad del proceso monitorio debido a la existencia de las medidas autosatisfactivas. Pero este planteamiento también es erróneo, pues son figuras muy diferentes, que sirven para cuestiones distintas y tienen presupuestos diversos. Así, la medida autosatisfactiva sirve para las situaciones de tutela urgente, y en el proceso monitorio, si bien se busca la rapidez, no tiene por qué haber urgencia. Y además, los presupuestos de toda medida autosatisfactiva, como son la fuerte probabilidad y el perjuicio irreparable, en ningún caso se exigen en el proceso monitorio. Dicho en simples palabras: las medidas autosatisfactivas no han sido ideadas para tutelar el crédito, sino otras muchas situaciones de tutela urgente, normalmente, de obligaciones de hacer.

Quizás estamos en un momento en el que puede meditarse la introducción del proceso monitorio, con carácter general, en toda Argentina. Y así ya lo apuntó el pensamiento clarividente de nuestro maestro Augusto Mario Morello, quien en su magistral trabajo "La eficacia del proceso" (edit. Hammurabi, Buenos Aires, 2001, p. 567), al estudiar las "Bases positivas para la reforma integral de la ejecución for-

[2] Como puede comprobarse, las cifras de procesos monitorios en Europa son mucho más altas que en España, pero ello se debe al límite económico de 30.000 euros que existe en España (imperante hasta el 2009), y respecto al caso alemán, al modelo puro de proceso monitorio ahí existente.

zada" (epígrafe 216) afirmó: "Es necesario para los restantes títulos (documentos), diferentes de los enunciados en las tres categorías precedentes, la instauración del procedimiento monitorio". De hecho, en países de este entorno cultural, la introducción del proceso monitorio ya es una realidad muy consolidada en el tiempo (caso de Uruguay) o se está produciendo (caso del Proyecto de "Código Procesal Civil" chileno que firmó la Presidenta Bachelet el 18 de mayo de 2009, en el que se prevé el proceso monitorio de forma muy similar a la ley española, esto es, documental y con un tope máximo de reclamación de 250 UTM, esto es, unos 18.000 dólares).[3]

2. Concepto y naturaleza jurídica del proceso monitorio

El proceso monitorio es un proceso declarativo plenario especial caracterizado por la inversión del contradictorio:

a) Es un proceso declarativo porque su finalidad es la obtención de un título de ejecución;

b) Es un proceso plenario porque la resolución que le pon fin, en caso de incomparecencia del deudor, produce plenos efectos de cosa juzgada;

c) Es especial por su ámbito material, pues sirve para la tutela del crédito de hasta 250.000 euros;

d) Se caracteriza por la inversión del contradictorio, pues éste existe sólo en la medida en que haya oposición del deudor, en cuyo caso, obliga al actor a interponer una demanda (o, en el caso de reclamaciones inferiores a 6.000 euros a celebrar la vista del juicio verbal).

En consecuencia, no estamos ante un proceso especial de ejecución, o con predominante función ejecutiva, como mantiene cierta doctrina. A pesar de que el juicio monitorio origina automáticamente un requerimiento de pago al deudor, lo que induce a pensar en un juicio de naturaleza ejecutiva, lo cierto es que a través del proceso monitorio se obtiene –y no se ejecuta – un título ejecutivo (a saber, el decreto del Secretario judicial).

3. Finalidad del proceso monitorio

El proceso monitorio cumple una triple finalidad:

a) En primer lugar, potenciar la efectividad de la tutela del crédito de medianos y pequeños empresarios (en España hasta 250.000 euros – y en el resto de Europa sin limitación económica alguna).

b) En segundo lugar, crear con rapidez títulos ejecutivos, pues la incomparencia del deudor genera automáticamente la obtención de un decreto que permite abrir la ejecución judicial;

c) Y, en tercer lugar, reducir el número de juicios declarativos ordinarios, de estructura más compleja, por lo que, indirectamente, también se logra incrementar la rapidez en la tramitación de tales juicios ordinarios.

---

[3] En el "Código Modelo para Iberoamérica" se prevé el "proceso de estructura monitoria" (arts. 311 a 316) si bien con un ámbito de aplicación y presupuestos muy distintos a los existentes en Europa. Lo mismo sucede con el caso de Brasil, donde fue introducido en su sistema procesal en 1995, mediante la Ley nº 9.079, de 14 de julio de 1995, pasando a formar parte del *Código de Processo Civil* en sus arts. 1.102 a a 1.102.c.

4. Tipos de procesos monitorios

Siguiendo la clasificación formulada por Calamandrei en su famosa obra "Il procedimento monitorio nella legislazione italiana" (Società Editrice Unitas, Milano, 1927),[4] en función del título que origina el proceso monitorio, éste puede ser puro o documental:

a) Puro. El proceso monitorio puro se produce cuando no es preciso aportar junto a la demanda – o simple petición monitoria – ninguna base documental, siendo suficiente para requerir de pago al deudor la mera afirmación de la existencia de una deuda por parte del acreedor. Es el modelo que en la actualidad se utiliza, por ejemplo, en Alemania, y el que se prevé en el citado Reglamento Europeo nº 1896/06.

b) Documental. El proceso monitorio documental se caracteriza por la exigencia de un título documental, normalmente firmado por el deudor, que *prima facie* incorpore la existencia de una deuda; si bien también suele admitirse como documento la certificación unilateral del acreedor en ciertos ámbitos de las relaciones jurídicas como, por ejemplo, las facturas creadas por profesionales liberales – médicos, arquitectos, abogados, etc. – o las certificaciones bancarias de saldos deudores impagados por sus clientes. Es el modelo empleado en España, Francia o Italia.

Otra clasificación atiende al dato de la cuantía en función de la cual puede emplearse el proceso monitorio, pudiendo ser así el proceso monitorio limitado o ilimitado:

a) Limitado. El proceso monitorio sólo permite la reclamación judicial de una determinada cantidad dineraria, y suele ser el tipo de juicio monitorio recomendado en aquellos Estados en los que se instaura por primera vez.

b) Ilimitado. En este caso, mediante el proceso monitorio se tutela cualquier tipo de reclamación dineraria, sin límite económico alguno. Es el comumentemente utilizado en aquellos Estados en los que existe una amplia tradición de procesos monitorios, por lo que es el previsto en la mayoría de estados europeos (Alemania, Francia o Italia) así como en el Reglamento europeo nº. 1896/06.

5. El proceso monitorio en España

Como he indicado, la nueva LEC española ha incorporado por primera vez en la historia de las leyes de enjuiciamiento la figura del proceso monitorio, optando por un modelo documental y limitado. Se encuentra previsto en sus arts. 812 a 818, por lo que simplemente siete artículos se encargan de regular casi la mitad de la litigiosidad civil española.

5.a. ¿Para qué sirve?

Mediante el proceso monitorio puede reclamarse cualquier tipo de deuda dineraria siempre que sea vencida, exigible, y de cantidad determinada no superior a 250.000 euros). En consecuencia, la deuda debe ser:

[4] Existe una magnífica traducción al castellano realizada por SENTÍS MELENDO, con el título "El procedimiento monitorio", publicada por la Editorial Bibliográfica Argentina (Buenos Aires, 1946).

a) Dineraria, esto es, toda aquella que se contrae en dinero, ya sea en euros o cualquier otra moneda extranjera, por lo que resulta inviable acudir a este cauce procesal para formular peticiones complejas, en las que, por ejemplo, junto a la reclamación de cantidad se pretenda el reconocimiento o cancelación de derechos no pecuniarios.

b) Vencida, esto es, toda aquella cuyo plazo de tiempo para su cumplimiento ya ha transcurrido. La doctrina judicial incluye aquí las reclamaciones dinerarias derivadas del vencimiento anticipado de contratos de préstamos incumplidos, por entender que la deuda ostenta la condición de "liquidez" si la concreta cifra debida resulta de simples operaciones aritméticas, y en donde el grado de complicación de dichas operaciones no es de ningún modo un obstáculo a la liquidez (esta doctrina también resulta aplicable para las deudas en las que deban concretarse los intereses de demora). La inclusión en el contrato de una cláusula de vencimiento anticipado, válida al amparo del principio de la autonomía de voluntad, hace que en el supuesto de falta de pago dinerario contemplado en el contrato, la deuda se convierta en vencida y exigible las cuotas pendientes de pago. De este modo, la cláusula de vencimiento anticipado en un contrato de préstamo, lo único que supone es que una cantidad determinada, que había de abonarse más tarde, resulta exigible desde el momento en que se hace uso de la misma.

c) De cuantía determinada no superior a 250.000 euros, ésto es, la liquidez de la deuda reclamada.

Si la cuantía que figura en el título que justifica la petición monitoria es superior a dicha cantidad, el actor puede reclamar una cantidad de dinero inferior a los 250.000 euros, o la totalidad de la deuda en un proceso declarativo ordinario. En el primer caso, debe entenderse que el actor renuncia al resto del crédito reclamado en cuanto exceda de los 250.000 euros pues, de lo contrario, se fomentaría el fraude de ley procesal, ya que una misma deuda podría originar diversos procesos monitorios, infrigiéndose de forma fraudulenta el límite fijado en el art. 812.1 LEC. Por ello, sería de aplicación la doctrina del fraude de ley procesal de los arts. 247 LEC y 11.1 LOPJ, pues con ella se pretende evitar que se "burle la eficacia de una norma procesal imperativa".[5]

Además, dentro del límite de los 250.000 euros puede reclamarse tanto el principal como los intereses debidos. Así, el hecho de que a la reclamación de una deuda líquida se sume la cantidad debida en concepto de intereses, no convierte aquella en ilíquida. Evidentemente, el actor tendrá que precisar la cuantía determinada en concepto de intereses de demora (aun utilizando operaciones aritméticas).

La amplitud de la regulación prevista para el juicio monitorio permite reclamar el cumplimiento de multitud de obligaciones de condena monetaria. El motivo que mayoritariamente justifica la existencia de un proceso monitorio suele ser el incumplimiento contractual del que se derive una obligación de pago dineraria: reclamaciones por servicios profesionales contratados; el pago de primas impagadas de seguro; el pago de una retención practicada en los abonos de un arrendamiento de obra en garantía de la finalización de una construcción; la reclamación de cuotas impagadas de socio de un club deportivo o financiero; etc.

[5] PICÓ I JUNOY, J., *El principio de la buena fe procesal*, edit. J. Mª. Bosch editor, Barcelona, 2003, p. 108.

Además, la doctrina judicial permite acudir al proceso monitorio para reclamar el cumplimiento de títulos ejecutivos (ello tiene sentido, especialmente, cuando dicho título haya perdido su naturaleza ejecutiva).

5.b. ¿Qué tipo de documentos sirven para iniciar un proceso monitorio?

Los documentos que sirven para iniciar un proceso monitorio están previstos en el art. 812 LEC. Según esta norma, la deuda debe acreditarse mediante documentos, cualquiera que sea su forma y clase o el soporte físico en que se encuentren, que aparezcan firmados por el deudor o con su sello, impronta o marca o con cualquier otra señal, física o electrónica, proveniente del deudor; o mediante facturas, albaranes de entrega, certificaciones, telegramas, telefax o cualesquiera otros documentos que, aun unilateralmente creados por el acreedor, sean de los que habitualmente documentan los créditos y deudas en relaciones de la clase que aparezca existente entre acreedor y deudor. Además, en estos casos, junto al documento en que conste la deuda pueden aportarse documentos comerciales que acrediten una relación anterior duradera.

Lo más frecuente es que se aporte el contrato o factura que justifica la reclamación. Por factura debe entenderse el documento que en el tráfico mercantil documenta la operación de despacho de la mercancía por parte del acreedor y del precio que se le asigna, la cual no precisa firma del deudor y puede estar complementada por otros documentos. Cuando la factura no firmada por el deudor sea el único documento que se posee para apoyar la petición monitoria, es recomendable acompañar otros documentos que la complementen y que le otorguen buena apariencia jurídica de la deuda, no dejando la decisión al arbitrio del órgano judicial que, ante dicha factura, puede hacerse un juicio negativo. Estos documentos, pueden ser, por ejemplo, el "recibo" que refleja el pago de dicho precio por el deudor, o el "albarán", que refleja la entrega de la mercancía (ambos enumerados en el art. 812.1.2 LEC).

Igualmente frecuente es la formulación del proceso monitorio con base a documentos creados unilateralmente por el actor siempre que ésta sea la forma habitual de documentar el crédito y de los mismos resulte una buena apariencia jurídica de la deuda Éste es, por ejemplo, como hemos indicado, el modo habitual de documentar la reclamación de las deudas derivadas de servicios profesionales.

El proceso monitorio es sumamente utilizado por las entidades bancarias para el cumplimiento de cuentas corrientes con saldos deudores; o empresas financieras para cobrarse créditos impagados. En el primer caso, suele exigirse no sólo el certificado unilateralmente creado por la entidad bancaria en el que se liquide el saldo deudor, sino también el concreto del cual trae causa la deuda. Y, en el segundo, cuando lo que se reclama es el impago causado por el uso de una tarjeta de crédito, además, de la certificación de un saldo impagado, se exige aportar también el contrato de tarjeta de crédito o cualquier otro documento, como el extracto de la cuenta en que hubieran sido cargados los pagos efectuados por la referida tarjeta, pues así puede inferirse, siquiera indiciariamente, la existencia de relaciones entre las partes.

Sin embargo, el listado de documentos del art. 812 LEC es abierto, rigiendo así la regla del antiformalismo. El antiformalismo es la regla general en materia de aportación documental, por lo que para que el procedimiento monitorio pueda ser iniciado tan sólo se requiere la existencia de una deuda con las condiciones señaladas en el art. 812 LEC (dineraria, vencida y exigible, de cantidad determinada y que no exceda de 250.000 euros), no siendo exhaustiva la enumeración de los documentos que se relacionan en dicha norma. Así, la doctrina judicial admite la validez de documentos análogos a los citados en el art. 812 LEC considerando, acertadamente, que no estamos ante una lista cerrada sino ante un *numerus apertus*. Buena prueba de que no es una enumeración cerrada, la tenemos en el art. 815 LEC que ordena al Juez requerir el pago al deudor no sólo cuando los documentos aportados sean los previstos en dicha norma, sino también cuando constituyeren, a juicio del Tribunal, un principio de prueba del derecho del peticionario, confirmado por lo que se exponga en la petición inicial. Se deja abierta la vía para que el propio Juez estime si los documentos aportados constituyen o no un principio de prueba, con independencia de que no sean de los recogidos explícitamente en el art. 812. En función de ello, por ejemplo, se admite la petición monitoria basada en una grabación, un e-mail, un documento electrónico, etc.

El antiformalismo también se manifiesta en el hecho de poder aportar, con pleno valor procesal, la fotocopia del documento. La cuestión es especialmente trascendente por varias razones: en primer lugar, por razones prácticas, pues puede haber dificultad, en muchos casos, para aportar los documentos originales, operándose en la actualidad, en el tráfico económico, en gran medida con copias, derivadas, en su mayor parte, tanto de los medios informáticos utilizados para constatar y registrar las transacciones, como del uso, absolutamente ya normalizado y generalizado, de los modernos sistemas de telecomunicación. En segundo lugar, porque la utilización de dichas tecnologías, tanto a nivel de constatación y registro de las transacciones económicas, como a nivel de comunicación, han difuminado la identificación y diferenciación entre lo que sea formalmente original y lo que sea copia, hasta extremos, en muchos, absolutos. Y, finalmente, porque en una economía globalizada y tecnificada como la actual, exigir al acreedor que aporte el original del documento, no es ni realista ni práctico: pensemos, por ejemplo, en una empresa canadiense que reclame una pequeña deuda en España utilizando el monitorio, pretendiendo, por tanto, que se realice la simple reclamación al deudor. Lo más normal es que pueda remitir el documento que acredita *prima facie* dicha deuda mediante fax o e-mail, sin que sea razonable, en aras a los principios de rapidez, eficacia y simplicidad que fundamentan el presente procedimiento, obligarle a que deba remitir por correo el documento original, como si nos encontráramos ante un procedimiento declarativo o ejecutivo, procedimientos éstos que nada que ver tienen con la naturaleza y finalidad del procedimiento monitorio. Además, ninguna indefensión se causa al deudor, pues si éste no está conforme con la deuda reclamada, simplemente con oponerse obligará al actor a exigirla necesariamente a través del juicio ordinario que corresponda por razón de la cuantía.

De igual modo, debo destacar la posibilidad de aportar válidamente documentos electrónicos como base para fundamentar la petición monitoria. La ley, consciente de la evolución tecnológica, contempla que el documento pueda estar reflejado en otro soporte que no sea papel, por lo que son plenamente válidos como documentos los soportes informáticos de transacciones electrónicas o grabaciones de contrataciones por teléfono o videoconferencia.

A pesar de todo lo dicho, esto es, la regla del antiformalismo y el citado *numerus apertus* de los documentos a aportar, la regulación del proceso monitorio no permite iniciarlo sin una mínima base documental.

5.c. *¿Cuál es el tribunal competente?*

La competencia para el conocimiento del proceso monitorio se atribuye en exclusiva a los Juzgados de Primera Instancia del domicilio o residencia del deudor o, si no fueren conocidos, el del lugar en que el deudor pudiera ser hallado a efectos del requerimiento de pago por el tribunal. Así, la exclusividad de la regla de competencia territorial excluye la aplicación de las normas sobre sumisión expresa o tácita de los arts. 55 y 56 LEC: en consecuencia, si en el contrato que sirve de base a la petición monitoria existe una cláusula de sumisión expresa a favor de un tribunal distinto del previsto en el art. 813 LEC, esta cláusula no será operativa en el juicio monitorio. Esta norma imperativa tiene su razón de ser tanto en el logro de una mayor celeridad en la obtención del título de ejecución, y en el deseo de facilitar al deudor su defensa (oposición).

Si no es conocido ni el domicilio ni la residencia del demandado, la petición monitoria puede presentarse al tribunal del domicilio laboral del deudor. El Tribunal Supremo ha declarado que es preciso vigorizar la eficacia del proceso civil, singularmente en el tipo monitorio, para agilizar la efectividad de los derechos; y por ello cuando se desconozca el domicilio o residencia del demandado debe permitirse formular la reclamación judicial ante el juez del domicilio laboral (autos del Tribunal Supremo de 11 de abril, 15 de julio, 22 de octubre, 28 de noviembre y 22 de diciembre de 2003; 26 de febrero, 31 de marzo de 2004, 20 y 22 abril de 2004; o 1 de abril, 17 de mayo y 14 de marzo de 2005).

Cuando se demanda a una sociedad, la determinación de la competencia territorial vendrá fijada por el lugar de su domicilio –el social – o el lugar donde la situación o relación jurídica a que se refiera el litigio haya nacido o deba surtir efecto, siempre que la sociedad tenga establecimiento abierto al público o representante autorizado (art. 51.1 LEC).

5.d. *¿Cómo se inicia?: la petición monitoria*

La simplicidad del proceso monitorio se materializa en el hecho de no tener que presentar una demanda, sino una mera "petición monitoria" (art. 814 LEC), en la que tan sólo se exige identificar la persona y domicilio del acreedor y del deudor, y precisar el origen y la cuantía de la deuda, acompañándose, como es obvio, el documento que justifica la reclamación judicial. Esta petición monitoria puede presentarse en impresos o formularios ya preestablecidos, muchos de los cuales se encuentran a disposición de los ciudadanos en las oficinas de los decanatos judiciales (un modelo de formulario también se encuentra en la página web del Ministerio de Justicia).

De igual modo, la simplicidad del proceso monitorio se concreta en el hecho de poder presentarse la petición inicial por el propio acreedor, esto es, sin necesidad de asistirse de abogado.

En la petición debe acreditarse que la persona que la formula es la que aparentemente figura como titular del crédito reclamado, lo que nos conduce a dos problemas, a saber, el de la cesión del crédito, y el de la legitimación de las personas jurídicas:

a) Respecto del primer problema, la doctrina judicial admite que la petición monitoria la formule el adquirente del crédito siempre que aporte el contrato de cesión del crédito.

b) Y con referencia a las personas jurídicas, éstas deberán presentar dicha petición mediante sus órganos de representación, que bien puede ser un administrador de la sociedad, que deberá acreditar dicha condición junto con el documento que acredite la deuda reclamada (esta acreditación puede tener lugar mediante copia de los estatutos de la sociedad; una certificación del Registro Mercantil que demuestre la vigencia de su nombramiento; o incluso a través de una escritura en la que él mismo se autopodera como administrador -en nombre de la sociedad para comparecer y representar a la misma en juicio – si en ella se contiene la apreciación del Notario de que el compareciente ostenta la cualidad de administrador de la sociedad en virtud de otra escritura que se le muestra).

Como acabo de indicar, el proceso monitorio no se inicia mediante demanda sino a través de una simple "petición", por lo que estrictamente no puede hablarse de demandante, sino de mero peticionario o acreedor. Ello es relevante en orden a sus posibilidades defensivas cuando, ante la oposición del deudor, el juicio monitorio se convierta en un proceso ordinario:

a) Así, respecto de las alegaciones, podrá introducir todas aquellas que guarden relación con la petición inicial o con los motivos de oposición esgrimidos por el demandado. No olvidemos que la petición monitoria puede presentarse sin alegar ningún tipo de hecho (*causa petendi*) que sirva de fundamento a la petición monitoria. Y respecto de la nueva pretensión, obviamente, en el posterior proceso ordinario no podrá cambiar la petición inicial, aunque sí complementarla (v. gr. introducir los intereses respecto del principal, o el pago de nuevas cuotas vencidas de la deuda reclamada en el juicio monitorio).

b) Y con referencia a las pruebas, el actor podrá aportar nuevos documentos que sirvan para acreditar la deuda reclamada, así como el dictamen pericial que estime oportuno –o solicitar la designación judicial de un perito-, y ello podrá hacerlo en la propia demanda del procedimiento ordinario o en el acto de la vista del juicio verbal.

5.e. El requerimiento judicial de pago

Para la admisión de la petición monitoria el Secretario Judicial debe controlar la competencia del tribunal, el límite de los 250.000 euros de la deuda reclamada, la aportación del documento monitorio, y la existencia de los datos del acreedor y del deudor. En consecuencia, no pueda entrar en el fondo de la petición, pues ello debe reservarse para la oposición del deudor, máxime cuando en dicha petición monitoria no se exige la descripción de la *causa petendi* que la fundamente.

De haber algún defecto procesal deberá intentarse su subsanación siempre que ello sea posible (así, por ejemplo, no lo será si la petición de tutela es superior a 250.000 euros o no concurre la competencia territorial del juez; pero sí son defectos subsanables todos los referentes a los documentos aportados, o a la identificación de las partes). En todo caso, debe darse cuenta al Juez para que resuelva lo que corresponda sobre la admisión a trámite de la petición inicial (art. 815.1.I *in fine* LEC).

Si la petición monitoria reúne los mínimos requisitos legales, el Secretario judicial debe requerir de pago al deudor en el plazo de veinte días (art. 815.1.I LEC). Su resolución debe notificarse en la forma prevista en el art. 161 LEC, esto es, de forma personal, mediante entrega de copia de la providencia o de cédula. En caso de no lograrse esta notificación personal resultan de aplicación las normas generales establecidas en la LEC relativas a la averiguación de domicilio del demandado. Así, los arts.156 y 157 LEC contemplan la posibilidad de indagación del domicilio del demandado, y son de plena aplicación a todos los procedimientos dado el carácter general de los mismos. En consecuencia, la imposibilidad inicial de localizar al deudor en su domicilio no puede suponer un automático sobreseimiento o archivo de las actuaciones, debiéndose permitir a la parte actora indicar nuevos domicilios conocidos o peticionar las diligencias de averiguación que estime necesaria. Incluso de oficio, el juez debe emplear su máxima diligencia para lograr la efectiva notificación personal de la petición monitoria al demandado. De fracasar todos los mecanismos de averiguación del domicilio del demandado se excluye expresamente la posibilidad de acudir a la notificación edictal. En consecuencia, en este caso, el actor podrá acudir al juicio declarativo ordinario que corresponda por razón de la cuantía.

5.f. Posibles actitudes del deudor

A. Pagar

El art. 817 LEC prevé que el deudor atienda el requerimiento de pago dentro de los veinte días dados al efecto. En este caso, se pagará al acreedor y se archivarán las actuaciones. En este caso, no hay condena en costas, siendo ello coherente con la intervención totalmente voluntaria del abogado.

B. No pagar

Si el deudor no comparece en los veinte días que se le da para pagar u oponerse al requerimiento de pago, el Secretario judicial dicta un decreto danto por terminado el proceso monitorio y da traslado al acreedor para que pueda instar el despacho de la ejecución, bastando para ello con la mera solicitur (art. 816.1 LEC). Las ejecuciones provenientes de la incomparecencia del deudor monitorio han sido, en 2007, 143.826, lo que supone el 35,8 % del total de ejecuciones civiles ingresadas e España.

Antes de la reforma de la Ley 13/2009, la incomparencia del deudor originaba que el juez dictase automáticamente auto despachando ejecución. Ello provocó en la práctica dos complejos interrogantes: ¿Cuál debía ser su contenido? y ¿Debía esperarse a que el actor presentase demanda ejecutiva por mandato del art. 549.1 LEC antes de iniciar la ejecución?.

Con referencia al primer interrogante, el auto despachado ejecución debía concretar los máximos extremos posibles y, cuando menos, los referentes a la persona y cantidad por la que se despachaba ejecución. El resto de extremos previstos en dicha norma (bienes del ejecutado susceptibles de embargo que tenga conocimiento el ejecutante, cantidad prevista para futuros intereses y costas, medidas de localización de bienes del ejecutado, etc,) podían integrarse bien mediante requerimientos al ejecutante o bien a través de escritos que éste podía presentar al respecto.

Y respecto del segundo interrogante, no era necesaria la presentación de una demanda ejecutiva para iniciar la ejecución, básicamente por los siguientes dos motivos: en primer lugar, porque la LEC no lo exigía, sino todo lo contrario, el art. 816 LEC establecía con claridad que la incomparencia del deudor daba lugar directamente a despacharse ejecución; y en segundo lugar, porque el 816.2 LEC expresamente ordenaba que dictado el auto despachando ejecución, ésta debía proseguir conforme a lo dispuesto para la de sentencias judiciales, pudiendo formularse oposición prevista en estos casos. Así, el uso del verbo "proseguir" era incompatible con exigir la presentación de la demanda de ejecución como requisito sin el que no habría lugar a la prosecución prevista en dicha norma.

Si se formula demanda ejecutiva y se despacha ejecución, el deudor ejecutado tiene un plazo de diez días para presentar escrito de oposición. Se le abre así otro momento de defensa, si bien limitado a los motivos de oposición a la ejecución previstos contra las resoluciones judiciales, esto es, los del art. 556 LEC: el pago o cumplimiento de lo ordenado en la resolución judicial ejecutada, y los pactos y transacciones que se hubieren convenido para evitar la ejecución, siempre que estos pactos y transacciones consten en documento público. En consecuencia, no son de aplicación los motivos de oposición previstos para la ejecución de títulos no judiciales, ni las excepciones materiales que hubieran podido formularse en la contestación a la demanda, como el incumplimiento del contrato cuyo pago se exige a través del juicio monitorio –la *exceptio non rite adimpleti contractus*-. Como puede comprobarse, la posibilidad de oposición a la ejecución es muy inferior a la oposición del juicio monitorio, no pudiéndose ahora alegar cuestiones que pudieron ser alegadas y no lo fueron en el trámite de oposición al requerimiento de pago, salvo que sea incluible en los motivos anteriormente descritos. Esta limitación de la oposición se justifica en la propia Exposición de Motivos de la LEC, indicando en el punto noveno de su párrafo XIX que "es conforme y coherente con la doble oportunidad de defensa que al deudor le asiste y que resulta necesario para dotar de eficacia al procedimiento monitorio".

C. Oponerse

El carácter especial del proceso monitorio, en el que se requiere de pago al deudor sin audiencia previa, no le generá indefensión alguna, pues el derecho de defensa y contradicción lo puede ejercer, con posterioridad, en el trámite de oposición a dicho requerimiento de pago.

El último artículo regulador del proceso monitrio – el 818 LEC – prevé la tercera de las tres posibles posturas del demandado: oponerse al requerimiento de pago dentro de los veinte días dados al efecto. Esta oposición debe efectuarse por escrito, que deberá ir firmado por abogado y procurador cuando la deuda reclamada supere los 900 euros.

El problema más relevante que se plantea aquí es el del alcance de dicha oposición, esto es, si cabe la oposición genérica o debe concretarse los motivos de oposición:

a) Existen resoluciones judiciales que entienden como válida la negativa genérica al requerimiento de pago. En equitativa contraprestación a la rápida obtención de dicho requerimiento de pago por parte del actor, el demandado también debe tener un mecanismo rápido de defensa, que puede concretarse en un escrito que se limite a negar la existencia o validez de la deuda reclamada, que podrá ser objeto de un proceso declarativo posterior, en el que, de apreciarse temeridad o mala fe en la actuación del demandado, podrá condenársele en costas, incluyendo los gastos del abogado del actor –si los hubiese utilizado en la inicial petición monitoria-. Se afirma que el art. 818 LEC –el único que regula la "oposición del deudor" – no exige la motivación del escrito de oposición, ni se indica que deben expresarse las causas de la oposición. Además, se destaca que si bien es cierto que la Ley exige dar razones para oponerse, se entiende que éstas se cumplen cuando el deudor se niega a pagar indicando que no lo hace porque no debe nada.

b) También existen resoluciones judiciales que mantienen la necesidad de concretar los motivos de oposición pero permiten, en caso contrario, subsanar este defecto procesal. Se considera que la necesidad de exponer tales motivos de oposición se deduce de la propia Exposición de Motivos de la LEC (en el párrafo octavo de su apartado XIX se indica: "[…] quien aparezca como deudor es inmediatamente colocado ante la opción de pagar o "dar razones" […]. En cambio, si se "dan razones", es decir, si el deudor se opone, su discrepancia con el acreedor se sustancia por los cauces procesales del juicio que corresponda según la cuantía de la deuda reclamada"), y del art. 815.1.I LEC, cuando establece que se "[…] requerirá al deudor para que […] alegue sucintamente, en escrito de oposición, las razones por las que, a su entender, no debe, en todo o en parte, la cantidad reclamada". Sin embargo, se entiende que no hay ninguna razón válida en Derecho para excluir la regla general de la subsanabilidad de los defectos en que incurran los actos procesales de las partes (art. 231 L.E.C.), regla general que también ha sido reiteradamente declarada por la jurisprudencia constitucional. En este sentido, se razona que si en un juicio declarativo el Juzgado pediría al demandado que subsanase algún defecto de su escrito de contestación, y no le declararía rebelde sin más y de plano, no existe motivo que impida al requerido en un procedimiento monitorio subsanar los defectos de su oposición.

c) Y, finalmente, en tercer lugar, hay resoluciones judiciales que consideran que necesariamente la oposición debe ser motivada, esto es, deben indicarse las concretas razones por las cuales el deudor se opone a dar debido cumplimiento al requerimiento de pago. Para ello, además de la argumentación dada en el punto anterior, se afirma que de lo contrario, se daría cobertura a la mala fe procesal, proscrita en el art. 11.1 LOPJ y 247 LEC, que establecen que ante estas situaciones, la respuesta judicial debe ser la de la inadmisión del acto procesal realizado.

En mi opinión, la oposición al requerimiento de pago debe basarse en algún motivo, tanto de carácter procesal como de fondo, pues *ubi lex non distinguit, nec non distinguere debemus.* Sin embargo, es necesario hacer en este punto una doble observación: primera, la formulación del motivo concreto no tiene porque ser exhaustiva, siendo suficiente una argumentación sucinta del mismo (ej.: "me opongo porque la deuda ya ha prescrito", o "me pongo porque ya pagué el crédito que se me reclama"; etc); y segunda, en el posterior juicio ordinario el demandado puede alegar otros motivos de oposición distintos de los formulados inicialmente, pues la LEC le obliga únicamente a "dar razones", y no a "dar todas las razones", por lo que, en estrictos términos de legalidad, a efectos de estrategia defensiva, sólo con alegar alguna razón ya cumple con el requisito mínimo del presente trámite de oposición (así, por ejemplo, inicialmente puede alegarse el incumplimiento contractual y, posteriormente, además de este incumplimiento, la prescripción de la acción). Más discutible es el hecho de que el demandado pueda cambiar totalmente su estrategia defensiva, esto es, apartarse de los motivos de oposición monitoria y, para justificar su falta de pago, formular otros razonamientos contrarios a los inicialmente formulados (así, por ejemplo, imaginemos que la oposición monitoria se basa en el pago y, posteriormente, en el escrito de contestación, se alega que no se pagó por existir un incumplimiento contractual). En estos casos, tal actuación deberá admitirse, al objeto de garantizar el derecho de defensa del demandado, si bien podrá ser considerada como maliciosa, por ejemplo, en materia de costas procesales.

Entendemos que esta solución, en función de la cual el demandado debe alegar algún motivo de oposición – que no tienen por qué ser todos, ni desarrollarse en su integridad – es la más equilibrada entre la postura más restrictiva, que limita el derecho de defensa del demandado, y la más permisiva, que puede favorecer su actuaciación maliciosa.

El art. 818.2 LEC prevé la pluspetición como motivo de oposición. En este caso, a instancia del actor, podrá dictarse de inmediato decreto acogiendo la petición que haya sido objeto de allanamiento, siendo ejecutable conforme a lo establecido en los arts. 517 y ss. LEC. Y para el resto de la cantidad no allanada – esto es, la diferencia entre lo peticionado y lo reconocido – deberá continuar el proceso su curso.

La oposición del demandado a la petición monitoria superior a 6.000 euros comporta que el peticionario deba interponer la demanda, ante el mismo tribunal que esté conociendo del juicio monitorio, dentro del plazo de un mes desde el traslado del escrito de oposición pues, en caso contrario, se sobreseerán las actuaciones y se le condenará en costas. De presentarse la demanda, se dará traslado de ella al demandado conforme a lo previsto en los arts. 404 y ss. LEC, siguiéndose su tramitación de acuerdo a las normas generales del procedimiento ordinario. Si la demanda se presenta al mismo juzgado pero con posterioridad a dicha fecha, deberá inadmitirse al haberse ya sobresido las actuaciones, sin perjuicio de que dicha demanda pueda presentarse a reparto para que de origen al correspondiente juicio en reclamación de cantidad. Y si la petición monitoria es inferior a 6.000 euros, el Secretario judicial, automáticamente, debe convocar a las partes a la vista del juicio verbal ante el Tribunal.

Uno de los interrogantes que suscita la aplicación práctica del proceso monitorio es el del grado de vinculación que tiene el actor entre lo alegado en la petición monitoria y la posterior demanda; y el demandado, respecto lo alegado en el escrito de oposición al requerimiento de pago y la posterior contestación a la demanda (o vista):

a) Con referencia al actor, y sus alegaciones, podrá introducir todas aquellas que guarden relación con la petición inicial de la que trae causa. No olvidemos que la petición monitoria puede presentarse sin alegar ningún tipo de hecho (*causa petendi*) que sirva de fundamento a la petición monitoria. Y respecto de la nueva pretensión, en el posterior proceso ordinario, no podrá cambiar la petición inicial, aunque sí complementarla (v. gr. introducir los intereses respecto del principal, o el pago de nuevas cuotas vencidas de la deuda reclamada en el juicio monitorio) pues, lo contrario, sería desvirtuar el objeto inicial de su reclamación, de la cual trae causa. Mucho más flexible se debe ser en materia probatoria: el actor podrá aportar nuevos documentos que sirvan para acreditar la deuda reclamada, así como el dictamen pericial que estime oportuno –o solicitar la designación judicial de un perito-, y ello podrá hacerlo en la propia demanda del procedimiento ordinario o en el acto de la vista del juicio verbal, pues para iniciar el juicio monitorio tan sólo es exigible aportar el principio de prueba documental del art. 812 LEC. En consecuencia, el resto de pruebas debe poder aportarse en el posterior juicio declarativo. Y, con referencia a los documentos aportados juntos a la petición monitoria, no es preciso indicar el archivo, expediente o protocolo en que se encuentren, o solicitar su unión, pues los mismos ya se encuentran incorporados a la demanda del procedimiento monitorio del que trae causa el posterior juicio ordinario.

b) Mayor complejidad presenta las posibilidades defensivas del deudor, pues en la doctrina judicial encontramos una disparidad de criterios que se centran en permitir o negar la posibilidad de formular motivos de oposición distintos de los alegados en la oposición monitoria. Así, por un lado, encontramos resoluciones judiciales que exigen esta identidad, impidiendo la alegación de nuevos motivos de oposición, y para ello se formulan distintas argumentaciones:

- En primer lugar, la preclusión en la alegación de los hechos y la prohibición de *mutatio libelli* de los arts. 136 y 412 LEC. En esta línea, se afirma que el proceso declarativo posterior no es autónomo e independiente del inicial juicio monitorio, sino una continuación de éste, lo que determina que el ámbito objetivo del debate litigioso lo constituyen, junto a los hechos de la petición inicial, los motivo de oposición alegados también inicialmente por el demandado.

- En segundo lugar, el respeto al principio de igualdad de las partes: así, se afirma que al igual que el actor no puede introducir en su posterior demanda – o en la vista – modificaciones esenciales en su pretensión, alterando la causa de pedir que determinó la inicial petición monitoria, tampoco el demandado podrá, en méritos de la igualdad de trato procesal, alegar nuevos motivos de oposición, a salvo, claro está, la posibilidad de aclaraciones sobre aspectos que no impliquen cambio sustancial de su defensa.

- En tercer lugar, evitar indefensiones, especialmente cuando el monitorio inicial conduce a la vista del juicio verbal pues, en este caso, permitir la formulación de nuevos motivos de oposición limitaría la capacidad de defensa y prueba del actor, dada la necesidad de proposición y práctica de la prueba en el mismo acto de la vista. Así, se destaca que la introducción en el acto de la vista de nuevos argumentos de oposición infringe los principios de contradicción y defensa de la parte actora, que acude a la vista con los medios de prueba tendentes a refutar una determinada línea de oposición ya planteada por la demandada.

- Y, en cuarto lugar, la necesidad de sancionar la mala fe procesal *ex* art. 11 LOPJ y art. 247.1 LEC, a cuyo tenor los intervinientes en todo tipo de procesos deberán ajustarse en sus actuaciones a las reglas de la buena fe, siendo de plena aplicación la conocida doctrina jurisprudencial del silencio cualificado o relevante jurídicamente -de la que se hace eco la STS de 21 de marzo de 2003, con cita de otras – en virtud de la cual el silencio debe ser interpretado como manifestación de determinada voluntad cuando quien calla viniera obligado a hablar según las exigencias de la buena fe entre las partes o los usos generales del tráfico. La exigencia de respetar el principio legal de la buena fe procesal impone a las partes el deber de no ocultar a la contraria los fundamentos de su pretensión, de modo que no le es dado al demandado reservarse "las razones", sino que debe exponerlas, aunque de manera sucinta, en su escrito de oposición. Es verdad que ni el artículo 815 LEC, ni ningún otro de los que específicamente regulan el juicio monitorio (art. 812 a 818 LEC) contienen referencia alguna a las consecuencias que habrán de derivarse del hecho de que el escrito de oposición se aleguen unas razones, y en el juicio posterior se exponga otras diferentes; sin embargo, no parece que fuera imprescindible esa previsión especial del legislador, pues el artículo 136 LEC contempla, con carácter general, el efecto preclusivo del transcurso del término señalado para la realización de los actos procesales, de modo que la conjunción de ambos principios, el de buena fe y el de preclusión, nos llevan a concluir que, sin constreñir el derecho de defensa, sólo podrán ser desarrolladas en el juicio posterior las razones que hubieren sido alegadas en el escrito de oposición, pero no aquellas otras que, conocidas ya entonces por el deudor, no las hubiere desvelado (por ello, no habría inconveniente en admitir que el demandado pudiera formular nuevos motivos de oposición a la luz de hechos que se recogen en la posterior demanda, pues en tal caso ni se habrá producido la conculcación del principio de preclusión ni tampoco podrá entenderse que existe mala fe procesal en el demandado que se defiende frente a hechos desconocidos al formular su oposición a la petición monitoria).

Sin embargo, por otro lado, también existen multitud de resoluciones judiciales que permiten la alegación de nuevos motivos de oposición. Así, se afirma que la oposición al requerimiento de pago efectuada en el juicio monitorio, tal como viene prevista en el art. 815 LEC, consiste en que el demandado alegue sucintamente las razones por las que, a su entender no debe, en todo o en parte, la cantidad reclamada. El carácter sucinto de las alegaciones es una prueba evidente de la posibilidad de desarrollar la estrategia defensiva del demandado más allá de lo alegado en la oposición monitoria. Y, además, cuando el art. 818 LEC remite la resolución definitiva del asunto al juicio que corresponda, lo cierto es que no pone límite alguno a la tramitación de ese juicio ni a la defensa del demandado que puede deducir la oposición que considere procedente. Y ello también debe ser así incluso en el supuesto de transformación al juicio verbal: la vista que ordena convocar el art. 812.2 LEC se desarrolla conforme a lo previsto en el art. 443 LEC para la vista del juicio verbal donde "el demandado podrá formular las alegaciones que a su derecho convengan", por lo que en este tipo de procesos es normal que hasta el acto de la vista la parte actora no conozca los argumentos que la parte demandada va a utilizar en su defensa, siendo por ello correcto que el debate y la prueba versen sobre los hechos que surgen como controvertidos en dicho acto.

En mi opinión, la regulación del juicio monitorio no exige al demandado que formule todos los motivos de su oposición, sino que sólo alegue razones, las que estime oportunas. En consecuencia, impedir la formulación de todas las razones en el posterior juicio declarativo supondría una injustificada limitación del derecho de defensa del demandado. Además, todas las argumentaciones que se razonan en su contra pueden rebatirse. Así:

- Respecto de la preclusión no cabe, pues ésta es definida como la extinción en un concreto proceso de los poderes jurídico-procesales no ejercitados por los sujetos que intervienen o pueden intervenir en ese proceso; y en el caso del monitorio, la propia LEC otorga al demandado el poder jurídico-procesal de formular su posterior contestación a la demanda sin ninguna limitación expresa sobre su contenido, o de comparecer al acto de la vista en la que podrá formular todas las alegaciones que a su derecho convenga, también sin limitación expresa sobre su alcance (art. 443.3 LEC).

- No se produce ninguna desigualdad de trato entre las partes, pues para que ello se diese deberíamos encontramos ante dos situaciones jurídicas idénticas que recibiesen diferentes tratamientos jurídicos injustificadamente. Sin embargo, en nuestro caso no hay identidad de situación jurídica, pues una es la actuación del actor, quien es el único que configura el objeto del proceso, y otra la del demandado, que se limita tan sólo a defenderse. Por ello, ambas situaciones pueden recibir un tratamiento jurídico diferenciado sin que suponga desigualdad de trato alguno.

- El grado de defensa del actor es el mismo que para el resto de juicios verbales, pues en todos ellos acude a la vista desconociendo los hechos que fundamentan la defensa del demandado. El legislador lo ha previsto así para cualquier proceso verbal, y no sólo para el que se derive de un juicio monitorio, por lo que de mantenerse la indefensión del actor, ello también sería igualmente predicable para cualquier otro juicio verbal. Sin embargo, nuestro Tribunal Constitucional no ha declarado la inconstitucionalidad de la regulación del juicio verbal.

- Y finalmente, con referencia a la mala fe procesal, no existe cuando es la propia regulación legal la que permite esta estrategia defensiva sin que ello suponga vulneración de derecho fundamental alguno. En situaciones excepcionales, en las que el demandado cambie totalmente su estrategia defensiva, esto es, se aparte plenamente de los motivos de oposición monitoria y, para justificar su falta de pago, formule otros razonamientos contrarios a los inicialmente formulados, su conducta deberá admitirse -al objeto de garantizar su derecho de defensa – si bien podrá ser considerada como maliciosa, por ejemplo, a efectos de condena en costas.

6. El proceso monitorio europeo

El éxito interno en cada estado del proceso monitorio, y la necesidad de armonizar la tutela judicial del crédito con elementos transnacionales en el ámbito europeo, ha comportado que recientemente el Parlamento Europeo haya aprobado el Reglamento (CE) nº 1896/2006, por el que se establece un proceso monitorio europeo. Este Reglamento, de aplicación directa en cada Estado miembro de la Unión Europea sin necesidad de desarrollo interno previo, entró en vigor el 12 de diciembre de 2008.

6.a. ¿Para qué sirve?

El Reglamento 1896/2006 establece un proceso monitorio europeo que simplifica, acelera y reduce los costes de litigación en asuntos transfronterizos relativos a créditos pecuniarios no impugnados en materia civil y mercantil. Los "litigios transfronterizos" son aquéllos en los que al menos una de las partes está domiciliada, o tiene su residencia habitual, en un Estado miembro distinto de aquél al que pertenece el órgano jurisdiccional ante el que se ha presentado la petición.

Además, permite la libre circulación de requerimientos europeos de pago a través de todos los Estados miembros, mediante el establecimiento de normas mínimas cuya observancia hace innecesario un proceso intermedio en el Estado miembro de ejecución con anterioridad al reconocimiento y a la ejecución.

Para unificar el proceso monitorio, éste se articula mediante formularios que se anexan al Reglamento, y que son iguales a todos los estados miembros de la Unión Europea.

Este proceso monitorio europeo sirve para la reclamación de los créditos pecuniarios vencidos y exigibles en la fecha en que se presente la petición de requerimiento europeo de pago, sin limitación económica alguna y sin necesidad de aportar documento que justifique, *prima facie*, la verosimilitud de la reclamación.

6.b. ¿Qué tipo de documentos sirven para iniciar un proceso monitorio?

Como acabo de indicar, el proceso monitorio europeo es de tipo puro, por lo que no se exige aportar documento acreditativo alguno de la deuda reclamada.

6.c. ¿Cuál es el tribunal competente?

La competencia de los órganos jurisdiccionales viene determinada con arreglo a las normas de Derecho comunitario aplicables en la materia, en particular el Reglamento (CE) nº 44/2001 sobre reconocimiento y ejecución de resoluciones judiciales en el ámbito civil y mercantil. En consecuencia, es válida tanto la sumisión expresa como la tácita.

Sin embargo, si el crédito se refiere a un contrato celebrado por un consumidor para un uso considerado ajeno a su actividad profesional, y el demandado es el consumidor, únicamente son competentes los órganos jurisdiccionales del Estado miembro en el que está domiciliado el demandado (art. 59 del Reglamento [CE] nº 44/2001).

6.d. ¿Cómo se inicia?: la petición monitoria

El Reglamento prevé un formulario A (anexo I) para la petición de requerimiento europeo de pago, que debe incluir los siguientes elementos: el nombre y la dirección de las partes o sus representantes; el nombre y la dirección del órgano jurisdiccional ante el que se ha presentado la petición; el importe de la deuda (el principal y, en su caso, los intereses, las penalizaciones contractuales y las costas); la causa de la petición, incluida una descripción de las circunstancias invocadas como fundamento de la deuda, así como los medios de prueba; y el carácter transfronterizo del litigio.

La petición, firmada por el demandante, puede presentarse en papel o mediante cualquier otro medio de comunicación, incluido el soporte electrónico, aceptado por el Estado miembro en el que se expide el requerimiento europeo de pago ("estado miembro de origen") y utilizable por el órgano jurisdiccional que expide un requerimiento europeo de pago ("órgano jurisdiccional de origen").

6.e. El requerimiento judicial de pago

El órgano jurisdiccional ante el que se ha presentado una petición de requerimiento europeo de pago examina lo antes posible si se cumplen los requisitos de admisibilidad (carácter transfronterizo del litigio en materia civil y mercantil, competencia del órgano jurisdiccional interesado, etc.) y si la petición resulta fundada.

Cuando en el formulario de la petición no consten todos los elementos necesarios, el órgano jurisdiccional permitirá al demandante completar o rectificar la petición, salvo cuando ésta sea manifiestamente infundada o inadmisible. El Reglamento prevé a tal efecto un formulario B (anexo II). El órgano jurisdiccional puede enviar al demandante una propuesta de modificación de la petición si ésta cumple solamente una parte de los requisitos. El Reglamento prevé un formulario C (anexo III) a tal efecto. Se invitará al demandante a aceptar o rechazar la propuesta de requerimiento europeo de pago por el importe que haya especificado el órgano jurisdiccional, y se le informará de las consecuencias de su decisión. El demandante responderá devolviendo dicho formulario C. Si el demandante acepta la propuesta del órgano jurisdiccional, éste expedirá un requerimiento europeo de pago respecto de la parte de la petición aceptada por el demandante. Las consecuencias con respecto a la parte restante del crédito inicial se regulan con arreglo al Derecho nacional. Si el demandante no respeta el plazo fijado por el órgano jurisdiccional o rechaza la propuesta, dicho órgano desestimará íntegramente la petición de requerimiento europeo de pago. En definitiva, el órgano jurisdiccional debe desestimar la petición si: no se cumplen los requisitos establecidos; la petición es manifiestamente infundada; el demandante no envía su petición completada o rectificada en el plazo especificado; o el demandante no envía su respuesta en el plazo establecido o rechaza la propuesta del órgano jurisdiccional. El órgano jurisdiccional deber informar al demandante sobre los motivos del rechazo por medio del formulario D (anexo IV), y contra su decisión no cabe recurso alguno. Ello no obsta para que el demandante prosiga la reclamación de la deuda mediante una nueva petición de requerimiento europeo de pago o cualquier otro procedimiento existente de conformidad con la legislación de un Estado miembro.

Si se cumplen los requisitos para la presentación de una petición de requerimiento europeo de pago, el órgano jurisdiccional expide dicho requerimiento dentro de los treinta días a partir de la fecha de presentación de la petición, mediante el formulario E que figura en el anexo V. Este plazo no comprende el tiempo empleado por el demandante para completar, rectificar o modificar la petición.

En el requerimiento europeo de pago se comunica al demandado que puede optar por pagar al demandante el importe de la deuda u oponerse, mediante la presentación, ante el órgano jurisdiccional que ha expedido el requerimiento de pago, de un escrito de oposición, enviado en un plazo de treinta días desde que se le haya notificado el requerimiento. Este requerimiento europeo de pago se expide únicamente sobre la base de la información facilitada por el demandante, sin que la misma sea comprobada por el órgano jurisdiccional.

El requerimiento europeo de pago se notifica al demandado de conformidad con las disposiciones del Derecho nacional del Estado en el que deba realizarse la notificación. El Reglamento prevé las normas mínimas que deben respetarse a efectos de la notificación con (art. 13) o sin (art. 14) acuse de recibo por el demandado.

Para proceder a la notificación del requerimiento de pago europeo debe conocerse con certeza la dirección del demandado, si bien puede realizarse también a su representante. El requerimiento europeo de pago puede notificarse de alguna de las siguientes formas:

a) Con acuse de recibo. Aquí nos encontramos con la notificación personal acreditada por acuse de recibo firmado por el demandado, en el que conste la fecha de recepción; la notificación personal acreditada por un documento fechado, firmado por la persona competente que la haya realizado, en el que declare que el demandado recibió el documento o que se negó a recibirlo sin motivo legítimo. En estos casos, el demandado firma y reenvía un acuse de recibo fechado cuando recibe el requerimiento europeo de pago por correo o por medios electrónicos, como fax o correo electrónico.

b) O sin acuse de recibo. Aquí nos encontramos con la notificación personal, en el domicilio del demandado, a personas que vivan en la misma dirección que éste o estén empleadas en ese lugar; la notificación personal, en el establecimiento comercial del demandado, a personas empleadas por él, cuando éste sea un trabajador por cuenta propia o una persona jurídica; el depósito del requerimiento en el buzón del demandado; el depósito del requerimiento en una oficina de correos o ante las autoridades públicas competentes y notificación escrita de dicho depósito en el buzón del demandado, con indicación del carácter judicial del escrito; y el correo o medios electrónicos con acuse de recibo automático siempre que el demandado haya aceptado expresamente con anterioridad este medio de notificación.

6.f. Actitudes del deudor

A. Pagar

Si el deudor satisface la deuda reclamada, se entrega su importe al acreedor demandante y se pone fin al proceso monitorio.

B. No pagar

Pasados los treinta días desde la notificación del requerimiento europeo de pago sin que se presente un escrito de oposición ante el órgano jurisdiccional de origen, éste se hará ejecutivo sin que sea necesaria una previa declaración de ejecutividad.

De esta forma, el Reglamento nº. 1896/2006 suprime el *exequátur*, es decir, el requerimiento europeo de pago será reconocido y ejecutado en los demás Estados miembros sin que se requiera ninguna declaración de ejecutividad y sin posibilidad alguna de impugnar su reconocimiento. Los procedimientos de ejecución se regirán por el Derecho del Estado miembro en el que se solicite la ejecución del requerimiento europeo de pago.

C. Oponerse

El demandado que recibe un requerimiento europeo de pago puede presentar escrito de oposición, dentro del plazo de treinta días, ante el órgano jurisdiccional que haya expedido dicho requerimiento. Para presentar tal escrito, el demandado posee el formulario F (anexo VI) que se le remite adjunto al requerimiento europeo de pago, y debe indicar únicamente que impugna la deuda, sin que esté obligado a motivar su escrito.

Cuando el demandado presente un escrito de oposición al requerimiento europeo de pago, el proceso continuará ante los órganos jurisdiccionales del Estado miembro de origen con arreglo a las normas nacionales del proceso civil ordinario, a menos que el demandante haya solicitado expresamente que, en dicho supuesto, se ponga fin al proceso.

Transcurrido el plazo de treinta días para presentar escrito de oposición, el Reglamento autoriza al demandado a pedir la revisión –nulidad – del requerimiento europeo de pago ante el órgano jurisdiccional que lo haya expedido en tres supuestos: cuando el requerimiento de pago haya sido notificado sin acuse de recibo por parte del demandado (art. 14) y la notificación no se haya efectuado con la suficiente antelación para permitirle organizar su defensa; cuando no haya podido impugnar el crédito por razones de fuerza mayor o debido a circunstancias extraordinarias; y cuando el requerimiento se haya expedido de forma manifiestamente errónea. Si el órgano jurisdiccional rechaza la petición del demandado, el requerimiento europeo de pago seguirá en vigor. En caso contrario, si decide que la revisión está justificada, declarará nulo y sin efecto el requerimiento de pago.

Finalmente, debo destacar que a instancia del demandado, el órgano jurisdiccional competente del Estado miembro de ejecución puede denegar la ejecución si el requerimiento europeo de pago es incompatible con una resolución o requerimiento dictados con anterioridad en cualquier otro Estado miembro o en un tercer país. Esta decisión deberá, en particular, referirse a un litigio que tenga el mismo objeto y se refiera a las mismas partes, y ser reconocida en el Estado miembro de ejecución.

7. Reflexiones finales

Vista la experiencia española del proceso monitorio, y su aplicación dentro del contexto procesal europeo, pueden formular las siguientes tres reflexiones finales:

PRIMERA: El proceso monitorio es una forma de tutela rápida y diferencia del crédito altamente eficaz. Las cifras no engañan: más del cincuenta por ciento de las peticiones monitorias acaban eficazmente, bien con el pago del deudor, bien con la creación de un título ejecutivo. Esto origina un problema ulterior: el aumento significativo de los procesos de ejecución, por lo que la eficacia del proceso monitorio debe venir acompañado de un sistema igualmente eficaz de proceso de ejecución, en el que debe prevalecer especialmente el interés del acreedor, quien debe poder confiar en la efectividad de la tutela judicial. Por este motivo, en España, la nueva LEC introduce un sistema de ejecución provisional automático, esto es, *ope legis*, en el que la mera petición del ejecutante comporta que se dicte despacho de ejecución sin necesidad de prestar caución alguna, y con una muy limitada posibilidad de oposición por el ejecutado; y además se introducen otras medidas novedadosas en la línea de favorecer la eficacia de la ejecución, como el deber de manifestación de bienes del deudor ejecutado, la expresa sanción de la mala fe procesal, o la posibilidad de desjudicializar la etapa del procedimiento de apremio.

SEGUNDA: En un país sin previa regulación del proceso monitorio –como sucedía en España en el año 2000 – la prudencia aconseja introducir un modelo de juicio monitorio documental y limitado para, con el tiempo, optar por un modelo puro e ilimitado, como sucede con el Reglamento europeo nº 1896/2006.

TERCERA. En todo caso, es necesario prever una regulación completa y exhaustiva del proceso monitorio, especialmente en sus aspectos de la competencia judicial, la notificación del requerimiento de pago, y la relación entre el objeto del juicio monitorio y el del posterior juicio ordinario, aspecto este último que no se encuentra desarrollado en la regulación española y que en la práctica judicial plantea numerosos problemas.

8. Orientación bibliográfica

El proceso monitorio es el punto de la Ley 1/2000, de Enjuiciamiento Civil, que ha merecido mayor atención en la doctrina española. A la novedad que ha supuesto su introducción en las decimonónicas leyes procesales, como he indicado, es el proceso más utilizado en los tribunales de justicia.

Sobre este proceso he tenido ocasión de pronunciarme en mi monografía *La tutela judicial del crédito: estudio práctico de los procesos monitorio y cambiario*, edit. J. Mª. Bosch editor, Barcelona, 2005, y en mis trabajos *Los procesos monitorio y cambiario: estudio comparativo jurisprudencial*, en "Revista Jurídica de Cataluña", 2005, nº IV, pp. 157 a 185; y *Los requisitos constitucionales del emplazamiento edictal y la nueva Ley 1/2000, de Enjuiciamiento Civil (especial atención al proceso monitorio)*, en "Revista Jurídica de Cataluña", núm. 3, 2000, pp. 721-741.

Al margen de estas aportaciones, deben destacarse las siguientes monografías (por orden alfabético): CORREA DELCASSO, *El proceso monitorio de la nueva Ley de Enjuiciamiento Civil*, edit. Marcial Pons, Madrid, 2000; GARBERÍ LLOBREGAT, *El proceso monitorio en la Ley de Enjuiciamiento Civil*, edit. Bosch, Barcelona, 2008; GARCÍA LÓPEZ, *Reclamación de impagos a través del proceso monitorio: guía jurídico-práctica para asistir a los profesionales y empresarios*, edit. Atelier, Barcelona, 2006; LÓPEZ SÁNCHEZ, *El proceso monitorio*, edit. La Ley, Madrid, 2000; LORCA NAVARRETE, *El proceso monitorio regulado en la Ley de Enjuiciamiento Civil con particular referencia al proceso monitorio en materia de propiedad horizontal*, edit. Dykinson, Madrid, 2000; MAGRO SERVET, *El proceso monitorio: 267 preguntas-respuestas*, edit. Sepín, Madrid, 2006; MARTÍNEZ BELTRÁN DE HEREDIA, *El proceso monitorio: teoría y práctica*, edit. Difusión Jurídica, Madrid, 2007; y MÉNDEZ-VILALTA, *El proceso monitorio*, edit. Bosch, Barcelona, 2006.

Dentro del centenar de estudios publicados en revistas especializadas debo destacar los siguientes (por orden alfabético): ACHÓN BRUÑÉN, *Lagunas legales en la regulación del juicio monitorio y soluciones prácticas*, en "Revista Crítica de Derecho Inmobiliario", nº. 702, 2007, pp. 1469 a 1534; ADAN DOMENECH, *¿Es conveniente utilizar el proceso monitorio para la reclamación de los créditos cambiarios?*, en "Economist & Iuris", nº 58, año IX, 2001, pp. 33 a 56; CASADO ROMAN, *La notificación edictal en el juicio monitorio*, en "Boletín de Información del Ministerio de Justicia", diciembre, 2003, pp. 5049 a 5065; DÍAZ MARTÍNEZ,

Problemas prácticos del procedimiento monitorio, en "Revista General de Derecho Procesal", núm. 14, enero, 2008; GÓMEZ COLOMER, *El proceso monitorio y su práctica,* en "La aplicación práctica de la Ley de Enjuiciamiento Civil de 2000", coord. Gómez Colomer, edit. Tirant lo Blanch, Valencia, 2003, pp. 441-461; GÓMEZ MARTÍNEZ, *El juicio monitorio en la nueva LEC, un cambio cultural*, en "Jueces para la Democracia", núm. 38, 2000, pp. 67-72; GONZÁLEZ LÓPEZ, "Sobre la debatida naturaleza jurídica del proceso monitorio", en *Revista Vasca de Derecho Procesal y Arbitraje*, núm. 2, 2003, pp. 359 a 366; GUTIÉRREZ-ALVIZ CONRADI, "El doble éxito del proceso monitorio", en *Libro Homenaje al Profesor Dr. D. Eduardo Font Serra,* T.II., Edit. Ministerio de Justicia, Centro de Estudios Jurídicos, Madrid, 2003, pp. 1123 a 1130; HINOJOSA SEGOVIA, "Algunas cuestiones polémicas en la aplicación de los procesos monitorio y cambiario", en *Revista de Derecho Procesal*, 2002, pp. 287 a 322; JIMÉNEZ CONDE, "Incidencia de la nueva tasa judicial en el proceso monitorio", en *Libro Homenaje al Profesor Dr. D. Eduardo Font Serra,* T.II., Edit. Ministerio de Justicia, Centro de Estudios Jurídicos, Madrid, 2003, pp. 1431 a 1445; LORCA NAVARRETE, "La naturaleza jurídica de la técnica monitoria", en *La Ley*, núm. 2, 2007, pp. 1643 a 1645; LUDEÑA BENÍTEZ, *Reflexiones sobre algunos aspectos de la admisibilidad de la petición inicial en el proceso monitorio*, en "Boletín de Información del Ministerio de Justicia", núm. 2064, 2008, pp. 2171 a 2191; MAGRO SERVET, *La designación de distintos domicilios del deudor en el escrito inicial del monitorio*, en "Práctica de los Tribunales", enero, 2004, pp. 7-16; MARTÍN PASTOR, *La acumulación de acciones en el procedimiento monitorio*, en "Revista General de Derecho Procesal", núm. 10, septiembre 2006, pp. 1 y ss.; MONTSERRAT MOLINA, *El proceso monitorio. Cuestiones procesales desde el punto de vista práctico*, en "Práctica de los Tribunales", enero, 2004, pp. 17-28; PÉREZ-OLLEROS SÁNCHEZ-BORDONA, *¿Cabe la acumulación subjetiva de acciones o el litisconsorcio pasivo en el procedimiento monitorio ordinario?*, en "La Ley", 2003, D-108; PERARNAU MOYA, *Monitorio: problemas procesales relativos a la pluralidad de demandados y sus distintas posturas defensivas*, en "La Ley", núm. 7069, diciembre, 2008, pp. 1 a 6; *idem*, *La base documental del proceso monitorio: necesidad de documentos originales o admisibilidad de las copias*, en "La Ley", núm. 5, 2007, pp. 1306 a 1311; RAMOS ROMEU, *Utilización y funcionamiento del proceso monitorio: un análisis de teoría de juegos*, en "Justicia", 2004, nº 1-2, pp. 327 a 377; ROJAS CORRALES, *Estudio jurisprudencial de las costas en el proceso monitorio*, en "El Derecho. Diario de Jurisprudencia", nº. 2407, mayo, 2007, pp. 1 a 8; ROSILLO FAIRÉN, *Observaciones en torno al marco actual del proceso monitorio y su proyecto de reforma*, en "La Ley", núm. 7195, 12 de junio de 2009, pp. 4 a 8; SÁNCHEZ ALBARRÁN, *La oposición del deudor-demandado en el proceso monitorio*, en "Revista Vasca de Derecho Procesal y Arbitraje", núm. 3, 2005, pp. 743 a 758; TÉLLEZ LAPEIRA, *Problemas prácticos en la atribución de la competencia territorial en el proceso monitorio*, en "La Ley", 2002, T.3, pp. 1875 y ss.; y VILLARÍN VINENT, *La buena apariencia jurídica de la deuda en el proceso monitorio*, en "Tribunales Superiores de Justicia y Audiencias Provinciales", Aranzadi n. 16, enero, 2008, pp. 11 a 22.

Y finalmente, respecto del proceso monitorio europeo, vid. los estudios de ARIAS RODRÍGUEZ, *Análisis crítico del proceso monitorio europeo,* en "Revista del Poder Judicial", n. 83, 2006, pp. 11 a 37; CABEZUDO BAJO, *La aprobación de un procedimiento monitorio europeo*, en "El Tribunal Supremo, su doctrina legal y el recurso de casación. Estudios en Homenaje del profesor Almagro Nosete", dirigido por V. Gimeno Sendra, edit. Iustel, Madrid, 2007, pp. 669 a 694; CORREA DELCASSO, *El proceso monitorio europeo*, edit. Marcial Pons, Madrid, 2008; GARCÍA CANO, *Estudio sobre el proceso monitorio europeo*, edit. Aranzadi, Cizur Menor, 2008; GUTIÉRREZ CANO, *El Reglamento (CE) núm. 1896/2006, del Parlamento Europeo y del Consejo, de 12 de diciembre de 2006, por el que se establece un juicio monitorio europeo*, en "Unión Europea Aranzadi", núm. 10, 2007, pp. 5 a 29; LÓPEZ RODRÍGUEZ, *La propuesta técnica monitoria del Reglamento del Parlamento Europeo por el que se establece un proceso monitorio europeo*, en "Actualidad Jurídica Aranzadi", núm. 757, 2008, pp. 12 a 15; LORCA NAVARRETE, *La propuesta técnica monitoria del Reglamento del Parlamento Europeo por el que se establece un proceso monitorio europeo*, en "Actualidad Jurídica Aranzadi", núm. 763, 2008, pp. 1 a 6; LÓPEZ SÁNCHEZ, *Jurisdicción y competencia en los monitorios europeos seguidos en España*, en "La Ley", 2008, T.I, pp. 1510 a 1524; MANTECA VALDELANDE, *El proceso monitorio europeo*, en "Actualidad Jurídica Aranzadi", núm. 738, 2007, pp. 14 a 17; ROMERO GALLARDO, *El nuevo proceso monitorio europeo*, en "Noticias de la Unión Europea", núm. 288, 2009, pp. 95 a 115; y TRIGO SIERRA, *Un paso más hacia la construcción de un espacio europeo de justicia: el proceso monitorio europeo*, en "Actualidad jurídica Uría & Menéndez", núm. 19, 2008, pp. 82 a 87.

— 20 —

O ativismo probatório equilibrado no processo civil coletivo

JÚLIO CESAR GOULART LANES
Mestre e doutorando em Processo Civil pela PUC/RS.
Sócio do Escritório Andrade Maia Advogados.

Sumário: 1. Introdução. 2. O ativismo probatório equilibrado. 3. O juiz e a prova no Projeto de Lei nº 5.139, de 2009. 4. Conclusão.

1. Introdução

O processo civil brasileiro provavelmente seja o ramo do Direito, no transcorrer dos últimos anos, mais incrivelmente marcado por profundas e extensas modificações. Os movimentos reformistas tiveram, na alça de mira, um processo tempestivo e efetivo. A segurança jurídica, por sua vez, não foi desmerecida. Intencionalmente, pelo menos, nunca foi riscada da pauta de preocupações. Essas constatações enquadram pontos centrais da sonhada prestação jurisdicional, sabidamente devida e assaz merecida por nossa sociedade.

Tais transformações legislativas não se erigem de forma despropositada ou inocente; estão, em realidade, atendendo aos anseios da sociedade. Nada mais natural, já que o processo civil não pode estar desvinculado do tecido social. Não seria exagero analisar-se a questão sob a ótica de uma das principais leis da física, sendo a mutabilidade em apreço a reação à ação provocada pela incessante evolução da vida em coletividade, presente na economia, na política, na cultura, nos costumes, na tecnologia etc.

Diante dessa realidade, inquestionavelmente, a sorte da tutela de interesses difusos, coletivos ou individuais homogêneos[1] merece diferenciada preocupação de

[1] Apropriadas aqui, as conclusões do Ministro Teori Zavascki: "Compõem o universo do processo coletivo dois grandes domínios: o da tutela de direitos coletivos e o da tutela coletiva de direitos individuais homogêneos. A clareza a respeito da conceituação e da delimitação de cada um deles é pressuposto indispensável à adequada interpretação e compreensão de todo o subsistema. Direitos coletivos são direitos subjetivamente *transindividuais* (= sem titular determinado, razão pela qual são tutelados em juízo invariavelmente pelo regime de substituição processual) e materialmente *indivisíveis* (= são lesados ou satisfeitos necessariamente em sua globalidade, o que determina tutela jurisdicional também de forma conjunta e universalizada). Já os direitos individuais homogêneos são, simplesmente, direitos subjetivos individuais (=com titular determinado) e, portanto, materialmente *divisíveis* (= podem ser lesados ou satisfeitos por unidades isoladas), o que propicia a sua tutela jurisdicional tanto de modo coletivo (por regime de substituição processual) como individual (por regime de representação)." (ZAVASCKI, Teori Albino. *Processo coletivo: tutela de direitos coletivos e tutela coletiva de direitos*. 2.ed.rev. e atual. São Paulo: Editora Revista dos Tribunais, 2007, p. 283-284.)

toda a comunidade jurídica. Todos temos consciência de que os conflitos de massa, por exemplo, são questões inquietantes e que afetam vitalmente o dia-a-dia forense.

Atualmente, há a ação popular (Lei nº 4.717, de 1965), a ação civil pública (Lei nº 7.347, de 1985), o Código de Defesa do Consumidor (Lei nº 8.078, de 1990), assim como o mandado de segurança coletivo, presente no artigo 5º, inciso LXX, da Constituição Federal. Não obstante, sob a relatoria do Deputado Federal Antonio Carlos Biscai, há o Projeto de Lei nº 5.139, de 2009, que adota proposta de criação do Sistema Único Coletivo.[2] Nessa tarefa legislativa, conforme elucida o Ministro da Justiça, está em foco a adequação às significativas e profundas transformações econômicas, políticas, tecnológicas e culturais em âmbito global, intensamente aceleradas na virada do século XX, para o fim de disciplinar a proteção de direitos que dizem respeito à cidadania.

O destino do projeto é uma incógnita, porque rejeitado pela Comissão de Constituição e Justiça e Cidadania. Contra tal decisão, foi apresentado recurso à Mesa Diretora da Câmara, para que aquele possa ser apreciado pelo Plenário. Também como reação, os dezoito membros da comissão de juristas,[3] instituída pelo Ministério da Justiça, responsáveis pela elaboração da versão da nova lei, divulgaram nota técnica, reafirmando a enorme importância desse movimento legislativo, na qual destacam ser "um Projeto de Lei generoso com a sociedade brasileira, com avançados significativos no Sistema Único Coletivo, preparando o Brasil para um direito processual adequado para o século XXI." De qualquer sorte, o projeto contempla o que há de mais atual e evoluído acerca do tema.

Mas o ímpeto transformador vai adiante. É que há uma comissão presidida pelo Ministro Luiz Fux trabalhando na elaboração do anteprojeto de um novo Código de Processo Civil. Esse novo diploma também cuidará dos processos coletivos. Nele está inserida a discussão sobre o denominado "incidente de coletivização", por meio do qual os deslindes de ações individuais estarão condicionados ao resultado do processo coletivo.

Seja como for, desatrelada de qualquer novidade legislativa, hoje, pode-se afirmar que a dignidade da pessoa humana está especialmente reconhecida.[4] O ambiente fomentado pelo Estado Constitucional marca esse importante norte da ciência processual contemporânea. Por isso, a atuação do juiz, ator principal na hercúlea tarefa de promover justiça no conflituoso, complicado e mutável contexto social, fica cada vez mais infausta, até porque, como membro e representante do Judiciário, dispõe do poder e do dever de "não aplicar os atos contrários à Constituição, de modo especial os ofensivos aos direitos fundamentais".[5] É por isso que, desatrelado do caminho

---

[2] GOMES JUNIOR, Luiz Manoel; FAVRETO, Rogério. *A nova lei da ação civil pública e do sistema único de ações coletivas brasileiras – Projeto deLlei nº 5.139/2009.* Revista Magister de Direito Empresarial, Concorrencial e do Consumidor, v1, fevereiro/março. 2005, p. 05.

[3] São eles: Ada Pellegrini Grinover; Aluisio Gonçalves de Castro Mendes; André da Silva Ordacy; Antonio Augusto de Aras; Antonio Carlos Oliveira Gidi; Consuelo Yatsuda Moromizato Yoshida; Elton Venturi; Fernando da Fonseca Gajardoni; Gregório Assagra de Almeida; Haman de Moraes e Córdova; João Ricardo dos Santos Costa; José Adônis Callou de Araújo Sá; José Augusto Garcia de Souza; Luiz Manoel Gomes Junior (relator); Luiz Philippe Vieira de Mello Filho; Ricardo Pippi Schmidt; Rogério Favreto (Presidente); Sergio Cruz Arenhart.

[4] A este respeito veja-se OLIVEIRA, Carlos Alberto Alvaro de, O processo civil na perspectiva dos direitos fundamentais. In: ______ (Org.). *Processo e Constituição.* Rio de Janeiro: Forense, 2004.

[5] SARLET, Ingo Wolfgang. *A eficácia dos direitos fundamentais.* 4. ed. rev. atual. e ampl. Porto Alegre: Livraria do Advogado, 2004. p. 360.

legislativo futuramente eleito, acredita-se que, pela força e amplitude das discussões travadas em um processo coletivo, o papel do juiz merece, constante e atenta, revisitação.

É, portanto, o objetivo do presente ensaio, explorar a atividade do juiz, naquilo que se refere à produção da prova, elegendo-se como principal referência de diálogo o Projeto de Lei nº 5.139, de 2009, o qual, até agora, representa o principal esforço legislativo produzido. Ainda nessas linhas introdutórias, quer-se registrar o fato de ser uma alegria desenvolver esta atividade em homenagem ao estimado Professor Tesheiner, por quem nutro eterna gratidão e respeito. Além disso, a oportunidade ganha realce, pois, como o Doutor Tesheiner é um primoroso estudioso do processo coletivo, também se pretende saudá-lo pelo diálogo com temas sobre os quais já recebi a sua orientação e que agora precisam de nova contextualização.

Sem maiores delongas, inicie-se a tentativa de enfrentamento do desafio proposto.

2. O ativismo probatório equilibrado

Antes que se dirija atenção específica ao processo coletivo, verificam-se necessárias breves considerações acerca do direito probatório, fixando-se, desde já, como linha de chegada, a compreensão do que seja o ativismo probatório equilibrado, sem, em nenhum momento, perder-se de foco a atual finalidade do processo.

Para tanto, inicialmente, adota-se o entendimento de Chiovenda no sentido de que provar quer dizer formar a convicção do juiz sobre a existência ou não de fatos relevantes no processo.[6]

Também respeitando-se o propósito de introduzir o assunto, adequado, a seguir, conceituam-se os meios e as fontes de prova, tarefa que se cumpre referindo o entendimento de Carnelutti, que chama de "meio de prova a atividade do juiz mediante a qual busca a verdade do fato a provar, e de fonte de prova ao fato do qual se serve para deduzir a própria verdade".[7] Em complemento, julga-se interessante a lição de Liebman, que prefere fazer a distinção entre meios instrutórios e meios de prova. Por meios instrutórios compreende as atividades que formam a instrução do processo, agrupadas em distintos procedimentos mais ou menos complexos. Já os meios de prova são pessoas ou coisas de que se deseja extrair elementos de conhecimento úteis para a busca da verdade.[8]

Com essas bases, alcança-se o seguinte entendimento: meio de prova é toda técnica/procedimento que serve ao propósito de estabelecer a convicção do julgador sobre a verdade de uma versão fática. enquanto fonte de prova são pessoas ou coisas das quais se podem extrair informações com a finalidade de comprovar a veracidade de uma versão fática.

---

[6] CHIOVENDA, Giuseppe. *Instituições de direito processual civil*. Tradução de J. Guimarães Menegale e notas de Enrico Tullio Liebman. 3. ed. São Paulo: Saraiva, 1969. v. 3, p. 109.

[7] CARNELUTTI, Francesco. *A prova civil*. 2ª ed. Tradução de Lisa Pary Scarpa. Campinas: Bookseller, 2002, p. 99.

[8] LIEBMAN, Enrico Tullio. *Manual de direito processual civil*. v. 2. Tocantins: Intelectos, 2003, p. 102-103. CHIOVENDA, 2002, v. 2, p. 278.

Certamente, é preciosa toda e qualquer iniciativa do juiz no que tange à condução da instrução probatória, no sentido de assumir uma posição ativa na busca da verdade, com a consequente solução adequada do litígio.[9] Isso, contudo, não significa, em hipótese alguma, que nessa busca não existam limites.

Sobre a verdade, algumas breves referências fazem-se úteis. Atualmente, a orientação é no sentido de que o processo não tem o propósito de ensejar a busca da verdade absoluta. Carnelutti já explicava que a verdade que se obtém com os meios legais somente pode ser a verdade formal, jamais a verdade material.[10] Isso não que dizer que não exista interesse pela busca da verdade. Manter presente tal preocupação desperta importante consequência: o julgador preserva o seu contato com o mundo extra-autos,[11] ficando, desse modo, protegido daquele processo marcado pelo jogo da retórica.[12]

Sabidamente, a busca da verdade encontra obstáculos. Michelle Taruffo explica que ela é negada de diferentes formas e por distintas razões, destacando a seguinte classificação: (1º) a impossibilidade teórica – há um ceticismo filosófico que nega radicalmente a possibilidade de ser estabelecida a verdade de qualquer coisa; (2º) a impossibilidade ideológica – a verdade não será encontrada pelo simples fato de que não deve ser perseguida, pois o processo se presta à solução do conflito; (3º) a impossibilidade prática – há uma impossibilidade concreta de ser alcançada a verdade dos fatos do processo, por exemplo, o julgador não dispõe de instrumentos cognitivos, de tempo, nem da liberdade de investigação da qual dispõem o cientista e o historiador. Além dessas teorias de negação da verdade, há, ainda, o obstáculo fundado na irrelevância da verdade no processo civil.[13] De qualquer modo, Taruffo conclui que a busca da verdade dos fatos no processo é teoricamente possível e ideologicamente necessária, assim como viável na prática.[14]

Na lição de Taruffo, a possibilidade teórica de uma determinação da verdade dos fatos da causa existe, quando não são aceitas posições irracionais ou idealistas, que têm como fundamento básico excluir – a *priori* – o fundamento de toda verdade judicial dos fatos. É aceitável não se conformar com as negações radicais do proble-

[9] Na opinião de Sérgio Luís Wetzer de Mattos: "O ativismo judicial, no campo da instrução probatória, concorre para tornar mais efetivo o processo. Desse modo, restringir a atividade *ex officio* do juiz para a realização da prova, ou reputá-la excepcional, significa, em última análise, limitar, para a parte que tem razão, o acesso à ordem jurídica justa. Falta aos juízes em geral, no entanto, predisposição cultural para o exercício mais intenso dos poderes instrutórios que o CPC inequivocamente lhes confia." (MATTOS, Sérgio Luiz Wetzel de. *Da iniciativa probatória do juiz no processo civil.* Rio de Janeiro: Forense, 2001, p. 101-102)

[10] CARNELUTTI, 2002, p. 73.

[11] No entanto, a liberdade que deve ser garantida ao julgador é matéria complexa, conforme demonstra Carlos Alberto Alvaro de Oliveira, ao dizer que: "[...] a ampla liberdade do juiz no exame da prova ou conduz a uma decisão o mais próximo possível da verdade ou redunda num arbítrio exasperado e incontrolável, chancelador de uma imagem equivocada." (OLIVEIRA, Carlos Alberto Alvaro de. *Problemas atuais da livre apreciação da prova.* In: OLIVEIRA, Carlos Alberto Alvaro de (Org.) *Prova cível.* 2. ed.Rio de Janeiro: Forense, 2005, p. 62.)

[12] Guilherme Rizzo Amaral bem apanha esta preocupação: "O problema se dá quando da busca pela chamada verdade científica absoluta – e veremos o quanto é ilusório tal conceito – acaba se transformando em abandono da busca pela verdade (ainda que relativa), tornando o processo um mero jogo retórico, em que a linguagem e a veemência dos argumentos das partes – *rectius*, de seus advogados – preponderam sobre a investigação acerca das versões fáticas por elas apresentadas." (AMARAL, Guilherme Rizzo. *Cumprimento e execução da sentença* sob a ótica do formalismo-valorativo. Porto Alegre: Livraria do Advogado Editora, 2008, p. 73).

[13] TARUFFO, Michelle. *La prueba de los hechos.* Traducción de Jordi Ferrer Beltrán. 2ªed. Madrid: Trotta, 2005, p. 27-56.

[14] Ibid., p. 57-80.

ma. Após apontar inúmeras posições e teorias,[15] desvenda Taruffo que, na realidade, não é necessário assumir uma orientação filosófica específica como premissa exclusiva para a análise desse problema. É suficiente mostrar que existem orientações idôneas para oferecer, mesmo sendo distintas em termos filosóficos e epistemológicos, o fundamento teórico da possibilidade de construir noções sensatas de uma verdade judicial, como marca de afirmação sobre os fatos do processo, os quais poderão ser definidos como verdadeiros ou falsos.[16]

No enquadramento da ideologia, a busca da verdade dos fatos é oportuna e em muitos sentidos necessária.[17] Merece atenção a concepção sustentada por Taruffo, no sentido de que uma decisão nunca será justa, se estiver fundada em uma determinação errônea e inaceitável dos fatos.[18] Ademais, o processualista esclarece que a verdade dos fatos é o resultado de um procedimento cognitivo complexo, que se desenvolve segundo diretrizes jurídicas e racionais, possibilitando um juízo racionalmente justificado. Também é afirmado que uma justiça sem verdade equivale a um sistema arbitrário, pois ausentes as garantias materiais e processuais.[19] Ainda, importa a sua visão sobre a dificuldade de ser rompido o nexo existente entre a verdade dos fatos e a justiça da decisão, uma vez que a primeira é uma condição necessária da segunda.[20]

No campo prático não é diverso, sendo deveras interessantes as averiguações de Taruffo. Em primeiro, o processualista deixa claro que as normas legais envolvendo a matéria probatória não esgotam o tema, pois são residuais e afetam apenas alguns aspectos ou partes da *machinery* processual.[21] Ademais, tais normas tendem a diminuir em razão de estarem reforçados os princípios, como o de liberdade da prova e do convencimento do julgador. Nesse contexto, refere que as regras condicionam alguns aspectos sobre o modo como a verdade dos fatos acaba estabelecida no processo, mas isso não é suficiente para diferenciar sistematicamente esta verdade daquela obtida fora do processo. Constata que há, seguramente, uma diferença provocada pela regulação jurídica das provas, mas essa diferença não impede, em princípio, que também no processo seja alcançada uma verdade sobre os fatos, controlável mediante critérios lógicos e epistemológicos.[22]

O autor italiano, ainda tratando da delimitação prática, tece importante consideração no sentido de que no processo não há o propósito de se estabelecerem verdades absolutas e imutáveis, tendo sentido apenas se falar de verdades relativas. Ademais, a verdade que surge do processo não é diferente daquela obtida fora dos autos, em razão de essa também ser relativa. A relatividade é fruto de um contexto. É que há vínculo direto entre a relatividade e os meios cognitivos disponíveis, assim como em relação ao conjunto de pressuposições, de conceitos, de noções e de regras, isto é, dos marcos de referência, mediante os quais são concebidas as versões dos fatos.[23]

[15] Por exemplo: realismo crítico, empirismo interno, relativismo epistemológico.

[16] TARUFFO, op. cit., p. 62.

[17] Ibid., p. 62.

[18] Ibid., p. 63-65.

[19] Ibid., p. 69.

[20] TARUFFO, 2005, p. 70.

[21] Ibid., p. 72.

[22] Ibid., p. 72.

[23] Ibid., p. 74-75.

Tais balizamentos ou limitações são responsáveis pela verdade relativa dentro e fora do processo.

Com esses valiosos ensinamentos, entende-se possível a busca da verdade relativa dentro do processo, embora existam regras que podem limitar a investigação do julgador e das partes, única diferença no que diz respeito à empreitada realizada fora do processo.[24]

Indo-se adiante, verifica-se que a busca da verdade ocorre por meio do debate e da exposição de idéias opostas.[25] Por conseguinte, está admitida uma controvérsia, a qual será resolvida pela convicção que o julgador formar,[26] pela apreciação da prova.[27] Só que, atualmente, o juiz não pode ser mero espectador dessa intensa atividade. A figura do julgador inerte está acorrentada ao passado.

Estar-se-á a falar dos poderes instrutórios do magistrado, que são influenciados, em maior ou menor força, por vários e determinantes elementos, sendo alguns destes: o princípio dispositivo;[28] o princípio da igualdade processual; o princípio do devido processo legal; o princípio do contraditório; o princípio da imparcialidade; o princípio da segurança jurídica; o princípio da legalidade; o princípio do livre-convencimento; princípio da preclusão; a regra da eventualidade; as regras de distribuição do ônus da prova.

Aqui, pretende-se incursionar na investigação do princípio dispositivo que, como se sabe, se contrapõe ao chamado princípio inquisitório, mediante o qual compete ao juiz o poder de iniciativa probatória, para a determinação dos fatos apresentados pela parte como fundamento da demanda.[29] Aquele princípio, por sua vez, pode ser traduzido pelo dever de o julgador decidir levando em consideração exclusivamente as alegações das partes e as provas por elas produzidas.

O princípio dispositivo sofreu significativo abrandamento em razão da socialização do direito e da publicização do processo, sendo que, hoje se compreende que o sistema legal consagra uma opção mista,[30] apresentando elementos desses dois prin-

[24] AMARAL, Guilherme Rizzo. Verdade, justiça e dignidade da legislação: breve ensaio sobre a efetividade do processo, inspirado no pensamento de John Rawls e de Jeremy Waldron. In: KNIJNIK, Danilo (Coord.) *Prova judiciária*: estudos sobre o novo direito probatório. Porto Alegre: Livraria do Advogado, 2007, p. 135.

[25] COUTURE, Eduardo J. *Introdução ao estudo do processo civil*. Tradução de Mozart Victor Russomano. 3. ed. Rio de Janeiro: Forense, 1995, p. 45.

[26] Na opinião do catedrático espanhol Valentin Silva Melero: "En lo que al procedimiento probatorio civil respecta, es de notar que viene integrado por el encadenamiento, o concatenación, de todas aquellas actividades que se dirijan específicamente a formar el convencimiento judicial, en relación a la existencia o no, de un punto de hecho que sido concretado." (MELERO, Valentín Silva. *La prueba procesal*. Madrid: Revista de Derecho Privado, 1964, v. 2. p. 8).

[27] Demonstrando a existência de limites, providencial o alerta de Danilo Knijnik: "[...] o realismo, ainda que não se concorde inteiramente com suas premissas, permite evidenciar a necessidade de um direito probatório sistemático, com categorias e instituições próprias, de modo a evitar que o convencimento judicial escape a toda forma de controle dogmático e a um real contraditório." (KNIJNIK, Danilo. Ceticismo fático e fundamentação teórica de um direito probatório. In: KNIJNIK, Danilo (Coord.) *Prova judiciária*: estudos sobre o novo direito probatório. Porto Alegre: Livraria do Advogado, 2007, p. 25.)

[28] Sobre o tema ver: MOREIRA, José Carlos Barbosa. O problema da "divisão do trabalho" entre o juiz e partes: aspectos terminológicos. *Revista de Processo*, São Paulo, n. 41, jan./mar. 1986.

[29] SILVA, Ovídio Araújo Baptista da; GOMES, Fábio Luiz. *Teoria geral do processo civil*, 4ªed. rev. e atual. São Paulo: Revista dos Tribunais, 2006, p. 48.

[30] O ensinamento de Chiovenda solve qualquer dúvida: "Abstratamente, pode-se conceber o juiz como investido de todos os poderes necessários a descobrir a verdade (princípio inquisitório), ou como constantemente subordinado à iniciativa da parte (princípio dispositivo); na prática, nenhum dos dois princípios se pode encontrar *completamente*

cípios, em qualquer processo ou procedimento, ressalvadas as hipóteses envolvendo a jurisdição voluntária.[31]

A atenuação em foco tem desengatilhado relevantes reflexões doutrinárias acerca do real alcance dos poderes instrutórios do magistrado.[32] Seja como for, não há espaço para a ideia de monopólio das partes na instrução da causa, há, isto sim, a recomendação de cooperação entre o julgador e as partes.[33] O sistema hodierno garante um processo conduzido por um magistrado participativo, sensível, responsável, capaz e qualificado,[34] que deverá estar disposto a desatar os nós que o separam da adequada solução dos tormentosos e numerosos conflitos, sempre em prol da decisão com justiça.

É claro que não se está aqui a sustentar a irrestrita atividade probatória exercida pelo julgador, visto que poderá conduzir a uma indesejada armadilha, qual seja, um sistema em que o julgador tudo pode, sendo comum a parcialidade, com consequente implosão das regras democráticas.

Ainda não pode ser colocado à margem o instituto da preclusão, importante instrumento destinado a restringir a liberdade das partes em benefício do adequado

---

e consequentemente atuada, mas são temperados em proporção diversa, conforme os tempos e os lugares." (CHIOVENDA, 2002, v. 2, p. 408.)

[31] Na jurisdição voluntária está mais acentuada a presença do princípio inquisitivo, sem qualquer das limitações proporcionadas pelo princípio dispositivo, conforme atestam os artigos 1.107 e 1.109, ambos do Código de Processo Civil.

Acerca dos princípios aqui enfrentados e a jurisdição voluntária, diz José Cretella Neto: "Nesses procedimentos, o juiz realiza atividade integrativa das vontades dos envolvidos, ou seja, o Poder Judiciário administra o negócio jurídico privado; não há *partes*, no sentido processual, mas *interessados*; não há *lide*, e sim, *controvérsia*, ainda que as vontades dos interessados convirjam totalmente; não há verdadeiro *processo* no sentido judicial, mas *procedimento*; não se processa de acordo com a *legalidade estrita*, pois ao juiz é facultado ao juiz *decidir por eqüidade* (art. 1.109). "E complementa o autor: "Em conclusão, na 'jurisdição voluntária', sem sombra de dúvida, vigora entre nós plenamente o *princípio inquisitivo*. (CRETELLA NETO, José. *Fundamentos principiológicos do processo civil.* 2ª ed. Rio de Janeiro: Forense, 2006, p. 292.)

[32] Sobre o tema, é marcante a opinião de José Roberto dos Santos Bedaque: "O princípio dispositivo deve limitar-se ao campo do direito material, representando a liberdade que as partes têm para praticar atos processuais visando à disposição de seus direitos subjetivos. A participação do juiz na produção da prova, ao contrário do que se costuma afirmar, contribui sobremaneira para proporcionar uma real igualdade entre as partes do processo. Desde que se preserve o contraditório efetivo e equilibrado, nenhum risco apresenta, para a imparcialidade do julgador, essa participação mais ativa. As regras referentes à distribuição do ônus da prova não podem servir como argumento para impedir a atividade probatória do juiz, visto que constituem apenas regras de julgamento; não devem ser invocadas em momento processual anterior. Também não se admite a influência na natureza da relação jurídico-substancial no processo, eis que a relação que se estabelece entre autor-juiz-réu é sempre pública e tem escopo diverso da primeira. Por fim, se a prova foi obtida por meio ilícito, deveria competir exclusivamente ao magistrado determinar de ofício sua produção, se entender conveniente e necessário para evitar nova violação do ordenamento jurídico." (BEDAQUE, José Roberto dos Santos. *Poderes instrutórios do juiz.* 2. ed. rev. e ampl. São Paulo: Revista dos Tribunais, 1994, p. 108.)

[33] Tratando do Código de Processo português, refere Miguel Teixeira de Souza: "A orientação, segundo a qual o processo se encontra na total e completa disponibilidade das partes e, como correlativo desse domínio dos particulares o tribunal deve assumir uma posição puramente passiva, encontra-se há muito ultrapassada no ambiente da doutrina processual. A repartição de tarefas entre as partes e o juiz resumida no brocardo *Da mihi facta, dabo tibi ius* já não vale hoje de modo absoluto." (SOUZA, Miguel Teixeira de. Aspectos do novo processo civil português. *Revista de Processo*, São Paulo, v. 22, n. 86, abr./jun. 1997, p. 177.)

[34] Ensina Adroaldo Furtado Fabrício: "[...] O que se precisa acentuar, sim, é que o acréscimo dos poderes do juiz ou do seu uso efetivo tem de ser acompanhado do proporcional crescimento de sua responsabilidade e das exigências quanto à sua qualificação. Não há razão alguma para temer os juízes. Há sobradas razões, por certo, para exigir-se do Estado que assegure ao jurisdicionado a melhor qualificação, as mais amplas garantias e os suficientes meios postos à disposição do Judiciário para o bom desempenho do seu mister. Um corpo judicial forte, bem preparado, independente, responsável e prestigiado é a garantia maior do Estado de Direito. Maior e última, porque dela dependem todas as outras. Essa, sim, é a lição da História." (FABRÍCIO, Adroaldo Furtado. "As novas necessidades do processo civil e os poderes do juiz." *In: Ensaios de Direito Processual.* Rio de Janeiro: Forense, 2003, p. 411.)

transcorrer do processo. Destarte, mesmo diante da ausência de preclusão no tocante à iniciativa judicial *ex officio* para a realização da prova, compreende-se que essa faculdade não tem a finalidade de suprir alguma falha da parte. Idêntico tratamento deverá ser reservado ao caso dos prazos fatais e peremptórios, sob pena de uma nociva sobrevida dos litígios. Até porque, nada mais injusto do que a não decisão da causa.

Subindo-se mais um degrau, da mesma forma que não se quer e não se admite um juiz espectador, não se quer e não se aceita uma parte espectadora, porque assim dispõe a lei. Entende-se, dessa forma, que o magistrado tem liberdade para determinar a realização das provas que julgue necessárias ao adequado julgamento da lide sem, contudo, assumir o lugar da parte, com conseqüente desconsideração de seus direitos e de suas obrigações.[35]

Feitas todas as ponderações, alcança-se a expressão: ativismo probatório equilibrado. Essa, objetivamente, compreende os poderes instrutórios do julgador, de modo calibrado, no sentido de que seja pró-ativo na busca da verdade, sem, porém, invadir o papel das partes, aquilatando a cooperação no processo, que tem como norte a realização de justiça.

3. O juiz e a prova no Projeto de Lei nº 5.139, de 2009

A sistematização ambicionada pelo Projeto de Lei nº 5139, de 2009, tem forte carga inovadora. Antes mesmo de se abordar a questão do ativismo probatório equilibrado no processo coletivo, exige registro o fato de que o projeto disciplina pontos de grande relevância, como, por exemplo: a ampliação dos direitos coletivos tuteláveis; o rol de legitimados; a tutela antecipada e a execução da multa; as regras de competência; o inquérito civil; o cadastro nacional de processos coletivos, inquéritos civis e compromissos de ajustamento de conduta; a amplitude da coisa julgada; a liquidação e a execução das sentenças do processo coletivo.[36]

O mesmo projeto também explicita princípios da tutela coletiva, sendo que, para a investigação proposta, interessam os seguintes: (a) duração razoável do processo; (b) isonomia; economia processual; flexibilidade procedimental e máxima eficácia; (c) punição pelo enriquecimento ilícito; (d) motivação específica de todas as decisões judiciais, notadamente quanto aos conceitos indeterminados; (e) publicidade e divulgação ampla dos atos processuais que interessem à comunidade; (f) dever de colaboração de todos, inclusive pessoas jurídicas públicas e privadas, na produção das provas, no cumprimento das decisões judiciais e na efetividade da tutela coletiva; (g) constante boa-fé, lealdade e responsabilidade das partes, dos procuradores e de todos aqueles que participem do processo.

[35] Cândido Rangel Dinamarco bem aborda a medida ideal, dizendo que: "Por isso é que, se de um lado no Estado moderno não mais se tolera o juiz passivo e espectador, de outro sua participação ativa encontra limites ditados pelo mesmo sistema de legalidade. Todo empenho que se espera do juiz no curso do processo e para sua instrução precisa, pois, por um lado, ser conduzido com a consciência dos objetivos e menos apego às formas como tais ou à letra da lei; mas, por outro, com a preocupação pela integridade do *due processo of law,* que representa penhor de segurança aos litigantes." (DINAMARCO, Cândido Rangel. *A instrumentalidade do processo.* 10ª ed. São Paulo: Malheiros, 2002, p. 244)

[36] Sobre tais temas leia-se: TESHEINER, José Maria. *Ações coletivas relativas a direitos individuais homogêneos e o Projeto de Lei nº 5139/2009.* Interesse Público, ano 12, n. 59, jan./fev. 2010. Belo Horizonte: Fórum, 2010, p 67-82.

Dimensionadas, ainda que objetivamente, as linhas que estão sendo eleitas para cuidar da ação coletiva, é preciso, de pronto, reconhecer-se que ao julgador foi reservada posição de evidência. Segundo claras disposições, o juiz está aparelhado ao extremo, visto que revestido de poderes que objetivam garantir a tutela dos direitos em confronto. A título de exemplo, poderá o juiz, respeitado o contraditório, desconsiderar a personalidade jurídica da sociedade quando, em prejuízo dos interesses protegidos na nova lei da ação civil pública, houver abuso de direito, excesso de poder, exercício abusivo do dever, infração da lei, fato ou ato ilícito ou violação dos estatutos ou contrato social.

Procedimentalmente, não são poucas as disposições endereçadas aos poderes instrutórios do julgador. Na verdade, detecta-se absoluta recepção do ativismo probatório equilibrado. Veja-se que o assunto ganha especial coloração pelo simples fato de que a insuficiência de provas impacta decisivamente a sorte da coisa julgada e, por via de conseqüência, a relação entre as demandas coletivas e individuais.

Sendo improcedente o pedido por insuficiência de provas, qualquer legitimado poderá ajuizar outra ação coletiva, com idêntico fundamento, desde que presente prova nova. Além disso, a decisão de improcedência do pedido em ação coletiva de tutela de direitos ou interesses individuais homogêneos, por insuficiência de provas, importa a extinção da ação individual, salvo se for requerido o prosseguimento no prazo de trinta dias contados da intimação do trânsito em julgado da sentença da ação coletiva.

Por outro lado, existindo suficiência de provas, no caso de improcedência, qualquer legitimado poderá propor ação revisional, com o mesmo fundamento, no prazo de um ano contado do conhecimento geral de descoberta de prova técnica nova, que antes não poderia ter sido produzida e que tenha condições de mudar o resultado concretizado.

O projeto está claramente direcionado em favor de um processo cooperativo,[37] exigindo não só das partes o envolvimento com a produção da prova. E isso vale desde o início, pois, mesmo sendo dever da parte instruir a inicial com certidões e informações que julgar necessárias, frustrada tal obtenção, poderá o juiz intervir e formular os devidos requerimentos, sob pena de, ao ser desatendido, restar aplicável multa entre dez e cem salários mínimos.

[37] Em sua tese de doutoramento o Professor Daniel Mitidiero apresenta suas concepções acerca da colaboração no processo civil, tendo como marco teórico o formalismo-valorativo, o qual, por sua vez, é abordado de forma original por Carlos Alberto Alvaro de Oliveira, mediante a ponderação entre os valores da *efetividade* e da *segurança* (OLIVEIRA, Carlos Alberto Alvaro de. *Do formalismo no processo civil*. 2. ed. rev. e ampl. São Paulo: Saraiva, 2003a). Ensina Mitidiero: "O processo cooperativo parte da ideia de que o Estado tem como dever primordial propiciar condições para a organização de uma sociedade livre, justa e solidária, fundado que está na dignidade da pessoa humana. Indivíduo, sociedade civil e Estado acabam por ocupar, assim, posições coordenadas. O direito a ser concretizado é um direito que conta com a *juris prudentia*, nada obstante concebido, abstratamente, como *scientia juris*. Por essa vereda, o contraditório acaba assumindo novamente um local destaque na construção do formalismo processual, sendo instrumento ótimo para a viabilização do diálogo e da cooperação no processo, que implica, de seu turno, necessariamente, a previsão de deveres de conduta tanto para as partes como para o órgão jurisdicional (deveres de esclarecimento, consulta, prevenção e auxílio). O juiz tem o seu papel redimensionado, assumindo uma dupla posição: mostra-se paritário na condução do processo, no diálogo processual, sendo, contudo, assimétrico no quando da decisão da causa. A boa-fé a ser observada no processo, por todos os seus participantes (entre as partes, entre as partes e o juiz e entre o juiz e as partes), é a boa-fé objetiva, que se ajunta à subjetiva para a realização de um processo leal. A verdade, ainda que processual, é um objetivo cujo alcance interessa inequivocamente ao processo, sendo, portanto, tarefa do juiz e das partes, na medida de seus interesses, persegui-la." (MITIDIERO, Daniel. *Colaboração no processo civil*: pressupostos sociais, lógicos e éticos. São Paulo: Revista dos Tribunais, 2009. p. 102.)

Ainda por opção do projeto, encerrada a fase postulatória, deverá o julgador designar a audiência preliminar, devendo comparecer as partes e seus procuradores, devidamente capacitados a transigir. O juiz determinará a oitiva das partes que se manifestarão sobre os motivos e fundamentos da demanda. Ato seguinte, observada a natureza disponível do direito em discussão,[38] objetivar-se-á a tentativa de conciliação. Não sendo exitoso o esforço conciliatório, o qual, diga-se, deve ser exaustivamente perseguido, o magistrado dará início ao saneamento do feito e depois fixará os pontos controvertidos.

Indo-se adiante, em verdadeira homenagem ao diálogo processual, solvidas as questões processuais pendentes, o julgador determinará a responsabilidade pela distribuição da prova, observando: (a) o que as partes detêm de conhecimentos técnicos e informações sobre os fatos; (b) a facilidade na demonstração dos conhecimentos técnicos e dos próprios fatos; (c) a possibilidade de as partes ajustarem o ônus probatório, desde que esse ajuste não dificulte demasiadamente a defesa do direito de uma delas. Os critérios de distribuição poderão ser redefinidos a qualquer momento, basta a constatação de fatos novos. A atenção dirigida à otimização do processo é bastante forte, pois poder-se-á evitar a prática de atos supérfluos e desnecessários. Em tudo isso, ao certo, o ativismo do julgador será determinante.

Vê-se, de modo bastante salutar, o dever do magistrado, de esclarecer as partes quanto à distribuição do ônus da prova. Evitam-se surpresas. Preservando essa orientação, há o direito processual português, assim como o alemão. Como outra conseqüência, existe centralização de esforços em busca da verdade possível, apta a formação da convicção necessária ao julgamento.

Além de tais *nuances* acerca da produção da prova, o projeto é translúcido ao garantir ao juiz a possibilidade de poder determinar de ofício a produção de provas, desde que protegido, por óbvio, o sagrado contraditório. Não há limitação alguma. Pode o juiz requisitar, por exemplo, desde documentos até a prova técnica. Sempre, é claro, em benefício de uma decisão que melhor atenda aos interesses do processo e das partes, mas, sobretudo, à realização de justiça.

Efetivamente, não poderia existir um engessamento da produção da prova, visto que o projeto contempla uma constante possibilidade de mutabilidade da ação coletiva. Por exemplo, até a prolação da sentença o julgador poderá adequar as fases e os atos processuais às especificações do conflito. Também será autorizada a causa de pedir aberta, ou seja, enquanto não prolatada a sentença, o julgador poderá deferir o requerimento do autor no sentido de alterar o pedido ou a causa de pedir, desde que realizado de boa-fé e que não importe em prejuízo para a parte contrária, devendo ser permitido o contraditório, composto de manifestação no prazo mínimo de quinze dias e possível complementação da prova. Independente da avaliação positiva ou não dessas mudanças de curso, tem-se por relevantíssimas as implicações no campo probatório. Daí, ser determinante, ao mesmo tempo, a garantia de mobilidade na produção da prova.[39]

---

[38] Sobre o tema, ver: LENZA, Pedro. *Teoria geral da ação civil pública.* 2ª ed. rev., atual. e ampl. São Paulo: Editora Revista dos Tribunais, 2005, p. 76-91.

[39] Tais prerrogativas do projeto merecem cautela e estudo próprio, pois podem, diante da ausência de razoabilidade, provocar a nefasta eternização do conflito.

Por derradeiro, há de se notar que o ativismo probatório equilibrado está essencialmente ligado à condução do processo naquilo que diga respeito à produção da prova, o que, em hipótese alguma, significa dizer que o julgador possa ser responsabilizado pela ausência de provas. Ora, se elas não existirem, resta, sim, possível o julgamento com base em tal realidade, pois, como já determinado, aquilo que desejado conduz a um julgador ativo, jamais à anulação do papel das partes.

4. Conclusão

Tudo alinhado, conclui-se que o Projeto de Lei nº 5.139, de 2009, cuidou de garantir a presença do ativismo probatório equilibrado, designando relevante papel ao julgador. O juiz não é mero espectador. Deve trabalhar em favor da busca da verdade, sem, contudo, assumir o lugar das partes. Isso tudo não está reservado ao processo coletivo, por evidente. Só que, em função da magnitude e da amplitude das discussões que nele poderão ser desenvolvidas, afetando milhares de vidas, acredita-se que há a tentativa de avanço, principalmente em benefício do aprofundado diálogo processual. Cabe, no futuro, seja o magistrado devidamente cobrado. Até porque, conforme ensina há muito o homenageado, Professor Doutor José Maria Tesheiner, o juiz deve fidelidade ao sistema jurídico que o constituiu, sob pena de trair a missão que lhe foi confiada.[40]

[40] TESHEINER, José Maria Rosa. Poder judiciário. *AJURIS*, Porto Alegre, v. 18, n. 51, p. 150-157, mar. 1991. p. 157.

— 21 —

Los procesos colectivos en la Ley General Ambiental. Propuestas de reforma[1]

LEANDRO J. GIANNINI

Profesor Adjunto de Derecho Procesal II, cátedra I de la Facultad de Ciencias Jurídicas y Sociales de la Universidad Nacional de La Plata. Miembro de la Asociación Argentina de Derecho Procesal. Relator Letrado de la Suprema Corte de la Provincia de Buenos Aires.

Sumario: I. Introducción. II. La representatividad adecuada. III. La tutela de los derechos individuales homogéneos. IV. El fondo de compensación ambiental. V. Litispendencia y relación entre la acción colectiva y las individuales. El registro de las acciones colectivas. VI. Efectos de la sentencia: fases de la condena. Alcances de la cosa juzgada. VI. Final. VII. Apéndice (Proyecto de ley de reformas a la Ley 25.675 (L.G.A.)

I. Introducción

1) El presente trabajo tiene por objeto aportar algunos elementos para la reforma, a nivel nacional, de *uno de los más modernos sistemas de tutela diferenciada*, como son los procesos colectivos en defensa del medio ambiente.

Los aspectos procesales de la Ley General Ambiental (ley 25.675, en adelante: LGA) han sido en los últimos tiempos materia de un extenso análisis tanto desde la perspectiva doctrinal[2] como desde el ámbito jurisprudencial.[3] La misma intensidad ha

[1] El presente trabajo ha sido publicado en BERIZONCE, Roberto (coord..), *Aportes para una justicia más transparente. Homenaje a la memoria de Augusto Mario Morello*, Platense, 2009, p. 105-169.

[2] V. entre los autores que han dedicado sus esfuerzos en la materia, MORELLO, Augusto M. – CAFFERATTA, Néstor, *Visión procesal de cuestiones ambientales*, Rubinzal – Culzoni, 2004, pássim; LORENZETTI, *Teoría del Derecho Ambiental*, p. 28-39 y 138-156; BIBILONI, Héctor J., *El proceso ambiental*, Lexis Nexis, 2005, pássim; MORELLO, Augusto M. – SBDAR, Claudia B., *Acción popular y procesos colectivos. Hacia una tutela eficiente del ambiente*, Lajouane, 2007; SBDAR, Claudia B., "Proceso colectivo ambiental", en *LL* del 26-XII-2008.

[3] Sería ocioso pretender un listado más o menos representativo de la incesante multiplicación de las fuentes que pueblan nuestros repertorios jurisprudenciales. Sin perjuicio de ello, sólo para recordar algunos de los más recientes pronunciamientos de los Máximos Tribunales del país, podrían ser citados los siguientes: CSJN, "Asociación Superficiarios de la Patagonia" ("Fallos" 327:2967, del 13-VII-2004; "Fallos" 329:3493, del 29-VIII-2006; íd. fallo reg. A.1274. XXXIX, del 26-VIII-2008); v. asimismo "Fallos" 330: 2017, "Municipalidad de Magdalena c/ Shell", sent. del 03-V-2007; causas A.2117.XLII, "Altube", sent. del 28-05-2008; W.140.XLII, "Werneke", sent. del 14-X-2008; S.1144.XLIV, "Salas", sent. del 29-XII-2008; así como las numerosas decisiones dictadas en el conocido caso "Mendoza" sobre el saneamiento de la cuenca Matanza-Riachuelo (causa M. 1569.XL., "Mendoza, Beatriz Silvia y otros c/ Estado Nacional y otros s/ daños y perjuicios (daños derivados de la contaminación ambiental del río Matanza-Riachuelo)", "Fallos" 329:2316, del 20-VI-2006; "Fallos" 329:3445, del 24-VIII-2006; "Fallos" 329:3528, del 30-VIII-2006; "Fallos" 330:22, del 06-II-2007; "Fallos" 330:1158, del 20-III-2007; "Fallos" 330:2746, del 22-VIII-2007, etc., hasta la sentencia definitiva dictada el 8-VII-2008, sent. reg. M.1569.XL). Igualmente, en la Suprema Corte de la Provincia de Buenos Aires, pueden recordarse las causas Ac. 60.094, "Almada", sent. del 19-V-1998; Ac. 73.996, "Sociedad de Fomentó Cariló", sent. del 29-V-2002; Ac. 93.412, "Granda", res. del 2-XI-2005; Ac. 90.941, "Sociedad de Fomentó Cariló", sent. del 8-III-2006; C. 90.020, "Yane", sent. del 14-XI-2007; C. 91.806, "Spagnolo", sent. del 19-III-2008; C. 98.377, "Sagarduy", sent. del 17-XII-2008, entre otras).

cobrado en estos años el estudio de las acciones colectivas en general,[4] lo que implica un abordaje genérico del marco adjetivo de este tipo de pretensiones, con anhelos de sistematicidad e independientemente de la materia u objeto de tutela (medioambiente, consumidores, patrimonio artístico o cultural, derechos económicos sociales y culturales, etc.).

Por lo que puede decirse que estas líneas cuentan ya con antecedentes de considerable profundidad que permiten emprender directamente el cometido anunciado, sin tener que recurrir a explicaciones previas sobre el fenómeno del litigio grupal o, en particular, sobre la regulación de esta clase de trámites en la ley 25.675.

2) Por nuestra parte, hemos considerado con anterioridad que la aludida norma carece de mecanismos adjetivos adecuados para la defensa armónica y funcional de los derechos de incidencia colectiva.[5]

Entre estas imperfecciones del cuerpo legal de marras, se destacan, por ejemplo: a) la ausencia de previsiones acerca del control de representatividad adecuada de los legitimados colectivos; b) la omisión de reglas atinentes a la tutela grupal de derechos individuales homogéneos como especie dentro de las prerrogativas "de incidencia colectiva" a las que se refiere el art. 43, segundo párrafo de la Constitución Nacional; c) la imprecisión del sistema de vinculatoriedad subjetiva de la sentencia que se dicta en esta clase de acciones (alcances de la cosa juzgada); d) la inoperatividad del Fondo de Compensación Ambiental previsto en el art. 34 de la LGA, etc.

Claro está que la ausencia de previsiones adecuadas en materia de procesos colectivos no es una falencia imputable exclusivamente a la legislación ambiental, sino que afecta transversalmente a la totalidad de los cuerpos normativos de derecho sustancial que han incorporado algunas disposiciones en la materia. Así, por ejemplo, la ley de defensa del consumidor 24.240 (recientemente reformada por la ley 26.361[6]) y las leyes de amparo, como la ley 16.986 (que aún carece de disposiciones en materia de amparo colectivo, en clara omisión de la directriz que emana del art. 43 de la Constitución Nacional[7]) o la ley 7166 de la Provincia de Buenos Aires (recientemente modificada por la ley 13.928,[8] que si bien ha incluido en su texto algunas referencias al amparo colectivo, lo ha hecho con discutible técnica, a lo que se suma la observa-

---

[4] Para recordar algunos de los eventos académicos recientes que han abordado el tema de los procesos colectivos podríamos citar los Seminarios Internacionales que tuvieran lugar en Roma, durante el mes de mayo de los años 2002 y 2004, organizados por el "*Centro di studi Giuridici Latino Americani*", la "*Universtità degli studi di Roma – Tor Vergata*", el "*Instituto Italo-Latino Americano*", la "*Associazione di Studi Sociali Latino-Americani*" y el Instituto Iberoamericano de Derecho Procesal; las Jornadas Iberoamericanas de Derecho Procesal celebradas en Montevideo, en octubre de 2001 y en Caracas, en noviembre de 2004; el Congreso Internacional de Derecho Procesal (Salvador de Bahía, septiembre de 2007). En Argentina: las "X Jornadas Bonaerenses de Derecho Civil, Procesal, Comercial, Laboral, Constitucional y Administrativo", Junín, noviembre de 2003; las "I° Jornadas de Profesores de Derecho Procesal" (Córdoba, noviembre de 2004); el XXIII Congreso Nacional de Derecho Procesal (Mendoza, 2005).

[5] Giannini, Leandro, *La tutela colectiva de derechos individuales homogéneos*, Platense, 2007, p.240 y 246. En doctrina se admite este diagnóstico. V., por ejemplo, Cafferatta, Néstor, "Sentencia colectiva ambiental en el caso riachuelo", en *JA* 2008-III-68 (entendiendo que la regulación de la ley 25.675 contiene una estructura "básica e incipiente" en materia de procesos colectivos ambientales).

[6] B.O.: 7-IV-2008.

[7] Algunos proyectos de ley han avanzado en la intención de regular el amparo colectivo dentro de las previsiones de la ley 16.986. V., por ejemplo, el proyecto de ley que tuvo media sanción en la Cámara de Diputados de la Nación, recibido en el Senado en revisión el 16-V-2006 (expte. 26/06), que analizáramos en Giannini, Leandro, *La tutela colectiva de los derechos individuales homogéneos*, Platense, 2007, p. 202-207. Al día de la fecha el proyecto perdió estado parlamentario, siendo en consecuencia archivado (1-VIII-2008).

[8] B.O.P.: 11-II-2009.

ción concretada por el Poder Ejecutivo de varias de las disposiciones que trataran el punto, mediante argumentos que en su mayoría no compartimos[9]).

La inocultable *mora del legislador* en el diseño de instrumentos sistemáticos, adecuados para la defensa colectiva de derechos es una preocupación extendida en nuestro país, recientemente destacada incluso por la Corte Suprema de la Nación.[10]

3) A partir del diagnóstico aludido respecto de la ley 25.675, el Instituto de Derecho Procesal de la Facultad de Ciencias Jurídicas y Sociales de la Universidad Nacional de La Plata, elaboró una propuesta de reformas a dicho marco normativo que, entre otras aspiraciones, busca incorporar al lenguaje del ordenamiento federal los principios de la defensa concentrada de los derechos individuales homogéneos, el análisis de la adecuación en la "representación" atípica que llevan adelante los legitimados colectivos, así como el perfeccionamiento de la regulación de la litispendencia y de la *res judicata* en esta clase de procesos y, por último, la mejora del funcionamiento del Fondo de Compensación Ambiental (art. 34, LGA).[11]

La iniciativa fue presentada como proyecto de ley en el Senado de la Nación,[12] obrando su texto completo en el "Apéndice" del presente trabajo.

Inicialmente, es de resaltar la importancia de la ubicación del dispositivo, que – por analogía – es susceptible de ser utilizado como modelo adjetivo para el enjuiciamiento de situaciones materiales diversas a la problemática medioambiental, en las que se carezca de disposiciones de trámite específicas.

En efecto, teniendo presente el carácter instrumental de las normas procesales (nota que entre otras derivaciones permite su adaptación con independencia de la sustancia debatida), es posible extender hermenéuticamente las soluciones propiciadas en esta ley de alcance nacional, para suplir vacíos normativos en otras áreas del litigio grupal (vg., defensa del consumidor, tutela de libertades fundamentales – igualdad y no discriminación, derecho a la salud, condiciones de detención, derechos políticos –, etc.); siempre – por supuesto – con las prevenciones necesarias a efectos de asegurar la coherencia y razonabilidad en la utilización analógica de las disposiciones pertinentes.[13]

---

[9] V. lo expresado en nota al pie 55.

[10] CSN., H.270, L.XLII, "Halabi, Ernesto c/ PEN – Ley 25.873 Dto. 1563/04 – s/ amparo", sent. del 24-II-2009 (v. nota al pie 41.

[11] La redacción inicial del anteproyecto nos fue encargada, junto con el profesor de la misma casa de estudios Leandro K. Saffi, y debatido en el seno del citado Instituto, con intervención de destacados docentes de esa Casa de Estudios, entre ellos, los profesores Roberto O. Brizonce, Eduardo Oteiza, Pablo Grillo Ciocchini, Patricia Bermejo, Paula Buffarini, Francisco Verbic, Juan C. Copani y Carlota Ucín. El proyecto fue aprobado y hecho propio por la Asociación Argentina de Derecho Procesal, en reunión del día 19 de septiembre de 2006. Finalmente fue presentado como proyecto de ley ante el Senado de la Nación, como se puntualiza *infra*.

El documento se encuentra publicado en *LL – Actualidad*, del 26-12-2006 y se transcribe como apéndice del presente. V. un comentario del mismo por Verbic, Francisco, "El proyecto de reformas a la Ley General del Ambiente nº 25.675. En búsqueda de un sistema procesal colectivo para la reparación del daño ambiental en la República Argentina", en *Revista de Processo,* nº 157, Ed. Revista dos Tribunais, Brasil.

[12] Expte. 225/07, proyecto ingresado por Mesa de Entradas del Senado de la Nación el 23 de marzo de 2007, por los legisladores Ricardo Gómez Diez y Pedro Salvatori. El primero de ellos suscribe la nota de elevación, reproduciendo las características de la propuesta que fueran puntualizadas en la exposición de motivos por el Instituto de Derecho Procesal de Facultad de Ciencias Jurídicas y Sociales de Universidad Nacional de La Plata.

[13] La Suprema Corte de la Provincia de Buenos Aires ha destacado en tal sentido que sólo debe acudirse al auxilio del método de interpretación analógico cuando no exista norma expresa que rija el punto en debate, agregando que "las pautas para la utilización del mismo indican el examen de un doble aspecto de la cuestión: el puramente lógico, es decir el razonamiento por analogía y el aspecto axiológico que importa su valoración como expresión de justicia" (SCBA, causas B. 58.714, "Gómez de Rolando", sent. del 13-IX-2000; SCBA, B. 60.683, "G. y O.", sent. del 9-V-

4) Propuesta de trabajo. Centraremos el análisis en las principales instituciones de los procesos colectivos ambientales, cuyo tratamiento merece – a nuestro juicio – una consagración legislativa más precisa y sistemática: la representatividad adecuada, la tutela de los derechos individuales homogéneos, el fondo de reparación ambiental, la litispendencia y la cosa juzgada.

En todos los casos, al finalizar la explicación del instituto y de las razones por las que se postula su inclusión o reformulación en el texto de la ley ambiental, sintetizaremos la propuesta de modificación sugerida, siguiendo las líneas pergeñadas en el proyecto de ley al que hicimos referencia en el apartado anterior.

Siendo que la télesis de todo proceso colectivo atiende prioritariamente a la vigencia del principio de *economía procesal,* a la *efectividad del acceso a la jurisdicción* (arts. 18, Const. Nac.; 8 y 25, Conv. Americana sobre Derechos Humanos; 15, Const. de la Provincia de Buenos Aires), y a la *disuasión* de infracciones que de otro modo permanecerían impunes (lo que obviamente estimula la reincidencia en su comisión),[14] las propuestas que a continuación desarrollaremos no tienen otro objetivo que armonizar uno de los principales textos positivos de nuestro país (la LGA), con aquellas metas fundamentales.

II. La representatividad adecuada

1) Concepto.

Al desarrollar con más detenimiento la institución de la *representatividad adecuada,*[15] hemos tenido oportunidad de definirla como el requisito de las pretensiones de incidencia colectiva[16] según el cual, quien interviene en el proceso gestionando

2007), ya que "la analogía jurídica es la estimación de que la analogía lógica es justa" (SCBA, B. 57.171, "Castro Galván", sent. del 21-VI-2000).

[14] Sobre los fundamentos de la tutela colectiva de los derechos de grupo, remitimos a lo expresado en Giannini, Leandro, *La tutela colectiva de derechos individuales homogéneos*, Platense, 2007, p. 67-78; *íd.*, "Fundamentos de la tutela colectiva de los derechos (con particular referencia a los individuales homogéneos)", en www.eldial.com, publicación del 24-X-2005. V. asimismo, entre otros autores que han encarado este aspecto introductorio y general de la problemática de los procesos colectivos: Gidi, Antonio, *A class action como instrumento de tutela coletiva dos direitos*, Editoria Revista Dos Tribunas, p. 25-37; Morello, Augusto M., *La tutela de los derechos difusos en el derecho argentino*, Platense, 1999, p. 37-50; Wright, Charles – Miller, Arthur – Kane, Mary, *Federal practice and procedure*, 2° ed., v. 7-A, West Group, § 1751; Morello, Augusto M – Hitters, Juan C. – Berizonce, Roberto O. – Nogueira, Carlos A., *La justicia entre dos épocas*, Platense, 1983; Castro Mendes, Aluisio Goncalves, *Ações coletivas no direito comparado e nacional*, Editora Revista dos Tribunas, p. 27-37; Verbic, Francisco, *Procesos colectivos*, Astrea, p. 51-70.

[15] V. Giannini, Leandro J., "La representatividad adecuada en los procesos colectivos", en *Procesos Colectivos* (Oteiza, E. -coord.-), Bs. As., Rubinzal Culzoni, 2006, p. 179-214 (en el mismo sentido, Giannini, Leandro, "Legitimación en las acciones de clase", *LL* 2006-E-916). Remitimos a dichos trabajos en cuanto a las consideraciones generales de la institución cuya exposición *in extenso* excedería el propósito de este análisis.

[16] Adelantamos desde ya que la expresión "derechos de incidencia colectiva" resulta omnicomprensiva de todas las posibles pretensiones plurisubjetivas. Es decir, que debe adoptarse tanto para las versan sobre intereses de naturaleza indivisible (colectivos y difusos) como los de carácter divisible (individuales homogéneos, en la terminología brasileña, adoptada por el Proyecto de Código Modelo de Procesos Colectivos para Iberoamérica). Pese a que la cuestión desborda los límites de este trabajo, debemos aclarar – para evitar desinterpretaciones – que la afirmación precedente no pretende provocar un "sobredimensionamiento" del amparo, legislado en el art. 43 de la Constitución Nacional. Este proceso posee una serie de límites (en sus posibilidades de conocimiento, en su objeto, etc.) que operan como valladar al desborde de la figura. Lo que se indica al postular este sentido amplio de la expresión "intereses de incidencia colectiva", es la posibilidad de adoptar esta terminología como género y punto de partida en el estudio y aplicación (legislativa o judicial) de los procesos colectivos en nuestro país. Al haber sacado carta de ciudadanía y haberse arraigado en nuestra praxis forense, esta fraseología se muestra adecuada a tales efectos.

o "representando"[17] los intereses de un grupo o clase, debe poseer las condiciones personales, profesionales, financieras, etc., suficientes para garantizar una apropiada defensa de dichos intereses.

El recaudo es propio de todas las variantes de acción colectiva. Es decir que, por un lado, rige tanto en las que versan sobre intereses de naturaleza indivisible (difusos y colectivos) o divisible (individuales homogéneos). Y, por el otro, se aplica tanto en los procesos donde la parte plural se halla en el extremo activo de la relación procesal, como en aquellos en los que dicha situación se da en el polo pasivo de la litis (acción colectiva pasiva[18]).

En el presente parágrafo procuraremos demostrar la necesidad de incorporar este instituto en los procesos colectivos de la LGA, señalando asimismo los elementos a tener en cuenta para su apreciación.

2) Representatividad adecuada, cosa juzgada y debido proceso.

La máxima según la cual la voluntad –expresa o tácita – crea y extingue derechos y obligaciones no sólo en el ámbito extraprocesal sino también en el procesal, es uno de los principales postulados del derecho liberal y el primordial fundamento del sistema dispositivo que rige casi universalmente en el proceso civil.[19]

Es en virtud de tal enunciado que en el proceso tradicional resulta una obviedad que el hecho de que una persona confiera la representación de sus derechos a un incompetente, no excusa al mandante de las consecuencias que su desatino *in eligiendo* le ocasionará (sin perjuicio, claro está, de las responsabilidades en las que el mandatario podrá incurrir por ejercicio irregular del encargo).

Sin embargo, esta lógica no pertenece al campo del litigio colectivo. En este ámbito, como es sabido, las consecuencias del obrar del legitimado "extraordinario"[20] (activo o pasivo) son capaces de repercutir favorable o desfavorablemente en la esfera de interés de múltiples sujetos, sin que éstos necesariamente hayan prestado su voluntad expresa o tácita.[21]

---

[17] Es sabido que en esta clase de acciones no se da una relación jurídica de representación *stricto sensu* entre el legitimado legalmente y el interesado directamente. Más bien podría asemejarse el vínculo jurígeno al de una gestión de negocios parcial o totalmente ajenos, sin que, por supuesto, quepa hablar de identidad entre ambas situaciones. Sin embargo, en este trabajo utilizaremos como sinónimos las voces "representante" o "gestor", para referirnos al legitimado colectivo. Lo hacemos por razones linguísticas y también por la expandida utilización de la expresión en todos los países en los que se ha estudiado la problemática.

[18] El estudio de las acciones colectivas pasivas se muestra en nuestro país, en el mejor de los casos, como una preocupación *de lege ferenda*. Sin embargo, no debe ser soslayada su importancia como herramienta de enjuiciamiento para situaciones en los que la dispersión y anonimato se presenten no ya en el grupo de afectados, sino en el de los autores de la lesión.

[19] V. Calamendrei, P., *Instituciones de Derecho Procesal Civil* (trad.: Sentís Melendo, S.), ed. El Foro, Bs. As., 1996, t. I., p. 403 y ss; Palacio, L.E., *Derecho Procesal Civil*, Abeledo Perrot, Bs. As., 2° ed., t. I., p. 253 y ss. La Suprema Corte de la Provincia de Buenos Aires ha dicho en este sentido que "La actividad de los sujetos procesales es fundamental para la suerte de sus pretensiones y defensas, lo que se agudiza cuando el trámite ritual se rige por el principio dispositivo" (Ac. 81.746, sent. del 5-3-2003, "Bisarccia, Emilia c/ Compañía de Transportes La Argentina S.A. – Línea 87 – y otros s/ Daños y perjuicios").

[20] Utilizamos esta voz con un sentido genérico y sin tomar posición en la discusión relativa al carácter ordinario o excepcional de la legitimación colectiva, asunto que ha sido tratado por la doctrina y que excede los límites del presente. Sólo hacemos hincapié con tal calificativo a la diferencia que los efectos del ejercicio de la gestión procesal tiene en estos casos y en los de legitimación "común".

[21] La ausencia de ejercicio del *opt out*, en un sistema que lo prevea, no puede ser interpretado como una manifestación tácita de conformidad con el actuar del legitimado, porque los sistemas de notificación de las partes ausentes en los procesos colectivos no siempre garantizan el conocimiento efectivo de la existencia del proceso en trámite por los

Es así que la salvaguarda de la garantía del debido proceso (art. 18, Constitución Nacional; art. 8, Convención Americana de Derechos Humanos) hace necesaria la existencia de mecanismos que aseguren que quien va a actuar gestionando y hasta disponiendo de intereses que no le pertenecen,[22] lo haga apropiadamente.

Y ello es así independientemente del sistema de cosa juzgada colectiva adoptado por cada ordenamiento, es decir, sea que se prevea un sistema de vinculatoriedad *"pro et contra"* (vg., *Class actions* norteamericanas, Regla Federal 23 c.2.B] y c.3).[23] *"secundum eventum probationem"* (art. 33, ley 25.675; art. 33, primera parte, Código Modelo de Procesos Colectivos para Iberoamérica), extensión subjetiva para las acciones individuales de los efectos de la sentencia colectiva *"secundum eventum litis"* (vg., art. 103.I, Código de Defesa do Consumidor –Brasil –; íd. art. 33, par. 2°, Código Modelo iberoamericano – reglamentación de la *res judicata* para las hipótesis de tutela de derechos individuales homogéneos).[24]

---

miembros de la clase. Falla así – en muchos casos – un presupuesto esencial de la manifestación tácita de la voluntad, que es el conocimiento de la existencia del hecho sobre el cual los actos de las personas pueden permitir dar por manifestada la voluntad en determinado sentido (v. art. 918, Código Civil).

[22] La falta de titularidad o "ajenidad" del legitimado colectivo respecto de los intereses debatidos, varía en las diferentes especies de derechos grupales. En los de naturaleza indivisible (difusos), cuando quien actúa forma parte del grupo de afectados, el interés no le pertenece exclusivamente, pero tampoco es un *alio* a su respecto. Sí hay gestión de intereses totalmente ajenos en los casos de acciones en defensa de derechos individuales homogéneos. Pero la afirmación del texto se mantiene, el legitimado colectivo puede influir en derechos que no son propios (sea porque terceros concurren con él en su titularidad o porque directamente no le pertenecen).

[23] El valor de la representatividad adecuada como garante del debido proceso ha sido resaltado reiteradamente y desde tiempo atrás por la Suprema Corte de los Estados Unidos: "Es un principio de aplicación general en la jurisprudencia anglo-americana que uno no está ligado personalmente por una sentencia en un pleito en el cual no es designado como parte [...]. Una sentencia dictada en tales circunstancias no esta calificada por la plena fe y crédito que prescribe la Constitución y la ley de los Estados Unidos [...] y una acción judicial que la haga ejecutoria contra la persona o propiedad de la parte ausente no se ajusta a ese debido proceso que la quinta y décimo cuarta enmienda requieren [...]". "Para estas reglas generales existe un reconocida excepción que, con un alcance no definido precisamente por la jurisprudencia, la sentencia en una demanda "de clase" o "representativa", en la que algunos miembros de la clase son partes, puede vincular a miembros de la clase o aquellos representados que no fueron citados como parte en ella [...]". "Es una doctrina familiar en las cortes federales que los miembros de una clase no presentados como partes en el juicio [...] pueden quedar vinculados por la sentencia de un juicio en el que son de hecho adecuadamente representados por las partes presentes [...]" (Suprema Corte de los Estados Unidos, "Hansberry v. Lee", 311 U.S. 32, sent. del 12-11-1940).

[24] Podemos resumir los sistemas de vinculatoriedad del decisorio final diseñados por el CDC brasileño y por el Código Modelo iberoamericano, del siguiente modo: (a) tutela de derechos de naturaleza divisible (individuales homogéneos) o indivisible (difusos y colectivos): la sentencia, como regla, causa efectos *erga omnes*, salvo que la misma disponga el rechazo de la pretensión por insuficiencia de pruebas (mecanismo análogo al de la LGA). En tal hipótesis, "cualquier legitimado podrá intentar otra acción, con idéntico fundamento, valiéndose de nueva prueba" (art. 30, CM). (b) Sólo para tutela de intereses de naturaleza divisible (individuales homogéneos): repercusión "*in utilibus*" de la decisión que acoge la pretensión, en favor de los restantes miembros del grupo. En caso de rechazo de la acción, no podrá reeditarse la cuestión colectivamente, pero cada lesionado podrá perseguir a título individual la satisfacción de su interés (extensión de los alcances personales del dispositivo sentencial *secundum eventum litis*). Obviamente el tratamiento exhaustivo de la cuestión desborda los límites del presente trabajo. Remitimos a la extensa bibliografia sobre el particular, especialmente: Barbosa Moreira, José C., "A ação popular do direito brasileiro como instrumento de tutela jurisdiccional dos chamados interesses difusos", en *Temas de Direito Processual*, Saravia, 1977, p. 110-123; Gidi, Antonio, *Coisa julgada e litispendência em ações coletivas*, Sao Paulo, Saravia, 1995; íd., *Class Actions in Brazil. A model for civil law countries*, en *American Journal of Comparative Law*, vol. LI, 2003, n° 2, p. 384 y ss.; íd., "Cosa Juzgada en acciones colectivas", en Gidi, Antonio. – Ferrer Mac-Gregor, Eduardo (coord.), *La tutela de los derechos difusos colectivos e individuales homogéneos. Hacia un código modelo para Iberoamérica*, Porrúa, México, 2003, p. 261 y ss.; Pellegrini Grinover, Ada, *Código Brasileiro de defensa do consumidor comentado pelos autores do anteprojeto*, , Río de Janeiro, 6º ed., 1999; íd.., "Ações coletivas Iberoamericanas: Novas questões sobre a legitimação e a coisa julgada", *Rev. Iberoamericana de Derecho Procesal*, año I, nº 1 (2002), p. 11-27; Castro Mendes, Aluisio G., A., *Ações coletivas no direito comparado e nacional*, Ed. Revista dos Tribunais, 2002, p.262-264; Gidi, Antonio – Ferrer Mac-Gregor, Eduardo (coord.), *Código de Procesos Colectivos. Un diálogo Iberoamericano*, Porrúa – Universidad Nacional Autónoma de México, México, 2008, cap. V; Hitters, Juan C., "Alcances de la cosa juzgada en los procesos colectivos", *LL* 2005-F-751).

En cualquier caso, para que un sistema de procesos colectivos sea respetuoso de la garantía del debido proceso de los integrantes del grupo que no participan de la litis, debe exigirse que quien represente sus intereses sin tener mandato explícito para ello, deba ser un adecuado gestor de la clase.

Hemos desarrollado los argumentos que justifican esta premisa con anterioridad,[25] analizando los alcances de cada una de las variantes normativas aludidas, explicando que ninguna de ellas asegura que la negligente actuación en juicio del "representante" deje indemne al "representado". Por ello, existiendo en todos los sistemas un riesgo concreto de indefensión para el caso de que el litigante colectivo no ejerza su misión adecuadamente, consideramos imprescindible imponer a la judicatura este control de calidad de los legitimados grupales, recaudo que, de este modo, se transforma en una verdadera exigencia constitucional de la herramienta de enjuiciamiento analizada.

3) Determinación de los presupuestos.

Afirmada entonces la necesidad de incorporar el recaudo estudiado a los procesos colectivos de la ley 25.675, en este apartado intentaremos desarrollar cuáles serían estos elementos a tener en cuenta para definir la adecuación del legitimado colectivo.

Con ello se explicitan los motivos de la reforma propuesta, tal como ha quedado redactada.

¿Cuáles serían los elementos trascendentes para la ponderación de la adecuada representatividad? ¿Alguno de ellos debe ser considerado *sine qua non*, de modo que su inexistencia determine el rechazo de la legitimación?

El Código Modelo Iberoamericano y la praxis jurisprudencial norteamericana pueden resultar guías útiles en este campo.

El primero contiene en el art. 2, par. 2°, una enumeración de "datos" que "el juez deberá analizar" para determinar la adecuación del legitimado. De la redacción de la disposición se advierte su carácter meramente enunciativo, sin perjuicio de lo cual, como ya hemos adelantado, resulta un acierto la objetivación de algunos de los principales parámetros en esta materia, para dotar al sistema de una mayor seguridad, sin encorsetarlo en fórmulas taxativas que terminen transformando al recaudo en una ficción.

Las pautas a cumplimentar por el legitimado según este modelo son:

a) la credibilidad, capacidad, prestigio y experiencia del legitimado;

b) sus antecedentes en la protección judicial y extrajudicial de los intereses o derechos de los miembros del grupo, categoría o clase;

c) su conducta en otros procesos colectivos;

d) la coincidencia entre los intereses de los miembros del grupo, categoría o clase y el objeto de la demanda.[26]

---

[25] Giannini, Leandro J., "La representatividad adecuada", cit , cap. III; íd. "La legitimación en las acciones de clase", cit., cap. III.

[26] La versión anterior del anteproyecto citado, señalaba otro parámetro removido por la Comisión Revisora del documento: el de la "capacidad financiera para la conducción del proceso colectivo" (ex. inc. d). Dicha previsión había sido objetada por importar, para algunos autores, una restricción indebida al acceso a la jurisdicción con base en una discriminación económica (v., por ejemplo, Calvo Marcilese, E. J. y Rosbaco F. G., "La representatividad

Por su parte, en atención al carácter más general de la enunciación de la norma estadounidense, la jurisprudencia de dicho país muestra un análisis más casuístico del recaudo en cuestión.[27]

Corresponde poner de relieve que los aludidos estándares normativos son indicadores destinados a evidenciar ciertas preferencias del legislador sobre las cualidades requeridas en la delicada misión de defender derechos de esta índole. Pero ello muy lejos está de suprimir la imprescindible apreciación judicial en la materia, siendo siempre necesario el análisis integral y caso por caso por parte de la jurisdicción para considerar las diferentes calidades que definen la adecuación de la parte.[28]

Debe asimismo considerarse la situación de ciertos legitimados institucionales (Defensoría del Pueblo de la Nación, Ministerio Público nacional o provincial, defensorías ecológicas, etc.) o privados (ONG´s o asociaciones que reconocidamente propenden a la defensa del medioambiente), en quienes cabe presumir (*iuris tantum*) la adecuación de su representatividad para la tutela colectiva de dichos intereses.[29]

En el proyecto de ley que analizamos se han seguido las líneas generales del elenco previsto en el Código Modelo de Procesos Colectivos para Iberoamérica, aunque se han depurado ciertas redundancias y algunos aspectos técnicos de su redacción.[30]

4) Oportunidad para el control.

Tanto el sistema norteamericano (regla federal 23), como el del Código Modelo para Iberoamérica contemplan un mecanismo de contralor permanente respecto del

adecuada en el Anteproyecto de Código Modelo de Procesos Colectivos para Iberoamérica", ponencia presentada en las X° Jornadas Bonaerenses de Derecho Civil, Comercial, Procesal, Laboral, Constitucional y Administrativo (Junín, 2003), esp. cap. III.B.

No participamos de dicha opinión. Por el contrario, entendemos que la capacidad financiera de adelantar esta clase de erogaciones en determinadas situaciones, es un requisito que hace a la representatividad adecuada de los legitimados para esta clase de acciones En este sentido, cabe destacar que la exigencia de solvencia económica del legitimado es un parámetro exigido al sólo efecto de que quien sea "representado" en ausencia cuente con una adecuada defensa de su interés. No se trata de un "retaceo" elitista ni de un reparo formal aleatorio sino de la salvaguarda del debido proceso de los afectados ajenos al pleito (v. lo expresado en Giannini, Leandro, "La representatividad adecuada en las pretensiones colectivas", cit; *íd.*, "Legitimación en las acciones de clase", *LL* 2006-E-916).

[27] La representatividad adecuada del actor es en definitiva una cuestión de hecho respecto de la cual aquél debe afrontar la carga de la prueba ("*Predmore v Allen*", 407 F. Supp 1053, 1064 -1975-). Se ha dicho que el requisito se verifica si: (1) el actor presentado tiene intereses comunes y no antagónicos respecto de los miembros ausentes; y (2) el abogado de la parte representativa está calificado, tiene experiencia y es en general capaz para llevar adelante el litigio ("*Sosna v Iowa*", 419 U.S. 393, 403, 95 S.Ct 553, 42 L.Ed 2d 532 -1975). El factor más importante – destacan Wright, Miller y Kane – para determinar la representatividad adecuada es cómo el interés de los ausentes se compara con el de los presentes (Wright, C., Miller, A. & Kane, Mary K, *Federal Practice and Procedure,* West Publishing Co., St. Paul Minnessota, 2° ed., 1986, n° 1909).

[28] Los tribunales han advertido la necesidad de verificar en cada caso concreto las calidades invocadas por quienes se presentan en juicio para defender derechos colectivos. Por ejemplo, recuérdese el reconocimiento que en alguna oportunidad se ha formulado a asociaciones sindicales para la tutela del medioambiente, defensa que – obvio es recordarlo – generalmente viene asumida por organizaciones específicas. V. Cám. Civ., sala I, San Nicolás, causa 5.588, resol. del 27-II-2003, LLBA 2003, p. 288, en la que sostuvo la Alzada que "debe admitirse la legitimación de la Unión Obrera Metalúrgica para iniciar la acción de amparo, si se tiene en cuenta que su estatuto contempla entre sus fines fundamentales favorecer los objetivos de garantía de los derechos de los trabajadores, así como representar y defender sus intereses, abarcando este último concepto todo cuanto se relacione con sus condiciones de vida y trabajo, ámbito sin duda alcanzado por los hechos que constituyen la base del pleito, referido a la tala de árboles que corresponden a plantaciones tendientes a proveer la renovación de aire en una zona de radicación de industrias".

[29] V. los fundamentos y límites de esta presunción, en nuestro trabajo citado precedentemente (Giannini, Leandro, "La representatividad adecuada", ob. cit., par. IV.3; *íd.*, "Legitimación en las acciones de clase", cit. cap. IV.3).

[30] Hemos realizado con anterioridad un análisis crítico del esquema del Código Modelo Iberoamericano en esta materia (v. Giannini, Leandro J., "La representatividad adecuada", cit., par. IV.2.b]; íd., "Legitimación en las acciones de clase", cap. IV. 2.b]).

recaudo en estudio. Es decir, que no sólo será analizada la adecuación del legitimado en la etapa constitutiva del proceso (vg., en EEUU, al momento de la "certificación" del pedido como una *class action*; en el CM, en la oportunidad de la audiencia preliminar –conf. Art. 11, ap. I del cuerpo citado-) sino durante el transcurso del mismo.[31] Con este criterio se permite una salvaguarda constante y actualizada del debido proceso.

Por esta razón es que resulta acertado que la decisión en materia de representatividad adecuada *no cause estado*. En otras palabras, que pueda ser revisada de oficio o a pedido de parte, ante la alteración de las circunstancias en las que dicha adecuación fue reconocida.

Las posibles maniobras obstruccionistas que puedan resultar a consecuencia de esta opción, hallan adecuado resguardo en el sistema de costas por el vencimiento de la incidencia respectiva (las cuales deberán ser abonadas con carácter previo al inicio de un nuevo artículo – art. 69 CPCN),[32] sanciones ante planteos temerarios o manifiestamente infundados (art. 45, ord. cit.), valoración de la conducta de la parte a los fines probatorios (art. 163, inc. 5, *in fine*, íd.), etc.. Por otra parte, aún cuando este tipo de medidas no inhiban absolutamente los artilugios dilatorios, no debe perderse de vista la télesis garantizadora del criterio adoptado, que permite tolerar el dato como un trastorno menor al que ocasionaría la irrevocabilidad de la decisión en esta materia.

5) Efectos de la declaración de falta de representatividad.

Al igual que la explicación de la télesis garantizadora del recaudo analizado, el punto que ahora tocamos resulta una forma de evitar caer en la errónea tentación de creer que el requisito de la representatividad adecuada es sólo un "retaceo" de la legitimación amplia que cabe reconocer en este tipo de procesos.

El interrogante a abordar aquí sería el siguiente ¿cuál es el efecto de la declaración de la ausencia de representatividad? O en otras palabras, ¿qué ocurre cuando al inicio del proceso o sobrevivientemente (es decir, revocándose la admisión inicial de este recaudo), el juez deniega al postulante su habilidad para estar en juicio en representación de terceros?

La respuesta que brinda el Código Modelo para Iberoamérica (receptada expresamente en la propuesta de reformas a la LGA que se explica en este trabajo) nos parece la más acertada: "en caso de inexistencia del requisito de la representatividad adecuada … el juez notificará al Ministerio Público y, en la medida de lo posible, a otros legitimados adecuados[33] para el caso a fin de que asuman, voluntariamente, la titularidad de la acción" (art. 3, § 4° del citado cuerpo; art. 30, último párrafo, proyecto de ley de reformas a la LGA – v. apéndice-).

Esta solución permite disipar en gran medida la noción –a nuestro juicio, reiteramos, equivocada – de que la previsión de este límite a las posibilidades de accionar de los sujetos genéricamente considerados legitimados, resulte un obstáculo disfun-

[31] Art 2º, § 3º, CM: "El Juez analizará la existencia del requisito de la representatividad adecuada en cualquier tiempo y grado del procedimiento …".

[32] "No se sustanciarán nuevos incidentes promovidos por quien hubiere sido condenado al pago de las costas en otro anterior, mientras no satisfaga su importe o, en su caso, lo dé a embargo"

[33] Vg., en nuestro país correspondería, en general, dar vista a la Defensoría del Pueblo o a las asociaciones respectivas, según la materia comprometida (de defensa del consumidor, del medioambiente, etc.).

cional o mezquino. Es que las consecuencias de la denegación de aptitud suficiente no deriva en el rechazo de la pretensión (como ocurre en términos generales en los procesos tradicionales), sino en la suspensión de los trámites e incorporación de un representante idóneo.

6) Conclusiones. La necesidad de incorporar a la representatividad adecuada como requisito de las pretensiones colectivas de la LGA.

Como corolario de las explicaciones precedentes, cabe concluir que si bien la representatividad adecuada es en recaudo exigible en nuestro ordenamiento *de lege lata*,[34] resultaría conveniente su incorporación a la LGA, de conformidad con estas premisas:

- Respecto de ciertos legitimados (vg., Ministerio Público, Defensor del Pueblo, Asociaciones Medioambientales reconocidas), la exigibilidad actual del requisito de la representatividad adecuada, se encuentra condicionada por el encuadre normativo específico de cada organismo y, principalmente, en atención a su finalidad institucional, datos que en algunos casos permiten presumir fuertemente la existencia de dicha aptitud. Cabría receptar esta presunción expresamente en el texto de la ley 25.675.

- En cuanto a la definición de los *standards* a considerar a efectos del control de representatividad entendemos que alguna discreción debe reconocerse al juez, so riesgo de convertirse el sistema de control en una ficción desapegada de las particularidades de cada caso. Sin embargo, la previsión normativa de parámetros a tener en cuenta para comprobar la adecuación del litigante resulta plausible, en primer lugar para objetivar el sistema en la medida de lo posible y, en segundo, para exteriorizar la preferencia del legislador respecto de los elementos enunciados. Por lo que es conveniente una definición de ciertos parámetros, aunque con alcance meramente enunciativo, tal como expondremos en el siguiente apartado.

- Por esta razón es que resulta acertado que la decisión en materia de representatividad adecuada *no cause estado*. En otras palabras, que pueda ser revisada de oficio o a pedido de parte, ante la alteración de las circunstancias en las que dicha adecuación fue reconocida.

- En lo atinente a los efectos de la declaración (inicial o sobreviviente) de la ausencia de representatividad, la respuesta que brinda el Código Modelo para Iberoamérica resulta la más acertada: "en caso de inexistencia del requisito de la representatividad adecuada ... el juez notificará al Ministerio Público y, en la medida de lo posible, a otros legitimados adecuados para el caso a fin de que asuman, voluntariamente, la titularidad de la acción".

7) Propuesta

La incorporación del instituto de la representatividad adecuada en la LGA encontraría una correcta ubicación en su art. 30, al que cabría agregar un párrafo final en los siguientes términos:

[34] La exigibilidad del recaudo que venimos analizando fue incluida en las conclusiones del XXIII° Congreso Nacional de Derecho Procesal (Mendoza, 2005), en los siguientes términos: "Será requisito de la acción colectiva la adecuada representatividad del legitimado, que se verificará liminarmente como presupuesto de admisión de la demanda, y en cualquier estado del proceso. Si el legitimado carece de representatividad adecuada se suspenderán las actuaciones y se ordenará la citación de otro legitimado que cuente con aptitud suficiente. Esta representación extraordinaria difiere de la representación común, pues se articula necesariamente con la legitimación" (conclusión 5°, Subcomisión 1°).

ARTICULO 30. – Producido el daño ambiental colectivo, tendrán legitimación para obtener la recomposición del ambiente dañado, el afectado, el Defensor del Pueblo y las asociaciones no gubernamentales de defensa ambiental, conforme lo prevé el artículo 43 de la Constitución Nacional, y el Estado nacional, provincial o municipal; asimismo, quedará legitimado para la acción de recomposición o de indemnización pertinente, la persona directamente damnificada por el hecho dañoso acaecido en su jurisdicción.

Deducida demanda de daño ambiental colectivo por alguno de los titulares señalados, no podrán interponerla los restantes, lo que no obsta a su derecho a intervenir como terceros.

Sin perjuicio de lo indicado precedentemente toda persona podrá solicitar, mediante acción de amparo, la cesación de actividades generadoras de daño ambiental colectivo.

Para el reconocimiento de la legitimación en los procesos en los que se tutelen derechos de incidencia colectiva, se exigirá que el legitimado cuente con aptitudes suficientes para garantizar una adecuada defensa de dichos intereses. Entre otros parámetros, el juez podrá tener en cuenta: a) la capacidad, competencia, prestigio y experiencia del legitimado; b) sus antecedentes en la protección judicial y extrajudicial de los intereses o derechos de los miembros del grupo, categoría o clase; c) la coincidencia entre los intereses de los miembros del grupo, categoría o clase y el objeto de la demanda.

La decisión en materia de representatividad adecuada no causará estado. En caso de que el juez verifique la inexistencia de este requisito notificará de oficio al Ministerio Público y, en la medida de lo posible, a otros legitimados adecuados para el caso, a fin de que asuman voluntariamente la titularidad de la acción".

III. La tutela de los derechos individuales homogéneos

1) Los intereses individuales homogéneos como "derechos de incidencia colectiva".[35]

El objeto de los procesos grupales analizados es la tutela de los *derechos de incidencia colectiva*, que definimos como aquellos que pertenecen divisible o indivisiblemente a una pluralidad relevante de sujetos, desbordando, por sus especiales cualidades, los tradicionales mecanismos de enjuiciamiento grupal (vg., intervención de terceros, litisconsorcio).

El término "derechos de incidencia colectiva" que – como ya es sabido – fuera incorporado a la Constitución Nacional con la reforma de 1994, es una expresión genérica que satisface las necesidades descriptivas del objeto que nomina. Claro está que el alcance que le damos aquí implica dejar a un lado toda interpretación restrictiva que del mismo se ha pregonado al equiparar (a nuestro criterio indebidamente)[36] la noción de "derechos de incidencia colectiva" con la de "derechos difusos".

[35] Hemos desarrollado *in extenso*, con anterioridad, la problemática de los derechos individuales homogéneos, trabajo al que remitimos en honor a la brevedad, para todos aquellos aspectos que desborden la finalidad de este trabajo (v. GIANNINI, Leandro, *La tutela colectiva de derechos individuales*, ob. cit., pássim). En cuanto al concepto y tipología de los derechos de incidencia colectiva, v. GIANNINI, Leandro, "Tipología de los derechos de incidencia colectiva", en *Libro de Ponencias Generales y Trabajos Seleccionados del XXIII Congreso Nacional de Derecho procesal*, Mendoza, 2005, Ed. La Ley, p. 40; íd. "Los procesos colectivos y la tutela de derechos individuales homogéneos. Los problemas que suscita la noción 'derechos de incidencia colectiva'", *L.L.* 2008-A-97).

[36] Compartimos en este punto la opinión de Galdós, para quién los derechos de incidencia colectiva "constituyen una categoría susceptible de tutela aún más amplia que la de los intereses difusos, superadora del derecho subjetivo

Hemos explicado en otra oportunidad que los últimos resultan sólo una especie de los primeros.[37] La limitación de los derechos de incidencia colectiva (como género) a situaciones de indivisibilidad o imposibilidad de titularidad exclusiva es sólo aparente y responde a una infundada traspolación de definiciones que no se compadecen con una técnica de interpretación adecuada desde la lógica formal y así como desde la télesis misma del proceso.

Como hemos procurado demostrar en los trabajos citados en nota al pie precedente, los derechos individuales homogéneos son divisibles y susceptibles de titularidad individual y exclusiva, pero a la vez son prerrogativas "de incidencia colectiva", ya que involucran a una comunidad de sujetos más o menos determinada, cuya lesión proviene de un origen común y sus bases de sustentación son sustancialmente uniformes.[38]

En estos casos como no es la naturaleza del debate (indivisibilidad) lo que impone una solución uniforme, sino imperativos de conveniencia, debe preverse cuáles son los parámetros para discernir, en cada caso, la utilidad de la prosecución colectiva de la causa.

a) El primero de esos parámetros es el "origen común".[39]

No toda vulneración masiva de derechos divisibles es pasible de ser llevada a la justicia en forma colectiva, sino sólo aquellas que provienen de una fuente causal unívoca o que comparten los fundamentos jurídicos sustanciales y centrales que la hacen procedente.

b) Otros recaudos que determinan la conveniencia de tutela colectiva de los derechos individuales homogéneos son el "predominio" de los aspectos comunes sobre los individuales y "utilidad" o "superioridad" del enjuiciamiento colectivo del caso.

En efecto, la situación especial de cada sujeto puede ser causa de insuperables complicaciones procesales, aún cuando al asunto cumpla con el requisito analizado en el apartado anterior (origen común). Es por ello que además de dicho recaudo mínimo incorporado a la definición del interés individual, también la reglamentación del trámite destinado a la tutela de esta categoría de intereses debe prever mecanismos para lograr la concentración del debate de las cuestiones homogéneas, relegando para otra instancia los aspectos particulares.

Así, en los ordenamientos comparados destinados a la reglamentación de este tipo de acciones, se prevén tales límites, con la evidente finalidad de sanear los pro-

y el interés legítimo" (Galdós, Jorge M., "Suprema Corte de Buenos Aires – Aperturas procesales y sustanciales – A propósito del caso Copetro", *L.L.*, 1999-C-1134; v. asimismo, Gil Domínguez, Andrés, "Los derechos de incidencia colectiva individuales homogéneos", en *LL* del 3-IX-2008). Desarrollaremos *infra* las razones por las que corresponde considerar a los derechos difusos como una especie del género de los de incidencia colectiva.

[37] V. Giannini L, *La tutela colectiva de derechos individuales homogéneos*, ob. cit., p. 17 y 123 y ss.; *íd.*, "Los procesos colectivos y la tutela de derechos individuales homogéneos. Los problemas que suscita la noción de 'derechos de incidencia colectiva'", *LL* 2008-A-97; íd., "Tipología de los derechos de incidencia colectiva", en *Libro de ponencias generales y trabajos seleccionados del XXIII Congreso Nacional de Derecho Procesal*, La Ley, Mendoza, 2005, p. 40-63.

[38] Esta interpretación amplia ha sido receptada en las conclusiones del XXIII° Congreso Nacional de Derecho Procesal (Mendoza, 2005), en las que se señala expresamente que la defensa de derechos de incidencia colectiva abarca tanto la tutela de intereses grupales de naturaleza indivisible, "como también derechos ontológicamente divisibles, pero provenientes de un origen común (derechos individuales homogéneos)" (conclusión 1°, subcomisión 1, tema: "Procesos colectivos y acciones de clase").

[39] El requisito está previsto expresamente en el art. 81, par. único ap. III del CDC brasileño y el art. 1.II del Código Modelo para Procesos Colectivos, del Instituto Iberoamericano de Derecho Procesal.

cesos grupales de situaciones en las que, pese a existir un origen común en la lesión, no se vislumbra una uniformidad sustancial que haga conveniente la prosecución colectiva.[40]

El primero de los presupuestos (*predomino*) apunta a prevenir la prosecución colectiva de conflictos que, pese a la masividad de la afectación y cierta comunidad de origen, no demuestran la homogeneidad necesaria, sin la cual – como hemos explicado desde el inicio – la télesis de esta herramienta se desvirtúa, transformándose en una fuente de complicaciones mayores que las intenta disuadir.

El segundo de los recaudos mencionados al inicio de este apartado (*utilidad o superioridad*) torna necesario comparar en cada caso la eficacia y eficiencia del enjuiciamiento grupal, frente a la de mecanismos ordinarios de protección.

La verificación de este requisito reclama una balance de las perspectivas que – para una más funcional resolución del conflicto – exhiben *a priori* las vías clásicas (vg., trámite litisconsorcial) y el proceso colectivo. Y así, en la etapa inicial del pleito, el juez debe realizar una estimación de las ventajas e inconvenientes prácticos que tendrá dicha opción para un mejor enjuiciamiento de la cuestión. Si advierte que la prosecución colectiva de la pretensión no demuestra ninguna ventaja sustancial respecto de los dispositivos tradicionales, deberá rechazar la demanda sin más trámite.

2) Necesidad de contemplar esta categoría de derechos en la LGA.

Como corolario de las anteriores reflexiones, puede advertirse la necesidad de regular con mejor técnica los intereses individuales homogéneos en la ley 25.675.

Al día de hoy, la aludida norma no cuenta con mecanismos adjetivos idóneos que permitan la defensa armónica y funcional de esta clase de prerrogativas colectivas.[41] Por consiguiente, si se desea concretar las metas a las que aspira la existencia de los procesos colectivos en general (acceso a la justicia, economía procesal, eficiencia, prestigio y funcionalidad del servicio de justicia), debe procurarse el perfeccionamiento de este cuerpo legal, para dar cabida a esta variante procedimental de modo sistemático.[42]

[40] Por ejemplo, para acceder a la tramitación concentrada que implanta el Código Modelo Iberoamericano en esta clase de conflictos, se exige la observancia de dos recaudos específicos, establecidos en el art. 2°, Par. 1°: el *predominio* de las cuestiones comunes sobre las individuales y la *utilidad* de la tutela colectiva. Constituye – a nuestro juicio – un acierto la incorporación de estos dos requisitos en dicho cuerpo (claramente asimilables a los requisitos de "prevalencia" y "superioridad" que impone, en EEUU, la regla federal 23.b.3], para las *class actions for damages*).

[41] V. la crítica que a esta falencia de la norma hemos formulado en Giannini, Leandro, *La tutela colectiva de derechos...*, ob. cit., p. 139.

[42] La Corte Suprema de la Nación ha considerado que la ausencia de previsiones específicas en materia de derechos individuales homogéneos constituye un caso de mora legislativa (C.S.J.N., H.270, L.XLII, "Halabi, Ernesto c/ PEN – Ley 25.873 Dto. 1563/04 – s/ amparo", sent. del 24-II-2009).

Cierto es que se ha enfrentado a dicha falencia, con sustento en la plena operatividad de las normas constitucionales como el art. 43 2° parte de la Const. Nacional y la tradicional doctrina de ese Tribunal ("Fallos" 239:459; 241:291 y 315:1492) según la cual "donde hay un derecho hay un remedio legal para hacerlo valer toda vez que sea desconocido, pues las garantías constitucionales existen y protegen a los individuos por el solo hecho de estar en la Constitución e independientemente de sus leyes reglamentarias, cuyas limitaciones no pueden constituir obstáculo para la vigencia efectiva de dichas garantías". Sin embargo, ello no obsta al agudo diagnóstico formulado por el Máximo Tribunal federal, en cuanto a la necesidad de legislar en este punto: "*No hay en nuestro derecho una ley que reglamente el ejercicio efectivo de las denominadas acciones de clase* en el ámbito específico que es objeto de esta litis. Este aspecto resulta de gran importancia porque *debe existir una ley que determine cuándo se da una pluralidad relevante de individuos que permita ejercer dichas acciones, cómo se define la clase homogénea, si la legitimación corresponde exclusivamente a un integrante de la clase o también a organismos públicos o asociaciones, cómo tramitan estos procesos, cuáles son los efectos expansivos de la sentencia a dictar y cómo se hacen efectivos*" (C.S.J.N.,

3) Propuesta.

Al igual que lo hicimos en el parágrafo anterior (destinado a la "representatividad adecuada") se transcribe a continuación la sistematización ensayada por el proyecto de reformas analizado, para incorporar la defensa de los derechos individuales homogéneos en el ámbito de la ley 25.675.

> ARTÍCULO 30. – Producido el daño ambiental colectivo, tendrán legitimación para obtener la recomposición del ambiente dañado, el afectado, el Defensor del Pueblo y las asociaciones no gubernamentales de defensa ambiental, conforme lo prevé el artículo 43 de la Constitución Nacional, y el Estado nacional, provincial o municipal; asimismo, quedará legitimado para la acción de recomposición o de indemnización pertinente, la persona directamente damnificada por el hecho dañoso acaecido en su jurisdicción.

Los legitimados enunciados en el párrafo anterior podrán asimismo demandar colectivamente la reparación los perjuicios individuales sufridos a consecuencia del daño ambiental.

Deducida demanda de daño ambiental colectivo por alguno de los titulares señalados, no podrán interponerla los restantes, lo que no obsta a su derecho a intervenir como terceros.

Sin perjuicio de lo indicado precedentemente toda persona podrá solicitar, mediante acción de amparo, la cesación de actividades generadoras de daño ambiental colectivo" *(v. asimismo el agregado propuesto al final de esta disposición, para regular el instituto de la representatividad adecuada, supra, par. III.7).*

> ARTÍCULO 30 bis. – Para la admisibilidad de los procesos iniciados en los términos del 2° párrafo del artículo anterior será requisito necesario que el enjuiciamiento concentrado del conflicto constituya una vía más eficiente y funcional que el trámite individual, para lo cual el juez tendrá en consideración elementos como el predominio de las cuestiones comunes sobre las particulares, o la imposibilidad o grave dificultad de constituir un litisconsorcio entre los afectados.

La sentencia que haga lugar a la demanda podrá ser genérica, pudiendo en tal caso cada uno de los damnificados promover liquidación y ejecución individual en la medida de su afectación.

Si en la sentencia se hubieran podido determinar los sujetos afectados las indemnizaciones respectivas quedarán a disposición de cada uno ellos por un plazo de 2 años desde que el cumplimiento de la sentencia sea comunicado por el o los medios más idóneos que determine el juez, de acuerdo a las circunstancias del caso. Transcurrido dicho plazo sin que los afectados se hayan presentado a reclamar su indemnización, los montos respectivos serán depositados en el fondo previsto en el artículo 34.

Si en la sentencia no se hubieran podido determinar los sujetos afectados y transcurrido el plazo del párrafo precedente no se hubiera presentado una cantidad de damnificados compatible con la magnitud del daño, el juez liquidará colectivamente los perjuicios ocasionados y ordenará el depósito de las sumas pertinentes en el fondo previsto en el artículo 34".

causa "Halabi" cit., consid. 12°, 3° párrafo). Hemos intentado explicar con anterioridad las dificultades que nacen de la conceptualización de los derechos de incidencia colectiva, derivada de la doctrina legal del Máximo Tribunal federal, lugar a que remitimos para no superar los límites del presente (v. Giannini, Leandro J. "Los procesos colectivos y la tutela de derechos individuales homogéneos. Los problemas que suscita la noción de `derechos de incidencia colectiva", LL 2008-A-97; v. asimismo, Gil Domínguez, Andrés, "Los derechos de incidencia colectiva individuales homogéneos", cit.).

IV. El fondo de compensación ambiental

1) Nociones generales.

La institución de un fondo conformado con aportes de diversa índole destinado a la promoción de la defensa del medio ambiente, así como la prevención, mitigación y recomposición de los daños ecológicos, resulta un capítulo por demás relevante en el sistema protectorio medioambiental.

Sabido es que la operatividad de dicho patrimonio de afectación cobra vital importancia en supuestos en los que la reparación en especie (vuelta de las cosas al estado que se encontraban con anterioridad a la actividad contaminante) se torna imposible técnicamente (art. 28, L.G.A.). En tales circunstancias, la existencia de un fondo de este tipo cumple con una télesis compuesta, siempre con miras a brindar una respuesta dinámica y funcional a esta compleja problemática.

a) En primer lugar, el deber de afrontar las [muchas veces cuantiosas] consecuencias patrimoniales del desequilibrio por parte del sujeto responsable, se muestra como un factor disuasivo de conductas que de otro modo se verían incentivadas. En efecto, en virtud del principio economicista que guía a todo emprendimiento productivo, es importante que en la toma de decisiones empresariales se tenga en cuenta que la afectación de un recurso natural será sancionada y que no será óbice para ello la circunstancia de que la contaminación sea considerada técnicamente como un "hecho consumado" e irreversible (en especie).

b) En segundo lugar, la previsión de un fondo medioambiental permite que en los supuestos de tutela de derechos individuales homogéneos de escasa cuantía *per cápita*, la lesión infringida no permanezca impune y revierta en beneficios hacia la comunidad.

En efecto, en este tipo de procesos colectivos, en los que el monto del resarcimiento a cada uno de los afectados no resulta elevado, es probable que sólo una minoría de los damnificados liquiden y hagan efectiva su acreencia, lo que en definitiva generaría que las consecuencias perjudiciales de la contaminación no recaigan sobre las espaldas del sujeto activo de dicha conducta ilícita. Nuevamente el impulso hacia la comisión de este tipo de daños se vería incentivado.

Pese a que la ley 25.675 previó la existencia del Fondo de Compensación Ambiental, en procura de dichas metas, lo cierto es que sometió su eficacia y operatividad al poder reglamentario, que ha indebidamente demorado la puesta en funcionamiento de esta herramienta clave de la tutela abordada.

Por otra parte, la previsión específica de la tutela de derechos individuales homogéneos (v. supra, parágrafo III) potenciará la utilización de la herramienta analizada, en los casos en que –como fuera expresado – las liquidaciones concretadas a título individual no guarden correlación con la extensión y gravedad del daño (hipótesis muy probable en supuestos de daños masivos y dispersos de escasa repercusión *per capita*).

Es por ello que resulta conveniente la consagración expresa[43] de fondos "*ad hoc*" en los que los magistrados puedan recalar a la hora de definir una controversia

[43] Cabe destacar que en alguna oportunidad la jurisprudencia ha avanzado disponiendo la creación fondos compensatorios *ad hoc*, aun en ausencia de previsiones específicas del legislador (v., por ejemplo, el conocido caso resuelto por la Cám. Civ. y Com., sala II, Azul, causa 37.899, sent. del 22-X-1996, *DJBA* 152-21; *ED* 171-378, con nota de

que requiera de dicho instituto para ser adecuadamente resuelto. De este modo, en cada caso concreto los judicantes podrán disponer la conformación de un patrimonio especial para ser afectado a las finalidades consagradas en el art. 34 de la L.G.A., pero orientadas de acuerdo a las particularidades propias de la causa.

2) Propuesta.

Del mismo modo en el que lo venimos haciendo en este trabajo, se transcribe a continuación la propuesta de reforma sobre el punto tratado.

ARTICULO 34. — Créase el Fondo de Compensación Ambiental que será administrado por la autoridad competente de cada jurisdicción y estará destinado a garantizar la calidad ambiental, la prevención y mitigación de efectos nocivos o peligrosos sobre el ambiente, la atención de emergencias ambientales; asimismo, a la protección, preservación, conservación o compensación de los sistemas ecológicos y el ambiente.

Las autoridades podrán determinar que dicho fondo contribuya a sustentar los costos de las acciones de restauración que puedan minimizar el daño generado.

La integración, composición, administración y destino de dicho fondo serán tratados por ley especial.

Hasta tanto se concrete la reglamentación y puesta en funcionamiento del Fondo creado por este artículo, los jueces competentes podrán disponer en las hipótesis previstas por los arts. 28 y 30 bis de la presente ley, la creación de un fondo especial ad hoc destinado a cumplir con las finalidades aludidas en el párrafo primero, respecto de cada caso concreto. De acuerdo a las circunstancias del caso, el juez podrá designar como administrador del fondo ad hoc a quien se encuentre en mejores condiciones de cumplir con las finalidades del presente artículo, entre ellos: la Autoridad de Aplicación de la jurisdicción respectiva o un auxiliar técnico de la justicia".

V. Litispendencia y relación entre la acción colectiva y las individuales. El registro de acciones colectivas

Como es sabido, entre los problemas más recurrentes y examinados en el ámbito de la protección grupal de derechos, se encuentra la modulación de dos institutos caros a la dogmática procesal, como son la litispendencia y la cosa juzgada.

Al primero de los tópicos dedicaremos este parágrafo, junto con otros aspectos relativos a las relaciones jurídicamente relevantes existentes entre la pretensión colectiva y los diversos reclamos individuales derivados de una misma causa-fuente. En el capítulo siguiente abordaremos la temática de la *res judicata*.

Trigo Represas, Félix, "Un caso de daño moral colectivo; *JA* 1997-III-213, con nota de Lorenzetti, Ricardo, "Daño moral colectivo: su reconocimiento jurisprudencial"; *LLBA* 1997-273, con nota de Zavala de González, Matilde "Los daños morales colectivos y su resarcimiento dinerario"; v. asimismo Morello, Augusto M. – Stiglitz, Gabriel, "Daño moral colectivo", en *LL* 1984-C-1197; Galdós, Jorge, "Derecho ambiental y daño moral colectivo: algunas aproximaciones", *JA*, 1998-IV-982; Morello Augusto M. – Cafferatta, Néstor, *Visión procesal de cuestiones ambientales*, ob. cit., p. 113-126). En dicho precedente, el Tribunal sentenciante ordenó la creación de un patrimonio de afectación a cargo de la accionada (hallada responsable de la destrucción parcial de un importante grupo escultórico en la ciudad de Tandil), para afrontar la realización de obras de "ornato y salubridad del presupuesto municipal".

Ahora bien, el acotado reconocimiento jurisprudencial de esta modalidad de condena, no obsta a la conveniencia de regular específicamente la cuestión, para dejar explicitada la disponibilidad de una importante herramienta procesal, especialmente útil – como vimos – en hipótesis de daños indivisibles no reparables en especie o de perjuicios pluriindividuales homogéneos de carácter masivo, disperso y de escasa envergadura *per cápita*.

Ingresando entonces al campo de la litispendencia en esta variante de tutela diferenciada, es de destacar que el carácter masivo de las lesiones involucradas en este tipo de conflictos y la usual dispersión territorial de los afectados, torna altamente probable la coexistencia de diversos litigios versando sobre la misma cuestión, o que poseen elementos de conexidad relevantes que harían procedente su acumulación. Se agrava así la necesidad de contemplar mecanismos adecuados en la materia.

Ahora bien, examinado el problema más de cerca, se torna necesaria una distinción fundamental entre dos grupos de cuestiones, reparo al que no se llega guiado por meros pruritos ateneístas, sino por la necesidad de regular autónomamente situaciones que son diversas:

a) Por un lado, corresponde examinar la hipótesis de *litispendencia clásica*, aunque *aplicada en el ámbito de los procesos colectivos* (en este caso, ambientales). Es decir, debe analizarse qué solución corresponde dar en los casos de *coexistencia de dos o más pretensiones grupales* sobre una misma cuestión (*litispendencia por identidad*), o en los supuestos de conexidad entre las mismas (*litispendencia por conexidad o acumulación de pretensiones*).

b) Desde otro atalaya, se levanta la dificultad de la *relación entre la acción colectiva y las diversas acciones individuales* que se instauren con causa en cuestiones de hechos y de derecho comunes.

1) Litispendencia colectiva. El registro de procesos colectivos ambientales.

Vayamos al primer grupo de interrogantes: ¿cómo resolver en supuestos de coexistencia de dos o más procesos colectivos idénticos o conexos?

La solución aconsejable en la materia es seguir la misma línea que se adopta para abordar los casos de litispendencia tradicionales, con las adaptaciones pertinentes.

Cuando conviven dos procesos colectivos idénticos (es decir, que comparten sujetos,[44] objeto y causa), debe aplicarse la regla de que la promoción de una acción (colectiva) forma litispendencia frente a las demás incoadas con posterioridad. Por lo que, iniciada una nueva pretensión grupal con el mismo propósito y basada en la misma *ratio petendi* corresponde archivar la segunda (conf. arts. 30, 2° párrafo, ley 25.675; 347, inc. 4] y 354 inc. 3], *in fine*, CPCN).

Lo mismo ocurre en la hipótesis de conexidad de dos o más acciones colectivas iniciadas en distinto tiempo y ante diversos órganos jurisdiccionales (vg., una pretensión de cesación y recomposición ambiental incoada ante los tribunales de uno de los departamentos judiciales en los que el hecho tuvo lugar, y una acción grupal en defensa de los derechos individuales homogéneos de los afectados particulares por dicho obrar ilícito, presentada en otro fuero o circunscripción territorial).

En tal supuesto, al día de la fecha, cabe la aplicación de las reglas generales sobre acumulación de procesos (arts. 188 y ss., CPCN), que imponen la reunión de las causas conexas por su título y/o por su objeto o, en general, siempre que la sentencia

[44] Cabe destacar que cuando diversos procesos colectivos son iniciados por sendos legitimados extraordinarios (vg., una asociación ambiental, el defensor del pueblo y un afectado proponen cada uno una pretensión de remediación del mismo acuífero contaminado por idénticos factores antrópicos), en realidad hay identidad subjetiva en la parte activa, ya que todos ellos accionan en representación del grupo afectado. Por lo que – en definitiva – la circunstancia de que no haya coincidencia entre los peticionantes, no obsta a la identidad subjetiva necesaria para este tipo de litispendencia.

que haya de dictarse en uno de ellos pudiere producir efectos de cosa juzgada en otro u otros. En tal caso, y siempre que se den las condiciones establecidas en los incisos 1) a 4) de dicho precepto adjetivo, la acumulación tendrá lugar sobre el expediente en el que primero se hubiera notificado el traslado de demanda (art. 189, ord. cit.).

Cierto es que las previsiones aludidas deben ser armonizadas con la naturaleza y complejidad de los procesos colectivos, que muchas veces torna dificultoso el cumplimiento del elenco de recaudos previstos en el art. 188, inc. 1) a 4) del CPC,[45] cuestión que puede ser salvada mediante una interpretación dinámica del instituto.

Asimismo, es dable contemplar herramientas adecuadas de información para que tanto las partes como el juez puedan advertir la coexistencia de pretensiones análogas. Uno de estos instrumentos es la creación de un *registro de procesos colectivos* (en este caso, ambientales), al que los operadores podrían recurrir para verificar (previa, concomitantemente o con posterioridad a la iniciación de un litigio grupal), la preexistencia de una causa idéntica o conexa pendiente de resolución.[46]

La elaboración de un instrumento de estas características en nuestro ordenamiento, podría concretarse mediante la introducción de un nuevo artículo en la Ley General Ambiental, con este posible tenor:

> ARTICULO 34 bis. – Créase el Registro de Procesos Colectivos Medioambientales, en el que se deben inscribir todos los procesos colectivos en defensa del medioambiente, iniciados a partir de la fecha de vigencia de la presente ley. El Registro tendrá la organización y funcionamiento que fije el Consejo de la Magistratura.

El Registro debe habilitar un sistema de consultas al público en general, a través de una página de internet que debe ser de acceso fácil, gratuito y contener, como mínimo, un resumen de la cuestión debatida, el texto completo de la demanda, de la sentencia, del acuerdo conciliatorio, de las resoluciones que acepten o rechacen medidas cautelares y toda la información notificada por el juez de la causa.

En la primera providencia dictada en un proceso colectivo, el juez dispondrá la inscripción del mismo en el Registro y recabará informe sobre la existencia de otra acción colectiva pendiente sobre esta cuestión, remitiendo a tales efectos copia de la demanda".

2) Relación entre la acción colectiva y las acciones individuales.

Como fuera adelantado, existe un segundo aspecto de la cuestión que, si bien está asociado al anterior, no se rige por las mismas pautas: *la vinculación procesal entre la acción colectiva y las acciones individuales iniciada sobre una misma temática.*

El problema se presenta, por ejemplo, frente a la interposición de una demanda grupal destinada a la defensa concentrada de prerrogativas de contenido indivisible (por ejemplo, cesación y recomposición de un curso de agua contaminado) y, en

[45] V. el interesante análisis formulado por MAURINO, Gustavo – NINO, Ezequiel – SIGAL, Martín, *Las acciones colectivas*, Lexis Nexis, 2005, p. 222-225, respecto de las particularidades de este tipo de litigios que hacen que las herramientas que provee el CPCCN para aventar el riesgo de sentencias contradictorias, sean insuficientes.

[46] V. la defensa de este mecanismo de información formulada por EUGUREN, Carolina, "La cosa juzgada colectiva y los mecanismos complementarios protectivos de la garantía de defensa en juicio. La creación de un sistema de registración de los procesos colectivos" ponencia presentada en el XXIII Congreso Nacional de Derecho Procesal, Mendoza, 2005; *íd.*, "La 'cosa juzgada' en el proceso colectivo", en OTEIZA, Eduardo (coord.) *Procesos colectivos*, ob. cit., esp. p. 429-434

paralelo, la iniciación de diversos procesos en los que se persigue la reparación patrimonial a título individual. El fenómeno se ha hecho patente, para citar sólo un ejemplo, en el conocido caso de la remediación de la cuenca hídrica Matanza-Riachuelo, que diera lugar al comentado precedente de la CSJN *in re* "Mendoza" (en el que se abordó la pretensión vinculada con los derechos difusos de los habitantes de la zona a sanear el río y sus adyacencias)[47] y a diversas pretensiones individuales que, desde el inicio de aquellas actuaciones, dicho Alto Cuerpo ordenó tramitar ante los tribunales ordinarios, para no desbordar sus estrados con los centenares de miles de litigios en los que se reclame la indemnización del los perjuicios sufridos a título singular.[48]

En tales condiciones, técnicamente, no existe relación de litispendencia entre la pretensión colectiva y los reclamos individuales:[49] ni las partes involucradas son las mismas (en el primer caso es el grupo – representado "atípicamente" por un legitimado extraordinario –, en el segundo es la persona afectada litigando por su propio interés), ni el objeto de tutela coincide (v. el ejemplo apuntado en el párrafo anterior), ni – muchas veces – la causa es idéntica (en ciertas circunstancias los hechos relevantes debatidos en una acción grupal – vg., cesación de una actividad contaminante por acarrear un riesgo inminente a la salud de los vecinos de la zona – pueden diferir de los que tornan procedente el reclamo indemnizatorio – vg., aplicación de cosas riesgosas en la producción, responsabilidad objetiva art. 1113 del CC, responsabilidad del Estado por actividad ilícita o incluso lícita, etc.).

Sin perjuicio de esa ausencia de litispendencia clásica, cierto es que de todos modos el legislador podría prever una solución diversa, concentrando en la competencia de un mismo tribunal, la totalidad de las pretensiones que tengan que ver con una problemática determinada e incluso impidiendo la continuación de los trámites individuales hasta que no se ponga fin al proceso colectivo.

Ahora bien, la amplia extensión territorial que frecuentemente caracteriza a esta clase de lesiones, provocaría que el enjuiciamiento concentrado de todas las acciones individuales en un solo cuerpo jurisdiccional (o incluso la suspensión automática de su prosecución), terminen estorbando el acceso de cada afectado a reclamar por

---

[47] V. CSN, causa M.1569.XL, "Mendoza, Beatriz S. y otros v. Estado Nacional y otros s/daños y perjuicios (daños derivados de la contaminación ambiental del río Matanza-Riachuelo)", sent. del 8-VII-2008, comentada por numerosos autores, entre otros: Morello, Augusto M., "Los 'megaprocesos'. Contaminación del Riachuelo. Novedades" en *JA*, suplemento especial del 24-XII-2008; v. en la misma publicación, los comentarios de Valls, Mario F., "La enseñanza de un fallo histórico: contaminación de la cuenca Matanza-Riachuelo"; Camps, Carlos E., "Aspectos destacables de la causa 'Mendoza': más pautas de la Corte Suprema de Justicia de la Nación para el trámite de procesos colectivos"; Cafferatta, Néstor A., "Derecho Ambiental. Jurisprudencia de la Corte" (v. del mismo autor "Sentencia colectiva ambiental en el caso riachuelo", en *JA* 2008-III-68); Pastorino, Leonardo F., "Caso 'Matanza-Riachuelo': la descontaminación de las ideas respecto del daño al ambiente"; Faggi, Emilio S., "La sentencia ambiental y su ejecución. Pautas según 'Mendoza' de la Corte Suprema de Justicia de la Nación"; García Torres, Mariana, "Nuevo round hacia el saneamiento de la cuenca Matanza-Riachuelo"; Novelli, Mariano H., "La sentencia de la Corte Suprema en el caso 'Mendoza', un paradigma para el Derecho Ambiental del porvenir"; Rodríguez, Carlos A., "La causa 'Mendoza' y la instrumentación del nuevo paradigma ambiental"; Sola, Juan Vicente, "La Corte Suprema y el Riachuelo", en *LL* 2008-E-117.

[48] CSN, causa M.1569.XL, "Mendoza", sent. del sent. de 20-VI-2006; "Fallos" 329:2316; *LL* 2006-D-281, con nota de Sabsay, Daniel Alberto, "La Corte Suprema de Justicia de la Nación y la sustentabilidad de la cuenca Matanza Riachuelo"; v. asimismo anotación de Gil Domínguez, Andrés, "El caso 'Mendoza': hacia la construcción pretoriana de una teoría de los derechos colectivos", en *LL Suplemento Constitucional*, agosto-2006, p. 31; *JA*, 2006-II-304, con nota de Morello, Augusto M., "Aperturas y contenciones de la Corte Suprema de Justicia de la Nación"; v. asimismo, Giannini, Leandro, *La tutela colectiva de derechos individuales homogéneos*, ob. cit. p. 295.301.

[49] V., en el tal sentido, Gidi, Antonio, "Litispendencia en acciones colectivas", en Gidi – Ferrer Mac Gregor (coord.), *La tutela de los derechos difusos, colectivos e individuales homogéneos* ..., ob. cit.. p 315.

los daños sufridos en su esfera propia de interés (vg., gastos de tratamiento por los padecimientos en la salud, daños en el patrimonio, daño moral por la alteración de la tranquilidad y bienestar espiritual, etc.).

Por ello, la *disyuntiva* de quien proyecta una reforma en esta materia impone inicialmente tomar partido entre dos soluciones posibles: i) privilegiar la *economía y concentración de todo el debate* en un solo tribunal (cesación de la conducta ilícita, recomposición del bien colectivo alterado – v.g., medio ambiente – y reparación de los daños individuales), o ii) *permitir el acceso directo de los reclamos formulados a título particular*, tramitando según las reglas generales y sin verse obstaculizados por la existencia de una acción colectiva.

En el estado actual de la evolución de los litigios grupales en nuestro país, consideramos que *una salida intermedia es posible*.

Inicialmente la segunda alternativa marca el rumbo: la acción colectiva no hace litispendencia respecto de las pretensiones individuales, por lo que éstas pueden ser promovidas por su titular en la jurisdicción correspondiente.

Sin embargo, es conveniente introducir una herramienta para impedir la multiplicación innecesaria de causas, sin merma del derecho de cada afectado de tener su "día en la corte". Este mecanismo se aproxima al *opt out* norteamericano, al que ya hemos hecho referencia (es decir, la posibilidad de autoexcluirse del proceso grupal y continuar el reclamo a título personal).

La propuesta concreta de regulación en esta materia demandaría la introducción de previsiones específicas en el texto de la ley 25.675, en estos términos:

> ARTICULO 30 ter. – La promoción de un proceso colectivo no impide la iniciación de acciones individuales fundadas en la misma causa. Sin embargo, con posterioridad a la traba de la litis y antes de la apertura a prueba, el juez verificará de oficio o ante la alegación de cualquiera de las partes, la existencia de un proceso colectivo pendiente que se encuentre inscripto en el Registro previsto en el artículo 34 bis.

En caso afirmativo, correrá traslado a la actora, para que exprese su voluntad de continuar la acción individual, excluyéndose en tal caso de las resultas del proceso colectivo. Si nada expresara o manifestara su voluntad de incluirse, la acción individual quedará suspendida hasta la culminación del proceso colectivo, rigiéndose en este caso los efectos de la sentencia definitiva, por las pautas contempladas en el art. 33".

Así, en caso haberse iniciado una demanda a titulo particular desconociendo la existencia del proceso colectivo, el peticionante será informado de dicha circunstancia y tendrá la posibilidad de seguir su reclamo autónomamente (*opt out*), supuesto en el cual no se verá beneficiado por los efectos expansivos de una eventual sentencia favorable obtenida en la acción grupal.

Ahora bien, en la hipótesis contraria (es decir, en caso de guardar silencio o decidir quedar a las resultas del trámite colectivo), las actuaciones por él iniciadas quedarán suspendidas hasta el dictado de la sentencia grupal que: i) en caso de ser favorable, repercutirá automáticamente en su esfera de interés, posibilitándole la liquidación directa de su acreencia de conformidad con el daño sufrido y la relación de causalidad con el obrar lesivo general; y ii) en el supuesto de ser desfavorable, permitirá la continuación de la pretensión individual suspendida, para lograr dicho resarcimiento (conf. lo veremos *infra*, al analizar la propuesta de regulación de los alcances de la cosa juzgada, cap. VI.2).

De este modo, como admitir expresa o tácitamente la suspensión de su reclamo no le ocasionaría al afectado individual riesgo alguno[50] (más allá del tiempo que deberá esperar para obtener su resarcimiento), se fomenta la concentración de los reclamos por una vía indirecta y no impuesta.

3) Interrupción de la prescripción.

a) Otro aspecto atinente a la relación entre las dos vías de remediación aludidas (es decir, la acción colectiva y las pretensiones individuales), es la determinación de los efectos interruptivos de la primera respecto de estas últimas.

Creemos que no caben dudas acerca de dicha derivación (art. 3986, Cód. Civ.), cuando la acción grupal tiene por objeto la defensa de los derechos individuales homogéneos. En tal caso, la demanda del legitimado extraordinario, al peticionar la reparación de lesiones particulares atadas por un origen común, indudablemente incorpora en su seno al reclamo de cada afectado. O en otras palabras, este reclamo queda subsumido en el formulado a título general.

Por ello, en esta hipótesis (tutela de los derechos individuales homogéneos) la previsión específica del efecto interruptivo de la acción grupal respecto de las individuales sería innecesario, aunque no está mal dejarlo aclarado para despejar problemas interpretativos.

b) Distinto es lo que ocurre cuando la demanda colectiva versa sobre derechos de objeto indivisible o difusos *stricto sensu* (vg., recomposición ambiental, cesación de determinada actividad, etc.), ya que en tales supuestos la pretensión no contiene el pedido de reparación de los daños ocasionados a la masa afectada, por lo que no se produce el fenómeno de "continencia" antes descripto.

En estos casos, por ende, es dable prever expresamente la operatividad del instituto previsto en el art. 3986 del ordenamiento civil en la materia, de modo tal que, cuando la sentencia grupal en defensa de derechos difusos sea acogida, no pueda impedirse la liquidación particular del daño (v. *infra*, propuesta de reforma al art. 33, 3º párrafo de la LGA) alegándose la extinción del crédito por el transcurso del tiempo que insumió el litigio colectivo.

En síntesis, se postula la incorporación expresa, en el texto del citado cuerpo normativo, del efecto interruptivo de la demanda colectiva respecto de las acciones individuales, en estos términos:

ARTICULO 30 ter. – [Relación entre la acción colectiva y las acciones individuales]

[...] (omisis)

La interposición de la acción colectiva interrumpe la prescripción de las acciones individuales".

VI. Efectos de la sentencia: Fases de la condena. Alcances de la cosa juzgada

En lo relativo a la regulación de los efectos de la sentencia, corresponde dividir el análisis en dos partes. En primer lugar, serán abordadas las consecuencias del pronunciamiento respecto de la pretensión incoada, específicamente en lo que hace a la

[50] Ya que – como vimos – la derrota del litigante colectivo no impediría que reedite el debate detenido a la espera del decisorio grupal.

posibilidad de escisión de la condena en tres fases: condena genérica, liquidación y ejecución, según está previsto en la propuesta de reformas analizada.

En segundo lugar, examinaremos la clásica cuestión de los alcances de la cosa juzgada en los procesos colectivos, deteniéndonos en los motivos que tornan plausible el sistema de vinculatoriedad proyectado, en el actual estado del desarrollo de los litigios grupales en nuestro país.

1) Fases de la condena. Condena genérica. Liquidación.

La de impedir la obstaculización del proceso colectivo con planteos que hacen a la situación individual de los miembros de la clase, es una intención palpable en todos los sistemas de enjuiciamiento grupal.[51]

Específicamente, por la facilidad con que estas intromisiones particulares se pueden presentar en materia de intereses individuales homogéneos (y, en especial, en lo relativo a la reparación de daños masivos y dispersos), se hace necesario contemplar expresas previsiones al respecto.

Uno de dichas herramientas de "saneamiento" es la posibilidad de escisión del pronunciamiento condenatorio grupal en fases.[52] Esta separación tiene por objeto el avance progresivo del juicio sobre etapas sólidamente asentadas, cerrando el debate acerca de la determinación del *an debeatur* a partir del dictado de un primer decisorio (condena genérica), para después poder ingresar en los matices de cada situación particular (alcances de los daños sufridos y relación de causalidad de los mismos con el obrar ilícito descripto en el fallo inicial). En el debate que se desarrolla dentro de dicha serie de incidencias acerca de las repercusiones particulares de la actividad lesiva, obviamente, no es posible volver sobre tópicos resueltos en el trámite principal (como –por ejemplo – la licitud de la conducta del accionado), ya que dichas cuestiones precluyen con el dictado de la condena genérica.[53]

Sin perjuicio de ello, nada impide que, siendo posible recabar, en el transcurso del proceso, elementos de juicio suficientes para obtener una decisión final acerca de la totalidad de los presupuestos de la responsabilidad, el debate comprenda también al *quantum debeatur*, ya que *la técnica de división del debate sobre la responsabilidad en fases no es obligatoria. Constituye sólo una herramienta a la que se puede acudir cuando su utilización conlleve a una mejor administración del litigio.*

b) Ahora bien, en caso de que la explicada división del debate en segmentos se formalice y se arribe a una condena genérica, corresponde abrir una segunda fase

---

[51] V. Berizonce, Roberto O. – Giannini, Leandro J., "La acción colectiva reparadora de los daños individualmente sufridos en el anteproyecto iberoamericano de procesos colectivos", cit., p. 78 y ss, especialmente ap. 5.1; también publicado en Berizonce, Roberto O., *El proceso civil en transformación*, Platense, 2008, p. 457-482 (v. esp. p. 465); Giannini, Leandro, *La tutela colectiva de los derechos individuales homogéneos*, ob. cit., p.179-192.

[52] Existen otras herramientas apoyadas en la misma télesis (evitar que el proceso colectivo se vea "contaminado" por incidencias sobre aspectos particulares de cada interesado), a las que los jueces podrían recurrir en ejercicio de sus potestades de dirección del trámite (arts. 32, ley 25.675; 34, inc. 5 y 36, CPCN), como –por ejemplo – la de "redefinir" el o los grupos incluidos en la pretensión de modo de facilitar el debate por categorías de afectado (v. el análisis del funcionamiento de esta herramienta en los Estados Unidos, en la última de las obras citadas en la nota al pie anterior, p. 105-106) o la de impedir que los terceros intervinientes en el proceso colectivo incorporen pretensiones individuales en su presentación.

[53] En el Código Modelo de Procesos Colectivos para Iberoamérica encontramos regulado el instituto. Así, dispone el art. 22 de dicho cuerpo –ubicado en el capítulo destinado a la defensa de los intereses individuales homogéneos-, que: "En caso de procedencia del pedido, la condena será genérica, fijando la responsabilidad del demandado por los daños causados y el deber de indemnizar."

de conocimiento: la *liquidación* del crédito correspondiente a cada afectado a consecuencia de la conducta ilícita del accionado y, en su caso, la *ejecución* de la obligación incumplida.

Dada la frecuente dispersión territorial de los daños ocasionados en esta materia, resulta conveniente autorizar a que la determinación de los alcances individuales de la lesión producida tenga lugar ante el juez del lugar en el que la afectación se produce. De este modo, se remueve el obstáculo que, para el acceso al servicio de justicia, implica la distancia (muchas veces considerable) entre el lugar en el que tramitó el juicio principal y aquél en el que llegaron las repercusiones del obrar reprochado.

c) Cabe agregar un comentario respecto de la posibilidad de un *fluid recovery*, en los procesos destinados a la defensa de derechos individuales homogéneos.

Al analizar el Fondo de Compensación Mediambiental destacamos que una de las principales funciones del mismo es permitir que en los supuestos de tutela de daños masivos de escasa cuantía *per cápita*, la lesión infringida no permanezca impune y revierta en beneficios hacia la comunidad.

En efecto, en esta variante de enjuiciamiento colectivo, en los que el monto del resarcimiento a cada uno de los afectados torna poco viable el reclamo a título individual, es probable que sólo una minoría de los damnificados liquiden y hagan efectiva su acreencia, lo que garantizaría un amplio margen de impunidad al obrar ilícito del agente contaminente y un impulso hacia una nueva comisión de este tipo de daños.

Al prever la existencia de un patrimonio especial en el que deban ser depositadas las indemnizaciones no reclamadas en un plazo razonable por sus acreedores directos, se garantiza que en ningún caso la lesión al medio ambiente quede impune y, a la par, se trasvasa ese enriquecimiento que indirectamente genera a quien contamina la ausencia de reclamación oportuna, colocándolo a disposición de la defensa de los recursos naturales.

Por ello es que el proyecto de reformas analizado (siguiendo las aguas del Código Modelo iberoamericano) permite que, transcurrido un lapso prudencial sin la aparición de interesados en número compatible con la gravedad del daño, se promueva *liquidación colectiva* a través de los legitimados para promover la acción grupal, revirtiendo el producto de la indemnización en el Fondo de Compensación del art. 34 de la LGA.

2) Alcances de la cosa juzgada.

a) Como fuera anticipado, el problema de la *res judicata* es uno de los aspectos más relevantes a la hora de penetrar en la problemática de los procesos colectivos. Así fue advertido desde antaño por quienes se abrieron al estudio de tal moderno mecanismo de enjuiciamiento.

La característica fundamental de este tipo de procesos, reiteramos, recae en la actuación de un sujeto (público o privado, de existencia real o ideal) en defensa de prerrogativas que no le pertenecen exclusivamente (vg., en materia ambiental, la acción de cesación de la actividad contaminante y recomposición del ecosistema alterado, promovida por un habitante de la zona) o que directamente le son absolutamente ajenas (vg., la pretensión colectiva de resarcimiento de los perjuicios individuales homogéneos ocasionados por dicha conducta ilícita, incoada por el Defensor del Pueblo o por una asociación medioambiental, en beneficio del grupo afectado).

De este modo, como fuera precisado al analizar la problemática de la representatividad adecuada (v. *supra*, parágrafo II), la actuación procesal de la parte que interviene en el proceso repercutirá en el grupo afectado, sin que sus integrantes participen de la litis o incluso desconociendo que ella existe. Es allí donde comienza a plantearse la cuestión de los alcances subjetivos de la cosa juzgada en los procesos colectivos, de modo de armonizar este instituto con la garantía del debido proceso de los afectados ausentes en la controversia, en lo que constituye un "delicado mecanismo de relojería", como lo expresara Morello.[54]

En efecto, la regulación de los alcances de la *res judicata* en esta clase de litigios importa siempre la búsqueda de una solución armónica que permita equilibrar los dos objetivos que tradicionalmente se hallan en pugna en esta materia: por un lado, la necesidad de concentrar el enjuiciamiento de pleitos colectivos o seriados, a través de la extensión vinculante de la sentencia al grupo afectado por una misma problemática; y, por el otro, la exigencia de preservar la garantía del debido proceso, reconociendo –en determinadas circunstancias – la posibilidad de debatir nuevamente el asunto.

b) La expresada en el párrafo anterior es la principal preocupación que al día de hoy subsiste en la ciencia procesal respecto de la temática de la cosa juzgada en los procesos colectivos.

Sin embargo, un reparo que en algunas oportunidades se alza cuando se discurre acerca de la implementación de este tipo de trámites en nuestro país, es el de la salvaguarda de la división de poderes frente a la actuación de la judicatura mediante un dispositivo sentencial de alcances generales como el que pone fin a este tipo de acciones. Muchas veces, un mandato de estas características es prácticamente asimilable en sus efectos a los que caracterizan a los actos legislativos, por lo que no es raro encontrar en algunos operadores cierto temor a que el reconocimiento amplio y generalizado de esta herramienta termine impulsando el tan temido "gobierno de los jueces".

Hemos analizado este dilema con anterioridad, descartando el reparo aludido, lugar al que remitimos en honor a la brevedad.[55]

A lo que dijimos en dicha oportunidad cabe agregar ahora que el "problema" de la legitimidad constitucional o republicana de sentencias que posean "efectos generales" o "*erga omnes*" está agotado desde el mismo momento en que los mecanismos de defensa grupales han sido reconocidos en la Constitución (art. 43, 2° párrafo Const. Nac.).

Si la Ley Suprema autoriza a ciertos sujetos (el Defensor del Pueblo, las asociaciones que propendan a tales fines y a los afectados) para procurar judicialmente la defensa de derechos de incidencia colectiva, es obvio que el mandato que pone fin al proceso así iniciado tendrá repercusión "*ultra partes*" (es decir, más allá de quienes formalmente promovieron la demanda). Sería absurdo otorgar legitimación procesal a una institución como, por ejemplo, el Defensor del Pueblo para que defienda a usuarios pluralmente afectados por las prestatarias de servicios públicos, y que al final del proceso obtenga un mandato que sólo a él lo beneficie. Es obvio que al admitir

[54] Morello, Augusto M., "Los procesos colectivos (el Anteproyecto para Iberoamérica de los colegas brasileños)", en *La tutela de los derechos difusos* ..., ob. cit., p. 336)

[55] V. Giannini, Leandro J., *La tutela colectiva de derechos individuales homogéneos*, ob. cit., p. 72-76.

la legitimación colectiva, la Carta Magna no sólo otorgó a ciertas personas e instituciones una atribución procesal para estar en juicio, sino que, como contrapartida necesaria, confirió a la judicatura un dispositivo sentencial de alcances generales que permita satisfacer la pretensión que aquellos legitimados le proponen.

Aun cuando se entienda que se trata de funciones atípicas en cabeza de los jueces de acuerdo al balance tradicional que caracterizaba a los poderes constituidos en nuestro país, no sería sino otro supuesto de ejercicio de misiones de cualidades compartidas por parte de los poderes constituidos. Así como desde sus orígenes la Constitución había reconocido en el Senado la aptitud de juzgar ciertas conductas (vg., juicio político, función materialmente jurisdiccional a cargo de un cuerpo legislativo), dictando así normas individuales que ponen fin a una controversia de derecho (por más que se califique a dicha atribución como "política"), del mismo modo puede reconocer en el Poder Judicial la aptitud para dictar sentencias que pongan fin a una controversia plurisbjetiva con carácter general o *erga omnes*.

Es por ello que el hecho de que una sentencia tenga alcances generales en modo alguno implica alterar el sistema de separación de poderes, ya que no es de la esencia del Poder Judicial tratar los conflictos de un modo aislado y disfuncional. Siempre que exista un "caso" (art. 116, Const. Nac.), es decir, un conflicto efectivo de intereses, corresponde a la jurisdicción dirimirlo. Y si esa controversia involucra a una pluralidad relevante de personas y las características de la lesión tornan imposible constituir entre ellas un ltisconsorcio haciendo plausible el tratamiento concentrado de la cuestión, estaremos ante un "caso colectivo" y no ante una invasión del Poder Judicial en la órbita parlamentaria. ¿O acaso podemos sostener que cuando cien mil sentencias en cien mil litigios individuales condenan al Estado o a un grupo de empresas a reparar una lesión ocasionada masivamente, el sistema republicano es respetado, mientras que tal postulado cardinal se ve alterado cuando esa multiplicidad de casos idénticos son enjuiciados concentradamente, por el sólo hecho de que la sentencia tenga "alcances generales"?[56]

c) Retomando entonces la línea de análisis iniciada en el apartado a), recordemos brevemente los dos grandes sistemas que muestra el derecho comparado para re-

[56] Sorprende por ello la reciente utilización de este argumento de la "alteración del principio de separación de poderes" como *ratio* para obstaculizar el reconocimiento de los alcances expansivos de la sentencia que pone fin a un proceso colectivo, llevada a cabo en la Provincia de Buenos Aires a través del Dec. 3344/08, del 29-XII-2008. A través de dicho decreto, el Poder Ejecutivo Provincial observó el art. 15 de la nueva ley de amparo 13.928 (B.O.P.: 11-II-2009), que regulaba los efectos de la sentencia que pone fin al amparo colectivo. En los fundamentos del veto se expresa: "Que en similar orden de ideas el segundo párrafo del artículo 15 prevé que 'en los procesos colectivos, la sentencia alcanza a todo el grupo de afectados, y será oponible al vencido en beneficio de quienes, a pesar de no haber intervenido en el juicio, compartan la situación jurídica o de hecho con los que interpusieron la acción. En caso de rechazo de la acción, cualquier legitimado que no haya intervenido en el proceso, puede intentar otra acción con idéntico objeto, si se valiera de nueva prueba y se encontrare dentro del plazo establecido para interponer la acción'". "Que la normativa proyectada implica *otorgar efectos 'erga omnes' a la sentencia que recaiga en el amparo colectivo dando de tal modo al pronunciamiento judicial carácter legislativo, conculcando el principio republicano de división de los poderes*" (el resaltado nos pertenece). Lo expresado en el texto, así como en la obra citada en la nota al pie anterior, es suficiente para descartar los fundamentos utilizados por el Poder Ejecutivo en la norma aludida (v. asimismo Verbic, Francisco, "El proceso colectivo en la nueva ley de amparo de la Provincia de Buenos Aires. Falta de visión sistémica y un oportuno veto parcial del Poder Ejecutivo", inédito, criticando agudamente los argumentos introducidos en el Dec. 3344/08 para vetar el art. 15 de la ley 13.928). A lo que cabe añadir la total inoperancia del veto en cuestión para lograr la finalidad deseada (es decir, impedir que los efectos de la sentencia en esta clase de procesos se expandan '*ultra partes*'), ya que teniendo el amparo colectivo rango constitucional, los efectos extensivos de la decisión judicial en esta materia no dependen del reconocimiento del legislador, aunque puedan ser razonablemente reglamentados los alcances de dicha propagación de la cosa juzgada.

mediar las posibles alteraciones de la garantía del debido proceso que se producirían ante una extensión *erga omnes* automática e ilimitada de los efectos de la sentencia colectiva, en perjuicio de los afectados que no formaron parte de la litis.

¿Cómo han hecho los cuerpos normativos más reconocidos en esta materia, para compatibilizar aquellos dos objetivos en pugna a los que nos hemos referido *supra* (ap. a]), es decir, la aspiración de concentración mediante una sentencia extensiva y vinculante por un lado, y, por el otro, la preservación del *due process of law*, reconociendo en alguna medida la posibilidad de accionar nuevamente el asunto?

En el modelo de las *class actions* norteamericanas, el balance parece inicialmente inclinado hacia la búsqueda de la celeridad, eficiencia y concentración del proceso colectivo, procurando que, en lo posible, el litigio sobre las cuestiones comunes se definan por única vez, con carácter inmutable, independientemente del resultado de la litis.

En efecto, la vinculatoriedad de la decisión final del pleito se extiende en dicho sistema a favor y en contra de los miembros de la clase, razón por la cual el legislador ha previsto determinadas herramientas tendientes a impedir que alguien se vea privado de sus derechos sin la concurrencia de su voluntad. Entre ellas, el sistema de notificación de los miembros ausentes del grupo,[57] el derecho – en determinado tipo de acciones – al *opt out*[58] y el estudio de la representatividad adecuada, al que ya nos hemos referido.

Aun así, recordemos que la jurisprudencia norteamericana se ha encargado de desarrollar mecanismos destinados a atemperar el rigor de dicha definición legal, que -en principio – impediría a cualquier miembro del grupo reeditar el debate sobre aspectos que ya han sido tratados en una acción de clase.

En efecto, por regla, una vez agotado el proceso, en el que el juez analizó la representatividad del *named plaintiff*, dispuso los mecanismos de notificación más adecuados a las circunstancias del caso para anoticiar a los restantes integrantes de la clase afectada, y acordó a quienes quisieran la posibilidad de optar por seguir su propia suerte (con independencia del litigio colectivo), nadie podría pretender la revisión de una sentencia desfavorable al grupo.

Sin embargo, aun frente a este marco aparentemente rígido de vinculatoriedad plena, se ha admitido pretorianamente el ataque colateral (*collateral attack*) de la sentencia dictada en el proceso inicial, mediante la demostración en concreto de la ausencia de representatividad adecuada del grupo en dicho litigio original, de modo de obtener una nueva oportunidad de llevar la controversia a los estrados judiciales.

El segundo sistema es el adoptado en el CDC brasileño y en el Código Modelo de Procesos Colectivos para Iberoamérica.[59]

---

[57] "*... best notice practicable under circumstances*" –la mejor notificación practicable según las circunstancias – (Regla Federal 23, c.2])

[58] "*the judgment, whether favorable or not, will include all members who do not request exclusion*" –la sentencia, sea o no favorable, incluirá a todos los miembros que no requieran exclusión – (Regla Federal 23, c.2.B])

[59] "*Art. 33. Cosa juzgada.* En los procesos colectivos de que trata este Código, la sentencia hará cosa juzgada *erga omnes*, excepto cuando la pretensión fuere rechazada por insuficiencia de pruebas, caso en el cual cualquier legitimado podrá intentar otra acción, con idéntico fundamento, si se valiere de nueva prueba. Par. 1°. Asimismo, en la hipótesis de rechazo basado en las pruebas producidas, cualquier legitimado podrá intentar otra acción, con idéntico fundamento, en el plazo de 2 (dos) años contados desde el conocimiento de nueva prueba superveniente, que no

Las líneas directrices de este sistema, en lo que hace a la posibilidad de reedición de lo ya juzgado en otro proceso, serían las siguientes:

(i) *Tutela colectiva de derechos de naturaleza divisible (individuales homogéneos) o indivisible (difusos y colectivos)*: la sentencia, como regla, causa efectos *erga omnes*, salvo que la misma disponga el rechazo de la pretensión por insuficiencia de pruebas (mecanismo análogo al de la LGA). En tal hipótesis, "cualquier legitimado podrá intentar otra acción, con idéntico fundamento, valiéndose de nueva prueba" (art. 30, CM).

(ii) Sólo para *tutela de intereses de naturaleza divisible (individuales homogéneos)*: repercusión "*in utilibus*" de la decisión que acoge la pretensión, en favor de los restantes miembros del grupo. En caso de rechazo de la acción, no podrá reeditarse la cuestión colectivamente, pero cada lesionado podrá perseguir a título individual la satisfacción de su interés (extensión de los alcances personales del dispositivo sentencial *secundum eventum litis*).

En este último supuesto no resulta necesario demostrar que la representación en el juicio anterior no fue adecuada.[60] Los particulares pueden demandar libremente a título colectivo o individual (según se trate del supuesto i) o ii) respectivamente) pese al rechazo de la pretensión grupal.

En la primera hipótesis (v. *supra*, "(i)"), pese a que –como vimos – las restricciones al replanteo son mayores, tampoco es imprescindible la demostración de la vulneración del requisito del art. 2, párr. 2° del CM. Si bien sólo podrá reeditarse la cuestión (por cualquier legitimado) cuando la demanda fue rechazada por insuficiencia probatoria, no será necesaria la demostración especial de la ausencia de representatividad en el pleito anterior. Puede afirmarse de este modo que el sistema "presume" este defecto ante la mera existencia de una resolución desfavorable por falta de evidencia.

De lo expresado, puede advertirse una diferencia sustancial entre ambos mecanismos (el de las *class actions* norteamericanas, por un lado y el brasileño – iberoamericano por el otro).

En el primero, la sentencia se extiende a todo el grupo, sea que la solución final haya resultado favorable o desfavorable al grupo, y sin que la ley haya determinado excepciones a dicha regla. Sin embargo, la jurisprudencia condiciona la claridad de dicha solución, entendiendo que puede replantearse el asunto si se demostrara que la

hubiera podido ser producida en el proceso, siempre que ella sea idónea, por sí sola, para modificar el resultado del proceso. Par. 2º – Tratándose de intereses o derechos individuales homogéneos, en caso de rechazo de la pretensión, los interesados podrán deducir la acción de indemnización a título individual. Par. 3º. Los efectos de la cosa juzgada en los procesos de tutela de intereses o derechos difusos, no perjudicarán las acciones de indemnización por daños personalmente sufridos, propuestas individualmente o en la forma prevista en este Código, pero si hubiera sido declarado procedente el pedido, tales efectos beneficiarán a las víctimas y a sus sucesores quienes podrán solicitar la liquidación y la ejecución en los términos de los artículos 22 a 24. Par. 4º. Lo dispuesto en el parágrafo anterior, es aplicable a la sentencia penal condenatoria. Par. 5º. La competencia territorial del órgano juzgador no implicará una limitación para la cosa juzgada *erga omnes*".

[60] V. Gidi, A., *Class actions in Brazil* ..., cit., p. 391, comparando el sistema limítrofe con el criterio sentado por la Suprema Corte estadounidense *in re* "*Cooper v. Federal Reserve Bank of Richmond*" (467 U.S. 867 -1984-) en cuanto a la necesidad de prueba de patrones individuales de discriminación por parte de miembro ausente, para evadir los efectos vinculantes de la sentencia dictada en una acción de clase rechazada por ausencia de acreditación de discriminación basada en patrones generales o colectivos.

actuación del representante en la defensa de los intereses de la no fue lo suficientemente vigorosa.

En el segundo instrumento (CDC brasileño – Código Modelo Iberoamericano), el legislador identificó una hipótesis general de "ausencia de representatividad adecuada", como es la insuficiencia probatoria, y la elevó como causal tarifada de revisión del decisorio colectivo en todos los casos.

Asimismo, restringió con carácter general los alcances de la sentencia colectiva desestimatoria respecto de las acciones individuales, con independencia de que la actuación del litigante grupal haya sido o no enérgica. Por lo que, por ejemplo, aun frente al rechazo de una pretensión de cesación y recomposición ambiental incoada por una Asociación, el Defensor del Pueblo o un afectado, cada lesionado puede incoar directamente un reclamo de resarcimiento de los perjuicios particularmente sufridos (vg., en su salud, en su propiedad, etc.) por la actividad que en el primer proceso fue considerada lícita.

3) Propuesta de reforma

Nos encontramos sin dudas ante el nudo gordiano de los proceso colectivos, cuya dilucidación, como fuera adelantado, impacta directamente sobre la valoración de la eficacia de la herramienta y en su validez a la luz de la garantía del debido proceso.

No es éste el lugar para agotar la temática en cuestión, ya que el punto desbordaría la finalidad del trabajo. Sin embargo, es posible trazar algunas líneas para sentar las bases que justifican la adopción de la solución proyectada.

El sistema conocido como "*secundum eventum litis*", según el cual la sentencia colectiva sólo se extiende al grupo cuando su representante triunfa ya era criticada por la doctrina clásica.[61] Sin embargo, como fuera explicado, el criterio se mantiene vigente en Brasil[62] y es receptado ahora en el Código Modelo iberoamericano, aunque sólo en lo que hace a la incidencia de la decisión grupal para las acciones individuales.

El principio así acogido, en realidad, supone una tácita desconfianza hacia el régimen de control de la representatividad adecuada del legitimado extraordinario. Como dijimos, en el sistema anglosajón de las *class actions*, la convicción en la capacidad de los jueces para fiscalizar la adecuada representación de los intereses de la clase, durante todo el transcurso del proceso, funciona como uno de los fundamentos sustanciales de la oponibilidad *erga omnes* de los efectos de la sentencia. De este

[61] Ya en 1974, en el marco del congreso que sobre la materia se celebrara en Pavía, Cappelletti censuraba la solución, que sometía a la contraparte a molestias injustificadas, dado que los ausentes gozaban de representación adecuada en el juicio (v. *Appunti sulla tutela giurisdizionale di interesi coletivi o difusi*, en *Formazioni sociali e interessi di grupo davanti alla guistizia civile,* Riv. Dir. Proc., 1975). En el mismo sentido, Vigoriti, Vicenzo, *Interessi collettivi e processo (La legittimazione ad agire)*, Giuffré, Milano, 1979; Castro Mendes, Alusio Goncalves, *Ações colectivas no direito comparado e nacional*, ob. cit., p. 271. Éste último sostiene que la solución del Código brasileño de defensa del consumidor genera mayor inseguridad jurídica, aumento del número de causas y tratamiento anti-isonómico para las partes.

[62] Véase la defensa que Ada Pellegrini Grinover formula respecto del sistema, en réplica de las posturas clásicas contrarias a la *res judicata secundum eventum litis*, en *Código Brasileiro de Defensa do Consumidor comentado pelos autores do anteprojeto*, Forense Universitaria, Río de Janeiro, 7° ed., 2001, p. 836 y ss.. Asimismo, una defensa del sistema de la cosa juzgada *in utilibus*, en Gidi, Antonio, *Coisa julgada e litispendencia em ações coletivas*, São Paulo, Saravia, 1995, p. 67 y ss.; *íd.*, *A class action como instrumento de tutela coletiva dos direitos*, ob. cit., p. 282-291.

modo, el *due process of law* de quienes no han intervenido en el litigio y sin embargo se ven privados, en el futuro, de interponer una nueva acción (sea a título individual o colectivo) con idéntico objeto, se encuentra salvaguardado por la razón de que quien acudió a promover la acción en interés de la clase, actuó en juicio con la pericia que las circunstancias razonablemente exigían. En definitiva, el hecho de encontrarse la actuación del "representante" a la altura de los acontecimientos, marca la pauta que el legitimado individual no hubiera podido conseguir un mejor resultado.

Cabe aspirar a que la consolidación paulatina y prudente de la cultura de las acciones colectivas permita, en un futuro próximo, arribar a este criterio. Si la calidad y organización del sistema jurisdiccional de un país no puede garantizar que sus jueces controlen la representatividad adecuada de los litigantes colectivos, no exhibe, entonces, las condiciones suficientes para receptar en su seno a los procesos colectivos. Y si, por el contrario, el sistema asegura el adecuado contralor de este recaudo, no se justificaría una distinción de tratamiento de acuerdo al resultado del litigio, dado que la salvaguarda del debido proceso se halla cumplida con la actuación idónea, diligente, proba y capaz del "representante" y la posibilidad de replantear el asunto en caso de que se demuestre sobrevinientemente la deficiencia de dicha gestión (como en el caso de la desestimación de la primera acción por falta de pruebas).[63]

Ahora bien, sin perjuicio de dicha aspiración general, no se nos escapa que de acuerdo al grado de desarrollo de la problemática de los procesos colectivos en nuestro país, resulta plausible avanzar *progresivamente* en la materia, de modo de consagrar institutos fácilmente asimilables por la cultura jurídica imperante.

De este modo, se justifica inicialmente la recepción de la solución prevista en el Código Modelo Iberoamericano, aunque con cierta depuración de estilo que permita facilitar la consagración de dichas líneas directrices en el ordenamiento procesal nacional.

En este orden de consideraciones, y para concluir, es posible concretar los desarrollos precedentes, tanto en lo relativo a las fases de la condena y opciones de liquidación del daño (v. *supra*, ap. 1]) como en lo que hace a los alcances de la cosa juzgada en los procesos colectivos ambientales, impulsando la modificación del art. 33 de la ley 25.675, que quedaría redactado del siguiente modo:

> *Artículo 33.* – Los dictámenes emitidos por organismos del Estado sobre daño ambiental, agregados al proceso, tendrán la fuerza probatoria de los informes periciales, sin perjuicio del derecho de las partes a su impugnación.
>
> [Alcances de la sentencia – cosa juzgada] En los procesos colectivos previstos en esta ley, la sentencia hará cosa juzgada y tendrá efecto erga omnes, a excepción de que la acción sea rechazada, aunque sea parcialmente, por insuficiencia probatoria.

Si la pretensión colectiva fuera acogida, los damnificados podrán solicitar la liquidación y ejecución de la sentencia a título personal, pudiendo optar por promover estos pedidos ante el juez del lugar de la afectación.

[63] V. Berizonce, Roberto O.; Giannini, Leandro J., "La acción colectiva reparadora de los daños individualmente sufridos en el anteproyecto iberoamericano de procesos colectivos", en Gidi – Ferrer Mac-Gregor (coord.), *La tutela de los derechos difusos, colectivos e individuales homogéneos. Hacia un código modelo para Iberoamérica*, Porrúa, México, 2003, ap. 5.2.

En ningún caso, la sentencia que rechace la acción colectiva perjudicará la posibilidad de promover o continuar las acciones individuales por los perjuicios ocasionados a cada damnificado".

VII. Final

Hemos hecho un repaso de las razones que –a nuestro juicio – justifican la reformulación de uno de los más modernos mecanismos de tutela diferenciada de nuestro país, como es el proceso colectivo ambiental.

Las pautas adoptadas buscan colaborar en la consecución de vías funcionales para la defensa equilibrada de los derechos tutelados en el art. 41 de la Constitución Nacional. Sin perjuicio de ello, entendemos que los institutos y las soluciones proyectadas podrían ser utilizados –con ciertas adaptaciones – en otros campos de actuación del litigio grupal (vg., defensa del consumidor, amparo colectivo, tutela de libertades fundamentales –derecho a la salud, discriminación, derecho a la educación, derechos políticos, etc.), hasta tanto nuestro país arribe a un cuerpo adjetivo sistemático de procesos colectivos.

El perfeccionamiento de los dispositivos procesales relacionados con las acciones de grupo es una aspiración uniformemente reconocida por la doctrina nacional e iberoamericana y advertida por la jurisprudencia de nuestro más Alto Tribunal, que –como fuera dicho – no ha dudado en calificar a la ausencia de cuerpos sistemáticos de defensa grupal, como un caso de "mora legislativa" que debe ser corregida.

Los esfuerzos dedicados al estudio de esta problemática, tienen como única meta la mejora en la eficiencia, eficacia y prestigio del servicio de Justicia, así como la ampliación del acceso al mismo por parte de los ciudadanos (ideal que no necesariamente se traduce en un aumento de la litigiosidad). Siempre teniendo presente que –como lo expresara Morello – al proceso "se le demanda eficacia, sentido teleológico y verdadero aprovechamiento, exigencias que constituyen primera clave, de observación inesquivable".

VII. Apéndice

Proyecto de ley de reformas a la Ley 25.675 (L.G.A.)

Se transcribe a continuación el texto completo del proyecto de ley elaborado por el Instituto de Derecho Procesal de la Universidad Nacional de La Plata y la Asociación Argentina de Derecho Procesal, presentado en el Honorable Senado de la Nación por los senadores Ricardo Gómez Diez y Pedro Salvatori, del que hemos dado cuenta en las líneas precedentes:

Exposición de motivos

El presente anteproyecto tiene por objeto la propuesta de introducción de reformas a la regulación de los procesos colectivos previstos en la ley 25.675 (Ley General Ambiental – LGA).

Sabido es que esta clase de trámites resulta una herramienta fundamental e indispensable para la adecuada tutela del equilibrio medioambiental. En efecto, tanto por la misma indivisibilidad que en general posee el bien tutelado, así como por diversas razones de orden práctico en los supuestos en los que el resarcimiento puede ser individualmente reclamado, una defensa adecuada y eficaz en esta materia reclama imperiosamente la previsión de dispositivos procesales que garanticen el acceso a la justicia de esta clase de pretensiones, así como el equilibrio y funcionalidad de las herramientas respectivas.

En esta línea de pensamiento, el presente anteproyecto procura incorporar ciertas instituciones procesales destinadas a satisfacer las télesis aludidas.

Como es sabido, tanto en nuestro país como en el derecho comparado ha sido profuso el desarrollo jurisprudencial de los procesos tendientes a la defensa del medioambiente, así como la doctrina elaborada a su respecto y los eventos científicos destinados a su estudio particular.

Las previsiones de los arts. 30 y siguientes de la ley 25.675, han contribuido en cierta medida a este auge, aunque la tarea hermenéutica de los tribunales ha sido una fuente permanente de integración normativa, en cada uno de los casos concretos sometidos a su consideración. Este plexo jurídico constituido por diversas normas formales y sustanciales, la elaboración científica, así como por la praxis forense que día a día desafía al intérprete en la búsqueda de soluciones eficientes y equilibradas en la tutela ecológica, resulta un punto de partida fundamental para el conocimiento de la problemática abordada.

Como fue adelantado, es el propósito de este anteproyecto contribuir a mejorar la regulación de los procesos colectivos en el ámbito de la defensa medioambiental, objetivo que se procura alcanzar con la incorporación de las siguientes instituciones:

1) La exigencia de representatividad adecuada en el legitimado:

A través de la incorporación de dos párrafos al final del artículo 30 de la LGA, se propone la regulación de la representatividad adecuada, como cualidad exigida al legitimado colectivo para garantizar la correcta y vigorosa defensa de esta índole de derechos.

En tal sentido, se pone en cabeza del juez la determinación en concreto del cumplimiento de dicha exigencia, previéndose a título meramente enunciativo algunos parámetros a tener en cuenta como: a) la capacidad, competencia, prestigio y experiencia del legitimado; b) sus antecedentes en la protección judicial y extrajudicial de los intereses o derechos de los miembros del grupo, categoría o clase; c) la coincidencia entre los intereses de los miembros del grupo, categoría o clase y el objeto de la demanda.

Se trata de un instituto que si bien no ha tenido mayor desarrollo en nuestro país, fue recientemente considerado un recaudo central en la sistemática de los procesos colectivos.

Las conclusiones del XXIII° Congreso Nacional de Derecho Procesal (Mendoza, 2005) reflejan claramente la necesidad de verificar este requisito:

"Será requisito de la acción colectiva la adecuada representatividad del legitimado, que se verificará liminarmente como presupuesto de admisión de la demanda, y en cualquier estado del proceso. Si el legitimado carece de representatividad adecuada se suspenderán las actuaciones y se ordenará la citación de otro legitimado que cuente con aptitud suficiente."

"Esta representación extraordinaria difiere de la representación común, pues se articula necesariamente con la legitimación".

Se trata asimismo, de una previsión que, en esta materia, armoniza el sistema adjetivo de nuestro país con el elaborado como modelo por el Instituto Iberoamericano de Derecho Procesal (v. art. 2, "Código Modelo de Procesos Colectivos para Iberoamérica", aprobado en Caracas, 2004), así como el llevado adelante durante décadas en los Estados Unidos de América, bajo el sistema de las *class actions* (v. *Federal Rule* 23 (a)(4)).

2) La previsión de la defensa de los derechos individuales homogéneos:

A través de la incorporación de un segundo párrafo en el art. 30 y de un artículo 30 bis en el texto de la LGA, se procura regular la defensa en este ámbito de una categoría especial dentro de los procesos colectivos, que es la de los derechos individuales homogéneos.

Esta clase de pretensiones, pese a versar sobre bienes de naturaleza divisible (por ej., resarcimiento patrimonial de los perjuicios ocasionados a una gran cantidad de personas por un hecho dañoso común), cuentan con características especiales que hacen prácticamente conveniente la previsión de mecanismos concentrados de enjuiciamiento. En tal sentido, se prevé como elemento dirimente para determinar la procedencia de este trámite especial, el recaudo de que "el enjuiciamiento concentrado del conflicto constituya una vía más eficiente y funcional que el trámite individual, para lo cual el juez tendrá en consideración elementos como el predominio de las cuestiones comunes sobre las particulares, o la imposibilidad o grave dificultad de constituir un litisconsorcio entre los afectados".

La inclusión de esta variante de defensa jurisdiccional de intereses de grupo coloca a nuestro ordenamiento entre los más avanzados en el contexto del derecho comparado, en lo que hace a la problemática de los procesos colectivos.

3) Previsión de las relaciones entre las pretensiones colectivas e individuales promovidas en defensa del medioambiente.

Cuando un mismo evento o una misma sucesión de eventos contaminantes afectan por igual intereses estrictamente individuales conjuntamente con bienes colectivos, es probable que ingresen al servicio de justicia sendas pretensiones destinadas a tutelar las aludidas especies de afectación.

En tales supuestos, resulta conveniente regular algunos de los principales aspectos de la relación entre dichas pretensiones.

Con la proyectada incorporación del art. 30 ter al texto de la LGA se busca esclarecer los siguientes tópicos de la cuestión adelantada:

a) Por una parte, se contempla que la promoción de un proceso colectivo no impide la iniciación de acciones individuales fundadas en la misma causa, puesto que además de la autonomía conceptual de ambos tipos de pretensión, se considera más adecuado, en el estado actual de la evolución sobre la problemática de marras, preservar la forma tradicional de acceso individual de esta clase de reclamos, conjuntamente con la moderna posibilidad enjuiciamiento grupal establecido.

No obstante ello, a renglón seguido, en mérito de la conexidad existente entre ambos tipos de pretensión, y con el objetivo de propender a la concentración y economía propias del sistema de enjuiciamiento colectivo, se prevé la posibilidad de que las acciones individuales queden suspendidas a las resultas de la colectiva, salvo manifestación en contrario del interesado. En el primer caso se generará litispendencia entre ambos procesos, pudiendo el legitimado individual aprovecharse de la cosa juzgada obtenida en la acción colectiva. En el segundo, es decir, en la hipótesis de ejercicio del derecho de autoexclusión, la pretensión individual mantendría su autonomía, sin que exista litispendencia ni extensión a su respecto de la cosa juzgada colectiva.

b) En segundo lugar, se contemplan los efectos interruptivos de la acción colectiva sobre las pretensiones individuales.

Para las previsiones incluidas en el art. 30 ter sobre las relaciones entre la acción colectiva y las individuales, se han tenido presentes las directrices establecidas por el Código Modelo de Procesos Colectivos para Iberoamérica (v. arts. 17 y 31).

4) Reforma de los alcances de la cosa juzgada.

En lo referente a la cosa juzgada, las modificaciones propuestas están principalmente destinadas a precisar los alcances de lo resuelto, siempre en miras de armonizar la necesidad de concentrar el enjuiciamiento de la mayor cantidad de situaciones jurídicas involucradas (evitando la reiteración de juzgamientos sobre una misma problemática), aunque intentando en paralelo prevenir todo menoscabo a la garantía del debido proceso (mediante el reconocimiento de la posibilidad de accionar nuevamente el asunto, en determinadas circunstancias).

En lo referente a la cosa juzgada, las modificaciones están principalmente destinadas a buscar una solución armónica que permita equilibrar los dos objetivos que tradicionalmente se hallan en tensión sobre esta temática: por un lado, la necesidad de concentrar el enjuiciamiento de pleitos colectivos o seriados, a través de la extensión vinculante de la sentencia al grupo afectado por una misma problemática; y, por el otro, la exigencia de preservar la garantía del debido proceso, reconociendo la posibilidad de accionar nuevamente el asunto, en determinadas circunstancias.

En tal orden de ideas, se mantiene la previsión – como regla general – de que la sentencia colectiva surta efectos *erga omnes*, parámetro que mejor responde a la télesis de economía procesal propia del instituto (v. Conclusiones del XXIIIº Congreso Nacional de Derecho Procesal, Mendoza – 2005, Subcomisión 1, párr. 9; en el mismo sentido, Código Modelo de Procesos Colectivos para Iberoamérica, art. 33).

Sin embargo, a renglón seguido, se preservan dos supuestos fundamentales de excepción a la regla, que enervan el carácter absoluto del sistema de extensión *erga omnes* de la cosa juzgada, permitiendo la reedición del juzgamiento:

a) En primer lugar, frente al rechazo de la pretensión colectiva, se conserva la previsión de que con posterioridad pueda intentarse otra de igual alcance grupal, cuando la desestimación fuera por insuficiencia probatoria. Vale señalar que, en este punto, se ajusta la redacción del texto vigente, precisando el motivo que habilita la revisión de lo resuelto.

b) En segundo término, también ante el rechazo de la acción colectiva, se prevé expresamente la subsistencia de las acciones individuales que, por la misma causa, pudieran corresponder a cada afectado. Ello en atención al estado actual de la evolución de nuestra cultura jurídica en la materia, y para contemplar posibles situaciones que admitan un tratamiento diferenciado.

En cuanto al aprovechamiento de la sentencia que hace lugar a la acción colectiva por parte de los damnificados particulares, se establece que los mismos podrán solicitar la liquidación y ejecución de la decisión a título personal, pudiendo optar por promover estos pedidos ante el juez del lugar de la afectación. De este modo, la definición que en el juzgamiento grupal se perfeccione acerca de los presupuestos generales de la responsabilidad del sujeto contaminante, será tomada como punto de partida, por manera que a cada afectado sólo le reste demostrar sus daños individuales y la relación de causalidad de los mismos con la fuente común.

5) La creación del Registro de Procesos Colectivos Medioambientales.

Se proyecta la creación de un registro específico, cuyo funcionamiento debe ser reglamentado por la Corte Suprema de la Nación, en el que deben inscribirse los procesos colectivos iniciados en defensa del medioambiente.

Esta herramienta resulta útil para diversas finalidades, como – por ejemplo – prevenir problemas de litispendencia, controlar la adecuada representatividad del legitimado colectivo, coadyuvar a la toma informada de la decisión de interponer o proseguir la demanda de resarcimiento individual frente a la existencia de una pretensión colectiva, etc..

Proyecto de reformas a la ley 25.675 (L.G.A.)[64]

ARTÍCULO 1°: Modifícase el art. 30 de la ley 25.675, el que quedará redactado de la siguiente manera:

"ARTICULO 30. — Producido el daño ambiental colectivo, tendrán legitimación para obtener la recomposición del ambiente dañado, el afectado, el Defensor del Pueblo y las asociaciones no gubernamentales de defensa ambiental, conforme lo prevé el artículo 43 de la Constitución Nacional y el Estado nacional, provincial o municipal; asimismo, quedará legitimado para la acción de recomposición o de indemnización pertinente, la persona directamente damnificada por el hecho dañoso acaecido en su jurisdicción.

Los legitimados enunciados en el párrafo anterior podrán asimismo demandar colectivamente la reparación de los perjuicios individuales homogéneos sufridos a consecuencia del daño ambiental.

Deducida demanda de daño ambiental colectivo por alguno de los titulares señalados, no podrán interponerla los restantes, lo que no obsta a su derecho a intervenir como terceros.

Sin perjuicio de lo indicado precedentemente toda persona podrá solicitar, mediante acción de amparo, la cesación de actividades generadoras de daño ambiental colectivo.

Para el reconocimiento de la legitimación en los procesos en los que se tutelen derechos de incidencia colectiva, se exigirá que el legitimado cuente con aptitudes suficientes para garantizar una adecuada defensa de dichos intereses. Entre otros parámetros, el juez podrá tener en cuenta: a) la capacidad, competencia, prestigio y experiencia del legitimado; b) sus antecedentes en la protección judicial y extrajudicial de los intereses o derechos de los miembros del grupo, categoría o clase; c) la coincidencia entre los intereses de los miembros del grupo, categoría o clase y el objeto de la demanda.

El juez se pronunciará sobre la representatividad adecuada en la primera providencia, mediante resolución que no causará estado. En caso de que el juez verifique la inexistencia de este requisito notificará de oficio al Defensor del Pueblo y, en la medida de lo posible, a otros legitimados adecuados para el caso, a fin de que asuman –en el último caso voluntariamente – la titularidad de la acción".

ARTÍCULO 2°: Incorpórase a la ley 25.675 los artículos 30 bis y 30 ter, que quedarán redactados de la siguiente manera:

"ARTÍCULO 30 bis. — Para la admisibilidad de los procesos iniciados en los términos del 2° párrafo del artículo anterior será requisito necesario que el enjuiciamiento concentrado del conflicto constituya una vía más eficiente y funcional que el trámite individual, para lo cual el juez tendrá en consideración elementos como el predominio de las cuestiones comunes sobre las particulares, o la imposibilidad o grave dificultad de constituir un litisconsorcio entre los afectados.

En la primera providencia, el juez se pronunciará sobre el cumplimiento, prima facie, de los recaudos de admisibilidad de esta clase de procesos colectivos. En caso de desestimación in limine de la pretensión colectiva, la resolución será apelable.

[64] En cursiva se destacan las modificaciones e incorporaciones proyectadas.

La sentencia que haga lugar a la demanda podrá ser genérica, pudiendo en tal caso cada uno de los damnificados promover liquidación y ejecución individual en la medida de su afectación.

Si en la sentencia se hubieran podido determinar los sujetos afectados las indemnizaciones respectivas quedarán a disposición de cada uno ellos por un plazo de 2 años desde que el cumplimiento de la sentencia sea comunicado por el o los medios más idóneos que determine el juez, de acuerdo a las circunstancias del caso. Transcurrido dicho plazo sin que los afectados se hayan presentado a reclamar su indemnización, los montos respectivos serán depositados en el fondo previsto en el artículo 34.

Si en la sentencia no se hubieran podido determinar los sujetos afectados y transcurrido el plazo del párrafo precedente no se hubiera presentado una cantidad de damnificados compatible con la magnitud del daño, el juez liquidará colectivamente los perjuicios ocasionados y ordenará el depósito de las sumas pertinentes en el fondo previsto en el artículo 34".

"ARTICULO 30 ter. – [Relación entre la acción colectiva y las acciones individuales] La promoción de un proceso colectivo no impide la iniciación de acciones individuales fundadas en la misma causa. Sin embargo, con posterioridad a la traba de la litis y antes de la apertura a prueba, el juez verificará de oficio o ante la alegación de cualquiera de las partes, la existencia de un proceso colectivo pendiente que se encuentre inscripto en el Registro previsto en el artículo 34 bis.

En caso afirmativo, correrá traslado a la actora, para que exprese su voluntad de continuar la acción individual, excluyéndose en tal caso de las resultas del proceso colectivo. Si nada expresara o manifestara su voluntad de incluirse, la acción individual quedará suspendida hasta la culminación del proceso colectivo, rigiéndose en este caso los efectos de la sentencia definitiva, por las pautas contempladas en el art. 33.

La interposición de la acción colectiva interrumpe la prescripción de las acciones individuales".

ARTÍCULO 3°: Modifícase el art. 33 de la ley 25.675, el que quedará redactado de la siguiente manera:

"ARTÍCULO 33. — Los dictámenes emitidos por organismos del Estado sobre daño ambiental, agregados al proceso, tendrán la fuerza probatoria de los informes periciales, sin perjuicio del derecho de las partes a su impugnación.

[Alcances de la sentencia – cosa juzgada] En los procesos colectivos previstos en esta ley, la sentencia hará cosa juzgada y tendrá efecto erga omnes, a excepción de que la acción sea rechazada, aunque sea parcialmente, por insuficiencia probatoria.

Si la pretensión colectiva fuera acogida, los damnificados podrán solicitar la liquidación y ejecución de la sentencia a título personal, pudiendo optar por promover estos pedidos ante el juez del lugar de la afectación.

En ningún caso, la sentencia que rechace la acción colectiva perjudicará la posibilidad de promover o continuar las acciones individuales por los perjuicios ocasionados a cada damnificado".

ARTÍCULO 4°: Modifícase el art. 34 de la ley 25.675, el que quedará redactado de la siguiente manera:

"ARTICULO 34. — Créase el Fondo de Compensación Ambiental que será administrado por la autoridad competente de cada jurisdicción y estará destinado a garantizar la calidad ambiental, la prevención y mitigación de efectos nocivos o peligrosos sobre el ambiente, la atención de emergencias ambientales; asimismo, a la protección, preservación, conservación o compensación de los sistemas ecológicos y el ambiente.

Las autoridades podrán determinar que dicho fondo contribuya a sustentar los costos de las acciones de restauración que puedan minimizar el daño generado.

La integración, composición, administración y destino de dicho fondo serán tratados por ley especial.

Hasta tanto se concrete la reglamentación y puesta en funcionamiento del Fondo creado por este artículo, los jueces competentes podrán disponer en las hipótesis previstas por los arts. 28 y 30 bis de la presente ley, la creación de un fondo especial ad hoc destinado a cumplir con las finalidades aludidas en el párrafo primero, respecto de cada caso concreto. De acuerdo a las circunstancias del caso, el juez podrá designar como administrador del fondo ad hoc a quien se encuentre en mejores condiciones de cumplir con las finalidades del presente artículo, entre ellos: la Autoridad de Aplicación de la jurisdicción respectiva o un auxiliar técnico de la justicia."

ARTÍCULO 5°: Incorpórase el artículo 34 bis, que quedará redactado de la siguiente manera:

"ARTICULO 34 bis. – [Registro]. Créase el Registro de Procesos Colectivos Medioambientales, en el que se deben inscribir todos los procesos colectivos en defensa del medioambiente, iniciados a partir de la fecha de vigencia de la presente ley. El registro tendrá la organización y funcionamiento que fije la Corte Suprema de Justicia de la Nación.

El Registro debe habilitar un sistema de consultas al público en general, a través de una página de internet que debe ser de acceso fácil, gratuito y contener, como mínimo, un resumen de la cuestión debatida, el texto completo de la demanda, de la sentencia, del acuerdo conciliatorio, de las resoluciones que acepten o rechacen medidas cautelares, y toda la información notificada por el juez de la causa.

En la primera providencia dictada en un proceso colectivo, el juez dispondrá la inscripción del mismo en el Registro y recabará informe sobre la existencia de otra acción colectiva pendiente sobre esta cuestión, remitiendo a tales efectos copia de la demanda".

— 22 —

O processo democrático e a ilegitimidade de algumas decisões judiciais[1] [2]

LÚCIO DELFINO

Advogado. Diretor da Revista Brasileira de Direito Processual. Doutor em Direito Processual Civil pela Pontifícia Universidade Católica de São Paulo. Membro do Instituto Brasileiro de Direito Processual. Membro da Academia Brasileira de Direito Processual Civil. Membro do Instituto de Hermenêutica Jurídica. Membro do Instituto dos Advogados de Minas Gerais.

1. Considerações introdutórias

O tema que ora se enfrenta reverbera circunstância que toca sensivelmente na prática jurídica. É natural que o substrato do raciocínio seja teórico, mas, ao fim e ao cabo, se perceberá que o escopo pretendido aqui é mesmo apontar incoerências verificadas no dia a dia forense, sobretudo distinguir decisões judiciais proferidas em desarmonia com a ideologia estatal[3] contemporânea.

[1] Este texto retrata palestra proferida em 12/05/2011, no II Congresso Mineiro de Direito Processual. Foram acrescidas ao texto original inúmeras notas (de rodapé e no corpo do texto), com a intenção de municiar o leitor com informações ainda mais variadas.

[2] Dedico este trabalho ao Professor Donaldo Armelin, cujo nome se insere no rol dos mais importantes processualistas do planeta. Confesso neste espaço minha admiração, respeito e gratidão pelo mestre.

[3] Para Luiz Fernando Coelho, o conceito de *ideologia* remete à imagem que os homens fazem de si mesmos, da sociedade e do mundo que os envolve; a valoração dos objetos culturais é resultado dela, bem como a maioria das atitudes e comportamentos sociais. A valoração estética, econômica ou de outro tipo, que uma pessoa atribui a algo, é influenciada pelo tipo de educação, pela quantidade de informações que recebem em sua vida, pelas influências ideológicas a que está sujeita. (COELHO, Luiz Fernando. *Aulas de Introdução ao Direito*. São Paulo: Editora Manole. 2004. p. 18-19). Parece acertado, nesse rumo, concluir que a referência à *ideologia estatal* encontra significados no próprio (modelo ou paradigma de) Estado Democrático de Direito, nas suas diretrizes fundamentais e estruturantes positivadas no âmbito constitucional. Daí se afirmar – já se adiantando – que a Constituição é o *referencial lógico-jurídico hermenêutico* de todo o ordenamento jurídico, a partir da qual as práticas jurídicas contemporâneas encontram a devida legitimidade.

Quer-se, afinal: i) sublinhar a opção do constituinte por um regime democrático; ii) abordar a questão da legitimidade do poder estatal no modelo do Estado Democrático de Direito, especialmente a daquele exercido por intermédio dos juízes (jurisdição); iii) enfrentar o problema da (aparente) tensão entre jurisdição e democracia (caráter contramajoritário do Judiciário), bem como demarcar resposta que se apresente consentânea aos ditames constitucionais; iv) situar a importância do contraditório no ambiente processual; e v) apresentar um rol de decisões judiciais – atinentes a uma variedade de matérias – que hoje são proferidas pelo Judiciário brasileiro em desatenção ao princípio democrático, pois imbuídas de um ideário que flerta perigosamente com o absolutismo.

Esta é a proposta do presente estudo.

2. A legitimidade do poder no Estado Democrático de Direito

Vive-se num Estado caracterizado como *democrático*. Ou, utilizando-se das expressões eleitas pelo constituinte, vive-se num *Estado Democrático*. É o que se verifica já no preâmbulo da Constituição: "Nós, representantes do povo brasileiro, reunidos em Assembleia Nacional Constituinte para instituir um *Estado Democrático*, destinado a assegurar o exercício dos direitos sociais e individuais, a liberdade, a segurança, o bem-estar, o desenvolvimento, a igualdade e a justiça como valores supremos de uma sociedade fraterna, pluralista e sem preconceitos, fundada na harmonia social e comprometida, na ordem interna e internacional, com a solução pacífica das controvérsias...". Também a junção das mesmas expressões – agora reforçadas por outra – encontra registro no art. 1º da Carta Republicana: "A República Federativa do Brasil, formada pela união indissolúvel dos Estados e Municípios e do Distrito Federal, constitui-se em *Estado Democrático de Direito* e tem como fundamentos: I – a soberania; II – a cidadania; III – a dignidade da pessoa humana; IV – os valores sociais do trabalho e da livre iniciativa; V – o pluralismo político.". Já no parágrafo único do aludido art. 1º há um dispositivo repleto de simbolismo, que assinala as aspirações do constituinte e funciona como exortação a todos os órgãos incumbidos do exercício do poder estatal: "Todo o poder emana do povo, que o exerce por meio de representantes eleitos ou diretamente, nos termos desta Constituição.".

Compreenda-se que *legítimo* é o poder estatal quando praticado conforme diretivas assumidamente adotadas e aceitas pela sociedade.[4] Não é possível – leciona Antonio Carlos Wolkmer – pensar e estabelecer uma dada ordem política e jurídica centrada exclusivamente na força material do poder, visto que, por trás dele – seja político ou jurídico – subsiste uma condição de valores aceitos de maneira consensual e que refletem os interesses, as aspirações e as necessidades de uma determinada comunidade. A legitimidade, afinal, incide na esfera da consensualidade dos ideais, dos fundamentos, das crenças, e dos princípios ideológicos, supõe a transposição da

[4] Para Bobbio, a legitimidade está vinculada a uma "situação" e a um "valor", na configuração do Estado Democrático de Direito. A "situação" diz respeito à "aceitação do Estado por um segmento relevante da população"; já o "valor" é identificado no "consenso livremente manifestado por uma comunidade de homens autênticos e conscientes". (BOBBIO, Norberto. *Dicionário de política.* 2ª ed. Brasília: UnB, 1986. p. 678).

simples detenção do poder e a conformidade com as acepções do justo advogadas pela coletividade.[5]

É adequado, nesse rumo, afirmar que essa fonte de consenso social há de ser buscada na própria Constituição, *referente lógico-jurídico hermenêutico*[6] de todo o ordenamento jurídico e, mais acentuadamente, no arquétipo do Estado Democrático de Direito por ela encampado.[7] Lembre-se que o titular do *poder constituinte originário* é o povo, que determina quando e como uma nova Constituição deve ser elaborada, isto é, a *soberania popular* retrata com perfeição a ideia de *poder constituinte*, matriz de todos os poderes exercidos pelo Estado. Por isso se afirma que uma Constituição é fonte de *consenso social*, pois nascida da empreitada de uma assembleia constituinte (uma convenção), à qual se atribuiu o exercício do poder constituinte e cujos integrantes, além de eleitos pelo próprio povo, também tinham por papel representá-lo e assegurar seus interesses.

Em reforço, Cynara Monteiro Mariano:

> A partir da declaração francesa, a legitimidade passou a significar o exercício do poder, em nome do povo, segundo uma constituição que contivesse um conteúdo valorativo mínimo: a proteção à liberdade dos indivíduos e mecanismos para a contenção dos abusos estatais. O seu significado, contudo, teria adquirido maior importância no cenário político com o segundo pós-guerra e o Tribunal Militar Internacional de Nuremberg, que, apesar de ter-se limitado apenas aos fatos relacionados com os crimes de guerra, constatou a natureza criminosa do regime nazista e, por via de consequência, a ilegitimidade do sistema normativo por ele instalado, o que serviu de alerta para a necessidade de estabelecer a distinção entre as categorias da legalidade e da legitimidade, diversamente do que sustentava o formalismo jurídico de Kelsen. (...) A partir de então, os conceitos positivistas, no tocante à identificação da legalidade com a legitimidade, perderam força, enfraquecendo-se ainda mais com o advento do Estado Social, pois, com esse, as leis passaram a veicular prestações sociais, desencadeando o surgimento de uma racionalidade já não mais formal, correspondente ao Estado Liberal, mas material. Ou seja, a racionalidade do direito passou a vincular-se a objetivos de bem-estar social, equidade, ou a uma ética determinada, ou, no dizer de Luigi Ferrajoli, com a expansão do paradigma constitucional presente no constitucionalismo da atualidade, houve uma verdadeira mudança de fundamento de validade das normas jurídicas, que não valem mais somente em virtude de sua conformação com o procedimento de elaboração, mas também porque guardam correspondência, de conteúdo, com os valores e princípios constitucionais.[8]

Em resumo: num Estado Democrático de Direito, as *atividades estatais* e as *decisões públicas* delas oriundas adquirem legitimidade *se* e *quando* conformes aos vetores constitucionalmente estabelecidos. E isso não se dá apenas mediante um único critério, apesar de incluídos todos numa única categoria denominada *legiti-*

---

[5] WOLKMER, Antonio Carlos. *Ideologia, Estado e Direito*. São Paulo: Revista dos Tribunais, 1995. p. 79-81. Ainda com maior profundidade, pontua o aludido jurista: "Legitimidade: entende-se como uma 'qualidade do título de poder'. Implica numa noção substantiva e ético-política, cuja existencialidade move-se no espaço de crenças, convicções e princípios valorativos. Sua força não repousa nas normas e nos preceitos jurídicos, mas no interesse e na vontade ideológica dos integrantes majoritários de uma dada organização social. Enquanto conceituação material, legitimidade condiz com uma situação, atitude, decisão ou comportamento inerente ou não ao poder, cuja especificidade é marcada pelo equilíbrio entre a ação dos indivíduos e os valores sociais, ou seja, a prática da obediência transformada em adesão é assegurada por um consenso valorativo livremente manifestado sem que se faça obrigatório o uso da força." (WOLKMER, Antonio Carlos. *Ideologia, Estado e Direito*. São Paulo: Revista dos Tribunais, 1995. p. 84).

[6] Essa expressão foi retirada de trabalho elaborado por Ana Flávia Sales: SALES, Ana Flávia. *A legitimidade do provimento jurisdicional no direito democrático*. Disponível em: <http://www.fmd.pucminas.br> Acessado em: 11/04/2011.

[7] É inegável a sintonia hoje verificada entre os conceitos de (i)legitimidade e (in)constitucionalidade. A *legitimidade* afastou-se da *legalidade* para se harmonizar com a *constitucionalidade*.

[8] MARIANO, Cynara Monteiro. *Legitimidade do Direito e do Poder Judiciário. Neoconstitucionalismo ou Poder Constituinte Permanente?* Belo Horizonte: Editora Del Rey, 2010. p. 3-4.

midade pelo devido processo.[9] Assim é que, no âmbito da atividade jurisdicional, fala-se em *legitimidade pelo contraditório* – ou *legitimidade pela participação*, ou *legitimidade pela cooperação* – o que denota a indispensabilidade da *construção participada dos provimentos* e a consequente abolição de decisões elaboradas segundo os padrões encontrados unicamente num *espaço metafísico não fiscalizável* decorrente da subjetividade do juiz[10] (*messianismo judicial* e *tirania dos juízes*). Também se alude em doutrina à *legitimidade da decisão pelos direitos fundamentais materiais* – ou *legitimidade pelo conteúdo da decisão*, ou *legitimidade pela própria decisão* –, proveniente do imperativo de se verificar a constitucionalidade da *norma abstrata* antes de propriamente aplicá-la em prol da solução ao caso concreto, assegurando a esta, ademais, exegese que, conquanto oriunda do debate travado ao longo do *iter* procedimental, se afigure hábil para concretizar, na maior medida possível, os princípios materiais constitucionais (incluídos aí, sobretudo, os direitos fundamentais materiais).[11]

---

[9] É o que se verifica pelos seguintes comandos emblemáticos, positivados em âmbito constitucional: "ninguém será privado da liberdade ou de seus bens *sem o devido processo legal"* (CRFB, art. 5º, LIV); e "aos litigantes, em processo judicial ou administrativo, e aos acusados em geral *são assegurados o contraditório e ampla defesa, com os meios e recursos a ela inerentes"* (CRFB, art. 5º, LV).

[10] A expressão "espaço metafísico não fiscalizável" também foi extraída do ensaio de Ana Flávia Sales: SALES, Ana Flávia. A legitimidade do provimento jurisdicional no direito democrático. Disponível em: <http://www.fmd.pucminas.br> Acessado em: 11/04/2011.

[11] Para Luiz Guilherme Marinoni, apenas a "legitimação pelo contraditório" vincula-se ao procedimento: "(...) a legitimação da jurisdição não pode ser alcançada apenas pelo procedimento em contraditório e adequado ao direito material, sendo imprescindível pensar em uma legitimação pelo conteúdo da decisão. É que o contraditório e a adequação legitimam o processo como meio, porém não se prestam a permitir a identificação da decisão ou do resultado do processo, ou melhor, a garantir o ajuste da decisão aos compromissos do juiz com os conteúdos dos direitos fundamentais. O procedimento pode ser aberto à efetiva participação em contraditório e adequado ao procedimento material e, ainda assim, produzir uma decisão descompromissada com o conteúdo substancial das normas constitucionais." (MARINONI, Luiz Guilherme. *Teoria Geral do Processo.* 3ª ed. São Paulo: Revista dos Tribunais, 2008. p. 438). Acerta o mestre ao afirmar a possibilidade de o procedimento aberto ao contraditório não produzir decisão compromissada com o conteúdo substancial das normas constitucionais. Enfim, a participação dialógica das partes no arco procedimental não conduz necessariamente a provimentos jurisdicionais afinados às normas constitucionais. Daí a necessidade da *legitimação pela própria decisão*, capaz de assegurar o ajuste da decisão ao conteúdo dos direitos fundamentais materiais. Entretanto, não se afigura correto tratar da *legitimidade pela própria decisão* – ou, como prefere o mestre, *legitimidade pelo conteúdo da decisão* – como uma categoria alheia ao procedimento. A *legitimidade pela própria decisão* traduz-se em subcategoria, inserta dentro daquela maior, denominada *legitimidade pelo devido processo.* Autorizar o juiz a se amparar numa legitimidade alheia ao procedimento, ajustando, ele próprio, o debate travado pelas partes (=contraditório) ao conteúdo dos direitos fundamentais é tão somente endossar a produção de decisões-surpresa, nascidas de um *arranjo mental solipsista*, que não se submete, por isso, à (indispensável) fiscalização das partes. Advogar a existência de uma categoria de legitimidade externa ao *devido processo*, é simplesmente defender postura antidemocrática (=ilegítima, inconstitucional), sobretudo pelo atentado à concepção de que as decisões públicas são fruto da participação de seus destinatários. A *legitimidade pelo conteúdo da decisão* defendida como categoria alheia ao *devido processo legal* afronta aquilo que Daniel Mitidiero denomina de *dever de consulta* – decorrente do *princípio da colaboração* – e que exige do órgão judicial a consulta das partes antes de decidir sobre qualquer questão, possibilitando que elas primeiramente o influenciem a respeito do rumo a ser dado à causa (MITIDIERO, Daniel. Colaboração no processo civil como prêt-à-porter? Um convite ao diálogo para Lenio Streck. *Revista de Processo, 194.* São Paulo: Revista dos Tribunais, 2011. p. 55-69). Daí a conclusão lógica: também a *legitimidade pelo conteúdo da decisão* encontra-se vinculada ao *devido processo legal*, razão pela qual o juiz não está autorizado, segundo seu exclusivo talante, a elaborar provimentos alheios ao material (fático e jurídico) debatido ao longo do procedimento, ainda que motivado pela imperiosa necessidade de ajustar a decisão ao conteúdo dos direitos fundamentais. Caso perceba que o debate travado entre as partes não se apresente suficientemente maduro para garantir o ajuste da decisão ao conteúdo dos direitos fundamentais, deve, exercitando seu *dever de consulta* (decorrente do *princípio da colaboração*), incitar as partes e informá-las sobre isso, direcionando e permitindo um debate complementar. Somente depois é que estará autorizado a proferir o provimento jurisdicional.

3. A tensão entre jurisdição e democracia

O Estado Democrático de Direito é um modelo intencionado a conciliar e superar as colidentes filosofias liberal-burguesa e socialista, que já encamparam as diretrizes ideológicas condutoras de variadas sociedades ocidentais.[12] No Brasil, sua escolha é expressa nos ditames literais do já aludido artigo inaugural da Carta de 1988 (CRFB, art. 1º). E uma das marcas peculiares a esse paradigma situa-se justamente na criação *democrática* do direito; afinal, vive-se, insista-se nessa ideia, num regime tido por *democrático*. Em última instância, quer isso significar a garantia de que ao povo se assegura a *participação*, direta ou indireta, no processo de formação das *decisões públicas*.[13] Basicamente é o que preconiza o constituinte quando afirma que *todo* poder emana do povo, que o exerce *por meio de representantes* eleitos (democracia representativa), ou *diretamente* (democracia participativa), nos termos desta Constituição (CRFB, parágrafo único do art. 1º, primeira parte).[14]

---

[12] GUERRA FILHO, Willis Santiago. *Processo constitucional e direitos fundamentais*. 2a. ed.. São Paulo: RCS Editora, 2005. p. 29. Sobre o Estado Democrático de Direito, são válidas as ponderações extraídas de obra escrita por Bernardo Gonçalves Fernandes. Esclarece o jurista que o Estado Democrático de Direito é também nominado, por autores de tradição alemã, de Estado Constitucional. A razão para isso é clara: as aquisições históricas deixaram evidente que não é a submissão ao Direito que justificam limitações atribuídas ao Estado e aos governantes, mas necessariamente uma subjugação total à Constituição. Numa tentativa didática, alguns explicam o Estado Democrático de Direito como a somatória de dois princípios fundamentais: o Estado de Direito e o Estado Democrático. Porém, além de uma mera junção, o produto desses dois princípios acaba revelando um conceito novo que, mais que adicionar um no outro, equivale à afirmação de um novo *paradigma* de Estado e de Direito. É o Estado Democrático de Direito muito mais que um princípio e se configura, assim, em verdadeiro paradigma – um pano de fundo de silêncio – que compõe e dota de sentido as práticas jurídicas contemporâneas. Representa, sobretudo, uma vertente distinta dos paradigmas anteriores – Estado Liberal e Estado Social –, pois nele a concepção de direito não se limita a um mero formalismo (Estado Liberal), tampouco descamba para uma materialização totalizante (Estado Social). A perspectiva assumida pelo direito caminha para a *procedimentalização*; configura-se pela existência de procedimentos ao longo de todo o processo decisório estatal, permitindo e sendo poroso à participação dos atingidos (a sociedade). (FERNANDES, Bernardo Gonçalves. *Curso de Direito Constitucional*. 2ª ed. Rio de Janeiro: Editora Lumen Juris, 2010. p. 202-203).

[13] Nesse rumo, Henrique Yukio: "... o hodierno Estado Democrático de Direito surgiu apresentando como seu fundamento o princípio da soberania popular e defendendo a transformação do *status quo*, mediante um processo de efetiva incorporação de todos os cidadãos nos mecanismos de produção, controle e fiscalização das decisões. Este novo paradigma representou a adoção da democracia como regime de governo, como princípio basilar de uma nova ordem constitucional, surgida no Brasil com a Carta de 1988, e disciplinador da organização do Estado, da relação deste com os indivíduos e destes entre si." (PEREIRA DE SOUZA, Henrique Yukio. A presunção judicial no Estado Democrático de Direito: uma análise crítica do artigo 335 do Código de Processo Civil. *Revista Brasileira de Direito Processual, 72*. Belo Horizonte: Editora Fórum, 2010. p. 112).

[14] Sobre o conceito de *democracia*, Bernardo Gonçalves Fernandes aduz que desnudá-lo é tarefa hercúlea. Etimologicamente – continua o jurista –, significa "governo do povo". Porém, mais do que isso, é correto afirmar que democracia é uma lógica na qual o povo participa do Governo e do Estado, razão pela qual a ordem jurídica consagra instrumentos não apenas de *democracia direta* (plebiscito, referendo), como também de *democracia indireta* (eleição de representantes que concorrerão aos cargos públicos). Hoje, entretanto, é fato que a democracia não se justifica unicamente na possibilidade de escolha dos atores políticos, pois inclui ainda uma proteção constitucional que afirma: i) a superioridade da Constituição; ii) a existência de direitos fundamentais; iii) a legalidade as ações estatais; iv) um sistema de garantias jurídicas e processuais. Bernardo Gonçalves vai além e indica que Bobbio traz uma leitura baseada em critérios *quantitativos*, pois para ele a democracia corresponde a um conjunto de regras que estabelecem quem está autorizado a tomar as decisões coletivas e com quais procedimentos – a democracia, aqui, faz uso de um instrumento que é a *regra da maioria*. Também se refere a Habermas, o qual, apostando na racionalidade comunicativa, apresenta outra possibilidade de leitura da democracia, afinada a uma perspectiva *qualitativa*. Vale dizer, com a razão comunicativa a decisão democrática será aquela inserida numa dinâmica procedimental na qual tanto autores como sujeitos da decisão possam consentir e reconhecer que o resultado foi correto, porque fruto do "melhor argumento". Aqui, seja quem tomará a decisão, seja quem sofrerá os seus efeitos, serão e poderão, ambos, assumir-se – ao menos virtualmente – como coautores daquela mesma decisão, porquanto participantes de um mesmo discurso que conduzirá à sua definição. Conclui Bernardo Gonçalves, focando seu raciocínio à realidade brasileira, com a afirmação de que a Constituição de 1988 articulou tanto o plano de *democracia direta* quanto da *indireta*, *criando uma figura semidireta de cunho participativo*. Assim, afora a possibilidade de eleição dos representantes po-

De fácil assimilação a ideia de *democracia representativa*. Trata-se de uma licença para que o exercício do poder se dê não propriamente pelo povo, mas por aqueles que ele elegeu. É mediante o sufrágio que o povo escolhe os que irão representá-lo na condução dos órgãos públicos (Legislativo e Executivo), assegurando, por consequência, *algum respaldo* de *legitimidade democrática* (ainda que insuficiente, pois meramente formal) à atuação deles (representantes) em prol dos interesses da sociedade.[15]

É inegável que também o Judiciário é um órgão estatal. Seus regentes, todavia, não são eleitos pelo povo, embora exerçam importantíssima atividade pública (jurisdição) e contribuam para a consecução das normas constitucionais. A atuação do Judiciário, portanto, não se ajusta ao regime da *democracia representativa*. Muitos veem, deste modo, um *deficit democrático* na atividade jurisdicional,[16] sobretudo por não entenderem como uma minoria de juízes, *não eleita democraticamente pelo povo*, possui autoridade de se sobrepor aos demais órgãos do poder, a exemplo do que frequentemente ocorre quando, no exercício do controle de constitucionalidade, o Judiciário invalida leis e/ou atos normativos oriundos da atuação de representantes democraticamente eleitos – fenômeno denominado de *caráter contramajoritário do*

---

líticos, o texto constitucional contempla as modalidades de plebiscito (art. 14, I), *referendum* (art. 14, II) e a iniciativa legislativa popular (art. 14, II, regulada pelo art. 61, §2º). O propósito é criar condições para desenvolvimento de uma cidadania plena, com livre exercício das liberdades públicas. (FERNANDES, Bernardo Gonçalves. *Curso de Direito Constitucional*. 2ª ed. Rio de Janeiro: Editora Lumen Juris, 2010. p. 206-207).

[15] Ao se afirmar que a *democracia representativa* atribui apenas *algum respaldo* de legitimidade à atuação dos representantes eleitos pelo povo, quer-se com isso sublinhar que ela se baseia em um *critério formal* e, por isso, insuficiente para legitimar, por completo, atividades estatais e decisões delas provenientes. Em outras palavras, a *democracia representativa* não assegura que a *vontade do povo* abalize o exercício do poder estatal, porque se traduz em mero *método* que permite a eleição de membros do Executivo e Legislativo, maneira indireta de participação nas decisões públicas, mas que, como afirmado, nem sempre reverbera os anseios da maioria. Ao revés, a *democracia participativa*, para além de simples método (ou forma), proporciona, aí sim, a coincidência entre a vontade popular (da maioria) e a prática do poder estatal. A respeito disso, recorde-se a lição do imortal Pontes de Miranda: "Quando se exprobra à democracia indireta o não ser a vontade do povo que se exprime, comete-se o erro de querer que a forma, o método, se transforme em fundo. A escolha do membro do Parlamento ou de Chefe de Estado é participação no poder estatal. Nada mais. Se se quisesse que o povo exprimisse a vontade, por maioria de votos, seria sempre direta a democracia. Sendo indireta, quaisquer exigências de coincidência entre a 'vontade geral' ou a 'vontade do povo' e o que se vota no Parlamento é simples metáfora." (MIRANDA, Pontes. *Democracia, Liberdade e Igualdade (os três caminhos)*. 2ª ed. Saraiva: São Paulo, 1979. p.195). Sobre o assunto, também é interessante lembrar que Rousseau atacou a *democracia representativa*, dizendo inadmissível que um cidadão (ou um conjunto deles) seja representado por outro em uma assembleia. Em sua ótica, a liberdade e a vida política se realizam de fato apenas quando cada cidadão se faça presente no momento da discussão das leis. Preconizou, referindo-se às eleições do parlamento inglês, que o povo inglês só é livre e soberano durante as eleições; porém, retorna à escravidão depois delas, na medida em que entrega a sua soberania aos deputados. (ROUSSEAU, Jean-Jacques. Do contrato social – Ensaio sobre a origem das línguas. *Os Pensadores*. São Paulo: Abril Cultural, 1999. p. 187). Não basta, deste modo, que o texto normativo seja fruto de um procedimento legislativo. Imprescindível que a normatividade sujeite-se, como critério de validade, à comprovação discursiva, algo obviamente que não se reduz à pessoa do juiz, por envolver as próprias partes que também laboram na elaboração participada do provimento jurisdicional. Daí se dizer que o processo é método destinado a conferir legitimidade à atividade jurisdicional e aos seus resultados, sobretudo frente aos direitos fundamentais processuais que compõem a sua essência.

[16] Não parece totalmente adequado resolver o problema segundo uma cômoda posição formalista, que atribui legitimidade à atividade jurisdicional porque a Constituição prevê a nomeação de juízes mediante concurso de provas e títulos (argumento normativo, formal, procedimental). Ainda que tal resposta não possa ser desprezada, é ela simplista e tangencial, pois negligencia o cerne da questão e, de tal modo, não colabora o suficiente para seu desenlace. Ou seja, afirmar que a Constituição é que determina a maneira pela qual os juízes são nomeados não esclarece, na essência, as razões pelas quais o poder jurisdicional, apesar de emanado do povo, não é por ele exercido por intermédio de representantes eleitos (CRFB, parágrafo único do art. 1º, primeira parte). Tampouco responde como as decisões judiciais, proferidas por juízes não eleitos, detêm autoridade para invalidar atos legislativos e administrativos oriundos da atuação de representantes democraticamente eleitos pelo povo.

Judiciário.[17] Ou como bem resume Roberto Gargarella ao indagar: "Como é possível que um minúsculo grupo de juízes, não eleitos diretamente pela cidadania (como o são os funcionários políticos), e que não estejam sujeitos a periódicas avaliações populares (e, portanto, gozam de estabilidade em seus cargos, livres do escrutínio popular) possam prevalecer, em última instância, sobre a vontade popular?"[18]

A verdade, porém, é que a aparente tensão entre *democracia* e *jurisdição* se caracteriza num falso problema quando se pensa o direito processual segundo uma

---

[17] Confira-se, nesta linha, o raciocínio sempre elucidativo de Luís Roberto Barroso: "Os membros do Poder Judiciário – juízes, desembargadores e ministros – não são agentes públicos eleitos. Embora não tenham o batismo da vontade popular, magistrados e tribunais desempenham, inegavelmente, um poder político, inclusive o de invalidar atos dos outros dois Poderes. A possibilidade de um órgão não eletivo como o Supremo Tribunal Federal sobrepor-se a uma decisão do Presidente da República – sufragado por mais de 40 milhões de votos – ou do Congresso – cujos 513 membros foram escolhidos pela vontade popular – é identificada na teoria constitucional como dificuldade contramajoritária. Onde estaria, então, sua legitimidade para invalidar decisões daqueles que exercem mandato popular, que foram escolhidos pelo povo? Há duas justificativas: uma de natureza normativa e outra filosófica.". E continua o mestre: "O fundamento normativo decorre, singelamente, do fato de que a Constituição brasileira atribui expressamente esse poder ao Judiciário e, especialmente, ao Supremo Tribunal Federal. A maior parte dos Estados democráticos reserva uma parcela de poder político para ser exercida por agentes públicos que não são recrutados pela via eleitoral, e cuja atuação é de natureza predominantemente técnica e imparcial. De acordo com o conhecimento tradicional, magistrados não têm vontade política própria. Ao aplicarem a Constituição e as leis, estão concretizando decisões que foram tomadas pelo constituinte ou pelo legislador, isto é, pelos representantes do povo. Essa afirmação, que reverencia a lógica da separação de Poderes, deve ser aceita com temperamentos, tendo em vista que juízes e tribunais não desempenham uma atividade puramente mecânica. Na medida em que lhes cabe atribuir sentido a expressões vagas, fluidas e indeterminadas, como dignidade da pessoa humana, direito de privacidade ou boa-fé objetiva, tornam-se, em muitas situações, co-participantes do processo de criação do Direito". E mais: "A justificação filosófica para a jurisdição constitucional e para a atuação do Judiciário na vida institucional é um pouco mais sofisticada, mas ainda assim fácil de compreender. O Estado constitucional democrático, como o nome sugere, é produto de duas ideias que se acoplaram, mas não se confundem. Constitucionalismo significa poder limitado e respeito aos direitos fundamentais. O Estado de direito como expressão da razão. Já democracia significa soberania popular, governo do povo. O poder fundado na vontade da maioria. Entre democracia e constitucionalismo, entre vontade e razão, entre direitos fundamentais e governo da maioria, podem surgir situações de tensão e de conflitos aparentes. Por essa razão, a Constituição deve desempenhar dois grandes papéis. Um deles é o de estabelecer as regras do jogo democrático, assegurando a participação política ampla, o governo da maioria e a alternância no poder. Mas a democracia não se resume ao princípio majoritário. Se houver oito católicos e dois muçulmanos em uma sala, não poderá o primeiro grupo deliberar jogar o segundo pela janela, pelo simples fato de estar em maior número. Aí está o segundo grande papel de uma Constituição: proteger valores e direitos fundamentais, mesmo que contra a vontade circunstancial de quem tem mais votos. E o intérprete final da Constituição é o Supremo Tribunal Federal. Seu papel é velar pelas regras do jogo democrático e pelos direitos fundamentais, funcionando como um fórum de princípios – não de política – e de razão pública – não de doutrinas abrangentes, sejam ideologias políticas ou concepções religiosas.". E conclui: "Portanto, a jurisdição constitucional bem exercida é antes uma garantia para a democracia do que um risco. Impõe-se, todavia, uma observação final. A importância da Constituição – e do Judiciário como seu intérprete maior – não pode suprimir, por evidente, a política, o governo da maioria, nem o papel do Legislativo. A Constituição não pode ser ubíqua. Observados os valores e fins constitucionais, cabe à lei, votada pelo parlamento e sancionada pelo Presidente, fazer as escolhas entre as diferentes visões alternativas que caracterizam as sociedades pluralistas. Por essa razão, o STF deve ser deferente para com as deliberações do Congresso. Com exceção do que seja essencial para preservar a democracia e os direitos fundamentais, em relação a tudo mais os protagonistas da vida política devem ser os que têm votos. Juízes e tribunais não podem presumir demais de si próprios – como ninguém deve, aliás, nessa vida – impondo suas escolhas, suas preferências, sua vontade. Só atuam, legitimamente, quando sejam capazes de fundamentar racionalmente suas decisões, com base na Constituição". (BARROSO, Luís Roberto. *Judicialização, ativismo judicial e legitimidade democrática*. Disponível em: <www.oab.org.br>. p. 10-12. Acessado em 12/05/2009).

[18] GARGARELLA, Roberto. *La justicia frente al gobierno*. Barcelona: Editorial Ariel, 1996. p. 9. Não escapa de Luiz Guilherme Marinoni esta questão: "O debate em torno da legitimidade da jurisdição constitucional, ou melhor, a respeito da legitimidade do controle da constitucionalidade da lei, funda-se basicamente no problema da legitimidade do juiz para controlar a decisão da maioria parlamentar. Isso porque a lei encontra respaldo na vontade popular que elegeu o seu elaborador – isto é, na técnica representativa. Por outro lado, os juízes, como é sabido, não são eleitos pelo povo, embora somente possam ser investidos no poder jurisdicional através do procedimento traçado na Constituição, que prevê a necessidade de concurso público para o ingresso na magistratura de 1º grau de jurisdição – deixados de lado outros critérios e requisitos para o ingresso, por exemplo, no Supremo Tribunal Federal." (MARINONI, Luiz Guilherme. *Teoria Geral do Processo*. 3ª ed. São Paulo: Revista dos Tribunais, 2008. p. 431).

concepção que lhe é contemporânea. *Não é aceitável ver na jurisdição uma restrição à própria democracia.*[19]

É o processo ambiente democrático porque os resultados dele oriundos não decorrem do labor solitário da autoridade jurisdicional (*solipsismo judicial*),[20] mas, bem diferentemente, também são fruto do empenho dos demais envolvidos (partes), que *participam* e *influenciam* na construção do provimento jurisdicional do qual são destinatários.[21] Vale dizer, na seara processual é *dever* do juiz – *dever de consulta* proveniente do *princípio da colaboração*[22] – assegurar às partes a participação delas (=contraditório), *de maneira ativa e direta*, na *criação* da *norma jurídica pacificadora*[23] – expressão do poder estatal –, circunstância a qual instala a jurisdição, com suficiente perfeição, no coração do parágrafo único do art. 1º (segunda parte), que

[19] O que se pode assegurar com acerto é que o Judiciário, ao controlar a constitucionalidade da lei, não nega a teoria democrática ou mesmo a vontade do povo, mas, bem diferentemente, controla a decisão da maioria que desborda da Constituição. (MARINONI, Luiz Guilherme. *Novo CPC esquece da equidade perante as decisões judiciais*. Disponível em <www.conjur.com.br> Acessado em: 12/11/2010).

[20] A expressão *solipsismo judicial* traduz-se num espaço subjetivo o qual se encontra blindado ao exercício pleno do contraditório, dele se originando decisões judiciais decorrentes do labor solitário do juiz, ao arrepio da necessária colaboração das partes. O *juiz solipsista* é aquele que se basta em si, egoísta, encapsulado, que atua solitariamente, pois compromissado apenas com a sua própria subjetividade. Para um aprofundamento acerca dos significados dessas expressões, verificar: STRECK, Lenio Luiz. *O que é isto – decido conforme minha consciência?* Porto Alegre: Livraria do Advogado, 2010. CARVALHO DIAS, Ronaldo Brêtas; FIORATTO, Débora Carvalho. A conexão entre os princípios do contraditório e da fundamentação das decisões na construção do Estado Democrático de Direito. *Revista Eletrônica de Direito Processual. Vol. V.* Disponível em: <http://www.redp.com.br/arquivos/redp_5a_edicao.pdf> Acessado: 11/04/2011. p. 228-260; MADEIRA, Dhenis Cruz. *Processo de Conhecimento & Cognição. Uma inserção no Estado Democrático de Direito.* Curitiba: Juruá Editora, 2008).

[21] Consoante esclarece Botelho, é bem verdade que o sufrágio universal nem sempre legitima o parlamento, sobretudo quando se constata dissociação entre eleitos e eleitores (Rousseau). O mesmo autor complementa o raciocínio, citando em nota de rodapé Mauro Cappelletti: "Não há dúvida de que é essencialmente democrático o sistema de governo no qual o povo tem o 'sentimento de participação'. Mas tal sentimento pode ser facilmente desviado por legisladores e aparelhos burocráticos longínquos e inacessíveis, enquanto, pelo contrário, constitui característica *quoad substantiam* da jurisdição (...) desenvolver-se em direta conexão com as partes interessadas, que têm o exclusivo poder de iniciar o processo jurisdicional e determinar o seu conteúdo, cabendo-lhes ainda o fundamental direito de serem ouvidas. Neste sentido, o processo jurisdicional é até o mais participativo de todos os processos da atividade pública." (BOTELHO, Marcos César. *Democracia e Jurisdição: a legitimidade da jurisdição constitucional na democracia participativa de Jürgen Habermas.* Disponível em: <www.portaldosperiodicos.idp.edu.br>. Acessado em: 04/03/2011).

[22] Sobre os *deveres* (=regras) atribuídos à autoridade jurisdicional na condução do processo, decorrentes do *princípio da colaboração*, são imprescindíveis as lições de Daniel Mitidiero: "(...) a colaboração no processo civil que é devida no Estado Constitucional é a colaboração do juiz para com as partes. Gize-se: não se trata de colaboração entre as partes. As partes não colaboram e não devem colaborar entre si simplesmente porque obedecem a diferentes interesses no que tange à sorte do litígio (obviamente, isso não implica reconhecer o processo civil como um ambiente livre dos deveres de boa-fé e lealdade, assunto correlato, mas diverso). A colaboração estrutura-se a partir da previsão de regras que devem ser seguidas pelo juiz na condução do processo. O juiz tem os deveres de esclarecimento, de diálogo, de prevenção e de auxílio para com os litigantes. É assim que funciona a cooperação. *Esses deveres consubstanciam as regras que estão sendo enunciadas quando se fala em colaboração no processo civil.* A doutrina é tranquila a respeito disso. O dever de esclarecimento constitui 'o dever de o tribunal se esclarecer junto das partes quanto às dúvidas que tenha sobre as suas alegações, pedidos ou posições em juízo'. O de prevenção, o dever de o órgão jurisdicional prevenir as partes do perigo de o êxito de seus pedidos 'ser frustrado pelo uso inadequado do processo'. O de consulta, o dever de o órgão judicial consultar as partes antes de decidir sobre qualquer questão, possibilitando antes que essas o influenciem a respeito do rumo a ser dado à causa. O dever de auxílio, 'o dever de auxiliar as partes na superação de eventuais dificuldades que impeçam o exercício de direitos ou faculdades ou o cumprimento de ônus ou deveres processuais." (MITIDIERO, Daniel. Colaboração no processo civil como *prêt-à-porter*? Um convite ao diálogo para Lenio Streck. *Revista de Processo, 194.* São Paulo: Revista dos Tribunais, 2011. p. 55-69).

[23] Segundo Fredie Didier Júnior, "falar em processo democrático é falar em processo equilibrado e dialógico. Um processo em que as partes possam controlar-se, os sujeitos processuais tenham poderes e formas de controle previamente estabelecidos. Não adianta atribuir poder, se não houver mecanismos de controle desse poder." (DIDIER JÚNIOR, Fredie. *Curso de direito processual civil.* Vol. I. 6ª ed. Salvador: Editora JusPodivm, 2006. p. 62).

igualmente prevê a *democracia participativa* como meio de legitimidade democrática do poder estatal – "*Todo* poder emana do povo, que o exerce por meio de representantes eleitos, *ou diretamente*, nos termos desta Constituição".[24]

E, conforme restará claro a seguir, no Estado Democrático de Direito o *contraditório* é a *ponte de ouro* entre *jurisdição* e *democracia*.

4. A feição contemporânea do contraditório

Mais condizente com a realidade atual e hábil para afiançar legitimidade (democrática) à atividade jurisdicional, o contraditório, imbuído dos significados que hoje lhe são apregoados, garante aos cidadãos participação *direta* e efetiva no exercício da jurisdição e no resultado dela emanado.[25]

Não mais se deve aceitar o contraditório como mera *garantia* conferida às partes de *informação* acerca dos atos processuais que se sucedem no curso procedimental. Não é ele, ademais, simples *direito vazio* de *resistir* a esses mesmos atos, mediante impugnações e requerimentos a serem registrados no caderno processual.[26] Pensar no contraditório como princípio de feições eminentemente formais é desprezar aquilo lhe há de mais peculiar, é ignorar sua própria substância.[27] *Contraditório meramente formal é ficção e de nada serve.*[28]

[24] Sobre uma ideia mais geral de *democracia participativa* e o porvir, confira-se o ensinamento de Paulo Bonavides: "Na escalada da legitimidade constitucional, o século XIX foi o século do legislador, o século XX o século do juiz e da justiça constitucional universalizada; já o século XXI está fadado a ser o século do cidadão governante, do cidadão povo, do cidadão soberano, do cidadão sujeito de direto internacional, conforme consta, de último, da jurisprudência do direito das gentes, segundo já assinalamos. Ou ainda, do cidadão titular de direitos fundamentais de todas as dimensões; século, por fim, que há de presenciar nos ordenamentos políticos do Terceiro Mundo o ocaso do atual modelo de representação e de partidos. É o fim que aguarda as formas representativas desfalecidas. Mas é também a alvorada que faz nascer o sol da democracia participativa nas regiões constitucionais da periferia." E mais: "Breve, o povo, diretamente, em plebiscitos instantâneos, por via da rede eletrônica, decidirá as grandes questões de interesse nacional e de soberania. E, ao mesmo passo, por meio de referendos, igualmente instantâneos, aprovará as emendas constitucionais daquele teor. O porvir será do povo. Haverá assim mais pureza nas instituições, mais legitimidade, mais democracia, mais poder representativo; portanto, menos corrupção, menos injustiça social, menos falsidade governativa, menos alienação de cidadania." (BONAVIDES, Paulo. *Teoria Geral do Estado.* 8ª ed. São Paulo: Malheiros, 2010. p. 376-377).

[25] O contraditório é um dos aspectos inerentes ao processo, elemento integrante de sua identidade, nominada por muitos de *modelo constitucional do processo*. O processo, então, condiciona a aferição de legitimidade à jurisdição e ao provimento dela resultante, função que apenas lhe será atribuída se ao contraditório forem conferidos contornos que extrapolem aquela visão lógico-formal, absolutamente vazia e que relega ao limbo toda sua importância.

[26] Dierle José Coelho Nunes elucida, em estudo profícuo, a visão tradicional que se tinha do princípio do contraditório: "Em uma acepção tradicional, o princípio do contraditório é entendido tão somente como um direito de bilateralidade da audiência, possibilitando às partes a devida informação e possibilidade de reação. É a aplicação do denominado direito de ser ouvido pelo juiz. Assim, bastariam o dizer e o contradizer das partes para garantir o seu respeito, mesmo que estas ações não encontrassem ressonância na estrutura procedimental e no conteúdo das decisões, permitindo, desde modo, tão somente uma participação fictícia e aparente." (COELHO NUNES, Dierle José. O princípio do contraditório: uma garantia de influência e de não surpresa. *Teoria do processo: Panorama Mundial.* Coordenação de: Fredie Didier Jr e Eduardo Ferreira Jordão. Salvador: Editora JusPodivm, 2008. p. 151-172).

[27] Nesta toada, Henrique Yukio, atento às lições de Rosemiro Pereira Leal, aponta: "O processo, por sua vez, é tratado como uma instituição constitucionalizada (artigo 5º, LIV, da Constituição da República Federativa) essencial à democracia, uma espécie de procedimento, cujo traço distintivo em relação ao gênero consiste na participação, em conjunto, dos destinatários do provimento na atividade preparatória deste. Os interessados no ato estatal participam de sua construção de uma forma especial – em contraditório entre eles –, vez que seus interesses em relação ao ato final do procedimento são opostos. O contraditório, assim, deixa de ser compreendido como a mera bilateralidade de audiência (uma possibilidade de se informar e de reagir a partir das informações recebidas), para ser entendido como a simétrica paridade de participação dos destinatários na atividade preparatória do ato estatal, sendo que esta participação tem que ser levada em consideração pelo juiz no momento da decisão." (PEREIRA DE SOUZA, Henri-

Daí por que as partes têm assegurado o direito de *influir* na decisão do juiz.[29] Não apenas *participam* do processo, mas animam seu resultado.[30] Seria insignifican-

que Yukio. A presunção judicial no Estado Democrático de Direito: uma análise crítica do artigo 335 do Código de Processo Civil. *Revista Brasileira de Direito Processual, 72*. Belo Horizonte: Editora Fórum, 2010. p. 113).

[28] Para ilustrar, lesam o contraditório julgamentos que tomam como meio probatório legítimo, e neles assentam suas conclusões, depoimentos de testemunhas colhidos pelo perito e utilizados em seu laudo como sustentáculo de determinada tese. Já se decidiu a respeito disso que "perito não é juiz e, pois, não pode assumir a produção da prova testemunhal – até porque, quando isso acontece, o princípio do contraditório (...) deixa de ser observado. Cumpria à apelante, isto sim, arrolar como testemunhas, para inquirição em audiência, na presença das partes e seus advogados, as pessoas que prestaram informação ao perito." (extinto Tribunal de Alçada do Paraná, Apelação Cível 585/85, julgado em 17/09/1985, Relator Juiz Ivan Rghi, in *Revista de Processo*. São Paulo: Revista dos Tribunais, 1986, p. 289-290, nº 43).

[29] Antes o contraditório era visto como uma garantia de as partes serem *informadas* sobre os atos que se sucedem ao longo do procedimento e de *reagirem* contra eles. Hoje, além de manter essa concepção formal, o contraditório surge como genuíno direito de *influência* na construção do provimento jurisdicional, num viés exegético mais consentâneo aos ideários constitucionais, especialmente à concepção de *democracia*. Assim, é certo sintetizar o contraditório na tríade *informação-reação-influência*. É essa a linha de raciocínio defendida por Sérgio Gilberto Porto e Daniel Ustárroz: "É com esse espírito que a combinação das atividades do autor, do demandado e do juiz assumirá a estrutura ínsita do conceito de cooperação. Se cada um desses sujeitos trabalhar debruçado sobre a mesma matéria fática e jurídica, cada qual poderá trazer valiosas conclusões para iluminar o *thema decidendum*. O processo transforma-se em um laboratório, no qual todas as partes são convidadas a trabalhar, tal como cientistas fossem. (...) Essa seria uma manifestação positiva do princípio da colaboração. A investigação solitária do órgão judicial, nos dias atuais, mostra-se inadequada, pois o diálogo instado entre as partes e o próprio condutor do processo recomendado pelo método dialético amplia o quadro de análise, constrange à comparação, atenua o perigo de opiniões pré-concebidas e favorece a formação de um juízo mais aberto e ponderado." E concluem: "Quando se fala em colaboração entre as partes, admite-se que é justamente pela soma de seus esforços que o órgão judicial encontrará condições plenas para a aplicação do direito. Em outras palavras, é da soma de comportamentos parciais (tese, esposada pela pretensão + antítese, representada pela defesa) que o processo alcançará a justa síntese. Este, então, é o método de trabalho preconizado pela adoção do princípio do contraditório." (PORTO, Sérgio Gilberto; USTÁRROZ, Daniel. *Lições de direitos fundamentais no processo civil*. O conteúdo processual da Constituição Federal. Porto Alegre: Editora Livraria do Advogado, 2009. p. 54). Em linha semelhante, Dierle José Coelho Nunes: "Neste Estado democrático os cidadãos não podem mais se enxergar como sujeitos espectadores e inertes nos assuntos que lhes tragam interesse, e sim serem participantes ativos e que influenciem no procedimento formativo dos provimentos (atos administrativos, das leis e das decisões judiciais), e este é o cerne da garantia do contraditório. Dentro desse enfoque se verifica que há muito a doutrina percebeu que o contraditório não pode mais ser analisado tão somente como mera garantia formal de bilateralidade da audiência, mas, sim, como uma possibilidade de influência (*Einwirkungsmöglichkeit*) sobre o desenvolvimento do processo e sobre a formação de decisões racionais, com inexistentes ou reduzidas possibilidades de surpresa. Tal concepção significa que não se pode mais na atualidade, acreditar que o contraditório se circunscreva ao dizer e contradizer formal entre as partes, sem que isso gere uma efetiva ressonância (contribuição) para a fundamentação do provimento, ou seja, afastando a ideia de que a participação das partes no processo pode ser meramente fictícia e mesmo desnecessária no plano substancial." (COELHO NUNES, Dierle José. O princípio do contraditório: uma garantia de influência e de não surpresa. *Teoria do processo: Panorama Mundial*. Coordenação de: Fredie Didier Jr e Eduardo Ferreira Jordão. Salvador: Editora JusPodivm, 2008. p. 151-172). Sobre o tema, sugere-se examinar ainda o estudo desenvolvido por Daniel Amorim Assunção Neves: ASSUNÇÃO NEVES, Daniel Amorim. *Manual de Direito Processual Civil*. São Paulo: Editora Método, 2009. p. 55-61.

[30] Confira-se o raciocínio coerente de Fredie Didier Jr.: "O processo é um instrumento de composição de conflito – pacificação social – que se realiza sob o manto do contraditório. O contraditório é inerente ao processo. Trata-se de princípio que pode ser decomposto em duas garantias: participação (audiência; comunicação; ciência) e possibilidade de influência na decisão. Aplica-se o princípio do contraditório, derivado que é do devido processo legal, nos âmbitos jurisdicional, administrativo e negocial. Democracia no processo recebe o nome de contraditório. Democracia é participação; e participação no processo se opera pela efetivação da garantia do contraditório. O princípio do contraditório deve ser visto como manifestação do exercício democrático de um poder." Mais a frente, o processualista baiano aponta dois elementos que compõem a garantia do contraditório, o formal e o substancial. Sobre o segundo deles, esclarece: "Há o elemento substancial dessa garantia. Há um aspecto, que eu reputo essencial, denominado, de acordo com a doutrina alemã, de 'poder de influência'. Não adiante permitir que a parte, simplesmente, participe do processo; que ela seja ouvida. Apenas isso não é o suficiente para que se efetive o princípio do contraditório. É necessário que se permita que ela seja ouvida, é claro, mas em condições de poder influenciar a decisão do magistrado. Se não for conferida a possibilidade de a parte influenciar a decisão do magistrado – e isso é poder de influência, poder de interferir na decisão do magistrado, interferir com argumentos, interferir com ideias, com fatos novos, com argumentos jurídicos novos; se ela não puder fazer isso, a garantia do contraditório estará ferida. É fundamental perceber isso: o contraditório não se implementa, pura e simplesmente, com a ouvida, com a participação; exige-se a participação com a possibilidade, conferida à parte, de influenciar no conteúdo da decisão." (DIDIER JÚNIOR, Fredie. *Curso de*

te, aliás, permitir-lhes manifestações e produção probatória se ao magistrado fosse conferida a possibilidade de surpreendê-las com provimentos de conteúdo alheio aos fatos e direitos discutidos no palco processual.[31] No campo judicial, a surpresa é circunstância que sugere o arbítrio.[32]

---

direito processual civil. Vol. I. 6ª ed. Salvador: Editora JusPodivm, 2006. p. 58-59). Também acerca dessa visão contemporânea do contraditório, atentem-se as precisas ponderações de Carlos Alberto Alvaro de Oliveira: "Exatamente em face dessa realidade cada vez mais presente na rica e conturbada sociedade de nossos tempos, em permanente mudança, ostenta-se inadequada a investigação solitária do órgão judicial. Ainda mais que o monólogo apouca necessariamente a perspectiva do observador e em contrapartida o diálogo, recomendado pelo método dialético, amplia o quadro de análise, constrange à comparação, atenua o perigo de opiniões preconcebidas e favorece a formulação de um juízo mais aberto e ponderado. A faculdade concedida aos litigantes de pronunciar-se e intervir ativamente no processo impede, outrossim, sujeitem-se passivamente à definição jurídica ou fática da causa efetuada pelo órgão judicial. E exclui, por outro lado, o tratamento da parte como simples 'objeto' de pronunciamento judicial, garantindo o seu direito de atuar de modo crítico e construtivo sobre o andamento do processo e seu resultado, desenvolvendo antes da decisão a defesa das suas razões. A matéria vincula-se ao próprio respeito à dignidade humana e aos valores intrínsecos da democracia, adquirindo sua melhor expressão e referencial, no âmbito processual, no princípio do contraditório, compreendido de maneira renovada, e cuja efetividade não significa apenas debate das questões entre as partes, mas concreto exercício do direito de defesa para fins de formação do convencimento do juiz, atuando, assim, como anteparo à lacunosidade ou insuficiência da sua cognição." (ALVARO DE OLIVEIRA, Carlos Alberto. *Garantia do contraditório*. Disponível em <www.mundojuridico.adv.br>. p. 6).

[31] O juiz colabora, enquanto sujeito do processo, do diálogo do qual deve resultar a decisão para o caso concreto, mas isso, como adverte Aroldo Plínio Gonçalves, "não o transforma em contraditor, ele não participa 'em contraditório com as partes', entre ele e as partes não há interesses em disputa, ele não é 'interessado', ou um 'contra-interessado' no provimento. O contraditório se passa entre as partes porque importa no jogo de seus interesses em direções contrárias, em divergência de pretensões sobre o futuro provimento que o *iter* procedimental prepara, em oposição. (...) O contraditório realizado entre as partes não exclui que o juiz participe atentamente do processo, mas, ao contrário, o exige, porquanto, sendo o contraditório um princípio jurídico, é necessário que o juiz a ele se atenha, adote as providências necessárias para garanti-lo, determine as medidas adequadas para assegurá-lo, para fazê-lo observar, para observá-lo, ele mesmo." (GONÇALVES, Arloldo Plínio. *Técnica processual e teoria do processo.* Rio de Janeiro. Aide, 1992. p. 121-123). Enfim, consoante se pensa, o juiz não se envolve no contraditório. *O contraditório se dá exclusivamente entre as partes.* Isso, contudo, não significa que o juiz deixa de colaborar na construção do provimento jurisdicional. O juiz coopera com as partes na construção do provimento jurisdicional, pois lhe cumpre exercer os deveres de esclarecimento, de auxílio, de prevenção e de consulta, todos decorrentes do *princípio da colaboração* (sobre o tema, verificar: MITIDIERO, Daniel. Colaboração no processo Civil. Pressupostos sociais, lógicos e éticos. *Coleção Temas Atuais de Direito Processual Civil,* Vol. 14. São Paulo: Revista dos Tribunais, 2009). O *dever de consulta*, em especial, possui bastante relevância, considerando que é por intermédio dele que o juiz assegura a observação do contraditório – o juiz, então, não é contraditor, não participa do contraditório, mas, sim, assegura-o. É papel do juiz, mediante os aludidos deveres, colaborar com as partes e, deste modo, assegurar-lhes um debate maduro e completo sobre as questões fáticas e jurídicas. Defendendo posicionamento contrário, Hermes Zaneti Júnior, referindo-se a Miguel Reale, Búlgaro, Carlos Alberto Alvaro de Oliveira e Nicolò Trocker: "(...) o contraditório surge como 'valor fonte' do processo constitucional. Para Búlgaro, *judicium est actum trium personorum*: juiz, autor e réu. Como ficou claro dos estudos mais recentes, o juiz também está sujeito ao contraditório." (JÚNIOR, Hermes Zaneti. *Processo Constitucional. O Modelo Constitucional do Processo Civil Brasileiro.* Rio de Janeiro: Lumen Juris, 2007. p. 194).

[32] Carlos Alberto Alvaro de Oliveira e Daniel Mitidiero lecionam: "Na visão atual, o direito fundamental do contraditório situa-se para além da simples informação e possibilidade de reação, conceituando-se de forma mais ampla na outorga de poderes para que as partes participem no desenvolvimento e no resultado do processo, da forma mais paritária possível, influenciando de modo ativo e efetivo a formação dos pronunciamentos jurisdicionais. Este último elemento não se circunscreve ao ato que resolve a controvérsia, mas compreende todas as decisões do órgão judicial, digam respeito ao mérito da controvérsia, às chamadas condições da ação, aos pressupostos processuais, ou à prova. Estende-se, ademais, à matéria fática ou de puro direito, e em qualquer fase do processo (conhecimento ou execução), abrangendo também a fase recursal, em qualquer grau de jurisdição ou no âmbito de recurso especial ou extraordinário, e a fase ou processo destinado à obtenção de tutela de urgência." E continuam: "Na perspectiva adotada, cada um dos contraditores pode exercer um conjunto de escolhas, de reações, de controles, e ao mesmo tempo deve suportar os controles e as reações dos outros participantes. Além disso, o prolator do pronunciamento deve considerar seriamente os resultados assim obtidos." Afirmam, ademais: "O último requisito exibe suma importância, visto que o direito fundamental constituiria pura ilusão, se ignorada pelo órgão judicial a participação dos interessados. Em tal hipótese não haveria diálogo, mas monólogo, a contradizer o próprio conceito de processo e afrontar o direito fundamental ora sob análise." (ALVARO DE OLIVEIRA, Carlos Alberto; MITIDIERO, Daniel. *Curso de Processo Civil.* Teoria Geral do Processo Civil e Parte Geral do Direito Processual Civil. Vol. 1. São Paulo: Atlas, 2010. p. 36-37).

Vê-se, de tudo isso, a importância desse direito/garantia fundamental, uma das vertentes do *devido processo legal*, norteado – repita-se – não só a permitir a referida participação formal das partes no módulo processual, mas, sobretudo, dirigida a possibilitar-lhes real autoridade na construção da decisão jurisdicional. Mais do que garantia à informação, além de direito à reação, o contraditório tem por escopo permitir a interferência das partes na decisão, de modo que cooperem e influenciem *diretamente* no raciocínio do juiz.[33]

São, a respeito disso, esclarecedoras as palavras do festejado processualista Leonardo Greco:

> O princípio do contraditório pode ser definido como aquele segundo o qual ninguém pode ser atingido por uma decisão judicial na sua esfera de interesses, sem ter tido a ampla possibilidade de influir eficazmente na sua formação em igualdade de condições com a parte contrária. O contraditório é a expressão processual do princípio político da participação democrática, que hoje rege as relações entre o Estado e os cidadãos na Democracia contemporânea. Essa compreensão estendeu o contraditório também aos processos administrativos, o que está, inclusive, expresso na Constituição (art. 5º, inc. LV). O processo se desenvolve através de uma marcha dialética, na qual, na medida em que as questões surjam, o juiz deverá colocá-las em debate para obter o pronunciamento das partes sobre elas e, depois, decidi-las. Esse é um princípio tradicional do processo judicial, que remonta à Antiguidade e é uma consequência da própria imparcialidade do juiz.[34]

Entretanto, o contraditório, além disso, se presta a outra função. Afirmar que ele se vincula à ideia de legitimidade quer igualmente, e num outro ângulo de visão, traduzir seu papel de *controlar* a atividade jurisdicional e os resultados dela oriundos. O referido princípio constitucional, de tal sorte, colabora para o desígnio, também democrático, de obstar arbítrios e subjetivismos provenientes do órgão jurisdicional (*decisionismos*).

Se o diálogo travado processualmente é pelo juiz considerado na formulação da norma jurídica pacificadora, é evidente que o contraditório assume mesmo função de *controle* do poder estatal jurisdicional. Como meio de controle do ativismo judicial, hoje difundido e necessário, *nada melhor, e mais democrático, do que investir na imposição de um ativismo também das partes, num viés voltado à cooperação na construção do provimento jurisdicional.*[35] Afinal, segundo esse modelo, as partes não

---

[33] Esclarece Enrico Redenti que as partes têm o legítimo interesse de obter uma decisão e de influenciar, com aporte ou com a oferta de contribuições, tanto temáticas quanto informativas, demonstrativas, críticas ou polêmicas, a formação de seu conteúdo; o contraste dialético ou dialógico que deriva do contraditório fornece ao juiz imparcial e prudente os elementos necessários e suficientes (do ponto de vista da lei) sobre o tema e sobre o modo de decidir, com resultantes de relativa justiça. (REDENTI, Enrico. *Diritto Processuale Civile.* 4ª ed. Vol. II. Milão: Giuffrè Editore, 1997. p. 25-26).

[34] GRECO, Leonardo. *Instituições de Processo Civil. Introdução ao Direito Processual Civil.* Vol. I. 2ª ed. Rio de Janeiro: Editora Forense, 2010. p. 540. Em outro trecho de sua obra, Leonardo Greco, avançando no exame do contraditório, acrescenta: "Hoje, o contraditório ganhou uma proteção humanitária muito grande, sendo, provavelmente, o princípio mais importante do processo. Ele é um megaprincípio que, na verdade, abrange vários outros e, nos dias atuais, não se satisfaz apenas com uma audiência formal das partes, que é a comunicação às partes dos atos do processo, mas deve ser efetivamente um instrumento de participação eficaz das partes no processo de formação intelectual das decisões. Assim, impõe-se que as partes sejam postas em condições de, efetivamente, influenciar as decisões. As regras tradicionais da igualdade das partes e da sua audiência bilateral são básicas, mas, como já se afirmou, não satisfazem o contraditório participativo como um instrumento do princípio político da participação democrática. É necessário que o contraditório instaure o diálogo humano, que permita, por exemplo, ao juiz flexibilizar prazos e oportunidades de defesa, para assegurar a mais ampla influência das partes na formação da sua decisão." (GRECO, Leonardo. *Instituições de Processo Civil. Introdução ao Direito Processual Civil.* Vol. I. 2ª ed. Rio de Janeiro: Forense, 2010. p. 541).

[35] Importante advertência é formulada por Humberto Theodoro Júnior e Dierle José Coelho Nunes: "Devemos nos preocupar com o reforço do papel do juiz, mas ao mesmo tempo com o reforço do papel das partes e dos advogados,

se surpreenderão com *decisionismos* oriundos exclusivamente de reflexões solitárias do juiz. De antemão, terão consciência de que a decisão, como manda um adequado regime democrático, será proveniente do debate travado no processo, relativo a questões de fato e de direito por elas mesmas suscitadas ou provocadas pelo próprio juiz na busca da (utópica) verdade real. Abaliza-se, desta forma, o princípio da segurança jurídica, pois às decisões judiciais confere-se previsibilidade e, por consequência, resguardam-se as expectativas das partes no que toca ao resultado oriundo da atividade jurisdicional.

Dito de maneira direta: eventuais surpresas no resultado da jurisdição atentam não só à democracia, senão ainda à própria segurança jurídica.[36] Ulceram o poder de controle que é conferido constitucionalmente às partes através do contraditório. A decisão judicial – repita-se – não é fruto da onipotência solitária do magistrado (=juiz solipsista),[37] mas proveniente de uma construção dialética e argumentativa a envolver do mesmo modo o ativismo das próprias partes.[38]

---

pois caso contrário delinear-se-á um sistema antidemocrático de aplicação de tutela no qual o juiz deverá trabalhar praticamente sozinho, sem subsídio técnico algum do procedimento e dos advogados." (THEODORO JÚNIOR, Humberto; COELHO NUNES, Dierle José. Uma dimensão que urge reconhecer ao contraditório no direito brasileiro: sua aplicação como garantia de influência, de não surpresa e de aproveitamento da atividade processual. *Revista de Processo*, 168. São Paulo: Revista dos Tribunais, 2009. p. 110).

[36] É óbvio que aqui não se inserem as chamadas "decisões liminares", de natureza cautelar ou antecipatória, sempre que proferidas legitimamente, com assento no postulado da proporcionalidade. Nesse caso, admitem-se, de maneira excepcional, *decisões-surpresa*, prolatadas, ao menos inicialmente, ao arrepio do contraditório. Depois de concedidas as tais liminares, o debate processual é oportunizado (contraditório *sucessivo, postecipado* ou *diferido*). Sobre o assunto, Dierle José Coelho Nunes: "A possibilidade de deferimento de provimentos sem a oitiva da parte contrária *(inaudita altera parte)* possui previsão técnica no Brasil tanto para provimentos cautelares (art. 804, CPC) quanto antecipatórios (art. 273, CPC), mas seu exercício deverá somente ser acatado quando além de observados os permissivos legais ocorra no caso concreto maior adequabilidade de aplicação de algum outro princípio constitucional em detrimento da abertura e aplicação do contraditório. Quando não existir melhor adequabilidade de outro princípio em face do contraditório não existiria razão para proferimento de decisão sem a abertura do debate preventivo, ou seja, somente excepcionalmente a liminar deveria ser deferida sem oitiva da parte *ex adversa*." (COELHO NUNES, Dierle José. O princípio do contraditório: uma garantia de influência e de não surpresa. *Teoria do processo: Panorama Mundial.* Coordenação de: Fredie Didier Jr e Eduardo Ferreira Jordão. Salvador: Editora JusPodivm, 2008. p. 151-172).

[37] Com bem anota Lenio Luiz Streck, acreditar que a decisão judicial é produto "de um ato de vontade (de poder) nos conduz inexoravelmente a um fatalismo. Ou seja, tudo depende(ria) da vontade pessoal (se o juiz quer fazer, faz; se não quer, não faz...!). Logo, a própria democracia não depende(ria) de nada para além do que alguém quer...! Fujamos disso! Aliás, a hermenêutica surgiu exatamente para superar o assujeitamento que o sujeito faz do objeto (aliás, isso é o que é a filosofia da consciência...!)." (STRECK, Lenio Luiz. *O que é isto – decido conforme minha consciência.* 2ª ed. Porto Alegre: Livraria do Advogado, 2010. p. 38-38). O mesmo autor mostra que a a problemática relacionada à jurisdição e o papel destinado ao juiz vem de longe, especificamente desde o século XIX. Esclarece, desde modo, que desde "Oskar von Bülow (...) a relação publicística está lastreada na figura do juiz, 'porta-voz avançado do sentimento jurídico do povo', com poderes para além da lei, tese que viabilizou, na sequência, a Escola do Direito Livre. Essa aposta solipsista está lastreada no paradigma racionalista-subjetivista que atravessa dois séculos, podendo facilmente ser percebida, na sequência, em Chiovenda, para quem a vontade concreta da lei é aquilo que o juiz afirma ser a vontade concreta da lei; em Carnellutti, de cuja obra se depreende que a jurisdição é 'prover', 'fazer o que seja necessário'; também em Couture, para o qual, a partir de sua visão intuitiva e subjetivista, chega a dizer que 'o problema da escolha do juiz é, em definitivo, o problema da justiça'; em Liebman, para quem o juiz, no exercício da jurisdição, é livre de vínculos enquanto intérprete qualificado da lei. No Brasil, essa 'delegação' da atribuição dos sentidos em favor do juiz atravessou o século XX, sendo que tais questões estão presentes na concepção instrumentalista do processo, cujos defensores admitem a existência de escopos metajurídicos, estando permitido ao juiz realizar determinações jurídicas, mesmo que não contidas no direito legislado, com o que o aperfeiçoamento do sistema jurídico dependerá da 'boa escolha dos juízes' (...) e, consequentemente, de seu – como assinalam alguns doutrinadores – 'sadio protagonismo'." (STRECK, Lenio Luiz. *O que é isto – decido conforme minha consciência.* 2ª ed. Porto Alegre: Livraria do Advogado, 2010. p. 40-41).

[38] Cleber Lúcio de Almeida apresenta visão bastante similar a que ora se defende: "O Estado Democrático de Direito tem como característica essencial a criação das normas jurídicas gerais e abstratas pelos seus destinatários (construção participada da ordem jurídica). Nesse sentido, estabelece o art. 1º, parágrafo único, da Constituição da República que todo poder emana do povo. Contudo, no verdadeiro Estado Democrático de Direito, não é suficiente a construção

Com alicerce nesse viés, relacionado à *legitimidade* e ao *controle* da própria jurisdição e de seu resultado, aviva-se o entendimento centrado na invalidade de *decisões-surpresa*, referentes a questões fáticas e/ou jurídicas, porque atentatórias ao contraditório em sua acepção dinâmica – e, portanto, atentatórias à própria democracia. Surpreendida a parte com um provimento alheio à dialética processual, salvaguarda-lhe, mediante os instrumentos apropriados (inclusive via *querela nullitatis*) e em clamor a seu direito de *influência* na construção da norma jurídica pacificadora, o direito de obter, perante o Judiciário, a nulidade da decisão ilegítima, em proveito de outra a ser necessariamente prolatada, e que considere, efetiva e exclusivamente, a matéria fática e jurídica objeto do debate travado no processo.[39]

5. Casos práticos de decisões judiciais proferidas à margem do contraditório

A partir daqui o intento é situar o tema num contexto prático e, de tal modo, apontar um agir estatal ocorrente e que vai de encontro às premissas traçadas até o momento. Quer-se, destarte, indicar algumas decisões judiciais frequentemente verificadas no cotidiano forense e que, entretanto, apresentam-se em desacordo com a atual estruturação do contraditório, desajustadas à ideia de democracia e, por isso, atentatórias ao modelo democrático do processo civil brasileiro.

Questionar-se-á designadamente a legitimidade de decisões judiciais que, em atropelo ao contraditório, condenam: i) à multa por litigância de má-fé; ii) a honorários *sucumbenciais*; e iii) a juros e correção monetária. Segundo a mesma linha de raciocínio, serão examinados – e rotulados de ilegítimos – provimentos jurisdicionais: iv) elaborados com assento em tese jurídica diversa daquelas debatidas ao longo do procedimento; v) que se fundamentam em presunção judicial construída em atentado à dialética processual; vi) proferidos oficiosamente pelo juiz, mas sem a

participada da ordem jurídica. Nele, o processo judicial, como instrumento de atuação de uma das funções do Estado, deve estar em sintonia com os princípios adotados constitucionalmente, dos quais decorre o direito fundamental de participação na tomada de decisões. Por essa razão, também a norma jurídica concreta – a norma regente do caso submetido ao Poder Judiciário ou o direito no caso concreto – deve ser construída com a participação dos destinatários dos seus efeitos (construção participada da decisão judicial ou do direito no caso concreto). A participação das partes na formação do direito no caso concreto opera em favor da consolidação do Estado Democrático de Direito, uma vez que ser senhor do próprio destino é participar não só da criação, mas também da aplicação das normas jurídicas gerais e abstratas a casos concretos." Mais à frente, leciona: "Participar da formação da decisão judicial é, também, participar da compreensão do significado das normas jurídicas gerais e abstratas (interpretação). Essa participação legitima a atribuição de significado à norma constante da decisão e a torna mais objetiva, uma vez que construída a partir de diversos pontos de vista." (ALMEIDA, Cleber Lúcio de. *A legitimação das decisões judiciais no Estado Democrático de Direito*. Disponível em: <http://direito.newtonpaiva.br/revistadireito/professor/professores.asp>. Acessado em: 08/02/2010).

[39] É nessa linha o entendimento de Corrado Ferri, citado por Dierle José Coelho Nunes: "(...) o contraditório constitui uma verdadeira garantia de não surpresa que impõe ao juiz o dever de provocar o debate acerca de todas as questões, inclusive as de conhecimento oficioso, impedindo que em 'solitária onipotência' aplique normas ou embase a decisão sobre fatos completamente estranhos à dialética defensiva de uma ou ambas as partes. Toda vez que o magistrado não exercitasse ativamente o dever de advertir as partes quanto ao específico objeto relevante para o contraditório, o provimento seria invalidado, sendo que a relevância ocorre se o ponto de fato ou de direito constituiu necessária premissa ou fundamento para a decisão. Assim, o contraditório não incide sobre a existência de poderes de decisão do juiz, mas, sim, sobre a modalidade de seu exercício, de modo a fazer do juiz um garante de sua observância e impondo a nulidade de provimentos toda vez que não exista a efetiva possibilidade de seu exercício." (COELHO NUNES, Dierle José. O princípio do contraditório: uma garantia de influência e de não surpresa. *Teoria do processo: Panorama Mundial.* Coordenação de: Fredie Didier Jr e Eduardo Ferreira Jordão. Salvador: Editora JusPodivm, 2008. p. 151-172).

oitiva das partes; vii) que desconsideram abruptamente a personalidade das pessoas jurídicas sem patrimônio a fim de estender aos sócios a responsabilidade patrimonial por dívida contraída por aquela; e viii) que julgam embargos de declaração sem a participação do embargado.

5.1. A condenação à multa por litigância de má-fé

Segundo o Código de Processo Civil, reputa-se litigante de má-fé aquele que: i) deduzir pretensão ou defesa contra texto expresso de lei ou fato incontroverso; ii) alterar a verdade dos fatos; iii) usar do processo para conseguir objetivo ilegal; iv) opuser resistência injustificada ao andamento do processo; v) proceder de modo temerário em qualquer incidente ou ato do processo; vi) provocar incidentes manifestamente infundados; e vii) interpuser recurso com intuito protelatório (CPC, art. 17).

Verificada nos autos postura que sugere ao juiz a caracterização de hipótese justificadora da penalidade por litigância de má-fé (CPC, art. 18) (perceba isso por provocação ou oficiosamente), cumpre-lhe, antes, instaurar o contraditório e, deste modo, permitir aos interessados que se manifestem, robusteçam ou refutem os argumentos sinalizados pela autoridade jurisdicional e, caso necessário, até produzam provas. Não obstante aquilo percebido no dia a dia do foro, não lhe é permitido condenar previamente, sem assinalar sua suspeita às partes e, assim, possibilitar que elas travem debate sobre a questão, assegurando a cada qual o direito de advogarem suas posições, de reagirem e, sobretudo, de influenciarem na formação da convicção judicial.

Como esclarece Gelson Amaro de Souza, não está o juiz autorizado a aplicar multa por litigância de má-fé, ausente o respeito ao contraditório e à ampla defesa. Em se tratando de regime, que se pretende viver e conviver com um Estado de Direito, não se pode pretender condenar alguém sem que lhe seja concedida, antes, oportunidade de diálogo. Em todo procedimento, administrativo ou judicial, há de se respeitar o *devido processo legal*, algo cuja observância é hoje exigida, inclusive, em procedimentos particulares (exemplos: expulsão de aluno de escola; exclusão de sócio de sociedade, exclusão de plano de saúde, etc.). Estar-se-á diante de um princípio universal que deve ser respeitado por todos os povos, mais precisamente por aqueles que se inserem numa democracia.[40]

Num outro giro, verificam-se, com razoável frequência, condenações igualmente precipitadas, estranhas ao *due process*, endereçadas, porém, ao advogado, unicamente a ele ou em solidariedade com seu cliente. Decisões judiciais com esse conteúdo apresentam-se do mesmo modo ilegítimas, por contrariarem violentamente a Constituição e as próprias bases do regime democrático. O arbítrio é seu fundamento maior: i) primeiro, porque atentatórias a texto expresso na lei processual, que veda ao juiz a possibilidade de condenar advogados à multa pela litigância de má-fé (CPC, art. 14, parágrafo único); segundo, porque direcionadas a punir advogados em atropelo a suas prerrogativas profissionais, talhadas em razão de um comando de ordem constitucional (CRFB, art. 133 – *direito fundamental a um advogado*),[41] e existentes

[40] SOUZA, Gelson Amaro. Litigância de Má-Fé e o Direito de Defesa. *Revista Bonijuris, 550*, 2009. p. 5-11.

[41] Se num Estado Democrático de Direito toda a atividade estatal há de ser controlada, é nada menos que lógica a necessidade de advogados funcionando no processo judicial. E assim idealmente deve ser, ao menos segundo impõe a Constituição quando afirma que o advogado é *indispensável* à administração da justiça, sendo inviolável por seus atos e manifestações no exercício profissional (CF/88, art. 133). Por meio desse comando, o constituinte apenas instituiu

para lhes permitir o exercício de seu ofício, sem receios e retaliações; ii) terceiro, porque, no mais das vezes, são provimentos fabricados ao sabor do engenho solitário do juiz, com desdém às garantias da ampla defesa e do contraditório, voltados a invadir a esfera patrimonial daqueles que sequer integram a relação jurídica processual – afinal, advogado não é parte. Condenações assim escamoteiam ideologia atentatória aos valores constitucionais, além de seu inegável caráter intimidatório, porquanto afrontosas – ainda que indiretamente – a todos aqueles que exercem a advocacia, atividade na qual a liberdade e a independência são predicados essenciais para o satisfatório desempenho na defesa dos cidadãos.[42]

É inaceitável, em conclusão, que a autoridade jurisdicional opere de maneira açodada e forme conjecturas que levem à condenação de multa por litigância de má-fé (seja às partes, seja a seus advogados) sem a prévia instalação do debate processual,[43] tomando de maneira vazia uma regra como se exceção fosse,[44] num agir absolutório pautado unicamente em seu próprio e exclusivo juízo (argumento da autoridade).[45]

---

outra importante garantia ao cidadão, especialmente ao jurisdicionado, àquele que efetivamente haverá de lidar com a autoridade judiciária. Instituiu o *direito fundamental a um advogado*. Confira-se a respeito disso a lição de Rosemiro Pereira Leal: "Assim, por imperativo constitucional, o pressuposto subjetivo de admissibilidade concernente à capacidade postulatória, para a existência legítima de processo, ação e jurisdição, não pode sofrer, no direito brasileiro, restrição, dispensabilidade, flexibilização ou adoção facultativa, porque os procedimentos jurisdicionais estão sob o regime de normas fundamentais que implicam o controle da jurisdição pelo advogado (CR/88, art. 133) e que somente se faz pela presença indeclinável do advogado na construção dos procedimentos jurisdicionais (litigiosos ou não).". E arremata: "O que se extrai do art. 133 da CR/88 é que, muito mais que o retórico controle do judiciário, há que se restabelecer, de imediato, por consectário constitucional, com pronta revogação ou declaração de inconstitucionalidade de leis adversas, o controle da atividade jurisdicional pelo advogado." (LEAL, Rosemiro Pereira. Teoria da defesa no processo civil. In: LEAL, Rosemiro Pereira. *Relativização Inconstitucional da coisa julgada*: Temática processual e reflexões jurídicas. Belo Horizonte: Del Rey, 2005. p. 47-48).

[42] Para um maior aprofundamento sobre o tema, verificar: DELFINO, Lúcio. Condenação de advogado a litigância de má-fé: cariz autoritário da decisão e atentado ao devido processo legal. *Revista Brasileira de Direito Processual, 72.* Belo Horizonte: Editora Fórum, 2010. p. 251-260.

[43] Essa, sem dúvida, a posição também de Fredie Didier Jr., escorada em importante precedente do Superior Tribunal de Justiça: "Mais condizente com a moderna visão do princípio do contraditório está o art. 599, II, do CPC, que diz que o juiz pode, em qualquer momento do processo, advertir ao devedor que o seu procedimento constitui ato atentatório à dignidade da justiça. Ora, antes de punir, adverte sobre o comportamento aparentemente temerário, para que a parte possa explicar-se. Dispositivo belíssimo, que pode ser aplicado, por analogia, na aplicação de qualquer punição processual – e ressalte-se que este artigo está no Livro II, relacionado ao Processo de Execução, em que as situações processuais das partes são significativamente distintas. Também deve ser assim na aplicação da nova multa do art. 14, par. único, CPC. Deverá o magistrado, ao expedir a ordem ou o mandado para cumprimento da diligência, providenciar advertir esses sujeitos (partes e terceiros) de que o seu comportamento recalcitrante poderá resultar na aplicação da mencionada multa. Sem essa comunicação/advertência prévia, pensamos que a multa porventura aplicada é indevida, por desrespeito ao princípio do contraditório. O responsável precisa saber das possíveis consequências de sua conduta, até mesmo para demonstrar ao magistrado as razões pelas quais não cumpriu a ordem, ou não a fez cumprir, ou até mesmo para demonstrar que a cumpriu ou não criou qualquer obstáculo para o seu cumprimento. Afinal, o contraditório se perfaz com a informação e o oferecimento de oportunidade para influenciar no conteúdo da decisão; participação e poder de influência são as palavras-chave para a compreensão desse princípio constitucional. Correta também a solução encontrada pelo Superior Tribunal de Justiça, no julgamento do Recurso Especial nº 250.781/SP, rel. Min. José Delgado, DJ de 19/06/2000: 'Processual civil. Litigância de má-fé. Requisitos para sua configuração. 1. Para a condenação em litigância de má-fé, faz-se necessário o preenchimento de três requisitos, quais sejam: que a conduta da parte se subsuma a uma das hipóteses taxativamente elencadas no art. 17, do CPC; que à parte tenha sido oferecida oportunidade de defesa (CF, art. 5º, LV); e que da sua conduta resulte prejuízo processual à parte adversa." (JÚNIOR, Fredie Didier. *Curso de direito processual civil.* Vol. I. 6ª ed. Salvador: Editora JusPodivm, 2006. p. 59-60).

[44] Decisões dessa natureza transformam a regra em exceção porque ignoram a conhecida advertência de Malatesta: "o ordinário se presume e o extraordinário se prova". (DINAMARCO, Cândido Rangel. Desconsideração da personalidade jurídica, fraude, ônus da prova e contraditório. *Fundamentos do processo civil moderno.* 6ª ed. Vol. I. São Paulo: Malheiros Editores, 2010. p. 538-539). Percebendo indícios de má-fé praticados por quaisquer das partes, é dever do juiz sinalizar sua impressão e, destarte, permitir a participação delas na construção da decisão. Não se encontra autorizado a agir precipitadamente, proferindo condenação assentada unicamente em seu alvedrio, segun-

5.2. A condenação por honorários de sucumbência e a incidência dos juros moratórios e correção monetária

5.2.1. Considerações iniciais

Ao juiz é defeso proferir sentença a favor do autor de natureza diversa (*extra petita*) ou a mais (*ultra petita*) daquilo que foi pedido (CPC, art. 460). Há, todavia, ressalvas a essa regra, tratadas pela doutrina sob a nomenclatura "pedidos implícitos", que, por conseguinte, autorizam decisões judiciais que açambarquem circunstâncias não postuladas expressamente. Incluem-se neste rol excepcional: i) honorários advocatícios (CPC, art. 20); ii) despesas e custas processuais; iii) correção monetária (CC/2002, art. 404); iv) prestações vincendas e inadimplidas na constância do processo em caso de contratos de trato sucessivo (CPC, art. 290; e v) juros legais/moratórios (CC/2002, arts. 404 e 406).

O termo *implícito* vincula-se à ausência de formulação certa e determinada na petição inicial sobre alguma pretensão específica. Ainda que não se constate às vezes expressão formal e manifestamente postulada acerca das hipóteses elencadas no parágrafo anterior, no caso de julgamento de procedência (e na maioria das hipóteses também no de improcedência), deverá o juiz sempre considerá-las, porque sua certeza e determinação decorrem da própria lei processual. Não há, enfim, surpresa às partes quanto a sua análise,[46] pois a autorização para que o órgão jurisdicional examine tais postulações (omissas na petição inicial) encontram-se explicitadas no Código de Processo Civil. Portanto, e sob a ótica da legislação processual, são também pedidos certos e determinados, sem embargo de sua falta na peça de ingresso.

Não é lícito ao intérprete, entretanto, confundir "pedido implícito" e "permissão para ignorar o contraditório". Vale dizer: não é porque o juiz deve decidir sobre algumas matérias alheias àquilo que foi expressamente pedido pelo autor, que estaria da

do uma postura altamente *solipsista* e num viés que, mesmo apegado à intenção de celeridade, não guarda relação alguma com a democracia.

[45] Tampouco está o intérprete autorizado a advogar que algumas hipóteses elencadas no art. 17 do CPC, em razão de sua "objetividade e clareza" (?), autorizariam um agir "automático" do juiz, alheio à instauração do contraditório. Tome-se como exemplo a hipótese inserta no inciso I desse dispositivo ("deduzir pretensão ou defesa contra texto expresso de lei ou fato incontroverso"). Consoante anota o saudoso Ovídio Batista, supõem alguns que a "lei" tenha sempre univocidade de sentido, *o que é rigorosamente falso.* Afinal, a hermenêutica contemporânea admite que a norma legal tenha suficiente abertura semântica, capaz de admitir dois ou mais sentidos legítimos de concebê-la, o que torna, sob o ponto de vista prático, tarefa extremamente árdua o reconhecimento de que a parte esteja a postular "contra texto expresso de lei". E mesmo nos casos em que se postula contra súmulas de jurisprudência dominante, a caracterização de litigância de má-fé só é aceitável quando a parte não tenha relevantes argumentos jurídicos, capazes de provocar a mudança ou revogação do posicionamento pacificado. Também, como exemplo, atente-se para a hipótese do inciso II ("alterar a verdade dos fatos"). Indaga Ovídio Batista: "Em que hipóteses se diria que a parte alterou a 'verdade' dos fatos?" E apresenta as possíveis respostas, sublinhando a dificuldade de aplicação da regra e a prudência que deve nortear o magistrado: "Quando a sentença proclamasse que o fato afirmado como existente não existe? Ou quando, negada a existência de algum fato, venha a sentença a tê-lo como existente? Fato verdadeiro é aquele comprovado nos autos? A parte que alegue fato cuja prova não lhe foi possível fazer responderá como litigante de má-fé?" (SILVA, Ovídio A. Baptista da. *Comentários ao Código de Processo Civil.* Vol. 1. São Paulo: Revista dos Tribunais, 2000. p. 112-113). Essas ilustrações realçam que o contraditório aqui não é meramente simbólico ou inútil. Bem ao contrário, é de sua instauração, da influência advinda dele, que terá o juiz condições seguras de determinar a caracterização ou não da litigância de má-fé.

[46] As partes, portanto, frente à previsão legal, sabem de antemão que a autoridade judicial irá examinar os chamados "pedidos implícitos". Não há surpresa com relação a esse exame. Poderão surpreender-se, todavia, naquilo que diz respeito ao *conteúdo* da decisão judicial. A lei processual autoriza o exame de algumas pretensões, ainda que ausente formulação expressa quanto a elas ("pedidos implícitos"), não significando isso, contudo, autorização para fazê-lo em desatenção ao contraditório.

mesma forma legitimado a desprezar nessas hipóteses o contraditório. Basta lembrar que a Constituição não faz concessões no que se refere aos direitos fundamentais processuais – embora tais concessões possam ocorrer no caso concreto e segundo a aplicação escorreita do *postulado da proporcionalidade* – e afirma com todas as letras que "ninguém será privado da liberdade ou de seus bens sem o devido processo legal" (CRFB/88, art. 5º, LIV). Tampouco tergiversa quando estabelece que "aos litigantes, em processo judicial ou administrativo, e aos acusados em geral são assegurados o contraditório e a ampla defesa, com os meios e recursos a ela inerentes" (CRFB/88, art. 5º, LV). Mediante tais comandos, pretendeu-se, como já anunciado anteriormente, destacar o descompasso entre Estado Democrático de Direito e decisões estatais (administrativas ou jurisdicionais) proferidas à margem de um procedimento atento aos direitos fundamentais processuais.

Como subterfúgio, talvez se intente rotular o contraditório de "inútil" nesses casos, até como forma de provar sua desnecessidade. Por se tratar de princípio que se volta à proteção das partes, não seria mesmo racional que seu desrespeito acarretasse a nulidade dos atos (ou ainda de todo o processo) se ausente prejuízo à parte que seria protegida por sua observação.[47] Todavia, naquilo que diz respeito ao julgamento de alguns "pedidos implícitos", não há como sustentar a inutilidade do contraditório, e assim tanto pela ótica do demandante – que se beneficiou, pois obteve mais do que formalmente pediu – como pela do demandado.

5.2.2. Os honorários sucumbenciais

Enfrente-se, num primeiro momento, a questão referente aos honorários advocatícios (CPC, art. 20).

Perceba-se que tal verba pertence, por força legal, ao advogado, a quem cabe, inclusive, executá-la sozinho sempre que incluída na condenação, podendo reque-

[47] ASSUNÇÃO NEVES, Daniel Amorim. *Manual de Direito Processual Civil.* São Paulo: Editora Método, 2009. p. 58-59. Confira-se a acertada lição do festejado processualista acerca do "contraditório inútil": "O contraditório é moldado essencialmente para a proteção das partes durante a demanda judicial, não tendo nenhum sentido que o seu desrespeito, se não gerar prejuízo à parte que seria protegida pela sua observação, gere nulidade de atos e até mesmo do processo como um todo. Qual o sentido, à luz da efetividade da tutela jurisdicional, em anular um processo porque neste houve ofensa ao contraditório em desfavor do vitorioso? O autor não foi intimado da juntada pela parte contrária de um documento e a seu respeito não se manifestou. Houve ofensa ao contraditório, não há dúvida, mas relevável se o autor ainda assim sagrou-se vitorioso na demanda. A citação ocorreu em homônimo do réu, vício gravíssimo – chamado por alguns de transrescisório pela possibilidade de alegação a qualquer momento, até mesmo depois do prazo da ação rescisória – que impede a regular formação da relação jurídica processual. Ocorre, entretanto, que o pedido do autor foi rejeitado, ou seja, o réu, mesmo sem ter sido citado, sagrou-se vitorioso na demanda. Que sentido teria anulá-la por ofensa ao contraditório? A resposta é óbvia: nenhum. Os exemplos trazidos têm como objetivo demonstrar que no caso concreto a ofensa ao princípio do contraditório não gera nulidade em toda e qualquer situação, não representando uma diminuição do princípio a sua aplicação à luz de outros princípios e valores buscados pelo processo moderno. O afastamento pontual do contraditório, nos termos expostos, é não só admitido, como também recomendável. Por outro lado, também se admite que o próprio procedimento, de forma ampla e genérica, afaste em algumas situações o contraditório, evitando-se o chamado 'contraditório inútil'. A sentença proferida *inaudita altera parte* que julga o mérito em favor do réu (arts. 285-A e 295, IV, do CPC) que nem foi citado certamente não se amolda ao conceito de contraditório, porque nesse caso o réu não é sequer informado da existência da demanda. Mas realmente se pode falar em ofensa ao princípio do contraditório? Exatamente qual seria a função de citar o réu e dele permitir uma reação se o juiz já tem condições de dar a vitória definitiva da demanda (sentença de mérito) a seu favor? Evidentemente, nenhuma digna de nota, não se podendo antever qualquer agressão ao ideal do princípio do contraditório nessas circunstâncias." (ASSUNÇÃO NEVES, Daniel Amorim. *Manual de Direito Processual Civil.* São Paulo: Editora Método, 2009. p. 59).

rer que o precatório, quando necessário, seja expedido em seu favor (art. 23, Lei nº 8.906/94).

Evidentemente que advogado não é parte no processo em que atua profissionalmente, em defesa dos interesses daquele que o contratou. Manifesta-se, de regra, em nome de seu constituinte, representando-o em todas as fases procedimentais pelas quais perpassa a atividade jurisdicional. Contudo, naquilo que diz respeito especificamente aos honorários *sucumbenciais* que serão arbitrados em sentença, os advogados de ambos os lados atuam na qualidade de genuínas partes (ativas), cada qual defendendo seus interesses e almejando importância monetária que se ajuste a suas expectativas. Considerando que os causídicos operam num determinado momento do processo atendendo interesses exclusivamente deles próprios, parece natural a conclusão de que cumpre à autoridade julgadora, atenta ao *devido processo legal*, permitir-lhes o exercício do seu direito de participação e influência na construção desse capítulo (condenatório) do provimento jurisdicional.

As partes em especial, sobretudo porque a condenação a elas será dirigida, detêm naturalmente a garantia de refutar argumentos e de produzir contraprovas, até como meio de evitar a fixação de honorários que, em sua ótica, se apresentariam excessivos. Não há como se aceitar num regime democrático, demarcado pelo *due process* e por todos os *direitos fundamentais processuais* que lhe conferem identidade, condenação proferida em desprezo à ampla defesa, sem que se permita ao sucumbente a oportunidade de manifestar-se previamente. Pensar de outro modo é ferir mortalmente o art. 5º, LIV e LV, da Constituição Federal.[48]

E não há aí a defesa de um contraditório inútil. Basta verificar que a legislação processual não deixa ao exclusivo talante do juiz a fixação dos honorários. Muito pelo contrário, abaliza *critérios gerais* ao afirmar que os honorários serão fixados entre o mínimo de dez por cento (10%) e o máximo de vinte por cento (20%) sobre o valor da condenação, atendidos: i) o grau de zelo do profissional; ii) o lugar de prestação do serviço; iii) a natureza e importância da causa, o trabalho realizado pelo advogado e o tempo exigido para seu serviço (CPC, art. 20, § 3º, "a", "b" e "c"). Também há *critérios específicos*, previstos para utilização nas causas "de pequeno valor" e "de valor inestimável, nas em que "não houver condenação" ou "for vencida a Fazenda Pública", além das "execuções, embargadas ou não": nesses casos, estabelece o legislador que os honorários serão fixados consoante apreciação equitativa do juiz,[49] atendidos os critérios já apontados e constantes do art. 20, § 3º, "a", "b" e "c" do Código de Processo Civil (CPC, art. 20, § 4º).

[48] Embora tratando do tema genericamente, a lição adiante, da lavra do ilustre processualista baiano, Fredie Didier Jr., ajusta-se perfeitamente àquilo que ora se defende: "Como poderia o magistrado punir alguém, sem que lhe tenha dado a chance de manifestar-se sobre os fundamentos da punição; por exemplo, demonstrando que os fatos em que se baseia o magistrado ou não ocorreram ou não permitem a aplicação da sanção? Seria punir sem ouvir; seria condenar sem dar a chance de defesa. Não é possível a aplicação de qualquer punição processual, sem que se dê oportunidade de o 'possível punido' manifestar-se previamente, de modo a que possa, de alguma forma, influenciar no resultado da decisão." (DIDIER JÚNIOR, Fredie. *Curso de direito processual civil.* Vol. I. 6ª ed. Salvador: Editora JusPodivm, 2006. p. 59).

[49] Não só esse dispositivo autoriza o juiz a julgar "equitativamente" (CPC, art. 20, §4º). Também assim o art. 127 do CPC, sugerindo a possibilidade de julgamento "por equidade" naqueles casos previstos em lei. Apesar da literalidade dos dispositivos, seria equivocado crer que o juiz possa desprezar a lei e julgar "por equidade". Enfim, se interpretados gramaticalmente, ambos os dispositivos são de duvidosa constitucionalidade. Ao instituir os arts. 127 e 20, §4º do Código de Processo Civil, o legislador não vinculou a equidade à interpretação jurídica, senão como substituta da lei. Nessa ótica, a equidade seria uma válvula de escape, algo previsto pelo legislador como possível, conquanto não

Se porventura o debate, momentos antes da prolação da sentença, não se aperfeiçoou a ponto de abarcar discussão de todos esses critérios – o que quase sempre ocorre –, manda um processo justo e équo que se instaure breve incidente processual a permitir sua realização. Antes disso, no entanto, poderá a autoridade julgadora – e é salutar que assim o faça – incitar advogados e partes a travarem o diálogo, concretizando não só o contraditório, senão ainda o direito fundamental à duração razoável do processo. É concebível, inclusive, que surja a necessidade de produção de provas a fim de se evidenciar, por exemplo, o "grau de zelo profissional", a "natureza e importância da causa", o "trabalho realizado pelo advogado" e "o tempo exigido para seu serviço", situações não verificáveis apenas *endoprocessualmente* e com amparo na mera percepção do juiz, mas que podem ser objeto de reforço no campo extraprocessual.[50]

Absolutamente ilegítimas, portanto, decisões condenatórias a honorários *sucumbenciais* produzidas em desrespeito à participação. E a frequência com a qual se constata essa realidade não serve, como é óbvio, para justificá-la. O que se vê aí, na verdade, é um atentado ao que impõe a Constituição, sobretudo ao contraditório e à ampla defesa.

5.2.3. Os juros e a correção monetária

O ordenamento jurídico estabelece regras diversas acerca do marco inicial no qual incidem juros de mora e correção monetária, a depender das particularidades dos casos em julgamento. Não bastassem as interpretações conferidas a essas regras são, vez ou outra, variantes e assim acarretam imprecisões e inseguranças.

taxativamente positivado. Decidir por equidade – ainda segundo essa ótica – é pautar-se em critérios não contidos em lei alguma, é permitir ao juiz remontar ao valor do justo e à realidade econômica, política, social ou familiar em que se insere a situação concreta sob análise, para daí retirar os critérios com base nos quais julgará. (DINAMARCO, Cândido Rangel. *Instituições de Direito Processual Civil.* Vol. I. 6ª ed. São Paulo: Malheiros, 2009. p. 331-332). A técnica de decisão via equidade não se harmoniza com os ideais alimentados pelo Estado Democrático de Direito. Não há como – acredita-se – advogar a constitucionalidade desses dispositivos, segundo um parâmetro meramente literal. Num Estado Democrático de Direito não há julgamento "por equidade", isto é, não se admite ao juiz afastar, por critérios próprios, a aplicação do direito objetivo – há, sim e sempre, julgamento *pautado* na equidade. À atividade jurisdicional não é dado parir *decisionismos* tão extremados, em desrespeito absoluto ao *princípio da reserva legal.* Melhor mesmo é forçar a exegese e afirmar que não há decisão jurisdicional que se arrede da equidade. A lei deve ser interpretada *com* equidade – a equidade não é fim, mas meio para se atingir uma adequada interpretação jurídica. A interpretação da lei realizada numa dimensão constitucional, que considere os valores exalados pelos princípios constitucionais e direitos fundamentais, pauta-se seguramente em critérios de equidade; a decisão judicial daí oriunda conquistará um núcleo de justiça e de legitimidade, uma vez que tonificada pelos ideais almejados pelo paradigma do Estado Democrático de Direito.

[50] Voltando os olhos para o cotidiano forense, ao advogado mais atento é aconselhável que aproveite o ensejo da *audiência de instrução e julgamento* para produzir prova testemunhal e ali, por exemplo, demonstre seu "grau de zelo profissional", as minúcias do "trabalho realizado" e o "tempo gasto para o serviço". Não há porque se pensar que essas provas devem ser exclusivamente extraídas dos registros contidos no caderno processual, como se a frieza das peças anexadas fosse suficiente para retratar a inteireza do trabalho realizado pelo advogado. Pense-se, para ilustrar: i) nos casos mais complexos, que exigem do advogado inúmeras reuniões em seu escritório e até na residência ou no local de trabalho do cliente; ii) nos telefonemas (às vezes longos e extenuantes) que o advogado faz para o cliente e que dele também recebe; iii) nas investigações *in loco* que, não raramente, exigem do causídico empenho pessoal, até para averiguar as particularidades do caso e, deste modo, retratá-lo mais ajustadamente nas peças processuais que lhe caberá elaborar (casos de reintegração de posse, usucapião, acidentes de veículos, entre outros tantos); iv) nos feitos que exigem do advogado tempo extra, dispensado a profissionais de outras áreas (médicos, dentistas, contadores, engenheiros), que o municiarão de informações indispensáveis ao patrocínio da causa que lhe fora confiada (ações de responsabilidade civil envolvendo erro médico e desabamentos de edifícios, prestações de contas). Todos esses elementos não se encontram historiados nos autos processuais, pois sobrevêm extraprocessualmente e, só por isso, dependem de produção probatória.

Enfrentem-se inicialmente os juros moratórios, que são aqueles, convencionais ou legais, que decorrem do descumprimento das obrigações e, mais frequentemente, do retardamento na restituição do capital ou do pagamento em dinheiro ou ainda do pagamento em outro lugar e por outra forma que não os convencionados.[51] Derivam, portanto, da mora, vale dizer, da imperfeição no cumprimento da obrigação, sobretudo quanto ao tempo, sem descartar o lugar e a forma convencionados, independentemente da prova do dano.[52] Sua finalidade, enfim, é a de remunerar o retardo no pagamento de uma dívida; o prejuízo – leciona Carvalho Santos – é pressuposto pela lei, como resultado da demora culposa do devedor em cumprir sua obrigação, conservando em seu poder a prestação.[53]

Especificamente os juros legais moratórios (espécie de juros moratórios) assim são denominados por serem devidos, mesmo ante a ausência de estipulação pelas partes na constituição da obrigação, com aplicação da taxa determinada por lei.[54] Além da regra geral (CC/2002, art. 406),[55] há muitos outros exemplos de juros moratórios legais, devidos independentemente da vontade das partes, em razão da lei: i) juros em razão da prestação de contas sobre o saldo do tutor ou do tutelado (CC/2002, art. 1.762); ii) juros em consequência do pagamento de perdas e danos nas obrigações em dinheiro (CC/2002, art. 404); iii) juros devidos pelo mandatário ao mandante em virtude do emprego, em proveito próprio, de valores que lhe foram entregues para fazer frente às despesas com o desempenho do mandato, desde o momento em que se apropriou dos valores (CC/2002, art. 670); iv) juros devidos pelo segurado em razão de atraso no pagamento de prêmio de seguro (CC/2002, art. 772); v) juros devidos pelo afiançado ao fiador que paga a dívida, não havendo juros convencionais na obrigação principal, devidos em razão da sub-rogação legal (CC/2002, arts. 831 e 833); vi) juros devidos pelo delinquente em razão da reparação e do ressarcimento dos danos (CC/1916, art. 1.544, sem paralelo no Código Civil de 2002); vii) juros devidos ao consumidor cobrados indevidamente, calculados em razão do valor da repetição do indébito (CDC, art. 42).[56]

No que se refere à correção monetária – disciplinada pela Lei nº 6.899/81 –, traduz-se num ajuste periódico de valores financeiros destinado a manter o poder aquisitivo da moeda vigente no País, atenuando-se os efeitos de sua desvalorização. Na seara jurisdicional, é elemento indispensável a ser sempre considerado na prolação de sentenças condenatórias, ainda que inexistente pedido expresso na petição inicial, consoante afirmado noutra parte (CPC, art. 293). Por meio dela compensa-se eventu-

[51] SCAVONE JUNIOR, Luiz Antonio. *Juros no Direito Brasileiro.* São Paulo: Revista dos Tribunais, 2003. p. 96.

[52] SCAVONE JUNIOR, Luiz Antonio. *Juros no Direito Brasileiro.* São Paulo: Revista dos Tribunais, 2003. p. 96. Mostra o mesmo autor que, de acordo com o art. 1.062 do Código Civil de 1916, 'a taxa dos juros moratórios, quando não convencionada (art. 1.262), será de 6% ao ano'. No Código Civil de 2002, por sua vez, a taxa de juros legais moratórios é estipulada de acordo com a taxa 'que estiver em vigor para a mora do pagamento de impostos devidos à Fazenda Nacional', ou seja, 1% ao mês, nos termos dos art. 161, §1º, do Código Tributário Nacional. Convencionada, ademais, a taxa de juros moratórios não pode ultrapassar os limites legais impostos por lei, que, como visto, atualmente é de 1% ao mês. (SCAVONE JUNIOR, Luiz Antonio. *Juros no Direito Brasileiro.* São Paulo: Revista dos Tribunais, 2003. p. 96-97).

[53] Idem. *Juros no Direito Brasileiro.* São Paulo: Revista dos Tribunais, 2003. p. 96.

[54] Ibidem. *Juros no Direito Brasileiro.* São Paulo: Revista dos Tribunais, 2003. p. 96.

[55] "Art. 406. Quando os juros moratórios não forem convencionados, ou o forem sem taxa estipulada, ou quando provierem de determinação da lei, serão fixados segundo a taxa que estiver em vigor para a mora do pagamento de impostos devidos à Fazenda Nacional."

[56] SCAVONE JUNIOR, Luiz Antonio. *Juros no Direito Brasileiro.* São Paulo: Revista dos Tribunais, 2003. p. 107.

al desvalorização referente à importância monetária atribuída a título de condenação, mantém-se o poder aquisitivo do dinheiro desvalorizado, imperativo de ordem ética e jurídica que assegura a obtenção integral e real da reparação, e isso sem privilegiar ou punir quaisquer das partes envolvidas.[57]

Também são variantes as hipóteses legais acerca de sua incidência, servindo de exemplo a aplicação da correção monetária em decorrência de: i) inexecução contratual (CC/2002, arts. 389 e 395); ii) débitos oriundos de decisão judicial (Lei nº 6.899/81, art. 1º); iii) títulos de crédito; e iv) ato ilícito (CC/2002, art. 398).

A matéria relativa aos juros moratórios e à correção monetária é intrincada e, pela dificuldade que às vezes seu enfrentamento acarreta, constatam-se no cotidiano decisões nem sempre harmonizadas a sua disciplina legal.[58] Verifica-se daí intensificado risco de o juiz não revelar adequadamente a norma jurídica que se amolde às singularidades do caso em julgamento, talvez pela adoção de exegese inoportuna, construída ao arrepio do contraditório e, quem sabe por isso, à margem de algumas nuances ali envolvidas.

Não obstante a ilegitimidade de decisões que surpreendam as partes, pois apoiadas em ponto fundamental, numa visão jurídica da qual não se tenham apercebido,[59]

---

[57] WALD, Arnoldo. Correção monetária de condenação judicial em ação de responsabilidade civil. *Revista de Processo*. São Paulo: Revista dos Tribunais, vol. 104, nº 26. p. 133-149, out.-dez/2001.

[58] Confira-se a lição de Leone Trida Sene que bem elucida divergências sobre o tema em uma de suas especificidades (incidência de juros moratórios e correção monetária em contrato de seguro de vida): "Segundo o estatuído no art. 397 do CC, 'o inadimplemento de obrigação, positiva e líquida, no seu termo, constitui de pleno direito em mora o devedor'. No caso do contrato de seguro, como inexiste um termo previamente fixado para o cumprimento da obrigação, posto que o mesmo depende de fato futuro e incerto, adota-se a regra do parágrafo único desse mesmo artigo, isto é, 'não havendo termo, a mora se constitui mediante interpelação judicial ou extrajudicial.' Judicialmente, é a citação que tem o condão de colocar em mora o segurador, contando, pois, os juros a partir da mesma. (CC, art. 405). Extrajudicialmente, configurar-se-á a mora, com a notificação do segurador. Trata-se da denominada *mora ex persona*. Por óbvio, então, somente diante do caso concreto é que será possível definir o termo inicial da contagem dos juros. Consideremos, pois, três hipóteses: 1ª: Sem ter comunicado o sinistro à seguradora, o segurado/beneficiário propõe ação judicial de cobrança. Neste caso, a seguradora somente foi cientificada de seu dever de cumprir o contratado, isto é, somente foi constituída em mora por oportunidade da citação. 2ª: Com o advento do sinistro, o segurado/beneficiário faz a devida comunicação do mesmo. Dentro do prazo contratual, em regra 30 dias, a seguradora decide negar o pagamento. Proposta a ação de cobrança, o termo inicial da contagem do prazo será a data da negativa da seguradora, pois, com a comunicação do sinistro nasceu a obrigação de adimplir o seguro dentro do prazo previsto em contrato ou regulamento da Susep. Assim, com a resposta negativa da seguradora, esta fica constituída em mora. 3ª: Com o advento do sinistro, o segurado/beneficiário faz a devida comunicação do mesmo. Depois do prazo previsto em contrato para o cumprimento de sua obrigação, a seguradora nega o pagamento da indenização/capital segurado. Neste caso, como a seguradora ultrapassou o prazo que dispunha para fazer o pagamento, o termo *a quo* para a contagem dos juros, em caso de ação julgada procedente, será a data limite que tinha a seguradora para adimplir o contrato. Em suma, há que se perquirir no caso concreto quando o segurador foi constituído em mora." (SENE, Leone Trida. Seguro de Pessoas. *Negativas de Pagamento das Seguradoras*. 2ª Curitiba: Juruá, 2009. p. 232-233). Também Luiz Antonio Scavone Junior fornece exemplo que acarreta divergências na doutrina e jurisprudência. Aduz que, tratando-se de dívida positiva, mas ilíquida, grassa desarmonia entre os doutrinadores acerca do início da contagem dos juros moratórios, tendo em vista a redação do art. 407, ante o que dispõe o art. 405, ambos do Código Civil de 2002. Advogando a caracterização de antinomia entre os dois dispositivos, uns defendem a preponderância do art. 407 do CC/2002, de maneira que os juros moratórios seriam devidos depois da sentença. Outros, pontuando a inexistência de antinomia, ressaltam que o termo "desde que", que constava do antigo art. 1.064 do Código Civil tinha o significado de "uma vez que", tratando-se de condição para a contagem dos juros moratórios desde a citação inicial (a expressão "uma vez que" é hoje utilizada na redação do art. 407 do CC/2002, correspondente do antigo art. 1.064 do CC/1916). Para Scavone Junior, a segunda posição é a ideal, vale dizer, os juros moratórios, nas obrigações ilíquidas, serão, em regra, devidos desde que o valor equivalente do objeto da prestação seja fixado por sentença, acordo entre as partes ou arbitramento, contados a partir da citação inicial. (SCAVONE JUNIOR, Luiz Antonio. *Juros no Direito Brasileiro*. São Paulo: Revista dos Tribunais, 2003. p. 111).

[59] ALVARO DE OLIVEIRA, Carlos Alberto. *A garantia do contraditório*. Disponível em: <www.abcpc.org.br>. Acessado em: 01/04/2011.

o tema insere no âmbito daqueles aos quais faz referência Carlos Alberto Alvaro de Oliveira, em que a colaboração das partes com a autoridade jurisdicional encontra sua razão num plano mais amplo, porque não importa apenas a investigação da norma aplicável ao caso concreto, mas igualmente estabelecer seu conteúdo e alcance, evitando surpresas e consequências negativas daí decorrentes, além de viabilizar o exercício do direito de defesa e a tutela de outros valores, como a concentração e celeridade do processo e a qualidade do pronunciamento judicial. [60]

Ausente discussão travada sobre o termo de incidência dos juros e da correção monetária no palco processual – ou se ela apresentar-se insuficiente ao amadurecimento da convicção judicial –, inadequado ao juiz proferir de imediato a sentença, escorado num "modelo-padrão" antidemocrático, oriundo da prática fria do foro. O contraditório aqui não é infecundo[61] e, por isso, deve, sim, ser instigado, permitindo-se a participação ativa e efetiva das partes e, por resultado, a elaboração de uma decisão que não as surpreenda, que seja por elas influenciada, amadurecida e amoldada às idiossincrasias do feito, afinada, sobretudo aos ideais democráticos.

5.3. Decisões judiciais elaboradas com assento em tese jurídica diversa daquelas debatidas ao longo do procedimento

Caso grave de lesão ao contraditório ocorre quando o juiz conhece de controvérsia não suscitada na petição inicial – e, portanto, não impugnada pelo demandado –, decidindo a lide segundo molde jurídico (enquadramento jurídico) diverso do que foi proposta. Assim agindo, ulcera também de morte o denominado princípio da congruência, que vincula a decisão judicial à causa de pedir e ao pedido.

Sob essa perspectiva, merecem revisão os brocardos *da mihi factum, dabo tibi ius* e *iura novit curia*. Atualmente não há como aceitar que a colaboração das partes se restrinja ao material fático; deve igualmente ser observada no que concerne às matérias jurídicas.[62] A decisão não pode, pois, surpreender as partes, nem faticamente,

---

60 Idem. *A garantia do contraditório*. Disponível em: <www.abcpc.org.br>. Acessado em: 01/04/2011.

61 A utilidade do contraditório é verificada no cotidiano forense, sobretudo em recursos de apelação que são providos justamente no que se refere às matérias atinentes ao marco inicial de incidência de juros e correção monetária – algo, aliás, bastante ocorrente também em matéria atinente ao arbitramento de honorários sucumbenciais (tópico anterior). Há, aliás, muitos recursos que abrangem exclusivamente essas questões que, não raro, sequer foram debatidas em primeiro grau de jurisdição, sendo o contraditório sobre elas instaurado somente em grau superior. Se inútil fosse o contraditório, razão não haveria para se instaurar debates nos tribunais, mediante expedientes recursais não raramente providos. Exemplo disso é o seguinte julgado, da lavra do Tribunal de Justiça de Minas Gerais: "Ação monitória. Nota promissória. Inépcia da inicial e impossibilidade jurídica do pedido. Não configuração. Correção monetária e juros moratórios. Termo inicial. Vencimento da dívida. Considera-se a petição inicial inepta quando contiver qualquer dos vícios mencionados no parágrafo único do art. 295 do CPC, que, em síntese, podem ser considerados como obstáculos, existentes na causa de pedir ou no pedido, à defesa do réu ou à prestação jurisdicional. A impossibilidade jurídica do pedido deve ser entendida como a existência, no ordenamento jurídico pátrio, de vedação a que se deduza determinada pretensão em juízo. Em ação monitória, a data de vencimento da cambial prescrita deve ser considerada o termo inicial da correção monetária, de modo a assegurar a ampla recomposição do valor da moeda.Tendo os embargos monitórios natureza jurídica de defesa, subsiste a distribuição do ônus probatório prevista no art. 333 do CPC, razão pela qual cabe ao réu a prova do fato impeditivo, modificativo ou extintivo do direito do autor." (Tribunal de Justiça de Minas Gerais, Apelação Cível nº 1.0701.07.192132-7/002(1), Relator Elpídio Donizetti, julgado em 27/01/2009, disponível em: <www.tjmg.jus.br>).

62 Segundo Carlos Alberto Alvaro de Oliveira e Daniel Mitidiero, "o conteúdo mínimo do direito fundamental do contraditório não se esgota na ciência bilateral dos atos do processo e na possibilidade de contraditá-los (conceito tradicional), mas se estende a todo o material de interesse jurídico para a decisão, tanto jurídico (debate com as partes de todo material jurídico relevante para a decisão) quanto fático (requerimento de provas, indicação dos meios de prova, participação na produção da prova, manifestação sobre a prova produzida), tanto de natureza processual como

nem juridicamente.[63] Vale dizer, a construção do provimento jurisdicional há de ser, insista-se nisso, fruto da cooperação a envolver juiz e partes, e a considerar matérias fáticas e jurídicas.[64]

Nesse sentido, a lição de Junior Alexandre Moreira Pinto:

> O secular adágio *iura novit curia* também merece interpretação à luz do contraditório. A possibilidade do julgador aplicar a regra jurídica conforme seu próprio conhecimento não lhe garante o livre domínio da qualificação jurídica dos fatos discutidos na demanda. Mesmo porque a lei processual exige do autor não somente a exposição dos fatos, mas também o enquadramento jurídico, sua qualificação no plano do direito. O que, contudo, autorizaria o juiz a considerar uma *causa de pedir próxima* diversa da exposta na inicial, quando da decisão, não seria a regra *iura novit curia*, e sim o prévio e efetivo debate entre as partes dessa nova causa.[65]

Por isso, Carlos Alberto Alvaro de Oliveira denuncia que a liberdade concedida ao julgador na eleição da norma a aplicar, independentemente de sua invocação pela parte interessada (*iura novit curia)*, não dispensa a prévia ouvida das partes sobre

---

material." (ALVARO DE OLIVEIRA, Carlos Alberto; MITIDIERO, Daniel. Curso de Processo Civil. Teoria Geral do Processo Civil e Parte Geral do Direito Processual Civil. Vol. 1. São Paulo: Editora Atlas, 2010. p. 37).

[63] A inserção – leciona Dierle José Coelho Nunes – de qualquer entendimento jurídico, a exemplo da aplicação de súmulas da jurisprudência dominante dos Tribunais Superiores, como fundamento da sentença, aplicada oficiosamente pelo juiz, sem anterior debate com as partes, poderá gerar decisões-surpresas, cuja nulidade é medida que se impõe justamente pela lesão que acarretam ao contraditório. (COELHO NUNES, Dierle José. O princípio do contraditório: uma garantia de influência e de não surpresa. *Teoria do processo: Panorama Mundial.* Coordenação de: Fredie Didier Jr e Eduardo Ferreira Jordão. Salvador: Editora JusPodivm, 2008. p. 151-172).

[64] Cite-se, uma vez mais, a preciosa doutrina de Fredie Didier Jr.: "Há um velho brocardo: *iura novit curia* (do Direito cuida o juiz). Há outro: *da mihi factum dabo tibi ius* (dá-me os fatos, que eu te darei o direito). São dois axiomas que devem ser repensados. Primeiro, sabe-se que não é sempre que o juiz conhece o Direito. Às vezes, o juiz não sabe do que se trata a causa, não tem ideia do que se trata (pode ser uma causa que verse sobre direito estrangeiro, por exemplo). Mas ele também não precisa saber, a princípio. Ele ouvirá o que uma vai dizer, ouvirá o que a outra disser e, pela (*juris*) purdência, decide. Nenhum juiz é obrigado a saber todo o Direito. *Da mihi factum dabo tibi ius* é expressão que me remete a uma imagem, assim, se me permitem, não muito aprazível. Porque, vejam, não sei se tem uma máquina de Coca-Cola, em que se diz: 'Joga uma moeda e aperta o botão escolhido'. *Da mihi factum* é o jogar a moeda; *dabo tibi ius* é a entrega do refrigerante, sai o 'direito escolhido'. Não é assim. O processo de constituição de direito é muito mais complexo. Não se opera de forma tão simples. Pode o magistrado decidir com base em um argumento, uma questão jurídica não posta pelas partes no processo? Percebam: o magistrado, por exemplo, verifica que a lei é inconstitucional. Ninguém alegou que a lei é inconstitucional. O autor pediu com base na lei tal, a outra parte disse que não se aplicava a lei. E o juiz entende de outra forma, ainda não aventada pelas partes: 'Essa lei apontada pelo autor como fundamento do seu pedido é inconstitucional. Portanto, julgo improcedente a demanda. Ele pode fazer isso? Claro. O juiz pode aplicar o Direito, trazer, aportar ao processo questões jurídicas. Pode? Pode. Mas pode sem ouvir, antes, as partes? Não. Não pode. O juiz teria, nestas circunstâncias, já que ele trará ao processo fundamento jurídico que não está nos autos, intimar as partes para manifestar-se a respeito. Ele teria que dizer: 'Intimem-se as partes para se manifestar sobre a constitucionalidade da lei tal'. Tem que fazer isso. Aí pode alguém vir dizer: 'Está prejulgando? Não, não está prejulgando – até porque pode estar em dúvida sobre o tema, que lhe veio à cabeça quando estava a preparar a sua decisão. Se ele fizer isso, estará sendo leal com as partes. Por que? Porque não pegará as partes de surpresa. Porque, se ele não fizer isso, ele vai reconhecer a inconstitucionalidade na sentença, sem ter dado ao autor a chance de poder tê-lo convencido do contrário: não teve a chance de mostrar ao magistrado que aquela lei era constitucional. E, agora, só com a apelação. Como é que se pode restringir o contraditório ao julgamento do recurso? O recurso confere a oportunidade de nova discussão; e não a primeira discussão. Recurso é para restabelecer o curso e não começar um novo curso, a partir dali, para discutir a questão só agora, no Tribunal. Vamos agravar a situação. Imagine o Tribunal de Justiça decidindo com base em questão jurídica não colocada pelas partes, sem a sua prévia manifestação: só lhes restarão os recursos extraordinário, com todas as dificuldades a eles inerentes. A possibilidade de acontecer isso em tribunal é muito grande, notadamente em razão da praxe forense denominada 'entrega de memoriais'. Quantas e quantas vezes, os advogados nos memoriais, dão uma ajeitada no processo, uma corrigida, acrescentando um argumento novo, que não estará nos autos porque os memoriais foram entregues em gabinete do magistrado. Parece-me, então, que o mangistrado deve determinar a juntada dos memoriais ao processo, com a subsequente intimação da parte contrária para manifestar-se a respeito." (DIDIER JÚNIOR, Fredie. *Curso de direito processual civil.* Vol. I. 6ª ed. Salvador: Editora JusPodivm, 2006. p. 62-63).

[65] MOREIRA PINTO, Junior Alexandre. A *causa petendi* e o contraditório. *Coleção Temas Atuais de Direito Processual Civil,* Vol. 12. Coordenação Luiz Guilherme Marinoni e José Roberto dos Santos Bedaque. São Paulo: Revista dos Tribunais, 2007. p. 168-169.

os novos rumos a serem imprimidos ao litígio, em homenagem ao princípio do contraditório. A hipótese não se exibe rara – continua o mestre – porque frequentes os empecilhos enfrentados pelo operador do direito, nem sempre de fácil solução, dificuldade geralmente agravada pela posição necessariamente *parcializada* do litigante, a contribuir para empecer visão clara a respeito dos rumos futuros do processo. Aliás, a problemática não diz respeito apenas ao interesse das partes, conectando-se intimamente com o próprio interesse público, pois qualquer surpresa ou acontecimento inesperado só faz diminuir a fé do cidadão na administração da justiça. O diálogo judicial – conclui – torna-se, no fundo, e dentro dessa perspectiva, autêntica garantia de democratização do processo, e, deste modo, impede que o poder do órgão judicial e a aplicação da regra *iura novit curia* redundem em instrumentos de opressão e autoritarismo, servindo às vezes a um mal explicado tecnicismo, com obstrução à efetiva e correta aplicação do direito e à justiça do caso.[66]

Portanto, provimentos jurisdicionais que seguem esse rumo não apenas lesam os arts. 128, 460 e 515 do Código de Processo Civil, mas igualmente atingem diretamente o contraditório, sobretudo por surpreenderem as partes.[67] De modo que se o juiz, quando de seu pronunciamento judicial, perceber a necessidade de elaborá-la segundo ponto de vista alheio à dialética processual, cumpre-lhe, antes, intimar as partes e conferir-lhes oportunidade de manifestação e de influência na construção da decisão – basicamente este o sentido que se extrai da Ordenança Processual Civil (ZPO) alemã e do *Nouveau Code de Procédure Civile* da França.[68]

[66] ALVARO DE OLIVEIRA, Carlos Alberto. *A garantia do contraditório.* Disponível em: <www.abcpc.org.br>. Acessado em: 01/04/2011. Noutro trecho de seu ensaio, esclarece Carlos Alberto Alvaro de Oliveira: "(...) nada obstante a liberdade desfrutada pelo órgão judicial nessa matéria [conhecimento e investigação oficiosa do direito], podem e devem as partes aportar a sua cooperação também quanto à valorização jurídica da realidade externa ao processo, investigação que hoje de modo nenhum pode constituir labuta exclusiva do órgão judicial. Entendimento contrário significaria transformar o juiz numa máquina, pois, como já se ressaltou com agudeza, dentro de uma concepção puramente silogística, diria às partes 'date mihi factum' e às leis 'date mihi jus' e, recebidos tais elementos, emitiria a decisão com mecânica indiferença, como um aparelho emissor de bilhetes a toda introdução de duas moedas". ALVARO DE OLIVEIRA, Carlos Alberto. *A garantia do contraditório.* Disponível em: <www.abcpc.org.br>. Acessado em: 01/04/2011). Assim também o pensamento firme de Ronaldo Brêtas de Carvalho Dias: "No Brasil, ao contrário, a apelidada decisão-surpresa, fruto do mero convencimento solitário do juiz, sem debate prévio com as partes, é moda forense. Vamos exemplificar com uma situação corriqueira nos pretórios, hauridas das regras de experiência comum, ou seja, fundadas nas nossas observações profissionais sobre o que normalmente acontece na prática do foro, na qual surge em algumas oportunidades grosseira supressão da garantia constitucional do contraditório às partes. Considere-se que o autor ajuíze ação, dando início ao processo, sustentando, na petição inicial, como fundamento jurídico de seu pedido, incidência das normas do Código Civil de 1916. O réu, por sua vez, na contestação, resiste à pretensão e, como fundamento de defesa, embora reconhecendo os fatos narrados pelo autor, a eles oponha outras consequências jurídicas, postulando incidência das regras do Código Civil de 2002. Na fase decisória, conclusos os autos, após as partes apresentarem suas razões finais, entende o juiz-diretor do processo que o caso concreto, ao contrário das teses jurídicas alinhadas pelo autor e pelo réu, receberá solução adequada pela aplicação das normas do Código de Defesa e de Proteção ao Consumidor. Pois bem, aqui no Brasil, na prática do foro, é o que observamos em nossa atividade profissional: o juiz lavrará sentença-surpresa, apoiada nas normas do Código de Defesa e de Proteção ao Consumidor, sem permitir às partes possibilidade de prévia manifestação a respeito. É o que acontece na maioria das vezes. Evidentemente, em tal situação, estará sendo violado o contraditório, em concepção científica atualizada, pois as partes destinatárias da sentença, que suportarão seus efeitos, não tiveram a possibilidade de influir no convencimento do juiz, quanto às normas de direito por ele consideradas adequadas à solução decisória do caso reconstruído no processo." (CARVALHO DIAS, Ronaldo Brêtas de. *Processo Constitucional e Estado Democrático de Direito.* Belo Horizonte: Editora Del Rey, 2010. p. 98).

[67] Sobre o tema, o Superior Tribunal de Justiça já se manifestou inúmeras vezes, embora segundo análise particularizada ao princípio da congruência (conferir: REsp nº 1.169.755, REsp nº 623.704, RMS nº 18.655, REsp 746.622, REsp nº380.143).

[68] Sobre o conteúdo do contraditório nas legislações francesa e alemã, Dierle José Coelho Nunes: "Na França, o art. 16 do *Nouveau Code de Procédure Civile* impede o juiz de fundamentar a sua decisão sobre aspectos jurídicos que ele suscitou de ofício sem ter antecipadamente convidado as partes a manifestar as suas observações. Assim, a garantia

5.4. *Decisões judiciais fundadas em presunção judicial construída em atentado à dialética processual*

Em elucidativo artigo científico,[69] Henrique Yukio propõe-se a uma análise crítica do art. 335 do Código de Processo Civil, na intenção de demonstrar sua inconstitucionalidade, caso não se lhe atribua leitura à luz "de um direito aberto à participação plural, de caráter procedimental e que demanda a observância de direitos fundamentais".[70]

É que o aludido dispositivo, na falta de normas jurídicas particulares, permite ao juiz valer-se das chamadas "regras de experiência comum", subministradas pela observação do que ordinariamente acontece, e ainda das "regras de experiência técnica", ressalvado, neste último caso, o exame pericial.[71] A aversão externada pelo processualista assenta-se no fato de que tal autorização legal violaria frontalmente o devido processo legal, sobretudo considerando que, no paradigma constitucional contemporâneo, os cidadãos prescindem de tradutores, intérpretes ou intermediadores, dotados de (supostas) intuição e sensibilidade extraordinárias, que lhes permitam encontrar uma verdade absoluta mediante uma avaliação *solipsista* do quadro fático delineado nos autos.[72] Aduz, ademais, que no Estado Democrático de Direito o poder emana do povo, que deve fiscalizar irrestritamente toda forma de manifestação e aplicação do poder, uma vez que somente a fiscalização popular confere legitimidade democrática aos atos estatais (soberania popular).[73]

---

opera não somente no confronto entre as partes, transformando-se também num dever-ônus para o juiz que passa a ter que provocar de ofício o prévio debate das partes sobre quaisquer questões de fato ou de direito determinantes para a resolução da demanda. Na Alemanha, o conteúdo da cláusula estabelecida no texto do art. 103, §1º, da Lei fundamental da República Federal da Alemanha como 'direito de ser ouvido pelo juiz' (*Rechliches Gehör*) possui um alcance similar ao francês face à interpretação do Tribunal Constitucional Federal (*Bundesverfassungsgericht*), não só operando seus efeitos no confronto entre as partes, mas sim convertendo-se também num dever para o magistrado, de modo que se atribui às partes a possibilidade de posicionar-se sobre qualquer questão de fato ou de direito, de procedimento ou de mérito, de tal modo a poder *influir* sobre o resultado dos provimentos. Ao magistrado é imposto o dever de provocar o debate preventivo, com as partes, sobre todas as questões a serem levadas em consideração nos provimentos." (COELHO NUNES, Dierle José. O princípio do contraditório: uma garantia de influência e de não surpresa. *Teoria do processo: Panorama Mundial*. Coordenação de: Fredie Didier Jr. e Eduardo Ferreira Jordão. Salvador: Editora JusPodivm, 2008. p. 151-172).

[69] PEREIRA DE SOUZA, Henrique Yukio. A presunção judicial no Estado Democrático de Direito: uma análise crítica do artigo 335 do Código de Processo Civil. *Revista Brasileira de Direito Processual, 72*. Belo Horizonte: Editora Fórum, 2010. p. 107-126.

[70] PEREIRA DE SOUZA, Henrique Yukio. A presunção judicial no Estado Democrático de Direito: uma análise crítica do artigo 335 do Código de Processo Civil. *Revista Brasileira de Direito Processual, 72*. Belo Horizonte: Editora Fórum, 2010. p. 124.

[71] Sobre o conceito e função das "regras de experiência", Luiz Guilherme Marinoni e Sérgio Cruz Arenhart: "O juiz, para formar o seu raciocínio sobre o litígio, vale-se de regras de experiência, ditas comuns e técnicas. Essas regras têm o objetivo de permitir, entre outras coisas, a análise da relação entre o indício e o fato essencial. As regras de experiência comum decorrem de generalizações formadas no seio da sociedade, as quais podem ter por base em crenças religiosas, regras de moral ou mesmo em leis naturais, lógicas ou científicas. Enquanto isso, as regras de experiência técnica derivam do pensamento técnico-científico sobre uma determinada situação. Como as regras de experiência comum podem se fundar em leis científicas e as regras de experiência técnica delas derivam, alguma confusão pode ocorrer. Mas essa confusão é facilmente eliminada quando se constata que a regra de experiência técnica é ancorada diretamente no pensamento científico (ou em uma lei científica), enquanto a regra de experiência comum é uma versão popular acerca de uma lei ou do pensamento da comunidade científica." (MARINONI, Luiz Guilherme; ARENHART, Sérgio Cruz. *Prova*. São Paulo: Revista dos Tribunais, 2009. p. 142).

[72] PEREIRA DE SOUZA, Henrique Yukio. A presunção judicial no Estado Democrático de Direito: uma análise crítica do artigo 335 do Código de Processo Civil. *Revista Brasileira de Direito Processual, 72*. Belo Horizonte: Editora Fórum, 2010. p. 124.

[73] Idem. A presunção judicial no Estado Democrático de Direito: uma análise crítica do artigo 335 do Código de Processo Civil. *Revista Brasileira de Direito Processual, 72*. Belo Horizonte: Editora Fórum, 2010. p. 124. Encorpa a

O art. 335 do Código de Processo Civil, segundo a ótica de Yukio, apresenta-se em fina desarmonia com a Constituição quando autoriza o juiz a deduzir presunções judiciais naquilo que ele próprio e exclusivamente deduz serem "regras de experiência".[74] Afinal, a legitimidade dos resultados oriundos do ambiente processual condiciona-se "à possibilidade de participação, ao fato dos indivíduos serem, ao mesmo tempo, destinatários e autores das normas que regerão suas vidas em sociedade".[75] É válida uma decisão somente se oriunda de uma construção coletiva, intermediada por procedimentos discursivos e que viabilizem o contraditório.[76]

No atual paradigma constitucional não há realmente como se encarar as "regras de experiência" como "expressão da cultura dos juízes", intérpretes que seriam dos valores e da experiência acumulada pela sociedade em que vivem, como se a eles exclusivamente fosse atribuído o dever de captá-las por seus próprios sentidos e atentos às realidades do mundo, desenvolvendo no intelecto a significação dos fatos que os circundam na vida ordinária, para traduzirem decisões sensatas àquilo que o homem comum sabe e os conhecimentos que certas técnicas elementares lhe transmitem.[77] No Estado Democrático de Direito – continua Henrique Yukio – cumpre tanto ao juiz como as partes participarem da construção discursiva do provimento no mesmo plano argumentativo, inexistindo posição de superioridade, tampouco esferas de atuação judicial obscuras e impassíveis de fiscalização pela sociedade.[78]

Não se acredita, contudo, que as "regras de experiência" devam simplesmente ser abolidas do ordenamento processual, impedindo-se ao juiz, frente a lacunas, fundar naquelas suas conclusões (=raciocínio presuntivo). Melhor, ao menos assim se crê, é condicionar a legitimidade de provimentos jurisdicionais que se alicercem nessas máximas ao controle deles, mediante a indispensável observação do contraditório e da motivação.

---

tese de Yukio citação de trecho doutrinário, extraído de trabalho elaborado pelo professor Dhenis Cruz (MADEIRA, Dhenis Cruz. *Processo de conhecimento e cognição: uma inserção no Estado Democrático de Direito*. Curitiba: Juruá, 2008, p. 212): "Toda e qualquer motivação decisional deve ser extraída do discurso dialógico processual. Assim, decisões baseadas na metajuridicidade (v.g., interesse público, equidade, bom senso, adequabilidade, proporcionalidade, justiça, sensibilidade, intuição, experiência) são ilegítimas, porquanto é impossível que os destinatários se reconheçam como coautores do provimento. A metajuridicidade cria o espaço infiscalizável do soberano." (PEREIRA DE SOUZA, Henrique Yukio. A presunção judicial no Estado Democrático de Direito: uma análise crítica do artigo 335 do Código de Processo Civil. *Revista Brasileira de Direito Processual, 72*. Belo Horizonte: Editora Fórum, 2010. p. 111).

[74] Nesse rumo, Dhenis Cruz Madeira: "Justamente por isso, e por não ser mais possível a exigência de uma autoridade sensível, sábia, intuitiva e experiente, é que tais elementos metajurídicos não podem ser utilizados como fundamentação do provimento, a não ser que se queira exigir das partes uma esdrúxula investigação acerca da vida pessoal do juiz para fins de argumentação processual. Decerto, um fundamento não extraído da plataforma procedimental, como o é a experiência ou qualidade individual do magistrado, é imprestável à motivação do provimento, eis que não se oferta à crítica, tornando a decisão ilegítima juridicamente." (MADEIRA, Dhenis Cruz. *Processo de conhecimento e cognição: uma inserção no Estado Democrático de Direito*. Curitiba: Juruá, 2008. 171-172).

[75] PEREIRA DE SOUZA, Henrique Yukio. A presunção judicial no Estado Democrático de Direito: uma análise crítica do artigo 335 do Código de Processo Civil. *Revista Brasileira de Direito Processual, 72*. Belo Horizonte: Editora Fórum, 2010. p. 114.

[76] Idem. A presunção judicial no Estado Democrático de Direito: uma análise crítica do artigo 335 do Código de Processo Civil. *Revista Brasileira de Direito Processual, 72*. Belo Horizonte: Editora Fórum, 2010. p. 114.

[77] DINAMARCO, Cândido Rangel. *Instituições de Direito Processual Civil*. 4ª ed. São Paulo: Malheiros, 2003. p. 122.

[78] PEREIRA DE SOUZA, Henrique Yukio. A presunção judicial no Estado Democrático de Direito: uma análise crítica do artigo 335 do Código de Processo Civil. *Revista Brasileira de Direito Processual, 72*. Belo Horizonte: Editora Fórum, 2010. p. 123.

O que não se deve aceitar são deduções sedimentadas no sentimento íntimo e no labor intelectual ermo do julgador, como se unicamente ele estivesse capacitado a estabelecer quais generalizações formadas no seio da sociedade e no âmbito do pensamento técnico-científico se enquadrariam, de forma ajustada, nos conceitos de "regras de experiência comum e técnica". Apesar daquilo constatado no cotidiano forense,[79] trata-se de critério cuja utilização é inaceitável se utilizado dissimuladamente, como anteparo invisível que auxilie o juiz na formulação das inferências necessárias a sua convicção, elaboradas sem a (necessária) consulta às partes e, portanto, em desatenção à construção participativa e argumentativa exigida no âmbito procedimental, escamoteando – sob uma falsa impressão de sagacidade – a ilegitimidade da prática do poder segundo parâmetros arbitrários.

Portanto, na intenção e necessidade da utilização de raciocínio fundado em "regras de experiência" (comuns ou técnicas), é indispensável que a autoridade jurisdicional acione as partes para que com ele dialoguem e se manifestem sobre os possíveis sentidos que dessas máximas podem ser extraídos, evitando-se, assim, surpresas que só deslegitimam a decisão judicial. Além do que, haverá, ademais, de aludir explicitamente às "regras de experiência" empregadas na construção do provimento, explicar seus conteúdos e fundamentos, os significados e as bases de sustentação delas, valer-se de critérios básicos que assegurem sua idoneidade e racionalidade, para que, então, restem claras as razões que conduziram à decisão.[80]

5.5. Decisões judiciais produzidas de ofício

Conquanto a praxe ratifique postura diversa, também as matérias de ordem pública (exemplos: condições da ação e pressupostos processuais), e outras mais cognoscíveis oficiosamente, merecem interpretação à luz do princípio democrático.

Talvez oriundo da comodidade que proporciona, prospera um entendimento equivocado, e infelizmente generalizado, de que matérias apreciáveis de ofício estariam isentas da influência do contraditório, de maneira que o juiz se encontraria liberto de ouvir, apreciar e considerar as manifestações das partes a respeito delas. Não há, todavia, racionalidade alguma nesse argumento.

Matérias apreciáveis de ofício são aquelas às quais o juiz está autorizado, sem provocação das partes e por iniciativa própria, a encaminhar (indicar, apontar) aos autos do processo. No entanto, a autoridade do juiz restringe-se a essa condução da matéria ao processo, jamais lhe sendo lícito julgá-las sem antes abrir oportunidade

---

[79] Assim pensam Luiz Guilherme Marinoni e Sérgio Cruz Arenhart: "Embora isso pareça evidente, o fato é que as decisões, na prática, não aludem sequer às regras de experiência, e muitas vezes o juiz e as partes nem mesmo percebem a sua utilização. Portanto, a exigência de argumentação racional da validade das regras de experiência, embora imprescindível para a racionalidade da decisão e para o adequado uso do recurso, lamentavelmente não existe no cotidiano forense – o que é extremamente grave, especialmente quando considerada a dimensão da garantia da motivação das decisões." (MARINONI, Luiz Guilherme; ARENHART, Sérgio Cruz. *Prova.* São Paulo: Revista dos Tribunais, 2009. p. 145).

[80] Para um exame profundo e esclarecedor sobre o problema das "regras de experiência" e, sobretudo, acerca da necessidade de sua motivação, de seu controle e dos filtros que lhe conferem racionalidade, consultar: MARINONI, Luiz Guilherme; ARENHART, Sérgio Cruz. *Prova.* São Paulo: Revista dos Tribunais, 2009. p.142-158).

para as partes se manifestarem;[81] somente depois, já imbuído pela influência do contraditório, cumpre-lhe, aí sim, decidir.[82]

Entendimento contrário avalizaria a surpresa como resultado da atividade jurisdicional, em desatenção à ideia de democracia participativa que deve vigorar no desenrolar procedimental. Afrontosa à Constituição decisão judicial que, sob o fundamento de julgar matéria que dispensa a iniciativa das partes, é prolatada em desatenção à construção dialógico-participativa que marca e legitima o procedimento na seara jurisdicional.

A respeito do assunto, Daniel Amorim Assumpção Neves:

> Infelizmente não se percebe a diferença basilar entre 'decidir de ofício' e 'decidir sem a oitiva das partes'. Determinadas matérias e questões devem ser conhecidas de ofício, significando que, independentemente de serem levadas ao conhecimento do juiz pelas partes, elas devem ser conhecidas, enfrentadas e decididas no processo. Mas o que isso tem a ver com a ausência de oitiva das partes? Continua a ser providência de ofício o juiz levar a matéria ao processo, ouvir as partes e decidir a respeito dela. Como a surpresa das partes deve ser evitada em homenagem ao princípio do contraditório, parece que, mesmo nas matérias e questões que deva conhecer de ofício, o juiz deve intimar as partes para manifestação prévia antes de proferir sua decisão, conforme inclusive consagrado na legislação francesa e portuguesa.[83]

Não é, afinal, porque os juízes se encontram autorizados a examinar de ofício determinadas questões, que estariam igualmente desobrigados a se curvarem ao contraditório.[84] Nada há na Constituição que os desobrigue a afastar a participação das partes em questões de tal natureza.[85]

---

[81] Confira-se, a respeito disso, a precisa lição de Fredie Didier Jr.: "Uma coisa é o juiz poder conhecer de ofício, poder agir de ofício, sem provocação da parte. Essa é uma questão. Outra questão é poder agir sem ouvir as partes. É completamente diferente. Poder agir de ofício é poder agir sem provocação, sem ser provocado para isso; não é o mesmo que agir sem provocar as partes. Esse poder não lhe permite agir sem ouvir as partes." (DIDIER JÚNIOR, Fredie Didier. *Curso de direito processual civil*. Vol. I. 6ª ed. Salvador: Editora JusPodivm, 2006. p. 62).

[82] Esta a posição de Leonardo Greco: "Hoje, exige-se um contraditório participativo, em que o juiz dialogue com as partes e não apenas as escute. Ao expor as suas opiniões ou os possíveis reflexos das alegações e das provas que estão sendo objeto da sua cognição, o juiz confere às partes a oportunidade de acompanharem o seu raciocínio e de influenciarem na formação do seu juízo, do seu convencimento. Ora, como as partes podem influir no convencimento do juiz se não sabem o que ele pensa? O contraditório participativo precisa ser efetivado até em relação às questões que, por expressa disposição legal, o juiz pode ou deve apreciar de ofício, como as relativas à concorrência das condições da ação ou à falta de pressupostos processuais que possam acarretar nulidades absolutas. Atualmente, os direitos francês, italiano e português possuem disposições expressas estabelecendo que os juízes não podem decidir de ofício nenhuma questão sem antes ouvir as partes.". GRECO, Leonardo. *Instituições de Processo Civil. Introdução ao Direito Processual Civil.* vol. I. 2ª ed. Rio de Janeiro: Forense, 2010. p. 541).

[83] O mesmo autor aponta o risco de decisões-surpresa não só em casos de matérias de ordem pública, mas também em outras, igualmente problemáticas. Confira-se: "Partindo-se do pressuposto de que durante todo o desenrolar procedimental as partes serão informadas dos atos processuais, podendo reagir para a defesa de seus direitos, parece lógica a conclusão de que a observância do contraditório é capaz de evitar a prolação de qualquer decisão que possa surpreendê-las. Em matérias que o juiz só possa conhecer mediante a alegação das partes, realmente parece não haver possibilidade de a decisão surpreender as partes. Os problemas verificam-se no tocante às matérias de ordem pública, na aplicação de fundamentação jurídica alheia ao debate desenvolvido no processo até o momento da prolação da decisão, e aos fatos secundários levados ao processo pelo próprio juiz. São matérias e temas que o juiz pode conhecer de ofício, havendo, entretanto, indevida ofensa ao contraditório sempre que o tratamento de tais matérias surpreender as partes. Ainda que a matéria de ordem pública e a aplicação do princípio do *iura novit curia* permitam uma atuação do juiz independentemente da provocação da parte, é inegável que o juiz, nesses casos – se se decidir sem dar oportunidade de manifestação prévia às partes –, as surpreenderá com sua decisão, o que naturalmente ofende o princípio do contraditório" (ASSUNÇÃO NEVES, Daniel Amorim. *Manual de Direito Processual Civil.* São Paulo: Editora Método, 2009. p. 58),

[84] Assim também advoga o insigne Fredie Didier Jr.: "Será que o magistrado pode levar em consideração um fato de ofício, sem que as partes se manifestem sobre esse fato? Imaginem a seguinte situação: A e B estão litigando, cada um argumenta o que quis e o juiz na hora da sentença, se baseia em um fato que não foi alegado pelas partes, não foi discutido por elas, mas está provado nos autos. Ele trouxe esse fato para fundamentar a sua decisão com base no art. 131, conjugado com o 462, ambos do CPC. Ele pode fazer isso? Pode. Está autorizado? Está. Mas ele poderia ter feito

5.6. Decisões judiciais que desconsideram abruptamente a personalidade de pessoas jurídicas

É com razoável frequência que se observam abusos praticados contra pessoas jurídicas e seus sócios, mediante decisões justiceiras proferidas com o propósito de desconsiderar a personalidade das primeiras.

A desconsideração da personalidade jurídica não é simples consequência da ausência patrimonial da sociedade empresária devedora. Não há, enfim, extensão *objetiva* da responsabilidade patrimonial aos sócios, como se bastasse para a aplicação da *disregard doctrine* a mera ausência de patrimônio por parte da pessoa jurídica devedora.[86]

Tal ilação é extraída da leitura do art. 50 do Código Civil,[87] que evidencia a preocupação do legislador em regular ajustadamente o instituto da desconsideração da personalidade jurídica e, destarte, evitar decisões judiciais de cariz autoritário, que atentem abertamente contra direitos de terceiros.

Não se deve olvidar que a desconsideração da personalidade jurídica é medida excepcionalíssima, admissível tão só quando demonstrado o *abuso da personalidade jurídica*, que se caracteriza pelo "desvio da personalidade" ou pela "confusão patrimonial". Assim é, até em respeito a dois princípios capitais, que servem de orientação

isso sem submeter esse fato ao prévio debate entre as partes? Sem submeter esse fato antes, ao diálogo das partes? A parte pode ter, contra si, uma decisão baseada em fatos sobre os quais ela não se manifestou? Não. Isso fere, escancaradamente, o contraditório. Por quê? A decisão forma-se com elemento de fato sobre o qual as partes não falaram, e, portanto, baseia-se em ponto a respeito do qual as partes não puderam ter exercitado o 'poder de influência'; elas não puderam dizer se o fato aconteceu ou não aconteceu, ou aconteceu daquela forma, ou de outra forma." (DIDIER JÚNIOR, Fredie. Curso de direito processual civil. Vol. I. 6ª ed. Salvador: Editora JusPodivm, 2006. p. 62).

[85] Também este é o entendimento de Junior Alexandre Moreira Pinto ao assinalar que o contraditório se aplica às matérias que em princípio seriam cognoscíveis de ofício, pois essa prática não desobriga o julgador de submeter à participação todas e quaisquer matérias. (MOREIRA PINTO, Junior Alexandre. A *causa petendi* e o contraditório. Coleção Temas Atuais de Direito Processual Civil, Vol. 12. Coordenação Luiz Guilherme Marinoni e José Roberto dos Santos Bedaque. São Paulo: Revista dos Tribunais, 2007. p. 168-169).

[86] Alguns defendem uma liberalidade bem maior na aplicação da *disregard doctrine* quando o litígio envolvido se referir à relação de consumo. Escoram seu posicionamento na perigosa (e inconstitucional) abertura conferida pelo §5º do art. 28 do Código de Defesa do Consumidor: "Também poderá ser desconsiderada a pessoa jurídica sempre que sua personalidade for, de alguma forma, obstáculo ao ressarcimento de prejuízos causados aos consumidores". No entanto, os mais prestigiados consumeristas também combatem essa ideia, consoante se verifica nas lições de Cláudia Lima Marques, Antônio Herman V. Benjamim e Bruno Miragem: "A doutrina da desconsideração tem seu fundamento nos princípios gerais da proibição do abuso de direito e permite ao Judiciário, excepcionalmente, desconsiderar (ignorar no caso concreto) a personificação societária, como se a pessoa jurídica não existisse, atribuindo condutas e responsabilidades diretamente aos sócios e não à pessoa jurídica. O reflexo desta doutrina no esforço de proteção aos interesses do consumidor é facilitar o ressarcimento dos danos causados aos consumidores por fornecedores-pessoas jurídicas. No direito tradicional é o patrimônio societário que responde pelas dívidas da sociedade, estando a responsabilidade dos sócios restrita conforme o tipo de sociedade criada (sociedade por quotas de responsabilidade limitada, sociedade anônima, comandita etc.)." Em outro trecho, concluem os citados juristas: "... a melhor doutrina fixará que na desconsideração o problema é de imputação do ato jurídico aos sócios. A doutrina encarregar-se-á de considerar a teoria aplicável somente em casos de desvio das finalidades da sociedade ou abuso de direito, casos graves que justifiquem desconsiderar a pessoa jurídica regularmente constituída, que praticou determinado ato jurídico. O método é mais uma vez tópico e funcional, bem ao gosto do CDC no sentido de resolver o problema concreto do conflito de valores entre manutenção do dogma da separação patrimonial e os interesses da outra parte contratante com a pessoa jurídica insolvente." (MARQUES, ClÁudia Lima; V. BENJAMIN, Antônio Herman; MIRAGEM, Bruno. *Comentários ao Código de Defesa do Consumidor.* 2ª ed. São Paulo: Revista dos Tribunais, 2006. p. 440-441).

[87] Confira-se o teor do aludido dispositivo legal: "Art. 50. Em caso de *abuso da personalidade jurídica*, caracterizado pelo *desvio de finalidade*, ou pela *confusão patrimonial*, pode o juiz decidir, a requerimento da parte, ou do Ministério Público quando lhe couber intervir no processo, que os efeitos de certas e determinadas relações de obrigações sejam estendidos aos bens particulares dos administradores ou sócios da pessoa jurídica.".

ao Direito Societário, vale dizer: i) as pessoas jurídicas têm existência própria e distinta da de seus membros; e ii) o patrimônio da sociedade e o de seus membros não se confundem.[88]

Atenta a essa lógica, o voto proferido pela Ministra Nancy Andrighi, relatora do REsp nº 948.117:

> (...) A desconsideração da personalidade jurídica configura-se como medida excepcional. Sua adoção somente é recomendada quando forem atendidos os pressupostos específicos relacionados com a fraude ou abuso de direito estabelecidos no art. 50 do CC/2002. Somente se forem verificados os requisitos de sua incidência, poderá o juiz, no próprio processo de execução, 'levantar o véu' da personalidade jurídica para que o ato de expropriação atinja os bens da empresa.[89]

Como se sabe, a doutrina, responsável pela edificação da *disregard doctrine*, foi desenvolvida pelos tribunais norte-americanos para impedir o abuso por meio do uso da personalidade jurídica. Também no Brasil, quando o art. 50 do Código Civil estabelece que os bens dos sócios *poderão* vir a responder por obrigações da sociedade, sempre que houver *abuso* de sua personalidade jurídica, verdadeiramente impõe *a contrario sensu* que, ausente esse mau uso, sempre será respeitada a autonomia patrimonial de cada um.[90]

Nessa toada, é indispensável para a aplicação da desconsideração da personalidade jurídica não apenas a ocorrência da fraude (abuso do direito),[91] mas, sobretudo, que tal circunstância seja demonstrada pelo credor, que é aquele que a postula e poderá dela beneficiar-se.[92] Ou parafraseando Cândido Rangel Dinamarco, o pilar

---

[88] CORRÊIA-LIMA, Osmar Brina. *Responsabilidade civil dos administradores de sociedade anônima*. Rio de Janeiro: Aide, 1989. p. 140. Completa Osmar Brina que é do somatório desses dois princípios capitais que advém o efeito benéfico de se encorajar o aparecimento e o desenvolvimento de empresas privadas no âmbito nacional. (CORRÊIA-LIMA, Osmar Brina. *Responsabilidade civil dos administradores de sociedade anônima*. Rio de Janeiro: Aide, 1989. p. 141).

[89] Superior Tribunal de Justiça, REsp nº 948.117-MS, Relatora Ministra Nancy Andrighi, julgado em 22/06/2010, disponível em: <www.stj.jus.br>.

[90] DINAMARCO, Cândido Rangel. Desconsideração da personalidade jurídica, fraude, ônus da prova e contraditório. *Fundamentos do processo civil moderno*. 6ª ed. Vol. I. São Paulo: Malheiros, 2010. p. 531.

[91] Consoante lição precisa do conceituadíssimo Cândido Rangel Dinamarco, a expressão "abuso da personalidade jurídica" foi a encontrada pelo legislador de 2002 para definir o que a doutrina e os tribunais vêm qualificando como fraude. (DINAMARCO, Cândido Rangel. Desconsideração da personalidade jurídica, fraude, ônus da prova e contraditório. *Fundamentos do processo civil moderno*. 6ª ed. Vol. I. São Paulo: Malheiros, 2010. p. 535.

[92] É imperioso que a aplicação da teoria da desconsideração seja precedida, portanto, de criteriosa análise, isso para que não seja vulnerado o instituto societário. Sabe-se que a personalidade jurídica e a limitação da responsabilidade dos sócios permitem proteger o empregador de riscos não aceitáveis no empreendimento societário, prefixando sua participação nos prejuízos da sociedade. Se assim não fosse, a maioria das pessoas não se disporia a atuar no mercado, o que acarretaria aumento no desemprego, crescimento da criminalidade, mitigação no desenvolvimento do País, menor contribuição fiscal, entre outros fatores maléficos. (MARQUES GONTIJO, Vinícius Jose. Responsabilização no direito societário de terceiro por obrigação da sociedade. *Revista dos Tribunais, 854*. São Paulo: Revista dos Tribunais, 2006. p. 48). Daí por que – leciona Dinamarco – cumpre àquele que postula a aplicação da teoria – reforce-se isso – *demonstrar* a presença de uso abusivo da personalidade jurídica, seja mediante a prova do "desvio de finalidade", seja ainda provando a "confusão patrimonial". Essa afirmação é autoexplicativa a partir da ideia, positivada no direito processual brasileiro, de que compete a cada uma das partes a prova dos fatos de seu interesse. Tal, aliás, é a regra *chiovendiana* que transparece nos dois incisos do art. 333 do Código de Processo Civil: i) o autor prova os fatos constitutivos de seu direito; ii) o réu prova os fatos extintivos, modificativos ou impeditivos da eficácia jurídica dos fatos constitutivos alegados pelo autor. (DINAMARCO, Cândido Rangel. Desconsideração da personalidade jurídica, fraude, ônus da prova e contraditório. *Fundamentos do processo civil moderno*. 6ª ed. vol. I. São Paulo: Malheiros Editores, 2010. p. 539). Diante da questão referente à desconsideração da personalidade jurídica, a eventual fraude (ou abuso do direito) que se atribui à sociedade empresária devedora (ou a seus sócios) é *fato constitutivo* do direito que alega possuir a exequente. Reside, afinal, na prova dos eventuais atos fraudulentos a causa hábil para legitimar a aplicação da *disregard doctrine*. Aliás, nada mais lógico, uma vez que, sendo a fraude alegada pelo credor e tendo-se em vista que seu reconhecimento beneficiará a ele, é a este exclusivamente que cabe o ônus

fundamental da teoria da desconsideração consiste no combate à fraude, isto é, sua aplicação só será legítima quando houver um vício de tal jaez e cujos efeitos clamem por neutralização. Sem isso não se desconsidera a personalidade jurídica, sendo extraordinários na ordem jurídica os casos de desconsideração precisamente porque a fraude e a má-fé não são fatos ordinários da vida das pessoas e no giro de seus negócios. Ausente a prova da fraude, enfim, não se legitima a extensão da responsabilidade ao patrimônio daqueles integrantes das pessoas jurídicas.[93]

de demonstrar a ocorrência do alegado fato fraudulento, pois o contrário violaria frontalmente a regra de distribuição do ônus da prova, contida no art. 333, I, do Código de Processo Civil. (DINAMARCO, Cândido Rangel. Desconsideração da personalidade jurídica, fraude, ônus da prova e contraditório. *Fundamentos do processo civil moderno.* 6ª ed. Vol. I. São Paulo: Malheiros, 2010. p. 540). Nas palavras de Cândido Rangel Dinamarco, "sem fraude nada se desconsidera; sem prova a fraude não pode ser reconhecida." (DINAMARCO, Cândido Rangel. Desconsideração da personalidade jurídica, fraude, ônus da prova e contraditório. *Fundamentos do processo civil moderno.* 6ª ed. vol. I. São Paulo: Malheiros Editores, 2010. p. 540). Perceba-se sobre o tema a melhor orientação jurisprudencial: "Execução diversa. Desconsideração da personalidade jurídica. Hipóteses de cabimento. A desconsideração da personalidade societária é hipótese a ser considerada somente nos casos de comprovado abuso de direito para fraudar a lei ou prejudicar terceiros, nos termos da jurisprudência pátria." (Tribunal Regional Federal, 4ª Região, 3ª Turma, Agravo de Instrumento nº 2005.04.01.051620-5-PR, Relatora Juíza Federal Vânia Hack de Almeida, julgado em 06/03/2006, disponível em: <www.trf4.gov.br>). "Execução de sentença. Redirecionamento para o sócio-gerente. Hipóteses de cabimento. Os tribunais vêm admitindo a tese da desconsideração da personalidade jurídica nos casos em que a sociedade se presta como disfarce para ato abusivo ou em fraude a credores. Todavia, para que seja declarada é necessária a prova cabal da fraude realizada pelos sócios ou administradores da pessoa jurídica." (Tribunal Regional Federal, 4ª Região, 3ª Turma, Agravo de Instrumento nº 2006.04.00.011446-9-SC, Relatora Juíza Federal Vânia Hack de Almeida, julgado em 17/10/2006, disponível em: <www.trf4.gov.br>). "Processual civil. Execução. Redirecionamento à pessoa do sócio. Desconsideração da pessoa jurídica da empresa executada. Pressupostos. Inexistência. 1. Não comprovada a alegada extinção irregular da empresa executada, assim como a sua utilização pelos sócios para fraudar credores, pressuposto indispensável para ensejar o redirecionamento da execução ao sócio, correta a decisão que indeferiu pedido da exequente, visando a desconsideração da personalidade jurídica da empresa executada. 2. Agravo desprovido." (Tribunal Regional Federal, 1ª Região, 6ª Turma, Agravo de Instrumento nº 2005.01.00.058867-5-MG, Relator Desembargador Daniel Paes Ribeiro, julgado em 28/08/2006, disponível em: <www.trf1.gov.br>). "Agravo de instrumento. Desconsideração da personalidade jurídica da pessoa jurídica. A importância do princípio da autonomia patrimonial da pessoa jurídica impõe a aplicação da desconsideração apenas em casos excepcionais, atendidos determinados requisitos bem específicos, não sendo o caso em questão." (Tribunal Regional Federal, 4ª Região, 1ª Turma, Agravo de Instrumento nº 2005.04.01.052195-0-PR, Relator Desembargador Edgard Antônio Lippmann Júnior, julgado em 31/01/2006, disponível em: <www.trf4.gov.br>). "Desconsideração da personalidade jurídica para penhora de bens particulares dos sócios proprietários da empresa devedora. Sociedade de responsabilidade limitada por quotas. Inexistência de bens passíveis de constrição em nome da empresa executada. Fechamento do estabelecimento. Condutas que não configuram, desde logo, infração à lei ou fraude na administração da empresa. Recurso provido." (Tribunal de Justiça do Estado de São Paulo. Agravo de Instrumento nº 7.361.495-4, Vigésima Câmara de Direito Privado, Relator Desembargador Cunha Garcia, julgado em 03/08/2009. Disponível em: <www.tjsp.jus.br>).

[93] DINAMARCO, Cândido Rangel. Desconsideração da personalidade jurídica, fraude, ônus da prova e contraditório. *Fundamentos do processo civil moderno.* 6ª ed. vol. I. São Paulo: Malheiros Editores, 2010. p. 536. Em reforço, vale a citação de excerto, recordado também da prestigiosa doutrina de Cândido Rangel Dinamarco: "Precisamente porque a má-fé, malícia, fraude ou abuso constituem fatos extraordinários na vida dos negócios, prevalece a multissecular necessidade de provar essas máculas de conduta, sob pena de ser o juiz impedido de reconhecê-las – fora esses casos em que algum indício muito forte faça presumir essa causa para a desconsideração. Andrea Torrente não fez mais que expressar uma consistente máxima da cultura ocidental ao dizer que '*La buona fede si presume: chi allega mala fede di un'altra persona deve provarla*' (A boa-fé se presume: quem alega má-fé de outra pessoa deve prová-la). A má-fé precisa sempre ser provada, a não ser quando fortemente sugerida ou algum indício particularmente expressivo, porque é fato extraordinário (na clássica lição de Malatesta, *o ordinário se presume e o extraordinário se prova*). A norma é respeitar as barreiras representadas pela personalidade jurídica, que constitui notória realidade do direito positivo – e, obviamente, o ônus desta prova será sempre do credor interessado em seu reconhecimento e na imposição das consequências da má-fé ou abuso da personalidade jurídica." (DINAMARCO, Cândido Rangel. Desconsideração da personalidade jurídica, fraude, ônus da prova e contraditório. *Fundamentos do processo civil moderno.* 6ª ed. Vol. I. São Paulo: Malheiros, 2010. p. 538-539). Este também o entendimento de Vinícius Jose Marques Gontijo: "Para que seja decretada a desconsideração (...) é necessária a prova do *vício*. Dois são os vícios que mais comumente maculam uma pessoa jurídica, autorizando a decretação da ineficácia da personalidade jurídica no caso concreto: a fraude e o abuso do direito." (MARQUES GONTIJO, Vinícius Jose. Responsabilização no direito societário de terceiro por obrigação da sociedade. *Revista dos Tribunais, 854.* São Paulo: Revista dos Tribunais,

Além disso, e no que interessa mais especificamente a este estudo, é indispensável, também como condição legitimadora da decisão judicial, permitir aos sócios o exercício do contraditório e da ampla defesa, de maneira que possam argumentar e até produzir provas se necessário. Afinal, até então sua esfera patrimonial não se encontrava em risco, sequer integravam a relação jurídica processual e, por conseguinte, não se haviam ainda manifestado no processo.[94]

O Judiciário não atua como se justiceiro fosse. Não é órgão (estatal) a serviço unicamente do autor (demandante, exequente), determinado a satisfazer seu direito a todo custo, mesmo que em atropelo aos direitos de terceiros. A aplicação da *disregard of legal entity* configura-se – insista-se sempre na ideia – medida de exceção, e só por isso a cautela deve nortear a autoridade jurisdicional, mormente para se evitar afronta aos mais comezinhos princípios constitucionais (sobretudo aos direitos fundamentais materiais e processuais), postura inaceitável no paradigma do Estado Democrático de Direito.

5.7. Decisões que julgam embargos de declaração

Os embargos de declaração agregam-se ao catálogo recursal,[95] embora não se prestem, de regra, a reformar ou a invalidar o provimento impugnado, mas, sim, a integrá-lo ou a aclará-lo, escoimando-o dos defeitos considerados relevantes a sua compreensão e alcance: a omissão, a contradição e a obscuridade.[96] Excepcionalmente, corrigem ainda a dúvida, além do que há defeitos atípicos que, na falta de outro expediente hábil ou por medida de saudável economia, se emendam mediante os declaratórios.[97]

2006. p. 47). Em idêntica entoação, Ana Caroline Santos Ceoli: "É imperioso que se aplique a teoria da desconsideração à luz dos princípios gerais de hermenêutica, sempre se tendo em conta os pressupostos que lhe são inerentes e as peculiaridades dos casos levados a juízo. Analisada sob um enfoque fragmentário e sectário, não resta dúvida de que seu uso abusivo e indiscriminado atende aos fins imediatistas, como imprimir celeridade e efetividade à prestação jurisdicional em prol daqueles que postulam a satisfação de seus direitos creditícios. Porém, sob ponto de vista global e mais abrangente, é imperioso reconhecer que a aplicação descriteriosa da desconsideração da pessoa jurídica descura-se de valores supremos como a segurança e a justiça, para cuja proteção ela foi concebida." (...) Indubitável, pois, que a teoria da desconsideração, se moderada e corretamente aplicada, servirá para o aprimoramento da pessoa jurídica, coibindo os abusos praticados pelos indivíduos que a constituem, encobertos pelo princípio da autonomia patrimonial e da separação de personalidades. Inversamente, porém, se transformada em miraculosa panaceia, essa teoria ensejará o desvirtuamento do ente personificado e comprometerá a função institucional que se lhe confere, gerando, por conseguinte, graves prejuízos de ordem econômica e social para todo o País." (SANTOS CEOLI, Ana Caroline. *Abusos na aplicação da teoria da desconsideração da personalidade jurídica.* Belo Horizonte: Editora Del Rey, 2002. p. 174).

[94] É providente o Projeto nº 166/2010 (novo Código de Processo Civil) ao regulamentar a abertura de *incidente procedimental* próprio para se desconsiderar a personalidade jurídica (arts. 77 a 79). Nele é clarividente a necessidade de o juiz, frente a um requerimento de desconsideração, determinar a citação dos sócios a fim de, no prazo de 15 (quinze) dias, manifestarem e requererem a produção das provas cabíveis. Somente depois, concluída a instrução, é que cumprirá à autoridade jurisdicional decidir.

[95] É nessa linha também o entendimento de Fredie Didier Jr. e Leonardo José Carneiro da Cunha: "Os embargos de declaração constituem um recurso, por estarem capitulados no rol do art. 496 do CPC, atendendo, com isso, ao princípio da taxatividade; são cabíveis quando houver, na sentença ou no acórdão, obscuridade ou contradição, sendo igualmente cabíveis quando houver omissão, ou seja, quando o juiz ou tribunal tiver deixado de apreciar ponto sobre o qual deveria pronunciar-se." (JR., Fredie Didier; CARNEIRO DA CUNHA, Leonardo José. *Curso de Direito Processual Civil. Meios de impugnação às decisões judiciais e processo nos tribunais.* 3ª ed. Vol. 3º. Salvador: Editora JusPodivm, 2007. p. 159).

[96] ASSIS, Araken. *Manual dos Recursos.* São Paulo: Revista dos Tribunais, 2007. p. 578.

[97] Idem. *Manual dos Recursos.* São Paulo: Revista dos Tribunais, 2007. p. 578.

O procedimento altamente concentrado dos embargos declaratórios abstraiu a abertura de prazo para o embargado respondê-los, antes ou depois de o recurso submeter-se àquele controle da admissibilidade a cargo do relator, ou de o juiz singular julgá-los, algo, aliás, que no art. 840 do Código Processual de 1939, se visualizava explicitamente.[98] Tenta-se explicar o atentado ao contraditório mediante razões variadas; nenhuma, contudo, aceitável para justificar sua inutilidade.[99]

Segundo a acertada lição de Cassio Scarpinella Bueno, a omissão da atual legislação processual acerca da incidência do contraditório nos embargos de declaração há de ser encarada à luz da Constituição, o que leva à conclusão de que seu estabelecimento é providência irrecusável, ainda mais naqueles casos em que o magistrado constata que o acolhimento dos declaratórios tem aptidão, em tese, de alterar o conteúdo da decisão anterior.[100] Assim, a parte contrária àquela que formulou os declaratórios deve ser ouvida a seu respeito, no prazo de cinco dias (CPC, art. 523, §2º); só depois, então, é que o recurso será julgado. Incoerente o argumento de que o exercício do contraditório seria desnecessário, pois seu exercício já se dera antes de proferida a decisão e, por conseguinte, antes da imposição dos declaratórios. Assim, porque o contraditório há de ser contemporâneo à prática dos atos processuais, deve realizar-se em função dos embargos de declaração, tais quais apresentados, segundo suas particulares razões, viabilizando que a decisão que o julgue considere a oitiva da parte contrária.[101]

Em reforço, elucida Araken de Assis:

> (...) Na verdade, o princípio do contraditório há de ser sempre observado nos embargos de declaração, apesar do elastério provocado ao procedimento. A desvantagem mínima ficará largamente compensada pelos bons frutos que o diálogo das partes com o órgão judiciário gera no processo. Nada assegura que o defeito que se pretende corrigir, averbado de manifesto, de fato exista no pronunciamento, errando-se no segundo momento, a pretexto de corrigi-lo, vício que pode ser evitado através da vigilante manifestação do embargado.[102]

---

[98] Ibidem. *Manual dos Recursos.* São Paulo: Revista dos Tribunais, 2007. p. 617.

[99] Basicamente são essas as justificativas, todas extraídas da obra de Araken de Assis: i) os vícios embargáveis prejudicariam, de maneira uniforme, as partes e os terceiros, motivo pelo qual se pressupõe falta de interesse para se opor ao pedido formulado nos embargos; ii) os embargos declaratórios não ventilam questão inédita ou nova, mas, sim, reportam-se àquilo já debatido no curso do procedimento; e iii) os embargos não se prestam precipuamente a modificar o provimento. (ASSIS, Araken. *Manual dos Recursos.* São Paulo: Revista dos Tribunais, 2007. p. 617).

[100] Naquilo que diz respeito à hipótese na qual os embargos de declaração assumem caráter "infringente," é praticamente pacífico o entendimento, jurisprudencial e doutrinário, no sentido de que cumpre ao juiz, ou ao tribunal, antes de julgar o recurso, dar audiência ao embargado, sob pena de ferir mortalmente o contraditório. Num determinado caso, julgado pelo Tribunal de Justiça de Minas Gerais, uma instituição de ensino interpôs recurso de apelação e nele argumentou, em suma, que a sentença, naquilo que dizia respeito ao arbitramento de honorários advocatícios, foi alterada após o acolhimento parcial de embargos declaratórios sem, contudo, ter sido chancelada oportunidade de sua manifestação quanto ao pleito. Evidenciou, ademais, que sequer a hipótese admitia os declaratórios. Postulou, por fim, a nulidade da decisão embargada porque lesiva ao contraditório e à ampla defesa; se caso outro o entendimento, fosse o recurso provido e reformada a sentença, mantendo-se a fixação originária dos honorários. Esta a ementa do acórdão: "Apelação. Ação declaratória c/c pedido condenatório. Sentença integrada por decisão posterior. Embargos declaratórios com efeito infringente. Prévia intimação do embargado. Devido processo legal. A atribuição de efeito modificativo aos embargos de declaração reclama prévia intimação da parte adversa para se manifestar acerca do pedido, sob pena de nulidade absoluta." (Tribunal de Justiça de Minas Gerais, Apelação Cível nº 1.0701.09.266872-5/001, 13ª Câmara Cível, Relator Desembargador Francisco Kupidlowski, julgado em 10/02/2001. Disponível em: <www.tjmg.jus.br>).

[101] BUENO, Cassio Scarpinella. *Curso Sistematizado de Direito Processual Civil. Recursos. Processos e incidentes nos Tribunais. Sucedâneos recursais: técnicas de controle das decisões jurisdicionais.* São Paulo: Saraiva, 2008. p. 2001.

[102] ASSIS, Araken. *Manual dos Recursos.* São Paulo: Revista dos Tribunais, 2007. p. 617.

Logo, razões de ordem prática e jurídica sinalizam rumo ao estabelecimento da *democracia participativa* também no seio dos embargos declaratórios, não somente quando estes se mostrarem hábeis para modificar a decisão embargada, mas sempre e invariavelmente. Postura diversa, apesar de contrastar com o cotidiano forense, implica nulidade do julgamento dos declaratórios, desde que, obviamente, se constate prejuízo ao embargado, decorrente da alteração do pronunciamento para desfavorecê-lo.[103]

6. Conclusões[104]

A expressão "absolutismo" designa toda doutrina – a despeito de variações nos fundamentos – que prega o exercício sem limitações ou restrições do poder estatal.[105]

Conquanto inserido num regime democrático, o cidadão brasileiro ainda é vítima de expressões do poder estatal que se apresentam estranhas à *soberania popular*, capazes de atingi-lo em sua esfera física, psíquica e patrimonial de maneira absolutamente arbitrária, o que se dá quando lhe é negado o direito de participação ativa na construção das decisões públicas. Não é, por isso, exagero algum afirmar que há, sim, alguma manifestação embrionária de absolutismo instalada no regime democrático do País. Estar-se-á a referir-se em específico a algumas decisões judiciais proferidas em manifesto atentado ao contraditório, direito/garantia constitucional que estabelece a *democracia participativa* no ambiente processual e, por conseguinte, colabora flagrantemente para a legitimidade da jurisdição e dos resultados dela oriundos.

Já é hora de o operador jurídico atentar para essa realidade e, sobretudo, obrar esforços a fim de suplantar tais desvios despóticos,[106]os quais só fazem desgastar as

---

[103] Idem. *Manual dos Recursos.* São Paulo: Revista dos Tribunais, 2007. p. 619.

[104] Conforme afirmado na *nota de rodapé nº 1*, este ensaio representa a versão escrita e melhorada de palestra proferida pelo autor, na data de 12/05/2011, no *II Congresso Mineiro de Direito Processual.* Naquela oportunidade, concluiu-se a exposição nos seguintes termos: Há outros exemplos de *decisões ilegítimas*, atentatórias a ideia de *democracia participativa* que deve, hoje, iluminar o direito processual civil. Entretanto, já é hora de concluir, até porque o tempo que me fora concedido esgotou-se. E finalizo com uma reflexão filosófica, iniciada nos tempos antigos, naquela época marcada pelos pensamentos de Platão e Aristóteles. Esses filósofos, e outros mais que posteriormente despontaram, cada qual a sua maneira, trataram do tema *admiração*. Elucidaram que o amor pela sabedoria é suscitado pelo admirar-se. A admiração seria uma *sensação de dúvida*, um *sentimento que exprime espanto*, que *revela uma súbita surpresa da alma diante de novidades*, diante de algo que não se esperava. É ela, a *admiração*, que *impulsiona o pensar*; é um *estado de ânimo*; a *primeira das paixões*... A rotina forense nos impõe uma realidade dura. O dia a dia do operador do direito – juízes, promotores e advogados – é árduo e extenuante. Muitas vezes nos leva a perder a própria capacidade de admiração, fazendo com que encaremos as práticas jurídicas sem um mínimo de reflexão. Não podemos perder nossa capacidade de admiração, de nos surpreendermos, de nos espantarmos diante do novo e diante do velho também. Afinal, hodiernamente vivemos em um novo paradigma, no Estado Democrático de Direito, instalado no Brasil a partir da Constituição de 1988. São muitas, contudo, as práticas que ainda não se ajustaram a esse modelo. Cabe a nós, que lidamos no cotidiano forense, exercitar nossa capacidade de admiração, a fim de corrigir desvios e incoerências e, desde modo, obrar em prol de uma sociedade mais consentânea às diretrizes democráticas.

[105] São exemplos: i) o absolutismo utopista de Platão em República; ii) o absolutismo papal afirmado por Gregório VII e por Bonifácio VIII, que reivindica para o Papa, como representante de Deus sobre a Terra, a *plenitudo potestatis*, isto é, a soberania absoluta sobre todos os homens, inclusive os príncipes, os reis e o imperador; iii) o absolutismo monárquico do século XVI, cujo defensor é Hobbes; iv) o absolutismo democrático, teorizado por Rousseau no Contrato Social, por Marx e pelos escritores marxistas como 'ditadura do proletariado'; (ABBAGNANO, Nicola. *Dicionário de Filosofia.* São Paulo: Martins Fontes, 2000. p. 2); v) o absolutismo de Maquiavel que, partindo da constatação sobre a perversidade da natureza humana, defende que somente um homem excepcional (de *virtù*) pode proporcionar estabilidade a uma comunidade política.

[106] As hipóteses de absolutismo incutido em decisões judiciais não se restringem aos casos aventados neste ensaio. A visão dinâmica (ou substancial) do contraditório impõe uma revisão de exegeses, hoje praticamente pacíficas,

bases do Estado Democrático de Direito e contribuem para o descrédito do Judiciário, órgão estatal a quem cabe, acima de todos os outros, o papel de sentinela do ordenamento jurídico e, em especial, da Constituição.[107]

Não se pode deixar de verificar, nesse particular, que o Projeto de Lei nº 166/2010 (novo Código de Processo Civil) avançou. Afinal, um de seus propósitos é positivar, de forma expressa, aquilo que já devia fazer parte do senso comum de todos, mormente daqueles que lidam, por ofício, com a atividade jurisdicional (juízes, promotores e advogados). Constata-se nele verdadeira intenção de se realizar a indispensável interface entre a Constituição e o ordenamento processual, percebida já em seu artigo inaugural, que impõe a ordenação, a disciplina e a interpretação do Código de Processo Civil segundo os valores e princípios fundamentais estabelecidos na Carta Magna.

No que se refere ao *princípio democrático*, nota-se que o legislador do Projeto nº 166/2010 se conscientizou de sua importância, tanto que está previsto em diversos dispositivos. Ali, em seu corpo normativo, atesta-se que as partes têm direito de participar ativamente no ambiente processual, cooperando com o juiz, fornecendo-lhe subsídios para que profira decisões, realize atos executivos ou determine a prática de medidas de urgência (art. 5º). Veda-se ao juiz, no mesmo rumo, proferir decisão ou

---

atribuídas também a várias outras normas processuais. Veja-se, por exemplo, que os arts. 131 e 462 do CPC exigem esforço hermenêutico que lhes garantam sentidos adequados aos ditames do Estado Democrático de Direito. Lembre-se, nesse rumo, que o intérprete, por dever de lealdade aos valores-guia do Estado Democrático de Direito, continuamente deve interpretar a lei numa dimensão constitucional. Assim, do comando que determina tocar ao juiz a apreciação livre da prova, atendendo aos fatos e circunstâncias constantes dos autos, ainda que não alegados pelas partes (CPC, art. 131), não se pode, decerto, entender uma determinação legislativa concedendo a possibilidade de uma decisão despótica, plenamente apta a desconsiderar todo o debate travado nos autos pelas partes e pelo juiz e, portanto, flagrantemente individual, visto que nascida apenas do esforço intelectivo solitário do juiz. De igual modo, a permissão para que o juiz, depois da propositura da ação, tome em consideração, mesmo de ofício, algum fato constitutivo, modificativo ou extintivo do direito na formação de sua convicção no momento de proferir a sentença (CPC, art. 462), não pode ser compreendida como uma autorização para que ele, o juiz, decida questões à revelia das partes, sem consultá-las, sem considerar seus argumentos. Exige-se uma conformação desses dispositivos com o princípio do contraditório, isso em consideração a seu aspecto dinâmico e não puramente formal. É certo que ao juiz é lícito avaliar os fatos, circunstâncias e matérias de direito ainda que não alegadas pelas partes. Também é dado a ele refletir sobre fatos surgidos após o ajuizamento da ação, plenamente capazes de influir nos rumos de sua decisão. Afinal, o processo não é um plano alheio à realidade, e a busca da "verdade real" é sempre um objetivo a ser perseguido. De todo modo, se assim pretender agir, é imperioso que antes conceda às partes a possibilidade de se manifestarem sobre aquilo que considera relevante, bem assim deixar-se influenciar por essas manifestações, revestindo sua decisão da necessária legitimidade constitucional.

[107] Com a afirmação de que o juiz é uma sentinela (ou um guardião) da Constituição Federal não se quer dispensar a ele tratamento soberano. Não se pretende com isso endeusar o ser humano que se encontra por detrás da toga, como se esta lhe retirasse magicamente o coração e a própria humanidade, transformando-o nalguma divindade suprema. Sublinha-se sempre a importância do juiz no Estado Democrático de Direito; não, contudo, para lhe atribuir onipotência e sabedoria super-humanas, que justifiquem um agir dele pautado unicamente em seu próprio engenho e, deste modo, a prolação de julgamentos descompassados com o debate travado ao longo do procedimento. Quer-se tão somente assinalar que seu papel ganhou relevante importância na contemporaneidade, razão pela qual deve manter-se familiarizado com a doutrina e jurisprudência, atento aos diversos palcos de diálogos sociais, sempre em busca da ampliação de seus horizontes de conhecimento, algo natural num País que necessita do *ativismo judicial*. De outro lado, e até para se evitar arbitrariedades atentatórias ao regime democrático e aos direitos fundamentais processuais, há de laborar com o propósito de fomentar também um *ativismo das próprias partes*, atribuindo a elas, por igual, o papel de canalizar os valores da sociedade para o ambiente processual, conferindo-lhes a possibilidade real de influência nos provimentos judiciais (contraditório em sua feição substancial). Decerto que o ativismo judicial, somado ao ativismo das partes, proporcionará decisões judiciais mais bem elaboradas e amadurecidas, alheias ao fenômeno absolutista que representam as surpresas não raramente verificadas na prática da atividade jurisdicional. Enfim, advoga-se um ativismo judicial responsável, praticado por juízes verdadeiramente preparados técnica e socialmente, mas que seja controlado por um ativismo das partes, em respeito à *democracia participativa* que legitima a atividade jurisdicional e os resultados dela oriundos. O equilíbrio é, portanto, a solução.

sentença contra uma das partes, desimportante a natureza da matéria envolvida, sem que antes seja ela previamente ouvida, excepcionados os casos de medida de urgência ou concedida a fim de evitar o perecimento de direito (art. 9º). Tampouco é aceitável à autoridade judicial decidir em qualquer grau de jurisdição, com base em fundamento a respeito do qual não se tenha dado às partes oportunidade de se manifestar, ainda que se trate de matéria sobre a qual tenha que se decidir de ofício (art. 10).

É bem verdade que essa leitura constitucionalizada da legislação processual já é realidade viva no Brasil (ao menos doutrinariamente), consequência da onda renovatória que conduziu a todos ao constitucionalismo. Contudo, é sensato que a lei processual se ajuste aos regramentos constitucionais e que assim conscientize — de uma vez por todas — aqueles que ainda resistem às inovações, que só enxergam com nitidez diante do texto expresso e particularizado da lei, mantendo-se, por isso, cativos numa rotina forense já há muito descompassada com o ideal democrático.

Referências

ABBAGNANO, Nicola. *Dicionário de Filosofia.* São Paulo: Martins Fontes, 2000.

ALMEIDA, Cleber Lúcio de. A legitimação das decisões judiciais no Estado Democrático de Direito. Disponível em: <http://direito.newtonpaiva.br/revistadireito/professor/professores.asp>. Acessado em: 08/02/2010.

ALVARO DE OLIVEIRA, Carlos Alberto. Garantia do contraditório. Disponível em: <www.mundojuridico.adv.br>. Acessado em: 11/04/2011.

——; MITIDIERO, Daniel. *Curso de Processo Civil.* Teoria Geral do Processo Civil e Parte Geral do Direito Processual Civil. Vol. 1. São Paulo: Atlas, 2010.

ASSIS, Araken. *Manual dos Recursos.* São Paulo: Revista dos Tribunais, 2007.

ASSUNÇÃO NEVES, Daniel Amorim. *Manual de Direito Processual Civil.* São Paulo: Método, 2009.

BARROSO, Luís Roberto. Judicialização, ativismo judicial e legitimidade democrática. Disponível em: <www.oab.org.br>. p. 10-12. Acessado em: 12/05/2009.

BOBBIO, Norberto. Dicionário de política. 2ª ed. Brasília: UnB, 1986.

BONAVIDES, Paulo. *Teoria Geral do Estado.* 8ª ed. São Paulo: Malheiros, 2010.

BOTELHO, Marcos César. Democracia e Jurisdição: a legitimidade da jurisdição constitucional na democracia participativa de Jürgen Habermas. Disponível em: <www.portaldosperiodicos.idp.edu.br>. Acessado em: 04/03/2011

BUENO, Cassio Scarpinella. *Curso Sistematizado de Direito* Processual Civil. Recursos. Processos e incidentes nos Tribunais. Sucedâneos recursais: técnicas de controle das decisões jurisdicionais. São Paulo: Saraiva, 2008.

CARVALHO DIAS, Ronaldo Brêtas. *Processo Constitucional e Estado Democrático de Direito.* Belo Horizonte: Del Rey, 2010.

CARVALHO DIAS, Ronaldo Brêtas; FIORATTO, Débora Carvalho. A conexão entre os princípios do contraditório e da fundamentação das decisões na construção do Estado Democrático de Direito. Revista Eletrônica de Direito Processual. vol. V. Disponível em: <http://www.redp.com.br/arquivos/redp_5a_edicao.pdf> Acessado em: 11/04/2011. p. 228-260.

CORRÊIA-LIMA, Osmar Brina. *Responsabilidade civil dos administradores de sociedade anônima.* Rio de Janeiro: Aide, 1989.

DELFINO, Lúcio. Condenação de advogado a litigância de má-fé: cariz autoritário da decisão e atentado ao devido processo legal. *Revista Brasileira de Direito Processual, 72.* Belo Horizonte: Fórum, 2010. p. 251-260.

COELHO NUNES, Dierle José. O princípio do contraditório: uma garantia de influência e de não surpresa. *Teoria do processo: Panorama Mundial.* Coordenação de Fredie Didier Jr e Eduardo Ferreira Jordão. Salvador: JusPodivm, 2008. p. 151-172.

DIDIER JÚNIOR, Fredie. *Curso de direito processual civil.* Vol. I. 6ª ed. Salvador: JusPodivm, 2006.

——; CARNEIRO DA CUNHA, Leonardo José. *Curso de Direito Processual Civil. Meios de impugnação às decisões judiciais e processo nos tribunais.* 3ª ed. vol. 3º. Salvador: JusPodivm, 2007.

DINAMARCO, Cândido Rangel. *Fundamentos do processo civil moderno.* 6ª ed. vol. I. São Paulo: Malheiros, 2010.

——. *Instituições de Direito Processual Civil.* vol. I. 6ª ed. São Paulo: Malheiros, 2009.

GARGARELLA, Roberto. *La justicia frente al gobierno.* Barcelona: Ariel, 1996.

GONÇALVES, Arloldo Plínio. *Técnica processual e teoria do processo.* Rio de Janeiro. Aide, 1992.

GRECO, Leonardo. *Instituições de Processo Civil. Introdução ao Direito Processual Civil.* vol. I. 2ª ed. Rio de Janeiro: Forense, 2010.

GUERRA FILHO, Willis Santiago. *Processo constitucional e direitos fundamentais.* 2ª ed.. São Paulo: RCS Editora, 2005.

LEAL, Rosemiro Pereira. Teoria da defesa no processo civil. In: LEAL, Rosemiro Pereira. *Relativização Inconstitucional da coisa julgada:* Temática processual e reflexões jurídicas. Belo Horizonte: Del Rey, 2005.

MADEIRA, Dhenis Cruz. *Processo de conhecimento & cognição*: uma inserção no Estado Democrático de Direito. Curitiba: Juruá, 2008.

MARIANO, Cynara Monteiro. *Legitimidade do Direito e do Poder Judiciário*. Neoconstitucionalismo ou Poder Constituinte Permanente? Belo Horizonte: Del Rey, 2010.

MARINONI, Luiz Guilherme. *Teoria Geral do Processo.* 3ª ed. São Paulo: Revista dos Tribunais, 2008.

MARINONI, Luiz Guilherme; ARENHART, Sérgio Cruz. *Prova.* São Paulo: Revista dos Tribunais, 2009.

MARINONI, Luiz Guilherme. Novo CPC esquece da equidade perante as decisões judiciais. Disponível em: <www.conjur.com.br> Acessado em: 12/11/2010.

MARQUES, Cláudia Lima; V. BENJAMIN, Antônio Herman; MIRAGEM, Bruno. *Comentários ao Código de Defesa do Consumidor.* 2ª ed. São Paulo: Revista dos Tribunais, 2006.

MARQUES GONTIJO, Vinícius Jose. Responsabilização no direito societário de terceiro por obrigação da sociedade. *Revista dos Tribunais, 854.* São Paulo: Revista dos Tribunais, 2006.

MIRANDA, Pontes de. *Democracia, Liberdade e Igualdade (os três caminhos).* 2ª ed. São Paulo: Saraiva, 1979.

MITIDIERO, Daniel. Colaboração no processo Civil. Pressupostos sociais, lógicos e éticos. *Coleção Temas Atuais de Direito Processual Civil.* Vol. 14. São Paulo: Revista dos Tribunais, 2009.

——. Colaboração no processo civil como prêt-à-porter? Um convite ao diálogo para Lenio Streck. *Revista de Processo, 194.* São Paulo: Revista dos Tribunais, 2011. p. 55-69.

MOREIRA, Vital. Princípio da maioria e princípio da constitucionalidade: legitimidade e limites da justiça constitucional. In. Souza e Brito, José de Souza. Et al. *Legitimidade e legitimação da justiça constitucional: colóquio no 10º. Aniversário do Tribunal Constitucional – Lisboa, 28 e 29 de maio de 1993.* Coimbra: Coimbra Editora, 1995. p. 177-198.

MOREIRA PINTO, Junior Alexandre. A *causa petendi* e o contraditório. *Coleção Temas Atuais de Direito Processual Civil,* vol. 12. Coordenação Luiz Guilherme Marinoni e José Roberto dos Santos Bedaque. São Paulo: Revista dos Tribunais, 2007. p. 168-169.

PEREIRA DE SOUZA, Henrique Yukio. A presunção judicial no Estado Democrático de Direito: uma análise crítica do artigo 335 do Código de Processo Civil. *Revista Brasileira de Direito Processual, 72.* Belo Horizonte: Editora Fórum, 2010.

PORTO, Sérgio Gilberto; USTÁRROZ, Daniel. *Lições de direitos fundamentais no processo civil.* O conteúdo processual da Constituição Federal. Porto Alegre: Livraria do Advogado, 2009.

REDENTI, Enrico. *Diritto Processuale Civile.* 4ª ed. vol. II. Milão: Giuffrè, 1997.

ROUSSEAU, Jean-Jacques. *Do contrato social* – Ensaio sobre a origem das línguas. Os Pensadores. São Paulo: Abril Cultural, 1999.

SALES, Ana Flávia. A legitimidade do provimento jurisdicional no direito democrático. Disponível em: <http://www.fmd.pucminas.br> Acessado em: 11/04/2011.

SANTOS CEOLI, Ana Caroline. *Abusos na aplicação da teoria da desconsideração da personalidade jurídica.* Belo Horizonte: Del Rey, 2002.

SCAVONE JUNIOR, Luiz Antonio. *Juros no Direito Brasileiro.* São Paulo: Revista dos Tribunais, 2003.

SENE, Leone Trida. Seguro de Pessoas. *Negativas de Pagamento das Seguradoras.* 2ª Curitiba: Juruá, 2009.

SILVA, Ovídio A. Baptista da. *Comentários ao Código de Processo Civil.* vol. 1. São Paulo: Revista dos Tribunais, 2000.

SOUZA E BRITO, José de. Jurisdição constitucional e princípio democrático. In. SOUZA E BRITO, José de Souza. *et al. Legitimidade e legitimação da justiça constitucional: colóquio no 10º aniversário do Tribunal Constitucional* – Lisboa, 28 e 29 de maio de 1993. Coimbra: Coimbra Editora, 1995.

SOUZA, Gelson Amaro. Litigância de Má-Fé e o Direito de Defesa. *Revista Bonijuris, 550,* 2009.

STRECK, Lenio Luiz. *O que é isto* – decido conforme minha consciência? Porto Alegre: Livraria do Advogado, 2010.

THEODORO JÚNIOR, Humberto; COELHO NUNES, Dierle José. Uma dimensão que urge reconhecer ao contraditório no direito brasileiro: sua aplicação como garantia de influência, de não surpresa e de aproveitamento da atividade processual. *Revista de Processo,* 168. São Paulo: Revista dos Tribunais, 2009.

WALD, Arnoldo. Correção monetária de condenação judicial em ação de responsabilidade civil. *Revista de Processo.* São Paulo: Revista dos Tribunais, vol. 104, nº 26. p. 133-149, out.-dez/2001.

WOLKMER, Antonio Carlos. *Ideologia, Estado e Direito.* São Paulo: Revista dos Tribunais, 1995.

ZANETI JÚNIOR, Hermes Zaneti. *Processo Constitucional.* O Modelo Constitucional do Processo Civil Brasileiro. Rio de Janeiro: Lumen Juris, 2007.

— 23 —

A nova técnica de julgamento dos recursos extraordinário e especial repetitivos

LUIS GUILHERME AIDAR BONDIOLI
Mestre e doutor em Direito Processual pela Faculdade de Direito da Universidade de São Paulo
Membro do Instituto Brasileiro de Direito Processual
Advogado em São Paulo

1. Introdução

A sociedade atual é fortemente marcada pelo fenômeno da repetição. Tal fenômeno se faz presente em praticamente todos os setores da vida contemporânea, produzindo uma verdadeira massificação das relações econômicas e sociais, com naturais reflexos nos litígios surgidos no seu contexto. Na medida em que uma similar relação de consumo se repete inúmeras vezes, eventual abusividade no reajuste da mensalidade de um plano de saúde comercializado em larga escala se reproduzirá com a mesma intensidade, a dano de todos os consumidores que o adquiriram. Da mesma forma, tendo em vista que o Estado se vincula a um número enorme de pessoas quando institui um tributo, possível inconstitucionalidade desse tributo traz impactos para significativa parcela da coletividade. Não é preciso muito esforço para imaginar o que acontece quando resolvem bater às portas do Poder Judiciário todos os consumidores eventualmente lesados por um reajuste considerado abusivo na mensalidade do seu plano de saúde e todos os contribuintes possivelmente prejudicados por um tributo tido como inconstitucional. Uma avalanche de processos fundados em idêntica controvérsia atinge os já congestionados tribunais nacionais e insere as cortes nacionais no contexto do fenômeno da repetição. É o que Sidnei Beneti chama de *macrolides*.[1]

As *macrolides* se apresentam como um grande desafio para a ciência do processo. É que se espera de todo e qualquer processo que ele não consuma mais tempo, energia e dinheiro do que o estritamente necessário para a sua solução, seja efetivo e traga segurança e orientação para as relações econômicas e sociais. E a multiplicação de litígios judiciais, ainda que idênticos, aumenta o volume de serviço do Poder Judiciário sem que haja incremento na sua capacidade de absorção de trabalho.

[1] "Assunção de competência e *fast-track* recursal", p. 10-11.

Ademais, a proliferação de processos similares, até por uma questão estatística, incrementa as chances de soluções diferentes para uma mesma situação da vida. Nessas condições, convive-se com uma série de fatores negativos para a otimização, efetividade e previsibilidade do processo e é preciso neutralizá-los.

É no contexto das medidas tomadas para a neutralização de tais fatores negativos que se insere a nova técnica de julgamento dos recursos extraordinários "com fundamento em idêntica controvérsia" (art. 543-B, *caput*) e dos recursos especiais "com fundamento em idêntica questão de direito" (art. 543-C, *caput*), implementada pelas Leis 11.418, de 19 de dezembro de 2006, e 11.672, de 8 de maio de 2008, e objeto deste escrito.

Consciente de que o Supremo Tribunal Federal e o Superior Tribunal de Justiça encontram-se abarrotados de recursos extraordinários e especiais atrelados a uma mesma controvérsia, o legislador criou mecanismos voltados à concentração, homogeneização, aceleração e simplificação no seu julgamento. Em linhas gerais, esses mecanismos permitem a prévia seleção de um ou mais recursos representativos da controvérsia para um julgamento diferenciado (CPC, arts. 543-B, § 1º, e 543-C, § 1º; RISTF, art. 328, § ún.; res. n. 8 do STJ, de 7.8.08, art. 1º, *caput* e §§ 1º e 2º). Enquanto esse julgamento não acontece, os demais recursos ficam sobrestados (CPC, arts. 543-B, § 1º, e 543-C, § 1º; RISTF, art. 328, *caput*; Res. n. 8 do STJ, de 7.8.08, art. 1º, *caput* e § 3º). Uma vez julgados os recursos selecionados, os recursos sobrestados têm seu destino decidido à luz daquele julgamento (CPC, arts. 543-B, §§ 3º e 4º, e 543-C, §§ 7º e 8º; RISTF, art. 328-A; res. n. 8 do STJ, de 7.8.08, art. 5º). É o que Barbosa Moreira denominou, em comentários ao art. 543-B, julgamento *por amostragem*.[2] Seu exame mais pormenorizado é feito nos tópicos subsequentes.

2. Deflagração do julgamento por amostragem

As medidas voltadas à deflagração do julgamento *por amostragem* de recursos extraordinários ou especiais podem ser tomadas tanto no âmbito de tribunal local quanto no âmbito do Supremo Tribunal Federal ou do Superior Tribunal de Justiça. Os tribunais locais, por serem os primeiros a ter contato com os recursos extraordinários e especiais, têm boas chances de também serem os primeiros a diagnosticar a existência de múltiplos recursos fundados em idêntica controvérsia. Não foi à toa que os arts. 543-B, § 1º, e 543-C, § 1º, do Código de Processo Civil e o art. 1º da Resolução n. 8 do Superior Tribunal de Justiça, de 7 de agosto de 2008, conferiram aos tribunais locais poderes para selecionar, encaminhar e sobrestar recursos repetitivos e assim dar início ao procedimento instituído para o julgamento por *amostragem*.

A iniciativa dos tribunais locais para a instauração do julgamento *por amostragem* independe de prévia autorização ou solicitação do Superior Tribunal de Justiça ou do Supremo Tribunal Federal. Constatada a multiplicidade de recursos fundados em idêntica controvérsia, podem os tribunais locais lançar mão das medidas enunciadas nos arts. 543-B, § 1º, e 543-C, § 1º, independentemente de prévia manifestação dos tribunais de superposição a seu respeito. Todavia, deve-se consignar, desde logo, que o julgamento por *amostragem* somente terá sequência se o Superior Tribunal de Justiça ou o Supremo Tribunal Federal entenderem presentes os requisitos para tanto,

[2] Cf. *Comentários ao Código de Processo Civil*, v. V, n. 332, p. 619.

ou seja, eles controlam *a posteriori* a atividade do tribunal em matéria de recursos repetitivos e dão a última palavra no assunto (*infra*, n. 5).

O art. 543-B, § 1º, diz, em termos gerais, que cabe ao "Tribunal de origem" tomar as medidas necessárias à deflagração do *julgamento por amostragem*, sem especificar um órgão responsável por elas. Já o art. 543-C prevê que tais medidas sejam tomadas pelo "presidente do tribunal de origem" e o art. 1º da Resolução n. 8 do Superior Tribunal de Justiça, de 7 de agosto de 2008, dispõe que elas cabem ao "presidente ou ao vice-presidente do tribunal recorrido". Na realidade, deve-se entender que as providências para a seleção, encaminhamento e sobrestamento de recursos repetitivos cabem ao órgão do tribunal local responsável pelo processamento e pela admissibilidade dos recursos especial e extraordinário. Em São Paulo, por exemplo, o Regimento Interno do Tribunal de Justiça atribui o exame de admissibilidade dos recursos extraordinário e especial ao presidente, aos quatro vice-presidentes e ao decano (RITJSP, arts. 193, I, *d*, 194, II, 195, V, 196, IV, 197, V, 198, V, 200 e 891).

Os poderes para os tribunais de superposição deflagrarem o julgamento por *amostragem* são regulados no art. 328 do Regimento Interno do Supremo Tribunal Federal, no art. 543-C, § 2º, do Código de Processo Civil e no art. 2º, § 1º, da Resolução n. 8 do Superior Tribunal de Justiça, de 7 de agosto de 2008. Aquele autoriza a presidência do Supremo Tribunal Federal ou o relator a noticiar aos tribunais locais e às turmas de juizado especial a existência de recurso portador de questão suscetível de reprodução em múltiplos processos, "a fim de que observem o disposto no art. 543-B do Código de Processo Civil" (RISTF, art. 328, *caput*). Autoriza, ainda, a presidência do Supremo Tribunal Federal ou o relator a selecionar recursos representativos de tal questão e devolver os "demais aos tribunais ou turmas de juizado especial de origem, para aplicação dos parágrafos do art. 543-B do Código de Processo Civil" (RISTF, art. 328, par. ún.).

Por sua vez, o § 2º do art. 543-C dispõe que, não tendo sido tomadas providências para o julgamento *por amostragem* na instância inferior, "o relator no Superior Tribunal de Justiça, ao identificar que sobre a controvérsia já existe jurisprudência dominante ou que a matéria já está afeta ao colegiado, poderá determinar a suspensão, nos tribunais de segunda instância, dos recursos nos quais a controvérsia esteja estabelecida". E o art. 2º, § 1º, da resolução n. 8 do Superior Tribunal de Justiça, de 7 de agosto de 2008, prevê que, "a critério do Relator, poderão ser submetidos ao julgamento da Seção ou da Corte Especial, na forma deste artigo, recursos especiais já distribuídos que forem representativos de questão jurídica objeto de recursos repetitivos".

As brechas para que os tribunais de superposição provoquem o procedimento do julgamento *por amostragem* são algo natural. Dada a sua competência absoluta para o exame dos recursos extraordinário e especial (CF, arts. 102, III, e 105, III), ninguém tem mais autoridade do que o Supremo Tribunal Federal ou o Superior Tribunal de Justiça para diagnosticar uma controvérsia que se repete em inúmeros recursos da sua alçada, selecionar os recursos a serem julgados para a correta solução dessa controvérsia e identificar os recursos que devem ser sobrestados enquanto aqueles não são apreciados. Daí ser até inconcebível a subtração da prerrogativa da deflagração do julgamento *por amostragem* desses tribunais.

Por fim, registre-se que a instauração do julgamento *por amostragem* independe de iniciativa de qualquer das partes de um processo repetitivo. Mesmo que nenhum sujeito parcial de uma relação jurídica processual requeira um julgamento nos moldes dos arts. 543-B e 543-C do Código de Processo Civil, este poderá ter lugar. Basta que o órgão competente do Supremo Tribunal Federal, do Superior Tribunal de Justiça ou de um tribunal local tome oficiosamente as medidas necessárias. Aliás, pode-se dizer que os tribunais estão obrigados a tomar tais medidas nas situações em que se fizerem presentes os requisitos para o julgamento *por amostragem.* O *caput* desses dois dispositivos legais é impositivo nesse sentido e não deixa outra saída: " (...) a análise da repercussão geral *será processada* nos termos do Regimento Interno do Supremo Tribunal Federal, observado o disposto neste artigo" (art. 543-B, *caput*) e "(...) o recurso especial *será processado* nos termos deste artigo" (art. 543-C, *caput*).[3] Daí poder-se falar também em um direito ao julgamento *por amostragem*, exigível pela parte, na medida em que ele se amolda ao ideal de processo tempestivo, econômico, efetivo e previsível.

3. Multiplicidade de recursos com fundamento em idêntica controvérsia e critérios para a seleção dos recursos representativos

O art. 543-B, *caput*, prevê que o julgamento *por amostragem* ocorra "quando houver multiplicidade de recursos com fundamento em idêntica controvérsia". O art. 543-C, *caput*, usa termos bastante próximos ("quando houver multiplicidade de recursos com fundamento em idêntica questão de direito"). Na sua essência, ambos os dispositivos querem dizer a mesma coisa. A expressão "controvérsia", desacompanhada da qualificação "de direito", dá uma falsa impressão de amplitude ao art. 543-B, que, no entanto, não se verifica na prática. Afinal, "para simples reexame de prova não cabe recurso extraordinário" (súmula 279 do STF). Logo, o recurso extraordinário sempre terá como fundamento central uma questão de direito, cuja repetição em outros recursos extraordinários fará incidir a regra do art. 543-B. Assim, é sempre a identidade da questão jurídica que dá suporte aos recursos extraordinários ou especiais que faz desencadear o julgamento *por amostragem.*

A avaliação da identidade da questão de direito veiculada nos recursos extraordinários ou especiais deve ser feita com cautela. É preciso que ela esteja inserida em um cenário homogêneo para a sua vinculação ao julgamento *por amostragem.* A homogeneidade do cenário deve levar em conta as normas e os fatos decisivos para o enfrentamento da questão jurídica. O julgamento *por amostragem* e as demais técnicas pensadas para os processos repetitivos não são adequados para o exame de processos permeados por peculiaridades fáticas ou jurídicas influentes no deslinde das questões de direito existentes no seu contexto. Porém, não se exige que as demandas que estão na base dos recursos extraordinários ou especiais sejam rigorosamente iguais nem que esses recursos sejam no mesmo sentido. O que interessa é a identidade da questão jurídica ventilada nos recursos extraordinários ou especiais e do material a ser utilizado para a sua análise.

[3] Diferentes são, por exemplo, os termos do § 1º do art. 555, que se limita a *autorizar* o relator a submeter recurso a órgão julgador de competência ampliada em determinadas condições, sem nenhuma imposição nesse sentido.

Um exemplo ajuda a clarear esse estado de coisas. Certo banco ajuíza demandas condenatórias em face de alguns clientes, fundadas em um mesmo contrato, e estes se defendem sob o argumento da invalidade da cláusula que fixa os juros remuneratórios em patamar superior a 12% ao ano. Essas demandas restam julgadas improcedentes nas instâncias ordinárias, em razão daquele argumento da invalidade, e o banco interpõe recursos especiais. Concomitantemente, são julgadas nas instâncias ordinárias demandas ajuizadas por outros clientes desse banco, pedindo a declaração de invalidade da mesma cláusula contratual, também com a alegação de que os juros remuneratórios não podem ultrapassar o patamar de 12% ao ano. Aqui, a invalidade é rechaçada, as demandas são julgadas improcedentes e os clientes interpõem recursos especiais. Malgrado em alguns casos a demanda tenha sido movida pelo banco e este figure como recorrente, tencionando ao final o reconhecimento da validade da cláusula contratual, e em outros casos a demanda tenha sido movida pelos clientes e estes figurem como recorrentes, visando em última análise à invalidação da mesma cláusula contratual, a questão jurídica em que se fundam os recursos especiais é a mesma: é ou não válida a fixação dos juros remuneratórios em patamar superior a 12% ao ano nos negócios bancários? Também é o mesmo o material a ser examinado para a resposta a essa questão (um mesmo contrato bancário, regido pelas mesmas disposições legais). Logo, esses recursos especiais podem ser objeto do julgamento por *amostragem*. Contudo, se o que estivesse em discussão em cada processo não fosse um teto abstrato para os juros remuneratórios (12% ao ano), mas sim o caráter abusivo do percentual para eles fixado no caso concreto, o julgamento *por amostragem* não seria possível, pois a correlata avaliação da abusividade dependeria das peculiaridades do caso concreto (média do mercado na praça e no momento do empréstimo, risco da operação, condições pessoais do cliente etc.), circunstância que inviabiliza o procedimento previsto nos arts. 543-B e 543-C.

As expressões "quando houver multiplicidade de recursos" e "havendo multiplicidade de recursos", presentes, respectivamente, no *caput* dos arts. 543-B e 543-C e no *caput* do art. 1º da Resolução n. 8 do Superior Tribunal de Justiça, de 7 de agosto de 2008, denunciam que o julgamento *por amostragem* somente é possível quando efetivamente existirem múltiplos recursos fundados em idêntica questão de direito. Meros indícios de que tal multiplicidade de recursos possa existir autorizam, no máximo, a comunicação do fato aos tribunais locais e às turmas de juizado especial, para que tenham ciência desse estado de coisas, auxiliem na investigação do assunto e, tão logo constatada a real proliferação de recursos repetitivos, observem as normas próprias do julgamento *por amostragem* (RISTF, art. 328, *caput*).

Nessas condições, o julgamento *por amostragem* não foi concebido para prevenir a multiplicação de recursos repetitivos – ele pressupõe esta. O escopo de tal julgamento é gerenciar a proliferação dos recursos repetitivos, de modo a evitar que ela extrapole as dimensões necessárias para o correto enfrentamento da questão jurídica e a justa solução da controvérsia. A repetição da controvérsia, em alguma medida, é saudável para que ela possa ser examinada pelos mais diversos ângulos e à luz de todos os argumentos pertinentes para o seu deslinde. Todavia, a desenfreada reiteração da controvérsia, sem a agregação de novos e relevantes elementos para os debates a seu respeito, é altamente prejudicial aos ideais de otimização, efetividade e previsibilidade do processo.

Desse modo, a deflagração do julgamento *por amostragem* requer cuidado e equilíbrio. Não pode haver atropelos que comprometam o correto enfrentamento da questão jurídica e a justa solução da controvérsia nem retardos que comprometam a otimização, efetividade e previsibilidade do processo.[4] Aliás, se há uma controvérsia que tem de ser bem resolvida é a que se repete em vários processos. Afinal, nessas circunstâncias, um deslize do Poder Judiciário tem dimensões que fogem da normalidade e repercute na vida de um grande número de pessoas. Porém, é preciso ter consciência de que as *macrolides* também reclamam uma solução rápida e com autoridade suficiente para nortear os julgamentos a seu respeito.

Interpretação estrita do vocábulo *multiplicidade* conduz a "caráter do que é múltiplo".[5] E múltiplo, por sua vez, tem o significado de algo "que se refere a quantidade maior do que três; numeroso".[6] Assim, é possível dizer ser necessária a existência de *mais do que três recursos* com fundamento em idêntica questão de direito para a aplicação prática dos arts. 543-B e 543-C. Todavia, para a aplicação prática desses dispositivos legais, mais importante do que o número de recursos repetitivos existentes é o grau de maturidade e solidez das reflexões em torno da controvérsia a ser examinada. Registre-se que as controvérsias são de complexidade variável, o que faz oscilar o volume e a intensidade das atividades que devem preceder a sua solução. Assim, a existência de quatro recursos repetitivos não é garantia de que chegou o momento de se lançar mão das disposições dos arts. 543-B e 543-C. São sobretudo as peculiaridades do caso concreto que dirão se já é chegado o momento de se proceder ao julgamento *por amostragem*. Por isso, o parâmetro numérico revelado pela interpretação estrita do vocábulo *multiplicidade* (mais do que três = quatro) serve apenas para estabelecer condições mínimas sem as quais não se pode iniciar o julgamento *por amostragem*, dentro da ideia já lançada de que um mínimo de repetição é saudável. Esse mínimo de repetição, aliás, é essencial para que se possa contar com material adequado à seleção dos recursos representativos da controvérsia, objeto de análise ainda neste tópico.

Nas situações em que o procedimento do julgamento *por amostragem* é provocado pelo tribunal local, este deve ter o cuidado de, ao encaminhar um ou mais recursos representativos da controvérsia aos tribunais de superposição, colocar em evidência a real existência de múltiplos recursos com fundamento em idêntica questão de direito. Perceba-se que o tribunal local não é obrigado a encaminhar um número mínimo de recursos ao Supremo Tribunal Federal ou ao Superior Tribunal de Justiça. As regras que regulam a matéria sempre falam em "um ou mais recursos representativos da controvérsia" (CPC, arts. 543-B, § 1º, e 543-C, § 1º; Res. n. 8 do STJ, de 7.8.08, art. 1º, *caput*). Assim, é possível que um único recurso seja encaminhado aos tribunais de superposição para o julgamento *por amostragem*, desde que suficiente para a completa e correta compreensão da controvérsia. Todavia, nos casos em que menos do que quatro recursos forem remetidos à instância superior, o tribunal local deve fazer prova da efetiva multiplicidade de recursos repetitivos (p. ex., informando os dados mínimos dos demais recursos em que a controvérsia se repete). Afinal, trata-se de um requisito para a instauração do julgamento *por amostragem*, que tem de ser necessa-

[4] Cf. Araken de Assis, *Manual dos recursos*, n. 94.1.7.1, p. 815.

[5] Houaiss-Villar, *Dicionário Houaiss da língua portuguesa*, p. 1978.

[6] Houaiss-Villar, *Dicionário Houaiss da língua portuguesa*, p. 1978.

riamente submetido ao crivo do Supremo Tribunal Federal ou do Superior Tribunal de Justiça, encarregados de dar a última palavra quanto à viabilidade da adoção do procedimento programado nos arts. 543-B e 543-C no caso concreto. Se os tribunais de superposição entenderem ausente a multiplicidade de recursos repetitivos reputada presente pelo tribunal local, o julgamento *por amostragem* não segue adiante.

A atividade de seleção de "um ou mais recursos representativos da controvérsia" (CPC, arts. 543-B, § 1º, e 543-C, § 1º; RISTF 328, par. ún.; res. n. 8 do STJ, de 7.8.08, art. 1º, *caput*) exige bastante atenção. É dos autos dos recursos selecionados que se extrairão os elementos para o julgamento paradigmático da controvérsia repetitiva. Os demais recursos são sobrestados ou devolvidos ao tribunal local (CPC, arts. 543-B, § 1º, 543-C, §§ 1º e 2º; RISTF, art. 328, par. ún.; res. n. 8 do STJ, de 7.8.08, art. 1º, *caput*). Por isso, é preciso fazer chegar aos tribunais de superposição processos com todos os elementos fáticos e jurídicos necessários à ampla e precisa compreensão da questão de direito em debate e do litígio ao qual ela está atrelada. Assim, deve-se levar em conta não só a petição do recurso extraordinário ou especial, mas também outras peças relevantes do processo, como o acórdão recorrido e as contrarrazões ofertadas ao recurso extraordinário ou especial. Daí poder ser um recurso selecionado "por ter a peça recursal mais clara e precisa, outro pela qualidade das contra-razões, um terceiro por conter acórdão melhor fundamentado etc.".[7]

Nada impede que recursos em sentidos opostos sejam selecionados, desde que a questão jurídica neles ventilada seja a mesma.[8] Aliás, o encaminhamento de recursos em sentidos opostos nessas condições parece até recomendável, na medida em que colabora para a análise da questão de direito por diferentes ângulos. Tornando a exemplo dado mais acima, pode ser selecionado para o julgamento *por amostragem* um recurso do banco defendendo a validade da cláusula contratual que permite a cobrança de juros remuneratórios em patamar superior a 12% ao ano e um recurso do cliente postulando a invalidade da mesma cláusula.

O § 1º do art. 1º da Resolução n. 8 do Superior Tribunal de Justiça, de 7 de agosto de 2008, traz salutares diretrizes para a seleção dos recursos representativos da controvérsia: "serão selecionados pelo menos um processo de cada Relator e, dentre esses, os que contiverem maior diversidade de fundamentos no acórdão e de argumentos no recurso especial". Tais diretrizes se afinam com a ideia de que os processos encaminhados aos tribunais de superposição tragam um retrato completo da controvérsia a ser solucionada. Malgrado o dispositivo nada diga a respeito, a qualidade dos fundamentos do acórdão e dos argumentos do recurso especial também deve ser levada em conta na atividade seletiva.

Por fim, consigne-se que a seleção dos recursos representativos da controvérsia deve considerar a sua admissibilidade. Afinal, mesmo nos julgamentos orientados pelos arts. 543-B e 543-C, é preciso antes admitir o recurso para depois passar ao exame do seu mérito e consequentemente da idêntica questão de direito. Assim, não se cogita do encaminhamento de recursos inadmissíveis aos tribunais de superposição, na medida em que eles não serão capazes de levar adiante o julgamento *por amostragem*. O § 1º do art. 543-C corrobora esse estado de coisas, ao dispor que "caberá

[7] Eduardo Talamini, "Repercussão geral em recurso extraordinário: nota sobre sua regulamentação", p. 61.

[8] Cf. Eduardo Talamini, "Repercussão geral em recurso extraordinário: nota sobre sua regulamentação", p. 61; Araken de Assis, *Manual dos recursos*, n. 94.1.7.1, p. 816.

ao presidente do tribunal de origem *admitir* um ou mais recursos representativos da controvérsia". Logo, apenas recursos extraordinários ou especiais admissíveis devem ser encaminhados ao Supremo Tribunal Federal ou ao Superior Tribunal de Justiça. Em razão disso, a seleção não abrange agravos de instrumento contra decisão denegatória (art. 544), pois o recurso extraordinário ou especial a eles atrelados já teve sua admissibilidade negada.

4. Sobrestamento dos demais recursos repetitivos

Uma vez deflagrado o julgamento *por amostragem* em matéria de recurso extraordinário pelo tribunal local, os recursos extraordinários não selecionados ficam sobrestados até "o pronunciamento definitivo da Corte" (art. 543-B, § 1º). O parágrafo único do art. 328 do Regimento Interno do Supremo Tribunal Federal também prevê que, "quando se verificar subida ou distribuição de múltiplos recursos com fundamento em idêntica controvérsia, a Presidência do Tribunal ou o(a) Relator(a) selecionará um ou mais representativos da questão e determinará a devolução dos demais aos tribunais ou turmas de juizado especial de origem, para aplicação dos parágrafos do art. 543-B do Código de Processo Civil". E o § 1º do art. 328-A do mesmo Regimento Interno estende o sobrestamento aos agravos de instrumento contra decisão denegatória: "nos casos anteriores, o Tribunal de origem sobrestará os agravos de instrumento contra decisões que não tenham admitido os recursos extraordinários".

Disposições de igual índole constam do § 1º do art. 543-C, no sentido de que, uma vez selecionados os recursos representativos da controvérsia pelo tribunal local, ficam "suspensos os demais recursos especiais até o pronunciamento definitivo do Superior Tribunal de Justiça". A resolução n. 8 do Superior Tribunal de Justiça, de 7 de agosto de 2008, reitera tal suspensão no *caput* do seu art. 1º e dispõe que ela seja certificada nos autos (art. 1º, § 3º). Medidas suspensivas também estão previstas para o caso de o julgamento *por amostragem* ser deflagrado no âmbito do Superior Tribunal de Justiça: "não adotada a providência descrita no § 1º deste artigo, o relator no Superior Tribunal de Justiça, ao identificar que sobre a controvérsia já existe jurisprudência dominante ou que a matéria já está afeta ao colegiado, poderá determinar a suspensão, nos tribunais de segunda instância, dos recursos nos quais a controvérsia esteja estabelecida" (art. 543-C, § 2º). Os agravos de instrumento contra decisão denegatória também são alcançados pela suspensão decorrente do julgamento *por amostragem*, tendo em vista que o art. 7º da resolução n. 8 do Superior Tribunal de Justiça, de 7 de agosto de 2008, prevê que "o procedimento estabelecido nesta Resolução aplica-se, no que couber, aos agravos de instrumento interpostos contra decisão que não admitir recurso especial".

O § 2º do art. 1º da Resolução n. 8 do Superior Tribunal de Justiça, de 7 de agosto de 2008, traz importante regra para a suspensão dos recursos repetitivos não selecionados: "o agrupamento de recursos repetitivos levará em consideração apenas a questão central discutida, sempre que o exame desta possa tornar prejudicada a análise de outras questões arguidas no mesmo recurso". Assim, se um recurso especial ou extraordinário for fundado não só na idêntica questão de direito repetida em outros recursos, mas também em outras autônomas e peculiares questões de direito, ele deve seguir adiante, sem sobrestamento. Tal é um imperativo da garantia constitucional da razoável duração do processo (CF, art. 5º, LXXVIII).[9]

O ato que determina o sobrestamento do recurso em razão do julgamento *por amostragem* expõe o recorrente a danos, na medida em que seu recurso é paralisado e a remoção do correlato gravame é consequentemente adiada. Assim, tal ato pode ser impugnado toda vez que carecer de suporte fático-jurídico (p. ex., a questão de direito e o litígio descritos no recurso sobrestado são substancialmente distintos em relação à questão jurídica e ao conflito inseridos no contexto dos recursos repetitivos desencadeadores do julgamento *por amostragem*), na medida em que colide com a garantia de uma tutela jurisdicional tempestiva. É possível estabelecer um paralelo entre a decisão de sobrestamento do recurso e a decisão que retém o recurso com fundamento no art. 542, § 3º, tendo em vista que ambos os pronunciamentos paralisam o seu trâmite. Nessas condições, fica autorizada a importação para o âmbito dos arts. 543-B e 543-C de todas as soluções idealizadas para a impugnação do ato de retenção do recurso extraordinário ou especial.

Assim, nas situações de recurso extraordinário indevidamente sobrestado, pode o recorrente lançar mão de pedido de medida cautelar, instrumentalizado em simples petição dirigida ao Supremo Tribunal Federal, ou de reclamação, que, aliás, são considerados meios fungíveis.[10] Ainda, não há razões para se excluir o agravo de instrumento previsto no art. 544 do rol de medidas cabíveis contra o sobrestamento do recurso extraordinário.[11] Nos casos de recurso especial indevidamente sobrestado, ficam autorizados a oferta de simples petição dirigida ao Superior Tribunal de Justiça, o pedido de medida cautelar, também instrumentalizado em simples petição dirigida ao Superior Tribunal de Justiça, e a interposição do agravo de instrumento previsto no art. 544.[12] Também não fica descartada, em qualquer caso, a oposição de embargos de declaração dirigidos ao prolator da decisão de sobrestamento.[13]

---

[9] Cf. Humberto Theodoro Júnior, "O novo art. 543-C do Código de Processo Civil (Lei n. 11.672, de 8.5.2008)", p. 195; Araken de Assis, *Manual dos recursos*, n. 94.1.7.1, p. 815-816.

[10] Cf. Negrão-Gouvêa, *Código de Processo Civil e legislação processual em vigor*, nota 19b ao art. 542, p. 765. Merece destaque o seguinte acórdão ali colacionado: "'contra retenção de recurso extraordinário na origem, com apoio no art. 542, § 3º, do Código de Processo Civil, é admissível assim reclamação, como ação cautelar' (STF-1ª T., Rcl 3.268-AgRg, rel. Min. Cezar Peluso, j. 9.5.06, negaram provimento, v.u., DJU 9.6.06, p. 12)".

Especificamente no que diz respeito ao art. 543-B § 1º, há a notícia de um acórdão "no sentido de que a decisão de sobrestamento também pode ser impugnada por agravo regimental: STJ-Corte Especial, REsp 928.350-AgRg-EDcl-RE-AgRg, Min. Cesar Rocha, j. 30.6.08, DJ 25.8.08" (*op. cit.*, nota 3 ao art. 543-B, p. 774).

[11] "No tocante ao extraordinário, o agravo será cabível mesmo quando ocorra o sobrestamento nos termos do art. 543-B, § 2º: com efeito, pode ter havido equívoco na suposição de que a questão controvertida no recurso sobrestado seja 'idêntica' à do(s) selecionados para remessa imediata ao Supremo Tribunal Federal" (Barbosa Moreira, *Comentários ao Código de Processo Civil*, v. V, n. 333, p. 621).

[12] Cf. Negrão-Gouvêa, *Código de Processo Civil e legislação processual em vigor*, nota 19c ao art. 542, p. 766. Merecem destaque os seguintes acórdãos ali colacionados: "Solução liberal: 'O destrancamento do especial, em caso de absoluta urgência, pode ser obtido por qualquer meio processual, seja por agravo, medida cautelar ou até mesmo mandado de segurança' (STJ-2ª T., Med. Caut. 5.737-SP-AgRg, rel. Min. Eliana Calmon, j. 3.12.02, negaram provimento, v.u., DJU 19.12.02, p. 352). No mesmo sentido: STJ-3ª T., Pet 4.518-AgRg, rel. Min. Gomes de Barros, j. 6.6.06, negaram provimento, v.u., DJU 19.6.06, p. 131".

[13] A retenção de recursos especial e extraordinário com fundamento no art. 542, § 3º, já foi levantada por meio de embargos de declaração no âmbito do Tribunal de Justiça paulista (TJSP, 4ª Vice-Presidência, REsp e RE 294.133.5/1-03, Des. Viseu Junior, DOE 18.5.04).

Por fim, nas ocasiões em que o agravo de instrumento contra a decisão denegatória for o recurso sobrestado, ficam abertas as vias da reclamação e dos embargos de declaração.

5. Preparação do julgamento dos recursos selecionados

Deflagrado o julgamento *por amostragem* e selecionados os recursos representativos da controvérsia, têm início os preparativos para o seu julgamento. Nesse contexto, são pertinentes as disposições do § 4º do art. 1º da resolução n. 8 do Superior Tribunal de Justiça, de 7 de agosto de 2008: "no Superior Tribunal de Justiça, os recursos especiais de que trata este artigo serão distribuídos *por dependência*".

A primeira medida que o relator deve tomar diante dos recursos selecionados consiste no exame da sua admissibilidade. Diagnosticada a manifesta inadmissibilidade de todos os recursos selecionados, deve o relator julgá-los por decisão monocrática (art. 557, *caput*) e abortar o procedimento instaurado para o julgamento *por amostragem.* A extinção desse procedimento deve ser comunicada aos tribunais locais para que seja revogado o sobrestamento dos recursos represados na origem.[14] Todavia, nessa oportunidade, podem ser tomadas medidas para a deflagração de novo julgamento *por amostragem.* No caso de parte dos recursos selecionados ser manifestamente inadmissível, os recursos inviáveis são trancados pelo relator (art. 557, *caput*) e o julgamento *por amostragem* segue adiante apenas com os recursos admissíveis. Nessas circunstâncias, caso se faça necessário, pode o relator tomar medidas voltadas à substituição dos recursos inadmissíveis por outros admissíveis que contribuam para a representação da controvérsia, inclusive solicitando aos tribunais locais o encaminhamento de novos recursos por ocasião do pedido de informações (RISTF, art. 328, *caput*; art. 543-C, § 3º; Res. n. 8 do STJ, de 7.8.08, art. 3º, I).

Verificada a admissibilidade dos recursos selecionados, deve o relator então investigar se estão efetivamente presentes os requisitos para o julgamento *por amostragem.* Caso precise de elementos adicionais para tal investigação, ele pode requerê-los também por ocasião do pedido de informações (RISTF, art. 328, *caput*; art. 543-C, § 3º; Res. n. 8 do STJ, de 7.8.08, art. 3º, I). Uma vez constatada a inexistência de múltiplos recursos fundados em idêntica controvérsia, deve ser abortado o procedimento previsto nos arts. 543-B e 543-C, novamente com a comunicação dos tribunais locais. Os recursos extraordinários ou especiais admissíveis não deixam de seguir adiante nessas condições, mas não têm mais sua marcha orientada pelos arts. 543-B e 543-C; passam a tramitar como um outro recurso extraordinário ou especial qualquer.

O requerimento de informações aos tribunais locais para a compreensão da controvérsia é uma faculdade do relator (RISTF, art. 328, *caput*; art. 543-C, § 3º; Res. n. 8 do STJ, de 7.8.08, art. 3º, I).[15] Se os recursos selecionados para o julgamento *por amostragem* forem suficientes para a ampla e precisa compreensão da questão

[14] "O art. 2º da Resolução nº 8, de 07.08.2008, aplicar-se-á aos recursos representativos de controvérsia que, de acordo com o entendimento do Ministro Relator, superem a fase de admissibilidade recursal e sejam admitidos para julgamento de mérito. Verificada a hipótese de não conhecimento do recurso, está autorizado o Ministro Relator a julgá-lo de acordo com o art. 557 do CPC, ou na forma colegiada. Oficie-se ao TJ/MS a respeito da não instauração do procedimento repetitivo, para que sejam adotadas as providências de estilo" (STJ, 2ª Seção, REsp 1.087.108-QO, Min. Nancy Andrighi, j. 16.2.09, DJ 4.3.09).

[15] Cf. Araken de Assis, *Manual dos recursos*, n. 94.2.2, p. 824.

de direito em debate e do litígio ao qual ela está atrelada, as informações podem ser dispensadas. O *caput* do art. 328 Regimento Interno do Supremo Tribunal Federal concede um prazo mais curto para a resposta dos tribunais locais ao requerimento de informações (5 dias) do que o prazo previsto no § 3º do art. 543-C do Código de Processo Civil e no inciso I do art. 3º da resolução n. 8 do Superior Tribunal de Justiça, de 7 de agosto de 2008 (15 dias).

Outra providência que antecede o julgamento é a abertura de espaço para a manifestação de pessoas que não figuram como parte nos recursos selecionados, com o propósito de trazer subsídios para o seu julgamento. Tal providência é da maior pertinência, na medida em que o resultado do julgamento *por amostragem* tende a influir na sorte de uma série de processos e, principalmente no caso de recurso extraordinário, a envolver relevantes questões econômicas, políticas, sociais e jurídicas (requisito da repercussão geral – art. 543-A, *caput* e § 1º).

Em matéria de recursos extraordinários repetitivos, a colaboração desses terceiros vem prevista no § 6º do art. 543-A do Código de Processo Civil e no § 2º do art. 323 do Regimento Interno do Supremo Tribunal Federal: "o Relator poderá admitir, na análise da repercussão geral, a manifestação de terceiros, subscrita por procurador habilitado" e "mediante decisão irrecorrível, poderá o(a) Relator(a) admitir de ofício ou a requerimento, em prazo que fixar, a manifestação de terceiros, subscrita por procurador habilitado, sobre a questão da repercussão geral". Frise-se ser irrecorrível apenas a decisão que admite a manifestação; a decisão de inadmissão da manifestação é recorrível.

Em sede de recursos especiais repetitivos, a participação de terceiros interessados em colaborar para o julgamento é disciplinada pelo § 4º do art. 543-C do Código de Processo Civil e pelo inciso I do art. 3º da resolução n. 8 do Superior Tribunal de Justiça, de 7 de agosto de 2008: "o relator, (...) considerando a relevância da matéria, poderá admitir manifestação de pessoas, órgãos ou entidades com interesse na controvérsia" e "autorizar, ante a relevância da matéria, a manifestação escrita de pessoas, órgãos ou entidades com interesse na controvérsia, a serem prestadas no prazo de quinze dias". Aqui, há um prazo prefixado para a manifestação de terceiros (15 dias). Seria preferível seguir o caminho trilhado pelo Regimento Interno do Supremo Tribunal Federal, que deixou a fixação do prazo nas mãos do relator, de modo a permitir variações conforme as nuanças do caso concreto.

O espaço para a manifestação de terceiros no julgamento *por amostragem* deve ser calculado. Apenas as intervenções efetivamente úteis à apreciação do mérito dos recursos devem ser permitidas, sob pena de se eternizar um procedimento que clama por rapidez. Todavia, não é de se exigir para a permissão da manifestação "a representatividade dos postulantes" (LADIN, art. 7º, § 2º), prevista apenas na seara da ação direta de inconstitucionalidade e não importada para o julgamento *por amostragem*.[16]

[16] Ao examinar o art. 543-A, § 6º, Eduardo Talamini consigna que "a lei não especifica qual o requisito para a participação dos terceiros. É razoável interpretação no sentido de que tal regra equivalha àquela que, nos processos e incidentes de controle direto de constitucionalidade, permite a manifestação de terceiros que demonstrem uma especial legitimidade e qualificação para colaborar com subsídios na definição da questão, como *amicus curiae* (Lei 9.868/1999, art. 7º, § 2º; Lei 11.417/2006, art. 3º, § 2º; CPC art. 482, § 3º)" ("Repercussão geral em recurso extraordinário: nota sobre sua regulamentação", p. 60). Já em análise do § 4º do art. 543-C, Humberto Theodoro Júnior diz que "o interesse, aqui, não é o jurídico em sentido técnico. A intervenção se justifica à base de qualquer interesse,

Nos preparativos para o julgamento *por amostragem* no âmbito do Superior Tribunal de Justiça há expressa previsão de participação do Ministério Público, independentemente de a matéria em debate estar arrolada nos incisos do art. 82 do Código de Processo Civil: "recebidas as informações e, se for o caso, após cumprido o disposto no § 4º deste artigo, terá vista o Ministério Público pelo prazo de quinze dias" (art. 543-C, § 5º).[17] A disposição é salutar e deveria ser transportada para o Supremo Tribunal Federal. O julgamento *por amostragem* envolve *macrolides* e tem predisposição a produzir efeitos na vida de um grande número de pessoas. Daí a pertinência da participação no procedimento regulado no art. 543-C de instituição com vocação para a fiscalização da lei.

Esgotadas as providências preparatórias, os recursos representativos da controvérsia devem ser incluídos em pauta para julgamento. No plano do Superior Tribunal de Justiça, ainda é previsto que "a Coordenadoria do órgão julgador extrairá cópias do acórdão recorrido, do recurso especial, das contra-razões, da decisão de admissibilidade, do parecer do Ministério Público e de outras peças indicadas pelo Relator, encaminhando-as aos integrantes do órgão julgador pelo menos 5 (cinco) dias antes do julgamento" (art. 4º, par. ún., da Res. n. 8 do STJ, de 7.8.08).

6. Julgamento dos recursos selecionados

No plano do Superior Tribunal de Justiça há duas salutares regras que norteiam o julgamento *por amostragem* e que deveriam ser transportadas para o âmbito do Supremo Tribunal Federal. A primeira prevê que os recursos representativos de controvérsia repetitiva sejam julgados "com preferência sobre os demais feitos, ressalvados os que envolvam réu preso e os pedidos de *habeas corpus*" (art. 543-C, § 6º). Tal regra é repetida no *caput* do art. 4º da resolução n. 8 do Superior Tribunal de Justiça, de 7 de agosto de 2008. Com isso, prestigia-se a ideia de que as *macrolides* reclamam uma solução rápida. No art. 543-B e no Regimento Interno do Supremo Tribunal Federal não há nenhuma disposição de igual índole.

A outra salutar regra merecedora de destaque tem a ver com o órgão encarregado do julgamento *por amostragem*. Em matéria de recurso especial, sempre o órgão com máxima competência no Superior Tribunal de Justiça para o exame do tema repetido nos recursos é que será o responsável pelo julgamento. Isso é garantido pelo art. 2º da resolução n. 8 do Superior Tribunal de Justiça, de 7 de agosto de 2008: "recebendo recurso especial admitido com base no art. 1º, *caput*, desta Resolução, o Relator submeterá o seu julgamento à Seção ou à Corte Especial, desde que, nesta última hipótese, exista questão de competência de mais de uma Seção". E confere maior autoridade, legitimidade e representatividade para um julgamento programado para orientar outros atos decisórios. Em nenhuma hipótese, o julgamento paradigmático é delegado a uma turma no Superior Tribunal de Justiça.

Porém, na esfera do Supremo Tribunal Federal é possível que o julgamento dos recursos representativos da controvérsia fique a cargo de uma das suas duas turmas. Na medida em que a decisão pela existência da repercussão geral por quatro votos

inclusive o econômico, o moral, o social, o político, desde que sério e relevante" ("O novo art. 543-C do Código de Processo Civil (Lei n. 11.672, de 8.5.2008)", p. 195).

[17] A previsão de vista ao *Parquet* é repetida na resolução n. 8 do Superior Tribunal de Justiça, de 7 de agosto de 2008 (art. 3º, II).

dispensa "a remessa do recurso ao Plenário" (art. 543-A, § 4º), basta que se alcance esse *quorum* dentro da turma para que o julgamento *por amostragem* fique circunscrito ao órgão fracionário para o qual foram encaminhados os recursos selecionados. Como se pode imaginar, o precedente formado no seio de uma turma do Supremo Tribunal Federal carece da autoridade, legitimidade e representatividade que se espera de um julgamento pensado para nortear decisões acerca da mesma controvérsia. Afinal, nada garante que os integrantes da outra turma e consequentemente o Supremo Tribunal Federal considerado no seu todo tenham o mesmo entendimento externado naquele precedente da turma. E essa simples dúvida é suficiente para comprometer a segurança e a previsibilidade buscadas com o julgamento *por amostragem.* Somente pronunciamentos do Plenário do Supremo Tribunal Federal ou das suas duas turmas reúnem as características necessárias para orientação de futuros julgamentos. Daí ser o caso de se repensar em matéria de recurso extraordinário a dispensa da remessa do processo ao órgão máximo da corte constitucional brasileira nas hipóteses de julgamento *por amostragem.*

Tanto no Supremo Tribunal Federal quanto no Superior Tribunal de Justiça, o julgamento dos recursos representativos da controvérsia no órgão colegiado se inicia com um novo e amplo exame dos seus requisitos de admissibilidade, agora não mais limitado ao relator. Não há preclusão em torno do assunto. E os parâmetros para a aferição da admissibilidade do recurso extraordinário ou especial repetitivo são precisamente os mesmos que norteiam a admissão dos recursos extraordinários ou especiais em geral. Ou seja, as particularidades do julgamento *por amostragem* não liberam os recursos selecionados de reunir todas as condições ordinariamente exigidas para a apreciação do mérito de um recurso extraordinário ou especial, que devem sempre ser objeto de juízo prévio, tal qual usualmente acontece. Nada autoriza uma maior tolerância no juízo de admissibilidade realizado em meio ao procedimento próprio dos arts. 543-B e 543-C, na medida em que nenhuma peculiaridade deste guarda relação com os pressupostos estabelecidos para a admissão dos recursos. Em poucas palavras, os recursos representativos da controvérsia não ficam imunizados contra a sua inadmissão pelo simples fato de estarem insertos no contexto do *julgamento por amostragem.*

Nessas condições, para que o julgamento *por amostragem* siga adiante, os recursos selecionados devem ser cabíveis, interpostos por pessoas legitimadas e interessadas e desvinculados de fatos impeditivos ou extintivos do poder de recorrer. Ainda, devem ser tempestivos, regularmente apresentados e devidamente preparados. E devem atender a todas as exigências colocadas para o acesso aos tribunais de superposição (p. ex., prequestionamento). Não há brechas para que recursos inadmissíveis sigam adiante, mormente no caso de formação de precedentes paradigmáticos. Daí ter andado bem a 2ª Seção do Superior Tribunal de Justiça ao consignar que "a questão de direito idêntica, além de estar selecionada na decisão que instaurou o incidente de processo repetitivo, deve ter sido expressamente debatida no acórdão recorrido e nas razões do recurso especial, preenchendo todos os requisitos de admissibilidade".[18]

Doutra parte, é criticável o posicionamento da Corte Especial no julgamento de questão de ordem levantada no julgamento do recurso especial 1.063.343: "é inviável

[18] STJ, 2ª Seção, REsp 1.061.530, Min. Nancy Andrighi, j. 22.10.08, DJ 10.3.09.

o acolhimento de pedido de desistência recursal formulado quando já iniciado o procedimento de julgamento do Recurso Especial representativo da controvérsia, na forma do art. 543-C do CPC c/c Resolução n. 08/08 do STJ".[19] Tal recurso já havia sido incluído em pauta para julgamento, mas este não havia sequer se iniciado. E o art. 501 permite que o recorrente desista do recurso "a qualquer tempo, sem a anuência do recorrido ou dos litisconsortes". É preciso relembrar, aqui, que os recursos repetitivos tem sua admissibilidade analisada dentro dos padrões ordinariamente estabelecidos. Somente expressa disposição de lei, inexistente no caso, poderia alterar esse estado de coisas. Assim, manifestada tempestivamente a desistência dos recursos selecionados, não resta ao tribunal fazer outra coisa que cessar o julgamento *por amostragem*, inclusive por ser vedada a atividade jurisdicional de ofício. Agir de forma contrária é o mesmo que examinar o mérito de um recurso sabidamente intempestivo. Na hipótese de os julgadores vislumbrarem alguma conduta desleal na desistência do recurso (p. ex., para deliberadamente atrasar a solução da controvérsia repetitiva), é perfeitamente possível a aplicação das sanções previstas no art. 18. Porém, não se concebe, nessas circunstâncias, que o tribunal siga adiante com o julgamento *por amostragem* sem que tenha restado qualquer recurso a lhe dar respaldo.

Diagnosticada pelo órgão colegiado a inadmissibilidade dos recursos selecionados para o julgamento por *amostragem*, este é abortado, a exemplo do que ocorre nos casos em que tal inadmissibilidade é identificada já pelo relator. Também nessa oportunidade, deve ter lugar a comunicação dos tribunais locais para a pronta revogação do sobrestamento dos recursos represados na origem,[20] com a ressalva de que podem ser tomadas medidas para a deflagração de novo julgamento *por amostragem*. Se a inadmissibilidade detectada atinge apenas parte dos recursos, sem prejuízos para a representação da controvérsia, o julgamento segue adiante. Caso a inadmissibilidade parcial prejudique a ampla e precisa compreensão da controvérsia, cabe ao órgão julgador deliberar quanto à viabilidade da conversão do julgamento em diligência para providências voltadas à seleção de novos recursos, que, uma vez reputada inviável, pode dar lugar a atos direcionados à instauração de novo julgamento *por amostragem*.

O exame do mérito do recurso extraordinário ou especial repetitivo, em si, também não apresenta particularidades. O efeito devolutivo deve ser respeitado e matérias que não são objeto dos recursos selecionados para o julgamento *por amostragem* não podem ser enfrentadas no julgamento paradigmático. Afinal, repise-se, é vedada a atividade jurisdicional de ofício. Todavia, tudo aquilo que é devolvido pelos recursos repetitivos é julgado num mesmo momento e pelo mesmo órgão julgador, ainda que se trate de matéria alheia à controvérsia motivadora do julgamento *por amostragem*. Mesmo temas particulares de cada recurso repetitivo, ainda que dissociados do *meritum causae*, são examinados no contexto do procedimento próprio dos arts. 543-B e 543-C (p. ex., aplicação de sanção por litigância de má-fé).

Por fim, registre-se que, nos termos do art. 6º da resolução n. 8 do Superior Tribunal de Justiça, de 7 de agosto de 2008, "a coordenadoria do órgão julgador expedirá ofício aos tribunais de origem com cópia do acórdão relativo ao recurso es-

[19] STJ, Corte Especial, REsp 1.063.343-QO, Min. Nancy Andrighi, j. 17.12.08, DJ 4.6.09.

[20] STJ, 2ª Seção, REsp 1.087.108-QO, Min. Nancy Andrighi, j. 16.2.09, DJ 4.3.09.

pecial julgado na forma desta Resolução". Isso auxiliará no julgamento dos recursos sobrestados, tema do próximo e derradeiro tópico.

7. O destino dos recursos sobrestados

Uma vez julgados os recursos representativos da controvérsia pelo Supremo Tribunal Federal ou pelo Superior Tribunal de Justiça, as atenções devem se voltar para os recursos extraordinários ou especiais e os agravos de instrumento contra decisão denegatória represados nos tribunais locais. No caso de não terem sido admitidos os recursos selecionados e de ter sido abortado o julgamento *por amostragem*, os recursos sobrestados devem simplesmente seguir adiante, como se nada houvesse acontecido, até que novamente se acione o procedimento descrito nos arts. 543-B e 543-C.

Em matéria de recurso extraordinário, na hipótese de ter sido "negada a existência de repercussão geral, os recursos sobrestados considerar-se-ão automaticamente não admitidos" (art. 543-B, § 2º). Contra a inadmissão automática de recurso extraordinário nessas circunstâncias, que é atestada pelo órgão do tribunal local responsável pelo seu processamento e admissibilidade, cabe o agravo de instrumento previsto no art. 544.[21] Frise-se que o atestado de inadmissão automática do recurso extraordinário por ausência de repercussão geral deve vir acompanhado de juízo acerca dos demais requisitos estabelecidos para a sua admissibilidade. Qualquer outra causa de inadmissibilidade do recurso extraordinário que tenha sido diagnosticada (p. ex., intempestividade) deve ser colocada em evidência pelo tribunal local no momento em que inadmite o recurso.

O § 1º do art. 328-A do Regimento Interno do Supremo Tribunal Federal prevê que a negativa de repercussão geral torna prejudicados os agravos de instrumento contra decisão denegatória de recurso extraordinário represados na origem. Contra essa decisão, proferida pelo órgão do tribunal local responsável pelo processamento do agravo, cabe reclamação dirigida ao Supremo Tribunal Federal.[22] Frise-se que na decisão que julga prejudicado o agravo de instrumento contra decisão denegatória o tribunal local não deve fazer nenhum juízo acerca da sua admissibilidade. Tal juízo de admissibilidade é atribuído com exclusividade aos tribunais de superposição.[23] Esse estado de coisas gera certa perplexidade: o tribunal local não pode atestar sequer a intempestividade de um agravo de instrumento contra decisão denegatória, mas pode declará-lo prejudicado diante da ausência de repercussão geral. Um mínimo de técnica deveria ter sido preservado, mesmo em situações em que se busca maior celeridade e simplificação. Aliás, forçoso consignar desde logo que esta não é a única

[21] Cf. André de Albuquerque Cavalcanti Abbud, *As novas reformas do CPC e de outras normas processuais*, p. 313. Contra: "o pronunciamento é irrecorrível pela via do art. 544. O eventual agravo de instrumento não modificaria o panorama" (Araken de Assis, *Manual dos recursos*, n. 86.1.8, p. 754).

[22] "Nos casos em que o tribunal local nega seguimento a agravo contra decisão denegatória de recurso extraordinário ou especial, independentemente do motivo (p. ex., intempestividade, instrução deficiente), cabe reclamação (STF-Plenário, Rcl 645-0, Min. Octavio Gallotti, j. 25.9.97, DJU 7.11.97; RTJ 76/667; STJ-1ª Seção, Rcl 1.226, Min. Francisco Falcão, j. 26.3.03, DJU 5.5.03; STJ-2ª Seção, Rcl 1.453, Min. Fernando Gonçalves, j. 26.9.07, DJU 11.10.07; RT 484/217, RF 254/237)" (Negrão-Gouvêa, *Código de Processo Civil e legislação processual em vigor*, nota 5 ao art. 544, p. 773).

[23] "Registre-se que o recurso não pode ser indeferido pelo presidente (ou vice-presidente) do tribunal de origem, ainda que lhe falte algum requisito de admissibilidade, submetida a matéria, exclusivamente, à fiscalização no tribunal superior" (Barbosa Moreira, *Comentários ao Código de Processo Civil*, v. V, n. 333, p. 624).

situação inusitada com a qual o operador do direito se depara no momento de julgamento dos recursos sobrestados.

Enfrentado o mérito dos recursos representativos da controvérsia, entram em cena o § 3º do art. 543-B e o § 7º do art. 543-C. De acordo com aquele, "julgado o mérito do recurso extraordinário, os recursos sobrestados serão apreciados pelos Tribunais, Turmas de Uniformização ou Turmas Recursais, que poderão declará-los prejudicados ou retratar-se". Nas palavras deste, "publicado o acórdão do Superior Tribunal de Justiça, os recursos especiais sobrestados na origem: I – terão seguimento denegado na hipótese de o acórdão recorrido coincidir com a orientação do Superior Tribunal de Justiça; ou II – serão novamente examinados pelo tribunal de origem na hipótese de o acórdão recorrido divergir da orientação do Superior Tribunal de Justiça".

Como se percebe, o julgamento dos recursos representativos da controvérsia pelo Supremo Tribunal Federal ou pelo Superior Tribunal de Justiça não tem caráter vinculante. O acórdão resultante do julgamento *por amostragem* presta-se à orientação de futuras decisões. Todavia, não se trata de uma orientação qualquer. Fala-se de uma orientação emanada dos mais representativos tribunais do país, acerca de matérias nas quais a última palavra é dada por eles. Assim, malgrado os tribunais locais não fiquem atados pelos precedentes firmados no julgamento *por amostragem*, eles devem em regra seguir tal orientação e somente passar por cima dela quando houver relevantes fundamentos para tanto (p. ex., existência de elementos novos ou não levados em conta no julgamento da controvérsia pelo STF ou STJ). Agindo dessa forma, os tribunais contribuem concomitantemente para o bom funcionamento do sistema e para o não engessamento da jurisprudência.

A observância do precedente firmado no julgamento *por amostragem* no momento de decidir a sorte dos recursos sobrestados envolve duas situações distintas. A primeira delas remete à desconformidade entre a tese jurídica ventilada no recurso sobrestado e a orientação firmada pelo Supremo Tribunal Federal ou pelo Superior Tribunal de Justiça. Nesse caso, os recursos extraordinários e os agravos de instrumento contra decisão denegatória são declarados "prejudicados" (CPC, art. 543-B, § 3º; RISTF, art. 328-A, § 1º) e os recursos especiais e os agravos de instrumento contra decisão denegatória "terão seguimento denegado" (CPC, art. 543-C, § 7º, I; res. n. 8 do STJ, de 7.8.08, art. 5º, III, e 7º). Malgrado a diferença terminológica entre as disposições legais, sua essência parece ser a mesma. Elas impõem o trancamento dos recursos sobrestados, sem um formal juízo acerca do seu mérito, ao menos aos olhos do legislador, que procura encaminhar as coisas nessa direção com os termos "prejudicados" e "seguimento denegado".

A situação guarda semelhança com a do § 1º do art. 518: "o juiz não receberá o recurso de apelação quando a sentença estiver em conformidade com súmula do Superior Tribunal de Justiça ou do Supremo Tribunal Federal". Ocorre que, tanto num caso quanto no outro, é no mérito dos recursos que são buscados os elementos para *declará-los prejudicados*, para *negar-lhes seguimento* e para *não recebê-los*. É lá que está o material a ser examinado para a avaliação da desconformidade com o julgamento paradigmático ou com o entendimento sumulado. E isso faz despontar, aqui, mais uma das anunciadas situações inusitadas: o recurso tem seu mérito em alguma medida examinado sem que haja um juízo de mérito propriamente dito a seu respeito. Não se chega a declarar improcedente a pretensão recursal nessas circunstâncias, ou seja, não se nega provimento ao recurso. Para usar as palavras do legislador, o recurso é *declarado prejudicado* ou tem seu *seguimento negado* ou *não é recebido*.[24] Esse estado de coisas requer cuidados e desperta dúvidas. Por exemplo, tencionando o vencido ajuizar ação rescisória, qual a decisão a ser rescindida? A decisão recorrida ou a decisão que declarou prejudicado, negou seguimento ou não recebeu o recurso? Aqui, a *mens legis* parece dirigir a resposta para a rescindibilidade da decisão recorrida, e não para a decisão ulterior.

A decisão declaratória no sentido de que o recurso está *prejudicado* (art. 543-B, § 3º) e a decisão *denegatória de seguimento* do recurso (art. 543-C, § 7º, I) ficam a cargo do órgão do tribunal local responsável pelo seu processamento e admissibilidade.[25] Em São Paulo, como já dito, tal tarefa cabe ao presidente, aos quatro vice-presidentes e ao decano (*supra*, n. 2). O momento programado para a decisão de trancamento do recurso extraordinário ou o recurso especial nessas condições também é próprio para uma investigação em torno dos tradicionais requisitos de admissibilidade estabelecidos para esses recursos. Detectada a inadmissibilidade do recurso por algum outro motivo (p. ex., ausência de preparo), ela deve ser colocada em evidência, ficando até dispensado o confronto entre a tese defendida no recurso e a tese firmada nos tribunais de superposição.

As decisões que declaram estar prejudicado o recurso extraordinário com fundamento no art. 543-B, § 3º, ou denegam seguimento ao recurso especial com apoio no art. 543-C, § 7º, I, são impugnáveis por meio do agravo de instrumento previsto no art. 544.[26] Nos casos em que o recurso trancado com supedâneo no art. 543-B, § 3º, ou no art. 543-C, § 7º, I, é um agravo de instrumento, o recorrente deve lançar mão de reclamação contra a decisão de trancamento.

A outra situação distinta atrelada à observância do precedente firmado no julgamento *por amostragem* é caracterizada pela desconformidade entre o acórdão recorrido e a orientação firmada pelo Supremo Tribunal Federal ou pelo Superior Tribunal de Justiça. Nessas circunstâncias, rouba a cena a mais inusitada de todas as figuras que permeiam o julgamento *por amostragem*, qual seja, a *retratação* (art. 543-B, § 3º). Por meio da *retratação*, fica autorizada uma reviravolta no resultado do processo, a fim de que ele seja adaptado ao entendimento dos tribunais de superposição. Há assim um novo pronunciamento acerca do *meritum causæ*, que cassa e substitui o acórdão recorrido e passa a regular a situação da vida trazida ao Poder Judiciário.[27] Ocorre que esse novo pronunciamento tem lugar no âmbito do próprio tribunal local, quando já esgotadas suas atividades relacionadas com o *meritum causae* e quando

[24] O cenário que aqui se desenha lembra o do exame das condições da ação e da consequente extinção do processo sem julgamento do mérito "quando não concorrer qualquer das condições da ação" (art. 267, VI). As palavras de Cândido Dinamarco acerca das condições da ação são suficientes para justificar a lembrança: "*(as condições da ação)* situam-se no campo do direito processual, porque constituem requisitos para que o processo possa prosseguir e, conseqüentemente, para que possa o juiz vir a ter o dever de prover sobre o mérito; mas, em cada caso, é quase exclusivamente no direito material que se vão buscar elementos para aferir se elas estão presentes ou não" (*Instituições de direito processual civil*, v. II, n. 542, p. 297).

[25] Cf. Araken de Assis, *Manual dos recursos*, n. 86.1.8, p. 754. No caso do agravo de instrumento contra decisão denegatória, o tribunal local se encarrega apenas do processamento do recurso.

[26] Cf. André de Albuquerque Cavalcanti Abbud, *As novas reformas do CPC e de outras normas processuais*, p. 314.

[27] Aqui não há dúvidas quanto ao pronunciamento a ser rescindido em uma eventual ação rescisória: é a decisão de retratação e não o acórdão recorrido, que foi cassado e substituído por aquela.

pendente recurso cujo mérito é de apreciação exclusiva dos tribunais de superposição.[28]

A decisão de *retratação* tem natureza de pronunciamento de última instância e desafia novo recurso extraordinário ou especial (CF, arts. 102, III, e 105, III),[29] agora interposto por quem figurava como recorrido no recurso anterior, por terceiro prejudicado pela decisão de retratação ou pelo Ministério Público (art. 499).

Por fim, nos casos em que o tribunal local opta por desafiar a orientação firmada pelos tribunais de superposição e manter os divergentes acórdãos recorridos, ele deve normalmente examinar a admissibilidade dos recursos extraordinários ou especiais sobrestados e encaminhar os recursos admitidos ao Supremo Tribunal Federal ou ao Superior Tribunal de Justiça (arts. 543-B, § 4º, e 543-C, § 8º). Ainda, ele deve simplesmente liberar os agravos de instrumento contra decisão denegatória sobrestados (RISTF, art. 328-A, § 2º), para que estes subam naturalmente à instância superior, sem qualquer exame quanto à sua admissibilidade. Ao chegar nos tribunais de superposição, esses recursos podem ser objeto de julgamento monocrático (CPC, arts. 543-B, § 4º, e 557, § 1º-A; RISTF 21 § 1º; res. n. 8 do STJ, de 7.8.08, art. 5º, I), inclusive pelo presidente do tribunal e antes mesmo da sua distribuição (RISTF 13, V, *c*; res. n. 8 do STJ, de 7.8.08, art. 5º, II), ou ser encaminhados para julgamento pelo órgão colegiado, para uma possível revisão do entendimento anterior. Contra o julgamento monocrático de tais recursos, cabe agravo interno (CPC, art. 557 § 1º; lei n. 8.038, de 28.5.90, art. 39; RISTF 317, *caput*, e RISTJ 258, *caput*).

Bibliografia

ABBUD, André de Albuquerque Cavalcanti. *As novas reformas do CPC e de outras normas processuais* (coord. Maurício Giannico e Vitor José de Mello Monteiro). São Paulo: Saraiva, 2009.

ASSIS, Araken de. *Manual dos recursos.* 2ª ed. São Paulo: Revista dos Tribunais, 2008.

BENETI, Sidnei Agostinho. "Assunção de competência e *fast-track* recursal" *in Revista de Processo,* v. 171, ano 34, mai./09.

BARBOSA Moreira, José Carlos. *Comentários ao Código de Processo Civil.* 14ª ed. Rio de Janeiro: Forense, 2009, v. V.

DINAMARCO, Cândido Rangel. *Instituições de direito processual civil.* São Paulo: Malheiros, 2001, v. II.

GOUVÊA, José Roberto Ferreira; NEGRÃO, Theotonio. Com a colaboração de Luis Guilherme Aidar Bondioli. *Código de Processo Civil e legislação processual em vigor.* 41. ed. São Paulo: Saraiva, 2009.

HOUAISS, Antônio; VILLAR, Mauro de Salles. *Dicionário Houaiss da língua portuguesa.* Rio de Janeiro: Objetiva, 2001.

NEGRÃO, Theotonio; GOUVÊA, José Roberto Ferreira. Com a colaboração de Luis Guilherme Aidar Bondioli. *Código de Processo Civil e legislação processual em vigor.* 41. ed. São Paulo: Saraiva, 2009.

TALAMINI, Eduardo. "Repercussão geral em recurso extraordinário: nota sobre sua regulamentação" *in Revista Dialética de Direito Processual,* v. 54, set./07.

THEODORO JÚNIOR, Humberto. "O novo art. 543-C do Código de Processo Civil (Lei n. 11.672, de 8.5.2008)" *in Revista Forense,* v. 397, mai.-jun./08.

VILLAR, Mauro de Salles; HOUAISS, Antônio. *Dicionário Houaiss da língua portuguesa.* Rio de Janeiro: Objetiva, 2001.

[28] "Não compete ao presidente ou ao vice-presidente *(do tribunal recorrido)* examinar o mérito do recurso extraordinário ou especial, nem lhe é lícito indeferi-lo por entender que o recorrente não tem razão: estaria, ao fazê-lo, usurpando a competência do Supremo Tribunal Federal ou do Superior Tribunal de Justiça" (Barbosa Moreira, *Comentários ao Código de Processo Civil*, v. V, n. 325, p. 608).

[29] Cf. André de Albuquerque Cavalcanti Abbud, *As novas reformas do CPC e de outras normas processuais*, p. 314.

— 24 —

Os Precedentes na Dimensão da Segurança Jurídica

LUIZ GUILHERME MARINONI

Titular de Direito Processual Civil da UFPR. Pós-Doutorado na Universidade Estatal de Milão. Visiting Scholar na Columbia University. Advogado em Curitiba e em Brasília.

Sumário: 1. Estado de Direito e segurança jurídica; 2. Previsibilidade; 3. Estabilidade; 4. Duplo grau e respeito aos precedentes na dimensão da segurança jurídica; 5. Tutela da segurança jurídica e da confiança; 6. A coisa julgada e o precedente vinculante diante da tutela da segurança jurídica e da confiança; 7. Precedente e coisa julgada *erga omnes*.

1. Estado de Direito e segurança jurídica

A segurança jurídica, vista como estabilidade e continuidade da ordem jurídica e previsibilidade das consequências jurídicas de determinada conduta, é indispensável para a conformação de um Estado que pretenda ser "Estado de Direito".

Embora as Constituições e Cartas de direitos humanos fundamentais – como, por exemplo, a Declaração dos Direitos Humanos da ONU e a Convenção Americana de São José da Costa Rica – não aludam a um direito à segurança jurídica, o constitucionalismo dos nossos dias é consciente de que um Estado de Direito é dela indissociável. A doutrina considera a segurança jurídica como expressão do Estado de Direito, conferindo àquela a condição de subprincípio concretizador do princípio fundamental e estruturante do Estado de Direito.

Assim, a segurança jurídica assume as figuras de princípio da ordem jurídica estatal e de direito fundamental.[1] A Constituição brasileira refere-se à segurança como valor fundamental, arrolando-a no *caput* do artigo 5º como direito inviolável, ao lado dos direitos a vida, liberdade, igualdade e propriedade. Ainda que não fale de um direito fundamental à segurança jurídica, a Constituição Federal possui inúmeros dispositivos que a tutelam, como os incisos II (princípio da legalidade), XXXVI (inviolabilidade do direito adquirido, da coisa julgada e do ato jurídico perfeito), XXXIX

[1] Ingo Sarlet liga a segurança jurídica à noção de dignidade da pessoa humana: "Considerando que também a segurança jurídica coincide com uma das mais profundas aspirações do ser humano, viabilizando, mediante a garantia de uma certa estabilidade das relações jurídicas e da própria ordem jurídica como tal, tanto a elaboração de projetos de vida, bem como a sua realização, desde logo é perceptível o quanto a ideia de segurança jurídica encontra-se umbilicalmente vinculada à própria noção de dignidade da pessoa humana. (...) a dignidade não restará suficientemente respeitada e protegida em todo o lugar onde as pessoas estejam sendo atingidas por um tal nível de instabilidade jurídica que não estejam mais em condições de, com um mínimo de segurança e tranquilidade, confiar nas instituições sociais e estatais (incluindo o Direito) e numa certa estabilidade das suas próprias posições jurídicas" (SARLET, Ingo Wolfgang. A Eficácia do direito fundamental à segurança jurídica: dignidade da pessoa humana, direitos fundamentais e proibição de retrocesso social no direito constitucional brasileiro. *Revista de Direito Constitucional*, v. 57, p. 11).

(princípio da legalidade e anterioridade em matéria penal) e XL (irretroatividade da lei penal desfavorável) do artigo 5º.

O Estado brasileiro, além de ter o dever de tutelar a segurança jurídica, deve realizar as suas funções de modo a prestigiá-la, estando proibido de praticar atos que a reneguem.

O cidadão precisa ter segurança de que o Estado e os terceiros se comportarão de acordo com o direito e de que os órgãos incumbidos de aplicá-lo o farão valer quando desrespeitado. Por outro lado, a segurança jurídica também importa para que o cidadão possa definir o seu próprio comportamento e as suas ações. O primeiro aspecto demonstra que se trata de garantia em relação ao comportamento daqueles que podem contestar o direito e tem o dever de aplicá-lo; o segundo quer dizer que ela é indispensável para que o cidadão possa definir o modo de ser das suas atividades.

Não obstante, para que a ideia de segurança jurídica não se perca em uma extrema generalidade, convém discriminar dois elementos imprescindíveis à sua caracterização. Para que o cidadão possa esperar um comportamento ou se postar de determinado modo, é necessário que haja univocidade na qualificação das situações jurídicas. Além disso, há que se garantir-lhe previsibilidade em relação às consequências das suas ações.[2] O cidadão deve saber, na medida do possível, não apenas os efeitos que as suas ações poderão produzir, mas também como os terceiros poderão reagir diante delas. Note-se, contudo, que a previsibilidade das consequências oriundas da prática de conduta ou ato pressupõe univocidade em relação à qualificação das situações jurídicas, o que torna esses elementos indissociavelmente ligados.[3]

Em outra perspectiva, a segurança jurídica reflete a necessidade de a ordem jurídica ser estável. Esta deve ter um mínimo de continuidade. E isso se aplica tanto à legislação quanto à produção judicial, embora ainda não haja, na prática dos tribunais brasileiros, qualquer preocupação com a estabilidade das decisões. Frise-se que a uniformidade na interpretação e aplicação do direito é um requisito indispensável ao Estado de Direito. Há de se perceber o quanto antes que há um grave problema num direito variável de acordo com o caso.

2. Previsibilidade

Para que haja previsibilidade, igualmente são necessárias algumas condições. Se é certo que não há como prever uma consequência se não houver acordo acerca da qualidade da situação em que se insere a ação capaz de produzi-la, também é incontestável que estas dependem, para gerar previsibilidade, da possibilidade da sua

[2] Ver CORSALE, Massimo. *Certezza del diritto e crisi di legittimità*. Milano: Giuffrè, 1979, p. 31 e ss.

[3] "Ad esempio colui che, trovandosi nelle condizioni previste dall'ordinamento, compia regolarmente la serie di atti che la legge prescrive per la conclusione del negozio di compravendita in qualità di acquirente, può prevedere, in un ordinamento datato di effettività, che verrà riconosciuto come proprietario della merce, e che in caso di contestazione tale qualità gli verrà riconosciuta in giudizio: l´univocità della qualificazione giuridica della sua situazione, come si vede, è strettamente connessa com la prevedibilità delle reazioni del venditore, dei terzi e dell´eventuale giudice nei confronti del suo comportamento a proposito, per esempio, del pagamento. Pertanto la previdibilità, unitamente alla qualificazione univoca delle situazioni, finisce per essere premessa indispensabile perchè si determini e sussista nella comunità il sentimento di sicurezza circa la soddisfazione effettiva della fondamentale esigenza di giustizia, ossia che il diritto prevalga sul torto. Quale sicurezza potrebbe sussistere, infatti, se fosse incerta la qualificazione delle situazioni in cui tali criteri dovrebbero operare, o se fossero imprevedibili le conseguenze giuridiche di un´azione?" (CORSALE, Massimo. *Certezza del diritto e crisi di legittimità*, cit., p. 32-33).

compreensão em termos jurídicos e da confiabilidade naqueles que detém o poder para afirmá-las. Em sendo assim, sustenta-se que a previsibilidade requer a possibilidade de conhecimento das normas com base nas quais a ação poderá ser qualificada. Porém, como a previsibilidade não descura da circunstância de que a norma deve ser interpretada, tornou-se necessário tocar na questão da interpretação jurídica, daí tendo naturalmente surgido a preocupação com a efetividade do sistema jurídico em sua dimensão de capacidade de permitir a previsibilidade, na medida em que o conhecimento da norma e a uniformidade da interpretação de nada adiantariam caso o jurisdicionado não pudesse contar com decisões previsíveis.[4]

Tais elementos, ainda que não precisem ser necessariamente admitidos como requisitos para a previsibilidade, têm importância para permitir uma discussão válida e criativa acerca do tema na dimensão dos precedentes.

O conhecimento das normas guarda relação com a Codificação ou com a pretensão de se ter Códigos capazes de regular todas as situações, eliminando quaisquer dúvidas que sobre elas pudessem pairar. Lembre-se que na tradição do *civil law*, em que se afirmava a supremacia do legislativo, a lei e os códigos deveriam ser tão claros e completos que não poderiam suscitar quaisquer dúvidas ao juiz.[5]

Sabe-se, contudo, não só que a Codificação foi incapaz de dar conta ao que se propôs – tendo surgido uma hiperinflação de leis especiais e de regras processuais de conteúdo aberto, destinadas a dar aos juízes oportunidade de considerar situações imprevisíveis ao legislador –, como, também, que a ideia de que os juízes deveriam somente aplicar as leis foi rapidamente derrotada.

A verdade é que o pleno conhecimento do direito legislado não apenas é impossível, mas igualmente dispensável para a previsibilidade e para a tutela da segurança.[6] Sublinhe-se que o *common law*, que certamente confere maior segurança jurídica do que o *civil law*, não relaciona a previsibilidade com o conhecimento das leis, mas sim com previsibilidade das decisões do Poder Judiciário. O advogado de *common law* tem possibilidade de aconselhar o jurisdicionado porque pode se valer dos precedentes, ao contrário daquele que atua no *civil law*, que é obrigado a advertir o seu cliente que determinada lei pode – conforme o juiz sorteado para analisar o caso – ser interpretada em seu favor ou não. A lógica desta tradição não apenas é inversa, e assim faz surgir a nítida impressão de que o direito do *civil law* não é tão certo quanto o direito do *common law*, como milita e se volta contra o próprio sistema, na medida em que estimula a propositura de ações, o aumento da litigiosidade, o acúmulo de trabalho e o aprofundamento da lentidão do Poder Judiciário.

Perceba-se que, quando há uma crise de colaboração na realização do direito material e os textos normativos encontram diversas interpretações no Judiciário, o

[4] CORSALE, Massimo. *Certezza del diritto e crisi di legittimità*, cit., p. 34.

[5] Como escreve Jürgen Habermas, "O paradigma liberal do direito expressou, até as primeiras décadas do século XX, um consenso de fundo muito difundido entre os especialistas em direito, preparando, assim, um contexto de máximas de interpretação *não questionadas* para a aplicação do direito. Essa circunstância explica por que muitos pensavam que o direito podia ser aplicado a seu tempo, sem o recurso a princípios necessitados de interpretação ou a 'conceitos-chave' duvidosos" (HABERMAS, Jürgen. *Direito e Democracia,* Rio de Janeiro, Tempo Brasileiro, 1997, p. 313).

[6] Segundo Massimo Corsale, "se la codificazione fosse essenziale per la certezza come prevedibilità, quest`ultima non potrebbe realizzarsi in ordinamenti basati sul diritto consuetudinario, o giudiziario, o comunque non basati sul diritto legale. Ordinamenti di questo tipo sono sempre esistiti, e non sempre hanno corrisposto a fasi primitive di organizzazione sociale: i due macroscopici esempi del diritto romano e del *common law* ne fanno fede" (CORSALE, Massimo. Op. cit., p. 36).

que obviamente importa são as decisões judiciais, momento em que a dimensão normativa dos textos encontra expressão, e não o texto normativo abstratamente considerado. Ora, se a previsibilidade não depende da norma em que a ação se funda, mas da sua interpretação judicial, é evidente que a segurança jurídica está ligada à decisão judicial, e não à norma jurídica em abstrato. Não é por outra razão que Massimo Corsale concluiu que, para que se possa realizar a certeza da ação através do direito, o que conta, em última análise, não é tanto a formula escrita no código, a norma abstrata, mas a dita norma individual, a concretização da regra no caso específico.[7] Da mesma forma, porque a inteligência de uma norma pode ser controvertida, é claro que a norma em abstrato não é suficiente para que o cidadão possa prever o comportamento dos terceiros que com ele podem se deparar.

Curioso é que o direito legislado, ao contrário de constituir um pressuposto, representa um obstáculo para a segurança jurídica. Isso se dá não apenas em razão da hiperinflação legislativa ou em virtude de ser impossível o pleno conhecimento das regras legais, mas substancialmente porque o sistema de direito legislado não liga a previsibilidade e a confiança a quem define o que é o direito.

Contudo, se o conhecimento das regras legais pode não ser pressuposto para a previsibilidade, o mesmo não se pode dizer em relação à univocidade de interpretação das normas. Exatamente porque as normas podem ser diferentemente analisadas, a interpretação, ao tender a um único significado, aproxima-se do ideal de previsibilidade. Isso não quer dizer que a eliminação da dúvida interpretativa é factível, mas sim que se pode e deve minimizar, na medida do possível, as divergências interpretativas acerca das normas, colaborando-se, assim, para a proteção da previsibilidade, indispensável ao encontro da segurança jurídica.

E é justamente aí que entra em jogo o terceiro dos elementos apontado no início deste tópico como imprescindível à previsibilidade. Trata-se da efetividade do sistema jurídico em sua dimensão de capacidade de permitir a previsibilidade. Massimo Corsale afirma que um ordenamento jurídico absolutamente destituído de capacidade de permitir previsões e qualificações jurídicas unívocas, e de gerar, assim, um sentido de segurança nos cidadãos, não pode sobrevir enquanto tal.[8] Ou seja, um ordenamento inidôneo a viabilizar a previsibilidade não pode ser qualificado de jurídico. Desta forma, a ideia de "certeza do direito" visivelmente representa um componente indispensável da essência do próprio direito.[9]

O sistema jurídico brasileiro, em tal dimensão, afigura-se completamente privado de efetividade, pois indubitavelmente não é capaz de permitir previsões e qualificações jurídicas unívocas. Há alguma preocupação, na ordem jurídica brasileira, com a previsibilidade. Neste sentido, podem ser citadas as normas constitucionais que preveem as funções do Superior Tribunal de Justiça e do Supremo Tribunal Federal, respectivamente, de uniformizar a interpretação da lei federal e de "afirmar" o sentido das normas constitucionais. Deixando-se de lado a questão relacionada ao Supremo,

---

[7] CORSALE, Massimo. Op. cit., p. 34.

[8] Ibid., p. 40.

[9] Anote-se que é possível distinguir certeza de previsibilidade, frisando-se que a previsibilidade implica apenas um certo grau de certeza e nunca uma certeza absoluta. Reconhecimento disso, aliás, está implícito na ideia de que o respeito aos precedentes não ignora a circunstância de que estes podem ser revogados. Ver CAMINKER, Evan H. Precedent and Prediction: The Forward-Looking Aspects of Inferior Court Decisionmaking. *Texas Law Review*, 1994, v. 73, p. 1-82.

torna-se estarrecedor perceber que a própria missão de garantir a unidade do direito federal, atribuída e imposta pela Constituição ao Superior Tribunal de Justiça, é completamente desconsiderada na prática jurisprudencial brasileira.

As decisões do Superior Tribunal de Justiça não são respeitadas nem no âmbito interno da Corte. As Turmas não guardam respeito pelas decisões das Seções e, o que é pior, entendem-se livres para decidir casos iguais de forma desigual.[10] Resultado disso, como não poderia ser diferente, é o completo descaso dos juízes de primeiro grau de jurisdição e dos Tribunais Estaduais e Regionais Federais em relação às decisões tomadas pelo Superior Tribunal de Justiça. Isso configura um atentado contra a essência do direito e contra a efetividade do sistema jurídico. Como é óbvio, também porque a segurança jurídica é direito fundamental e subprincípio concretizador do princípio do Estado de Direito, tais decisões não podem ser ignoradas, admitindo-se a sua fácil e constante alteração no âmbito da Corte e permitindo-se que os juízes de primeiro grau e tribunais ordinários possam livremente delas discordar ou sequer considerá-las.

Já o sistema de *common law*, mediante o instituto do *stare decisis*, possui plena capacidade de garantir a previsibilidade, demonstrando grande preocupação com a segurança das relações sociais, para o que a certeza do direito é imprescindível.[11] Constitui lugar comum, na literatura inglesa e estadunidense, a afirmação de que a previsibilidade constitui razão para seguir precedentes. O *stare decisis* é visto como instituto disciplinado para garantir a segurança jurídica. Lembre-se que Hale disse que o *stare decisis* tinha como objetivo satisfazer a exigência de certeza formal. Mais do que isto, o célebre artigo de Goodhart, de 1934, apresentou a ideia de que a certeza jurídica seria a mais importante causa para a instituição do *stare decisis* ou para o estabelecimento de um sistema de precedentes vinculantes.[12]

Interessante notar, ainda, que a previsibilidade é relacionada aos atos do Judiciário, isto é, às decisões, mas que esta previsibilidade garante a confiabilidade do cidadão nos seus próprios direitos. Um sistema incapaz de garantir a previsibilidade, assim, não permite que o cidadão tome consciência dos seus direitos, impedindo a concretização da cidadania.

E não se pense que a garantia de previsibilidade das decisões judiciais é algo que diz respeito ao sistema de *common law* e não ao de *civil law*. Ora, tanto as de-

[10] Sobre a mesma patologia, porém no âmbito da Corte de Cassação italiana, discorreu Fernando Santosuosso (Juiz da Corte Constitucional) em importante Congresso realizado em Florença: "Però bisogna fare um esame di coscienza, perché si è giunti a questa, non voglio dire generale, ma diffusa ribellione agli orientamenti della Cassazione? Non tanto forse per impreparazione delle nuove generazioni di avvocati e magistrati, quanto perché anche la Cassazione non ha dato il buon esempio. Ieri Mirabelli citava il numero dei contrasti fra sentenze della Cassazione, 120 contrasti pendenti innanzi alla Cassazione, il che significa che le sezioni semplici sono frequentemente in contrasto fra loro, o addirittura la stessa sezione. Perfino la mia sezione, la sezione lavoro, che lavora ogni giorno con due aule, potrebbe essere in contrasto con se stessa lo stesso giorno. E perfino l'organo chiamato a risolvere i contrasti, quello che Walter Vigiani chiamava il 'Supremissimo Collegissimo' e cioè le sezioni unite, talvolta, ha detto Mirabelli, per 18 volte è in contrasto con se stesso. Quindi questo sarà il mio primo auspicio, che la cassazione abbia maggiore rispetto di se stessa, e che si cambi giurisprudenza quase mai in procedura, perché voi sapete che il rito, le aspettative degli avvocati e delle parti è che le regole del gioco restino il più possibile ferme, ma anche in diritto sostanziale si cambi giurisprudenza soltanto quando veramente ci siano nuovi argomenti, nuove situazioni sociali" (SANTOSUOSSO, Fernando. L'incertezza del diritto nell'attività giurisprudenziale. In: *La Certezza del Diritto:* Un valore da ritrovare: Atti (Firenze, 2-3 ottobre 1992). Milano: Giuffrè, 1993, p. 96 e ss).

[11] Ver BENDITT, Theodore M. The rule of precedent, In Precedent in Law, Oxford: Clarendon Press, 1987, p. 89 e ss.

[12] GOODHART, Arthur L. Precedent in English and Continental Law. *Law Quaterly Review*, 1934, v. 50, p. 40 e ss.

cisões que afirmam direitos independentemente da lei quanto as decisões que interpretam a lei, seja no *common law* ou no *civil law*, devem gerar previsibilidade aos jurisdicionados, sendo completamente absurdo supor que a decisão judicial que se vale da lei pode variar livremente de sentido sem gerar insegurança.

É nessa dimensão, aliás, que se pode falar em "ética do legalismo", nos termos de MacCormick.[13] A previsibilidade das decisões, vista como legalismo, constitui valor moral imprescindível para o homem, de forma livre e autônoma, poder se desenvolver, e, portanto, estar em um Estado de Direito, ou seja, em um Estado que assegure a estabilidade do significado do Direito.[14]

3. Estabilidade

A segurança jurídica pode ser vista em outra perspectiva, ou seja, em uma dimensão objetiva. É preciso que a ordem jurídica, e assim a lei e as decisões judiciais, tenham estabilidade. A ordem jurídica deve ter um mínimo de continuidade, até mesmo para que o Estado de Direito não seja um Estado provisório, incapaz de se impor enquanto ordem jurídica dotada de eficácia e potencialidade de se impor aos cidadãos.

Mas o que importa, no presente contexto, é demonstrar que a estabilidade não se traduz apenas na continuidade do direito legislado, exigindo, também, a continuidade e o respeito às decisões judiciais, isto é, aos precedentes.[15]

Pouco adiantaria ter legislação estável e, ao mesmo tempo, frenética alternância das decisões judiciais. Para dizer o mínimo, as decisões judiciais devem ter estabilidade porque constituem atos de poder. Ora, os atos de poder geram responsabilidade àquele que os instituiu. Assim, as decisões não podem ser livremente desconsideradas pelo próprio Poder Judiciário.

O ponto tem relevância insuspeita. Não apenas o juiz e o órgão judicial devem respeito ao que já fizeram, ou seja, às decisões que tomaram, mas também às decisões dos tribunais que lhes são superiores, claramente quando estes decidem conferindo interpretação a uma lei ou atribuindo qualificação jurídica a determinada situação. Trata-se de algo que além de advir da mera visualização da tarefa atribuída aos tribunais superiores, decorre da percepção da lógica do sistema de distribuição de justiça e da coerência que se impõe ao discurso do Poder Judiciário.

Não há como ter estabilidade quando os juízes e tribunais ordinários não se veem como peças de um sistema, mas se enxergam como entes dotados de autonomia para decidir o que bem quiserem. A estabilidade das decisões, portanto, pressupõe uma visão e uma compreensão da globalidade do sistema de produção de decisões, o

[13] De acordo com a 'ética do legalismo', há valores morais e sociais específicos que dependem da manutenção e suporte de uma ordem normativa institucional, para o bem da paz e previsibilidade entre os seres humanos, e como condição (mas não garantia) para manter-se a justiça entre eles (MACCORMICK, Neil. *Rethoric and the Rule of Law*, New York, Oxford, 2005, p. 9).

[14] MACCORMICK, Neil. The ethics of legalism. *Ratio Juris*, 1989, 2, p. 184-193 e ss.

[15] Também é possível distinguir estabilidade de certeza e previsibilidade. Como dito em nota anterior, a previsibilidade abre oportunidade para graus de certeza, tanto é que, ainda que o sistema de precedentes garanta a previsibilidade, um determinado precedente pode estar prestes a ser revogado. Do mesmo modo, um sistema pode ser momentaneamente instável, em vista de reiteradas revogações de precedentes, ainda que dotado da previsibilidade inerente ao respeito aos precedentes.

que, lamentavelmente, não ocorre no Brasil, onde ainda se pensa que o juiz tem poder para realizar a sua "justiça" e não para colaborar com o exercício do dever estatal de prestar a adequada tutela jurisdicional, para o que é imprescindível a estabilidade das decisões.

4. Duplo grau e respeito aos precedentes na dimensão da segurança jurídica

Ainda que a ideia de submeter o juiz à letra da lei tenha constituído mero sonho da Revolução Francesa, não há dúvida que, em tese, a segurança jurídica seria proporcionada por um sistema judicial em que o magistrado apenas aplicasse a letra da lei. Caso fosse admitida, como hipótese, a impossibilidade de o juiz decidir fora dos traços da norma geral, a previsibilidade seria inevitável. Isto significa que é correto pensar que a ideia de submissão do juiz ao legislador colaborou para a formação de um sistema despreocupado com o respeito aos precedentes.

Porém, considerando-se esta situação, torna-se curiosa a ênfase que o *civil law* deu ao duplo grau de jurisdição. Ora, se o juiz apenas pode declarar as palavras da lei, não há razão para se ter dois juízos repetitivos sobre o mérito. Contudo, como os tribunais superiores nunca foram ignorados no *civil law*, a origem do duplo grau deve ser buscada em outro lugar.

Lembre-se que a Corte de Cassação francesa, instituída em 1790, teve o intento de limitar o poder judicial mediante a cassação das decisões destoantes da lei.[16] Antes da Cassação, os revolucionários tentaram impedir o Judiciário de interpretar a lei instalando um órgão legislativo ao qual os juízes deveriam recorrer em caso de falta de clareza ou de dúvida acerca do direito criado pelo Legislativo. Afirmou-se que, na excepcionalidade de conflito entre normas, obscuridade ou falta de lei, o juiz deveria obrigatoriamente apresentar a questão ao legislativo para a realização da "interpretação autorizada".[17]

De modo que a Cassação foi instituída como válvula de escape contra a não apresentação do caso à interpretação autorizada do legislativo, ou, o que parece ser mais razoável, em virtude da tomada de consciência da inviabilidade, até mesmo prática e concreta, de obrigar os juízes a exporem todas as suas dúvidas ao legislador.[18]

---

[16] Ver CALAMANDREI, Piero, La Cassazione civile, I, *Storia e legislazione*, Torino, 1920, p. 426 e ss; TARUFFO, Michele. Il vertice ambiguo, *Saggi sulla Cassazione civile*, Bologna, Il Mulino, 1991, p. 29 e ss.

[17] A Lei Revolucionária de agosto de 1790 não só disse que "*os tribunais judiciários não tomarão parte, direta ou indiretamente, no exercício do poder legislativo, nem impedirão ou suspenderão a execução das decisões do poder legislativo*" (Título II, art. 10), mas também que os tribunais "*reportar-se-ão ao corpo legislativo sempre que assim considerarem necessário, a fim de interpretar ou editar uma nova lei*" (Título II, art. 12). "Os tribunais judiciários não tomarão parte, direta ou indiretamente, no exercício do poder legislativo, nem impedirão ou suspenderão a execução das decisões do poder legislativo" (Título II, art. 10); "reportar-se-ão ao corpo legislativo sempre que assim considerarem necessário, a fim de interpretar ou editar uma nova lei" (Título II, art. 12); "as funções judiciárias são distintas e sempre permanecerão separadas das funções administrativas. Sob pena de perda de seus cargos, os juízes de nenhuma maneira interferirão com a administração pública, nem convocarão os administradores à prestação de contas com respeito ao exercício de suas funções (Título II, art. 12). (Lei Revolucionária de agosto de 1790). Ver CAPPELETTI, Mauro. Repudiando Montesquieu? A expansão e a legitimidade da justiça constitucional, *Revista da Faculdade de Direito da UFRGS*, v. 20, p. 272.

[18] MERRYMAN, John Henry; PÉREZ-PERDOMO, Rogelio. *The civil law tradition*, 3ª. ed., Stanford: Stanford Press, 2007, p. 39 e ss.

Ademais, embora chamada de corte, a Cassação, num primeiro momento, não integrou o Poder Judiciário. A natureza não jurisdicional da Cassação era compatível com a sua função de cassar ou anular as decisões judiciais que dessem à lei sentido indesejado. Ou seja, a Cassação originariamente representou uma alternativa – mais factível – em relação à "consulta interpretativa autorizada". Note-se que a Cassação foi instituída unicamente para cassar a interpretação incorreta, não para estabelecer a interpretação correta ou para decidir em substituição à decisão prolatada pelo juiz ordinário. A Corte não se sobrepunha ao órgão judicial ordinário por ter o poder de proferir a última decisão, mas sim por ter o poder para cassar a decisão que negou a lei produzida pelo Parlamento.

Diante disso, fica claro que o *double degré de juridiction*, ou mais precisamente a Corte de Cassação, partiu do pressuposto de que o juiz poderia não aplicar corretamente a lei. Para permitir a frutificação do novo regime – instalado no Parlamento – e para calar o seu rival – o Judiciário –, a Revolução Francesa quis que o juiz se limitasse a declarar as palavras da lei. Mas, exatamente porque temia o Judiciário, e assim era ciente do risco e da possibilidade de o juiz interpretar a lei de maneira desconforme às intenções do novo regime, criou a Corte de Cassação para reprimir a atuação judicial destoante.

Nesta dimensão, como é evidente, sequer seria pensável um sistema de respeito aos precedentes. Ora, se a Corte existe exatamente porque o juiz não merece respeito ou confiança, não há como construir um sistema que, para funcionar, deve partir da premissa de que o juiz respeita a Corte. Como se vê, a lógica das tradições de *civil law* e de *common law* são absolutamente contrárias. E isto é extremamente importante e sugestivo.

No direito brasileiro contemporâneo há uma absurda e curiosa não percepção da contradição existente entre a mitificação do duplo grau e a ausência de respeito às decisões dos tribunais superiores. De forma acrítica, ao mesmo tempo em que se vê na obrigatoriedade dos precedentes um atentado contra a liberdade do juiz, celebra-se o duplo grau de jurisdição como garantia de justiça. Os juízes pensam que exercem poder quando julgam como desejam, mas não percebem que não têm poder para decidir (sozinhos) sequer uma ação de despejo fundada em falta de pagamento ou uma ação ressarcitória derivada de acidente de trânsito,[19] e, além disto, que as suas sentenças, em regra, não interferem na vida dos litigantes.

A melhor doutrina italiana sustenta que o duplo grau reflete, historicamente, uma ideia hierárquico-autoritária da jurisdição e do Estado,[20] além de gerar uma profunda desvalorização dos juízos de primeiro grau. Isso porque o duplo grau se assenta em um ambiente de desconfiança em relação ao juiz de primeiro grau, que não poderia ter poder para decidir, livre e solitariamente, qualquer demanda. Como demonstrou Cappelletti, o primeiro defeito essencial do duplo grau, que não está presente – especialmente no que diz respeito ao processo civil – nos países anglo-saxões, é a

[19] Se todas as sentenças que dizem respeito a matéria de fato e são marcadas pela oralidade devem ser submetidas ao tribunal, o juiz de primeiro grau, lamentavelmente, pode ser confundido com um instrutor. Um duplo juízo sobre a matéria de fato constitui sinal de afronta à oralidade e, principalmente, de desconfiança no juiz de primeiro grau. É nesta perspectiva que se anuncia que o duplo grau produz a desvalorização do juiz de primeira instância.

[20] Ver PIZZORUSSO, Alessandro. Doppio grado di giurisdizione e principi costituzionali. *Rivista di Diritto Processuale*, 1978, p. 33 e ss; CAPPELLETTI, Mauro. *Doppio grado di giurisdizione: Parere iconoclastico n. 2, o razionalizzazione dell'iconoclastia?* Giurisprudenza italiana, 1969, p. 81 e ss.

profunda desvalorização do juízo de primeiro grau, com a consequente glorificação, se assim se pode dizer, dos juízos de segundo grau.[21] Em virtude da necessidade do segundo grau, a causa, em primeiro grau, não está ganha nem perdida;[22] a sentença do juiz, por não ter, em regra, execução imediata, serve para pouco mais do que nada. Como afirma o professor florentino, o primeiro grau é somente uma larga fase de espera, uma extenuante e penosa antessala para se chegar à fase de apelação ou à verdadeira decisão, ao menos para a parte que tem condições econômicas para alcançá-la.[23]

De modo que somente uma ingenuidade indesculpável poderia sustentar a ideia de que o duplo grau de jurisdição constitui princípio fundamental de justiça, e até mesmo garantia constitucional, e, ao mesmo tempo, aprovar a tese de que o juiz de primeiro grau deve ter liberdade para decidir de forma contrária ao Superior Tribunal de Justiça e ao Supremo Tribunal Federal. Isto seria apenas uma ilogicidade brutal se não constituísse uma armadilha consciente e ardilmente montada para deslegitimar o poder dos juízes. Espera-se que logo se possa perceber que negar ao juiz de primeiro grau poder para decidir as causas de menor complexidade, e, ao mesmo tempo, estimulá-lo a confrontar com os tribunais superiores, nada mais é do que desconsiderar os direitos fundamentais de natureza processual e o próprio Poder Judiciário.

Saliente-se que, no *common law*, muito mais do que no *civil law* e, especialmente, do que no Brasil – que é um dos raros países no mundo em que o duplo grau ainda é endeusado –, confere-se importância e dignidade ao juiz de primeiro grau. Nos Estados Unidos, o juiz de primeiro grau goza de grande prestígio. O *trial-judge*, ao menos em nível federal, é considerado um magistrado que nada deve aos juízes das cortes superiores em termos de conhecimento e experiência.[24] O sistema do *common law,* por confiar no juiz, confere-lhe poder para julgar sozinho inúmeras demandas. Basta lembrar que, como regra, o *appeal* somente é admitido em hipóteses de erro de direito, consoante a ideia de limitar os poderes do juiz no *review.*[25]

Portanto, se é completamente contraditório sustentar a intocabilidade do duplo grau e, ao mesmo tempo, o poder de o juiz de primeiro grau decidir em desacordo com os tribunais superiores, não é necessário afirmar o duplo grau para respeitar os precedentes. Na verdade, a relativização do duplo grau e a obediência aos precedentes são elementos presentes no sistema que realmente respeita os seus juízes.

A ideia de submissão do juiz à lei tornou despiciendo o respeito aos precedentes, mas a admissão, não revelada às claras, de que o juiz pode negar a lei, além de ter criado um sistema de cassação das decisões judiciais, abriu oportunidade à mitificação do duplo grau. Todavia, a glorificação do duplo grau não foi capaz de permitir ver a contradição em se permitir ao juiz de primeiro grau contrariar as decisões dos tribunais superiores. Enquanto isso, no sistema em que não houve necessidade de limitar o poder do juiz, tornou-se natural o respeito aos precedentes para se garantir a previsibilidade que se esperava obter, no *civil law*, mediante a submissão do juiz aos

[21] CAPPELLETTI, Mauro. Dictamen iconoclastico sobre la reforma del proceso civil italiano. In: *Proceso, ideologias, sociedad* (trad. Santiago Sentís Melendo e Tomás A. Banzhaf). Buenos Aires: EJEA, 1974, p. 278.

[22] Id.

[23] Id.

[24] VIGORITI, Vincenzo. *Garanzie costituzionali del processo civile*. Milano: Giuffrè, 1973, p. 156.

[25] Ver CHAYES, Abram. The role of the judge in public law litigation. *Harvard Law Review*, v. 89, may/1976, p. 1.281-1.315; CARPI, Federico. *La provvisoria esecutorietà della sentenza*. Milano: Giuffrè, 1979, p. 15.

ditados do legislador. O direito estadunidense, além de respeitar precedentes, deu ao juiz de primeiro grau real poder para decidir as questões de fato, tornando o *appeal* cabível apenas diante de erros de direito. Assim, o *common law* incorpora, coerente com a sua própria tradição de confiança na magistratura, além do respeito aos precedentes, a valorização do juiz de primeiro grau. O ponto tem grande relevância: tem o valor de demonstrar, àqueles que pensam que o respeito aos precedentes minimiza a figura do juiz ordinário, que o poder do juiz não depende da circunstância dele estar livre para decidir, mas sim da circunstância dele fazer parte de um poder que se respeita, que é respeitado e que se faz respeitar.

5. Tutela da segurança jurídica e da confiança

O Estado tem dever de tutelar o direito fundamental à segurança. Possui dever de tutelar a segurança mediante prestações fáticas e normativas. São inúmeras as normas infraconstitucionais e várias as prestações fáticas com que o Estado tutela a segurança – vista em sentido genérico – de direito geral à segurança.

A segurança jurídica também é tutelada mediante várias normas e prestações fáticas estatais. Visível é a norma constitucional que afirma a inviolabilidade da coisa julgada, do direito adquirido e do ato jurídico perfeito (artigo 5º, XXXVI, Constituição Federal), embora existam na Constituição outras normas que, mesmo indiretamente, tutelam a segurança jurídica, como as que garantem o contraditório e a fundamentação das decisões judiciais. No Código de Processo Civil, igualmente, encontram-se regras de tutela à segurança, como as que, por exemplo, tratam da preclusão, impedindo a decisão de questão já decidida ou a prática de ato processual fora do tempo. Além disso, a assistência jurídica, por exemplo, pode ser vista como uma prestação fática para a tutela da segurança jurídica, já que o advogado gratuito pode ser indispensável para o jurisdicionado poder ter os seus direitos protegidos em Juízo.

De qualquer forma, para que exista segurança jurídica há que se tutelar a confiança do jurisdicionado, no exato sentido de previsibilidade, como antes visto. Como escreve Canotilho, segurança jurídica e proteção da confiança andam estreitamente associadas, "a ponto de alguns autores considerarem o princípio da proteção de confiança como um subprincípio ou como uma dimensão específica da segurança jurídica. Em geral, considera-se que a segurança jurídica está conexionada com elementos objetivos da ordem jurídica – garantia de estabilidade jurídica, segurança de orientação e realização do direito – enquanto a proteção da confiança se prende mais com as componentes subjetivas da segurança, designadamente a calculabilidade e previsibilidade dos indivíduos em relação aos efeitos jurídicos dos atos dos poderes públicos".[26]

A previsibilidade obviamente depende da confiança.[27] Não há como prever sem confiar. De modo que também pode ser dito que a confiança é um requisito da previsibilidade. Portanto, como o Estado tem o dever de garantir a previsibilidade, cabe-lhe tutelar ou proteger a confiança do cidadão em relação às consequências das suas

[26] CANOTILHO, José Joaquim Gomes. *Direito Constitucional e Teoria da Constituição*, Coimbra: Almedina, 2002, p. 257.

[27] De acordo com Ingo Sarlet, "um patamar mínimo em segurança (jurídica) estará apenas assegurado quando o Direito assegurar também a proteção da confiança do indivíduo (e do corpo social com um todo) na própria ordem jurídica e, de modo especial, na ordem constitucional vigente" (SARLET, Ingo Wolfgang. Op. cit., p. 11).

ações e às reações dos terceiros diante dos seus atos, assim como no que diz respeito aos efeitos dos atos do poder público.

A tutela da confiança certamente depende de normas. Lembre-se que um ordenamento destituído de capacidade de permitir previsões e qualificações jurídicas unívocas e, assim, de gerar um sentido de segurança nos cidadãos, não pode sobrevir, ao menos enquanto ordenamento "jurídico".[28] A doutrina vê na norma que garante a coisa julgada exemplo de tutela da confiança. Canotilho, aliás, ao relacionar os princípios da segurança jurídica e da proteção da confiança aos atos normativos, jurisdicionais e administrativos, fala em "proibição de normas retroativas restritivas de direitos ou interesses juridicamente protegidos", em "inalterabilidade do caso julgado" e em "tendencial estabilidade dos casos decididos através de atos administrativos constitutivos de direitos",[29] deixando de atinar para outra forma de tutela da confiança em relação aos atos jurisdicionais.

Não há dúvida que a coisa julgada é imprescindível à tutela da confiança nos atos do poder público. A coisa julgada dá ao jurisdicionado a segurança de que o seu direito não poderá mais ser contestado e de que o litígio que envolveu o seu direito não voltará a ser decidido. Contudo, a coisa julgada, embora imprescindível, não é suficiente para dar tutela à confiança e garantir a previsibilidade diante dos atos jurisdicionais. Mesmo os ordenamentos de *civil law*, especialmente aqueles que dão ênfase ao controle difuso de constitucionalidade, não podem dispensar o esquema dos precedentes vinculantes para garantir a segurança jurídica e dar tutela à confiança.[30]

A falta de explicitação legal de precedentes vinculantes pode ser vista como autêntica falta de tutela da segurança jurídica, verdadeira omissão do legislador. Ainda assim, o respeito aos precedentes não depende de regra legal que afirme a sua obrigatoriedade ou de sua explicitação, pois as normas constitucionais que atribuem aos tribunais superiores as funções de uniformizar a interpretação da lei federal e de afirmar o sentido da Constituição Federal são indiscutivelmente suficientes para darem origem a um sistema de precedentes vinculantes.

6. A coisa julgada e o precedente vinculante diante da tutela da segurança jurídica e da confiança

As funções da coisa julgada e do precedente vinculante à luz da segurança jurídica e da tutela da confiança são distintas. O respeito aos precedentes garante a previsibilidade em relação às decisões judiciais, assim como a continuidade da afirmação da ordem jurídica. A coisa julgada, por sua vez, garante que nenhuma decisão estatal interferirá de modo a inutilizar o resultado obtido pela parte com a decisão acobertada pela coisa julgada, assim como a estabilidade das decisões judiciais.

Diante da coisa julgada, não há que se falar em previsibilidade ou em continuidade de um modo de compreender – e, portanto, de afirmar – o ordenamento jurídico. A confiança que a coisa julgada confere ao jurisdicionado nada tem a ver com a ex-

[28] V. CORSALE, Massimo. Op. cit., p. 40.

[29] CANOTILHO, José Joaquim Gomes. Op. cit., p. 257.

[30] Sobre a incidência do princípio da confiança na esfera jurisdicional, em especial a relação entre a proteção da confiança e a estabilidade das decisões judiciais, ver BLANCO, Federico Castillo. *La protección de confianza en el derecho administrativo*. Madrid: Marcial Pons, 1998, p. 362 e ss.

pectativa de uma decisão em determinado sentido. A coisa julgada tutela a confiança do cidadão no ato estatal que decidiu o *seu caso*, assegurando que o benefício outorgado por este ato jamais lhe será retirado.

A coisa julgada, em tal perspectiva, também é uma garantia contra a retroatividade das decisões de inconstitucionalidade ou de constitucionalidade. O fato de o Supremo Tribunal Federal afirmar a inconstitucionalidade ou a constitucionalidade da norma em que a decisão se baseou não gera, por mera consequência lógica, o desfazimento da coisa julgada. Esta não pode desaparecer em virtude de uma nova compreensão judicial dos fundamentos da decisão, mas apenas pode ser desconstituída em hipóteses extremas, em que vícios graves abrem oportunidade à sua rescisão (artigo 485, Código de Processo Civil).

A coisa julgada é imprescindível à afirmação do poder estatal. O discurso realizado no processo, para poder ser qualificado de discurso jurídico, ou seja, de discurso do poder acerca do direito, tem que ter um termo final a partir do qual se torne definitivo e imutável. De lado os atos jurisdicionais não preocupados com a definição dos litígios, a coisa julgada é atributo do processo jurisdicional.

De outra parte, o precedente vinculante permite ao jurisdicionado prever as consequências jurídicas dos seus atos e condutas, tendo o efeito de permitir confiança nas decisões já tomadas – então vistas como critérios para definir o seu comportamento – e nas decisões que podem vir a ser proferidas – compreendidas como decisões que podem atingir as suas esferas jurídicas.

Como é óbvio, mesmo olhando-se apenas para o passado, a confiança gerada pelo precedente vinculante nada tem a ver com a confiança proporcionada pela coisa julgada. Em um caso, a confiança é na orientação advinda da jurisdição; no outro, a confiança é na imutabilidade do ato do poder jurisdicional

7. Precedente e coisa julgada *erga omnes*

Mais próxima da segurança gerada pelo precedente está aquela advinda da coisa julgada *erga omnes*, peculiar às decisões de procedência proferidas nas ações voltadas à tutela de direitos difusos (artigo 103, inciso I, Código de Defesa do Consumidor).

Esta espécie de coisa julgada protege benefícios conferidos pela decisão a todos os membros da sociedade, titulares que são dos direitos difusos. Melhor explicando: como os direitos difusos são pertencentes, de forma generalizada, aos membros da sociedade, e, portanto, não podem ser divididos nem atribuídos isoladamente a pessoas ou grupos determinados, a legitimidade para as ações dirigidas à sua tutela é deferida a certos entes, vistos pelo legislador como capazes de representar os interesses dos membros da sociedade (artigos 81 e 82, Código de Defesa do Consumidor). Julgado procedente o pedido de tutela jurisdicional, afirma o artigo 103, inciso I, do Código de Defesa do Consumidor, que a sentença produz coisa julgada *erga omnes*.

Nesse caso, o benefício outorgado pela sentença se estende a todos os titulares do direito difuso até então em litígio. Isso quer dizer a coisa julgada dá a todos os membros da sociedade a garantia de que a tutela do direito difuso, tal como definida pela sentença, não será alterada no futuro. Tratando-se de tutela inibitória de direito difuso, a coisa julgada garante a todos os titulares que o direito não será violado.

Assim, qualquer um deles, na forma individual, poderá fazer valer a coisa julgada, impedindo a violação do direito.

Porém, a garantia de estabilidade de tutela inibitória de direito difuso obviamente não se confunde com a garantia de que o direito será tutelado em conformidade com o precedente. A coisa julgada, como técnica de proteção da segurança jurídica, tem mais força do que o respeito aos precedentes. O precedente é destinado a garantir a estabilidade da aplicação do direito, enquanto a coisa julgada garante a inalterabilidade da aplicação do direito em determinado caso concreto. Ao contrário do que ocorre em relação à coisa julgada, a estabilidade garantida pelo precedente não é absoluta, na medida em que os precedentes podem ser revogados. O judiciário pode deixar de interpretar a lei em determinado sentido, mas a interpretação da lei, cristalizada em sentença acobertada pela coisa julgada, jamais poderá ser alterada de modo a roubar o benefício outorgado àquele que obteve a tutela jurisdicional do direito.

Noutra perspectiva, a coisa julgada *erga omnes* tutela a segurança jurídica do cidadão em virtude de o direito lhe pertencer, ao passo que o precedente protege a segurança jurídica do cidadão enquanto mero jurisdicionado, ou melhor, como sujeito às decisões do Poder Judiciário.

— 25 —

Mandado de Segurança Coletivo – legitimidade e objeto – considerações pontuais – Lei nº 12.016/09

LUIZ MANOEL GOMES JUNIOR

Mestre e Doutor em Direito pela PUC/SP. Professor nos Programas de Mestrado em Direito da Universidade de Itaúna (UIT-MG) e da Universidade Paranaense (Unipar-PR) e dos cursos de Pós-Graduação da PUC/SP (Cogeae) e da Escola Fundação Superior do Ministério Público do Mato Grosso (FESMP-MT). Consultor da Organização das Nações Unidas. Advogado.

ROGÉRIO FAVRETO

Procurador de carreira do Município de Porto Alegre/RS, exercendo o cargo de Procurador-Geral do Município no período de 1997 a 2004. Especialista em Direito Político pela UNISINOS/RS. Mestrando em Direito pela PUC/RS. Secretário de Reforma do Judiciário – Ministério da Justiça. Presidente da Comissão Especial do Ministério da Justiça para elaboração do anteprojeto da nova Lei da Ação Civil Pública.

1. A "nova" Lei do Mandado de Segurança

Não se pode negar que o mandado de segurança sempre teve destacada importância no Sistema Processual Brasileiro, integrando a categoria dos direitos de *primeira geração*, ou seja, aqueles que de modo pioneiro constaram das Constituições dos diversos países. Podem ser incluídos dentre eles, no âmbito do direito material, os direitos civis e os políticos, ambos pertencentes à primeira fase do constitucionalismo.[1] Procurou-se assegurar um *direito de defesa* do indivíduo contra o Estado,[2] como se verifica nos institutos jurídicos do *habeas corpus* e do mandado de segurança.

Os de *segunda geração* resultam do impacto causado pela Revolução Industrial e o nascimento da *"classe operária"*, não havendo em favor dessa a real utilização dos direitos até então garantidos. Sem um salário digno, o acesso à saúde, à educação, tudo o mais parecia ilusório. As doutrinas socialistas nasceram com a finalidade de atenderem tais anseios, inclusive com o apoio da Igreja Católica – Papa Leão XIII.

[1] José Hermílio Ribeiro Serpa, *A política, o Estado, a Constituição e os direitos fundamentais*, p. 168.

[2] Ingo Sarlet. *A Eficácia dos Direitos Fundamentais*. Porto Alegre: Livraria do Advogado, 1998.

As Constituições da França (1793 e 1848), além da brasileira de 1824 e da alemã de 1849, já previam os direitos de *segunda geração* que objetivavam igualdade de oportunidades, valorizando a dignidade da pessoa humana, com garantia de alimentação, saúde e amparo aos idosos. Tais direitos dirigiam-se "(...) à proteção, não do homem isoladamente, mas das coletividades, de grupos, sendo direitos de titularidade difusa ou coletiva. Tem-se aqui o direito à paz, à autodeterminação dos povos, ao desenvolvimento, à qualidade do meio ambiente, à conservação do patrimônio histórico e cultural".[3]

Já os direitos de *terceira geração* se originaram da noção de um mundo globalizado, dividido em nações ricas e pobres, desenvolvidas e subdesenvolvidas. Há uma valorização de um lema difundido pela Revolução Francesa: *a fraternidade*.

Incluem-se nos direitos de *terceira geração* o direito ao desenvolvimento, ao meio-ambiente,[4] à paz, à propriedade em relação aos bens comuns da humanidade e à comunicação.[5] Paulo Bonavides[6] chega a mencionar direitos de *quarta geração* que incluiriam o direito *à democracia, à informação* e ao *pluralismo*. Segundo este doutrinador, seria a *"globalização dos direitos fundamentais"*.

Como ponderado, nos direitos de primeira geração, procurou-se assegurar uma possibilidade de defesa do indivíduo contra o Estado, como pode ser verificado nos efeitos e objetivos dos institutos jurídicos do *habeas corpus* e do *mandado de segurança.*

A relevância do *mandado de segurança*, na esfera cível, era ainda maior quando verificada a possibilidade de deferimento de liminar – algo raro nas ações que podiam ser ajuizadas antes da ampliação do uso das liminares de um modo geral (arts. 273 e 461 do CPC) – com uma tramitação mais célere e reduzida quantidade de recursos.

Mas já era mesmo hora de aperfeiçoar os diversos dispositivos da antiga Lei nº 1.533/51, que estava realmente desatualizada, pois em vigor há mais de meio século, especialmente frente a um novo sistema constitucional, seguido de profundas reformas no Código de Processo Civil. A título de exemplo temos o mandado de segurança coletivo, instituído pela Constituição Federal de 1988 (art. 5º, LXX), o qual se encontrava sem qualquer regulamentação ordinária.

Neste ponto, positiva a recente aprovação da Lei nº 12.016, de 07 de agosto de 2009. Mas muito mais poderia ser feito. As críticas de Nelson Nery Junior são totalmente procedentes:[7] *"A LMS integrou o conjunto de projetos que foram encaminhados ao Congresso Nacional sob a rubrica do Pacto Republicano, buscando a maior eficiência do Estado brasileiro na consecução de seu mister, notadamente o de maior presteza na prestação jurisdicional"*.

---

[3] Paulo Gustavo Gonet Branco, *apud* José Hermílio Ribeiro Serpa. *A política, o Estado, a Constituição e os Direitos Fundamentais*. Porto Alegre: Sergio Antonio Fabris Editor, 2002, p. 165.

[4] V.g. Fernando Paulo da Silva Suordem. *O Princípio da Separação dos Poderes e os novos movimentos sociais.* Coimbra: Almedina, 1995, ps. 199-200.

[5] Rodolfo de Camargo Mancuso. *A Concomitância de Ações Coletivas, entre si, e em Face Das Ações Individuais.* São Paulo: Revista dos Tribunais, 782/26-27.

[6] *Ibid.*

[7] Luiz Manoel Gomes Junior *et al* (*Comentários à nova Lei do Mandado de Segurança.* São Paulo: Revista dos Tribunais, 2009, p. 16-17).

O texto da lei não é bom e contém muitas falhas, que podem causar mais problemas do que resolvê-los. Perdeu-se a oportunidade, por exemplo, de acabar com o prazo para a impetração, limitação que não encontra respaldo na CF, art. 5º, LXIX, nada obstante o teor do STF 632 ("É constitucional lei que fixa o prazo de decadência para a impetração de mandado de segurança").

Não se incluiu no procedimento da lei, como direito tutelável pelo mandado de segurança, o direito difuso, o que não impede a impetração para salvaguardá-lo, dado que a CF, art. 5º, LXIX protege o direito líquido e certo ameaçado ou violado por ato ilegal ou abusivo da autoridade. O direito de que trata o texto constitucional é o direito tout court, seja individual (de pessoa física ou jurídica), coletivo ou difuso, pois as normas sobre direitos e garantias fundamentais devem ser interpretadas *vis expansiva*, como é curial: não havendo vedação na CF, a impetração para defesa de direito difuso é admissível.

Manteve-se na lei o criticável instituto da suspensão da execução de liminar ou, o que é pior, a suspensão da execução da sentença concessiva da ordem, instituída pela L 4.348/64, no início do período da ditadura militar, de modo a fazer prevalecer a vontade do detentor do poder do momento, pela insindicabilidade momentânea dos atos administrativos ilegais em detrimento dos direitos e garantias fundamentais constitucionais. Muito embora não seja recomendável analisar-se a constitucionalidade da norma pela sua certidão de nascimento, não é possível ignorar-se a flagrante inconstitucionalidade de que padece norma que cria e regula esse instituto, por ofensa ao regime democrático e à garantia da isonomia, pois a sociedade (por meio do Ministério Público), o impetrante e o impetrado têm, à sua disposição, os recursos ordinários contra as medidas concessivas ou denegatórias de liminar ou da própria segurança, de modo que esse plus não está conforme o Verfassungsstaat brasileiro.

Neste trabalho iremos apresentar algumas ponderações sobre o mandado de segurança coletivo.

2. Mandado de segurança coletivo

Em primeiro lugar, é pertinente consignar que o mandado de segurança coletivo é um instituto processual criado através da atual Constituição Federal, já que aquele previsto na revogada Lei 1.533/51 somente permitia a tutela de interesses individuais.

Conforme consignado por Ada Pellegrini Grinover,[8] não é o mandado de segurança coletivo um *instituto novo*,[9] mas, o mesmo mandado de segurança anteriormente existente, apenas com a possibilidade de veiculação de pretensão coletiva. Aqui, acrescentamos que as regras que devem ser aplicadas são as relacionadas com o sistema único coletivo. A título de exemplo, não se deve aplicar no mandado de segurança coletivo a remessa obrigatória prevista no § 1º do art. 14 da Lei 12.016/09, mas sim a do art. 19, *caput*, da Lei 4.717/65 – Lei da Ação Popular –, ou seja, somente haverá

[8] Mandado de segurança coletivo: legitimação, objeto e coisa julgada, *RePro* 57, p. 97. De igual entendimento: JJ. Calmon de Passos (*Mandado de segurança coletivo, mandado de injunção,* habeas data); Sérgio Ferraz (*Mandado de segurança (individual e coletivo): Aspectos polêmicos*); Eduardo Arruda Alvim (*Mandado de segurança no direito tributário*) e Hermes Zaneti Junior (*Mandado de segurança coletivo – Aspectos processuais controversos*) dentre vários outros. Em sentido contrário: Carlos A.P. Uggere (*Mandado de segurança coletivo*) e Antonio Gidi (*Coisa julgada e litispendência em ações coletivas*, p. 78-79). O tema é bem delineado por Nelson Nery Junior (*Princípios do processo na Constituição Federal*, p. 197 e ss.).

[9] No mesmo sentido o Tribunal de Justiça do Estado de São Paulo, por seu Órgão Especial: TJSP, MS 82.766-0/5, j. 15.05.2002, rel. Des. Dante Busana, *JTJ* 261/430.

necessidade de obrigatória revisão pelo tribunal competente quando for julgado improcedente o pedido inicial ou extinto o feito, sem julgamento do mérito.[10]

A legitimidade no caso do mandado de segurança coletivo é restrita, isto a teor da regra das alíneas *a* e *b* do inciso LXX do art. 5° da CF/1988, ou seja, somente aos partidos políticos, às organizações sindicais, aos órgãos de classe e às associações,[11] não podendo haver a ampliação pelo legislador ordinário.[12]

3. Legitimidade

Para acionar a tutela jurisdicional é necessário que o interessado possua *legitimidade*. Não basta afirmar que existe interesse, ou mesmo que o pedido seja juridicamente possível, indispensável se mostra a caracterização de um *plus* que é a legitimidade processual.[13]

---

[10] Concordando com a nossa opinião, de forma expressa: Emerson Cortezia de Souza (*Remessa obrigatória nas ações coletivas*, 2006, inédito). Há decisão do Superior Tribunal de Justiça aplicando a remessa obrigatória da Ação Popular na Ação Civil Pública: "*1. Por aplicação analógica da primeira parte do art. 19 da Lei nº 4.717/65, as sentenças de improcedência de ação civil pública sujeitam-se indistintamente ao reexame necessário. Doutrina*" (STJ – REsp. nº 1.108.542-SC, rel. Min. Castro Meira, j. 19.05.2009 – DJ 29.05.2009).

[11] Os limites da atuação das entidades associativas para a impetração do mandado de segurança coletivo são analisados por Nelson Nascimento Diz (*Apontamentos sobre a legitimação das entidades associativas para a propositura de ações coletivas em defesa de direitos individuais homogêneos de consumidores*, vol. 350, p. 113): "*A hipótese do art. 5º, LXX,* b, *é, como vimos, reconhecida como de substituição processual, tendo-se discutido largamente no STF não só a necessidade de autorização dos filiados, como igualmente a necessidade de uma relação de pertinência entre o direito subjetivo dos filiados (os substituídos) e os objetivos da entidade associativa (substituto processual), terminando por prevalecer a posição do Min. Sepúlveda Pertence, expressa no julgamento do Mandado de Segurança n. 20.936-DF (RTJ n. 142, p. 446-69). Seguiu, o ilustre Ministro, a posição doutrinariamente sustentada por Calmon de Passos, em sua obra* Mandado de segurança coletivo, mandado de injunção, *habeas data*, Constituição e processo, *Ed. Forense, na qual sustenta o autor ser possível 'a impetração, pela entidade, de mandado de segurança coletivo em favor de seus membros ou associados, como substituto processual e independente de autorização deles, por estarem em jogo direitos (individuais) de associados seus, direitos esses que guardam certo vínculo com os fins mesmos da entidade (interesse qualificador do vínculo associativo)*' (grifo nosso). "*Assim, para o mandado de segurança coletivo, desnecessária a autorização dos membros ou associados, não a exigindo o art. 5º, LXX, letra* b, *da CF, configurada hipótese de substituição processual. (...) Em conclusão: o art. 5º, XXI, da Constituição Federal, estabeleceu uma legitimação genérica das entidades associativas, que configura representação e exige autorização de seus associados; o art. 5º, LXX,* b, *da Constituição Federal, estabeleceu uma legitimação especial para o mandado de segurança coletivo, que configura substituição processual e dispensa a autorização de seus associados. Mas, em qualquer dos casos, a entidade associativa, quer como representante, quer como substituto processual, está limitada, quando atua sob a invocação desses dois dispositivos constitucionais, a fazê-lo exclusivamente em benefício de seus associados, titulares, em ambas as hipóteses, de 'direitos individuais'*". Discordamos, em parte, das conclusões, já que para nós o ente legitimado não precisa atuar na defesa específica da categoria, bastando mencionar que a Ordem dos Advogados do Brasil possui ampla legitimidade a teor da regra do art. 44 do Estatuto dos Advogados, por exemplo.

[12] Discordamos da possibilidade de impetração de Mandado de Segurança Coletivo pelo Ministério Público, isso na medida em que a legitimidade prevista na Constituição Federal é restritiva, sem possibilidade de ampliação pelo intérprete. De qualquer modo, será viável a utilização da Ação Civil Pública.

[13] Arruda Alvim (*Manual de direito processual civil*, vol. 2, p. 377) pondera que a *legitimatio ad causam* não pode ser confundida com a legitimação *ad processum* (capacidade para estar em juízo), que se constitui pressuposto processual, pelo que, afirma que tanto a *legitimatio ad causam*, que é condição da ação, como a legitimação processual, que é pressuposto processual, estão albergadas nos arts. 3º e 295, III, do Código de Processo Civil, *in verbis*: "Mas, devemos ter presente que a legitimidade *ad causam*, uma das condições da ação, se não integra os fundamentos da demanda, partindo do direito substancial, é definida em função de elementos fornecidos pelo direito material (apesar de ser dele, existencialmente, desligada). A *legitimatio ad causam* é a atribuição, pela lei ou pelo sistema, do direito de ação ao autor, possível titular ativo de uma dada relação jurídica, bem como a sujeição do réu aos efeitos jurídico-processuais e materiais da sentença. Normalmente, a legitimação para a causa é do possível titular do direito material (art. 6º)".

Arruda Alvim[14] afirma, com razão, que, para que se tenha presente a legitimidade *ad causam*, deverá o interessado se apresentar, ao menos aparentemente, como o titular do direito material invocado. Haverá de possuir uma *aparência* de que o direito invocado lhe beneficiará ou lhe trará alguma vantagem econômica e/ou moral, caso acolhida a sua pretensão. O que se tem é que a legitimidade somente pode ser analisada frente a um determinado ato – atual ou a ser praticado[15] – pois inexistiria legitimidade incondicionada para qualquer situação fática, ou seja, uma legitimidade *ad causam* ampla e irrestrita.

Conforme decidido,[16] "(...) a legitimidade exigida para o exercício do direito de ação depende da relação jurídica de direito material entre os litigantes, ou, em outras palavras, a ação tem como condição a titularidade de um direito ou interesse juridicamente protegido (...)".

De qualquer modo, a legitimidade *ad causam* não assegura, por si só, o acolhimento do pedido,[17] mas apenas a possibilidade de acionar a tutela jurisdicional, *obtendo* uma decisão de mérito, desde que presentes, por óbvio, as demais condições da ação e os pressupostos processuais.

Pertinente aderir, desde já, ao argumento[18] de que "(...) importante é ter-se presente que as ações coletivas emergiram no contexto de uma temática inteiramente *diferenciada*, daquela em que se assenta o processo tradicional, de caráter individual".

Tal aspecto não escapou da análise de Humberto Theodoro Junior:[19] "É claro que complicações graves surgem para a dogmática do processo, tradicionalmente elaborado e sistematizado em função quase que exclusiva dos interesses e conflitos individuais. Assim conceitos clássicos como o de legitimação e interesse têm de ser readaptados para a análise dos pressupostos e condições das ações coletivas ou de grupo".

Por óbvio, as ações coletivas *são institutos novos, diferentes* e que merecem *abordagem diferenciada*. O equívoco da doutrina, com a *data maxima venia*, é tentar *encaixar* as ações coletivas nos conceitos tradicionalmente usados no direito processual. Não se almejou criar algo novo para ser utilizado em uma nova categoria de ações, mas sim adaptar essas ao que já existia.[20]

[14] *Tratado de direito processual civil*, vol. 1, p. 330.

[15] TJSP, Ap.Cív. 85.349-5-SP, j. 13.03.2001, rel. Des. José Raul Gavião de Almeida, *LEX-JTJ* 242/87.

[16] STJ, REsp 257.880-RJ, j. 03.04.2002, rel. Min. Sálvio de Figueiredo Teixeira, *DJU* 07.10.2002.

[17] Segundo Othmar Jauernig (*Direito processual civil*, p. 119) o conceito de legitimidade processual estaria vinculado a uma noção de parte, ou seja, aquela que pede e aquela contra quem se pede, sempre ponderando a independência entre a noção de parte sob o ponto de vista processual e a titularidade do direito, pois nem sempre o mérito é objeto de julgamento.

[18] Arruda Alvim, *Código do Consumidor*... cit., p. 361.

[19] *A tutela dos interesses coletivos (difusos) no direito brasileiro*, vol. 318, p. 45.

[20] Seria o mesmo que, a título de exemplo, tentar inserir os mamíferos, quando do surgimento dessa espécie, na família dos répteis, apenas para se aproveitar da classificação já existente.
Conforme ponderado por Daniel Mota Gutiérrez (*Ações coletivas – Limites jurídicos*, p. 5, nota 12 – trabalho inédito gentilmente cedido pelo autor): "Essa recorrente insistência de considerável parcela dos juízes (e demais operadores do direito) em interpretar dispositivos e institutos repousantes na legislação relativa a direitos metaindividuais exclusivamente à luz da caracterização/concepção desses institutos segundo a sistemática – individualista, registre *en passant* – do CPC, olvidando-se da necessidade de levar em consideração, sobretudo, os princípios relativos aos direitos metaindividuais, revela uma evidente deficiência técnica na aplicação da legislação metaindividual. Urge, pois, sedimentar no meio forense uma principiologia própria e inerente aos direitos metaindividuais".

Afirma-se, em determinadas hipóteses (defesa dos interesses individuais homogêneos) que seria substituição processual, mas não a prevista no Código de Processo Civil.[21] Ora, como intitular com o mesmo nome institutos diferentes, sem criar confusão?[22]

Ao contrário da posição de Humberto Theodoro Junior,[23] entendemos que nem no Mandado de Segurança Coletivo, nem nas demais Ações Coletivas, existe a figura da *substituição processual* prevista no art. 6º do Código de Processo Civil,[24] isso porque o legitimado coletivo também atua em nome próprio e na defesa dos direitos coletivos. Aliás, apesar de não ser realmente usual, o próprio direito material pode ser de titularidade daquele que o defende em sede coletiva (Ação Popular, p. ex.). Se há uma *feição particular* no instituto da substituição processual, como defendido pelo referido autor, é justamente por não se tratar da figura disciplinada no Código de Processo Civil.

A nosso ver, nas ações coletivas estará sempre presente uma legitimação processual coletiva, que é, justamente, a possibilidade de almejar a proteção dos direitos coletivos *lato sensu* (difusos, coletivos e individuais homogêneos), ainda que haja coincidência entre os interesses próprios de quem atua com os daqueles que serão, em tese, beneficiados com a decisão a ser prolatada.

Haverá, assim, no caso dos entes legitimados para atuar no pólo ativo das ações coletivas, *sempre*, uma *legitimação processual coletiva.* Esta é a denominação que propomos, afastando a classificação fundamentada no tipo de interesse protegido.

Assim, no mandado de segurança coletivo haverá uma *legitimação processual coletiva.*

Não é demais novamente ressaltar que a legitimidade, conferida pelo texto constitucional (art. 5º, LXX) e pelo art. 21 da Lei do Mandado de Segurança, não pode ser ampliada por qualquer forma de interpretação, inclusive a sistemática, já que o rol é taxativo.[25] Assim, o Ministério Público, por exemplo, não possui legitimidade para a impetração de Mandado de Segurança Coletivo.[26]

---

[21] Arruda Alvim (*Código do Consumidor*... cit., p. 361) e Ricardo de Barros Leonel (*Manual*... cit., p. 160).

[22] Ora afirmando haver substituição processual, ou legitimação extraordinária, há a posição de Darlan Barroso e Luciano Alves Rossato. *Mandado de Segurança.* São Paulo: Revista dos Tribunais, 2009, p. 85 e Pedro Roberto Decomain. *Mandado de Segurança (o tradicional, o novo e o polêmico na Lei 12.016/2009).* São Paulo: Dialética, p. 96.

[23] *O Mandado de Segurança segundo a Lei nº 12.016, de 07 de agosto de 2009.* Rio de Janeiro: Forense, 2009, p. 46 e 54.

[24] Também defendendo a existência de substituição processual na espécie: Vicente Greco Filho. *O novo Mandado de Segurança.* São Paulo: Saraiva, 2.010, p. 53.

[25] STJ – AgRg no MS 13.248-DF, j. 28.05.2008, rel. Min. Castro Meira, *DJ* 16.06.2008: "(...) 2. O art. 5º, LXX, da Carta da República restringe a legitimação ativa em caso de mandado de segurança em que se discute direito coletivo a partido político com representação no Congresso Nacional e a organização sindical, entidade de classe ou associação legalmente constituída há pelo menos um ano, em defesa de interesses de seus membros ou associados, não prevendo o exercício desse direito diretamente por pessoa física". No caso, um cacique indígena questionava a legalidade da Portaria n. 2.656/2007, de lavra do Ministro de Estado da Saúde, sobre mecanismos governamentais que atuam junto aos povos indígenas na área da saúde.

[26] Concordando com a nossa opinião: Fernando da Fonseca Gajardoni (*Comentários à nova Lei do Mandado de Segurança.* São Paulo: Método, 2009, p. 102-103). Em sentido contrário: Cássio Scarpinella Bueno. *A nova Lei do Mandado de Segurança.* São Paulo: Saraiva, 2009, p. 127 e Pedro Roberto Decomain. *Mandado de Segurança (o tradicional, o novo e o polêmico na Lei 12.016/2009).* São Paulo: Dialética, p. 113. Comentam a questão mas sem adotar uma posição expressa: José Miguel Garcia Medina e Fábio Caldas de Araújo. *Mandado de Segurança Individual e Coletivo.* São Paulo: Revista dos Tribunais, 2009, p. 215-216.

3.1. Partidos políticos

Ricardo de Barros Leonel[27] argumenta que os partidos políticos somente podem impetrar mandado de segurança coletivo, mas não as demais demandas coletivas. Consideramos *equivocado* tal entendimento, *data venia*.

Os partidos políticos possuem natureza jurídica de associações[28] e, portanto, devem receber tratamento idêntico. Em outros termos, qualquer atuação em sede de demanda coletiva que esteja franqueada às associações, em tese pode ser manejada pelos partidos políticos.[29]

De qualquer modo, pode o partido político ajuizar ação declaratória de inconstitucionalidade, que possui evidente natureza coletiva, o que já afasta a tese restritiva com apoio em texto constitucional expresso (art. 103, VIII, da CF/1988).

Não se pode olvidar, quanto ao tema, o preciso magistério jurisprudencial do Supremo Tribunal Federal[30] quanto ao papel das agremiações políticas:

> Sabemos todos que é extremamente significativa a participação dos partidos políticos no processo de poder. As agremiações partidárias, cuja institucionalização jurídica é historicamente recente, atuam como corpos intermediários, posicionando-se, nessa particular condição, ante a sociedade civil e a sociedade política. Os partidos políticos não são órgãos do Estado e nem se acham incorporados ao aparelho estatal. Constituem, no entanto, entidades revestidas de caráter institucional, absolutamente indispensáveis à dinâmica do processo governamental, na medida em que, consoante registra a experiência constitucional comparada, "concorrem para a formação da vontade política do povo" (v. art. 21, nº 1, da Lei Fundamental de Bonn).
>
> Todas essas observações fazem-se necessárias, porque esta Suprema Corte – defrontando-se com a objeção de que partidos políticos somente poderiam impugnar, mediante ação direta, leis ou atos normativos cujo conteúdo guardasse estrita conexão com os objetivos institucionais das agremiações partidárias – reconheceu assistir a essas instituições a condição de legitimadas ativas universais, em ordem a qualificá-las ao exercício do poder de iniciativa do processo de fiscalização abstrata em face de atos estatais revestidos de qualquer conteúdo normativo (...).

José Carlos Barbosa Moreira[31] tem como possível a impetração, por exemplo, de mandado de segurança coletivo pelos partidos políticos com a finalidade de defender interesses e ou direitos previstos no programa partidário.[32] Em suas palavras "(...) o partido político pode defender, pelo mandado de segurança coletivo, não apenas os interesses de seus membros, daqueles que integram seus quadros, como também os de todas as pessoas que sejam destinatárias de algum ponto de programa do partido".

Analisando a questão da legitimidade dos partidos políticos para a impetração do mandado de segurança coletivo, a maioria da doutrina entende que somente poderá haver a utilização de tal ação na defesa dos seus membros ou filiados. Anote-se que há doutrinadores[33] que restringem a legitimidade dos partidos políticos, na espécie, apenas quando em discussão a defesa do regime democrático e da tutela dos direitos

[27] *Manual do processo coletivo*... cit., p. 157. Analisando alguns aspectos dos partidos políticos: Alberto de Lima Vieira, Partidos políticos e sistemas eleitorais, *RT* 805/747, originariamente publicado na RT 350/21,.

[28] Célio Silva Costa, *A interpretação constitucional e os direitos e garantias fundamentais na Constituição de 1988*, p. 758; e Ivan Lira de Carvalho, *O mandado de segurança coletivo e os partidos políticos*, *RePro* 72, p. 77-78.

[29] No mesmo sentido, Assagra de Almeida (*Direito processual coletivo brasileiro*... cit., p. 409).

[30] STF, ADIn 1.407-2-DF, j. 07.03.1996, rel. Min. Celso de Mello, *DJU* 24.11.2000.

[31] Ações coletivas na Constituição Federal de 1988, *RePro* 61/197.

[32] Limitando a sua atuação.

[33] Lúcia Valle Figueiredo, Os partidos políticos e o mandado de segurança coletivo, *Revista da Procuradoria Geral do Estado de São Paulo*, n. 34, p. 99-106; Uadi Lamêgo Bulos, *Mandado de segurança coletivo*, p. 49); e Eduardo

humanos fundamentais, posto que invocados na Lei Orgânica dos Partidos Políticos (Lei 9.960/95).[34]

Alfredo Buzaid[35] e José da Silva Pacheco[36] defendem o ajuizamento do mandado de segurança coletivo para a proteção dos interesses dos filiados do partido político impetrante.

Celso Agrícola Barbi,[37] mesmo analisando a questão relacionada com a abrangência da atuação dos partidos políticos no mandado de segurança coletivo, argumentou que "(...) basta a simples ilegalidade e a lesão de interesse daquele tipo – difusos ou coletivos – não sendo caso de estabelecer vínculo entre o interesse e os membros ou filiados do partido. Este, na realidade, agirá na defesa do interesse da sociedade, como é da natureza de sua atuação".

Vamos além, aderindo ao entendimento de Celso Agrícola Barbi, isso de forma ampla, ou seja, com referência a todas as ações coletivas. Os partidos políticos, além de poderem atuar em demandas coletivas na qualidade de autores,[38] considerando a sua natureza jurídica de associação, *não se sujeitam ao requisito da pertinência temática.*[39]

Não se pode ignorar que: "A CF/1988 conferiu legitimidade ativa aos partidos políticos, às organizações sindicais, entidades de classe, e associações legalmente constituídas há pelo menos um ano, nos termos do inciso LXX ao artigo 5.º. São chamados de 'corpos intermediários da sociedade', 'formações sociais', ou 'representantes adequados da sociedade', em razão da transmudação do enfoque de tutela eminentemente individualista para a ótica da tutela coletiva, onde tais 'corporificações' assumiriam o lugar dos legitimados em Juízo".[40]

Teori Albino Zavascki[41] analisa, com propriedade, as particularidades que envolvem os partidos políticos e, consequentemente, influindo na sua legitimidade para o ajuizamento de ações coletivas:

> Dispõe a letra b do inc. LXX do art. 5.º da Constituição que o mandado de segurança impetrado por organização sindical, entidade de classe ou associação será proposto 'em defesa de interesses de seus membros ou associados'. Entretanto, a letra do mesmo inciso, que prevê a legitimação dos partidos políticos com representação no Congresso Nacional, não contém aquela limitação. Há quem sustente que, mesmo assim, a restrição é aplicável aos partidos políticos, que somente poderiam demandar tutela para direitos individuais dos seus filiados. Essa é a orientação que predomina na jurisprudência do STJ (EDcl no MS n. 197, rel. Min. Garcia Vieira, Primeira Seção, Ementário de Jurisprudência do STJ 4/167-168). Dois argumentos, pelo menos, militam fortemente em outro sentido. Primeiro, a inexistência da limitação no

Arruda Alvim, *Mandado de segurança no direito tributário*, p. 362), conforme pesquisa de lavra de Marcos Luiz de Melo, *Mandado de segurança coletivo,* monografia, 2001, inédita, p. 25).

[34] Aderindo à restritiva temos Gregório Assagra de Almeida (*Direito processual coletivo brasileiro*... cit., p. 409), argumentando que necessário que a pretensão deduzida esteja incluída nas finalidades estatutárias do partido político.

[35] *Considerações sobre o mandado de segurança coletivo*, p. 61.

[36] *O mandado de segurança e outras ações constitucionais típicas*, p. 259.

[37] As novas dimensões do mandado de segurança, *Seleções Jurídicas ADV/Coad*, abr. 1989, p. 30.

[38] Salvo a ação popular que somente é franqueada à pessoa física (art. 5.°, LXXIII, da CF/1988 e Súmula 365 do Supremo Tribunal Federal).

[39] Defendendo a ampla legitimidade: Pedro Roberto Decomain. *Mandado de Segurança (o tradicional, o novo e o polêmico na Lei 12.016/2009)*. São Paulo: Dialética, p. 97.

[40] Marcos Luiz de Melo, *Mandado de segurança coletivo* cit., monografia inédita apresentada na disciplina Direito Processual Civil II, PUC-SP, Professora Thereza Alvim, 2001, p. 20.

[41] *Defesa de direitos coletivos e defesa coletiva de direitos*, vol. 329, p. 147.

texto constitucional, o que é especialmente significativo ante a menção expressa a ela no inciso seguinte do mesmo dispositivo, a evidenciar que a omissão anterior não foi desatenta e, portanto, deve merecer interpretação que lhe dê eficácia. Segundo, pela singular natureza do partido político, substancialmente diversa das demais entidades legitimadas. Com efeito, as associações – sindicais, classistas e outras – têm como razão existencial o atendimento de interesses ou de necessidades de seus associados. Seu foco de atenção está, portanto, voltado diretamente para seus associados, que, por sua vez, a ela confluíram justamente para receber a atenção e o atendimento de necessidade ou de interesse próprio e particular. É natural, portanto, e apropriado à natureza dessas entidades, que, ao legitimá-las para impetrar segurança, o constituinte tenha estabelecido como objeto da demanda a defesa dos interesses dos próprios associados, limitação inteiramente compatível com o móvel associativo.

O que ocorre nos partidos políticos, entretanto, é um fenômeno associativo completamente diferente. Os partidos políticos não têm como razão de ser a satisfação de interesses ou necessidades particulares de seus filiados, nem são eles o objeto das atividades partidárias. Ao contrário das demais associações, cujo objeto está voltado para dentro de si mesmas, já que ligado diretamente aos interesses dos associados, os partidos políticos visam a objetivos externos, só remotamente relacionados a interesses específicos de seus filiados. Segundo estabelece sua Lei Orgânica (L. n. 5.682/971 – revogada pela Lei 9.096/1995 –, art. 2.°) 'os partidos políticos... destinam-se a assegurar, no interesse do regime democrático, a autenticidade do sistema representativo e a defender os direitos fundamentais, definidos na Constituição' – vide art. 1º, da Lei 9.096/1995.

Por conseguinte, os filiados ao partido são, na verdade, instrumentos das atividades e das bandeiras partidárias, e não o objeto delas. O objeto das atenções partidárias são os membros da coletividade em que atuam, independentemente da condição de filiados. É bem compreensível, pois, e bem adequada à natureza dos partidos, a sua legitimação para impetrar segurança coletiva, mesmo em defesa de direitos de não-filiados.

No mesmo sentido as lições de Hermes Zaneti Júnior[42] e José Marcelo Menezes Vigliar.[43]

Desta forma, a nosso ver, poderão os partidos políticos atuar na defesa de *qualquer tipo* de interesse difuso, coletivo ou individual homogêneo,[44] ainda que na defesa de não filiados.[45] Concordando com a ampla legitimidade, mas chamando a atenção para a ausência de disciplina normativa resolvendo diversos problemas, é a posição de Cássio Scarpinella Bueno.[46]

Exige-se, ainda, a representação do partido político no Congresso Nacional. Temos que a exegese da norma não pode ser literal, sob pena de reduzir a eficácia do dispositivo e a sua própria finalidade (este foi um dos questionamentos feitos por Cássio Scarpinela Bueno).[47]

Não é ocioso lembrar que o Brasil é uma Federação, possuindo três esferas de governo (federal, estadual e municipal), com seus respectivos interesses, áreas de atuação e prerrogativas, sendo certo que na esfera municipal há um regramento constitucional específico (arts. 29 e 30 da CF/1988, por exemplo). Tal modelo federal é sistematicamente seguido, inclusive por várias entidades de classe, como a Ordem

[42] *Mandado de segurança coletivo, aspectos processuais*, p. 21.

[43] Questões atuais sobre o mandado de segurança coletivo, *Revista do Advogado*, n. 64, p. 90.

[44] Há interessante trabalho sobre os partidos políticos de lavra de Luzia Helena Herrmann de Oliveira, Produção legislativa no Brasil. A relação entre partidos e governo, *RT* 803/43 ss.

[45] Adotando exegese restritiva Fernando da Fonseca Gajardoni (*Comentários à nova Lei do Mandado de Segurança*. São Paulo: Método, 2009, p. 98) entende que a legitimação restou limitada: a-) à defesa de seus interesses legítimos relativos a seus integrantes (parte ou totalidade dos filiados); b-) ou à finalidade partidária (regime democrático e sistema representativo).

[46] . *A nova Lei do Mandado de Segurança*. São Paulo: Saraiva, 2009, p. 124.

[47] Ibid.

dos Advogados do Brasil, bem como no caso dos partidos políticos, com seus diretórios municipais, estaduais e o federal (nacional).

De qualquer modo, não há sentido, para o fim de estabelecer a legitimidade ativa *ad causam em mandado de segurança coletivo*, atribuir a legitimidade apenas aos diretórios estaduais, ignorando a importância daqueles formados e sediados nos municípios (diretórios municipais), quando o tema for municipal, por exemplo. Seria ignorar toda a sistemática de divisão de atribuições, inclusive afastando-se do modelo federal.

Nada mais lógico que a legitimidade *ad causam* seja atribuída ao órgão partidário que tenha uma maior vinculação com o problema: se o tema é federal, ao diretório nacional; se for estadual, ao diretório estadual; e, caso seja municipal, ao respectivo diretório municipal.

Por consequência, na expressão "representação no Congresso Nacional", deve-se ler "representação na Assembleia Legislativa", quando o tema for estadual ou "representação na Câmara de Vereadores", quando o tema for exclusivamente local.

Havendo a perda da representação na Casa Legislativa após a impetração (ou incorporação do Partido Político por outro), entendemos que deve haver a continuidade do processo, isso na medida em que a legitimidade é aferida no momento da impetração, podendo ser aplicado o entendimento do Supremo Tribunal Federal[48] no caso de Ação Declaratória de Inconstitucionalidade, isso considerando a relevância das ações coletivas: "Agravo Regimental em Ação Direta de Inconstitucionalidade. 2. Partido político. 3. Legitimidade ativa. Aferição no momento da sua propositura. 4. Perda superveniente de representação parlamentar. Não desqualificação para permanecer no pólo ativo da relação processual".[49]

Aqui, a título de arremate, entendemos que o Ministério Público, ao contrário do que defendido por parcela da doutrina,[50] não possui legitimidade para impetrar mandado de segurança coletivo, já que o rol previsto no art. 5º, LXX, da CF/1988 é taxativo, mesmo porque haverá a possibilidade de ser ajuizada a ação civil pública, se o caso.

3.2. Organização sindical – Entidade de classe ou associação

Conforme ponderado por Pedro Carlos Sampaio Garcia,[51] os arts. 195, § 2º, e 872, parágrafo único, da Consolidação das Leis do Trabalho já outorgavam legitimidade aos sindicatos para a *"(...) cobrança do adicional de insalubridade para os tra-*

[48] STF – ADIn nº 2.618-PR (ag. Rg), rel. p/acórdão Min. Gilmar Mendes, j. 12.08.2004 – DJ 31.03.2006. Na doutrina há a posição de Pedro Roberto Decomain (*Mandado de Segurança (o tradicional, o novo e o polêmico na Lei 12.016/2009)*. São Paulo: Dialética, p. 101) no mesmo sentido.

[49] No mesmo sentido é a proposta contida no art. 9º, do Projeto de Lei 5.139/2009 – nova Lei da Ação Civil Pública: "Art. 9º Não haverá extinção do processo coletivo, por ausência das condições da ação ou pressupostos processuais, sem que seja dada oportunidade de correção do vício em qualquer tempo ou grau de jurisdição ordinária ou extraordinária, inclusive com a substituição do autor coletivo, quando serão intimados pessoalmente o Ministério Público e, quando for o caso, a Defensoria Pública, sem prejuízo de ampla divulgação pelos meios de comunicação social, podendo qualquer legitimado adotar as providências cabíveis, em prazo razoável, a ser fixado pelo juiz".

[50] Marta Maria Gomes Silva e Lucas de Souza Lehfeld (Considerações sobre a legitimação ativa no mandado de segurança coletivo, *RePro* 171/361 ss.) citam várias posições contra e a favor da referida legitimidade.

[51] *O sindicato e o processo – A coletivização do processo do trabalho*, p. 132. Esclarece (idem, p. 146-147) que o Tribunal Superior do Trabalho adota exegese restritiva da legitimidade dos sindicatos.

balhadores membros da entidade e a segunda, a chamada ação de cumprimento de sentença normativa, para a cobrança de aumento salarial fixado na norma coletiva, também em favor dos sócios do sindicato".[52]

José Carlos Barbosa Moreira,[53] com apoio no texto do art. 8º, III, da Constituição Federal, limita a legitimidade dos sindicatos apenas para a defesa dos interesses coletivos ou individuais *da sua respectiva categoria profissional.*

Parece-nos que a redação do art. 8º, III, da Constituição Federal autoriza a exegese restritiva apontada por José Carlos Barbosa Moreira, ou seja, a atuação dos sindicatos fica limitada à defesa dos interesses coletivos ou individuais da categoria.[54] Isso, contudo, não significa que o direito deve ser exclusivo da categoria.[55]

Contudo, entendemos que poderá haver a atuação destes entes *ainda que não haja benefício para toda a categoria*, ao contrário do que já decidido em alguns julgados.[56]

Segundo alguns precedentes do Tribunal de Justiça de São Paulo,[57] o sindicato somente poderia atuar, judicialmente, na hipótese de existir benefício para toda a categoria: "(...) inadmissível aos sindicatos a atuação judicial em favor de parte de seus associados, pois a Constituição Federal autoriza, apenas, a defesa de toda a categoria".

A tal interpretação podemos invocar três objeções:

Primeira – que o inciso III do art. 8º da Constituição Federal utiliza a expressão "(...) direitos e interesses coletivos ou 'individuais' (...)". Não teria sentido a expressão interesses individuais se fosse necessário beneficiar *toda* a categoria, pois aí seriam interesses coletivos.

Analisando a questão da legitimidade dos entes associativos para a defesa de interesse individual de seus associados – lembrando que um sindicato é sempre, antes de tudo, uma associação –, Ugo Ruffolo[58] não vê qualquer impossibilidade lógica ou jurídica, já que é a mesma uma *legitimação autônoma.*[59]

---

[52] Analisando vários aspectos jurídicos envolvendo os sindicatos, notadamente a legitimidade e a amplitude da atuação, há a monografia de Mattia Persiani (*Diritto sindicale*, especialmente p. 17 ss.).

[53] *Ações coletivas...* cit., p. 191.

[54] No mesmo sentido, Celso Antonio Pacheco Fiorillo (*Os sindicatos e a defesa dos interesses difusos no direito processual civil brasileiro*, p. 48).

[55] Em sentido mais amplo, defendendo a possibilidade de veiculação de qualquer tipo de pretensão (inclusive a de natureza ambiental), pode-se apontar a posição de Marta Maria Gomes Silva e Lucas de Souza Lehfeld (Considerações sobre a legitimação ativa no mandado de segurança coletivo cit.,, p. 358-359). Referidos doutrinadores afastam totalmente a necessidade de pertinência temática o que, a nosso ver não encontra, *data venia*, respaldo no texto ora comentado, especialmente porque há outras vias para a veiculação dessas pretensões, no caso, a ação civil pública.

[56] Neste sentido: Cássio Scarpinella Bueno. *A nova Lei do Mandado de Segurança.* São Paulo: Saraiva, 2009, p. 125 e José Miguel Garcia Medina e Fábio Caldas de Araújo. *Mandado de Segurança Individual e Coletivo.* São Paulo: Revista dos Tribunais, 2009, p. 214.

[57] TJSP, Ap.Cív. 131.670-5, j. 21.06.2001, rel. Des. Paulo Franco, *JTJ* 249/185. Foram mencionados no referido precedente a Ap.Cív. 30.521-5, rel. Des. Luis Ganzerla e os julgados inseridos na *JTJ* 188/173, 176/165 e *RT* 722/147, no qual atuaram como relatores, respectivamente, o Ministro do Superior Tribunal de Justiça Franciulli Netto, o Desembargador Gonzaga Franceschini e o Desembargador Erbetta Filho, todos no mesmo sentido, ou seja, limitando a legitimidade dos sindicatos.

[58] *Interessi collettivi o difussi e tutela del consumatore.* p. 95.

[59] Conforme decidido pelo Superior Tribunal de Justiça: "Processual. Sindicato. Legitimidade. Mandado de segurança coletivo. Interesses coletivos. Interesses individuais. Autorização. Desnecessidade. Art. 5º XXI, da CF. Não incidência. I – Quando pedem mandado de segurança coletivo, em favor de seus associados, os sindicatos não os re-

O que o referido doutrinador tem como um *real* problema a ser considerado é a "resistência" "(...) a concedere legittimazione quando non sia indentificabile come violato un diritto soggettivo dell'agente (...)". Em outras palavras, trata-se de uma questão mais "cultural" do que propriamente de exegese.

Segunda – porque, em se tratando de direito assegurado pela Constituição Federal, deve o intérprete potencializar o alcance do instituto. Como anotado pela doutrina:[60] "(...) 'Restrinja-se o odioso, amplie-se o favorável'. Existem aí duas partes notoriamente separáveis. Uma atinente à odiosidade; outra alusiva ao favor. Começando pelo conceito de odiosidade, convém assinalar o bom alvitre do brocardo. Com efeito, o odioso deve receber atenuações, a fim de que o intérprete também não incorra em postura odiosa. Pelo menos que, na pior das hipóteses, o intérprete se satisfaça com o rigor ordinariamente acolhível. Nunca adotar uma posição de agravamento da odiosidade. Entretanto, quando se cuida de algo 'favorável', o intérprete precisa, antes do mais, perguntar: favorável a quem? Porque, se o favor for ao mais fraco, é induvidoso o acerto da interpretação; porém, se for ao mais forte, ao mais poderoso, a ampliação somente será justa se não redundar em qualquer prejuízo, por mínimo que seja, para alguém mais fraco ou desprotegido (...)".

Terceira – porque deve ser privilegiada toda e qualquer forma de obter uma tutela jurisdicional ampla, com custos reduzidos.

De qualquer modo, com a edição da Súmula 630 do Supremo Tribunal Federal, resta solucionada a divergência: "A entidade de classe tem legitimação para o mandado de segurança ainda quando a pretensão veiculada interesse apenas a uma parte da respectiva categoria".

Contudo, deve ser acrescentado, ainda, que Pedro Carlos Sampaio Garcia[61] tem como inviável reconhecer a legitimidade quando se tratar de interesse puramente individual do trabalhador. Em sua concepção, o "(...) trabalhador, quando se cuida de interesse puramente individual, é o legitimado ordinário para defender esse direito em juízo, não havendo razão para que ao sindicato também seja atribuída legitimação em tal hipótese. Não há aí nenhum interesse da categoria em jogo, nenhum interesse a ser tratado de forma coletiva".

Analisando este aspecto com relação às associações, o Superior Tribunal de Justiça[62] reconheceu ser inadmissível ação coletiva quando o objetivo é a proteção dos interesses de apenas um associado, afastando a existência da legitimidade na hipótese: "Em que pese alguma dificuldade inicial, fato natural dado o caráter inovador da tutela coletiva, não há hoje dúvida sobre a conclusão de que a legitimidade ativa das associações para a propositura de ações coletivas, lato sensu (rectius: lato sensu) assenta-se sobre dois institutos diversos: a substituição processual e a representação processual. (...) Como é cediço, os arts. 81, parágrafo único, cumulado com 82, IV,

presentam mas os defendem, como substitutos processuais. Por isso, não dependem de autorização dos substituídos; II – A defesa dos associados, pelo sindicato, envolve, tanto os interesses coletivos, quanto os individuais da categoria; III – A legitimação do sindicato, para requerer mandado de segurança coletivo, em defesa de seus membros, tem como pressuposto, apenas, a circunstância de a entidade estar 'legalmente constituída e em funcionamento há, pelo menos, um ano'; IV – A restrição estabelecida pelo art. 5º, XXI, da Constituição Federal não incide em relação ao sindicato" (STJ, RMS 16.137-RJ, j. 26.08.2003, rel. Min. Humberto Gomes de Barros,*DJU* 10.11.2003).

[60] Raimundo Bezerra Falcão, *Hermenêutica*, p. 264.

[61] *O sindicato e o processo*... cit., p. 150.

[62] STJ, REsp 1.084.036-MG, j. 03.03.2009, rel. Min. Nancy Andrighi, *DJ* 17.03.2009.

do CDC, conferem às associações ali referidas legitimidade para atuar, em juízo, na defesa coletiva de direitos interesses dos consumidores. Essa atuação configura hipótese de substituição processual, e não de mera representação do consumidor em juízo. Vale dizer: ao atuar na defesa coletiva dos consumidores, as associações litigam em nome próprio, defendendo direito alheio. A atuação em defesa de consumidores, por outro lado, fundamentada no permissivo contido no art. 5º, XXI, da CF – que é a norma invocada pela ANDEC neste processo – não é hipótese de substituição processual, mas de mera representação do consumidor em juízo. Ou seja: ao atuar, a associação o faz em nome alheio, na defesa de direito alheio (REsp 880.385-SP, minha relatoria, DJe 16.09.2008)".

Acertado referido entendimento por dois motivos: a) não se pode admitir a utilização de ação coletiva para a proteção de apenas uma pessoa, sem reflexos coletivos; e, b) a possibilidade de atuação em juízo dos legitimados coletivos pressupõe, por óbvio, que haja a defesa de um direito de natureza coletiva.

Outro aspecto relevante é que não há necessidade de qualquer autorização dos membros ou associados do legitimado coletivo, posição já consolidada na jurisprudência (Súmula 629 do STF: "A impetração de mandado de segurança coletivo por entidade de classe em favor dos associados independe da autorização destes").[63]

3.2.1. Associações – Tempo de constituição

A legitimidade das associações para a defesa dos interesses difusos, coletivos e individuais homogêneos é também disciplinada pelos arts. 5º, inciso V, da Lei da Ação Civil Pública; 82, IV, do Código de Defesa do Consumidor; 210, III, do Estatuto da Criança e do Adolescente; 81, IV, do Estatuto do Idoso; e, mais recentemente, pelo art. 21, *caput*, da Lei do Mandado de Segurança.

Todos os diplomas normativos mencionados têm como indispensáveis, para o reconhecimento da legitimidade ativa das associações, os seguintes requisitos: a) constituição há pelo menos um ano; e b) vinculação entre a finalidade da sua criação e os direitos que serão objeto de tutela jurisdicional, ou seja, a pertinência temática.

Mesmo na jurisprudência, a questão da legitimidade e sua vinculação com a pertinência temática, não é pacífica.[64] Acrescente-se que, na Alemanha, é reconhecida a legitimidade das associações para o ajuizamento de demandas de natureza coletiva (*Verbandsklage*) inclusive para impugnar *atos administrativos*, pois, como ponderado pela doutrina, entende-se que uma lei violada não desampara apenas um interesse

---

[63] Adotando posição a nosso ver equivocada, *data venia*, essa no sentido de haver necessidade de autorização expressa e específica dos associados em assembleia para a impetração de mandado de segurança coletivo: Vicente Greco Filho. *O novo Mandado de Segurança*. São Paulo: Saraiva, 2.010, p. 53. Referida posição está em desacordo com a Súmula 629-STF.

[64] "O interesse exigido para a impetração do mandado de segurança coletivo há de ter ligação com o objeto da entidade sindical e, portanto, com o interesse jurídico desta" (*RTJ* 162/386 e *RT* 724/228). Em sentido diverso: "O objeto do mandado de segurança coletivo será um direito dos associados, independentemente de guardar vínculo com os fins próprios da entidade impetrante do *writ*, exigindo-se, entretanto, que o direito esteja compreendido na titularidade dos associados e que exista ele em razão das atividades exercidas pelos associados, mas não se exigindo que o direito seja peculiar, próprio, da classe" (*RTJ* 162/1.108).

individual, *mas também um interesse do grupo*, pois ambos podem estar incluídos dentro do direito que pode ser lesionado pelos mencionados atos administrativos.[65]

Discussão relevante é quando há conflito entre os interesses dos associados. Em precedente originário do Superior Tribunal de Justiça[66] foi negada a legitimidade para a atuação de associação quando parte da categoria tem interesse divergente da outra.

Este entendimento, ao menos parcialmente, não encontrou respaldo no Supremo Tribunal Federal,[67] tendo prevalecido o entendimento de que o relevante é a atuação na defesa da categoria como um todo, ainda que a decisão judicial possa afetar, negativamente, alguns integrantes desta mesma categoria, posição que acabou sendo consolidada na Súmula 630 do STF: *"A entidade de classe tem legitimidade para o mandado de segurança ainda quando a pretensão veiculada interesse apenas a uma parte da respectiva categoria".*

A regra geral – ao menos com relação às associações – é que haja um *tempo mínimo de constituição*, quando se tratar de defesa dos direitos coletivos (art. 5º, LXX, *b*, da CF/1988, e art. 21, *caput*, da Lei do Mandado de Segurança).

Tal disciplina normativa, de inegável acerto, tem como objetivo evitar a criação de associações *ad hoc*, apenas com a finalidade de ajuizar determinada ação coletiva, desvirtuando o sistema.

O primeiro requisito – prévia constituição – pode ser *dispensado* pelo julgador[68] se existente manifesto interesse social, entendido esse como relacionado com a dimensão ou característica do dano ou pela relevância do bem jurídico a ser protegido.

Apesar de não existir previsão expressa na Lei do Mandado de Segurança e nos Estatutos da Criança e do Adolescente e do Idoso, ou seja, permitindo a dispensa do requisito da pré-constituição, entendemos que as disposições da Lei da Ação Civil Pública (art. 5º, § 4º), ou mesmo do Código do Consumidor (art. 82, § 1º), se presente relação de consumo, podem ser invocadas, considerando que as normas que disciplinam as ações coletivas formam um *sistema único coletivo*.[69]

De qualquer modo, nem teria sentido a adoção de exegese restritiva em sede de legitimidade para a defesa dos interesses coletivos.[70]

Por outro lado, apesar do § 1º do art. 82 do Código de Defesa do Consumidor mencionar que a dispensa do requisito da pré-constituição possa ser aplicada no caso de ajuizamento ou atuação nas demandas previstas nos arts. 91 e ss. do mesmo Código, que tratam das ações que visam a defesa dos direitos individuais homogêneos, temos que incide a referida regra independentemente da espécie de direito prote-

[65] Joaquin Silguero Estagnan, *La tutela jurisdiccional de los intereses colectivos a traves de la legitimación de los grupos*, p. 258.

[66] STJ, RMS 15.703-RJ, j. 18.03.2003, rel. Min. Eliana Calmon, *DJU* 21.03.2005.

[67] STF, RE 284.993-ES, j. 15.02.2005, rel. Min. Ellen Gracie, *DJU* 04.03.2005. No caso o objetivo era anular concurso público considerado ilegal, o que teria como efeito atingir os integrantes da categoria que tivessem sido aprovados.

[68] Art. 5.°, § 4.°, da Lei da Ação Civil Pública e art. 82, § 1.°, do Código de Defesa do Consumidor.

[69] Concordando com essa linha: José Miguel Garcia Medina e Fábio Caldas de Araújo. *Mandado de Segurança Individual e Coletivo*. São Paulo: Revista dos Tribunais, 2009, p. 215.

[70] No mesmo sentido Rodolfo de Camargo Mancuso (*Comentários*... cit., p. 286).

gido (difusos, coletivos ou individuais homogêneos), até porque o art. 5º, § 4º, da Lei da Ação Civil Pública não traz qualquer limitação.

Já com relação ao elemento autorizador da dispensa do requisito da pré-constituição, como ponderado por autorizado magistério doutrinário:[71]

> (...) Em relação a tais associações, legitimadas para a defesa dos interesses e direitos nas hipóteses dos incisos I, II, e III, do art. 81, parágrafo único (arts. 91 e 102, deste Código), poder-se-á prescindir do requisito da anualidade de sua pré-constituição (mas não da sua constituição regular, enquanto pessoa jurídica), com relação às ações do art. 91 e seguintes, ou seja, para a hipótese do art. 81, parágrafo único. O texto legal refere a manifesto interesse social evidenciado pela dimensão ou característica do dano, o que conduz à conclusão de que esta ação envolve responsabilidade civil. No entanto, como sucessivamente, o mesmo texto refere-se à relevância do bem jurídico a ser protegido, isto vem a significar que não somente quando se trate de responsabilidade civil, há a possibilidade de dispensa dessa constituição há pelo menos um ano. Isto, ocorrerá, se ingressarem em juízo, antes desse prazo ânuo, desde que compareçam um dos seguintes valores a serem resguardados: manifesto interesse social, traduzível pela dimensão do dano, como, exemplificativamente, um dano de abrangência nacional deverá, em princípio, conduzir a essa dispensa. Ou, diz mais este parágrafo primeiro, do art. 82, pela característica do dano, como, exemplificativamente, se se tratar de um dano em expansão. (...) Por certo, necessário será que, em todas as hipóteses, essa realidade seja reconhecida pela autoridade judiciária. As expressões flexíveis da Lei, que se utiliza de conceitos vagos, virá a ensejar aos juízes uma larga margem de apreciação valorativa. (...) Deve-se, nesse passo, observar que entidade associativa, por exemplo, ao utilizar o direito de ação para proteção de interesse ou direito coletivo (art. 81, parágrafo único, inciso II), tal como conceituado por este Código, deve ser considerada parte legítima, tendo-se presente o disposto no art. 5º, inciso XX, da Constituição Federal, desde que, dentre as suas finalidades esteja inserida a defesa dos consumidores (...).

Há, inclusive, precedente de lavra do Superior Tribunal de Justiça[72] acolhendo tal entendimento: "Presente o interesse social evidenciado pela dimensão do dano e apresentando-se como relevante o bem jurídico a ser protegido, pode o juiz dispensar o requisito da pré-constituição superior a um ano da associação autora da ação".

Mas quando estará presente situação que justifique a dispensa do requisito da pré-constituição? Urge indicar alguns parâmetros.

Quando o legislador utilizou a expressão dimensão ou característica do dano (art. 5º, § 4º, da Lei da Ação Civil Pública e art. 82, § 1º, do CDC), sem dúvida visou indicar aquelas situações, nas quais a análise coletiva mostra-se mais adequada para a proteção do direito objeto da tutela jurisdicional, tanto que evidente a correlação com a *relevância do bem jurídico a ser protegido*.

Podemos citar, sem a pretensão de esgotar as possibilidades fáticas, situações nas quais verifica-se justificável a dispensa do requisito da pré-constituição:

a) questões envolvendo matéria relacionada com a saúde da população, remédios danosos ou sem efeitos comprovados, por exemplo;

---

71 Arruda Alvim, *Código do Consumidor comentado*, p. 387-389. No mesmo sentido: "(...) O § 1º [do art. 82 do CDC] admite a dispensa pelo juiz do requisito da pré-constituição, quando 'haja manifesto interesse social evidenciado pela dimensão ou característica do dano, ou pela relevância do bem jurídico a ser protegido'. O requisito da pré-constituição foi estabelecido para o fim de coibir os abusos consistentes em constituição *ad hoc*, não raro por razões políticas, de associações para a propositura de certas ações coletivas. *Semelhante perigo, porém, deixa de existir quando, pela 'dimensão ou característica do dano', ou pela 'relevância do bem jurídico a ser protegido', avaliação a ser feita no caso concreto, consiga o magistrado detectar 'manifesto interesse social' na admissão em juízo de associação constituída há menos de um ano pela sua representatividade e aptidão como órgão veiculador dos interesses transindividuais* (cf. em frente comentário ao art. 113, § 4º [o art. 113 do CDC acrescentou o § 4º ao art. 5º da Lei da Ação Civil Pública]) (...)" (Ada Pellegrini Grinover, *Código Brasileiro de Defesa do Consumidor*, p. 739-740 – destaques nossos).

72 STJ, REsp 121.067-PR, j. 17.04.2001, rel. Min. Barros Monteiro, *DJU* 25.06.2001.

b) quantidade considerável de beneficiados, de modo a justificar a tutela coletiva, sob pena de ser necessário o ajuizamento de quantidade elevada de ações individuais;

c) danos de bagatela, pois o custo para o ajuizamento de demandas individuais não justificaria o benefício isoladamente considerado;

d) direitos pertencentes a pessoas com pouco acesso ao sistema judiciário (instrução deficiente ou dificuldade de acesso).

As situações apontadas podem servir de referência, obviamente sem qualquer intenção de afastar a possibilidade de ser justificável a dispensa do requisito da pré-constituição em outras, nas quais seja aconselhável tal opção.

4. Objeto do mandado de segurança coletivo

Uma das questões relevantes na análise do tema ações coletivas reside na delimitação de qual seja o seu objeto.

O que é um *direito coletivo*? Segundo Rodolfo de Camargo Mancuso,[73] um direito pode sempre ser conceituado como *coletivo* se presentes os seguintes requisitos: a) "um mínimo de organização, a fim de que se tenha a coesão necessária à formação e identificação do interesse em causa"; b) "a afetação desse interesse a grupos determinados (ou ao menos determináveis) que serão os seus portadores"; c) "um vínculo jurídico básico, comum a todos os aderentes, conferindo-lhes unidade de atuação e situação jurídica diferenciada".

Contudo, um mesmo fato pode originar pretensões difusas, coletivas ou individuais homogêneas,[74] na precisa lição de Nelson Nery Junior.[75] Cita o referido autor, como exemplo, o acidente com o barco *Bateau Mouche IV*, o qual poderia originar pretensão indenizatória por parte das vítimas (*direito individual*), ação veiculando obrigação de fazer por associação de empresas de turismo, visando à boa imagem do setor (*direito coletivo*), além daquela de lavra do Ministério Público, em favor da vida e da segurança (*direito difuso*).

Entretanto, alguns critérios tornam possível identificar e delimitar o que sejam os direitos coletivos e os individuais homogêneos.

4.1. Direito líquido e certo – Algumas observações

É muito utilizada na doutrina e na jurisprudência a expressão direito líquido e certo. A primeira questão é saber qual a sua natureza jurídica: mérito[76] ou condição especial para a utilização do mandado de segurança?

---

[73] O município enquanto co-legitimado para a tutela dos interesses difusos, *RePro* 48, p. 47.

[74] Já José Roberto dos Santos Bedaque (*Direito e processo: Influência do direito material sobre o processo*, p. 17) entende que não é "(...) a tutela jurisdicional pleiteada o elemento a determinar a natureza do interesse deduzido em juízo. Ao contrário, é o tipo de direito que determina a espécie de tutela".

[75] Aspectos do processo civil no Código de Defesa do Consumidor, *Revista de Direito do Consumidor*, vol. 1, p. 202.

[76] "Mérito como se sabe, é a controvérsia substancial, a questão de fundo em torno da qual se estabelece o conflito de interesses entre os litigantes. De mérito é, portanto, a decisão que acolhe a pretensão de uma das partes, julgando procedente ou improcedente o pedido" (STF, AR 1.056-6-GO, rel. Min. Octávio Gallotti, *DJU* 25.05.2001 – *RePro* 104, p. 294-295).

Temos que o conceito de direito líquido e certo está vinculado ao mérito do mandado de segurança. Ausente a caracterização do direito nestas condições (líquido e certo) deve a ordem ser denegada, podendo ou não ter reflexos na coisa julgada (art. 19 da Lei 12.016/09).

O que significa direito líquido e certo? Temos que a expressão indica a necessidade de que o direito postulado prescinda da necessidade de ampla dilação probatória para a sua comprovação.

Em todo e qualquer processo há necessidade de provas, mas no mandado de segurança admite-se apenas a prova documental, em regra pré-constituída,[77] como via para a demonstração de que foi violado o direito daquele que postula.

Havendo dúvidas ou necessidade de esclarecimentos[78] que exijam a produção de outros tipos de prova (oitiva de testemunhas,[79] prova pericial, vistorias etc.),[80] o pedido deve ser denegado, ressalvando a possibilidade de análise do pedido em outra sede.

4.2. Direitos difusos

Andou mal o legislador, data venia, ao tentar excluir – ou deixar de incluir – os direitos difusos dentre aqueles que podem ser protegidos através do mandado de segurança coletivo.

Na lição de Hugo Nigro Mazzilli, invocada por José Marcelo Menezes Vigliar,[81] os direitos difusos "são como um feixe de interesses individuais, com pontos em comum".[82] O que caracteriza os direitos difusos é, justamente, a *impossibilidade* de se

---

[77] Em regra, pois, pode haver a necessidade de requisição de documentos (art. 6º, § 1º, da Lei do Mandado de Segurança). Como ponderado em precedente do Superior Tribunal de Justiça: "(...) I – A ação mandamental não se confunde com processos cujos ritos são ordinários, ou seja, onde é possível a produção de todas as provas possíveis à elucidação da controvérsia. Seu rito é distinto. *As provas têm de ser pré-constituídas, de modo a evidenciar a latente ofensa ao direito líquido e certo invocado pelo impetrante*. Caso não restem atendidos os seus requisitos intrínsecos, não será a hipótese do mandado de segurança. Afinal, nesta via não se trabalha com dúvidas, presunções ou ilações. *Os fatos têm de ser precisos e incontroversos*. A discussão deve orbitar somente no campo da aplicação do direito ao caso concreto, tomando-se como parâmetro as provas pré-constituídas acostadas aos autos" (STJ, RMS 8.007-DF, j. 12.11.2003, rel. Min. Gilson Dipp, *DJU* 09.12.2003).

[78] Pontes de Miranda (*Comentários à Constituição de 1946*, vol. 4, p. 368-370) é claro ao delimitar o que seja *direito líquido e certo*: "Líquido está por *apurado*, mas só se pôs aquele adjetivo, para que saiba melhor o que se quis dizer. Ao tempo das extensões do *habeas corpus*, a expressão esteve na ordem do dia. Havia discussões quentes sobre o que fosse *certeza* e sobre o que fosse *liquidez*. Tudo mais partia daí. (...) Direito líquido e certo é aquele que não desperta dúvidas, que está isento de obscuridades, que não precisa ser aclarado com o exame de provas em dilações, que é, de si mesmo, concludente e inconcusso. (...) Desde que, com os documentos juntos, fica patente o direito do suplicante, líquido e certo é o seu direito".

[79] Que obviamente não podem ser substituídas, para justificar a impetração, com a utilização de colheita de declarações, isto por dois motivos: a) o fato de haver a declaração por escrito, ainda que em instrumento público, não transforma o depoimento em prova documental; e b) restariam violados os princípios constitucionais do contraditório e da ampla defesa, pois a prova foi colhida de forma totalmente unilateral.

[80] "*'O mandado de segurança labora em torno de fatos certos e como tais se entendem aqueles cuja existência resulta de prova documental inequívoca...'* (RTJ 83/855, rel. Min. Soares Muñoz – grifei). É por essa razão que a doutrina acentua a incomportabilidade de qualquer dilação probatória no âmbito desse *writ* constitucional, que supõe – insista-se – a produção liminar, pelo impetrante, das provas literais pré-constituídas, destinadas a evidenciar a incontestabilidade do direito público subjetivo invocado pelo autor da ação mandamental" (STF, MS 25.280-DF, j. 1º.07.2005, rel. Min. Celso de Mello, *DJU* 1º.08.2005, decisão monocrática).

[81] *Interesses individuais homogêneos e seus aspectos polêmicos*, p. 17.

[82] Pedro Lenza (*Teoria geral da ação civil pública*, p. 94) não chega a conceituar ou delimitar o que é um direito difuso, limitando-se a apontar diversos exemplos. O Superior Tribunal de Justiça não admitiu a existência de dano moral

determinar, "com precisão", *quem seja o seu titular* ou *beneficiário*, já que se trata de um direito que "(...) transcende a um indivíduo, podendo ser exercitado em conjunto em razão de elementos comuns (circunstâncias de fato). As pessoas, aqui, são indeterminadas".[83]

Conforme bem ponderado pelo Desembargador Antonio Carlos Malheiros,[84] os direitos difusos possuem as seguintes características:

a) *ausência de vínculo associativo*: não há necessidade de uma ligação, uma *affectio societatis* entre os seus titulares ou beneficiários;

b) *alcance de uma cadeia abstrata de pessoas*: não há como determinar, com precisão, os seus titulares;

c) *potencial e abrangente conflituosidade*: "advém do superdimensionamento do Estado, cuja atuação se entrelaça com as atividades empresariais, e do emprego da mais avançada tecnologia, gerando frustrações em determinados meios sociais, como, por exemplo, o desenvolvimento imediatista (a qualquer custo) em detrimento da ecologia";

d) *ocorrência de lesões disseminadas em massa*: atinge a toda uma coletividade, sem individualizações precisas. "A lesão, portanto, é pouco circunscrita e tem natureza extensiva";

e) *vínculo fático entre os titulares dos interesses*: há uma vinculação "essencialmente fática", sem uma relação base que una todos os interessados.

A diferenciação *básica* entre o mandado de segurança coletivo e as demais ações coletivas reside, a nosso ver, na impossibilidade, de produção de outras provas, que não seja a documental, já que necessária a prova do direito líquido e certo, além de somente ser viável contra ato de autoridade.

Temos que qualquer tipo de direito pode ser veiculado ou defendido em sede de mandado de segurança coletivo, inclusive os difusos, desde que haja prova pré-constituída.[85]

Assim, emprestamos nossa adesão ao entendimento de Marco Luiz de Melo,[86] no sentido de ser possível a defesa de *qualquer espécie de direito coletivo* (difuso, coletivo e individual homogêneo) através do mandado de segurança coletivo, "(...) visto ser a expressão 'direito líquido e certo' de cunho eminentemente processual,

coletivo (STJ, REsp 598.281-MG, j. 02.05.2006, rel. para acórdão Min. Teori Albino Zavascki, *DJU* 01.06.2006), pois tal tipo de dano estaria ligado a uma dor de natureza psíquica, incompatível com a noção de transindividualidade. Discordamos, *data venia*, de tal posição, na medida em que uma coletividade pode ser moralmente atingida, bastando imaginar a destruição de um monumento que tenha valor histórico e sentimental para uma certa população. Ora, todos serão moralmente atingidos, permitindo a tutela coletiva.

[83] Carlos Alberto Bittar, Interesses difusos, *RT* 782/743; José Celso de Mello Filho, *Constituição Federal anotada*, p. 433-434; TJSP, 9ª Câm., Ap 171.403-5/1-00, j. 08.08.2001, rel. Des. Geraldo Lucena, *RT* 796/237.

[84] TJSP, AgIn 259.609-5/2, j. 21.05.2002, rel. Des. Laerte Sampaio.

[85] Com bons argumentos, Marta Maria Gomes Silva e Lucas de Souza Lehfeld (Considerações sobre a legitimação ativa no mandado de segurança coletivo cit., p. 350) defendem a possibilidade de veiculação de pedido de proteção a direito difuso em sede de mandado de segurança coletivo. No mesmo sentido: Cássio Scarpinella Bueno. *A nova Lei do Mandado de Segurança*. São Paulo: Saraiva, 2009, p. 130 e Luiz Rodrigues Wambier e Rita de Cássia Corrêa de Vasconcelos. *O mandado de segurança na disciplina da Lei 12.016, de 07.08.2009*. São Paulo: Revista dos Tribunais, Revista de Processo nº 177, 2009, p. 204. Já José Miguel Garcia Medina e Fábio Caldas de Araújo (*Mandado de Segurança Individual e Coletivo*. São Paulo: Revista dos Tribunais, 2009, p. 208) concordam que a nova disciplina normativa impede a utilização do mandado de segurança coletivo para a proteção dos direitos difusos.

[86] *Mandado de segurança coletivo...* cit., p. 9.

referente à prova pré-constituída, e não à qualidade do direito objetivo deduzido em juízo".[87]

De qualquer modo, a omissão do legislador em deixar de incluir os direitos difusos no rol do art. 21 da Lei do Mandado de Segurança mostra-se irrelevante, data venia, pois o art. 5º, incisos LXIX e LXX, da CF/1988 exige apenas que tenha sido violado direito líquido e certo, não restringindo a categoria do direito (difuso, coletivo ou individual homogêneo).[88]

Além disto, o art. 83 do Código de Defesa do Consumidor, que integra o sistema único coletivo de proteção desses direitos, autoriza a utilização de qualquer espécie de demanda, inclusive no mandado de segurança coletivo para a defesa dos direitos difusos ("Art. 83. Para a defesa dos direitos e interesses protegidos por este Código são admissíveis todas as espécies de ações capazes de propiciar sua adequada e efetiva tutela").

Não havendo necessidade de ampla dilação probatória, não se verifica qualquer óbice legal ou fático a impedir a impetração de mandado de segurança coletivo, ainda que se almeje a defesa de direito difuso.[89]

4.3. Direitos coletivos

Vincenzo Vigoriti,[90] por sua vez, argumenta que a diferença essencial e fundamental entre os interesses coletivos e aqueles difusos está exatamente aqui. Ambas as fórmulas se referem a uma pluralidade de situações de vantagem de caráter individual, mas no primeiro caso existe uma organização, expressão da estrutura tendencialmente unitária do coletivo, que assegura correlação e uniformidade do afeto do "dell'accertamento giurisdizionale", e, no segundo caso, os interesses vem ainda atomisticamente considerados e faltam então os instrumentos para uma avaliação unitária.

Este aspecto foi bem delimitado em histórico precedente de lavra do Supremo Tribunal Federal,[91] analisando a legitimidade do Ministério Público para o ajuizamento de demanda visando a questionar o aumento do valor de mensalidades escolares.

No voto do Ministro Maurício Correa, relator, restou consignado que atualmente, "(...) as fronteiras dos dois interesses estão definitivamente delimitadas, sendo difuso o interesse que abrange número indeterminado de pessoas unidas pelo mesmo fato, enquanto interesses coletivos seriam aqueles pertencentes a grupos ou categorias de pessoas determináveis, possuindo uma só base jurídica. Portanto, a indeterminidade seria a característica fundamental dos interesses difusos, e a determinidade daqueles interesses que envolvem os coletivos".

[87] Hermes Zaneti Junior, *Mandado de segurança coletivo*... cit., p. 81.

[88] Em sentido contrário, tendo como aplicável a restrição almejada pelo legislador:: Fernando da Fonseca Gajardoni (*Comentários à nova Lei do Mandado de Segurança*. São Paulo: Método, 2009, p. 108-109).

[89] Deve ainda ser anotada a posição de Hely Lopes Meirelles, Arnold Wald e Gilmar Ferreira Mendes (*Mandado de Segurança e Ações Constitucionais*. São Paulo: Malheiros, 2009, 123), tendo como inviável a defesa de direitos difusos em sede de mandado de segurança coletivo.

[90] *Interessi collettivi e processo*, p. 43 (tradução livre).

[91] STF, RE 163.231-3, j. 26.02.1997, rel. Min. Maurício Corrêa.

4.4. *Direitos individuais homogêneos*

O Código do Consumidor também traz a conceituação legal do que sejam interesses individuais homogêneos (art. 81, parágrafo único, III), ou seja, aqueles "(...) decorrentes de origem comum".

Ao contrário dos direitos difusos e coletivos, os individuais homogêneos são apenas *acidentalmente* coletivos, ou seja, individuais em sua essência, mas que recebem tratamento coletivo, considerando a origem comum.[92] Na verdade, no caso dos direitos individuais homogêneos, haverá um número de pessoas que ainda não estejam devidamente identificadas, mas de possível identificação posterior, havendo um vínculo comum que caracteriza a sua homogeneidade.[93]

Uns exemplos podem ser úteis para delimitar o que seja um direito individual homogêneo: danos de pequeno valor (delitos de bagatela),[94] que são aqueles que não justificam, sob o ponto de vista econômico, o ajuizamento de uma demanda individual; ou determinadas situações fáticas, submetidas a uma mesma disciplina jurídica (consórcios, aquisição de um determinado bem etc.), que justificam o tratamento coletivo.

José Marcelo Menezes Vigliar[95] afirma que o que diferencia os interesses individuais homogêneos dos difusos seria a possibilidade de divisão naqueles e a impossibilidade nesses, somada a inviabilidade de serem identificados os seus beneficiados, no caso dos difusos. Acrescenta[96] que os "(...) interesses de que compartilham os titulares dos interesses individuais homogêneos são, ao contrário, divisíveis, cindíveis, passíveis de serem atribuídos a cada qual dos interessados, na proporção que cabe a cada um deles, mas que, por terem uma origem comum, são tratados coletivamente (...)".

Na lição de Humberto Theodoro Junior,[97] no caso dos direitos individuais homogêneos, "(...) desde a origem se pode identificar a titularidade do direito pelo indivíduo, sem conotação alguma com o grupo que posteriormente se confirmou apenas para efeito de atuação em juízo. A reunião dos interessados decorre apenas de medida de economia processual, tal como ocorre tradicionalmente com o litisconsórcio. É claro, porém, que uma ação coletiva, mesmo de tutela de direitos individuais homogêneos, não se confunde com o litisconsórcio, porque não se trata de simples reunião de várias pessoas para defenderem, em conjunto, seus direitos individuais. É certo que a previsão de ação coletiva na espécie não anula a possibilidade do indivíduo preferir o exercício da ação individual, nem impede que a solução da demanda possa ser diferente para algum interessado figurante do grupo. Justamente porque, na raiz, os direitos congregados são individuais e podem, caso a caso, sofrer reflexos de

[92] Lidia Elizabeth Peñaloza Jaramillo Gama, Direitos individuais homogêneos, *RT* 789/746.

[93] STJ, REsp 761.114-RS, j. 03.08.2006, rel. Min. Nancy Andrighi, *DJU* 14.08.2006.

[94] Impetramos mandado de segurança coletivo visando questionar a cobrança de uma taxa de expediente de R$ 0,70 (setenta centavos), por consumidor, o que era individualmente desprezível, mas, somados todos os valores, chegou-se a mais de R$ 70.000,00 (setenta mil reais) mensais, havendo cerca de R$ 3.500.000,00 (três milhões e meio de reais) para serem devolvidos aos consumidores.

[95] A causa de pedir e os interesses individuais homogêneos, in *Causa de pedir e pedido no processo civil: Questões polêmicas*, José Rogério Cruz e Tucci e José Roberto dos Santos Bedaque (coords.)., p. 211-213. Entendimento repetido na monografia: *Interesses individuais...* cit., p. 26 ss., do mesmo autor.

[96] *Interesses individuais...* cit., p. 27.

[97] Algumas observações sobre a ação civil pública e outras ações coletivas, *RT* 788/63.

circunstâncias pessoais. Numa ação coletiva para indenizar as vítimas de defeito de um produto, pode o fornecedor, afinal, obter êxito, na fase de execução de sentença, demonstrando que determinado usuário, pretendente a receber a reparação de seu dano, teve seu prejuízo causado não pelo defeito do produto, mas por uso inadequado (...)".

O dano ambiental é um bom exemplo, já que se verifica a *impossibilidade de divisão* e a *identificação imprecisa*[98] dos atingidos, caracterizando-se como direito difuso. Fica assim mais clara a diferença entre as categorias *direitos difusos* e *direitos individuais homogêneos*.

Mas se é perfeitamente divisível e identificável o beneficiado por um direito individual homogêneo, qual o motivo para o tratamento coletivo?

Segundo o Superior Tribunal de Justiça,[99] há uma justificativa plausível para a opção legislativa, já que em decorrência de "(...) sua dimensão social (...)" estará presente "(...) o chamado impacto de massa, por ser grande o número de interessados e das graves repercussões na comunidade que possam ser provocadas pela potencialidade lesiva de um produto, núcleo comum das pretensões de todos. Tem-se, assim, na fase de conhecimento, um trato processual coletivista a direitos e interesses individuais (...)".

Contudo, conforme bem ponderado por José Marcelo Menezes Vigliar,[100] invocando lição de Ada Pellegrini Grinover, não basta apenas a origem comum para justificar o tratamento coletivo. Mostra-se, *indispensável*, que *haja a prevalência dos "aspectos coletivos" frente aos "individuais"*.

Basta citar a hipótese em que determinado sindicato almeje o pagamento de valores relacionados a direitos trabalhistas de vários interessados, mas cada um com determinado tempo de serviço e funções diversas (relações jurídicas totalmente diversas entre cada trabalhador e seu empregador). Apesar de haver, em tese, uma origem comum, não é aquela exigida por lei, já que as particularidades de cada um dos beneficiados impede o tratamento coletivo, sob pena de haver tumulto processual e dificuldade no processamento e mesmo na futura liquidação, anulando todas as vantagens que seriam obtidas com a demanda coletiva.

Segundo Arruda Alvim,[101] a "origem comum" exigida legalmente não poderia comportar variações qualitativas, senão apenas quantitativas.

Conclusões

O que temos é que a nova Lei do Mandado de Segurança avançou realmente muito pouco. No que se refere ao Mandado de Segurança Coletivo não houve qualquer aperfeiçoamento significativo, mas apenas a repetição do texto constitucional.

No ponto, o único aspecto positivo foi a disciplina legal, com a adoção de um procedimento mais preciso *em termos*, especialmente com relação à autoridade co-

[98] Por exemplo, quantas pessoas são, direta e indiretamente, atingidas por um vazamento de petróleo no mar?

[99] STJ, REsp. 140.097-SP, j. 04.05.2000, rel. Min. César Asfor Rocha, *RT* 785/186. Em sede doutrinária o Min. César Asfor Rocha (*A luta pela efetividade da jurisdição*) deixou muito clara a sua preocupação com a necessidade de uma tutela jurisdicional realmente efetiva.

[100] *Interesses individuais*... cit., p. 15.

[101] *Código do Consumidor*... cit., p. 359.

atora e a posição da pessoa jurídica (pública ou privada) a qual aquela (autoridade coatora) está vinculada.

Mas houve sensível retrocesso com a tentativa de impedir a utilização do mandado de segurança coletivo para a proteção dos interesses e direitos difusos que, a nosso ver, não pode ser aceito frente à autorização ampla de utilização do instituto que decorre do texto constitucional.

Bibliografia

ALMEIDA, Gregório Assagra de. *Direito Processual Coletivo Brasileiro.* São Paulo: Saraiva, 2003.

——. *Direito Material Coletivo*: Superação da Summa Divisio Direito Público e Direito Privado por uma nova Summa Divisio Constitucionalizada. Belo Horizonte: Del Rey, 2008.

BARBOSA MOREIRA, José Carlos. Ações Coletivas na Constituição Federal de 1988. São Paulo: RT, *Revista de Processo* n. 107.

——. *Comentários ao Código de Processo Civil.* Rio de Janeiro: Forense, vol. V, 2008.

BARROSO, Darlan & ROSSATO, Luciano Alves. *Mandado de Segurança.* São Paulo: Revista dos Tribunais, 2009.

BEDAQUE, José Roberto dos Santos. *Direito e Processo: Influência do Direito Material sobre o Processo.* São Paulo: Malheiros, 1992.

BITTAR, Carlos Alberto. *Interesses Difusos.* São Paulo: *Revista dos Tribunais*, vol. 782.

BUENO, Cássio Scarpinella. *Curso Sistematizado de Direito Processual Civil 2.* São Paulo: Saraiva, 2007, Tomo I.

——. *A nova Lei do Mandado de Segurança.* São Paulo: Saraiva, 2009.

CALMON DE PASSOS, J. J. Mandado de Segurança Coletivo, Mandado de Injunção, Habeas Data. Rio de Janeiro: Forense, 1989.

CAMBI, Eduardo. *Direito Constitucional à Prova no Processo Civil.* São Paulo: Revista dos Tribunais, 2001, vol. 3.

CANARIS, Claus-Wilhelm. *Pensamento Sistemático e Conceito de Sistema na Ciência do Direito.* Lisboa: Fundação Calouste Gulbenkian, tradução da 2ª edição alemã, 1996.

DECOMAIN, Pedro Roberto. *Mandado de Segurança* (o tradicional, o novo e o polêmico na Lei 12.016/2009). São Paulo: Dialética.

DIDIER, Fredie. O Controle Jurisdicional da Legitimação Coletiva e as Ações Coletivas Passivas. In: *Processo Civil Coletivo* (Rodrigo Mazzei e Rita Dias Nolasco – coords). São Paulo: Quartier Latins, 2005.

DINAMARCO, Pedro da Silva. Las Acciones coletivas pasivas em el Código Modelos de procesos colevtivos para Iberoamérica. In: *La Tutela de los Derechos Difusos, Colectivos e Indivuduales homogêneos* – hacia um Código Modelo para Iberoamérica (Antonio Gidi e Eduardo Ferrer Mac-Gregos – coords). México: Porrúa, 2003.

FERRAZ Sérgio. *Mandado de Segurança (Individual e Coletivo)*: Aspectos Polêmicos. São Paulo: Malheiros, 1995.

FRANCO, Fábio Luis; MARTINS, Antonio Darienso. A Ação Civil Pública como instrumento de controle das Políticas Públicas. São Paulo: RT, 2006, *Revista de Processo* vol. 135.

GAJARDONI, Fernando da Fonseca, SILVA, Márcio Henrique Mendes da & FERREIRA, Olavo A. Viana Alves. *Comentários à nova Lei do Mandado de Segurança.* São Paulo: Método, 2009.

GIDI, Antonio. *Coisa julgada e Litispendência em Ações Coletivas.* São Paulo: Saraiva, 1995.

——. *A Class Action como instrumento de Tutela Coletiva dos Direitos.* As Ações Coletivas em uma perspectiva comparada. São Paulo: Revista dos Tribunais, 2007.

——. *Procesos Colectivos.* México: Editorial Porrúa, 2004.

GOMES JUNIOR, Luiz Manoel. *Ação Popular – Aspectos Polêmicos.* 2. ed. Rio de Janeiro: Forense, 2003.

——. *Curso de Direito Processual Civil Coletivo.* São Paulo: SRS Editora, 2008.

——. *Código Modelo de Procesos Colectivos.* Un diálogo iberoamericano. México: Porrúa, 2008.

——; FAVRETO, Rogério. *Anotações sobre o Projeto da nova Lei da Ação Civil Pública.* São Paulo: Revista dos Tribunais, 2009, RePro 176.

GRECO FILHO, Vicente. *O novo Mandado de Segurança.* São Paulo: Saraiva, 2.010.

GRINOVER, Ada Pellegrini. *Mandado de Segurança Coletivo*: Legitimação, Objeto e Coisa Julgada. São Paulo: RT, 1990, RePro 57.

LENZA, Pedro. *Teoria Geral da Ação Civil Pública.* São Paulo: RT, 2003.

MACHADO, Hugo de Brito. *Mandado de Segurança em Matéria Tributária.* São Paulo: Dialética, 2009.

MANCUSO, Rodolfo de Camargo. *O Município enquanto Co-Legitimado para a Tutela dos Interesses Difusos.* São Paulo: RT, 1987, Revista de Processo 48.

——. *Ação Civil Pública.* São Paulo: Revista dos Tribunais, 2009.

MAZZILI, Hugo Nigro. *A Defesa dos Interesses Difusos em Juízo*. São Paulo: Saraiva, 2002.

MEDINA, José Miguel Garcia; ARAÚJO, Fábio Caldas de. *Mandado de Segurança Individual e Coletivo*. São Paulo: Revista dos Tribunais, 2009.

MEIRELLES, Hely Lopes; WALD, Arnold; MENDES, Gilmar Ferreira. *Mandado de Segurança e Ações Constitucionais*. São Paulo: Malheiros Editores, 2009.

MENDES, Aluísio Gonçalves de Castro. *Ações Coletivas – no Direito Comparado e Nacional*. São Paulo: RT, 2010 – 2ª edição.

MILARÉ, Edis. *Ação Civil Pública*. São Paulo: RT, 2001.

NERY JUNIOR, Nelson. *O Processo Civil no Código de Defesa do Consumidor*. São Paulo: RT, 1991, Revista de Processo n. 61.

——; NERY, Rosa Maria de Andrade. *Código de Processo Civil Comentado,* São Paulo: RT, 2007.

PIZZOL, Patrícia. *A Competência no Processo Civil*. São Paulo: RT, 2003, p. 572-573.

PONTES DE MIRANDA, Francisco Cavalcanti. *Comentários à Constituição de 1946*, 2ª ed., vol. IV.

ROCHA, Luciano Velasque. *Ações Coletivas*. Rio de Janeiro: Forense, 2007.

SHIMURA, Sérgio. *Tutela Coletiva e sua efetividade*. São Paulo: Método, 2006.

SILVA, Marta Maria Gomes; LEHFELD Lucas de Souza. Considerações sobre a legitimação ativa no mandado de segurança coletivo. São Paulo: Revista dos Tribunais, *Revista de Processo* nº 171.

SOUZA, Motauri Ciocchetti de. *Ação Civil Pública*. São Paulo: Malheiros, 2003.

THEODORO JUNIOR, Humberto. *O Mandado de Segurança segundo a Lei nº 12.016*, de 07 de agosto de 2009. Rio de Janeiro: Forense, 2009.

VENTURI, Elton. *Processo Civil Coletivo*. São Paulo: Malheiros, 2007.

VIGLIAR, José Marcelo Menezes. *Interesses Individuais Homogêneos e seus Aspectos Polêmicos*. São Paulo: Saraiva, 2003.

VIGORITI, Vincenzo. *Interessi Collettivi e Processo*. Milão: Giuffrè, 1979.

ZAVASCKI, Teori Albino. Eficácia das Sentenças na Jurisdição Constitucional. São Paulo: RT, 2001.

——. *Processo Coletivo*. São Paulo: Revista dos Tribunais, 2008.

ZANETI JUNIOR, Hermes. *Mandado de Segurança Coletivo, Aspectos Processuais Controversos*. Porto Alegre: Sergio Antonio Fabris Editor, 2001.

WAMBIER, Luiz Rodrigues; VASCONCELOS, Rita de Cássia Corrêa. O mandado de segurança na disciplina da Lei 12.016, de 07.08.2009. São Paulo: RT, 2009, *Revista de Processo* vol. 177.

— 26 —

O Mandado de Segurança na disciplina da Lei 12.016, de 7 de agosto de 2009

LUIZ RODRIGUES WAMBIER

Doutor em Direito pela PUC-SP. Mestre em Direito pela UEL. Professor nos cursos de Mestrado em Direito da UNAERP e da UNIPAR e no curso de Especialização em Direito Processual Civil da PUC-SP. Membro do IBDP. Advogado.

RITA DE CÁSSIA CORRÊA DE VASCONCELOS

Doutora em Direito pela PUC-SP. Mestre em Direito pela PUC-PR. Professora no curso de Mestrado em Direito da UNAERP, no curso de Especialização em Direito Processual Civil da PUC-SP e nos cursos de graduação e pós-graduação em Direito da PUC-PR. Advogada.

1. Introdução

Os Poderes estatais, independentes e harmônicos, têm como primeira finalidade, na realização de seus ideais, o alcance de padrões de vida na sociedade que concretamente garantam a dignidade da pessoa humana (CF, art. 1º, III).[1] Nesse contexto, devem dar rendimento aos direitos individuais e coletivos constitucionalmente assegurados.

O ser humano deve estar acima de quaisquer outros interesses do Estado, inclusive dos interesses de Governo. Forçoso reconhecer, assim, que havendo falha ou lacuna no cumprimento de uma das funções estatais, outra função deverá ser desempenhada (normalmente a jurisdicional), pronta a restaurar o direito violado e a assegurar à sociedade a efetiva realização dos direitos fundamentais. Sob essa ótica, a divisão de funções do Poder pode ser entendida, também, como verdadeiro limite

[1] A Constituição Federal prevê ser a dignidade da pessoa humana um dos fundamentos do Estado brasileiro. Veja-se o que dispõe seu art. 1º: "A República Federativa do Brasil, formada pela união indissolúvel dos Estados e Municípios e do Distrito Federal, constitui-se em Estado Democrático de Direito e tem como fundamentos: (...) III – a dignidade da pessoa humana; (...)". A respeito da extensão do princípio da dignidade da pessoa humana, é de se registrar que se trata "de base axiológica (e lógica) de toda a construção normativa do Estado brasileiro. Não há Estado sem esse fundamento, consistente na consideração, pela lei, por seus intérpretes e aplicadores, de que o ser humano é dotado de especial atributo a ser garantido pelo Estado (isto é, pelos poderes do Estado), que é a sua dignidade". (Luiz Rodrigues WAMBIER e Teresa Arruda Alvim WAMBIER, O fundamento constitucional da dignidade humana e a conduta da jurisprudência na escolha de critérios para a fixação do valor das indenizações, em algumas hipóteses especiais de dano contra a saúde. *Constituição Federal – avanços, contribuições e modificações no processo democrático brasileiro.* [Coord. Ives Gandra Martins e Francisco Rezek] São Paulo: Revista dos Tribunais e Centro de Extensão Universitária, 2008, p. 223)

ao exercício do Poder estatal, impedindo que eventuais abusos possam resultar num regime autoritário.

Teresa Arruda Alvim Wambier[2] afirma ser o mandado de segurança um dos "instrumentos" de que dispõe o particular para "conter" o Poder estatal, cuja função é "reconduzir aos limites da legalidade os atos das autoridades públicas num Estado de Direito". Enfatiza a autora citada, que "a existência de figuras como o mandado de segurança, no sistema positivo, são praticamente *condição de funcionamento do Estado de Direito*".

É nesse contexto que pretendemos analisar alguns aspectos do mandado de segurança, descrevendo os principais regramentos da Lei 12.016, de 07 de agosto de 2009 (que regula o processo do mandado de segurança) – contrastando-os, quando oportuno, com a disciplina da Lei 1.533/51, por aquela revogada –, sem nos afastar das disposições constitucionais que o conceberam.

2. Mandado de segurança: natureza, função e objeto da ação

A Constituição Federal estabelece, no art. 5º, LXIX: "conceder-se-á mandado de segurança para proteger direito líquido e certo, não amparado por *habeas corpus* ou *habeas data*, quando o responsável pela ilegalidade ou abuso de poder for autoridade pública ou agente de pessoa jurídica no exercício de atribuições do Poder Público". Na definição de Hely Lopes Meirelles, o mandado de segurança "é o meio constitucional posto à disposição de toda pessoa física ou jurídica, órgão com capacidade processual, ou universalidade reconhecida por lei, para a proteção de direito individual ou coletivo, líquido e certo, não amparado por *habeas corpus* ou *habeas data*, lesado ou ameaçado de lesão, por ato de autoridade, seja de que categoria for e sejam quais forem as funções que exerça".[3]

O instrumento de que ora se trata é, portanto, uma ação de natureza constitucional. Precisamente por isso, Sérgio Ferraz enfatiza que "hão de ser mínimos os impedimentos e empecilhos à sua utilização".[4] É oportuno observar, também, que o mandado de segurança confere ao titular do direito a prestação *in natura*, não comportando a substituição da prestação devida. Precisamente nesse sentido é a lição de José de Castro Nunes, que enfatiza: "O direito é assegurado, *no seu exercício*, e não pela forma indireta da equivalência econômica, princípio pela qual se define o ressarcimento da inexecução da obrigação, *scilicet* violação da lei. O ato violador é removido como obstáculo para que se restabeleça a situação jurídica preexistente, e não apenas anulado com os efeitos reparatórios conhecidos".[5]

[2] Ainda sobre a recorribilidade da liminar em mandado de segurança. *Aspectos polêmicos e atuais do mandado de segurança – 51 anos depois*. [Coords. Cássio Scarpinella Bueno, Eduardo Arruda Alvim e Teresa Arruda Alvim Wambier] São Paulo: Revista dos Tribunais, 2002, p. 787/788.

[3] *Mandado de segurança, ação popular, ação civil pública, mandado de injunção, 'habeas data'*. 17ª ed., São Paulo: Malheiros, 1996, p. 17/18.

[4] *Mandado de segurança (individual e coletivo): aspectos polêmicos*. 2ª ed., São Paulo: Malheiros, 1993, p. 10.

[5] *Do mandado de segurança e de outros meios de defesa contra atos do Poder Público*. 8ª ed., Rio de Janeiro: Forense, 1980, p. 38.

Quanto à natureza jurídica do remédio constitucional, não há unanimidade na doutrina. Segundo Othon Sidou,[6] o mandado de segurança é uma ação interdital, e sua decisão tem natureza constitutiva. Explica o autor que, sendo a ordem mera decorrência do direito constituído, a decisão do mandado de segurança não se caracterizaria como mandamental. Já para André Ramos Tavares[7] – com quem concordamos –, a natureza jurídica da ação é mandamental, assim como a da decisão nela proferida. O autor fundamenta esse entendimento no fato de se tratar, a decisão que concede a segurança, de "uma ordem corretiva (mandado de segurança repressivo) ou impeditiva (mandado de segurança preventivo) dirigida à autoridade coatora que esteja praticando a ilegalidade ou o abuso de poder".

A propósito, o mandado de segurança é denominado 'repressivo' quando tem em vista ilegalidade[8] ou abuso de poder que já tenham sido cometidos, e 'preventivo' quando tem por objeto alguma ameaça a direito (CF, art. 5º, inciso LXIX combinado com o XXXV).[9] Poderá, ainda, ser coletivo, já que a Constituição Federal, ao se referir a direito líquido e certo, não prevê que deva ser necessariamente individual e, além disso, dispõe expressamente sobre o mandado de segurança coletivo, no inciso LXX do art. 5º.[10]

O prazo para a impetração do mandado de segurança continua sendo de 120 (cento e vinte) dias, "contados da ciência, pelo interessado, do ato impugnado". Manteve-se, assim, na Lei 12.016/09 (art. 23), a previsão da Lei 1.533/51 (art. 18). A esse respeito, ainda ao tempo da antiga disciplina e enfatizando a amplitude constitucional do instituto, Othon Sidou esclarece que, não sendo possível fixar o *dies a quo*, "será injurídico aplicar a regra extintiva".[11]

No tocante ao objeto da ação, podem ser atos do Estado, genericamente considerado, embora mais frequentemente sejam atos da administração. Podem ser impugnados tanto atos comissivos quanto omissivos, desde que de autoria de autoridade pública ou de pessoa no exercício de função pública.[12]

---

[6] *'Habeas corpus', mandado de segurança, mandado de injunção, habeas data, ação popular: as garantias ativas dos direitos coletivos*. 5ª ed., Rio de Janeiro: Forense, 1998, p. 235.

[7] *Curso de Direito Constitucional*. São Paulo: Saraiva, 2002, p. 621 e 641.

[8] Evidentemente, o termo 'ilegalidade' deve ser entendido em sentido amplo, para abranger também a inconstitucionalidade.

[9] Cite-se, por oportuno, decisão do Superior Tribunal de Justiça em que se considerou inaplicável o prazo decadencial de 120 dias em mandado de segurança preventivo: "*O mandado de segurança que objetiva impedir eventual imposição de multa decorrente da aplicação da Lei Municipal nº 159/98, que proibiu a utilização dos herbicidas 2.4-D, a toda evidência, revela feição eminentemente preventiva, posto que não se volta contra lesão de direito já concretizada, razão pela qual não se aplica o prazo decadencial de 120 dias previsto no artigo 18 da Lei 1.533/51.*" (AgRg no REsp 767.957/PR, 1ª Turma, Rel. Min. Luiz Fux, j. 14.03.2006, *DJ* 04.05.2006)

[10] CF, art. 5º, LXX: "o mandado de segurança coletivo pode ser impetrado por: a) partido político com representação no Congresso Nacional; b) organização sindical, entidade de classe ou associação legalmente constituída e em funcionamento há pelo menos um ano, em defesa dos interesses de seus membros ou associados".

[11] Obra citada, p. 151.

[12] Citem-se, exemplificativamente, decisões do Superior Tribunal de Justiça em que se evidencia a competência da Justiça Federal para processar e julgar mandados de segurança contra atos de particular, no exercício de função pública: "*No que se refere a mandado de segurança, compete à Justiça Federal processá-lo e julgá-lo quando a autoridade apontada como coatora for autoridade federal, considerando-se como tal também o agente de entidade particular investido de delegação pela União* [na hipótese, concessionária de serviço público de telefonia]" (AgRg no Conflito de Competência 52351/PB, 1ª Seção, Rel. Min. Teori Albino Zavascki, j. 09.11.2005, *DJ* 28.11.2005); "*A competência da Justiça Federal para processar e julgar mandado de segurança impetrado contra ato de dirigente de instituição particular de ensino consistente no indeferimento de renovação de matrícula de aluno inadimplente é absoluta*" (REsp 883.497/GO, 1ª Turma, Rel. Min. Luiz Fux, j. 04.11.2008, *DJ* 01.12.2008); "*Esta é a jurisprudência*

Qualquer que seja o ato impugnado através de mandado de segurança, deve ser – tal ato – lesivo a direito líquido e certo. Esta é, segundo Sérgio Ferraz, especial condição da ação.[13] Para o autor citado, direito líquido é aquele que "se apresenta com alto grau, em tese, de probabilidade"; e, direito certo é o que se configura de plano, sempre documentalmente, "sem recurso a dilações probatórias".[14] Segundo Celso Barbi, esses conceitos são tipicamente processuais, e só será atribuível liquidez e certeza ao direito "se os fatos em que se fundar puderem ser provados de forma incontestável, certa, no processo".[15] André Ramos Tavares, por sua vez, sustenta que a expressão 'direito líquido e certo' não se refere ao direito, tampouco ao enquadramento deste ao fato. É o fato que, para ele, deve "apresentar-se líquido e certo".[16]

Como se vê, alguns doutrinadores defendem que o direito será *sempre* líquido e certo, e que incertos poderão ser os fatos. Nasceria, assim, o direito de impetrar mandado de segurança, quando houver certeza quanto ao direito *e* quanto aos fatos.[17] Outros entendem que fato e direito são indissociáveis. Essa era a posição de Alfredo Buzaid, para quem a relação de incidência se dá precisamente entre o fato e a lei, ou seja, há um entrelaçamento da norma e do fato que a ela diz respeito. Também para este autor, o que caracteriza o direito líquido e certo é a sua "incontestabilidade".[18]

Ainda que não haja unanimidade na doutrina quanto ao significado dessa locução, é indiscutível que, para que seja admitida a ação constitucional, o autor deve demonstrar que tem direito "líquido e certo". A esse respeito, Teresa Arruda Alvim Wambier faz interessante afirmação. Dizendo não concordar inteiramente com a posição de Alfredo Buzaid (quanto à incontestabilidade do direito invocado), a autora afirma que a referida expressão tem sentidos diferentes quando diz respeito ao juízo de mérito e ao juízo de admissibilidade. No juízo de admissibilidade, significa "direito (incidência do direito = fato + norma) provável de plano, documentalmente"; no juízo de mérito, deve-se constatar que "o direito é de fato *incontestável, insuscetível de dúvida*". Com absoluta propriedade ensina que, se assim não fosse, haveria "sobreposição intolerável" entre o juízo de admissibilidade e o juízo de mérito no mandado de segurança.[19]

3. O mandado de segurança na disciplina da Lei 12.016/09

A Lei 1.533/51 já estabelecia algumas restrições quanto ao ato atacável pelo remédio constitucional. Muitas delas foram mantidas pela nova lei, podendo-se dizer

firmada no Superior Tribunal de Justiça. Com efeito, 'compete à Justiça Federal processar e julgar mandado de segurança quando a autoridade apontada como coatora for autoridade federal (CF, art. 109, VIII), considerando--se como tal também o agente de entidade particular investido de delegação pela União (situação do dirigente de entidade de ensino superior). Nesse último caso, entende-se que é logicamente inconcebível hipótese de competência estadual, já que, de duas uma: ou o ato é de autoridade (caso em que se tratará de autoridade federal delegada, sujeita à competência federal), ou o ato é de particular, e não ato de autoridade (caso em que o mandado de segurança será incabível), e só quem pode decidir a respeito é o juiz federal (Súmula 60/TFR)'" (AgRg no Conflito de Competência 80270/PA, 1ª Seção, Rel. Min. Denise Arruda, j. 25.03.2009, *DJ* 04.05.2009).

[13] Obra citada, p. 12.

[14] Obra citada, p. 19.

[15] *Do mandado de segurança.* 8ª ed., Rio de Janeiro: Forense, 1998, p. 85.

[16] Obra citada, p. 623.

[17] Nesse sentido: Hely Lopes MEIRELLES, Problemas do mandado de segurança. *RDA* 73/40, nota 4.

[18] *Do mandado de segurança individual.* Vol. I, São Paulo: Saraiva, 1989, p. 89.

[19] Ainda sobre a recorribilidade... Obra citada, p. 791/792.

que não houve propriamente um avanço da nova disciplina, nesse aspecto. No inciso I do art. 5º, a Lei 12.016/09 – que promoveu alteração meramente gramatical no dispositivo da lei revogada – dispõe que não caberá mandado de segurança quanto se tratar "de ato de que caiba recurso administrativo com efeito suspensivo, independente de caução". Essa exigência de exaurimento das vias administrativas é, sem dúvida, inconstitucional, pois viola o princípio da inafastabilidade do controle da jurisdição. Sob essa ótica, o Supremo Tribunal Federal, ainda ao tempo da lei revogada, reconheceu ser cabível o mandado de segurança a despeito da existência de recurso administrativo de efeito suspensivo, e editou a Súmula 429, que enuncia: "A existência de recurso administrativo com efeito suspensivo não impede o uso do mandado de segurança contra omissão da autoridade". Parece-nos, portanto, que o legislador deixou de incorporar, na nova disciplina do mandado de segurança, importantes consolidações doutrinárias e jurisprudenciais.

No inciso II do art. 5º, a Lei 12.016/09 desautoriza a impetração do mandado de segurança em face de "decisão judicial da qual caiba recurso com efeito suspensivo". Na disciplina da lei revogada, a vedação era em relação a despacho ou decisão quando houvesse recurso previsto na legislação processual. A alteração, em verdade, traz à tona discussão que parecia ter sido sedimentada na doutrina e na jurisprudência, qual seja, a desnecessidade de se condicionar a existência de efeito suspensivo ao recurso para inadmitir-se o mandado de segurança contra a decisão impugnada. Mencione-se, nesse sentido, o enunciado da Súmula 267 do Supremo Tribunal Federal: "Não cabe mandado de segurança contra ato judicial passível de recurso ou correição". De todo modo, pensamos que, a despeito do novo dispositivo legal, continuará a prevalecer o entendimento de que o mandado de segurança não é, efetivamente, sucedâneo de recurso, e que deverá ser inadmitida a ação constitucional contra ato judicial de que caiba recurso ou outro meio de impugnação.

Acertou o legislador ao suprimir a restrição contida no art. 5º, inciso III, da Lei 1.533/51, que era flagrantemente inconstitucional. Tratava-se do não cabimento de mandado de segurança em caso de "ato disciplinar, salvo quando praticado por autoridade incompetente ou com inobservância de formalidade essencial". É inegável que os atos disciplinares – tais como a suspensão do exercício da função ou a destituição do cargo – são capazes de gerar graves consequências. Além disso, a Constituição Federal não exclui os atos disciplinares da incidência do mandado de segurança, como faz em relação ao *habeas corpus* ao dispor, no § 2º do art. 142: "Não caberá *habeas corpus* em relação a punições disciplinares militares".[20] Em nosso sentir, sobretudo diante da alteração legislativa, deve-se permitir o controle dos atos disciplinares pelo mandado de segurança, respeitando-se os limites impostos pelas normas constitucionais e desde que não se interfira no exercício do poder discricionário, assegurando-se ao agente administrativo a análise da oportunidade e conveniência para a prática do ato.

A Lei 12.016/09 trouxe novo inciso III, no art. 5º em que trata das restrições ao cabimento do *writ*, prevendo a inadmissibilidade do mandado de segurança em face de "decisão judicial transitada em julgado". Em verdade, repetiu o legislador o

[20] Afirmando ser inconstitucional a restrição do dispositivo revogado, André Ramos TAVARES pondera: "Não colhe validade o argumento de que o dispositivo visa a apenas preservar a separação entre os poderes. Ainda no campo chamado de discricionariedade administrativa é conferido ao Judiciário poder de imiscuir-se para acercar-se de que ocorra sua legítima utilização" (Obra citada, p. 627/628).

teor da Súmula 268 do Supremo Tribunal Federal, segundo a qual "não cabe mandado de segurança contra decisão judicial transitada em julgado". Efetivamente, assim como o mandado de segurança não pode ser considerado sucedâneo de recurso, não poderá sê-lo em relação a qualquer meio de impugnação a decisões judiciais como, por exemplo, a ação rescisória. É interessante, a esse respeito, a posição de Sidney Palharini Júnior, que sustenta o cabimento do mandado de segurança nos juizados especiais cíveis, "para suprir a deficiência pela inadmissibilidade da ação rescisória, se a sentença ferir direito líquido e certo, que pudesse albergar-se numa das hipóteses do art. 485 do CPC".[21]

Ainda no tocante às limitações para a utilização do mandado de segurança, é oportuno observar que seu cabimento é residual, pois tem como objeto direito não amparado por *habeas corpus* ou *habeas data* (Lei 12.016/09, art. 1º). Estão excluídos de sua incidência, portanto, os atos que violem a liberdade de locomoção e a tutela de dados pessoais, impugnáveis através de *habeas corpus* e *habeas data*, respectivamente.

Em muitos aspectos a Lei 12.016/09 não se constitui, propriamente, num avanço. Como dissemos linhas acima, nem todas as consolidações doutrinárias e jurisprudenciais foram incorporadas no novo diploma legal. Assim é que se mantiveram, na nova lei, as previsões de suspensão da segurança (art. 15, §§ 1º a 5º), praticamente nos mesmos termos da legislação hoje revogada. Preocupa-nos a manutenção do instituto que, inegavelmente, desprestigia as decisões dos juízes de primeiro e segundo graus.[22]

Outro aspecto que nos parece negativo, na nova disciplina legal do mandado de segurança, é o que diz respeito à proibição de concessão de liminares. No art. 7º, § 2º, estabelece a nova lei que "não será concedida medida liminar que tenha por objeto a compensação de créditos tributários, a entrega de mercadorias e bens provenientes do exterior, a reclassificação ou equiparação de servidores públicos e a concessão de aumento ou a extensão de vantagens ou pagamento de qualquer natureza". Parece-nos que tais restrições à concessão de liminares enfraquece sobremaneira a possibilidade – constitucionalmente prevista – de controle, pelo Judiciário, dos atos administrativos.[23]

Não seria exagero dizer, ante à finalidade da ação constitucional, que não se pode conceber o mandado de segurança sem a liminar. A imperiosa necessidade de se reconduzir à legalidade o ato da autoridade pública, violador de direito líquido e certo, leva a concluir que são inconstitucionais quaisquer restrições à concessão da medida liminar.

[21] Luana Pedrosa de Figueiredo CRUZ; Luís Otávio Sequeira de CERQUEIRA; Luiz Manoel GOMES JUNIOR; Rogério FAVRETO; Sidney PALHARINI JÚNIOR. *Comentários à nova lei do mandado de segurança*. São Paulo: Revista dos Tribunais, 2009, p. 65.

[22] Nesse sentido, a posição de Luís Otávio Sequeira de CERQUEIRA, na obra: *Comentários à nova lei do mandado de segurança*. Obra citada, p. 128.

[23] Como já sustentou um dos autores deste trabalho, a restrição à concessão de liminares viola o princípio constitucional da inafastabilidade do controle jurisdicional. O autor afirma que se deve conferir operatividade ao princípio e indaga: "para que serve o princípio constitucional, se buscar a Jurisdição nem sempre significa obter resultado eficaz?" (Luiz Rodrigues WAMBIER. Liminares: alguns aspectos polêmicos. *Repertório de jurisprudência e doutrina sobre liminares*. [Coord. Teresa Arruda Alvim Wambier] São Paulo: Revista dos Tribunais, 1995, p. 152/185).

Efetivamente, é da própria estrutura do mandado de segurança a concessão de liminar. Pode-se dizer, também, que a possibilidade de se conceder liminarmente a segurança tem estreita ligação com a natureza jurídica da ação, cujo objetivo é proporcionar a garantia *in natura*, e não a reparação pecuniária. Sob essa ótica, Cassio Scarpinella Bueno afirma que o impetrante tem "direito subjetivo público" à liminar. Segundo o autor citado, a interpretação doutrinária e jurisprudencial ao art. 5º, XXXV, da Constituição Federal, torna a "proteção liminar" ínsita ao princípio do devido processo legal (CF, art. 5º, LIV e LV). E, especificamente sobre o mandado de segurança, evidencia: "sua própria previsão em berço constitucional (art. 5º, incisos LXIX e LXX), *per se*, já indica a possibilidade de liminar para proteção *in natura* do bem questionado pelo Estado (ou por quem lhe faça as vezes), constitucionalizando-se, destarte, o *direito subjetivo público* do impetrante à obtenção da liminar quando comprovados seus pressupostos específicos".[24]

O art. 7º da Lei 12.016/09 dispõe que o juiz ordenará, ao despachar a petição inicial do mandado de segurança, a suspensão do ato que deu motivo ao pedido quando "houver fundamento relevante e do ato impugnado puder resultar a ineficácia da medida, caso seja finalmente deferida" (inciso III, 1ª parte). Estão expressamente previstos, então, na nova Lei do Mandado de Segurança (nos mesmos moldes da disciplina anterior), os pressupostos para a concessão da medida liminar. São eles, nas palavras de Teresa Arruda Alvim Wambier:[25] "da relevância dos motivos em que se baseia o pedido; e da possibilidade de ocorrência de lesão irreparável ao direito do impetrante". A autora citada explica que o primeiro desses pressupostos não corresponde ao *fumus boni iuris* tal como se exige para a concessão das medidas de natureza cautelar, porque a aparência do bom direito é exigível para a própria impetração do mandado de segurança. E, para que se possa lançar mão da ação constitucional, o direito líquido e certo deve ser demonstrável de plano, através de prova documental. Logo, quando o juiz constata a relevância dos fundamentos do pedido, ainda que em exame superficial, verifica que há mais do que mera plausibilidade. O segundo pressuposto, no entanto, é precisamente o *periculum in mora*. É o fundado receio de que, se não for imediatamente concedida a medida pleiteada, danos irreparáveis possam ser causados ao impetrante. Pode-se dizer que, não raro, a concessão da segurança de quase nada adianta ao impetrante se não for deferida liminarmente a medida.

Por esses fundamentos é que acreditamos ser inconstitucional o art. 7º, § 2º, da nova lei, que pura e simplesmente, sem qualquer ressalva, proíbe a concessão da liminar em mandado de segurança, violando flagrantemente o princípio da inafastabilidade do controle jurisdicional (CF, art. 5º, XXXV) e o próprio devido processo legal (CF, art. 5º, LIV e LV) inerente à ação constitucional.[26]

Ainda sobre a concessão de liminares, entendemos questionável a disposição da nova lei (art. 7º, III, 2ª parte) que faculta ao juiz condicionar a concessão da liminar à prestação de caução, fiança ou depósito, "com o objetivo de assegurar o ressarci-

[24] *Liminar no mandado de segurança*. São Paulo: Revista dos Tribunais, 1999, p. 76/77.

[25] Ainda sobre a recorribilidade... Obra citada, p. 792/793.

[26] Citem-se recentíssimas decisões em que se concederam liminares, considerando-se inconstitucional o dispositivo legal em questão: decisão proferida pelo Juízo da 8ª Vara Federal de Brasília, que liberou insumos utilizados para a fabricação de incensos, que haviam sido apreendidos pela alfândega; decisão proferida pelo Juízo da 2ª Vara Federal de Novo Hamburgo/RS, que permitiu a entrada de equipamentos importados pela PUC-RS, direcionados à pesquisa (*Jornal Valor*, edição de 2 de setembro de 2009, reportagem de Adriana Aguiar, p. E2).

mento à pessoa jurídica". Ainda que, em casos excepcionais, tal exigência possa ser justificável, há o risco de que a previsão legal venha a transformar a prestação de caução em mais um requisito para a concessão da liminar, comprometendo-se o acesso à justiça. Evidentemente a prestação de caução não deve ser banalizada e caberá ao juiz fundamentar sua decisão no sentido de exigi-la.

Não se pode deixar de ressaltar que, a despeito de alguns pontos questionáveis e mesmo criticáveis, a Lei 12.016/09 contém aspectos positivos – entre eles a possibilidade de se impetrar mandado de segurança por meio eletrônico (art. 4º) – e muitas de suas disposições constituem, verdadeiramente, inovações importantes em nosso sistema processual. Citem-se, entre os méritos da nova lei, o fim da polêmica sobre a recorribilidade da liminar em mandado de segurança e a regulamentação do mandado de segurança coletivo.

Sobre ser ou não recorrível a decisão liminar em mandado de segurança, pode-se dizer que a controvérsia foi mantida até a edição da Lei 12.016/09, que finalmente pacificou a questão ao dispor, no § 1º do art. 7º: "Da decisão do juiz de primeiro grau que conceder ou denegar a liminar caberá agravo de instrumento, observado o disposto na Lei 5.869, de 11 de janeiro de 1973 – Código de Processo Civil". Na mesma linha, em relação aos mandados de segurança de competência originária dos tribunais, assim dispôs a nova lei: "Da decisão do relator que conceder ou denegar a medida liminar caberá agravo ao órgão competente do tribunal que a integre" (Lei 12.016/09, art. 16, parágrafo único).

Antes da edição da nova lei, como dissemos, talvez em razão da ausência de previsão legal expressa sobre o conteúdo das decisões interlocutórias, havia quem sustentasse ser irrecorrível o pronunciamento em questão, considerando-o simples despacho.[27] É oportuno lembrar que, a partir da inclusão do § 4º ao art. 162 do CPC, pela Lei 8.952/94, tem-se entendido conveniente distinguir, dentre os atos antes designados de despachos (proferidos exclusivamente pelo juiz), aqueles que realmente são 'de mero expediente', sem qualquer conteúdo decisório, e os que possuem cunho decisório sem, contudo, chegar a ser uma decisão interlocutória. O reflexo dessa distinção, na esfera recursal, se resume no seguinte: nos casos em que o juiz revê o ato do serventuário, se estará diante de um ato do juiz que, como tal, é recorrível. Além disso, os despachos que têm, efetivamente, cunho decisório (ainda que mínimo), são recorríveis na medida em que podem gerar prejuízo.

Tais conclusões já seriam suficientes para se considerar recorrível o pronunciamento judicial que concede ou não a liminar em mandado de segurança, ainda que se entendesse esse pronunciamento como um simples despacho. Afinal, é indiscutível que pode gerar prejuízo às partes: se a liminar for concedida, será imposto desde logo um determinado comportamento à autoridade apontada como coatora; e, se for denegada, o impetrante continuará a sofrer, até a decisão final, a ameaça ou lesão ao direito que afirma ter. Mas, o que não se pode perder de vista é que, ao verificar a presença ou não dos pressupostos para a concessão da medida liminar, o juiz – repita-se – efetivamente decide.[28] E é essa circunstância que faz do respectivo pronunciamento

[27] Nesse sentido: Hely Lopes MEIRELLES, *Mandado de segurança e ação popular*. 9ª ed., São Paulo: Malheiros, 1983, p. 48.

[28] Nesse sentido, a conclusão de José Horácio Cintra Gonçalves PEREIRA: "Não se pode entender como sendo de outra natureza – que não a de interlocutória – a decisão que concede ou nega providência liminarmente requerida em sede de mandado de segurança" (*Agravo no direito brasileiro*. São Paulo: Juarez de Oliveira, 1999, p. 30).

uma decisão interlocutória. O que distingue essas decisões dos demais pronunciamentos judiciais é precisamente a natureza – decisória – de seu conteúdo, por mais variado que este possa ser.

Para alguns doutrinadores, a irrecorribilidade do pronunciamento através do qual o juiz defere ou não o pedido de liminar decorreria da incompatibilidade da lei geral (Código de Processo Civil de 1973) com a lei especial que lhe é anterior (Lei 1.533/51). É que a lei geral não teria o condão de ab-rogar a especial (que jamais previu o manejo do agravo contra as decisões interlocutórias) que com ela coexiste.[29] Outro argumento para sustentar a irrecorribilidade da decisão interlocutória em mandado de segurança, é a suposta incompatibilidade entre a celeridade do rito previsto para o mandado de segurança e o sistema recursal do Código de Processo Civil. Essas conclusões, no entanto, são hoje insustentáveis.

Não há qualquer incompatibilidade entre o procedimento do mandado de segurança e a sistemática do agravo de instrumento (CPC, art. 522).[30] Pelo contrário; se a concessão de liminar é da própria natureza do mandado de segurança, é constitucionalmente assegurado à parte o direito de recorrer da decisão denegatória da medida. Seria inconcebível imaginar que o impetrante teria direito à obtenção da liminar somente se concedida pelo juiz de primeiro grau. Acerca dessa questão, Eduardo Arruda Alvim faz interessante observação: "não admitir que da decisão denegatória da liminar se possa interpor agravo de instrumento significa concluir que o tribunal pode menos do que o juiz de primeiro grau, porque, quando a apelação chegar ao tribunal, a situação de dano irreversível ou de difícil reparação já se terá, provavelmente, consumado".[31]

Havia, ainda, para defender a irrecorribilidade da liminar em mandado de segurança, o seguinte argumento: a concessão de liminar seria ato discricionário, optando o juiz por deferir ou não a medida pleiteada a partir de critérios subjetivos. Mas, em verdade, constatada a existência de seus pressupostos específicos, o juiz deverá concedê-las, não existindo arbítrio ou mesmo discricionariedade propriamente dita nessa decisão. Segundo Teresa Arruda Alvim Wambier, na discricionariedade propriamente dita, verifica-se a intenção deliberada constante da lei, de propiciar dualidade ou pluralidade de soluções, devendo a solução eleita ser motivada, a fim de demonstrar que não houve ilegalidade no exercício do poder, pela autoridade pública. Em contrapartida, há situações em que se exige dos juízes, especificamente, uma "maior

[29] Nesse sentido, sobre a irrecorribilidade das interlocutórias em mandado de segurança, ao tempo da Lei 1.533/51, sustentou Araken de ASSIS: "(...) ela se harmoniza ao critério geral de incompatibilidade entre as disposições da lei nova e geral com o sistema consagrado em lei especial e anterior, impedindo a ab-rogação desta. Em síntese, subsistem em vigor as restrições à recorribilidade plena das interlocutórias proferidas em mandado de segurança, que governavam o remédio ao tempo do Código de 1939" (Recorribilidade das interlocutórias no mandado de segurança. *RePro* 84/99, p. 106/108).

[30] Cite-se, mais uma vez, a conclusão de José Horácio Cintra Gonçalves PEREIRA: "O sistema recursal do Código se aplica, evidentemente, embora de forma supletiva, às leis esparsas que regulam aspectos processuais dos institutos de que cuidam. Portanto, embora não se refira expressamente na Lei 1.533/51 a que esta decisão, através da qual o juiz defere ou não o pedido de liminar, seja agravável, aplica-se indubitavelmente o art. 522 do Código de Processo Civil" (Obra citada, p. 29). No mesmo sentido, sustentam Acácio CAMBI e Eduardo CAMBI: "se a Lei 1.533/51 não prevê nem faz remissão a todos os recursos cabíveis, isso não significa que o CPC não possa vir a ser aplicado subsidiariamente" (Cabimento do agravo de instrumento contra as decisões interlocutórias em mandado de segurança. *Aspectos polêmicos a atuais dos recursos cíveis*. 4ª Série [Coords. Nelson Nery Júnior e Teresa Arruda Alvim Wambier] São Paulo: Revista dos Tribunais, 2001, p. 15).

[31] Agravo de instrumento contra decisões proferidas em mandado de segurança – execução provisória. *RePro* 95/235, p. 238.

intensidade de valoração" na aplicação das normas, as quais comportam uma única interpretação, no sentido de abranger ou não num dado momento e num dado lugar uma determinada hipótese.[32] Efetivamente, ao interpretar conceitos como "fundamento relevante" (Lei 12.016/09, art. 7º, III) e fundado receio de dano, em face do caso singular, o juiz não está exercendo poder discricionário. Partindo-se dessas premissas, a concessão de liminares, desde que presentes os seus pressupostos, é – como afirma Betina Rizzato Lara – "um imperativo para o juiz".[33] No mesmo sentido, especificamente sobre a liminar em mandado de segurança, André Ramos Tavares afirma que, "presentes os requisitos para concedê-la, será abusiva a decisão do magistrado que não concedê-la, sem maiores motivos".[34]

Como visto, são inconsistentes os argumentos sobre a irrecorribilidade da liminar em mandado de segurança, não havendo como afastar a possibilidade de se interpor recurso contra a decisão que concede ou não a medida. Andou bem o legislador, portanto, ao admitir expressamente, com a nova disciplina, o cabimento de agravo de instrumento em face da decisão do juiz de primeiro grau, e de agravo interno em face da decisão do relator, nos casos de competência originária dos tribunais. A propósito, a regra do art. 16, parágrafo único, da Lei 12.016/09, esvaziou o conteúdo da Súmula 622, do Supremo Tribunal Federal, que manifestava o seguinte entendimento: "Não cabe agravo regimental contra decisão do relator que concede ou indefere liminar em mandado de segurança".[35]

Outro mérito da Lei 12.016/09, a que nos referimos linhas acima, é a regulamentação do mandado de segurança coletivo, criado com a Constituição Federal de 1988, com a finalidade permitir a defesa de direitos pertencentes a um grupo ou coletividade. Essa criação veio atender aos anseios das organizações sindicais e entidades de classes que, na defesa dos direitos de seus membros, não obtinham resposta favorável do Judiciário precisamente porque o mandado de segurança era tido como garantia exclusivamente individual.

4. A regulamentação do mandado de segurança coletivo

O texto constitucional (art. 5º, LXX) dispõe que o mandado de segurança coletivo pode ser impetrado por partido político com representação no Congresso Nacional, organização sindical, entidade de classe ou associação legalmente constituída e em funcionamento há pelo menos um ano. Permite-se, assim, que o ente legitimado bus-

[32] *O novo regime do agravo.* 2ª ed., São Paulo: RT, 1996, p. 382. No mesmo sentido: Arruda ALVIM. *A argüição de relevância no recurso extraordinário.* São Paulo: Revista dos Tribunais, 1988, p. 16.

[33] *Liminares no processo civil.* São Paulo: Revista dos Tribunais, 1993, p. 181.

[34] Obra citada, p. 640.

[35] A resistência de parte da doutrina e mesmo da jurisprudência gerava dúvida objetiva quanto à possibilidade de se interpor agravo de instrumento em face da decisão liminar, levando a parte a impetrar outro mandado de segurança para impugnar o pronunciamento judicial causador de ilegalidade ou de abuso de poder. Precisamente por isso uma das autoras deste texto já defendeu a incidência, na hipótese, do princípio da fungibilidade para que, determinando-se que se fizessem as alterações formais necessárias (na hipótese de o órgão julgador entender essencial a 'conversão' de um mecanismo em outro, para a incidência do princípio), fosse recebido eventual mandado de segurança como agravo de instrumento (e vice-versa, nos Tribunais em que se entende ser incabível o agravo), garantindo-se, assim, o direito constitucional da parte à adequada prestação jurisdicional (Rita de Cássia Corrêa de VASCONCELOS. *Princípio da Fungibilidade – hipóteses de incidência no direito processual civil brasileiro contemporâneo.* São Paulo: Revista dos Tribunais, 2007, p. 269/277).

que a tutela jurisdicional para a proteção de direitos líquidos e certos, comuns aos seus membros ou associados.

Por não haver norma regulamentando esta ação constitucional, ao mandado de segurança coletivo aplicaram-se as regras da Lei 1.533/51. Evidentemente, as peculiaridades dos direitos coletivos fizeram com que muitas situações fossem resolvidas a partir de construções doutrinárias e jurisprudenciais. Hoje, a Lei 12.016/09, numa de suas principais inovações, disciplina expressamente o mandado de segurança coletivo, deixando claro que os entes legitimados devem agir em defesa de direitos líquidos e certos, da totalidade ou de parte dos seus membros, "na forma dos seus estatutos e desde que pertinentes às suas finalidades" (art. 21). Prevê a lei, portanto, que os direitos tutelados pelo mandado de segurança coletivo devem guardar relação com os fins institucionais do órgão impetrante.

Desde a sua criação, tem-se entendido que os direitos protegidos pelo mandado de segurança são os denominados coletivos *lato sensu*. Esses direitos [que se desdobram em direitos difusos, direitos coletivos *stricto sensu* e direitos individuais homogêneos], como já discorreu um dos autores deste texto,[36] situam-se num campo dos direitos que pertencem a todos, mas que não são públicos, no sentido tradicional desse vocábulo. São, isto sim, transindividuais ou metaindividuais, derivados da massificação da vida em sociedade e do surgimento de novas "modalidades" de conflitos, em relação aos quais o sistema processual centrado na iniciativa exclusiva do titular do direito subjetivo não tem como fornecer respostas eficazes.[37]

Os direitos difusos são aqueles em que os seus titulares não são determinados ou, pelo menos, não são determináveis, pois embora digam respeito a um grupo de pessoas, não é possível precisar-lhes claramente a respectiva titularidade.[38] Esses direitos estão definidos no inciso I do parágrafo único do art. 81 da Lei 8.078/90 (Código de Defesa do Consumidor), aplicando-se essa definição não apenas aos direitos difusos em matéria de consumo, mas, por força do que dispõe o art. 117 do CDC, aos demais direitos difusos, nas matérias de que trata a Lei da Ação Civil Pública.[39] Segundo esse dispositivo de lei, entendem-se por direitos difusos os transindividuais, de natureza indivisível, cuja titularidade pertença a pessoas não determinadas, ligadas umas às outras por meras e acidentais circunstâncias fáticas. A doutrina é uníssona no reconhecimento da fluidez desses direitos, cuja titularidade se espraia pela sociedade toda e por todos os seus membros.[40]

Os direitos coletivos são, via de regra, mais facilmente identificáveis do que os direitos difusos, justamente porque, enquanto nestes a titularidade se perde na indefinição subjetiva, naqueles há condições perfeitas de se identificarem os titulares,

---

[36] Luiz Rodrigues WAMBIER. *Sentença civil*: liquidação e cumprimento. São Paulo: Revista dos Tribunais, 2006, p. 293 e seguintes.

[37] Conforme Rodolfo de Camargo MANCUSO, na obra: Defesa do consumidor – reflexões acerca da eventual concomitância de ações coletivas e individuais. *RT* 676/38.

[38] Quanto ao tema dos direitos difusos, ver, por todos: Celso Antonio Pacheco FIORILLO. *Os sindicatos e a defesa dos interesses difusos no direito processual civil brasileiro*. São Paulo: Revista dos Tribunais, 1995, p. 56/91.

[39] O art. 117 do CDC incluiu um novo art. 21 na Lei 7.347/85, nos seguintes termos: "Aplicam-se à defesa dos direitos e interesses difusos, coletivos e individuais, no que for cabível, os dispositivos do Título III da Lei que instituiu o Código de Defesa do Consumidor".

[40] Para Celso Agrícola BARBI os interesses difusos têm origem no direito francês, especialmente nos chamados interesses legítimos, cuja defesa se faz diante da Justiça Administrativa (Mandado de segurança coletivo. *Mandado de segurança*. [Coord. Aroldo Plínio Gonçalves] Belo Horizonte: Del Rey, 1996, p. 61).

em razão do necessário vínculo associativo ou corporativo que os prende.[41] Há, entre os titulares do direito coletivo, um vínculo jurídico que determina a convergência dos respectivos interesses. O inciso II do parágrafo único do art. 81 da Lei 8.078/90, define os direitos coletivos como aqueles direitos transindividuais, indivisíveis por natureza, cuja titularidade pertença a grupo, categoria ou classe de pessoas, que tenham vínculo entre si ou com o outro pólo da assim chamada relação jurídica base. Trata-se, em verdade, de direito do grupo social, representado por associações ou corporações voltadas à defesa de determinados tipos de interesses da sociedade. É um tipo de direito metaindividual, porque transcende aos interesses de cada uma das pessoas vinculadas ao grupo associativo, para guardar sintonia com os próprios fins institucionais do grupo. Os direitos coletivos são, via de regra, mais facilmente identificáveis do que os direitos difusos, e não há, neles, a mesma fluidez.

Os direitos individuais homogêneos, por sua vez, têm as mesmas características dos direitos coletivos, diferentes apenas pela divisibilidade do dano ou da responsabilidade que lhes afeta. Constituem um tipo de direito coletivo, porque também têm origem numa mesma situação jurídica.[42] A definição legal, estampada no inciso III do parágrafo único do art. 81 do CDC, toma por característica desses direitos, de modo extremamente lacônico, a nosso ver, a sua origem comum. A interpretação desse dispositivo nos leva a concluir que a novidade está em se dar tratamento coletivo a direitos individuais. Essa terceira modalidade de direitos coletivos *lato sensu* se traduz nos mesmos direitos subjetivos individuais de há muito conhecidos em nossa ordem jurídica, que têm como seus titulares as pessoas individualmente consideradas. A diferença entre esta classe de direitos e aqueles já consagrados em nossa ordem jurídica, reside justamente no modo como se pode realizar sua defesa em juízo. Na verdade, eles contam com um mecanismo a mais – ação coletiva – através do qual se pode obter sua proteção.

Estranhamente, a nova Lei do Mandado de Segurança prevê, no parágrafo único do art. 21, que os direitos tutelados por essa ação constitucional seriam os coletivos *stricto sensu* e os individuais homogêneos, adotando-se, no referido dispositivo, as definições contidas no parágrafo único, II e III, do art. 81 do Código de Defesa do Consumidor. Ao que parece, o legislador excluiu, da abrangência do mandado de segurança coletivo, os direitos difusos. Em nosso sentir, não tem razão o legislador. É certo que os entes legitimados podem ter, entre seus fins institucionais, a proteção de direitos que atinjam a todos os seus membros ou associados, de forma indivisível, sem que entre eles – ou em relação à parte contrária – haja uma relação jurídica base. Cite-se, como exemplo, a atuação de um partido político que se volta contra uma propaganda eleitoral de cunho racista. Trata-se de direito verdadeiramente difuso, pois coibir o racismo interessa à sociedade, ou seja, a todos os membros da coletividade, indistintamente. A propósito, deve-se considerar que o próprio regime democrático é direito difuso, e não poderia ser excluída sua proteção, pelos partidos políticos, através do mandado de segurança coletivo. Em suma, entendemos que se deve des-

[41] Na opinião de Luiza Dias CASSALES, são exemplos de grupos em que seus componentes estão unidos pela relação jurídica-base necessária para caracterizar os direitos coletivos, o condomínio, a família, os entes profissionais e os sindicatos (Ação civil pública, *Revista da Ajufe* 48/41).

[42] Conforme Hugo Nigro MAZZILLI, na obra: *A defesa dos interesses difusos em juízo*. 4ª ed., São Paulo: Revista dos Tribunais, 1992, p. 21/22.

considerar a omissão da lei, em relação aos direitos difusos, admitindo-se o mandado de segurança coletivo para a tutela dos direitos coletivos em sentido lato.[43]

Desde a criação do mandado de segurança coletivo, preocuparam-se os autores em ressaltar a maior abrangência da liminar nele concedida, recomendando maior rigor na concessão de medidas que pudessem 'engessar' a atuação de pessoas jurídicas de direito público. Certamente com tal preocupação, o legislador repetiu a regra do art. 2º da Lei 8.437/92, dispondo, no § 2º do art. 22 da nova Lei do Mandado de Segurança, que a liminar no mandado de segurança coletivo "só poderá ser concedida após a audiência do representante judicial da pessoa jurídica de direito público, que deverá se pronunciar no prazo de 72 (setenta e duas) horas".

Por fim, ainda no tocante ao mandado de segurança coletivo, estabelece o novo diploma legal, no § 1º do art. 22, que essa ação constitucional "não induz litispendência para as ações individuais, mas os efeitos da coisa julgada não beneficiarão o impetrante a título individual se não requerer a desistência de seu mandado de segurança no prazo de 30 (trinta) dias a contar da ciência comprovada da impetração da segurança coletiva." Observe-se que o legislador mencionou "desistência" e não suspensão da ação individual, como se dá com as ações coletivas disciplinadas pelo Código de Defesa do Consumidor (art. 104). Assim, criou, a nosso ver, injustificável restrição, na medida em que, desistindo do mandado de segurança individual e deparando-se com sentença de improcedência no mandado de segurança coletivo, a parte poderá se ver impossibilitada de impetrar novo mandado de segurança individual, em razão do próprio decurso do prazo decadencial de 120 dias.

5. Conclusão

Como dissemos, em muitos aspectos a Lei 12.016/09 não representa propriamente um avanço. Nem todas as consolidações doutrinárias e jurisprudenciais sobre o mandado de segurança foram incorporadas no novo diploma legal. Mas, também é certo que, a despeito de alguns pontos questionáveis e mesmo criticáveis, a Lei 12.016/09 contém aspectos positivos e muitas de suas disposições constituem, verdadeiramente, inovações importantes em nosso sistema processual, a exemplo da regulamentação do mandado de segurança coletivo.

Deverá haver, por certo, construções doutrinárias e jurisprudenciais no sentido de corrigir eventuais falhas ou lacunas da Lei 12.016/09, interpretando e aplicando a nova disciplina legal do mandado de segurança à luz das normas constitucionais que o conceberam.

[43] Nesse sentido, a posição de Luiz Manoel GOMES JUNIOR, na obra: *Comentários à nova lei do mandado de segurança*. Obra citada, p. 191/193. No mesmo sentido, antes da edição da nova Lei do Mandado de Segurança, Antonio Carlos Garcias MARTINS sustentou: "Somos inclinados a reconhecer que a *ação de mandado de segurança coletivo*, efetivamente, *não* deve restringir-se aos *interesses coletivos estrito senso e individuais homogêneos*. Sua atuação é *ampla*, inclusive, no tocante aos *interesses difusos*, até porque estes *interesses*, que nada mais são que *fatos valorados e tuteláveis pelo direito posto*, de certo modo são fluídicos até um dado momento, pois podem ser afetados por circunstâncias que os levam a receber a qualificação de *coletivo*, por afetar uma coletividade" (*Mandado de segurança coletivo*. Porto Alegre: Síntese, 1999, p. 70). Um dos autores deste texto já sustentou opinião no sentido contrário, isto é, de que os direitos difusos estariam excluídos do âmbito de incidência (Luiz Rodrigues WAMBIER, *Tutela jurisdicional das liberdades públicas*. Curitiba: Juruá, 1991, p. 98). Essa opinião, no entanto, não prevalece presentemente.

6. Bibliografia

ALVIM, Arruda. *A argüição de relevância no recurso extraordinário.* São Paulo: Revista dos Tribunais, 1988.

ALVIM, Eduardo Arruda. Agravo de instrumento contra decisões proferidas em mandado de segurança – execução provisória. *RePro* 95/235.

ASSIS, Araken de. Recorribilidade das interlocutórias no mandado de segurança. *RePro* 84/99.

BARBI, Celso. *Do mandado de segurança.* 8ª ed., Rio de Janeiro: Forense, 1998.

——. Mandado de segurança coletivo. *Mandado de segurança.* [Coord. Aroldo Plínio Gonçalves. Belo Horizonte: Del Rey, 1996.

BUENO, Cassio Scarpinella. *Liminar no mandado de segurança.* São Paulo: Revista dos Tribunais, 1999.

BUZAID, Alfredo. *Do mandado de segurança individual.* Vol. I, São Paulo: Saraiva, 1989.

CAMBI, Acácio; CAMBI, Eduardo. Cabimento do agravo de instrumento contra as decisões interlocutórias em mandado de segurança. *Aspectos polêmicos a atuais dos recursos cíveis.* 4ª Série [Coords. Nelson Nery Júnior e Teresa Arruda Alvim Wambier] São Paulo: Revista dos Tribunais, 2001.

CASSALES, Luiza Dias. Ação civil pública, *Revista da Ajufe* 48/41.

CRUZ, Luana Pedrosa de Figueiredo; CERQUEIRA, Luís Otávio Sequeira de; GOMES JUNIOR, Luiz Manoel; FAVRETO, Rogério; PALHARINI JÚNIOR, Sidney. *Comentários à nova lei do mandado de segurança.* São Paulo: Revista dos Tribunais, 2009.

FERRAZ, Sérgio. *Mandado de segurança (individual e coletivo)*: aspectos polêmicos. 2ª ed., São Paulo: Malheiros, 1993.

FIORILLO, Celso Antonio Pacheco. *Os sindicatos e a defesa dos interesses difusos no direito processual civil brasileiro.* São Paulo: Revista dos Tribunais, 1995.

LARA, Betina Rizzato. *Liminares no processo civil.* São Paulo: Revista dos Tribunais, 1993.

MANCUSO, Rodolfo de Camargo. Defesa do consumidor – reflexões acerca da eventual concomitância de ações coletivas e individuais. *RT* 676/38.

MARTINS, Antonio Carlos Garcias. *Mandado de segurança coletivo.* Porto Alegre: Síntese, 1999.

MAZZILLI, Hugo Nigro. *A defesa dos interesses difusos em juízo.* 4ª ed., São Paulo: Revista dos Tribunais, 1992.

MEIRELLES, Hely Lopes. *Mandado de segurança e ação popular.* 9ª ed., São Paulo: Malheiros, 1983.

——. *Mandado de segurança, ação popular, ação civil pública, mandado de injunção, 'habeas data'.* 17ª ed., São Paulo: Malheiros, 1996.

——. Problemas do mandado de segurança. *RDA* 73/40, nota 4.

NUNES, José de Castro. *Do mandado de segurança e de outros meios de defesa contra atos do Poder Público.* 8ª ed., Rio de Janeiro: Forense, 1980.

PEREIRA, José Horácio Cintra Gonçalves. *Agravo no direito brasileiro.* São Paulo: Juarez de Oliveira, 1999.

SIDOU, J. M. Othon. *'Habeas corpus', mandado de segurança, mandado de injunção, habeas data, ação popular: as garantias ativas dos direitos coletivos.* 5ª ed., Rio de Janeiro: Forense, 1998.

TAVARES, André Ramos. *Curso de Direito Constitucional.* São Paulo: Saraiva, 2002.

VASCONCELOS, Rita de Cássia Corrêa de. *Princípio da Fungibilidade – hipóteses de incidência no direito processual civil brasileiro contemporâneo.* São Paulo: Revista dos Tribunais, 2007.

WAMBIER, Luiz Rodrigues. *Sentença civil*: liquidação e cumprimento. São Paulo: RT, 2006.

——. *Tutela jurisdicional das liberdades públicas.* Curitiba: Juruá, 1991.

——. Liminares: alguns aspectos polêmicos. *Repertório de jurisprudência e doutrina sobre liminares.* [Coord. Teresa Arruda Alvim Wambier] São Paulo: Revista dos Tribunais, 1995, pp. 152/185.

——; WAMBIER, Teresa Arruda Alvim. O fundamento constitucional da dignidade humana e a conduta da jurisprudência na escolha de critérios para a fixação do valor das indenizações, em algumas hipóteses especiais de dano contra a saúde. *Constituição Federal – avanços, contribuições e modificações no processo democrático brasileiro.* [Coord. Ives Gandra Martins e Francisco Rezek] São Paulo: Revista dos Tribunais e Centro de Extensão Universitária, 2008.

WAMBIER, Teresa Arruda Alvim. *O novo regime do agravo.* 2ª ed., São Paulo: Revista dos Tribunais, 1996.

——. Ainda sobre a recorribilidade da liminar em mandado de segurança. *Aspectos polêmicos e atuais do mandado de segurança – 51 anos depois.* [Coords. Cássio Scarpinella Bueno, Eduardo Arruda Alvim e Teresa Arruda Alvim Wambier] São Paulo: Revista dos Tribunais, 2002.

— 27 —

O sistema da *Common Law* e os poderes do juiz nas *Class Actions*

MÁRCIO LOUZADA CARPENA

Doutorando em Direito pela Faculdade de Direito da PUC/RS.
Mestre em Direito. Professor de Direito Processual Civil na Faculdade de Direito da PUC/RS.
Membro da Academia Brasileira de Direito Processual Civil. Advogado

1. Introdução

A realização de um estudo específico sobre um assunto ligado ao *Common Law*, por um pesquisador inserido e acostumado com as regras da *Civil Law*, como é o nosso caso, muito especialmente no que se refere às disposições e orientações de nível processual ou procedimental, o que ora se propõe, sem sombra de dúvida, apresenta-se absolutamente instigante e desafiador, porquanto envolve não somente diferente perspectiva cultural, social e econômica a respeito do processo, mas principalmente outra visão jurídica, cuja correta compreensão prescinde de um natural afastamento de ideias e conceitos pré-absorvidos à luz do sistema já conhecido (*Civil Law*).

Por certo, quando se olha outro sistema, é preciso abrir a mente e, para tanto, dentro do possível e em dadas situações, deixar de lado conceitos e dogmas que, de forma inexorável, ainda que subconscientemente, temos presentes por virtude da própria concepção que guardamos a respeito do cenário em que estamos inseridos e com os quais, na qualidade de operadores, interagimos diariamente. Caso contrário, não só se mostra difícil a absorção das novas ideias que serão encontradas, como também prejudicada poderá restar a compreensão a respeito de alguns pontos que se apresentam fundamentais à inteligência de todo novo *ordenamento* estudado e, ao fim, o verdadeiro propósito do estudo investigativo.

Por óbvio que a realização de uma comparação de sistemas jurídicos, quando bem feita, tem, com certeza, relevância científica e pragmática, na medida em que, por conta dela, se passa a ter uma concepção a respeito de outras formas de conceber o direito, como ciência voltada à solução de conflitos sociais, o que, sob o ponto de vista processual, se afigura de notável valia. Outrossim, o conhecimento de direito comparado pode servir de base para reflexão de novas técnicas e procedimentos o que, em sede de direito instrumental, se revela extremamente importante. Ainda, dentro de uma perspectiva de globalização da economia, a correta percepção sobre outros sistemas jurídicos se mostra de todo conveniente, mormente diante das atuais influências,[1] que decorrem até mesmo da velocidade dos tempos modernos, que uns têm gerado sobre os outros.[2]

De todas as possibilidades que se evidenciavam presentes e que poderíamos adotar neste ensaio, optamos por seguir um viés de cunho pragmático, fazendo uma abordagem específica sobre a atuação dos juízes na condução de um processo judicial no *Common Law*, deixando de lado, dentro do possível, questões meramente teóricas ou acadêmicas.

Tem o presente estudo, pois, a pretensão de apresentar ao leitor uma noção a respeito do processo civil no *Common Law* e, em especial, da atuação do magistrado nesse sistema com influência e de origem anglo-saxã. Para tanto, julgamos necessário, num primeiro momento, situar o leitor sobre alguns conceitos e elementos que identificam, caracterizam e diferem o *Common Law* daquele outro sistema por nós conhecido, qual seja, o da *Civil Law*. Numa segunda oportunidade, ingressamos na abordagem de alguns pontos de relevância processual daquele sistema, a bem de melhor situar o examinador sobre as particularidades e premissas daquele conjunto jurídico até, num terceiro momento, atingirmos propriamente a questão de fundo, vale dizer, os poderes do juiz neste ordenamento diverso.

2. *Civil Law* e *Common Law*

Mostra-se absolutamente claro que, sob a óptica de divisão de sistemas jurídicos mundiais, tem-se verificado uma separação, realizada pela doutrina e pela academia, entre aquele de origem romano-germânica, que se denomina, em língua inglesa, *Civil Law* e outro, de origem anglo-saxã, chamado *Common Law*.[3]

De fato, há uma tranquila convergência científica no sentido de se definirem esses dois sistemas *principais*[4] do mundo contrapondo-os com base na forma como elegem suas fontes primárias.

---

[1] Neste sentido, vide: MOREIRA, José Carlos Barbosa. *A revolução processual Inglesa*. In: Temas de Direito Processual. Rio de Janeiro: Forense. Nona série, 2007; MOREIRA, José Carlos Barbosa. *O processo civil contemporâneo: um enfoque comparativo*. In: Temas de Direito Processual. Rio de Janeiro: Forense. Nona série, 2007; MOREIRA, José Carlos Barbosa. *Notas sobre alguns aspectos do processo (civil e penal) nos países anglo-saxônicos*. In: Temas de Direito Processual. Rio de Janeiro: Forense. Sétima série, 2005; SOARES, Guido Fernando Silva. *Common Law introdução ao direito nos EUA*. 2ª ed. São Paulo: Revista dos Tribunais, 2000.

[2] Como bem registra Sérgio Gilberto Porto: "Hodiernamente, em face da globalização – a qual para o bem ou para o mal indiscutivelmente facilitou as comunicações – observa-se um diálogo mais intenso entre as famílias romano-germânicas e a da *common law*, onde uma recebe influência direta da outra. Da *common law* para *civil law*, há, digamos assim, uma crescente simpatia por algo que pode ser definido como uma verdadeira *"commonlawlização"* no comportamento dos operadores nacionais, modo especial, em face das já destacadas facilidades de comunicação e pesquisa postas, na atualidade, a disposição da comunidade jurídica. Realmente, a chamada *"commonlawlização"* do direito nacional é o que se pode perceber, com facilidade, a partir da constatação da importância que a jurisprudência, ou seja, as decisões jurisdicionais, vêm adquirindo no sistema pátrio, particularmente através do crescente prestigiamento da corrente de pensamento que destaca a função criadora do juiz." (PORTO, Sérgio Giberto, *Civil Law, Common Law* e Precedente vinculante. Estudo em homenagem ao professor Egas Moniz de Aragão. Disponível na home Page da Academia Brasileira de Direito Processual Civil – http://www.abdpc.org.br/textos/artigos/html/Artigo%20final.htm. Acesso em 09.12.2007.)

[3] Outros sistemas jurídicos se evidenciam pelo mundo, tais como o antigo sistema da antiga União Soviética, o sistema muçulmano, indiano, do extremo oriente, judaico, da África e de Madagascar, de fortes componentes ligados à religião. (SOARES, Guido Fernando Silva. *Common Law introdução ao direito nos EUA*. 2ª ed. São Paulo: Revista dos Tribunais, 2000, p. 26).

[4] Se fez referência a "principais sistemas" porquanto se verifica que são os dois (da família romano germânica e o de tradição anglo-saxã) mais utilizados quantitativamente no mundo, bem como os países que adotaram são aqueles que, hoje, ostentam grande relevância na esfera da economia mundial.

Em geral e em análise apertada, tem-se compreendido a *Civil Law* como um sistema jurídico que tem por *fonte primária*, ostentando posição de relevância como fonte de solução de conflitos sociais, a lei, vale dizer, a norma jurídica escrita, positivada; já por *Common Law* tem-se entendido o sistema cujo elemento norteador, a base da estrutura jurídica, são os casos julgados, isto é, as decisões judiciais já proferidas, cujas soluções empregadas se apresentam vinculantes, ou seja, têm de ser obrigatoriamente observadas em julgamentos posteriores.[5]

Evidentemente que a diferença entre os dois sistemas, no entanto, não se resume somente a isso; muito pelo contrário, são muito maiores e envergam, pela própria forma como cada um particularmente encara a posição da Justiça, o dever de cumprimento das decisões judiciais e a própria disposição jurídica como forma de regular condutas sociais. Além disso, a posição dos juízes de primeiro grau (que, por exemplo, nos Estados Unidos são eleitos pelo povo), do Ministério Público e dos advogados, como protagonistas de cada sistema, passa, sob o ponto de vista instrumental, a ser bem diferente em cada sistema o que, por si só, já se apresenta como fator contundente de certo afastamento deles. Outrossim, a visão de um *processo inquisitorial*, com atuação efetiva do juiz na busca da verdade e interessado na realização da prova (típica ocorrência dentro da *Civil Law*), em contraponto com um *processo adversarial*, em que aos advogados cabe a estratégia e a arte de produzir a prova sem a intervenção ou "consulta" ao juiz (principalmente nos Estados Unidos), bem contrasta os dois universos jurídicos.

O sistema da *Civil Law*, hoje, é empregado nos países de tradição romano-germânica, entre os quais aqui se destacam, a título meramente de exemplo, a Alemanha, o Brasil, a Espanha, a França, a Itália e Portugal. Já o *Common Law,* também conhecido impropriamente como *sistema inglês* ou *britânico*, não se limita à Inglaterra, também sendo empregado nos Estados Unidos (com exceção do Estado da Lousiana, que é partidário da *Civil Law*), na Austrália, no Canadá (com exceção de Quebec) e na Índia, além de outros países colonizados pela Coroa britânica.

3. Do *Common Law*

Para se compreender o *Common Law*, com certeza, a primeira premissa que o investigador da *Civil Law* deve ter muito clara é de que aquele sistema jurídico é baseado em outros valores e princípios de atuação dos protagonistas do processo judicial, evidenciando-se, de início, que a óptica jurídica sobre a própria figura do advogado ocupa posição muito diversa daquela por nós conhecida no sistema em que atuamos.

Com efeito, lá o advogado é visto e admitido como um elemento de "fiscalização de condutas sociais" e, assim sendo, de controle de posturas, tendo profunda atuação capitalista. Uma vez verificando alguma lesão a direito, passa o *attorrney* (advogado) a poder atuar em favor da parte prejudicada contra o ofensor com intuito de buscar a devida compensação financeira para vítima, e para tanto (e aí vem a peculiaridade) deverá ele (advogado) inclusive financiar a causa, pagando não só as custas processuais, mas também as despesas da própria dilação probatória – cha-

[5] FISS, Owen. *Um Novo Processo Civil estudos norte-americanos sobre jurisdição, constituição e sociedade.* São Paulo: Revista dos Tribunais, 2004, p. 45 e seguintes.

mada *discovery*. A atuação contenciosa, nesses termos, deságua, de início, em uma atividade, para nós, "estranha", mostrando-se, no entanto, justificável dentro da visão econômica e capitalista fortemente desenvolvida dentro de alguns países integrantes do *Common Law*, como é o caso, principalmente, dos Estados Unidos.

Considerando justamente que inexiste um instituto similar à Assistência Judiciária Gratuita brasileira e que os advogados devem propor as demandas e suportar os custos do seu processamento, nos Estados Unidos, acaba ocorrendo um filtro natural de demandas judiciais, já que, por óbvio, nenhum advogado ou escritório de advocacia vai patrocinar um processo, pagando os altos custos disso, sem acreditar na causa. A advocacia é vista abertamente como um negócio, sendo, destarte, comum se evidenciar grandes bancas voltadas para, em princípio, a lucrativa (mas também perigosa) atuação contenciosa.

É pelos altos custos das demandas e pelo fato de se deferir ao advogado os ônus do processo que, em verdade, há naquele sistema uma grande quantidade de transações e investidas para se evitar a propositura de demandas. Na maioria dos casos, quando há fatos e provas para uma ação, os advogados preferem fazer acordos a custeá-la para, posteriormente, se sujeitarem ao resultado, que, no início, é absolutamente incerto e dependerá de vários fatores, guardando-se, sempre, ainda que dentro de uma ideia de obrigatoriedade de adoção de precedentes, certa carga de subjetividade no tocante à aplicação de tal *decisum* à causa *sub exame*, com base na constatação ou não de identidade de fatos e da problemática jurídica.

Outros fatores peculiares, tais como a possibilidade de o juiz transformar, em dadas circunstâncias, uma ação civil individual em coletiva (*class action*) – ou descaracterizar uma ação como sendo coletiva empregando efeitos apenas individuais –, também fomentam consideravelmente realizações de transações.

Peculiaridade à parte, dentro desse sistema há a possibilidade (hoje, basicamente só nos Estados Unidos) de evidenciar-se o processo, dependendo da sua natureza, ser conduzido perante um júri civil, o que, por certo, o torna mais dispendioso e mais demorado.

No *Common Law*, antes de se ter uma *jurisdicização* da lide, evidencia-se uma fase de comunicação entre os advogados das partes, por meio da qual eles expõem as suas pretensões e até mesmo indicam as provas que têm ou que irão produzir, o que permite um sopesamento de riscos pelos procuradores, antes de irem a juízo bancar um processo caro, desgastante e demorado. Dessa sorte, é que muitos acordos acabam sendo firmados extrajudicialmente.

Dentro deste universo jurídico têm, pois, os advogados posição de destaque, passando o juiz a ostentar, contrariamente ao que ocorre na *Civil Law*, uma posição mais discreta e até mesmo passiva em dadas situações (como, por exemplo, na coleta da prova).

Isso não quer dizer, em absoluto, que o juiz não tenha poderes dentro do *Common Law*. Muito pelo contrário. Tem poderes, como se verá adiante, inclusive, para adequar e flexibilizar o procedimento processual à realidade do caso específico, o que, por certo, em muitas ocasiões o torna imprevisível para as partes.

A atuação do juiz, todavia, encontra limites diante das decisões anteriormente proferidas pela Corte, em outras oportunidades e demandas, que eventualmente se encaixem na situação jurídica então posta sob sua apreciação e jurisdição. Com certeza, esta questão é fundamental e nela se encontra todo o fundamento do *Common Law*, que o distancia da *Civil Law*.

De fato, naquele sistema tudo gira em torno das decisões judiciais já proferidas, não propriamente pelo mérito da decisão em si, mas, sim, pelas vinculações que ostentam em relação a todos os casos que, posteriormente, se assemelharem àquele julgado. Vale dizer, a decisão judicial emanada e transitada em julgado passa a ser um precedente com uma força tamanha que torna obrigatório o seu acatamento para todos os casos posteriores a ele que se enquadrem à mesma realidade fática.

Conforme registra em obra específica Guido Fernando da Silva Soares, uma decisão judicial neste sistema, por derradeiro, tem dupla função, quais sejam:

> 1) Decide o caso *sub judice* e faz coisa julgada (*res judicata* é expressão corrente nos EUA), dizendo os doutrinadores dos EUA que assim se cria o direito, como o legislador, porém limitado às questões em controvérsia (*issues*) e às partes; neste particular, nada de diferente existe quanto ao sistema romano-germânico, salvo no que diz ao poder de "criação"de direito por parte do juiz; 2.) Tem um efeito além das partes ou da questão resolvida (e aqui reside a tipicidade da *Common Law*), pois cria o precedente, com força obrigatória para os casos futuros. Na verdade, o precedente não é uma regra abstrata, mas uma regra intimamente ligada aos fatos que lhe deram origem, razão pela qual, o conhecimento das razões da decisão é imprescindível; não se pode aplicar um precedente fixado em matéria de motivos para divórcio, por exemplo, à resolução de uma questão que verse sobre contratos ou obrigações alimentícias![6]

Uma decisão judicial, segundo a perspectiva de tal sistema, ostenta: a) os fatos narrados ou visualizados pelo juiz; b) os princípios do direito aplicados ao fato; e c) o julgamento baseado numa combinação dos dois primeiros elementos ("a" e "b"). O que realmente vincula são os princípios do direito aplicados ao fato ("b") e não a decisão em si ("c"). A decisão em si ("c") interessa somente à parte que participou do processo; já os princípios de direito aplicáveis a determinados fatos ("b") interessam a toda sociedade, porquanto representam a interpretação da justiça sobre aquela situação, vinculando o juiz para todos os casos idênticos posteriores.[7]

A análise de aplicação de um precedente a determinado caso, no entanto, não é matéria tão simples quanto possa imaginar um operador da *Civil Law*, bastando dizer que requererá não somente uma precisa investigação, mas também uma boa qualificação técnica para apresentação e comparação dos casos em juízo. Tanto nos Estados Unidos quanto na Inglaterra a pesquisa e o estudo sobre os precedentes se apresentam de forma vital para o exercício da advocacia contenciosa e também da atuação judicial, sendo, pois, objeto de análise minuciosa nas faculdades de Direito.

Pelo fato de o caso decidido ter importância continental, o percurso de análise dos fatos e da causa propriamente dita é matéria árdua, sendo que, de início, o precedente se apresenta como mero ponto de partida, ficando a critério do juiz decidir se ele se enquadra naquela questão *sub judice* ou não, fato que, por certo, conta com certo subjetivismo *(distinguishing)*. Na prática, cotejam-se os grupos de casos semelhantes para ao fim decidir qual precedente mais se afeiçoa ao caso concreto.

Edward Re, professor da Universidade de Nova Iorque, a propósito bem leciona neste sentido:

---

[6] SOARES, Guido Fernando Silva. *Common Law Introdução ao Direito nos EUA*, São Paulo: Revista dos Tribunais, 2ª ed. p. 40

[7] VIEIRA, Andréia Costa. *Civil Law* e *Common Law* – Os dois grandes sistemas legais comparados. Porto Alegre: Fabris. 2007, p. 125.

É preciso compreender que o caso decidido, isto é, o precedente, é quase universalmente tratado como apenas um *ponto de partida*. Diz-se que o caso decidido estabelece um princípio, e ele é na verdade um *principium*, um começo, na verdadeira acepção etimológica da palavra. Um princípio é uma suposição que não põe obstáculo a maiores indagações. Como ponto de partida, o juiz no sistema do *common law* afirma a pertinência de um princípio extraído do precedente considerado pertinente. Ele, depois, trata de aplicá-lo moldando e adaptando aquele princípio de forma a alcançar a realidade da decisão ao caso concreto que tem diante de si. O processo de aplicação, quer resulte numa expansão ou numa restrição do princípio, é mais do que apenas um verniz; representa a contribuição do juiz para o desenvolvimento e evolução do direito.[8]

É por razões históricas, e de longa data, que o *Common Law* se caracteriza pela eleição do precedente como fonte primária, sendo tal força vinculativa das decisões, como se registrou, elemento central de tal estrutura jurídica. De se registrar que os precedentes ostentam o condão de vincular a decisão proferida aos casos posteriores, ainda que tal decisão não pareça a mais correta. Essa circunstância é, inclusive, criticada e posta como ponto fraco pelos próprios seguidores do *Common Law* já que, em determinadas oportunidades, pode gerar situações teratológicas. Lembre-se, por exemplo, do precedente polêmico existente na Inglaterra, cujo conteúdo dizia que "não era crime o estupro dentro do casamento". Tal precedente levou, de fato, muito tempo para ser alterado.[9]

O seguimento de um precedente para os integrantes do *Common Law* é, pois, a materialização do que já foi definido e que, por tal razão e para manter a segurança jurídica, não pode ser modificado. É que, segundo a concepção existente, uma vez tendo sido a situação julgada, a sociedade já teria absorvido aquela decisão como norma de conduta não sendo razoável então, posteriormente, alterá-la.

A previsibilidade dos julgamentos, com base nos precedentes é, dentro do sistema, um elemento extremamente valorizado representando a sua não aplicação, ao fim e ao cabo, uma "quebra de confiança" no próprio conjunto jurídico que regula a sociedade.

Sérgio Gilberto Porto, com a propriedade que lhe é peculiar, bem frisou uma série de explicações registradas pela doutrina norte-americana para a utilização da ideia de precedente vinculante. Convém, pois, destacar os argumentos:

(a) Na mesma jurisdição, o direito deve dar a mesma resposta para as mesmas questões legais. Para desenvolver o direito uniformemente e através do sistema judicial, as Cortes devem respeitar as resoluções hierarquicamente superiores. Trata-se, pois, do prestígio ao valor 'segurança jurídica'. (b) Em segundo lugar, justiça imparcial e previsível significa que casos semelhantes serão decididos da mesma forma, independentemente das partes envolvidas, numa homenagem ao princípio da isonomia. (c) Em terceiro lugar, se na prática fosse de outra forma, isto é, não fossem as decisões judiciais previsíveis, o planejamento nas demandas iniciais seria de difícil concepção. (d) Em quarto lugar, *stare decisis* representa opiniões razoáveis, consistentes e impessoais, a qual incrementa a credibilidade do poder judicante junto à sociedade. (e) Em quinto lugar, além de servir para unificar o direito, serve para estreitar a imparcialidade e previsibilidade da justiça, facilitando o planejamento dos particulares, em face do padrão prefixado de comportamento judicial. Em resumo, a existência da doutrina da *stare decisis* acredita implementar – modo claro – qualidade e segurança na prestação do serviço justiça e, por decorrência, melhorar o convívio social.[10]

[8]. RE, Edward D. *Stare Decisis*. trad. Ellen Gracie Northfleet. *In:* Revista Forense v. 327, p. 38.

[9] VIEIRA, Andréia Costa. *Civil Law* e *Common Law* – Os dois grandes sistemas legais comparados. Porto Alegre: Fabris. 2007.

[10] PORTO, Sérgio Giberto, Precedente vinculante. Estudo em homenagem ao professor Egas Moniz de Aragão. Disponível na home Page da Academia Brasileira de Direito Processual Civil – http://www.abdpc.org.br/textos/artigos/html/Artigo%20final.htm. Acesso em 09.12.2007.

Na concepção de um investigador da *Civil Law*, pode-se dizer que os precedentes do *Common Law* atuam como normas reguladoras das condutas sociais, e a negação de aplicação desses precedentes a um determinado caso em que, *a priori*, incidiria, seria uma verdadeira negativa à previsibilidade e segurança jurídica, as quais se mostram imprescindíveis para garantir a desejada paz social.

Na Inglaterra, ao contrário do que ocorre nos Estados Unidos, eventual revogação de precedente, em determinadas situações, tem efeito *ex tunc*, motivo pelo qual há uma resistência ainda maior da que se verifica em outros países para se desconsiderá-lo.

Analisando a questão, Andréia Vieira bem expôs:

> (...) Ao lado do fato de se criar certeza para a *Common Law*, outras razões para não se revogar precedentes são os problemas financeiros e contratuais que disso decorreria. Pode ser até que, em certas circunstâncias, um fato que antes era lícito venha a ser considerado Ilícito pelo sistema da revogação. O mesmo não acontece com os precedentes que sejam revogados por estatutos. A revogação por Estatuto, assim como se dá na maior parte dos países da família romano-germânica só opera com efeito *ex nunc*, ou seja, não há retroatividade.[11]

Há, de fato, verdadeira resistência quanto à aplicação do "abandono do precedente" *(overruling)*, porque, sendo o precedente uma fonte de direito e, logo, um instrumento de regulação social, a sua não incidência em determinado caso fático específico a que, em tese, seria aplicável representa uma *violação* à base do próprio sistema.

Evidentemente que, por estas razões, no *overruling* o esforço argumentativo do juiz deve ser muito maior do que na situação em que meramente aplicaria o precedente.

Há, todavia, que se fazer uma distinção entre precedente e precedente vinculante. O juiz norte-americano, por exemplo, estará vinculado aos precedentes da Corte onde se situar a sua jurisdição, bem como da Suprema Corte, não tendo, todavia, de obedecer a precedentes de tribunais outros, ainda que se situem dentro dos Estados Unidos. De igual sorte, por exemplo, um juiz federal não estará obrigado a decidir da mesma forma como decidiu uma Corte Estadual, porquanto se trata de esferas distintas e que, por certo, não se sobrepõem e não geram dever de observância.

Tem-se que uma decisão terá força vinculante, segundo anota com propriedade Ugo Mattei, quando houver: 1) identidade de fato; 2) Já tenha sido adotado em Corte da mesma jurisdição; 3) Não tenha sido modificado ou revisto, isto é, não tenha sido superado por entendimento mais atual; e 4) quando a matéria jurídica se apresenta idêntica.[12]

Um precedente que se mostre não vinculante, seja pelo fato de não corresponder à mesma realidade, mas apenas análoga, seja por não pertencer à Corte da mesma jurisdição, ou por qualquer outra razão, pois, expõe-se como mero elemento de argumentação jurídica, de persuasão. É, de fato, um mero ponto de partida, um princípio a ser observado sem que o fim (resultado) da demanda com ele convirja. Escrevendo sobre o tema, Leonardo Lima bem registrou: "O precedente só terá força vinculante se houver identidade com base nos fatos ou nas questões de direito suscitadas (*bin-*

[11] VIEIRA, Andréia Costa. *Civil Law* e *Common Law* – Os dois grandes sistemas legais comparados. Porto Alegre: Fabris. 2007, p. 127-128.

[12] MATTEI, Ugo. *Stare decisis:* il valore del precedente giudiziario negli Stati Uniti d'America, Milano, Giuffrè, 1988, p. 3.

ding ou leading precedents), caso contrário servirá apenas de elemento persuasivo (*persuasive precedents*)".[13]

Tal posição é igualmente referida por Guido Fernando da Silva Soares ao lecionar:

> A autoridade (*authority*), ou melhor dito, a força de impor-se a futuros casos dos *cases laws*, segundo a doutrina, pode ser dividida em duas classes: a) *persuasive*, em geral de decisões de cortes de jurisdição paralela (mesma jurídicas de outros Estados) ou de votos vencidos ou minoritários da mesma corte ou de cortes superiores, e a determinados assuntos(...); b) *binding authority*, as decisões das cortes superiores da mesma jurisdição ou as decisões da mesma corte.[14]

Na interpretação de um precedente, dentro do *Common Law*, clássica é a distinção entre *holding* (chamado na Inglaterra de *ratio decidendi*) e de *dictum* (originariamente derivado da expressão *obter dictum*). O *holding* diz respeito ao que foi discutido e arguido perante o juiz e para cuja solução foi necessário "fazer" (criar/descobrir) a norma jurídica; diz respeito ao cerne da questão, isto é, a solução jurídica para o caso fático.[15] Já *dictum* diz respeito a tudo aquilo que se afirma na decisão, mas que não é decisivo para o deslinde da controvérsia, sendo, pois, elementos persuasivos e, talvez, no caso, confortadores da decisão proferida.[16]

Na hipótese em que se verifica a "derrogação" de um precedente, pode-se dizer que ocorreu de ele se deslocar da posição de *holding* para a posição de *dictum*, ou seja, continua presente no sistema não com forca vinculante, mas, sim, como mero elemento de persuasão, cujas ideias e valores poderão ser analisados como elementos a auxiliar a construção de uma nova tese ou mesmo novo precedente.

Nesses termos é que os precedentes apresentam sua importância dentro do *Common Law*, cabendo lembrar, entretanto, que em cada país eles guardam suas peculiaridades. Nos Estados Unidos, por exemplo, a Suprema Corte não se vincula aos seus precedentes, servindo, pois, como mero *dictum*, muito embora seja raro ela negar suas orientações já lançadas, conforme bem aponta José Carlos Barbosa Moreira.[17]

4. *Equity Law versus Common Law*

Antes de nos aprofundarmos a respeito dos poderes do juiz no *Common Law*, a distinção existente entre este e a *Equity Law*, muito embora tenha mais relevância

[13] LIMA, Leonardo D. Moreira. *Stare decisis e súmula vinculante: um estudo comparado.* Disponível em: http://sphere.rdc.puc-rio.br/direito/revista/online/rev14_leonardo.html#_ftnref3, acessado em 07.12.2007, às 20:30

[14] SOARES, op. cit, p. 42

[15] Em palestra proferida em Congresso da Academia Brasileira de Direito Processual Civil, José Rogério Cruz e Tucci, abordando a questão da súmula vinculante, bem frisou: "O que vincula é a fundamentação, é a regra jurídica constante da fundamentação. Por isso, no sistema da *common law*, quem trata deste assunto, volta-se a atenção para a *ratio decidendi*, ou seja, a regra jurídica aplicável a um caso similar, a um caso análogo. Então, há necessidade – e aí entra o papel do advogado, que é muito importante – de evidenciar a hipótese semelhante ou destoante. Esse é o método da common *law* chamado *distinguishing*. Esse método de verificar se efetivamente as causas de pedir são similares ou não. Esqueçam o dispositivo. O dispositivo não vincula nada. É lógico que ele é iluminado pela causa de pedir. A súmula vinculante, a exemplo dos princípios sumulados hoje, tem, do ponto de vista formal, esse mesmo desenho. É a regra jurídica que deve ou não ser aplicada no caso análogo. Então, não tenho este receio de estratificação. Disponível em: http://209.85.207.104/search?q=cache:aP4Z7eQx4B0J:www.tj.rs.gov.br/institu/c_estudos/doutrina/congresso_direito_processual_civil/Dr_Jose_Rogerio_C_e_Tucci_06_02_2006.doc+tucci+jos%C3%A9+rog%C3%A9rio+common&hl=pt-BR&ct=clnk&cd=2&gl=br. Acesso em 10/12/2007, às 01h:34min)

[16] SOARES, op. cit, p. 42.

[17] MOREIRA, José Carlos Barbosa. A Suprema Corte norte-americana: um modelo para o mundo? In: *Temas de Direito Processual*. Rio de Janeiro: Forense. Oitava série, 2004, p. 239.

histórica do que prática nos dias atuais, merece ser abordada, porque, ainda, é um ponto de referência dentro daquele sistema.

Com efeito, nos primórdios, o *Common Law* se destinava a apreciar alguns casos do povo que se mostravam relevantes, vale dizer, era um sistema voltado não para todas as disposições litigiosas da sociedade, mas, sim, para algumas. De outro lado, tratava-se de um sistema caro e altamente formal, excluindo, por várias razões, inúmeras lesões ou ameaças de lesões a direitos.

Diante de tal realidade e tendo em vista que, naturalmente, o Estado precisava tutelar todas as relações litigiosas, até para manter a paz e a organização social, criou--se, como um efeito natural, o *Equity Law*, cujo propósito inicial era justamente o de evitar negativa de tutela estatal para aquelas questões que não tinham previsão de tutela ou não tinham cabimento dentro do *Common Law*.

O *Equity Law*, assim, pode ser compreendido como uma resposta ao sistema de "injustiça", ou melhor, como forma de evitar-se que lesões ou ameaças de lesões a direito ficassem à margem de uma tutela estatal. Por certo, o *Equity* acabou se desenvolvendo como um sistema paralelo para todas aquelas situações que não se enquadravam dentro do *Common Law*, seja por falta de previsibilidade ou mesmo de acessibilidade, uma vez que, entre outras coisas, como se disse, este se apresentava com um sistema cujo custo era extremamente alto.

Conhecido como sistema "fora da lei", o *Equity Law* era baseado na consciência, no bom senso. *Equity* significa igualdade, que provém do latim *equitas* (justiça), derivação de *equs* (justo, imparcial).

O *Equity* desenvolveu-se principalmente para o direito de propriedade, direito dos contratos e também para questões relativas às garantias, e com o tempo ganhou forte expressão dentro do próprio *Common Law*, inclusive com decisões que serviam de base de consulta a esta.

No século XIX, na Inglaterra, houve a fusão entre *Common Law* e *Equity Law* por conta da *Judicarute Acts*. Nos Estados Unidos, em 1938, as diferenças que existiam entre *actons at Law* e *suits in equity* foram extintas pelo que se denominou *Civil Actions*.

Há na experiência forense uma referência que se faz até os dias de hoje, inclusive por virtude destas disposições históricas entre o *Common Law* e o *Equity Law*, segunda a qual todas as questões que têm previsibilidade se incluem no *Common*, ficando as demais questões relegadas ao *Equity*. Nesses termos, por exemplo, uma pretensão cuja tutela seja voltada ao ressarcimento em função de perdas e danos se inclui dentro do *Common Law*, ao passo que uma pretensão cujo norte seja a obtenção de tutela na forma específica (*decree of specific performance*) inclui-se na amplitude da *Equity*.

Talvez, na interpretação de um estudioso da *Civil Law*, a figura da *Equity* possa ser vista como um elemento capaz de ampliar *os poderes de cautela* e de *condução do processo* pelo juiz para garantir um resultado justo.

No panorama processual, o discernimento prático entre *Common Law* e *Equity Law* igualmente se manifesta, bastando dizer que, por exemplo, em matéria probatória, pelo sistema do *Common Law*, incumbe às partes apresentar as suas provas, ao passo que pelo *Equity* tem o juiz a possibilidade de interferir para bem de assegurar um resultado equânime. Pode o juiz, na *Equity*, *v.g.*, valer-se do seu poder para determinar que uma parte apresente certos documentos ou mesmo mande buscá-los e apreendê-los (*discovery order*).

5. Os poderes do juiz no *Common Law*

Pela liberdade e abertura do *Commom Law,* na esfera processual, é dado ao juiz conduzir a demanda da forma que julgar mais adequada para conseguir resolver a controvérsia dentro daquilo que entender mais justo. Tal amplitude e flexibilidade, como se disse linhas atrás, dão ao magistrado poderes notáveis, o que, por alguns, é visto como um problema dentro do sistema, uma vez que, em determinadas situações, dependendo da ideologia do magistrado pode, *na prática*, resultar em situações desastrosas.[18]

Tem-se que, de qualquer sorte, em tese, os limites da atuação do juiz se encontram dentro de grandes conceitos, tais como respeito ao direito de defesa, direito de produção de prova, direito da parte de ser ouvida, devido processo legal, entre outros. Há nos Estados Unidos precedentes, por exemplo, que garantem a toda pessoa humana residente naquele país o direito irrestrito ao *Due Processo of Law*, bem como a não violação de seus direitos fundamentais, tais como, o direito à vida, à liberdade, à livre expressão, ao ir e vir, à propriedade individual etc.

Pode-se afirmar que a atuação do juiz parece estar mais voltada à proteção de sua imagem de imparcial perante a sociedade do que propriamente atrelada ao seguimento de alguma orientação doutrinária ou normativa. Nos Estados Unidos essa posição de proteção da imagem fica exacerbada, uma vez que a legitimidade do juiz deriva do voto dos cidadãos.

No *Common Law* americano, há uma repulsa a aspectos inquisitoriais, seja no processo civil, seja criminal, de forma que se exige moralmente uma neutralidade absoluta do juiz, como se fosse um árbitro que meramente controla o jogo.

É em face da flexibilidade (limitada, todavia, aos precedentes e aos próprios princípios da ampla defesa, da razoabilidade, do devido processo legal, dentre outros) que se fala que *judge made law*, ou seja, o juiz faz a norma.

Tal posição ganha relevo, de outro lado, pelo fato de não existirem em várias situações recursos processuais para a parte se insurgir contra a decisão proferida (não há, por exemplo, na maioria dos estados norte-americanos, recuso idêntico ao agravo de instrumento brasileiro para atacar decisões de cunho interlocutório).

O processualista brasileiro Antonio Gidi, professor da Universidade Houston, nos Estados Unidos, com toda a autoridade em obra específica sobre o direito daquele país, bem leciona:

> As normas processuais americanas são regidas em uma linguagem desconcertantemente ampla, deixando uma larga margem de discricionaridade ao juiz de primeiro grau. Essa flexibilidade é a marca registrada do direito americano e permite ao juiz adaptar o processo às peculiaridades de cada caso. Por um lado, isso faz do direito processual americano extremamente sensível às circunstâncias de cada caso concreto e

[18] O fato de se considerar o juiz o "livre" condutor do processo, acaba, de fato, justificando determinadas decisões que podem ser parciais, daí por que se diz que, na prática, o juiz, pela sua força, pode potencializar ou despotencializar uma demanda, segundo a sua posição ideológica.

essa pode ser considerada a razão do sucesso das ações coletivas. Por outro lado, pode deixar as partes reféns das convicções pessoais de cada juiz.[19]

Em sede de *equity*, no pleito de *injuctions*, por exemplo, que nada mais é do que uma ação de caráter mandamental cujo propósito é a obtenção de uma ordem no sentido de compelir a parte adversa a fazer ou não fazer algo, vê-se que o juiz está autorizado a deferir ordens mandatórias (ordenando que se faça) ou proibitórias (ordenando que se abstenha), muitas vezes sem instrução prévia, liminarmente, decisão esta contra a qual *inexiste recurso previsto(!)*.[20] O mesmo acontece também, nos casos de *specific performance*, vale dizer, em ação de caráter mandamental lastreada em contrato, cujo objetivo do requerente é obter a execução específica de uma obrigação.

Interessante notar que, no *Common Law*, o deferimento de uma liminar, da mesma sorte com que ocorre na *Civil Law*, está jungido à presença de determinados elementos autorizadores, os quais, de igual maneira, dependem da interpretação da prova e até de certa subjetividade.

Mas, é necessário dizer que, no universo jurídico anglo-saxão, ao juiz não só é dado o poder de conduzir o processo da forma que julgar mais adequada, como também de fazer valer as suas decisões. Com efeito, as possibilidades que se abrem ao juiz para efetivar suas ordens no caso de *contempt of court* são realmente amplas.

O instituto do *contempt of court* significa o desrespeito de alguém para com a autoridade do órgão judicial, podendo derivar tanto de uma ação quanto de uma omissão. Significa, em verdade, uma afronta ao povo e à dignidade da jurisdição, a qual não pode ser tolerada, devendo, sim, ser punida exemplarmente.

O *contempt of court* é dividido, no sistema norte-americano, em *civil* ou *criminal*. Diz-se que é civil, quando o ato de desacato é voltado a prejudicar o adversário, isto é, quando fulcrado em resistir à satisfação do direito alheio; é criminal, quando destinado prioritariamente a prejudicar a atuação jurisdicional, denegrindo a "reputação do juiz ou tribunal". Nesses termos, por certo, pode-se verificar o *civil contempt* no processo penal, assim como também é possível verificar-se um *criminal contempt* num processo civil.[21]

Evidenciada a existência de *contempt of court,* o juiz tomará as medidas judiciais que julgar mais acertadas, verificando-se a possibilidade de aplicação de sanções cujo propósito pode ser coercitivo ou punitivo.

[19] GIDI, Antonio. *A Class Action como instrumento de tutela coletiva dos direitos*. São Paulo: Revista dos Tribunais, p. 18.

[20] Vale dizer que, no Brasil, dificilmente se admitiria a outorga a um juiz do poder de deferir medidas liminares sem que contra tal decisão caiba algum recurso com intuito de cassação ou mesmo reforma do *decisum*, o que bem revela a diferença de "cultura jurídica" entre o nosso sistema e o da *Common Law*.

[21] Aliás, neste diapasão Araken de Assis leciona: "O contempt criminal consiste na ofensa à dignidade e à autoridade do tribunal ou de seus funcionários, gerando obstáculo ou obstrução ao processo, tornando-o mais moroso. Por via de conseqüência, o ato provocará má reputação do órgão judiciário. Pode ocorrer em processos civis ou penais, independentemente do procedimento concreto adotado. Exibe nítido caráter punitivo, a um só tempo reprimindo o autor da ofensa e dissuadindo a ele ou a outras pessoas de comportamento similar. (...) o contempt civil consiste na omissão de certo comportamento prescrito pelo tribunal, a favor de uma das partes. Em síntese, é o mau comportamento, idôneo a prejudicar, impedir ou frustrar o direito alheio, a exemplo do que acontece com a desobediência a injuction.(...) Legitima-se a parte atingida a requerer a aplicação da respectiva sanção, mas nada inibe a atuação ex officio do juiz" (ASSIS, Araken de. O Contempt Of Court no Direito Brasileiro. *Revista de Processo*, n° 111. São Paulo, Revista dos Tribunais, julho/setembro de 2003, p. 18.)

Dentre as sanções que se observam, as multas (as quais não têm limite) se destacam como as mais efetivas a atingir o resultado desejado. A prisão daquele que se opõe à decisão judicial, não somente é uma possibilidade, como uma realidade, sendo muito prestigiada dentro de tal conjuntura jurídica.

A Suprema Corte norte-americana quanto à legitimidade das punições com base no *contempt of court* frisou em voto do Juiz Field:

> O poder para punir é inerente a todas as Cortes; sua existência é essencial, para a preservação da ordem em procedimentos judiciais e para (...) a devida administração da justiça. No momento em que as Cortes dos Estados Unidos da América passaram a existir e foram investidas de jurisdição, sobre qualquer assunto, elas se tornaram detentoras de tal poder.[22]

Sem dúvida, a abertura do sistema permite que o juiz aja da maneira que lhe parecer mais correto não somente para atingir o fim último do processo (satisfazer aquele que tem razão), mas também para permitir que ele se desenvolva corretamente. No que se refere à discricionariedade do juiz no Direito norte-americano, Antonio Gidi bem frisou: "Em face da extrema flexibilidade dos poderes discricionários do juiz, diversas medidas podem ser tomadas visando à superação de dificuldades. O limite é apenas o da criatividade das partes e do juiz".[23]

A figura do *contempt of court* representa, sem dúvida, uma norma geral em branco autorizando sanções e punições por atos de desacato à força do juiz, se empregando a todos aqueles que de alguma forma causam embaraço ou resistem o cumprimento das decisões judiciais.[24]

De outra banda, importante registrar que os poderes do juiz se encontram muito mais voltados à condução do processo do que à formação da prova. Aliás, nesse aspecto a posição do magistrado passa a ser justamente oposta, uma vez que, dentro do *adversarial system* (sistema adversarial), incumbe às partes a produção das provas, não lhes sendo lícito influenciar, solicitar ou indicar a sua produção. A atuação do magistrado, na fase probatória, tem que ser a mais neutra possível, cabendo lembrar o caso de certo juiz inglês que, há décadas, teve anulado o julgamento que presidia por haver feito muitas perguntas às testemunhas – comportamento reprovado como violador da garantia do *fair trial*.[25]

Hoje, no que tange às provas, a posição dos poderes do juiz na Inglaterra está mais amadurecida e ampla, distanciando-se sensivelmente da empregada nos Estados Unidos. É que, ao passo que naquele país se admite, (por conta da *Civil Procedure Rules* de 1999), que o juiz emita instruções no sentido de especificar as questões para as quais deseja a prova, a maneira como deve ser ela apresentada em juízo (*rule 32.1.*), ou solicite informações adicionais a respeito da prova (*rule 18.1.*), nos Estados Unidos, não se concebe tal tipo de intervenção.

---

22 GOLDFARB, Robert L. *The Contempt of court*. New York: Columbia University Press. 1963, p. 23.

23 GIDI, Antonio. *A Class Action como instrumento de tutela coletiva dos direitos*. São Paulo: Revista dos Tribunais, p. 183.

24 Em verdade, a redação do parágrafo único do art. 14 do Código de Processo Civil brasileiro foi claramente influenciada pela perspectiva de tal instituto, lamentando-se, todavia que, pela postura legislativa, o *contempt of court* brasileiro tenha ficado com suas forças limitadas à multa equivalente a até 20% (vinte por cento) sobre o valor da causa, o que, em dadas circunstâncias (onde a causa, por exemplo, tem valor de alçada ou inestimável), mostra-se inaceitável enquanto veículo inibitório e de punição a condutas indesejadas que maculam a imagem do Poder Judiciário.

25 MOREIRA, José Carlos Barbosa. A revolução processual Inglesa. In: *Temas de Direito Processual*. Rio de Janeiro: Forense. Nona série, 2007, p. 75.

Conforme bem assinala José Carlos Barbosa Moreira, aos advogados norte-americanos, de forma alguma lhes agrada a participação ativa do magistrado no momento da colheita das provas orais, porquanto tal situação ocasiona o "roubo" da cena em que os advogados pretendem ser os protagonistas. Segundo refere, "essa idiossincrasia é capaz de induzir numerosos magistrados a timbrar na autocontenção, notadamente nos Estados Unidos onde os juízes são eleitos: aqueles que se candidatam à reeleição não se dispõem com facilidade a alienar a simpatia da classe dos advogados, cuja influência eleitoral costuma ser apreciável."

A posição da questão probatória dentro do *Common Law* é absolutamente particular e se revela muito interessante no que, nos Estados Unidos, se denomina *the law of evidences*, instituto que em realidade é visto e estudado não como um elemento dentro da conjuntura processual, mas, sim, um ramo do Direito, assim ensinado nas *Law School.*

Com efeito, *the law of evidences*, é o ramo do Direito que cuida das regras, das características e, principalmente, das peculiaridades a respeito da produção, condução e análise da prova dentro do processo, desde a sua investigação até mesmo a sua forma de apresentação ao juiz ou ao júri. Dispõe-se, por exemplo, a analisar as provas aceitas em juízo; o ônus da prova (*burdem of proof*); os direitos, deveres e impedimentos das testemunhas, entre outros prismas ligados à prova.

A propósito, cabe dizer que nos Estados Unidos, principalmente, percebe-se uma grande valorização da prova testemunhal, verificando-se, inclusive, a necessidade de defesa de documentos escritos por meio de testemunhas –, o que, para nós brasileiros, até certo ponto causa perplexidade. Por exemplo, não raramente, médicos são chamados em juízo para defender atestados ou laudos que assinaram, sendo inquiridos a respeito dos fatos relativos à realidade vivenciada pela parte em favor de quem fora dado o documento. As perguntas são direcionadas pelos advogados, cabendo ao juiz meramente afastar questões impertinentes ou despropositadas.

Na análise da prova, o juiz tem o poder de descartar a denominada *second hand evidence*, isto é, aquele relato que diz respeito ao que o depoente não vivenciou ou assistiu, mas, sim, ao que ouviu dizer de terceiros que vivenciaram a situação. O *second hand evidence* apresenta-se como um princípio muito valorizado e estudado como um divisor de águas no que diz respeito à prova.

Importante notar em sede de avaliação de questões probatórias daquele sistema, que as testemunhas podem ser *instruídas* pelos advogados, porquanto se tem compreendido que elas têm um comprometimento com a parte em favor da qual vão depor. Tal fato, no entanto, não quebra a higidez da estrutura jurídica tampouco a macula, visto que se impõem, por outro lado, enormes sanções para o caso de flagrantes de inverdades ditas em juízo, sanções estas que podem atingir, inclusive, os próprios advogados da causa e abalar suas imagens perante o Judiciário e a opinião pública. Há de se observar dentro desta conjuntura, a figura do que lá se denomina *Estoppel*, que consiste no impedimento de uma testemunha ou de uma parte negar, por preclusão, o que havia afirmado. O direito a *Estoppel* pode, todavia, ser disponível pela parte adversa.

Mostra-se correto afirmar que nos Estados Unidos a posição do juiz em relação à prova é muito mais "fria" do que aquela que, hoje, se percebe na Inglaterra. Por consequência da *Civil Procedure Rules*, cujo objetivo foi tornar o processo inglês mais célere, menos dispendioso e efetivo (procurando-se, com isso, afastar a insatisfação social que estava até então se observando), o Direito inglês passou a ostentar uma tônica próxima da *Civil Law* e contrária à visão do sistema adversarial, por meio do qual o juiz, assim como ocorre nos Estados Unidos, tem uma posição mais distante. De fato, em face da legislação inglesa, agora, expressamente incumbe ao juiz uma postura mais reguladora e condutora dos rumos do processo, inclusive, na fase probatória.

Com efeito, o *Civil Procedure Rules* inglês, expressamente arrola uma série de medidas que bem demonstram atualmente, de forma exemplificativa, os poderes do juiz naquele país. É a regra n. 3.1. que registra caber ao juiz: dilatar ou encurtar prazos; adiar ou antecipar audiências; ordenar à parte ou ao seu representante que compareça ao tribunal; realizar audiências ou colher prova por telefone ou outro meio de comunicação oral direta; determinar que se processe em separado parte da matéria litigiosa; suspender total ou parcialmente o curso do feito, quer em termos genéricos, quer até a data ou acontecimento especificado; reunir processos; julgar duas ou mais causas na mesma ocasião; ordenar o julgamento separado por qualquer questão; estabelecer a ordem em que as questões serão decididas; excluir a apreciação de alguma; rejeitar ou proferir julgamento após decisão de questão preliminar, entre outras disposições, calhando notar que as referências legais não são taxativas, conforme dá a entender o próprio *Civil Procedure Rules.*[26]

5.1. *Class action* e os poderes do juiz

A análise da atuação de um juiz norte-americano diante de uma *class action,* sem sombra de dúvida, se mostra absolutamente pertinente para bem de se ilustrar o poder que o sistema lhe defere.

De início cabe dizer que uma *class action* significa uma ação que visa a proteger interesses coletivos, servindo como um instrumento de regulação da sociedade, permitindo o acesso à justiça àqueles que, ordinariamente, não demandariam. Com efeito, as *class actions*, típicas ações coletivas, são muito utilizadas contra ilícitos de pequeno potencial ofensivo-financeiro individual, vale dizer, para situações em que não se apresenta viável economicamente, sob a modalidade individual, propor uma ação.

Têm as *class actions* função educativa/pedagógica, sendo importante instrumento a coibir abusos de direitos e atos ilícitos, bem como forma patente de inibição a condutas contrárias a direitos. Sua importância se dá pela sua própria existência dentro do sistema, sendo, segundo a óptica norte-americana, de menor relevância a análise a respeito do enriquecimento de quem vai receber a indenização deferida; o propósito da ação é que a conduta ilícita não fique impune, que seja punida, admitindo-se, inclusive, que todo o valor da condenação seja consumido pelas custas, despesas processuais e pelos honorários dos advogados que trabalharam na ação(!).

Por outro lado, as *class actions*, muitas vezes, representam um importante instrumento em favor do requerido, uma vez que, em certas ocasiões, economicamente, mais vale para ele ser demandado coletivamente do que de forma individual. É, pois,

---

[26] MOREIRA, José Carlos Barbosa. A revolução processual Inglesa. In: *Temas de Direito Processual.* Rio de Janeiro: Forense. Nona série, 2007, p. 75.

modalidade de ação fulcrada também no conceito de economia processual, não só para o autor, mas também para o réu.

Ao receber uma *class action*, ao juiz é dado analisar os requisitos de seu cabimento e, se for o caso, *certificá-la* como tal. São requisitos para o recebimento de uma ação com tal natureza: a) dizer respeito a um grupo numeroso, de forma que se apresente impraticável a propositura de ação por todos os litigantes; b) haver identidade de questões de direito e de fato entre os integrantes do grupo; c) haver identidade de pedidos ou de defesas entre os integrantes do grupo; d) existir uma boa representação do grupo em juízo.

É possível que a ação seja proposta diretamente como *class action* ou de forma individual, transformando-se depois em *class action*. É que, ao receber uma ação individual, pode o juiz "recomendar" a sua transformação em coletiva, situação que, com efeito, depende da concordância da parte autora, porque isso influenciará toda tramitação futura do processo, bem como os custos daí decorrentes. Recebida a demanda como coletiva, várias despesas ordinárias e extraordinárias passam a se fazer presentes, tais como a necessidade de notificar todos os integrantes do grupo a respeito da existência da ação para que eles dela tomem ciência e possam realizar o direito de autoexclusão. Só notificar-se um universo de, por exemplo, 100 mil pessoas tem um custo bastante alto, alterando o prisma da ação para o advogado que, como se disse, é encarregado de suportar todas as custas.

Importante gizar que o juiz sempre nomeará um representante para o grupo que, segundo a sua visão, seja capaz de verdadeiramente figurar como "defensor" dos anseios daquela coletividade. Tem o juiz, igualmente o poder de modificar o representante do grupo a todo e qualquer momento quando evidenciar que este não está agindo de acordo com os interesses da massa. Esse representante será remunerado, em valor a ser fixado pelo juiz, arcando com tal ônus o advogado que patrocinar a causa.

Por certo, uma *class action* se apresenta como uma aposta para o advogado e, como tal, está sujeita a resultados favoráveis ou não. Os custos são altos e haverá o procurador de ter capacidade de suportá-los ao longo de toda lide. Antonio Gidi fez interessante observação que se apresenta ilustrativa em relação à situação ora referida:

> As despesas com a *discovery* em uma ação complexa podem chegar a vários milhões de dólares. Essas despesas são custeadas pelo próprio advogado, que somente será ressarcido em caso de procedência do pedido. Do ponto de vista do interesse do advogado é melhor obter um acordo o mais rapidamente possível, logo no início da disputa, antes de investir uma grande quantidade de tempo e dinheiro com a preparação do processo. Esse acordo precipitado pode até não ser a melhor opção para o grupo, mas pode render ao advogado "gordos" honorários. Litigar a causa por mais tempo é uma estratégia comumente utilizada para exercer a pressão sobre a parte contrária, aumentar o poder de barganha e obter um acordo mais favorável para o grupo, mas pode também significar riscos desnecessários e despesas adicionais para o advogado e, ao fim, resultar-lhe mesmo numa compensação líquida inferior.[27]

De se notar, a propósito, que entre os poderes do juiz nesse tipo de ação se destaca a possibilidade de substituir o próprio advogado ou a banca de advocacia representante do grupo, acaso verifique, por exemplo, que não tem capacidade técnica

[27] GIDI, Antonio. *A Class Action como instrumento de tutela coletiva dos direitos*. São Paulo: Revista dos Tribunais, p. 121.

ou higidez financeira de custear o processo, o qual pode despender alguns milhões de dólares. Não é incomum os juízes somente aceitarem advogados em ações coletivas baseando-se na sua comprovação de solidez patrimonial e financeira. Tal fato, por certo, mostra-se absolutamente estranho aos estudiosos da *Civil Law* que, sem dúvida, se sentiriam violados no seu exercício profissional, acaso fossem afastados pelo juiz da causa em função, por exemplo, de sua postura técnica ou da sua escassa ou insuficiente riqueza.

Em vez de substituir o advogado, pode o juiz, verificando a falta de vigorosa tutela por parte daquele, negar ou revogar a *class action*. A falha na postura ética, competência ou capacidade financeira de suportar as custas pode resultar na *retirada da certificação* da ação como coletiva, passando a ter tramitação como ação meramente individual. É possível que o juiz, diante da deficiência do causídico, descaracterize uma ação como coletiva na própria sentença de mérito ou mesmo após ela.

Essa situação de *retirada da certificação* da ação, quando ocorre, verdadeiramente, afigura-se catastrófica para o advogado do autor (que suportou as custas até então) e para o réu que, ao longo da ação, investiu verdadeira fortuna na sua defesa e com contratação de advogados para uma demanda que de coletiva, ao fim e ao cabo, transformou-se em individual. Só os honorários pagos pelo réu aos seus advogados pode ter custado algumas centenas de dólares a mais do que o valor a que foi condenado pagar ao demandante individual, o que, por si só, mostra a desproporcionalidade da situação e a armadilha em que pode se transformar tal demanda.

Por essas e por outras razões é que, em várias ocasiões, o réu apresenta impugnações, na prática, ao representante do grupo e, às vezes, à higidez patrimonial dos advogados adversos, a fim de forçar uma manifestação, desde logo, do juiz a respeito da *retirada de certificação*, evitando que essa somente ocorra no final da lide, após ter sido despendida verdadeira fortuna. Nada, todavia, garante que, sendo rejeitadas as alegações do requerido nestes aspectos, ao fim, não vá o juiz rever sua posição.

É em razão dessas circunstâncias que para o réu, em dados casos, mais vale fazer acordo do que se sujeitar aos riscos e aos custos do processo.

Em resumo, é correta a afirmação segundo a qual, numa *class actions*, o juiz tem poderes ainda maiores do que se verifica normalmente, quando a ação passa a ser de interesse coletivo. Analisando o procedimento desse tipo de ação, pode-se, resumidamente, dizer que o juiz tem o poder de: a) redefinir o grupo (*class redefinition*), restringindo-o aos membros adequadamente representados pelo candidato a representante; b) notificar o grupo e convidar à intervenção outros membros para que substituam ou auxiliem o representante, aperfeiçoando o requisito, ou para que informem o juízo se consideram o representante adequado; c) convidar outros advogados para substituir ou auxiliar o advogado do grupo; d) dividir o grupo em subgrupos; e) negar a certificação coletiva, permitindo o prosseguimento na forma individual; f) garantir a execução da coisa julgada *erga omnes* aos beneficiados da *class action* que foram notificados e que não exerceram o direito de autoexclusão.

Evidentemente esses poderes dos juízes, na prática, podem ser utilizados de forma imprópria, abusiva ou indesejada, como chegam a apontar alguns doutrinadores,[28] todavia isso faz parte do sistema. Não do *Common Law*, mas, sim, de qualquer

[28] GIDI, Antonio. *A Class Action como instrumento de tutela coletiva dos direitos*. São Paulo: Revista dos Tribunais.

sistema que se disponha a dar poder a alguém investido de legitimidade para julgar os demais e, principalmente, de poder fazer valer a sua decisão. Claro que, quanto mais poder se dá, maiores podem ser os efeitos nefastos das decisões "incorretas" ou "tendenciosas". Isso, no entanto, ao que nos parece, encontra-se bem dimensionado dentro do *Common Law*.

Seja como for, bem ou mal, o fato é que as *class actions* funcionam dentro do sistema norte-americano atingindo, verdadeiramente, o propósito a que se propõem. Por meio delas, a sociedade consegue "controlar" condutas sociais tidas por contrárias ao direito e, mais do que isso, os juízes passam, como representantes do povo, a ostentar função peculiar no controle da técnica e da qualidade dos profissionais que na ação atuam, garantindo uma boa defesa dos interesses coletivos.

6. Bibliografia

ASSIS, Araken de. O Contempt Of Court no Direito Brasileiro. *Revista de Processo*, n° 111. São Paulo: Revista dos Tribunais, julho/setembro de 2003.

ASCENÇÃO, J. Oliveira. *Fontes do Direito no sistema do 'Common Law'. In:* Revista de Direito Público n. 35-36, p. 09-20.

CAPPELLETTI, M & JOLOWICZ, J.A. *Public interest parties and tehe active role of the judge in civil litigation.* Milano: Giuffrè Editore, 1975.

DAVID, René. *Os grandes sistemas do direito contemporâneo.* Direito comparado. Trad. Herminio A. Carvalho. Lisboa: Editora Meridiano, 2ª. Ed. 1993.

FISS, Owen. *Um Novo Processo Civil estudos norte-americanos sobre jurisdição, constituição e sociedade.* São Paulo: Revista dos Tribunais, 2004.

GIDI, Antonio. *A Class Action como instrumento de tutela coletiva dos direitos.* São Paulo: Revista dos Tribunais, 2007.

GIFTS, Steven H. *Law Dictionary.* New Jersey: Barron´s Ed., 1996.

GOLDFARB, Robert L. *The Contempt of court.* New York: Columbia University Press, 1963.

GUERRA, Marcelo. Contempt Of Court: Efetividade da Jurisdição Federal e Meios de Coerção no Código de Processo Civil e Prisão por Dívida-Tradição no Sistema Anglo Saxão e Aplicabilidade no Direito Brasileiro. In *Execução contra a fazenda pública.* Brasília: Centro de Estudos Judiciários-Conselho da Justiça Federal, 2003.

HAZARD, G. C.; TARUFFO, M. *La giustizia negli Stati uniti.* Bologna: Il Mulino, 1993.

LIMA, Leonardo D. Moreira. *Stare decisis e súmula vinculante: um estudo comparado.* Disponível em: http://sphere.rdc.puc-rio.br/direito/revista/online/rev14_leonardo.html#_ftnref3, acessado em 08.12.2007.

MATTEI, Ugo. *Stare decisis*: il valore del precedente giudiziario negli Stati Uniti d'America, Milano: Giuffrè, 1988.

MOREIRA, José Carlos Barbosa. A revolução processual Inglesa. In: *Temas de Direito Processual.* Rio de Janeiro: Forense. Nona série, 2007.

——. *O processo civil contemporâneo*: um enfoque comparativo. In: Temas de Direito Processual. Rio de Janeiro: Forense. Nona série, 2007.

——. Notas sobre alguns aspectos do processo (civil e penal) nos países anglo-saxônicos. In: *Temas de Direito Processual.* Rio de Janeiro: Forense. Sétima série, 2002.

——. A Suprema Corte norte-americana: um modelo para o mundo? In: *Temas de Direito Processual.* Rio de Janeiro: Forense. Oitava série, 2004.

MOTTA, Cristina Reindoff. *Desacato à ordem judicial*: contempt of court. Dissertação. Porto Alegre: PUC/RS, 2002.

PORTO, Sérgio Giberto, Precedente vinculante. Estudo em homenagem ao professor Egas Moniz de Aragão. Disponível na home Page da Academia Brasileira de Direito Processual Civil: http://www.abdpc.org.br/textos/artigos/html/Artigo%20final.htm. Acessado em 09.12.2007.

RE, Edward D. *Stare Decisis.* trad. Ellen Gracie Northfleet. *In:* Revista Forense v. 327.

SOARES, Guido Fernando Silva. *Common Law* introdução ao direito nos EUA. 2ª edição. Revista dos Tribunais: São Paulo, 2000.

TUCCI, José Rogério Cruz. Reforma do Judiciário. Palestra proferida no Congresso da Academia Brasileira de Direito Processual Civil. Disponível em: http://209.85.207.104/search?q=cache:aP4Z7eQx4B0J:www.tj.rs.gov.br/institu/c_estudos/doutrina/congresso_direito_processual_civil/Dr_Jose_Rogerio_C_e_Tucci_06_02_2006.doc+tucci+jos%C3%A9+rog%C3%A9rio+common&hl=pt-BR&ct=clnk&cd=2&gl=br. Acessado em 10/12/2007, às 01h:34min

VIEIRA, Andréia Costa. *Civil Law e Common Law* – Os dois grandes sistemas legais comparados. Porto Alegre: Fabris. 2007.

— 28 —

Os *recalls* como tentativa de inibição das ações coletivas para o ressarcimento dos danos ao consumidor

MARCO FÉLIX JOBIM

Advogado e professor universitário. Especialista, mestre e doutorando em Direito.

1. Introdução

Existem momentos na vida de um profissional do direito que seus sonhos principiam a se realizar. Ser convidado para fazer parte do seletivo grupo de articulistas que estão homenageando os 50 anos de docência do Professor José Maria Rosa Tesheiner e dos 30 anos do Professor Sérgio Gilberto Porto é mais que uma honra, é algo inesquecível na vida de qualquer pessoa. Aliado a esse fato, o tema não poderia ser mais apaixonante e atual: ações coletivas.

Mas o que escrever sobre o tema é um dilema que perpassa na cabeça de todos, haja vista que, de um lado, existem correntes que defendem que se trata de uma das grandes soluções para o cidadão que não tem condições financeiras ou emocionais realmente consiga o amplo acesso ao Poder Judiciário, como se pode comprovar com a leitura do jurista italiano Mauro Cappeletti e sua segunda "onda". Do outro lado, receosos de que as ações coletivas possam vir a liquidar de uma vez com a atividade advocatícia, a classe dos advogados teme pelo uso ordinário e irrestrito do instituto.

Seja qual for a linha de pensamento adotada, uma coisa é certa: o Poder Judiciário chega num momento em sua história onde deverá passar por mudanças drásticas sob pena de pairar uma crise maior de inefetividade e intempestividade processual, caminhando ao abismo de sua paralisia total.

Para tanto, conceitos obsoletos devem ser revistos, práticas antiquadas esquecidas, dando ensejo a mudanças que inovarão o modo de pensar o direito processual e do próprio conceito de jurisdição.

É neste contexto que se analisa se o chamado *recall* é uma forma de se evitar as ações coletivas àqueles consumidores que, ainda, não experimentaram o dano através de um acidente. Para tanto, será analisado no capítulo I o que realmente é o *recall*, assim como alguns casos específicos no Brasil e no mundo para, no capítulo seguinte, avaliar onde se enquadrariam legalmente as ações coletivas dos consumidores, seus danos e, ao final, tecer algumas considerações.

Trata-se de artigo não exaustivo da matéria embora, em sua simplicidade, pretenda o articulista plantar uma linha de estudo para que se estenda a matéria a outros a fim de aprofundá-la.

2. O *recall*

O *recall*[1] é uma palavra originária da língua inglesa que na sua acepção literal significaria, no vernáculo e na ótica adotada pelo estudo, chamamento ou chamar de volta. Pode também significar no palavreado consumeirista de recolher um produto do mercado.

Isso se dá, de certa forma, quando um lote ou uma linha de produção fabricada vem defeituosa, colocando em risco à segurança que se espera do produto e, consequentemente, a dos seus usuários.

Tendo em vista que o *recall* tem um custo para a empresa e, ao mesmo passo que, quando chamado o consumidor à realização deste, a empresa está praticamente confessando publicamente sua culpa pelo defeito daquele produto, além de lhe trazer uma significativa publicidade negativa, o consumidor muitas vezes acaba com um bem que, embora consertado ou trocado, foi desvalorizado no mercado, causando-lhe prejuízos que podem, via de regra, ser cobrados no Poder Judiciário.

Assim, nota-se uma função triplamente punitiva à empresa que produz lote de produtos defeituosos e necessita consertá-los através de um *recall.* A primeira punição é no tocante ao próprio custo da reposição ou ajuste do bem; a segunda a da publicidade negativa que terá em virtude da chamada pública e, por fim, a indenização que pode sofrer em virtude dos danos causados pelo produto defeituoso, sem nem mesmo se perquirir de uma responsabilização penal através da respectiva ação e administrativa pelos órgãos de defesa do consumidor (que seriam uma quarta e uma quinta modalidades de punição).

Assim, estuda-se a terceira punição à empresa, consubstanciado no dano sofrido pelo consumidor e a respectiva ação de indenização frente ao Poder Judiciário. Essa ação na modalidade coletiva, com representação em massa, ao invés de ações individuais para cada lesado, que levariam a um consequente auxílio a uma maior intempestividade da prestação jurisdicional.

Para tanto, se estudará alguns recalls feitos no Brasil e, mais recentemente, o escândalo envolvendo a Toyota com seu recall de milhões de unidades.

2.1. O *recall* no Brasil

O direito pátrio cuida das questões relacionadas ao consumidor através de legislação própria, qual seja, a Lei 8.078, de 1990, que dispõe sobre o Código de Defesa do Consumidor, que regulamenta a Constituição da República Federativa do

[1] MELLO, Maria Chaves de. Dicionário Jurídico português-inglês – inglês-português/ Portuguese-English – English-Portuguese – Law Dicionary. 9 ed. Rio de Janeiro: Forense; São Paulo: Método, 2009. p. 924: "Recall: Remoção de servidor público do cargo (antes do término do mandato por meio do voto do eleitorado); Recolhimento de produto (da praça pelo fabricante, por apresentar defeito)".

Brasil nos seus artigos 5º, inciso XXXII, 170 e artigo 48 dos Atos das Disposições Constitucionais Transitórias.

Além de trazer informações importantíssimas sobre conceitos que são obrigatórios para o entendimento do presente estudo, como, por exemplo, o próprio conceito de consumidor[2] e de fornecedor,[3] o artigo 10 da lei discorre sobre a qualidade do produto a ser colocado no varejo ao dispor que "*o fornecedor não poderá colocar no mercado de consumo produto ou serviço que sabe ou deveria saber apresentar alto grau de nocividade ou periculosidade à saúde ou segurança*", ou seja, na teoria não poderia existir produto ou serviço defeituoso.

Contudo e infelizmente sabe-se que isto não corresponde a verdade, tendo o fornecedor, por muitas vezes, lançado no mercado produtos defeituosos, razão pela qual o mesmo Código, no § 1° do artigo 10º, traz o comportamento que deverá ter o fornecedor que coloca no mercado produto ou serviço com defeito, ao dispor que "*o fornecedor de produtos e serviços que, posteriormente à sua introdução no mercado de consumo, tiver conhecimento da periculosidade que apresentem, deverá comunicar o fato imediatamente às autoridades competentes e aos consumidores, mediante anúncios publicitários*". E mais, essa publicidade deverá sair nas rádios, imprensa e televisão, as custas do fornecedor, conforme dispõe o §2º do artigo 10 da lei.

Note-se que, aliado a informação pública, ao anúncio publicitário, a troca ou ajuste da mercadoria ou do serviço prestado, abre as portas do consumidor lesado a se ver indenizado.

E não são poucas as chamadas para o conserto de defeitos realizados em solo brasileiro, podendo ser lembrados alguns deles:[4]

> 2000. A GM convoca 1,05 milhão de proprietários de veículos Corsa e Tigra para conserto. Foi o maior recall de automóveis no país até hoje.
>
> 2002. A Kraft Foods anunciou recall de cerca de 300 mil unidades do Ovo de Páscoa Trakinas. Oproduto vinha acompanhado por um brinquedo: uma bolacha que dava pulos, graças a uma mola acoplada. O manuseio do brinde oferecia risco.
>
> 2004. A Merk Scharp & Dohme retirou do mercado o Vioxx, após divulgação de estudos que indicavam aumento no risco de ataques cardíacos e derrames com uso prolongado de medicamento.
>
> 2005. A Multibrás, que fabrica produtos da marca Brastemp, fez recall de 4,8 mil cafeteiras com defeito em componente que provocava risco de curto-circuito.
>
> 2006. Donos de 32,3 mil notebooks da Dell foram chamados para troca da baterias dos equipamentos, que podiam apresentar superaquecimento e risco de incêndio.
>
> 2007. A Mattel fez recall de 750 mil brinquedos da linha Polly com imãs aparentes, pás do conjunto Barbie e Tanner e figuras magnéticas do Batman. Havia risco de os imãs se deslocarem e serem ingeridos.
>
> 2008. Uma falha no mecanismo de rebatimento do banco traseiro levou a Volkswagen a um recall dos modelos Fox, Crossfox e Spacefox. O uso poderia provocar a amputação dos dedos da mão.
>
> 2009. A Brasbaby, distribuidora de carrinhos da Maclaren, fez recall de 9 mil unidades, depois de 12 casos de bebês no EUA que tiveram dedos amputados enquanto o produto era dobrado.

---

[2] Art. 2º da Lei 8.078/90: "*Consumidor é toda a pessoa física ou jurídica que adquire ou utiliza produto ou serviço como destinatário final.* Parágrafo Único: *Equipara-se a consumidor a coletividade de pessoas, ainda que indetermináveis, que haja intervindo na relação de consumo*".

[3] Art. 3° da Lei 8.078/90: "*Fornecedor é toda pessoa física ou jurídica, pública ou privada, nacional ou estrangeira, bem como os entes despersonalizados, que desenvolvem atividade de produção, montagem, criação, construção, transformação, importação, exportação, distribuição ou comercialização de produtos ou prestação de serviços*".

[4] Fonte: Jornal Zero Hora, domingo, 14 de fevereiro de 2010, p. 4 e 5 do Caderno de Economia.

Todos os *recalls* acima relacionados não são páreo para o recente chamado realizado pela montadora japonesa Toyota e o que isso poderá afetar sua imagem com as inúmeras ações coletivas propostas por seus usuários, razão pela qual se estuda o *recall* da montadora japonesa apartadamente.

2.2 O recall da Toyota e as class actions.

Intuído pela recente chamada da multinacional Toyota,[5] montadora japonesa de automóveis,[6] para um *recall* de seus veículos que afetariam em alguns modelos o acelerador, alguns dos grandes escritórios norte-americanos iniciaram uma onda de *class actions*[7] contra a montadora no intuito de ver indenizados os consumidores que adquiriram os modelos defeituosos.

Em recente reportagem intitulada "*Toyota enfrenta avalanche de ações coletivas nos EUA*",[8] foi veiculado que, apesar de a montadora ter chamado para a realização do *recall* cerca de 2,3 milhões de unidades,[9] as ações coletivas ingressadas já somam mais de 5 milhões de usuários, isso, pois, o escritório de advocacia Beasley, Allen, Crow, Methvin, Portis & Miles distribuiu, ajuizou sozinho, em nome de 5,3 milhões de proprietários, a maior das ações coletivas contra a Toyota Motor Corporation e Toyota Motor Sales.

Ainda na matéria acima descrita são narrados os danos sofridos pelos usuários, basicamente econômicos, que vão desde a falta de qualidade do veículo que, em vista do acelerador, não traz os índices de qualidade esperado, até a própria defasagem do preço do automóvel que, tendo em vista a proporção tomada do recall, fez com que os modelos defeituosos baixassem seu valor de mercado.

Para complementar as ações de indenização, no tocante à culpa da montadora, os consumidores alegam que o *recall* foi anunciado tarde demais e não é suficiente

---

[5] HINO, Satoshi. O pensamento Toyota: princípios de gestão para um crescimento duradouro. Tradução de Patrícia Leça Flores da Cunha; Elizamari Rodrigues Becker e Gabriela Perizzolo. Porto Alegre: Bookman, 2009. p. 145. Discorre o autor sobre o sistema de controle de qualidade da Toyota e seu rigorismo para que produto saia da fábrica sem qualquer defeito: "*A ideia de implantar qualidade no processo reside na base da garantia de qualidade da Toyota. Em outras palavras, tudo que seja necessário ser garantido é assegurado em cada processo, incluindo planejamento do produto, design, preparação da produção, compras, produção goguchi (termo da Toyota para produção real), inspeção, vendas e serviços. A razão para isso é que a maioria dos problemas de qualidade ocorre quando um veículo está em uso; as inspeções que ocorrem no momento do embarque nunca podem eliminá-los. Elas não podem, por exemplo, detectar danos nem sujeiras que ocorrem após os veículos terem deixado a fábrica. Garantir a qualidade durante o período de uso do veículo exige uma rigorosa adesão a padrões relevantes durante estágios anteriores, tais como projeto de produto e preparação da produção. Além disso, ter a certeza de que os procedimentos de trabalho no processo pós-embarque são rigorosamente seguidos é uma forma eficaz de assegurar a qualidade, depois que um veículo deixa a fábrica*".

[6] Os automóveis que apresentaram defeitos são os modelos Corolla, Matrix, Avalon, Camry, Highlander, Tundra e Sequoia

[7] GIDI, Antônio. *A class action como instrumento de tutela coletiva dos direitos*: as ações coletivas em uma perspectiva comparada. São Paulo: Revista dos Tribunais, 2007. p. 34. O autor discorre sobre a importância das ações: "*A class action é uma forma extremamente efetiva de realização das políticas públicas, uma vez que permite ao Estado conhecer e resolver a totalidade da controvérsia coletiva em um único processo. Essa visão global e unitária da controvérsia permite ao Judiciário levar em consideração todas as conseqüências da sua decisão, na medida em que toma conhecimento de todos os diversos interesses existentes dentro do grupo e não somente dos interesses egoísticos das partes em uma ação individual. Ademais, obriga a parte que cometeu o ilícito coletivo a responder em juízo pela totalidade da conduta ilícita realizada contra a comunidade, o que potencializa a sua função deterrence*".

[8] Reportagem na íntegra no sítio ww.expressodanoticia.com.br, acesso em 09 de fevereiro de 2010.

[9] Segundo a edição da Zero Hora do dia 14 de fevereiro de 2010, p. 4, do Caderno de Economia, o número total de unidades chamadas aos recalls podem chegar a 8,5 milhões de veículos.

para eliminar os riscos de acidentes dos modelos afetados. Aliado a isso, os lesados alegam a omissão da montadora, falta de boa-fé na relação, assim como sua confissão ao informar ao público que a falha se deu em razão de *software* defeituoso.

Assim, não só a Toyota mas também todos aqueles que colocam no mercado produtos e serviços defeituosos devem fazer a chamada pública do *recall* para o conserto do bem ou sua substituição.

Contudo o questionamento persiste: mesmo com o *recall*, os prejudicados poderão, individualmente ou coletivamente, ajuizar ações para buscar seus direitos sem terem experimentado acidentes de consumo?

3. Ações coletivas e os *recalls*

É crível esperar que cada consumidor lesado pelo recall busque, individualmente, seu direito perante o Poder Judiciário? Conforme já estudado, ponderando, primeiro, os casos de recalls brasileiros, imagine-se os consumidores da *General Motors* e o *recall* de 1990. Um lesado por vez buscando o Poder Judiciário seriam distribuídos 1,05 milhão de ações contra a montadora americana. Não seria mais vantajosa a distribuição, em lotes, de ações coletivas para a busca do direito de uma gleba de lesados num único processo judicial, atendendo aos valores[10] da efetividade e da tempestividade processual? Este é o grande questionamento a ser respondido quando se critica o instituto das ações coletivas.

Existe uma imensa dificuldade com o ingresso de ações com danos mínimos, principalmente na seara da relação de consumo, onde, além de não ter o cidadão interesse em cobrar estes pequenos deslizes comerciais, que acabam se tornando gigantescos na modalidade coletiva, tampouco há advogado que se interesse em causas individuais desta natureza. Tudo isso acaba por ser problemas de acesso à justiça.

Mauro Cappelletti,[11] jurista italiano, juntamente com Bryant Garth, dedicaram uma obra exclusivamente ao problema do acesso à justiça, tratando, especificamente, num dos capítulos, das soluçoes práticas encontradas para os problemas deste acesso e encontrando parte das respostas no que denominam por "onda", sendo a segunda delas a "*...representação jurídica para os interesses 'difusos', especialmente nas áreas de proteção ambiental e do consumidor*".

Por esta razão, é a ação coletiva um grande instituto ao combate de deslizes comerciais que, individualmente, apenas congestionariam ainda mais o Poder Judiciário sem sequer o resultado da ação dar uma satisfatividade esperada, mas que, coletivamente, chegariam ao intuito de forçar o fornecedor a ter mais cuidado na hora de colocar seu produto ou serviço no mercado.

---

[10] Neste sentido, pode-se conferir: MACELO, Elaine Harzheim; JOBIM, Marco Félix. Ações coletivas X ações individuais: uma questão de efetividade e tempestividade processual conforme a Constituição. Revista AJURIS. Ano 26, n. 75 (Set. 2009). Porto Alegre: AJURIS, 2009. p. 84: "*Trata-se de meio hábil a atender tanto a efetividade processual, em especial no que diz com a força de seus comandos sentenciais, como a tempestividade processual, pela concentração em um único processo, em flagrante economia de atos, custos e tempo que seriam demandados caso os titulares dos direitos em jogo fossem obrigados a individualmente buscar a prestação jurisdicional*".

[11] CAPPELLETTI, Mauro; GARTH, Bryant; NORTHFLEET, Ellen Gracie (Tradução). *Acesso à justiça*. Sergio Antonio Fabris Editor, Porto Alegre, 1998. p. 31.

3.1. O Código de Defesa do Consumidor e as ações coletivas

O título III do Código de Defesa do Consumidor, ao tratar sobre a defesa do consumidor em juízo e das suas disposições gerais no capítulo I do mesmo título, traz em seu artigo 81 que "*a defesa dos interesses e direitos dos consumidores e das vítimas poderá ser exercida em juízo individualmente, ou a título coletivo*", ou seja, quando houver danos relacionados a relação de consumo, os lesados podem, individualmente ou coletivamente propor ações.

Já no parágrafo único do artigo 81 há a previsão para quando se deverá ter a defesa do lesado na relação consumeirista nos incisos I, II e III com a seguinte redação:

> I – interesses ou direitos difusos, assim entendidos, para efeitos deste código, os transindividuais, de natureza indivisível, de que sejam titulares pessoas indeterminadas e ligadas por circunstâncias de fato;
>
> II – interesses ou direitos coletivos, assim entendidos, para efeitos deste código, os transindividuais, de natureza indivisível de que seja titular grupo, categoria ou classe de pessoas ligadas entre si ou com a parte contrária por uma relação jurídica base;
>
> III – interesses ou direitos individuais homogêneos, assim entendidos os decorrentes de origem comum.

É no inciso III que se daria, *v.g.*, os interesses dos lesados pelo *recall* no caso Toyota ou no da General Motors ocorrido no Brasil, tendo em vista que pode haver a divisibilidade da lesão e determinar cada consumidor lesado, diferentemente do que ocorre no inciso I, onde não existe a possibilidade de determinar as pessoas prejudicadas. Nesse sentido, Sérgio Shimura[12] afirma:

> Chega-se, por fim, aos chamados interesses individuais homogêneos, como decorrentes de uma origem comum. Assim como o interesse difuso, o individual homogêneo também tem origem em circunstância fática comum. A diferença reside na divisibilidade da lesão e, pois, na determinabilidade do titular do direito ofendido, derivada de uma origem comum, portanto, de um fato anterior e causador da lesão aos interesses individuais (art. 81, parágrafo único, III, CDC).

A legitimidade[13] para propor as ações coletivas no Código de Defesa do Consumidor são do Ministério Público, da União, dos Estados e do Distrito Federal, das entidades e órgãos da Administração Pública direta e indireta, das associações constituídas há pelo menos um ano e que incluam nos seus fins a defesa dos interes-

[12] SHIMURA, Sérgio. *Tutela coletiva e sua efetividade*. São Paulo: Método, 2006. p. 30.

[13] MORAES, Voltaire de Lima. Ação civil pública: alcance e limites da atividade jurisdicional. Porto Alegre: Livraria do Advogado, 2007. p. 23. Ao tratar sobre a legitimidade, defende o autor que ela é um dos diferenciadores da ação civil pública da ação coletiva, ao dizer: "*Enquanto ação civil pública é aquela demanda proposta pelo Ministério Público, destinada a tutelar interesses e direitos coletivos lato sensu, individuais indisponíveis, bem como a ordem jurídica e o regime democrático, ação coletiva é aquela proposta por qualquer legitimado, autorizado por lei, objetivando a tutela de interesses coletivos lato sensu*". Após, o referido autor exemplifica quais seriam oriundas de uma ou de outra, ao discorrer: "*Logo, em síntese, enquanto a ação civil pública é proposta, a rigor, pelo Ministério Público, a ação coletiva o é por qualquer legitimado autorizado por lei; de outro lado, a ação civil pública visa a tutelar interesses e direitos coletivos lato sensu, individuais indisponíveis, ou ainda a ordem jurídica e o regime democrático, ao passo que a ação coletiva tutela somente interesses e direitos coletivos lato sensu, razão por que se podem considerar como espécies de ação coletiva, v.g., a ação popular, o mandado de segurança coletivo e as ações propostas por outros entes, que não o Ministério Público, embasadas na Lei nº 7.347/85 ou no Código de Defesa do Consumidor (Lei nº 8.078/90), em defesa de interesses e direitos metaindividuais*". P. 23/24. Com outro entendimento: SHIMURA, Sérgio. Tutela coletiva e sua efetividade. São Paulo: Método, 2006. p. 43: "*Para nós, a expressão 'ação coletiva' (não-individual) constitui-se gênero que alberga todas as ações que tenham por objeto a tutela jurisdicional coletiva (direitos difusos, coletivos e individuais homogêneos), diferenciando-se da 'ação individual', que tem por finalidade veicular pretensão puramente subjetiva e particularizada. Não se desconhece que cada qual pode ter suas peculiaridades e procedimentos específicos, mas é certo que todas estão voltadas a servir de instrumento à proteção de interesses coletivos*".

ses previstos no Código de Defesa do Consumidor, todos com previsão no artigo 82 da referida legislação.

Continua o Código a dar proteção ao Consumidor quando, em seu artigo 83 discorre que "para a defesa dos direitos e interesses protegidos por este código são admissíveis todas as espécies de ações capazes de propiciar sua adequada e efetiva tutela", em seu artigo 84 onde se lê que "na ação que tenha por objeto o cumprimento da obrigação de fazer ou não fazer, o juiz concederá a tutela específica da obrigação ou determinará providências que assegurem o resultado prático equivalente ao do adimplemento", seus parágrafos onde se dão normas de caráter processual e pecuniário, autorizando ao juiz a aplicação de multas, conversão da obrigação em perdas e danos, concessão de tutela liminar, além de medidas permitidas para a obtenção do resultado prático da ação, como busca e apreensão, remoção de coisas e de pessoas, desfazimento de obra, impedimento de atividade nociva, além de força policial nos casos em que a mesma se faz necessária, benefícios que continuam no artigo 87 ao dispor sobre o não pagamento de custas, emolumentos, honorários ou qualquer outra despesa, salvo se houve má-fé.

No Capítulo II do título III, que discorre sobre as ações coletivas para defender os interesses individuais homogêneos, inicia, em seu artigo 91, trazendo norma de representação das vítimas e seus sucessores, sendo que, no artigo 92, trata da intervenção do Ministério Público como fiscal da lei, quando não for o autor da ação.

O artigo 93 trata da competência para julgar as ações a serem ajuizadas, sendo que nos artigos 94 e 95 duas normas de pesos a serem refletidas, a primeira ao dispor que "*proposta a ação, será publicado edital no órgão oficial, a fim de que os interessados possam intervir no processo como litisconsortes, sem prejuízo de ampla divulgação pelos meios de comunicação social por parte dos órgãos de defesa do consumidor*", ou seja, todos os lesados poderão intervir no processo como litisconsortes e no seguinte artigo que "*em caso de procedência do pedido, a condenação será genérica, fixando a responsabilidade do réu pelos danos causados*", apontando a sentença com uma condenação geral.

Os artigos 97 e 98 tratam da liquidação e da execução da sentença, dano a legitimação para liquidar o feito os lesados, seus sucessores ou os próprio legitimados, enquanto no tocante à execução, esta poderá ser coletiva ou individual, ou seja, mesmo quando os lesados ou sucessores tiverem sido parte da ação de conhecimento coletiva, poderão, na execução, se valerem de sua individualidade.

Ao final do capítulo, o Código confere legitimidade aos fundos criados quando não houver interesse do lesado ajuizar as respectivas execuções, o que o faz nos artigos 99 e 100.

3.2. Danos ao consumidor subsistem pelo recall antes de ocorrer um acidente?

Após a análise sobre o que vem a ser a denominada prática do recall, quais foram os mais importantes no Brasil e o último recall realizado pela montadora japonesa de automóveis Toyota, viu-se que a ação coletiva é uma forma atual de, através de um único processo, indenizar uma quantidade mensurável (direitos individuais homogêneos) ou não de lesados (direitos difusos), em outros casos não estudados. A grande questão ainda não respondida é se o recall isenta o fornecedor de produtos ou serviços de uma terceira punição que seria a própria ação coletiva ou individual da parte lesada.

Conforme o artigo 12 da lei de defesa do consumidor o fabricante responde independentemente de culpa por defeitos decorrentes de seu projeto, fabricação, construção, montagem, fórmula, manipulação, apresentação ou acondicionamento, o que também ocorre com o fornecedor de serviços, a teor do artigo 14, quanto aos defeitos relativos à prestação dos serviços.

Segundo dispõe o artigo 18,[14] os vícios de qualidade dos produtos que os tornem impróprios ou inadequados, que lhe diminuam o valor ou ainda aqueles decorrentes da disparidade, podem ser substituídos caso o consumir assim o exija.

Não sendo o vício sanado em trinta dias, três opções alternativas são possíveis: a substituição do produto por outro em perfeitas condições de uso; a restituição imediata do valor atualizado pago ou o abatimento proporcional do preço.

Desse modo, realizado um *recall* para a troca do produto, a restituição do valor atualizado ou o abatimento proporcional do preço, existe a possibilidade de o consumidor, através de seus legitimados, ingressar com ações coletivas para buscar algum dano restante?

Acredita-se que para uma resposta correta se deve analisar o caso concreto. Por exemplo, casos onde não houve risco à integridade física do consumidor seriam isentos de indenização por abalo moral, tendo em vista que a própria a restituição do valor pago atualizado ou o abatimento da defasagem que o produto teve hão de ressarcir o lesado de seus inconvenientes.

Restaria algum resquício de valor se o bem trouxe algum prejuízo financeiro ao consumidor por não trazer uma economia esperada pelo produto. Assim, um refrigerador que garante que apenas consome X *watts* de energia por mês e acaba por consumir X + Y *watts*, traz um prejuízo, em tese, indenizável ao consumidor.

Já para os casos de mera substituição do bem, isto pode gerar danos patrimoniais além do acima mencionados, como se vê com o exemplo do *recall* da Toyota, onde, a própria marca sai manchada pela chamada pública realizada, e o valor de seu produto, consequentemente, tem uma queda no mercado de consumo. Este valor, do bem desvalorizado, pode ser alvo de indenização pelo lesado.

Já aqueles casos onde houve risco à integridade física dos consumidores, com certeza, além do dano patrimonial como acima já salientado, os prejudicados poderão ser ressarcidos moralmente pela exposição de sua vida a um potencial risco de morte, ressarcimento este que poderá se dar com a indenização por abalo moral.

Considerações finais

Ao consumidor que experimentou um dano em virtude de um produto ou serviço defeituoso é inegável seu direito de se ver indenizado, independentemente do chamado *recall*.

[14] O artigo 20 do Código de Defesa do Consumidor aponta sobre os vícios da prestação de serviço. Contudo, o capítulo se aterá apenas no fornecimento de produtos.

Contudo, o presente estudo quis demonstrar que o *recall*, embora uma prática aceita e legalmente instituída, não isenta o fornecedor de produtos e serviços de indenizações pelo defeito apresentado, quer na modalidade individual, quer na modalidade coletiva, naqueles casos onde sequer houve acidente de consumo.

Não quer o autor trazer qualquer ideia de preconceito contra a prática do *recall*, aliás, defende que este auxilia as empresas a não, futuramente, serem alvos de ações mais vultosas, por danos causados aos consumidores que não tiveram a oportunidade de consertar seus bens em virtude de um *recall*. Este, com certeza, diminui o dano futuro a quem se predispõe a fazê-lo e será considerado o ato de boa-fé por qualquer juiz ao sentenciar o processo.

Por fim, defende que a ação coletiva é uma forma de, num único processo, vários lesados serem representados, o que contribui, sobremaneira, para a concretização dos valores efetividade e tempestividade processual. Acredita-se que a força de uma ação coletiva é muito maior do que numa ação individual, tendo, pois, os consumidores mais chances de procedência de seus pedidos nesta modalidade de ação.

Referencial bibliográfico

CAPPELLETTI, Mauro; GARTH, Bryant; NORTHFLEET, Ellen Gracie (Tradução). *Acesso à justiça*. Porto Alegre: Sergio Antonio Fabris, 1998.

GIDI, Antônio. *A class action como instrumento de tutela coletiva dos direitos*: as ações coletivas em uma perspectiva comparada. São Paulo: Revista dos Tribunais, 2007.

HINO, Satoshi. *O pensamento Toyota*: princípios de gestão para um crescimento duradouro. Tradução de Patrícia Leça Flores da Cunha; Elizamari Rodrigues Becker e Gabriela Perizzolo. Porto Alegre: Bookman, 2009

MACELO, Elaine Harzheim; JOBIM, Marco Félix. *Ações coletivas X ações individuais*: uma questão de efetividade e tempestividade processual conforme a Constituição. Revista AJURIS. Ano 26, n. 75 (Set. 2009). Porto Alegre: AJURIS, 2009.

MELLO, Maria Chaves de. *Dicionário Jurídico português-inglês – inglês-português/ Portuguese-English – English-Portuguese – Law Dicionary*. 9 ed. Rio de Janeiro: Forense; São Paulo: Método, 2009.

MORAES, Voltaire de Lima. *Ação civil pública*: alcance e limites da atividade jurisdicional. Porto Alegre: Livraria do Advogado, 2007.

SHIMURA, Sérgio. *Tutela coletiva e sua efetividade*. São Paulo: Método, 2006.

— 29 —

Os princípios do processo coletivo

RENNAN FARIA THAMAY

É especialista em Direito do Consumidor e Fundamentais pela UFRGS. Doutorando em direito pela UNLP (Universidad Nacional de La Plata) com estudos realizados também junto a PUC/RS. Professor visitante/convidado da PIU (Phoenix International University – Estados Unidos da América). Professor do programa de pós-graduação da PUC/RS. Professor titular no IMED/CETRA/RS. Professor titular e coordenador do Direito Civil e Processual Civil do Retorno Jurídico/RS. Membro do IBDP (Instituto Brasileiro de Direito Processual). Membro Honorário da ABDPC (Academia Brasileira de Direito Processual Civil). Membro efetivo da comissão de acesso à justiça da OAB/RS. Membro efetivo do Grupo de Processos Coletivos da PUC/RS. Escritor da Revista de Processos Coletivos da PUC/RS e da RDS (Revista de Direito Social) com circulação nacional. Advogado, consultor jurídico e parecerista.

"A razão forma o ser humano, o sentimento o conduz".
Jean-Jacques Rousseau (1712-1778).

1. Dos princípios do processo coletivo: aspectos introdutórios

Tratar de princípios[1] para um sistema[2] jurídico que quer funcionar é necessário, visto que esses serão base, ou ainda a espinha dorsal, do referido sistema para que esse possa ser congruente e ao mesmo tempo eficiente.

[1] Os princípios podem ser compreendidos nos moldes que Miguel Real refere, por entender que os princípios são as verdades fundantes de um sistema de conhecimento, tanto por serem evidentes ou ainda por terem sido comprovados. *In* REALE, Miguel. *Lições preliminares de direito.* 25. ed., São Paulo: Saraiva, 2000, p.305. Ao inverso reconhecendo uma função indutiva aos princípios vale conferir a obra de BONAVIDES, Paulo. *Curso de direito constitucional.* 19. ed., São Paulo: Malheiros, 2006, p.271 e ss. Por fim, vale referir a função hermenêutica dos princípios conforme CANOTILHO, José Joaquim Gomes. *Direito constitucional e teoria da constituição.* 7. ed., Coimbra: Almedina, 2003, p.1.161. Nesse sentido a hermenêutica possibilita a interpretação, tradução, desvelamento de uma realidade ou de uma positivação que não seja compreendida pelo sujeito, possibilitando o entendimento daquilo que, linguisticamente, antes era totalmente incompreensível. Sobre a hermenêutica e suas serventias observar Gadamer que foi o mentor daquilo que hoje conhecemos como Hermenêutica filosófica, restando essas lições trazidas de sua principal obra o livro Verdade e método. *In* GADAMER, Hans-Georg. *Verdade e método II.* Traduzido por Flávio Paulo Meurer. Petrópolis, Rio de Janeiro: Vozes, 1997, p.111 e ss. Noutro sentido Humberto Ávila refere haver um sentido

Em uma sociedade[3] de modernidade tardia,[4] que para alguns é vista como pós-moderna,[5] percebemos e vivenciamos as mais diversas ocorrências em ritmo acelerado em demasia, característica essa de uma sociedade extremamente consumista[6] e calcada em valores capitalistas.[7] Essa sociedade liquefeita que hoje conhecemos é fruto de uma grandiosa complexidade das relações sociais que a cada dia se transmutam de forma abrupta, chegando isso hoje ao processo e diga-se mais pontuadamente em relação ao processo coletivo, uma recente "novidade"[8] descoberta pelos juristas e que é capaz de em uma única demanda refletir efeitos a todos ou a um grande grupo de sujeitos.

---

normativo-aplicativo, nesse sentido conferir ÁVILA, Humberto. *Teoria dos princípios: da definição à aplicação dos princípios jurídicos.* São Paulo: Malheiros, 2003, p.60 e 80.

[2] Quando se fala de sistema se está sempre a rememorar as ideias apregoadas por Niklas Luhmann, quando defende a ideia de uma teoria sistêmica do direito, chegando a uma conclusão de que o sistema jurídico se autorreproduz, sendo isso a autopoiese. Esse processo que se renova sendo capaz de autorreprodução foi abordado pelo autor LUHMANN, Niklas. *Sitemi sociali: Fondamenti di una teoria generale.* Bolonha:Il Mulino, 1990, p.64.

[3] Que vivencia celeumas das mais complexas como a dignidade e possível autonomia da pessoa no final de sua vida, tema que tem sido debatido em todos os cantos do mundo, onde se deve observar qual deve ser o direito a ser preservado nesse caso. Sobre essa temática vale observar TINANT, Eduardo Luis. *Bioética jurídica, dignidad de la persona y derechos humanos.* 1. ed., Buenos Aires: Dunken, 2007, p.81 e ss. Além dessa problemática de altíssimo grau de complexidade vale trazer a este trabalho para os interessados a necessária observação da situação dos anencefalos e dos *nasciturus.* No caso destes últimos deve ser observada a mesma obra do jurista e filósofo Eduardo Tinant a partir da página 55 e das seguintes. Em relação a anencefalia observe-se a mesma obra ora referida do pensador argentino Eduardo Tinant, pontuadamente a partir da página 63 e seguintes. Podem ser observadas a seguintes obras referentes ao conteúdo em discussão: TINANT, Eduardo Luis. *Genética y justicia.* (compilador-director); coautores: BYK, Christian, MAINETTI, José A., MEDINA, Graciela, BIANCHI, Néstor O., MARTÍNEZ MARIGNAC, Verónca L., BERGEL, Salvador D., y LOJO, María Mercedes, SCJBA, La Plata, 2001; LABRUSSE-BRIOU, Catherine. *Le droit saisi par La biologie.* Des juristes au laboratoire, Librairie Générale de droit et de jurisprudence, París, 1996; GILLY, François-Noel. *Éthique et génétique, La bioéthique em questions.* Ellipses, París, 2001.

[4] Cf. STRECK, Lenio Luiz. *Hermenêutica jurídica e(em) crise:* uma exploração hermenêutica da construção do direito. 5. ed., rev. atual., Porto Alegre: Livraria do Advogado, 2004, p.25.

[5] Sabe-se que o Estado brasileiro sequer passou pelo estado social, assim como outros países, neste sentido ver Cf. GARCÍA-PELAYO, Manuel. *As transformações do estado contemporâneo.* Tradução de Agassiz Almeida Filho, Rio de Janeiro: Forense, 2009. Sobre a ideia de ser o nosso Estado pós-moderno vejamos: CHEVALLIER, Jacques. *O Estado pós-moderno.* Tradução de Marçal Justen Filho, Belo Horizonte: Forum, 2009, p.24 e ss; BAUMAN, Zygmunt. *O mal-estar da pós-modernidade.* Tradução de Mauro Gama, Cláudia Martinelli Gama. Rio de Janeiro: Jorge Zahar, 1998, p.7 e ss; JAYME, Erik. *Cours général de droit intenacional prive*, In recueil des cours, Académie de droit intenacional, t, 251, 1997, p.36-37; LYOTARD, Jean-François. *O pós-moderno.* Rio de Janeiro: Olympio Editora, 1986; KUMAR, Krishan. *Da sociedade pós-industrial à pós-moderna.* Rio de Janeiro: Jorge Zahar Editor, 1997; HARVEY, David. *Condição pós-moderna.* São Paulo: Edições Loyola, 1992; VATTIMO, Gianni. *O Fim da Modernidade:* niilismo e hermenêutica na cultura pós-moderna, Lisboa: Editorial Presença, 1987; SANTOS, Boaventura de Souza. *Pela Mão de Alice:* O social e o político na pós-modernidade. São Paulo: Cortez, 1997.

[6] Cf. BAUMAN, Zygmunt. *La sociedad sitiada.* Trad. de Mirta Rosenberg. Buenos Aires: Fondo de cultura económica, 2006, p.224 e ss. Vale ainda observar: BAUMAN, Zygmunt. *Vida líquida.* Trad. de Albino Santos Mosquera. 1. ed., 4. reimp., Buenos Aires: Paidós, 2009, p.109 e ss.

[7] Os valores do capitalismo são perceptivelmente observados na concepção Weberiana, quando acaba por vislumbrar uma ligação de tudo para com o capital, assim como o capital teria alta relevância para que os protestantes obtivessem mais participatividade. Assim vale observar WEBER, Max. *La ética protestante y el espíritu del capitalismo.* Buenos Aires: Ediciones Libertador, 2007, p.18. Sabe-se, todavia, que o capitalismo também se encontra em uma "encruzilhada" como aduz Miguel Reale, referindo da celeuma vivenciada até por este modelo que muito prometeu e, realisticamente, pouco cumpriu. Cf. REALE, Miguel. *Crise do capitalismo e crise do Estado.* São Paulo: SENAC, 2000, p.13 e ss.

[8] Alerte-se que embora pareça ser uma novidade, a proteção dos direitos coletivos e a proteção coletiva dos direitos já vem de tempos, vindo no Brasil desde a época da elaboração da lei da ação civil pública e outras tantas posteriores, sendo essas observadas seguidamente nesse trabalho. Sobre a base histórica conferir ZAVASCKI, Teori Albino. *Processo coletivo:* tutela de direitos coletivos e tutela coletiva de direitos. 4. ed., rev. e atual., São Paulo:RT, 2009, p.14-15.

Com o giro existente a partir da re(valorização) da Constituição Federal que se deu com a ocorrência do constitucionalismo,[9] fez com que a Carta Magna que antes era desprestigiada passasse a ter maior importância e destaque o que também dotou os princípios, por natural, de grandioso destaque singular para o direito Constitucional e, no caso estudado, no Processo Coletivo.[10]

O que se percebe é uma passagem da teoria geral do direito e do processo voltada ao direito civil, passando de uma teoria geral do direito e do processo com matriz constitucional.[11]

Nesse peculiar, os princípios detêm muita importância, no âmbito de quem busca a revalorização das atividades criativas do juiz,[12] pensando em uma nova realidade que não, mas se constitua através do positivismo, mas, sim, do pós-positivismo.[13]

Assim, com a maior colocação em evidencia dos princípios e do direito constitucional, temática que é em tese mais compacta[14] que os demais ramos como direito civil e penal, torna-se natural que os princípios venham a ganhar destaque já que com esse giro o direito constitucional se tornou o centro da teoria geral do direito, os princípios que com esse direito andam alinhados também ganham em importância de uma forma geral.[15]

---

[9] Sobre a ideia de Constitucionalismo vejamos o que escreveu o jurista Nestor P. Sangués: "El llamada constitucionalismo movimento constitucionalista es un proceso político-jurídico que em su versión inicial, a parti del siglo XVIII, tuvo por objetivo establecer em cada Estado un documento legal – la constitución – con determinadas características". Cf. SAGUÉS, Nestor P. *Elementos de derecho constitucional.* Tomo I. Buenos Aires: Artraz, 1997, p.01. Neste sentido também devemos observar as palavras de Marcelo Figueiredo, ao fazer profissão de fé no constitucionalismo democrático, verbis: "É preciso valorizar o caráter normativo da constituição, assegurando aos seus preceitos eficácia jurídica e social. Não se deve adiar o esforço de integrar o Direito Constitucional ao processo histórico de promoção da justiça e da igualdade, no campo real e concreto – e não teórico ou retórico – da superação das estruturas anacrônicas da opressão política e social". In *Revista Latino-Americana de Estudos Constitucionais.*, p.571-581. Por fim, vale observar as palavras sempre atentas de Canotilho *in* CANOTILHO, José Joaquim Gomes. *Direito constitucional e teoria da constituição.* 7. ed., Coimbra. Almedina, 2003, p.52.

[10] A título de curiosidade sobre dano moral coletivo vale conferir MORELLO, Augusto Mario. STIGLITZ, Gabriel. *Tutela procesal de derechos personalisimos e intereses colectivos.* La Plata: LEP, 1986, p.117 e ss.

[11] Aqui podemos relembrar esse movimento de publicização através da obra de Marinoni que acaba por explorar a perspectiva do direto processual civil, *in* MARINONI. Luiz Guilherme. *Teoria geral do processo.* São Paulo: RT, 2006.

[12] Observe-se que essa atividade criativa do Juiz é extremamente importante para que possamos deixar a jurisdição mas flexível e o processo menos formalista, sendo uma das formas de valorizar ainda mais a atividade judicial que necessita do devido crédito para com segurança e dignidade exercer a sua função. Essa função criativa do juiz não deve ser confundida com criação do direito sob pena de restamos em um sistema processual monista e não dualista como sabidamente hoje se vivencia. Sobre a corrente monista vale conferir as observações do processualista Darci Ribeiro *in* RIBEIRO, Darci Guimarães. *Da tutela Jurisdicional às formas de tutela.* Porto Alegre: Livraria do Advogado, 2010, p.96. Vejamos também CALAMANDREI, Piero. *Proceso y democracia.* Buenos Aires: ediciones juridicas europa-america. p.80-81.

[13] Sobre a superação do positivismo jurídico deve ser observado Dworkin e Hart. No Brasil vale conferir BARROSO, Luís Roberto. *Fundamentos teóricos do novo direito constitucional brasileiro. A nova interpretação constitucional.* Rio de Janeiro: Renovar, 2003, p.26-27.

[14] Nesse sentido BOBBIO, Norberto. Principi generali di diritto. *In Novissimo Digesto Italiano.* V. 13. Turim: Unione Tipografico-Editrice Torinese, 1957, p.892.

[15] Esse maior apego aos princípios fortalece a tese do pós-positivismo, superando a antiga concepção formal e fortemente apegada à lei como fonte direta de direitos. Essas pontuações sobre o pós-positivismo estão ganhando aos poucos mais importância e assim tornando-se uma das novas formas de pensar o direito. Nesse sentido BARROSO, Luis Roberto e BARCELLOS Ana Paula de. *A nova Interpretação Constitucional:* Poderação, Argumentação e Papel dos Princípios. In: LEITE: George Salomão. Dos Princípios Constitucionais. São Paulo: Malheiros, 2003, p.108.

Nas Constituições modernas o movimento de positivação dos princípios se tornou comum,[16] o que automaticamente fez com que os princípios passassem a ser também matéria legislada e não mais, como antes, normas de caráter subsidiário ou residual.[17]

Nessa peculiaridade dos princípios muitos acabaram por atribuir a esses uma concepção jusnaturalista ou ainda juspositivista.[18] Na primeira corrente os princípios estariam postados como decorrência natural da existência humana, sendo independentes de positivação, mas, certamente, capazes de orientar a correta aplicação do direito. De outra forma na segunda corrente os princípios estariam observados somente como normas gerais, mas encontráveis por sucessivas generalizações das normas particulares do sistema.[19]

Observe-se que os princípios são naturalmente fontes primárias[20] ao direito e que por natural são, como tal, observados com maior cuidado e pontualidade. Reconhecer essa fonte é necessário para que não restemos engessados em uma sociedade extremamente volátil e que muda a cada instante por sua natural força de evolução e desenvolvimento.[21]

Compreender a diferença entre normas-princípio e normas-regra[22] é relevante para a observação dos processos coletivos de forma mais pontuada. Sabe-se que princípios e regras são, naturalmente, normas por exprimirem o dever ser, visto que podem por sua natureza estar postados como mandado proibição ou permissão, por exemplo.[23] Nesse sentido, observando através de uma distinção qualitativa pode ser perceptivo que os princípios são verdadeiros mandados de otimização, sendo normas que ordenam a feitura ou não de algo em maior ou menos medida, sempre considerando as possibilidades fáticas e jurídicas existentes, podendo restar cumpridos ou não em diferentes graus.[24] Já as regras são normas que somente poderão ser ou não

[16] Cf. CAPELLETTI, Mauro. *O controle judicial de constitucionalidade das leis no direito comparado.* Tradução de Aroldo Plínio Gonçalves. Porto Alegre: Sergio Antonio Fabris, 1984, p.130.

[17] Observando os princípios sob um aspecto de função diretiva conferir BOBBIO, Norberto. Principi generali di diritto. *In Novissimo Digesto Italiano.* Op. cit., p.130.

[18] Sobre a temática que é de grande discussão, vale observar de forma bem sintetizada as ponderações ofertadas por DIDIER Jr, Fredie. ZANETI Jr, Hermes. *Curso de direito processual civil:* processo coletivo. V. 4. 5. ed., Salvador: Juspodivm, 2010, p.101-103.

[19] Essa construção é encontrada em BOBBIO, quando observa a Vittorio Scialoja e Giorgio Vecchio, percebendo-se que o juspositivismo foi vitorioso na Itália, mas que internacionalmente se abre novo espaço aos jusnaturalistas. *In* BOBBIO, Norberto. Principi generali di diritto. *In Novissimo Digesto Italiano.* Op., Cit., p.889.

[20] Como fontes matérias e formais os princípios são reconhecidos e observados com a devida vênia de sua importância para um sistema jurídico que querida escapar, ao máximo, de injustiças e problemáticas complexas, já que via princípios pode ser solucionada uma problemática que, via de regra, legislativamente não seria possível. Nesse sentido de observar os princípios como fontes conferir BOBBIO, Norberto. Principi generali di diritto. *In Novissimo Digesto Italiano.* Op. cit., p.890-892.

[21] Nesse peculiar essas consequências são decorrência da pós-modernidade como dizem alguns, ou ainda da modernidade tardia como preferem outros. Talvez porque vivamos em uma sociedade sitiada e extremamente líquida que se tornou consumista em sua essência. Nesse sentido conferir BAUMAN, Zygmunt. *La sociedad sitiada.* Trad. de Mirta Rosenberg. Buenos Aires: Fondo de cultura económica, 2006, p.224 e ss. Vale ainda observar: BAUMAN, Zygmunt. *Vida líquida.* Trad. de Albino Santos Mosquera. 1. ed., 4. reimp., Buenos Aires: Paidós, 2009, p.109 e ss.

[22] Em relação ao debate vale recordar Ronald Dworkin e Robert Alexy.

[23] ALEXY, Robert. *Terоría de los derechos fundamentales.* Madrid: Centro de Estudios Politicos y Constitucionales, 2001, p.83.

[24] ALEXY, Robert. *Terоría de los derechos fundamentales.* Op. cit., p.83.

cumpridas, não podendo ser feito nem a mais e nem a menos, mas seguindo tão somente a regra válida que permita fazer ou não alguma coisa.[25]

Refira-se como afirma Robert Alexy, como base em Esser, que os princípios são bases, por mais que não determinantes, para a criação de uma ou algumas regras, visto que sabidamente pela relevância dos princípios teremos razões, critérios e justificativas para a criação da regra, sendo essa regra fruto direto da existência e importância de determinado princípio.[26]

Assim, tratar de princípios se torna algo atual e eminentemente necessário para que as premissas posteriores sejam compreendidas e, portanto, corretamente aplicadas, visando sempre a levar os direitos a sério.

1.1. Dos princípios do processo coletivo

A noção de princípios que serão abordados na tutela jurisdicional coletiva é particular, pois tem a sua forma diferenciada[27] de ser observada e, inclusive, de ser compreendida. Vale referir que boa parte da base vem, por natural, da base do processo civil individual[28] e calcado na busca da solução individual.

Percebe-se que essa base teórica que foi construída para o processo civil "convencional", ou seja, individual será, por lógico, utilizada, mas com ressalvas e certa peculiaridade em cada caso, pois frente ao Processo Coletivo[29] o que se busca é a solução da lide[30] frente à coletividade e não mais aquele "velho" modelo de solução da lide *inter partes* que era, por suposto, individualista.

A perspectiva que será agora construída e observada é coletiva,[31] portanto a análise será pontuada e focada nas bases e consequências de cada princípio frente a tutela jurisdicional coletiva, sendo os princípios observados tanto na perspectiva das

[25] Por tudo isso podemos resumidamente dizer que toda norma ou é um princípio ou uma regra. Nesse sentido ALEXY, Robert. *Teoría de los derechos fundamentales.* Op. cit., p.87.

[26] Cf. ALEXY, Robert. *Teoría de los derechos fundamentales.* Op. cit., p.103.

[27] Pequena chamada ao leitor que tenha interesse em conhecer as chamadas tutelas diferenciadas que são frequentemente estudadas na Argentina, onde existem ações que são tuteladas e procedidas de forma diferenciada, seja por seu grau de urgência ou relevância. Nesse sentido conferir BERIZONCE, Roberto Omar. *Aportes para una justicia más transparente.* Roberto Omar Berizonce Coordenador, ... [*et. al.*]. La Plata: LEP, 2009, p.23 e ss.

[28] Uma das grandes bases do processo civil individual e que deverá ser estendida ao processo coletivo é o cuidado para que não se cause abusos em relação ao processo e se extrapole a ideia da boa-fé processual, pela qual as partes devem, naturalmente, batalhar. Nesse contexto pode ser estudada a obra do processualista argentino Osvaldo A. Gozaíni *in* GOZAÍNI, Osvaldo A. *La conducta en el proceso.* La Plata: LEP, 1988, p.101 e ss.

[29] Sobre a utilização do mandado de segurança coletivo pode ser conferida obra do clássico processualista argentino Augusto Morello *in* MORELLO, Augusto Mario. STIGLITZ, Gabriel. *Tutela procesal de derechos personalisimos e intereses colectivos.* La Plata: LEP, 1986, p.201 e ss. O próprio processualista Augusto Morello acabou por construir um livro onde faz a análise do amparo argentino e espanhol, medida idêntica aquilo que chamamos de mandado de segurança, aprofundando a temática, por curiosidade vale conferir em MORELLO, Augusto Mario. *Cuestiones procesales de derecho comparado español – argentino.* La Plata: LEP, 1987, p.53 e ss. Vale também sobre a temática observar a obra do clássico processualista argentino Lino Palacio *in* PALACIO, Lino E. *Tutela procesal de las libertades fundamentales.* La Plata: JUS, 1988, p.147 e ss. Vale conferir, por fim, a bela obra de Eduardo Oteiza quando trata do amparo colectivo argentino *in* OTEIZA, Eduardo. *Procesos colectivos.* Coordinado por Eduardo Oteiza. 1. ed., Santa Fe: Rubinzal-Culzoni, 2006, p.48 e ss.

[30] Sobre o conceito de lide ver BUENO, Cassio Scarpinella. *Curso sistematizado de direito processual civil: Op. cit.,* p.79-80.

[31] Interessante foi à perspectiva que o processualista argentino Verbic analisou, observando desde o conflito coletivo, como ponto de partida, e chegando ao processo coletivo como consequência daquele conflito anteriormente instalado. Assim *vide* VERBIC, Francisco. *Procesos Colectivos.* Buenos Aires: Editorial Astrea, 2007, p.42 e ss.

disposições do possível Código de Processos Coletivos como pelos outros princípios que a doutrina vem construindo.

Assim, pode-se dizer que o Brasil viva um "Estado de Arte", como diria Ada Pellegrini Grinover,[32] visto que o Brasil efetivamente foi o primeiro país da Civil *Law* a criar um sistema de processos coletivos.[33]

1.1.1. Princípio do devido processo legal coletivo

No processo individual tradicional o grande norte principiológico é traçado pelo princípio do devido processo legal,[34] por ser a base para um processo organizado que busque, através de atos concatenados, a obtenção da solução da lide.

Nesse sentido o referido princípio é a base para a ocorrência de todos os demais princípios processuais, vindo da base do direito norte americano. Assim, todos os demais princípios no processo individual tradicional são decorrência deste.

No processo coletivo[35] também haverá a aplicabilidade, por natural, do princípio devido processo legal, então aqui conhecido como *devido processo legal coletivo,*[36] por ser aplicado na via do processo coletivo,[37] seguindo a mesma regra que resta postada no processo civil individual.

Essa vocação coletiva do princípio do devido processo legal deve ser observada sob o aspecto de um devido processo social[38] que se preste a desburocratizar o pro-

[32] Cf. GRINOVER, Ada Pellegrini. *Direito processual coletivo e o anteprojeto de código de processos coletivos.* Coordenado por Ada Pellegrini Grinover, Aluisio Gonçalves de Castro Mendes e Kazuo Watanabe. São Paulo: RT, 2007, p.11. Esse início veio através da reforma de 1977 da Ação Popular, passando pela Lei 6.938/81 que previu a titularidade do Ministério Público para as ações ambientais de responsabilidade civil e penal. Finalmente pela lei 7.347/85 a lei da Ação Civil Pública foi que os direitos transindividuais deram uma guinada influindo inclusive no Código de Processo Civil vigente. Para completar toda a grandiosa evolução surgiu o Código de Defesa do Consumidor (1990) que acabou por criar um verdadeiro microssistema de processos coletivos criando inclusive a categoria de direitos individuais homogêneos, dialogando esse Código com a lei da Ação Civil Pública.

[33] Para Ada Pellegrini Grinover, estamos frente a uma modalidade autônoma de direito processual, o Processo Coletivo, não derivado de outro ramo por natural. Nesse sentido consultar GRINOVER, Ada Pellegrini. *Direito processual coletivo e o anteprojeto de código de processos coletivos.* Op. cit., p.11.

[34] Sobre esse princípio aduz Nelson Nery Júnior que " O princípio fundamental do processo civil, que entendemos como base a qual todos os outros se sustentam, é o do devido processo legal, expressão oriunda da inglesa due process of Law. (...)" in NERY JÚNIOR, Nelson. *Princípios do processo civil na constituição federal.* 7. ed. rev. atual., São Paulo: RT, 2002, p.32. Também sobre o devido processo legal vale consultar a bela obra de Cassio Scarpinella Bueno *in*: BUENO, Cassio Scarpinella. *Curso sistematizado de direito processual civil:* teoria geral do direito processual civil: vol. 1. São Paulo: Saraiva, 2007, p.104 e ss. Rememore-se que para alguns quando se trata deste princípio, ora observado, dever-se-ia chama de devido processo constitucional e não como é chamado de devido processo legal. Idem., p. 106. TESHEINER, José Maria Rosa. *Elementos para uma teoria geral do processo.* São Paulo: Saraiva, 1993, p.54.

[35] Sobre os processos coletivos ambientais vale conferir MORELLO, Augusto Mario. CAFFERATTA, Néstor A. *Aceso al derecho procesal civil.* Augusto Mario Morello diretor...[et. al.] 1. ed., Buenos Aires: Lajouane, 2007, p.403 e ss.

[36] Sobre a construção desse princípio vale conferir DIDIER Jr, Fredie. ZANETI Jr, Hermes. *Curso de direito processual civil:* processo coletivo. Op. cit., p.112-113.

[37] Interessante observar, para quem tenha o interesse, uma das variadas obras de Roberto Berizonce, onde o processualista argentino explora o processo coletivo e as suas ações de classe, passando pelas questões da legitimidade e da coisa julgada, sempre observando de forma direta a realidade argentina. Nesse sentido BERIZONCE, Roberto Omar. *El proceso civil en transformación.* 1. ed., La Plata: LEP, 2008, p.445 e ss.

[38] Vale observar que essa forma de compreensão é efetivada por Mauro Cappelletti.

cesso que, via de regra, está mergulhado em um formalismo desvalorativo[39] que deve ser rechaçado desde logo para que o Judiciário possa buscar a efetividade[40] transpassando e abandonando a velha sistemática estritamente dogmática.[41]

Sabe-se da necessidade de pensar nesse princípio para que o processo coletivo também tenha a sua base forte e possamos compreender a base do sistema e dos princípios que circulam essa forma de processo, seja para os que compreendem como um novo ramo do direito processual ou ainda para aqueles que compreende ser mais uma decorrência do processo civil.[42]

Uma coisa é certa, a necessidade de uma codificação própria,[43] assim como foi tentado pelos autores do anteprojeto de processo coletivo do qual já referimos, sendo essa a forma de deixar as coisas mais claras para um país como o Brasil que sempre valorizou por demais as disposições legais, quer por sermos um país positivista e quer por sermos, em nosso direito, muito apegados aos ensinamentos de Kelsen.[44]

Ainda hoje passamos por construções diferentes e que buscam superar essa tradicional visão que nos foi "vendida", saindo dessa compreensão para uma compreensão não mais positivista, mas, sim, pós-positivista,[45] baseados em Dworkin e Hart, visando à superação do positivismo e dando mais enfoque aos princípios e as formas não tabeladas de solução da lide. Saber qual a teoria que vingará isso ainda não é possível, mas uma coisa resta possível de compreender que estando em uma sociedade

---

[39] Deve-se nesse peculiar observa a necessidade de existência de certo formalismo para que as coisas restem organizadas, mas que esse formalismo não seja em exacerbo e que jamais prejudique direitos. Assim, o formalismo deve ser valorativo e jamais prejudicial. Para refletir sobre a temática vale conferir OLIVEIRA, Carlos Alberto Alvaro. *Do formalismo no processo civil.* 2. ed., rev. e ampli., São Paulo: Saraiva, 2003. Crítica fortemente elaborada em relação ao formalismo vem de Schopenhauer referindo que deve haver desapego para com o formalismo por não nos apresentar grande vantagem, *vide*: Schopenhauer, Arthur. *Como vencer um debate sem precisar ter razão:* em 38 estratagemas. Tradução de Daniela Caldas e Olavo de Carvalho, Rio de Janeiro: Topbooks, 1997, p.21.

[40] Vale conferir a obra que foi construída pelo jurista gaúcho Darci Ribeiro, quando em seus estudos doutorais, sendo uma análise pontuada e que passou também pela ideia de tutela judicial efetiva, que é aquilo que muito se busca em nossa comunidade jurídica. *In*: RIBEIRO, Darci Guimarães. *La pretensión procesal y La tutela judicial efectiva.* Barcelona: J.M.Bosch editor, 2004, p.75 e ss. Também observar a lições de BEDAQUE, José Roberto dos Santos. *Efetividade do processo e técnica processual.* 2. ed., São Paulo: Malheiros, 2007, p.49 e ss. Também sobre a efetividade pode ser consultado MARINONI, Luiz Guilherme, *Curso de processo civil: Op. cit.*, p. 215 e ss.

[41] Nesse sentido, vale conferir as ponderações de VENTURI, Elton. *Processo civil coletivo.* Sao Paulo: Malheiros, 2007, p.151.

[42] Nesse ponto vale observar a posição de Ada Pellegrini Grinover que entende que estamos frente a um novo ramo da ciência processual, não sendo o Processo Coletivo uma decorrência do Processo Civil. Nesse sentido, conferir GRINOVER, Ada Pellegrini. *Direito processual coletivo e o anteprojeto de código de processos coletivos.* Op. cit., p.11. Nesse sentido também ALMEIDA, Gregório Assagra de. *Direito processual coletivo brasileiro*: um novo ramo do direito processual. São Paulo: Saraiva, 2003. A temática gera certa controvérsia, mas, ainda será ponto de grande discussão que por hora nos cabe somente referir.

[43] Cf. DIDIER Jr, Fredie. ZANETI Jr, Hermes. *Curso de direito processual civil:* processo coletivo. Op. cit., p.112.

[44] Kelsen, quando em sua obra *Teoria pura do direito* constrói a ideia de que lei é direito e que por essa razão deveríamos estar submissos a lei, *vide*: KELSEN, Hans. Teoria pura do direito, 4º Ed., São Paulo: Martins Fontes, 1994, p. 33 e ss. Sobre o positivismo jurídico deve ser mencionada a obra de Bobio *in* BOBIO, Norberto. *O positivismo jurídico:* lições introdutórias de filosofia do direito. Tradução de Márcio Pugliesi Edson Bini e Carlos E. Rodrigues. São Paulo: Ícone, 1995, p.135 e ss.

[45] Com tudo isso vale referir que hoje já discutimos a ideia de um pós-positivismo onde há uma revalorização dos princípios e dos seus consectários. Sobre o pós-positivismo vale observar BARROSO, Luis Roberto. Fundamentos teóricos e filosóficos do novo direito constitucional brasileiro. *A nova interpretação constitucional.* Rio de Janeiro: Renovar, 2003, p.26.

pós-moderna[46] muita coisa pode mudar, talvez a forma de pensar o direito e as outras ciências, mas isso em momento oportuno se abordará.

Nesse sentido, muitos podem ser os princípios que decorrem deste *princípio do devido processo legal coletivo*, sendo tanto os naturalmente decorrentes como no processo civil individual, ou ainda sejam os "novos" princípios que podem decorrer diretamente deste. Nesse peculiar os princípios diretamente decorrentes são:[47] o princípio da adequada representação,[48] princípio da adequada certificação da ação[49] coletiva,[50] princípio da coisa julgada[51] diferenciada e a "extensão subjetiva" da coisa julgada secundum eventum litis à esfera individual,[52] princípio da informação e publicidade adequadas,[53] princípio da competência adequada[54] dentre outros.

---

[46] Vale referir que começa um movimento no sentido de pensar em uma ultra-modernidade, o que deverá a seu tempo ser investigada e depois devidamente construída tal teoria. Uma dúvida resta, para um país como o Brasil falar em pós-modernidade às vezes resta complexo, visto que nosso país não implementou muitos dos consectários da globalização e da própria ideia da pós-modernidade. Talvez sejamos um país de modernidade tardia, mas isso resta até o mento em pleno debate e construção. Sobre a ultra-modernidade vale observar http://www.cchla.ufrn.br/humanidades2009/Anais/GT10/10.3.pdf. Acessado em 27/07/2010, as 23:09.

[47] Nesse sentido, para quem quiser aprofundar a temática, vale conferir: DIDIER Jr, Fredie. ZANETI Jr, Hermes. *Curso de direito processual civil:* processo coletivo. Op. cit., p.113-118.

[48] Aqui a ideia é de entregar aos legitimados a possibilidade de agir em nome da coletividade, visando uma discussão mais ampla e profunda da questão que se está a discutir e sempre pontuando possibilidade de utilização da boa técnica e probidade na condução da lide, sendo essa legitimação concedida via legislação, sendo, por exemplo, o caso do Ministério Público que poderá agir via ação civil pública para buscar, sempre que possível, assegurar os direitos difusos ou coletivos que estejam em jogo. Para compreender esse princípio vale conferir DIDIER Jr, Fredie. ZANETI Jr, Hermes. *Curso de direito processual civil:* processo coletivo. Op. cit., p.113.

[49] Em relação às teorias da ação poderia ser visualizada a obra de GOZAÍNI, Osvaldo A. *Teoria general del derecho proceal.* Buenos Aires: EDIAR, 1996, p.33 e ss.

[50] Sobre essa sistemática vale observar a obra de GIDI, Antonio. *A class action como instrumento de tutela coletiva dos direitos:* as ações coletivas em uma perspectiva comparada. São Paulo: RT, 2007, p.466. Nesse caso o juiz, percebendo os requisitos, poderia certificar que a demanda que resta proposta é coletiva e como tal lhe tratar. Essa certificação poderia ocorrer na fase de saneamento do processo.

[51] Somente para que se faça a consulta caso haja a curiosidade ou necessidade, sobre a temática da coisa julgada e seus subjetivos e objetivos seria interessante visualizar a obra de PALACIO, Lino Enrique. *Manual de derecho procesal civil.* 20. ed., Buenos Aires: Abeledo-Perrot, 2010, p.451.

[52] Sobre essa realidade da coisa julga será interessante uma observação bem pontuada, visto que a coisa julgada na via do processo coletivo será distinta em relação à possibilidade de alcance de um julgado transitado, já que a parte que tenha individualmente uma ação e que comprove a identidade de fatos e de direito em relação a uma ação coletiva que tenha sido julgada procedente, ofertará ao sujeito que ingressou individualmente a possibilidade de executar em seu benefício a sentença obtida na demanda coletiva, desde que comprovada a relação fático-jurídico com a demanda coletiva. Nesse peculiar ver DIDIER Jr, Fredie. ZANETI Jr, Hermes. *Curso de direito processual civil:* processo coletivo. Op. cit., p.114-115.

[53] Nesse âmbito principiológico deve ser referido que esse princípio pode ser dividido em dois outros subprincípios. O primeiro o *princípio da adequada notificação dos membros do grupo*, onde vale por demais a comunicação a todos os membros sendo essa, em regra, efetivado por editais, sendo essa comunicação adequada ao conhecimento do todos. O segundo sub-princípio é o *princípio da informação aos órgãos competentes* onde resta o dever funcional de informação ao órgão curador da sociedade qual seja o Ministério Público, sendo esse informado de atos ou fatos que constituam motivação da feitura de uma ação civil pública. Nesse sentido, vale conferir DIDIER Jr, Fredie. ZANETI Jr, Hermes. *Curso de direito processual civil:* processo coletivo. Op. cit., p.115-116.

[54] Sobre esse princípio vale afirmar que é um dos aspectos mas sensíveis da doutrina sabidamente, visto ser totalmente diferenciada situação, já que em regra as lides se dão em detrimento de um grupo ou de uma coletividade indeterminada o que pode tornar vários juízos competentes para a demanda, onde nesse caso será observada a conveniência da parte autora escolher o juízo que proporá a demanda, seja pelo posicionamento do magistrado ou ainda por ser uma localidade onde a prova é mais facilitada aos autores e não ao réu. Muitas são as equações possíveis devendo em cada caso ser observada a melhor estratégia processual. Sobre essa realidade desse princípio pode ser consultada a obra de DIDIER Jr, Fredie. ZANETI Jr, Hermes. *Curso de direito processual civil:* processo coletivo. Op. cit., p.116-117.

1.1.2. Princípio do acesso à justiça

O acesso à justiça[55] sempre foi pretendido pelos processualistas, visando a alcançar a todos a possibilidade de levar seus reclames ao Poder Judiciário e desse poder receber uma resposta, qual seja a mais adequada ao caso concreto, visando uma prestação da tutela jurisdicional efetiva.

Nesse ponto, pode-se dizer que estaremos frente a um princípio que possibilita o acesso de todo cidadão à busca de "justiça"[56] ou pelo menos de uma manifestação jurisdicional do Poder Judiciário. Nesse sentido estaríamos pensando como o fez Kazuo Watanabe quando refere que o que se dá nesse caso é o acesso à ordem jurídica justa.[57]

Possibilitar o acesso à justiça[58] não é somente possibilitar que todos venham "reclamar" junto ao Judiciário os seus direitos, mas, também, "municiar", ou seja, possibilitar que esses cidadãos venham e consigam estar habilitados para participar de um processo. Nesse ponto vale pensar como Mauro Cappelletti que caba por identificar o acesso à justiça através de três pontos sensíveis. O primeiro a assistência judiciária que não só facilita como também possibilita o acesso, do economicamente mais fragilizado, à justiça. O segundo a tutela dos interesses difusos[59] que, efetivamente, possibilita que os conflitos e as discussões de teses jurídicas de massa cheguem aos Tribunais. Por fim, e em terceiro lugar, a utilização da técnica processual[60] como mecanismo que leve à pacificação do conflito com "justiça".[61]

Esse princípio possibilita a discussão jurídica em relação à tutela de interesses transindividuais, possibilitando a solução de milhares de conflitos, e não somente de um caso em particular o que faz com que transpassemos a realidade individualista da jurisdição no modelo do Processo Civil, visto que no Processo Coletivo a busca é por

---

[55] O movimento de acesso à justiça inicia na Itália com sua forte doutrina, tornando-se conexa em relação às ações coletivas com grande força e, certa inovação, na doutrina brasileira, sendo isso reconhecido pelos estudos elaborados pelo jurista argentino Ricardo Lorenzetti *in* LORENZETTI, Ricardo Luis. *Justicia colectiva.* 1. ed., Santa Fe: Rubinzal-Culzoni, 2010, p.124 e ss. O efetivo acesso à justiça é sim, sem sombra de dúvida, um postulado essencial e necessário do Estado Social e de direito, estendendo-se, por conseguinte, ao Estado Democrático. Sobre a relevância dessa realidade e desse princípio ver BERIZONCE, Roberto Omar. *Efectivo aceso a la justicia.* La Plata: LEP, 1987, p. 5 e ss.

[56] Falar de busca de justiça é algo que sempre foi referido por todos sem, no entanto, saber qualificar corretamente o seja essa ocorrência. Esquecendo suas origens e toda a dificuldade de conceituação do justo, podemos utilizar as ideias do jurista argentino Augusto Mario Morello quando busca desvendar um processo justo, processo que esteja comprometido em obter o máximo de proximidade ao justo. Cf. MORELLO, Augusto Mário. *El processo justo:* del garantismo formal a la tutela efectiva de los derechos. La Plata: Platense, 1994.

[57] Ada Pellegrini Grinover acaba por relembrar essas palavras do referido processualista, assim *vide*: GRINOVER, Ada Pellegrini. *Direito processual coletivo e o anteprojeto de código de processos coletivos.* Op. cit., p.12.

[58] Roberto Berizonce observa o princípio do acesso à justiça como forma de humanização e socialização do processo, possibilitando a todos essa nova realidade pleitear frente ao Judiciário algo e desse receber de forma direta uma resposta em forma de decisão, tanto passando pela garantia de gratuidade para quem precise como pela possibilidade de acesso irrestrito. Nesse sentido ver BERIZONCE, Roberto Omar. *Derecho procesal civil actual.* La Plata: LEP, 1999, p.05 e ss.

[59] Sobre a tutela dos interesses difusos vale conferir MORELLO, Augusto Mario. HITTERS, Juan Carlos. BERIZONCE, Roberto Omar. *La justicia entre dos epocas.* Augusto Mario Morello diretor...[et. al.]. La Plata: LEP, 1983, p.207 e ss.

[60] Sobre a técnica processual vale observar *in* BEDAQUE, José Roberto dos Santos. *Efetividade do processo e técnica processual.* 2. ed., São Paulo: Malheiros, 2007, p.49 e ss.

[61] Cf. GRINOVER, Ada Pellegrini. *Direito processual coletivo e o anteprojeto de código de processos coletivos.* Op. cit., p.12.

soluções que atinjam a coletividade e que possam refletir em milhares ou até milhões de cidadãos que sofrem desrespeitos e desmandos em relação a seus direitos.[62]

1.1.3. Princípio da universalidade da jurisdição

Aqui a busca vem no sentido de ofertar a jurisdição ao maior número de pessoas,[63] possibilitando a esses o acesso à justiça, que resta sendo um princípio conexo com o ora estudado.

Na realidade a base desse princípio vem no sentido de alcançar a todos, aos quais haja possibilidade, o acesso ao Judiciário e a consequente jurisdição, possibilitando-se, assim, o natural crescimento do número de demandas e demandantes que possam a atuar junto ao Judiciário,[64] visando à solução dos litígios existentes.

Sabe-se que esse princípio tem alcance muito mais restrito no processo tradicionalmente individual, visto que a jurisdição[65] seria postada frente àquele sujeito que individualmente litiga e busca a proteção de seus direitos. Já no Processo Coletivo, a dimensão deste princípio ganha magnitude, pois oportuniza a grande massa de cidadãos, que antes não teriam sequer acesso ao Judiciário, submeter aos Tribunais as suas antigas e novas demandas, obtendo desses uma resposta.

Nesse ponto, as portas são abertas para que todos os cidadãos possam ter acesso à justiça, e ao Poder Judiciário elitizado que não se colocava à disposição de todos cidadãos, abrindo caminho para a ocorrência da universalidade da jurisdição.[66]

1.1.4. Princípio de participação

O princípio da participação é um dos mais relevantes para a sistemática processual, já que é a forma processual pela qual se garante aos cidadãos a possibilidade e garantia de manifestação no processo, fazendo com que possa ser possível pensar em uma realização da democracia participativa,[67] e não meramente representativa como sempre se pretendeu fazer. Em verdade no processo tradicional, qual seja o processo individualista, a participação se dá através da garantia constitucional do contraditório[68], sendo essa uma forma de participação no processo, sendo assim também no

[62] Nesse ponto de demonstrar a relevância do acesso à justiça como forma de apresentar à coletividade uma solução judicial efetiva e ao mesmo tempo calcada na busca de justiça em relação à coletividade e não somente de um indivíduo, como no Processo Civil, vale observar GRINOVER, Ada Pellegrini. *Direito processual coletivo e o anteprojeto de código de processos coletivos.* Op. cit., p.12.

[63] Cf. GRINOVER, Ada Pellegrini. *Direito processual coletivo e o anteprojeto de código de processos coletivos.* Op. cit., p.12.

[64] Cabe referir que não se está a defender o acúmulo e crescimento de demandas, em um país extremamente litigante como o Brasil, mas possibilitar a todos essa utilização do processo para que não fique o cidadão sem qualquer prestação da tutela jurisdicional quando houver, realisticamente, a violação ou ameaça de um direito.

[65] Sobre o que venha a ser jurisdição interessante observar o processualista TESHEINER, José Maria Rosa. *Jurisdição voluntária.* Rio de Janeiro: Aide, 1992, p.11.

[66] Cf. GRINOVER, Ada Pellegrini. *Direito processual coletivo e o anteprojeto de código de processos coletivos.* Op. cit., p.12.

[67] Cf. RIBEIRO, Darci Guimarães. *Da tutela Jurisdicional às formas de tutela.* Porto Alegre: Livraria do Advogado, 2010, p.95 e ss.

[68] Sobre o contraditório conferir TESHEINER, José Maria Rosa. *Elementos para uma teoria geral do processo.* Op. cit., p.35.

processo coletivo, uma chamada participação no processo.[69] Em verdade a participação no processo individual se dá efetivada pelo próprio sujeito que pretenda o direito fazendo valer o seu direito ao contraditório, enquanto que nas ações coletivas essa participação será exercida pelos legitimados representando os sujeitos que pretendem seus direito, sendo que esses "representantes adequados" exercerão o direito ao contraditório.

Assim, há, naturalmente, no processo coletivo uma participação maior pelo processo e menor, por consequência, no processo.[70]

O princípio da participação teve uma forte e importante função, qual seja a de possibilitar o acesso das massas à justiça, tudo isso ocorrendo através dos legitimados processuais para agirem nas ações coletivas, sendo essa uma realidade extremamente democrática, ainda mais por seu viés participativo, onde as pessoas de toda e qualquer condição socioeconômicas poderão buscar junto ao Judiciário seus direitos e buscar de forma segura que esses direitos sejam levados a sério.[71]

O peculiar é que os resultados positivos que forem alcançados só alguns nas referidas ações poderão ser extensíveis a vários cidadãos, tendo sido processualmente garantida à participação popular que poderá ocorrer, por vezes, através de audiências públicas que se prestam a discutir determinadas situações de grandiosa repercussão e complexidade.[72]

Tudo isso significa dar a um Estado Democrático de Direito, como o Brasil, em tese, um "novo ar", pois se possibilita a superação da velha participação democrática que é conhecida através do direito de voto, passando a utilizar os mecanismos de uma democracia participativa, onde o cidadão poderá direta ou indiretamente, por seus representantes processuais legitimados, participar e fazer com que a democracia possa chegar perto de uma maior realidade, embora seja de conhecimento de todos que a implementação completa da democracia ainda não restou, até hoje, postada.[73]

1.1.5. Princípio da ação

Importante tratar do princípio da ação[74] por sua relevância para a ocorrência de uma demanda, ou seja, para o início natural de um processo, onde a parte por sua livre manifestação poderá iniciar a demanda através de seu impulso, fazendo com

[69] GRINOVER, Ada Pellegrini. *Direito processual coletivo e o anteprojeto de código de processos coletivos.* Op. cit., p.12.

[70] Idem, p.13.

[71] Cf. DWORKIN, Ronald. *Levando os direitos a sério.* Tradução de Nelson Boeira. São Paulo: Martins Fontes, 2002, p.283 e ss.

[72] Pode ser tomada por base a discussão jurídica da possível ilegalidade do repasse do PIS e da COFINS que foram motivados pelo Ministério Público através de ações coletivas que por fim poderão beneficiar a todos os cidadãos caso seja reconhecida a irregularidade da cobrança.

[73] Cf. ROUSSEAU, Jean-Jacques. *O contrato social.* Trad. Paulo Neves, Porto Alegre: L&PM, 2009, p.80-81. Nesse peculiar o grande teórico da democracia acaba por entender que esse modelo seria muito produtivo, mas que não seria passível de implementação. Sobre o futuro da democracia vale observar BOBBIO Norberto. *El futuro de la democracia.* Traduzido por José F. Fernández Santillán. México: Fondo de Cultura Económica, 1999, p.23 e ss.

[74] Interessante conferir as ponderações do processualista TESHEINER, José Maria Rosa. *Elementos para uma teoria geral do processo.* Op. cit., p.38.

que o Poder Judiciário tome conhecimento da pretensão e possa então iniciar suas atividades via impulso oficial.[75]

Esse princípio, realmente, é o princípio da demanda,[76] onde a parte é que restará responsável pelo início da lide e de sua condução que se dará, após a propositura da ação, em conjunto com o Poder Judiciário. Sabe-se que tradicionalmente a demanda será iniciada somente pela parte, não podendo ter nenhuma participação o Judiciário no início da demanda, por ser essa uma deliberalidade da própria parte demandante.

Cabe referir que poderá o Judiciário incentivar[77] as partes a efetivar algo, mas não poderá passar de mero incentivo, já que essa possibilidade de fazer ou não algo, processualmente falando, é atribuição e possibilidade única da parte e de seus representantes legalmente habilitados para tal no processo coletivo.

Nesse sentido percebe-se a grande relevância desse princípio que tem função clara, por ser o princípio que possibilita a existência da ação e o posterior desenvolvimento do processo e, por fim, solução das mais complexas situações que tenham violado de forma direta ou indireta os direitos difusos e coletivos.

1.1.6. Princípio do impulso oficial

Importante princípio o do impulso oficial,[78] por ser a forma de garantir a sequência concatenada de atos processuais visando à solvência do conflito e, nesse ponto, o fim do processo.

Sabe-se que o processo inicia através do princípio da ação e que este resta efetivado pela parte, mas que com o ingresso da demanda a figura forte do processo muda, por natural, passando das mãos do autor, que motivou a existência da demanda, para as mãos do Juiz que restará comprometido com efetivação da jurisdição.[79]

Esse impulso oficial será a base teórica e processual para que o Judiciário se torne a figura central do processo, em relação à condução do processo, onde o magistrado deve ter um forte comprometimento com o processo para que este reste bem conduzido.

Nesse peculiar, o juiz poderá produzir provas, requerer prática de atos ou diligência ou outras manifestações visando a melhor condução do processo, tendo em conta que a condução do processo será agora postada na figura do Juiz que nesse peculiar deve ser ativo. Nesse peculiar o impulso oficial se desenvolve nos mesmo moldes tanto no processo individual como no coletivo.[80]

---

[75] Sobre a sistemática desse princípio vale conferir as palavras de GRINOVER, Ada Pellegrini. *Direito processual coletivo e o anteprojeto de código de processos coletivos.* Op. cit., p.13.

[76] Sobre esse princípio vale conferir PORTANOVA, Rui. *Princípios do processo civil.* 6. ed., Porto Alegre: Livraria do Advogado, 2005, p.114.

[77] O anteprojeto de código de processos coletivos tem essa visão onde o juiz deve estimular o legitimado a ajuizar a ação coletiva, informando a esses a existência de diversas ações individuais que correm sobre uma mesma questão. Nesse sentido também GRINOVER, Ada Pellegrini. *Direito processual coletivo e o anteprojeto de código de processos coletivos.* Op. cit., p.13.

[78] Interessante visualizar as ponderações do processualista Rui Portanova *in* PORTANOVA, Rui. Op. cit., p.153 e ss.

[79] Assim, podemos tomar as palavras de Rui Portanova referindo que " o juiz deve impulsionar o processo até sua extinção, independentemente da vontade das partes" *in* PORTANOVA, Rui. Op. cit., p.153.

[80] Cf. GRINOVER, Ada Pellegrini. *Direito processual coletivo e o anteprojeto de código de processos coletivos.* Op. cit., p.13.

Com base no anteprojeto de Código de Processos Coletivos caberá ao juiz as mais diversas possibilidades de agir, baseados no princípio do impulso oficial. Dentre os mais diversos atos possíveis elucide-se aqui: desmembrar um processo coletivo em dois quando um esteja voltado à proteção de direitos difusos ou coletivos e o outro esteja voltado à proteção dos direitos individuais homogêneos;[81] certificar a ação como coletiva; dirigir como gestor do processo a audiência preliminar, entre outras possibilidades de agir.[82]

1.1.7. Princípio da economia

Como em muitos dos ramos do direito onde a economia[83] se faz necessária, no processo coletivo também a ideia é a economia processual,[84] onde será possível obter o máximo resultado possível com o mínimo de investimentos e prática de atos processuais.[85]

Assim como no processo individual a economia processual se faz necessária também e se faz útil e muito relevante a sua aplicação ao processo coletivo já que havendo possibilidade de economizar atos processuais e a maior obtenção de resultados deve esse caminho ser observado e consequentemente perseguido.

A economia no processo coletivo se traduz à possibilidade de, por exemplo, reunir processos quando houver conexão[86] ou continência,[87] ou ainda quando for possível encerrar o segundo processo em caso de litispendência[88] e coisa julgada.[89]

Tudo isso torna possível a economia, evitando que partes, judiciário e demais órgãos que viessem a atuar praticassem atos judiciais e processuais em situações naturalmente desnecessárias, como nos casos anteriormente referidos, já que a prática de atos processuais deve ocorrer quando efetivamente seja necessário, sob pena de fazer com que todos, e inclusive o Judiciário, se manifestem e pratiquem atos ou

---

[81] Sobre essa conceituação podemos observar CUELLO, Ramiro Rosales. *Aceso al derecho procesal civil.* Augusto Mario Morello diretor...[*et. al.*] 1. ed., Buenos Aires: Lajouane, 2007, p.1431 e ss.

[82] A processualista Ada Grinover tem essa posição em seu texto *in* GRINOVER, Ada Pellegrini. *Direito processual coletivo e o anteprojeto de código de processos coletivos.* Op. cit., p.13.

[83] Em relação ao princípio da economia e suas implicações variadas, é interessante conferir PORTANOVA, Rui. Op. cit., p.24 e ss.

[84] Interessante observar a economia processual e sua grande ligação com a modernidade vivenciada atualmente, visualizando as palavras do processualista Augusto Morello, onde economizar é evitar a produção de atos desnecessários e também reaproveitar aquilo que licitamente já se produziu. *In* MORELLO, Augusto Mario. *Aceso al derecho procesal civil.* Augusto Mario Morello diretor...[*et. al.*] 1. ed., Buenos Aires: Lajouane, 2007, p.543 e ss. Jorge Peyrano, processualista argentino, acaba também por tratar da temática com a mesma preocupação de economizar em relação ao processo, buscando a colocação em prática desse referido princípio. Sobre essa visão observar PEYRANO, Jorge W. *El proceso civil principios y fundamentos.* Buenos Aires: Astrea, 1978, p.249 e ss.

[85] GRINOVER, Ada Pellegrini. *Direito processual coletivo e o anteprojeto de código de processos coletivos.* Op. cit., p.13.

[86] Sobre as regras e detalhes conexão conferir MARINONI, Luiz Guilherme. MITIDIERO, Daniel. *Código de direito processual civil comentado.* São Paulo: RT, 2008, p.163-164.

[87] Sobre a continência e as suas peculiaridades observar MARINONI, Luiz Guilherme. MITIDIERO, Daniel. Op. cit., p.164.

[88] Cf. MARINONI, Luiz Guilherme. MITIDIERO, Daniel. Op. cit., p.263.

[89] Sobre a coisa julgadas e suas peculiaridades vale observar THAMAY, Rennan Faria. A relativização da coisa julgada como decorrência da crise do Poder Judiciário na perspectiva do direito previdenciário. *Revista de Direito Social*, v. 36, 2009, p. 69-104. Em relação à coisa julgada no processo coletivo vale conferir DIDIER Jr, Fredie. ZANETI Jr, Hermes. *Curso de direito processual civil:* processo coletivo. Op. cit., p.363 e ss.

produzam provas de forma desnecessária, fazendo com que todo um esforço desnecessário seja praticado sem uma potencial finalidade.

O grande ponto é evitar o desgaste de tempo e recursos de todos para o deslinde de um processo que não necessitaria da referida prática de atos, já que nesses casos anteriormente referidos o processo não deveria restar "alimentado" pelas partes através de atos já que, por exemplo, existe coisa julgada sobre a questão, ou ainda, estamos em caso de clara e evidente litispendência.

1.1.8. Princípio da instrumentalidade das formas

A utilidade de determinados atos processuais praticados é importante, por mais que praticados de formas distintas das que esteja previstas legislativamente. Nesse caso, o princípio da instrumentalidade das formas busca a utilização e aproveitamento dos referidos atos que foram praticados de forma distinta, mas que podem ser aproveitados por não causarem nenhum prejuízo a ninguém, a nenhuma das partes, mas, sim, por poder auxiliar na busca da resposta mais adequada, processualmente falando, já que a busca do processo é fazer justiça com material processual que detém nos autos.

A grande pontuação nesse princípio é a superação do formalismo para que possa ser possível a melhor solvência dos conflitos, já que esse é o objetivo do processo, resolver a lide[90] que se colocou à frente do Poder Judiciário aguardando sempre uma solução.

Assim, esse princípio busca que as formas do processo não sejam excessivas ao ponto de sufocar escopos jurídicos, sociais e políticos[91]. Nesse ponto o princípio ora debatido combate, claramente, o formalismo exacerbado e desmotivado que venha a afetar direitos, sendo essa uma ocorrência que não pode ser aceita de forma alguma. Tudo isso porque a forma e a técnica devem estar a serviço da jurisdição e não restarem contrárias a essa e muito menos contrárias, ao ponto de prejudicar, aos direitos.[92]

Por tudo isso, as normas que regem o processo coletivo devem, sempre que possível, ser interpretadas de forma aberta, sendo nesse ponto possível ao Juiz ter uma atuação mais flexível e assim, por natural, menos formalista, podendo colocar de forma real esse princípio em plena aplicabilidade[93].

1.1.8.1. Princípio da primazia do conhecimento do mérito do processo coletivo

Esse princípio tem grande ligação com o da instrumentalidade das formas, sendo para alguns a decorrência desse princípio, por haver também aqui a busca da

[90] Cf. BUENO, Cassio Scarpinella. *Curso sistematizado de direito processual civil: Op. cit.*, p.79-80.

[91] Cf. GRINOVER, Ada Pellegrini. *Direito processual coletivo e o anteprojeto de código de processos coletivos.* Op. cit., p.14.

[92] Nesse peculiar deve ser observada a colocação da processualista Ada Grinover, *vide* GRINOVER, Ada Pellegrini. *Direito processual coletivo e o anteprojeto de código de processos coletivos.* Op. cit., p.14.

[93] Sobre essa visão do referido princípio vale conferir GRINOVER, Ada Pellegrini. *Direito processual coletivo e o anteprojeto de código de processos coletivos.* Op. cit., p. GRINOVER, Ada Pellegrini. *Direito processual coletivo e o anteprojeto de código de processos coletivos.* Op. cit., p.14.

superação do formalismo exacerbado que venha a afetar de forma direta a busca e reconhecimento de um direito difuso ou coletivo[94].

Com esse princípio o que se pretende é de plano o conhecimento da questão de fundo, ou seja, da matéria que se está a discutir, analisando-se o mérito do debate por mais que haja a ausência de um dos requisitos necessários à admissibilidade da demanda, sendo essa uma das formas de superar o formalismo que veda todo e qualquer acesso ao Judiciário[95] quando os referidos requisitos não estejam totalmente implementados.[96]

Aqui podemos falar em superação do formalismo tradicional, permitindo, sim, que o formalismo seja valorativo,[97] já que em todo e qualquer ordenamento jurídico[98] e sistema que se preze dependa de formas para deixar as coisas organizadas, mas esse formalismo não pode acabar com direitos e muito menos ser uma arma letal contra esses, mas, sim, e tão somente, um meio necessário e organizado de se buscar e garantir os direitos através de um processo com formas que busque, acima de tudo, a solução equânime ao caso e que seja um processo justo[99] e em uma razoável duração de curso natural.[100]

Com esse princípio, o que se busca é, por toda a importância das demandas coletivas, dar seguimento as ações coletivas propostas, visando conhecer seu mérito e toda a discussão, e não, simplesmente, acabar com a demanda por ausência de algum

[94] Cf. DIDIER Jr, Fredie. ZANETI Jr, Hermes. *Curso de direito processual civil:* processo coletivo. Op. cit., p.118.

[95] Deve ser observado o novo papel que o Poder Judiciário tem tomado, um agir mais firme e potencializado através do ativismo judicial fazendo com o juiz supere a velha concepção de ser a mera "boca da lei". A prestação da tutela jurisdicional deve ser de qualidade, devendo o judiciário estar preocupado em qualificar as suas decisões, devendo essas sofrer o devido controle e os magistrados uma maior responsabilização por suas decisões, não sendo os magistrados a mera boca da lei. *In* BERIZONCE, Roberto Omar. *As garantias do cidadão na justiça.* Coord. Sálvio de Figueiredo Teixeira, São Paulo: Saraiva, 1993, p.136-138.

[96] Sobre o dever de flexibilidade dessa modalidade de processo vale conferir ALMEIDA, Gregório Assagra de. *Direito processual coletivo brasileiro*: um novo ramo do direito processual. São Paulo: Saraiva, 2003, p.572.

[97] Sobre a temática consultar OLIVEIRA, Carlos Alberto Alvaro de. O formalismo-valorativo no confronto com o formalismo excessivo. *Revista de processo.* São Paulo: RT, n.137, 2006, p.07-31.

[98] Cf. BOBIO, Norberto. *Teoria do ordenamento jurídico.* Tradução de Maria Celeste Cordeiro Leite dos Santos. 10º ed., Brasília: Editora Universidade de Brasília, 1999, p.71 e ss.

[99] Falar de busca de justiça é algo que sempre foi referido por todos sem, no entanto, saber qualificar corretamente o seja essa ocorrência. Esquecendo suas origens e toda a dificuldade de conceituação do justo desde Aristóteles. Podemos utilizar as ideias do jurista argentino Augusto Mario Morello quando busca desvendar um processo justo, processo que esteja comprometido em obter o máximo de proximidade ao justo. Cf. MORELLO, Augusto Mário. *El processo justo:* del garantismo formal a la tutela efectiva de los derechos. La Plata: Platense, 1994.

[100] Para averiguar essa noção de razoável duração do processo veja-se: CARVALHO, Fabiano. EC n. 45: reafirmação da garantia da razoável duração do processo. In: WAMBIER, Teresa Arruda Alvim et al. (Coord.). *Reforma do judiciário:* primeiros ensaios críticos sobre a EC n. 45/2004. São Paulo: RT, 2005, p.216. "Isso importa dizer que todos têm acesso à justiça para postular e obter uma tutela jurisdicional adequada. Nesse contexto, a prestação da tutela jurisdicional em tempo razoável garante o efetivo acesso à justiça, porquanto o direito à prestação jurisdicional dentro de um tempo aceitável é uma exigência da tutela jurisdicional efetiva". Também podem ser trazidas à baila as palavras de MARINONI, Luiz Guilherme. *Curso de processo civil:* Teoria geral do processo. v. 1. São Paulo: RT, 2006, p.221 e ss. Esse princípio está ligado ao da celeridade, sendo o garantidor máximo da ideia de tempo adequado ao processo, sendo a válvula de escape para que o processo possa ser ao mesmo tempo célere e respeitador do devido processo legal. Sobre a relação tempo e direito – no nosso casso do processo – segundo o jurista francês François deve-se tomar o devido cuidado para que as coisas não se acelerem por demais, visto que o direito deve seguir o seu tempo normal, sem uma aceleração exacerbada e desmotivada que prejudicaria e muito a natural preservação de um direito em sua essência máxima. *In:* OST, François. *O tempo do direito.* Lisboa: Instituto Piaget, 1999, p.39. sobre a relação tempo e processo é interessante conferir MORELLO, Augusto Mario. *Aceso al derecho procesal civil.* Augusto Mario Morello diretor...[*et. al.*] 1. ed., Buenos Aires: Lajouane, 2007, p.241 e ss.

dos requisitos necessários à sua admissibilidade, desde que não causem prejuízo por lógico.

Isso é relevante pela natureza das demandas coletivas, já que podem "salvar" milhares de consumidores e cidadãos de incorretas cobranças ou ainda de procedimentos incorretos que se passem, ou até pior de infrações ambientais de alta gravidade, não devendo, e muito menos podendo, serem essas demandas afastadas por mero formalismo que poderá ser superado, visto que o mérito da questão debatida é que será nesse caso relevante, já que a repercussão é social e atingirá, em regra, a um grande grupo determinado de pessoas ou até a um grupo indeterminado. Por tudo isso é que esse princípio apregoa a superação das formalidades desprestigiadoras, para sim buscar levar ao poder público o conhecimento das mais diversas lesões que todos os dias se dão em um meio social fragilizado e por vezes esquecido.

Saliente-se que não se apregoa, de forma alguma, a extinção do formalismo, pois sabidamente esse é necessário ao sistema e sempre o foi, desde a época das observações feitas por Habermas e seu procedimentalismo.[101] Para que um sistema exista e possa ter certa segurança em seu proceder o procedimentalismo se faz útil, gerando através de certo formalismo uma ordem e organização, mas não deveria esse formalismo transpassar o limite da relevância do conteúdo, aqui está, por exemplo, a "vitória" dos substancialista[102] sobre os procedimentalistas como é o caso da arguição de Dworkin, sendo uma nova forma de observar o processo e em principal o processo coletivo.

1.1.9. Princípio da indisponibilidade da demanda coletiva

Contrariamente ao princípio da disponibilidade da demanda na via do processo civil individual, o processo coletivo perpassa naturalmente pelo princípio da indisponibilidade,[103] já que a demanda coletiva não depende da vontade das partes, mas, sim, da necessidade social de sua propositura.

Nesse ponto o que se tornará perceptível é que a demanda coletiva independe da vontade das partes, visto que há aqui o interesse público que deve prevalecer, sempre observando os critérios de conveniência e oportunidade.

Não há no processo coletivo a *facultas agendi* que existe no processo civil tradicional individualista, pois há, sim, uma natural indisponibilidade do interesse público o que obriga aos órgãos públicos de tomarem as devidas medidas.[104] Nesse caso o Ministério Público é que deve agir.[105]

---

[101] Cf. HABERMAS, Jurgen. *Direito e democracia.* V. I., Rio de Janeiro: Tempo Brasileiro, 1997, p.245 e ss.

[102] Gilberto Bercovici e Martônio Barreto Lima vêm aceitando a ideia da teoria material-substancial. Assim ver STRECK, Lenio Luiz. *Verdade e consenso Constituição, hermenêutica e teorias discursivas.* Rio de Janeiro: Lumen Juris, 2006, p.14-15.

[103] Esse princípio é observado por Gregório Assagra Almeida com outra nomenclatura, sendo por ele compreendido como o princípio da disponibilidade motivada da ação coletiva. Nesse sentido conferir ALMEIDA, Gregório Assagra de. *Direito processual coletivo brasileiro*: um novo ramo do direito processual. Op. cit., p.573.

[104] Cf. DIDIER Jr, Fredie; ZANETI Jr, Hermes. *Curso de direito processual civil:* processo coletivo. Op. cit., p.121.

[105] Nesse ponto deve ser relembrado que o Ministério Público ascendeu a um grau ainda mais elevado ao que já possuía, já que através das ações civis públicas tem assegurado direitos difusos e coletivos *stricto sensu.*

Cabe referir que essa indisponibilidade não é, contudo, total, visto que essa obrigação é temperada em relação ao agir do Ministério Público para o ajuizamento da ação coletiva, podendo esse agente em caso de avaliação da conveniência e possibilidade não propor a demanda, sendo o inquérito civil devidamente arquivado e podendo sofrer a devida fiscalização do Conselho Superior do Ministério Público.[106]

No mesmo sentido do que se observou antes ocorre com o Ministério Público em casos onde o *parquet* venha a participar como fiscal da lei, já que poderá o fiscal permanecer na demanda ou simplesmente, por ausência de conveniência e oportunidade, abandonar a referida ação.

1.1.10. Princípio do microssistema: aplicação integrada das leis para a tutela coletiva

Realmente ao falar de processos coletivos, ou no singular processo coletivo, se torna perceptível que esses referidos processos possuem regramentos próprios e firmes, cada um em legislação especifica sobre a temática e que nesse sentido merece o devido conhecimento e respeito.

O grande viés dessas disposições é a busca de um processo justo e que estirpe as demandas repetitivas de cunho meramente formal e que se prestam a repetir de forma desgastante os mesmos debates, assoberbando de forma abrupta o Poder Judiciário que sofre de forma direta com essa ocorrência, por ser obrigado a julgar de forma seriada o que sabidamente desqualifica e muito a prestação da tutela jurisdicional e diga-se mais pontuadamente a qualidade das sentenças.[107]

Nesse ponto, é de conhecimento do interprete que antes de recorrer ao Código de Processo Civil deve recorrer de forma profunda a legislação e todo o microssiste-

[106] Vejamos DIDIER Jr, Fredie. ZANETI Jr, Hermes. *Curso de direito processual civil:* processo coletivo. Op. cit., p.121.

[107] Deve existir real cuidado do Poder Judiciário com as suas decisões, para que essas não seja ausentes em qualidade e fundamentação, nesse sentido: "Para quem visualiza o sistema pela perspectiva de um operador forense, seu funcionamento não se mostra apenas insatisfatório. Mostra-se assustador. Como era de supor, a extraordinária litigiosidade que caracteriza nosso tempo, obriga os magistrados a padronizarem suas decisões, praticando – com maior ou menor vocação para o normativismo abstrato – uma jurisdição 'pasteurizada', sem compromisso com o 'caso'".

O autor ainda continuar:

"De qualquer modo, esta prática estimula o arbítrio, porque os julgadores, por várias razões e circunstâncias, julgam-se dispensados de fundamentar adequadamente as sentenças. Quem declara – apenas descompromissadamente declara –, não tem o que justificar. Não está obrigado a fundamentar a possível injustiça declarada, pela qual o declarante não é responsável". *in* SILVA, Ovídio A. Baptista da. *Da função à estrutura* – www.Baptistadasilva.com.br/artigos). Ademais, diga-se que a qualidade das sentenças estão ligadas naturalmente à sua fundamentação. A fundamentação que é requisito juridicamente necessário para que uma decisão seja apta a gerar seus efeitos naturais, deve contar com uma fundamentação eficaz ao ponto de convencer aos sujeitos que recebe a motivação emanada pelo Judiciário, fugindo-se da falsas fundamentações que são altamente reprovadas, assim como já referia o douto jurista Ovídio A. Baptista da Silva, verbis: "As falsas fundamentações que, hoje, são empregadas pelo Poder judiciário, são responsáveis por arbitrariedades que muito prejudicam o desenvolvimento nacional". *in* SILVA, Ovídio A. Baptista da. *Jurisdição, direito material e processo.* Rio de Janeiro: Forense, 2008, p.141. Essas sentenças que estão com "roupagem formosa", em relação à esperada fundamentação, não passam de mero pronunciamento judicial sem a devida análise por parte do julgador, o que gera em diversas hipóteses "sentenças arbitrarias". Neste sentido Genaro R. Carrió e Alejandro D Carrió, *El recurso extraordinario por sentencia arbitrria.* Buenos Aires: Abeledo-perrot, 1983. Sobre o ato de sentenciar, emanado pelos magistrados, vale conferir as palavras de TESHEINER, José Maria Rosa. *Nova sistemática processual civil.* Caxias do Sul: Plenum, 2006, p.39 e ss.

ma que se formou em relação às demandas coletivas, aplicando-se, tão somente, de forma residual o Código de Processo Civil.[108]

Aqui, com toda essa realidade, se torna aplicável de foram latente o princípio do dialogo das fontes que foi pensado por Erick Jaime,[109] onde literalmente as fontes legislativas estão em constante diálogo, ou seja, em constante contato e utilização de dispositivos de forma conjunta, sendo aqui citada a relação intima da Constituição Federal e das mais diversas legislações.

Por isso falar em diálogo entre as fontes, o que é evidentemente natural e ocorrente em relação as mais diversas legislações, não é novidade, sendo diferente em relação às normas que fazem parte do microssistema de processos coletivos.

Diga-se que o Código de Defesa do Consumidor teve grande papel na alteração do art. 21 da lei da ação civil pública, criando, desta forma, um mricossistema autorreferencial para a tutela coletiva em nosso país.[110]

Desta feita sabendo que esse mricossistema de processos coletivos resta postado e que as formas de proceder são distintas em cada um dos casos, vele sempre recordar que o Código de Processo Civil terá a sua utilidade caso necessário, mas tão somente de forma residual, sendo esse aplicável somente quando a norma especifica para o caso concreto for omissa e, por consectário, verificar-se que não há dispositivo nos demais diplomas que compõem o microssistema coletivo capaz de preencher o vácuo, sendo então passível de utilização o Código de Processo Civil.[111]

1.1.11. Princípio da reparação integral do dano

Nesse ponto a questão é a reparação do dano efetivamente causado a toda uma coletividade, seja determinada ou não determinada, sendo uma ocorrência constante em uma sociedade pós-moderna que clama por soluções efetivas aos diversos problemas que diariamente nascem.

Deve ser realizada uma reparação, sim, mas uma reparação integral ao dano causado, que deverá ser auferido e devidamente liquidado, para que não reste impune o sujeito que pratica atos lesivos que devem, desde já, ser afastados ou quanto mais evitados. Não havendo a possibilidade de evitar vale a prática repressiva de indenização em decorrência da referida violação.

Esse pode ser o caso da ação popular que venha a ser proposta e que procedente obriga o condenado a integralmente reparar os danos causados à coletividade, sabendo que esse valor integralmente pago pode ser buscado de forma regressiva do

[108] Cf. DIDIER Jr, Fredie; ZANETI Jr, Hermes. *Curso de direito processual civil:* processo coletivo. Op. cit., p. 122-123.

[109] A ideia do diálogo das fontes é bem tratada pelo douto doutrinador Erik Jayme, quando explana a sua compreensão em nível de direito internacional, mas, que é plenamente aplicável ao nosso caso, vejamos a adução feita: Dès lors que l' on évoque la communication em droit international privé, le phénomène le plus important est le fait que la solution des conflits de lois emerge comme résultat d' *un dialogue entre les sources* le plus hétérogènes. *In* JAYME, Erik. *Identité culturalle et intégration:* Le droit internationale privé postemoderne. Recueil des Cours de l' acdémie de droit international de la Haye. Kluwer, Doordrecht, 1995, p.259

[110] Cf. DIDIER Jr, Fredie; ZANETI Jr, Hermes. *Curso de direito processual civil:* processo coletivo. Op. cit., p.123.

[111] Nesse sentido ver MAZZEI, Rodrigo Reis. *Ação popular – aspectos relevantes e controvertidos.* Coordenadores Luiz Manoel Gomes Jr. e Ronaldo Santos Filho. São Paulo: RCS, 2006, p.411-412.

servidor que praticou o ato lesivo de forma culposa e que este elemento reste comprovado.[112]

1.1.12. Princípio da não taxatividade

Também conhecido como princípio da atipicidade da ação e do processo coletivo, esse princípio preza pela observação e conhecimento do conteúdo e não somente da forma, já que essa não deve aniquilar aquela. Nesse sentido qualquer tipo de direito coletivo pode ser protegido e deve ser protegido.[113]

A ideia é não manter uma forma[114] dura de nomenclatura de ações coletivas, não importando o seu nome, mas, sim, e claramente, a causa de pedir e os pedidos, visto que vale, mas a substância do que a forma.

Essa base pode ser observada a partir do art. 83 do Código de Defesa do Consumidor,[115] já que nessa norma se percebe, de forma clara, que o objetivo é possibilitar, por todas as espécies de ações, a defesa dos direitos dos consumidores,[116] visando, em verdade, a adequada e efetiva tutela.[117]

Por toda essa forma de compreensão não se deve guarda severa preocupação com a nomenclatura, ou seja, com o nome da ação coletiva, podendo ser tanto ação civil pública, ação popular ou até mandando de segurança coletivo,[118] por exemplo. Tudo isso porque o que vale, para essa pricipiologia empregada, é o substancial, ou seja, o conteúdo e não meramente forma.

1.1.13. Princípio do ativismo judicial

Sobre o principio do ativismo judicial,[119] previsto de forma expressa no anteprojeto do Código de Processo Coletivo, vale referir da sua importância e necessidade de

[112] Cf. DIDIER Jr, Fredie. ZANETI Jr, Hermes. *Curso de direito processual civil:* processo coletivo. Op. cit., p.125.

[113] Sobre essa compreensão vale conferir ALMEIDA, Gregório Assagra de. *Direito processual coletivo brasileiro*: um novo ramo do direito processual. Op. cit., p.575.

[114] Observando o processo com um olhar da metodologia vem o processualista Falcón *in* FALCÓN, Enrique M. *Derecho procesal civil, comercial, concursal, laboral y administrativo.* Tomo I. Buenos Aires: Rubinzal – Culzoni Editores, 1979. P.29 e ss.

[115] "Art. 83. Para a defesa dos direitos e interesses protegidos por este código são admissíveis todas as espécies de ações capazes de propiciar sua adequada e efetiva tutela.".

[116] Sobre a proteção aos consumidores vale observar a consciente obra de Claudia Lima Marques que foi uma das mais fortes doutrinadoras de nosso país a fortificar tanto o consumidor por o próprio direito do consumidor. Nesse sentido conferir MARQUES, Claudia Lima. *Contratos do Código de Defesa do Consumidor, o novo regime das relações contratuais.* 4. ed., São Paulo:RT, 2002.

[117] Nesse sentido interessante observar MARINONI, Luiz Guilherme. ARENHART, Sérgio Cruz. *Manual do processo de conhecimento.* São Paulo: RT, 2001, p.683.

[118] Sobre a compreensão de ter o mandado de segurança coletivo como instrumento processual protetor de direitos difusos conferir DIDIER Jr, Fredie. ZANETI Jr, Hermes. *Curso de direito processual civil:* processo coletivo. Op. cit., p.127-129.

[119] Cf. VIANA, Luiz Werneck *et al. A judicialização da política e das relações sociais no Brasil.* Rio de Janeiro: Editora Revan, 1999, p.47 e ss. Neste ponto vale observar as concepções dos autores no sentido de que no Brasil exista, realmente, a judicialização da política e não o ativismo judicial que por singela observação semântica não vem a significa, especificamente, a mesma coisa que a judicialização. Para os autores haverá, realmente, uma judicialização da política onde o judiciário é chamado, por necessidade, a se manifestar sobre questões relevantes para a seara sóciopolítica nacional, passando essa judicialização às relações sociais também, sendo algo bem distinto do ativismo que aparenta ser uma intromissão complexa. Mas embora os referidos autores não acreditem na ocorrência do ativismo

efetiva colocação em prática, já que se postula hoje, pelo interesse público, a maior participação estatal e diga-se, nesse caso, do Poder Judiciário, que deverá assumir a posição de protagonista e condutor firme da lide coletiva.[120]

A grande observação que deve ser feita vem no sentido de que o juiz não poderá impulsionar de forma inicial a lide coletiva, mas tão somente incentivar aos legitimados para que tomem as medidas cabíveis e então efetivem a ação.

O ativismo[121] resta necessariamente vinculado ao impulso oficial, onde o Judiciário poderá agir, de forma ativista, tão semente após a devida provocação,[122] fazendo com que o esse poder não subtraia atribuição alheia. Alis, tudo dependerá, nesses casos, do interesse de agir dos cidadãos através de seus representantes, visando à proteção dos direitos coletivos *lato sensu.*

O que se busca é que o juiz tome a sua função e faça aquilo que for necessário, sem qualquer receio, buscando conduzir o processo de forma firme e com intuito claro de chegar ao seu objetivo final, qual seja o cumprimento da decisão judicial tomada, gerando ao final paz social.

Nesse peculiar o ponto crucial é fazer com que o juiz ganhe mais poder,[123] mas com esse poder venham mais responsabilidades, o que é necessário por natural, visando a dar ao magistrado mais liberdade de agir, buscando, naturalmente, o afastamento da arbitrariedade, pois essa, sim, deve ser reprimida e reprovada de toda sorte.

A construção desse princípio é necessária para que possa o Judiciário assumir seu papel e possa também corrigir as omissões do Legislativo, possibilitando aos cidadãos não somente o respeito como também o exercício dos direitos coletivos, sendo nessa uma das mais importantes vias de efetivação desses direitos, através da corrente ação judicial com pulso firme, mas com a devida cautela e respeitando sempre a legalidade.

---

judicial, a doutrina mais recentemente vem acreditando na clara existência do ativismo judicial assim como o próprio anteprojeto de Código de Processos Coletivos. Sobre a temática, conferir PICARDI, N., I mutamenti del ruolo del giudice nei nostri tempi. in *Derecho Procesal en vísperas del siglo XXI. Temas actuales en memoria de los Profs. I. Eisner y J.A. Salgado.* Coordenador R. Arazi, Buenos Aires: Ediar, 1997, p.398-401. ZANETI JUNIOR, Hermes. *Processo constitucional:* O modelo constitucional do Processo Civil Brasileiro. Rio de Janeiro: Lumen Juris, 2007, p.46; MORELLO, Augusto M. *La Corte Suprema en acción.* 2. ed., Buenos Aires: Lexis Nexis, 2007, p.134 e ss.

[120] Sobre essa aplicação e observação do princípio do ativismo judicial no processo coletivo vale conferi DIDIER Jr, Fredie. ZANETI Jr, Hermes. *Curso de direito processual civil:* processo coletivo. Op. cit., p.129-132.

[121] Sobre o ativismo judicial pode ser consultada obra de Augusto Morello, *vide* MORELLO, Augusto Mario. *Opciones y alternativas em el derecho procesal.* Buenos Aires: Lajouane, 2006, p.359 e ss.

[122] Cf. DINAMARCO, Cândido Rangel. *Instituições de direito processual civil.* 4. ed., São Paulo: Malheiros, 2004, p.233-234. Nesse texto o autor refere que não se busca um juiz *Pilatos* que deixa as coisas acontecerem sem nada fazer, sendo um juiz não ativo.

[123] Sobre a maior responsabilização dos magistrados e inclusive sobre a perspectiva de aumento de poder vale conferir as ponderações obradas pelo processualista Darci Ribeiro que de forma geral postula essa compreensão em sua obra RIBEIRO, Darci Guimarães. *Da tutela Jurisdicional às formas de tutela.* Porto Alegre: Livraria do Advogado, 2010.

— 30 —

Bases para actualizar el Codigo modelo Procesal Civil para Iberoamerica

ROBERTO OMAR BERIZONCE
Presidente Honorario del Instituto Iberoamericano de Derecho Procesal.

Sumario: I. El Código Procesal Civil "Tipo" para Iberoamérica como sistema paradigmático; II. Las circunstancias sobrevinientes en la región al cabo de más de dos décadas; 1. Transformaciones en el sistema de justicia: constitucionalización de nuevos derechos y garantías; 2. Las concepciones sistemáticas del servicio jurisdiccional y la importancia de los modelos de gestión; 3. La irrupción de los medios alternativos de solución de conflictos; III. Hacia la actualización del Código Modelo; 1. Ratificación de sus principios estructurales; 2. Ajustes, rediseño e incorporación de nuevas instituciones, técnicas y procedimientos; 2.1. Tutelas procesales diferenciadas; 2.2. Instrucción preliminar (procedimientos de pre-action); 2.3. Poderes de dirección y ordenación de las causas; 2.4. Medidas anticipatorias, satisfactivas y de urgencia, en general; 2.5. Tipos procesales sumarios, de cognición plena y trámite simplificado; 2.6. Procesos colectivos; 2.7. Procesos repetitivos; 2.8. Cumplimiento y ejecución de las sentencias; IV. Epílogo.

I. El Código Procesal Civil "Tipo" para Iberoamérica como sistema paradigmático

Es bien sabido que el Código Modelo se gestó laboriosamente al cabo de casi dos décadas de estudios, debates y decisiones escalonadas que culminaron con su aprobación durante las XI Jornadas Iberoamericanas de Derecho Procesal (Río de Janeiro, 1988).[1] Primero se acordó la preparación de "bases uniformes" que sirvieran a la elaboración de un ordenamiento paradigmático, las que fueran consensuadas en las Jornadas de Bogotá y Cartagena de Indias, de 1970, debatiéndose en los sucesivos encuentros los principios esenciales para finalmente estructurar el anteproyecto que fuera obra de los profesores uruguayos A. Gelsi Bidart, L. Torello y E. Vescovi. Fue el fruto de la feliz confluencia de diversos factores que se cobijaron en el seno del Instituto Iberoamericano de Derecho Procesal. Entre aquellos factores incidentes se destacaban, en cuanto al proceso civil, una común raíz y pertenencia de todos los ordenamientos del subcontinente americano afiliados a las legislaciones de las madres patrias, España y Portugal, inspiradas a su vez en el proceso romano-canónico y en el modelo de las Siete Partidas del Rey Alfonso el Sabio. El logro nació de la necesidad

[1] GELSI BIDART A., TORELLO L. y VESCOVI E., *Hacia la preparación de Códigos Procesales Modelos: las bases para la reforma...*, en *Códigos Procesal Civil y Procesal Penal, Modelos para Iberoamérica*, ed. Ministerio de Justicia, Madrid, 1990, p. 25 y ss.. Sobre los antecedentes y bases del anteproyecto: GELSI BIDART A., *Código "tipo" y reforma del proceso civil en América Latina: entre derecho común y uniforme* en *Un "Codice Tipo" di procedure civile per l'America Latina*, p. 41 y ss.. VESCOVI E., *La reforma de la justicia civil en Latinoamerica*, Temis, Bogotá, 1996, p. 20-22.

de impulsar un cambio en profundidad para transformar radicalmente los sistemas de enjuiciamiento imperantes[2] y sustituirlos por un nuevo paradigma sustentado en la idea-fuerza de la oralidad y el proceso por audiencias, con todos sus consectarios, principalmente la inmediación del juez con las partes y el material litigioso, la concentración y publicidad de los actos, la desformalización burocrática de los procedimientos en general, como medio para la igualdad concreta de los litigantes ante la jurisdicción. Se buscaba un camino para superar la palmaria ineficacia del tradicional proceso escriturario y el estado de postración de la justicia.

La exposición de motivos[3] se explaya sobre los *principios rectores*, dedicando atención a la oralidad y proceso por audiencias; organización de la magistratura; poderes, deberes y responsabilidades del juez y de las partes. Entre las principales instituciones transformadoras que recoge el código se destacan aquellas propias de la creciente publicización del proceso civil y el libre e irrestricto acceso a la jurisdicción; la adopción del proceso por audiencias orales; la regulación de una audiencia preliminar, con finalidades múltiples (arts.301, 302); el reconocimiento al juez de verdaderos poderes-deberes de observancia inexcusable (arts.33 a 35) para la dirección e instrucción de las causas, potestades que se acentúan en los denominados procesos sociales (art.310); doble instancia con un juez monocrático; la organización independiente del ministerio público (art. 36 a 42); la regulación de la tutela de los intereses colectivos o difusos (art. 53, 194); la prevención de los procesos fraudulentos o colusorios (art. 64); la protección cautelar genérica (art. 280); la instauración de procesos de estructura monitoria (art. 311 a 316); la admisión de medidas conminatorias para asegurar el cumplimiento de las decisiones; la consagración, en fin, de principios y directivas generales para guiar la interpretación finalista de los preceptos procesales (art. 1 a 3). Se trataba, en definitiva, de las grandes líneas tendenciales que por entonces se avizoraban en el derecho procesal iberoamericano.[4]

Una ilustrada doctrina procesal[5] ha explicado con detenimiento los principios fundantes, la génesis del Código Modelo y su proyección posterior, principalmente a partir de su íntegra recepción en el Código General del Proceso del Uruguay de 1989[6]

[2] Sobre el sentido transformador del anteproyecto de Código modelo: VESCOVI E. y GELSI BIDART A., *Bases para orientar en Latinoamérica la unificación legislativa en materia procesal civil*, Rev. Fac. Cs. Jurid. y Soc. de Guatemala, set.1982. VESCOVI E., *El proyecto de Código procesal civil uniforme para América Latina*, Rev. Inst. Colombiano de Der. Proc., Bogotá, 1986, n° 4. GELSI BIDART A., *Código "tipo"...*, ob. cit., p. 41 y ss..

[3] *Código Procesal Civil y Procesal Penal...*, ob. cit., p. 41-70.

[4] El Código "tipo", como lo señalara VESCOVI, se inspiró en las más avanzadas instituciones de la región: el despacho saneador y el rechazo preliminar de la demanda, del derecho brasileño; el principio venezolano de que "las partes están a derecho"; los poderes del juez acordados por el código procesal argentino; el desarrollo de la prueba en audiencia de la legislación colombiana; el proceso monitorio del derecho uruguayo; el sistema apelatorio y el efecto diferido de origen costarricense y argentino, etc. (*Confrontación entre el Código Procesal Civil modelo iberoamericano y el proyecto de Código Europeo...*, en *Unificazione del diritto e rimedi alternativi per la risoluzione delle controversie civili nel sistema giuridico latinoamericano*, estrato da *Roma e America. Diritto Romano comune*, Mucchi ed., Roma, 1997, p. 110).

[5] VESCOVI E., *Los códigos modelos. El Código Modelo para Iberoamérica*, en *El Derecho Procesal en el MERCOSUR*, Fac. Cs. Jur. y Soc. UNLitoral, Santa Fe, 1997, p. 491 y ss.. BARBOSA MOREIRA J. C., *Le code-modele de procedure civile pour l'Amerique latine...*, en *Temas de Direito Processual,* Sétima Série, ed. Saraiva, São Paulo, 2001, p. 191 y ss.. SIMON L. M., *La aplicación del Código Procesal Civil modelo en Iberoamérica*, relato general, *VII Seminario Internazionale Formazione e caratteri del sistema giuridico latinoamericano e problemi del processo civile*, Roma, 2002.

[6] La bibliografía uruguaya es amplísima. Por toda ella: VESCOVI E, *La reforma de la justicia civil en Latinoamérica*, ob.cit., p. 22 y ss. VESCOVI E., director, *Código General del Proceso*, ed. Abaco, Montevideo, v. I, 1992 y sucesivos. Sobre el sistema de los principios del CGP y su fuente en el Código Modelo, v. 1, p. 54-55.

y parcialmente en el Código Procesal Civil peruano de 1992,[7] en las sucesivas reformas del ordenamiento brasileño, a partir de 1994,[8] en las provincias argentinas de Tierra del Fuego,[9] La Pampa, Río Negro, entre otros.

II. Las circunstancias sobrevinientes en la región al cabo de más de dos décadas

Interesa analizar ciertos fenómenos jurídicos que se fueron gestando contemporáneamente que trajeron consigo diversas transformaciones en los ordenamientos fundamentales de los países del subcontinente, en la búsqueda de respuestas a los problemas más acuciantes de los sistemas de impartición de justicia. Al margen de la complejidad de aquellas transformaciones y las insalvables dificultades para aprehenderlas más allá de sus contornos, ha de convenirse que, aún a riesgo de una excesiva simplificación, han sido las reformas sucedidas en el plano de las diversas constituciones, por un lado, y en paralelo de las convenciones internacionales, por otro, las que mayor impacto han producido sobre los sistemas jurídicos en general y, particularmente, en el de la prestación de justicia.

1. Transformaciones en el sistema de justicia: constitucionalización de nuevos derechos y garantías

Profundas reformas constitucionales han traído consigo, entre otras, las nuevas Cartas de Brasil (Constitución Federal de 1988 y las sucesivas Enmiendas, especialmente la nº 45/2004), Colombia (1991), Paraguay (1992), Perú (1993), Argentina (1994), Venezuela (1999), México (1994 y posteriores), entre otras.

En todas ellas, los tradicionales "bloques de constitucionalidad" se han visto notoriamente amplificados, con la consagración de nuevos derechos y garantías, propios de la tercera y cuarta "generación", incluyendo la tutela de los derechos difusos y colectivos, de consumidores y usuarios en general y de protección del medio ambiente. Ha operado igualmente el fenómeno de la *constitucionalización de las garantías* – amparo, *habeas corpus*, *habeas data* – y, más específicamente, de aquella que asegura el acceso irrestricto a la jurisdicción y la tutela judicial efectiva, una de las garantías más trascendentes, por constituir el derecho a hacer valer los propios derechos.[10]

---

[7] MONROY GALVEZ J., *La formación del proceso civil peruano. Escritos reunidos*, 2ª ed. aumentada, Palestra ed., Lima, 2004, *passim*, especialmente p. 81-89; 153-165; 289-314; 315-349; 351-355; 357-377; 433-447. Del mismo ilustre autor: *La reforma del proceso civil peruano quince años después*, en *Reforma procesal civil*, E. Oteiza coord., AADP, Rubinzal Culzoni ed., Bs.As., 2009, p. 125 y ss.. SIMONS PINO A., *La evolución del proceso civil en Perú*, en *Derecho Procesal. XXI Jornadas Iberoamericanas*, Univ. de Lima, Lima, 2008, p. 19 y ss..

[8] MONIZ DE ARAGAO E. D., *Reforma processual: dez anos*, en Genesis Rev. Dir. Proc. Civ., Curitiba, 2002, nº 24, p. 281 y ss.. BARBOSA MOREIRA J. C., *Os novos rumos do processo civil brasileiro*, en *Temas de Direito Processual*, Sexta Série, ed. Saraiva, São Paulo, 1997, p. 63 y ss.; *id.*, *O processo civil brasileiro entre dois mundos*, en Oitava Série, 2004, p. 41 y ss.. PELLEGRINI GRINOVER A., *Cambios estructurales en el proceso civil brasileño* en *Proceso Civil. Hacia una nueva justicia civil*, de la Oliva Santos A. y Palomo Vélez D.I., coord., Ed. Jur. de Chile, Santiago, 2007, p. 651 y ss..

[9] MORELLO A. M. y KAMINKER M. E., *El Código Procesal Civil (General) de la Provincia de Tierra del Fuego*, El Der., Bs. As., v. 159, p. 1018.

[10] ALVARO DE OLIVEIRA C.A., *El derecho a la tutela jurisdiccional efectiva desde la perspectiva de los derechos fundamentales* en *Derecho Procesal. XXI Jornadas Iberoamericanas*, ob. cit., p. 67 y ss.. VALLESPÍN PÉREZ D., *Los nuevos retos del derecho a la tutela judicial efectiva en el proceso civil*, en la misma obra, p. 85 y ss..

En paralelo, han cobrado paulatinamente operatividad los derechos y garantías de la jurisdicción estampados en los tratados y convenciones internacionales sobre Derechos Humanos -particularmente, el Pacto de San José de Costa Rica, arts. 8, 25 y conc.,[11] que en algunos países, v.gr., Argentina, tienen acordada jerarquía constitucional y están por igual mandato asegurados positivamente por el Estado. Una rica y creativa doctrina jurisprudencial de los órganos transnacionales de la región – la Corte Interamericana de Derechos Humanos – está siendo receptada en los países signantes del Pacto de San José, por los propios tribunales nacionales, particularmente para la tutela de los derechos económicos, sociales y culturales y los derechos de incidencia colectiva en general.[12]

En ese contexto, de generalización creciente, se gestan nuevos desafíos para el legislador de nuestros países, y no menos acuciantemente para los jueces, llamados todos a imaginar nuevos y más complejos instrumentos y técnicas procesales de todo tipo, para asegurar en concreto la virtualidad y operatividad de todo el catálogo de los nuevos derechos y garantías. Se van perfilando con contornos cada vez más nítidos los típicos procesos de la *justicia de "protección" o "acompañamiento",*[13] que embrionariamente contempla el Código Modelo en su art. 310, para los litigios individuales sobre derechos y situaciones de tutela preferente, y los denominados *procesos de interés público*, estructurales o remediales, destinados a reglar los litigios colectivos.[14] En unos y otros, se dibuja una novedosa concepción del ejercicio de la jurisdicción a través del proceso, con reglas singulares que abarcan las instituciones "equilibradoras" de la situación de las partes, los mayores y más incisivos poderes reconocidos al juez para la ordenación, gestión e instrucción de las causas, las legitimaciones extraordinarias, la acentuación del deber de colaboración de las partes, las tutelas de urgencia anticipatorias provisionales y aun satisfactivas, la búsqueda preferente de soluciones autocompuestas, las sentencias propias de una justifica de resultados, remedial, las singularidad de su ejecución y la función dialogal que el órgano judicial ejerce en continuidad ininterrumpida.

2. Las concepciones sistemáticas del servicio jurisdiccional y la importancia de los modelos de gestión

Desde otra perspectiva, resalta igualmente como factor incidente el afianzamiento de una concepción sistemática de los esquemas de justicia, con virtualidad directa para destruír el viejo mito que ingenuamente hacía suponer que la solución de los tan intrincados cuan complejos problemas de la prestación jurisdiccional dependía tan solo de un buen código procesal.

[11] GARCÍA RAMÍREZ S., *Los derechos humanos y la jurisdicción interamericana*, UNAM, México, 2002, p. 105 y ss..

[12] HITTERS J.C., *Derecho Internacional de los Derechos Humanos*, Inst. Est. Jud. SCBA, La Plata, 2009, p. 7 y ss., especialmente p. 15-19.

[13] CAPPELLETTI M., *Acceso a la justicia (como programa de reformas y método de pensamiento)*, trad. G. Seminara, Rev. Col. Abog. La Plata, 1981, nº 41, p. 165 y ss.. MORELLO A.M., *La Corte Suprema en acción*, Abeledo-Perrot/LEP, Bs. As., 1989, p. 11 y ss., 37 y ss..

[14] FISS O., *El derecho como razón pública*, Marcial Pons, Madrid-Barcelona-Bs.As., trad. E. Restrepo Jaldarriaga, 2007, p. 47 y ss.. Sobre la experiencia argentina: BERGALLO P., *Justicia y experimentalismo...*, J.A., Bs. As., 2006-II, p. 1165 y ss.. COURTIS C., *Tutela judicial efectiva y afectaciones colectivas de derechos humanos*, J.A., Bs. As., 2006-II, p. 1225 y ss.. Asimismo, BERIZONCE R.O., *Activismo judicial y participación en la construcción de las políticas públicas*, RDP, 2010-1.

a. Como todo sistema, el de justicia se fragmenta en diversos niveles –organización tribunalicia, infraestructura y medios materiales, recursos humanos, modelos procesales, la situación de los propios litigantes y sus abogados, asesoramiento técnico auxiliar a cargo de peritos y consultores, organización, dirección y gestión de los órganos y de los conflictos, control de todas las actividades, etc.-. Todos esos factores se articulan e influyen recíprocamente, por manera que los "productos" y resultados que se derivan del servicio jurisdiccional dependen directa o indirectamente de la armónica conjugación de todos y cada uno de aquellos. De donde, se concluye, el modelo procesal no es sino uno de tales factores, necesario pero no suficiente para la transformación del sistema de enjuiciamiento.

b. Se enfatiza, entre otros factores de incidencia decisiva, la *organización del despacho (oficio) judicial*, estrechamente ligado con el mejor aprovechamiento de los recursos materiales y la eficiencia en general. Entre las técnicas novedosas se incluyen la flexibilización de la estructura del despacho; servicios comunes para tribunales; adecuado manejo del personal; gestión de los casos (*case management*); informatización de los procesos de gestión; aplicación de las tecnologías de la información.[15] El continuo avance del estudio de las organizaciones y el desarrollo de métodos para que cumplan su objetivo de eficacia y se adapten a las nuevas necesidades en un proceso de mejora permanente, ha conducido recientemente a la generación de los denominados *modelos de calidad*, verdaderos paradigmas que se aplican a las organizaciones para evaluar su eficacia.[16]

c. En el balance de todas esas tendencias, puede afirmarse que cualquier transformación del sistema de enjuiciamiento común requiere necesariamente de la conjugación armoniosa de los diversos factores incidentes –estructuras, hombres, modelo formal y sus derivados-.

Es compartida, por ello, la generalizada convicción que las transformaciones estructurales de los sistemas de justicia presuponen la existencia de una clara y firme voluntad política, expresada en políticas públicas enmarcadas en un plan global, sistemático, coherente y sostenido en el tiempo. Un pacto de Estado explícito[17] o táctico, que asegure la provisión de recursos materiales suficientes, adecuada planificación, líneas maestras del modelo procesal, formación de recursos humanos y demás "insumos" de la reforma. Es que el diseño y operatividad del sistema judicial constituye desde siempre una obra política, no académica (COUTURE).

A los procesalistas les corresponde incanjeablemente el diseño funcional de las instituciones del proceso, la puesta al día y en su caso la reingeniería del proceso madre de cognición, incluyendo las tutelas sumarias y urgentes, las estructuras monitorias y aledañas. Habrá que convenir que sin esos diseños formales, sería ilusoria e inoperante la aplicación de las más avanzadas técnicas de gestión. La propia gestión

[15] De la extensa bibliografía sobre estas cuestiones: VARGAS VIANCOS J.E., *Eficiencia en la Justicia* en *Sistemas Judiciales*, CEJA, S. de Chile, nº 6, 2003, p. 87-90; *id.*, *Herramientas para el diseño de despachos judiciales*, en la misma revista, nº 10, 2006, p. 78 y ss.; *id.*, *La reforma a la justicia civil desde la perspectiva de las políticas públicas*, en la misma revista, nº 11, 2006, p. 73 y ss..

[16] Sobre la teoría de la organización aplicada al sistema judicial: QUIROGA LAVIE H., *La formación del Derecho Procesal Organizacional*, ed. H.C.D. Prov. Bs. As., La Plata, 1998, p. 151 y ss..

[17] Resulta paradigmático el Pacto de Estado brasileño del 18 de diciembre de 2004, "a favor de un Poder Judicial más rápido y republicano", suscripto por los representantes de todos los poderes, y que originó la Enmienda Constitucional Nº 45, del 31 de diciembre siguiente, brindando sustento asimismo a las sucesivas reformas introducidas al CPC a partir de entonces.

de los procesos, por lo demás, no puede prescindir de la experiencia de los operadores jurídicos; habrá que alertar que de lo contrario, caerá inevitablemente en inviables abstracciones teóricas. La experiencia ha demostrado que siempre son los jueces la primera línea experimental, quienes en la práctica cotidiana van modelando –aún sin textos legales – las nuevas creaciones que permiten mejor rendimiento del servicio.

3. La irrupción de los medios alternativos de solución de conflictos

Desde principio de los años ´90 la región asistió a una verdadera explosión de los diversos medios alternativos de solución de conflictos, que se instalaran paulatina aunque dificultosamente en los usos colectivos, desarrollándose y creciendo sin cesar. Claro que en los diversos ordenamientos distintas han sido las experiencias, con relación a cada una de las modalidades. Podría sostenerse que, en general, se han desarrollado diferentes métodos de negociación, incluyendo la mediación, la conciliación judicial y el arbitraje, bajo singulares formas organizativas – judicial, administrativo, institucional o "administrado".[18]

En un balance provisional de todas esas experiencias, aún en curso en la mayoría de nuestros países, quizás se exhiban todavía más dudas y claroscuros que certezas. Parece cierto, como uno de los datos más relevantes, que se trata de métodos particulares para dirimir los conflictos, superadores en general de la confrontación entre las partes y en los que se emplaza al órgano – conciliador, mediador, componedor, árbitro – en una dimensión singular, como verdadero "acompañante" de aquellas, como guía en la búsqueda de soluciones autocompuestas –conciliación, mediación-, o ya para resolver el entuerto heterónomamente pero según reglas libradas a su leal saber y entender –amigable composición-. Siempre tras el logro del desenlace más justo y razonable. También está clarificado que solo cierta categoría de conflictos son los que toleran ser canalizados por tales medios alternativos, precisamente aquellos típicos que se derivan de las relaciones de "coexistencialidad"[19] – cuestiones familiares y de menores, de vecindad, de menor cuantía, relaciones de trabajo, inquilinarias y de duración, en general. De modo similar, los conflictos derivados de las relaciones de consumo son propicios para ser encausados en instancias administrativas especializadas, sin excluír la vía judicial. Igualmente, el arbitraje institucional o "administrado" se ha abierto camino para la solución de conflictos especiales.

No se avizoran, en cambio, claras líneas de tendencia en punto a tópicos no menos sustanciales, cuales son, entre otras, las referidas a la judicialización o desjudicialización de ciertas cuestiones –por caso, las relativas a las relaciones de consumo-; o si las formas de justicia alternativa deben o no buscarse fuera de la maquinaria judicial. Sigue abierto el debate sobre el estatus de los operadores conciliadores-mediadores (adscriptos al Poder Judicial, independientes, organización mixta); carácter facultativo u obligatorio del sometimiento; confidencialidad y sus alcances; selección de los casos; idoneidad y selección de los operadores; costo y financiamiento.

En definitiva, por razones bien diversas, los medios alternativos de solución de disputas vienen ganando una plaza significativa en el espectro del sistema de justicia,

[18] Remitimos a las muy valiosas ponencias presentadas en las XVII Jornadas Iberoamericanas de Derecho Procesal en *Relatorías y ponencias sobre Derecho Procesal*, San José, Costa Rica, 2000, v. I, p. 9 y ss..

[19] CAPPELLETTI M., *Appunti su conciliatore e conciliazione*, Riv. Trim. Dir. e Proc. Civ., 1981, p. 49 y ss; *id.*, *Acceso a la justicia (como programa de reformas...)*, cit., p. 165 y ss..

cuyas misiones, configuración y fronteras aún no están definitivamente establecidas. Forman parte, o de uno u otro modo inciden e interfieren, en el modelo procesal, que no puede articularse con prescindencia de ellos.

III. Hacia la actualización del Código Modelo

La experiencia judicial acumulada en los países iberoamericanos que han adoptado los principios en que se sustenta el Código Modelo de 1988, tanto como los desarrollos de la doctrina autoral y las grandes tendencias que se avizoran en la legislación comparada, brindan apoyo a los intentos de reevaluar aquel paradigma con la finalidad de propiciar los ajustes y acomodamientos necesarios para una esperada puesta al día, que, al mismo tiempo, preserve sus valores intrínsecos, pacíficamente compartidos. Se trata de verificar, en primer lugar, la vigencia de sus principios estructurales fundantes y, al cabo, identificar y justificar los ajustes e innovaciones que permitirían su perfeccionamiento.

1. Ratificación de sus principios estructurales

Las bases y principios fundantes del Código Modelo han de ser plenamente confirmados: 1. la estructuración del proceso por audiencias, con una audiencia preliminar y otra complementaria para la vista de la causa (art. 300-302, 303); 2. la conformación monocrática y unipersonal del órgano de primer grado, con una instancia de revisión plena ante un tribunal colegiado (arts. 17, 304 y conc.); 3. los siempre acrecentados poderes judiciales para la ordenación y comando del trámite y, también, para la instrucción probatoria de la causa, con los matices propios de las diversas materias litigiosas (arts. 33-35); 4. la regulación de los procesos de estructura monitoria (arts. 311 a 316).

La experiencia más reciente ha evidenciado que tales principios siguen siendo cardinales para asegurar el objetivo central del proceso civil, su coronación con una sentencia intrínsecamente justa en el marco del debido proceso, y pronunciada en tiempo razonable. Las connaturales dificultades para la implementación de la oralidad plena, que aún frenan su recepción en no pocos de los países del área, no pueden impedir la consagración de un sistema universalmente reconocido.

2. Ajustes, rediseño e incorporación de nuevas instituciones, técnicas y procedimientos

Un balance crítico de los avances y logros derivados de la adopción, en todo o en parte, del Código Modelo en nuestros países, resalta el hecho notorio de la insatisfacción generalizada por los magros resultados que exhiben la mayoría de los sistemas de justicia. En términos de los clásicos indicadores de la eficiencia – duración, costo, calidad y justicia intrínseca de las decisiones – es la percepción común que más que avances quizás haya habido retrocesos. Bien que la relativa operancia de los modelos formales en el contexto de los sistemas, pueda salvar el reproche: aunque los esquemas procesales se hayan perfeccionado, de todos modos el resultado final concreto sigue siendo tan insatisfactorio como antes, porque la falla asienta en algunos o todos los restantes factores.

De ahí la necesidad de emprender nuevamente el camino de las transformaciones, cualquiera fuere el método que se adopte, sea por el de los íntegros y completos cambios estructurales o ya por el más paciente, y quizás más seguro, de las modificaciones parciales con un plan maestro – como las sucesivas reformas al CPC de Brasil, a partir de 1994.

El desafío sigue siendo el mismo: imaginar creativamente los principios, procedimientos y reglas necesarias para adecuar el proceso civil a las nuevas y renovadas exigencias de los tiempos. Estamos frente a un escenario inédito donde resalta la puja entre valores a menudo contrapuestos, como celeridad y justicia; urgencia y debido proceso; tiempo de satisfacción y tiempo que consume el proceso. La emergencia con fuerza arrasadora del reconocimiento de un nuevo catálogo constitucionalizado de derechos y garantías, con la correlativa exigencia de operatividad, en un marco de habitual renuencia legislativa y reglamentaria, abre el camino de la creación pretoriana activista aguijoneada por los propios afectados, ahora cobijados por las legitimaciones extraordinarias para el ejercicio de los derechos colectivos. Sin perder de vista, claro, la también creciente incidencia de aquel renovado *bill of right* en el ejercicio de las acciones individuales.

Atienden, precisamente, a brindar respuestas procesales adecuadas a esas nuevas realidades ciertas novedosas o recicladas instituciones y técnicas orgánico-funcionales y procesales que, nos parece, deben ser consideradas a la hora de imaginar un nuevo texto del Código Modelo de Proceso Civil para Iberoamérica. En una enumeración no excluyente ni taxativa, anotamos la regulación de: a. tutelas procesales diferenciadas; b. procedimientos de instrucción preliminar; c. poderes ordenatorios de los jueces para la gestión de las causas; d. medidas de urgencia, anticipatorias y satisfactivas; e. tipo procesal sumario; f. procesos colectivos; g. procesos repetitivos; g. cumplimiento y ejecución de sentencia. Pasamos a analizarlas.

2.1. Tutelas procesales diferenciadas[20]

Existen ciertas situaciones merecedoras de un trato procesal preferente, por excepción a la regla de la universalidad del proceso común, que pueden identificarse a partir de valores y principios exaltados en las normas fundamentales. Las Cartas modernas conceden semejante rango, es sabido, a los derechos sociales en general, de la seguridad social, de la salud, de la familia y menores, personalísimos, de consumidores y usuarios, de tutela del ambiente, de la institucionalidad republicana, entre los más prominentes. Complementariamente, las constituciones establecen el deber de aseguramiento positivo para asegurar el goce y ejercicio de tales derechos fundamentales, imponiendo a los poderes públicos, incluyendo al Poder Judicial, las acciones pertinentes.

[20] PROTO PISANI A., *Lezioni di Diritto Processuale Civile*, Jovene ed., Nápoli, 1996, 2. ed. p. 5 y ss. MARINONI L. G., *Teoria geral do processo,* ed. Rev. dos Tribunais, São Paulo, 2006, p. 378 y ss.; *id., Derecho fundamental a la tutela judicial efectiva*, trad. A. Zela Villegas, Palestra ed., Lima, 2007, p. 202 y ss., 295 y ss.. THEODORO JUNIOR H., *Tutela diferenciada...* en *Studi di Diritto Processuale Civile in onore di Giuseppe Tarzia*, Giuffré ed., Milano, 2005, v. III, p. 2528 y ss.. Asimismo: MONROY GALVEZ J. y MONROY PALACIOS J., *Del mito del proceso ordinario a la tutela diferenciada...* Rev. de Processo, RePro, Rev. Edit. dos Tribunais, São Paulo, nº 109, p. 196 y ss.. Nos permitimos remitir a nuestra obra *Tutelas procesales diferenciadas*, Rubinzal Culzoni, Bs. As., 2009, *passim*, donde se analizan los aspectos aquí solo enunciados.

Los autores del Código Modelo no fueron ajenos a estas preocupaciones, incorporaron como precepto de avanzada el art. 310, que estatuye pautas especiales para ciertas pretensiones; así para las propias de la materia laboral, agrarias y demás de carácter social, las relativas a menores o incapaces. Como regla general, en tales procesos el tribunal dispondrá de todos los poderes de instrucción que la ley acuerda a los tribunales del orden penal en la instrucción de las causas, sin perjuicio del principio de contradicción y del debido proceso (apart. 4º). Prevé, complementariamente, que en tales procesos se podrá modificar la pretensión en una audiencia preliminar, con intervención de la contraria, cuando resulte, manifiestamente, que carencias de información o asesoramiento han determinado omisiones en relación a derechos que asisten a la parte (apart. 2º).

Al presente, diversas son las técnicas orgánico-funcionales y procesales que se utilizan a esos fines. Entre las primeras, la creación de fueros especializados – laboral, seguridad social, familia, menores, excepcionalmente consumidores. Las técnicas procesales incluyen, entre otras: a) ampliación de los poderes del juez para la dirección, ordenación e instrucción de las causas, incluyendo el dictado oficioso de medidas cautelares o de urgencia; b) acceso irrestricto – sin costos ni cargas econômicas – a la jurisdicción; c) auspicio de las soluciones autocompuestas; d) acentuación del deber de colaboración y cargas procesales dinámicas; e) preclusión elástica de las deducciones; f) flexibilización del principio de congruencia; g) técnicas de sumarización, en general; h) tutelas anticipatorias, satisfactivas y de urgencia, en general; i) mandatos preventivos e imposición de acciones positivas; j) legitimaciones extraordinarias, alcances extendidos de la cosa juzgada y régimen específico de ejecución en los procesos colectivos. En el trasfondo del reconocimiento de las tutelas procesales preferentes, queda sin embargo la preocupación por su desborde, con menoscabo del ámbito natural del proceso común que constituye la regla universal. Aquí no cabe sino la apuesta al prudente equilibrio que se espera de los jueces.

2.2. Instrucción preliminar (procedimientos de pre-action)

La regulación contenida en el Código Modelo, Libro II, Título I, *Procesos preliminares*, incluye la conciliación previa (arts. 263-267), y las diligencias preparatorias, que tienen por finalidad instrumental determinar o completar la legitimación de las partes, anticipar asegurativamente el diligenciamiento de prueba urgente, practicar intimaciones para obtener elementos necesarios para el futuro proceso, practicar medidas conservatorias cautelares o de garantía (arts. 272-273).

Así restringido, el esquema tradicional ha devenido insuficiente. Parece claro que el sistema de justicia se encuentra desbordado en todas las latitudes como derivación, entre otros factores, de la presión sostenida por una demanda de justicia cada vez mayor, consecuencia de la difusión de los derechos y el más extendido acceso a la jurisdicción. Una de las respuestas ha sido la implementación de los medios alternativos de solución de los conflictos, pero su escasa operatividad en general, especialmente por la desconfianza en términos de justicia de sus resultados, ha conducido a pensar en la necesidad de articular procedimientos preliminares que, lejos de agotarse en las funciones instrumentales y asegurativas propias de las diligencias preparatorias, pudieran servir directamente a la resolución de los conflictos.[21]

A esas finalidades responden los denominados *pre-action protocols* del derecho inglés en vigencia desde 1999, al igual que los procedimientos precontenciosos de la ley alemana de promoción de la resolución extrajudicial de litigios de 2000. Especial atención merece el régimen instituido en Italia con las reformas al CPC de 2005-2006, para la obtención preventiva de las pruebas en una fase judicial anterior al proceso. El art. 696 bis ha introducido la consulta técnica con función conciliatoria y desvinculada del tradicional requisito de la urgencia. Las partes, antes del comienzo de la causa, pueden solicitar que el juez designe un experto que tendrá a su cargo elaborar una relación orientada a comprobar y determinar los créditos derivados del incumplimiento contractual o por hecho ilícito, intentando al mismo tiempo la conciliación del conflicto. La comprobación instructoria de los hechos con anterioridad al proceso asume un valor significativo en sí misma, como elemento de juicio para el futuro proceso; además, puede resultar útil y a menudo decisiva, como factor facilitador de un acuerdo amistoso entre las partes. En efecto, la comprobación temprana de los hechos facilita la evaluación que los interesados pueden hacer en relación a la situación de fuerzas relativa entre los contendientes, sopesando las ventajas y desventajas de una eventual acción judicial. La consulta técnica preventiva viene a introducir elementos de juicio a menudo decisivos para la autocomposición del conflicto con justicia, en el marco judicial. Se trata de una de las técnicas que puede considerarse más apropiadas para evitar el desemboque en la jurisdicción, que debería ser apreciada a la hora de las reformas.

Igualmente, al mismo objetivo apunta el sistema inglés de *pre-action*, que instituye un mecanismo voluntario de compulsión indirecta, donde resulta facultativo para las partes acudir al procedimiento prejudicial, pero si eventualmente se inicia el proceso el juez valorará la conducta desplegada por aquellas durante la etapa prejudicial y, al resolver sobre el fondo, podrá en su caso imponer costas a modo de sanción.

En definitiva, se propicia reformular el tradicional esquema que recoge el Código Modelo en este tramo para articular mecanismos superadores útiles al objetivo de promover la más justa solución de los conflictos antes de transitar el proceso judicial.

2.3. Poderes de dirección y ordenación de las causas.

Las nuevas tendencias en este aspecto indican un reforzamiento de las potestades judiciales en el ámbito del comando y la ordenación del trámite de las causas. Las técnicas apropiadas pueden ser diversas. Algunas están vinculadas con la flexibilización de ciertos principios procesales (como el de preclusión, que deriva en la

[21] El tema fue objeto de debate en el último Congreso Internacional de Derecho Procesal, con relato general de N. ANDREWS y B. GROEN, insertos en *Direito Processual Comparado. XIII World Congress of Procedure Law*, A. PELLEGRINI GRINOVER y P. CALMON coord., Forense, R. de Janeiro, 2007. Asimismo, en relación al derecho italiano: SALETTI A., *El nuevo régimen de las medidas cautelares y posesorias*, Rev. Peruana de Der. Proc., Communitas, Lima, 2008, XI, p. 387 y ss.. MAGGI F. y CARLETTI F., *I provvedimenti di istruzione preventiva*, en *Il processo cautelare*, a cura de G. TARZIA y A. SALETTI, 3ª. ed., Cedam, Padova, 2008, p. 159 y ss.. BIAVATI P., *Las recientes reformas al Código de Procedimiento Civil italiano*, RDP, Rubinzal Culzoni, Bs. As., 2007-1, p. 529 y ss.

preclusión elástica de las deducciones) o el de congruencia. Unas y otras conducen indirectamente al incremento de las potestades judiciales. El manejo de los procedimientos con la finalidad de asegurar los fines públicos del proceso y la rápida definición del litigio, se exterioriza más genéricamente a través de las técnicas de gestión, propias del denominado *case management,*[22] que suponen dejar librada al juez, en buena medida, la gestión de las distintas etapas del proceso y particularmente de la producción y recepción de las pruebas. Bien que siempre bajo reglas abiertas que proporciona la propia ley.

La mejor y más adecuada administración y gestión del proceso requiere básicamente la aplicación y observancia irrestricta de los principios cardinales de inmediación, concentración, celeridad y economía, junto con ciertas concesiones razonables en favor del comando a cargo del juez para optimizar los espacios de oralidad y adecuar las formas procedimentales. Claro que sin mella del debido proceso y del contradictorio de las partes. Las técnicas del manejo de la audiencia preliminar al igual que los denominados despachos anticipatorios constituyen ejemplos habitualmente explorados por los jueces.

El Código Modelo puede enriquecerse con la incorporación de tales mecanismos y técnicas, junto con otras que se exhiben en el derecho anglosajón, como las conferencias preliminares; o las tan novedosas como los contratos de procedimiento franceses,[23] que posibilitan fijar un programa de actividades acordado por el juez y las partes, facilitando la gestión de la instancia a partir de la colaboración de los propios interesados.

2.4. Medidas anticipatorias, satisfactivas y de urgencia, en general

En las últimas dos décadas se ha debatido arduamente en la mayoría de nuestros países sobre la necesidad de arbitrar nuevas técnicas para la aceleración de los procedimientos y, especialmente, de la efectiva satisfacción de los derechos. Así fue cobrando cuerpo la idea, ya receptada en el Código Modelo (arts. 280-281), de las medidas provisionales y anticipatorias, y aún satisfactivas, de urgencia en general. Al propio tiempo fue sembrándose la desconfianza por la multiplicación de semejantes tutelas con el correlativo retroceso de la funcionalidad del proceso común de cognición plena. En esa puja es lo cierto que las tradicionales medidas cautelares quedaron acotadas a su típica función instrumental y conservativa, mientras se desarrollaban bajo distintos y siempre novedosos ropajes diversas formas de tutelas anticipatorias y coyunturales, no siempre respetuosas del debido proceso y la garantía del contradictorio.

El extraordinario desarrollo de la anticipación de la tutela en Brasil, a partir de la reforma introducida por el art. 273 CPC en 1994, acompañado por una amplísima elaboración doctrinaria[24] que ha iluminado su interpretación, por obra de una fruc-

[22] Se ha afirmado que las *Civil Procedure Rules* de la reforma inglesa de 1998 giran en torno del *case management*, que no solo supone una intervención más activa del juez en un proceso particular, sino también el equilibrio de los recursos entre el tratamiento de éste y la sustentabilidad de todo el sistema judicial (ZUCKERMAN A.A.S., *Procedural reform in England* en *The reforms of Civil Procedure in Comparative Perspective*, ed. N. TROCKER y V. VARANO, G. Giappichelli ed., Torino, 2005, p. 149).

[23] CADIET L., *Las nuevas tendencias del procedimiento civil en Francia* en *Reforma procesal civil*, AADP, Rubinzal Culzoni ed., Bs. As., 2009, p. 109-111.

[24] Destacamos tan solo algunas de las obras más significantes: MARINONI G.L., *Tutela cautelar e tutela antecipatoria*, ed. R.T., São Paulo, 1992; id., *A antecipaçâo da tutela na reforma do processo civil*, Malheiros ed., 2ª. ed., São

tífera labor de los tribunales, terminó influenciando en muchos de nuestros países. Se fue receptando sea en vía legislativa[25] o aún, en mayor medida, jurisprudencial, para modelar técnicas similares encaminadas a atender con prontitud los reclamos. Toda vez que existe un temor fundado de daño irreparable o de difícil reparación, se anticipan los efectos ejecutivos y mandamentales de la sentencia. En su evolución, se terminó favoreciendo todas las situaciones que puedan conducir a la estabilidad del proveimiento provisorio, acercándolo notablemente al juzgamiento de conocimiento pleno para brindar la apetecida seguridad jurídica.[26]

En la valoración de la experiencia práctica de estas medidas, no han estado ausentes las dificultades, y aún quizás, los excesos en la apreciación judicial necesariamente discrecional de los presupuestos que las condicionan,[27] más allá de los esfuerzos doctrinarios[28] para acotar la interpretación de los conceptos vagos e indeterminados utilizados por el legislador. Claro que quejas similares por semejantes desbordes también resuenan en otras latitudes.[29]

En definitiva, con sus luces y sombras, las medidas anticipatorias se han consolidado como instrumentos necesarios para asegurar la tutela judicial efectiva, de modo que de cara a la actualización del Código Modelo está reabierto el debate sobre sus presupuestos y alcances, tanto como respecto de los poderes del juez. Bien que todo ello ahora debe ser articulado con las más recientes ideas que vienen madurando, principalmente con la simplificación del proceso de conocimiento común y la recreación de un juicio a cognición plena y exhaustiva, pero simplificado, que desemboca en un pronunciamiento con autoridad de cosa juzgada material.[30] De esta cuestión trataremos a continuación.

2.5. Tipos procesales sumarios, de cognición plena y trámite simplificado

El Código Modelo instituye junto al tipo procesal ordinario, aquel otro extraordinario previsto en el art. 309 para el trámite de las pretensiones relativas a interdictos

Paulo, 1996; id., *Novas linhas do processo civil*, Maleiros, São Paulo, 1996, 2ª. ed., p. 75 y ss.. DINAMARCO C.R., *A reforma do Código de Processo Civil,* Malheiros ed., São Paulo, 1995, p. 138-148, 270-272. NERY JUNIOR N., *Atualidades sobre o processo civil,* ed. Rev.dos Tribunais, São Paulo, 1995, p. 45-59, 122-123. ARRUDA ALVIM, *Manual de Direito Processual Civil*, ed. Rev. dos Trib., São Paulo, 2008, 12ª. ed., p. 389 y ss.. BARBOSA MOREIRA J.C., *Antecipacão da tutela...* en *Temas de Direito Processual. Oitava Serie*, Saraiva, São Paulo, 2004, p. 77 y ss.. BEDAQUE J.R., dos S., *Tutela cautelar e tutela antecipada*, Malheiros, São Paulo, 2006, 4ª. ed., *passim*. CARNEIRO A.G., *Da anticipacão da tutela*, Forense, R. de Janeiro, 5ª. ed., 2004, *passim*. Una síntesis de las distintas posturas doctrinarias en torno a la interpretación del art. 273, puede verse en FIDÉLIS DOS SANTOS E. y FIDÉLIS SILVEIRA I., *Anticipacão da tutela...*, en RePro, nº 166, 2008, p. 300 y ss..

[25] Es el caso, entre otros, de los ordenamientos de algunas provincias argentinas como La Pampa (arts. 231, 305), Chaco (art. 232 bis) y Corrientes (art. 232 bis).

[26] Una evolución semejante puede advertirse en la experiencia del *référé* francés y en la reforma al CPC italiano que introdujera el art. 669 octies, en cuanto atañe a los efectos del pronunciamiento urgente (BIAVATI P., *Tendencias recientes de la justicia civil en Europa*, RDP 2008-1, Rubinzal Culzoni ed., Bs. As., p. 513-516).

[27] Así en la doctrina brasileña: FIDÉLIS DOS SANTOS E. y FIDÉLIS SILVEIRA I., ob. cit., p. 305-306.

[28] Por caso, también en Brasil, entre otros: ARRUDA ALVIM, ob. cit., p. 418-420.

[29] CARPI F., *La simplicazione dei modelli di cognizione ordinaria e l´oralitá per un processo civile efficiente*, relación sintetizada al Seminario en homenaje a Ada Pellegrini Grinover, São Paulo, agosto 2009, en RePro, nº 178, 2009, p. 281 y ss., especialmente p. 290-294.

[30] CARPI F., ob. cit. p. 290-294. BIAVATI P., *Apuntes introductivos sobre el nuevo proceso de cognición simplificada* en RDP 2010-1, Rubinzal Culzoni ed., Bs. As., 2010. SALETTI A. y SASSANI B., *Commentario alla reforma del Códice di Procedura Civile (Legge 18 giugno 2009, nº 69)*, Utet, Torino, 2009, p. 227 y ss..

posesorios, prestaciones alimenticias y las demás que dispongan las leyes especiales. El tribunal podrá, no obstante, disponer que se tramiten por el procedimiento análogo establecido para ciertas pretensiones cuando a su juicio, de ese modo, se contemplen mejor los intereses del caso planteado (art. 308.2). En cuanto al procedimiento aplicable al proceso extraordinario, se establecen reglas especiales en punto a la concentración de los actos (arts. 306, apart. 1 a 4), limitación de las pruebas en la segunda instancia (apart. 5) y régimen de los recursos (art. 307).

Así regulado, el procedimiento extraordinario quedó restringido tan solo a ciertas y determinadas pretensiones especiales, sin mayor relevancia en el cúmulo de tráfico jurisdiccional. Por lo demás, algunas de ellas escapan a la generalidad en punto a efectos de la sentencia, como en las cuestiones sobre alimentos y aquellas relativas a menores, en que se pronuncia *"rebus sic stantibus"* (art. 307, segundo párrafo).

De modo entonces que sería menester repensar el proceso extraordinario y ponerlo en línea con las tendencias que, en este aspecto, se exhiben en el derecho comparado, donde resalta la articulación de procesos sumarios o simplificados,[31] en la búsqueda de vías de tutela rápida y eficaz que prescindan de la urgencia y de la irreparabilidad, sin pasar por los trámites de cognición ordinaria. Bien entendido, desde el principio, que la cognición del juez resulta amplia, completa y exhaustiva para rematar en una sentencia que hace cosa juzgada material; que la nota de simplificación alude exclusivamente al procedimiento.

Un buen modelo lo ofrece la reforma introducida al CPC italiano por la ley nº 69, del 18 de junio de 2009, que introdujera los arts. 702 bis, 702 *ter* y 702 *quater*. Conforme a la primera de dichas normas, el ámbito de su aplicación comprende todas las causas en las cuales el tribunal juzga en composición monocrática –pretensiones de condena, constitutivas o declarativas-, siempre que por el grado de complejidad de la cuestión controvertida la causa pueda ser fácilmente decidida; esto es, cuando las defensas planteadas por las partes consienten una instrucción sumaria, abreviada pero suficiente para esclarecer los hechos en debate. El trámite se simplifica notoriamente: propuesta la petición inicial, el juez designado fija audiencia de comparecencia de las partes, asignando el término para la constitución del demandado, notificándosele. En la contestación se proponen las defensas y se indican los medios de prueba, formulándose las conclusiones (art. 702 bis). A la vista de ello, el juez ha de considerar si las defensas planteadas y los documentos en que se apoyan consienten una instrucción sumaria o si, por el contrario, requieren por su complejidad una instrucción mayor, en cuyo caso dispone que el proceso prosiga según las formas de la cognición ordinaria. Admitiendo el trámite sumario, el juez procede en el modo más oportuno a los actos de instrucción relevantes al objeto del proveimiento perseguido, con la sola condición de observar las formalidades esenciales al contradictorio. Como se ha señalado agudamente,[32] el deber de prognósis que la ley confía al juez implica una suerte de *case management* italiano, similar a la potestad reconocida al juez inglés para optar entre diversas formas de procedimiento (del f*ast track* al *small track*); lo que sugiere, por lo demás, la existencia de una tendencia en ese sentido.

[31] BIAVATI P., *Tendencias recientes...*, ob. cit., p. 516; *id.*, *Apuntes introductivos...*, ob. cit.. SALETTI A. y SASSANI B., *Commentario...*, ob. cit., p. 245-246.

[32] BIAVATI P., *Apuntes introductivos...*, ob. cit..

2.6. Procesos colectivos

Las previsiones que anticipatoriamente se contienen en el Código Modelo regulan cuestiones centrales de los procesos colectivos. Así, la legitimación extraordinaria para promoverlos, donde se incluye, a diferencia de las regulaciones brasileñas sobre la "acción civil pública" de 1985 en que se inspiraran, a cualquier interesado, junto al Ministerio público y a las instituciones o asociaciones de interés social que según la ley, o a juicio del tribunal, garanticen una adecuada defensa del interés comprometido (art. 53). A su vez, al tratar los efectos de la cosa juzgada, se establece que la sentencia dictada en los procesos promovidos en defensa de los intereses difusos tendrá eficacia *"erga omnes"*, salvo si fuere absolutoria por ausencia de pruebas, en cuyo caso podrá volver a plantearse la cuestión en otro proceso por otro legitimado (art. 194).

Desde entonces, es bien conocida la evolución doctrinaria, jurisprudencial y legislativa en los países iberoamericanos y las tendencias que se fueron perfilando, sintetizadas en la Exposición de motivos del Código Modelo de Procesos Colectivos para Iberoamérica, aprobado en Caracas en 2004. Dicho documento, precisamente, justifica la necesidad de perfeccionar el modelo de 1988, y brinda un nuevo paradigma que debería ser incorporado integrando el Código Procesal Civil "Tipo", con los ajustes pertinentes.

2.7. Procesos repetitivos

Constituye experiencia ampliamente compartida que el cúmulo siempre creciente e inmanejable de los procesos, distorsiona gravemente las prestaciones de justicia. El fenómeno se manifiesta en todos los fueros e instancias y genera la "sobrecarga" y el agobio de los tribunales, que castiga particularmente a los más Altos Tribunales. Entre los diversos y complejos remedios que se ensayan, se desatacan la regulación de los procesos colectivos, por los alcances particulares de la cosa juzgada y el tratamiento de los procesos "repetitivos" o "seriados", promovidos individualmente aunque con un mismo objeto. Semejante fenómeno, es evidente, impone un sustancial cambio de estrategia para priorizar la finalidad principal, que es el desahogo y la descarga de todo el sistema de justicia.

En diversos países se ofrecen novedosas instituciones y técnicas que apuntan a ese objetivo. Entre otros, el sistema brasileño de las *máximas, doctrinas o "súmulas" de jurisprudencia dominante* y su virtualidad impeditiva de recursos;[33] las *tesis jurisprudenciales* mexicanas en los juicios de amparo y la tendencia a conferir efectos generales a la declaración de inconstitucionalidad en dichos procesos;[34] o la *doctrina de precedentes constitucionales* que con finalidades similares ha establecido progresivamente la Corte Constitucional de Colombia, a partir de 1995.[35]

[33] PELLEGRINI GRINOVER A., *Cambios estructurales en el proceso civil brasileño*, ob. cit., p. 662 y ss.; *id.*, *O tratamento dos processos repetitivos* en *Processo Civil. Novas tendências. Homenagem no Prof. Humberto Theodoro Junior*, Del Rey ed. Bello Horizonte, 2008, p. 1 y ss..

[34] OVALLE FAVELA J., *Tradiciones jurídicas y proceso civil...* en *Derecho Privado*, coord.. J. Adame Godar, UNAM, México, 2005, p. 454-458. FIX-ZAMUDIO H., *Estudio de la defensa de la constitución en el ordenamiento mexicano*, Porrúa, UNAM, México, 2005, p. 274 y ss.. FERRER MAC-GREGOR E., *Ensayos sobre Derecho Procesal Constitucional*, Porrúa, México, 2004, p. 48 y ss..

[35] PARRA QUIJANO J., *El rol actual de la jurisprudencia y los métodos de uniformación*, informe colombiano al *VII Seminario Internazionale su: Sistema giuridico latinoamericano e processo. Uniformazione del diritto*, Roma, 20-22 mayo de 2004.

Las tendencias que se avizoran en el horizonte latinoamericano ponen de resalto la búsqueda de soluciones pragmáticas y creativas como respuesta al fenómeno común de la sobrecarga judicial y merecen especial atención desde que se han gestado en sistemas provenientes de la tradición jurídica europea apegada a la supremacía de la ley, lo que no ha impedido el paulatino reconocimiento del efecto extensivo y vinculatoriedad vertical y horizontal *erga omnes* de los pronunciamientos de los tribunales superiores en ejercicio del control de constitucionalidad. De todos modos, cualquier avance en este terreno no podrá obviar las ínsitas dificultades existentes en un ámbito en que están inevitablemente confrontadas las potestades de los poderes políticos *vis a vis* las del Poder Judicial.

2.8. Cumplimiento y ejecución de las sentencias

Es sin duda el cumplimiento de las decisiones y su eventual ejecución forzada el momento culminante de la actividad jurisdiccional, donde se verifica en concreto la efectiva tutela de los derechos materiales. La premura del tiempo y la necesidad de cumplimentar coactivamente la decisión, en la que está en juego el propio prestigio de la jurisdicción, han de conjugarse armónicamente con el principio no menos trascendente de la adecuación del empeño a los fines públicos del propio proceso. Balancear en definitiva la efectividad de la necesaria agresión a los bienes del deudor vencido, con el derecho de éste a un "justo proceso" que, en este tramo, excluye cualquier abuso o exhorbitancia innecesaria.

Si estas son las pautas admitidas,[36] hemos de convenir que el Código Modelo las ha seguido, al menos en sus grandes lineamientos. En el Título V (arts. 317 a 332), en sucesivos capítulos, establece disposiciones generales, incluyendo el poder del juez para adoptar aún de oficio conminaciones económicas o personales – *astreintes* – (art. 320), previniendo la ejecución provisoria y definitiva (art. 321). En el capítulo II trata la ejecución de sumas de dinero, en los diversos supuestos de cantidad líquida c ilíquida (arts. 322 y ss.); y cn cl siguicntc rcgula dctcnidamcntc la cjccución dc obligaciones de dar (art. 330), de hacer (art. 331, incluyendo el otorgamiento de escritura pública) y de no hacer (art. 332).

Diversas son las tendencias que pueden advertirse actualmente en punto al perfeccionamiento de la ejecución de sentencia. Por un lado, las recientes modificaciones al CPC brasileño resaltan su supresión como proceso autónomo, lo que ha permitido configurar un diverso tipo de efectividad de la sentencia, que se considera ejecutiva *lato sensu* o mandamental. La ley 8952/94 adoptó la técnica del cumplimiento de las sentenciadas condenatorias de obligaciones *ex intervalo* (art. 461, CPC); ulteriormente la ley 10.444/02, lo extendió a las obligaciones de entregar cosa cierta (art. 461-A, CPC). Por último, la ley 11.232/05, hizo lo propio respecto de la ejecución de las obligaciones de pagar cuantía (art. 461, par. 5ª y 475-J, CPC).[37] Asimismo, la ley

[36] Las complejas cuestiones que plantea la ejecución forzada singular siempre han ocupado un lugar preferente en la agenda de los procesalistas despertando preocupaciones que se tornaron más vivaces en el último cuarto de siglo: DE MIGUEL C., *Últimas evoluciones en materia de ejecución forzosa singular*, relación general VII Congreso Internacional de Derecho Procesal, Würzburg, 1983, en *Effektiver Rechtsschutz...*, ed. W. I. Habscheid, Gieseking – Verlag – Bielefeld, 1983, p. 511 y ss..

[37] PELLEGRINI GRINOVER A., *Cambios estructurales en el proceso civil brasileño*, ob. cit., p. 652 y ss.. Entre la muy nutrida doctrina brasileña destacamos: THEODORO JUNIOR H., *As vias de execução do Código de Processo Civil brasileiro reformado* en la obra colectiva *Aspectos polémicos da nova execução,* T. Arruda Alvim

10.358/01 introdujo profundas modificaciones a las normas que regulan los deberes de las partes y sus procuradores, con el explícito objetivo de asegurar la efectividad de las resoluciones judiciales, incorporando – aunque con ciertas particularidades – el *contempt of Court* (art. 14, par. único, CPC).[38] Las sucesivas reformas, en definitiva, han incrementado considerablemente los poderes de coerción del juez con el objeto de obtener compulsivamente el cumplimiento de sus mandatos.[39]

Por otro lado, se han identificado algunas cuestiones complejas vinculadas con la ejecución forzosa, que son objeto de debate en la doctrina actual. Una de ellas es la relativa a la *individualización de los bienes del deudor* como reforzamiento de los derechos del ejecutante, donde se confrontan sistemas diversos, como el alemán de la declaración jurada y el francés de requerimiento de información a terceros calificados, que se propugna combinar, sin perjuicio de la ampliación del conjunto de bienes pignorables.[40] En contrapartida, fue ganando terreno la *extensión del resguardo e indemnidad de los derechos del ejecutado* sobre ciertos bienes primarios esenciales, frente a los abusos que suponen una violación a la regla de la "adecuación a los fines" del proceso de ejecución.[41] En cuanto a los medios de coacción y su extensión, se destaca la creciente operatividad de las medidas coercitivas o de ejecución indirecta,[42] como las *astreintes* y el *contempt of Court* del derecho anglosajón. Este último puede ser directo o indirecto, que es el más apropiado en cuanto exige un procedimiento incidental contradictorio previo a la aplicación de la sanción.[43] Se debate arduamente, también, en torno de la *desjudicialización*, total o parcial de los procedimientos de ejecución forzada, cuestión que exhibe diversas soluciones en la legislación europea; así son de destacar las novedosas reglas traídas por la LEC española 1/2000,[44] las

---

Wambier coord., ed. Rev. dos Tribunais, São Paulo 2006, p. 284 y ss.. DINAMARCO C. R., *Fundamentos de Processo Civil moderno,* Malheiros, São Paulo, 3a. ed., 2000, p. 1159-1170. ARRUDA ALVIM, *Manual de Direito Processual Civil,* ed. Rev. dos Tribunais, São Paulo, 11a. ed., 2007, v.2, p. 587 y ss. id., *Sobre as multas instituidas nos arts. 14 e 18 do Codigo de Processo Civil* en *Estudos en homenagem á Prof. Ada Pellegrini Grinover,* ob. cit., p. 639 y ss.. MARINONI L. G., *La ruptura del principio de tipicidad en los medios ejecutivos en el derecho brasilero* en *Libro homenaje a J. G. Sarmiento Núñez,* C. J. Sarmiento Sosa comp., Legis, Caracas, 2005, p. 361 y ss. id., *As novas sentenças e os novos poderes do juiz para a prestação do tutela jurisdiccional efetiva,* en Genesis Rev. Dir. Proc. Civil, Curitiba, 2003, p. 548-564; id., *Do processo civil clásico á noçao de a tutela adequada a direito material e á realidade social,* en la misma revista, 2003, p. 763 y ss.; id., *Teoría geral do processo.* Ed. Rev. dos Tribunais, São Paulo, 2006, p. 227 y ss. CORREA DE VASCONCELOS R. de C., *Breves apontamentos sobre a ley 11.232...* en *Processo e Constitucão. Estudios em homenajem ao Prof. J. C. Barbosa Moreira,* ed. Rev dos Tribunais, São Paulo, 2006, p. 401 y ss.. RODRÍGUEZ WAMBIER L., *L´effettività del processo contro la cultura della dissobbedienza...* en Riv. Dir. Proc. (Italiana), 2005, p. 89 y ss.; id., *O contempt of Court na recente experiência brasileira* en Rev. de Processo, 2005, p. 35 y ss.. MOUTA ARAUJO J. H., *O cumplimento da senteça e a 3a. etapa da reforma processual...* en Genesis, rev. cit., 2005, p. 499 y ss.. Asimismo, los numerosos trabajos recogidos en la obra colectiva *Aspectos polémicos da nova execução-3,* T. Arruda Alvim Wambier coord., ed. Rev. dos Tribunais, São Paulo, 2006, *passim.*

[38] ARRUDA ALVIM, *Sobre as multas instituidas nos arts. 14 e 18...,* ob. cit., p. 639 y ss..

[39] BARBOSA MOREIRA J. C., *Reformas processuais e poderes do juiz,* en *Temas de Direito Processual,* Oitava Serie, ob. cit., p. 62-63.

[40] TARZIA G., *Problemi attuali dell´esecuzione forzata* en *II Congreso Brasileño de Derecho Procesal,* Brasilia, 1997, separata.

[41] TARZIA G., *Il giusto processo di esecuzione,* Riv. Dir. Proc., 2002, nº 2, p. 344.

[42] TARZIA G., *Presente e futuro delle misure coercitive civile,* en *Esecuzione forzata e procedure conconsuali,* Cedam, Padova, 1994, p. 113 y ss..

[43] PELLEGRINI GRINOVER A., *A marcha do processo,* Forense, R. de Janeiro, 2000, p. 62 y ss..

[44] SERRA DOMÍNGUEZ M., *La Ley 1/2000 sobre Enjuiciamiento Civil,* J. M. Bosch ed., Barcelona, 2000, p. 79 y ss.. ORTELLS RAMOS M., *Derecho Procesal Civil,* Aranzadi, Navarra, 2002, 3a. ed., p. 713 y ss..

consagradas por las reformas de 2005-2006 al CPC italiano[45] y la experiencia lusitana del dec.ley 38/2003.[46]

En la síntesis de tales tendencias, conviene reparar que la acentuación de la ejecución directa patrimonial con el objetivo de la plena satisfacción de las obligaciones derivadas de la sentencia condenatoria, reconoce de todos modos ciertos límites y condicionamientos infranqueables, que son los derivados del principio general de *razonabilidad o proporcionalidad* y, más específicamente de la idea ética del proceso justo y la *humanización del proceso*. La protección del derecho es debida no solo al acreedor, sino también al deudor amparado por el imperativo de no abusar ni dañar innecesariamente; de ahí la necesidad de un juicio de ponderación o proporcionalidad,[47] a cargo del legislador y del juez. Son éstas bases sobre las que ha de afrontarse la tarea de actualización, en este capítulo, del Código Modelo.

IV. Epílogo

En los tiempos de asumir la ímproba tarea de poner a tono con las nuevas exigencias la monumental obra del Código Modelo Procesal Civil para Iberoamérica, deberá sopesarse sesudamente la muy rica experiencia sucedida en la aplicación práctica de sus instituciones, en los diversos países de la región, y al mismo tiempo atender a las novedosas instituciones y técnicas procesales acuñadas y que se reflejan en la legislación comparada y la doctrina autoral.

Es inesquivable responsabilidad de nosotros los estudiosos del proceso – como afirma Mauro Cappelletii – clarificar con precisos análisis las realidades tan complejas que nos toca vivir, los términos objetivos de la situación, poner en claro todos los posibles datos de comparación, preparar, en suma, las bases científicas de una reforma.[48] En tiempos como los nuestros, de aguda crisis, incertidumbres y angustias, en los cuales los valores supremos vuelven a estar en discusión, por ello mismo se patentiza la necesidad de llegar al fondo de las cosas, calando hondo y aguzando el ingenio y la imaginación en la búsqueda de las propuestas adecuadas, para la construcción de un sistema nuevo, más realístico y más humano.[49]

[45] Sobre las recientes reformas al CPC italiano de 2005-2006 introducidas al tercer libro del proceso ejecutivo: CARPI F., *Alcune osservazioni sulla riforma dell´ esecuzione per espropriazione forzata*, en Riv. Trim. di Dir. e Proc. Civ., 2006, p. 215 y ss.. SALETTI A., *Le (ultime?) novita in tema de esecuzione forzata,* en Riv. Dir. Proc., 2006, p. 193 y ss.. BIAVATI P., *Las recientes reformas al Código de Procedimiento Civil italiano*, ob. cit., p. 536 y ss..

[46] FERREIRA DA SILVA C. M., *Un novo operador judiciario: o solicitador de execucão* en *Estudios em homenagem à Prof. Ada Pellegrini Grinover,* ob. cit, 2005, p. 513 y ss.. LEBRE DE FREITAS J., *Açao executiva depois da reforma,* 4a. ed., Coimbra, 2004, p. 27 y ss..

[47] TARZIA G., *Il giusto processo di esecuzione*, ob. cit., p. 343-344.

[48] CAPPELLETTI M., *Proceso, ideologías, sociedad*, Ejea, Bs. As., 1974, trad. S. Sentís Melendo, p. 291.

[49] Ob. cit., Introducción, p. IX-XII.

— 31 —

A lei da ação civil pública no âmbito das relações do trabalho

RODOLFO DE CAMARGO MANCUSO
Doutor, Livre-docente e Professor Associado na FADUSP
Procurador aposentado do Município de São Paulo. Consultor jurídico

Sumário: 1. O *demandismo judiciário*, o seu custo social e o manejo adequado do problema; 2. A ação civil pública, no âmbito das relações de trabalho; 3. A jurisprudência do TST sobre a legitimação das associações para a ação civil pública; 4. Conclusão.

1. O *demandismo judiciário*, o seu custo social e o manejo adequado do problema

A expressiva e notória *crise numérica* de processos que assola nosso sistema judiciário não dá sinais de arrefecer, e nesse sentido a mídia jornalística tem repercutido os últimos – e desoladores – números da demanda por justiça em nosso país. Assim, o jornal *O Estado de São Paulo*, edição de 23.09.2009, CAD. A-3: "Realizada pelo CNJ, a pesquisa "Justiça em Números' recém-divulgada cobre o exercício de 2008. Com mais de 300 páginas, o documento revela que o número de processos em tramitação em todos os tribunais passou de 67,7 milhões, em 2007, para 70,1 milhões, no ano passado, entre casos novos e pendentes". (...) "Dos 70, 1 milhões de processos que tramitaram em 2008 em todas as instâncias e braços especializados da Justiça, entre causas novas e pendentes, apenas 25 milhões foram julgados". A seu turno, revela o jornal paulistano *A Tribuna do Direito* (nº 195, julho/2009, p. 21): "As últimas compilações do CNJ sobre quanto a sociedade gasta com um sistema que funciona lentamente mostram que tribunais e varas dc todo o Brasil custaram R$33 bilhões aos cofres públicos em 2008. No ano anterior, foram R$29,2 bilhões. Esses números revelam que o Judiciário custa R$158,87 para cada um dos brasileiros".

É certo, tanto o constituinte revisor como o legislador infraconstitucional têm se esforçado no sentido de dotar o processo judicial – mormente o civil – de novos instrumentos, tendencialmente voltados ao manejo de tal crise numérica, com o foco essencialmente voltado sobre os processos massivos e repetitivos que hoje assolam nossa Justiça e retardam indefinidamente o desfecho das lides, levando o jurisdicionado a duvidar de uma *resposta judiciária de qualidade*, a qual deverá revestir-se de cinco atributos: ser justa, juridicamente consistente, econômica, tempestiva e razoavelmente previsível. Assim é que dentre os *elementos de contenção* já positivados destacam-se a *súmula vinculante* do STF (CF, art. 103-A: EC 45/2004; Lei 11.417/2006); o *julgamento por amostragem* de REs e REsps massivos e repetitivos (CPC, arts. 543-B e C: respectivamente, Leis 11.418/06 e 11.672/08); a demonstração da *repercussão geral da questão constitucional* para a admissibilidade do recurso extraordinário (CF, art. 102, § 3º: EC 45/05; CPC, art. 543-A, cf. Lei 11.418/06); o chamado *julgamento antecipadíssimo do mérito* (CPC, art. 285-A, cf. Lei 11.277/2006).

Ao propósito deste último instituto (a justo título questionado no STF no bojo da ADIn nº 3.695, proposta pela OAB),[1] observa Daniel Francisco Mitidiero: "(...) a pretexto de agilizar o andamento dos feitos, pretende o legislador sufocar o caráter dialético do processo, em que o diálogo judiciário, pautado pelos direitos fundamentais, propicia ambiente de excelência para reconstrução da ordem jurídica e conseguinte obtenção de decisões justas. Aniquila-se o contraditório, subtraindo-se das partes o poder de convencer o órgão jurisdicional do acerto de seus argumentos. Substitui-se, em suma, a acertada combinação de uma legitimação material e processual das decisões judiciais por uma questionável legitimação pela eficiência do aparato judiciário, que, de seu turno, pode facilmente desembocar na supressão do caráter axiológico e ético do processo e de sua vocação para ponto de confluência de direitos fundamentais".[2] É dizer, por esse gênero de "providência legislativa" – que se preordena a *lidar com a consequência*, deixando em aberto a causa – patenteia-se o risco de se estar a *trocar um problema por outro*: a excessiva dilação do processos fica *substituída* pela... injustiça célere ! Percebeu-o José Joaquim Gomes Canotilho: "Note-se que a exigência de um processo sem dilações indevidas, ou seja, de uma prestação judicial em tempo adequado, não significa necessariamente 'justiça acelerada'. A 'aceleração' da proteção jurídica quando se traduz em diminuição de garantias processuais e materiais (prazos de recurso, supressão de instâncias) pode conduzir a uma justiça pronta, mas materialmente injusta".[3]

Mesmo com o recurso a tais medidas de duvidosa constitucionalidade, ainda assim remanesce o risco da ineficiência prática desses e de outros instrumentos do gênero (*v.g.*, a *súmula impeditiva de recurso*, excogitada para o STJ no PEC 358/2005), se porventura os analistas e os órgãos de planejamento do Judiciário não se derem conta de que o volume excessivo de processos não está na *origem dos males*, mas antes é a *consequência* – até previsível – de uma concepção que ao longo do tempo veio sendo sustentada por uma ideologia *tanto exacerbada quanto defasada e irrealista* do acesso à Justiça, a qual tem dado mote para que ao longo do tempo se tenha extraído do inciso XXXV do art. 5º da CF *muito mais do que aí se contém*, vislumbrando-se *à outrance* nessa locução uma sorte de *convite à litigância judicial*, praticamente convertendo o direito de ação num ... *dever de ação* e com isso realimentando a contenciosidade social e desestimulando as outras formas, auto e heterocompositivas, de solução das controvérsias.

A fantástica quantidade de processos em andamento na Justiça brasileira pode, numa visão superficial e apressada, sugerir que à base desse fenômeno esteja o crescimento da conscientização dos direitos e uma democratização ou facilitação do acesso à Justiça, mas essa percepção pode estar perigosamente equivocada, ou ao menos pode mascarar uma outra realidade subjacente, de que falam Maria Teresa Sadek,

[1] Relator Min. Cezar Peluso, ainda não julgada até o momento em que escrevemos (março/2.010).

[2] *Comentários ao Código de Processo Civil*, tomo III, São Paulo: Memória Jurídica, 2.006, p. 173.

[3] *Direito constitucional e teoria da constituição*, Coimbra: Livraria Almedina, 1.999, p. 466-467.

Fernão Dias de Lima e José Renato de Campos Araújo: "(...) talvez tenhamos que recolocar o problema, salientando que, mais do que a democratização no acesso ao Judiciário, defrontamo-nos com uma situação paradoxal: a simultaneidade da existência de demandas demais e de demandas de menos; ou, dizendo-o de outra forma, poucos procurando muito e muitos procurando pouco. Assim, o extraordinário número de processos pode estar concentrado em uma fatia específica da população, enquanto a maior parte desconhece por completo a existência do Judiciário, a não ser quando é compelida a usá-lo, como acontece em questões criminais. Desta forma, a instituição seria muito procurada exatamente por aqueles que sabem tirar vantagens de sua utilização. E, tal como os dados indicam, estes têm-se servido do Judiciário em uma quantidade extraordinária, provocando um crescimento significativo número de processos entrados". (...) "Tornou-se lugar comum afirmar que sem uma Justiça acessível e eficiente coloca-se em risco o Estado de Direito. O que poucos ousam sustentar, completando a primeira afirmação, é que, muitas vezes, é necessário que se qualifique de que acesso se fala. Pois a excessiva facilidade para um certo tipo de litigante ou o estímulo à litigiosidade podem transformar a Justiça em uma Justiça não apenas seletiva, mas sobretudo inchada".[4]

Em sede doutrinária, já escrevemos: "(...) os dissensos e controvérsias esgarçam o tecido social e engendram pontos de tensão tendencialmente formadores de processos judiciais, cuja notória *crise numérica* sobrecarrega os órgãos jurisdicionais, ao final engendrando uma justiça de baixa qualidade: excessivamente lenta, onerosa e de desfecho imprevisível, que frustra o jurisdicionado, desprestigia o sistema e retroalimenta a contenciosidade social. A atribuição de *dizer o Direito* não mais deve ficar restrita exclusivamente ao Estado, mas deve caber a todo órgão ou instância capaz de prevenir ou compor com justiça os litígios, registrando-se, nesse sentido, tendência contemporânea à *desjudicialização dos conflitos*, na esteira do ideário da democracia *participativa e pluralista*".[5]

É, pois, um erro estratégico, cujas consequências são difíceis de reverter, o vezo de enfrentar o volume excessivo de processos sob a óptica meramente *quantitativa*: à medida em que cresce a demanda por Justiça, intenta-se *acompanhar* aquele crescimento com o *aumento físico* da estrutura judiciária: mais Fóruns, mais juízes, mais auxiliares e assessores, mais projetos de lei voltados à criação de novos cargos, tudo engendrando uma máquina gigantesca, cuja própria dimensão desmesurada vem a se constituir em *mais um problema* em termos de custeio e gerenciamento interno, consumindo vorazmente parcelas cada vez maiores do orçamento público. Para ter-se uma ideia, o jornal paulistano *A Tribuna do Direito,* antes referido (nº 195, julho/2009, p. 21), forte nos números divulgados pelo CNJ em relação a 2008, repercute que só a "Justiça estadual consumiu R$ 19 bilhões, dos quais R$ 16,3 bilhões só para pagamento de pessoal".

Portanto, antes que prosseguir no combate ferrenho e obsessivo aos processos massivos e repetitivos – estratégia que implica em tentar debelar a consequência ao invés de diagnosticar e enfrentar a causa – caberia, antes e superiormente, buscar *prevenir* a pulverização ou a atomização dos mega-conflitos em multifárias demandas

[4] O Judiciário e a prestação de justiça, *in* SADEK, Maria Teresa (org.), *Acesso à Justiça*, caderno de pesquisas nº 23, publ. Conrad Adenauer Stiftung (SBD-FFLCH-USP), p. 40-41.

[5] *A resolução dos conflitos e a função judicial no contemporâneo Estado de Direito*, São Paulo: RT, 2.010, p. 727, conclusão nº 60.

individuais, as quais, sobre inflacionar o já alentado estoque de processos em andamento, ainda provocam outras externalidades negativas: protraem a um ponto indefinido o desfecho das demandas; exasperam o jurisdicionado (o *cliente eventual,* já que o *cliente habitual* extrai vantagem das deficiências do sistema judiciário); estimulam a beligerância ao interno da coletividade; engendram o risco de respostas judiciárias discrepantes em face de casos iguais. Com efeito, o *modus* correto de manejo dessa litigiosidade exacerbada consiste na sua condução para o campo da jurisdição coletiva, dado que o processo que aí se desenvolve, mormente na modalidade da ação voltada à tutela dos interesses individuais homogêneos, tem aptidão para coalizar todas as pretensões num só instrumento, ao final produzindo uma resposta de eficácia potencializada e uniforme, já que, na fase de conhecimento, toma os sujeitos em dimensão indeterminada, e o objeto, em modo indivisível.

Um passo importante no sentido do antes exposto está previsto no P. L. nº 5.139/09, em trâmite no Congresso, dispondo sobre a nova ação civil pública, no § 1º do art. 34:"Não serão admitidas novas demandas individuais relacionadas com interesses ou direitos individuais homogêneos, quando em ação coletiva houver julgamento de improcedência em matéria exclusivamente de direito, sendo extintos os processos individuais anteriormente ajuizados".

Em sede doutrinária, já escrevemos que "o incremento da jurisdição de tipo coletivo apresenta várias vantagens: *i)* permite o tratamento processual *unitário* da matéria controvertida, o que constitui a técnica adequada nas demandas que envolvem interesses metaindividuais, pela própria natureza indivisível destes; *ii)* previne a pulverização dos conflitos *de massa* em múltiplas ações individuais, as quais tumultuam o ambiente judiciário, retardam a prestação jurisdicional, e, ao cabo, levam ao descrédito social no Poder Judiciário; *iii)* evita o paradoxo das decisões qualitativamente diversas sobre um mesmo assunto, ocorrência incompatível com a garantia constitucional da isonomia, a qual deve se estender à norma *judicada* e não apenas restringir-se à norma *legislada*; *iv)* oferece um parâmetro judicial apriorístico, útil para o equacionamento ou mesmo a prevenção de conflitos plurissubjetivos, como aqueles que contrapõem contribuintes e Fisco; aposentados e Previdência Social; *poupadores* e sistema bancário; servidores públicos e Estado; consumidores e fornecedores; *v)* viabiliza a uniformização da jurisprudência, permitindo uma resposta judiciária homogênea, cuja eficácia se expande ao longo da extensão e compreensão do interesse metaindividual considerado, estabelecendo, assim, um confiável *parâmetro judiciário* para as demandas assemelhadas; *vi)* contribui para acelerar o trâmite das demandas individuais cuja causa de pedir coincida com a da ação coletiva julgada procedente, tendo em vista que a coisa julgada formada nesta última se traslada – *in utilibus*, portanto – para o âmbito da ação individual (lei 8.078/90, art. 103, § 3º)".[6]

A *coletivização do processo*, aderente à sociedade globalizada e aos conflitos de massa é uma realidade que se estende, até por maioria de razão, ao âmbito da Justiça do Trabalho, mormente em se considerando que as controvérsias que aí afluem não mais se restringem à relação de emprego, propriamente dita, mas igualmente àquelas outras situações que relevam da relação de *trabalho*, na nova redação dada ao inciso I do art. 114 da CF, pela EC 45/2004. Além disso, como é cediço, a Justiça trabalhista já é, conceitual e estruturalmente, organizada em contemplação

[6] *Divergência jurisprudencial e súmula vinculante*, 3ª ed., São Paulo: RT, 2007, p. 425, 426.

das *categorias* que coalizam as forças do capital e do trabalho, representadas, nos dissídios coletivos e nas ações civis públicas trabalhistas, por mais de um portador judicial: os Sindicatos (CF, art. 8º, III), as Associações (CF, art. 5º, XXI) e o Ministério Público do Trabalho, este último nos termos de sua Lei Orgânica, nos moldes do que, a seguir, se procurará demonstrar.

A questão continua na pauta do Judiciário em geral, e da Justiça laboral nos termos do presente estudo, valendo ressaltar que o pré-citado P.L 5.139/09, sobre a nova ação civil pública, prevê no art. 68: "Os dispositivos desta Lei aplicam-se no âmbito das relações de trabalho, ressalvadas as peculiaridades e os princípios informadores do processo trabalhista".

2. A ação civil pública no âmbito das relações de trabalho

A tendência atual à coletivização do processo parece irreversível e é notada não só na legislação infraconstitucional que disponibiliza ações civis públicas em campos propícios aos megaconflitos (consumidores, infância e juventude; idosos; deficientes físicos; aplicadores no mercado mobiliário; engenharia genética; ordenamento urbanístico, etc.), como, também e principalmente, no texto constitucional: ampliação do objeto da ação popular (art. 5º, LXXIII); ações coletivas das entidades associativas (art. 5º, XXI); mandado de segurança coletivo (art. 5º, LXX);[7] dissídios coletivos (art. 8º, III); ação civil pública (art. 129, III); ADIn, ADCon, ADPF (art. 102, §§ 1º e 2º).[8]

Essa tendência se estende ao campo trabalhista, onde a litigiosidade é intensa, contrapondo as categorias laborais e patronais. Não admira, portanto, a reiterada aplicação da ação civil pública trabalhista e dos dissídios coletivos, instrumentos que, além de se mostrarem adequados ao tipo de conflito a que estão preordenados, exercem ainda o importante papel de prevenir a *pulverização ou atomização* da controvérsia nos chamados dissídios individuais plúrimos, que assoberbam as Varas e Tribunais do Trabalho.

Em estudo sobre a ação civil pública trabalhista já escrevemos: "Realmente, o trato processual coletivo de situações jurídicas individuais, numerosas e homogeneizadas pela origem comum, leva a benefícios de diversa ordem: *a)* previne a proliferação de inúmeras demandas individuais, onde se repetem, *ad nauseam*,o mesmo pedido e causa de pedir, com isso se poupando trabalho e tempo dos operadores do Direito; *b)* evita a indesejável contradição lógica entre julgados, virtualidade que sempre pode ocorrer no plano da jurisdição singular; *c)* possibilita uma resposta judiciária equânime e de melhor qualidade com tratamento igual a situações análogas, com isso conferindo efetividade à garantia constitucional da isonomia de todos perante alei (que deve também albergar a lei quando interpretada e aplicada pelo Judiciário: a *lei judicada*); *d)* contribui para aliviar a sobrecarga notória do Judiciário, em grande parte causada pela 'atomização' de milhares de demandas que poderiam e deveriam ser aglutinadas e resolvidas numa ação de tipo coletivo; *e)* possibilita o transporte,

[7] Tratam do mandado de segurança coletivo os arts. 21 e 22 da Lei 12.016/09.

[8] Obs.: a ADIn *por omissão* (CF, § 2º do art. 103), está regulamentada no art. 12-A até H, da Lei 9.868/99, dispositivo inserido pela Lei 12.063/09

in utilibus do julgado coletivo, para o âmbito das ações individuais, nas condições estabelecidas no art. 103,III e § 3º e art. 104, todos do CDC".[9] [lei 8.078/90]

Nesse sentido, Carlos Henrique Bezerra Leite identifica uma *jurisdição trabalhista metaindividual*, para cujo implemento "é condição necessária a *aplicação apriorística* do novo sistema normativo de tutela coletiva, integrado pela aplicação direta das normas contidas na CF, LOMP, LACP e pelo título III do CDC". Mais adiante, assevera: "Mas é preciso insistir; em matéria de interesses ou direitos difusos, coletivos *stricto sensu* e individuais homogêneos, dada a inexistência de legislação trabalhista específica, principalmente pelo fato de que o 'velho' dissídio coletivo de interesses revela-se absolutamente inadequado para tutelar esses 'novos direitos', a *jurisdição trabalhista metaindividual* é a única capaz de assegurar a adequada e efetiva tutela constitucional a esses novos direitos ou interesses".[10]

Para fins do presente estudo, tomaremos como hipótese de trabalho o conflito envolvendo, de um lado, certa categoria de empregados aposentados de um Banco estatal, coalizados na respectiva Associação (CF, art. 5º, XXI), pleiteando a mantença de certo *status* funcional e de certas vantagens pecuniárias que antes percebiam e que depois lhes foram suprimidas por ocasião da venda do Banco a outra instituição financeira, para a qual tais benefícios caberiam apenas para os empregados ainda em atividade. A hipótese figurada se enquadraria, a um tempo, em: (*i*) *interesse coletivo* da categoria em questão, na medida em que a supressão dos benefícios que vinham sendo pagos causou *lesão de dimensão coletiva* ao interno do "grupo, categoria ou classe de pessoas ligadas entre si ou com a parte contrária [o Banco] por uma relação jurídica base"[o contrato de trabalho] – Lei 8.078/90, art. 81, II – valendo salientar que (1) a lesão não radica em fato episódico ou circunstancial, mas sim prende-se à relação empregatícia perfeitamente configurada como tal e vocacionada à permanência, já que o recrutamento inicial se dera através de processo seletivo público; (2) a ação civil pública presta-se à tutela não só dos danos materiais mas também dos danos morais aos interesses metaindividuais – preâmbulo da Lei 7.347/85; (*ii*) *interesses individuais homogêneos*, na medida em que cada integrante do grupo sofreu prejuízo com a solução de continuidade dos benefícios que habitualmente recebiam, notando-se que eles se apresentam uniformizados no *an debeatur*, por derivarem da *mesma* relação de trabalho que *todos* tiveram com o Banco, cuidando-se, pois de situações homogêneas, "decorrentes de origem comum" – Lei 8.078/90, art. 81,III.

Vem em reforço dessa leitura o conceito de *direitos individuais homogêneos* estabelecido para o âmbito de outra ação de natureza coletiva – o mandado de segurança *coletivo*: "[direitos] individuais homogêneos, assim entendidos, para efeito desta Lei, os decorrentes de origem comum e da atividade ou situação específica da totalidade ou de parte dos associados ou membros do impetrante" (inciso II do art. 21 da Lei 12.016/09).

Para a ação civil pública em nome de tais interesses metaindividuais estão colegitimadas as *associações*, desde que constituídas há pelo menos um ano e observada a *pertinência temática* entre sua finalidade institucional e o objeto litigioso (art. 5º, V, e alíneas da Lei 7.347/85, cf. Lei 11.448/07). (Na precitada Lei 12.016/09, o

[9] Ação civil pública trabalhista: análise de alguns pontos controvertidos. *Revista do Ministério Público do Trabalho*, nº 12, set.1996, p. 54,55.

[10] *Ação civil pública*, São Paulo: LTr, 2001, p. 82,83.

caput do art. 21 diz que o mandado de segurança coletivo pode ser impetrado por (...) "associação legalmente constituída e em funcionamento há, pelo menos, 1 (um) ano, em defesa de direitos líquidos e certos da totalidade, ou de parte, dos seus membros ou associados, na forma dos seus estatutos e desde que pertinentes às suas finalidades, dispensada, para tanto, autorização especial"; *de lege ferenda*, o precitado P.L. 5.139/09, sobre a nova ação civil pública, prevê no art. 6º que são *legitimados concorrentemente*: "(...) VII – as associações civis e as fundações de direito privado legalmente constituídas e em funcionamento há pelo menos um ano, para defesa de interesses ou direitos relacionados com seus fins institucionais, dispensadas a autorização assemblear ou pessoal e a apresentação do rol nominal dos associados ou membros. § 1º. O juiz poderá dispensar o requisito da pré-constituição de um ano das associações civis e das fundações de direito privado quando haja manifesto interesse social evidenciado pelas características do dano ou pela relevância do bem jurídico a ser protegido"). Como se vê, seja *de iure condito* ou *de iure condendo*, no caso figurado ficam atendidos, assim o interesse de agir (*necessidade, utilidade, adequação do meio processual escolhido*) como a legitimação para a causa: o *poder de agir*, segundo o texto de regência; a *pertinência subjetiva do interesse*, segundo o clássico conceito.

Ademais, também estará presente a *possibilidade jurídica do pedido*, visto que os pleitos formulados se contêm, por definição, no desenho da ação civil pública trabalhista, que, na dimensão objetiva, compreende o *meio ambiente do trabalho* (CF, art. 200, VIII) e outros valores metaindividuais, e, na dimensão subjetiva, reporta-se à atribuição das associações para "representar seus filiados judicial ou extrajudicialmente" (CF, art. 5º, XXI). Saliente-se que o Estatuto do M.P. da União (Lei Complementar Federal nº 75/93, art. 83 comete ao *parquet* trabalhista legitimação para "promover a ação civil pública no âmbito da Justiça do Trabalho (...)", mas esse dispositivo deve ser lido no *contexto sistemático* da Constituição Federal, cujo art. 129, III positivou a ação civil pública, esclarecendo no § 1º: "A legitimação do Ministério Público para as ações civis previstas neste artigo *não impede a de terceiros*, nas mesmas hipóteses, segundo o disposto nesta Constituição e na lei". (O que bem se compreende, dado o caráter concorrente-disjuntivo da legitimação para as ações de finalidade coletiva).

Portanto, no caso figurado como hipótese de trabalho estariam presentes as três condições da ação civil pública trabalhista. Note-se que a homogeneidade não se cingiria apenas ao pedido, mas igualmente se estenderia à *causa de pedir*, substanciação essa (pedido + causa de pedir: CPC, art. 282, III) que seria *a mesma* em todas as pretensões, caso se tratasse de reclamações trabalhistas individuais: o tratamento discriminatório, em detrimento do pessoal aposentado, configurando desequiparação ilegítima, já que vantagens incorporadas aos proventos do pessoal inativo não poderiam ter sua permanência condicionada a uma ocorrência futura, imprevista e imprevisível, qual seja a venda do Banco a outra instituição financeira.

3. A jurisprudência do TST sobre a legitimação das associações para a ação civil pública

O exame da jurisprudência do TST acerca da matéria em epígrafe, mostra que o trato pretoriano da matéria acaba por superdimensionar o conteúdo do art. 8º, III, da CF, concernente à legitimação ativa dos sindicatos, descurando o fato de que esse dispositivo não exclui – expressa ou implicitamente – as associações, e nem poderia fazê-lo: por um lado, porque a sindicalização é livre (art. 8º, *caput*) e, por outro, porque a legitimação para a ação civil pública é *concorrente-disjuntiva*, não podendo, assim, um colegitimado se sobrepor ou obstaculizar a iniciativa do outro.

Sob essa óptica restritiva às associações, e favorável aos sindicatos, podem ser lembrados os acórdãos nestes recursos: RR-538.671/99.0, DJ 04.08.2.006; AIRR 839/2003-055-01-40, DJ 01.06.2.007; E-RR 741.470/2001, DJ 18.08.2.006; RR-998/2001-099-03-00, DJ 04.05.2.007; RR 3047/1999-066-02-00, DJ 24.03.2.006; RR 119/2004-303-04-00, DJ 23.11.2.007; RR 2000-681511, DJ 20.02.2.008.

Tal posicionamento da excelsa Corte laboral, todavia, prende-se a premissas que, *data maxima venia*, não resistem à análise técnica e isenta, o que se constata quando elas vêm examinadas à luz dos princípios retores do *microssistema processual coletivo* e, bem assim, quando submetidas à interpretação *sistemática* dos dispositivos legais e constitucionais que regem o tema. Assim, com vistas a permitir uma abordagem objetiva e proveitosa do tema, serão colocadas em destaque, como método de investigação e análise, cada uma das premissas que configuram a *ratio decidendi* daquela corrente jurisprudencial.

3.1. Que o interesse individual homogêneo é espécie de interesse coletivo

A aproximação conceitual entre interesse coletivo e individual homogêneo, notada em alguns acórdãos (*v.g.*, TST-R-RR-538.671/1999.0, DJU 04.08.2.006), revela-se equivocada, a começar pela simples consideração de que aquilo que é *individual*, por força de conceito legal – Lei 8.078/90, art. 81, III – simplesmente, não pode ser... *coletivo*! Estar-se-ia, a todas as luzes, incidindo numa contradição nos próprios termos, já que, em boa hermenêutica, não se pode atribuir a uma dada categoria jurídica um qualificativo estranho à sua própria natureza.

A melhor compreensão do ora afirmado deve, antes, passar por uma breve digressão.

O Direito Processual brasileiro, pelo vezo de exigir que o interesse processual deva ser real, atual e *pessoal* – portanto, manejado judicialmente pelo afirmado titular da pretensão material – mostrou-se tendencialmente refratário à tutela judicial de interesses ou direitos cujo largo espectro não comporta afetação exclusiva a um determinado agente, que dele se pretendesse o natural portador em juízo, em caso de dano temido ou sofrido. Daí a preponderância da chamada *legitimação ordinária*, assim nominada porque na *práxis* judiciária geralmente acontece de o autor agir em nome próprio, na defesa do próprio interesse ou direito.

Nessa antiga (e, hoje, obsoleta) concepção – *nul ne plaide par procureur, hormis le roi* – pretendia-se que o valor, interesse ou direito não suscetíveis de apropriação e fruição por um sujeito determinado, simplesmente não seriam judicializáveis. Esse pensamento remonta às origens romanas, onde o conceito de ação judicial – *jus persequendi quod sibi debetur* – sugeria que pretensões não redutíveis à esfera de um dado sujeito de direito, simplesmente não comportavam acesso à Justiça, remanescendo assim numa sorte de *limbo* jurídico, para usarmos a sugestiva expressão de Anna de Vita, na doutrina italiana.[11]

Assim, a ordem normativa apenas consentiria os direitos subjetivos ("interesses juridicamente protegidos", na clássica concepção de Ihering), que, contrariados, comportavam acesso à Justiça, revelando, porém, em contrapartida, uma postura de indiferença ou ao menos restritiva em relação a outras ocorrências ou situações que, por não comportarem afetação a um dado titular, ficavam em segundo plano ou até consideradas juridicamente irrelevantes em alguns casos: a coisa abandonada (*res derelicta*), a coisa de ninguém (*res nullius*) e aquelas concernentes à coletividade como um todo (*res communes omnium*). Aí se incluíam, igualmente, os chamados *interesses simples*, porque não revestidos do poder de exigir (*v.g.*, o interesse em residir numa dada cidade).[12]

Um resquício dessa vinculação da ação judicial ao direito subjetivo material violado podia ser visualizado no art. 75 do precedente Código Civil "A todo o direito corresponde uma ação que o assegura",[13] deixando claro que a *condição legitimante* para o exercício da ação era a afirmação de um específico direito *próprio*, contrariado, ou insatisfeito. (Depois, com a gradativa instalação da *sociedade de risco* em que vivemos, também as situações de perigo e os direitos ameaçados encontraram tutela judicial específica no processo cautelar, inclusive no plano constitucional: CF, art. 5º, XXXV).

Com a evolução da ciência processual, foi se evidenciando a inviabilidade técnica daquele imanentismo entre ação e pretensão material: *a uma*, porque o direito de ação tem natureza abstrata (é deferido a quem tenha *ou não* razão); *a duas*, porque ficariam sem explicação as ações julgadas improcedentes (onde o autor teve ação, mas a pretensão veiculada era infundada) e mesmo as ações declaratórias negativas, através das quais se intenta, justamente, demonstrar que certa relação jurídica material inexiste. Aquela teoria *civilista* não conseguiria, igualmente, explicar as ações que não se reportam, exatamente, a um específico direito subjetivo material, como uma rescisória fundada em nulidade processual, ou mesmo uma *ADin*.

Restava, pois, dar o passo decisivo, qual fosse a superação da exigência da vinculação do poder de agir (legitimação ativa) à titularidade de um direito ou interesse, o que se conseguiu com o reconhecimento da possibilidade de agir em juízo em nome próprio, mas na defesa do direito de outrem, legitimação essa, *pour cause*, dita *extraordinária, anômala ou substituição processual*, de que é exemplo, dentre outros, a impetração de mandado de segurança a favor de terceiro (art. 3º, *caput*, da Lei 12.016/09).

Essa evolução, todavia, ainda se circunscrevia ao plano da jurisdição singular, apropriada aos conflitos interssubjetivos entre pessoas determinadas, ambiente processual que consente poucas expansões, tanto *subjetivamente* (litisconsórcio, inter-

[11] "La tutela giurisdizionale degli interessi collettivi nella prospettiva del sistema francese. Aspetti principali del problema e specificazioni in tema di protezione degli interessi dei consumatori". *In La tutela degli interessi diffusi nel diritto comparato*, ed. Giuffrê, Milão: 1976, p. 383.

[12] No ponto, de modo mais desenvolvido, v. o nosso *Interesses difusos – conceito e legitimação para agir*, 6ª ed., São Paulo: RT, 2004, p. 75 e s.

[13] O vigente Código Civil – Lei 10.406/02 – não contém dispositivo com igual redação, mas o art. 189 traz redação um tanto aproximada: "Violado o direito, nasce para o titular a pretensão, a qual se extingue, pela prescrição, nos prazos a que aludem os art. 205 e 206".

venção de terceiros) como *objetivamente* (cumulação de pedidos, conexão de ações, reconvenção, pedido declaratório incidental). Uma evidência de que a jurisdição singular não se preordena às ocorrências de espectro muito largo está na autorização para o juiz limitar o litisconsórcio facultativo quando este se afigurar muito numeroso (dito *multitudinário* ou *monstrum*: CPC, § único do art. 46). É dizer: se os sujeitos concernentes ao *thema decidendum* formam legião, isso é um forte indicativo de que a tutela judicial adequada deverá ter uma eficácia expandida, o que desborda o perímetro da jurisdição singular, sinalizando para o plano *coletivo*, na dimensão que melhor corresponda ao tipo de interesse metaindividual de que se trate: Lei 8.078/90, art. 81 e incisos.

Faltava ainda dar "voz e voto" a certas posições jurígenas que, por seu largo espectro – objeto indivisível e sujeitos indeterminados – não se mostravam suscetíveis de "fracionamento", nem de afetação a um titular exclusivo, ficando assim desprovidas de tutela, embora fossem socialmente relevantes, cujo exemplo emblemático é o *meio ambiente*, justamente positivado como um *bem de uso comum do povo* – CF, art. 225 – típico interesse *difuso*. Note-se aí o *salto de qualidade* desde a vetusta concepção romana de ação: de instrumento ofertado a quem tivesse um direito material, evoluiu para ser disponibilizada ao bem, valor ou interesse sem titular definido, justamente porque tais posições "sem dono" é que justamente devem beneficiar de tutela judicial diferenciada e otimizada !

Um forte impulso nessa direção adveio com a chamada *segunda onda de renovação do processo civil*, propugnada por Mauro Cappelletti, no sentido da judiciabilidade de certas ocorrências de largo espectro, cuja conceituação era ainda nebulosa à época: "A concepção tradicional do processo civil não deixava espaço para a proteção dos direitos difusos. O processo era visto apenas como um assunto entre duas partes, que se destinava à solução de uma controvérsia entre essas mesmas partes a respeito de seus próprios interesses individuais. Direitos que pertencessem a um grupo, ao público em geral ou a um segmento do público não se enquadravam bem nesse esquema".[14]

Em sede monográfica sobre o tema, cuja primeira edição viera a lume ainda antes do advento da Lei 7.347/85, definimos os *interesses difusos* como aqueles "interesses metaindividuais, que, não tendo atingido o grau de agregação e organização necessários à sua afetação institucional junto a certas entidades ou órgãos representativos dos interesses já socialmente definidos, restam em estado fluído, dispersos pela sociedade civil como um todo (*v.g.*, o interesse à pureza do ar atmosférico), podendo, por vezes, concernir a certas coletividades de conteúdo numérico indefinido (*v.g.*, os consumidores). Caracterizam-se: pela indeterminação dos sujeitos, pela indivisibilidade do objeto, por sua intensa litigiosidade interna e por sua tendência à transição ou mutação no tempo e no espaço".[15] Posteriormente, adveio o conceito legal dessa figura – Lei 8.078/90, art. 81, I – cujos contornos não se distanciam, essencialmente, daquela proposição doutrinária.

Para dar acesso à Justiça a tais posições assim *dessubstantivadas*, foi preciso encontrar uma nova condição legitimante, chegando-se, enfim, ao binômio *relevância social do interesse – representação adequada do portador judicial*, o que per-

[14] *Acesso à Justiça*, trad. Ellen Gracie Northfleet, Porto Alegre: Sergio Antonio Fabris, 1988, p. 49,50.

[15] *Interesses difusos – conceito e legitimação para agir*, 6ª ed., cit., 2004, p.150.

mitiu ultrapassar a barreira da vinculação da legitimação para agir à *titularidade* do direito material.

No Brasil, uma pioneira aplicação da judiciabilidade dos interesses difusos – embora à época não fosse conhecido esse *nomen iuris* – residiu na *ação popular*, regulada na Lei 4.717/65,[16] cujo objeto ampliou-se na vigente CF (art. 5º, LXXIII). Todavia, tratava-se, então, de uma tutela um tanto acanhada, seja porque, geralmente, tais ações se confinavam aos casos de lesão ao erário público, seja porque a legitimação ativa era restrita ao cidadão eleitor, seja ainda porque, não raro, esse instrumento acabava por se prestar a retaliações políticas e mesmo à prática da colusão.[17] Até hoje, é parca a aplicação da ação popular, em certos campos – notadamente o ambiental – em comparação com o que se passa com a ação civil pública, como o reconhece Poliana Cíntia Costa Guimarães: "A ação popular é um instrumento que não vem sendo constantemente empregado, em razão das mencionadas barreiras de acesso à justiça. Após a realização de uma pesquisa junto ao *site* de alguns tribunais brasileiros, também se constatou a escassez de ações populares ambientais, o que não surpreende. Afinal, enquanto se entender que o instituto em tela não se diferencia da ação popular tradicional, e a ele continuarem sendo aplicadas as regras da Lei n. 4717/65, seu alcance será mesmo ínfimo e não se efetivará a tutela ao meio ambiente".[18]

Começou então um movimento no sentido de dotar o processo brasileiro de um instrumento mais atualizado e consentâneo com os novos direitos emergentes – ditos de *terceira geração* – genericamente referidos à *qualidade de vida* (direitos de fraternidade, de solidariedade), o que ao final se conseguiu com o advento da lei da ação civil pública (7.347/85) a qual, de um lado, indicou no art. 1º um rol de interesses metaindividuais (em *numerus apertus*), e, de outro, no art. 5º, estabeleceu uma legitimação *concorrente – disjuntiva*, envolvendo M.P., entes políticos, órgãos públicos e *associações*. A CF de 1988 positivou a ação civil pública (art. 129, III), com destaque para o § 1º, dizendo que a legitimação do M.P. *não impede a de terceiros*, o que bem se compreende, porque os portadores judiciais dos interesses metaindividuais não são os *titulares* do interesse ou do valor em causa, mas atuam como um seu *portador adequado* (a *adequacy of representation* do *ideological plaintiff*, na terminologia empregada nas *class actions* norte-americanas).

Todavia, os textos legais antes referidos, conquanto tenham mencionado os interesses *difusos e coletivos*, não trouxeram os respectivos conceitos, o que só adviria com a Lei 8.078/90, art. 81, I e II. Essa lei – cuja parte processual (arts. 91 a 104), por força do art. 117 se traslada para a ação civil pública da Lei 7.347/85 – aproveitou o ensejo para inserir naquele art. 81 mais um inciso, destinado a uma *outra* modalidade de interesse metaindividual, que nominou *individual homogêneo*, o qual se distingue daquelas duas categorias antes mencionadas por se apresentar como uma ocorrência *episódica ou contingencialmente coletiva* (*v.g.*, ação em nome dos interesses das famílias das vítimas de desastre aéreo), e, não, como algo essencial ou substancial-

[16] Cf. José Carlos Barbosa Moreira, "A ação popular do direito brasileiro, como instrumento de tutela jurisdicional dos chamados 'interesses difusos'. *In Temas de Direito Processual*, 1ª série, ed. São Paulo: Saraiva, 1988, p. 110 e segs.

[17] No ponto, o nosso *Ação Popular*, 6ª ed., São Paulo: TR, 2009, p. 215 e s.

[18] "Ação popular ambiental e efetividade: análise dos principais aspectos processuais". *De Jure – Revista do Ministério Público de Minas Gerais*, nº 13, jul./dez.2.009, p. 365.

mente mente coletivo, como se dá com o interesse coletivo em sentido estrito e com o interesse difuso.

Por conta dessa particularidade, e, também, pelo fato de o conceito legal dos individuais homogêneos ser extraído a partir de uma ocorrência fenomenológica – *a origem comum* – muitos operadores do Direito, assim como vários Tribunais, tiveram (e ainda têm) dificuldade para bem entender o conteúdo dessa categoria e distingui-la dos outros dois subtipos. Ora os individuais homogêneos aparecem de envolta com o "interesse coletivo", ora se fazem restrições desautorizadas e cerebrinas com relação à legitimação ativa, ora se pretende estabelecer discrímens entre os próprios colegitimados ativos, a partir do *tipo* de interesse metaindividual veiculado *in concreto*, com tudo isso se *fazendo distinções não excogitadas pelo legislador*.

Tais equívocos – compreensíveis, dada a complexidade do tema – são encontráveis, *data maxima venia*, em alguns tópicos da jurisprudência colacionada do E. TST, onde se revela postura restritiva à legitimação ativa das associações para a ação civil pública, ora por se tratar de interesse coletivo, a cargo dos sindicatos, ora por se tratar de tutela a vantagens pecuniárias determinadas e individuais. Um e outro desses posicionamentos vêm de encontro, todavia, a pontos fundamentais do tema em questão: (*i*) o fato de o sindicato tutelar judicialmente o interesse coletivo, não significa que o não possam fazer outros colegitimados autorizados pelo sistema, até porque a sindicalização é *livre* (CF, art. 8º, *caput*), e, portanto, não faz sentido estabelecer qualquer monopólio ou "reserva de mercado" em prol de um ou outro dentre os colegitimados à ação civil pública trabalhista; (*ii*) os interesses que, posto individuais, repercutem em modo uniforme num universo muito alentado de sujeitos, configuram, justamente, os *individuais homogêneos*, que, uma vez identificados no caso concreto – como se dá no caso figurado, com os empregados aposentados – deflagram a legitimação ativa em favor de *todos e de cada um* (legitimação concorrente – disjuntiva) dos agentes que o ordenamento credencia à sua tutela judicial, dentre eles as *associações*: CF, art. 5º, XXI; art. 129, § 1º; Lei 7.347/85, art. 5º, V; Lei 8.078/90, art. 82, IV.

Focando os interesses individuais homogêneos – categoria que tem suscitado maiores dúvidas dentre os operadores do Direito – alguns aclaramentos prévios são de utilidade: (*i*) a primeira ação judicial a eles concernente veio disciplinada na Lei 9.713/89, para defesa dos investidores no mercado de capital – chamada por Ada Pellegrini Grinover a *class action brasileira* – [19] embora a essa época os interesses individuais homogêneos ainda não estivessem positivados, o que só adviria no ano seguinte, com a Lei 8.078/90, art. 81, III; (*ii*) apesar do parágrafo único desse art. 81 falar em *defesa coletiva*, mencionando, nos dois primeiros incisos os interesses difusos e os coletivos em sentido estrito, e, no inciso terceiro, os individuais homogêneos, impende *não tomar a nuvem por Juno*, devendo-se resistir à primeira impressão de que no caso se trataria, simplesmente, de três espécies de um mesmo gênero.[20] Antes, cabe atentar para alguns importantes discrímens: os difusos e coletivos, como antes dito, são *essencial ou substancialmente coletivos* (sujeitos indeterminados, objeto indivisível), mas já não assim os individuais homogêneos, porque estes seguem *outro* critério identificador, que não responde à sua natureza em si, e sim a uma circuns-

[19] "Da *class action for damages* à ação de classe brasileira: os requisitos de admissibilidade. *In* MILARÉ, Édis, (coord.), *Ação civil pública – 15 anos* – Lei 7.347;85, 2ª ed. São Paulo: RT, 2002, p. 19-39.

[20] Disso se apercebeu o legislador ao regular o rito do mandado de segurança *coletivo*, ao distinguir as figuras do interesse individual homogêneo e do interesse coletivo para efeito desse *writ* (art. 22 e incisos da Lei 12.016/09).

tância externa ou episódica, a saber o fato de derivarem de *origem comum*; demais disso, sendo individuais, por definição, é claro que não se lhes aplica o qualificativo de ...*coletivos*, sob pena de se chegar a um completo *non sense*; (*iii*) os difusos e os coletivos em sentido estrito, a seu turno, embora coalizados pelas notas da indeterminação dos sujeitos e da indivisiblidade do objeto, apresentam dimensões diferentes: nos difusos, aquelas notas têm caráter absoluto (*v.g.*, o interesse geral à situação de pleno emprego) ao passo que nos coletivos em sentido estrito elas se relativizam ou se atenuam, porque, enquanto os difusos concernem à coletividade como um todo (*v.g*, o direito ao trabalho digno) e têm subjacente uma simples situação de fato (*v.g.*, integrar a mão de obra nacional), já os coletivos em sentido estrito concentram-se num grupo, categoria ou classe de pessoas, relacionadas entre si, ou com a parte contrária, por uma dada relação jurídica (*v.g.*, a *empregatícia*, no caso figurado inicialmente, conectando os aposentados e o Banco, este jungido ao pagamento dos proventos); (*iv*) os individuais homogêneos apenas se encontram no rol dos incisos do citado art. 81, para o fim exclusivo de poderem se beneficiar da tutela judicial coletiva, a única que lhes é adequada, porque de outro modo ficariam desprovidos de um instrumento processual idôneo, já que o número expressivo de sujeitos não permitiria a redução da espécie aos quadros do litisconsórcio ativo facultativo, no âmbito da jurisdição singular (parágrafo único do art. 46 do CPC).

Assim, por esse viés legislativo, possibilitou-se a tutela judicial *em bloco, ou molecular*, dos interesses individuais homogêneos, porém, repita-se, não porque sejam coletivos em sua essência, mas como forma de se obter uma resposta judiciária *unitária*, assim prevenindo a atomização dos mega-conflitos em multifárias ações individuais. Note-se que tão importante é esse aspecto quantitativo que, em casos tais, o *parquet* paulista relativiza a proibição de sua própria atuação em prol de interesses individuais disponíveis (CF, art. 127), priorizando o aspecto do *interesse social* no trato judicial unitário do megaconflito, como forma de prevenir sua atomização (*Súmula de Entendimento* nº 7 do Conselho Superior).[21] (Nos termos do previsto no inciso III do art. 2º do pré-citado P.L. nº 5.139/09, sobre a nova ação civil pública, os interesses individuais homogêneos conceituam-se como "aqueles decorrentes de origem comum, de fato ou de direito, que recomendem tutela conjunta a ser aferida por critérios como facilitação do acesso à Justiça, economia processual, preservação da isonomia processual, segurança jurídica ou dificuldade na formação do litisconsórcio").

É dizer, enquanto os difusos e os coletivos em sentido estrito vêm conceituados por sua *intrínseca substância*; já os individuais homogêneos, reportam-se a uma particularidade episódica ou circunstancial, qual seja a de se apresentarem uniformizados em decorrência da origem comum, aspecto captado e valorizado pelo processo civil para o fim de lhes conceder a tutela coletiva. Por exemplo, figurem-se os milhares de usuários de certo medicamento, lesados em sua saúde em virtude de efeitos colaterais não informados na bula: os sujeitos são determináveis, mas sua expressiva projeção numérica impõe e justifica a tutela processual em modo coletivo, através de certos representantes adequados que – note-se – são os *mesmos* indicados para a tutela dos interesses difusos e coletivos: art. 5º da Lei 7.347/85; art. 82 da Lei 8.078/90, descabendo, portanto, estabelecer preferências ou exclusões entre eles, em função do

[21] V. o rol dessas súmulas *in* Hugo Nigro Mazzilli, *A defesa dos interesses difusos em juízo*, 22ª ed., São Paulo: Saraiva, 2009, p. 753 e s.

tipo de interesse metaindividual de que se trate. (De resto, a mesma *ratio* está presente no julgamento de recursos *por amostragem* – CPC, arts. 543-B e C: por conta de não se ter encaminhado o megaconflito à jurisdição coletiva, a consequência foi sua pulverização em múltiplas e repetitivas demandas individuais; daí, posteriormente, resulta a interposição massiva de recursos sobre matéria idêntica, ocorrência que se intenta *contornar* com a técnica de julgamento em bloco).

Uma evidência de que os interesses individuais homogêneos configuram categoria peculiar está em que o Código de Defesa do Consumidor a eles destinou uma ação diferenciada, dita *coletiva*, regulada nos arts. 91 a 100 da Lei 8.078/90, onde se prevê uma sentença *condenatória genérica* (art.95), porque os sujeitos, apesar de identificáveis, na fase cognitiva, são tratados indistintamente, a fim de que depois, na fase satisfativa, venham a se identificar, em ordem a receber cada um o que é seu. Observe-se que essa ação e a civil pública não se excluem, mas se integram, na medida em que o art. 117 da Lei 8.078/90 autoriza o traslado de sua parte processual – arts. 81 a 104 – à ação da Lei 7.374/85.[22]

Aquela nova configuração conceitual dos interesses individuais homogêneos, constante do P.L. 5.139/09, torna ainda mais evidente que a aproximação, *sic et simpliciter*, dos interesses individuais homogêneos aos *coletivos em sentido estrito*, notada em alguns acórdãos ao início referidos, é equivocada e conduz a distorções e mesmo a erros judiciários, especialmente no campo da legitimação para agir. Reafirme-se, pois, que a *legitimação autônoma para a condução do processo*, como preferem Nery & Nery,[23] é dada, por força de lei, a certos colegitimados que o legislador considerou *representantes adequados*, descabendo estabelecer distinções entre eles em função do *tipo* de interesse metaindividual de que se façam portadores.

Até porque, um mesmo episódio pode gerar interesse difuso, coletivo ou individual homogêneo, a depender de como venha posta a relação entre o objeto litigioso e os sujeitos concernentes. Figure-se o emprego de mão de obra infantil na colheita da cana de açúcar: se o autor da ação de tipo coletivo pedir um genérico comando inibitório dessa prática, sob cominações, o interesse é *difuso* porque visa proteger a coletividade infantil como um todo, exposta às agruras do trabalho na lavoura; se o pedido é o de fixação de um protocolo de providências a cargo dos usineiros, para proteção de um dado grupo de crianças em uma certa localidade, o interesse é *coletivo em sentido estrito*, porque restringiu-se a um dado segmento bem definido; se o que se quer é a fixação dos *quanta* devidos a título de dano moral para cada uma das crianças irregularmente aliciadas, o interesse é *individual homogêneo*, já que, de per si, cuida-se de pretensão ressarcitório-pecuniária, divisível.

Para todos os casos, reafirme-se, os colegitimados ativos são *os mesmos*, descabendo, portanto, estabelecer discrímens desautorizados e desequiparações ilegítimas, como, por exemplo, priorizar a atuação judicial dos sindicatos, em detrimento das associações, em função do tipo de interesse metaindividual que venha veiculado na ação civil pública proposta.

Não colhe, portanto, o entendimento de que os interesses individuais homogêneos sejam conceitualmente aproximados ou assimiláveis ao interesse coletivo em

[22] Ressalte-se que o P.L. 5.139/2009, em seu art. 71, I, revoga expressamente a Lei 7.347/85.

[23] *Código de Processo Civil comentado e Legislação extravagante*, 8ª ed., São Paulo: RT 2004, nota 2 ao art. 5º da Lei 7.347/85.

sentido estrito, mormente se por aí se pretende extrair a ilação de que a legitimação ativa, na ação civil pública trabalhista é restrita ao *parquet* e aos sindicatos, em detrimento das associações.

3.2. Que a legitimação ativa comporta modulações ou refrações, conforme se trate de interesse difuso, coletivo ou individual homogêneo

A assertiva é incorreta, em seus pressupostos e em suas aplicações, como se passa a demonstrar.

Embora geralmente se trifurquem as condições da ação em *possibilidade jurídica do pedido*, *legitimação para agir* e *interesse processual*, na verdade essa trilogia é de cunho pedagógico, porque a rigor esses quesitos se pressupõem e às vezes até se imbricam. Um deles – a possibilidade jurídica do pedido – a rigor já está *embutido* no interesse de agir, porque este último não pode ser tomado como um *qualquer* interesse, mas sim aquele configurado quando a ação eleita se revele *necessária, útil e adequada*, e, como essa avaliação só pode ser feita à luz do ordenamento processual, fica claro que o interesse de que se trata só pode mesmo ser um interesse que seja... *possível* em face do Direito Positivo, numa dupla perspectiva: ou é previsto no ordenamento, ou, ao menos, não é por este excluído *a priori*. O CPC parece ter albergado esse posicionamento, na medida em que o art. 3º diz que para propor ou contestar ação é preciso ter *interesse e legitimidade*.

Focando esse binômio *interesse – legitimidade*, verifica-se que para fazer valer uma dada pretensão material em juízo, é preciso que esteja presente o interesse *processual*, configurado na escolha da ação adequada ao fim colimado, e, ainda, é preciso que tal instrumento venha manejado por quem tenha o *poder de agir*, segundo o texto de direito material que rege a espécie. Por exemplo, não há interesse processual na propositura de uma ação petitória para o fim de purgar um esbulho, porque para esse fim é preciso lançar mão de uma ação real, reintegratória da posse. Ainda nesse caso, verifica-se que tal ação é atribuída a quem seja o afirmado titular do direito ou do interesse em causa, e já agora se trata de saber qual o agente que, segundo a norma de direito material, está habilitado a fazê-lo, investigação que conduz à pessoa prejudicada pelo esbulho.

Daí ser exato dizer que a legitimação é a *pertinência subjetiva do interesse*, isto é, impende saber, qual o agente que, pela norma de regência, está credenciado a pedir em juízo a tutela de um dado direito lesado ou ameaçado. Isso é verdadeiro até em face de certas posições ou situações jurídicas que não configuram, propriamente, direitos subjetivos – como o *interesse* (difuso) a que leis e atos normativos sejam conformes ao texto constitucional – notando-se, nesse exemplo, que os co*legitimados* à propositura de ADIn vêm relacionados no art. 103 da CF. Logo, essas duas condições da ação não são estanques, mas antes se interpenetram e se complementam.

A correlação entre titularidade da pretensão material e legitimação para agir, de uso corrente nas lides interssubjetivas, onde os agentes são determinados e geralmente postulam direito próprio em nome próprio, todavia só pode ser aproveitada no plano coletivo – onde os sujeitos são indeterminados e o objeto é indivisível – após sofrer certas refrações e adaptações.

No campo processual coletivo não é possível extrair a legitimação ativa a partir do critério da titularidade do direito, porque os interesses metaindividuais não são suscetíveis de apropriação e fruição por um exclusivo agente, já que se trata de posições *dessubstantivadas*, reportadas, genericamente, a valores de largo espectro, esparsos por coletividades mais ou menos vastas, como, por exemplo, se dá com o meio ambiente do trabalho (CF, arts. 225, *caput* , c/c art. 170, VIII).

É por isso que no plano coletivo a situação legitimante migra para o binômio *relevância social do interesse – representação adequada do portador judicial.* (Aliás, o § 1º do precitado P.L. 5.139/09, sobre a nova ação civil pública, prevê: "A tutela dos interesses ou direitos difusos, coletivos e individuais homogêneos *presume-se* de relevância social, política, econômica ou jurídica"). Uma vez presente esse desenho, não cabe estabelecer distinções entre os colegitimados ativos, como, por exemplo, pretender priorizar a atuação do Ministério Público do Trabalho e dos sindicatos, em detrimento das associações, em sede de ação civil pública trabalhista. Tal distinção não é autorizada, nem pela letra nem pelo espírito dos textos de regência; ao contrário, o sistema é de meridiana clareza em estabelecer uma legitimação ativa de tipo concorrente – disjuntivo.

Ressalte-se que, como antes salientado, o art. 68 do P.L. 5.139/09 manda aplicar suas disposições ao "âmbito das relações de trabalho, ressalvadas as peculiaridades e os princípios informadores do processo trabalhista"; mas, no caso figurado como hipótese de trabalho no presente estudo, inexistem peculiaridades ou princípios a serem ressalvados, que possam afastar a integral aplicação dos conceitos – o antigo ou o renovado – acerca do interesse individual homogêneo.

No tocante à legitimação ativa para a ação civil pública trabalhista, o E. TST houve por bem cancelar a Súmula nº. 310, passando a reconhecer que o sindicato atua em *substituição processual* (Res. nº 119/2.003, DJ 01.10.2.003): se é, portanto, um legitimado extraordinário, não postula em nome próprio direito próprio, e, portanto, sua atuação não pode excluir nem obstaculizar a dos outros colegitimados que, igualmente, são substitutos processuais, já que se trata de legitimação concorrente – disjuntiva. Ao propósito, no acórdão proferido no RR 811.185 /2.005.2, DJ 23.09.2.005, rel. (convocado) juiz Altino Pedrozo dos Santos, menciona-se que o "posicionamento das Turmas do STF no mandado de injunção nº. 347-5 SC, no RE nº. 202.063-0 PR e no RE nº. 182543-0 SP é pela aplicação do art. 8º, III da Constituição Federal, em reconhecimento à legitimidade das entidades sindicais de representar todos os integrantes das categorias a que pertencem. No último processo citado, o STF concluiu que a legitimação das organizações sindicais, entidades de classe *ou associações*, para a segurança coletiva, é extraordinária, ocorrendo, em tal caso substituição processual".

Assim, a identificação de qual seja o subtipo de interesse metaindividual configurado *in concreto* – se difuso, coletivo ou individual homogêneo – apenas tem interesse para três pontos específicos:

(*i*) aferir o procedimento adequado, lembrando, porém, a possibilidade de cumulação de pedidos, por exemplo, interesse coletivo em sentido estrito e individual homogêneo caso em que acaba prevalecendo o rito ordinário da Lei 7.347/85, por força do disposto no art. 292, § 2º do CPC. Ressalte-se, ao propósito, o disposto no § 3º do art. 7º do PL 5.139/09: "As pretensões individuais, na fase de conhecimento do processo coletivo, somente poderão ser discutidas e decididas de modo coletivo, facultando-se o agrupamento em subclasses ou grupos";

(*ii*) saber a natureza da sentença de mérito a ser prolatada – se de cunho cominatório – mandamental, no caso da ação civil pública (art. 16 da Lei 7.347/85), ou de cunho ressarcitório – pecuniário, no caso da ação coletiva em nome de interesses individuais homogêneos (art. 95 da lei 8078/90);

(*iii*) identificar qual será a eficácia projetada pela coisa julgada – se *erga omnes* ou *ultra partes* – segundo os parâmetros indicados no art. 103 e incisos da Lei 8.078/90. (Todavia, tenha-se presente que o art. 71, V, do antes citado P.L. 5.139/09 prevê a revogação expressa de vários dispositivos integrantes da parte processual do CDC, inclusive os alusivos à coisa julgada – arts. 103 e 104)

No âmbito da ação civil pública trabalhista não se afigura válida a exegese que, com pretenso apoio no art. 8º, III da CF, pretenda priorizar a legitimação ativa dos sindicatos, ao (inconsistente) argumento de que seriam eles os credenciados *institucionais* à defesa do interesse coletivo de seus aderentes. Cuida-se aí de verdadeiro *argumento circular*, que não toca no âmago do problema nem a ele dá saída: tal exegese, além de fundar-se em interpretação *gramatical e isolada* daquele dispositivo constitucional, faz *tabula rasa* de outro, de igual hierarquia, a saber o art. 5º, XXI, que concede legitimação às associações para defenderem em juízo os interesses de seus aderentes. Quando o texto constitucional abre a legitimação ativa para mais de um portador judicial, o intérprete não pode adotar exegese em sentido contrário, privilegiando um dos colegitimados.

O ponto foi bem focado por Ronaldo Lima dos Santos: "O emprego do brocardo *inclusio unius, alterius est exclusio*, como todo argumento *a contrario*, exige conduta acurada e mais reservada em se tratando de Direito Constitucional, pois nem sempre o fato de se mencionar uma faculdade ou poder a um caso determinado, determina a obrigatoriedade de excluir-se todos os outros, nem tampouco a negativa de uma hipótese singular implica a afirmativa em relação às demais".[24] É dizer, o fato de o art. 8º, III da CF mencionar o sindicato como legitimado para a "defesa dos direitos e interesses coletivos ou individuais da categoria" não legitima a inferência de que tal atribuição deva ser negada às associações, até porque tal implicaria em negar vigência ao art. 5º, XXI, da mesma CF, o qual credencia as *entidades associativas* a "representar seus filiados judicial ou extrajudicialmente".

Para Nelson Nery Júnior, os três tipos de interesse metaindividual – difusos, coletivos em sentido estrito, individuais homogêneos – "podem ser defendidos por meio de ação coletiva perante os órgãos da Justiça do Trabalho, desde que sejam decorrentes de relação de trabalho e que seja competente a Justiça do Trabalho (CF 114)". (...) "Podem ajuizar essas ações coletivas na Justiça do Trabalho: o Ministério Público, os sindicatos, *as associações* civis, os órgãos governamentais (União, Estado, Municípios, suas autarquias, sociedades de economia mista e empresas públicas)".[25]

Não há confundir a *legitimação ativa* com o *interesse de agir*: aquela primeira, é de aferição pragmática, bastando que a lei de regência confira o poder de agir, como se dá com as associações (Lei 7.347/85, art. 5º,V; Lei 8.078/90, art. 82, IV; CF, art.

---

[24] *Sindicatos e ações coletivas*, ed. São Paulo: LTr, 2003, p. 235.

[25] "A ação civil pública no processo do trabalho". *In* MILARÉ, Édis (coord.), *Ação civil pública – Lei 7.347/85 – 20 anos*, 2ª ed., São Paulo: RT, 2002, p. 611.

5º, XXI); já o segundo quesito depende de aferição *in concreto*, em ordem a saber se há *pertinência temática* entre o objetivo estatutário da entidade associativa e o objeto em lide (não se justificando que, no exemplo antes figurado no presente estudo, a associação que congrega os servidores inativos do Banco se abalasse a pleitear em Juízo a defesa dos interesses de outra categoria laboral).

De resto, o *esforço exegético* voltado a valorizar a atuação dos sindicatos e do M.P. do Trabalho, em função de certas modalidades de interesses metaindividuais, revela-se inócuo e se reduz-se, ao fim e ao cabo, num *falso problema*, porque, a partir da CF de 1988, os entes exponenciais credenciados à defesa dos interesses de categoria configuram espécies de um mesmo gênero. No ponto, esclarece Nelson Nery Júnior: "Colocamos os sindicatos junto com as associações porque essa é sua natureza jurídica". (...) "No direito positivo brasileiro o sindicato tem natureza jurídica de associação civil. Tudo que se disser sobre associação civil aplica-se ao sindicato".[26]

Portanto, o que pode ainda restar para discussão, é a questão de saber, se, num caso concreto, a associação tem *interesse processual*; não porém, a sua *legitimação*, porque esta já lhe está outorgada *ope legis*, como antes demonstrado. Evidente que, na hipótese de trabalho enfocada neste estudo, a associação agregadora dos servidores inativos do Banco preenche, *também*, o quesito do interesse de agir, porque a ação civil pública trabalhista se mostra *necessária* (dada a resistência do Banco), *útil* (porque sem ela os aposentados não conseguiriam recuperar as vantagens pecuniárias que lhes foram suprimidas) e *adequada*, porque tal instrumento processual é idôneo à consecução do objetivo colimado.

O raciocínio ora exposto aplica-se também ao Ministério Público do Trabalho: ele é legitimado ativo porque assim o permitem os textos de regência (CF, arts. 127, 129, III; Lei 7.347/85, art. 5º, I; Lei 8.078/90, art. 82, I; LC nº 75/93, art. 93); portanto, o que ainda poderia sobejar para aferição num caso concreto se reduziria ao *interesse de agir*. Figure-se que a matéria submetida ao exame desse *parquet* refoge à competência da Justiça do Trabalho: não teria ele interesse de agir, porque sua atuação, no caso, não seria nem útil, nem necessária, nem adequada.

No campo da jurisdição coletiva, onde confluem os conflitos metaindividuais, a relação entre interesse e legitimidade segue critérios diversos, pela boa razão de que os interesses difusos e coletivos são reportados a certos entes exponenciais, não em termos de titularidade exclusiva, mas sim como forma de possibilitar sua tutela em juízo. Assim, o *meio ambiente do trabalho* – um interesse difuso – não *pertence* a ninguém (é bem de uso comum do povo: CF, art. 225), mas, para que possa ser judicializado, são credenciados o Ministério Público, os entes políticos, certos órgãos públicos, as associações, e, mesmo, o cidadão-eleitor, no caso da ação popular ambiental (CF, art. 5º, LXXIII).

O Min. Ives Gandra da Silva Martins Filho, do TST, figura hipótese em que um ente da administração pública indireta tenha admitido empregados sem concurso público: "Num caso desses, diante de denúncia do Sindicato Profissional a respeito da irregularidade, e uma vez constatada essa, o Ministério Público do trabalho poderia ajuizar ação civil pública para a defesa do interesse difuso relativo aos possíveis candidatos a um concurso público. A hipótese seria nitidamente

[26] "A ação civil pública...", cit., *in Ação civil pública...*, cit., 2ª ed., 2002, p. 617.

de defesa de interesse difuso, pela impossibilidade de especificar o conjunto dos postulantes ao emprego público, já que potencialmente, todas as pessoas que preenchessem os requisitos exigidos pelo mesmo, poderiam ser consideradas candidatas em potencial".[27] Ressalte-se que outros colegitimados ativos também poderiam tomar tal iniciativa, seja porque igualmente têm poder de agir, seja porque o § 1º do art. 129 da CF deixa claro que a legitimação do Ministério Público "não impede a de terceiros nas mesmas condições (...)".

Esse quadro não se altera no caso dos interesses individuais homogêneos: apesar de aí se tratar de posições jurídicas definidas, afetadas a sujeitos determinados que as titularizam (no caso figurado no presente estudo, o direito dos aposentados às gratificações incorporadas nos respectivos proventos) o ordenamento permite que essas posições de vantagem sejam manejadas judicialmente em modo coletivo – ação prevista nos arts. 91 a 100 da Lei 8.078/90 – como forma de obter uma sentença única de condenação genérica (art. 95), prevenindo, outrossim, a pulverização do megaconflito em múltiplas e repetitivas ações individuais. Como se vê, os interesses individuais homogêneos, no tocante à legitimação para agir, não trazem singularidades, no cotejo com os difusos e os coletivos: uns e outros são interesses metaindividuais, portados em juízo pelos agentes legalmente credenciados, dentre eles as associações.

Ressalte-se que os colegitimados ativos para as ações coletivas atuam em modo concorrente-disjuntivo (*v.g.*, uma associação e o M.P.), a saber, separada ou conjuntamente, o que se explica pelo fato de os interesses metaindividuais não terem um "exclusivo titular" definido. Justamente por isso, a iniciativa judicial por parte de um deles não pode implicar no afastamento dos demais, ressalvada a hipótese de oportuna reunião dos pleitos coletivos, por conexão, para julgamento conjunto. No ponto, escreve Ada Pellegrini Grinover, figurando uma ação popular e uma civil pública, sobre um mesmo *thema decidendum*: "Conforme o caso, poderá haver conexão entre as duas ações nos termos do art. 103, CPC (identidade de objeto ou causa de pedir) ou continência (se um pedido for mais amplo que o outro: art. 104, CPC), com as mesmas consequências para ambos os casos: a modificação da competência, a distribuição por dependência e a reunião de processos para decisão de mérito conjunta. Mas, é possível avançar mais, e conforme o caso, detectar-se até a litispendência entre as duas causas".[28]

Nesse sentido, o precitado P L 5.139/09, sobre a nova ação civil pública, prevê no art. 5º: "A distribuição de uma ação coletiva induzirá litispendência para as demais ações coletivas que tenham o mesmo pedido, causa de pedir e interessados e prevenirá a competência do juízo para todas as demais ações coletivas posteriormente intentadas que possuam a mesma causa de pedir ou o mesmo objeto, ainda que diferentes os legitimados coletivos, quando houver: I – conexão pela identidade de pedido ou causa de pedir, ainda que diferentes os legitimados; II – conexão probatória; ou, III – continência, pela identidade de interessados e causa de pedir, quando o pedido de uma das ações for mais abrangente do que o das demais".

[27] "Reflexões e propostas sobre a revisão da lei trabalhista e processual – a ação civil pública". *Revista LTr*, vol. 57, nº 3, março/1993, p. 272.

[28] "Uma nova modalidade de legitimação à ação popular. Possibilidade de conexão, continência e litispendência". *In* MILARÉ, Édis (coord.), *Ação civil pública. Lei 7.347/85 – Reminiscências e reflexões após dez anos de aplicação*, São Paulo: RT, 1995, p. 26.

A partir do momento em que o texto de regência confere poder de agir a *mais de um agente*, descabe fazer distinções entre eles para efeito de reconhecimento da legitimação para agir, por exemplo, entre o M.P. e a Fazenda Pública interessada, na ação fundada em ato de improbidade administrativa (Lei 8.429/92, art.17). O quadro não se altera, *et pour cause*, quando o ordenamento credencia *um único* agente para o pleito coletivo: (*i*) na ação popular, o cidadão – eleitor – CF, art. 5º, LXXIII – porque aí se pressupõe o gozo dos direitos políticos; (*ii*) na ação coletiva em defesa dos investidores no mercado de capital, o M.P. porque, apesar de se tratar de interesses particulares e disponíveis, entendeu o legislador de legitimar apenas o *parquet* (Lei 7.913/89, art. 1º), por certo levando em conta que a repercussão da lesão em face de número muito expressivo de sujeitos já configura de per si o *interesse social* na obtenção de uma resposta judicial unitária. (Nesse sentido, a *súmula de entendimento* nº 7, do Conselho Superior do M.P. paulista reconhece legitimação para defesa dos interesses individuais homogêneos, dentre outras hipóteses, quando "haja extraordinária dispersão dos lesados").

Assim, se o legislador outorga poder de agir às associações, apenas exigindo que elas demonstrem *prévia existência* de um ano (que em certos casos pode ser relevada pelo juiz), e *pertinência temática* em face do objeto litigioso, *tollitur quaestio*: elas são legitimadas ativas para o processo coletivo, descabendo fazer distinções especiosas acerca do *tipo* de interesse metaindividual objetivado na ação civil pública proposta, já que, por elementar princípio de hermenêutica, não deve o intérprete distinguir onde não o fez o legislador. E, especificamente no tocante às associações, os textos de regência as credenciam para o acesso à jurisdição coletiva: CF, art. 5º, XXI (ações coletivas) e LXX (mandado de segurança coletivo para defesa do interesse de seus aderentes); Lei 7.347/85, art. 5º, V, e 8.078/90, art. 82, IV (ação civil pública em defesa de interesses difusos, coletivos em sentido estrito e individuais homogêneos); CF art. 129, § 1º: a legitimação para o MP não exclui a de terceiros.

Em conclusão ao presente item, uma vez que o ordenamento positivo confere às associações o poder de agir na jurisdição coletiva, não se sustenta a interpretação tendente a excluir ou minimizar sua legitimação ativa para a ação civil pública trabalhista, em função do *tipo* de interesse metaindividual de que se trate – difuso, coletivo, ou individual homogêneo.

3.3. Que, nos conflitos trabalhistas, o Sindicato e o Ministério Público do Trabalho são representantes institucionais, não sobejando espaço para atuação das associações em prol dos interesses de seus aderentes.

A assertiva em tela peca por petição de princípio, porque a conclusão não se extrai, nem se contém na premissa, como se passa a demonstrar.

A ideia-força, na tutela de interesses metaindividuais é a do *pluralismo* nas iniciativas judiciais, o que é facilmente constatável em vários pontos do ordenamento positivo: (*i*) a legitimação do M.P. à ação civil pública não exclui a de terceiros": CF, § 1º do art. 129; (*ii*) a legitimação ativa nas ações pelo controle direto de constitucionalidade é assegurada a várias Autoridades e órgãos públicos: CF, art. 103; (*iii*) o mandado de segurança coletivo pode ser impetrado por "partido político (...), organização sindical, entidade de classe ou *associação* (...)": CF, art. 5º, LXX; (*iv*) as ações fundadas em ato de improbidade administrativa podem ser propostas pelo M.P. ou pela Fazenda lesada: Lei 8.429/92, art.17; (*v*) as "entidades associativas" (*sic*) "têm legitimidade para representar seus filiados judicial ou extrajudicialmente": CF, art. 5º, XXI. Com relação a este último texto, vale remarcar que ele não *distingue entre sindicato ou associação*, não podendo o intérprete fazê-lo; ao contrário, impõe-se a exegese mais abrangente, recomendada pela boa hermenêutica: *odiosa restringenda, benigna amplianda*.

Assim se passa porque, ao contrário da legitimação ativa nos conflitos intersubjetivos, que é extraída, no pólo ativo, a partir da titularidade da pretensão, e, no pólo passivo, com base na situação de sujeição ou de obrigação perante o direito material, já nos conflitos metaindividuais, não sendo viável essa mesma *correspondência* (dada a indeterminação dos sujeitos e a indivisibilidade do objeto), então o ordenamento adota *outro critério*, a saber o binômio *relevância social do interesse + representação adequada do agente*. A relevância social tanto pode decorrer da projeção do interesse em face da inteira coletividade (*difusos*), como perante um grupo categoria ou classe (*coletivos em sentido estrito*), ou ainda, no caso dos individuais homogêneos, em vista da expressiva projeção numérica dos sujeitos envolvidos. Tudo a justificar a tutela coletiva, assim pela impossibilidade de redução da espécie às figuras litisconsorciais (CPC, parágrafo único do art. 46), como para evitar a atomização do conflito em multifárias e repetitivas demandas individuais.

É dizer: a legitimação ativa nas ações coletivas é *pluralista, concorrente e disjuntiva*, espectro explicado pelo fato de que o interesse em lide (meio ambiente, inclusive o do trabalho; consumidores; patrimônio público; ordem econômica, deficientes físicos, idosos, crianças e adolescentes, etc.) não comporta apropriação por um *titular* determinado que deles se pretenda apresentar como exclusivo portador judicial. É por isso que, como antes indicado, os textos credenciam vários órgãos, instâncias e agentes para promoverem a tutela judicial desses interesses de largo espectro.

Os critérios e parâmetros antes indicados, de extração constitucional, a par dos dispositivos informadores do *microssistema processual coletivo* (Leis 4.717/65, 7.347/85, 8.078/90), é que devem prevalecer no âmbito da ação civil pública trabalhista, como observa Nelson Nery Júnior: "Portanto, a ação coletiva que não seja dissídio coletivo (CLT 856 ss)., nem ação de cumprimento (CLT 872), ações essas que têm regras próprias fixadas na CLT, devem ser ajuizadas com fundamento no sistema normativo do processo civil coletivo brasileiro (CF, LACP, CDC e, subsidiariamente, CPC). Ao dizermos que essas ações seguem as regras da ação coletiva do sistema normativo do processo civil coletivo, queremos significar que a elas não se pode opor a sistemática específica da CLT para os dissídios coletivos e ações de cumprimento, de aplicação restrita a essas duas situações".[29]

Assim, a dicção do art. 8º, III da CF outorgando ao sindicato "a defesa dos direitos e interesses coletivos ou individuais da categoria, inclusive em questões judiciais ou administrativas", não autoriza exegese restritiva ou excludente, em detrimento dos demais colegitimados ativos. Descabe fazer interpretação literal, isolada e descontextualizada daquele dispositivo, o qual deve, antes, ser lido e entendido em consonância com os demais dispositivos e princípios que regem a legitimação ativa nos interesses metaindividuais, especialmente o do *pluralismo nas iniciativas judiciais dos colegi-*

[29] "Ação civil...", cit., *in Ação civil pública...*, cit., 2ª ed., 2002, p. 608.

timados, por modo que um não se avantaje sobre o outro. Aliás, trata-se, aí, de uma projeção, no plano processual, da diretriz constitucional que aponta para uma sociedade pluralista e participativa, ideário incompatível com a *apropriação sectarista dos espaços públicos* ou, pior, com tentativas de *reserva de mercado*, inclusive no campo das iniciativas judiciais.

Por exemplo, o fato de o M.P. do Trabalho ter proposto ação civil pública em face de certa empresa que submete os empregados à revista vexatória, buscando um comando inibitório a respeito, não impede que a associação que agrega os trabalhadores desse segmento promova ação coletiva em nome dos interesses individuais homogêneos, já agora pleiteando ressarcimento a título de dano moral (tutela ressarcitória). (Note-se que o *caput* do art. 1º da Lei 7.347/85 fala em "danos *morais* e materiais" aos interesses metaindividuais).

Na técnica da *ponderação entre princípios fundamentais*, sobressai a diretriz pela qual se deve extrair a *máxima efetividade* dos textos constitucionais, de sorte que jamais se poderia ler o inciso III do art. 8º da CF no sentido de que a legitimação atribuída ao sindicato signifique o afastamento dos demais entes exponenciais: primeiro, o texto menciona o sindicato, mas não diz, explícita ou implicitamente, que as associações estão excluídas (nem faria sentido que o dissesse); segundo, é "livre a associação profissional ou sindical" (CF, art. 8º, *caput*), o que tanto basta para excluir qualquer pretensão à legitimação ativa excludente dos demais colegitimados ativos; terceiro, por opção do constituinte (CF, § 1º do art. 129), recepcionada pelo legislador ordinário (Lei 7.347/85, art. 5º; Lei 8.078/90, art. 82; P. L. 5.139/09, art. 6º), a legitimação ativa, nesse campo, é, como antes dito, concorrente-disjuntiva.

O enfoque concentrado na figura do sindicato, em detrimento das associações, é desautorizado pelo sistema e vai de encontro a toda linha principiológica do processo coletivo, claramente favorável a uma legitimação ativa de perfil aberto e de corte abrangente, credenciando vários atores: o cidadão, na ação popular; o M.P. , os entes políticos, a Defensoria Pública, os órgãos públicos e as associações, na ação civil pública; os partidos políticos, as organizações sindicais, as entidades de classe e as associações, no mandado de segurança coletivo; vários agentes, órgãos e autoridades, nas *ADins, ADcons e ADPFs*.

Na verdade, a legitimação ativa focada num único agente só faz sentido no âmbito da jurisdição singular, justamente porque aí ela é extraída a partir da titularidade do direito (*v.g.*, o dono do imóvel pede o despejo; o credor do título cambial intenta a execução). Esse esquema não tem como se aplicar na jurisdição coletiva, onde o portador judicial do interesse não invoca (nem o poderia) a titularidade do direito controvertido, mas atua, apenas, como um agente legalmente credenciado à condução do processo. Uma vez que os colegitimados ativos atuam como substitutos processuais – portanto, em nome próprio, na defesa de interesse de outrem – seria um *non sense* pretender que a atuação de um deles obstasse ou fizesse precluir a dos outros.

O ora exposto é válido até mesmo para as atuações dos Ministérios Públicos federal e estadual: nas ações de tipo coletivo, eles podem atuar separada ou conjuntamente (Lei 7.347/85, § 6º do art. 5º; P. L. 5.139/09, § 3º do art. 6º), o que se explica pelo mesmo motivo que aproxima os sindicatos e as associações: um substituto processual não é o *dono* do direito ou do interesse, e, por isso, sua atuação deve ser de molde a não excluir outros colegitimados. (Naturalmente, o trâmite concomitante de ações coletivas sobre um mesmo bem jurídico induz um risco para a segurança jurídica, a par da virtualidade de decisões contraditórias, de sorte que, conforme o caso, será de bom alvitre coartar esses males mediante a aplicação de institutos como a litispendência, a conexão, a continência, como aliás, previsto no art. 5º, incisos e alíneas do multirreferido P.L. 5.139/09).

O fato de o art. 8º, III da CF não mencionar as associações, é, com a vênia pelo oxímoro, um *silêncio eloquente*: o texto em causa não fala nas associações porque *não precisaria fazê-lo*, já que elas estão credenciadas a postular judicialmente em nome de seus aderentes, por outros dispositivos da CF (máxime o art. 5º, XXI), sendo de rigor, no caso, a interpretação sistemática – ou a chamada *interpretação conforme a Constituição* – assim se desprezando aquela meramente literal ou gramatical. No ponto, observa Ronaldo Lima dos Santos: "Os sindicatos, como espécie do gênero associação, estão abrangidos pelo rol de legitimados ativos previsto no art. 5º da Lei n. 7347/85, tendo, perante o Judiciário Trabalhista, legitimação concorrente e disjuntiva com o Ministério Público do Trabalho e com as associações".[30]

O mesmo, aliás, se poderia dizer no tocante ao Ministério Público do Trabalho: o art.83 da lei complementar federal nº 75/1993 dá-lhe o poder de ajuizar ação civil pública, mas, evidentemente, tal não pode se sobrepor ao texto constitucional, pelo qual a legitimação do M.P. *não exclui a de terceiros* (§ 1º do art. 129), e, portanto, não é possível descartar as associações.

Em conclusão ao presente ítem, a circunstância de alguns textos credenciarem o M.P. do Trabalho e os sindicatos à propositura de ação civil pública trabalhista, não autoriza ilação restritiva ou excludente com relação às associações: elas podem ajuizar ações coletivas em nome de quaisquer dos tipos de interesses metaindividuais, com base no texto constitucional e no microssistema processual coletivo: CF, arts. 5º, XXI e § 1º do art. 129; art. 5º,V, da Lei 7.347/85; Lei 8.078/90, art. 82, IV; P. L. 5.139/09, art. 6º, VII.

3.4. Que a ação civil pública, manejada por associação só pode servir para a tutela do interesse coletivo de toda a categoria, não se prestando a obter condenação ao pagamento de parcelas determinadas a cada um dos seus aderentes

O argumento em causa é falho na premissa e inconvincente na conclusão, descurando o fato de que, no processo brasileiro, o nome das ações é irrelevante, porque elas se definem, não pela nomenclatura, mas pelo binômio formado pelo pedido e causa de pedir, segundo a teoria da *substanciação*, acolhida no CPC, art. 282, III. Assim, é tão só com base nesse consistente critério que se podem bifurcar as ações em reais ou pessoais, petitórias ou reipersecutórias, declaratórias, condenatórias, constitutivas, mandamentais. Por exemplo, a rigor, a ação não é *de despejo*, mas sim uma ação de rito ordinário cujo pedido é a desocupação do imóvel. Em modo análogo, pode-se falar em ações individuais (conflitos interssubjetivos) e ações coletivas (conflitos metaindividuais), ficando a eficácia do julgado, nas primeiras, restrita às partes e, nas segundas, projetando-se extra-autos, por se tratar de objeto indivisível, concernente a sujeitos indeterminados.

---

[30] *Sindicatos e ações coletivas*, São Paulo: LTr, 2003, p. 363.

Na verdade, a nomenclatura *ação civil pública*, desde sua gênese, esteve longe de ser uma unanimidade, havendo mesmo quem buscasse justificá-la por conta de estar o Ministério Público legitimado ao seu manejo. Com o tempo, esse critério revelou sua fragilidade, porque o autor dessa ação não é o titular do interesse objetivado, mas apenas um representante adequado, para tal credenciado pelo ordenamento, atuando, pois, em legitimação extraordinária, juntamente com outros agentes, igualmente autorizados.

No ponto, comenta Carlos Henrique Bezerra Leite, integrante do M.P. do Trabalho: "O apego ao *nomen iuris* da ação, é, pelo menos do ponto de vista da operacionalização do direito, questão de somenos importância, já que o nosso sistema processual adota o conhecido apotegma *da mihi factum et dabo tibi jus*. Além disso, a partir da vigência do CDC – que forma um sistema integrado com a LACP para a defesa de qualquer interesse difuso ou coletivo – passaram a ser 'admissíveis todas as espécies de ações capazes de propiciar sua adequada e efetiva tutela".[31]

O *nomen iuris* "ação civil pública" acabou por se difundir, destarte, não por ser tecnicamente acertado, mas sim porque foi acolhido no texto básico – Lei 7.347/85 – nomenclatura depois repetida no art. 129, III da CF e em outros textos. Esclarece Ada Pellegrini Grinover: "O texto legal fala impropriamente em ação civil pública. Impropriamente, porque nem a titularidade da ação é deferida exclusivamente a órgãos públicos (MP; União, Estados e Municípios), nem é objeto do processo a tutela do interesse público".[32]

Vale relembrar que, ao tempo em que entrou em vigor a Lei 7.347/85 só estavam positivados os interesses *difusos* e os *coletivos em sentido estrito*, ainda que carentes dos respectivos conceitos legais, os quais só adviriam com a Lei 8.078/90, art. 81, I e II. Foi apenas nesta lei que debutaram no direito brasileiro os interesses individuais homogêneos (inciso III daquele artigo), os quais são apenas episódica ou contingencialmente coletivos, ou se se quiser, coletivos no modo processual como podem ser manejados, a fim de serem tratados *molecularmente*, na sugestiva expressão de Kazuo Watanabe, recebendo uma única sentença de condenação genérica (Lei 8.078/90, art. 95) e assim abreviando a resposta judiciária e prevenindo a pulverização do conflito em múltiplas e repetitivas ações individuais.

Com essa positivação dos interesses individuais homogêneos, surgiu a questão de saber se a eles seria adequada a "ação civil pública", pelo rito previsto na Lei 7.347/85. Após certa hesitação inicial, acabou prevalecendo o entendimento de que isso não seria tecnicamente aceitável, dentre outras razões porque os difusos e os coletivos são metaindividuais em sua essência, levando a que a sentença tenha um perfil cominatório – mandamental (fazer, não fazer, tolerar, abster-se). Já os individuais homogêneos, sendo usualmente (embora não necessariamente) voltados ao ressarcimento dos lesados, preordenam-se a uma sentença de cunho ressarcitório – pecuniário, falando o art. 95 da Lei 8.078/90 num comando *condenatório genérico*; por esse motivo, e também por conta das antes referidas diferenças entre os subtipos de interesses metaindividuais, houve por bem o legislador disponibilizar, para os individuais homogêneos, um rito especial, aderente a uma ação que chamou *coletiva* (Lei 8.078/90, arts. 91 a 100).

---

[31] *Ação civil pública*, cit., 2001, p. 94.

[32] "Ações coletivas para a tutela do ambiente e dos consumidores". *Seleções Jurídicas*, COAD, set./1986, p. 3.

Sem embargo, mais uma vez é preciso preservar a *interpretação sistemática*, para não *tomar a nuvem por Juno*: (*i*) a parte processual da Lei 8.078/90, onde se aloja a citada ação coletiva – arts. 91 a 100 – traslada-se para o âmbito da ação civil pública da Lei 7.347/85, por força do art. 117 daquela Lei 8.078/90; (*ii*) os pedidos concernentes a interesses metaindividuais de tipos diversos podem ser cumulados, bastando que se opte pelo rito ordinário, da Lei 7.347/85, nos termos do art. 292, § 2º, do CPC. (Relembre-se que o art. 71 do P.L. 5.139/09 revoga expressamente (inciso I) a Lei 7.347/85, e, em larga medida (inciso V), a parte processual da Lei 8.078/90).

O que releva, pois, na jurisdição coletiva, é identificar corretamente a *dimensão* pela qual o *objeto litigioso* veio a ser judicializado (pedido e causa de pedir), porque isso é que permite saber se se trata de interesse difuso, coletivo em sentido estrito ou individual homogêneo (mesmo que eles estejam cumulados), e não o *nomen iuris* da ação, constante da peça inicial.

No exemplo de início figurado, a causa de pedir reporta uma conduta ilícita imputada à entidade financeira adquirente do Banco onde antes trabalhavam os empregados aposentados, na medida em que, em detrimento destes últimos, vieram a ser suprimidas vantagens incorporadas aos proventos, o que viabilizaria uma ação civil pública trabalhista com cumulação de pedidos: um, de índole cominatória, fundado no *interesse coletivo dessa categoria*, para reposição do *statu quo ante*; outro, de índole ressarcitório – pecuniário, para pagamento das verbas indenizatórias devidas a cada um dos lesados.

Nessas condições é indisputável a legitimação ativa da associação, até por definição, já que seu próprio nome evidencia a pertinência temática que embasa sua atuação, precipuamente voltada à tutela e representação dos interesses de seus aderentes, nos exatos termos do art. 5º, XXI, da CF.

Neste passo, é útil a distinção entre os interesses individuais homogêneos, de um lado, e, de outro, os interesses (*i*) coletivos e (*ii*) plúrimos, delicada tarefa da qual se desincumbiu Ronaldo Lima dos Santos, integrante do *parquet* trabalhista. Focando a primeira distinção, explica o autor: "Nos interesses coletivos, o elo entre os diversos interesses é a existência de uma relação jurídica base entre si ou com a parte contrária, ao passo que, em se tratando de interesses individuais homogêneos, o que os liga não é uma relação jurídica em si, mas uma circunstância fática comum. Os interesses coletivos constituem uma síntese de interesses individuais, de modo que formam uma nova realidade que não se confunde com os direitos que lhe deram origem. Já os direitos individuais homogêneos possuem tão somente uma aura coletiva; não formam uma nova realidade distinta dos direitos individuais que o caracterizam, que continuam a subsistir e não deixam, assim, de constituírem típicos direitos individuais". Focando o segundo discrímen, prossegue o autor: "Os interesses individuais homogêneos não se confundem com os interesses individuais plúrimos; são interesses com intensa potencialidade de coletivização em relação a estes últimos, com a propagação de lesões ou de ameaça de violação a interesses decorrentes de uma origem comum. A relevância social do interesse individual plúrimo é que o qualifica como individual homogêneo e possibilita a sua tutela coletiva". (...) "Os interesses individuais plúrimos são direitos essencialmente individuais que se limitam ao circulo de atributividade jurídica de seus titulares; não possuem potencialidade de propagação para a esfera jurídica de indivíduos além daqueles titulares componentes da pluralidade de pessoas aos quais se refere. São interesses sem potencialidade de expansão ou coletivização. Os interesses individuais homogêneos, necessariamente, para sua caracterização, devem ser decorrentes de uma origem comum. Essa origem comum que os qualifica como homogêneos e possibilita a sua defesa coletiva e uniforme".[33]

Essas precisões vêm a calhar para a análise da hipótese figurada ao início do presente estudo, notando-se que: (*i*) entre os aposentados e o Banco existia uma relação jurídica trabalhista, depois convertida – após a aposentadoria deles – numa obrigação de pagamento dos respectivos proventos; (*ii*) a relação entre os aposentados e o Banco é permanente, e não episódica ou contingencial, na medida em que se reporta a um vero *pro labore facto*; (*iii*) enquanto a causa de pedir *remota* radica no pretérito vínculo empregatício, a causa de pedir *próxima* prende-se a uma conduta do Banco adquirente tomada *a posteriori*, a saber, a supressão das vantagens incorporadas nos proventos; (*iv*) o pedido formulado na ação coletiva será objetivamente complexo, fundado, assim no interesse coletivo dessa categoria, como nos interesses individuais homogêneos, estes últimos pressupondo, num primeiro momento (fase de acertamento) a fixação do *an debeatur*, para, num segundo momento, proceder-se à liquidação daquele montante e consequente fixação dos *quanta debeatur*.

Resulta claro, portanto, que a ação civil pública, em casos que tais, tanto serve para a proteção de um grupo que não é ocasional ou informal, como ainda se mostra idônea para postular o ressarcimento do quanto devido a cada um dos seus integrantes, conforme se venha apurar em execução, nos moldes do rito estabelecido nos arts. 96 e s. da Lei 8.078/90.

Nada há de estranho nessa cumulação de postulações, porque a tutela processual coletiva o consente, cada uma delas se endereçando a uma dada *faixa* do universo coletivo, e a cada qual se destinando um capítulo da sentença. Tome-se o exemplo figurado por Ronaldo Lima dos Santos: "Assim, diante de uma lesão que atinge um determinado grupo de pessoas, várias esferas jurídicas podem ser atingidas. A coletiva, que envolve um dano referente a todo o grupo globalmente considerado ou a comunidade difusa e a individual, correspondente aos danos sofridos de forma pessoal por cada um dos membros do grupo ou coletividade. Por exemplo: um grupo de empregadas de uma empresa de certa cidade do interior, sujeitas a revistas íntimas, vexatórias e humilhantes, realizadas pelo respectivo empregador. Desse ato, pode resultar um dano moral em relação à coletividade globalmente considerada – totalmente distinto e compatível com a reparação do dano moral individualmente sofrido por cada uma das empregadas (interesses individuais homogêneos)".[34]

4. Conclusão

Pelas razões antes expostas, estamos em que as associações de classe *continuam* a dispor de plena legitimação para a ação civil pública trabalhista, na defesa do interesse do segmento concernente e/ou no de seus aderentes, em nada o empecendo o fato de também estarem colegitimados à ação civil pública o Ministério Público do Trabalho e as entidades sindicais.

[33] *Sindicatos e ações coletivas*, São Paulo: LTr, 2003, p. 102, 103.

[34] Idem, p. 101.

— 32 —

Legitimidade da Defensoria Pública na Ação Civil Pública: análise frente ao texto da Lei Complementar 132/09 e do Projeto da Nova Lei da Ação Civil Pública

RONY CARLOS ESPOSTO POLIZELLO

Especialista em Direito do Trabalho e Processo do Trabalho pela Universidade Cândido Mendes do Rio de Janeiro, em parceria com a Fundação Educacional de Barretos; Mestrando em Direitos Difusos e Coletivos pela PUC/SP; Advogado.

Introdução

A questão envolvendo os denominados direitos metaindividuais ou coletivos *lato sensu* vem há tempos levantando grandes discussões pelos estudiosos do direito.

Exemplo disso, várias são as leis elaboradas com o intuito de tutelar esses direitos, formando um verdadeiro microssistema das Ações Coletivas. Dentre elas, podemos destacar as Leis 4.717/65 (Ação Popular), 7.347/85 (Ação Civil Pública), 8.078/90 (Código de Defesa do Consumidor), 8.069/90 (Estatuto da Criança e do Adolescente) e 10.741/03 (Estatuto do Idoso). No mais, devem ser incluídas ainda as Leis 9.868/99 (Ação Direta de Inconstitucionalidade) e 12.016/09 (Mandado de Segurança individual e coletivo).

Tamanha a preocupação com a sua proteção, inúmeras são as iniciativas no sentido de torná-la cada vez mais efetiva. Como exemplos, podemos citar o Código Modelo de Processos Coletivos para a Ibero-América, e os dois anteprojetos do Código Brasileiro de Processo Coletivo, um elaborado pela Universidade de São Paulo – USP, com a participação do IBDP – Instituto Brasileiro de Direito Processual, e outro de autoria da Universidade Estadual do Rio de Janeiro – UERJ, além é claro, dos estudos realizados pelo Professor Antonio Gidi.[1]

[1] Remetemos o leitor à leitura das seguintes obras: GIDI, Antonio. Código de Processo Civil Coletivo. Um modelo para países de direito escrito. São Paulo: Revista dos Tribunais, *Revista de Processo*, nº 111, julho-setembro/2003, p. 192-208; GIDI, Antonio. *A CLASS ACTION como instrumento de tutela coletiva dos direitos. As ações coletivas em uma perspectiva comparada.* São Paulo: Revista dos Tribunais, 2007; GIDI, Antonio; MAC-GREGOR, Eduardo

Há de ser apontado ainda que tramita no Congresso Nacional o recentíssimo Projeto de Lei 5.139/09, o qual disciplina a nova Lei da Ação Civil Pública para a tutela dos direitos coletivos *lato sensu* e dá outras providências, o que também demonstra a preocupação com a efetiva proteção dos direitos metaindividuais, inclusive elencando princípios próprios do processo civil coletivo.[2]

Deste modo, dentre os instrumentos capazes de tutelar esses direitos, destacamos a ação civil pública, a ação popular, a ação civil coletiva prevista no Código de Defesa do Consumidor, a qual não deixa de ser uma modalidade de ação civil pública, e o mandado de segurança coletivo, dentre outras. No mais, deve ser ressaltado que, visando tornar possível o pleno exercício das referidas ações coletivas, optou o legislador em elencar um extenso rol de legitimados, exceção feita à ação popular, a qual possui ao menos em seu início, legitimidade ativa restrita ao cidadão, e à ação de improbidade administrativa, restrita ao Ministério Público bem como a pessoa jurídica de direito público interessada.[3]

No que se refere à ação civil pública, seu rol de legitimados encontra-se previsto no art. 5º da Lei 7.347/85 que, com as alterações resultantes da Lei 11.448/07, incluiu também a Defensoria Pública. De igual modo, no mencionado Projeto de Lei 5.139/09, restou mantida a previsão da sua legitimidade.[4]

Portanto, fica claro que o legislador ordinário preocupou-se em conceder legitimidade ativa a Defensoria Pública para o ajuizamento da ação civil pública. No entanto, questão polêmica refere-se aos limites da referida legitimidade, na medida em que, nos termos do art. 134 da Consituição Federal, sua atuação somente seria possível quando em benefício dos necessitados.

Ferrer (Coordenadores). *Código Modelo de Procesos Colectivos. Un diálogo Iberoamericano. Comentarios artículo por artículo.* México: Editorial Porrúa, 2008.

[2] Art. 3º O processo civil coletivo rege-se pelos seguintes princípios: I – amplo acesso à justiça e participação social; II – duração razoável do processo, com prioridade no seu processamento em todas as instâncias; III – isonomia, economia processual, flexibilidade procedimental e máxima eficácia; IV – tutela coletiva adequada, com efetiva precaução, prevenção e reparação dos danos materiais e morais, individuais e coletivos, bem como punição pelo enriquecimento ilícito; V – motivação específica de todas as decisões judiciais, notadamente quanto aos conceitos indeterminados; VI – publicidade e divulgação ampla dos atos processuais que interessem à comunidade; VII – dever de colaboração de todos, inclusive pessoas jurídicas públicas e privadas, na produção das provas, no cumprimento das decisões judiciais e na efetividade da tutela coletiva; VIII – exigência permanente de boa-fé, lealdade e responsabilidade das partes, dos procuradores e de todos aqueles que de qualquer forma participem do processo; e IX – preferência da execução coletiva.

[3] "(...). De todas as ações coletivas, as duas únicas que possuem legitimação restrita continuaram sendo mesmo a ação popular, já que somente o cidadão é quem pode se utilizar de tal meio de impugnação, ao menos de início, pois pode haver o seu prosseguimento pelo Ministério Público na hipótese do art. 9º da Lei 4.717/1965 e a ação de improbidade administrativa, restrita ao Ministério Público e à pessoa jurídica de direito público interessada (art. 17 da Lei 8.429/1992)". (GOMES JUNIOR, Luiz Manoel; FAVRETO, Rogério. Anotações sobre o projeto da nova lei da ação civil pública: principais inovações. São Paulo: Revista dos Tribunais, *Revista de Processo*, ano 34, nº 176, outubro/2009, p. 182).

[4] Art. 6º São legitimados concorrentemente para propor a ação coletiva: I – o Ministério Público; *II – a Defensoria Pública;* III – a União, os Estados, o Distrito Federal, os Municípios e respectivas autarquias, fundações públicas, empresas públicas, sociedades de economia mista, bem como seus órgãos despersonalizados que tenham como finalidades institucionais a defesa dos interesses ou direitos difusos, coletivos ou individuais homogêneos; IV – a Ordem dos Advogados do Brasil, inclusive as suas seções e subseções; V – as entidades sindicais e de fiscalização do exercício das profissões, restritas à defesa dos interesses ou direitos difusos, coletivos e individuais homogêneos ligados à categoria; VI – os partidos políticos com representação no Congresso Nacional, nas Assembleias Legislativas ou nas Câmaras Municipais, conforme o âmbito do objeto da demanda, a ser verificado quando do ajuizamento da ação; e VII – as associações civis e as fundações de direito privado legalmente constituídas e em funcionamento há pelo menos um ano, para a defesa de interesses ou direitos relacionados com seus fins institucionais, dispensadas a autorização assemblear ou pessoal e a apresentação do rol nominal dos associados ou membros.

Assim, o objetivo do presente trabalho será analisar a questão envolvendo a legitimidade da Defensoria Pública para o ajuizamento da ação civil pública, na medida em que, várias são as críticas e divergências existentes quando a mesma é verificada de forma conjunta com o disposto no art. 134 da Constituição Federal.

1. Legitimidade ativa *ad causam* nas ações coletivas

Conforme restou demonstrado, a legitimidade ativa para o ajuizamento da ação civil pública é ampla, possuindo um extenso rol de legitimados. Assim, importante tecermos algumas considerações sobre a mesma, principalmente em se tratando de ações coletivas.

Analisando a questão da legitimidade no processo civil, leciona Luiz Manoel Gomes Junior citando Arruda Alvim, que "Não basta afirmar existir interesse, ou mesmo que o pedido seja juridicamente possível, indispensável mostra-se a caracterização de um plus que é a legitimidade processual".[5] Finaliza a sua exposição, argumentando que o legitimado deverá possuir ao menos uma aparência de que o direito invocado lhe beneficiará, ou ainda, que lhe trará alguma vantagem econômica ou moral no caso de acolhimento do pedido.

No que se refere às ações coletivas, a legitimidade ativa é tema de bastante controvérsia na doutrina, sendo várias as posições defendidas. Como exemplo, podemos citar a de Arruda Alvim, afirmando que o art. 91 do Código de Defesa do Consumidor autoriza a conclusão no sentido de que a legitimação se dá a título de substituição processual.[6]

Já Nelson Nery Junior e Rosa Maria de Andrade Nery,[7] com base na doutrina alemã *"(selbständige Prozeβführungsbefugnis)"*, posicionam-se no sentido de que em se tratando de direitos difusos e coletivos, a legitimidade seria autônoma para a condução do processo, resultando em uma espécie de legitimidade ordinária, decorrente de lei. No que se refere aos direitos individuais homogêneos, concluem que estaria presente a substituição processual, traduzindo-se em legitimidade extraordinária.

Para Hugo Nigro Mazzilli,[8] independentemente do objeto questionado em juízo (direito difuso, coletivo ou individual homogêneo), estará sempre presente uma

---

[5] *Curso de direito processual civil coletivo.* São Paulo: SRS Editora, 2008, 2ª ed., p. 71.

[6] *Código do Consumidor comentado.* São Paulo: Revista dos Tribunais, 1995, p. 360 e ss. Em outra oportunidade (*Tratado de direito processual civil.* São Paulo: Revista dos Tribunais, 1996), referido doutrinador esclareceu ainda que: "Se o art. 91, com clareza, alude ao fenômeno da substituição processual – ao menos lingüisticamente –, isto já inocorre no art. 82, se examinado em si mesmo, e sem conexão com outros textos. Todavia, tanto numa hipótese, quanto em outra, os legitimados, quer os do art. 82 (para as hipóteses do art. 81, parágrafo único incs. I e II), quer para a hipótese do art. 81, parágrafo único, inc. III c/c o art. 91, não agem em benefício próprio, senão que em benefício alheio e as legitimações que detém decorrem da lei, e, mais, foram afetadas a esses legitimados sem qualquer relação, senão a da lei, com as situações que pretendem fazer valer em juízo. De outra parte, somente esses é que são legitimados, no plano da ação coletiva enquanto tal. O agir individual, nunca será suscetível de dar ensejo a uma ação coletiva, no sistema do Código de Proteção e Defesa do Consumidor".

[7] *Código de Processo Civil comentado e legislação processual civil extravagante.* São Paulo: Revista dos Tribunais, 2002, 6ª ed, p. 1.339.

[8] *A defesa dos interesses difusos em juízo: meio ambiente, consumidor, patrimônio cultural, patrimônio público e outros interesses.* São Paulo: Saraiva, 2008, 21ª ed., p. 66-67. Segundo referido autor, "Em nosso entendimento, a substituição processual nas ações civis públicas ou coletivas vai além. Ela não se dá apenas nas hipóteses de defesa de interesses individuais homogêneos. Como já antecipamos, também quando ajam na tutela judicial de interesses coletivos, e, portanto, indivisíveis, os co-legitimados à ação civil pública ou coletiva defendem interesses individuais dos

legitimação extraordinária por meio da substituição processual, na medida em que o legitimado estará defendendo interesses de todo o grupo, e não somente interesses próprios.

Em comentários a questão envolvendo a legitimidade nas ações coletivas, Gregório Assagra de Almeida[9] afirma que "a legitimidade ativa no caso dos interesses ou direitos individuais homogêneos também seria uma forma de legitimação autônoma para a condução do processo, pois não tem o legitimado ativo que identificar de forma individualizada os respectivos titulares para o ajuizamento de ação coletiva para a tutela dos direitos individuais homogêneos. Basta que haja a afirmação de direitos ou interesses individuais homogêneos que, por exemplo, estaria legitimado o Ministério Público para a sua defesa *ex vi legis*".

No caso dos direitos difusos e coletivos, concordamos com a posição defendida por Nelson Nery Junior e Rosa Maria de Andrade Nery. Já com relação aos direitos individuais homogêneos, embora seja por outros fundamentos, entendemos como mais acertada a tese defendida por Gregório Assagra de Almeida, hipótese em que, seja qual for a modalidade do direito coletivo defendido em juízo (difuso, coletivo em sentido estrito ou individual homogêneo), estará sempre presente uma legitimação autônoma para a condução do processo. Isso porque, tal legitimidade encontra-se prevista nas próprias leis que regulam as ações coletivas, o que nos leva a concluir que se trata de uma legitimação processual ordinária. No mais, é certo que somente os entes elencados nas respectivas leis poderão propor a ação coletiva, ou seja, ao se ajuizar a respectiva ação coletiva, estará o ente legitimado exercendo uma prerrogativa exclusivamente sua, o que afasta a tese no sentido de que estaria "substituindo" a legitimidade do sujeito individualmente lesado.

De qualquer modo, o que deve ter-se em mente é que a tutela dos direitos metaindividuais ou coletivos *lato sensu,* não pode ser tratada e analisada tomando-se como base os mesmos conceitos e princípios referentes aos direitos individuais, pois tratam-se de institutos distintos, cada um com as suas particularidades, as quais devem ser observadas e consideradas quando da análise do caso concreto.

Analisando a questão, esclarece o Professor Nelson Nery Junior[10] que "para que os direitos transindividuais não fiquem sem proteção jurisdicional, é preciso que sejam buscadas alternativas de sorte a tornar possível a dedução de pretensões envolvendo esses direitos em juízo. Isto porque os institutos ortodoxos do processo civil não podem ser aplicados aos direitos transindividuais, porquanto o processo civil foi idealizado como ciência em meados do século XIX, notavelmente influenciado pelos princípios liberais do individualismo, que caracterizaram as grandes codificações daquele mencionado século. (...). Parcela da doutrina ainda insiste em explicar o fenômeno da tutela jurisdicional dos interesses e direitos difusos pelos esquemas ortodoxos do processo civil".

---

integrantes do grupo lesado. Da mesma forma, quando ajam no zelo de interesses difusos, os co-legitimados à ação civil pública ou coletiva, a par de também sustentarem interesses institucionais próprios (no caso das associações civis, do Ministério Público ou do próprio Estado), sem dúvida estão defendendo interesses individuais de titulares dispersos no seio da coletividade".

[9] *Manual das ações constitucionais.* Belo Horizonte: Del Rey, 2007, p. 136.

[10] *Princípios do processo na Constituição Federal: processo civil, penal e administrativo.* São Paulo: Revista dos Tribunais, 2009, 9ª ed., p. 192-193.

Outra não é a posição defendida por Luiz Manoel Gomes Junior[11] ao analisar a tutela processual coletiva em comparação a individual. Para referido doutrinador, por se tratarem de institutos novos, as ações coletivas merecem abordagem diferenciada, não podendo estas serem analisadas com os mesmos conceitos tradicionalmente usados no direito processual individual. Por tal motivo, propõe que no caso das ações coletivas, seja qual for a modalidade do direito defendido (difuso, coletivo ou individual homogênea), estará presente sempre uma legitimação processual coletiva, a qual, em nosso entender, assemelha-se aquela apontada como a mais correta, ou seja, legitimação autônoma para a condução do processo.

2. A defensoria pública na Constituição Federal e suas funções institucionais

A Constituição Federal, em seu Título IV – Das Organizações dos Poderes, Capítulo IV – Das Funções Essenciais à Justiça, contém três seções as quais dedicam-se ao Ministério Público (Seção I), à Advocacia Pública (Seção II), e à Defensoria Pública (Seção III).

Assim, nos termos do seu art. 134, a Defensoria Pública é instituição essencial à função jurisdicional do Estado, incumbindo-lhe a orientação jurídica e a defesa, em todos os graus, dos necessitados, na forma do art. 5º, inciso LXXIV, também da Constituição Federal, inciso este o qual estabelece que o Estado prestará assistência jurídica[12] integral e gratuita aos que comprovarem insuficiência de recursos.

Cumpre-nos frisar ainda que tal garantia (prestação de assistência jurídica integral e gratuita), encontra-se elencada entre os direitos e garantias fundamentais de qualquer cidadão (Título II da Constituição).

Portanto, fica desde já evidenciada a sua função institucional do ponto de vista constitucional, ou seja, prestar assistência jurídica, judicial e extrajudicial, de forma gratuita, aos necessitados, nos termos da lei. No mais, preceitua o § 1º do citado art. 134, que "Lei complementar organizará a Defensoria Pública da União e do Distrito Federal e dos Territórios e prescreverá normas gerais para sua organização nos Estados, em cargos de carreira, providos, na classe inicial, mediante concurso público de provas e títulos, assegurada a seus integrantes a garantia da inamovibilidade e vedado o exercício da advocacia fora das atribuições institucionais".

Pela análise do dispositivo em questão, verificamos que a Defensoria Pública será organizada por Lei Complementar, sendo vedado o exercício da advocacia fora das atribuições institucionais previstas na Constituição, ou seja, assistência e defesa dos necessitados, na forma da lei, sendo certo que tal vedação é aceita sem qualquer questionamento por parte da doutrina e jurisprudência.

---

11 *Curso de direito processual civil coletivo*. São Paulo: SRS Editora, 2008, 2ª ed., p. 84.

12 Sobre a assistência jurídica, explicam Nelson Nery Junior e Rosa Maria de Andrade Nery que, "Mais ampla do que a assistência judiciária, a assistência jurídica consiste na consultoria, auxílio extrajudicial e assistência judiciária. A assistência jurídica deverá ser prestada pela defensoria pública (CF 134), criada e organizada na forma da lei. Parte da assistência jurídica (a judiciária), se encontra regulada pela LAJ, que foi recepcionada pela nova ordem constitucional. A assistência extrajudicial ainda não está regulamentada pela lei. A comprovação da insuficiência de recursos pode ser feita com a simples declaração, nesse sentido, daquele que pretende o benefício". (*Constituição Federal comentada e legislação constitucional*. São Paulo: Revista dos Tribunais, 2006, p. 140, nota 73).

No entanto, a questão ganha relevância ao se analisar a sua legitimidade do ponto de vista coletivo, ou seja, estaria a Defensoria Pública legitimada a defender os interesses metaindividuais em todas as suas modalidades, vale dizer, direitos difusos, coletivos e individuais homogêneos?

Tal questionamento ganhou maior relevância com a entrada em vigor da Lei 11.448/07, a qual incluiu no rol de legitimados previstos no art. 5º da Lei da ação civil pública, também a Defensoria Pública (inciso II). Passemos à análise da controvérsia existente.

3. Legitimidade da Defensoria Pública nas ações civis públicas ajuizadas em defesa dos interesses e direitos dos consumidores

Antes mesmo da publicação da Lei 11.448/07, já se discutia a legitimidade ativa da Defensoria Pública para o ajuizamento das ações coletivas. Embora não houvesse expressa previsão legal quanto a sua legitimação, referido ente já fazia uso da ação civil pública, com fundamento nos artigo 82, inciso III, do Código de Defesa do Consumidor.[13]

Deste modo, sendo a Defensoria um órgão da Administração Pública, essencial à função jurisdicional do Estado, sua legitimidade era plenamente reconhecida em se tratando de ação civil pública relacionada à defesa dos interesses e direitos dos consumidores eventualmente lesados.

Deve ser apontado inclusive que a Lei Complementar 80/1994, a qual organiza a Defensoria Pública da União, do Distrito Federal e dos Territórios e prescreve normas gerais para sua organização nos Estados, e dá outras providências, recentemente alterada pela Lei Complementar 132/09, já previa em seu artigo 4º, inciso XI, ser função institucional da Defensoria Pública, dentre outras, "patrocinar os interesses e direitos do consumidor lesado".

Outra não era a previsão existente na Lei Complementar 988/06, do Estado de São Paulo, a qual organiza a sua Defensoria Pública. Nos termos do seu art. 5º, inciso VI, são atribuições institucionais do referido ente promover "a tutela individual e coletiva dos interesses e direitos do consumidor necessitado" (alínea d).

Pela doutrina,[14] também já era reconhecida a possibilidade do ajuizamento de ação civil pública pela Defensoria Pública na defesa dos interesses e direitos dos consumidores, antes mesmo da entrada em vigor da Lei 11.448/07, tendo em vista a permissão que já lhe era concedida pelo art. 82, inciso III, do CDC, uma vez tratar-se de órgão público destinado a exercitar a defesa dos necessitados, nos termos dos arts. 5º, inciso LXXIV, e 134, ambos da Constituição Federal.

De igual modo a jurisprudência, com base nos dispositivos constitucionais e legais elencados, também já admitia a sua legitimidade para a tutela dos interesses e direitos dos consumidores. Conforme restou decidido pelo C. Superior Tribunal de Justiça: "Processual civil. Embargos de declaração. Omissão no julgado. Inexistência.

[13] Art. 82. Para os fins do art. 81, parágrafo único, são legitimados concorrentemente: (...). III – as entidades e órgãos da Administração Pública, direta ou indireta, ainda que sem personalidade jurídica, especificamente destinados à defesa dos interesses e direitos protegidos por este código.

[14] MAZZILLI, Hugo Nigro. *A defesa dos interesses difusos em juízo: meio ambiente, consumidor, patrimônio cultural, patrimônio público e outros interesses.* São Paulo: Saraiva, 2008, 21ª ed., p. 300.

Ação civil pública. Defesa coletiva dos consumidores. Contratos de arrendamento mercantil atrelados a moeda estrangeira. Maxidesvalorização do real frente ao dólar norte-americano. Interesses individuais homogêneos. Legitimidade ativa do órgão especializado vinculado à Defensoria Pública do Estado.

> I – O NUDECON, órgão especializado, vinculado à Defensoria Pública do Estado do Rio de Janeiro, tem legitimidade ativa para propor ação civil pública objetivando a defesa dos interesses da coletividade de consumidores que assumiram contratos de arrendamento mercantil, para aquisição de veículos automotores, com cláusula de indexação monetária atrelada à variação cambial. II – No que se refere à defesa dos interesses do consumidor por meio de ações coletivas, a intenção do legislador pátrio foi ampliar o campo da legitimação ativa, conforme se depreende do artigo 82 e incisos do CDC, bem assim do artigo 5º, inciso XXXII, da Constituição Federal, ao dispor, expressamente, que incumbe ao "Estado promover, na forma da lei, a defesa do consumidor". III – Reconhecida a relevância social, ainda que se trate de direitos essencialmente individuais, vislumbra-se o interesse da sociedade na solução coletiva do litígio, seja como forma de atender às políticas judiciárias no sentido de se propiciar a defesa plena do consumidor, com a conseqüente facilitação ao acesso à Justiça, seja para garantir a segurança jurídica em tema de extrema relevância, evitando-se a existência de decisões conflitantes. Recurso especial provido.[15]

No mesmo sentido, podemos citar ainda julgado do Tribunal de Justiça do Estado do Rio Grande do Sul, de relatoria do Des. Araken de Assis,[16] cuja ementa segue transcrita: "Processual civil. Ação civil pública. Interesse coletivo dos consumidores. Legitimidade ativa da Defensoria Pública".

> 1. A Defensoria Pública tem legitimidade, a teor do art. 82, III, da Lei 8.078/90 (Cód. de Defesa do Consumidor), para propor ação coletiva visando à defesa dos interesses difusos, coletivos e individuais homogêneos dos consumidores necessitados. A disposição legal não exige que o órgão da Administração Pública tenha atribuição exclusiva para promover a defesa do consumidor, mas específica, e o art. 4.°, XI, da LC 80/94, bem como o art. 3.°, parágrafo único, da LC 11.795/02-RS, estabelecem como dever institucional da Defensoria Pública a defesa dos consumidores. 2. Apelação provida.

Portanto, em se tratando de ação civil pública relacionada à defesa dos interesses e direitos dos consumidores, resta evidente a legitimidade ativa da Defensoria Pública, na medida em que, dentre as suas funções institucionais, encontra-se inserida a defesa individual e colctiva dos mesmos, conforme restou demonstrado. Segundo nosso entendimento, tal legitimidade é derivada inclusive da presunção de hipossuficiência e vulnerabilidade que milita em favor dos consumidores, na medida em que, regra geral, os mesmos possuem capacidade econômica desfavorável em relação à dos fornecedores.

4. Legitimidade da Defensoria Pública na lei da ação civil pública: posições divergentes

Conforme restou demonstrado, a função principal da Defensoria Pública é a orientação jurídica e a defesa dos necessitados, na forma do art. 5º, LXXIV, da Constituição Federal. No mais, dentre as suas funções institucionais, encontra-se elencada em Lei Complementar a de patrocinar os interesses e direitos dos consumidores lesados, previsão esta que em nossa concepção, deriva da presunção existente em seu favor, no sentido do mesmo ser a parte hipossuficiente e vulnerável na relação de consumo.

[15] STJ, REsp. nº 555.111-RJ, 3ª T., rel. Min. Castro Filho, j. 05.09.2006, DJ 18.12.2006.

[16] TJRS, Apelação Cível nº 70014404784-Erechim, 4ª Câm., rel. Des. Araken de Assis, j. 12.04.2006, DJ 21.06.2006.

No entanto, tendo em vista o disposto na Lei 11.448/07, a qual procedeu a inclusão da Defensoria Pública no rol de legitimados para o ajuizamento de ação civil pública voltada a defesa de qualquer direito difuso, coletivo ou individual homogêneo, várias foram as divergências levantadas pela doutrina, uma vez que, ao se atribuir legitimidade ampla ao referido ente, estariam sendo desvirtuadas as suas funções institucionais, além do que, estaria sendo dada a oportunidade da mesma invadir o campo de atuação de outro colegitimado, ou seja, o Ministério Público.

Nesta linha, podemos citar a tese defendida por Luiz Rodrigues Wambier, Teresa Arruda Alvim Wambier e José Miguel Garcia Medina,[17] os quais posicionam-se no sentido de que eventual ação civil pública ajuizada pela Defensoria Pública, deveria amoldar-se ao disposto nos arts. 5º, inciso LXXIV, e 134, ambos da Constituição Federal, ou seja, somente em benefício dos necessitados. Segundo referidos doutrinadores, interpretação extensiva do inciso II do art. 5º da Lei nº 7.347/85, além de contrariar os referidos artigos da Constituição, poderia ensejar o desvirtuamento da Defensoria Pública, permitindo que esta se desviasse de sua missão constitucional, movendo ações para a tutela de direitos supra-individuais que não digam respeito aos necessitados.

Outra não parece ser a conclusão de Hugo Nigro Mazzilli,[18] ao afirmar que a Defensoria Pública poderá propor ações civis públicas em defesa de interesses difusos, coletivos ou individuais homogêneos de pessoas que se encontrem na condição de necessitados, condição esta que, segundo o mesmo, traduz-se na insuficiência de recursos para custear a defesa individual. No entanto, referido doutrinador chama a atenção para o fato de que, no caso dos direitos difusos, serão beneficiados terceiros que não se enquadram na condição de necessitados, tendo em vista a indeterminabilidade dos sujeitos lesados.

Em contrapartida, Luiz Manoel Gomes Junior[19] defende posição no sentido de que a legitimidade da Defensoria Pública deve ser ampla, não se limitando apenas a defesa dos necessitados.[20] Como argumento, esclarece que a Defensoria Pública faz parte da Administração Pública, cuja legitimidade não possui restrições; no mais, ressalta que a disciplina normativa da Lei da Ação Civil Pública, ao contrário do que faz com as associações (art. 5º, inciso V, alíneas "a" e "b"), não traz qualquer restrição no que se refere à extensão de sua legitimidade.

Já Rodolfo de Camargo Mancuso,[21] observa que o legislador não fez qualquer acepção dentre os subtipos de interesses metaindividuais (difusos, coletivos em sen-

[17] *Breves comentários à nova sistemática processual civil*. São Paulo: Revista dos Tribunais, 2007, p. 312-313.

[18] *A defesa dos interesses difusos em juízo: meio ambiente, consumidor, patrimônio cultural, patrimônio público e outros interesses*. São Paulo: Saraiva, 2008, 21ª ed., p. 301. No mesmo sentido, posiciona-se Pedro Lenza (*Direito constitucional esquematizado*. São Paulo: Saraiva, 2008, 12ª ed., p. 558-559).

[19] *Curso de direito processual civil coletivo*. São Paulo: SRS Editora, 2008, 2ª ed., p. 138.

[20] No mesmo sentido, confira-se em: (NAGAI CARNAZ, Daniele Regina Marchi. Da legitimidade ativa da Defensoria Pública na ação civil pública. São Paulo: Revista dos Tribunais, *Revista de Processo*, ano 32, nº 149, julho/2007, p. 157-168); (NAGAI CARNAZ, Daniele Regina Marchi; NASSER FERREIRA, Jussara Suzi Assis Borges; GOMES JUNIOR, Luiz Manoel. Legitimidade da Defensoria Pública para propositura de ações civis públicas. São Paulo: Revista dos Tribunais, *Revista de Processo*, ano 33, nº 163, setembro/2008, p. 287-295); (VERRI, Marina Mezzavilla. *Legitimidade da Defensoria Pública na ação civil pública: limites*. Franca (SP): Ribeirão Gráfica e Editora, 2008).

[21] *Ação civil pública: em defesa do meio ambiente, do patrimônio cultural e dos consumidores: Lei 7.347/1985 e legislação complementar*. São Paulo: Revista dos Tribunais, 2009, 11ª ed., p. 146.

tido estrito e individuais homogêneos), em função da qualidade ou da nomenclatura do agente credenciado à iniciativa judicial. Conclui no sentido de que todos os colegitimados poderão ajuizar ação coletiva visando a defesa de qualquer direito metaindividual, devendo ser respeitado, no entanto, o quesito da pertinência temática.

É certo que, pela análise isolada do art. 5º, da Lei 7.347/85, chegamos à falsa conclusão no sentido de que a legitimidade da Defensoria Pública seria ampla, inclusive se levado em consideração o disposto no inciso V, alíneas "a" e "b" do artigo em questão, os quais estabelecem restrições no que se refere à legitimidade ativa das associações, ou seja, a mesma somente estará legitimada caso esteja constituída há pelo menos 1 (um) ano nos termos da lei civil, e inclua, entre suas finalidades institucionais, a proteção ao meio ambiente, ao consumidor, à ordem econômica, à livre concorrência ou ao patrimônio artístico, estético, histórico, turístico e paisagístico. Deste modo, há quem sustente[22] que somente no caso das associações é que haveria restrições, sendo que, com relação aos demais, a legitimidade seria ampla e irrestrita.

No entanto, não nos parece que a questão seja assim tão simples. Fica evidenciado que a intenção do legislador foi a de ampliar o número de legitimados ao ajuizamento das ações coletivas, sempre com o intuito de tornar possível a efetiva proteção aos direitos metaindividuais. Ocorre que, não obstante a boa intenção, devem ser impostos certos limites, sob pena de desvirtuamento da finalidade das ações coletivas.

Deste modo, entendemos que todos os colegitimados poderão propor ações civis públicas visando a tutela dos direitos coletivos em sentido lato (difuso, coletivo e individual homogêneo), devendo ser observada, no entanto, a missão que a Constituição atribui a cada um. Assim, não haverá legitimidade restrita ou universal, nem mesma a do Ministério Público, na medida em que o § 1º do art. 129 da Constituição Federal, preceitua que a legitimação do mesmo para as ações civis previstas no referido artigo não impede a de terceiros, nas mesmas hipóteses, segundo o disposto na própria Constituição e na lei. No mais, não pode deixar de ser ressaltado que o próprio Ministério Público possui restrições na sua atuação, na medida em que doutrina e jurisprudência reconhecem a sua ilegitimidade em se tratando de ação coletiva voltada a defesa de direitos individuais homogêneos disponíveis e divisíveis.[23]

Vale ainda dizer que a questão envolvendo a legitimidade da Defensoria Pública está sendo objeto de questionamento em Ação Direta de Inconstitucionalidade ajuiza-

---

22 GOMES JUNIOR, Luiz Manoel. *Curso de direito processual civil coletivo*. São Paulo: SRS Editora, 2008, 2ª ed., p. 138.

23 Conforme recentemente julgado pelo C. Superior Tribunal de Justiça: "Administrativo. Processual Civil. Recurso Especial. Ação Civil Pública. Taxa de expedição de diploma de ensino superior. Direito individual homogêneo divisível e disponível. Ilegitimidade do Ministério Público.

"1. A hipótese dos autos versa sobre a legitimidade do Ministério Público Federal para propor ação civil pública visando reconhecer a ilegalidade da cobrança de taxa para a expedição de diploma universitário. 2. A jurisprudência desta Corte já se manifestou no sentido de que "o Parquet somente tem legitimidade para promover ação civil pública visando a defesa de direitos individuais homogêneos e disponíveis em casos restritos, quando houver interesse público relevante, o que não se configura no caso em apreço, porquanto essa traz conseqüências tão somente a um grupo específico de indivíduos"(Resp 683.705/PE, Rel. Min. Francisco Falcão, Primeira Turma, 21/11/2005), no caso, os graduandos da Faculdade de Ciências Humanas de Olinda – Facho e Faculdade Franssinetti do Recife – Fafire.3. Na hipótese dos autos, a presente ação cuida de interesses com características de divisibilidade e disponibilidade, na salvaguarda de direitos de um determinado número de sujeitos ativos, quais sejam, formandos de instituições de ensino superior, sendo que estes devem obter a tutela de seus interesses por meio de ação própria. 4. Recurso especial não provido". (STJ, REsp. nº 1.115.112-PE, 1ª T., rel. Min. Benedito Gonçalves, j. 13.10.2009, DJ 21.10.2009).

da no Supremo Tribunal Federal (ADI 3.943), pela Associação Nacional dos Membros do Ministério Público (Conamp), cujo pedido principal resulta na declaração de inconstitucionalidade do inciso II do art. 5º da Lei 7.347/85, com a redação dada pela lei 11.448/07. No mais, importante mencionar que há ainda pedido alternativo, no sentido de que, caso a "Corte concluir pela possibilidade constitucional de os defensores públicos poderem ajuizar ação civil pública na defesa de interesses coletivos e individuais homogêneos, que, alternativamente, se dê interpretação conforme ao texto constitucional, para excluir a legitimidade ativa da Defensoria Pública, quanto ao ajuizamento de ação civil pública para defesa de interesses difusos".[24]

Conforme pode ser observado, o pedido principal resulta na exclusão total da Defensoria Pública do rol de legitimados, hipótese em que a mesma não mais teria legitimidade para o ajuizamento de ação civil pública voltada a proteção de qualquer direito metaindividual. No entanto, em forma de pedido alternativo, caso seja reconhecida a sua legitimidade, requerem que a mesma fique restrita ao ajuizamento de ação civil pública voltada tão somente a defesa de direitos coletivos e individuais homogêneos, o que é ridículo, na medida em que a proteção a direitos difusos também resultará em benefício a grupo de necessitados.

De qualquer modo, o que deve ser levado em consideração é que o Superior Tribunal de Justiça vem reconhecendo a legitimidade ativa da Defensoria Pública para propor ações coletivas que visem inclusive à defesa de interesses difusos. Conforme já restou decidido: "Processual civil. Ação coletiva. Defensoria Pública. Legitimidade ativa. Art. 5º, II, da Lei nº 7.347/1985" (Redação da Lei nº 11.448/2007). Precedente.

> 1. Recursos especiais contra acórdão que entendeu pela legitimidade ativa da Defensoria Pública para propor ação civil coletiva de interesse coletivo dos consumidores. 2. Esta Superior Tribunal de Justiça vem-se posicionando no sentido de que, nos termos do art. 5º,II, da Lei nº 7.347/85 (com a redação dada pela Lei nº 11.448/07), a Defensoria Pública tem legitimidade para propor a ação principal e a ação cautelar em ações civis coletivas que buscam auferir responsabilidade por danos causados ao meio-ambiente, ao consumidor, a bens e direitos de valor artístico, estético, histórico, turístico e paisagístico e dá outras providências."3. Recursos especiais não-providos.[25]

Resta-nos assim tão somente aguardar qual será a palavra final do Supremo Tribunal Federal.

5. Lei complementar 132/09 e projeto da nova lei da ação civil pública: limites na legitimidade da Defensoria Pública

Visando regularizar a polêmica questão ora analisada, foi recentemente sancionada a Lei Complementar 132, de 7 de outubro de 2009, a qual alterou a Lei Complementar 80/94, hipótese em que as funções institucionais da Defensoria Pública restaram tipificadas de maneira mais coerente.

Nos termos do seu art. 1º, "A Defensoria Pública é instituição permanente, essencial à função jurisdicional do Estado, incumbindo-lhe, como expressão e instrumento do regime democrático, fundamentalmente, a orientação jurídica, a promoção

---

[24] Disponível em: <http://www.stf.jus.br/portal/geral/verPdfPaginado.asp?id=181113&tipo=TP&descricao=ADI%2F3943>. Acesso em 30/12/2009, às 10:07.

[25] STJ, REsp. nº 912.849-RS, 1ª T., rel. Min. José Delgado, j. 26.02.2008, DJ 28.04.2008.

dos direitos humanos e a defesa, em todos os graus, judicial e extrajudicial, dos direitos individuais e coletivos, de forma integral e gratuita, *aos necessitados, assim considerados na forma do inciso LXXIV do art. 5º da Constituição Federal*". (destaques nossos).

Verifica-se que a própria lei que organiza a Defensoria Pública reconheceu que sua atuação se dará apenas em benefício das pessoas necessitadas, inclusive mencionando que, por necessitado, entende-se aquele que comprove a sua insuficiência de recursos, uma vez que no seu texto há expressa referência ao disposto no art. 5º, inciso LXXIV, da Constituição Federal, referência esta inclusive que já era feita no seu art. 134.

No mais, com o intuito de encerrar a discussão acerca da sua atuação na proteção aos direitos metaindividuais, passaram a ser estabelecidas como funções institucionais da Defensoria Pública, dentre outras:

Inciso VII – promover ação civil pública e todas as espécies de ações capazes de propiciar a adequada tutela dos direitos difusos, coletivos ou individuais homogêneos quando o resultado da demanda puder beneficiar grupo de pessoas hipossuficientes;

Inciso VIII – exercer a defesa dos direitos e interesses individuais, difusos, coletivos e individuais homogêneos e dos direitos do consumidor, na forma do inciso LXXIV do art. 5º da Constituição Federal;

Inciso X – promover a mais ampla defesa dos direitos fundamentais dos necessitados, abrangendo seus direitos individuais, coletivos, sociais, econômicos, culturais e ambientais, sendo admissíveis todas as espécies de ações capazes de propiciar sua adequada e efetiva tutela;

Inciso XI – exercer a defesa dos interesses individuais e coletivos da criança e do adolescente, do idoso, da pessoa portadora de necessidades especiais, da mulher vítima de violência doméstica e familiar e de outros grupos sociais vulneráveis que mereçam proteção especial do Estado.

Assim, pela análise dos dispositivos em questão, restam evidenciadas claramente as hipóteses de atuação da Defensoria Pública em se tratando de ações coletivas, na medida em que, em todos os incisos mencionados, há referência à classe a ser beneficiada com a sua atuação, ou seja, grupo de pessoas hipossuficientes, ainda que não exclusivamente (inciso VII), pessoas que comprovem a sua insuficiência de recursos (inciso VIII), necessitados (inciso X) e grupos sociais vulneráveis (inciso XI).

Por tal motivo, a conclusão a ser retirada da leitura dos referidos incisos pode ser a seguinte: em se tratando de direitos coletivos e individuais homogêneos, a legitimidade será restrita, ou seja, apenas em benefício de pessoas necessitadas (dentre as quais incluem-se os hipossuficientes e os grupos sociais vulneráveis); já no caso de direitos difusos, a legitimidade será ampla, uma vez que, conforme previsto no citado inciso VII, basta que o resultado possa beneficiar grupo de pessoas hipossuficientes, o que certamente ocorrerá, tendo em vista que o direito tutelado (difuso), pertence a pessoas indeterminadas, dentre as quais estará incluída grande parcela de necessitados ou hipossuficientes, conforme mencionado no texto da lei;

No mais, não podemos deixar de apontar a linha seguida na elaboração do Projeto de Lei 5.139/09, o qual disciplina a ação civil pública para a tutela de interesses difusos, coletivos ou individuais homogêneos, e dá outras providências, projeto este que, se aprovado, contém dispositivos capazes de demonstrar a limitação a ser imposta na legitimidade ativa conferida a Defensoria Pública.

Isso porque, embora o seu art. 6º não tenha feito qualquer limitação,[26] tão somente afirmando serem legitimados concorrentemente para propor a ação coletiva, dentre outros, a Defensoria Pública (inciso II), há outros dispositivos legais no texto do projeto que evidenciam os limites da atuação de determinados colegitimados. Vejamos:

> Art. 8º Ocorrendo desistência infundada, abandono da ação coletiva ou não interposição do recurso de apelação, no caso de sentença de extinção do processo ou de improcedência do pedido, *serão intimados pessoalmente o Ministério Público e, quando for o caso, a Defensoria Pública*, sem prejuízo de ampla divulgação pelos meios de comunicação social, podendo qualquer legitimado assumir a titularidade, no prazo de quinze dias.
>
> Art. 9º Não haverá extinção do processo coletivo, por ausência das condições da ação ou pressupostos processuais, sem que seja dada oportunidade de correção do vício em qualquer tempo ou grau de jurisdição ordinária ou extraordinária, inclusive com a substituição do autor coletivo, *quando serão intimados pessoalmente o Ministério Público e, quando for o caso, a Defensoria Pública*, sem prejuízo de ampla divulgação pelos meios de comunicação social, podendo qualquer legitimado adotar as providências cabíveis, em prazo razoável, a ser fixado pelo juiz.
>
> (...). Art. 13. Estando em termos a petição inicial, o juiz ordenará a citação do réu e, *em se tratando de interesses ou direitos individuais homogêneos, a intimação do Ministério Público e da Defensoria Pública*, bem como a comunicação dos interessados, titulares dos respectivos interesses ou direitos objeto da ação coletiva, para que possam exercer, até a publicação da sentença, o seu direito de exclusão em relação ao processo coletivo, sem prejuízo de ampla divulgação pelos meios de comunicação social. (destaques nossos).

Analisando os respectivos artigos, resta evidenciado que há casos nos quais necessariamente deverá ser procedida a intimação da Defensoria Pública, o que afirma a nossa tese no sentido de que não há legitimidade universal, até porque, não teria o menor sentido determinar a intimação de legitimados diversos, no caso Ministério Público e Defensoria Pública, se ambos possuíssem legitimidade plena para o ajuizamento e acompanhamento da respectiva ação coletiva.

Pela leitura dos referidos artigos, chegamos a conclusão de que o intuito do legislador foi o de acabar com a discussão a respeito da legitimidade do Ministério Público em se tratando de direitos individuais homogêneos disponíveis e divisíveis, uma vez que tal prerrogativa não encontra-se elencada no rol das suas funções institucionais (art. 129, CF), ou seja, a intenção do legislador foi exatamente a de estabelecer que sua legitimidade ficará restrita as suas funções institucionais. Deste modo, no caso da Defensoria Pública, a mesma exegese deve ser adotada, vale dizer, estará legitimada a atuar exatamente de acordo com as suas funções institucionais, as quais restaram elencadas na mencionada Lei Complementar 132/09.

Finalizando, importante ressaltar ainda que dentre as 100 (cem) propostas de emenda ao mencionado Projeto de Lei, 03 (três) questionavam novamente os limites da atuação da Defensoria Pública, quais sejam, emendas nsº 89 e 90, as quais

[26] "(...). Em primeiro lugar, desde já deve ser destacado que a Comissão, nomeada pelo Ministro da Justiça Tarso Genro, visando a elaboração do Projeto da nova Lei da Ação Civil Pública (Portaria 2.481/2008 – DOU 10.12.2008) optou pela mais ampla legitimidade para a defesa dos direitos coletivos. "Caso haja a opção por alguma forma de restrição, em princípio, deve a mesma ser apresentada pela doutrina e pela jurisprudência, salvo quando houver expressa limitação na própria lei". (GOMES JUNIOR, Luiz Manoel; FAVRETO, Rogério. Anotações sobre o projeto da nova lei da ação civil pública: principais inovações. São Paulo: Revista dos Tribunais, *Revista de Processo*, ano 34, nº 176, outubro/2009, p. 182).

acrescentavam um §5º ao seu art. 6º, a fim de determinar que a legitimidade ativa do referido colegitimado ficaria restrita às hipóteses onde o resultado da demanda pudesse beneficiar grupo de pessoas hipossuficientes; e emenda nº 94, a qual propunha a alteração da redação do inciso II do citado art. 6º, conferindo à Defensoria Pública legitimidade para a propositura de ação coletiva, nos termos do art. 134 da Constituição Federal.

Vale frisar que tais emendas (89, 90 e 94), segundo o voto do relator do Projeto de Lei, Deputado Antonio Carlos Biscaia, devem ser rejeitadas sobre o fundamento de que a atuação da Defensoria Pública no tocante à tutela coletiva de direitos, restou definitivamente delineada com a entrada em vigor da mencionada Lei Complementar 132/09, o que demonstra a intenção clara do legislador, no sentido de que a atuação do referido colegitimado deverá pautar-se dentro de suas funções institucionais.

6. Conclusão

A preocupação com os direitos metaindividuais ou coletivos *lato sensu*, vem ganhando cada vez mais espaço em nosso cenário jurídico, o que pode ser verificado através dos vários estudos e projetos voltados a proteção desses direitos.

Buscando tornar cada vez mais efetiva esta proteção, foi editada a Lei 11.448/07, a qual incluiu a Defensoria Pública no rol de legitimados ativos previstos no art. 5º da Lei da ação civil pública, legitimidade esta que, com fundamento nos arts. 81 e 82 do Código de Defesa do Consumidor, e art. 4º da Lei Complementar 80/94, já era reconhecida na hipótese de ajuizamento de ação civil pública voltada à proteção das garantias e direitos dos consumidores.

No entanto, tendo em vista as funções institucionais do referido colegitimado, vale dizer, orientação jurídica e a defesa dos necessitados, em todos os graus, nos termos da lei, surgiram várias indagações sobre os limites da sua atuação nas ações coletivas, especialmente em se tratando de direitos difusos, cujos titulares são pessoas indeterminadas.

Após análise das discussões doutrinárias e posicionamentos jurisprudenciais divergentes a respeito do tema, entendemos que a polêmica acabou sendo resolvida com a entrada em vigor da Lei Complementar nº 132/09, a qual tipifica de forma clara as funções institucionais da Defensoria Pública.

De qualquer modo, vale lembrar que a questão encontra-se pendente de julgamento pelo Supremo Tribunal Federal, restando-nos tão somente aguardar a sua palavra final, a qual em nosso entendimento, será no sentido de limitar a legitimidade da Defensoria Pública as questões onde haja de algum modo benefício aos necessitados de forma geral, assim como bem o fez a mencionada Lei Complementar.

Bibliografia

ALMEIDA, Gregório Assagra de. *Manual das ações constitucionais.* Belo Horizonte: Del Rey, 2007.

ARRUDA ALVIM NETTO, José Manoel de. *Tratado de direito processual civil.* São Paulo: Revista dos Tribunais, 1996.

——; ALVIM, Thereza; ARRUDA ALVIM, Eduardo; MARINS, James. *Código do Consumidor comentado.* São Paulo: Revista dos Tribunais, 1995, 2ª ed.

GIDI, Antonio. Código de Processo Civil Coletivo. Um modelo para países de direito escrito. São Paulo: Revista dos Tribunais, *Revista de Processo*, nº 111, julho-setembro/2003, p. 192-208.

——. A CLASS ACTION como instrumento de tutela coletiva dos direitos. As ações coletivas em uma perspectiva comparada. São Paulo: Revista dos Tribunais, 2007.

——; MAC-GREGOR, Eduardo Ferrer (Coordenadores). Código Modelo de Procesos Colectivos. Un diálogo Iberoamericano. Comentarios artículo por artículo. México: Editorial Porrúa, 2008.

GOMES JUNIOR, Luiz Manoel. *Curso de direito processual civil coletivo.* São Paulo: SRS Editora, 2008, 2ª ed.

——l; FAVRETO, Rogério. Anotações sobre o projeto da nova lei da ação civil pública: principais inovações. São Paulo: Revista dos Tribunais, *Revista de Processo*, ano 34, nº 176, outubro/2009, p. 174-194.

LENZA, Pedro. *Direito constitucional esquematizado.* São Paulo: Saraiva, 2008, 12ª ed.

MANCUSO, Rodolfo de Camargo. Ação civil pública: em defesa do meio ambiente, do patrimônio cultural e dos consumidores: Lei 7.347/1985 e legislação complementar. São Paulo: Revista dos Tribunais, 2009, 11ª ed.

MAZZILLI, Hugo Nigro. A defesa dos interesses difusos em juízo: meio ambiente, consumidor, patrimônio cultural, patrimônio público e outros interesses. São Paulo: Saraiva, 2008, 21ª ed.

NAGAI CARNAZ, Daniele Regina Marchi. Da legitimidade ativa da Defensoria Pública na ação civil pública. São Paulo: Revista dos Tribunais, *Revista de Processo*, ano 32, nº 149, julho/2007, p. 157-168.

——; NASSER FERREIRA, Jussara Suzi Assis Borges; GOMES JUNIOR, Luiz Manoel. Legitimidade da Defensoria Pública para propositura de ações civis públicas. São Paulo: Revista dos Tribunais, *Revista de Processo*, ano 33, nº 163, setembro/2008, p. 287-295.

NERY JUNIOR, Nelson. Princípios do processo na Constituição Federal: processo civil, penal e administrativo. São Paulo: Revista dos Tribunais, 2009, 9ª ed.

——; NERY, Rosa Maria de Andrade. *Código de Processo Civil comentado e legislação processual civil extravagante.* São Paulo: Revista dos Tribunais, 2002, 6ª ed.

——. Constituição Federal comentada e legislação constitucional. São Paulo: Revista dos Tribunais, 2006.

VERRI, Marina Mezzavilla. *Legitimidade da Defensoria Pública na ação civil pública: limites.* Franca (SP): Ribeirão Gráfica e Editora, 2008.

WAMBIER, Luiz Rodrigues; WAMBIER, Teresa Arruda Alvim; MEDINA, José Miguel Garcia. *Breves comentários à nova sistemática processual civil.* São Paulo: Revista dos Tribunais, 2007.

— 33 —

Ainda a (im)penhorabilidade de altos salários e imóveis de elevado valor – ponderações sobre a crítica de José Maria Tesheiner

SÉRGIO CRUZ ARENHART
Procurador da República. Ex-Juiz Federal.
Mestre e Doutor em Direito pela UFPR.
Professor da UFPR e da UTP.

1. Apresentação do debate

Honra-me o Prof. José Maria Rosa Tesheiner com a leitura e a análise crítica de artigo que escrevi a respeito da penhorabilidade de altos salários e de imóveis de alto valor.[1] As interessantes observações feitas pelo ilustre professor gaúcho – que, aliás, haviam sido apresentadas, de modo semelhante, pelo Prof. Egas Moniz de Aragão e pelo Dr. Renato Kanayama quando apresentei as ideias desenvolvidas no artigo em palestra proferida na seccional da Ordem dos Advogados do Brasil no Paraná – estimulam-me a desenvolver um pouco mais as ponderações que havia feito, para, talvez, poder superar os óbices postos à aceitação da tese por mim defendida.

Sublinho, desde logo, que não pretendo exaurir o tema, mas apenas tecer rápidas considerações sobre as objeções apontadas pelo Prof. Tesheiner, a fim de que o diálogo permita a evolução da meditação a propósito do tema em questão.

No artigo que escrevi a respeito do tema – e que é objeto da crítica aqui discutida –, defendi a ideia de que é inconstitucional o veto presidencial aposto ao projeto de lei que, posteriormente, resultou na Lei n. 11.382/06, especificamente no que concerne às regras que previam a possibilidade de penhora de altos salários e de bens imóveis de elevado valor (ainda que considerados como bens de família). Sustentei essa ideia na premissa de que o veto presidencial não é ato livre do chefe do Executivo, apenas cabendo em dois casos, precisamente apontados pelo texto constitucional (art. 66, § 1º,

[1] O artigo do prof. José Maria Tesheiner("Penhora e veto insubsistente – crítica a um posicionamento de Sérgio Arenhart") pode ser encontrada na *internet*, no sítio www.tex.pro.br. A crítica refere-se ao artigo intitulado "A penhorabilidade de imóvel de família de elevado valor e de altos salários", que também pode ser lido naquele endereço eletrônico ou então na obra *Direito civil e processo – estudos em homenagem ao professor Arruda Alvim*. Coord. Araken de Assis *et alli*. São Paulo: RT, 2007, p. 523 e ss.

da CR).[2] Entendi que os motivos enumerados nas razões do veto não se enquadrariam em nenhuma das hipóteses em que a Constituição autoriza essa conduta (inconstitucionalidade ou contrariedade ao interesse público) de modo que o ato não estaria albergado pela Carta Maior. Em conta disso, conclui que o veto é inconstitucional e, portanto, insubsistente.

Ademais, argumentei ainda que a lei aprovada sem os dispositivos mencionados violaria garantias fundamentais, já que geraria proteção insuficiente a direitos, em violação ao previsto no art. 5º, inc. XXXV, da CR.

2. As críticas do Prof. Tesheiner

Ao analisar o texto que escrevi, o Prof. José Maria Rosa Tesheiner sustenta que, embora corretas as premissas por mim estabelecidas, delas não decorre a conclusão que extraí.

Segundo seu entendimento, somente ao Congresso Nacional é dado o poder de derrubar o veto presidencial. Não tendo ocorrido essa rejeição do veto pelo órgão competente, não cabe ao Poder Judiciário substituir-se à atuação do Poder Legislativo nessa atividade. Em sua compreensão, a proposta por mim formulada conduziria a uma usurpação, pelo Poder Judiciário, de atribuição que é exclusiva do Congresso Nacional.[3]

Afirma também que a conclusão a que cheguei estaria equivocada porque "os dispositivos vetados não foram promulgados nem publicados, não podendo, em consequência, ser havidos como vigentes".[4] Por conta disso, as regras que entendo estarem em vigência, na concepção do professor gaúcho, seriam inexistentes.

Finalmente, quanto ao outro argumento apresentado, referente à violação da cláusula da proibição da proteção insuficiente, também entende o eminente autor que o argumento que utilizei não tem consistência. Segundo pensa ele, não se pode pretender que a invocação de direitos fundamentais se preste para qualquer conclusão. Mais do que isso, conclui que "direito contratual de crédito em dinheiro (talvez de uma gigantesca instituição financeira) não é direito fundamental. Não há restrições jurídicas ao direito de acesso à justiça, mas a tutela dos direitos tem, sim, limitações decorrentes da legislação material e processual e dos princípios constitucionais".[5]

Examino, a seguir, as críticas feitas pelo professor gaúcho, especialmente para esclarecer as observações que fiz anteriormente.

3. O problema da inconstitucionalidade do veto presidencial

Afirmei que o veto presidencial é inconstitucional e, por isso, não merece produzir efeitos. A isso, rebateu o prof. Tesheiner que somente ao Congresso Nacional cabe revisar as razões desse veto, não podendo o Judiciário substituir-se a esta atividade.

Não concordo com esse entendimento.

---

[2] "Se o Presidente da República considerar o projeto, no todo ou em parte, inconstitucional ou contrário ao interesse público, vetá-lo-á total ou parcialmente...".

[3] Ob. cit., item 3.

[4] Ob. cit., item 3.

[5] Ob. cit., penúltimo parágrafo.

De início, porque não admito que ato nenhum, oriundo do Poder Público, possa ser absolutamente imune ao exame do Poder Judiciário. Mesmo os atos ditos discricionários, que muitos entendem insindicáveis pelo Judiciário, mostram-se perfeitamente controláveis pela jurisdição, ao menos na porção que extrapolam o singelo limite da avaliação da sua conveniência e da sua oportunidade.

Qualquer ato (especialmente oriundo de autoridade pública) que viole dispositivo legal pode ser invalidado pelo Judiciário. Trata-se de decorrência natural do Estado de Direito. Se estamos todos abaixo da lei, não há dúvida de que qualquer autoridade também deve a ela obediência; e, se a viola, seus atos merecem controle devido pela jurisdição.

Ora, a Constituição da República apenas *confere o poder de veto* ao Presidente da República em dois casos: inconstitucionalidade ou contrariedade ao interesse público (art. 66, § 1º). Ademais, sujeita esse poder a diversos requisitos, sejam formais (art. 66, §§ 1º e 2º), sejam temporais (art. 66, §§ 1º e 3º).

O descumprimento desses requisitos deve sujeitar o ato, obviamente, à revisão judicial. O Supremo Tribunal Federal, aliás, em mais de uma oportunidade entendeu cabível o controle judicial de vetos presidenciais, em razão da violação do limite temporal para o exercício desse poder.[6] Na doutrina, também, se tem considerado que a desobediência dos requisitos formais do veto implica a sua invalidade, o que importa na sanção tácita do projeto de lei.[7]

Dentre os requisitos formais do veto, está a necessidade de motivação do ato (art. 66, § 1º, *in fine*). Pois bem, se é necessário fundamentar o veto, é evidente que esse fundamento há de ater-se a uma das razões autorizativas do poder, ou seja, à existência de alegada inconstitucionalidade ou de contrariedade ao interesse público. Não se pode admitir, por isso mesmo, que o poder de veto seja exercido fora desses dois casos. Não pode, por exemplo, o Presidente da República, vetar projeto de lei alegando sua desnecessidade, sua má redação ou sua injustiça.

Daí a conclusão óbvia de que na motivação do veto deve constar uma das duas razões previstas no texto constitucional. Veto realizado com outro motivo extrapola, evidentemente, os limites constitucionais deste poder, de modo que se deve tê-lo por inválido. Note-se, apenas para deixar claro o que aqui se defende, que não se trata de investigar se as razões expostas pelo Presidente da República como motivos de inconstitucionalidade efetivamente configuram hipótese desse vício ou se as causas de interesse público apontadas de fato constituem casos dessa situação. Tal tipo de exame, efetivamente, transborda o limite da atividade judicial, na medida em que se insere na dimensão política do ato de vetar.

Porém essa situação nem de longe se confunde com o caso presente, em que o Presidente da República *sequer invocou alguma das razões previstas no texto constitucional*. Da motivação apresentada, ao contrário, deixa-se transparecer a conclusão

[6] V., por exemplo, STF, 2ª Turma. RE 45.331/PR. Rel. Min. Ribeiro da Costa. DJU 02.06.1961; STF, Pleno. ADIn 1.254/RJ. Rel. Sepúlveda Pertence. DJU 17.03.00, p. 2.

[7] Como lecionam Luiz Alberto David Araujo e Vidal Serrano Nunes Júnior, "o veto apresenta duas fases, conforme se depreende do § 1º do art. 66: a publicação e o envio dos motivos do veto ao Presidente do Senado Federal em quarenta e oito horas da publicação. A inexistência de qualquer dessas fases invalida o veto, tornando-o sanção tácita" (*Curso de direito constitucional*. 10ª ed., São Paulo: Saraiva, 2006, p. 366).

de que o projeto era constitucional e atendia ao interesse público. A razão do veto, então, se limita à contrariedade à tradição nacional.

Trata-se, portanto, de análise formal do veto, que não investiga se as razões apontadas efetivamente estavam presentes. A aferição em questão – que resulta na inconstitucionalidade por mim sustentada no artigo anterior – limita-se a investigar se, *formalmente*, o ato inquinado se apoia ou não no texto constitucional. Como nenhuma das razões admitidas foi invocada pelo veto em questão, parece evidente que o ato transborda os limites constitucionais e, portanto, se torna passível de exame pelo Judiciário.

Ressalto, novamente, que não se trata de análise a respeito dos motivos em si considerados do veto. A inconstitucionalidade se evidencia pela simples conferência da inexistência de *motivação adequada*, ou seja, de motivação que aponte uma das razões previstas constitucionalmente para o exercício do poder de veto. Nesse campo, a análise é estritamente formal – como é, também, a análise da tempestividade do veto, já admitida pelo Supremo Tribunal Federal – e, por isso, não está protegida pelo caráter político desse tipo de ato. Se os motivos (aqueles únicos, descritos no texto constitucional), nesse caso, são essenciais à existência do poder de veto, é evidente que a falta de um desses motivos no corpo do ato presidencial deve equivaler à falta de motivação deste ato. E, como lembra Pontes de Miranda, "não é veto o que se emite sem fundamentação".[8]

Desse modo, resta claro que a inconstitucionalidade do veto não exige a ingerência sobre as razões em si deste ato, mas apenas na simples constatação de que ele não foi exercitado nos limites constitucionais, já que não se vale de qualquer dos fundamentos autorizativos para tanto.

Por essa razão, vê-se que o vício do veto exercido é estritamente *formal*, o que legitima seu controle judicial. A respeito, o Supremo Tribunal Federal, por seu plenário, já reconheceu a possibilidade de controle sobre parcelas do processo legislativo, sempre que se trate de violação a certa forma ou a certo procedimento explicitamente contemplado pelo texto constitucional ou que seja imprescindível para a validade do processo legislativo. No caso, acentuou o Ministro Joaquim Barbosa, relator do feito, que "os julgados desta Suprema Corte, em sua maioria, tratam de casos em que não se poderia reexaminar a decisão do Legislativo. *Os precedentes que afastam esse óbice se referem justamente a hipóteses em que a Constituição federal dispõe sobre determinada forma ou procedimento imprescindíveis à validade do processo legislativo e que possibilitariam a excepcional atuação jurisdicional para garantir plena aplicação do texto constitucional.* Nesse sentido, cf., v.g., o MS 22.503 (rel. min. Marco Aurélio), impetração conhecida mas indeferida, referente a exame jurisdicional de reapresentação, na mesma sessão legislativa, de proposta de emenda à Constituição rejeitada ou havida por prejudicada, e o MS 24.041 (rel. min. Nelson Jobim), acerca da aplicação de regras constitucionais sobre o princípio da alternância das Casas na composição da Mesa do Congresso Nacional".[9]

Finalmente, não se pode esquecer que os dispositivos vetados em questão demoraram *mais de um ano* para serem apreciados pelo Congresso Nacional. Com efeito,

---

[8] PONTES DE MIRANDA, Francisco Cavalcanti. *Comentários à constituição de 1967 com a emenda n. 1, de 1969.* 2ª ed., São Paulo: RT, 1970, tomo III, p.191.

[9] STF, Pleno. ADIn n. 3.146-5/DF. Rel. Min. Joaquim Barbosa. DJU 19.12.06, p. 35.

embora a lei seja de 6 de dezembro de 2006, somente em março de 2008 o Congresso Nacional apreciou as razões do veto presidencial, entendendo por mantê-lo.[10] Vale dizer que a lei em comento foi aplicada por mais de um ano havendo indefinição sobre a aplicabilidade ou não dos dispositivos aqui tratados.[11]

Desse modo, não parece legítimo que a ausência de derrubada do veto presidencial pelo Congresso implicou a aceitação desse ato. O ato, ao menos no momento da publicação da lei, sequer havia sido examinado pelo Congresso, e assim ficou por mais de ano! Pretender, pois, que apenas o Congresso tenha a atribuição de controlar o veto presidencial é condenar ao ostracismo vários dispositivos importantes para o ordenamento nacional e, pior, legitimar eventuais abusos praticados pelo chefe do Executivo.

4. A ausência de promulgação e de publicação dos dispositivos vetados

Argumenta ainda o prof. Tesheiner que não se pode admitir a conclusão a que cheguei pelo fato de que os textos vetados não foram promulgados ou sequer publicados, de modo que não poderiam ser considerados como vigentes.

Na realidade, o argumento apresentado pelo professor constitui mero desdobramento de seu raciocínio antecedente. Porque houve veto (não derrubado) dos dispositivos em discussão, é evidente que não haveria cabimento em realizar sua promulgação ou sua publicação.

Todavia, em se compreendendo o contrário, ou seja, em se concluindo que o veto é inconstitucional, consequentemente, deve-se ter por existente a sanção tácita dos dispositivos mencionados seguindo-se, então, a natural promulgação do texto em questão.

Note-se, outrossim, que a promulgação é elemento de simples certificação, não tendo, em si, função autônoma. Como atesta Pontes de Miranda, a promulgação é "mera atestação de existência da lei e promulgação de sua executoriedade".[12] Desse modo, ainda que a promulgação faça parte do processo legislativo, é certo que sua função não é propriamente constitutiva da lei, mas sim certificadora.

Ademais, é certo que nos casos em que há controle de constitucionalidade (formal) do veto presidencial, tendo sido declarado inválido este ato, o projeto deve ser tido como tacitamente sancionado e, via de consequência, tacitamente promulgado. Isto porque, a rigor, a regra fora apenas *supostamente* vetada. Tendo o veto sido reconhecido como injurídico, a regra deve ser tida como sancionada e, então, como promulgada juntamente com o restante do diploma legal.

Finalmente, quanto à publicidade, trata-se de ato que tem por finalidade dar ciência à coletividade da vigência da lei. Esse ato também pode ser, ao que parece,

[10] Cf. Diário do Senado Federal, datado de 28/03/08, p. 7227/7228.

[11] Desnecessário dizer que a Constituição da República prevê que o veto seja examinado no prazo máximo de trinta dias a contar de seu recebimento pelo Presidente do Senado Federal (art. 66, § 4º), o que foi totalmente desconsiderado no caso presente. É de se ressaltar, porém, que o Supremo Tribunal Federal já entendeu como inconstitucional uma lei, porque não foi – previamente à sua promulgação – apreciado veto aposto a ela (STF, Pleno. Rp 1.065/SP. Rel. Min. Soares Muñoz. RTJ 100/997).

[12] PONTES DE MIRANDA, Francisco Cavalcanti. *Comentários à constituição de 1967*. São Paulo: RT, 1968, tomo 3, p. 177.

diante das peculiaridades do caso presente, ser substituído pela publicidade natural da decisão judicial. Outrossim, tal como sucede com a promulgação, tratando-se de ato secundário, deve-se concluir que a ausência de publicação da norma (que deveria ter sido publicada, na medida em que era inconstitucional o veto aposto) é vício tão só formal, que não invalida a norma, nem lhe retira a vigência.

Assim, ao que parece, os vícios em questão são exclusivamente formais e não devem ser alçados à condição de obstar a vigência dos dispositivos em questão. Especialmente, importa considerar que, para a operacionalização do controle de constitucionalidade do veto presidencial – que, como se viu, deve ser admitido – tais defeitos podem ser facilmente superados, devendo-se supor que sua existência decorre naturalmente da decretação de invalidade do ato de discordância do Executivo.

Não bastasse tudo isso, é de se ver que estes argumentos, em si, não foram suficientes para impressionar o Supremo Tribunal Federal que, como já dito, admitiu o controle de constitucionalidade do veto, ao menos em relação à sua tempestividade. Ora, se o argumento aqui apresentado fosse válido, também seria aplicável àquela situação analisada pela Suprema Corte, inviabilizando a aceitação do "projeto de lei" extemporaneamente vetado. Todavia, não foi essa a conclusão do tribunal, que aceitou a validade da lei incorretamente vetada.

5. A questão da proteção insuficiente

A outra crítica apontada pelo prof. Tesheiner às conclusões por mim desenvolvidas no trabalho anterior trata do problema da proteção insuficiente. Argumentei que a vedação de penhora de altos salários ou de imóveis de elevado valor viola a garantia fundamental de acesso ao Poder Judiciário, estampado no art. 5º, inc. XXXV, da Constituição da República. Disse então que, "ao vedar a penhora sobre parcela de altos salários ou sobre bens de vulto, o Executivo inviabilizou a proteção adequada da garantia fundamental do acesso à Justiça. Não havendo outros bens penhoráveis, o impedimento de penhora de tais bens inviabiliza a tutela do credor, em manifesta ofensa à garantia de acesso à Justiça (art. 5º, XXXV, da CF)".[13]

Segundo o professor gaúcho, não cabe invocar a teoria dos direitos fundamentais no caso presente. Isso porque o direito de crédito não tem *status* constitucional, sendo passível de limitação no plano infraconstitucional. Em sua ótica, não se deve abusar do recurso aos argumentos de direitos fundamentais, sob pena de se admitir qualquer espécie de conclusão e de se legitimar qualquer forma de discurso.

Novamente, não poso concordar com as suas observações.

De início, observo que a cláusula da proteção insuficiente é sim inerente ao sistema nacional. Qualquer ordenamento que aceita a existência de direitos fundamentais deve, necessariamente, oferecer-lhes a proteção compatível com sua hierarquia "fundamental"! Isso inclui, em consequência, a proibição de que o Estado ofereça a esses direitos proteção que se mostre insuficiente de realizá-los em concreto.

Parece que essa conclusão é evidente, e sequer exigiria demonstração. Afinal, se um direito é alçado à condição de *fundamental* pela ordem jurídica brasileira, não

[13] ARENHART, Sérgio Cruz. "A penhorabilidade de imóvel de família de elevado valor e de altos salários" *in Direito civil e processo – estudos em homenagem ao professor Arruda Alvim*. Ob. cit., p. 528.

se pode autorizar que o Estado o abandone ou que lhe confira proteção que seja incapaz de, em situação concreta, oferecer-lhe proteção adequada. Porém, para espancar qualquer dúvida a respeito, e para demonstrar a validade do argumento para o caso presente, vale examinar com um pouco mais de atenção a questão.

Ao que parece, a divergência que tenho com o prof. Tesheiner diz respeito ao direito fundamental que serve de premissa para a conclusão que apresentei. Segundo o professor gaúcho, o direito de crédito não é direito fundamental, de modo que não legitimaria a conclusão que defendi. Porém, jamais afirmei que a proteção ótima se deve a direitos de crédito. O argumento que apresentei não se refere à proteção dos direitos de crédito – que realmente não têm, em princípio, hierarquia fundamental[14] – mas sim, à garantia indiscutivelmente fundamental do acesso à Justiça. Esse direito encontra expressa previsão, como já disse, no art. 5º, inc. XXXV, da CR, de modo que é desnecessário justificar sua fundamentalidade.

Partindo da premissa de que a garantia de acesso à Justiça é fundamental, não há dúvida de que sua proteção deve ser otimizada. Por isso, não se admite que o Estado ofereça a esse direito proteção que se mostre inadequada para atendê-lo em toda sua extensão, para a proteção de qualquer pretensão que o sujeito apresente em juízo. De fato, a previsão de um direito fundamental como o acesso à Justiça não pode implicar apenas a ideia de que o Estado está proibido de editar leis que privem do acesso ao Poder Judiciário qualquer espécie de lesão ou de ameaça a direito. Essa ideia rasa da função do direito fundamental não tem mais cabimento, nem se amolda ao *status* constitucional-fundamental desse direito.

Se é verdade que viola a regra constitucional a existência de lei que impeça ao Judiciário o conhecimento de lesão ou ameaça a certo direito, também é verdade que a mesma violação ocorre se o Estado é incapaz de oferecer proteção adequada para esse acesso. Isso porque não é possível fechar os olhos para o fato de que tutelas inadequadas, por vezes, são equiparáveis à ausência de tutela. Se o Estado, embora não proíba expressamente o acesso ao Poder Judiciário de determinada questão, impõe exigências manifestamente incabíveis e inadequadas para a proteção desse direito, não há dúvida de que, por via oblíqua, está impedindo que esse litígio seja levado ao Judiciário. Apenas para exemplificar, se o Estado, para a proteção de um interesse que valha R$ 1.000,00 impõe ao autor o pagamento de custas de, digamos, R$ 100.000,00, não estará expressamente negando o acesso dessa questão à jurisdição. Porém, por via transversa, esse acesso é completamente inviabilizado, na medida em que a barreira existente para que a questão seja posta à discussão judicial retira qualquer utilidade na prestação jurisdicional.

Como acentua a doutrina, "a falta de regras processuais adequadas poderia transformar o direito de proteção judiciária em simples esforço retórico".[15] Vale dizer que não basta que o Estado deixe de proibir o acesso ao Poder Judiciário de lesão ou ameaça a direito, para que dê cumprimento à determinação constante do art. 5º, inc.

[14] Embora admita que, em certos casos, também os créditos devem ser considerados como fundamentais, tal como ocorre, apenas para argumentar, com o crédito alimentar.

[15] MENDES, Gilmar Ferreira. COELHO, Inocêncio Mártires, BRANCO, Paulo Gustavo Gonet. *Curso de direito constitucional*. São Paulo: Saraiva, 2007, p. 479. V. ainda, entre tantos outros, BARCELLOS, Ana Paula de. *A eficácia jurídica dos princípios constitucionais*. Rio de Janeiro: Renovar, 2002, p. 149 e ss. BARBOSA MOREIRA, José Carlos. "Notas sobre o problema da 'efetividade' do processo". *Temas de direito processual*. 3ª Série. São Paulo: Saraiva, 1984, p. 27/33.

XXXV, da CR. Para que esse preceito seja realmente cumprido, é necessário que o Estado *atue de forma positiva*, oferecendo mecanismos (legislativos e judiciais) de proteção adequada e tempestiva para qualquer espécie de lesão ou ameaça a direito afirmada perante o Judiciário.[16]

Essa *dimensão positiva* do direito fundamental é tão importante (ou talvez até mais importante) do que a negativa. Tão odiosa quanto a violação escancarada das garantias fundamentais constitucionais (por meio de criação de regras que proíbam o acesso à Justiça) é a erosão sub-reptícia dessa garantia, pela criação de obstáculos que, por via transversa, inviabilizam a satisfação desse direito ou pelo oferecimento de proteção que deixa abertamente exposto o direito fundamental à violação.

É nesse contexto que se insere a cláusula da proibição de proteção deficiente. Por isso também é que afirmei que essa cláusula é ínsita ao sistema constitucional brasileiro. Se, a partir do direito fundamental de acesso à Justiça, é imposto ao Estado o dever de prestar tutela adequada, efetiva e tempestiva a qualquer espécie de direito, então é evidente que não se pode admitir que a organização estatal (seja por meio da legislação, seja pela atuação jurisdicional) ofereça proteção inadequada ou insuficiente *a qualquer espécie de pretensão exposta em juízo.*

Note-se que o direito fundamental de acesso ao Poder Judiciário não atende, apenas, outros direitos fundamentais (como a vida, a saúde ou a liberdade). Ele se presta, como se vê da clara dicção do texto constitucional, a qualquer pretensão apresentada ao Poder Judiciário. Pouco importa, assim, se o direito a ser tutelado é de crédito, é real ou trata da personalidade. Não é essa pretensão que confere o *status* constitucional ao direito de acesso ao Judiciário. Daí a razão pela qual não posso concordar com a assertiva do professor gaúcho, no sentido de afirmar que direitos de crédito, por não serem fundamentais (o que, evidentemente, está correto, ao menos em análise *prima facie*) autorizam limitação quanto à sua tutela.

Se é verdade que o direito infraconstitucional é quem, em primeiro plano, deve oferecer o perfil da tutela processual dada a qualquer direito, não se pode esquecer que essa legislação *deve estar conforme o mandamento constitucional.* Assim, se a tutela processual (oferecida pelo direito infraconstitucional) é inadequada a atender às necessidades do direito material (qualquer que seja ele), há evidente ofensa à cláusula do acesso ao Judiciário, posta no art. 5º, inc. XXXV, da CR.

Por isso, se, como pensa o prof. Tesheiner, não se pode ver nos direitos fundamentais a panaceia para tudo, também não se pode deixar de oferecer-lhes a dignidade que merecem. Os direitos fundamentais são a base de toda construção jurídica – inclusive da construção legislativa. Por isso, não se pode admitir legislação que afronte

[16] Como anota Luiz Guilherme Marinoni, "o direito de ação, diante do Estado constitucional, está muito longe de ter apenas o significado de uma garantia contra o Estado. Quando se toma em consideração a proibição de o Estado vedar o acesso à jurisdição diante de determinada situação ou de excluir do Poder Judiciário uma afirmação de lesão ou de ameaça a direito, o direito fundamental de ação se porta como uma garantia contra o Estado, ou ainda como uma garantia de que o Estado não faça algo para impedir o exercício do direito de ação e o acesso à justiça. Acontece que o direito fundamental de ação, assim como acontece com os direitos fundamentais no Estado constitucional, exige prestações estatais positivas voltadas a sua plena realização concreta. Melhor dizendo: o direito fundamental de ação não obriga o Estado a protegê-lo nas relações privadas (como ocorreria se fosse um direito fundamental material de proteção) ou de uma mera garantia à tutela jurisdicional estatal. O direito fundamental de ação obriga o Estado a prestar tutela jurisdicional efetiva a *todo e qualquer* direito que possa ter sido violado ou ameaçado. Ele não é um direito que exige que o Estado atue para protegê-lo, mas sim um direito que requer que o Estado exerça a função jurisdicional de maneira adequada ou de forma a permitir a proteção efetiva de todos os direitos levados ao seu conhecimento" (MARINONI, Luiz Guilherme. *Curso de processo civil.* São Paulo: RT, 2006, vol. 1, p. 206/207).

suas diretrizes, nem que empalideça a extensão que a Constituição da República lhe conferiu.

Não há, portanto, sentido em se curvar, obsequiosamente, ao direito infra-constitucional. Sempre que este desatender ao direito constitucional (e, em especial, aos direitos fundamentais) não merece observância, já que perde a sua fundamentação.

Por óbvio, dessa afirmação não resulta a conclusão de que os direitos fundamentais dados ao autor em um processo não possam sofrer restrição em razão *de outros direitos fundamentais atribuídos ao réu ou a terceiros*. Evidentemente, *essa* limitação é viável e decorre da natural necessidade de coexistência de vários direitos fundamentais, titularizados por distintos sujeitos. Assim, é evidente que o direito de acesso ao Poder Judiciário (sobretudo em se considerando sua faceta de efetividade e celeridade) pode sofrer limitações, decorrentes, por exemplo, da garantia de defesa dada ao réu ou da proteção ao patrimônio mínimo oferecido a outras pessoas. No caso concreto da discussão em exame, é evidente que são constitucionais as limitações à penhora decorrentes do atendimento a outras garantias constitucionais (*v.g.*, a proteção da família, da dignidade da pessoa humana ou da liberdade individual).

Todavia, em relação às restrições à penhora aqui ponderadas (de imóveis de elevado valor e de parcela de altos salários), importa fazer a seguinte indagação: qual é a base constitucional que autoriza essas restrições à garantia de acesso ao Poder Judiciário? Onde está, no texto constitucional, a previsão da intangibilidade de altos salários ou de imóveis de elevado padrão, para que possam colidir com a garantia fundamental de acesso ao Poder Judiciário?

Se acaso houvesse esse alicerce constitucional, até seria de se cogitar de possível colisão entre garantias fundamentais. Porém, parece fora de dúvida que não há esse albergue constitucional para tais interesses. Daí a razão pela qual não é possível pretender que eles possam prevalecer sobre a garantia (que é, indiscutivelmente, constitucional) do acesso à Justiça efetiva, célere e adequada.[17] O texto legal, assim, cm razão da restrição que opera – de forma injustificada – a preceito constitucional, não pode prevalecer sobre o preceito constitucional.

Mais ainda essa situação se agrava quando se põe em relevo a constatação de que a restrição aqui examinada pode ser responsável por deixar sem proteção adequada direitos materiais que também são fundamentais. Imagine-se, apenas para argumentar, que o crédito que se exige visa a fomentar política pública de interesse social, ou que tem por finalidade a proteção de verbas que são essenciais para a sobrevivência de uma empresa. Nesses casos, mais absurda ainda seria a aceitação da restrição em comento.

De todo modo, parece claro que não se deve desmerecer o papel dos direitos fundamentais, inclusive como orientação para a atividade jurisdicional. Apegar-se de

[17] O Superior Tribunal de Justiça, aliás, vem relativizando, há muito tempo, o dogma de que o imóvel de família, não importando as suas dimensões ou as suas características, deve ser sempre considerado como bem de família e, portanto, impassível de penhora. Ao julgar o Recurso Especial n. 139.010, por exemplo, assentou que "pelas peculiaridades da espécie, preservada a parte principal da residência em terreno com área superior a 2.200 m2, com piscina, churrasqueira, gramados, não viola a Lei 8.009/90 a decisão que permite a divisão da propriedade e a penhora sobre as áreas sobejantes" (STJ, 4ª Turma. REsp 139.010/SP. Rel. Min. Cesar Asfor Rocha. DJU 20.05.02, p. 143). Por sua vez, ao examinar o Recurso Especial n. 624.355/SC, assentou aquela corte que "não foi propósito do legislador permitir que o devedor contumaz se locuplete injustamente utilizando o benefício da impenhorabilidade, como instrumento para tripudiar sobre o credor enganado. Por isso, o alcance do preceito legal deve ser temperado" (STJ, 3ª Turma. REsp 624.355/SC. Rel. Min. Humberto Gomes de Barros. DJU 28.05.07, p. 322).

forma desmesurada à lei sem atentar para seu fundamento constitucional é equívoco grave, a que não podem sujeitar-se os magistrados, em especial na aplicação da nova disciplina prevista pela Lei n. 11.382/06.

6. Conclusão

Enfim, somados todos os argumentos acima expostos, vê-se com razoável tranquilidade que o veto presidencial não pode prevalecer, o que corrobora a conclusão que apresentei anteriormente, no sentido da aplicação dos preceitos que haviam sido censurados.

Espero, caso não tenha convencido o prof. Tesheiner da validade dos argumentos que empreguei, ao menos ter esclarecido a ele meu ponto de vista. Por outro lado, espero ter demonstrado o respeito que nutro por essa autoridade, que me fez refletir e me esforçar por avaliar com maior cautela minhas conclusões, buscando solidificar ainda mais as bases que permearam meu raciocínio.

— 34 —

Ação Civil Pública: competência para a causa e repartição de atribuições entre os órgãos do Ministério Público

TEORI ALBINO ZAVASCKI
Ministro do STJ

Sumário: 1. Legitimação do Ministério Público para tutela de direitos transindividuais: função institucional; 2. Organização do Ministério Público mediante distribuição interna de atribuições; 3. Repartição das atribuições para promover demandas judiciais: critério geral; 4. Repartição de atribuições para promover demandas perante a Justiça Comum; 4.1. Distribuição da competência jurisdicional comum entre Justiça Federal e Justiça Estadual; 4.2. Fixação da competência jurisdicional na ação civil pública; 5. Repartição de atribuições entre Ministério Público Federal e Ministério Público Estadual para ações civis públicas; 6. Suma conclusiva

1. Legitimação do Ministério Público para tutela de direitos transindividuais: função institucional

Entre as mais proeminentes funções institucionais atribuídas pela Constituição Federal ao Ministério Público está a de "promover o inquérito civil e a ação civil pública para a proteção do patrimônio público e social, do meio ambiente e de outros interesses difusos e coletivos" (art. 129, III), função reafirmada na Lei Orgânica Nacional do Ministério Público (Lei 8.625, de 12.02.93, art. 25, IV) e no Estatuto do Ministério Público da União (Lei Complementar 75, de 20.05.93, art. 6º, VII). A legitimação específica para o exercício, em juízo, dessa função institucional consta também nas leis especiais que estabelecem normas processuais para as várias "ações civis públicas", como é o caso da Lei 7.347, de 24.7.85 (disciplina a ação civil pública de responsabilidade por danos causados ao meio ambiente, ao consumidor, a bens e direitos de valor artístico, estético, histórico, turístico e paisagístico), da Lei 7.853, de 24.10.89 (dispõe sobre o apoio às pessoas portadoras de deficiências, sua integração social, sobre a Coordenadoria Nacional para Integração da Pessoa Portadora de Deficiência (CORDE), institui a tutela jurisdicional de interesses coletivos e difusos dessas pessoas, disciplina a atuação do Ministério Público, define crimes), da Lei 7.913, de 7.12.89 (dispõe sobre a ação civil pública de responsabilidade por danos causados aos investidores no mercado de valores mobiliários), da Lei 8.078 de 11.9.90, o chamado "Código de Proteção e Defesa do Consumidor" ("dispõe sobre a proteção do consumidor e dá outras providências") e da Lei 8.429, de 02.06.92 (dispõe sobre as sanções aplicáveis aos agentes públicos em de enriquecimento ilícito no exercício da função).

Quando a ação civil pública tem por objeto a tutela de direitos e interesses transindividuais (difusos e coletivos), a legitimação atribuída ao Ministério Público, pela Constituição (art. 129, III), deve ser entendida no sentido irrestrito e mais amplo possível, em limites suficientes e necessários para a obtenção da tutela jurisdicional completa e compatível com a natureza e a magnitude da lesão ou da ameaça aos bens e valores tutelados. Inclui, portanto, legitimação para buscar tutela cognitiva, preventiva e reparatória, declaratória, constitutiva ou condenatória. Inclui também poderes para pleitear medidas de tutela provisória, de antecipação de tutela e cautelar. Estende-se a legitimação para as medidas de cumprimento das liminares e das sentenças, inclusive, quando for o caso, para a propositura da ação autônoma de execução.

Convém observar, embora não seja esse o objetivo específico do presente estudo, que os direitos sujeitos à irrestrita tutela pelo Ministério Público, são apenas os direitos difusos e coletivos, ou seja, os subjetivamente transindividuais (= sem titular determinado) e materialmente indivisíveis, que não se confundem, portanto, com os direitos individuais homogêneos. Estes não são direitos transindividuais mas, simplesmente, direitos subjetivos individuais, os mesmos "direitos comuns ou afins" de que o art. 46 do CPC, nomeadamente em seus incisos II e IV. A sua natureza "coletiva" tem um sentido meramente instrumental, para fins de defesa conjunta em juízo, viabilizada pelas características comuns (= homogeneidade) do conjunto desses direitos individuais. Em outras palavras, os direitos homogêneos "são, por esta via exclusivamente pragmática, transformados em estruturas moleculares, não como fruto de uma indivisibilidade inerente ou natural (interesses e direitos públicos e difusos) ou da organização ou existência de uma relação jurídica-base (interesses coletivos stricto sensu), mas por razões de facilitação de acesso à justiça, pela priorização da eficiência e da economia processuais".[1]

Nessa condição, diferentemente do que ocorre com os de natureza transindividual, os direitos individuais homogêneos não são irrestritamente tuteláveis pelo Ministério Público, só podendo sê-lo nas hipóteses expressamente previstas em lei (v.g., os direitos dos consumidores lesados – Lei 8.078 de 11.9.90, art. 82, I) ou quando essa tutela assumir relevante interesse social. E, conforme observou o Ministro Sepúlveda Pertence, "a afirmação do interesse social para o fim cogitado há de partir de identificação do seu assentamento nos pilares da ordem social projetada pela Constituição e na sua correspondência à persecução dos objetivos fundamentais da República, nela consagrados. Afinal de contas – e malgrado as mutilações que lhe tem imposto a onda das reformas neoliberais deste decênio – a Constituição ainda aponta como metas da República 'construir uma sociedade livre, justa e solidária' e 'erradicar a pobreza e a marginalização e reduzir as desigualdades sociais e regionais'. Esse critério (...) se poderia denominar de interesse social segundo a Constituição".[2]

2. Organização do Ministério Público mediante distribuição interna de atribuições

Ocorre que o Ministério Público é instituição de caráter nacional, subordinada aos princípios institucionais de unidade, indivisibilidade e independência funcional

[1] BENJAMIN. Antônio Herman H.. "A insurreição da aldeia global contro o processo civil clássico. Apontamentos sobre a opressão e a libertação judiciais do meio ambiente e do consumidor", *apud* "Ação Civil Pública: Lei 7.347/85 – Reminiscências e reflexões após dez anos de aplicação", obra coletiva, coordenação de Edis Milaré, SP, RT, 1995, p. 96.

[2] Voto proferido no RE 195.056-1, relator o Ministro Carlos Velloso, DJ 14.11.2003, p. 18. No mesmo sentido: REsp 58.682, 3ª Turma, Min. Carlos Alberto Menezes Direito, DJ de 16.12.96.

(CF, art. 127), dela fazendo parte o Ministério Público da União, com suas várias ramificações e especialidades, e os Ministérios Públicos dos Estados (CF, art. 128). O Ministério Público do Distrito Federal e Territórios, embora órgão da União (CF, art. 128, I, d), desempenha, no âmbito distrital, atribuições correspondentes às dos Ministérios Públicos estaduais, razão pela qual são com eles equiparados para os fins do presente estudo.

Afirmar que o Ministério Público é uno e indivisível significa dizer, como anotou Arruda Alvim,[3] que a manifestação de qualquer de seus agentes, no cumprimento do dever funcional, vinculará a própria instituição como um todo. Por ser assim, é evidente que a atuação de Ministério Público, a exemplo do que se passa no Poder Judiciário – que tem sua jurisdição limitada pelas regras de competência –, se dá em forma organizada e hierarquizada. Seus agentes exercem as funções sob determinadas regras e limites impostos pela estrutura do organismo. Seria inconcebível imaginar, com efeito, pudessem todos e cada um dos agentes da instituição, legitimamente, falar em nome dela e assim comprometê-la, perante todo e qualquer órgão ou instância, ou em qualquer lugar, ou nos momentos que lhes aprouvessem.

É, portanto, decorrência do caráter nacional da instituição e dos princípios constitucionais da unidade e indivisibilidade que a regem, a sua organização mediante repartição de atribuições. Não tem outro sentido o art. 128 da CF, ao estabelecer que o Ministério Público abrange o Ministério Público da União e os Ministérios Públicos dos Estados, aquele compreendendo o Ministério Público Federal, o do Trabalho, o Militar e o do Distrito Federal e Territórios, cada qual, portanto, com atribuições delimitadas, a serem estabelecidas em leis complementares (art. 128, § 5º). Seria inconcebível a atuação do Ministério Público sem tais delimitações. Os princípios da unidade e indivisibilidade afastam a suposição de que o Ministério Público Federal possa atuar, indiscriminadamente, perante a Justiça do Trabalho ou a Militar ou a dos Estados. Da mesma forma e pelo mesmo motivo não se compadece com a estrutura da instituição afirmar-se legitimidade aos agentes do Ministério Público Estadual para atuar fora da sua Comarca, ou fora de seu Estado, ou fora da jurisdição local (salvo, evidentemente, quando autorizados, como v.g., na hipótese prevista no ADCT, art. 29, § 5º). Sob este aspecto, se a instituição é uma só e indivisível, não há como compatibilizar com esses princípios institucionais certas disposições normativas que admitem a possibilidade de litisconsórcio entre Ministério Público Federal e Estadual em determinados processos (Lei nº 7.347/85, art. 5º, § 5º). Esse estranho "litisconsórcio consigo mesmo", se cabível, importaria, invariavelmente, o deslocamento da competência da causa para a Justiça Federal, já que, conforme se fará ver, o princípio federativo não comporta a submissão de um órgão da União à Justiça de um Estado-Membro.

A organização estruturada e hierarquizada do Ministério Público é também condição para o adequado atendimento do terceiro princípio institucional: o da independência funcional. Anotou Paulo Cezar Pinheiro Carneiro[4] que a "garantia da independência do Ministério Público passa, necessariamente, pela exigência de figurar em cada processo específico, o Promotor ou Procurador, investido de atribuição

[3] Manual de Direito Processual Civil, 8ª ed., vol. 1, São Paulo: RT, 2003, p. 564.

[4] CARNEIRO, Paulo Cezar Pinheiro. O Ministério Público no Processo Civil e Penal: Promotor Natural, Atribuições e Conflito. Rio de Janeiro: Forense, 2001, p. 45.

legal para tal finalidade, e somente ele, ressalvadas, obviamente, as exceções legais que permitem a substituição. A atribuição para oficiar no processo depende de prévia regulamentação legal".[5] O princípio da independência supõe, portanto, "que cada órgão da instituição tenha, de um lado, as suas atribuições fixadas em lei e, de outro, que o agente, que ocupa legalmente o cargo correspondente ao seu órgão de atuação, seja aquele que irá oficiar no processo correspondente".[6]

3. Repartição das atribuições para promover demandas judiciais: critério geral

No que se refere às atribuições que envolvam o ajuizamento de demandas, a sua repartição, no âmbito interno, entre os vários órgãos do Ministério Público, deve guardar compatibilidade com a distribuição da competência dos órgãos do Poder Judiciário, estabelecido pela Constituição.

Sob esse aspecto, não é difícil visualizar os limites de atribuições entre os vários órgãos do Ministério Público quando se tratar de demandas sujeitas à jurisdição especializada do Poder Judiciário. É o caso da Justiça do Trabalho, pertencente ao Poder Judiciário da União (CF, art. 92, IV) e que tem sua competência delimitada por especialização da matéria (CF, art. 114). Perante ela funciona um órgão, também especializado, do Ministério Público da União (art. 128, I, *b*). Situação análoga é a da Justiça Eleitoral, que integra o Poder Judiciário da União (art. 92, V) e cuja competência é igualmente definida *ratione materiae* (CF, art. 121). Perante ela atua, promovendo, se for o caso, as ações cabíveis, o Ministério Público Federal (LC 75/93, art. 37, I).

As dificuldades surgem quando se trata de definir critérios para a repartição de atribuições do Ministério Público em demandas da competência da Justiça Comum, tema que merece atenção destacada.

4. Repartição de atribuições para promover demandas perante a justiça comum

4.1. Distribuição da competência jurisdicional comum entre Justiça Federal e Justiça Estadual

Seguindo o critério acima definido, cumprirá ao órgão especializado do Ministério Público da União promover as causas de competência da Justiça Federal e ao Ministério Público dos Estados e do Distrito Federal as de competência estadual e distrital.

Todavia, ao contrário do que ocorre com a Justiça Eleitoral e do Trabalho, a competência cível da Justiça Federal é definida na Constituição, em geral, em razão das pessoas envolvidas no processo, e não da matéria nele tratada. Segundo o art. 109, I, da CF, cabe aos juízes federais processar e julgar "as causas em que a União,

[5] CARNEIRO, Paulo Cezar Pinheiro. O Ministério Público no Processo Civil e Penal: Promotor Natural, Atribuições e Conflito, op.cit., p. 48.

[6] CARNEIRO. Athos Gusmão. (Jurisdição e Competência, Saraiva, 128 edição, de 2002, p. 160/161 e 165/166). No mesmo sentido: CARVALHO, Vladimir Souza. Competência da Justiça Federal, 4º ed., Juruá Editora, 2000, p. 26/27; MENDES, Aluísio Gonçalves de Castro. Competência Cível da Justiça Federal, Saraiva, 1998, p. 34/35 e 65).

entidade autárquica ou empresa pública federal forem interessadas na condição de autoras, rés, assistentes ou oponentes, exceto as de falência, as de acidente de trabalho e as sujeitas à Justiça Eleitoral e a Justiça do Trabalho". Ressalvadas as exceções assinaladas na parte final do dispositivo (causas de falência, acidentes do trabalho e as de competência dos ramos especializados da Justiça da União) e, mais, as dos incisos III ("causas fundadas em tratado ou contrato da União com Estado estrangeiro ou organismo internacional") e XI ("a disputa sobre direitos indígenas"), o critério constitucional para repartir a competência cível entre Justiça dos Estados e Justiça Federal é, como se percebe, ratione personae, isto é, leva em consideração as pessoas envolvidas no processo.

É irrelevante, para esse efeito (ressalvadas as exceções mencionadas) a natureza da controvérsia sob o ponto de vista do direito material ou do correspondente pedido, postos na demanda. Mais ainda: ao lado desse requisito subjetivo (a qualidade da pessoa jurídica interessada), a Constituição agrega um requisito objetivo: a efetiva presença dessa pessoa na relação processual, que deverá, necessariamente, nela ser figurante na condição de autor, ou de réu, ou como assistente ou como opoente.

Tanto a doutrina, quanto a jurisprudência sempre salientaram a indispensabilidade da conjugação desses dois requisitos como pressuposto necessário à fixação da competência federal. Athos Gusmão Carneiro observa: "A competência das 'jurisdições especiais', como já foi dito (verbetes n. 17 a 21), é aquela prevista taxativamente na Constituição da República; por exclusão, as demais causas são processadas e julgadas perante a Justiça comum, ou Justiça ordinária, integrada pelos juízes e tribunais dos Estados e do Distrito Federal. Lei ordinária, ou mesmo lei complementar não poderá ampliar nem restringir a competência das 'jurisdições especiais...' (...) No plano cível, a competência da Justiça Federal de primeira instância define-se ratione personae, pela condição como parte (ou como assistente da parte) da União, entidade autárquica ou empresa pública (ou fundação) federal – CF. art. 109, I –, bem como nos casos de demandas entre Estado estrangeiro ou organismo internacional e Município ou pessoa domiciliada ou residente no País – CF, art. 109, II (se em lugar do Município, ou da pessoa física, for interessada a União, Estado-Membro ou o Distrito Federal, competente originariamente será o STF – CF, art. 102, I, e), e bem assim nos casos de mandado de segurança ou habeas data impetrados contra ato de autoridade federal – CF, art. 109, VIII. (...) Em assim sendo, é irrelevante para fixar a competência cível da Justiça Federal a circunstância de ser objeto da lide matéria que possa ser considerado de alto interesse da União, salvo se esta (ou entidade pública federal) participa da causa como parte, ou vier a participar como interveniente".[7]

Nesse mesmo sentido a jurisprudência do Supremo Tribunal Federal entende que "não é possível deslocar a competência, ao juiz federal,(...) sem que suceda intervenção da União, ou de autarquia federal, ou de empresa pública federal, a teor do art. 109, da Constituição, na condição de autora, ré, assistente ou opoente". E no STJ, a orientação é igualmente no sentido de que a competência cível da Justiça Federal "define-se, como regra, pela natureza das pessoas envolvidas no processo: será da sua competência a causa em que figurar a União, suas autarquias ou empresa pública

[7] STF, CJ 6866/ES, Tribunal Pleno, Min. Neri da Silveira, DJ de 24/02/89. No mesmo sentido: Ag. Reg. Ag. Instrumento 204619/SP, 2ª T., Ministro Carlos Velloso, DJ de 06/03/98 e CJ 6692/RS, Pleno, Min. Sydney Sanches, DJ de 24/06/88.

federal na condição de autora, ré, assistente ou opoente (art. 109, I, *a*) (...). Não é da competência federal, e sim da estadual, por isso, a causa em que não figuram tais entidades, ainda que a controvérsia diga respeito a matéria que possa lhes interessar".[8]

Não é diferente quanto se trata de mandado de segurança e *habeas data*. Conforme estabelece o art. 109, VIII da Constituição, são da competência dos juízes federais os mandados de segurança e os *habeas data* "contra ato de autoridade federal". A essas duas espécies de ações de natureza cível (e ao *habeas corpus*, no plano criminal), a Constituição deu tratamento especial e destacado, não apenas no que se refere à competência dos Juízes Federais, mas também em relação à competência dos demais órgãos do Poder Judiciário, como o STF (art. 102, I, d, i; e II, a), o STJ (art. 105, I, *b*, *c*; e II, *a*, *b*) e os TRFs (art. 108, I, *c*, *d*). Assim o fez, certamente, pela configuração especial que detém essas garantias constitucionais, diferente da que se estabelece nos procedimentos comuns. Nelas, a relação processual se instala validamente com a presença, não da própria pessoa jurídica, mas sim da "autoridade" praticante do ato ou responsável pela omissão que se visa a coibir. O critério, como no inciso I, continua sendo ratione personae, com a única peculiaridade de que, aqui, se leva em consideração, não o ente com personalidade jurídica (que até pode ser ente privado, em casos de atividade delegada), mas a autoridade detentora do plexo de competência para prática do ato (ou da omissão) acoimado de causar lesão a direito líquido e certo.

4.2. Fixação da competência jurisdicional na ação civil pública

No que se refere à ação civil pública, a regra de competência para a causa é também a prevista no art. 109, I, da Constituição. Ocorre que, nessa espécie de ação, o direito tutelado tem natureza transindividual, a significar que são indeterminados os respectivos titulares. Daí a questão: não estando legitimado, para o polo passivo, nenhum ente federal, estaria descartada a competência da Justiça Federal?

Essa pergunta envolve, não um problema de competência, e sim de legitimidade. Com efeito, para fixar a competência da Justiça Federal, basta que a ação civil

[8] CC 39.824, 1ª Seção, julg. em 10.12.2003, rel. Min. Teori Albino Zavascki, DJ de, cuja ementa foi a seguinte: CONFLITO DE COMPETÊNCIA: AÇÃO DE PROCEDIMENTO COMUM MOVIDA POR ALUNO CONTRA INSTITUIÇÃO DE ENSINO SUPERIOR DE SISTEMA ESTADUAL DE ENSINO. AUTONOMIA. ART. 211 DA CF/88. COMPETÊNCIA DA JUSTIÇA ESTADUAL. 1. A competência cível da Justiça Federal, estabelecida na Constituição, define-se, como regra, pela natureza das pessoas envolvidas no processo: será da sua competência a causa em que figurar a União, suas autarquias ou empresa pública federal na condição de autora, ré, assistente ou opoente (art. 109, I, a), mesmo que a controvérsia diga respeito a matéria que não seja de seu interesse. Nesse último caso, somente cessará a competência federal quando a entidade federal for excluída da relação processual. 2. Não é da competência federal, e sim da estadual, por isso, a causa em que não figuram tais entidades, ainda que a controvérsia diga respeito a matéria que possa lhes interessar. Nesse último caso, a competência passará à Justiça Federal se e quando uma das entidades federais postular seu ingresso na relação processual, até porque "compete à Justiça Federal decidir sobre a existência de interesse jurídico que justifique a presença, no processo, da União, suas autarquias ou empresas públicas" (Súmula 150/STJ). 3. No que se refere a mandado de segurança, compete à Justiça Federal processá-lo e julgá-lo quando a autoridade apontada como coatora for autoridade federal, considerando-se como tal também o agente de entidade particular investido de delegação pela União. Nesse último caso, é logicamente inconcebível hipótese de competência estadual, já que, de duas uma: ou o ato é de autoridade (caso em que se tratará de autoridade federal delegada, sujeita à competência federal), ou o ato é de particular, e não ato de autoridade (caso em que o mandado de segurança será incabível), e só quem pode decidir a respeito é o juiz federal (Súmula 60/TFR). 4. Os Estados e Municípios gozam de total autonomia para organizar e gerir seus sistemas de ensino (CF, art. 211), e os dirigentes de suas instituições de ensino superior não agem por delegação da União. Por isso, também, quse a apreciação jurisdicional de seus atos é da competência da Justiça Estadual. 5. Conflito conhecido para declarar a competência do Juízo de Direito da 1ª Vara Cível de Patos de Minas-MG).

pública seja proposta pelo Ministério Público Federal. É que, assim ocorrendo, bem ou mal, figurará como autor um órgão da União, o que é suficiente para atrair a incidência do art. 109, I, da Constituição. Embora sem personalidade jurídica própria, o Ministério Público está investido de personalidade processual, e a sua condição de personalidade processual federal é por si só bastante para determinar a competência da Justiça Federal. Aliás, é exatamente isso o que ocorre também em mandado de segurança, em *habeas data* e em todos os demais casos em que se reconhece legitimidade processual a entes não personalizados: a competência será fixada levando em consideração a natureza (federal ou não) do órgão ou da autoridade com personalidade apenas processual, e essa natureza é a mesma da ostentada pela pessoa jurídica de que faz parte.

Figurando o Ministério Público Federal, órgão da União, como parte na relação processual, a um juiz federal caberá apreciar a demanda, ainda que seja para dizer que não é ele, e sim o Ministério Público Estadual, o que tem legitimação ativa para a causa. Para efeito de competência, portanto, pouco importa que a parte seja legítima ou não. Essa, a da legitimidade, é uma questão logicamente posterior à da fixação de competência. A existência ou não da legitimação ativa deve ser apreciada e decidida pelo juiz considerado competente para tanto, o que significa que a questão competencial antecede à da legitimidade ativa.

Convém enfatizar também que, para efeito de competência, o critério ratione personae é considerado em face apenas dos termos em que foi estabelecida a relação processual. Em outras palavras, o que se leva em consideração, para esse específico efeito, é a parte processual, que não é, necessariamente, parte legítima para a causa. Parte processual é a que efetivamente figura na relação processual, ou seja, é aquela que pede ou em face de quem se pede a tutela jurisdicional numa determinada demanda. Já a parte legítima é aquela que, segundo a lei, deve figurar como demandante ou demandada no processo. A legitimidade *ad causam*, consequentemente, é aferível mediante o contraste entre os figurantes da relação processual efetivamente instaurada e os que, à luz dos preceitos normativos, nela deveriam figurar. Havendo coincidência, a parte processual será também parte legítima; não havendo, o processo terá parte, mas não terá parte legítima. Em suma: proposta a demanda por ente federal ou contra ente federal, a causa será, necessariamente, de competência da Justiça Federal, pouco importando que o autor ou o réu não sejam partes legitimadas. Quem deve decidir sobre a legitimação, nesse caso, é o juiz federal.

Reafirma-se, assim, que a simples circunstância de se tratar de ação civil pública proposta pelo Ministério Público Federal é suficiente para fixar a competência da Justiça Federal. O mesmo ocorre se a demanda for proposta pelo Ministério Público do Estado ou do Distrito Federal: independentemente da matéria discutida e, mesmo, da legitimidade do órgão autor, a competência para a causa será da Justiça Estadual ou do Distrito Federal. Por isso mesmo se afirmou que a resposta à pergunta antes formulada envolve, não um problema de competência e sim de legitimidade, a ser enfrentado pelo juiz (federal ou estadual, conforme o caso), à luz dos preceitos normativos próprios. Cumprir-lhe-á, para tanto, investigar se a demanda se comporta no âmbito das atribuições do Ministério Público que a promoveu. Convencendo-se que, pelas suas características, a demanda foge das atribuições do Ministério Público Federal, caberá ao juiz federal extinguir o processo sem julgamento de mérito, já que terá presente hipótese de ilegitimidade ativa (CPC, art. 267, VI), o mesmo devendo fazer, quando for o caso, o juiz estadual, nas ações propostas pelo Ministério Público Estadual. Seria errôneo, em tais casos, simplesmente declinar da competência. O vício, repita-se, não é de competência, mas sim de legitimação para a causa, de modo que a declinação não o apagaria.

5. Repartição de atribuições entre Ministério Público Federal e Ministério Público Estadual para ações civis públicas

Chega-se, assim, ao ponto nuclear para definir a legitimidade: o da repartição institucional de atribuições entre os órgãos do Ministério Público para a promoção de ações civil públicas.

Quando se trata de repartir competências (legislativas, administrativas ou jurisdicionais), o princípio amoldado ao sistema federativo e adotado pela Constituição é o de reconhecer como da esfera estadual toda a matéria residual, ou seja, toda aquela que não estiver conferida, por força de lei ou do sistema, a ente federal. Para os fins aqui perseguidos, o princípio é exatamente o mesmo.

Ocorre que a Lei Complementar 75/93, que dispõe sobre a organização, as atribuições e o estatuto do Ministério Público da União, que seria a sede normativa adequada para explicitar as atribuições desse órgão (CF, art. 128, § 5º), não foi nada feliz no particular. Os seus artigos 5º e 6º, por exemplo, ao tratar das funções institucionais e da competência do "Ministério Público da União", elencou, na verdade, funções institucionais e competências do Ministério Público como um todo, que são também comuns, portanto, às do Ministério Público dos Estados. No ponto que aqui interessa, outorgou-se ao Ministério Público "da União" competência para "promover o inquérito civil e a ação civil pública", entre outras hipóteses, quando destinados à proteção "dos direitos constitucionais" (art. 6º, VII, *a*), "do patrimônio público e social, do meio ambiente, dos bens e direitos de valor artístico, estético, histórico, turístico e paisagístico" (VII, *b*) (...) e de "outros interesses individuais indisponíveis, homogêneos, sociais, difusos e coletivos" (VII, *d*). Bem se vê que tais dispositivos não podem ser entendidos na extensão que decorre de sua interpretação puramente literal, já que transformaria a ação civil público em verdadeiro monopólio do Ministério Público da União, já que, na prática, estaria virtualmente eliminada qualquer atribuição residual. Ao contrário, os dispositivos devem ter seu alcance compreendido à luz do sistema e dos princípios constitucionais, nomeadamente do antes referido princípio federativo.

O limitador implícito na fixação das atribuições do Ministério Público da União (ressalvado, obviamente, o do Distrito Federal e Territórios) é, certamente, o da existência de interesse federal na demanda. Caberá a ele promover, além das ações civis públicas que envolvam matéria de competência da Justiça Especializada da União (Justiça do Trabalho e Eleitoral), todas as que devam ser legitimamente promovidas perante os órgãos Judiciários da União (Tribunais Superiores) e da Justiça Federal (Tribunais Regionais Federais e Juízes Federais). Será da alçada do Ministério Público Federal promover ações civil públicas que sejam da competência federal em razão da matéria – as fundadas em tratado ou contrato da União com Estado estrangeiro ou organismo internacional (CF, art. 109, III) e as que envolvam disputa sobre direitos indígenas (CF, art. 109, XI) – ou em razão da pessoa – as que devam ser propostas contra a União, suas entidades autárquicas e empresas públicas federais, ou as que uma dessas entidades figure entre os substituídos processuais no polo ativo (CF, art. 109, I).

Este último ponto merece explicitação. Na ação civil pública, a legitimação ativa é em regime de substituição processual. Versando sobre direitos transindividuais, com titulares indeterminados, não é possível, em regra, verificar a identidade dos substituídos. Há casos, todavia, em que a tutela de direitos difusos não pode ser promovida sem que, ao mesmo tempo, se promova a tutela de direitos subjetivos de pessoas determinadas e perfeitamente identificáveis. É o que ocorre nas ações civis públicas em defesa do patrimônio público ou da probidade administrativa, cuja sentença condenatória reverte em favor das pessoas titulares do patrimônio lesado. Tais pessoas certamente compõem o rol dos substituídos processuais. Havendo, entre elas, ente federal, fica definida a legitimidade ativa do Ministério Público Federal.

Outras hipóteses de atribuição do Ministério Público Federal para o ajuizamento de ações civis públicas serão configuradas quando, por força do princípio federativo, ficar evidenciado o envolvimento de interesses nitidamente federais, circunstância que, se for o caso, poderá ser contestada pela parte contrária e aferida, inclusive de ofício, em sede jurisdicional.

À luz desse mesmo critério constitucional de repartição de atribuições, caberá ao Ministério Público dos Estados e do Distrito Federal o ajuizamento de ações civis públicas residuais, assim consideradas todas as que não estiverem compreendidas no âmbito de atribuições do Ministério Público da União.

6. Suma conclusiva

Em suma, eis o que se pode deixar assentado como conclusões gerais:

a) o Ministério Público é instituição de caráter nacional de que fazem parte o Ministério Público Federal, com suas várias ramificações, e o Ministério Público dos Estados e do Distrito Federal e Territórios (CF, art. 128), do que decorre a necessidade de sua organização mediante repartição de atribuições;

b) no que se refere às atribuições que envolvam o ajuizamento de demandas, a sua repartição entre os vários órgãos do Ministério Público deve guardar compatibilidade com a distribuição da competência dos órgãos do Poder Judiciário, estabelecida pela Constituição;

c) quando se tratar de demandas sujeitas à jurisdição especializada da União (Justiça do Trabalho e Justiça Eleitoral), sua propositura caberá ao correspondente órgão especializado do Ministério Público da União;

d) relativamente à Justiça Comum, cumprirá ao Ministério Público Federal promover as demandas de competência da Justiça Federal e ao Ministério Público dos Estados e do Distrito Federal as de competência estadual e distrital.

e) a competência cível da Justiça Federal é definida, como regra, em razão das pessoas ratione personae, e não da matéria nele tratada: cabe aos juízes federais "as causas em que a União, entidade autárquica ou empresa pública federal forem interessadas na condição de autoras, rés, assistentes ou oponentes, exceto as de falência, as de acidente de trabalho e as sujeitas à Justiça Eleitoral e a Justiça do Trabalho" (CF, art. 109, I);

f) assim, ressalvadas as exceções assinaladas (causas de falência, acidentes do trabalho e as de competência dos ramos especializados da Justiça da União) e, mais, as dos incisos III ("causas fundadas em tratado ou contrato da União com Estado estrangeiro ou organismo internacional") e XI ("a disputa sobre direitos indígenas"), o critério constitucional para repartir a competência cível entre Justiça dos Estados e Justiça Federal leva em conta as pessoas que efetivamente figuram na relação processual, e tal critério se aplica também para a ação civil pública;

g) o Ministério Público Federal é órgão da União, e, por isso mesmo, a sua presença na relação processual é suficiente para fixar a competência da Justiça Federal: caberá a um juiz federal, nessa hipótese, processar e julgar a causa, ainda que seja para dizer que não é o órgão autor, e sim o Estadual, o que tem legitimação ativa para promovê-la;

h) a questão da competência, portanto, é logicamente antecedente à da legitimidade: a existência ou não da legitimação ativa só pode ser decidida pelo juiz considerado competente para a causa;

i) convencendo-se, pelas características da causa, que a sua propositura foge das atribuições do órgão do Ministério Público demandante, cumprirá ao juiz extinguir o processo sem julgamento de mérito, já que terá presente hipótese de ilegitimidade ativa (CPC, art. 267, VI), e não de incompetência;

j) a legitimidade de cada órgão do Ministério Público para a propositura de ação civil pública está diretamente relacionada com o âmbito de suas atribuições, fixadas segundo o princípio constitucional da competência residual: será atribuição do Ministério Público local toda aquela que não estiver conferida, por força de lei ou do sistema, a órgão da União;

l) é atribuição do Ministério Público da União promover, por seu correspondente ramo especializado, além das ações civis públicas que envolvem matéria de competência da Justiça do Trabalho e Eleitoral, todas as que devem ser legitimamente promovidas perante os órgãos Judiciários da União (Tribunais Superiores) e da Justiça Federal (Tribunais Regionais Federais e Juízes Federais);

m) é também atribuição do órgão especializado do Ministério Público da União promover ações civis públicas que sejam da competência federal em razão da matéria (CF, art. 109, III e XI), ou em razão da pessoa (CF, art. 109, I), bem como as que, por força do princípio federativo, envolvem interesses nitidamente federais, circunstância que, se for o caso, poderá ser contestada pela parte contrária e aferida, inclusive de ofício, em sede jurisdicional.

— 35 —

Anotações sobre as ações coletivas no Brasil – presente e futuro

TERESA ARRUDA ALVIM WAMBIER
Livre-docente pela PUC/SP; Professora na PUC/SP e na Unipar – Universidade Paranaense. Advogada.

LUIZ RODRIGUES WAMBIER
Doutor pela PUC/SP; Professor na UNIPAR – Universidade Paranaense e na UNAERP – Universidade de Ribeirão Preto. Advogado.

Sumário: Direitos coletivos *lato sensu* (direitos metaindividuais); Direitos difusos; Direitos coletivos; Direitos individuais homogêneos; Legitimidade para as ações coletivas; Coisa julgada coletiva; Liquidação de sentença coletiva; Projeto de Lei n. 5.139/09.

O processo civil tradicional foi concebido para dirimir conflitos entre A e B, individuais.

Novas necessidades sociais passaram a exigir que além do processo civil tradicional, houvesse meios mais eficientes de resolver conflitos. A principal causa desta necessidade foi a industrialização e o consumo, enfim, fenômenos que passaram a atingir de forma idêntica grupos significativos de pessoas e às vezes toda a sociedade.

Ao longo das últimas décadas houve expressivo desenvolvimento de mecanismos processuais voltados à defesa de interesses metaindividuais. Destaquem-se, dentre outras, a ação popular, a ação civil pública e, mais recentemente, o mandado de segurança coletivo.

Nesse novo contexto normativo, relativo aos direitos metaindividuais, o processo assume nova feição, e seu objeto se destaca da órbita meramente individual das partes, para que os resultados da atividade do Poder Judiciário atinjam grupos ou a coletividade toda.

Direitos coletivos lato sensu (direitos metaindividuais)

Os direitos coletivos *lato sensu* situam-se num plano intermediário, pois nem estão no campo do direito privado, destinado a disciplinar as relações jurídicas entre particulares, nem no do direito público, que trata das relações entre o Estado e sociedade.

Deve-se a Mauro Cappelletti[1] a crítica à dicotomia entre os direitos privados e públicos, demonstrando efetivamente que há uma categoria intermediária, na qual se poderiam incluir justamente os direitos coletivos, isto é, direitos de grupos, vinculados a categorias de pessoas, unidas por interesses comuns, que transcendem à própria individualidade de cada membro do grupo. Esse autor italiano certamente influenciou muitos dos estudos doutrinários realizados no Brasil.

Esses "novos" direitos situam-se num campo dos direitos que pertencem a todos, ou a grupos de pessoas, mas que não são públicos, no sentido tradicional dessa expressão. São, isso sim, transindividuais ou metaindividuais, derivados da massificação da vida em sociedade e do surgimento de novas espécies de conflitos, claramente supraindividuais, e aos quais o processo civil tradicional não é capaz de dar respostas eficazes.

Constatada essa falta de mecanismos, no processo civil tradicional, o legislador brasileiro se pôs a idealizar normas capazes de atender, do ponto de vista processual, às demandas de massa.

Há três aspectos que demonstram a diferença entre o processo civil tradicional e o processo coletivo: os efeitos da coisa julgada não são restritos a autor e réu; o direito sobre o qual se duscute não tem titulares bem definidos ou definíveis; quem figura, no pólo ativo, não é pessoalmente o titular do direito afirmado.

No Brasil, entende-se que, em virtude de determinadas características específicas, foi possível separar em categorias três espécies de direitos cujos titulares são uma coletividade, ditos metaindividuais.

A ação coletiva movida para a tutela de direitos supraindividuais pode referir-se a direitos difusos, coletivos, ou individuais homogêneos. Afirma-se, na doutrina, que os direitos difusos e coletivos são "*essencialmente* coletivos"; os direitos individuais homogêneos, por sua vez, são considerados "*acidentalmente* coletivos".[2]

Direitos difusos

Dentre os direitos coletivos *lato sensu*, ou direitos metaindividuais, os direitos difusos são aqueles cujos titulares não são determinados e nem mesmo determináveis, pois embora digam respeito a um grupo de pessoas, não é possível precisar-lhes claramente a respectiva titularidade.

Os direitos difusos estão definidos no inc. I do art. 81 da Lei 8.078/90 (Código de Defesa do Consumidor), aplicando-se essa definição não apenas aos direitos difusos em matéria de consumo, mas, por força do que dispõe o art. 117 do CDC, aos demais direitos difusos, nas matérias de que trata a Lei da Ação Civil Pública.[3]

Segundo esse dispositivo de lei, entendem-se por direitos difusos os transindividuais, de natureza indivisível, cuja titularidade pertença a pessoas não determinadas, ligadas umas às outras por meras e acidentais circunstâncias fáticas.

[1] Formazioni sociali e interessi di gruppo davanti alla giustizia civile, *Rivista de Diritto Processuale*, v. 3, 1975, p. 367.

[2] José Carlos Barbosa Moreira, Ações coletivas na Constituição Federal de 1988, *Revista de Processo – RePro*, Ed. Revista dos Tribunais, S. Paulo, v. 61, p. 188.

[3] Trata-se da Lei n. 7.347, de 24 de julho de 1985, que é outra lei brasileira, que disciplina as ações coletivas.

A doutrina é uníssona quanto ao reconhecimento da fluidez e indivisibilidade desses direitos, cuja titularidade se espalha pela sociedade toda,[4] e por todos os seus membros, e cuja defesa não pode ser feita isoladamente por qualquer cidadão, só podem ser feitos valor por meio dos mecanismos processuais especificamente destinados à defesa dos direitos metaindividuais.

Trata-se, na verdade, como se observou antes, de uma nova ordem de direitos, que são a resposta do sistema jurídico a novos interesses sociais.

Esses direitos dizem respeito a bens que vêm sendo considerados juridicamente relevantes, e a que, portanto, a sociedade contemporaneamente atribui proteção. Exemplo marcante dessa espécie de direito é a preservação da salubridade do meio ambiente.

Por outras palavras, há algumas décadas, o sistema processual, com os mecanismos da legitimação ordinária (ao titular do direito cabe sua defesa em juízo) e da legitimação extraordinária (defesa de interesse alheio em nome próprio), não continha elementos suficientes para responder satisfatoriamente a uma nova gama de direitos[5] (ou uma nova forma de se tratar direitos já existentes), que paulatinamente foram reconhecidos e incorporados ao acervo de bens susceptíveis de proteção, sendo necessário criar um outro sistema, capaz de conviver com o remanescente sistema tradicional, mas baseado em novas posturas metodológicas.

Tratava-se de criar, na verdade, meios de acesso ao Judiciário para as questões relativas aos novos direitos difusos, especialmente.

A Lei da Ação Civil Pública, o Código de Defesa e Proteção do Consumidor e o Estatuto da Criança e do Adolescente, entre outros conjuntos de normas, são expressivos exemplos dessa nova tendência.

Na opinião de Arruda Alvim,[6] externada em relação aos mecanismos de defesa de direitos difusos, há uma série de bens jurídicos que "configuram uma novidade, na história do Direito, à luz do universo precedente dos possíveis bens juridicamente defensáveis".[7] Em seu sentir, os bens protegidos pelas leis da sociedade de massas, como o Código de Defesa do Consumidor e a Lei da Ação Civil Pública, não eram, no passado, "objeto de preocupação do legislador".

Agora, o acesso ao Judiciário se dá de uma ou outra forma, com outro critério de legitimação, conforme o objeto litigioso consista em direitos subjetivos "tradicionais" ou de direitos "novos", isto é, pertencentes às novas categorias de direitos, como os difusos.

---

[4] Na opinião de Nelson Nery Jr. (A ação civil pública, *RePro*, v. 31, p. 229) os direitos difusos são "aqueles que não têm titular determinado, mas sim dizem respeito a toda uma coletividade ou sociedade, tendo como centro a qualidade de vida".

[5] Há um trabalho de Arruda Alvim, publicado na *RePro*, v. 64, em que esse autor analisa com extrema profundidade e cuidado a problemática da evolução do processo civil contemporâneo e do surgimento dos "novos direitos" que reclamam mecanismos processuais hábeis a proporcionar sua imediata defesa em juízo (Anotações sobre as perplexidades e os caminhos do processo civil contemporâneo – Sua evolução ao lado da do direito material, cit., p. 7-23).

[6] O Código de Processo Civil, suas matrizes ideológicas, o ambiente sócio-político em que foi editado e as duas décadas que se lhes seguiram, com suas novas necessidades – A complementação do sistema processual – Processo e procedimento, no sistema constitucional de 1988, *RePro*, v. 70, p. 43.

[7] Arruda Alvim, cit., p. 43.

Direitos coletivos

Os direitos coletivos são mais facilmente identificáveis do que os direitos difusos, justamente porque, enquanto nestes, a titularidade se dilui na indefinição subjetiva, naqueles há condições perfeitas de se identificarem os titulares, em razão do necessário *vínculo associativo* ou *corporativo* que os prende.

Há, entre os titulares do direito coletivo, um vínculo jurídico, que determina a convergência dos respectivos interesses, de modo que a entidade associativa possa, na condição de legitimada ativa, propor ação coletiva voltada à defesa desses direitos.

O inc. II do art. 81 da Lei 8.078/90 (Código de Proteção e Defesa do Consumidor) define os direitos coletivos como aqueles direitos transindividuais, indivisíveis por natureza, cuja titularidade pertença a grupo, categoria ou classe de pessoas, que tenham vínculo entre si ou com o outro pólo da assim chamada relação jurídica base.

Trata-se de direito do *grupo social*, representado por associações ou corporações voltadas à defesa de determinados tipos de interesses da sociedade. É um tipo de direito metaindividual, porque transcende aos interesses de cada uma das pessoas vinculadas ao grupo associativo, para guardar sintonia com os próprios fins institucionais do grupo.

Reportamo-nos, aqui, ao que já expusemos quanto aos direitos difusos, no sentido de que, também quanto aos direitos coletivos, o tratamento processual deve ser especializado, de modo que tais direitos possam receber a tutela jurisdicional, da forma mais eficiente possível.

Direitos individuais homogêneos

Esta é a categoria mais polêmica de direitos metaindividuais. Pelo fato de serem substancialmente idênticos, o sistema processual coletivo os trata coletivamente, por ser mais racional.

A definição legal, prevista no inc. III do art. 81 da Lei que instituiu o Código de Defesa do Consumidor (Lei 8.078/90), toma por característica desses direitos, a sua *origem comum*.

A interpretação desse dispositivo nos leva a concluir que a novidade está em se *dar tratamento coletivo a direitos individuais*.

Dessa forma, pessoas que, diante de uma lesão de direito individual, jamais iriam procurar a tutela jurisdicional do Estado, porque os custos são elevados ou porque o resultado é demorado e, só por isso, frequentemente ineficaz em relação aos microconflitos, podem, agora, se beneficiar da *tutela coletiva das pretensões que tenham a mesma origem*. Independentemente do esforço próprio, ou em apoio a ele, por meio da legitimação prevista no art. 82 do CDC, os titulares desses direitos lesados podem obter a prestação jurisdicional desejada e pleiteada por meio de um ente coletivo legitimado.

Em nosso entender, o tratamento coletivo dos direitos individuais, quando gravados com a característica da homogeneidade, é uma das mais importantes inovações trazidas nas últimas décadas, em que tanto se desenvolveu o trabalho legislativo em torno dos direitos da chamada sociedade de massas.

Há outro aspecto que, ao nosso ver, merece análise. Trata-se do seguinte: o fato de se destinar a proteger grupos de interesses específicos (coletivos) ou a coletividade toda, independentemente de qualquer tipo de vínculo associativo (difusos), remete essa matéria, ainda assim, para um certo grupo de privilegiados, que têm capacidade suficiente para se organizar em entidades associativas na defesa das pretensões coletivas ou, quando pouco, para representantes de setores extremamente organizados da sociedade, que tratam de temas como meio ambiente, relações de consumo, patrimônio histórico ou estético e assim por diante.

Diferentemente se dá com os direitos individuais. Aqui, não há necessariamente a proteção de partidos políticos, de sindicatos, de grupos de defesa do meioambiente ou de outras entidades congêneres. Até que ponto o cidadão comum pode contar integralmente com a atenção desses organismos? Em vista disso, e exatamente em razão disso, ao nosso ver, a proteção coletiva dos direitos individuais representa a mais expressiva das inovações operadas na ordem processual. O cidadão comum, que estaria, em tese, distante das decisões da Justiça, pode, mediante esse novo sistema, alcançar a proteção do direito para suas pretensões.

Exercida a ação coletiva por qualquer dos legitimados do art. 82 do Código de Defesa do Consumidor, ainda resta aos individualmente lesados, oportunidade de interferir no processo.

Cada um dos titulares de pretensões individuais, mesmo homogêneas, sendo lesados, deve propor a sua própria ação (art. 81, *caput*, do Código de Defesa do Consumidor: "exercida em juízo individualmente"), ou intervir no processo coletivo como litisconsorte (art. 94 do CDC), ou, ainda, promover a liquidação e a consequente execução individual da sentença coletiva (art. 97 do CDC).

Em nosso entender a similitude que se pode encontrar entre os direitos individuais homogêneos e os direitos coletivos concerne ao tratamento processual dispensado a uns e outros. Isso porque, regra geral, os direitos difusos e os direitos coletivos efetivamente representam novas formas de condutas apreciadas pelo sistema jurídico, e dele merecedoras de ampla proteção.

Já os direitos individuais homogêneos são os mesmos direitos subjetivos individuais de há muito conhecidos em nossa ordem jurídica, que têm como titulares pessoas (em sentido amplíssimo, como já se viu) individualmente consideradas. A diferença que se pode encontrar, entre esta última classe de direitos e aqueles já consagrados em nossa ordem jurídica, reside justamente no modo como se pode realizar sua defesa em juízo. Na verdade, eles contam com um modo a mais através do qual se pode obter sua proteção.

Enquanto aos direitos subjetivos individuais "tradicionais" está reservada a legitimação para agir nos termos do que dispõe o art. 6º do Código de Processo Civil, para a defesa dos direitos individuais homogêneos há novos mecanismos de legitimação previstos, tanto no Código de Proteção e Defesa do Consumidor, quanto na Lei da Ação Civil Pública.[8]

Legitimidade para as ações coletivas

Uma das questões mais complexas é a da legitimação para agir, em sede de direitos coletivos *lato sensu*. A doutrina tem feito um grande esforço de constru-

[8] Fundamentalmente, as regras do processo civil coletivo no Brasil estão nessas duas leis: Lei da Ação Civil Pública e Código de Defesa do Consumidor.

ção de um novo modelo de legitimação, distinto do modelo adotado pelo Código de Processo Civil, visivelmente inadequado para permitir o atendimento a todos esses novos movimentos vividos pelo direito.

É que, como adverte Ada Pellegrini Grinover,[9] a "legitimação para a causa foi tradicionalmente comprimida, pela processualística clássica, nos limites da coincidência entre a titularidade do direito material e a titularidade da ação", sendo necessária, em nosso entender, a criação de um novo sistema processual, capaz de conviver com o do Código, mas também capaz de oferecer respostas aos novos tipos de conflitos.

Trata-se, na verdade, de situação que Elio Fazzalari[10] define como aquela em que o sujeito ativo não participa do processo como *representante* do efetivo destinatário da decisão judicial, em razão do que, como veremos, boa parte da doutrina entende que se trata de matéria afeiçoada à legitimação extraordinária do processo "tradicional".

Neste ponto, é extremamente importante analisar a questão relativa à legitimação, em matéria de ações coletivas, genericamente, isto é, relativamente àquelas que veiculem direitos individuais homogêneos, coletivos em sentido estrito e difusos.

A legitimação ordinária, como é sabido, é aquela em que o próprio titular da pretensão pode promover a sua defesa em juízo, porque detentor da capacidade de estar em juízo e, ao mesmo tempo, da legitimidade processual.

Há situações especialmente escolhidas pelo sistema normativo, todavia, em que não se exige essa coincidência entre a titularidade da pretensão e a possibilidade de levá-la a juízo para promover sua defesa.

Há hipóteses em que o titular de uma pretensão, embora tenha capacidade para estar em juízo, pode não tê-la especificamente diante de determinada hipótese, em razão da lei excepcional e expressamente ter outorgado esse capacidade a outrem.

Nessa hipótese, se está diante de legitimação extraordinária, em que há dissociação entre o titular do direito discutido e aquele que pode agir em juízo formulando pretensão. Trata-se, portanto, de *situação excepcionalíssima* e sempre dependente, para que possa acontecer, de *expressa autorização legal*, sem o que somente pode pleitear em juízo, a respeito de determinada pretensão, o próprio interessado em seu objeto.

O que se deve indagar é que tipo de legitimação processual têm os legitimados para as ações coletivas em geral (do CDC e da Lei da Ação Civil Pública). Tratar-se-ia de hipótese de defesa de direito alheio em nome próprio, assimilável, portanto, à legitimação extraordinária?

Nas ações coletivas, em nosso entender, não se está diante de hipótese de defesa de direito próprio (legitimação ordinária) e nem mesmo de legitimação extraordinária.

É correto dizer, em nossa opinião, que a legitimação para a defesa dos direitos difusos, coletivos em sentido estrito e individuais homogêneos, deve ser tratada como uma legitimação especial, com contornos próprios, e que é a regra geral no âmbito do

[9] O acesso à justiça no ano 2000 (*Processo civil contemporâneo*, p. 35).

[10] *Istituizioni di diritto processuale*, 7. ed., p. 342-343.

processo coletivo. Na doutrina, há quem defina essa legitimação como legitimação coletiva genérica ou *legitimação autônoma.*

Coisa julgada coletiva

A coisa julgada, segundo convenção adotada pelo direito brasileiro, fortemente influenciada pela doutrina do italiano Enrico Tullio Liebman, é a eficácia que se agrega ao *decisum* da sentença de mérito, de modo que seu conteúdo (do *decisum*) se torna imutável, ou, pelo menos, razoavelmente estável.

A imutabilidade do conteúdo do decisório do provimento final de mérito está ligada ao pedido do autor. Embora o que efetivamente transite em julgado seja a parte decisória da sentença, nas hipóteses de sentença de procedência ou de improcedência, em que não tenha ocorrido julgamento *ultra*, *extra* ou *infra petita*, o pedido do pelo autor como que "modela" a coisa julgada.

O pedido é que circunscreve os limites do objeto litigioso, e define, correlatamente, os contornos da coisa julgada.

A sentença não pode desbordar do pedido. Sua procedência ou sua improcedência, portanto, traça os exatos limites (objetivos, quanto ao pedido e subjetivos, quanto às partes) da coisa julgada, cuja imutabilidade garante segurança às relações jurídicas.

Uma das autoras deste texto já afirmou que[11] o sistema da coisa julgada no processo coletivo é peculiar e completamente diferente do sistema na coisa julgada nas ações regidas pelo sistema tradicional do CPC, baseado numa mentalidade marcadamente individualista.

O regime jurídico da coisa julgada coletiva está expressamente previsto no art. 103 do Código de Defesa do Consumidor, e se aplica, extensivamente, às demais ações coletivas, isto é, às ações que, embora não veiculem necessariamente pretensão do CDC, têm a mesma disciplina normativa, por força do que dispõe a respeito o art. 117 da Lei 8.078/90, porque servem para fazer valer pretensões coletivas *lato sensu*.

Essa aplicação, prevista nos §§ 3º e 4º do art. 103, implica a extensão dos efeitos da coisa julgada havida em ação coletiva, em ação civil pública ou daquela formada em decorrência de sentença penal condenatória, de modo que os prejudicados poderão delas valer-se para obter a reparação das lesões que tenham sofrido, sem a necessidade do aforamento de nova demanda de conhecimento.

Se, todavia, os resultados dessas ações coletivas forem de improcedência, não haverá qualquer efeito vinculativo da coisa julgada que aí se opere (quanto aos direitos individualmente considerados), aplicando-se a regra geral no sentido de que a coisa julgada só atinge a esfera de interesse de terceiros se for para beneficiar (coisa julgada *in utilibus*).

A diferença entre os dois sistemas está na extensão dos efeitos da coisa julgada que, no sistema de defesa dos direitos coletivos *lato sensu* atinge além das partes (propriamente ditas) do processo. Isso porque o Código do Consumidor adotou regime jurídico pelo qual a coisa julgada se estende a terceiros, que não foram partes no processo sempre que isso determinar benefício a esses terceiros. Evidentemente,

[11] Teresa Arruda Alvim Wambier, Apontamentos sobre as ações coletivas, *RePro*, v. 75, p. 283.

estes "terceiros" no processo coletivo não são os mesmos terceiros do processo individual, já que são titulares do direito sobre o qual se discute.

Esta é a primeira grande diferença entre os sistemas da coisa julgada coletiva e da coisa julgada individual, pois, enquanto nas ações coletivas a coisa julgada pode alcançar "terceiros", no regime do Código de Processo Civil, a regra geral é no sentido de que a sentença faça coisa julgada exclusivamente para as partes, *não beneficiando nem prejudicando terceiros* (art. 472 do CPC).

Ademais, no regime da coisa julgada das ações coletivas, não ocorre a extensão da imutabilidade do *decisum* para as eventuais demandas que veiculem pretensões individuais, sempre que se trate de sentença que não beneficie titulares dos direitos que são objeto do processo, a não ser em relação àqueles que foram partes no processo, isto é, em relação à entidade legitimada para a propositura da ação e dos eventuais litisconsortes.

A coisa julgada atinge, todavia, na hipótese de improcedência, os demais legitimados do art. 82 do CDC, que ficam impedidos de propor a mesma ação coletiva, a respeito dos mesmos fatos, ressalvada, repita-se, a "dimensão individual" desses direitos, cuja defesa (em sentido amplíssimo) se pode dar pelos mecanismos existentes no sistema para a defesa individual dos direitos.

O alcance subjetivo da imutabilidade do *decisum* na coisa julgada coletiva, em relação a terceiros, é eventual, no sentido de que é sempre dependente do julgamento do pedido de tutela coletiva dos direitos no plano daqueles que não participaram do processo, como partes coletivas ou litisconsortes. Se se tratar de resultado favorável aos titulares dos direitos discutidos ("terceiros"), estará definitivamente obstado o caminho para a discussão daquilo que já se tenha decidido.

Nesse caso ocorre, por assim dizer, o "transporte" da sentença coletiva de procedência do pedido para a esfera de interesses daqueles que estejam na mesma situação em que estão aqueles cujos direitos estão sendo feitos valer, que poderão dessa sentença se servir, com a força da correspondente coisa julgada, para buscar a proteção de seus interesses individuais, mediante a liquidação individual.

Se, entretanto, o resultado do julgamento for desfavorável aos titulares dos direitos difusos (inc. I do art. 81 combinado com o inc. I do art. 103 do CDC) em razão de sentença de improcedência decorrente da insuficiência (ou da falta) de provas quanto aos fatos constitutivos do pedido, não se formará coisa julgada com relação aos integrantes da comunidade, que poderão, futuramente, obter benefício direto de eventual sentença de procedência de nova ação coletiva baseada na mesma pretensão da coletividade. Ao contrário, se o julgamento desfavorável não decorrer de insuficiência de provas, ocorrerão os efeitos subjetivos da coisa julgada do mesmo modo que a regra geral do sistema do CPC prevê, restando aos eventuais interessados a possibilidade de exercerem individualmente (com base, portanto, no sistema do Código de Processo Civil) seu direito de ação.

Em resumo, as hipóteses são as seguintes: a) direitos difusos: se a ação for julgada procedente, se opera a coisa julgada em favor de toda a comunidade (*erga omnes*, portanto) que pode se utilizar dela para liquidar os danos individualmente sofridos; b) direitos coletivos: se a ação for julgada procedente a coisa julgada se forma também em relação a outros interessados daquela mesma coletividade (*ultra partes*) pertencentes ao grupo de interesses convergentes.

Quanto aos direitos individuais homogêneos, a coisa julgada coletiva tem tratamento diferenciado daquele que se dispensa ao instituto em relação aos direitos coletivos e difusos, como se verá, em seguida.

O inc. III do art. 103 do Código de Defesa do Consumidor dispõe que a sentença fará coisa julgada *erga omnes, apenas no caso de procedência do pedido, para beneficiar todas as vítimas e seus sucessores.*

Como se trata de direitos que podem ser objeto de defesa individual, pelo próprio titular, independentemente da defesa coletiva patrocinada pelos legitimados do art. 82 do Código de Defesa do Consumidor, apenas a sentença de procedência faz coisa julgada *erga omnes*, podendo dela se aproveitar todos os beneficiados (vítimas ou sucessores, segundo o texto da lei) mediante posterior liquidação individual no bojo do processo coletivo.

A *sentença de improcedência*, nesse caso específico, tenha ou não decorrido de insuficiência de provas, não gera eficácia vinculativa para os outros legitimados de que fala o art. 82, que poderão repropor a ação coletiva para a defesa dos direitos individuais homogêneos. Essa é a regra que diferencia o tratamento da coisa julgada quando se está diante de direitos individuais homogêneos dos dois outros casos, de que falam os incs. I e II do art. 103. Mantém-se a regra geral no sentido de que a coisa julgada só opera para beneficiar e não para prejudicar no que diz respeito às vítimas e seus sucessores. Assim, "as vítimas ou sucessores" de que fala a lei, poderão intentar ações individuais, desde que não tenham figurado como litisconsortes no polo ativo da demanda coletiva.

Com a Lei 9.494/97, que alterou a redação do art. 16 da Lei 7.347/85, foi incluída no art. 16 da Lei da Ação Civil Pública regra segundo a qual haverá coisa julgada *erga omnes*, na sentença civil proferida em processo coletivo, "nos limites da competência territorial do órgão prolator".

Com essa regra, as sentenças, nas ações coletivas que dizem respeito a direitos difusos e individuais homogêneos, produzem coisa julgada para uma coletividade restrita a um espaço territorial previamente delimitado pela lei, que é o relativo à competência territorial do Juiz. Trata-se de tema polêmico, a respeito do qual há muita controvérsia, na doutrina e na jurisprudência.

Liquidação de sentença coletiva

No caso de sentença condenatória relativa a direitos individuais homogêneos, trata-se de liquidação individual da sentença coletiva. A tutela legal está prevista no capítulo II do título referente à defesa do consumidor em juízo, do Código de Defesa do Consumidor.

Segundo disposição constante do art. 95 do Código de Defesa do Consumidor, *em caso de procedência do pedido, a condenação será genérica, fixando a responsabilidade do réu pelos danos causados*. Isso quer dizer que a condenação sempre será genérica, não havendo qualquer possibilidade, diante da lei posta, de que os legitimados obtenham sentença condenatória cujo *quantum* já esteja previamente definido.

A liquidação da sentença está prevista no art. 97 da Lei 8.078/90.

A liquidação é subsequente à fase de conhecimento, em que se veiculou pedido de natureza condenatória. Por meio desse pedido, o legitimado leva a juízo, em nome próprio, as pretensões ainda indeterminadas. Verificado o dano global, a sentença fixará a "responsabilidade do réu pelos danos causados" (art. 95 do CDC).

A liquidação individual da sentença coletiva tem por objeto não apenas a definição do *quantum debeatur*. A própria condição de titular do direito deverá ser objeto de prova. Assim, o processo de liquidação, nesses casos, especificamente ligados à tutela coletiva de direitos individuais homogêneos, tem por objeto, também, o *cui debeatur*.

Tanto a liquidação da sentença quanto a subsequente execução de título judicial poderão ser feitas pelas vítimas do dano cuja responsabilidade se tenha fixado na sentença genérica, assim como por seus eventuais sucessores e/ou pelos próprios legitimados para a propositura da ação, nos termos previstos nos arts. 82 e 100 do Código do Consumidor.

A liquidação coletiva, referida no art. 100 do CDC, tem por finalidade exatamente definir o *quantum* da lesão *globalmente causada*, e não mais o dano individualmente sofrido, por cada um dos lesados, individualmente considerados.

Segundo dispõe o art. 100 do Código de Defesa do Consumidor, os legitimados do art. 82 somente poderão propor a liquidação e a execução da sentença condenatória se houver decorrido o prazo de um ano sem que tenha havido qualquer iniciativa dos interessados.

Assim, só "nasce" a legitimação para o pedido de liquidação e para a posterior execução, se não tiver ocorrido iniciativa dos interessados.

A legitimidade prevista no art. 82 do CDC serve, num primeiro momento, apenas e exclusivamente para a propositura do pedido genérico de reparação, em razão do que se poderá obter uma sentença genérica em que, como assevera Arruda Alvim,[12] os danos são definidos de modo uniforme. Após o trânsito em julgado, desaparece essa legitimação, que somente estará novamente presente se se der o decurso do prazo de um ano sem a iniciativa dos interessados.

Projeto de Lei n. 5.139/09

Há, todavia, perspectivas de este panorama se alterar no futuro.

Por iniciativa do Ministério da Justiça, a Presidência da República enviou ao Congresso Nacional projeto para uma Nova Lei da Ação Civil Pública. A ideia que perpassa todo o projeto é a de submeter todas as demandas que, potencialmente, possam ser tidas como de "massa", a uma única ação coletiva no país, preferencialmente ajuizada pelo MP ou pela Defensoria Pública.

Nesse ponto, ao nosso ver, surgem ofensas à Constituição. A primeira são os "superpoderes" que o projeto confere ao Ministério Público, em contrariedade ao texto constitucional.

---

[12] *Código do consumidor comentado*, 2. ed., p. 371.

A experiência forense tem mostrado que o processo coletivo tem servido para tutelar os chamados direitos "individuais homogêneos". Isto é, como se disse antes, são direitos divisíveis, normalmente disponíveis e que, por encontrarem algum ponto comum com direito de outros titulares, mereceriam tratamento jurisdicional coletivo. Esse grupo seria, por assim dizer, "artificialmente" coletivizado para tratamento semelhante.

A Constituição Federal estabelece que o Ministério Público até tem dentre as suas funções, a de defender interesses individuais. Porém, apenas aqueles de natureza indisponível. O texto do art. 127 da C.F. não deixa dúvidas: *"o Ministério Público é instituição permanente, essencial à função jurisdicional do Estado, incumbindo-lhe a defesa da ordem jurídica, do regime democrático e dos interesses sociais e individuais INDISPONÍVEIS"*. (g.n.)

Mais à frente (art. 129, III, C.F.), estabelece que o MP, tem, sim, por função institucional para propor a Ação Civil Pública, mas *"para a proteção do patrimônio público e social, do meio ambiente e de outros interesses difusos e coletivos"* (g.n). Ou seja, não trata dos interesses individuais.

Essa discussão é intensa na doutrina e basicamente capitaneada por membros do Ministério Público, que também têm atuação acadêmica.

A realidade é que mesmo contra o texto da Constituição, o qual, como visto, limita a função institucional do MP à defesa de interesses individuais indisponíveis, o Projeto da Nova LACP estabelece que o MP terá legitimidade para a defesa dos direitos individuais homogêneos, sem qualquer menção a respeito da disponibilidade ou não desses interesses.

A Defensoria Pública também passa a ter atribuições muito mais amplas daquela que lhe é estabelecida pela Constituição. De acordo com o texto constitucional, à Defensoria Pública incumbe *"a orientação jurídica e a defesa, em todos os graus,dos necessitados, na forma do art. 5º da LXXIV"*. (art. 134 da C.F.) (g.n.)

Pelo Projeto, bem além dos "necessitados" a Defensoria Pública terá legitimidade para defender, coletivamente, os interesses de qualquer cidadão, necessitado ou não. Basta que seu direito seja "coletivizável". Dentre os vários reflexos negativos que isso traria, os fins institucionais da Defensoria Pública (defender os realmente necessitados) seriam severamente prejudicados.

Mas também, em nosso sentir, há prejuízos para a própria administração da Justiça e a defesa dos interesses individuais, por meio do advogado escolhido pela parte.

Sob o discurso de que a "coletivização" das demandas seria a solução para o volume de demandas perante o Judiciário e a aceleração na satisfação do direito, o Projeto e a ideologia que o sustenta, têm ganhado adesões. Ignoram-se, em nosso sentir, porém, pontos absolutamente essenciais, como as divergências regionais entre os interesses.

Mais do que isso, o projeto parece ignorar que, de acordo com a Constituição Federal, *"o advogado é indispensável à administração da justiça..."* (art. 133 da C.F.).

Da forma como está redigido, o Projeto já torna dispensável o ajuizamento de ações individuais, quer para a fase de conhecimento, quer para o cumprimento da futura sentença coletiva, porque aquelas ações de conhecimento, que tiverem sido propostas antes mesmo do ajuizamento da coletiva, ficarão suspensas aguardando o julgamento de primeiro grau da ACP.

Caso, no mérito, essa demanda coletiva venha a ser julgada improcedente, todos os processos individuais, com o mesmo objeto, serão extintos. Caso, porém, o julgamento seja pela procedência, A execução dessa sentença coletiva será, então, "automática".

Portanto, o PL 5139/09 não atinge apenas a atuação do advogado na fase cognitiva, isto é, na propositura e patrocínio das ações para verificação e declaração do direito pelo Judiciário. O advogado será também dispensável até para a execução da futura sentença coletiva.

Caso a ACP venha a ser julgada procedente, o réu, como regra, será obrigado a cumprir toda a condenação de uma só vez, independentemente da execução individual de cada interessado.

É oportuno destacar que o PL 5.139/09, compromete a concepção da personalidade jurídica, concebida e sedimentada pela doutrina. Permite que se desconsidere a personalidade jurídica das empresas, para fins de satisfação da condenação em processo coletivo.

De acordo com o projeto, o juiz "poderá desconsiderar a personalidade jurídica da sociedade"(...)"sempre que a sua personalidade for, de alguma forma, obstáculo à reparação dos prejuízos existentes" (art. 30).

Para o texto do projeto de lei, essa responsabilidade pessoal do administrador, dependendo do regime da sociedade (de responsabilidade limitada, anônima etc.) poderá recair "*sobre o acionista controlador, o sócio majoritário, os sócios-gerentes, os administradores societários, as sociedades que a integram, no caso de grupo societário, ou outros responsáveis que exerçam de fato a administração da pessoa jurídica*" (art. 30, § 1º).

Ou seja, a desconsideração da personalidade jurídica, qualquer que seja ela, não ocorrerá mais em situações excepcionais, normalmente ligadas a condutas fraudulentas, mas, sim, sempre que a personalidade jurídica representar "algum obstáculo" (a critério do magistrado) para a satisfação da condenação judicial.

Trata-se, enfim, de expressivo esforço de modernização do sistema de ações coletivas. Com virtudes e defeitos, tais novidades exigem diálogo interno (nos diversos níveis da sociedade brasileira), assim como o aporte da experiência dos outros países, a fim de que as melhores soluções sejam encontradas, em benefício da sociedade, última destinatária da lei. Tudo se deve fazer, registre-se, com absoluto respeito às regras constitucionais, sob pena de ofensa ao Estado de Direito. A relevância do cuidado que se tem que ter no que se relaciona ao respeito às regras constitucionais, é fruto de postura decorrente do conhecimento da História dos povos e do Direito, que deixa evidente o quanto foi difícil o caminho para se chegar ao momento presente. Não pode a tentação de necessidades passageiras, fazer com que se abra mão de direitos constitucionalmente garantidos e prestigiados, que são fruto de conquistas culturais, obtidas a muito custo.

— 36 —

Possibilidade de modulação do procedimento pelo juiz na nova Lei de Ação Civil Pública (art. 10, § 1º, do Projeto de Lei n. 5.139/09)

WENDEL FERNANDO BRUNIERI

Juiz de Direito do Tribunal de Justiça do Estado do Paraná, Graduado em Direito pela UEPG, Especialista em Direito, Professor de Direito Penal pela UNIPAR, Mestrando do Curso de Direito Processual e Cidadania – UNIPAR (wendel@unipar.br)

Sumário: 1. Introdução; 2. Breve conceito de ação civil pública e sua função no direito brasileiro; 3. Visão contemporânea do devido processo legal; 4. Possibilidade de modulação do rito procedimental na ação civil pública; 5. O reconhecimento da existência do *juiz enciclopédico*. 6. Conclusão; Bibliografia.

1. Introdução

O processo civil brasileiro é fruto de compilações extraídas em sua grande maioria do direito estrangeiro, possui estreito vínculo com a manutenção do formalismo, resistência a quebra de paradigmas, etc. Muitas vezes, o que pode parecer quebra de paradigma, não passa de necessária adequação da norma a incessante evolução social. Atualmente, atribui-se ao processo grande parcela de culpa pela morosidade vivenciada pelos pronunciamentos jurisdicionais, que quase sempre, ocorrem a destempo. A culpa, além da estrutura do Poder judiciário, merece ser repartida com o formato do processo, em que a possibilidade de se cadenciar o procedimento através da utilização de infinitos recursos acaba por emperrar a rápida prestação jurisdicional, ocasionando perda financeira inestimável ao país e aos interesses em disputa.

Atento a isso, surgem mecanismos inovadores cuja pretensão repousa na quebra de obstáculos, muitas vezes imperceptíveis, que podem, ao final, contribuir em muito para o alcance da tutela jurisdicional em razoável prazo de duração.

2. Breve conceito de ação civil pública e sua função no direito brasileiro

A rigor, sob o aspecto doutrinário, ação civil pública é a ação de objeto não penal proposta pelo Ministério Público e por outros entes legitimados. Em verdade, a Lei 7.347/85 usou a expressão *ação civil pública* para referir-se à ação para defesa de interesses transindividuais, proposta por diversos colegitimados ativos, entre os quais até mesmo associações privadas, o Ministério Público e outros órgãos públicos.

A ação, como instituto processual, é um direito de natureza pública, posto que dirigida contra o Estado, representado pelo Poder Judiciário (embora, uma vez apreciada pelo Juiz, vá ter efeitos na esfera jurídica de outra pessoa: o réu ou executado), visando ao restabelecimento da ordem jurídica.[1]

A conceituação do que decidiu chamar "Ação Civil Pública" nunca foi tarefa fácil para os operadores do direito. Oportuno declinar que um dos critérios determinantes para se alcançar um conceito razoável para ação civil pública se dá através da análise dos sujeitos legitimados para figurarem no pólo ativo da referida demanda. Nesse sentido leciona Antonio Gidi que "ação coletiva é a ação proposta por um legitimado autônomo (legitimidade), em defesa de um direito coletivamente considerado (objeto), cuja imutabilidade do comando da sentença atingirá uma comunidade ou coletividade (coisa julgada)".[2]

Dessa feita, vale anotar que um dos pontos de destaque para se conceituar ação coletiva, especificamente ação civil pública, reside na análise da legitimidade para a inauguração da demanda e seu objeto. A partir daí, é Na busca por esse conceito, o professor Rodolfo de Camargo Mancuso[3] trabalha com a seguinte conceituação: interessa-nos, no momento, o critério pelo qual as ações se bifurcam em civis (ou cíveis) e penais. Primeiramente, quanto a estas ultimas, é preciso ressaltar que, em sentido lato, existem tanto no campo do processo civil (ações que visam às penas previstas no contrato ou pela lei), como no campo do processo penal (diríamos ação penal *stricto sensu*). Abstraindo-nos daquelas "ações penais" exercitáveis no processo civil, no sentido antes referido, poderíamos dizer que as ações são civis quando veiculam pretensão (ainda que meramente declaratórias) que não depassa os lindes do direito ou interesse privado (e isso, mesmo que sua causa de pedir provenha do outro ramo da *summa divisio*, como, uma condenação penal da qual declua o dever de indenizar.)

As consideradas ações civis públicas são demandas destinadas a atender interesses difusos, assim considerados os que tutelam "interesses de grupo menos determinados de pessoas, sendo que entre elas não há vinculo ou fático muito preciso"; coletivos, que "são interesses que compreendem uma categoria determinada, ou pelo menos determinável de pessoas, dizendo respeito a um grupo, classe ou categoria de indivíduos ligados por uma mesma relação júridica-base"[4] e por fim, interesses individuais homogêneos. Em sentido lato os Interesses individuais homogêneos também são de coletivos. Os interesses que compartilham seus titulares são divisíveis, cindíveis, passíveis de ser atribuídos a cada um dos interessados, na proporção que cabe a cada um deles, mas que, por terem uma origem comum (a homogeneidade decorre dessa origem comum), são tratados coletivamente. Diferenciando então claramente em alguns aspectos, os direitos difusos e coletivos quanto a sua natureza são indivisíveis, enquanto os individuais homogêneos são divisíveis e cindíveis, e quanto a demanda também os de natureza indivisíveis são essencialmente coletiva: exigem uma demanda coletiva e já o de natureza divisível a demanda utilizada é acidentalmente coletiva: admitem a defesa por demanda coletiva, já na união dos interessados os difusos e individuais homogêneos são unidos por circunstâncias fáticas e os coletivos são unidos por relação jurídica idêntica (relação jurídica-base).

---

[1] MILARÉ, Édis, A *ação Civil Pública na nova ordem constitucional*, São Paulo: Saraiva, 1990, p. 04.

[2] GIDI, Antonio, *Coisa Julgada e Litispendência em Ações Coletivas*, 1995, p. 16.

[3] MANCUSO, Rodolfo de Camargo, *Ação Civil Pública*, 6 ed, p. 16.

[4] VIGLIAR, Jose Marcelo Menezes. *Ação Civil Pública*, 5 ed, p. 45-51

Sua funcionalidade reside na visão de Hely Lopes Meirelles:[5] "(...) instrumento processual adequado para reprimir ou impedir danos ao meio ambiente, ao consumidor, a bens e direitos de valor artístico, estético, histórico e paisagístico e por infrações da ordem econômica (art. 1), protegendo assim, os interesses difusos da sociedade.".

Portanto, bem se vê que a funcionalidade da demanda coletiva pública foge em muito a esfera individual do individuo, despertando, por conta disso, a eclosão de mecanismo próprio, condizente a atender as especificidades do direito em litígio, tendo em vista que seus efeitos atingem indubitavelmente numero indeterminados ou determinados de pessoas, dependo da existência ou não de relação jurídica embrionária.

3. Visão contemporânea do devido processo legal

É cediço que em se tratando de direitos e garantias individuais e coletivas não existe direito absoluto. Dessa sorte, vale dizer, todos os princípios, direitos e garantias fundamentais expressa no corpo da constituição federal tem como característica a relatividade em detrimento ao absolutismo.[6] [7]

Importante destacar que o posicionamento moderno do direito reclama um avanço, começando por aclarar o que seria dentro de uma visão moderna e atenta as necessidades sociais, do que representa o devido processo legal.

Claro está atualmente que o direito não deve regredir, fazendo com que determinados institutos jurídicos acabem por ocasionar entrave à evolução da sociedade.

A par disso, necessário consignar que o direito é uma ciência em constante evolução, sendo certo que alguns conceitos ou princípios devem acompanhar essa evolução aprimorando a celeridade e a justa prestação jurisdicional.

Atento a isso, o Professor Eduardo Cambi, em recente obra, ao abordar o devido processo legal, defende a existência do princípio da proibição de retrocesso no direito brasileiro, assim consignando: "o princípio da proibição de retrocesso, no direito brasileiro, além de poder ser retirada da garantia fundamental do devido processo legal em sentido substancial, também encontra fundamentação na noção de Estado Democrático de Direito (art. 1, *caput* da CF) e no princípio da segurança jurídica (art. 5, *caput* da CF)".(...) "O princípio da proibição de retrocesso teve formulação marcadamente ideológica, voltada à vedação da evolução reacionária, pressupondo uma direção e uma meta emancipatória, unilateralmente definida: o aumento continuo de prestações sociais".[8]

---

[5] Obra já citada, p. 156

[6] Limitabilidade: os direitos fundamentais não são absolutos (relatividade), havendo, muitas vezes, no caso concreto, confronto, conflito de interesses. A solução ou vem discriminada na própria Constituição (ex.: direito de propriedade versus desapropriação), ou caberá ao interprete ou magistrado, no caso concreto, decidir qual o direito deverá prevalecer, levando em consideração a regra da máxima observância dos direitos fundamentais envolvidos, conjugando-a com a sua mínima restrição. – PEDRO LENZA, *Direito Constitucional esquematizado*, 11 ed,, p. 696.

[7] Os direitos humanos fundamentais, dentre eles os direitos e garantias individuais e coletivos consagrados no art. 5º da Constituição Federal, não podem ser utilizados como um verdadeiro escudo protetivo da pratica de atividades ilícitas, nem tampouco como argumento para afastamento ou diminuição da responsabilidade civil ou penal por atos criminosos, sob pena de total consagração ao desrespeito a um verdadeiro Estado de Direito. Os direitos e garantias fundamentais consagrado pela Constituição Federal, portanto, não são ilimitados, uma vez que encontram seus limites nos demais direitos igualmente consagrados pela Carta Magna (principio da relatividade ou conveniência das liberdades públicas). – ALEXANDRE DE MORAES, *Direito Constitucional*, 12 ed,, p. 58/59.

[8] CAMBI, Eduardo, *Neoconstitucionalismo e neoprocessualismo* – p. 229.

A busca incessante pelo aperfeiçoamento do processo deve obediência à moralidade, à razoabilidade, sem esquecer a manutenção das garantias fundamentais da pessoa, traço marcante e conservador de um estado democrático de direito.

Qualquer inovação ao ordenamento jurídico, respeitado os vetores retroconsignados deve ser recebido com respeito e destaque merecido, considerando-se que o vetor principal de toda norma evolutiva tramita pela busca de sua máxima efetividade.[9]

Com vistas a isso, é possível concluir que o devido processo legal não se retrata em princípio presente no ordenamento jurídico constitucional com a finalidade de estagnar ou mesmo obstar a evolução do direito, e sim, adequar-se a essa evolução, analisando-a e buscando a pretendida efetividade máxima de seu comando.

4. Possibilidade de modulação do rito procedimental na ação civil pública

Sempre houve por parte da doutrina processualista brasileira certa resistência a liberdade de atuação do juiz no seio do processo.

Talvez tal preocupação deve-se ao retrocesso vivenciado em tempos de ditadura no qual a atividade jurisdicional não era independente e autônoma como os dias atuais (ao menos não de maneira efetiva). O regime militar vivenciado até não muito tempo atrás em nosso país não oferecia uma autonomia concreta e efetiva ao Poder Judiciário, Estado-Juiz.

O regime militar se foi, uma nova ordem constitucional se inaugurou, um presidente da república sofre cassação de seu mandato (ápice de demonstração de solidez em qualquer democracia no mundo), todavia, as resistências acerca dos poderes do juiz ainda são vivenciadas, em que pese à existência de normas predispostas disciplinando do início ao fim a atividade jurisdicional.

Importante trazer a lume o texto legislativo inserto no projeto de Lei n. 5.139/09, notadamente o parágrafo primeiro, do art. 10, o qual dispõe em sua redação a faculdade do juiz modificar o rito processual nas ações civis públicas até a prolação da sentença.[10]

Percebe-se pela perfunctória análise do dispositivo em comento, ao contrário do que possa parecer, que o juiz não dispõe do procedimento ou procedimentos preestabelecidos ao seu livre alvitre.

O referido parágrafo vem sendo alvo de severas críticas por parte de juristas ao argumento de que tal dispositivo estaria em atrito com a regra do devido processo legal.

---

[9] O princípio da máxima efetividade, da eficiência ou da interpretação efetiva pode ser formulado nos seguintes termos: "a uma norma constitucional deve ser atribuído o sentido que maior eficácia lhe dê" (CANOTILHO, 2002P.1210). Considera-se que o interprete deve atribuir a uma norma constitucional a maior eficácia possível. – ZULMAR FACHIN , *Teoria Geral do Direito Constitucional,* IDCC, 2 edição, p. 146

[10] Art. 10. A ação coletiva de conhecimento seguirá o rito ordinário estabelecido na Lei nº 5.869, de 11 de janeiro de 1973, obedecidas as modificações previstas nesta Lei. §1º Até o momento da prolação da sentença, o juiz poderá adequar as fases e atos processuais às especificidades do conflito, de modo a conferir maior efetividade à tutela do bem jurídico coletivo, assegurados o contraditório e a ampla defesa. (*omissis*)

Sem razão. Como bem analisado no item anterior, o devido processo legal é uma garantia do jurisdicionado, tendo como função primordial impedir atos arbitrários e inoportunos na condução do processo que poderia vir ocasionar dano irreparável a parte, e em ultima *ratio*, ao próprio Estado democrático de direito.

Nesse diapasão, importante consignar que a norma em debate (art. 10, p. 1, do Projeto de Lei n. 5.139/09), o juiz não dispõe de qualquer liberdade em sua atuação. Toda sua atuação continua pautada na regra do devido processo legal, valendo anotar a previsão expressa na norma do contraditório, ampla defesa,[11] que impedem qualquer ato atentatório ou indigno por parte do Estado-Juiz.

Oportuno destacar que na atividade jurisdicional moderna, a prova, o processo, enfim, tudo que é produzido dentro do procedimento tem como destinatário o juiz e este não deve ser visto como um *ser inerte*, desprovido de iniciativas, notadamente quando estas buscam única e exclusivamente tornar o mais preciso possível a retidão de seu pronunciamento.

A par disso, dispõe a doutrina que "O juiz, órgão actuante do direito não póde ser uma pura machina, uma figura inerte e sem iniciativa própria, na marcha e andamento dos processos, só agindo por provocação, requerimento ou insistência das partes".[12]

Percebe-se que o *caput* do art. 10 do projeto de lei sob comento deixa claro quais as normas a qual se encontra atrelado o juiz em sua atuação.

Dessa feita, mesmo que pretenda alterar o rito procedimental (percebe-se que o juiz não estará alterando o pedido, causa de pedir, ou seja, não estará adentrando a carga genética do processo inaugurado), deverá fazê-lo utilizando-se de uma das regras procedimentais pré-existentes, sendo, pois, aquela expressa no Código de Processo Civil – que sempre funciona como regra geral em legislações específicas – ou o procedimento adotado pela Lei de Ação Civil Pública.

Assim, pergunta-se: onde reside a afronta ao devido processo legal?

Por certo em nenhum lugar, considerando-se que o devido processo legal está inserido nas normas predispostas no qual deverá o juiz se socorrer caso pretenda alterar o rito procedimental, não obstante oportunizar o contraditório e a produção de provas pelas partes envolvidas, conforme amplamente mencionado.

Importante trazer a lume neste momento a tendência do direito comparado em ampliar cada vez mais os poderes do juiz no transcorrer da instrução do feito,[13] mostrando-se um traço marcante em estados democráticos de direito. Alias, é bom que se diga que ao conferir ao juiz poderes instrutórios, estar-se-á autorizando o magistrado a buscar a prova que entenda necessária para ilidir eventual dúvida que permeia seu conhecimento, sendo procedimento que em muito ultrapassa a simples atitude do juiz de determinar alteração de um rito processual, o qual vale dizer, mostra-se preexistente e é por todos conhecido.

[11] Leia-se a nota de n. 10 acima.

[12] BEDAQUE, José Roberto dos Santos, *Poderes Instrutórios do Juiz*, RT p. 55, citando obra mancionada "Processo civil e commercial, P. 105/106"

[13] Essa tendência de ampliação dos poderes instrutórios do juiz também pode ser verificada no Code de Procedure Civili francês, de 1975, que confere ao juiz iniciativa no tocante a todas as medidas de instrução legalmente admissíveis (art. 10). – BEDAQUE, obra já citada, p. 59.

Apenas para ilustrar, importante colacionar um latente precedente existente em nosso ordenamento jurídico onde o juiz, entendendo as peculiaridades do caso, poderá sim imprimir rito diverso a demanda inicialmente distribuída.

Trata-se da fungibilidade aplicada no § 7º do art. 273 do Código de Processo Civil, sendo certo que nesse caso, nunca houve qualquer resistência tal como observado no art. 10 do projeto da nova lei de ação civil pública.

No entendimento da doutrina: "Em uma interpretação literal pode ser dito que o art. 273, § 7º, CPC, pretende somente viabilizar a concessão no bojo do processo de conhecimento da tutela cautelar que foi chamada de maneira inadequada de tutela antecipatória. Se a tutela foi batizada de antecipatória,mas sua substancia é cautelar, ela pode ser deferida dentro do processo de conhecimento, desde que haja dúvida fundada e razoável quanto à sua natureza".[14]

No exemplo acima, ocorre verdadeira modificação de rito procedimental, sem oportunizar manifestação da parte contrária, e isso é visto como fungibilidade e não afronta ao devido processo legal, mostrando-se clara a distinção interpretativa entre ambos os institutos em estudo.

5. O reconhecimento da existência do *juiz enciclopédico*

Não se pode negar que o direito contemporâneo reclama a presença de um juiz conhecedor da lei, afeto aos acontecimentos e evoluções da sociedade em que vive.

O juiz, não sendo um ser inerte, como bem salientado em linha acima, não se encontra equidistante dos acontecimentos da comunidade onde exerce sua judicatura, sociedade que reclama por prestação jurisdicional justa e célere.

O reconhecimento da existência do chamado *"juiz enciclopédico"*, que neste trabalho não quer retratar um juiz distante da legalidade, da eticidade, da sociabilidade e da justiça, e sim, muito próximo de todos esses vetores[15] reside apenas na condição de poder o juiz conhecer de fatos periféricos para resolução de conflitos, mesmo que tenha de modular a ritualística do processo.

Ademais, o que se espera de um juiz dentro do processo é a observância de sua parte do devido processo legal (aqui incluído observância das regras legais, oportunizando a todo o momento as partes o exercício do contraditório e ampla defesa), nunca o contrário.

Se formos atentos aos ordenamentos jurídicos atualmente vigentes, é possível perceber cada vez mais a atuação do *juiz enciclopédico*, notadamente na condução de audiências de conciliação. Nestas situações, o magistrado se depara com problemas aquém do realmente retratado no petitório da parte, fazendo com que se utilize de expedientes não previstos na legislação. Exemplo clássico dessa atividade é homologar em uma demanda destinada a regulamentar direito de visitas acaba homologando

[14] MARINONI, Luiz Guilherme, *Código de Processo Civil comentado artigo por artigo* – RT 2008, p. 275.

[15] O acesso à Justiça se faz segundo os meios e métodos de um processo juridicamente adequado. O devido processo legal tem conteúdo ético que se não esgota na participação do juiz, mas envolve a atuação de partes, advogados, funcionários e auxiliares da Justiça, todos identicamente submetidos a uma conduta processual imune a desvios morais. Nada obstante, é o juiz aquele a quem o sistema confere a tarefa de presidir o processo, de impulsioná-lo de ofício e de zelar pela sua higidez, para que venha a culminar na concreta realização do justo. NALINI, José Renato. (coord.) *Uma nova ética para o juiz.* RT, p. 95.

também acordo envolvendo direito a alimentos. Percebe-se que o que pode parecer um pronunciamento ultra ou extra petita, em verdade não fere os ditames do devido processo legal, tendo em vista o princípio dispositivo das partes e a vontade em acordarem acerca de determinado assunto pendente.

Assim sendo, é perfeitamente possível vislumbrar nos dias atuais a presença inconteste do chamado *"juiz enciclopédico"* em nosso ordenamento jurídico.

6. Conclusão

Conforme restou asseverado alhures, a redação conferida no § 1º, do artigo, 10 do Projeto de Lei n. 5.139/09 que institui nova lei de ação civil pública, não existe nenhuma mácula no que concerne a sua constitucionalidade.

Trata-se de dispositivo moderno, com evidente visão futurista, extremamente funcional, já que dispõe acerca do total aproveitamento de atos processuais praticados, possuindo nítido sentido teleológico de oportunizar efetividade de pronunciamento jurisdicional, imprimir celeridade na prestação jurisdicional, vetores que atualmente encontram assento constitucional.

A justiça moderna reclama melhorias, ideias inovadoras em sede processual, que em nada ofendem os princípios processuais que velam pela legalidade, contraditório, ampla defesa, enfim, por todas as garantias concernentes ao jurisdicionado no Estado Democrático de Direito.

Por fim, não pode o destinatário da prova (juiz) ser impedido de quando necessário entender, modular ou adequar a ritualística que entenda correta a determinada demanda jurisdicional, notadamente quando exista previsão legal para tanto.

Bibliográfia

BEDAQUE, Jose Roberto dos Santos. *Poderes instrutórios do Juiz.* São Paulo: Revista dos Tribunais, 1991.

CAMBI, Eduardo. *Neoconstitucionalismo e Neoprocessualismo*: Direitos fundamentais, políticas públicas e protagonismo judiciário. São Paulo, Revista dos Tribunais, 2010.

FACHIN, Zulmar. *Teoria Geral do Direito Constitucional.* 2ª ed. Londrina: IDCC, 2006.

GIDI, Antônio. *Coisa Julgada* e litispendência *em ações coletivas.* São Paulo:Saraiva,1995.

LENZA, Pedro. *Direito constitucional esquematizado.* 11ª ed. São Paulo: Método, 2007.

MANCUSO, Rodolfo de Camargo. *Ação Civil Pública:* em defesa do meio ambiente, do patrimônio cultural e dos consumidores (lei 7.347/85 e legislação complementar. 6ª ed. São Paulo: Revista dos Tribunais, 1999.

MARINONI, Luiz Guilherme.; MITIDIERO, Daniel. *Código de Processo Civil comentado Artigo por artigo.* São Paulo: Revista dos Tribunais, 2008.

MEIRELLES, Hely Lopes. *Mandado de Segurança.* 30ª ed. São Paulo: Malheiros, 2007.

MILARÉ, Édis. *A ação civil pública na nova ordem constitucional.* São Paulo: Saraiva. 1990.

MORAES, Alexandre de. *Direito Constitucional.* 12ª ed. São Paulo, Atlas, 2.003.

NALINI, José Renato. *Uma nova ética para o juiz.* São Paulo: Revista dos Tribunais,1994.

VIGLIAR, José Marcelo Menezes. *Ação civil pública.* 5ª ed. São Paulo: Atlas, 2001.

Impressão:
Evangraf
Rua Waldomiro Schapke, 77 - POA/RS
Fone: (51) 3336.2466 - (51) 3336.0422
E-mail: evangraf.adm@terra.com.br